2011 年 7 月 11 日，中国打击侵犯知识产权和制售假冒伪劣商品专项行动成果展启动仪式在北京举行。时任中共中央政治局委员、国务院副总理、全国打击侵犯知识产权和制售假冒伪劣商品专项行动领导小组组长王岐山出席仪式，现场点击开通成果展网站。（图片来源：央视网）

2011 年 7 月 13 日，新闻出版总署（国家版权局）在北京举办《著作权法》第三次修订启动会议暨专家聘任仪式。新闻出版总署署长、国家版权局局长柳斌杰（左三），新闻出版总署副署长、国家版权局副局长阎晓宏（右一）和时任新闻出版总署副署长李东东（左一）为专家代表颁发聘书。

2011 年 2 月 21 日，全国打击侵犯知识产权和制售假冒伪劣商品专项行动领导小组办公室、新闻出版总署（国家版权局）、国务院机关事务管理局、中央直属机关事务管理局在北京联合召开中央国家机关软件正版化工作会议。

2011 年 3 月 1 日，全国软件正版化工作会议暨推进企业使用正版软件工作部际联席会议第五次全体会议在北京召开。

2011年3月7日，国家版权局在成都召开全国版权重点工作专题会议，对2011年版权重点工作进行了整体部署。

2011年3月8日，国家版权局授予成都市“全国版权示范城市”称号，成都成为全国首个获此殊荣的城市。

2011年9月9日，国家版权局在山东青岛召开推进全国版权示范城市、示范单位和示范园区（基地）创建工作座谈会。期间，青岛市被授予“全国版权示范城市”称号。

2011年4月21日，国务院新闻办公室举行新闻发布会，国家知识产权局局长田力普（左二），国家工商行政管理总局副局长付双建（右二），新闻出版总署副署长、国家版权局副局长阎晓宏（右一）介绍2010年中国知识产权发展状况，并答记者问。

2011年5月28日，第三届全国大学生版权征文颁奖仪式暨《版权保护小卫士》赠书仪式在第21届全国书博会现场举行。新闻出版总署副署长、国家版权局副局长阎晓宏（右五）为获奖学生颁奖。

2011 年 8 月 19-20 日，国家版权局在北京举办 2011 版权相关热点问题媒体研讨班。

2011 年 10 月 30 日至 11 月 1 日，2011 年全国版权执法工作第三期培训班在天津召开。国家版权局版权管理司司长于慈珂（左一）为学员授课。

4·26知识产权宣传周

2011年4月11日，全国“扫黄打非”办公室、新闻出版总署（国家版权局）和中央电视台联合举行“绿书签行动2011”启动仪式，宣传主题是“拒绝盗版，做诚信公民”。

2011年4月22日，新闻出版总署（国家版权局）和全国“扫黄打非”工作小组联合举办全国侵权盗版及非法出版物集中销毁活动。

2011 年“4·26 知识产权宣传周”期间，云南省举办“云南版权知识电视大赛”，图为获奖选手上台领奖。

2011 年“4·26 知识产权宣传周”期间，江西省举办“版权宣传进高校”活动，图为南昌大学学生参观版权宣传栏。

2011 年 1 月 13-14 日，国家版权局与中国—欧盟知识产权保护项目（二期）项目组在江苏南通共同召开研讨会，探讨版权保护推动产业发展及数字环境下的版权执法问题。

2011 年 3 月 2 日，新闻出版总署署长、国家版权局局长柳斌杰（右一）在北京会见来访的英国知识产权局首席执行官兼总监官约翰·奥尔（左一）一行。

2011年5月17日，国家版权局与世界知识产权组织（WIPO）在福建省福州市签署“世界知识产权组织版权保护优秀案例德化示范点调研项目合作协议”。

2011年6月10日，国家版权局与韩国文化体育观光部在北京联合主办第七届中韩著作权研讨会。本届研讨会主题为“中韩网络版权监测及维权新机制”。

2011年10月24日，新闻出版总署署长、国家版权局局长柳斌杰（右）会见商业软件联盟（BSA）主席兼CEO罗伯特·霍利曼（左）一行。

2011年1月6日，在2010CPCC中国版权服务年会开幕式上，新闻出版总署副署长、国家版权局副局长阎晓宏（中）为2010年十大中国著作权人颁奖。

2011年3月14日，中国文字著作权协会组织召开“儿童文学作家权益保护”座谈会，9名儿童文学作家代表近百位儿童文学作家共同发起“儿童文学反侵权盗版宣言——儿童文学反侵权盗版的100个声音”倡议活动。

2011 年 4 月 20 日，中国人民大学国家版权贸易基地在北京举办“中国首届版权拍卖大会”线下拍卖专场活动。

2011 年 5 月 18-22 日，第二届中国·福州海峡版权（创意）产业精品博览交易会在福州海峡国际会展中心举行。

2011 年 10 月 28 日，2011 中关村版权联盟峰会暨中关村版权争议调解中心成立仪式在北京举行。

2011 年 11 月 12 日，2011 中国版权年会在北京举行，年会主题为“云计算、数字出版与版权保护”。会上颁发了第四届中国版权产业奖。

中国版权年鉴

2012

（总第四卷）

中国版权年鉴编委会　编

中国人民大学出版社
·北京·

图书在版编目(CIP)数据

中国版权年鉴. 2012/《中国版权年鉴》编委会编. —北京:中国人民大学出版社,2012. 12
ISBN 978-7-300-16669-8

Ⅰ. ①中… Ⅱ. ①中… Ⅲ. ①版权-中国-2012-年鉴 Ⅳ. ①D923. 41-54

中国版本图书馆 CIP 数据核字(2012)第 265382 号

中国版权年鉴 2012(总第四卷)
中国版权年鉴编委会　编
Zhongguo Banquan Nianjian 2012

出版发行	中国人民大学出版社		
社　　址	北京中关村大街 31 号	**邮政编码**	100080
电　　话	010－62511242(总编室)		010－62511398(质管部)
	010－82501766(邮购部)		010－62514148(门市部)
	010－62515195(发行公司)		010－62515275(盗版举报)
网　　址	http://www. crup. com. cn		
	http://www. ttrnet. com (人大教研网)		
经　　销	新华书店		
印　　刷	北京华联印刷有限公司		
规　　格	210 mm×297 mm　16 开本	**版　　次**	2012 年 12 月第 1 版
印　　张	32. 75 插页 44	**印　　次**	2012 年 12 月第 1 次印刷
字　　数	1 060 000	**定　　价**	300. 00 元
广告经营许可证	京海工商广字第 0086 号		

《中国版权年鉴 2012》编纂委员会

名誉主任：任建新　原中共中央书记处书记、中央政法委书记、
　　　　　　　　　最高人民法院院长、全国政协副主席

顾　　问：宋木文　原新闻出版署署长、国家版权局原局长
　　　　　于友先　原新闻出版署署长、国家版权局原局长
　　　　　刘　杲　原新闻出版署副署长、国家版权局原副局长
　　　　　沈仁干　国家版权局原副局长

主　　任：柳斌杰　新闻出版总署署长、国家版权局局长

副 主 任：阎晓宏　新闻出版总署副署长、国家版权局副局长
　　　　　付双建　国家工商行政管理总局副局长
　　　　　杨铁军　国家知识产权局副局长
　　　　　陈雨露　中国人民大学校长
　　　　　郭义强　中共中央宣传部出版局局长
　　　　　于慈珂　新闻出版总署（国家版权局）版权管理司司长

委　　员（按姓氏笔画为序）：
　　　　　才　华　国家广播电影电视总局法规司司长
　　　　　马　宁　中国互联网协会秘书长
　　　　　王化鹏　中国音像著作权集体管理协会总干事
　　　　　王国庆　新闻出版总署新闻报刊司司长
　　　　　王　炬　中国音像协会常务副会长兼秘书长
　　　　　王野霏　北京市版权局副局长
　　　　　牛维麟　中国人民大学党委常务副书记
　　　　　艾立民　新闻出版总署财务司司长
　　　　　朱永德　中国电影著作权协会理事长
　　　　　朱　兵　全国人大教科文卫委员会文化室主任
　　　　　齐平景　中国外文出版发行事业局副局长

杨宏峰　宁夏回族自治区版权局局长
吴尚之　新闻出版总署出版管理司司长
吴绍阶　重庆市版权局副局长
余昌祥　新闻出版总署人事司司长
邹　忭　中国软件联盟常务副理事长
张建华　国务院法制办教科文卫司司长
张洪波　中国文字著作权协会总干事
张福海　新闻出版总署对外交流与合作司司长
张毅君　新闻出版总署科技与数字出版司司长
陈　伟　工业和信息化部软件服务业司司长
林　涛　中国摄影著作权协会副总干事
罗东川　最高人民法院政治部副主任
周慧琳　新闻出版总署反非法和违禁出版物司司长
屈景明　中国音乐著作权协会总干事
荣新海　天津市版权局局长
胡宪武　吉林省版权局局长
段玉萍　国家版权局版权管理司副巡视员
段桂鉴　中国版权保护中心主任
姚　红　全国人大法工委民法室主任
贺耀敏　中国人民大学出版社总编辑
钱永红　广东省版权局副局长
彭　翊　中国人民大学国家版权贸易基地执行主任
韩永进　文化部政策法规司司长
蔡纪万　上海市版权局副局长

《中国版权年鉴》特约编辑

于晓白　最高人民法院知识产权庭审判长
马继超　中国音像著作权集体管理协会副总干事
王少朋　工业和信息化部软件服务业司处长
王丹若　中国文字著作权协会办公室主任
王兴凤　山东省版权局版权处主任科员
王志广　甘肃省版权局版权处副主任科员
王丽莎　贵州省版权局版权处处长
王泽平　河南省版权局版权处主任科员
王建华　文化部政策法规司法制处处长
王晓燕　江西省版权局版权处处长
王培舒　吉林省版权局版权处处长
王新民　陕西省版权局版权管理处调研员
左图强　重庆市版权局版权处处长
石　卫　广西壮族自治区版权局版权处处长
史文霞　中国电影著作权协会副秘书长
付成久　青海省版权局版权处主任科员
冯献省　北京市版权局版权处处长
刘义成　中国版权协会副秘书长
刘　俐　国家广播电影电视总局法规司办公室主任
孙　悦　中国版权保护中心《中国版权》杂志执行主编
孙　雷　全国人大教科文卫委员会文化室处长
朱严政　中国音乐著作权协会信息宣传部主任
严庆荣　浙江省版权局版权处处长
李冬群　河北省版权局版权处主任科员
李安庆　辽宁省版权局版权法规处处长
杨建新　新疆维吾尔自治区版权局版权处副处长
肖九元　云南省版权局版权处主任科员

吴安宁　安徽省版权局版权处处长
邱鸿程　黑龙江省版权局版权处副处长
宋　亮　湖南省版权局版权处主任科员
张万富　四川省版权局版权处处长
张百忍　西藏自治区版权局版权处处长
张秀年　宁夏回族自治区版权局版权处副处长
张　倩　天津市版权局版权处主任科员
金武卫　国务院法制办教科文卫司一处处长
郑凌辉　湖北省版权局版权处副处长
郝子谋　山西省版权局版权管理处副主任科员
侯健江　中国摄影著作权协会副总干事
凌立华　广东省版权局版权处助理调研员
韩　璐　中国版权保护中心办公室
曾伯林　海南省版权局版权处副处长
谭松枝　江苏省版权局版权管理处主任科员
薛　彬　上海市版权局版权管理执法处处长

《中国版权年鉴》编辑部

主　　编：阎晓宏
执行主编：牛维麟　于慈珂
执行副主编：孟　超　彭　翊
编辑部主任：李方丽
责任编辑：沈小农　刘广宇　霍殿林
执行编辑：黄丽琴　步　雯
装帧设计：池海玉

编纂说明

一、《中国版权年鉴》由国家版权局组织编纂，中国人民大学出版社和中国人民大学国家版权贸易基地编辑出版，是我国唯一全面系统反映中国版权创造、运用、保护和管理基本概貌的大型专业性工具书。本年鉴于2009年创刊，逐年编纂，连续出版，每年一卷，2012年卷为第四卷。

二、本卷年鉴主要汇辑2011年全国版权保护与版权相关产业发展的综合概况、动态信息、文献资料和统计数据。

三、本卷年鉴采用分类编辑法。根据2011年中国版权创造、运用、保护和管理的基本情况与主要特点，采用类目、分目和条目三个层次的结构，以文章、条目、条文和图表的形式表述。全书共设16个部类，分列43个分目或次分目。

1. 特载：刊登中国共产党第十七届中央委员会第六次全体会议通过的《中共中央关于深化文化体制改革　推动社会主义文化大发展大繁荣若干重大问题的决定》和中国资产评估协会发布的《著作权资产评估指导意见》。

2. 专文：刊载新闻出版总署署长、国家版权局局长柳斌杰在《著作权法》第三次修订启动会议上的讲话《〈著作权法〉修订要面向时代、面向世界、面向未来》与新闻出版总署副署长、国家版权局副局长阎晓宏在数字环境下的版权管理和执法研讨会上的讲话《数字环境下的版权管理和执法》。

3. 版权工作概览：全面记录2011年中国各级版权行政管理部门、版权司法审判机构及版权管理与社会服务组织开展的版权工作概况。

4. 版权扫描：全面记载2011年全国性的版权纪事，以及与版权相关的立法、司法、行政管理、宣传教育、交流研讨、社会管理与服务、国际交流与合作等方面的动态信息。

5. 版权相关产业与贸易：反映2011年中国新闻出版、广播电视、电影、计算机软件和信息技术服务业、动漫、网络游戏等版权相关产业与图书版权贸易发展的基本状况与发展趋势。

6. 典型案件选编：刊登2011年度由最高人民法院公布的有关著作权司法保护案件、2011年查处侵权盗版十大案件以及地方版权行政执法案件。

7. 法律法规及规章文件：汇辑根据《国务院关于废止和修改部分行政法规的决定》而调整条款序列的《中华人民共和国著作权法实施条例》、《计算机软件保护条例》、《著作权集体管理条例》、《广播电台电视台播放录音制品支付报酬暂行办法》以及最高人民法院、最高人民检察院、公安部、司法部联合印发的《关于办理侵犯知识产权刑事案件适用法律若干问题的意见》和国家版权局印发的有关版权工作的规章文件。

8．表彰评奖：主要介绍2011年全国版权界受到表彰的优秀人物和先进单位。

9．理论研究：集中反映2011年中国版权领域的学术研究成果，主要内容包括2011年中国著作权法研究综述、学术论文摘编和索引、版权相关图书简介和索引等。

10．统计资料：除收集2011年与版权管理和版权贸易有关的统计资料与数据外，新增了新闻出版产业、广播影视产业和软件产业等版权相关产业的统计资料。

11．名录：刊登国家与地方版权行政管理部门、版权社会管理和社会服务机构、著作权集体管理组织、版权协会、版权代理公司，以及国家版权贸易基地最新的通讯联络信息（新增3个）。

12．港澳台版权信息：主要反映2011年港澳台地区版权法律制度和版权管理相关的信息。

13．国际版权动态：介绍2011年国外版权法律制度发展的最新动向，包括立法与行政、重大案件及业界动态。

14．全国知识产权教学与研究机构：简要介绍全国各地成立的知识产权教学与研究机构（新增3个）。

15．索引：采用内容分析和主题词检索的方式，按汉语拼音字母顺序编制本卷内容的主题索引。

16．宣传广告：以彩色图文展现2011年版权管理相关的重要活动，并宣传展示版权示范城市及版权相关企事业单位。

四、本卷年鉴中所载内容无特别说明外，均按时间先后顺序排列；涉及各省（自治区、直辖市）的内容，均以全国行政区划为序。因组稿条件有限，本卷年鉴未包含香港、澳门特别行政区和台湾省的版权工作概况和相关统计数据。

五、本卷年鉴配备双重检索系统：书前刊有详细目录，书后备有内容索引。

六、本卷年鉴中全国版权统计数据由国家版权局、新闻出版研究院统计处、国家广播电影电视总局发展研究中心和中国软件行业协会提供；各省（自治区、直辖市）版权局的统计数据由该局领导确认。

七、本卷年鉴同时出版电子版（光盘），采用多媒体和全文检索技术，并随年鉴附赠。

八、本卷年鉴在组稿和编辑过程中，得到了国家版权局版权管理司、新闻出版总署文秘处档案室、新闻出版总署出版产业司、中国新闻出版研究院、中国版本图书馆、中国人民大学知识产权学院、国家广播电影电视总局发展研究中心、工业和信息化部软件服务业司、中国软件行业协会、地方版权局版权处以及其他版权相关单位的大力支持和帮助，在此一并谨致谢意。

九、因编辑部人员的水平和能力所限，本卷年鉴中定存有疏漏与错误之处，诚请版权界同仁和广大读者给予批评、指正。

目　录

特　载

专　文

版权工作概览

版权扫描

版权相关产业与贸易

典型案件选编

法律法规及规章文件

表彰评奖

理论研究

统计资料

名　录

附录一：港澳台版权信息

附录二：国际版权动态

附录三：全国知识产权教学与研究机构

索　引

宣传广告

Contents

Features

Special Articles

An Overview of Copyright Work

Copyright Scanning

Copyright-Based Industries and Copyright Trade

Typical Cases of Copyright Infringement

Statistic Data

Directory

Appendix I: Copyright Information of Hong Kong, Macao and Taiwan

Appendix II: Trends of International Copyright

Appendix III : Chinese Intellectual Property Teaching and Research Institutes

Index

Publicity and Advertisement

版权

特载

TE ZAI

中共中央关于深化文化体制改革　推动社会主义文化大发展大繁荣若干重大问题的决定

（2011年10月18日中国共产党第十七届中央委员会第六次全体会议通过）

中国共产党第十七届中央委员会第六次全体会议全面分析形势和任务，认真总结中国文化改革发展的丰富实践和宝贵经验，研究部署深化文化体制改革、推动社会主义文化大发展大繁荣，进一步兴起社会主义文化建设新高潮，对夺取全面建设小康社会新胜利、开创中国特色社会主义事业新局面、实现中华民族伟大复兴具有重大而深远的意义。全会作出如下决定。

一、充分认识推进文化改革发展的重要性和紧迫性，更加自觉、更加主动地推动社会主义文化大发展大繁荣

文化是民族的血脉，是人民的精神家园。在中国五千多年文明发展历程中，各族人民紧密团结、自强不息，共同创造出源远流长、博大精深的中华文化，为中华民族发展壮大提供了强大精神力量，为人类文明进步作出了不可磨灭的重大贡献。

中国共产党从成立之日起，就既是中华优秀传统文化的忠实传承者和弘扬者，又是中国先进文化的积极倡导者和发展者。我们党历来高度重视运用文化引领前进方向、凝聚奋斗力量，团结带领全国各族人民不断以思想文化新觉醒、理论创造新成果、文化建设新成就推动党和人民事业向前发展，文化工作在革命、建设、改革各个历史时期都发挥了不可替代的重大作用。

改革开放特别是党的十六大以来，我们党始终把文化建设放在党和国家全局工作重要战略地位，坚持物质文明和精神文明两手抓，实行依法治国和以德治国相结合，促进文化事业和文化产业同发展，推动文化建设不断取得新成就，走出了中国特色社会主义文化发展道路。我们坚持解放思想、实事求是、与时俱进，不断推进马克思主义中国化时代化大众化，形成和发展了中国特色社会主义理论体系，为开辟和拓展中国特色社会主义道路、确立和完善中国特色社会主义制度提供了科学理论指导；坚持推进社会主义核心价值体系建设，用马克思主义中国化最新成果武装全党、教育人民，用中国特色社会主义共同理想凝聚力量，用以爱国主义为核心的民族精神和以改革创新为核心的时代精神鼓舞斗志，用社会主义荣辱观引领风尚，巩固了全党全国各族人民团结奋斗的共同思想道德基础；坚持为人民服务、为社会主义服务的方向和百花齐放、百家争鸣的方针，发扬广大人民群众和文化工作者的创造精神，推动优秀文化产品大量涌现，丰富了人民精神文化生活；坚持推进文化体制改革，创新文化发展理念，解放和发展文化生产力，推动文化事业全面繁荣、文化产业健康发展，大幅度提高了人民基本文化权益保障水平，大幅度提高了文化在经济社会发展中的地位和作用；坚持发展多层次、宽领域对外文化交流格局，借鉴吸收人类优秀文明成果，实施文化走出去战略，不断增强中华文化国际影响力，向世界展示了中国改革开放的崭新形象和中国人民昂扬向上的精神风貌。中国文化改革发展，显著提高了全民族思想道德素质和科学文化素质、促进了人的全面发展，显著增强了国家文化软实力，为坚持和发展中国特色社会主义提供了强大精神力量。

当今世界正处在大发展大变革大调整时期，世界多极化、经济全球化深入发展，科学技术日新月异，各种思想文化交流交融交锋更加频繁，文化在综合国力竞争中的地位和作用更加凸显，维护国家文化安全任务更加艰巨，增强国家文化软实力、中华文化国际影响力要求更加紧迫。当代中国进入了全面建设小康社会的关键时期和深化改革开放、加快转变经济发展方式的

攻坚时期，文化越来越成为民族凝聚力和创造力的重要源泉、越来越成为综合国力竞争的重要因素、越来越成为经济社会发展的重要支撑，丰富精神文化生活越来越成为中国人民的热切愿望。中国仍处于并将长期处于社会主义初级阶段，人民日益增长的物质文化需要同落后的社会生产之间的矛盾仍然是社会主要矛盾。全面建成惠及十几亿人口的更高水平的小康社会，既要让人民过上殷实富足的物质生活，又要让人民享有健康丰富的文化生活。我们必须抓住和用好中国发展的重要战略机遇期，在坚持以经济建设为中心的同时，自觉把文化繁荣发展作为坚持发展是硬道理、发展是党执政兴国第一要务的重要内容，作为深入贯彻落实科学发展观的一个基本要求，进一步推动文化建设与经济建设、政治建设、社会建设以及生态文明建设协调发展，更好满足人民精神需求、丰富人民精神世界、增强人民精神力量，为继续解放思想、坚持改革开放、推动科学发展、促进社会和谐提供坚强思想保证、强大精神动力、有力舆论支持、良好文化条件。

中国文化领域正在发生广泛而深刻的变革，推动文化大发展大繁荣既具备许多有利条件，也面临一系列新情况新问题。中国文化发展同经济社会发展和人民日益增长的精神文化需求还不完全适应，突出矛盾和问题主要是：一些地方和单位对文化建设重要性、必要性、紧迫性认识不够，文化在推动全民族文明素质提高中的作用亟待加强；一些领域道德失范、诚信缺失，一些社会成员人生观、价值观扭曲，用社会主义核心价值体系引领社会思潮更为紧迫，巩固全党全国各族人民团结奋斗的共同思想道德基础任务繁重；舆论引导能力需要提高，网络建设和管理亟待加强和改进；有影响的精品力作还不够多，文化产品创作生产引导力度需要加大；公共文化服务体系不健全，城乡、区域文化发展不平衡；文化产业规模不大、结构不合理，束缚文化生产力发展的体制机制问题尚未根本解决；文化走出去较为薄弱，中华文化国际影响力需要进一步增强；文化人才队伍建设急需加强。推进文化改革发展，必须抓紧解决这些矛盾和问题。

全党必须深刻认识到，社会主义先进文化是马克思主义政党思想精神上的旗帜，文化建设是中国特色社会主义事业总体布局的重要组成部分。没有文化的积极引领，没有人民精神世界的极大丰富，没有全民族精神力量的充分发挥，一个国家、一个民族不可能屹立于世界民族之林。物质贫乏不是社会主义，精神空虚也不是社会主义。没有社会主义文化繁荣发展，就没有社会主义现代化。在新的历史起点上深化文化体制改革、推动社会主义文化大发展大繁荣，关系实现全面建设小康社会奋斗目标，关系坚持和发展中国特色社会主义，关系实现中华民族伟大复兴。我们要准确把握中国经济社会发展新要求，准确把握当今时代文化发展新趋势，准确把握各族人民精神文化生活新期待，增强责任感和紧迫感，解放思想，转变观念，抓住机遇，乘势而上，在全面建设小康社会进程中、在科学发展道路上奋力开创社会主义文化建设新局面。

二、坚持中国特色社会主义文化发展道路，努力建设社会主义文化强国

坚持中国特色社会主义文化发展道路，深化文化体制改革，推动社会主义文化大发展大繁荣，必须全面贯彻党的十七大精神，高举中国特色社会主义伟大旗帜，以马克思列宁主义、毛泽东思想、邓小平理论和“三个代表”重要思想为指导，深入贯彻落实科学发展观，坚持社会主义先进文化前进方向，以科学发展为主题，以建设社会主义核心价值体系为根本任务，以满足人民精神文化需求为出发点和落脚点，以改革创新为动力，发展面向现代化、面向世界、面向未来的，民族的科学的大众的社会主义文化，培养高度的文化自觉和文化自信，提高全民族文明素质，增强国家文化软实力，弘扬中华文化，努力建设社会主义文化强国。

建设社会主义文化强国，就是要着力推动社会主义先进文化更加深入人心，推动社会主义精神文明和物质文明全面发展，不断开创全民族文化创造活力持续迸发、社会文化生活更加丰富多彩、人民基本文化权益得到更好保障、人民思想道德素质和科学文化素质全面提高的新局

面，建设中华民族共有精神家园，为人类文明进步作出更大贡献。

按照实现全面建设小康社会奋斗目标新要求，到2020年，文化改革发展奋斗目标是：社会主义核心价值体系建设深入推进，良好思想道德风尚进一步弘扬，公民素质明显提高；适应人民需要的文化产品更加丰富，精品力作不断涌现；文化事业全面繁荣，覆盖全社会的公共文化服务体系基本建立，努力实现基本公共文化服务均等化；文化产业成为国民经济支柱性产业，整体实力和国际竞争力显著增强，公有制为主体、多种所有制共同发展的文化产业格局全面形成；文化管理体制和文化产品生产经营机制充满活力、富有效率，以民族文化为主体、吸收外来有益文化、推动中华文化走向世界的文化开放格局进一步完善；高素质文化人才队伍发展壮大，文化繁荣发展的人才保障更加有力。全党全国要为实现这些目标共同努力，不断提高文化建设科学化水平，为把中国建设成为社会主义文化强国打下坚实基础。

实现上述奋斗目标，必须遵循以下重要方针。

——坚持以马克思主义为指导，推进马克思主义中国化时代化大众化，用中国特色社会主义理论体系武装头脑、指导实践、推动工作，确保文化改革发展沿着正确道路前进。

——坚持社会主义先进文化前进方向，坚持为人民服务、为社会主义服务，坚持百花齐放、百家争鸣，坚持继承和创新相统一，弘扬主旋律、提倡多样化，以科学的理论武装人，以正确的舆论引导人，以高尚的精神塑造人，以优秀的作品鼓舞人，在全社会形成积极向上的精神追求和健康文明的生活方式。

——坚持以人为本，贴近实际、贴近生活、贴近群众，发挥人民在文化建设中的主体作用，坚持文化发展为了人民、文化发展依靠人民、文化发展成果由人民共享，促进人的全面发展，培育有理想、有道德、有文化、有纪律的社会主义公民。

——坚持把社会效益放在首位，坚持社会效益和经济效益有机统一，遵循文化发展规律，适应社会主义市场经济发展要求，加强文化法制建设，一手抓繁荣、一手抓管理，推动文化事业和文化产业全面协调可持续发展。

——坚持改革开放，着力推进文化体制机制创新，以改革促发展、促繁荣，不断解放和发展文化生产力，提高文化开放水平，推动中华文化走向世界，积极吸收各国优秀文明成果，切实维护国家文化安全。

三、推进社会主义核心价值体系建设，巩固全党全国各民族人民团结奋斗的共同思想道德基础

社会主义核心价值体系是兴国之魂，是社会主义先进文化的精髓，决定着中国特色社会主义发展方向。必须强化教育引导，增进社会共识，创新方式方法，健全制度保障，把社会主义核心价值体系融入国民教育、精神文明建设和党的建设全过程，贯穿改革开放和社会主义现代化建设各领域，体现到精神文化产品创作生产传播各方面，坚持用社会主义核心价值体系引领社会思潮，在全党全社会形成统一指导思想、共同理想信念、强大精神力量、基本道德规范。

（一）坚持马克思主义指导地位 马克思主义深刻揭示了人类社会发展规律，坚定维护和发展最广大人民根本利益，是指引人民推动社会进步、创造美好生活的科学理论。要毫不动摇地坚持马克思主义基本原理，紧密结合中国实际、时代特征、人民愿望，用发展着的马克思主义指导新的实践。坚持不懈用中国特色社会主义理论体系武装全党、教育人民，推动学习实践科学发展观向深度和广度拓展，引导党员、干部深入学习贯彻党的基本理论、基本路线、基本纲领、基本经验，学习马克思主义经典著作，系统掌握马克思主义立场、观点、方法。科学分析世情、国情、党情新变化，深入研究解决改革开放和社会主义现代化建设新课题，不断深化对共产党执政规律、社会主义建设规律、人类社会发展规律的认识，不断把党带领人民创造的成功经验上升为理论，不断赋予当代中国马克思主义鲜明的实践特色、民族特色、时代特色。坚持以领导班子和领导干部为重点，以提高思想政治素养为根本，以建设学习型党组织为抓手，大力推进马克思主义学习型政党建设。深入推进马克思主义理论研究和建设工程，实施中

国特色社会主义理论体系普及计划，加强重点学科体系和教材体系建设，推动中国特色社会主义理论体系进教材、进课堂、进头脑，加强和改进学校思想政治教育。

（二）坚定中国特色社会主义共同理想 中国特色社会主义是当代中国发展进步的根本方向，集中体现了最广大人民根本利益和共同愿望。要深入开展理想信念教育，引导干部群众深刻认识中国共产党领导和中国特色社会主义制度的历史必然性和优越性，深刻认识中国特色社会主义道路既是实现社会主义现代化和中华民族伟大复兴的必由之路，也是创造人民美好生活的必由之路，自觉把个人理想融入中国特色社会主义共同理想之中，最大限度把广大人民团结和凝聚在中国特色社会主义伟大旗帜之下。紧密结合中国特色社会主义成功实践，联系干部群众思想实际，针对社会热点难点问题，从理论和实践结合上作出有说服力的回答，引导干部群众在重大思想理论问题上划清是非界限、澄清模糊认识，有力抵制各种错误和腐朽思想影响。深入开展形势政策教育、国情教育、革命传统教育、改革开放教育、国防教育，组织学习中国近现代史特别是党领导人民进行革命、建设、改革的历史，坚定广大干部群众对中国特色社会主义的信心和信念。

（三）弘扬以爱国主义为核心的民族精神和以改革创新为核心的时代精神 爱国主义是中华民族最深厚的思想传统，最能感召中华儿女团结奋斗；改革创新是当代中国最鲜明的时代特征，最能激励中华儿女锐意进取。要广泛开展民族精神教育，大力弘扬爱国主义、集体主义、社会主义思想，增强民族自尊心、自信心、自豪感，激励人民把爱国热情化作振兴中华的实际行动，以热爱祖国和贡献自己全部力量建设祖国为最大光荣、以损害祖国利益和尊严为最大耻辱。广泛开展时代精神教育，引导干部群众始终保持与时俱进、开拓创新的精神状态，永不自满、永不僵化、永不停滞，以思想不断解放推动事业持续发展。大力弘扬一切有利于国家富强、民族振兴、人民幸福、社会和谐的思想和精神，大力发扬艰苦奋斗、劳动光荣、勤俭节约的优良传统。加强民族团结进步教育，增进对伟大祖国和中华民族的认同，促进各民族共同团结奋斗、共同繁荣发展。加强爱国主义教育基地建设，用好红色旅游资源，使之成为弘扬培育民族精神和时代精神的重要课堂。

（四）树立和践行社会主义荣辱观 社会主义荣辱观体现了社会主义道德的根本要求。要深入开展社会主义荣辱观宣传教育，弘扬中华传统美德，推进公民道德建设工程，加强社会公德、职业道德、家庭美德、个人品德教育，评选表彰道德模范，学习宣传先进典型，引导人民增强道德判断力和道德荣誉感，自觉履行法定义务、社会责任、家庭责任，在全社会形成知荣辱、讲正气、作奉献、促和谐的良好风尚。深化群众性精神文明创建活动，广泛开展志愿服务，拓展各类道德实践活动，倡导爱国、敬业、诚信、友善等道德规范，形成男女平等、尊老爱幼、扶贫济困、扶弱助残、礼让宽容的人际关系。全面加强学校德育体系建设，构建学校、家庭、社会紧密协作的教育网络，动员社会各方面共同做好青少年思想道德教育工作。深入开展学雷锋活动，采取措施推动学习活动常态化。深化政风、行风建设，开展道德领域突出问题专项教育和治理，坚决反对拜金主义、享乐主义、极端个人主义，坚决纠正以权谋私、造假欺诈、见利忘义、损人利己的歪风邪气。把诚信建设摆在突出位置，大力推进政务诚信、商务诚信、社会诚信和司法公信建设，抓紧建立健全覆盖全社会的征信系统，加大对失信行为惩戒力度，在全社会广泛形成守信光荣、失信可耻的氛围。加强法制宣传教育，弘扬社会主义法治精神，树立社会主义法治理念，提高全民法律素质，推动人人学法尊法守法用法，维护法律权威和社会公平正义。加强人文关怀和心理疏导，培育自尊自信、理性平和、积极向上的社会心态。弘扬科学精神，普及科学知识，倡导移风易俗、抵制封建迷信。深入开展反腐倡廉教育，推进廉政文化建设。

四、全面贯彻“二为”方向和“双百”方针，为人民提供更好更多的精神食粮

创作生产更多无愧于历史、无愧于时代、无愧于人民的优秀作品，是文化繁荣发展的重要

标志。必须全面贯彻为人民服务、为社会主义服务的方向和百花齐放、百家争鸣的方针，立足发展先进文化、建设和谐文化，激发文化创作生产活力，提高文化产品质量，发挥文化引领风尚、教育人民、服务社会、推动发展的作用。

（一）坚持正确创作方向 正确创作方向是文化创作生产的根本性问题，一切进步的文化创作生产都源于人民、为了人民、属于人民。必须牢固树立人民是历史创造者的观点，坚持以人民为中心的创作导向，热情讴歌改革开放和社会主义现代化建设伟大实践，生动展示中国人民奋发有为的精神风貌和创造历史的辉煌业绩。要引导文化工作者牢记为人民服务、为社会主义服务的神圣职责，坚持正确文化立场，认真对待和积极追求文化产品社会效果，弘扬真善美，贬斥假恶丑，把学术探索和艺术创作融入实现中华民族伟大复兴的事业之中。坚持发扬学术民主、艺术民主，营造积极健康、宽松和谐的氛围，提倡不同观点和学派充分讨论，提倡体裁、题材、形式、手段充分发展，推动观念、内容、风格、流派积极创新。把创新精神贯穿文化创作生产全过程，弘扬民族优秀文化传统和五四运动以来形成的革命文化传统，学习借鉴国外文化创新有益成果，兼收并蓄、博采众长，增强文化产品时代感和吸引力。

（二）繁荣发展哲学社会科学 坚持和发展中国特色社会主义，必须大力发展哲学社会科学，使之更好发挥认识世界、传承文明、创新理论、咨政育人、服务社会的重要功能。要巩固发展马克思主义理论学科，坚持基础研究和应用研究并重，传统学科和新兴学科、交叉学科并重，结合中国实际和时代特点，建设具有中国特色、中国风格、中国气派的哲学社会科学。坚持以重大现实问题为主攻方向，加强对全局性、战略性、前瞻性问题研究，加快哲学社会科学成果转化，更好服务经济社会发展。实施哲学社会科学创新工程，发挥国家哲学社会科学基金示范引导作用，推进学科体系、学术观点、科研方法创新，重点扶持立足中国特色社会主义实践的研究项目，着力推出代表国家水准、具有世界影响、经得起实践和历史检验的优秀成果。整合哲学社会科学研究力量，建设一批社会科学研究基地和国家重点实验室，建设一批具有专业优势的思想库，加强哲学社会科学信息化建设。

（三）加强和改进新闻舆论工作 舆论导向正确是党和人民之福，舆论导向错误是党和人民之祸。要坚持马克思主义新闻观，牢牢把握正确导向，坚持团结稳定鼓劲、正面宣传为主，壮大主流舆论，提高舆论引导的及时性、权威性和公信力、影响力，发挥宣传党的主张、弘扬社会正气、通达社情民意、引导社会热点、疏导公众情绪、搞好舆论监督的重要作用，保障人民知情权、参与权、表达权、监督权。以党报党刊、通讯社、电台电视台为主，整合都市类媒体、网络媒体等宣传资源，构建统筹协调、责任明确、功能互补、覆盖广泛、富有效率的舆论引导格局。加强和改进正面宣传，加强社会主义核心价值体系宣传，加强舆情分析研判，加强社会热点难点问题引导，从群众关注点入手，科学解疑释惑，有效凝聚共识。做好重大突发事件新闻报道，完善新闻发布制度，健全应急报道和舆论引导机制，提高时效性，增加透明度。加强和改进舆论监督，推动解决党和政府高度重视、群众反映强烈的实际问题，维护人民利益，密切党群关系，促进社会和谐。新闻媒体和新闻工作者要秉持社会责任和职业道德，真实准确传播新闻信息，自觉抵制错误观点，坚决杜绝虚假新闻。

（四）推出更多优秀文艺作品 文学、戏剧、电影、电视、音乐、舞蹈、美术、摄影、书法、曲艺、杂技以及民间文艺、群众文艺等各领域文艺工作者都要积极投身到讴歌时代和人民的文艺创造活动之中，在社会生活中汲取素材、提炼主题，以充沛的激情、生动的笔触、优美的旋律、感人的形象，创作生产出思想性艺术性观赏性相统一、人民喜闻乐见的优秀文艺作品。实施精品战略，组织好“五个一工程”、重大革命和历史题材创作工程、重点文学艺术作品扶持工程、优秀少儿作品创作工程，鼓励原创和现实题材创作，不断推出文艺精品。扶持代表国家水准、具有民族特色和地方特色的优秀艺术品种，积极发展新的艺术样式。鼓励一切有利于陶冶情操、愉悦身心、寓教于乐的文艺创作，抵制低俗之风。

（五）发展健康向上的网络文化 加强网上思想文化阵地建设，是社会主义文化建设的迫切任务。要认真贯彻积极利用、科学发展、依法管理、确保安全的方针，加强和改进网络文化建设和管理，加强网上舆论引导，唱响网上思想文化主旋律。实施网络内容建设工程，推动优秀传统文化瑰宝和当代文化精品网络传播，制作适合互联网和手机等新兴媒体传播的精品佳作，鼓励网民创作格调健康的网络文化作品。支持重点新闻网站加快发展，打造一批在国内外有较强影响力的综合性网站和特色网站，发挥主要商业网站建设性作用，培育一批网络内容生产和服务骨干企业。发展网络新技术新业态，占领网络信息传播制高点。广泛开展文明网站创建，推动文明办网、文明上网，督促网络运营服务企业履行法律义务和社会责任，不为有害信息提供传播渠道。加强网络法制建设，加快形成法律规范、行政监管、行业自律、技术保障、公众监督、社会教育相结合的互联网管理体系。加强对社交网络和即时通信工具等的引导和管理，规范网上信息传播秩序，培育文明理性的网络环境。依法惩处传播有害信息行为，深入推进整治网络淫秽色情和低俗信息专项行动，严厉打击网络违法犯罪。加大网上个人信息保护力度，建立网络安全评估机制，维护公共利益和国家信息安全。

（六）完善文化产品评价体系和激励机制 坚持把遵循社会主义先进文化前进方向、人民群众满意作为评价作品最高标准，把群众评价、专家评价和市场检验统一起来，形成科学的评价标准。要建立公开、公平、公正评奖机制，精简评奖种类，改进评奖办法，提高权威性和公信度。加强文艺理论建设，培养高素质文艺评论队伍，开展积极健康的文艺批评，褒优贬劣，激浊扬清。加大优秀文化产品推广力度，运用主流媒体、公共文化场所等资源，在资金、频道、版面、场地等方面为展演展映展播展览弘扬主流价值的精品力作提供条件。设立专项艺术基金，支持收藏和推介优秀文化作品。加大知识产权保护力度，依法惩处侵权行为，维护著作权人合法权益。

五、大力发展公益性文化事业，保障人民基本文化权益

满足人民基本文化需求是社会主义文化建设的基本任务。必须坚持政府主导，按照公益性、基本性、均等性、便利性的要求，加强文化基础设施建设，完善公共文化服务网络，让群众广泛享有免费或优惠的基本公共文化服务。

（一）构建公共文化服务体系 加强公共文化服务是实现人民基本文化权益的主要途径。要以公共财政为支撑，以公益性文化单位为骨干，以全体人民为服务对象，以保障人民群众看电视、听广播、读书看报、进行公共文化鉴赏、参与公共文化活动等基本文化权益为主要内容，完善覆盖城乡、结构合理、功能健全、实用高效的公共文化服务体系。把主要公共文化产品和服务项目、公益性文化活动纳入公共财政经常性支出预算。采取政府采购、项目补贴、定向资助、贷款贴息、税收减免等政策措施鼓励各类文化企业参与公共文化服务。鼓励国家投资、资助或拥有版权的文化产品无偿用于公共文化服务。加强文化馆、博物馆、图书馆、美术馆、科技馆、纪念馆、工人文化宫、青少年宫等公共文化服务设施和爱国主义教育示范基地建设并完善向社会免费开放服务，鼓励其他国有文化单位、教育机构等开展公益性文化活动，各类公共场所要为群众性文化活动提供便利。统筹规划和建设基层公共文化服务设施，坚持项目建设和运行管理并重，实现资源整合、共建共享。加强社区公共文化设施建设，把社区文化中心建设纳入城乡规划和设计，拓展投资渠道。完善面向妇女、未成年人、老年人、残疾人的公共文化服务设施。引导和鼓励社会力量通过兴办实体、资助项目、赞助活动、提供设施等形式参与公共文化服务。推进国家公共文化服务体系示范区创建。制定公共文化服务指标体系和绩效考核办法。

（二）发展现代传播体系 提高社会主义先进文化辐射力和影响力，必须加快构建技术先进、传输快捷、覆盖广泛的现代传播体系。要加强党报党刊、通讯社、电台电视台和重要出版社建设，进一步完善采编、发行、播发系统，加快数字化转型，扩大有效覆盖面。加强国际传播能力建设，打造国际一流媒体，提高新闻信息原创率、首发率、落地率。建立统一联动、安全可靠的国家应急广播体系。完善国家数字图书馆建设。整合有线电视网络，组建国家级广播电视网络公司。推进电信网、广电网、互联网三网融合，建设国家新媒体集成播控平台，创新

业务形态，发挥各类信息网络设施的文化传播作用，实现互联互通、有序运行。

（三）建设优秀传统文化传承体系 优秀传统文化凝聚着中华民族自强不息的精神追求和历久弥新的精神财富，是发展社会主义先进文化的深厚基础，是建设中华民族共有精神家园的重要支撑。要全面认识祖国传统文化，取其精华、去其糟粕，古为今用、推陈出新，坚持保护利用、普及弘扬并重，加强对优秀传统文化思想价值的挖掘和阐发，维护民族文化基本元素，使优秀传统文化成为新时代鼓舞人民前进的精神力量。加强文化典籍整理和出版工作，推进文化典籍资源数字化。加强国家重大文化和自然遗产地、重点文物保护单位、历史文化名城名镇名村保护建设，抓好非物质文化遗产保护传承。深入挖掘民族传统节日文化内涵，广泛开展优秀传统文化教育普及活动。发挥国民教育在文化传承创新中的基础性作用，增加优秀传统文化课程内容，加强优秀传统文化教学研究基地建设。大力推广和规范使用国家通用语言文字，科学保护各民族语言文字。繁荣发展少数民族文化事业，开展少数民族特色文化保护工作，加强少数民族语言文字党报党刊、广播影视节目、出版物等译制播出出版。加强同香港、澳门的文化交流合作，加强同台湾的各种形式文化交流，共同弘扬中华优秀传统文化。

（四）加快城乡文化一体化发展 增加农村文化服务总量，缩小城乡文化发展差距，对推进社会主义新农村建设、形成城乡经济社会发展一体化新格局具有重大意义。要以农村和中西部地区为重点，加强县级文化馆和图书馆、乡镇综合文化站、村文化室建设，深入实施广播电视村村通、文化信息资源共享、农村电影放映、农家书屋等文化惠民工程，扩大覆盖、消除盲点、提高标准、完善服务、改进管理。加大对革命老区、民族地区、边疆地区、贫困地区文化服务网络建设支持和帮扶力度。深入开展全民阅读、全民健身活动，推动文化科技卫生“三下乡”、科教文体法律卫生“四进社区”、“送欢乐下基层”等活动经常化。引导企业、社区积极开展面向农民工的公益性文化活动，尽快把农民工纳入城市公共文化服务体系。建立以城带乡联动机制，合理配置城乡文化资源，鼓励城市对农村进行文化帮扶，把支持农村文化建设作为创建文明城市基本指标。鼓励文化单位面向农村提供流动服务、网点服务，推动媒体办好农村版和农村频率频道，做好主要党报党刊在农村基层发行和赠阅工作。扶持文化企业以连锁方式加强基层和农村文化网点建设，推动电影院线、演出院线向市县延伸，支持演艺团体深入基层和农村演出。中央、省、市三级设立农村文化建设专项资金，保证一定数量的中央转移支付资金用于乡镇和村文化建设。

六、加快发展文化产业，推动文化产业成为国民经济支柱性产业

发展文化产业是社会主义市场经济条件下满足人民多样化精神文化需求的重要途径。必须坚持社会主义先进文化前进方向，坚持把社会效益放在首位、社会效益和经济效益相统一，按照全面协调可持续的要求，推动文化产业跨越式发展，使之成为新的经济增长点、经济结构战略性调整的重要支点、转变经济发展方式的重要着力点，为推动科学发展提供重要支撑。

（一）构建现代文化产业体系 加快发展文化产业，必须构建结构合理、门类齐全、科技含量高、富有创意、竞争力强的现代文化产业体系。要在重点领域实施一批重大项目，推进文化产业结构调整，发展壮大出版发行、影视制作、印刷、广告、演艺、娱乐、会展等传统文化产业，加快发展文化创意、数字出版、移动多媒体、动漫游戏等新兴文化产业。鼓励有实力的文化企业跨地区、跨行业、跨所有制兼并重组，培育文化产业领域战略投资者。优化文化产业布局，发挥东中西部地区各自优势，加强文化产业基地规划和建设，发展文化产业集群，提高文化产业规模化、集约化、专业化水平。加大对拥有自主知识产权、弘扬民族优秀文化的产业支持力度，打造知名品牌。发掘城市文化资源，发展特色文化产业，建设特色文化城市。发挥首都全国文化中心示范作用。规划建设各具特色的文化创业创意园区，支持中小文化企业发展。推动文化产业与旅游、体育、信息、物流、建筑等产业融合发展，增加相关产业文化含量，延伸文化产业链，提高附加值。

（二）形成公有制为主体、多种所有制共同发展的文化产业格局 加快发展文化产业，必

须毫不动摇地支持和壮大国有或国有控股文化企业，毫不动摇地鼓励和引导各种非公有制文化企业健康发展。要培育一批核心竞争力强的国有或国有控股大型文化企业或企业集团，在发展产业和繁荣市场方面发挥主导作用。在国家许可范围内，引导社会资本以多种形式投资文化产业，参与国有经营性文化单位转企改制，参与重大文化产业项目实施和文化产业园区建设，在投资核准、信用贷款、土地使用、税收优惠、上市融资、发行债券、对外贸易和申请专项资金等方面给予支持，营造公平参与市场竞争、同等受到法律保护的体制和法制环境。加强和改进对非公有制文化企业的服务和管理，引导它们自觉履行社会责任。

（三）推进文化科技创新 科技创新是文化发展的重要引擎。要发挥文化和科技相互促进的作用，深入实施科技带动战略，增强自主创新能力。抓住一批全局性、战略性重大科技课题，加强核心技术、关键技术、共性技术攻关，以先进技术支撑文化装备、软件、系统研制和自主发展，重视相关技术标准制定，加快科技创新成果转化，提高中国出版、印刷、传媒、影视、演艺、网络、动漫等领域技术装备水平，增强文化产业核心竞争力。依托国家高新技术园区、国家可持续发展实验区等建立国家级文化和科技融合示范基地，把重大文化科技项目纳入国家相关科技发展规划和计划。健全以企业为主体、市场为导向、产学研相结合的文化技术创新体系，培育一批特色鲜明、创新能力强的文化科技企业，支持产学研战略联盟和公共服务平台建设。

（四）扩大文化消费 增加文化消费总量，提高文化消费水平，是文化产业发展的内生动力。要创新商业模式，拓展大众文化消费市场，开发特色文化消费，扩大文化服务消费，提供个性化、分众化的文化产品和服务，培育新的文化消费增长点。提高基层文化消费水平，引导文化企业投资兴建更多适合群众需求的文化消费场所，鼓励出版适应群众购买能力的图书报刊，鼓励在商业演出和电影放映中安排一定数量的低价场次或门票，鼓励网络文化运营商开发更多低收费业务，有条件的地方要为困难群众和农民工文化消费提供适当补贴。积极发展文化旅游，促进非物质文化遗产保护传承与旅游相结合，发挥旅游对文化消费的促进作用。

七、进一步深化改革开放，加快构建有利于文化繁荣发展的体制机制

文化引领时代风气之先，是最需要创新的领域。必须牢牢把握正确方向，加快推进文化体制改革，建立健全党委领导、政府管理、行业自律、社会监督、企事业单位依法运营的文化管理体制和富有活力的文化产品生产经营机制，发挥市场在文化资源配置中的积极作用，创新文化走出去模式，为文化繁荣发展提供强大动力。

（一）深化国有文化单位改革 以建立现代企业制度为重点，加快推进经营性文化单位改革，培育合格市场主体。科学界定文化单位性质和功能，区别对待、分类指导，循序渐进、逐步推开，推进一般国有文艺院团、非时政类报刊社、新闻网站转企改制，拓展出版、发行、影视企业改革成果，加快公司制股份制改造，完善法人治理结构，形成符合现代企业制度要求、体现文化企业特点的资产组织形式和经营管理模式。创新投融资体制，支持国有文化企业面向资本市场融资，支持其吸引社会资本进行股份制改造。着眼于突出公益属性、强化服务功能、增强发展活力，全面推进文化事业单位人事、收入分配、社会保障制度改革，明确服务规范，加强绩效评估考核。创新公共文化服务设施运行机制，吸纳有代表性的社会人士、专业人士、基层群众参与管理。推动党报党刊、电台电视台进一步完善管理和运行机制。推动一般时政类报刊社、公益性出版社、代表民族特色和国家水准的文艺院团等事业单位实行企业化管理，增强面向市场、面向群众提供服务能力。

（二）健全现代文化市场体系 促进文化产品和要素在全国范围内合理流动，必须构建统一开放竞争有序的现代文化市场体系。要重点发展图书报刊、电子音像制品、演出娱乐、影视剧、动漫游戏等产品市场，进一步完善中国国际文化产业博览交易会等综合交易平台。发展连锁经营、物流配送、电子商务等现代流通组织和流通形式，加快建设大型文化流通企业和文化产品物流基地，构建以大城市为中心、中小城市相配套、贯通城乡的文化产品流通网络。加快

培育产权、版权、技术、信息等要素市场，办好重点文化产权交易所，规范文化资产和艺术品交易。加强行业组织建设，健全中介机构。

（三）创新文化管理体制 深化文化行政管理体制改革，加快政府职能转变，强化政策调节、市场监管、社会管理、公共服务职能，推动政企分开、政事分开，理顺政府和文化企事业单位关系。完善管人管事管资产管导向相结合的国有文化资产管理体制。健全文化市场综合行政执法机构，推动副省级以下城市完善综合文化行政责任主体。加快文化立法，制定和完善公共文化服务保障、文化产业振兴、文化市场管理等方面法律法规，提高文化建设法制化水平。坚持主管主办制度，落实谁主管谁负责和属地管理原则，严格执行文化资本、文化企业、文化产品市场准入和退出政策，综合运用法律、行政、经济、科技等手段提高管理效能。深入开展“扫黄打非”，完善文化市场管理，坚决扫除毒害人们心灵的腐朽文化垃圾，切实营造确保国家文化安全的市场秩序。

（四）完善政策保障机制 保证公共财政对文化建设投入的增长幅度高于财政经常性收入增长幅度，提高文化支出占财政支出比例。扩大公共财政覆盖范围，完善投入方式，加强资金管理，提高资金使用效益，保障公共文化服务体系建设和运行。落实和完善文化经济政策，支持社会组织、机构、个人捐赠和兴办公益性文化事业，引导文化非营利机构提供公共文化产品和服务。加大财政、税收、金融、用地等方面对文化产业的政策扶持力度，鼓励文化企业和社会资本对接，对文化内容创意生产、非物质文化遗产项目经营实行税收优惠。设立国家文化发展基金，扩大有关文化基金和专项资金规模，提高各级彩票公益金用于文化事业比重。继续执行文化体制改革配套政策，对转企改制国有文化单位扶持政策执行期限再延长五年。

（五）推动中华文化走向世界 开展多渠道多形式多层次对外文化交流，广泛参与世界文明对话，促进文化相互借鉴，增强中华文化在世界上的感召力和影响力，共同维护文化多样性。创新对外宣传方式方法，增强国际话语权，妥善回应外部关切，增进国际社会对中国基本国情、价值观念、发展道路、内外政策的了解和认识，展现中国文明、民主、开放、进步的形象。实施文化走出去工程，完善支持文化产品和服务走出去政策措施，支持重点主流媒体在海外设立分支机构，培育一批具有国际竞争力的外向型文化企业和中介机构，完善译制、推介、咨询等方面扶持机制，开拓国际文化市场。加强海外中国文化中心和孔子学院建设，鼓励代表国家水平的各类学术团体、艺术机构在相应国际组织中发挥建设性作用，组织对外翻译优秀学术成果和文化精品。构建人文交流机制，把政府交流和民间交流结合起来，发挥非公有制文化企业、文化非营利机构在对外文化交流中的作用，支持海外侨胞积极开展中外人文交流。建立面向外国青年的文化交流机制，设立中华文化国际传播贡献奖和国际性文化奖项。

（六）积极吸收借鉴国外优秀文化成果 坚持以我为主、为我所用，学习借鉴一切有利于加强中国社会主义文化建设的有益经验、一切有利于丰富中国人民文化生活的积极成果、一切有利于发展中国文化事业和文化产业的经营管理理念和机制。加强文化领域智力、人才、技术引进工作。吸收外资进入法律法规许可的文化产业领域，保障投资者合法权益。鼓励文化单位同国外有实力的文化机构进行项目合作，学习先进制作技术和管理经验。鼓励外资企业在华进行文化科技研发，发展服务外包。开展知识产权保护国际合作。

八、建设宏大文化人才队伍，为社会主义文化大发展大繁荣提供有力人才支撑

推动社会主义文化大发展大繁荣，队伍是基础，人才是关键。要坚持尊重劳动、尊重知识、尊重人才、尊重创造，深入实施人才强国战略，牢固树立人才是第一资源思想，全面贯彻党管人才原则，加快培养造就德才兼备、锐意创新、结构合理、规模宏大的文化人才队伍。

（一）造就高层次领军人物和高素质文化人才队伍 高层次领军人物和专业文化工作者是社会主义文化建设的中坚力量。要继续实施“四个一批”人才培养工程和文化名家工程，建立重大文化项目首席专家制度，造就一批人民喜爱、有国际影响的名家大师和民族文化代表人

物。加强专业文化工作队伍、文化企业家队伍建设，扶持资助优秀中青年文化人才主持重大课题、领衔重点项目，抓紧培养善于开拓文化新领域的拔尖创新人才、掌握现代传媒技术的专门人才、懂经营善管理的复合型人才、适应文化走出去需要的国际化人才。创新人才培养模式，实施高端紧缺文化人才培养计划，搭建文化人才终身学习平台。鼓励和扶持高等学校和中等职业学校优化专业结构，与文化企事业单位共建培养基地。完善人才培养开发、评价发现、选拔任用、流动配置、激励保障机制，深化职称评审改革，为优秀人才脱颖而出、施展才干创造有利制度环境。重视发现和培养社会文化人才。对非公有制文化单位人员评定职称、参与培训、申报项目、表彰奖励同等对待。完善相关政策措施，多渠道吸引海外优秀文化人才。落实国家荣誉制度，抓紧设立国家级文化荣誉称号，表彰奖励成就卓著的文化工作者。

（二）加强基层文化人才队伍建设　基层文化人才队伍是文化改革发展的基础力量。要制定实施基层文化人才队伍建设规划，完善机构编制、学习培训、待遇保障等方面的政策措施，吸引优秀文化人才服务基层。配好配齐乡镇、街道党委宣传委员、宣传干事和乡镇综合文化站专职人员。设立城乡社区公共文化服务岗位，对服务期满高校毕业生报考文化部门公务员、相关专业研究生实行定向招录。重视发现和培养扎根基层的乡土文化能人、民族民间文化传承人特别是非物质文化遗产项目代表性传承人，鼓励和扶持群众中涌现出的各类文化人才和文化活动积极分子，促进他们健康成长、发挥作用。壮大文化志愿者队伍，鼓励专业文化工作者和社会各界人士参与基层文化建设和群众文化活动，形成专兼结合的基层文化工作队伍。

（三）加强职业道德建设和作风建设　文化工作者要成为优秀文化的生产者和传播者，必须加强自身修养，做道德品行和人格操守的示范者。要引导广大文化工作者特别是名家名人自觉践行社会主义核心价值体系，增强社会责任感，弘扬科学精神和职业道德，发扬严谨笃学、潜心钻研、淡泊名利、自尊自律的风尚，努力追求德艺双馨，坚决抵制学术不端、情趣低俗等不良风气。鼓励文化工作者特别是文化名家、中青年骨干深入实际、深入生活、深入群众，拜人民为师，增强国情了解，增加基层体验，增进群众感情。文化工作者要相互尊重、平等交流、取长补短，共同营造风清气正、和谐奋进的良好氛围。

九、加强和改进党对文化工作的领导，提高推进文化改革发展科学文化水平

加强和改进党对文化工作的领导，是推进文化改革发展的根本保证，也是加强党的执政能力建设和先进性建设的内在要求。必须从战略和全局出发，把握文化发展规律，健全领导体制机制，改进工作方式方法，增强领导文化建设本领。

（一）切实担负起推进文化改革发展的政治责任　各级党委和政府要把文化建设摆在全局工作重要位置，深入研究意识形态和宣传文化工作新情况新特点，及时研究文化改革发展重大问题，加强和改进思想政治工作，牢牢把握意识形态工作主导权，掌握文化改革发展领导权。把文化建设纳入经济社会发展总体规划，与经济社会发展一同研究部署、一同组织实施、一同督促检查。把文化改革发展成效纳入科学发展考核评价体系，作为衡量领导班子和领导干部工作业绩的重要依据。制定社会主义核心价值体系建设实施纲要。在全党深入开展社会主义核心价值体系学习教育，使广大党员、干部成为实践社会主义核心价值体系的模范，做共产主义远大理想和中国特色社会主义共同理想的坚定信仰者。深入做好文化领域知识分子工作，充分尊重知识分子创造性劳动，善于同知识分子特别是有影响的代表人士交朋友，把广大知识分子紧紧团结在党的周围。

（二）加强文化领域领导班子和党组织建设　坚持德才兼备、以德为先用人标准，选好配强文化领域各级领导班子，把政治立场坚定、思想理论水平高、熟悉文化工作、善于驾驭意识形态领域复杂局面的干部充实到领导岗位上来，把文化领域各级领导班子建设成为坚强领导集体。加强领导班子思想政治建设，增强政治敏锐性和政治鉴别力，筑牢思想防线，确保文化阵地导向正确。各级领导干部要高度重视并切实抓好文化工作，加强文化理论学习和文化问题研

究，提高文化素养，努力成为领导文化建设的行家里手。把文化建设内容纳入干部培训计划和各级党校、行政学院、干部学院教学体系。结合文化单位特点加强和创新基层党的工作，发挥文化事业单位、国有和国有控股文化企业党组织的领导核心和政治核心作用，重视文化领域非公有制经济组织、新社会组织党的组织建设。注重在文化领域优秀人才、先进青年、业务骨干中发展党员。文化战线全体共产党员要牢固树立党的观念、党员意识，讲党性、重品行、作表率，在推进文化改革发展中创先争优、发挥先锋模范作用。

（三）健全共同推进文化建设工作机制 推动社会主义文化大发展大繁荣是全党全社会的共同责任。要建立健全党委统一领导、党政齐抓共管、宣传部门组织协调、有关部门分工负责、社会力量积极参与的工作体制和工作格局，形成文化建设强大合力。文化领域各部门各单位要自觉贯彻中央决策部署，落实文化改革发展目标任务，发挥文化建设主力军作用。支持人大、政协履行职能，调动各部门积极性，支持民主党派、无党派人士和人民团体发挥作用，共同推进文化改革发展。推动文联、作协、记协等文化领域人民团体创新管理体制、组织形式、活动方式，履行好联络协调服务职能，加强行业自律，依法维护文化工作者权益。全面贯彻党的宗教工作基本方针，发挥宗教界人士和信教群众在促进文化繁荣发展中的积极作用。

（四）发挥人民群众文化创造积极性 人民是推动社会主义文化大发展大繁荣最深厚的力量源泉。要牢固树立马克思主义群众观点，自觉贯彻党的群众路线，为广大群众成为社会主义文化建设者提供广阔舞台。广泛开展群众性文化活动，提高社区文化、村镇文化、企业文化、校园文化等建设水平，引导群众在文化建设中自我表现、自我教育、自我服务。积极搭建公益性文化活动平台，依托重大节庆和民族民间文化资源，组织开展群众乐于参与、便于参与的文化活动。支持群众依法兴办文化团体，精心培育植根群众、服务群众的文化载体和文化样式。及时总结来自群众、生动鲜活的文化创新经验，推广大众文化优秀成果，在全社会营造鼓励文化创造的良好氛围，让蕴藏于人民中的文化创造活力得到充分发挥。

中国人民解放军和中国人民武装警察部队文化建设工作，由中央军委根据本决定精神作出部署。

中华民族伟大复兴必然伴随着中华文化繁荣兴盛。全党要紧密团结在以胡锦涛同志为总书记的党中央周围，满怀信心带领全国各族人民在坚持和发展中国特色社会主义的伟大实践中进行文化创造，为把中国建设成为社会主义文化强国而努力奋斗！

著作权资产评估指导意见

中评协［2010］215号

第一章　引　言

第一条　为规范注册资产评估师执行著作权资产评估业务行为，维护社会公共利益和资产评估各方当事人合法权益，根据《资产评估准则——无形资产》，制定本指导意见。

第二条　本指导意见所称著作权资产，是指权利人所拥有或者控制的，能够持续发挥作用并且预期能带来经济利益的著作权的财产权益和与著作权有关权利的财产权益。

第三条　本指导意见所称著作权资产评估，是指注册资产评估师依据相关法律、法规和资产评估准则，对著作权资产的价值进行分析、估算并发表专业意见的行为和过程。

第四条　注册资产评估师执行著作权资产评估业务，应当遵守本指导意见。

第五条　注册资产评估师执行与著作权资产价值估算相关的其他业务，可以参照本指导意见。

第二章　基本要求

第六条　从事著作权资产评估业务的评估机构应当持有财政部门颁发的资产评估资格证书。

第七条　注册资产评估师执行著作权资产评估业务，应当遵守相关法律法规和资产评估准则。

第八条　注册资产评估师执行著作权资产评估业务，应当经过专门教育或者培训，具备相应的专业知识和著作权资产评估经验，具有专业胜任能力。

第九条　注册资产评估师执行著作权资产评估业务，应当在合理考虑评估对象、评估目的、市场条件等因素的基础上，恰当选择价值类型。

第十条　注册资产评估师执行著作权资产评估业务，应当合理确定评估假设以及限定条件。

第十一条　注册资产评估师执行著作权资产评估业务，应当勤勉尽责，保持应有的职业谨慎，避免出现对评估结论具有重大影响的疏漏。

第三章　评估对象

第十二条　著作权资产评估对象是指著作权中的财产权益以及与著作权有关权利的财产权益。

第十三条　著作权资产的财产权利形式包括著作权人享有的权利和转让或者许可他人使用的权利。

许可使用形式包括法定许可和授权许可；授权许可形式包括专有许可、非专有许可和其他形式许可等。

第十四条　注册资产评估师执行著作权资产评估业务，应当明确著作权资产的权利形式。当评估对象为著作权使用权时，应当明确著作权使用权的具体许可形式和许可内容。

第十五条　著作权财产权利种类包括：复制权、发行权、出租权、展览权、表演权、放映权、广播权、信息网络传播权、摄制权、改编权、翻译权、汇编权以及著作权人享有的其他财产权利。

与著作权有关权利包括：出版者对其出版的图书、期刊的版式设计的权利，表演者对其表演享有的权利，录音、录像制作者对其制作的录音、录像制品享有的权利，广播电台、电视台对其制作的广播、电视所享有的权利以及由国家法律、行政法规规定的其他与著作权有关的权利。

第十六条 注册资产评估师执行著作权资产评估业务，应当关注评估对象的基本状况以及在时间、地域和其他方面的限制条件，评估对象涉及的作品在著作权法中所属的作品类别，作品的发表状况、使用状态、登记情况以及著作权的保护期限。

第十七条 注册资产评估师执行著作权资产评估业务，应当要求委托方明确著作权评估对象的组成形式。著作权资产评估对象通常有下列组成形式：

（一）单个著作权中的单项财产权利；

（二）单个著作权中的多项财产权利的组合；

（三）分属于不同著作权的单项或者多项财产权利的组合；

（四）著作权中财产权和与著作权有关权利的财产权益的组合；

（五）在权利客体不可分割或者不需要分割的情况下，著作权资产与其他无形资产的组合。

第十八条 注册资产评估师执行著作权资产评估业务，应当关注著作权的法律状态。著作权的法律状态包括著作权权利人信息、权利人变更情况、著作权质押情况和涉及诉讼情况等。

第十九条 注册资产评估师执行质押目的著作权资产评估业务，应当要求委托方提交由著作权登记机关出具的权属证明文件；执行出资目的著作权资产评估业务，应当关注著作权的登记情况。

第四章 操作要求

第二十条 注册资产评估师执行著作权评估业务，应当对享有著作权的作品相关情况进行调查，包括必要的现场调查，并收集相关信息、资料等。

注册资产评估师在调查过程中收集的相关信息、资料通常包括：

（一）作品作者和著作权权利人的基本情况；

（二）作品基本情况，包括作品创作完成时间、首次发表时间、复制、发行、出租、展览、表演、放映、广播、信息网络传播、摄制、改编、翻译、汇编等使用情况；

（三）作品的类别，包括文字作品，口述作品，音乐、戏剧、曲艺、舞蹈、杂技艺术作品，美术、建筑作品，摄影作品，电影作品和以类似摄制电影的方法创作的作品，工程设计图、产品设计图、地图、示意图等图形作品和模型作品，计算机软件，法律、行政法规规定的其他作品；

（四）作品的创作形式，包括原创或者各种形式的改编、翻译、注释、整理等；

（五）作品的题材类型、体裁特征等情况；

（六）著作权和与著作权有关权利的情况及其登记情况；

（七）各种权利限制情况，包括相关财产权利在时间、地域方面的限制以及质押、诉讼等方面的限制；

（八）与作品相关的其他无形资产权利的情况；

（九）作品的创作成本、费用支出；

（十）著作权资产以往的评估和交易情况，包括转让、许可使用以及其他形式的交易情况；

（十一）著作权权利维护情况，包括权利维护方式、效果，历史上的维护成本费用支出等；

（十二）宏观经济发展和相关行业政策与作品市场发展状况；

（十三）作品的使用范围、市场需求、经济寿命、同类产品的竞争状况；

（十四）作品使用、收益的可能性和方式；

（十五）同类作品近期的市场交易及成交价格情况。

第二十一条 注册资产评估师执行著作权资产评估业务，应当了解与著作权资产共同发挥作用的其他因素，并重点关注下列情况：

（一）著作权资产与相关有形资产以及其他无形资产共同发挥作用；

（二）原创作品著作权与演绎作品著作权共同发挥作用；

（三）著作权和与著作权有关权利共同发挥作用。

当存在与评估对象共同发挥作用的其他因素时，注册资产评估师应当分析这些因素对著作权资产价值的影响。

第二十二条 注册资产评估师执行著作权资产评估业务，应当根据评估对象、评估目的、价值类型、资料收集情况等相关条件，分析收益法、市场法和成本法三种资产评估基本方法的适用性，恰当选择一种或者多种评估方法。

第二十三条 注册资产评估师运用收益法进行著作权资产评估时，应当根据著作权资产对应作品的运营模式合理估计评估对象的预期收益，并关注运营模式法律上的合规性、技术上的可能性、经济上的可行性。著作权的预期收益通常通过分析计算增量收益、节省许可费和超额收益等途径实现。

第二十四条 注册资产评估师执行著作权资产评估业务，应当关注该作品演绎出新作品并产生衍生收益的可能性。当具有充分证据证明该作品在可预见的未来可能会演绎出新作品并产生衍生收益时，注册资产评估师应当谨慎、恰当地考虑这种衍生收益对著作权资产价值的影响。

第二十五条 当原创作品的演绎作品尚未形成时，注册资产评估师应当了解其衍生收益的产生在评估基准日具有较大的不确定性，应当按或有资产评估衍生收益对应的著作权资产的价值。

第二十六条 注册资产评估师运用收益法进行著作权资产评估时，应当合理确定资产的剩余经济寿命。剩余经济寿命需要综合考虑法律保护期限、相关合同约定期限、作品类别、创作完成时间、首次发表时间以及作品的权利状况等因素确定。

第二十七条 注册资产评估师运用收益法进行著作权资产评估时，应当综合考虑评估基准日的利率、资本成本，以及著作权实施过程中的技术、经营、市场、生命周期等方面的风险因素，合理确定折现率。著作权资产折现率应当区别于企业整体资产或者有形资产折现率。

著作权资产折现率口径应当与预期收益的口径保持一致。

第二十八条 注册资产评估师运用市场法进行著作权资产评估时，应当对收集的交易案例与评估对象进行比较，分析在交易时间、权利种类或者形式以及限制条件、交易方的关系、获利能力、竞争能力、剩余经济寿命、风险程度等方面的差异。

第二十九条 注册资产评估师运用成本法进行著作权资产评估时，应当合理确定作品的重置成本。作品重置成本包括创作人员和管理人员的人工成本、材料成本、创作环境配套成本、场地使用或者占用等合理成本以及合理利润和相关税费等。

第三十条 注册资产评估师运用成本法进行著作权资产评估时，应当了解著作权资产的贬值在其经济寿命期内可能不是均匀分布的，应当采用适当方法确定评估对象的贬值。

第三十一条 注册资产评估师对同一著作权资产采用多种评估方法评估时，应当对各种方法取得的初步结果进行比较分析，形成合理的最终评估结论。

第五章 披露要求

第三十二条 注册资产评估师执行著作权资产评估业务，应当在履行必要的评估程序后，根据《资产评估准则——评估报告》编制评估报告。

第三十三条 注册资产评估师执行著作权资产评估业务，应当在评估报告中披露必要的信息，使评估报告使用者能够合理理解评估结论。

第三十四条 注册资产评估师应当在著作权资产评估报告中反映著作权资产的特点，通常包括以下内容：

（一）作者和著作权权利人的基本情况；

（二）评估对象的详细组成情况，包括作品基本情况、作品的类别、作品的创作形式，涉及的演绎作品的详细情况；

（三）评估对象包含的财产权利限制条件；

（四）与著作权有关的权利情况；

（五）著作权和与著作权有关权利事项登记情况；

（六）作品含有其他无形资产的情况；

（七）作品产生收益的方式；

（八）著作权剩余法定保护期限以及剩余经济寿命；

（九）对影响著作权资产价值的法律因素、技术因素、经济因素的分析过程；

（十）使用的评估假设以及限定条件；

（十一）著作权资产许可、转让、诉讼以及质押等情况；

（十二）有关评估方法的主要内容，包括评估方法的选取及其理由，评估方法的运用和逻辑推理计算过程，各重要参数的来源、分析、比较与测算过程，对初步价值结论进行分析并形成最终评估结论的过程。

第六章 附 则

第三十五条 本指导意见自2011年7月1日起施行。

二〇一〇年十二月十八日

版权

专　文

ZHUAN　WEN

《著作权法》修订要面向时代、面向世界、面向未来

——在“《著作权法》第三次修订启动会议”上的讲话

（2011年7月13日）

新闻出版总署署长、国家版权局局长　柳斌杰

在中央领导同志的关心下，我国《著作权法》第三次修订工作今天正式启动，这在国内外都是好消息。刚才自强同志介绍了我国《著作权法》第三次修订的背景和我们的初步计划和设想，国家版权局向修法工作专家委员会委员颁发了聘书，五位专家学者作了简短的发言，我都赞同。下面，我谈三点意见。

一、《著作权法》第三次修订工作的紧迫性和重要性

进入新世纪以来，知识经济深入发展，经济全球化进程明显加快，以信息技术为代表的高新技术日新月异，智力创造对物质生产、文化生产的作用越来越大，包括著作权在内的知识产权日益成为国家发展的战略性资源和国际竞争力的核心要素，成为国际经贸交流的重要载体，保护知识产权已经成为国际社会的基本共识。但是，发达国家和发展中国家对于建立怎样的知识产权保护国际新规则，制定怎样的知识产权保护标准等问题依然分歧明显、斗争激烈，预计今后在法律上、实践上还要反复较量。

党中央、国务院高度重视包括著作权在内的知识产权工作。胡锦涛总书记指出，保护知识产权不仅对中国扩大对外开放和改善投资环境十分必要，而且对提升中国自主创新能力不可或缺。温家宝总理强调，世界未来的竞争就是知识产权的竞争。党中央、国务院提出，坚持科学发展观必须将提高自主创新能力作为调整经济结构、转变经济增长方式的中心环节来抓，而自主创新能力建设离不开知识产权制度的保障。党的十七大明确提出“提高自主创新能力，建设创新型国家”的战略目标；据此，国务院2008年6月颁布了《国家知识产权战略纲要》，将知识产权作为国家发展战略来推进。经过几年的努力，知识产权保护工作在全党全国工作大局中的地位得到进一步提升。

《著作权法》是知识产权保护的基础法律。中国《著作权法》颁布于1990年9月7日，自1991年6月1日起正式实施，至今刚好整整二十年。二十年来，《著作权法》对于开发、利用和保护知识资源，促进经济、文化、科技和社会发展，提高中国文化软实力，提升国家核心竞争力，促进中国文化在世界范围的传播等提供了法律保证，发挥了重要作用。据世界知识产权组织统计，中国版权相关产业对国民经济的贡献率在2006年就已占国内生产总值的近7%，北京、上海等经济发达地区版权相关产业增加值占其国内生产总值的比例已高达9%至12%，接近欧美一些国家的整体水平，版权保护在促进经济发展、文化繁荣和科技进步方面的作用越来越明显。

与此同时，我们必须清醒地认识到：由于中国《著作权法》制定时尚处于计划经济时代，这部法律不可避免地带有计划经济的烙印；随着高新技术特别是数字技术和网络技术的迅猛发展与广泛使用，著作权法律制度遇到了严峻挑战；发达国家利用著作权制度不断向我施压，著作权保护问题成为国际交流和国际贸易的一个热点。

在知识产权三大基本法律中，《专利法》已于2008年12月全面完成了第三次修订工作，《商标法》第三次修订现在已经进入国务院审查阶段。在知识产权法领域，相对于《专利法》和《商标法》，《著作权法》调整的社会关系更复杂、矛盾更突出、问题更多，是受到技术进步和社会发展影响最大的一部法律，而修法工作相对滞后，这是知识界普遍关心的一个大问题。

在目前情况下，进一步加快《著作权法》第三次修订工作有着非常有利的条件和重要的现实意义。从条件来说，中央支持、社会需要、公众欢迎、国

际关注，理论、实践、人才都可说是万事俱备。从意义来说，进一步完善中国的著作权法律制度，有利于贯彻落实科学发展观，推动经济发展方式的根本改变；有利于实施国家知识产权战略纲要，提升国家版权创造、运用、保护、管理水平；有利于进一步推进对外开放，使我国更广泛、更深入地融入和参与国际竞争，进一步提高国家的国际影响力。因此，我们要以对国家负责的态度和只争朝夕的精神认真做好《著作权法》的全面修订工作，不负党和人民的重托。

二、《著作权法》第三次修订应坚持的基本原则

首先是独立性原则。必须立足于中国国情，体现中国特色，致力于解决中国的问题。当前，我国著作权法律制度面临着权利人意识普遍提高、版权相关产业快速成长、高新技术迅猛发展、我国社会转型进程加快、国内外压力日渐增大等一系列复杂的国内国际环境。进一步调整和完善著作权法律制度，必须从中国的实际出发，扎根于而不是超越或者离开基本国情，必须立足于解决我国版权创造、运用、保护、管理面临的突出问题。这次《著作权法》修订，是在我国《著作权法》实施二十年的实践基础以及中国进一步扩大开放的背景下进行的，我们必须要深入实践，广泛听取社会各界的意见，认认真真地调研，实实在在地总结，要分清楚哪些是目前实践中迫切需要通过调整法律制度来解决的问题，哪些是法律执行中的问题，要去伪存真，拿出真问题、真经验，深入科学地研究和论证解决方案。有些问题可能是国际社会共同面对的，有些问题可能是中国社会独有的，有些可能是炒作出来的问题，要保持清醒，分清轻重。不能被西方国家牵着鼻子走，也不能跟着舆论走，更不能故步自封、闭门造车、不合时宜。

其次是平衡性原则。相关利益平衡是著作权法的基本原则，既要有利创造，也要有利使用，还要有利保护。著作权法律制度是调整作品的创作、传播和使用过程中的各种社会关系的法律规范。著作权法调整的核心是围绕作品从产生到使用到收益的利益关系链，是多边多环节的。利益平衡是现代著作权立法的基本精神，也是著作权法律制度设计的指南。从世界范围内著作权法律制度三百年的历史来看，技术上的每一次重大突破和进步都扩展了著作权的内容，从印刷技术到摄影技术，从录音技术到电影技术，从广播技术到网络技术，都能在著作权法中找到相应的权利。利益平衡原则既为著作权法的完善提供理论指导，也为具体的著作权制度设计提供基本准则。我国现行著作权法的利益平衡机制是否恰当，实践中是否具有可操作性，是否充分兼顾了各相关方的利益，这些问题需要在修订时进行认真评估。特别在当前新技术条件下，既有的利益相对平衡状态被逐步打破，权利滥用或者权利行使困难时有发生，数字技术保护措施在一定程度上保护了权利人的利益，但过度保护又会妨碍公众对作品的合法接触与合理使用，两者的矛盾也不少。这说明，著作权保护平衡线处于不断变动和游移中。因此，这次修订《著作权法》，必须从吸取历史有益经验出发，深入研究各方利益诉求，准确把握著作权法的利益平衡原则，妥善处理好创作者、传播者和社会公众利益的基本平衡，妥善处理好保护著作权与保障传播的关系，既要依法保护著作权，又要促进传播使用，发挥智力产品的社会效益。

第三是国际性原则。我国也是地球上的一个国家，必然要和国际社会打交道，国际性必不可少。要充分借鉴国际社会相关立法的成熟经验和做法。深入比较研究并充分借鉴国际社会著作权法律制度逐渐成熟的关键因素，是我国著作权法制在过去二十年来快速发展的重要原因之一。近年来，随着我国经济的快速发展，知识传播方式的变革，我国国际地位大幅度提升，中国作为一个负责任大国的形象正在逐步被国际社会肯定和认可。国际社会越来越离不开中国，中国也越来越离不开国际社会。在著作权领域，目前我国已经加入了《保护文学艺术作品伯尔尼公约》、《世界版权公约》、世界贸易组织《与贸易有关的知识产权协定》等六部国际公约。近年来，在世界贸易组织、世界知识产权组织等多边谈判场合以及中美、中欧等双边谈判场合，著作权问题始终是热点和焦点问题。为应对新技术条件下著作权的保护问题，世界各国和地区纷纷出台了一系列新的法律和制度，不断形成新的有重要影响的著作权判例。因此，在《著作权法》第三次修订中，必须加强对国际社会著作权法制的跟踪与研究，要认真查找我国现行《著作权法》与我国加入的国际条约之间的差距，使我国《著作权法》符合相关国际条约的规定，体现一个负责任大国的形象；要密切跟踪和关注国际组织对著作权相关条约的讨论，把握其发展方向，适时内化为国内法；要仔细分析和研究各主要国家的著作权法制发展动态，消化吸收，改造利用，增强国际化的共识。

三、《著作权法》第三次修订要确保高效率、高质量和高水平

首先要确保高效率。前面我提到，法律实践和技术发展提出的问题迫在眉睫，《著作权法》第三次修订刻不容缓，慢慢悠悠修订三五年的做法是不可取的。为此，我们专门成立了起草工作领导小组、专家委员会和工作班子等工作机制，就是要为《著作权法》第三次修订工作提供组织保障、加强力量和协调关系。我们广泛邀请了各相关部门和社会各界的专家学者共同参与工作，同时还向社会各界广泛征求意见和建议，就是要开门立法、集思广益，充分调动和发挥社会各界的积极性，确保《著作权法》第三次修订工作高效推进。

其次要确保高质量。为了保证这次修法的质量，在考虑建立工作机制时，就作了全方位、综合性的打算，邀请从事著作权立法、司法、行政、教学、科研的专家学者、领导和著作权创造、传播、使用、保护工作者，以及企业等从事实际工作的领导等共同参与修法工作，给我们当顾问、做参谋，目的就是反映各方意见，多角度审视这部法律的内容。在座的各位专家对中国著作权立法有丰富的经验、有扎实的理论功底，对进一步完善著作权法律制度有着深刻的认识。只要各位专家知无不言、言无不尽，为中国《著作权法》第三次修订工作贡献真知灼见，我们的高质量就有保证。还有一点很重要，就是在工作机制内部要充分发扬学术民主，要在高水平上达成共识、统一意见。要广泛开展专题调研进行深入讨论，听取各方面的利益诉求，反复论证，吸纳精华。整个修法工作要体现立法原则，把握立法方向，争取让作品的创作者满意、传播者满意、使用者满意和社会公众满意，要得到相关国际组织和国际社会的认可。

第三要确保高水平。《著作权法》第三次修订工作要面向时代、面向世界、面向未来，在新的起点上再上台阶。胡锦涛总书记在庆祝建党 90 周年的讲话中指出，今天的中国已经不是 90 年前的中国，中华民族伟大复兴展现出前所未有的光明前景，中国的国际地位大幅度提升。今年两会期间，吴邦国委员长宣布，中国特色社会主义法律体系已经如期形成，下一步要着力完善这一法律体系。到 2020 年，我国经济社会发展有三大目标：一是建成惠及十几亿人口的更高水平的小康社会；二是建成完全的社会主义市场经济体制；三是在中国共产党成立 100 周年时向人民群众交上一份满意的答卷。当前我国国际地位不断提高，负责任大国形象正在逐步被国际社会接受。我国正在全方位地参与全球治理体系，必将对人类社会有所贡献。在此背景下，履行国际条约，遵守国际承诺，将为我国快速健康持续发展创造良好的国际环境。对照未来十年的奋斗目标，根据进一步完善中国特色社会主义法律体系的要求，《著作权法》修订工作必须体现出高水平，既要立足中国国情、体现中国特色、解决中国问题，又要遵循国际社会的共同规则，要有大国胸怀和气派，要体现出负责任大国的形象。

同志们，著作权保护是知识产权发展的重要支柱，著作权立法是著作权保护的重要基石。今年是“十二五”规划的开局之年，恰逢新中国《著作权法》实施二十周年、我国加入世界贸易组织十周年，我国《著作权法》第三次修订对于贯彻落实科学发展观、建设创新型国家、实施国家知识产权战略、应对高新技术挑战、积极参与国际社会竞争意义重大。我们要以高度的紧迫感、使命感和责任感，以求真务实、真抓实干、务求实效的精神，全力推进我国著作权法律制度的完善，奉献给当代中国一部体系更加健全、内容更加缜密、文字更加凝练的《著作权法》，以无愧于这个波澜壮阔的伟大时代，无愧于民族复兴的神圣事业！

数字环境下的版权管理和执法

——在数字环境下的版权管理和执法研讨会上的讲话

（2011 年 12 月 8 日）

新闻出版总署副署长、国家版权局副局长　阎晓宏

中国国家版权局和 WIPO 在上海联合举办“数字环境下的版权管理和执法研讨会”，共同探讨在数字环境下全球版权管理与执法面临的挑战和机遇，分享中国和各国在数字版权保护方面的发展经验，我认为具有十分重要的现实意义。

当前，以数字化、网络化为代表的高新技术迅猛发展，互联网全面渗透到社会生活的各个领域，成为经济社会发展的重要推动力量，对人们的生产、工作和生活方式的影响广泛而深刻。一方面，人们通过互联网能更加快捷方便地获取知识信息，海量的网络信息呈现爆发式增长。互联网已经成为重要的文化创作生产平台、文化产品传播平台和文化消费平台，越来越多的人把网络作为了解信息、浏览新闻、学习知识、休闲娱乐的主要渠道。现在，中国互联网用户已突破 5 亿，互联网普及率接近 40%。移动互联网、移动智能终端迅速普及，带来了许多新的互联网业务，使互联网内容服务更加丰富多彩，极大地促进了文学、影视、音乐作品和其他智力成果的广泛传播。互联网产业发展迅猛，经济规模不断扩大，社会财富大幅增长，电子商务、电子政务以及各种网络应用快速发展，互联网产业已成为新型战略性产业的重要组成部分。如中国互联网市场 2009 年总体规模超过 1 800 亿元人民币，涌现出一批大型国际互联网企业。而且越来越多的互联网企业通过版权贸易购买版权，并依靠良好的商业模式运作版权资源来获得好的收益。与此同时，越来越多的权利人从网络使用中得到更多报酬，在网络发展中获益。我从中国文联了解到，现在一些作家、词曲作者、制片人开始从网络特别是移动网络获得收入。这些都是我们乐于见到的情况。

但另一方面，数字网络技术所具有的信息海量、传播迅速、复制容易、传输隐蔽等特点，也给现有版权法律制度、管理体制、商业模式、社会规范带来了冲击和挑战：

一是数字网络技术的发展，一方面增加了公众使用作品的机会，但另一方面显然也削弱了著作权人对作品的控制。现在，数字环境下大量未经授权使用作品的现象仍很突出，一些网站大量非法复制、上载和传播他人作品，严重侵害了权利人的合法权益，扰乱了正常的网络传播秩序。在数字环境下，权利人仍然处于弱势地位。

二是数字网络技术的传播特性，改变了传统的作品使用形式，也使传统的版权授权模式受到挑战，进一步引发了著作权人与作品使用者、作品传播者的利益冲突，使侵权与维权的矛盾更加凸显，甚至有人对版权是否值得尊重这一更具普遍性的问题提出了质疑。

三是数字网络技术日新月异，各种网络应用层出不穷，这使数字环境下的版权保护不断面临新的挑战，老问题还没有解决，新问题又凸显出来。近年来，随着对等网络 P2P 技术、博客与播客、搜索引擎链接、临时复制等新技术的快速发展演变，互联网也在加快发展转型：信息传播形式由文字为主向音频、视频、图片等多媒体形态延伸，服务模式由提供信息服务向提供平台服务延伸，传播手段由传统互联网向移动互联网延伸。新技术的快速发展对数字环境下版权保护的基本原则、保护机制、权利结构提出了挑战，也使我们在应对中始终处于被动状态，网络执法还不能适应井喷式的网络纠纷与矛盾。

在这一背景下，数字环境下的版权问题已引起国内外知识产权界的高度关注，甚至得到政府高层领导人的重视和支持。国务院总理温家宝 11 月 9 日主持召开国务院常务会议，在研究部署进一步做好打击侵犯知识产权和制售假冒伪劣商品工作时，强调要加强互联网领域的知识产权保护工作，建立健

全互联网知识产权制度和法律，严厉打击互联网侵权盗版和利用互联网、通信网络、电视网络销售假冒伪劣商品的侵权行为，强化监管手段，提高执法能力，鼓励公众参与，建立标本兼治的长效机制。法国总统萨科齐在 2011 年 5 月在巴黎举行的一次互联网高峰会议上，倡导维护互联网创作权益，制定严厉法律制裁网络非法下载。俄罗斯总统梅德韦杰夫今年 1 月在达沃斯的演讲中表示，“过去知识产权领域的调节原则已不再适用，尤其是在互联网领域”，甚至“让人担心整个知识产权制度是否会全面崩溃”。

目前，许多国家都在积极探索各种办法来迎接这一挑战。如何在现有法律框架下破解数字环境下的版权难题，如何在保证权利人能有效支配和管理其作品权利的基础上使尽可能多的网民合法使用更多的知识创作成果，如何实现互联网版权更为有效的管理、运用和保护，这同样是中国需要认真对待、深入研究的课题。我认为，要解决这些问题，首先需要明确以下几个原则：

一是虽然数字技术带来了作品的数字化、载体的虚拟化、作品类型的增多、作品使用方式的增加等多方面的变化，但著作权的本质没有变化，著作权法的基本原则也不会改变。网络环境下的版权保护应该是现有著作权法律法规在网络环境下的必然延伸，有形世界里“先授权再传播”的原则在互联网里也应该得到遵循和贯彻。但由于互联网传播的特性，我们也要思考在著作权法基本原则基础上授权方式的突破，寻求一些符合网络使用需求和网络传播规律的授权方式：一是由个人授权向集体授权模式转变；二是寻求更加开放积极的授权方式，比如权利人有权限制或放弃自己的部分知识产权的模式；三是设立新的法定许可模式，规定在某些情况下可以先使用后付酬，以便利作品的传播。

二是要妥善处理好数字环境下创作者、传播者、使用者和社会公众利益的基本平衡，妥善处理好保护著作权与保障传播的关系，既要防止权利滥用，又能保障权利行使，保持版权制度的动态平衡。自著作权法诞生以来，无论技术如何发展变化，“利益平衡”理论一直是著作权立法的基本精神和重要基础。新技术的每一次发展，都会打破当时的平衡状态，经过著作权法的革新而达到一种新的利益平衡。我认为，现在的数字网络技术已经使传统的平衡发生了根本性改变，它们已让平衡的一端（即消费者、网络免费倡导者、自由提供者）拥有了技术上的优势。在这一情况下，版权制度要么顺应发展趋势进行革新，要么故步自封而被淘汰出局。

各位同事，在数字环境下如何有效实施版权的管理、运用与保护，是一项长期、复杂、艰巨的任务，不能寄希望于“毕其功于一役”，而需要我们在版权制度的基本原则基础上寻求新的观念突破、新的理论建构和新的制度设计。就中国而言，我认为这需要我们从法律制度设计、执法机制、纠纷协调机制等多方面入手。

首先，要进一步完善互联网法律制度。目前，中国在网络环境下的版权立法基本成型，《著作权法》、《信息网络传播权保护条例》以及加入的《世界知识产权组织版权条约》（WCT）和《世界知识产权组织表演和录音制品条约》（WPPT），初步解决了作者的“公共传播权”、权利人的技术保护措施和权利管理信息、对相关权利的限制、网络服务商免责条件，以及法律责任等主要法律关系，为互联网的健康发展提供了制度保障。目前，为解决数字技术和互联网发展带来的新问题，中国国家版权局已会同有关部门，启动了《著作权法》的第三次修订工作，我们将根据国际形势变化和本国发展需要，积极探索建立适应本国需求和新技术发展需要的比较完善的著作权法律体系。修法的具体内容，我的同事会在下面的环节具体介绍。

其次，我们将不断加强执法，通过司法、行政两方面手段，严厉打击网络环境下的侵权盗版活动。司法保护是中国最基本、最强有力的版权法律救济手段，2010 年，全国地方法院共新收著作权案件 24 719 件，同比增长 61.54%，占全部知识产权民事一审案件的 57.6%。这其中相当一部分是涉及互联网的案件。在版权行政执法方面，自 2005 年以来，中国国家版权局、公安部、工信部连续 7 年开展打击网络侵权盗版的专项行动，各地共查办互联网侵权盗版案件 3 769 起，依法关闭非法网站 1 569 个，没收服务器、计算机硬件设备 948 台，将涉嫌构成犯罪的 157 起重大案件移送相关司法机关。重点查处的“番茄花园”网站侵权案、“263 影视地带网站”侵权案、“霓裳小轩网站文学作品侵权案”等，都在国内外引起关注。当然，这只是网络环境下版权执法的一个起步，打击网络侵权盗版的任务仍然十分艰巨。我们将进一步加大版权行政执法力度，不断提升版权行政保护水平，努力营造一个处罚高效公正、维权及时有力、激励自主创新的良好版权环境。我们鼓励广大权利人和权利人组织，特别是国外的权利人和权利人组织在遭到侵权时按照中国法律积极举报。我们也愿意与国际同行就改善数字环境下的管理与执法交换和分享各自的成功经验，共同推动版权保护。

第三，积极探索建立适合互联网特征的、开放共享的授权机制，着力改变目前数字环境下作品授权难、使用难的状况，以促进网络海量作品的授权与使用。我们鼓励出台一些符合网络使用需求、传播规律和基本原则的授权模式，如北京大学国家数字版权研究基地发布并大力推广的“版权自助协议”，就是数字环境下建立作品有序、高效、低成本使用授权新机制的有益探索。同时，要大力加强著作权集体管理机构等版权中介服务体系建设，建立作品创造、管理和运用的“绿色通道”。目前，中国政府已经批准成立了音乐、音像、文字、摄影、电影领域的著作权集体管理组织。当然，在数字环境下，集体管理和版权中介、社会服务体系也需要与时俱进。在这方面，WIPO也做了很多积极的工作，如加利总干事倡导的国际音乐曲目数据库，这对建立全球范围的许可使用基础设施具有重要意义。中国也在完善作品登记制度，致力于构建开放透明的作品数据库。

第四，充分利用先进的数字技术手段来解决数字环境下的版权保护问题。权利人和网站要重视通过技术措施来保护自身合法权益。版权执法部门也要善于利用先进的技术手段来提高执法水平。目前，国家版权局正在构建网络反盗版监管平台，数字化版权保护技术研发正在进行，这将大大提升网络版权执法的主动性、有效性和执法效率。

第五，大力加强版权国际合作。当前，发达国家、发展中国家均面临提高自身知识产权创造、运用、保护和管理水平的严峻挑战。鼓励创新、加强知识产权保护，是我们共同的主张，也是我们共同的任务。特别是对如何解决数字技术带来的新问题，当前国际上还没有一定之规，并且由于互联网所具有的跨国界性质，这需要我们联合探讨，共同寻求解决办法。唯有通过对话与合作，我们才能够解决发展过程中存在的各种问题。

各位同事，我们可以感觉到，一个完全以数字音乐、音像和文学作品为内容的虚拟网络世界，离我们并不遥远。在这一背景下，数字网络技术与知识产权法的互动关系，实际上是科技创新与制度创新的关系。科技创新需要制度基础，制度创新需要法律的变革与重构。现代版权制度基于工业革命、科技革命而生，与新技术的发展如影随形并相互促进。我相信，在数字环境下，版权法律制度将随着技术的发展不断完善，不断创新，不断前进。

版权工作概览

BAN QUAN GONG ZUO GAI LAN

2011年中国版权行政管理工作

国家版权局版权管理司

2011年是“十二五”开局之年，版权工作以邓小平理论和“三个代表”重要思想为指导，按照“高举旗帜、围绕大局、服务人民、改革创新”的总要求，紧紧围绕科学发展这个主题和加快转变经济发展方式这条主线，以着力实施版权工作“十二五”规划为抓手，围绕版权执法、公共服务、法制建设、国际应对等重点方面，积极开拓，成效显著，为推动文化大发展大繁荣发挥了重要作用。版权法律法规和政策体系不断完善，版权执法监管成效显著，版权公共服务和社会服务体系有新突破，版权宣传教育活动进一步深化，版权国际应对和对外合作交流水平不断提高，为“十二五”开创了良好的局面。

一、版权法律法规和政策体系不断完善

国家版权局制定、颁布了《版权工作“十二五”规划》，回顾了“十一五”时期版权工作取得的成就，分析了“十二五”时期版权工作面临的新形势，确定了未来五年中国版权工作的发展目标、主要任务和战略举措，为未来五年全面推进版权工作指明了方向。进一步推动了版权法律法规规章的修订制定工作，正式启动了《著作权法》第三次修订工作，印发了《关于进一步规范作品登记程序等有关工作的通知》，起草了《版权执法指导意见》、《教科书法定许可付酬办法》并广泛征求意见，起草了《政府机关使用计算机软件条例》，研究制定保护字库计算机软件著作权工作方案并提交国务院，参与《刑法》有关著作权条款实施意见的修改等，版权法律法规和政策体系不断完善。

二、版权执法监管成效显著

2011年，国家版权局和各级版权行政管理部门按照国务院的部署，与各相关部门积极合作，重点开展“打击侵犯知识产权和制售假冒伪劣商品专项行动”，大力推进政府使用正版软件检查整改工作和企业使用正版软件工作，着力做好网络版权主动监管和执法培训表彰等日常执法工作，亮点突出，成效显著。

（一）打击侵犯知识产权和制售假冒伪劣商品专项行动取得明显成效

新闻出版总署、国家版权局、全国“扫黄打非”工作小组办公室按照国务院部署联合开展抓源头、清市场、打网络、查办大要案等重要工作。专项行动期间，各地共立案查处3 381起，移送司法机关追究刑事责任案件179起。新闻出版总署、国家版权局、全国“扫黄打非”工作小组办公室、公安部、最高人民法院、最高人民检察院联合挂牌督办、查破了35起重大案件，充分发挥了行政、司法联合办理重大案件的效能。在由版权、公安、工信三部门联合开展的第六次和第七次打击网络侵权盗版专项治理“剑网”行动中，各地共立案查处网络侵权盗版案件1 148起，对466起案件依法作出行政处罚，将36起案件移送司法机关追究刑事责任。在加强网络版权保护工作中，对新浪等18家重点视频网站进行主动监管，有效规范了视频网站行业的版权经营秩序。

（二）政府机关使用正版软件检查整改工作取得阶段性成果

一是中央办公厅、国务院办公厅等135个中央和国家机关按时于2011年5月底前完成任务。二是截至12月底，上海、北京、广西、浙江完成本辖区内任务，海南完成本辖区内办公软件正版化任务，新疆、江苏、安徽、重庆完成全部省级机关任务。山东青岛、新疆克拉玛依、安徽淮南等24个市（地）级政府完成检查整改工作。围绕软件摸查、经

费保障、采购、使用及资产管理等核心环节探索建立使用正版软件工作长效机制。

（三）企业使用正版软件工作深入推进

国家版权局、工信部、商务部、财政部等 9 部委召开推进企业使用正版软件工作部际联席会议第五次全体会议，就巩固强化部际联席会议制度、加大督导检查工作力度、加强国际应对等工作作出统一部署，全面推进 30 家试点企业软件资产管理试点工作。会同相关部委对 16 个省（区、市）的政府机关和企业使用正版软件工作进行督导检查。联合银监会、保监会、国资委、中国勘察设计协会、中国机械工业联合会等开展企业使用正版软件培训工作。正式启动新闻出版行业上市企业和出版集团（总部）使用正版软件工作。

（四）版权执法培训和表彰工作进一步加强

一是为加强网络侵权盗版治理的有效性，分别在宁夏、河南、天津、北京举办了 4 期版权执法培训班，对 31 个省（区、市）近 600 名省级、地市级、县级版权行政执法和公安机关、检察院相关负责同志进行了集中执法培训。二是严格标准和程序，对 2010 年度查处侵权盗版案件的 137 家有功单位和 122 名有功个人进行奖励，并向社会公布了“安徽骑士音乐网侵权案”等版权执法十大案件。

三、版权公共服务体系和版权社会服务体系建设有新突破

2011 年，国家版权局重点规范作品登记工作，强化版权服务功能；全面开展版权示范建设工作，继续开展版权经济贡献率调研，推动版权保护工作更好地为经济建设服务；积极构建版权交易平台，促进智力成果转换和市场运用；加强对著作权集体管理组织和版权相关协会的监督指导，充分发挥各界权利人的积极作用，版权公共服务体系和版权社会服务体系建设全面加强。

（一）规范作品登记工作

通过深入调研，国家版权局研究制定并颁布了《关于进一步规范作品登记程序等有关工作的通知》，对《作品自愿登记试行办法》没有规定或者规定不明确的作品登记申请受理、作品登记申请审查、作品登记时限、不予登记决定等登记程序性问题加以明确，解决了作品登记证书不统一、作品登记信息统计不及时、无法统一公告查询等重点问题，从受理、审查、登记、证书、信息统计等方面统一标准，规范了全国的作品登记工作，进一步强化了版权公共服务的职能，为维护权利人权益、促进产业发展迈出了重要一步。全国 32 家作品登记主体积极开展作品登记工作，北京、上海、山东、广东、浙江等地作品登记工作取得重大进展 2011 年全国版权相关作品自愿登记总数为 461 363 份，其中计算机软件著作权登记数量增长迅速，截至 2011 年 12 月 20 日，计算机软件著作权登记已经达到 103 087 件，同比增长 34.16%，为实现“十二五”时期的既定目标开了好局。

（二）全面开展版权示范建设工作

国家版权局首次就版权示范创建工作在青岛召开“推进全国版权示范城市、示范单位和示范园区（基地）创建工作座谈会”，总结了版权示范建设工作的经验，细化了版权示范建设工作的方式方法，为进一步做好版权示范建设工作奠定了坚实基础。授予青岛市“全国版权示范城市”称号，批准广州市创建“全国版权示范城市”，批准青岛创意 100 产业园等 8 家全国版权示范单位和园区，有力推动了版权示范建设工作在全国范围内扎实、有序开展。

（三）大力推进版权产业基地建设

版权交易公开市场和文化金融服务平台建设取得长足发展，中国版权保护中心和北京东方雍和国际版权交易中心累计实现版权交易额 18 亿元，投融资服务额 13 亿元，并推出限量收藏品交易平台、数字版权云分发平台等创新型版权交易模式，新推出的版权质押贷款服务累计实现信贷服务 1.6 亿元。北京国际版权贸易中心建立了国内首个“版权保险箱”，为著作权人与相关使用者提供权利证明和电子证据。中国人民大学国家版权贸易基地建设的国家版权交易网运营一年实现挂牌交易 15 亿元，积极开展版权资产评估工作，举办了首届版权拍卖大会。上海版权交易中心全年共为 5 000 个版权交易项目挂牌，涉及全国 25 个省市区，实现版权交易总额 23 亿元。

（四）加强对著作权集体管理组织的监管和指导

国家版权局发挥著作权集体管理组织和相关协会的作用，定期召开著作权集体管理工作座谈会，支持著作权集体管理组织的业务活动，加强对著作权集体管理组织的监管和指导，著作权集体管理组织业务取得了新进展。中国音乐著作权协会实现了收取广播权使用费的突破，收入达到了 8 889.31 万元的历史新高；中国音像著作权集体管理协会在北京成功召开第三次会员大会；中国摄影著作权协会与人民教育出版社签署了《教科书“法定许可”使用费收转协议》，实现了收取教科书法定许可使用费的突破。

（五）开展版权相关产业对国民经济贡献的调研

国家版权局完成“中国版权相关产业的经济贡

献（2007—2009年度）”调研统计工作，调研结果显示，版权相关产业行业增加值占GDP比重从2006年的6.4%增加到2009年的6.55%，版权相关产业在促进经济发展和文化繁荣中发挥了重要的作用。

四、版权宣传教育活动进一步深化

2011年，国家版权局继续以版权重点工作为中心，以“4·26知识产权宣传周”和重大节庆活动为平台，创新宣传手段和形式，提高宣传活动的层次和水平，扩大宣传教育的受众范围，版权宣传教育活动进一步深化，宣传效果不断提高。

一是建立信息联动机制，充分展示专项行动的成就。为保证信息沟通、报送、宣传的及时有效，专项行动建立了紧密的信息联动机制，所有的案件随办、随报、随宣传，充分利用报刊、电台、电视台、网络、手机等媒介，通过新闻发布会、专访等手段进行广泛宣传，达到了较好的宣传效果。

二是围绕“4·26知识产权宣传周”、新中国《著作权法》实施20周年、非法出版物集中销毁活动等主题，组织中外媒体集中采访、报道。配合全国“扫黄打非”工作小组办公室和中央电视台在北京启动了“绿书签行动2011——拒绝盗版，从我做起”系列宣传活动；与中央电视台法制频道合作录制了5期《一线》版权保护特别节目，解读版权工作热点问题，宣传版权保护知识；举办第三届全国大学生版权征文颁奖仪式暨《版权保护小卫士》赠书仪式；广东、云南、江西等各地版权行政管理部门开展版权知识交流、版权保护知识竞赛、版权保护进校园签名活动等宣传活动，在全社会营造出“尊重知识、尊重劳动、尊重创作、尊重版权”的良好舆论氛围。

三是面向社会各界，深入开展版权知识培训。举办媒体记者版权相关热点问题媒体研讨班，正确引导宣传导向；组织全国核心版权经理人、代理人宣教研修活动，进一步规范版权经理人、代理人的经营活动；举办“2011 BIBF北京国际版权贸易研讨会”，有效提升版权贸易机构和出版单位的版权贸易水平和实务能力。

五、版权国际应对和对外合作交流水平进一步提高

2011年，国家版权局通过加强多边合作、积极推进双边交流、完善版权国际应对工作机制、加强国际应对专业队伍建设等四个方面的工作，继续强化国际应对和国际交流合作体系，国际应对能力进一步提高，国际交流合作不断深化。

一是不断提高多边体制下的合作与应对水平。成功申办了世界知识产权组织（WIPO）保护音像表演外交会议；积极参与WIPO民间文艺、发展议程、版权常设会议等议题的相关工作；与WIPO共同开展版权保护推动产业发展调研，举办数字环境下版权管理与执法研讨会。认真应对世界贸易组织（WTO）有关版权争端，积极应对世界贸易组织有关事务和亚太经合组织相关版权工作。

二是积极促进版权双边关系和交流合作。积极开展中美商贸联委会、中美战略与经济对话和中欧知识产权对话；积极落实中美、中英、中日等版权合作战略备忘录相关工作；积极参与中瑞、中哥自由贸易区谈判和中巴、中俄经贸分委会知识产权工作组会议工作；加强与东盟国家在版权领域的合作；加强与港澳台地区版权相关部门的密切沟通协作。

2011 年中国版权司法保护工作

最高人民法院知识产权审判庭

2011 年，全国各级人民法院围绕党和国家工作大局，牢牢抓住科学发展这个主题，紧紧围绕加快转变经济发展方式这条主线，深入贯彻实施国家知识产权战略，充分发挥司法保护知识产权的主导作用，坚持能动司法，服务大局，开拓创新，为中国经济社会发展和创新型国家建设提供了坚强有力的司法保障。

一、全国法院审理著作权纠纷案件的基本情况

随着文化创意产业的蓬勃发展，著作权纠纷的数量持续大幅增长，已经达到全部知识产权民事纠纷的近 60%。而且，版权保护已经超出传统的文化意义而更多向经济意义拓展。

2011 年，全国地方法院共新收和审结知识产权民事一审案件 59 612 件和 58 201 件，同比分别增长 38.86%和 39.51%。其中，新收著作权案件 35 185 件，比上年增长 42.34%；新收和审结一审知识产权行政案件 2 433 件和 2 470 件，同比下降 6.06%和上升 3.30%。其中著作权案件 2 件，与 2010 年相同；新收和审结一审知识产权刑事案件 5 707 件和 5 504 件，同比分别增长 42.96%和 39.62%。审结案件中，以侵犯著作权罪判决的案件 594 件，生效判决人数 852 人；以销售侵权复制品罪判决的案件 30 件，生效判决人数 75 人。产生较大社会影响的案件有鞠文明、徐路路、华轶侵犯著作权案等。

全国地方法院共审结各类涉外知识产权民事一审案件 1 321 件，同比下降 3.51%；审结各类涉港澳台知识产权民事一审案件 635 件，同比增长 128.42%。一审涉外、涉港澳台知识产权行政案件大幅上升，共计 1 237 件，占知识产权行政一审结案的 50.08%。其中，审结涉外知识产权行政一审案件 986 件，涉港案件 116 件，涉澳案件 3 件，涉台案件 132 件。

全国地方法院共新收和审结各类知识产权民事二审案件 7 642 件和 7 659 件（含旧存），同比分别增长 17.17%和 18.18%；共新收和审结再审案件 294 件和 224 件，同比分别增长 164.86%和 105.50%。

最高人民法院新收和审结各类知识产权民事案件 305 件和 311 件（含旧存），其中新收申请再审案件 255 件，审结 262 件（含旧存）。

网络已成为版权保护的主战场，新问题和新情况不断涌现，与网络技术开发和应用有关的版权纠纷受到业界及整个社会的高度关注，加强版权保护和促进新商业模式发展之间的利益平衡显得空前重要。著作权领域串案和关联案件较多，在侵权认定、赔偿数额确定的法律适用统一性等方面给人民法院提出了新的挑战。

二、坚持法律效应与社会效应的统一，努力推进知识产权诉讼调解工作的制度化和规范化

人民法院始终坚持正确处理调解和判决的关系，注重规范调解行为，不断提高调解质量。根据著作权案件关联案件众多、涉及网络案件众多的特点，人民法院积极探索健全诉讼与非诉讼相衔接的矛盾纠纷解决机制，支持调解组织、仲裁机构、行业协会充分发挥作用，共同化解社会矛盾。

北京市高级人民法院在不断深化与中国互联网协会调解中心、中国作家协会建立的纠纷化解机制的同时，与北京市知识产权局签订“知识产权纠纷司法委托调解合作协议”，制定司法调解与行政调解相配合的指导意见；上海市法院系统利用上海版权纠纷调解中心、中国互联网协会等平台成功调解知识产权案件 120 余起，普陀区法院委托上海版权纠纷调解中心成功调解知识产权案件 68 件；在湖南省高级人民法院的协调下，长沙县人民法院、长沙市（县）仲裁委建立了与长沙经济技术开发区非诉讼纠纷解决制度对接的机制；福建省法院系统充分发挥专家调解员、人民陪审员、行业协会、诉讼代理人等社会资源参与调解的作用，构筑大调解格局；四川省法院系统积极构建司法调解、人民调解与行政

调解“三位一体”的大调解格局；天津、山东、辽宁、湖北、安徽、陕西、新疆、贵州、海南、宁夏、青海、西藏等地高级人民法院以及兵团法院也结合当地实际，不断探索建立符合本地区情况的诉讼调解纠纷解决机制。

在总结各地法院与中国互联网协会合作调解经验的基础上，2011年4月18日，最高人民法院民三庭与中国互联网协会签署了《互联网知识产权纠纷调解机制备忘录》，并联合召开了“共建互联网知识产权纠纷调解机制研讨会”。

2011年，全国知识产权民事案件一审调撤率达到71.32%，同比上升4.56个百分点。

三、坚持能动司法，服务党和国家工作大局

人民法院高度重视发挥司法的能动作用，积极采取各种措施，进一步发挥知识产权审判服务科技进步、知识创新和文化发展的保障和服务功能。2011年12月16日，最高人民法院颁布《关于充分发挥知识产权审判职能作用推动社会主义文化大发展大繁荣和促进经济自主协调发展若干问题的意见》（以下简称《意见》），强调要加强涉文化类知识产权案件的审判，促进文化创新和培育新型文化业态，积极推动社会主义文化大发展大繁荣。

《意见》对以著作权为核心的涉文化类知识产权的保护提供了指引和导向。《意见》指出，要高度重视涉文化类知识产权案件的审判，依法加强文化类知识产权的保护；要加大文化创造者权益保护，保障文化创造源泉充分涌流；要加强网络环境下的著作权保护，妥善处理保护著作权与促进信息网络产业发展和保障信息传播的关系；要妥善处理好技术中立与侵权行为认定的关系，实现有效保护著作权与促进技术创新、产业发展的和谐统一；要妥当运用著作权的限制和例外规定，正确判定被诉侵权行为的合法性，促进商业和技术创新，充分保障人民基本文化权益；要综合运用多种法律手段，积极推动非物质文化遗产的保护、传承和开发利用，促进中国丰富的文化资源转化为强大的文化竞争力；要充分利用著作权保护手段，依法保护民间文学艺术作品等。

2011年，最高人民法院组织全国法院开展“加强知识产权司法保护，促进经济发展方式转变”年度主题活动，结合知识产权国际竞争的新趋势和国内经济形势对知识产权司法保护的新需求，在知识产权司法保护领域深入推进三项重点工作，积极促进科技进步和自主创新；主动延伸知识产权审判职能，积极参与社会治理。人民法院在审理知识产权案件的同时，注重加强对日常审判工作的研判，密切关注审判中反映出的知识产权侵权动向、知识产权诉讼风险、管理漏洞等，及时向有关企业和部门提出司法建议。江苏、浙江等地法院还根据地区知识产权保护的特点和实际，开展特色审判，因地制宜地采取工作措施，通过依法保护知识产权，引导、规范、促进和保障地方特色经济发展。

四、注重审判监督、调研和业务指导，知识产权司法水平得到进一步提高

全国各级法院始终注重对知识产权审判工作的监督和指导，努力统一知识产权司法理念、法律适用和裁判尺度，不断提高知识产权审判工作水平，不断拓宽知识产权审判业务指导途径，规范业务指导方式，采取发布指导性文件、公布参考性案例、召开审判业务会议、组织法官培训等多种形式，切实担负起对下级法院进行业务指导的职责；全国各级法院创新和加强审判管理，突出强调知识产权审判管理的规范化、科学化，把知识产权审判管理覆盖到每个审判人员和审判工作全过程，不断提高知识产权审判质效，充分发挥司法政策在促进知识产权司法统一上的特殊重要作用，系统总结和细化知识产权司法政策，通过各种方式保障知识产权司法政策的贯彻落实，提高知识产权审判工作的规范化和统一性。全国各级法院不仅创新司法公开途径，加大知识产权司法公开力度，以公开促公正，还通过新闻发布会制度、法院开放日活动、网络直播等多种方式提高审判工作透明度；他们周密部署的“4·26知识产权宣传周”活动，也取得了良好的社会效果。

最高人民法院充分发挥典型案例的引导和示范作用，在2011年“4·26知识产权宣传周”期间，发布了《最高人民法院知识产权案件年度报告（2010）》、2010年中国法院知识产权司法保护10大案件和50个典型案例，进一步明确一系列新型、复杂、疑难案件的裁判规则；发布《中国法院知识产权司法保护状况（2010年）》白皮书（中英文），开通升级改版的“中国知识产权裁判文书网”，及时向社会发布知识产权审判工作进展和裁判信息；召开全国法院知识产权司法公开座谈会，培训全国法院知识产权裁判文书上网工作信息员，全面落实各项司法公开措施。

同时，最高人民法院重视开展专项调研活动，

就加大侵权惩处力度、降低维权成本、明确知识产权案件损害赔偿计算的原则和标准、提高损害赔偿计算的科学性和合理性等问题开展调研；就网络环境下的著作权司法保护继续开展调研，完成网络著作权司法保护的重点调研课题，起草《关于审理侵犯信息网络传播权民事纠纷案件适用法律若干问题的规定》草稿，并在多次会议上进行了讨论；围绕案件审判中出现的难点、热点问题，开展了包括涉境外作品著作权保护、涉网吧著作权纠纷、传统戏剧作品保护等在内的专项调研工作；从全国法院范围内选择有丰富审判经验和理论素养的法官组成著作权法修改法律小组，积极开展调研，为立法提出高质量的建议。

五、狠抓基层基础和法官队伍建设，知识产权司法基础得到进一步夯实

随着知识产权管辖权进一步下沉，截至 2011 年 12 月底，具有一般知识产权案件管辖权的基层法院数目已经达到 119 个，加强基层基础建设已经成为知识产权司法审判的重中之重。由于著作权一审案件大量集中在基层法院审理，加强基层基础建设对提高著作权案件审判质量具有重要意义。

最高人民法院不断加强知识产权审判基层基础建设，实施加强知识产权审判基层基础建设“三五工程”。在北京大学、中国人民大学、华东政法大学、西南政法大学、深圳大学设立知识产权司法保护理论研究基地；在已设立中国知识产权司法保护（苏州）调研基地的基础上，增设青岛、深圳、长沙、成都 4 个调研基地；并决定将北京市朝阳区、上海市浦东新区、江苏省苏州市虎丘区、浙江省义乌市、湖北省武汉市江岸区人民法院作为知识产权审判基层示范法院。最高人民法院知识产权审判庭与苏州高新区管委会签署合作备忘录，将苏州高新区作为中国知识产权司法保护典型案例评选发布基地。

最高人民法院和各省高级法院分别举办各种形式的培训活动，有针对性地加强基层法院法官培训，加强基层法院知识产权法官到上级法院或兄弟法院的挂职交流，进一步提升了基层法院知识产权审判能力和水平。

2011年地方版权工作

北　京　市

2011年，北京市版权局以建设科技北京、绿色北京、人文北京和创新型城市为契机，以创建版权工作首善之区为目标，以创新版权管理体制机制为基础，以完善版权服务体系为重点，以促进版权产业发展为目的，在提升版权管理水平、提高版权服务能力等方面取得了显著成效。

一、采取多种形式、多种手段，深入开展版权普法宣传工作

加强普法宣传教育，提高社会公众的版权保护意识，是版权保护工作的一项长期性、基础性工作。为此，北京市版权局组织专人设计制作了版权保护宣传画册、版权保护环保袋、版权知识小卡包等版权宣传资料，并紧密结合“4·26”世界知识产权日组织版权普法宣传活动。

4月22日，北京市版权局在海龙大厦举办了“百家商户倡导保护版权，销售正版产品宣传活动”，海龙电子商城的百名商户在活动现场发出了“销售正版、保护版权”的倡议。北京市版权局副局长王野霏、海淀区副区长陈双等领导及中关村电子产品销售企业代表和媒体记者100余人参加了活动。

作为软件产品安装、销售、发行重要环节的计算机卖场一直是北京市版权保护工作关注的重点。作为中国电子产品销售的“大本营”，中关村电子卖场在软件预装方面加强版权保护工作，并取得了一定成效，这在全国知识产权领域起着重要的示范和引领作用。中关村百家商户自发倡议销售推广正版的活动，对在电脑DIY产品销售过程中预装正版软件工作起到了重要的推动作用，同时，也逐步将计算机卖场中的广大商户发展成了推广正版、推进知识产权保护工作的重要力量之一。

4月25日上午，北京市版权局、知识产权局、工商局和中关村管委会在国家会议中心联合举办了“中关村知识产权推进大会暨中关村知识产权行动宣言签署仪式”。国家知识产权局副局长贺化、北京市副市长洪峰出席会议并发表讲话。北京市新闻出版局（版权局）、知识产权局、工商局和中关村管委会的领导分别介绍了北京市版权、专利和商标工作的发展战略、思路及中关村知识产权工作，共同签署了“中关村知识产权行动宣言”。

4月26日，北京市版权局在西单图书大厦广场举办了以“保护版权，从我做起，做文明首都市民”为主题的版权普法宣传活动。此次活动包括版权法律法规宣讲解读、版权保护知识有奖抢答、市民签名承诺自觉抵制盗版，以及版权热点、难点问题市民现场谈感想、提建议等内容。活动吸引了数万市民参与，取得了良好的宣传效果。

4月28日，北京市版权局组织召开了网络环境下音乐版权保护与产业发展研讨会。政府管理部门、中国音乐著作权协会、原创音乐人代表、音乐唱片公司代表、音乐版权代理机构代表、网络服务提供商代表等100余人出席研讨会。与会人员围绕网络环境下音乐版权保护与产业发展热点难点问题，从不同角度广泛交流意见，探讨了网络环境下音乐版权保护与产业发展存在的主要问题及解决对策。北京版权保护中心与北京源泉知识产权代理公司等10家首批音乐著作权人签订了著作权登记战略合作协议。

“4·26”版权普法宣传周期间，北京市版权局共向市民发放《著作权法》普法手册、图册、宣传实物、宣传资料1万余份（件），并以街头咨询的形式现场解答了社会公众的版权法律问题，帮助市民增强版权意识和增加识别盗版制品的知识。

二、积极稳妥地推进政府机关软件正版化工作

2011年，北京市版权局圆满完成了北京市64个市属委办局、16个区县共1 236个政府机关软件正版化专项检查整改工作，累计筹措软件采购资金7 043.09万元，采购正版操作系统软件16 920套，办公套件40 979套，杀毒软件7 873套，实现了市、区、乡（镇、街道）三级政府机关的正版化工作目标，成为全国第一个全部完成软件正版化专项检查整改工作的省级单位。

2010年10月，国务院办公厅发布《关于进一步做好政府机关使用正版软件工作的通知》（国办

[2010] 47号）和《关于开展打击侵犯知识产权和制售假冒伪劣商品专项行动的通知》（国办 [2010] 49号）后，北京市成立了由苟忠文和程红副市长任组长，市委宣传部、市发改委、市版权局、市知识产权局、市商委、市工商局等30个职能委办局为成员单位的“北京市打击侵犯知识产权和制售假冒伪劣商品专项行动领导小组”，负责专项行动的组织领导工作。北京市使用正版软件工作联席会议办公室也及时召开联席会议成员单位会议，传达学习国务院文件精神，明确各部门的职责任务，研究北京市贯彻落实国务院文件精神的措施。市属各委办局、各区县按照市政府要求，单位主要领导对工作落实均作出了批示，并成立了由主管领导负责的相应组织领导机构，为全市专项检查整改工作任务按时完成提供了坚强的组织保证。

根据国务院及市政府要求，北京市使用正版软件工作联席会议办公室制定下发了《北京市政府机关使用正版软件专项检查整改工作方案》，按照动员部署、自查整改、检查验收、总结表彰四个阶段，确定了2011年6月底前完成市属委办局软件正版化工作，8月底前完成区（县）、乡（镇、街道）软件正版化工作，10月迎接国务院检查验收的工作目标及阶段划分。2010年11月5日，北京市政府召开了全市“打击侵犯知识产权和制售假冒伪劣商品专项行动”电视电话会议。11月23日，北京市使用正版软件工作联席会议办公室召开了全市“政府机关软件专项检查整改工作”动员部署会，传达了国务院文件精神，明确了联席会议各成员单位职责任务，提出了具体要求，各区县结合自身工作实际均相继召开了“专项检查整改工作”动员部署会，为各项工作有效落实奠定了良好的思想基础。

为确保“软件专项检查整改工作”高标准地完成，2011年1月至4月，北京市使用正版软件工作联席会议办公室先后三次安排专业技术人员深入有关委办局、区（县）、乡（镇、街道）就政府机关软件正版化工作进行调研，并采取组织培训、网上填报、电话核实等手段，对全市政府机关在编人员、计算机数量及软件使用情况进行认真调查，了解实际情况，掌握第一手资料。通过多次调查核实，准确掌握了全市政府机关（含区〈县〉、乡〈镇、街道〉）的计算机、服务器总数和使用软件有无授权的情况，为全面做好整改工作提供了数据支持。

在大部分单位没有安排“软件专项检查整改”经费预算的情况下，软件正版化工作启动后，出现了个别单位资金协调困难、工作消极懈怠、推不动、落实难等问题。为有效解决工作中存在的问题，2011年4月和5月，北京市使用正版软件工作联席会议办公室连续召开了两次全市“专项检查整改工作”再动员工作会，及时统一思想，端正工作态度，加强工作的主动性。北京市使用正版软件工作联席会议办公室先后向三个工作进展缓慢、落实不到位的单位下发了限期整改通知书，当面约谈了两个单位负责人，并及时组织专业人员深入各单位一线进行了跟进指导。北京市版权局副局长王野霏先后两次约见微软全球及中国区市场部门负责人，商谈软件优惠供应价格问题，并协调北京市经信委两次召开了包括中外软件生产供应商、社会中介组织、政府服务部门等单位参加的软件采购工作会，及时制定下发了正版软件采购指导意见，为各单位提供了软件采购目录和参考优惠价格。西城区、东城区积极协调，分别调整筹措财政资金1 910万元和862万元，保证了软件采购需求。海淀区、丰台区采取分散与集中相结合的方法，由区财政建立统一账号，分别筹措采购资金687万元和980万元，既满足了各单位需要，又争取到了优惠的采购价格。

根据《北京市政府机关软件正版化专项检查整改工作方案》安排，北京市使用正版软件工作联席会议办公室在认真组织培训的基础上，采取听汇报、查资料、看机器、对授权的方法，于2011年7月和9月，分两批组织专业技术人员组成14个检查组对市属委办局和各区县专项检查整改工作进行了检查验收，共抽查了64个市属委办局、32个区县属委办局、乡（镇、街道）3 187台计算机。检查组对没有达到标准的单位采取下发限期整改通知书、限期复查的方法，进行了第二次验收。针对部分单位存在的软件资产管理制度不完善、管理不规范等问题，联席会议办公室专门组织了全市软件资产管理工作培训会，聘请有关专家进行专题授课，提高了各单位对软件资产管理工作的认识，规范了软件资产管理程序和主要内容，推动了政府机关软件正版化工作的正规化和制度化。

三、组织版权质押融资问题研究，促进版权产业发展

2011年，北京市版权局结合版权产业发展实际，依托东城区国际版权交易中心、朝阳区北京国际版权交易中心和中国人民大学国家版权贸易基地，扎实有效地推动版权质押融资工作。

东城区国际版权交易中心以“服务、创新、合作”理念为指导，以构建全国性版权产业要素市场，搭建版权交易综合服务平台、版权投融资综合服务平台为目标，先后启动了“国际版权交易系统和北京版权产业融资平台”。2011年4月26日，中心发起成立了中关村新媒体版权基金，这是国内首只版权权益基金，规模达2亿元人民币。基金专注于投资新媒体版权领域，包括新媒体影视版权投资和内容制作项目投资。截至2011年10月底，中心在动漫、影视、图书、音乐等领域挂牌项目超过2 000个，实现交易额超过5亿元。基地建立的“北京文化金融中介服务平台”实现版权质押贷款8 000多万元。

朝阳区北京国际版权交易中心致力于建设服务北京、辐射全国、具有国际水准的国家级版权投资和交易中心，具备版权商务、版权展示、版权投资和版权交易四大功能。中心先后组织了三届中国国际版权博览会，这是我国按照国际化、专业化、市场化原则举办的唯一常态化的国家级版权专业盛会，会聚了全球文化创意产业的众多专家、学者和精英人士，也集结了大量版权行业组织、机构和企业，受到了超过200家国际媒体的高度关注，得到了社会各界的广泛赞誉，达成了近15亿元人民币的投融资合作。版权博览会充分展示了中国版权交易及保护成果，扩大了中国版权保护工作的世界影响，促进了首都文化创意产业的发展繁荣。

中国人民大学国家版权贸易基地，致力于建设国际性版权要素流通中心，构建中国版权输出的桥头堡，成为国内外版权交易活动的主要市场。基地具备“集聚、交易、展示、交流、调解、评估、孵化、培训、辐射”九大功能，创办并开通了国家版权交易网（www. copyrightmall. com），发展了来自近70个国家的会员1 000多名，挂牌交易项目4 000多项，挂牌总额超过15亿元。网站开通仪式上，中视影视制作有限公司与新疆卫视购片方签订了电视播放协议，作家阎连科与北京精典博维文化发展有限公司签订了价值100万的出版协议。2011年4月，基地举办了“中国首届版权拍卖大会”，25部作品参与拍卖，总成交额达114.7万元。其中著名影视剧作家、前中国作协副主席黄亚洲的作品《建党伟业》出版权拍出了56万元的高价。

四、积极搭建版权贸易平台，推动版权输出“远航工程”

2011年8月30日至9月3日，北京市版权局组织北京出版集团有限责任公司、北京燕山出版社、北京科学技术出版社等8家市属出版单位共同组成北京版权贸易区，联合参加了第17届北京国际图书博览会。书展期间，各参展单位精心组织了包括人文、教育、科技、少儿、健康等题材在内的近千种图书参展，全方位地展示了首都出版业近年来取得的成果和版权贸易的总体状况。展期中，北京展区共接待国内外客商和读者观众近万人，达成版权贸易协议和意向近50项。

五、完善版权服务体系，提高版权综合管理水平和服务能力

（一）完善了“一站式”服务大厅建设

2011年，北京市版权局进一步完善了“一站式”服务大厅建设，搭建了集版权登记、代理、保护为一体的综合服务平台。截至2011年10月底，北京市作品版权登记累计1 877 076件，年均23.46万件，登记数量占全国总量的88.84%。计算机软件登记累计121 815件，年均约1.35万件，登记数量占全国总量的33.25%。图书版权引进累计50 012种，年均7 144种。版权输出累计8 941种，年均1 277种。版权输出、引进总数占全国总量的64.7%。

（二）发挥北京版权资源信息中心功能

北京版权资源信息中心项目于2010年6月28日完成终验，自2010年7月1日起正式运营。截至2011年年底，中心已经聚集了文字、摄影、美术、音乐、有声读物、MTV、电影、电视剧、视频节目、软件等10类作品资源，入库作品数量达500万件，入库权利人信息达10万条，合作机构超过100家，权利人超过1 000个。中心网站每天发布的版权产业新闻资讯信息、作品推介信息、权利人推介信息以及版权供求信息达1 000条。

六、立足实际，积极探索版权监管新对策

（一）实施对重点监管对象的主动监管和违规约谈制度

北京市版权局与国家版权局联合建立了主动监管和违规约谈制度，对12家大型综合性网站和被举报投诉的重点网站进行跟踪监测，主动监管。运用网络侵权信息监测系统，跟踪监测这些网站实际经营情况，根据对网站侵权信息的监测评估，先后约谈了10余家涉嫌侵权的网络企业。

（二）建立联合治理快速反应机制

北京市版权局和市通信管理局、市广播电视局建立了联合行动快速反应机制，对有非法传播、非法经营和侵权行为的网站采取快速联合治理措施。针对北京地区未经ICP登记从事互联网经营活动、未经许可从事互联网视听节目传播并含有侵权信息的个人网站，政府部门使用统一的网络监测平台进行监测、汇总，对经过警示继续从事违法经营活动的上述网站依法关闭。2011 年已经清除从事违法经营活动的个人网站 300 余家，这对进一步净化网络环境发挥了重要作用。

（三）发布《信息网络传播权保护指导意见（试行）》

在国家版权局的大力支持下，经广泛征求各方意见，2011 年北京市版权局制定了《信息网络传播权保护指导意见（试行）》。该《指导意见（试行）》于 5 月 10 日公布，自 8 月 1 日起正式实施。

（四）积极推进著作权调解中心建设

北京市版权局与北京市法院系统积极沟通，双方已原则同意建立联席会议机制，并支持尽快建立"北京著作权调解中心"。调解中心由政府版权部门牵头建立，法院、版权保护协会和权利人组织、专家学者等共同参与，对重点行业、重点地区、热点案件加大著作权纠纷的调解力度，最大限度地发挥版权调解成本低、程序简单、方便快捷的优势，缓解司法机关的压力，保护权利人的合法权益，化解纠纷，维护社会和谐。

（五）对重点单位实施版权保护"护航工程"

在认真调研和广泛征求相关单位意见的基础上，北京市版权局先后对搜狐、央视国际、金山等新媒体和新技术企业量身定制版权保护方案，对重点企业、重大活动实施"护航工程"，加强著作权保护。

（六）积极参与打击侵权盗版专项行动

从 2005 年开始，北京市版权局连续 7 年参与了国家版权局开展的打击网络侵权盗版专项行动。2011 年，根据国务院开展打击侵犯知识产权和制售假冒伪劣商品专项行动的指示精神，北京市版权局协助公安机关查处了网站销售侵权音像制品复制品案、天线视频网站侵犯著作权案等一批有较大社会影响的著作权侵权案件。

（冯献省）

天　津　市

2011 年，天津市版权局在推进版权法制体系建设、加大版权行政执法力度、组织版权宣传活动、开展版权服务等方面做了大量工作，版权管理工作取得显著成效。

一、积极推进版权法制体系建设

天津市版权局积极推进版权法制体系建设，组织相关部门，召开修订著作权法研讨会，配合国家版权局做好《著作权法》第三次修订工作。

为了给天津市成功举办第六届东亚运动会营造良好的知识产权保护环境，天津市版权局积极参与《第六届东亚运动会知识产权保护规定》、《第六届东亚运动会名称、会徽、吉祥物等特殊标志保护及使用管理规定》、《第六届东亚运动会标志保护办法》的研究与制定工作。

二、切实加强版权行政执法，加强文化市场监管

2011 年，天津市版权局认真贯彻落实国务院办公厅《关于印发打击侵犯知识产权和制售假冒伪劣商品专项行动方案的通知》精神，在全市范围内开展了针对出版、印刷、互联网等领域的"双打"专项行动。"双打"专项行动期间，天津市版权局加大执法力度，严厉打击侵权盗版行为。

一是会同南开区文化执法部门，对位于南开区鞍山西道电子商城的计算机销售商店及其计算机软件预装情况进行了全面检查。同时对音像制品销售商店进行检查，对存在问题的两家音像制品经营单位当场提出整改意见，并对涉嫌侵权盗版的 467 张音像制品予以暂扣。

二是与天津市文化执法总队、天津市公安局等相关部门审结了由国家五部委督办的"何震宇销售盗版光盘案"。此案被列入 2010 年打击侵权假冒专项行动版权执法十大案件。

三是与天津市公安局网安总队联合召开天津各网站负责人会议，强调要严厉打击互联网侵权盗版行为，重点打击影视剧作品侵权盗版行为。天津市版权局与天津市通信管理局联合制订了宣传、检查、查找大案要案线索等行动方案，并将《关于开展打击侵犯知识产权和制售假冒伪劣商品专项行动的公告》下发到天津市各大网站，要求各大网站认真开展自查自纠工作，积极预防或杜绝网络侵权行为发生。同时，安排专人在网上认真审查音乐网站和电影网站，对 47 家可下载《让子弹飞》、《非诚勿扰 2》等作品的网站进行查找 IP 地址工作。

四是对出版物经营场所开展大规模检查。专项行动期间，天津市、区（县）两级新闻出版行政部门共出动检查力量 1 140 人次，检查经营场所 2 100 家，责令停业 1 家音像制品经营店，取缔无证经营摊点 14 个，收缴非法音像制品 595 张，非法书刊 109 册。

三、落实政府机关软件正版化专项检查工作，推进大中型企业软件正版化工作

（一）落实政府机关软件正版化工作

为扎实有效地推进软件正版化工作，"天津市政府机关使用正版软件工作检查组"（以下简称"工作检查组”）成立。工作检查组由市版权局、市财政局、市经信委、市发改委、市商务委、市机关事务管理局组成，负责全市政府机关使用正版软件专项检查工作。根据市检查组成员单位意见，天津市版权局将草拟的《全市政府机关使用正版软件专项检查工作方案（征求意见稿）》进一步修改完善，上报市政府审定。

天津市政府办公厅召集市版权局、市财政局和市经信委等部门召开会议，确定了市级政府机关50个部门、16个区县政府和塘沽、汉沽、大港管委会为全市实现软件正版化工作的范围。市政府办公厅2011年2月28日印发《关于印发全市政府机关使用正版软件专项检查工作方案的通知》（津政办发[2011] 28号），启动全市政府机关软件正版化自查自纠整改阶段的工作。为夯实工作基础，天津市版权局制订了“天津市政府机关软件正版化自查情况统计表”，要求50个委办局对本部门计算机软件使用情况进行自查摸底，为下一步整改工作提供基础数据。

2011年3月，“全市政府机关软件正版化工作动员大会”召开，天津市副市长张俊芳出席并讲话。4月，天津市版权局组织“全市区县政府机关使用正版软件工作培训会”，对各区县开展此项工作采取的方法、步骤及操作环节中应注意的事项进行指导。

工作检查组共分成四个检查小组，对市级政府机关各部门自查自纠整改工作情况进行了督导检查核实。天津市版权局汇总督导检查情况后，将核实的数据归类汇总，并根据市场价格对市政府软件正版化所需经费进行了初步测算，提出落实整改的建议，报告市政府协调组织落实。

按照天津市政府办公厅《关于对市级政府机关软件正版化工作进行整改提高的通知》要求，市级政府机关要切实落实好整改任务，9月底前全部完成清理非正版软件和安装正版软件工作。截至9月底，市级政府机关有10家完成整改工作，3家没有采购计划，其余正在整改落实。

（二）联合市建交委共同推进全市企业软件正版化工作

2011年9月27日，在“全市企业软件正版化动员大会”上，天津市版权局传达了《关于印发企业软件正版化2010年工作总结、2011年工作计划和部际会议第五次会议纪要的通知》（国版联[2011] 1号）精神，对天津市90家勘察设计行业软件正版化工作进行动员部署，对开展自查自纠专项检查工作进行工作动员，并对天津市获得国家“第二批企业软件正版化示范单位”称号的企业进行颁奖。

四、创新工作方式，抓住各种契机开展版权宣传

天津市版权局积极创新工作方式，抓住各种契机开展版权保护的宣传工作。

2011年6月23日，天津市版权局走进天津经济广播电台《行风坐标》节目直播间，宣讲出版行业规范，就侵权盗版的危害、如何识别正版和盗版出版物等热点问题与听众进行互动交流。

2011年3月，天津市版权局联合天津市公安局网安总队召开2011年互联网信息安全工作会议，对天津市的37家网站负责人宣讲打击网络侵权案件的重要意义，通报了网络案件的查处情况并公布了举报电话。

利用执法检查，天津市版权局对各大电子产品卖场负责人以及经营者宣讲国务院“关于开展打击侵犯知识产权和制售假冒伪劣商品专项行动”的精神和要求，讲解如何辨别正版和盗版音像制品，同时发放了《关于开展打击侵犯知识产权和制售假冒伪劣商品专项行动的公告》等宣传材料。

此外，天津市版权局还通过《中国新闻出版报》、《今晚报》和新闻出版总署网站对“双打”专项行动工作情况进行报道，扩大了媒体宣传。

五、完善版权服务，促进版权贸易

2011年8月31日至9月4日，天津市版权局组织12家出版单位参加了第十八届北京国际图书博览会（BIBF）。在本届BIBF展会上，天津展团共签订版权贸易合同20个，达成版权贸易意向21项，出口成书超过5万码洋。版权贸易涉及科技、少儿、历史、文学、文化教育、建筑等10多种类型的图书。

此外，天津市版权局认真做好涉外合同审核登记及著作权咨询解答等日常工作。2011年审核登记图书涉外版权合同195个，音像制品复录加工合同登记14个，审核电子社出版物合同1个，审核引进境外软件认证18个；解答著作权法律咨询约200件。

（张　倩）

河　北　省

2011年，河北省版权管理部门在省委、省政府的领导下，认真贯彻落实国家关于知识产权工作的战略部署，以打击侵权盗版和推进软件正版化工作为抓手，紧紧围绕建设“经济强省、和谐河北”的主题，采取多种形式加强版权保护，取得了显著的成效。

一、继续开展打击侵犯知识产权和制售假冒伪劣商品专项行动

2011年，河北省版权局根据国家关于延长打击侵犯知识产权和制售假冒伪劣商品专项行动（以下简称“双打”专项行动）时间的通知要求，继续“双打”专项行动。

一是对全省新闻出版、版权领域的打击侵犯知识产权和制售假冒伪劣商品专项行动做出再动员和再部署。继2010年12月制定印发《关于开展“雷雨”集中打击行动的通知》后，2011年1月，河北省版权局又起草印发了《关于开展“天网”集中打击行动的通知》，要求各设区市文广新（版权）局认真贯彻执行。

二是总结了专项行动阶段性成果和政府机关软件正版化工作情况，在全省专项行动会议上做典型发言，受到了省打击侵犯知识产权和制售假冒伪劣商品专项行动领导小组办公室的高度评价。

三是迎接国务院打击侵犯知识产权和制售假冒伪劣商品专项行动督查组到河北省的两次督查，督查内容包括市场整治情况、重点案件查处情况、软件正版化工作情况和长效机制构建情况。期间河北省版权局陪同督查组对石家庄、廊坊两市的部分政府机关及一些企业正版化工作进行检查，促进了河北省打击侵犯知识产权和制售假冒伪劣商品专项行动及正版化工作的开展。

四是参加“省会外资企业保护知识产权沟通会”，现场为企业讲解《著作权法》相关知识。

五是加强省内督导检查，与省专项行动领导小组成员单位一起，分别对邯郸、邢台、唐山、保定等地打击侵犯知识产权和制售假冒伪劣商品专项行动开展情况及政府机关软件正版化自查情况进行督导检查，促进了版权保护工作的开展。

二、大力推进政府机关及企业软件正版化工作

（一）落实政府机关软件正版化工作

2010年12月，《河北省政府办公厅关于在全省开展政府机关使用正版软件检查和整改工作的通知》（冀政办［2010］41号）印发后，全省各级政府机关迅速制定措施，采取行动。

一是各设区市结合实际相继印发通知，廊坊、沧州等地还专门召开会议，明确了政府机关软件正版化工作阶段性任务和完成时间表，要求各单位迅速开展软件自查并按时完成整改。省直各单位认真贯彻执行41号通知精神，积极开展软件自查工作。

二是强化组织领导，重新确认了省使用正版软件工作领导小组和省推进企业使用正版软件工作领导小组各成员单位成员名单，为顺利开展工作提供了组织保证。

三是及时报送相关数据。省直106个单位和11个设区市全部向省使用正版软件工作领导小组办公室报送了自查和整改结果，办公室及时将情况向省政府和国家版权局进行了汇报。

四是汇总省直各单位软件正版化自查数据，深入分析存在的问题，起草了《省直单位软件正版化自查情况及整改建议》和《省直单位正版化软件购买经费预算申请》，报送省政府。

五是积极筹措资金。一些省直单位积极与财政部门沟通，落实了正版软件采购经费；石家庄市财政落实了300万元专项经费并进行了招标采购工作，完成了政府和人大机关软件正版化工作。

（二）积极推进企业软件正版化

2011年，河北省版权局加快推进企业软件正版化工作。

一是制定印发《河北省2011年企业软件正版化工作计划》和《关于集中开展河北省第三批企业使用正版软件工作的通知》，要求各地、各部门督导所推荐企业开展软件正版化工作，确保第三批200家企业在2012年8月底前完成正版化工作。

二是及时召开会议。5月19日，河北省版权局在石家庄市召开“2011年企业软件正版化工作会议”，河北省推进企业使用正版软件工作领导小组各成员单位派人与会。会议传达了全省2011年企业软件正版化工作计划，研究确定了第三批软件正版化企业名单，对前两批开展正版化工作的企业提出自查和整改要求。石家庄、承德、张家口等市推进企业使用正版软件工作领导小组也及时召开了正版化推进工作会议，对工作进行了部署。

三是巩固已有成果。按照2011年计划，第一批40家、第二批160家已开展软件正版化工作的企业及时报送了本单位的软件正版化开展情况，对取得的成果进行了巩固，对存在的问题进行了及时整改。第三批200家企业中，也有一部分企业率先完成了整改工作，其他企业根据自身情况在有计划稳步推进。

四是加大监管和执法力度。全省各级版权管理部门会同有关单位继续开展打击非法预装计算机软件、打击网络侵权盗版等专项行动，加大对软件市场、电脑城等经营场所的日常监管，2011年共出动执法人员8 300多人次，收缴盗版软件光盘5 000余张，从源头上打击盗版软件。

五是妥善化解纠纷。2011年，河北省版权管理处接到两起某国外软件公司投诉省内两家企业涉嫌侵权案件，为妥善解决这一问题，省版权局要求保定、唐山两市调查了解案件详情，并指导执法人员深入企业了解情况，从尊重知识产权、树立企业形象、履行社会义务、规避法律风险等保护企业角度加强正面引导，做好版权宣传工作，要求企业开展软件自查工作，积极进行整改。通过省、市两级版权管理部门细致的工作，两企业上报了软件自查情况，并主动与软件企业进行沟通谈判，及时化解了矛盾。

六是加强软件资产管理培训。河北省版权局组织省内企业赴北京参加企业软件资产管理培训会议；张家口市版权局分7次对20个区县的400多家网吧业主进行了培训，对操作系统软件进行了重点整改，参加人员达2 100多人，收到了很好的效果。

三、高度重视版权保护的宣传工作

河北省各级版权管理部门高度重视版权保护的宣传工作，把提高公众版权保护意识作为做好版权工作的先导，利用多种宣传形式，通过多种宣传途径，不断加大宣传力度。

一是举办了“纪念《著作权法》实施20周年暨加强网络版权立法与执法保护研讨会”，邀请省人大常委会、省政府法制办、省通信管理局的领导，省内出版单位、省会部分大型网站、网吧和图书馆的工作人员及媒体记者等近200人参加会议。中国社会科学院知识产权中心研究员唐广良和中国人民大学教授、博士生导师郭禾，以及国际唱片业协会亚洲区和北京代表处的法律专家应邀授课，并就加强网络版权立法和执法等问题与参会代表进行了现场交流。此次会议旨在进一步向社会公众宣传著作权法法律知识，并加强各部门的协调联动，努力探索网络版权保护的长效机制。活动受到新闻媒体的广泛重视，河北电视台、省内各大报纸、国内一些大型网站都给予了宣传报道。

二是在省打击侵犯知识产权和制售假冒伪劣商品专项行动办公室组织召开的专项行动执法工作座谈会上做重点发言，介绍全省新闻出版、版权领域开展专项行动的最新进展和工作成果，同时通报了政府机关软件正版化的基本情况。

三是在知识产权宣传周期间开展形式多样的宣传活动。4月21日，全省11个市同时举行集中销毁侵权盗版制品及各类非法出版物活动，启动仪式主会场设在石家庄市民心广场，河北省和石家庄市的主要领导和出版单位、出版物经营单位、“扫黄打非”和版权保护志愿者的代表1 000多人参加了主会场的销毁活动。活动现场发放了标有“拒绝盗版，做诚信公民”口号的绿书签，张贴了“绿书签行动2011”宣传海报，开展了“加入绿书签行动”、“拒绝盗版，从我做起”签名活动。各设区市设分会场，同时举行活动，之后将各类非法出版物运送到指定地点统一销毁。宣传周期间各地还举办了丰富多样的广场宣传活动，现场发放《著作权法》宣传材料，解答社会公众提出的版权问题。

四是参与相关评优活动，宣传河北省版权保护的成绩。2011年，河北省共有9家单位和6名个人获得查处侵权盗版案件有功单位及个人奖励，其中廊坊“‘9·20’批销盗版图书案”专案组获得有功单位一等奖；省版权局等4家单位获得有功单位三等奖；省人民检察院王国维获得有功个人一等奖；省版权局潘海波、石家庄市版权局李耀峰、保定市文化市场行政执法大队杨大勇获得有功个人二等奖；秦皇岛市文化广电新闻出版（版权）局裴立新、任丘市文化市场综合执法队边振林获得有功个人三等奖。11月，在中国版权年会暨第四届“中国版权产业奖”颁奖典礼上，河北省张家口市蔚县单堠亮星剪纸厂董事长高佃亮荣获“2011中国版权产业新锐人物奖”，省版权协会荣获“2011中国版权年会优秀组织奖”。

五是组织省内出版单位参加第十八届北京国际图书博览会，在对省内各参展商进行版权业务指导的同时，对外推广版权产品。

四、不断加大侵权盗版案件的查处力度

2011年，河北省版权局组织开展了打击侵权盗版和制售假冒伪劣商品专项行动与打击网络侵权盗版专项治理的“剑网”行动，认真处理每条案件线索，快速移交并指导、督促保定、石家庄、承德、廊坊、沧州等地版权管理部门查处了多起侵权案件。

2月，保定市版权执法部门查处了“安玉兰销售盗版《最新临床疾病诊断与疗效判断标准实用全书》案”，依法对其做出罚款16 500元的行政处罚。

3月，保定市版权执法部门查处了“李双伟销售盗版《中等职业专业设置管理办法》案”，依法对其做出没收非法出版物、罚款10 000元的行政处罚；沧州市版权执法部门查获长芦大道继发物流运输公司存放侵权盗版光盘近2 000张，根据有关规定将案件移交给当地公安部门。

9月，石家庄市版权执法部门查处“智苑文化用品中心销售盗版《蒙氏数学》案”，依法给予责令停止侵权行为、没收侵权复制品、罚款10 000元的行政处罚；承德市版权执法部门查获“隆化县星源音像店经营盗版压缩 DVD 光盘案”，依法对涉案音像店做出罚款 3 000 元的行政处罚；廊坊市版权局组织执法人员对涉嫌侵权的 Win＊.com 网站进行立案调查后，依据相关规定，将案件向公安部门进行了移交。

10 月，承德市版权执法部门查获火红音像店销售盗版音像制品，依法对涉案单位给予罚款 5 000 元的行政处罚；石家庄市版权执法部门先后对梦思缘 KTV、魅力金座夜总会、宝马会商务会馆、亚太夜总会和金狐网吧等单位在公众场合以营利为目的非法播放未经授权的音乐作品、非法传播未经授权的影视音乐作品的行为，依法给予责令停止侵权行为、罚款 1 000～5 000 元的行政处罚。

五、努力提高业务水平，为社会公众提供版权服务

全省版权管理部门加强业务学习，不断提高自身素质和业务水平，努力为社会公众提供热情、优质的服务。

一是积极响应国家版权局的要求，参与讨论了《关于进一步加强作品登记工作的通知（征求意见稿）》和《2011 年企业软件正版化工作计划（征求意见稿）》，研究修改了《政府机关使用计算机软件条例》和《著作权行政执法指导意见（征求意见稿）》。并结合河北省实际工作，提出了反馈意见。

二是组织河北省基层版权执法人员参加国家版权局在银川举办的“2011 年基层版权执法培训班”，积极与专家互动交流，增强了版权执法的基础知识和业务能力。

三是参加了由河北省法制办组织的《中华人民共和国行政强制法》学习培训。

四是认真调查和积极调解省外某权利人投诉《科技风》刊登侵权文章的案件，促使涉案期刊和权利人达成和解，及时处理了问题，妥善化解了纠纷。

五是积极为社会公众答疑解惑，解答版权问题 3 000 余人次。

六是提供优质服务，为出版社登记外国及港澳台图书出版合同 25 件，为社会公众登记美术、文字和音乐等作品 246 件。

（李冬群）

山　西　省

2011 年，山西省版权局坚持创新思维、依法行政、加强管理、服务大众的宗旨，围绕全省新闻出版业“五年争三、十年争五”的总体目标，把握办实事、重实效、求实绩的原则，积极拓展版权宣传范围，着力加强版权监管力度，全面提高版权服务质量，扎实开展打击侵犯知识产权和制售假冒伪劣商品专项行动及软件正版化等各项重点工作，版权工作取得了实质性的进展。

一、高度重视版权宣传教育工作，不断提高公众的版权保护意识

为全面提升公众的版权保护意识，在全社会逐渐形成“尊重知识、尊重劳动、尊重创造、尊重版权”的良好舆论氛围，山西省版权局 2011 年在“4·26 知识产权宣传周”期间积极利用各种平台，组织全省各级版权管理部门开展了版权宣传“三进两集中”活动，活动主要内容包括版权街头集中宣传活动，侵权盗版物集中销毁活动和版权进校园、进社区、进企业活动。活动期间，全省共发放各类宣传资料 96 000 余件，销毁各类侵权盗版制品 20 余万件，直接受众达 30 余万人。省、市 20 余家媒体对活动进行了宣传报道，有效地扩大了活动的社会影响，在全社会形成了版权保护的良好氛围。

二、着力加强版权行政执法和日常监管，努力建立良好的版权保护环境

打击侵犯知识产权和制售假冒伪劣商品专项行动（“双打”专项行动），由温家宝总理亲自安排部署，在全国开展，从 2010 年 10 月开始，到 2011 年 6 月底结束，历时 9 个月。“双打”专项行动是 2011 年全国知识产权执法与保护领域一项非常重要的工作。山西省“双打”领导小组办公室设在山西省版权局，办公室负责全面组织、协调“双打”专项行动。

此次“双打”专项行动中，全省各级新闻出版、版权、“扫黄打非”、文化执法部门累计出动执法人员 10 220 人次，检查出版物批销单位 2 932 余家、印刷复制单位 1 506 家，主动监管重点网站 258 个，查出证照不全印刷企业 332 家，捣毁窝点 70 个，收缴盗版图书 97 932 册、盗版光盘 420 393 盘，查处侵权盗版网站 7 家，行政处罚违规印刷企业 7 家，移送司法机关重大侵权盗版案件 4 起，成功办结国务院五部委联合督办的重大案件 1 起。为及时通报工作进展，山西省版权局共编发简报 23 期，向新闻出版总署和山西省“双打”领导小组办公室报送各类材料 100 余次。

“双打”专项行动期间，山西省版权局两次接受国务院“双打”专项行动督察组的检查验收，并得到了充分肯定。

2011 年，山西省共有 3 个单位获得国家版权局

2010年度查处侵权盗版案件有功单位一等奖，另有5个单位分别获得二、三等奖。

三、扎实推进软件正版化工作，坚决保护软件著作权

（一）突出政府机关软件正版化这一中心工作，全面加强各项工作任务的如期落实

根据国务院确定的政府机关软件正版化工作目标和时限要求，山西省版权局认真落实省政府和局党组的重要指示，积极稳妥地推进山西省政府机关软件正版化工作。

经过认真的前期准备，山西省版权局于2011年1月28日召开全省政府机关软件正版化工作会议，正式启动此项工作。之后，山西省版权局陆续组织完成了省、市、县三级政府机关软件使用情况调查摸底工作，省级政府机关软件使用管理机制建设工作，省级软件采购方案拟订工作，推动落实了省级机关软件采购经费，多次对各市工作进展情况进行检查督促，并根据省政府安排，开展调研工作，为软件采购工作做好前期准备。2011年上半年，山西省政府机关软件正版化工作的进度和质量在全国范围内一直处于领先位置，但之后的软件采购进展缓慢。

2011年11月14日，国务院根据工作实际，下发了《国务院办公厅关于进一步做好政府机关软件正版化检查整改工作的通知》（国办函［2011］130号），明确将政府机关软件正版化工作的时间调整为："省级政府机关软件正版化工作在2012年6月底前完成，市级政府机关软件正版化工作要求在2012年底前完成。"截至2011年底，山西省级政府机关软件采购经费已顺利落实，软件资产管理制度已经建立，软件采购具体方案于2011年12月20日正式批准。山西省朔州、吕梁、太原等市政府机关软件正版化工作已基本完成。

2011年4月下旬，国务院软件正版化工作督察组对山西省政府机关软件正版化工作进行督导检查后给予了充分肯定，认为山西省的软件正版化工作"领导重视、方法得当、措施得力，工作成效是明显的"。

（二）继续坚持不懈地抓好企业软件正版化工作，圆满完成全年工作任务

企业软件正版化工作与当地经济状况和企业的景气指数存在密切联系。2011年初，山西省版权局对全省企业软件正版化工作的任务进行了分解，并要求开展企业软件资产管理试点工作。截至年底，全省共有110家企业完成了软件正版化工作，超额完成了年初制定的100家企业软件正版化工作责任目标。至此，山西省已全面完成邮政、通信、电力、金融、保险行业软件正版化工作，基本完成煤炭、冶金行业骨干企业的软件正版化工作，此项工作在全国处于中上等水平。

四、逐渐完善版权公共服务体系，提供便捷高效的版权服务

山西省版权局着力加强版权公共服务体系建设，积极服务全省新闻出版业和版权相关产业发展，为全省知名作家、广灵剪纸、高校平面设计入选作品等版权保护重点区域和重点产品提供上门登记服务，为广大著作权人提供可靠便捷的版权保护。

2011年，山西省的版权社会管理和服务工作水平有所提高。全年共实现作品版权登记337件（2010年145件），增幅达132%，远远高于50%的年度增长责任目标，在中部六省中处于中等水平；图书版权贸易合同备案41件，比2010年全年增长12件，增幅为41%。

同时，山西省版权局积极为山西人民出版社、北岳文艺出版社、希望出版社、各报刊社等出版单位提供稿酬收转、法律咨询等服务，为出版产业健康发展保驾护航；研究制定了《关于进一步加强展会期间版权保护工作的通知》，为中部投资贸易博览会的顺利召开提供良好的版权保护环境。

（狄月清　郝子谋）

内蒙古自治区

2011年，内蒙古自治区版权工作以营造良好的版权环境、推动版权相关产业发展为目标，加强版权行政执法，大力推进政府机关软件正版化工作，坚持不懈地开展版权法律知识宣传教育，各项工作取得了显著成绩。

一、版权执法工作取得新成效

内蒙古版权管理部门坚持日常监管和专项行动相结合的工作机制，持续开展了打击网络、软件预装，图书馆等领域侵权盗版的专项治理行动，有力地打击了各类侵权盗版行为，有效地保护了著作权人的合法权益，营造了公开有序的版权市场秩序。

为确保各项专项行动取得实效，2011年3月28日至4月1日，内蒙古版权局与区商务厅、区公安厅、区知识产权局联合派出督查组赴呼伦贝尔市、兴安盟开展专项行动督导检查工作。在督导检查期间，听取了当地政府有关专项行动的工作汇报，实地查看了部分商场、摊点。督导检查提升了地方执

法部门打击侵犯知识产权和制售假冒商品专项行动的大局意识和工作积极性，强化了执法打击力度。

同时，内蒙古版权局还大力推进网络购物领域打击侵犯知识产权和制售假冒伪劣商品专项行动。2011 年 5 月 31 日，内蒙古版权局与自治区商务、通信管理、公安等部门联合印发《转发关于进一步推进网络购物领域打击侵犯知识产权和制售假冒伪劣商品行动的通知》（内政商商贸字〔2011〕452 号），积极开展网上巡查工作，督促网购平台进行自查自纠，承担市场主办方责任，加强自律机制建设，通过部门举报电话等途径收集网络购物领域有关违法犯罪案件线索，强化打击力度。通过专项行动，进一步规范了作品的使用和传播，有效遏制了侵权盗版蔓延的势头。

为保护重要体育赛事权利人的合法权益，内蒙古版权局部署了深圳第 26 届世界大学生夏季运动会期间的版权保护工作。同时在全区各类展会举办期间，强化版权执法检查，依法查处侵权盗版行为，转办、交办了一批图书、音像、教材等侵权盗版案件。

二、推进政府机关使用正版软件工作取得新突破

为全面推进政府机关软件正版化工作，确保实现阶段性目标，内蒙古自治区建立了由区版权局牵头，区经信委、区财政厅、区商务厅、区工商局、区政府采购中心等多部门参加的使用正版软件工作联席会议（以下简称“联席会议”）制度。

2011 年 2 月 27 日，在全区新闻出版（版权）工作会议期间，召开了全区政府机关使用正版软件检查整改工作专项会议，74 家自治区本级政府机关单位，盟市新闻出版（版权）局局长、科长，联席会议各成员单位参加会议。会议通报了全区政府机关软件正版化检查整改工作情况。

2011 年 3 月，全国软件正版化工作督导检查组对内蒙古自治区软件正版化工作进行了督查。其中，对四家企业的正版软件使用情况进行了随机抽查。督查组对内蒙古自治区政府机关和企业软件正版化工作给予了好评。

2011 年 4 月 6 日，内蒙古自治区政府办公厅组织召开自治区政府机关使用正版软件工作联席会议第一次全体会议，进一步明确了联席会议各成员单位的责任和义务，要求各成员单位按要求完成国务院既定的工作目标，并决定从区经信委、区商务厅、区财政厅、区工商局、区政府采购中心、区新闻出版（版权）局抽调人员组成督查组，对全区各盟市及部分委办厅局使用正版软件情况进行督查。联席会议先后组成 7 个督查组，历时 3 个月，对全区 12 个盟市地区和部分自治区本级机关使用正版软件工作进行了全面的督导检查，推进工作进度，确保工作质量。在第一阶段的检查整改期间，内蒙古自治区政府、自治区联席会议先后下发了督导检查文件 2 份，加快工作进度和报送工作的紧急通知 1 份，重新核查、核对有关统计数据的紧急通知 1 份。通过督查、催办、解答工作，有效地提高了各部门的工作积极性和主动性，为完成内蒙古自治区政府机关软件正版化工作奠定了基础。

按照国务院文件要求，包括内蒙古自治区党委各部门，人大、政协、法院、检察院，各人民团体，各委、办、厅、局等在内的 74 个机关单位全部纳入本次软件正版化检查整改范围。自治区本级软件正版化工作实行“统一落实经费、集中采购、分散安装”的工作方式和工作步骤。截至 2011 年底，已完成操作系统、办公软件、杀毒软件等各种软件的采购和安装，全面完成了自治区本级软件正版化工作任务。自治区本级政府共采购软件 33 135 套，其中国产软件 17 393 套，占 52.49%；国外软件 15 742 套，占 47.51%。采购金额共计 2 886.34 万元，其中 696.47 万元用于国产软件采购，占 24.13%；2 189.86 万元用于国外软件采购，占 75.87%。

三、开展打击侵犯知识产权和制售假冒伪劣商品专项行动

内蒙古版权局在注重培训、宣传、教育工作的同时，加强日常监管和专项行动执法检查，组织全区各级知识产权、版权管理部门开展打击侵犯知识产权和制售假冒伪劣商品专项行动。同时，根据权利人的投诉和日常巡查以及监管中发现的问题，及时部署版权执法力量进行查处，严厉打击侵权盗版行为，净化市场环境。

2011 年，全区共检查违法经营单位 44 322 个，做出行政处罚案件 330 起，移送司法机关 4 起，罚款金额 50 余万元；收缴各种盗版产品共计 55 万件，其中盗版软件 51 704 件。

四、服务版权产业发展取得新成绩

内蒙古版权局坚持以“科学发展、富民强区”为第一要务，积极为版权产业发展服务，充分发挥版权工作在保护文化创造力、激励自主创新方面的重要作用。

2011 年，内蒙古版权局全面实施《内蒙古著作权管理办法》；积极开展著作权民事调解工作，为著作权人和著作权使用者提供日常咨询和法律服务；

加强和完善版权登记和保护，完成作品登记226件；积极组团参加北京国际图书博览会等展会，推动版权对外贸易；着力培育核心版权产业。在“2011年度全国版权产业最具影响力企业”评选活动中，内蒙古东联动漫影视有限公司荣获“2011年中国版权产业新锐奖”；在国家版权局组织的“全国查处侵权盗版案件有功单位及个人”评选活动中，内蒙古自治区有1个基层版权执法机构获得有功单位二等奖，2名个人分别获得有功个人二等奖和三等奖。

五、版权宣传教育工作取得新进展

内蒙古版权局始终将宣传教育工作贯穿于版权执法监管和管理服务之中，建立起版权宣传、教育和培训的常态机制。

“4·26知识产权宣传周”期间，内蒙古版权局在全区范围内开展了版权知识宣传活动。活动期间，组织实施了悬挂条幅、群发版权保护公益信息、车载LED公益广告、组织报道典型案例、召开新闻发布会、参加电视访谈节目和上街宣讲等多种形式的宣传活动。

同时，内蒙古版权局组织版权执法人员参加了全国基层版权执法培训会议和数字网络环境下的版权执法培训会议，与自治区法制办联合举办了三期全区版权产业执法培训班，加强全区版权执法人员的业务素养和执法能力。

（郭锦云）

辽 宁 省

2011年，辽宁省版权局积极落实局党组对版权工作的部署，重点突出版权保护对促进经济发展和文化繁荣的作用，进一步提高全省版权创造、运用、保护和管理能力，在打击侵犯知识产权和制售假冒伪劣商品专项行动、政府部门软件正版化整改工作和作品自愿登记等方面取得了一定的成效。

一、版权登记和版权贸易服务

2011年，辽宁省版权局积极开阔思路开展作品登记工作，继续加大对辽宁省具有鲜明民族特色作品、动漫企业作品的扶持力度，共办理作品登记10 037件，同比增长200%。在作品登记工作中，辽宁省版权局坚持质量第一的原则，以确保登记证书的权威性，对近百件作品提出整改建议，40余件作品未予受理。

版权贸易的年度重点工作为组织辽宁展团参加北京国际图书博览会。辽宁省版权局积极做好辽宁展团参展的组织和协调工作，一是确保辽宁展团各单位便捷、高效地做好布展和版权贸易洽谈工作；二是通过与总署、展会会务组及各出版单位间的协调和组织工作，完成辽宁展团参展任务。在各出版社的努力下，2011年辽宁省共引进图书版权328项，输出96项。

日常工作主要包括版权贸易管理及法律咨询。辽宁省版权局通过审查出版单位的引进海外版权合同来实施版权贸易管理，同时通过现场、网络、电话等多种方式解答多个境内及涉外版权问题。

二、版权执法活动

（一）打击侵犯知识产权和制售假冒伪劣商品专项行动

辽宁省版权局按省政府和新闻出版总署的部署和要求，及时（2010年11月18日）成立专项行动领导小组，领导小组在版权法规处下设办公室，该办公室积极按省局《专项行动实施方案》（省新闻出版局、省版权局、省“扫黄打非”办公室联合发文）要求发挥组织协调作用，贯彻落实《实施方案》。尤其以软件正版化整改工作为核心，出色完成了国务院对辽宁省督查的三次迎检任务。

打击侵犯知识产权和制售假冒伪劣商品专项行动于2011年6月底结束，新闻出版（版权）行政管理部门在专项行动中承担着生产源头治理、加强市场监管、打击网络侵权盗版、推进政府机关软件正版化和加强宣传等多项任务。

（二）打击网络侵权盗版专项行动

2011年，辽宁省版权局坚持专项治理与日常监管相结合，坚决打击软件、影视、音乐、文字等方面网络侵权盗版行为。截至10月中旬，辽宁省已完成10余件重点网络侵权案件的侦办工作。在2011年国家版权局“全国查处侵权盗版案件有功单位及个人”评选中，辽宁省共有4个单位被评为“有功单位”，8位同志被评为“有功个人”。

辽宁省在打击网络侵权盗版专项行动中能取得较好成绩，主要得益于两点：一是继续发挥沈阳、鞍山、丹东、辽阳四个市文化市场综合执法队伍作为版权执法典型的核心力量，以典型带动全省执法能力的提升；二是与省通信管理局（市场监管处）合作机制的成熟顺畅。

（三）打击盗版教材教辅专项治理行动

2011年9月起，根据国家版权局文件精神，辽宁省版权局专门针对盗版教材教辅进行了治理工作。除印发文件组织各地开展有关工作外，为督导各地对盗版教材教辅的打击和治理，辽宁省版权局派出检查组赴营口、盘锦两地进行督导检查，并积极发挥辽海出版社工作站在专业技术上的优势，积极开展专项治理工作，通过高压、有效的督查工作，保证了各地教材教辅市场秩序正常，学生、家长以及正版书商业主对此给予了肯定。

三、版权宣传

自2006年始，对“4·26知识产权宣传周”、全国集中销毁非法及盗版出版物行动、重点工作重大案（事）件三项重要活动，各大媒体广泛参与宣传报道，形成较好的社会氛围。同时，辽宁省版权局还专门对领导干部、企业负责人等进行版权知识的宣传。

辽宁省版权局还积极推动版权示范企业、示范园区的建设，并扶持和推荐版权产业具有影响力的企业。在2011年11月中旬召开的第四届中国版权年会上，经辽宁省版权局推荐，沈阳莎梦文化发展有限公司获“2011中国版权产业新锐企业”奖。

四、软件正版化工作

（一）政府部门软件正版化整改工作

按国务院文件精神，各省版权局为软件正版化督导检查的牵头部门。辽宁省版权局统一部署，积极配合省政府完成软件正版化检查整改工作任务，并督导各市、县积极推进此项工作。

为了积极推进政府部门软件正版化整改工作，辽宁省版权局多次发文要求各部门明确软件正版化目标，做好职责分工，积极配合财政、机关事务管理部门做好经费保障和软件资产管理及省、市两级政府部门的统计工作，并分五次赴六市一县（绥中）指导和督促工作。同时，辽宁省版权局积极宣传软件正版化工作的任务、意义以及辽宁省的工作开展情况，《辽宁新闻》、《辽宁日报》、《辽宁晚报》、辽宁省政府网站、东北新闻网等多家主流媒体给予了多次报道。

（二）企业软件正版化工作

对于企业软件正版化工作，辽宁省继续以国有大中型企业和知名设计、研发企业为检查重点；对地市级提出更明确、严格的要求，即沈阳市、大连市市属大中型企业正版化率在80%以上，两市分别完成20家以上任务，其他各市完成10～20家。在上半年国务院督查组检查中，被抽查的在沈企业均通过检查。

五、版权工作站的创建及运行

经过近四年的探索和实践，2011年6月底，辽宁省版权局印发《关于印发辽宁省版权局设立版权工作站实施方案的通知》，统一标准，鼓励各地、各单位根据需要建立版权工作站以拓展版权工作。此项工作标志着辽宁省版权工作站建设进入了全面拓展阶段。截至2011年10月底，鞍山、锦州、营口、辽阳等市反响积极，并已完成2个版权工作站的设立工作。

（田大鹏）

吉　林　省

2011年，吉林省版权局认真学习贯彻落实党的十七届六中全会精神，按照“高举旗帜、围绕大局、服务人民、改革创新”的总要求，围绕科学发展的主题和加快转变经济发展方式的主线，结合国家版权局、吉林省委、省政府的工作部署，统一思想、凝心聚力、科学谋划、着力实施，使全省的版权工作取得了明显进步。

一、行政执法力度不断加大，打盗维权效果明显

（一）在全省范围内开展打击侵权盗版专项治理行动

结合国务院、国家版权局、吉林省政府打击侵犯知识产权和制售假冒伪劣商品专项行动，吉林省版权局制定下发了《关于进一步加强打击侵权盗版专项治理行动的紧急通知》（吉版权［2011］1号），在全省范围内开展了打击侵犯知识产权、打击假冒伪劣商品专项行动。

专项行动中，全省共出动执法人员8 300多人次，检查图书、音像、软件、印刷等经营单位8 760多家（次），收缴扣押各类盗版出版物20余万册（张、盘），责令停业整顿25家，取缔非法摊点350多个，查处侵权盗版案件77起，进行行政处罚65起，移送司法机关处理4起，查获地下黑窝点1起，行政处罚10余万元，取得了明显的治理成效。

（二）开展打击盗版中小学教辅材料的专项行动

根据《新闻出版总署关于进一步加强中小学教辅材料出版发行管理的通知》（新出政发［2011］12号）要求，吉林省版权局在全省范围内开展了一次打击盗版盗印教辅材料专项行动，制定了《吉林省新闻出版局关于加强中小学教辅材料管理工作实施方案》，明确了目标任务和工作重点，提出了工作要求和目标责任，启动了省、市、县三级版权保护信息站工作机制。

在这一机制下，2011年9月16日，吉林省版权局一举查缴一批盗版的吉林大学版高中教辅材料，抓获犯罪嫌疑人2名，查扣盗版教辅材料700余册，此案已移交公安机关处理。除此之外，吉林省版权局还组成了暗访组，对全省5个市（州）20个县市进行了明察暗访，发现了8起违规经销教材的行为，16个县市书店存在疑似盗版教辅图书的行为，1家存在无照经营教辅材料的行为。就以上情况，吉林省版权局对各市（州）版权局进行督导，要求他们对盗版中小学教辅材料的行为进行处理。

（三）开展打击非法制售盗版音像电子制品专项行动

吉林省版权局十分重视对音像电子出版物市场的日常监管，围绕重点领域、重点市场、重点产品进行了周密部署，不断创新版权行政管理手段和行政执法模式，坚持日常监管与专项行动相结合、行政部门与公安部门密切合作的工作模式，长年保持打击侵权盗版的高压态势，始终把软件、网络、音像电子出版物、教材教辅等作为监管和执法的重点领域，取得了版权保护的重大成效。

2011年7月12日，吉林省版权局根据群众举报，在长江路附近某居民楼成功查获一个批销盗版光碟的黑窝点，当场控制住了犯罪嫌疑人车某，收缴盗版光盘2万余张。

（四）开展打击非法预装盗版计算机软件专项行动

为了营造良好的软件知识产权保护环境，维护计算机市场和软件市场秩序，推动软件自主创新，促进吉林省软件产业健康快速发展，根据《计算机保护条例》和信息产业部、国家版权局、商务部《关于计算机预装正版操作系统有关问题的通知》精神，吉林省版权局于2011年8月24日，在长春市召开了“打击非法预装盗版计算机软件整治专项行动部署动员大会”，向长春科技城、欧亚科技城、百脑汇、长春网络维护公司等单位和维护人员下发了《长春市打击非法预装销售盗版计算机软件行为的通告》，并与之签订了责任书，建立起了管理部门、商场、经营者“三位一体”的长效监管机制。

二、版权宣传初见成效，公众版权保护意识显著增强

（一）围绕“4·26世界知识产权日”进行主题宣传

2011年，吉林省版权局十分重视版权普法宣传教育工作。在“4·26世界知识产权日”当天，吉林省版权局会同省工商行政管理局、省知识产权局、长春市科技局、长春市版权局等10余个相关部门，在长春市重庆路街心花园举办“尊重知识、尊重人才、尊重劳动、尊重创造”的主题宣传活动，受到了广大市民的热烈欢迎。吉林省版权局的工作人员热情地回答了市民对著作权法相关知识的提问，并发放了500余份宣传单。

同时，各级版权管理部门开展了多种形式的版权干部工程、版权孩子工程、版权人才工程、版权公益宣传工程，逐步建立起政府主导、新闻媒体支持、社会公众广泛参与的版权宣传普及教育常态机制，在全社会形成“尊重知识、尊重劳动、尊重创造、尊重版权”的社会氛围。

（二）围绕打击侵权盗版各类专项行动搞好重点宣传

吉林省版权局抓住专项行动的有利时机，充分利用各种媒体，加大对著作权法的宣传力度，“7·28四平中兴大厦非法销售盗版图书案”、“7·12长春市长江路车某非法销售盗版光碟案”、“9·16广西游商在吉林市非法销售盗版教辅案”等案件，都被媒体广泛宣传报道。截至2011年10月31日，版权管理处共在《中国新闻出版报》、《中国知识产权报》、《城市晚报》、《东亚经贸新闻》、《新文化报》以及中国新闻出版网、中国吉林网、吉林省政府网、新浪网上发表稿件30余篇。

仅2011年8月31日一天，在央视网“中国打击侵犯知识产权和制售假冒伪劣商品专项行动成果展”专版中，“吉林活动日”就被采用3篇稿件滚动播出，较好地宣传了吉林省在打击侵犯知识产权和制售假冒伪劣商品专项行动中取得的成果。由于宣传有力，吉林省版权局版权管理处的电话成为了各界群众提供侵权盗版线索的举报热线，广大群众通过电话，为吉林省版权局提供了各种侵权盗版的线索，为打击侵权盗版行为奠定了良好的基础。

（三）充分利用版权保护教育基地搞好常态宣传

吉林省版权局相继在吉林大学、东北师范大学、长春工业大学、吉林师范大学、吉林艺术学院建立了版权保护教育基地，依托版权保护教育基地与各高校联合开展版权相关的知识竞赛、演讲比赛、座谈会、板报宣传等活动。

2011年6月23日，吉林省版权局在东北师范大学法学院召开了表彰奖励大会，表彰奖励在知识竞赛中获得优异成绩的同学和老师，并向师生赠送了《著作权法》等有关书籍。

（四）充分利用东北亚博览会的有利时机搞好动态宣传

2011年9月9日，在第七届中国吉林·东北亚博览会主会场，吉林省版权局与省科技厅、省知识产权局、长春市科技局、长春市知识产权局、长春市版权局共同组成东北亚博览会知识产权展台，为参展的单位及个人提供知识产权相关的咨询，并发放知识产权宣传材料。东北亚博览会首次设立知识产权展台，《吉林日报》、吉林电视台等多家主流媒体进行了相关报道，取得了较好的宣传效果。

三、版权公共服务体系基本建立，服务水平有较大提升

完善版权公共服务体系建设及提高服务水平，是加强版权管理，促进智力成果创新的客观需要。

（一）强化版权公共服务平台建设，为企业和用户提供优质服务

2011 年，吉林省版权局继续完善著作权法律服务平台、教育培训服务平台、著作权维权服务平台、版权相关产业发展服务平台建设，加快了版权管理部门职能的转变，公共服务质量有了较大提高。2011 年全年，吉林省版权局共受理法律咨询 620 人次，调解版权纠纷 2 起，发表涉及著作权法的文章 3 篇，进行著作权法培训 1 次，举办版权教育基地知识竞赛 1 次，完成了吉林省著作权保护协会的年检工作。

（二）提高作品登记服务质量，开设作品登记绿色通道

为鼓励作品的创作和使用，吉林省版权局加大了作品登记宣传力度，提高了作品登记工作效率，并开设了作品登记绿色通道，为权利人提供优质快捷的服务。2011 年吉林省作品登记量呈上升趋势，截至 2011 年 10 月 31 日，共完成作品登记 222 件，同比增长 30%，软件著作权登记 65 件，同比增长 17%。

（三）做好图书版权的引进工作，开展外版图书合同登记保护工作

随着全球化经济的不断发展，吉林省各图书出版单位外版图书引进的规模和对外图书贸易交流的贸易额逐渐增大，为了加强对引进图书的版权保护力度，吉林省版权局加强了对引进版图书合同的备案登记工作。截至 2011 年 10 月 31 日，共完成版权引进合同审核和备案登记 471 件，同比增长 20.8%。这有助于降低各出版单位在图书引进过程中可能发生的版权纠纷风险，同时有利于提高出版单位版权自律守法和自我保护的意识。

（四）加强对版权相关产业的服务力度，建设版权示范园区

2010 年吉林省版权局积极推荐长春高新区参加国家版权局举办的“全国版权示范城市、示范单位、示范园区（基地）”的评选活动。2011 年 9 月，长春高新区参加了国家版权局在青岛召开的“全国版权示范城市”挂牌仪式，积极推进版权示范园区建设。一是在东北亚文化创意产业园区中租借 2 000 平方米大厅建设“长春版权交易中心”；二是高新区投入 5.8 万元积极拍摄宣传高新区版权产业的专题片；三是总投资 3 亿元，建设占地 7 万平方米的伍陆柒捌长春软件与外包产业园，其中软件开发中心、测试中心、动漫制作中心大楼已于 2011 年盖完，其余附属设施计划于 2012 年底竣工。

同时，吉林省计算机中心、四平市梨树县，辽源市东辽县、东丰县计划建设农民画、诗歌版权产业基地；通化市、白山市、江源区计划建设松花砚基地。

此外，吉林省版权局还积极推荐长春高新区凯帝动画、白山市江源区浑江黑陶艺术品有限公司参加中国版权协会组织的“2011 中国版权产业最具影响力企业”的评选活动。

四、积极推进政府机关使用正版软件工作，树立版权保护良好形象

吉林省委、省政府高度重视知识产权保护工作，由吉林省版权局牵头组织开展了省、市、县三级政府机关的软件正版化工作。

（一）领导高度重视，进行全面部署

为了深入贯彻落实《国务院办公厅关于进一步做好政府机关使用正版软件工作的通知》（国办发[2010] 47 号)，吉林省版权局在第一时间与省财政厅、省商务厅、省工信厅、省工商行政管理局等五部门联合下发了《关于认真贯彻落实国务院办公厅关于进一步做好政府机关使用正版软件工作的通知》(吉新出联 [2011] 5 号)。

2011 年 4 月 28 日上午，吉林省版权局召开了政府机关软件正版化工作调度会，听取了各市州关于软件正版工作情况的汇报，传达了国务院的有关精神和省委、省政府的指示，对下一步如何做好软件正版化工作进行了研究部署。

（二）积极开展调研，深入细致测算

按照国务院通知精神和省委、省政府领导的指示，吉林省版权局组织人员对省直机关软件正版化使用情况进行了充分的调查摸底。工作人员深入长春市科技城、红旗街百脑汇进行市场调研，对政府机关使用的办公软件和应用软件进行深入细致的测算。调研数据显示，省直机关 88 家单位共使用 10 020 台计算机，已有正版软件 6 988 套，拟采购正版软件 10 072 套，88 家单位约需资金 1 180 万元；9 个市州机关总数 518 家，共使用 28 608 台计算机，已有正版软件 20 198 套，拟采购正版软件 37 118

套，约需资金 3 171.8 万元；全省县级政府 67 个，县级机关总数 2 731 家，计算机总数 56 490 台，已有正版软件 42 351 套，拟采购正版软件68 749 套，约需资金 5 874.9 万元。综合省、市、县三级政府的调研数据，全省总计需要采购正版软件 10.59 万套，约需资金 1.023 亿元。

（三）引进政府督察，加大推进力度

为了深入贯彻落实国务院和省委、省政府的指示精神，加大政府机关软件正版化工作的推进力度，在吉林省版权局的积极斡旋协调下，省政府督察室被破例引入软件正版化的督察工作。2011 年 5 月 23 日至 5 月 27 日，吉林省版权局会同省政府督查室、省商务厅、省工信息厅组成 3 个督查组，对全省 9 个市（州）及长白山管委会共计 18 个政府部门软件正版化工作推进情况进行了督查，工作组通过督察，掌握了全省政府机关软件正版化使用情况和推进进度，对下一步如何开展政府机关软件正版化工作提出了明确要求，为全省政府机关软件正版化工作指明了方向。

（四）掌握进展情况，加强政府监督

根据吉林省版权局的要求，全省各市州政府部门每月都对软件正版化情况进行月报。截至 2011 年底，吉林省直机关已有 19 个部门完成了软件正版化，69 个部门尚未完成。

（田庆权）

黑龙江省

2011 年，按照国家版权局和省政府有关版权工作的部署，黑龙江省各级版权管理部门积极开展工作，较好地完成了各项工作任务，取得显著成绩。

一、版权宣传工作

在“4·26 知识产权宣传周”中，黑龙江省版权局组织全省各级版权管理部门开展了多种形式的宣传活动。2011 年 4 月 22 日，黑龙江省暨哈尔滨市“扫黄打非”工作领导小组举行盗版及非法出版物销毁大会，省版权局启动了“打击侵权盗版、保护知识产权”签名和“拒绝盗版、从我做起”绿书签派发活动，同时发放《著作权法》、《计算机软件保护条例》、《信息网络传播权保护条例》以及著作权法宣传手册 5 000 余册，并设立了版权保护宣传展板，现场接受群众对版权相关问题的咨询。

5 月 29 日，黑龙江省版权局在红博会展中心召开“第三届全国大学生版权保护征文”颁奖仪式。

在哈尔滨市召开的第 21 届全国图书交易博览会上，黑龙江省版权局设立版权咨询台，解答参会各单位及群众的相关问题。

二、参与制定《黑龙江省知识产权战略实施纲要》工作

根据黑龙江省知识产权战略制定和实施工作领导小组的工作任务分解，黑龙江省版权局参与《黑龙江省知识产权战略实施方案》专题制定和相关专题讨论会，并对《黑龙江省知识产权战略实施纲要》定稿多次提出建设性意见。2011 年 6 月，此《纲要》正式定稿印发。

三、推进软件正版化工作

（一）及时部署，下发方案

为贯彻落实全国知识产权保护与执法电视电话会议精神，按照国务院办公厅要求，结合本省实际，黑龙江省版权局制定了推进政府机关软件正版化实施方案，报省政府批准后，以政府办公厅名义下发省直各部门和市（地）县政府。方案明确了推进时间表、工作要求、重点和任务，明确各级政府、各部门主要负责同志为第一责任人，根据职责分工，各有关部门密切配合，形成了推进正版软件工作的领导体系和责任体系。

（二）调查摸底，协调落实采购资金

为促进政府机关软件正版化工作顺利推进，黑龙江省版权局就政府机关使用计算机软件情况，对各市（地）、县（市）人民政府（行署），省直各委、办、厅、局的计算机数量，使用正版软件、盗版软件的种类、数量和所需正版软件的种类、数量发放调查表进行调查，摸清了省直部门计算机软件使用基本情况。在工作过程中，就市（地）县工作进展缓慢的情况，多次下发文件对各地进行督促，要求各市地按照省政府要求推进政府机关软件正版化工作。黑龙江省版权局与省财政部门多次沟通，协调软件正版化采购资金的落实，并向省政府分管领导进行了汇报。

（三）做好企业软件正版化检查验收工作

2011 年 3 月和 5 月，黑龙江省版权局两次组织国家八部委对黑龙江省企业使用软件正版化工作检查，分别对哈药集团、黑龙江省新华书店发行集团、哈尔滨交通银行等企业进行现场检查，并与企业座谈交流软件正版化工作。

四、开展打击侵犯知识产权和制售假冒伪劣商品专项行动

根据国家版权局的统一部署，从 2010 年 12 月到 2011 年 6 月，黑龙江省版权局组织协调有关部门开展打击侵犯知识产权和制售假冒伪劣商品专项行动。

（一）加强领导，深入开展专项行动

黑龙江省版权局设立了由局主要领导担任组长、班子成员为副组长、有关处室负责人为成员的打击侵犯知识产权和制售假冒伪劣商品专项行动领导小组，由专项行动领导小组办公室（版权管理处）具体负责组织协调、部署专项行动，督促检查工作进展，督办重大案件。

（二）加强市场检查，确保取得实效

专项行动中，黑龙江省版权局分别对船舶电子大世界、教化计算机电子市场、透笼小商品市场、南极出版物批发市场、远大购物中心、南岗家乐福等多家市场进行检查，并指导各市地版权管理部门对所在地重点区域、重点市场每周一检，确保专项行动期间整治工作取得实效。

（三）强化宣传，造成声势

黑龙江省版权局充分利用电视、报刊、网络等媒体进行多样化的宣传活动，明确专项行动法律依据，阐明重要意义，帮助企业负责人提高认识。并且加强培训工作，进一步提高执法人员的业务素质。

专项行动期间，全省共出动行政执法人员 10 159 人次，检查出版物市场、店档摊点 9 769 个（次），检查印刷复制企业 6 894 家（次），取缔游商摊点 57 个（家），监管互联网单位 1 015 家（次），关闭非法网站 2 家；查缴侵权盗版音像制品 17 013 件，侵权盗版图书 12 728 册（件），盗版电子出版物 4 939 件（个），盗版教材教辅读物 5 436 件（册），非法出版物 163 件，合计 40 279 件。

五、其他版权管理工作

在第 21 届全国图书交易博览会期间，黑龙江省版权局组织各地加强对出版物市场的监管；2011 年 4 月，黑龙江省版权局与哈尔滨市文化和新闻出版局在平房动漫基地开展作品现场登记及版权咨询工作。2011 年，黑龙江省版权局共组织鉴定出版物 300 余种，其中侵权制品 100 余种；受理作品自愿登记 197 件，办理涉外版权贸易合同登记 72 份。

（邱鸿程）

上　海　市

2011 年，上海市版权局在国家版权局和市委、市政府的领导下，认真贯彻实施《国家知识产权战略纲要》和《文化产业振兴规划》，全面落实中央关于文化大发展大繁荣的战略部署，紧紧围绕上海“四个中心”建设和经济社会发展大局，以强化版权执法、创新版权服务方式为切入点，重点突出“创造、运用、保护、管理”四大环节，不断更新工作理念，开拓工作思路，在加强版权保护的同时，积极推进版权产业发展，各项工作取得显著成效。

一、理思路、抓实事，版权产业发展取得新突破

（一）深入调研，积极为版权产业的创新发展谋篇布局

1. 颁布《上海版权工作“十二五”规划》　《规划》回顾了“十一五”时期上海版权工作取得的成就，分析了“十二五”时期上海版权工作面临的新形势，从完善版权公共服务功能、提高版权保护意识、加强版权执法监管能力、促进版权产业发展等方面确定了“十二五”期间上海市版权工作的发展目标、主要任务和战略举措。

2. 发布《上海版权产业报告（2004—2009 年）》　上海市版权局立足产业发展，全面统计、科学分析，在全国率先发布《上海版权产业报告（2004—2009 年）》，认真梳理上海版权产业的现状和特点，科学、有效地指导版权从业人员就业，引导版权投资人投资，扶持版权企业转型发展，帮助政府制定版权产业相关政策法规。

3. 提出《著作权法》修改完善意见　为进一步完善中国著作权法律制度和落实《国家知识产权战略纲要》，组织上海相关政府机关、学术机构、著作权集体管理组织负责人和专家学者召开“《著作权法》第三次修订专家研讨会”，从著作权法律体系、著作权权属分类以及《著作权法》的实施等方面展开充分探讨，广泛征求各方意见，对现行《著作权法》及其配套法规提出了具体修改意见。

（二）强化职能，不断优化版权公共服务体系

1. 扎实推进作品登记服务　为鼓励作品的创作和使用，上海市版权局加大作品登记工作宣传力度，提高登记工作效率，从受理、审查、登记、证书制作、信息统计等方面统一标准、规范操作，为权利人提供优质、快捷的服务。2011 年上海市版权局共登记作品 2 万余件，同比增长 100%。

2. 积极建立版权纠纷调解机制　按照上海市高级人民法院 2010 年 11 月向本市有知识产权案件管辖权的各级法院下发的《关于开展著作权纠纷委托调解工作的意见（试行）》精神，上海版权纠纷调解中心积极与上海法院系统就完善相关诉调对接等具体工作开展合作，取得初步进展。该中心与杨浦区知识产权人民调解委员会联合成立了知识产权纠纷联合调解工作室；主动接受普陀区人民法院的委托，成功调解了其委托调解的 80 个著作权纠纷案件中的

68件。同时，该中心还不断加强与上海市仲裁委员会等其他版权纠纷解决机构的互动，努力扩大受案数量和来源渠道。2011年，上海版权纠纷调解中心共成功调解153起版权纠纷案件，涉案金额达数百万元。

3. 着力推动版权贸易持续发展　随着以版权资源为核心的出版、动漫、影视、软件、网络与计算机服务等文化创意产业的迅猛发展，版权创造、评估、运用、管理的需求不断增加。为了使版权的价值得到充分体现，更好地促进版权交易，上海市版权局组织召开版权贸易工作交流会，通报2010年上海图书版权贸易情况，开展2009—2010年版权贸易“双优、双先”评奖活动，共评出8家先进单位、10位先进个人、50种优秀输出版图书和20种优秀引进版图书。据统计，2011年，上海共引进图书版权1 260种、录音制品209种、录像制品61种、电子出版物22种，共输出图书版权296种、录音制品9种。

4. 切实建设“数字作品版权登记保护平台”　上海市版权局充分挖掘全市版权资源，根据企业需求，不断完善在线申报、审查流程等操作程序，为作品创作“大户”办理批量登记。同时，充分发挥技术手段在版权登记和保护中的作用，改变仅仅依靠人工监管的单一模式，在产业培育上营造尊重和保护版权的良好环境。

5. 大力支持企业、园区（基地）参与行业争先创优工作　上海市版权局积极培育、支持与鼓励多家有条件的单位和园区（基地）创建全国版权示范单位和示范园区（基地）等，进一步提升上海市版权保护的整体水平和良好形象。其中，上海张江高科技园区获全国版权示范园区（基地）称号。上海市版权局直接或通过5家版权服务工作站组织上海市多家企业、产业园区（基地）参加世界知识产权版权金奖、中国版权产业最具影响力企业等项目的申报，以项目引领产业发展。

6. 广泛开展2011年度版权优秀服务项目（案例）评选活动　为激励版权服务机构进一步提升工作效能和服务质量，促进版权服务的项目化、特色化，上海市版权局组织全市7家版权服务机构开展版权优秀服务项目（案例）评选活动，共评出2项金奖、7项银奖和3项铜奖。

二、树典型、求实效，版权执法监管迈上新台阶

（一）多方联动，积极组织开展执法“双打”行动

根据中央和上海市委、市政府有关打击侵犯知识产权和制售假冒伪劣商品专项行动的部署，上海市版权局建立版权执法工作机制，多方联动，积极营造良好的市场环境。2011年，上海市版权局以加大版权刑事打击力度为重点，指导、协调版权执法部门开展工作，成功查处多起侵权盗版大要案件，其中“《冒险岛》游戏外挂侵权案”被评为全国打击侵犯知识产权和制售假冒伪劣商品专项行动十大案件之一。上海市版权局协助版权执法部门对近10万件涉嫌侵权盗版制品进行鉴定。同时，联合上海市文化执法总队开展印刷业专项整治行动，对901家印刷复制企业进行了专项检查与督促整改工作；联合上海市“扫黄打非”工作办公室、上海市文化执法总队开展图书、音像制品市场集中整治行动，依法查处非法零售批发侵权盗版出版物的违法行为；加强源头治理，组织上海市主要出版物发行企业开展网络购物领域打击侵权盗版专项行动。

（二）深挖潜能，扎实推进政府机关与企业使用正版软件工作

1. 召开全市使用正版软件工作会议　会议决定，将上海市软件正版化工作领导小组成员由12个扩展到19个，并首次提出了五年工作目标，即在巩固政府机关软件正版化工作成果的基础上，实现所有市、区两级财政预算单位和公办学校、医院全面使用正版软件；按照“以大型企业为重点，以国有、外商投资、民营大型企业在先，中小企业在后依次推进”的原则，充分发挥国有企业的示范表率作用，争取在五年内完成对上海市国有企业的软件正版化目标。

2. 率先完成政府机关软件正版化的检查整改工作　在上海市软件正版化工作领导小组的共同推动和区县政府的大力协助下，上海市在全国范围内率先完成政府机关软件正版化检查整改工作，为下一步上海市各级政府机关使用、管理正版软件打下了良好基础。

（三）重点突破，严厉打击网络及计算机软件等行业侵权盗版行为

1. 组织实施“2011年剑网行动”　依托上海市网络版权综合治理机制，以网络热播电视剧作品、院线电影作品等为重点内容，上海市版权局协调市文化执法总队做好网络侵权盗版案件查处工作，累计关闭违规网站10家，责令整改违规单位22家，删除侵权盗版作品9万余条，罚款总额人民币15万元。指导并推进上海市网络企业版权自律工作，引导盛大游戏、起点中文网、PPS、土豆网、PPTV、激动网、久游网络等8家发起单位共同签署《上海

互联网行业版权自律公约》，有效遏制上海市网络侵权盗版现象，进一步规范互联网版权产业发展秩序。

2. 开展打击市场预装非法软件专项整治工作　上海市版权局组织上海市主要电脑商城召开会议，传达市委、市政府关于加强软件著作权保护的批示精神，对上海市软件市场开展检查落实与督促整改工作。同时，联合上海市文化执法总队等部门，建立软件著作权保护长效机制，制定实施电脑市场定期巡查及违法行为通报等制度，积极做好对电脑市场的版权保护宣传培训工作。

3. 扎实做好执法先进选送及总结表彰工作　根据国家版权局部署，上海市版权局积极组织相关部门做好 2010 年度全国查处侵权盗版案件有功单位及个人的选送工作，上海共有 9 家单位和 8 名个人分别获得 2010 年查处侵权盗版案件有功单位及个人称号。

三、重需求、分层次，版权宣传培训凸显新成效

（一）及时发布 2010 年上海市十大版权典型案件

2011 年 3 月，上海市版权局向社会发布 2010 年度上海十大版权典型案件，案件涉及出版、摄影、网络游戏与视频、软件预装与使用等多个领域。这充分显示了政府对打击侵权盗版行为的决心与信心，有效普及了版权法律基本知识，进一步提高了市民对版权保护的认知度和参与打击侵权盗版行为的积极性。

（二）全力做好“4·26”版权保护主题系列宣传活动

2011 年“4·26 知识产权宣传周”期间，上海市版权局联合市“扫黄打非”办公室，开展 2011 年全国侵权盗版及非法出版物集中销毁活动上海分会场销毁活动暨“绿书签行动”签名活动。同时，联合创意功夫网，以“不要用盗版”为主题开展创意设计大赛，并组织制作了以“侵权盗版，扼杀孩子的未来”为主题的宣传广告片，在电视媒体播放；编制优秀创意作品集，在上海市主要网站进行展示；与日本海外内容促进会合作开展“尊重版权、抵制侵权”系列交流活动，倡导社会公众自觉抵制盗版和非法下载，全面提升消费者知识产权保护意识。

（三）深入开展 2011 年上海互联网版权保护主题宣传月活动

2011 年 4 月，上海市版权局部署上海市主要网络媒体根据各自特点开展以保护版权为主题、与网站风格相吻合、用户互动参与的版权保护宣传活动，有效提高了版权保护的社会认知度。

（四）利用各类媒体宣传，提升公众版权意识

上海市版权局利用各种媒体，对上海市版权执法与监管工作、专项整治以及各类重要活动会议等及时进行专题宣传报道。通过《中国新闻出版报》、《中国知识产权报》和上海市版权局政务网站等渠道，发布各类版权工作信息近百条（次）；参加上海人民广播电台“政风行风热线访谈”栏目直播，重点介绍上海市加强网络版权保护工作的情况，并接受市民有关版权保护的咨询，均取得良好效果。

（五）开展多种培训，提升版权管理队伍素质

2011 年 5 月 24 日，上海市版权局指导上海市软件行业协会和上海交通大学知识产权研究中心召开软件产业知识产权研讨会，就“软件企业知识产权实务管理”、“软件侵权鉴定”、“软件纠纷处理法律策略与技巧”等主题进行了深入的研究讨论；组织上海市相关版权执法人员参加全国版权执法工作培训班，重点培训著作权法律基础知识、版权行政执法实务及版权执法两法衔接等，不断提高上海市版权执法队伍的整体素质。

四、聚资源、凝合力，版权交流合作开拓新局面

（一）组织召开华东地区省级版权部门版权工作座谈会

2011 年 10 月 14 日，上海市版权局组织召开华东地区省级版权部门版权工作座谈会，来自华东六省一市的省级版权局以及部分中心城市的版权管理工作人员 30 余人参加会议。此次会议有效加强了地区版权工作协作，有利于共同提高地区版权保护水平，促进地区版权产业发展。

（二）承办 WIPO 数字环境下的版权管理和执法国家区域研讨会

为探讨网络环境下全球版权管理和执法面临的挑战与机遇，2011 年 12 月 8—9 日，上海市版权局承办了由国家版权局与世界知识产权组织合作召开的网络环境下的版权管理和执法国家区域研讨会，来自国内外版权立法、司法和行政执法机构的 80 余名代表及专家学者参加了此次会议。会议为增进国际间版权工作交流，提高中国互联网版权执法工作水平作出了积极贡献。

（王　骞　吴瑾君）

江　苏　省

2011 年，江苏省版权工作深入贯彻党的十七届

六中全会精神，紧紧围绕科学发展这个主题和加快转变经济发展方式这条主线，以着力实施《版权工作“十二五”规划》为抓手，突出工作重点，创新工作方式，全面推进六大体系建设，为新闻出版强省、文化强省和创新型省份建设作出了积极贡献。

一、创新工作方式，政府机关和企业软件正版化工作取得突破性进展

（一）省级机关软件正版化整改工作圆满完成

江苏省级机关软件正版化工作依照“内外分开、统计分析、统一采购、奖励补贴、限时完成、长效管理”的原则，通过使用正版软件工作领导小组成员单位的通力合作，各项工作扎实推进，整改工作分制订方案、落实经费、公开招标和采购安装几个阶段进行，成效显著。

截至2011年9月底，120家省级机关软件正版化整改工作全部完成，共采购正版软件27 707套，使用经费约2 851万元。其中，国外办公软件13 471套，支付金额2 020万元，国产办公软件14 236套，支付金额831万元；省级机关各部门和直属单位支付1 584万元，省财政补贴1 267万元。

对于江苏省政府机关软件正版化工作，国务院督查组在进行督查时给予了高度肯定，认为江苏省级机关软件正版化工作走在全国前列。

（二）市县机关软件正版化整改工作稳步推进

2011年8月和10月，江苏省使用正版软件领导小组办公室分别在南京和张家港召开市县机关软件正版化工作推进会，就市县机关正版化整改工作进行部署和研讨。各市县对机关软件正版化工作高度重视，大部分地区行动较为迅速，整改工作如期推进。

截至2011年12月，全省有12个市53个县（市、区）落实了正版软件采购经费6 944万元，其中4个市、37个县（区）完成采购整改工作，投入资金3 463万元，采购正版软件63 503套。其中苏州市行动迅速，工作扎实，在全省率先完成整改工作，共采购各类正版软件14 578套，投入资金1 252万元，受到国务院督查组的高度赞扬；无锡市投入资金1 096万元，共采购各类正版软件8 962套；徐州市投入资金397万元，采购各类正版软件4 766套；南京、南通已签订采购协议；扬州、连云港已完成招标工作；常州、淮安、宿迁、泰州、盐城等市已落实采购经费。

（三）企业软件正版化工作有序推进

按照国家部际联席会议和九部委联合下发的文件精神及要求，江苏省使用正版软件工作领导小组办公室拟定下发了《江苏省2011年推进企业使用正版软件工作计划》，确定了年内全省完成300家企业软件正版化的目标，并召开领导小组办公室会议对工作进行了部署。

2011年，全省共举办企业使用正版软件培训班33期，参加培训企业1 339家、2 191人次；完成自查自纠企业534家，列入年度阶段性目标企业413家，完成检查验收283家，督查企业226家，查处企业7家；调解软件侵权纠纷21起，约谈侵权企业4家，帮助软件权利人挽回经济损失270万元。

二、强化版权监管，打击侵权盗版和社会监管工作成效显著

（一）深入开展“双打”专项行动

江苏省打击侵犯知识产权和制售假冒伪劣商品专项行动（以下简称“双打”专项行动）领导小组办公室设在江苏省版权局版权处，具体负责全省“双打”专项行动的组织协调和工作推进。

“双打”专项行动中，江苏省各级版权行政执法部门与公安、检察、法院等司法部门密切配合，强化对侵犯著作权案件的督办，在重点案件的查办上取得较大成功，受到国家版权局的表扬，获得办案经费50万元。江苏省版权行政执法部门与公安部门多次召开案件研讨会，为33起案件、12 094种涉嫌侵权物品、142 660件侵权盗版物进行鉴定，及时为案件的定性、侦破提供了可靠依据。江苏省查处的“南京‘5·26’销售盗版光盘案”、“昆山9cax网侵权案”、“淮安宽频网侵权案”、“万松中文网侵权案”、“加林软件网侵权案”等一批侵犯著作权重点案件和其他案件共17件，共抓获犯罪嫌疑人57名，涉案金额高达1.5亿多元，办案质量、完成数量和结案率均处于全国前列。

（二）加强日常版权监管

全省各级版权管理部门坚持日常监管与专项治理相结合，认真履行社会监管职责，始终保持高压态势，坚决打击侵权盗版行为。

江苏省版权管理部门联合文化执法、公安、工商等部门，加大对印刷复制企业检查力度，严厉查处非法印刷复制和非法加印、出售出版物行为。2011年，全省共查办行政处罚案件296件，移送公安机关48件，检查经营单位69 834个，取缔违法经营单位2 612个，查获地下窝点48个，收缴各类侵权盗版制品201.78万册（张），罚款216.44万元。

（三）重点打击网络侵权盗版

2011年，江苏省各地版权管理部门进一步加大对视频网站和电子商务网站的治理力度，严厉打击通过网络传播侵犯著作权，特别是通过网络、电话、电视销售盗版出版物的行为，集中查处了一批案件，有效维护了互联网版权环境。据统计，全省版权管理部门主动监管网站 334 个，立案查处案件 44 件，行政处罚案件 17 件，移送司法机关 11 件，责令停止侵权 81 件，没收服务器 103 个，关闭侵权网站 97 个，罚款 204.8 万元。

（四）认真做好版权执法培训和表彰工作

江苏省版权局通过各种方式和渠道对各级版权执法人员进行分批次有针对性的培训，各地共计 10 余名一线版权执法人员参加了国家版权局组织的版权执法培训班，有效地提高了版权执法水平。同时，积极推荐优秀单位和个人参与全国查处侵权盗版案件有功单位及个人的评选，共有 16 个单位和 20 名个人分别被评为 2010 年度全国查处侵权盗版案件有功单位和有功个人，奖金总额 48.7 万元。

三、服务工作大局，版权工作体系建设不断完善

（一）加强著作权法规的调研和修订

2011 年 8 月至 10 月，江苏省版权局会同省政府法制办，从规章名称、立法宗旨到框架结构、文本语言等方面，先后 4 次对《江苏省著作权保护与促进办法（草案）》进行修改，并赴苏州、南通等地进行调研，组织 20 余个单位对《办法（草案）》进行了分析、研究和修改，使这部规章能够融合最新法律成果。

为激励优秀作品的创作与生产，鼓励著作权登记和推广使用，促进全省版权产业的繁荣发展，江苏省版权局拟订了《江苏省作品登记、使用资助和奖励试行办法（试行）》，首次设立了作品登记和使用专项扶持资金，对作品著作权登记、推广、使用进行资助或奖励；同时，积极参与江苏省文化建设实施工程意见的修订和撰写。

（二）精心组织两大会展

江苏版权局组织 16 家出版单位，140 多名代表参加“第十八届北京国际图书博览会”。江苏展团共有展台 40 个，展台面积近 400 平方米，参展图书、期刊、电子产品 6 000 多种，举办文化活动 11 场，版权贸易谈判近百场，展区面积、位置和设计均在全国居于领先地位；签订版贸合同和意向 480 项，签约版权贸易合同 169 项，其中引进 89 项，输出 80 项，版权贸易意向 311 向，合同数与意向数均居全国前列。

江苏省版权局在第七届“南京国际软件博览会”设立展台，进行著作权法律普及宣传、执法监督以及软件作品登记和相关咨询工作。

（三）总结推广南通版权保护促进产业发展经验

2011 年初，受国家版权局和中欧知识产权项目组委托，江苏省版权局在南通承办了中欧知识产权保护二期项目全国培训班。全国部分省市 60 多位代表参加了培训，中外专家就版权保护的热点问题进行了深入讨论。

（四）大力开展创先争优活动

2011 年，江苏省版权局认真落实《江苏省版权示范城市、示范单位和示范园区（基地）创建管理办法》，大力开展创建全国版权示范城市、示范单位和示范园区（基地）活动，对苏州市、昆山市和南京徐庄软件园争创“全国版权示范城市和示范园区（基地）”工作进行有效指导。2 月，苏州市、昆山市已获批创建“全国版权示范城市”，成为全国第一个获批创建的地级市和县级市。8 月，南京徐庄软件园获评“全国版权示范园区（基地）”。江苏省版权局还对淮安市和张家港市创建“全省版权示范市”工作进行了检查和指导。

（五）认真做好版权登记和合同备案工作

2011 年，江苏全省办理一般作品登记 13 629 件，同比增长 79.5%；计算机软件著作权登记 8 685 件，同比增长 42.7%；著作权合同登记 1 123 份，同比增长 32.1%。办理著作权引进图书合同备案登记 629 份，涉外软件和电子出版物合同登记 10 份，复制境外出版物登记 215 种，一般著作权合同备案 269 份。

四、加大宣传力度，全面展示版权工作成果

（一）认真做好版权宣传工作

江苏省版权局注重做好专项行动、软件正版化、版权执法等方面的宣传报道工作，全年在《中国新闻出版报》、《中国知识产权报》、《新华日报》和新华网、中国新闻出版网、中国知识产权网、新闻出版总署网站等新闻媒体发表有关文章和报道 50 余篇。另外，江苏省版权局全年编发了《江苏版权》6 期，“双打”专项行动简报 14 期，软件正版化简报 5 期，近 200 万字。

（二）大力开展“保护知识产权宣传周”活动

“4·26 知识产权宣传周”期间，江苏省版权局组织开展了“保护知识产权宣传周”活动，举行“打击侵权盗版，保护知识产权”签名暨“绿书签”发放活动。宣传周期间，全省共发放宣传资料 36 000 余份。

（三）获得多个荣誉和奖励

在国家知识产权局、国家工商行政管理总局、国家版权局联合举办的“2010年度全国知识产权保护重大事件及有影响力人物”评选中，“南通家纺市场成为WIPO全球首个版权保护优秀案例示范点”事件当选全国20个知识产权保护重大事件；江苏省版权局荣获优秀推荐奖。

在2011年11月12日举办的中国版权年会上，苏州浩辰软件股份有限公司荣获2011年中国版权产业最具影响力企业，中国电信江苏分公司荣获2011年中国版权产业新锐企业，江苏省版权协会荣获2011年版权年会优秀组织奖。

（谭松枝）

浙　江　省

2011年，浙江省版权局认真履行版权保护职责，进一步推进政府机关和企业软件正版化工作，积极组织开展打击侵犯知识产权和制售假冒伪劣商品等专项行动，着力打击损害公共利益的侵权盗版行为，开展丰富多彩的版权宣传活动，努力促进版权产业发展，版权工作取得明显成效。

一、全面推进政府及企业软件正版化工作

按照2010年10月国务院办公厅《关于进一步做好政府机关使用正版软件工作的通知》要求，浙江省人民政府办公厅于2010年12月下发了《关于开展全省政府机关使用正版软件专项检查和整改工作的通知》（浙政办发［2010］155号），对全省政府软件正版化工作作出专门部署。2011年2月，浙江省使用正版软件工作领导小组成员单位及有关组成人员进行了调整，并以文件和明电形式下发各市、县（市、区）。

在省、市使用正版软件工作领导小组及其办公室的协调督促下，通过浙江省版权局、省财政厅、省经信委等有关部门的共同努力，全省政府机关软件正版化工作达到了预期目标，并按要求的时间节点完成了工作任务。截至2011年12月，省级政府机关48个部门全部实现软件正版化，全省11个市、90个县（市、区）政府机关办公软件采购工作全面完成。全省三级政府机关共采购办公软件11.6万套（含升级金山办公软件11 498套），采购金额1.08亿元。其中，省级政府机关1.05万套、1 151万元，各市、县（市、区）政府机关10.6万套、9 670万元。

浙江省版权局在重点抓好政府软件正版化工作的同时，继续扎实做好企业软件正版化推进工作。2011年3—4月，浙江省版权局会同省经信委、省建设厅等有关部门，实地抽查了2010年部分软件正版化工作推进企业。2011年至2012年度浙江省企业软件正版化工作以银行业、证券期货业、保险业和之前没有列入正版化推进名单的上市公司为重点继续深入推进，将353家企业列入推进企业名单。2011年4月19日和27日，分别在杭州、宁波召开了企业软件正版化工作动员培训会。2011年底，浙江省使用正版软件工作领导小组办公室对相关行业企业的年度推进目标完成情况进行了检查。

二、组织开展打击侵犯知识产权和制售假冒伪劣商品专项行动

根据全国知识产权保护与执法工作电视电话会议和国务院办公厅《关于印发打击侵犯知识产权和制售假冒伪劣商品专项行动方案的通知》以及新闻出版总署、国家版权局、全国“扫黄打非”工作小组办公室《关于开展打击侵犯知识产权和制售假冒伪劣商品专项行动及进一步做好使用正版软件工作的通知》要求，浙江省版权局于2010年11月18日以内部明电形式向各市、县（市、区）文广新局、“扫黄”办下发了《关于开展打击侵犯知识产权和制售假冒伪劣商品专项行动及进一步做好使用正版软件工作的通知》（浙新出发明电［2010］95号），并成立了浙江省新闻出版局、浙江省版权局打击侵犯知识产权和制售假冒伪劣商品专项行动领导小组及办公室。专项行动期间，全省各级版权管理部门受理上级移交和自行收集的案件线索共176件，其中国家版权局交办的100件，各级版权管理部门自行收集的76件。截至2011年底，176个案件已经结案，其中，行政处罚65件，共计没收违法所得3 240元，罚款611 700元；关闭违法网站51家；移送公安机关案件16件，其中7件已经判决。

由于在此次专项行动中的突出表现，浙江省一批查处侵权盗版案件有功单位及个人受到了国家版权局的表彰和奖励，其中浙江省版权局荣获一等奖，杭州、宁波市文化市场行政执法总队获二等奖，武义县文化市场行政执法大队等7个单位获三等奖，孙伟等6人被评为有功个人。

三、开展“4·26知识产权宣传周”活动

“4·26知识产权宣传周”期间，按照《2011年浙江省“知识产权宣传周”活动方案》的要求，全省版权管理部门通过报纸、广播电视、网络、宣传展板、宣传手册、手机公益短信、免费咨询等形式开展了丰富多彩的版权宣传活动。浙江省版权局在2010年11月至2011年6月同时推出了以“保护正版、打击盗版”为主题的公交车车体广告和机场候机大厅平面广告。此外，浙江省版权局还积极参与了在杭州召开的“长三角地区知识产权发展与保护新闻发布会”。

四、组织参加第 18 届北京国际图书博览会

第 18 届北京国际图书博览会于 2011 年 8 月 31 日至 9 月 4 日在中国国际展览中心举行。浙江省 14 家图书出版社和浙江华硕、杭州大自然、宁波成路等企业集体亮相，1 500 多种浙版图书在博览会上充分展示，其中包括代表近年来浙版图书“走出去”的最新成果的 60 多种外文版图书，以及一批代表浙江出版实力的最新版重点图书和“走出去”重点推荐图书。浙版图书在博览会期间得到了极大关注。据不完全统计，浙江省出版社与境外十几个国家和地区的出版机构达成版权贸易与合作出版协议和意向 200 多项，其中 100 多项为版权输出项目。

五、组团赴澳大利亚、新西兰开展版权贸易交流合作

为进一步实施浙江省新闻出版业“走出去”战略，由浙江省新闻出版局（版权局）、浙江省政府新闻办共同组织的“浙江版权贸易访问团”，于 2011 年 12 月 7 日至 15 日对澳大利亚、新西兰进行了访问考察，与两国出版界开展了广泛的出版交流合作活动，取得了令人满意的成果。

访问期间，全省各出版社精心组织了近千种浙版新书，分别在澳大利亚悉尼市、新西兰奥克兰市举办了“浙江精品图书展”。访问团一行先后与澳大利亚中华书籍书店、HALSTEAD PRESS 出版社、澳洲华厦传媒集团、新西兰玛克威出版社负责人进行了广泛的座谈交流，达成了一系列版权贸易和图书出版、销售合作意向。

六、召开全省新闻出版业“走出去”工作经验交流会

2011 年 9 月 15 日至 16 日，浙江省版权局召开全省新闻出版业“走出去”工作经验交流会，交流一年来新闻出版业“走出去”工作情况。全省各图书、电子音像出版社，部分印刷复制、发行单位和省商务厅相关处室负责人及省翻译家协会的有关专家共 70 多人参加了会议。浙江省新闻出版局（版权局）副局长单烈出席会议并讲话。

会上，各单位汇报了 2010 年以来在实施新闻出版业“走出去”工作中所取得的成果，并交流探讨了面临的困难和问题。浙江省翻译家协会的专家介绍了他们在新闻出版“走出去”工作中所做的工作，并就如何加强与新闻出版业的合作联系提出了一些建议。浙江省商务厅相关业务处室的负责人介绍了在支持、鼓励文化产品和服务出口等方面的有关政策。

七、指导绍兴中国轻纺城做好花样版权保护工作

为了更好地维护著作权人和作品使用者的合法权益，进一步规范版权代理机构的登记行为，推动以绍兴中国轻纺城为中心的版权创造、运用、保护和管理，促进纺织行业健康繁荣发展，浙江省版权局、浙江省版权协会于 2011 年 6 月 16 日至 17 日在绍兴柯桥召开了作品登记培训学习会，有关版权代理机构负责人、经营户代表和花样版权登记保护管理办公室工作人员参加了培训学习。通过对版权法律法规的系统讲解，对市场上一些问题的分析，浙江省版权局在认真听取各方面意见、建议的基础上，与绍兴县委、县政府及市场管理部门进行研究沟通，提出了进一步落实做好花样版权登记工作的具体办法和措施。

在浙江省版权局的指导下，经过多年的努力，绍兴县中国轻纺城花样登记管理保护办公室紧紧抓住纺织品花样版权保护这一核心进行创新探索，基本形成了以“行政保护、司法保护、仲裁调节、行业自律”为主要内容的“四位一体”保护体系，同时牵头建立起浙江绍兴、江苏南通、山东潍坊、广东佛山四大纺织品龙头市场跨区域版权保护协作联合体，开创了中国跨省开展纺织品市场版权保护与合作的先河。2011 年 9 月，国家版权局正式授予绍兴县中国轻纺城花样版权登记管理保护办公室首批“全国版权示范单位”称号。

八、做好作品登记和著作权合同登记、备案等重要日常工作

2011 年，浙江省版权局共登记各类作品 13 422 件，再创历史新高；核准登记出版境外图书合同 264 件，办理涉外音像制品、电子出版物、图书印刷和计算机软件著作权合同登记 623 件；办理著作权合同备案 90 件。

此外，根据浙江省政府法制办的要求，浙江省版权局还组织对 2008 年《浙江省著作权管理办法》出台以来的贯彻落实情况进行了自查评估，为浙江省人民代表大会审议浙江省人民政府关于加强知识产权保护工作的报告提交了《2008 年以来浙江省版权保护工作情况》的汇报材料。

（严庆荣）

安　徽　省

2011 年，安徽省全面推进版权创造、运用、管理和保护各项工作，着重抓好打击侵犯知识产权和制售假冒伪劣商品专项行动（以下简称“双打”专项行动）、政府机关软件正版化、“剑网”行动、版权示范主体建设和版权公共服务等重点工作。

一、开展“双打”专项行动和“剑网”行动

在国务院部署开展的打击侵犯知识产权和制售假冒伪劣商品专项行动中，安徽省版权局结合打击网络侵权盗版专项治理“剑网”行动，将专项行动和“剑网”行动作为加强出版物市场监管、强化大案要案查处、建立打击侵权盗版快速联动执法机制的重要抓手，集中力量、精心组织、上下联动、彻查严处。

“双打”专项行动和“剑网”行动期间，全省共出动检查人员 8 200 人次，取缔不法摊点 60 多个，收缴各类盗版非法出版物 18 万余册，收缴盗版音像制品、软件 13 万多盘（片）。共查处侵权盗版音像制品和出版物大案要案 15 起、网络大案要案 8 起，国家五部门挂牌督办案件 1 起，移交司法机关 15 起。

截至 2011 年底，移交司法机关的 15 起案件中已判决 13 起，均以侵犯著作权罪宣判。其中，“骑士音乐网”侵犯著作权案的圆满结案，产生了重要的国内国际影响。中央电视台、安徽电视台、《法制日报》、《中国新闻出版报》等媒体对此相继报道，中央电视台《社会与法》栏目进行了专题播出，国际唱片业协会致函感谢，新闻出版总署副署长、国家版权局副局长阎晓宏和安徽省副省长花建慧均给予高度评价。同时，美国特别 301 报告援引此案以佐证中国政府保护知识产权的力度和决心。该案是专项行动中行政执法与刑事司法有效衔接的典型案例，位列全国 2010 年打击侵犯知识产权和制售假冒伪劣商品专项行动版权执法十大案件之首。同时，该案专案组荣获国家版权局查处侵权盗版案件有功单位一等奖。

鉴于版权行政执法中的突出成绩，安徽省版权局分别被安徽省人民政府与国家版权局评为安徽省打击侵犯知识产权和制售假冒伪劣商品专项行动先进单位及查处侵权盗版案件有功单位二等奖。

二、政府软件正版化工作成效显著

在政府机关软件正版化推进工作中，安徽省版权局认真贯彻落实《国务院办公厅关于进一步做好政府机关使用正版软件工作的通知》（国办发［2010］47 号）和省政府办公厅《关于进一步做好政府机关使用正版软件工作的通知》要求，积极发挥职能部门的主导作用和牵头单位的组织协调作用，制定方案、汇总数据、组织督查、做好预案、主动服务，切实担负起各项工作任务，创新方式，多措并举，全面推进政府机关软件正版化。

截至 2011 年 9 月 20 日，安徽省直机关正版软件全面完成招标采购工作，9 月 30 日完成合同签署工作，共采购各类正版软件 42 966 套，采购资金 3 500 多万元，全面完成省级政府机关软件正版化工作。

在市级层面，淮南、马鞍山、滁州、合肥、安庆等市完成政府机关软件正版化检查整改工作，共采购正版软件 4.3 万多套，采购资金 4 100 多万元。其中，淮南市的“混合采购、低成本推进”模式成为全国政府机关软件正版化工作范例，其他各市都完成自查清理工作，并积极落实采购资金，准备实施招标采购工作。

安徽省版权局还组织举办了金寨、绩溪、阜南 3 个贫困县受赠正版软件仪式，主动联系珠海金山办公软件有限公司向三县免费赠送 WPS 办公软件 9 000 套，价值 585 万元，有力地推动了贫困地区政府机关软件正版化工作。

2011 年，国务院督查组赴安徽省进行督察后，对安徽省政府机关软件正版化工作给予了充分肯定，评价安徽省软件正版化工作走在了全国前列。安徽省副省长花建慧表扬安徽省版权局在推进软件正版化过程中积极主动，充分发挥了牵头和协调作用，成效显著。

三、企业软件正版化工作向纵深推进

安徽省版权局按照推进企业使用正版软件工作部际联席会议的要求，在巩固 2010 年企业软件正版化工作成果的基础上，进一步完善工作机制，形成工作合力，联席会议制度作用得到充分发挥。并与政府机关软件正版化检查整改工作形成互动，协调推进企业软件正版化工作，取得显著成效。安徽省版权局联合相关行业主管部门分批次督查推动，全年共完成 60 多家企业单位软件正版化工作。

同时，安徽省版权局扎实开展了软件预装领域的专项整治工作，从制度上、源头上规范软件销售环节的市场经营行为，严厉打击和遏制侵权盗版行为，为推进软件正版化工作，促进软件产业健康发展，创造良好的外部市场环境。

四、版权公共服务取得突破性进展

2011 年 8 月，安徽省版权教育基地和安徽省版权交易中心通过国家版权局考核验收，分别被授予“全国版权示范基地”和“全国版权示范单位”称号，在全国首批 8 家示范名单中占据四分之一，取

得了突破性进展。

在第18届北京国际图书博览会上，安徽省版权输出再创佳绩。组委会统计数字显示，安徽展团在本届展会上签订版权贸易合同234项，其中，输出220项、引进13项、合作1项，版权输出总量再创新高。

五、著作权法制宣传教育取得良好效果

利用“3·15”消费者权益日、“4·26知识产权宣传周”等重要时机，安徽省版权局集中开展了一系列内容丰富、形式多样的著作权法律法规宣传普及教育纪念活动。

安徽省版权局会同省知识产权局、省高级人民法院和合肥海关等单位举行2009年知识产权典型案件新闻发布会，面向企业召开知识产权专家座谈会，并向媒体公开发布安徽省年度十大侵权盗版案件。

以安徽省版权教育基地为依托，安徽省版权局与中国科技大学在安徽省版权教育基地共同举办了“净化数字版权环境”知识产权宣传周系列宣传活动，包括“知识产权进高校、万名大学生联合签名反盗版”活动、绿书签行动、知识产权博士论坛、知识产权知识竞赛等。

2011年6月23日，安徽省版权局参加“中国安徽”门户网站“在线访谈”栏目，通过网络在线视频，全面介绍了安徽省近几年的版权工作情况，并就版权交易中心、作品版权登记、“双打”专项行动、正版软件化等工作与网民进行了深入探讨和现场互动，取得良好效果，扩大了版权工作的影响面。

另外，安徽版权局还组织大学生参加了由国家版权局主办、《中国版权》杂志承办的第三届全国大学生版权征文活动。

（吴安宁）

福　建　省

2011年福建省版权局大力贯彻落实《国家知识产权战略纲要》、《版权工作“十二五”规划》，版权工作取得了显著成绩。

一、完善公共平台建设，版权服务水平不断提高

（一）建成海峡版权交易网上服务平台

为进一步提升版权公共服务水平，推动福建省版权产业发展，在2011年第二届海峡版权（创意）产业精品博览交易会开幕式上，福建版权局开通了海峡版权交易服务中心网站。

该网站投资18.6万元，包含版权资讯、登记备案、交易中心、服务中心、政策法规、中心概况等6大板块内容，提供版权作品登记备案、版权交易意向发布、版权信息发布、版权知识在线咨询、登记信息检索、会员管理、下载管理、友情链接、广告发布等9项服务功能。

2011年底，网站第一期建设完成，权利人可以登录网站进行在线咨询、信息检索、文件下载等操作。同时，有1万多件有交易意向的版权登记作品进入该网站，发布作品信息。

（二）作品登记量快速增加

福建省版权局十分重视作品的版权登记工作，并进一步规范作品自愿登记的程序，完善著作权合同登记备案、著作权权利认证制度，构建版权公共信息数据库，不断提高版权作品登记工作效率和版权公共服务水平。

2011年，福建省共受理版权登记作品13 100件，同比增长25.6%；其中，港澳台作品登记达1 359件，同比增长170.7%。在国家版权局登记计算机软件作品2 600件，同比增长23%；引进境外图书合同备案登记34种，印数16.3万册，码洋470万元；电子出版物境外委托复制备案11件，复制数量55万册。

（三）积极扶持版权社会服务机构建设

2011年，福建省版权协会的筹备工作完成，相关的章程、决议和管理办法草拟完毕，协会的服务项目已经明确，包括作品自愿登记、作品核查、著作权知识专业培训、版权贸易代理、法律咨询、著作权鉴定等。

在此基础上，福建省版权局结合日常工作中的沟通和交流，继续加强对著作权人维权组织和中介组织的指导，提高其自我管理和服务水平，保障著作权人及作品使用者的合法权益。

二、创造良好外部条件，推动版权产业健康发展

（一）成功举办第二届中国·福州海峡版权（创意）产业精品博览交易会

2011年5月18日至22日，由福建省人民政府、中国版权协会主办，福建省新闻出版（版权）局、福州市人民政府承办的第二届中国·福州海峡版权（创意）产业精品博览交易会在福建省福州市海峡国际会展中心举行。

本届版博会以“海峡、版权、创意、精品、交易”为主题，邀请了动漫、木雕、软木画、石雕、漆艺、陶艺玻璃、树脂、建筑设计、工业设计和原创音乐等领域的两岸权威专业协会、知名企业和业内专家参展，集中展示了各类具有版权价值的创意精品。532家（名）单位和个人作者参加此次展览，比上届增长70%；参展作品共1 530件，比上届增长17%；参观人数超过60万人次，比上届增长13%；项目签约及现场交易额61.2亿元，比上届大幅增长。

此次博览会海峡特色更加鲜明，吸引了台湾动漫创作协会、台湾漆艺协会、台湾建筑师公会、台湾莺歌陶瓷文化观光发展协会、台湾三义木雕协会、台湾新竹竹堑玻璃协会、台北电脑同业公会、台湾中华创意发展协会等8家台湾专业协会共同协办。台湾新竹市政府、花莲县文化局等组织政府代表团参加展出。

（二）版权示范城市、示范点建设成果显著

2011年5月17日，世界知识产权组织（WIPO）、国家版权局、福建省版权局在福州共同签署了“世界知识产权组织版权保护优秀案例德化示范点调研项目合作协议”及相关补充协议，并启动“关于版权保护促进中国德化陶瓷产业发展的研究”项目调研。这是WIPO在中国开展的第二个版权保护优秀案例示范点调研项目，也是WIPO在全球第二次针对一个国家的特定地区和一个行业而进行的微观调研项目。截至2011年12月底，该调研项目报告已基本完成。

同时，福建省版权局根据国家版权局关于批准同意厦门市创建全国版权示范城市的复函，按照《全国版权示范城市、示范单位和示范园区（基地）管理办法》的具体要求，积极指导、全力支持厦门市开展全国版权示范城市创建工作。

2011年4月10日，厦门市版权局隆重举行“厦门市创建全国版权示范城市暨2011年著作权保护宣传月启动仪式”，并在启动仪式上正式挂牌成立“厦门市版权服务中心”，厦门游家网络有限公司等11家企业被授予第三批“厦门市版权保护重点企业”称号，一批作者代表荣获作品登记证书。

（三）召开“版权保护促进产业发展”座谈会

2011年9月和12月，福建省版权局先后组织了两场“版权保护促进产业发展”座谈会，邀请版权企业代表围绕加强版权保护以促进产业发展、充分发挥省版权协会作用等议题进行交流与探讨。

三、突出行政监管重点，版权执法工作成效明显

（一）开展打击侵犯知识产权和制售假冒伪劣商品专项行动

根据国家版权局、福建省人民政府办公厅有关通知要求，福建省各级新闻出版、版权以及“扫黄打非”工作部门认真开展打击侵犯知识产权和制售假冒伪劣商品专项行动，对印刷复制企业、图书软件音像制品销售市场、繁华街区、交通枢纽和学校周边开展检查。

专项行动中，共出动执法人员12 026人次，检查印刷复制企业6 032家次，检查出版物市场、店档摊点、发行企业12 474个次，取缔非法摊点1 199个；检查物流企业319家次，收缴侵权盗版物品20万多件（盗版音像制品、软件152 407件，盗版图书11 362件，盗版电子出版物38 257件，其他5 638件），涉案总金额57万多元。

专项行动有力打击了侵权盗版行为，把福建省打击侵犯知识产权和制售假冒伪劣商品专项行动向纵深推进。

（二）推进政府机关软件正版化工作

在福建省委、省政府的领导下，由福建省版权局牵头开展的全省政府机关软件正版化工作取得阶段性成果。

截至2011年12月，福建省60多个省直机关已完成自查和统计上报工作，省政府采购中心对拟采购的正版通用软件进行了公示，有6家国内外知名软件企业中标。

各设区市政府结合开展的打击侵犯知识产权和制售假冒伪劣商品专项行动，对本地区政府软件正版化工作进行了部署和推进。其中，福州市和宁德市政府已完成2011年确定的采购任务；泉州市已基本实现市县政府机关软件正版化；厦门、三明、龙岩等地市已完成市级政府机关的自查工作，并积极落实采购经费，准备开展软件的采购和整改工作。

（三）切实抓好日常版权执法和监管工作

在确保版权行政执法和社会监管工作常态化的同时，版权监管领域不断拓展，不仅涉及新闻出版、广播影视、文化娱乐、科学技术等传统领域，还涉及软件研发、网络信息、动漫游戏、工艺美术、广告设计等新领域。

2011年，福建省共有3个单位和2名个人因查处侵权盗版案件工作成绩突出，被国家版权局评为2010年度查处侵权盗版案件有功单位三等奖及有功个人三等奖。

四、紧密结合实际工作，切实加大宣传教育力度

（一）把版权宣传贯穿到各项工作中

依托“4·26知识产权宣传周”、结合打击侵犯知识产权和制售假冒伪劣商品专项行动等工作，福建省版权局通过发放宣传材料、编发工作简报、开展现场咨询、举办校园主题班会、对企业进行法律法规知识培训、召开政企座谈会等多种形式，进行版权保护宣传，提高全社会对版权保护重要性的认识。

同时，在中国·福州海峡版权（创意）产业精品博览交易会、中国·福建项目成果交易会、中国国际投资贸易洽谈会和中国·武夷山茶叶博览会等大型展会活动期间，福建省版权局专门到场开展版权保护知识宣传和现场咨询活动，不遗余力地向公众和媒体介绍版权保护的意义及相关法律法规知识。

（二）借助媒体加大宣传报道力度

为加大版权保护宣传力度，福建省版权局特别邀请福建电视台新闻频道、《福建日报》等媒体跟踪报道版权局开展打击侵犯知识产权和制售假冒伪劣商品专项行动的相关情况，争取社会大众对保护版权、打击侵权盗版的理解和支持。

第二届中国·福州海峡版权（创意）产业精品博览交易会期间，有87家媒体进行了报道，尤其对台湾新竹市“副市长”曾国修、台湾有关协会负责人及部分台湾知名参展大师等10多名台湾参展嘉宾进行了重点专访。

此外，福建省版权局还投资30万元制作《版权知识宣传》系列动画片，计划在省、市电视台以及网站上滚动播出，进行版权知识的宣传普及工作。

（三）积极创造条件强化版权人才培训

福建省版权局在工作人员少、任务重的情况下，坚持业务工作和学习培训“两手抓”。

2011年12月，福建省版权管理与执法培训班举办，培训内容包括版权法律基础知识、福建省版权管理工作的形势和任务、版权执法工作的要点等，参训对象包括各设区市版权局分管版权工作的局领导、版权科工作人员、文化市场综合执法支队负责人和执法骨干共58人。

另外，福建省版权局还选送了13名各级版权行政、执法人员参加国家版权局和福建省高级人民法院等单位举办的培训班，全面提高版权管理队伍的整体素质。

（邱建宏）

江 西 省

2011年，江西省各级版权行政部门深入贯彻落实《国家知识产权战略纲要》和《江西省版权工作“十二五”规划》，紧紧围绕“宣传、维权、服务、发展”的工作思路，以版权保护为手段，服务于全省经济社会发展。在强化版权社会监管、扩大版权社会宣传、扶持版权产业发展、完善版权公共服务、加强版权队伍建设等方面扎实开展工作。

一、加强版权宣传教育

为进一步提高全省版权保护社会认知度，江西省各级版权管理部门积极借助各种平台、多种渠道，充分利用各类新闻媒体，广泛宣传版权保护知识。

在“4·26知识产权宣传周”活动期间，各级版权管理部门组织开展了一系列版权保护主题宣传活动，包括由分布在全省的30余家大型网吧、60余家大型书店、10余家影剧院、10余所中小学校共同开展的“绿书签行动”宣传活动；江西省版权局与江西省政府新闻办公室在南昌联合举行的“扫黄打非”暨版权保护新闻发布会，在红谷滩世纪广场举行的打击侵权盗版集中销毁活动启动仪式；江西省版权局联合江西省教育厅开展的版权知识“进校园、进课堂、进头脑”的“三进”活动等。

据不完全统计，2011年新华社、《中国新闻出版报》、《江西日报》、江西电视台、大江网等主要新闻媒体对江西省版权保护专项行动及有关工作的报道达26次。

二、开展打击侵犯知识产权和制售假冒伪劣商品专项行动

江西省各级版权管理部门把严厉打击侵权盗版作为加强版权管理工作的重中之重，扎实工作，有力推动，积极部署开展打击侵犯知识产权和制售假冒伪劣商品专项行动。

通过专项行动，打击了一批违法团伙，捣毁了一批盗版窝点，摧毁了一批储运盗版出版物的网络，查处了一批盗版的企业和个人，查办了一批大案要案。江西省各级版权管理部门开展了对本辖区印刷复制企业的重点整治，查堵侵权盗版制品的源头。其中，上饶、抚州、吉安、彭泽、鄱阳、弋阳、余干、万年、玉山等地先后查处多起侵权盗版案件。

组织全省各级版权行政部门协同当地“扫黄打非”办公室、公安、工商、城管等部门，集中开展对图书、软件、音像制品市场的专项检查。江西省版权局以查办大案要案为突破口，加大案件线索追查督办力度，严厉打击严重侵权盗版违法犯罪行为，其中江西南昌"'9·01'重大侵犯著作权案"的依法查办在全国打击侵犯知识产权和制售假冒伪劣商品专项行动总结表彰会议上受到通报表扬，江西省版权局版权管理处及1名个人分别荣获全国查处侵权盗版案件有功单位二等奖和全国查处侵权盗版案件有功个人二等奖。

据统计，在打击侵犯知识产权和制售假冒伪劣商品专项行动中，江西省共出动执法人员15 486人次，检查出版物经营单位16 992家次，取缔无证照游动摊点167个，查缴、销毁各类非法出版物124 026件，全省各级版权管理部门共查办案件44起，其中重大案件3起，依法移送司法机关1起，司法机关已判处刑罚的1人。

三、推进政府机关软件正版化工作

江西省版权局积极推进政府机关软件正版化，全面开展了省、市、县级政府机关软件正版化专项检查和整改工作。

在江西省政府的统一领导下，江西省使用正版软件工作领导小组办公室牵头组织，认真开展省级政府部门自查、核查、督查工作，密切协调财政等有关部门，抓住关键环节，扎实推进工作。江西省省长鹿心社、常务副省长凌成兴、副省长孙刚先后对推进政府机关软件正版化作出专门批示，有力地推动了省级政府机关软件正版化工作。

截至2011年12月31日，江西省42个省直部门已全部完成软件使用情况自查清理工作。省级政府部门正版软件采购所需经费总额406.3万元，经省政府批准全部纳入2012年省级财政预算，由省财政统一支付。在全省11个设区市中，新余市财政落实专项经费89.9万元，统一招标采购办公软件、操作系统共计2 598套，并组织上门安装，在江西省率先完成了市级政府机关软件正版化整改工作。

四、推动版权相关产业发展

2011年，江西省版权产业快速发展。据不完全统计，景德镇陶瓷产业产值达到192亿元，比2010年增长20%；计算机软件、文字作品、工艺美术作品等产业都有了快速发展，全省作品登记数量达到3 255件，比2010年增长60%。

为加快和促进版权产业的发展，江西省版权局在深入调查研究的基础上，研究制定了《江西省版权战略》和《江西省版权工作"十二五"规划》，对江西省版权工作及版权相关产业发展提出了发展目标和指导意见。

江西省版权局与景德镇市版权局积极推进景德镇陶瓷产业版权保护试点，以景德镇陶瓷产业国家级版权保护示范基地的建设为抓手，推动版权保护更好地为江西省经济建设服务。

为推动全省地方特色版权产业经济发展，制定印发了《江西省版权保护示范单位、园区（基地）管理办法（试行）》，以创建版权保护示范单位、园区（基地）为抓手，积极探索版权保护服务经济发展的路径。

在2011年第四届中国版权年会上，二十一世纪出版社社长张秋林、萍乡市凯天网络有限责任公司和江西省版权局分别荣获"2011年中国版权产业新锐人物奖"、"2011年中国版权产业新锐企业奖"、"2011年中国版权年会优秀组织奖"。

五、实施版权"走出去"战略

江西省版权局大力实施"走出去"战略，进一步扩大版权领域的对外开放和合作。

2011年，江西省积极推进版权对外交流合作，引进版权142种，输出版权127种，比2010年均有较大增长。其中，《金瓶梅人物榜》、《富春山居图》、《阿香游中国》等一批图书的版权输出到欧美地区；《腰门》、《好好睡系列》荣获第10届输出版优秀图书奖。

江西省版权局通过组织省内出版社参加北京国际图书博览会，在美国、澳大利亚举办"江西出版文化周"、"澳大利亚江西图书展销会"活动，参加法兰克福书展、伦敦书展等国际书展等活动，全面扩大江西版权对外交流与合作。

为积极应对深化文化体制改革带来的机遇与挑战，2011年11月，江西省举办了全省首次新闻出版暨版权"走出去"工作会议，邀请国内有关专家举办讲座，对中国版权"走出去"的形势和任务进行了全面分析，就版权贸易实务问题进行了专题研讨，对江西省"十二五"时期版权"走出去"工作进行了全面部署。

另外，江西省版权局与江西省政府有关厅局联合下发了《关于贯彻落实〈商务部等十部门关于进一步推进国家文化出口重点企业和项目目录相关工作的指导意见〉的实施意见》，依托政策的扶持，结合实际工作，努力推动江西更多的版权产品走向国际市场。

（万　静）

山　东　省

2011年，山东省版权局认真实施《国家知识产权战略纲要》，紧紧围绕“改革、发展、创新”的工作思路，突出行政监管、宣传教育、服务发展三个重点，加强版权法律法规宣传，加大打击侵权盗版的执法力度，积极开展版权公共服务，不断规范作品登记工作，营造了有利于版权保护的社会舆论环境，较好地完成了各项工作任务。

一、开展专项行动，打击侵权盗版成效显著

自2010年11月5日至2011年6月底，根据山东省和国家版权局的工作部署，结合本省实际，山东省版权局组织开展了打击侵犯知识产权和制售假冒伪劣商品专项行动，并坚持专项整治行动与日常管理相结合，一边抓集中检查治理，一边抓长效防范机制建设，重点开展了三项集中整治行动。

一是开展印刷业专项整治行动，加大对印刷复制企业的源头监管。各级版权管理部门组织协调新闻出版、文化执法等部门，集中时间，集中力量，以清查具有出版物印刷资质、承接境外印刷业务、因违法违规被列入“黑名单”的印刷企业为重点，对辖区内印刷复制各类出版物、印刷品、光盘、计算机软件及包装装潢、商标标识标签企业进行了专项检查。

二是开展图书、软件、音像制品市场集中检查整治行动，加大对出版物流通领域的监管。版权管理部门先后组织了出版物集中经营场所检查行动、高速公路服务区出版物经营点集中清查行动、“两节”和“两会”期间出版物市场集中清查行动、打击盗版教材教辅专项行动、打击盗版工具书专项行动。

三是继续开展打击网络侵权盗版专项治理“剑网”行动，加大对网络传播领域的监管。各市版权行政执法部门加强对音频视频和文学网站、网游动漫网站以及网络电子商务平台的监控力度，全省共对84家重点网站进行主动监管，重点围绕热播影视剧、新近出版的图书、网游动漫、音乐、软件等作品，严厉打击未经许可非法上载、传播他人作品以及通过电子商务平台兜售盗版音像制品、软件等的违法犯罪活动。

在专项整治行动期间，全省版权执法部门共出动执法人员89 000多人次，检查出版物经营单位和印刷复制企业33 000多家，查处侵权盗版案件692起，没收侵权盗版产品62万多件，罚款148.8万元，取得了显著成效。

专项行动得到国家版权局的充分肯定，并在全国版权执法培训工作会议上作了专题介绍。全省有13个单位和11名个人获得全国查处侵权盗版案件有功单位和有功个人奖，所获奖励金额在31个省市中名列第一。

二、组织宣传活动，全面提高社会公众的版权意识

一是组织开展了“保护知识产权宣传周”活动。利用4月26日“世界知识产权日”，结合打击侵犯知识产权和制售假冒伪劣商品专项行动，山东省版权局在全省组织开展了“4·26知识产权宣传周”活动，通过街头咨询、悬挂标语、发放彩页、报刊宣传、网站问答等多种形式，广泛宣传了著作权法律知识。同时组织开展了市场执法检查，严厉查处各类侵犯版权的违法活动。

二是召开《著作权法》座谈会。2011年5月底，在《著作权法》实施20周年之际，山东省版权局组织召开了纪念《著作权法》实施20周年座谈会，山东省人大、法院、公安、作协、报刊、网络经营商、大学等有关方面人士交流了贯彻实施《著作权法》的经验，探讨如何进一步完善著作权立法与执法，进一步推进《著作权法》的贯彻实施。

三是积极推进版权示范城市、单位和园区建设。2011年9月，国家版权局在青岛召开全国版权示范城市、示范单位和示范园区（基地）创建工作座谈会。山东省青岛市和青岛创意100产业园分别被国家版权局授予“全国版权示范城市”和“全国版权示范园区”称号。

三、加强督导检查，积极推进政府机关使用正版软件

在省委、省政府的高度重视和支持下，山东省版权局积极推进各级政府机关使用正版软件工作，结合实际制定了具体的实施方案，明确要求对各级政府机关使用计算机软件情况进行检查和整改，尽快实现政府机关办公软件、杀毒软件正版化，对需要采购的正版软件，各级财政部门要给予必要的资金保障。其中，青岛市于2010年底在全国率先实现市、区两级机关软件正版化，国务院副总理王岐山作出重要批示，给予充分肯定；济南市于2011年3月完成市级机关软件正版化工作，省直和各市政府机关也都进入了正版软件采购程序。

山东省版权局先后对淄博、潍坊、济宁、菏泽、枣庄、莱芜、泰安、德州8个市政府机关软件正版化工作进行了督导检查。2011年3月，国务院督查组到山东省督查软件正版化工作，对山东省开展软件正版化工作给予充分肯定。

四、服务版权产业，认真做好版权日常行政管理工作

一是切实做好作品登记工作。2011年山东省版权局为全面推进作品登记工作，增加作品登记数量，采取了多项措施。首先是加大宣传力度，提高全社会的版权登记意识。2011年9月，山东省版权局在新浪网开通了山东版权登记博客，详细介绍了作品登记的作用以及申请条件、材料、期限、费用等，使著作权人认识到作品自愿登记具有登记快捷、手续简便、费用低等优点，是维护作者或其他著作权人及作品使用者合法权益的有效方式。其次是简化程序，减免费用，扩大作品登记覆盖面。2011年11月10日至12月10日，山东省版权局在全省开展了“作品登记免费月”活动，来自社会各界的摄影家、音乐家、书法家、作家等著作权人纷纷将自己的作品进行版权登记，这使得山东省作品登记量显著增加，其中日照、莱芜、聊城、菏泽、滨州等市都有较大突破。最后是多渠道、全方位、有重点地推进作品登记工作。济南、青岛、潍坊、淄博、泰安、枣庄、威海、济宁等市以摄影、纺织、地毯、黑陶等重点行业为突破口，开展作品登记工作。山东省版权局积极与有关行业协会以及美术作品比较集中的单位沟通联系，加大工作力度，尽力为著作权人进行作品登记提供快捷高效服务，使作品登记数量迅猛增长。2011年，山东省共办理作品登记20 167件，比2010年增长10.6倍，跨入全国先进行列。

二是版权贸易工作走上新台阶。全年共从境外引进版权235种，输出版权119种，在全国名列前茅。

三是受理群众投诉，维护著作权人的合法权益。全年共受理各类投诉案件20余起，涉及网络、计算机软件、图书盗版侵权等方面，已全部处理完结。

（王兴凤）

河　南　省

2011年，河南省版权工作紧紧围绕强化版权执法、推进软件正版化、加强普法宣传教育、提升公共服务水平、提高对外交流合作能力、推动版权相关产业发展等重点任务展开，各个方面都取得了新的成绩。

一、版权行政监管执法情况

（一）打击侵犯知识产权和制售假冒伪劣商品专项行动成效显著

按照国务院、省政府和新闻出版总署、国家版权局的统一部署，从2010年11月到2011年6月，河南省新闻出版局、省版权局、省“扫黄打非”工作领导小组办公室在全省新闻出版系统认真扎实地开展打击侵权盗版专项行动，取得了阶段性成果。全省共查处侵权盗版案件404起，移送司法机关35起，29人已被依法追究刑事责任，打掉黑窝点47个，查缴涉案出版物195.8万册、涉案设备80余件，涉案金额900余万元。

专项行动期间，全省各级版权管理部门加强与公安、工商、通信、文化执法等部门的配合与协作，积极推动行政与司法的有效衔接，协力查处国家版权局、公安部等五部委挂牌督办的侵权盗版重大案件3起，查办国家版权局移转重点案件18起，侵权盗版不法行为受到有力打击。

专项行动中，各级版权监管执法部门突出对侵权盗版重点领域、重点环节、重点地区的有效监管，加强对印刷复制生产源头企业、物流运输企业、出版物经营商家和省内各主要网站的监督和管理，集中打击群体侵权、反复侵权、营利性侵权，加大查处大案要案工作力度。

为确保各项任务落到实处，河南省版权局加强对全省打击侵权盗版专项行动情况的督导检查，不断提高专项治理效果；注重舆论宣传，营造社会氛围，通过新闻发布会和各种新闻媒体及时向社会公布专项行动成果和侵权盗版重点案例，扩大打击侵权盗版行动的震慑力和社会影响力。

此次专项行动得到国家版权局和河南省政府的充分肯定，有5个集体和7名个人被评为全国查处侵权盗版案件有功单位和有功个人。

（二）“剑网”行动取得积极成果

根据国家版权局、公安部、工业和信息化部的统一部署，河南省版权局、省公安厅、省通信管理局三部门联合开展了第六次和第七次打击网络侵权盗版专项治理“剑网”行动，查处了一批网络侵权盗版案件，关闭了一批从事侵权盗版活动的非法网站，打击了一批私服外挂违法、违规行为，查缴了一批从事网络侵权盗版活动的涉案设备，责令一批存在不法行为的网络技术服务单位进行限期整改。

专项行动中，河南省查处了一批大案要案。其中，河南省版权局根据香港海关提供的涉案线索，成功查处“动漫G料库”网站非法传播动漫作品案，此案涉案作品数量大，网站点击量高，为国家版权局重点督办的网络侵权案件；郑州市成立由版权、公安、文化执法等部门组成“淘宝网店”侵权案件专案组，经过近三个月的努力，共查办国家版权局移转的“淘宝网店”侵权盗版案件89起，移送公安机关4起，网店侵权势头得到一定的遏制；驻马店市版权管理部门与当地公安部门联合执法，在查处“妙计软件工作室侵权案”中收缴涉案盗版软件及相关器材设备2 000余件，受到国家版权局表彰；开封市侦破的“福建天晴网络游戏外挂侵权案”，专案组跨省办案，涉案人员被依法追究刑事责任。

在打击非法预装计算机软件专项行动中，河南省各地版权管理部门加强对生产厂家、经营商户和大型家电商场的监督与管理，查处了多起违法预装案件，查缴盗版软件7 500余件，有力地打击了制售侵权软件行为。

此外，河南省版权管理部门还积极开展了对印刷复制企业、教材教辅、音像制品等重点领域的集中整治。

二、软件正版化工作开展情况

（一）强力推进政府机关软件正版化工作

按照国务院的部署和要求，河南省成立了河南省政府机关软件正版化工作联席会议。2012年1月7日河南省政府办公厅印发《河南省人民政府办公厅关于进一步做好政府机关使用正版软件工作的通知》（豫政办［2011］1号），明确了各成员单位的任务和分工，确定了方法步骤和完成时限。并于2011年8月24日召开全省政府机关软件正版化工作会议，对全省政府机关软件正版化工作进行了进一步安排部署，提出具体的目标和要求。

截至2011年12月，河南省共采购正版软件22 047套，投入资金1 473万元；29个省直单位、4个省辖市完成政府机关使用正版软件整改工作。

（二）积极推动企业软件正版化工作

2011年5月，河南省版权局牵头召开了由省版权局、工业和信息化厅、商务厅、财政厅、通信管理局、国资委、工商联、银监局、证监局、保监局等10个部门组成的“河南省推进企业使用正版软件工作联席会议”第四次全体会议，总结全省2010年企业软件正版化工作，对2011年正版化工作做出部署和安排。

本着“先大后小、先易后难、突出重点、分行业推进”的原则，联席会议选定33家大型国有企业作为年度软件正版化推进单位。河南省版权局、省国资委联合下发了《加快推进国有大型企业软件正版化工作的通知》，并召开省属国有大型企业软件正版化工作会议，明确工作任务，提出具体要求。截至2011年12月，列入企业软件正版化推进计划中的33家国有企业顺利完成软件正版化任务。

三、宣传培训教育工作开展情况

（一）积极开展版权执法培训活动

2011年10月，国家版权局在郑州举办全国版权执法培训班，来自上海、四川、贵州、西藏等11个省、自治区、直辖市版权监管执法部门的180余名代表参加了培训。

此次培训活动为全国版权执法培训与河南省版权执法培训合并举办，河南省18个省辖市和10个省直管试点县（市）版权管理部门的主管局长和部分监管执法业务骨干参加了培训。

此外，2011年河南省各级版权管理部门共组织了9批400余人次参加版权执法业务培训，版权执法队伍素质明显提高。

（二）加强对版权相关从业人员的培训

河南省版权局采取以会代训、座谈交流、提供咨询服务和法律帮助等多种形式，加强对出版发行机构、网络传播机构、版权中介、行业协会等相关机构的从业人员进行版权知识培训，增强大家依法维权、诚信守法、尊重版权的意识，促进河南省版权创造、使用和有效传播。

（三）扎实开展普法宣传活动

“4·26知识产权宣传周”期间，河南省积极开展版权宣传“进校园、进社区、进机关、进乡村”活动，重点突出对党政领导干部、监管执法部门、在校学生和从业人员的宣传和教育，增强普法宣传的针对性。同时，结合驻村帮扶的工作实际，河南省版权局在驻马店市上蔡县高李村小学开展了“拒绝盗版从我做起”签名和“绿书签”活动，收到了积极的社会效果。

同时，各省辖市版权管理部门开展了万人签名、成果展览、典型案例曝光、集中销毁侵权盗版出版物等活动，大力宣传著作权法律法规。

四、版权相关产业发展情况

河南省大力调整产业结构，转变经济发展方式，积极推动科技创新和文化产业发展，新闻出版、影视制作、广告设计、印刷复制、计算机软件等新兴版权产业呈现出持续、快速、健康发展的良好态势，显现出巨大的发展潜力，逐步成为推动全省经济社会发展的支柱型产业。

2011年，河南省新闻出版产业发展快速。其中，中原出版传媒集团实现产值44.6亿元、税收5.16亿元，比上一年分别增长2.76%、4.2%，全年出版各类图书、电子音像制品5 591种，同比增加325种，并成为全国出版界第六家上市企业；河南日报报业集团全年收入总额达17.43亿元，实现利润1.8亿元，资产总额达20.15亿元，比年初增长17.6%。

郑州市把发展动漫产业作为推动文化产业发展的切入点和着力点，市政府成立了动漫产业发展领导小组，设立发展专项基金（每年5 000万元），出台了《关于扶持动漫产业发展的若干意见》、《关于扶持动漫产业发展的若干意见实施细则》等一系列政策，以扶持动漫产业发展。2011年，郑州市累计完成投资30 206.44万元，形成了以国家动漫产业发展基地（河南基地）和郑州市动漫产业基地为主的两大动漫产业聚集区。涌现出了郑州小樱桃卡通艺术有限公司、河南华豫兄弟动画制作有限公司等一批具备一定规模和实力的动漫企业，创作出了《独角乐园》、《少林海宝》、《公路Q车吧》等一大批优秀动漫作品。郑州出品的优秀动漫作品《小樱桃（第二部）》、《少年司马光》等在央视黄金时段播出。在2011年第七届中国（杭州）国际动漫节上，郑州动漫作品版权贸易额突破1亿元，跻身全国原创电视动漫生产十大城市之列。

洛阳市积极发掘当地文化资源，大力推动文化创意产业发展，新建成了白鹤镇黄河石画产业园区、平乐牡丹画产业园区，从业人员1 100余人。平乐牡丹画产业园区投资3 848万元，占地90亩，2011年创作牡丹画1.5万件，销售收入1 800余万元。

商丘市王公庄画虎产业十分发达，其作品远销德国、瑞士、意大利等欧洲国家，2011年实现销售收入5 800余万元，比2010年增长9.5%，人均收入达到2.6万元，其在孟加拉国举办的“民权虎”画展，深受当地居民的欢迎。王公庄以画虎产业作为致富的主要经济支撑，走在了全省新农村建设的前列。

五、版权公共服务工作情况

2011年，郑州、洛阳两个作品著作权登记站相继建成启用，作品登记站试点工作全面启动。河南省版权局对作品登记网上申请、公示、查询服务系统进行了升级改造，版权登记网络平台得到进一步完善，作品登记更加方便快捷。

同时，河南省版权管理部门加强对出版单位从境外引进版图书的合同审核登记，维护审核登记的连续性、完整性和严肃性，帮助出版单位降低风险。

此外，河南省版权管理部门还认真做好法律咨询服务和受理投诉举报工作，做到每起咨询有答复、每起举报有回复、每起投诉有结果、每起案件有查处。

六、对外交流合作开展情况

河南省版权局积极推动出版产业“走出去”，组织代表团参加了伦敦、美国、莫斯科等地的多个国际性书展，为河南出版业走向世界铺路搭桥。

河南省版权学会加强与台湾图书出版事业协会的交流与合作，首次组织河南省出版、发行、版权等业界代表赴台考察交流。两协会在加强版权贸易与版权保护、建立交流合作长效机制等多个方面达成共识，为豫台两地出版界开展深层次、宽领域的交流合作创造了有利条件。

2011年，中原出版传媒集团全年实现外贸销售收入2.3亿元，比2010年增加1.24亿元，增幅达117%，荣获新闻出版总署授予的全国“新闻出版‘走出去’先进单位”称号；河南凯瑞数码股份有限公司出口创汇6 722万美元，比2010年增长20.1%，成为河南省可录类光盘生产行业龙头企业。

河南省版权局对全省新闻出版业“走出去”重点企业进行了调查摸底，这为制定全省新闻出版产业对外交流合作政策、促进行业对外合作交流提供了依据。

（王泽平）

湖　北　省

2011年，湖北省版权局坚持以保护知识产权为主线，以软件正版化检查整改为重点，以各项专项行动为契机，有组织、有计划、有步骤地开展工作，在打击各类侵权盗版行为、推进政府机关和企业软件正版化、宣传著作权相关法律法规、提供版权公共服务、开拓版权产业市场等方面取得了新的突破。

一、版权法制体系更加完善

根据2011年湖北省人大常委会和省政府年度立法计划，为适应版权管理的新形势，进一步加强版权行政管理，湖北省版权局在广泛调研和征求各方意见的基础上草拟了《湖北省著作权管理办法（送审稿）》并上报省政府。2011年4月25日，《湖北省著作权管理办法》经湖北省人民政府常务会议审议通过，自2011年7月1日起正式颁布施行。

该《管理办法》分六章，共三十六条，主要涵盖了各级人民政府和著作权行政管理部门的职责、作品的登记和使用、著作权案件管辖和执法检查等方面的实体性内容，对版权行政管理和执法实践中争议作品的著作权登记、侵犯著作权案件的管辖、著作权质押等几个重点问题进行了明确。

二、软件正版化工作扎实推进

根据国务院的统一部署和要求，湖北省版权局联合7个成员单位，扎实推进全省软件正版化工作。

2011年初，依据《国务院办公厅关于进一步做好政府机关使用正版软件工作的通知》（国办发[2010] 47号）精神，湖北省人民政府下发《湖北省政府机关使用正版软件工作实施方案的通知》。

6月，湖北省版权局争取到正版软件采购经费600万元、工作经费50万元，并于2011年年底前，完成省直机关和市州正版软件调查摸底统计工作。

3月底4月初和7月下旬，湖北省软件正版化工作先后两次接受了国家软件正版化工作督查组的检查，得到督查组的好评。

4月，湖北省版权局会同省国资委召开全省国资系统软件正版化工作会议，对企业单位软件正版化工作进行具体部署；9月，组织召开市州软件正版化整改工作汇报会，同时举办正版软件使用管理培训班，全省各市州及武汉市城区版权局分管局长和版权科（处）长参加会议暨培训活动。

湖北省版权局还组织协调金山软件公司和永中软件公司向湖北革命老区和贫困地区16个县市政府机关捐赠正版办公软件。

为了建立正版软件长效管理运行机制，湖北省版权局与省财政厅联合组织起草并报省政府领导批准，正式下发了《湖北省行政单位软件资产管理暂行办法》。

三、行政执法工作卓有成效

一是按照全国和湖北省打击侵犯知识产权和制售假冒伪劣商品专项行动（以下简称“双打”专项行动）领导小组的统一部署和要求，严厉打击侵犯知识产权和制售假冒伪劣商品行为，查处了一大批侵权盗版案件，包括国家版权局移交的一些大案要案。

专项行动中，湖北省版权管理部门共承办各种案件53起，其中由湖北省版权局承办的史宝升、潘伟平网上销售盗版图书案被全国“扫黄办”、公安部、国家版权局、最高人民法院和最高人民检察院列为“剑网”行动15个重大案件之一。

按照湖北省“双打”专项行动领导小组办公室的分工，2011年4月，湖北省版权局派员参加督查组赴襄阳、十堰等地开展专项行动阶段性督查工作。

在国家版权局组织开展的全国查处侵权盗版案件有功单位及个人评比活动中，湖北省版权管理部门6个单位、5名个人分别被评为有功单位和有功个人。

二是积极稳妥地处理各类随机性投诉、咨询、维权及协调管理工作，先后处理了“武商集团与甲骨文公司软件侵权案”和“武汉新光电网科技信息技术有限公司涉嫌侵犯软件著作权案”，并受理了“国际唱片协会亚洲总部投诉吾爱音乐网侵权案”。通过湖北省版权管理部门的协调沟通，武汉新光电网科技信息技术有限公司采购了80万元的正版软件。

三是注意加强与省公安厅、省通信管理局等部门的合作，建立联席会议制度，设立联络员，互通执法信息。湖北省相关部门于9月专门召开联席会议，征求意见，讨论研究版权执法工作。

2011年，湖北省版权局通过和省通信管理局合作，严厉打击网上侵权盗版行为，累计拒绝包含“影院”、“私服”等关键词，涉嫌侵权盗版的网站备案申请200余次。同时，督促相关企业对自营网站在线音视频播放、下载服务栏目进行全面清查，对于未经授权擅自使用他人作品的行为予以立即取消，清查服务器1万余台，累计删除2 000余条包含侵权盗版内容的文字、视频、音频信息，关闭侵权盗版违法网站74家。

湖北省版权局坚持内部联动，保持多渠道畅通，多平台对接，并加强与反非法和违禁出版物处、出版管理处、报刊处、印刷处和出版商、印刷商、发行商等部门的协调配合，积极做好有关版权问题的工作。

四、版权公共服务进一步加强

湖北省版权局加强著作权登记管理，汇总、分析了2010年作品自愿登记和出版外国图书合同登记情况，并在网上公布。

2011年湖北省版权管理部门扩充了作品登记合作对象，委托中智联合知识产权管理公司代办作品登记收件和初审业务，委托华中文化产权交易所开展版权登记代收件代初审业务，全年著作权登记总量首次突破千个品种大关，在全国各省市的排名中跃升至第7位。

同时，湖北省版权管理部门通过设立投诉电子信箱、投诉热线，为公众答疑解惑，协调处理各类著作权纠纷，先后受理了多个作者关于长江出版社、长江文艺出版社、楚天金报社等单位使用作品未付稿酬的投诉。

五、版权产业发展实现历史性突破

2011年，湖北省输出图书版权506种，收入289.4万元；引进图书版权228种，收入32 495.65万元，首次实现版权输出种类大于引进种类。湖北省版权局为各出版单位办理出版外国图书合同登记

208项。

利用湖北文化产权交易所，湖北省建立版权交易平台，代办版权登记业务，开展包括文字、音乐、戏剧、曲艺、舞蹈、杂技、美术、摄影、影视、数字出版等领域的版权交易活动。并先后与华中国家数字出版基地、华工出版社、九通音像出版社、长江出版集团数字公司就版权贸易问题，尤其对以数字技术为核心的新媒体的版权交易问题进行了深入探讨，形成了“先行先试、抢抓先机、抢占市场”的思想共识和发展思路。

2011年，华中科技大学出版社的“手机短信版权管理交易平台”、九通音像出版社的“数字出版物版权交易（代理）方案”等项目进入论证阶段，华中版权交易中心筹备工作开始启动。

在2011年中国版权年会上，武汉出版社获得“2011年中国产业新锐企业奖”、华中科技大学出版社社长阮海洪获得“2011年中国版权产业新锐人物奖”。

六、版权法制宣传教育形式多样

2011年，湖北省版权局先后两次下发通知组织全省新闻出版系统学习修改后的《出版管理条例》、《音像制品管理条例》、《出版物市场管理规定》和新颁布的《湖北省著作权行政管理办法》，并积极开展版权法制宣传。

一是突出抓好重要节点的版权法制宣传活动。2011年4月22日，湖北省暨武汉市2011年侵权盗版及非法出版物集中销毁活动在华中图书交易中心举行，同时启动湖北省“绿书签行动”系列宣传活动。荆州、十堰、荆门、鄂州、咸宁、随州、仙桃、天门、神农架等地也都在“4·26知识产权宣传周”前后相继开展了集中销毁和系列宣传活动。活动后的新闻通气会上，湖北省政府新闻办公室向各大媒体发布了湖北省2010年十大侵权盗版案件。

二是加大版权法制宣传常态化建设，力求创新提效。除依托湖北省版权局门户网站、手机短信平台等传统媒介外，还通过开设微博专栏等新形式，及时向公众宣传版权法制信息。同时结合“三联三促”活动，开展“送法进社区、进学校、进企业”活动，做好结对子帮扶宣传工作。

在“4·26知识产权宣传周”和“12·4法制宣传月”期间，湖北省版权局先后在武汉市汉街、广埠屯资讯广场等地设置法制宣传台，集中开展著作权法律法规宣传，发放资料，现场提供法律咨询。

（卢文俊）

湖　南　省

2011年，湖南省全面落实国家知识产权战略和省政府工作部署，努力提升版权创造、运用、管理和保护水平，加大版权执法力度，强化版权服务功能，增强公众版权意识，亮点突出，成效明显。

一、版权执法监管成效显著

（一）专项治理和日常监管相结合的工作机制进一步深化

按照国务院、国家版权局和湖南省政府的部署，湖南省版权管理部门扎实开展打击侵犯知识产权和制售假冒伪劣商品专项行动（以下简称“双打”专项行动），组织开展印刷复制企业检查、打击网络侵权盗版“剑网”行动、打击计算机软件非法预装、打击盗版工具书等专项治理。

同时，湖南省版权管理部门还加强对“两个市场”，即图书、音像等传统有形市场和网络无形市场的日常巡查监管。其中，岳阳市强化市场巡查责任制，定人、定点、定时组织检查，并填写“市场巡查日志”；郴州市建立出版物准提准运制度，要求持证提取付运出版物，切断侵权盗版制品的物流渠道；衡阳、娄底等地对挂靠在本地服务器的网站进行备案和主动监管，掌握网站运营信息，浏览网页内容，在完成网站备案80家的基础上又新增备案48家。

据统计，2011年，在各大专项行动和日常监管活动中，湖南省共出动检查人员5 900余人次，检查出版物市场、店铺2.9万多个次，立案查处各类侵权盗版案件317件，收缴盗版音像制品、图书、软件等各类侵权盗版制品90.7万余件。

（二）网络等新兴领域的案件查处取得重大突破

湖南省版权局组织查处了国家版权局、公安部等中央五部门挂牌督办的两起全国打击侵犯知识产权和制售假冒伪劣商品专项行动重点案件：常德罗颖私设服务器侵犯网络游戏著作权案和吴飞私设服务器侵犯网络游戏著作权案。

为推动案件迅速侦破，湖南省和常德市两级版权管理部门和公安部门成立专案组，召开多部门参加的案件协调会，协助司法机关明确版权归属信息、收集相关侵权证据。经法院审理，8名侵权人以侵犯著作权罪分别被判处有期徒刑和罚金，依法没收非法所得36万余元和用于作案的电脑设备12台、车辆1台。

以上两起案件是湖南省案值最大、涉及面最广的网络侵权案件，其顺利查处为网络领域版权执法增加了信心和经验，永州、长沙等地随后成功破获多起利用互联网实施侵权盗版的案件。

（三）行政执法与刑事司法衔接取得显著成果

湖南省版权管理部门进一步落实《关于在打击侵犯著作权违法犯罪工作中加强衔接配合的暂行规定》，对可能达到刑事标准的侵权盗版案件，进行全程跟踪、重点督办，通过与司法机关联合现场执法、案件线索通报、提前介入侦查等形式，充分发挥行政与司法的“双轨”作用，加大对侵权盗版行为的刑事打击力度，先后组织查处了长沙“‘1·19’非法出版物储存案”、邵东“‘12·29’非法音像制品案”等一批中央挂牌督办的重大刑事案件。

2011年，湖南省版权管理部门共向司法机关移送案件7起，移送犯罪嫌疑人19人，一审判决追究刑事责任17人。11月，国家版权局安排湖南省在全国版权执法培训会议上作了关于“两法”衔接的典型发言。

（四）执法队伍建设进一步加强

2011年，湖南省版权局加强执法培训和学习交流，派员参加世界知识产权组织主办的版权执法国际研讨会及泛珠三角区域知识产权合作论坛。并组织部分市州执法干部赴天津参加全国基层版权执法培训班，配合有关部门进一步强化基层版权执法能力建设，努力构建精干高效的版权行政执法体系。

同时，湖南省版权管理部门严格按照标准和程序组织开展执法评先活动。2011年，湖南省衡阳市版权局等7家版权执法单位、李小星等6位执法人员被评为全国查处侵权盗版案件有功单位及个人，得到国家版权局奖励；湖南省版权局和岳阳市文化市场综合执法局版权稽查队被评为湖南省“双打”专项行动先进集体，邢敏建等5位执法人员被评为湖南省“双打”专项行动先进个人，受到省政府表彰。

二、软件正版化工作取得阶段性成果

《国务院办公厅关于进一步做好政府机关使用正版软件工作的通知》下发后，湖南省政府办公厅先后印发了《关于进一步做好政府机关使用正版软件工作的通知》（湘政办发［2011］18号）、《关于做好政府机关软件正版化工作有关事项的通知》（湘政办明电［2011］168号）两个文件，进一步明确全省政府机关软件正版化的工作任务、工作要求和保障措施。

湖南省版权管理部门认真落实国务院和省政府的部署，按照“分级负责、属地管理”的原则，组织政府机关开展软件自查清理、建立软件使用台账，积极开展软件需求调研统计，会同财政、信息和机关事务管理等部门研究制定经费保障方案和软件采购方案，并组织实施。

湖南省版权局、财政厅、机关事务管理局、商务厅、国资委、经信委等部门分管领导带队，对各市州及部分省直单位的软件正版化工作进行了一轮督导检查，有效促进了工作开展。截至2011年12月底，53个省直部门和12个市州的市级政府机关已完成软件自查清理。湖南省教育厅、省新闻出版局等12个省直单位和长沙、岳阳、怀化、娄底、永州、湘潭等6个市州已落实到位资金1 040万元，采购正版软件2.76万套。

在实施政府软件正版化的同时，湖南省企业软件正版化也在逐步推进。湖南省推进企业使用正版软件工作领导小组召开九部门成员参加的联席会议，审议通过了《湖南省2011年推进企业使用正版软件工作的计划》，并印发至各成员单位管理的行业、企业执行落实。各市州结合实际确定了本地实施软件正版化的企业名单，分步推进。其中，郴州市将医药卫生行业主管部门纳入领导小组，加强对医药卫生企业软件正版化工作的指导督促；常德市以妥善处理欧特克软件公司与当地家装企业的版权纠纷为契机，大力推进设计装潢行业软件正版化；岳阳市在银监部门的支持协助下，推动当地多家金融机构顺利完成使用正版软件工作任务。2011年，湖南省共有116家企业被列入正版化阶段性目标，460位企业员工参加正版化培训，71家企业基本完成正版化任务并通过当地领导小组的检查验收。

三、版权公共服务水平有效提升

（一）优化版权登记流程，登记数量持续增长

2011年，湖南省作品登记的平均时间由2010年的20个工作日缩短为15个工作日，而且对时效性要求高的权利人，可以做到即来即办，对批量登记的作品，基本做到集中受理、限时出证。

根据权利人转让作品、诉讼维权的需要，湖南省版权管理部门开展了作品登记查询和登记确认服务，办理查询、确认业务33起。同时完善登记内容，提高登记质量，妥善解决了变更登记的问题。

2011年湖南省共完成各类作品版权登记376件，较2010年增长10%。

（二）严格版权合同备案，版贸交易活跃

2011年初，湖南省版权局将输出作品数量主动纳入到工作绩效考核指标，召开全省版权输出工作座谈会，分析当前版权输出面临的形势，研究实施版权“走出去”战略的促进举措，全年实现各类图书、电视节目版权输出166项，超额80%完成考核

指标。经湖南省版权局推荐，中南出版传媒、蓝猫动漫等单位被新闻出版总署评为新闻出版“走出去”先进单位。

同时，湖南省版权局严格审查各类版权合同，防范侵权风险，完成版权合同备案633件，同比增长88%；加强对天闻印务、湘诚印刷厂等在湘印刷企业承接境外印务的指导，规范境外著作权人授权书备案，帮助企业首次拓展加拿大、南美等市场的承印业务。

（三）强化行政调处，妥善解决纠纷

湖南省版权局利用接待来访、来函、电话、网络等形式接受版权咨询22起，通过耐心解释答复版权法律问题，引导权利人和作品使用人通过协商方式共建作品传播秩序。同时，积极调解湖南美术出版社、湖南人民出版社、岳麓书社等出版单位与相关权利人的作品使用纠纷，促成当事人双方达成和解，和平化解矛盾。

（四）健全版权服务体系，拓展服务领域

2011年4月28日，湖南省版权保护协会（反盗版联盟）组织召开第二届会员代表大会。大会审议通过了协会工作报告和新修改的协会章程，协会工作报告选举产生新的领导班子，并筹备建设新闻出版、软件、音乐音像等专业委员会，突出协会服务的针对性和有效性。

为促进作品的创作和传播，湖南省版权局指导并促进版权代理机构与湖南联合产权交易所开展版权交易中心平台建设，积极筹划湖南省第一批版权项目上线交易。

四、版权文化建设氛围浓厚

（一）积极开展版权主题宣传活动

借助“4·26知识产权宣传周”、“6·1《著作权法》实施20周年纪念日”等契机，湖南省版权局组织省内主要电脑销售商代表发布了《预装和销售正版软件》自律宣言；在长沙举办了“拒绝盗版，做诚信公民，绿书签行动”签名活动，发放“绿书签”1万余张，张贴“绿书签”活动海报1 000张。

湘西、郴州和常德等地分别开展了有奖知识竞答、版权教育征文、街头咨询宣传等贴近群众、形式多样的普法宣传活动。

（二）集中报道展示专项行动成果

2011年，湖南省先后举办打击侵权盗版专题新闻发布会5次，在湖南卫视、《湖南日报》、《潇湘晨报》、《长沙晚报》和红网等主流媒体报道湖南省“双打”专项行动情况35篇，及时反映专项行动进展情况。

怀化、永州和娄底等地举行侵权盗版制品销毁仪式，并向社会公布“双打”专项行动中查处的侵权盗版典型案例。

（三）注重运用新媒体、新手段开展宣传

湖南省版权局以湖南省政府门户网站、湖南省版权局网站为宣传平台，通过领导访谈、与网友进行互动等方式，讲解版权保护知识和法律政策，介绍全省打击侵权盗版工作基本情况。衡阳市还利用手机短信传播信息速度快、范围广的特点，连续多年向社会公众发布版权知识短信，营造尊重知识、尊重创作的社会氛围。

（宋　亮）

广　东　省

2011年，广东省版权管理部门按照全面落实科学发展观，建设法制社会与和谐、创新型广东和建设文化强省的要求，强化版权行政管理，维护版权产品市场秩序，认真履行监督指导检查职责，有计划、有组织地开展各类保护版权的宣传活动和知识产权（版权）专项行动。

一、开展打击侵犯知识产权和制售假冒伪劣商品专项行动

为贯彻落实国务院办公厅《关于印发打击侵犯知识产权和制售假冒伪劣商品专项行动方案的通知》（国办发［2010］50号）精神，加大知识产权保护力度，维护公平有序的市场环境，在2010年11月9日国家版权局召开打击侵犯知识产权和制售假冒伪劣商品专项行动（以下简称“双打”专项行动）重点地区工作会议后，广东省版权局于2010年11月11日召开广东省版权局“双打”专项行动重点地区工作会议，制定并印发《广东省新闻出版局（版权局）、广东省“扫黄打非”工作领导小组办公室关于打击侵犯知识产权和制售假冒伪劣商品专项行动实施方案》，同时成立广东省“双打”专项行动领导小组。

在开展“双打”专项行动的同时，广东省版权局和省经信委等十部门共同印发了《关于印发广东省网络购物领域打击侵犯知识产权和制售假冒伪劣商品实施方案的通知》，并与省经信委、省公安厅、省工商局、省质监局、省知识产权局、海关总署广东分署、广东检验检疫局、广东通信管理局及人民银行广州分行共同印发了《转发商务部等九部局关于进一步推进网络购物领域打击侵犯知识产权和制售假冒伪劣商品行动的通知》，要求各地市组织开展网上巡查，特别是加强对容易发生侵权的网络平台，交易活跃、交易数额较大的网上购物商店进行排查，追本溯源，一经发现涉嫌侵权的 IP 地址在本地的网上商店或本地的实体店，要及时查处；要切实加强执法部门之间的协调配合，形成强有力的打击合力；要注重时效和宣传，加大舆论宣传和造势，使网络侵权现象切实得到有效遏制。

由于工作成效显著，广东省版权局版权管理处获得“广东省打击侵犯知识产权和制售假冒伪劣商品专项行动”先进集体称号。

二、督查广东省政府机关使用正版软件工作

根据《国务院办公厅关于进一步做好政府机关使用正版软件工作的通知》（国办发［2010］47 号）及省政府办公厅《关于贯彻国办发［2010］47 号文件精神进一步做好政府机关使用正版软件工作的通知》（粤府办［2011］3 号）精神，2011 年 1 月 17 日，广东省版权局召开省政府机关使用正版软件工作会议，省政府秘书长江海燕出席会议并讲话；1 月 20 日印发《关于进一步做好政府机关使用正版软件工作实施方案》。

为了督促各有关单位完成软件正版化任务，广东省版权局前期派出督查组分赴江门、潮州、揭阳市，3 月 7—11 日对湛江、茂名、阳江、清远、韶关、河源等市进行了中期督查；4 月 28 日召开广东省政府机关使用正版软件工作情况通报会。6 月下旬，由广东省版权局牵头，广东省推进政府机关使用正版软件工作各负责监管和督促检查单位组成 3 个督查小组分至省委办公厅、省委党校、省政府办公厅、省住房和城乡建设厅、省物价局、省知识产权局等省直单位进行督导检查；7 月初到珠海、云浮、广州、东莞、深圳、惠州、中山、佛山等市督查；8 月 9 日召开全省各地级以上市政府机关使用正版软件工作汇报会。

2011 年，广东省版权局会同省财政厅、省经信委、省工商局组成“广东省推进政府机关使用正版软件工作督查组”，先后对 103 个省直单位和 21 个地级以上市及佛山市顺德区的 132 个市、区、县政府机关单位使用正版软件的情况进行了重点督查。12 月 21 日，召开全省政府机关软件正版化工作督查情况总结会议，并向省政府呈送了专题报告。

全省政府机关软件正版化工作进展顺利，并取得阶段性成果。各督查小组先后共检查省直机关单位计算机 983 台，其中安装正版操作系统 670 台，占 68.16%；安装正版办公软件 234 台，占 23.8%；使用正版杀毒软件 923 台，占 93.9%。对地级市（含顺德区）抽检计算机共 642 台，其中安装正版操作系统 311 台，占 48.44%；安装正版办公软件 181 台，占 28.19%；安装正版杀毒软件 622 台，占 96.88%。

三、制定 2011 年广东省推进企业使用正版软件工作计划

为巩固全省 2006 年以来企业软件正版化的成果，广东省制定了 2011 年推进企业使用正版软件工作计划，确定 2011 年企业软件正版化推进目标：广州市和深圳市各完成 15 家以上，珠海、佛山、惠州、东莞、中山、江门、肇庆、佛山等市和顺德区各完成 8 家以上，其他地级市各完成 5 家以上。

在 8 月 9 日的全省政府机关使用正版软件工作汇报会上，广东省版权局要求进一步完善工作机制、形成工作合力，与政府机关软件正版化工作形成良性互动，不断扩大企业软件正版化推进成果。

四、组织开展“保护著作权宣传周”系列活动

为做好著作权法制宣传工作，广东省版权局制定了“保护著作权宣传周”活动计划，组织开展了形式多样的著作权法律知识宣传普及活动和打击著作权侵权盗版行为专项行动。

2011 年“4·26 知识产权宣传周”期间，广东省版权局在网上设立“版权保护在广东”专栏，刊发专稿 13 篇，公布了广东省查处侵权盗版部分重大案件情况，发布了 2010 年全省版权保护十大事件；编印、分发《版权知识笔记本》17 000 多本；在组织记者岗前培训以及出版编辑从业人员继续教育培训过程中，将著作权知识作为一项重要内容进行宣讲，前后授课达 10 多次，培训人员共计 2 200 多人。

五、推动第二批版权基层工作站建设

为规范广东省版权产业基地和园区的发展，为其企业提供优质的版权服务，推进“版权兴业工程”和版权产业的繁荣发展，广东省版权局同意条件相对成熟的惠州、汕头、珠海市版权局建立版权基层工作站。截至 2011 年底，广东省共建立了 12 个版权基层工作站。

六、规范作品著作权自愿登记工作

为进一步规范和完善广东省作品自愿登记制度，广东省版权局批准了潮州市文广新局（版权局）、珠海市版权局、中山市版权局、广州达源信息科技有限公司设立作品登记代办机构。截至 2011 年底，广东省版权局共批准了 14 个单位作为广东省作品登记代办机构。

七、继续推进“版权兴业”工程

为发展独具地方特色的版权产业，促进文学、艺术与科学作品的创作、运用和传播，推动版权产业重点企业（集群）的发展，广东省版权局授予广东省南方文化产权交易所股份有限公司、广州壹捌伍零创意产业投资有限公司、广州中望龙腾软件股份有限公司、广州欧划动画技术有限公司、深圳市迅雷网络技术有限公司、金蝶软件（中国）有限公司、深圳市海云天科技股份有限公司、南山数字文化产业基地、佛山市顺德区孔雀廊娱乐唱片有限公司、珠海网易达电子科技发展有限公司、广东邦领塑模实业有限公司、广东飞轮科技实业有限公司、广东中凯文化传媒有限公司等13家企业（集群）“广东省版权兴业示范基地”称号，并颁发“广东省版权兴业示范基地”证书。截至2011年底，全省共有55家（个）企业（集群）被授予“广东省版权兴业示范基地”称号。

八、开展最具价值版权产品的认定工作

为构建创新型广东，建设文化强省，支持具有鲜明民族特色、时代特点的优秀作品的创作，经相关市版权管理部门推荐，广东省版权局将《喜羊羊与灰太狼》动画片之系列造型、《梦幻西游》装备特技、EPOST管理资讯平台系统V1.0、《猪猪侠V之积木世界的童话故事》（1～52集）动画片、《宇航鼠》（1～26集）动画片、中望CAD平台设计软件（简称ZWCAD）JV2011、悟空系列卡通形象等7个系列（种）版权产品认定为广东省最具价值版权产品，并对其有关研发企业进行资助。

九、组织广东版权交流团赴港开展版权产业交流活动

为深入贯彻《广东省知识产权战略纲要（2007—2020年）》精神，加强粤港澳知识产权合作，2011年4月13日至14日，广东省版权局组织了以钱永红副局长为组长的14人版权交流团，赴港开展版权产业交流活动。交流团成员来自广东省版权局，广州、深圳、中山、惠州市版权局和相关企业及版权基层工作站。广东交流团与香港知识产权署、香港工业总会进行了业务交流，其间，香港知识产权署新任署长张锦辉专程与代表团进行了深入交流。交流团还赴香港玉皇朝出版有限公司、香港海关进行了考察。此次交流，加强了粤港两地对版权工作的相互了解，为两地加强合作奠定了基础。

十、启动《广东省版权条例》立法工作

按照《关于印发〈省新闻出版局落实文化强省建设十项工程任务分工方案〉的通知》（粤新出办［2010］49号）的要求，广东省版权局成立了《广东省版权条例》前期起草工作小组，先后两次召开《广东省版权条例（草案）》工作小组会议，完成《广东省版权条例（草案）》章节架构设计，并开展了专题调研活动。

十一、积极做好相关展会版权服务工作

2011年9月30日至10月5日，由国家广播电影电视总局、国家版权局、广东省人民政府主办，东莞市人民政府、广东省文化厅、广东省广播电影电视局、南方广播影视传媒集团、广东省版权局承办的“第三届中国国际影视动漫版权保护和贸易博览会”在东莞市举办。博览会期间，广东省版权局、东莞市版权局、广东省新闻出版局政务服务中心、东莞市出版印刷业协会再次联合设立“版权服务工作站”，负责展会版权保护、版权执法、版权咨询、版权合同备案和著作权免费登记等工作。

此外，广东省版权局还在深圳国际家纺布艺展览会、中国国际中小企业博览会等展会期间积极加强版权保护工作。

（张同英　凌立华）

广西壮族自治区

2011年，广西壮族自治区继续开展打击侵犯知识产权和制售假冒伪劣商品专项行动（以下简称“双打”专项行动），全面推进政府机关和企业软件正版化工作，强化日常版权监管和版权宣传，积极推动版权相关产业发展。

一、制定广西版权“十二五”工作规划

2011年，是“十二五”规划的开局之年，广西版权局制定了《广西版权“十二五”发展规划》。《规划》要求着重做好几个方面的工作：一是建立健全全区版权管理联动网络系统，加强全区版权工作的一体化管理；二是强化和细化版权的社会监管职能，在不断强力推进正版化工作的同时，加大对侵权盗版行为的查处和打击力度；三是广泛推进版权的社会宣传力度，强化普及广西社会对知识产权的保护意识和产业意识；四是大力发展与全国著作权集体管理组织相关联的广西著作权集体管理机构，推动广西著作权代理和中介服务组织发展，强化版权社会服务；五是建立广西版权系统信息库，建设包括广西版权人才库、版权产业项目库、版权管理信息库在内的广西版权信息库，系统进行广西版权工作的资源性和开发性管理；六是加大力度，建设广西版权产业示范园区，做大做强广西版权产业，推动版权产业大发展、大繁荣。

为高效地完成年度版权工作任务，广西版权局于年初制定了 2011 年版权工作规划，明确“双打”专项行动、软件正版化、版权执法、版权人才队伍建设、版权公共服务等相关重点工作目标和任务。

二、开展打击侵犯知识产权和制售假冒伪劣商品专项行动

2010 年 11 月至 2011 年 6 月，为认真落实全国知识产权保护与执法工作电视电话会议、《国务院办公厅关于印发打击侵犯知识产权和制售假冒伪劣商品专项行动方案的通知》（国办发［2010］50 号）精神和国家“双打”专项行动相关要求，广西新闻出版局、版权局和“扫黄打非”工作小组办公室联合组成了“双打”专项行动领导小组办公室。

广西版权局制定了全区“双打”专项行动工作方案，协调指挥区版权局各有关部门和全区各市局密切配合，积极开展专项行动，取得较大成效。据不完全统计，专项行动期间，全区各级文化新闻出版、版权和“扫黄打非”部门共组织各类集中性专项执法治理行动 3 535 次，出动检查人员 21 055 人次，捣毁地下窝点 30 个，收缴各类侵权盗版和非法出版物及盗版和非法音像制品 267 万多件，涉案金额 2 580 万元；查办案件 200 余起，行政立案 85 起，行政处罚 172 件，移送司法立案 11 起，正式逮捕判决 11 人，其中，破获国家督办的大案要案 2 起。

三、扎实推进政府机关和企业软件正版化工作

为扎实做好广西机关使用正版软件工作，确保在规定的时间内，高质量、全面地完成任务，在自治区政府的统一领导下，广西版权局和广西人民政府使用正版软件工作领导小组办公室先后下发三个文件，要求做好软件正版化工作。

广西自治区领导高度重视软件正版化工作，自治区主席马飚、副主席李康等 6 位领导对此项工作作出指示。广西版权局采取了多项措施推进政府软件正版化工作：

一是推进自治区人民政府对各市、县和各部门实行绩效考评、逐级约谈和通报批评等责任制度，持续保持强力推进的工作态势；

二是促进调整各级人民政府使用正版软件工作领导机构，确保市、县（区）软件正版化工作不流于形式；

三是开展与软件企业工作谈判，促成软件企业作出低价销售、先期安装、分期付款、场地授权等承诺；

四是编辑出版《工作指南》、《文件依据》等多本材料书册，对各部门和各市、县进行政策指导；

五是开展政策和业务培训，对管理人员进行工作素质教育；

六是全程进行一对一工作跟踪指导，及时指导帮助自治区各部门和各市、县解决实际问题。

2011 年 3 月、5 月、8 月和 10 月，广西使用正版软件工作领导小组成员单位组成多个督查组，持续对全区 14 个市 118 个县（市、区），以及区直政府机关进行了四次使用正版软件工作的督查指导。

截至 2011 年 10 月 31 日，广西壮族自治区各级政府总计投入 9 475 万元，全区 50 个政府直属机关、14 个市以及 118 个县（市、区）已按国务院要求全面完成政府机关使用正版软件工作任务。2011 年 11 月，广西使用正版软件工作领导小组办公室发文要求全区继续巩固成果，扩大范围，全面做好长效机制建设，并具体部署了建立健全长效机制的五项制度：将软件购买列入财政预算的制度；正版软件合同和授权书的备案制度；软件资产的管理制度；正版软件的管理制度；机关干部使用正版软件的责任制度。

在努力做好推进政府机关使用软件正版化工作的同时，广西版权局积极推进企业使用正版软件工作。在深入各市进行充分摸底调研的基础上，广西版权局分别下发了 2011 年广西推进企业正版工作要点，征求相关意见和建议。同时组织自治区国资委、住房与城乡建设委员会和旅游局召开协调会议，确定以行业推进为方向，进一步将全区国资企业、勘探设计企业、三星级以上宾馆酒店以及新闻出版企业作为广西 2011 年第四批和 2012 年第五批正版化工作推进对象。本次全区推进软件正版化工作企业达 800 家，超过历年总和，是广西开展企业软件正版化工作史上数量最多的一次。

四、加强版权宣传教育活动

在知识产权宣传活动周期间，广西版权局积极组织全区各级版权管理部门，全力推进版权执法和版权保护的宣传教育工作，出版了宣传墙报，组织了广场活动，销毁了侵权盗版出版物，组织开展打击侵犯知识产权和制售假冒伪劣产品专项行动新闻发布会和成果展活动。同时通过主流媒体开展广泛宣传。

2011 年，广西版权局在全力做好知识产权中心工作的同时，出版了简报、墙报、做好《“双打”工作指南》、《“双打”工作汇报》、《“双打”工作总结》、《正版化工作文件依据》、《广西正版文件汇编》和《广西正版化工作总结汇编》等 8 套全区指导性工作文件，完善版权工作资料的收集整理；编辑《广西版权工作简报》和《广西正版工作简报》共21期。中央和地方主流媒体对广西版权相关工作宣传报道达100多篇（件）。

（石　卫）

海　南　省

2011年，海南省版权管理部门切实履行版权行政管理职能，积极开展打击侵权盗版行动，做好版权公共服务，营造保护知识产权良好氛围，推动海南文化大繁荣大发展。

一、加强版权行政监管，大力打击侵权盗版

（一）开展打击侵犯知识产权和制售假冒伪劣商品专项行动

根据温家宝总理的指示和《国务院办公厅关于印发打击侵犯知识产权和制售假冒伪劣商品专项行动方案的通知》（国办发［2010］50号）精神，海南省文化广电出版体育厅、省“扫黄打非”工作小组办公室成立了打击侵犯知识产权和制售假冒伪劣商品专项行动领导小组，加强印刷复制企业的源头监管和图书、软件、音像市场的巡查力度。

2011年内，海南省共出动执法人员1.3万多人次，检查印刷厂549家次、光盘复制厂10家次，对9家未办理《印刷经营许可证》的印刷厂通报工商部门予以取缔，收缴超范围印刷出版物105本；检查图书报刊点、音像店2 000多家（次），收缴盗版图书（含非法出版物）5 000多册、盗版音像制品（含淫秽色情音像制品）16.8万多张，取缔流动摊点112个，捣毁窝点6个，移送司法机关案件4个，其中重大案件1个（“2·16”非法期刊诈骗案，该案涉案金额1 000万元，已交司法部门）。

（二）开展打击网络侵权盗版专项行动

海南省版权管理部门继续以南海网、天涯在线、凯迪网等主要网站为监管对象，加强对互联网站的主动监管，以文字、音乐、影视、软件等领域的互联网侵权盗版行为为重点对象，加大执法力度，严厉打击网络侵权盗版行为。

在版权管理部门加强监管的过程中，各网站也加强了版权保护意识，建立了相应的版权保护机制，形成较好的版权保护体系。监管期间，没有发现侵权盗版的线索，也没有收到网站侵权盗版的投诉。

（三）做好日常打击侵权盗版相关工作

海南省版权管理部门建立有效的举报机制，调动广大社会群众参与到打击侵权盗版的行动中来。同时认真查处国家版权局移转的侵权盗版案件，及时办结上报国家版权局。

二、全力推进软件正版化工作

（一）政府机关软件正版化

根据《国务院办公厅关于进一步做好政府机关使用正版软件工作的通知》（国办发［2010］47号）要求，海南省迅速对各市县和省直机关开展软件正版化工作作出积极部署，制定了海南省政府机关软件正版化实施方案。

2011年1月，海南省版权管理部门完成对省、市（地）、县三级国家机关使用计算机台数和正版通用软件数及缺口的调查统计。从1月开始，组织督查组对18个市县和87个省直单位开展4次督导检查，强调落实软件正版化工作经费，并提出有关工作建议；5次下发政府机关软件正版化工作有关通知，督促各市县、省直各单位如期完成政府机关软件正版化专项检查整改工作。

结合本省实际，海南省版权管理部门提出了“重点项目集中解决，非重点项目分散解决”的做法，将办公软件作为整改重点，向省政府申请到部分专项经费购置办公软件；同时与珠海金山办公软件有限公司签署WPS办公软件场地授权合同，将省、市县的直属机关纳入到授权范围内，一次性解决了办公软件的正版化。海南省多数市县和省直单位也相继落实其他软件的采购经费，并逐步开展软件采购和安装工作。

（二）企业软件正版化

一是开展企业软件正版化工作复查，组织检查组对海南省2010年已完成软件正版化的企业进行复查，防止反弹。经查，2010年已完成软件正版化的16家企业基本无反弹现象。

二是制定了海南省2011年企业软件正版化工作计划，确定了2011年的工作目标为20家企业完成软件正版化。

三是迎接国家软件正版化工作组的督导检查。4月14日，海南省软件正版化工作汇报会在省政府会议室举行，向国家软件正版化工作督导检查组汇报了海南省开展软件正版化工作基本情况。15日至16日，海汽集团等部分企业通过了国家督查组检查验收。

四是于5月9日下午召开了海南省使用正版软件工作领导小组会议。会议传达了全国推进企业使用正版软件工作部际联席会议和《国务院办公厅关于进一步做好政府机关使用正版软件工作的通知》的精神，汇报了2010年企业软件正版化工作情况和近期政府机关软件正版化专项检查和整改进展情况，审议通过了《2011 年海南省推进企业使用正版软件工作计划》。2011 年底，检查组对企业软件正版化情况进行了验收。

三、加强公共服务，着力做好著作权登记工作

一是把好作品自愿登记的质量关，受理作品登记 86 件，通过审核登记 75 件；二是加强涉外图书出版合同审查，受理合同 161 件，通过审核备案 146 件。

四、开展版权宣传，提升全社会版权保护意识

一是利用到企业和市县开展软件正版化督查的机会，对企业和市县负责人进行版权知识介绍，阐述开展版权保护的意义，宣传版权保护知识。

二是参与由海南省知识产权局举办的知识产权宣传周的启动仪式，并组队参加了广场知识产权宣传活动，分发了版权知识手册 300 多份，接受社会公众的版权咨询 100 多人次。

三是利用各种培训班机会，对参训人员进行版权知识培训。9 月 28 日，在海南省期刊协会组织的期刊采编人员培训班上，海南省版权局对 200 多名参训人员做了著作权知识讲座。

（曾伯林）

重　庆　市

2011 年，重庆市版权管理部门优化版权监管，强化版权服务，促进版权相关产业发展，加强版权宣传，较好地完成了各项目标任务。

一、优化版权监管

（一）扎实开展打击侵犯知识产权和制售假冒伪劣商品专项行动

一是加强对计算机预装软件的监管。重庆市版权局牵头开展打击非法预装计算机软件工作，对大型计算机及软件销售市场进行主动监管，各区县文广新局通过与销售商签订《诚信守法经营责任书》、执法检查等形式，从源头上规范软件销售、使用行为。同时召开软件厂商和电脑经销商座谈会，要求微软、金山、永中等软件厂商和电脑经销商自觉抵制预装盗版软件行为，加大对电脑市场预装盗版操作系统的宣传教育和监管力度，营造守法自律、诚信经营的市场氛围。

二是开展打击网络侵权盗版专项行动。重庆市版权局牵头开展打击网络侵权盗版专项治理“剑网”行动，加强对市内大型网站的主动监管；对重点网站进行现场检查，对违规行为责令限期整改，从源头上防范侵权盗版行为；引导网络企业和著作权人加强合作，形成“先授权、后传播”的版权传播秩序。

（二）深入推进政府机关使用正版软件工作

按照市政府办公厅《关于进一步做好政府机关使用正版软件工作的意见》（渝办发［2010］360 号）、《关于开展政府机关软件正版化督导检查工作的通知》（渝办发［2011］37 号）和《关于加大力度推进政府机关软件正版化工作的紧急通知》（渝办发［2011］313 号）等文件精神，重庆市完成了市级政府推进使用正版软件工作。

一是明确任务落实责任。重庆全市各区县（自治县）、市级政府部门及相关单位确定了第一责任人和联络员。重庆市版权局建立了软件正版化工作 QQ 群，便于与各区县和部门联络协调工作。渝中、涪陵、巫山等区县成立了政府机关使用正版软件工作领导小组；江津、永川、云阳等区县召开了软件正版化推进工作会议，制定了工作方案。

二是认真开展自查清理。重庆市版权局组织各区县（自治县）和市政府各部门及有关单位对本地区、本部门的计算机数量、正版软件数量、盗版软件数量等情况进行自查清理，并统计正版操作系统、办公软件、杀毒软件的需求量。

三是积极协调实施采购。按照《关于全市政府机关软件正版化工作采购及资金解决渠道的通知》（渝办发［2011］181 号）要求，重庆市版权局及时会同市财政局采取全市统一招标、分别实施的方式，确定供应商和产品价格，由使用单位与供应商自行签订合同，实施采购，安装使用。

四是扎实开展自纠整改。重庆市各区县（自治县）、市政府各部门和相关单位按照工作进度安排，对自查清理中发现的问题进行整改。

（三）推进企业软件正版化

重庆市版权管理部门积极稳妥地推进第五批 66 家企业软件正版化的宣传培训、统筹推进、检查验收工作，重点推进国有企业、外资企业、民营企业、上市公司以及银行、文化等行业的企业软件正版化工作，促进企业信息化建设，以此带动民族软件产业发展。

二、强化版权服务

一是着力制度建设。重庆市版权局出台了《重庆市作品登记管理办法（试行）》、《重庆市版权服务工作站管理办法（试行）》等规章制度；开展了《重庆市著作权合同备案登记办法》、《重庆市著作权质押合同登记办法》、《重庆市版权公开交易管理办法》

和《重庆市版权资产评估指导意见》等的调研工作。

二是改进服务机制。重庆市版权局优化作品登记、法律服务、版权交易、教育培训“四个上门”服务机制，主动为版权相关单位提供便捷、高效的版权服务；重点拓展綦江版画，荣昌夏布、折扇、陶瓷，梁平竹帘画、年画，川美创谷美术和动漫作品，大渡口工艺陶瓷，天健互联网出版有限责任公司的网络作品等产品的版权登记、版权兴业和版权服务领域；为市政协开展的“重庆‘文革’文字及视频史料”提供版权保护咨询、指导和服务；全年走访大中型企业140余家，开展现场服务160余次，派出工作人员约260人次。

三是提高服务效率。重庆市版权局在网站和登记大厅公示作品登记指南，优化登记流程，严格形式审查，缩短办证周期。全年办理普通作品登记871件，同比增长91.01%；办理计算机软件著作权登记527件，同比增长12.8%。

四是加强服务指导。重庆市版权局指导版权中介组织依法开展版权保护工作，引导其积极开展版权代理、版权交易、版权纠纷调解等社会化服务，提高权利人和权利人组织的自我管理能力。

五是加强队伍建设。重庆市版权局加强版权对外交流与合作，注重版权人才队伍建设，积极开展版权业务“双语”学习，定期组织版权培训和对外交流，努力培养一批懂外语、善管理、精业务的版权管理干部。重庆市版权保护中心宋娟入围新闻出版总署（国家版权局）人才库，全市版权工作人才队伍的素质有了较大提升。

三、促进版权相关产业发展

一是推进版权兴业。积极探索“注重引导、培育市场、协调担保、促进合作”的版权质押贷款新模式。重庆市版权局与綦江区政府签订《推动綦江版权产业发展战略合作协议》，支持綦江版画版权兴业基地成功纳入新闻出版总署“十二五”改革发展项目库，在綦江区建立版权服务工作站，加快綦江版画版权兴业基地建设；走访荣昌天运麻纺织有限公司、荣昌飞跃工艺扇厂和荣昌安富陶瓷有限公司等10余家版权相关企业，帮助企业提升版权保护意识和建立版权保护制度，提高荣昌夏布、折扇、陶瓷的版权保护和版权交易水平；积极促进綦江与荣昌两地特色产业与版权产业的交流与合作，实现优势互补与强强联合，助推区域经济的发展；深入华龙网、改革杂志社等重点企业调研，切实解决企业版权保护、版权交易等问题，通过版权保护和版权服务促进高新企业步入自主创新、有序运行和持续发展的良性轨道。

二是狠抓版权贸易。在国际版权贸易方面，重庆市版权局积极协调解决制约重庆出版集团等重点新闻出版单位“走出去”的问题，重庆出版集团向埃及输出《重读中国·天方文库》系列30种图书版权，创造了重庆市图书版权输出一次性签约量的新纪录；组团参加第63届法兰克福国际书展，分别达成图书版权输出、引进意向55种、35种；首次组团参加第四届中国家纺画稿交易会，成功向国内外客商展示了独具巴渝特色的版画、竹帘画、夏布等作品。2011年，重庆市新闻出版单位开展图书版权贸易255项，同比增长13.8%，版权贸易逆差由2010年的4.6∶1缩小至3.47∶1。其中引进图书版权198项，同比增长7.6%；输出57项，同比增长42.5%。

在国内版权交易方面，重庆天健互联网出版有限公司输出网络出版物版权2 000余种，实现销售收入83万元，引进网络出版物版权1 000余种，成交金额28.3万元；重庆綦江印象版画公司实现版画版权交易80万元；梁平年画在衍生品应用方面实现了版权贸易零突破。

四、加强版权宣传

重庆市版权局还走进重庆新闻广播“阳光重庆”栏目直播间，就政府机关软件正版化、打击侵权盗版等话题与市民在线交流。“4·26知识产权宣传周”期间，重庆市版权局在杨家坪步行街举办版权宣传咨询活动，并现场接受《重庆时报》、《重庆晚报》等多家媒体的采访，为打击侵权盗版营造良好的社会氛围；在机场高速路上制作面积达216平方米的大型版权公益广告牌，营造保护知识产权的良好氛围，这是重庆知识产权界首次在主城繁华路段设立公益广告，受到社会的广泛关注与好评。重庆市版权局举办了企业软件正版化培训，市内60余家大中型企业的负责人参加。全年共在软件、文化等行业举办大型培训10余次，受众超过3 000人次。

（许家伟）

四　川　省

2011年，四川省版权管理部门紧紧围绕年度版权工作重点，着力推进版权法制体系建设，努力加强版权行政执法，认真组织著作权法律法规教育宣传，深入开展“剑网”行动和“双打”专项行动，为全省版权创造、管理、运用和保护提供了坚强保障。

一、开展著作权法律法规宣传

一是参与组织有关法律法规条例的制定、修订工作。2011 年，四川省版权局制定、修改完善了《四川省版权战略（2011—2020 年）》并上报省知识产权领导小组，同时参加《四川省知识产权战略（2011—2020 年）》修改完善工作；开展著作权行政处罚清理工作，共清理行政权力 25 项；落实国家版权局法律法规条例修订工作部署，组织省知识产权局、市州版权局和相关高校、出版单位，开展《著作权法》征求意见活动，提出修改意见和建议 18 条；组织开展《政府机关使用计算机软件条例》征求意见活动，提出修改意见和建议 7 条；组织参加《著作权行政执法指导意见》征求意见活动，提出修改意见和建议 9 条；落实省知识产权领导小组工作部署，组织参加《省高级人民法院、省工商行政管理局、省版权局、省知识产权局关于构建知识产权纠纷大调解工作体系的实施意见》征求意见活动，提出修改意见和建议 5 条；认真组织研究政协委员关于知识产权保护的提案，提出办理意见并函告有关单位和个人。

二是组织参加 2011 年“4·26 知识产权宣传周”四川地区活动。四川省版权局充分利用媒体报道、提供咨询服务、发放宣传资料、处理群众投诉等多种形式，开展著作权法律法规宣传活动；认真总结全省新闻出版、版权系统打击侵犯知识产权和制售假冒伪劣商品专项行动成果，制作宣传展板参加全国打击侵犯知识产权和制售假冒伪劣商品专项行动成果展示；牵头组织省、市两级相关部门，开展了全国知识产权宣传周四川地区联合执法检查活动，重点检查计算机软件市场，打击非法预装计算机软件行为；组织参加了第十二届中国西部国际博览会，全省知识产权联合执法，加强展会版权保护。

二、大力推进版权贸易

四川省版权局深入实施新闻出版“走出去”战略，积极推动版权贸易工作。2011 年，四川省共完成版权贸易合同备案 263 项，较 2010 年增长 128 项。其中，图书引进 171 项，软件引进 7 项，期刊引进 1 项，图书输出 84 项，版权引进总量同比增加 11 项。在全国“第十届输出版、引进版优秀图书评选”活动中，四川省有 4 种图书荣获输出版优秀图书奖，1 种图书荣获引进版优秀图书奖。四川省版权局还积极组织相关单位参加第十八届北京国际图书博览会，并指导参展单位开展版权贸易，促其达成版权贸易意向性协议 106 项。

三、开展版权行政执法

四川省版权局加强版权行政执法保护体系建设，统一案件受理标准、办案程序，规范执法行为，强化执法手段，提高版权行政执法能力和水平。2011 年，四川省版权局版权处共受理权利人举报、投诉案件 23 件，行政处罚 1 件，向市州版权局移交案件 3 件，向重庆市版权局移送案件 1 件，行政调解案件 18 件，做到件件办结；对四川核工业工程学校发行盗版教材进行立案查处，依法作出行政处罚；函告省通信管理局，依法关闭成都市晨锐科技工作室非法网站。

在加强版权行政执法的基础上，四川省版权局精心组织了著作权行政执法典型案件评选活动，向全省公布“6621 原创空间（天籁村音乐网站）侵犯著作权案”等 8 个 2010 年度四川省著作权行政执法典型案件，其中，四川“7·18”批销盗版音像制品案等 4 个案件同时还被列为 2010 年四川省知识产权典型案例。同时组织全省版权管理部门参加国家版权局组织的查处侵权盗版案件有功单位及个人评选活动，有 7 个单位和 4 名个人分别获得“有功单位”（其中，四川成都“8·19”批销淫秽盗版光盘专案组获一等奖，2 个单位获二等奖，4 个单位获三等奖）和“有功个人”荣誉称号。

四、开展“双打”专项行动和“剑网”行动

四川省版权局积极组织实施全省新闻出版和版权系统开展打击侵犯知识产权和制售假冒伪劣商品专项行动，加强组织领导，开展重点工作，查办大案要案，扩大社会影响，加大对印刷复制企业的源头监管和图书、软件、音像制品的市场监管，强化打击网络侵权盗版工作力度，有效遏制了侵权盗版行为，净化了出版物市场环境，取得重大成果。“双打”专项行动中，四川省各地共检查出版物批销市场、物流企业和印刷复制企业、复印打印门店 20 404 家，出动检查人员 9 063 人次，行政执法共立案 295 个，涉案金额 366.2 万元，行政处罚案件 205 个，移送司法机关案件 11 个；捣毁非法音像制品、图书、软件批销窝点 68 个，取缔地摊游商 665 个，收缴盗版、淫秽音像制品和盗版图书、软件 395.68 万余册（盘、张）。

除“双打”专项行动外，四川省版权局还组织全省新闻出版和版权系统深入开展了“剑网”行动，加强对重点网站的主动监管力度，维护健康规范的网络市场秩序，探索建立互联网版权保护长效工作机制，进一步促进互联网产业繁荣发展。“剑网”行动期间，共受理国家版权局下达的网络案件 5 起

（其中重点案件2起），省内权利人举报的网络案件8起，截至2011年底，除个别案件还在公安机关继续调查外，其他案件已基本结案。2011年1月，四川省版权局将国家五部门挂牌督办的案件“6621原创空间（天籁村音乐网站）侵犯著作权案”正式移交四川省公安厅，2011年8月，成都市青羊区人民法院对此依法作出刑事判决。

（张万富）

贵 州 省

2011年，贵州省版权管理部门认真贯彻落实各项工作任务，取得较好成绩。

一、大力推进政府机关使用正版软件工作

根据国办47号文件精神，贵州省政府下发《省人民政府办公厅关于进一步做好政府机关使用正版软件工作的通知》（黔府办发［2011］11号），对全省政府机关软件正版化工作提出了要求。2011年1月31日，贵州省版权局以加急明电下发了《关于开展政府机关软件正版化督导检查工作的通知》（贵机发［2011］2号），对全省政府机关软件正版化督导检查工作从内容、形式、步骤和时间等方面作出了部署，同时成立了由贵州省版权局牵头，省经信委、商务厅、知识产权局、财政厅、工商行政管理局参加的政府机关软件正版化工作督导检查组。

2011年4月15日，贵州省9个市、州、地以及省直61个部门向省版权局反馈了《软件正版化检查整改工作报告》和《软件正版化检查整改工作统计表》。4月18日，贵州省版权局根据第一阶段工作情况，向省政府和国家版权局上报了《贵州省政府机关软件正版化检查整改工作报告》。

5月23日至7月14日，贵州省政府机关软件正版化工作督导检查组对全省9个市、州、地的68个政府部门以及省直11个部门开展了软件正版化工作督导检查。督查期间，听取了各级政府部门关于软件正版化工作的部署情况；查阅了建立软件资产管理制度及软件资金投入的相关资料；现场共抽查了448台电脑的办公软件安装情况，并查阅了正版软件相关资料。

8月8日至10日，全省政府机关软件正版化工作培训会议召开。会议对贵州省第三阶段工作作出部署；邀请专家就建立政府软件资产管理制度进行专题讲座；邀请包括微软、金山、永中、软众在内的主要软件生产企业介绍其办公软件产品的技术性能、销售模式等，为全省各级政府部门的软件采购提供参考。

二、加强监管，加大版权行政执法力度

根据国办50号文，贵州省新闻出版（版权）局与“扫黄打非”办公室联合下发了《关于开展打击侵犯知识产权和制售假冒伪劣商品专项行动及进一步做好使用正版软件工作的通知》，加强对印刷复制企业的源头监管及对图书、软件、音像制品的市场监管，加大打击侵权盗版工作力度。

专项行动中，全省共出动执法人员16 939人（次），检查出版物市场、店档摊点8 974个，检查印刷复制企业3 581个（次），取缔关闭出版市场及店档摊点376个，查办出版物行政处罚案件27起，收缴非法出版物785 260件（其中违禁内容出版物8 534件，淫秽色情出版物46 912件，盗版音像制品480 825件，盗版图书68 947件，盗版电子出版物5 830件，盗版教材教辅108 742件）。

对于版权执法监管工作，贵州省各级版权管理部门加大工作力度，采取教育和打击相结合，主动监管和集中执法相结合的方式，加强制度建设，探索长效机制，确保专项治理和产业发展相互促进。通过专项行动，各级版权管理部门的管理水平和执法水平得到进一步锻炼和提高。出版物市场监管和版权监管运行体系逐步成熟，市场运行趋于稳定。

三、加强版权知识宣传，提高全民版权意识

一是积极开展作品自愿登记工作。在作品自愿登记工作中，贵州省版权局严格审查登记作品内容，缩短登记办理周期，2011年共办理著作权作品登记158件。

二是组织“4·26知识产权宣传周”系列宣传活动，以新中国第一部《著作权法》实施20周年为契机开展宣传教育活动，发放《著作权法》单行本等宣传资料，加强版权公益宣传。

三是举办贵州省高校大学生知识产权知识竞赛活动。2011年3月至6月，贵州省版权局举办了贵州省高校大学生知识产权知识竞赛系列活动，以激发大学生了解、学习知识产权知识的兴趣，提高其“尊重知识、崇尚创新、诚信守法”的知识产权意识。

四、参加版权执法培训，提高综合业务能力

2011年，贵州省版权局及相关市、州、地版权执法人员共10人参加了国家版权局举办的“2011年基层版权执法培训”活动，以提高自身的综合素质及在新形势下的版权执法能力和软件专业知识水平。

由于在打击侵权盗版，加强版权监管方面表现突出，在国家版权局组织的“2010年度查处侵权盗版案件有功单位及个人”评选活动中，贵州省六盘水市文化市场综合执法支队被评为“有功单位”三等奖，该单位陆国理被评为“有功个人”三等奖。

（王丽莎）

云 南 省

2011年，按照《国家知识产权战略纲要》和《云南省人民政府关于贯彻国家知识产权战略的实施意见》的部署和要求，云南省版权管理部门加强版权知识的宣传和普及；加大版权行政监管和执法力度，严厉打击各种侵权盗版活动；认真维护著作权人的合法权益，营造良好的文化市场秩序；增强服务意识，努力提高和改善版权服务水平，为云南桥头堡建设贡献力量。

一、加大版权知识的宣传和培训力度

2011年，云南省版权管理部门上下联动，积极开展多形式多渠道的版权法律法规宣传活动，在全省各界形成了“尊重版权、崇尚创新”的良好氛围，版权保护宣传取得实效。

以“4·26知识产权宣传周”和纪念《著作权法》实施20周年为契机，云南省版权局在全省范围内组织开展了报纸“版权保护知识竞赛”活动及“云南省版权知识电视大赛”活动。报纸“版权保护知识竞赛”活动共收到答题卡近20 000份，评选产生一等奖30名、二等奖100名、三等奖200名。版权知识竞赛电视大赛在云南电视台演播大厅举行，云南电视台录播了大赛实况。

在云南人民广播电台“金色热线”直播节目中，云南省版权局就听众提出的作品登记、软件正版化工作等版权热点问题进行了现场解答，社会反响良好。

云南省版权局组织了大规模的侵权盗版制品现场销毁活动，向公众发放打击盗版、保护正版的绿书签、鼠标垫等各类宣传品5 000余份。

另外，云南省版权局针对相关版权从业人员举办了两次版权知识培训班；迪庆、玉溪等州市开展了版权执法培训，进一步规范了版权管理和版权使用行为。

二、加强版权社会监管和行政执法

按照国务院和云南省打击侵犯知识产权和制售假冒伪劣商品专项行动部署以及国家版权局“剑网”行动要求，云南省版权管理部门积极开展打击侵犯知识产权和制售假冒伪劣商品专项行动，保持打击侵权盗版活动的高压态势，取得版权保护工作的新成效。据统计，专项行动中，云南省共出动检查人员181 602人（次），检查出版物市场（店档、摊点）138 708个（次），检查印刷复制企业31 589家；取缔关闭出版物店档、摊点2 900个，收缴侵权盗版音像制品727 457张、侵权盗版图书88 934册，盗版教材教辅34 498册、盗版软件29 816件；查办案件1 751起，对612起案件进行行政处罚，涉案金额247 344元。

三、积极推进软件正版化工作

按照国办发［2010］47号文件精神，云南省及时召开了全省打击侵犯知识产权和制售假冒伪劣商品专项行动电视电话会议，明确了各部门的责任。2011年1月，云南省政府办公厅下发《云南省人民政府办公厅关于进一步做好政府机关使用正版软件工作的通知》（云政办发［2011］9号），对全省政府机关开展软件正版化工作提出了明确要求。云南省打击侵犯知识产权和制售假冒伪劣商品专项行动领导小组办公室下发了《关于开展政府机关软件正版化督导检查工作的通知》（云商明电［2011］6号），部署了专项检查的相关工作。2011年3月至4月，云南省组织8个工作督查组，对16个州市的政府机关使用正版软件工作进行了督查。2011年7月，“云南省推进使用正版软件工作领导小组”成立，加强了对软件正版化工作的领导。截至2011年底，全省45家政府机关及16个州市政府机关基本完成软件正版化自查工作。

在做好全省政府机关使用正版软件工作的基础上，云南省版权管理部门积极推进企业使用正版软件工作。2011年，云南省版权局先后组织了2次企业使用正版软件工作宣传培训班，共对95家单位、250余人次进行著作权法律法规的宣传培训，加强了与企业的沟通，提高了相关企业领导的版权保护意识，为稳妥推进该项工作打下了坚实的基础。2011年，云南省列入使用正版软件的目标企业120家，截至年底，已检查验收79家。

四、推进版权公共服务深入发展

一是积极转变行政管理职能，强化版权咨询、作品登记、版权纠纷调解、版权贸易合同指导等工作。云南省版权局充分发挥云南省著作权保护协会的作用，加强对企事业单位自身版权保护工作的指导，强化行业自律；加快以作品登记为重点的版权公共服务体系的建设步伐，版权公共服务深入发展。

二是加大作品登记工作宣传力度，开设作品登记绿色通道，提高登记工作效率，为权利人提供优质、快捷的服务。云南省2011年共登记作品459件，比2010年同期增长34.6%。

三是积极做好引进图书合同的备案登记工作。2011年，云南省共完成图书引进合同的备案登记202件，比2010年同期增长92.4%。同时，云南省版权局还严把引进图书版权合同关，帮助企业规避图书版权贸易中的纠纷风险。

五、深入开展版权贸易相关调研

中共十七届六中全会《关于深化文化体制改革推动社会主义文化大发展大繁荣若干重大问题的决定》提出"加快培育产权、版权、技术、信息等要素市场，办好重点文化产权交易所，规范文化资产和艺术品交易。加强行业组织建设，健全中介机构"，按照此文件精神，云南省版权局积极开展了版权贸易相关调研工作。

2011年5月，云南省版权局对北京国际版权贸易中心进行了考察，开展对外版权贸易的调研及版权贸易平台建设的调研。在此基础上，依托云南省"桥头堡"建设的良好机遇和自身丰富的出版资源优势，按照"十二五"规划，将云南省版权贸易平台建设相关项目纳入新闻出版总署与云南省人民政府的战略协作框架协议，并开展平台建设，切实为云南省版权贸易创造便利条件。

（肖九元）

西藏自治区

2011年，西藏版权管理部门认真贯彻《版权工作"十二五"规划》和全国版权工作会议精神，积极部署打击侵犯知识产权和制售假冒伪劣商品专项行动（以下简称"双打"专项行动）、推进政府机关软件正版化，加强版权法律法规宣传教育，积极推动版权相关产业大繁荣大发展。

一、认真贯彻《版权工作"十二五"规划》

国家版权局发布《版权工作"十二五"规划》后，西藏自治区版权局及时向全区各级版权管理部门予以转发，并将其与《西藏自治区国民经济和社会发展"十二五"规划》相衔接，从强化版权公共服务功能建设、促进版权产业发展、加强版权执法监管能力、维护版权人根本利益等方面出发，协调规划，安排部署，为西藏跨越式发展和长治久安提供支撑，为社会主义文化大发展大繁荣提供保障。

二、着力开展"双打"专项行动

2011年，按照国家"双打"专项行动工作部署，西藏版权管理部门研究制定了西藏地区的"双打"专项行动实施方案，安排部署打击新闻出版侵权盗版专项治理、网络侵权盗版"剑网"行动，采取措施督查各地同步开展，着力深入净化版权市场环境。

西藏自治区版权局认真贯彻落实总署的"双打"要求，紧密配合自治区打击侵犯知识产权和假冒伪劣商品专项行动，加强与自治区"双打"办公室的联系与协调，先后3次联合开展市场检查，5次开展新闻出版行业市场检查，重点检查图书、音像、印刷行业的侵权盗版行为；研究制定西藏新闻出版行业的相关措施，安排部署打击新闻出版侵权盗版专项治理、网络侵权盗版"剑网"行动，召集公安、工信、通信管理等部门负责同志，研究"剑网"行动方案，明确部门职责，加强部门间联系沟通，形成版权局牵头的联席机制，对本辖区近2 000家网站进行疏理，确定主动监管主要网站18家，及时删除有害内容600多条；采取措施督查各地同步开展，着力深入净化版权市场环境，进一步促进新闻出版事业的繁荣发展。

三、积极推进政府机关软件正版化工作

为做好政府机关软件正版化工作，西藏自治区召开政府专题会议，组织开展专项督促检查工作，先后下发了《关于进一步做好政府机关使用正版软件工作的通知》、《关于开展政府机关软件正版化督导检查工作的通知》和《关于做好政府机关使用正版软件整改工作的紧急通知》等文件，积极推进全区政府机关办公软件正版化的工作。

按照全区政府机关软件正版化工作部署，参加第一批推进政府机关办公软件正版化工作的34个自治区政府机关、7个地市级政府机关、74个县级政府机关，认真负责，密切配合，工作总体进展顺利、态势良好，共完成27 317台计算机的专项检查工作（其中，34个自治区政府机关共检查了5 236台计算机）。

四、大力加强版权法制宣传教育

按照国家版权局的统一部署，利用"4·23世界图书日"、"4·26世界知识产权日"两个节庆日，以"拒绝盗版、做诚信公民"为主题，西藏版权管理部门开展了"绿书签行动2011"系列宣传活动。4月20日，"绿书签行动2011"启动仪式举行，100多名各族各界人士出席启动仪式并签名。拉萨市八中、八一学校、拉萨市北京中学分别举行签名活动，张贴公益广告，发放绿书签，拉萨市一小还发出了倡议书。西藏版权局还结合西藏特点，先后加印了带有少数民族字体的宣传海报2 000余张，"绿书签”20 000 余个。整个活动中，全区共张贴海报 4 000 余张，发放“绿书签”40 000 余个。宣传活动的开展，充分传递了各族群众尊重知识、尊重创造，打击盗版、保护创新的决心和信心。西藏自治区主要媒体对“绿书签”行动进行了宣传报道。

2011 年全年，西藏各级版权管理部门先后集中开展 8 次大规模的宣传教育活动，1 260 多人次参与宣传活动，发放各类宣传材料 13 000 余份（本）；紧密依托新华书店和书报刊零售点，突出摆放法制宣传的图书和音像，满足市场的读者需求；针对新的宣传内容增加和过去宣传材料印刷过于单一的情况，策划编译新闻出版宣传材料和宣传品，更好地满足干部群众对版权知识的需要。

五、集中举办侵权盗版物销毁活动

2011 年 4 月 22 日，按照新闻出版总署、国家版权局、全国“扫黄打非”办的统一部署，西藏与全国同步开展侵权盗版及非法出版物集中销毁活动。销毁活动以拉萨市西郊销毁场地为主会场，另设有六地区分会场。其中拉萨主会场销毁各类侵权盗版及非法出版物 3 900 多种、13.36 万余件，六地区分会场共销毁各类侵权盗版及非法出版物 2 000 多种、8 万多件。西藏自治区副主席多托以及公安、工商、知识产权等部门的领导亲临销毁现场。在销毁活动现场，主办方同时开展了绿书签行动，进一步增强干部群众拒绝盗版、保护知识产权的意识。

六、完善版权行政审批制度

2011 年，西藏版权局两次参加新闻出版总署（国家版权局）法规司召开的“2011 年全国新闻出版（版权）法制工作座谈会”，学习领会新闻出版和版权法制工作的总要求，同与会代表进行交流，理清西藏版权法制工作的思路。

根据西藏自治区行政审批制度改革领导小组办公室统一部署，结合新闻出版总署（国家版权局）法规建设的总要求，联合相关业务部门，西藏自治区新闻出版（版权）局对新闻出版行政许可与非许可法规进行逐条核对，形成 46 项新闻出版系统行政审批项目，收录到《西藏自治区行政审批项目目录》中，依照自治区政府令第 111 号《西藏自治区行政审批目录管理办法》，依法开展行政的各项工作。

七、开展多层次的版权执法培训活动

2011 年，西藏版权局先后选派 12 人、两次参加全国版权执法业务骨干培训，学习版权业务知识和其他省区版权执法中的有益做法，及时总结西藏版权执法中的经验与不足。并分别于 6 月、8 月举办卡巴斯基、Windows 7 等正版软件知识专题报告会，增强机关于部使用正版、拒绝盗版的自觉性。

10 月中旬，西藏版权局在林芝地区八一镇举办全区版权知识培训班，邀请中央宣传部冯士新、最高人民法院喻海松、国家版权局王自强和段玉萍等专家学者进行专题辅导。集中培训活动为期 3 天，来自自治区各部门、地市、部分县的版权管理人员共计 50 多人参加了培训活动。

八、努力实施版权“走出去”战略

2011 年，根据新闻出版总署（国家版权局）的统一安排，西藏新闻出版（版权）局先后组团参加了埃及开罗国际书展和印度新德里国际书展，同时组织相关单位参加了第 21 届全国图书交易博览会，积极开展版权对外交流与合作。

（张百忍）

陕 西 省

2011 年，陕西省版权管理部门深入贯彻落实科学发展观，大力实施《陕西省知识产权战略推进计划（2011—2012 年）》，在版权宣传、打击侵权盗版、推进软件正版化、版权服务等方面开拓进取，取得显著工作成效。

一、多种形式开展版权保护宣传教育工作，营造良好版权保护氛围

2011 年初，陕西省版权局印发了《关于开展著作权保护宣传活动的通知》，做好安排部署，组织在全省开展著作权宣传工作。

一是在世界知识产权日前后集中开展系列宣传活动。包括参加陕西省人民政府新闻办公室举办的陕西省知识产权保护状况新闻发布会，宣传 2010 年全省打击侵权盗版工作成效；参加侵权盗版制品和非法出版物集中销毁活动；联合多部门开展世界知识产权日绿书签行动系列宣传以及上街宣传咨询活动，加大宣传力度，提高社会公众的版权保护意识，营造尊重知识、保护知识产权的社会氛围。

二是通过查处侵权盗版案件，以案说法，宣传版权保护。在查处西安赛格电脑城商户销售侵权盗版制品执法行动中，陕西省版权局邀请陕西电视台等媒体进行宣传报道，扩大版权执法的社会影响力。

三是对行业重点开展版权培训。2011 年，陕西省版权局共对西安高新技术产业区 20 多家动漫企业负责人进行了“保护版权、推进软件正版化”培训。同时，到陕西省内 4 家图书出版单位进行版权培训咨询服务，一方面介绍版权法律基本制度，有针对性地讲解编辑出版版权实务；另一方面解答咨询问题。另外，陕西省版权局还组织省内版权行政执法人员参加国家版权局在新疆、天津等地举办的版权执法培训；在全省勘察设计行业宣传推进软件正版化法律和政策。

四是编写宣传材料，指导版权执法工作。陕西省版权局编印了《著作权（版权）行政处罚实用手册》，指导省内版权行政执法工作。

二、严厉打击侵权盗版，净化版权市场环境

（一）深入推进打击侵犯知识产权和制售假冒伪劣商品专项行动

陕西省印发了《关于进一步做好打击侵犯知识产权和制售假冒伪劣商品专项行动的通知》，推进专项行动版权执法工作向纵深开展。专项行动中，陕西省版权局对出版印刷重点区域侵权盗版活动进行了清查；联合有关部门对西安赛格电脑城商户侵权盗版行为进行执法检查，将查获的3起案件及时移送司法部门，以追究刑事责任；为公安、“扫黄打非”部门鉴定5个批次近2 000件盗版光盘，这对司法机关准确定性、及时打击侵权盗版行为起到了关键作用。西安市中级人民法院和榆林市榆阳区人民法院分别对两起侵犯著作权案件进行了审判，实现了省内追究侵犯著作权行为刑事责任零的突破。

（二）开展打击网络购物领域的侵权行动

陕西省版权局与陕西省通信管理局合作，先后关闭了“天地征途1区”侵权私服，以及国际唱片业协会亚洲总部投诉的侵权网站“APE无损音乐网”；联合陕西省“扫黄打非”办、陕西省公安厅对侵权使用软件的西安启源机电装备股份有限公司进行现场执法检查，并实施行政处罚；配合陕西省“扫黄打非”办开展打击畅销书盗版行动，在西安市出版物市场对盗版《古炉》进行清查；就科亿尔数码科技有限公司投诉侵权使用软件问题，召集陕西出版集团所属出版社等单位进行约谈，并依法进行处理。

为进一步调动全省版权执法工作的积极性，陕西省版权局推荐相关单位和个人参与国家版权局“查处侵权盗版案件有功单位及个人”评选活动，同时开展全省打击侵犯知识产权和制售假冒伪劣商品专项行动版权执法工作先进评选。

三、积极推动使用正版软件工作

（一）积极争取支持，促进机构完善

陕西省版权局就全省使用正版软件工作领导机构、软件采购经费等问题多次向陕西省人民政府请示，陕西省省长赵正永批示要强力推进政府机关软件正版化工作，副省长郑小明也对软件正版化工作做出批示。陕西省政府对领导小组进行了调整充实。陕西省财政厅批准了工作经费和省级机关采购正版软件专项资金，为完成正版化工作任务提供了资金保障。

（二）安排部署政府机关使用正版软件检查整改工作

陕西省版权局积极行使陕西省使用正版软件工作领导小组办公室所承担的组织协调职能，印发《陕西省使用正版软件工作领导小组办公室关于进一步做好政府机关推进使用正版软件工作的实施意见》、《陕西省使用正版软件工作领导小组办公室关于做好正版软件使用情况自查工作的通知》，全面安排部署全省三级政府机关使用正版软件检查整改工作。2011年9月上旬，陕西省版权局协调陕西省使用正版软件办公室成员单位，组成3个检查组，赴全省11个市（区）检查使用正版软件工作，分别向各市政府提出检查反馈意见。2011年10月12—13日，陕西省版权局在商洛市举办了“全省政府机关使用正版软件工作培训暨现场交流会”，结合工作实际，有力督促推动各市政府机关软件正版化工作。

（三）推进企业软件正版化工作

在做好政府机关软件正版化工作的基础上，陕西省版权局认真推进企业软件正版化工作，对长安银行软件正版化工作进行检查，解决9家动漫企业软件正版化问题，并联合陕西省国资委对所属国有企业推进软件正版化工作进行检查。

四、认真开展版权服务工作，促进版权产业发展

陕西省版权局积极做好作品的自愿登记工作，以鼓励作品的创作和研发。2011年共实现作品自愿登记237件。同时加强对版权贸易工作的指导，审核版权贸易合同230份，并组织出版单位参加北京国际图书博览会。另外，陕西省版权局对民营企业版权贸易状况进行调研，形成《关于民营图书公司版权贸易中若干问题的调研报告》，以指导全省版权贸易工作。

（沙庆超　李林杰）

甘 肃 省

2011年，按照激励创新、有效运用、依法保护、科学管理的方针和《甘肃省版权战略纲要》、《甘肃省新闻出版业“十二五”发展规划》的要求，甘肃省版权管理部门扎实有效地开展了版权保护工作。

一、进一步加大版权法制宣传力度

甘肃省版权局以坚定的信念积极开展版权法制宣传，努力提高公众版权法律意识，夯实版权工作有效推进的基础。

借《著作权法》实施 20 周年、世界知识产权日、普法宣传、培训会议等机会不断加强版权宣传。通过打击侵犯知识产权和制售假冒伪劣商品专项行动，加强对政府有关领导的版权宣传；通过行风热线向公众宣传；以“4·26 知识产权宣传周”为平台，积极组织并创新形式；以“实施知识产权战略，助推甘肃经济转型”为主题，开展了全省为期一周的“保护知识产权宣传周”系列活动。同时，各市州版权管理部门也结合本地实际，开展了版权宣传活动。

二、扎实稳步推进软件正版化工作

为做好软件正版化工作，甘肃省版权局会同省政府办公厅制定下发了《关于进一步做好全省政府机关使用正版软件工作的通知》，按照职责分工，积极开展了政府软件正版化各项工作，全力维护了软件市场秩序。

在企业软件正版化方面，甘肃省版权局也开展了大量工作。2011 年 3 月，国家软件正版化督导组对甘肃省软件正版化工作进行督导检查。经检查，督导组认为，甘肃省各级领导高度重视软件正版化工作，建立了组织，制定了方案，明确了责任，开展了调研，加强了宣传，举办了培训；面对省内许多企业长期处于微利运营或保本经营状况的局面，既有措施，又有阶段目标，更有长效机制，软件正版化工作取得了阶段性成果。对此，《中国日报》、《经济日报》、《中国新闻出版报》、《甘肃日报》、新民网、人民网等媒体作了全面报道。

为了更加有效地推进全省企业软件正版化工作，7 月 12 日，甘肃省版权局拟写了 2010 年全省企业软件正版化工作总结，向市州印发《2011 年甘肃省推进企业软件正版化工作计划》，具体组织、召开了甘肃省推进企业使用正版软件工作联席会议第二次全体会议，通过会议进一步部署了 2011 年甘肃省企业软件正版化工作。会后，甘肃省版权局版权处拟制了联合督查方案，并协调了工作经费，使 2011 年企业软件正版化工作的目标任务得到了全力推进。

三、进一步加强版权行政执法与社会监管工作

（一）打击侵犯知识产权和假冒伪劣商品专项行动

国家版权局和甘肃省政府打击侵犯知识产权和假冒伪劣商品专项行动（以下简称“双打”专项行动）方案下发后，甘肃省版权局向各市州及时印发了《关于开展打击侵犯著作权行为专项行动的通知》。甘肃省版权局在“双打”专项行动中承担的工作主要涉及印刷、市场发行、政府企业软件正版化、网络侵权盗版等四大块内容，“双打”专项行动领导小组办公室设在版权处。

甘肃省版权局版权处在此专项行动中主要承担了办公室日常管理和专项执法两方面的工作，具体包括：协调甘肃省新闻出版（版权）局各相关处室开展工作，对各处室、各市州工作进行各阶段的汇总，并分别向国家版权局和省政府进行周报、月报；具体承办“双打”专项行动中的软件正版化（包括政府和企业）、打击网络侵犯著作权“剑网”行动等专项行动；根据“双打”专项行动领导小组部署，甘肃省版权局副局长袁爱华率甘肃省专项行动领导小组部分成员赴各市州，对“双打”专项行动的开展情况进行了督导检查；根据省“双打”专项行动办公室要求，召开新闻发布会，向全省通报了甘肃省打击侵犯著作权专项行动情况，并回答记者的提问；及时报送信息。专项行动期间，向各新闻媒体报送反映专项行动各个阶段工作进展情况的信息 20 余条，被《中国新闻出版报》、《甘肃日报》等新闻媒体采用 6 篇，起到了很好的宣传作用。

“双打”专项行动期间，甘肃省共出动检查人员 1.6 万人，取缔出版物经营场所、店档摊点 437 个，查缴各类非法出版物 63 万件，盗版电子出版物 3 万件，盗版教材教辅读物 8 万件，查办各类案件 46 件，其中大案要案 6 件。

另外，“双打”专项行动期间，甘肃省版权局还配合相关部门，积极部署了“打击对非洲出口侵犯知识产权专项治理”和“网络购物领域侵犯知识产权专项治理”等工作。

（二）2011 年打击非法预装计算机软件专项行动

甘肃省版权局会同兰州市文化行政执法支队对赛博数码广场、兰大数码广场、通渭路科技一条街等计算机集中销售场所的计算机预装软件情况进行了集中检查和法律宣传，并计划采用签订责任书等方式，建立软件预装长效管理机制。

（三）其他版权执法工作

甘肃省版权局应天水市文化出版局和秦安县公安局的申请，对秦安县一起涉嫌经营非法出版物案中的 10 类、190 种、3 万余张光盘进行了鉴定；对上海市版权局转送的甘肃省一游戏杂志侵犯上海盛大网络公司著作权案进行了调查，并妥善处置了此次纠纷，相关三方均表满意；根据深圳鹏海影视文化传媒公司投诉，对兰州铁路电视台擅自播放投诉人拥有著作权的电视剧《那个时代》案件进行妥善处置；依据投诉，先后向白银市水电勘测设计院、甘肃泓文建筑设计院等9家单位下达了《行政建议书》，现各单位均已按照要求，对本单位涉嫌软件侵权行为进行全面自查整改；对天庆软件授权的遗留问题也进一步作了督导落实。

另外，对北京国信中恒知识产权代理有限公司诉称甘肃版权局官方网使用侵权软件的律师声明，进行了答复和妥善处理。

四、积极开展版权服务

为鼓励创作，维护著作权人的合法权益，甘肃省版权局在全省范围内积极开展著作权登记宣传工作，并实行免费登记政策，从而不断提高公众的著作权创作、登记、保护意识。同时，为了鼓励更多作者进行作品登记，强化作者的版权保护意识，甘肃版权局还对作品使用情况进行跟踪服务，及时提供法律帮助。如甘肃省著名雕塑家何鄂的雕塑作品《黄河母亲》，在连续被三个省份侵权后，甘肃省版权局通过媒体宣传、与当地政府沟通等方式，全力帮助作者维权，促成三地同意协议解决侵权问题。此外，甘肃省版权局还对《甘肃省知识产权战略实施推进计划（2010—2012)》提供建议，对战略的实施评估提出落实意见和建议，以期能切实指导和服务于甘肃省文化的发展。

（夏　玲）

青　海　省

2011年，青海省版权管理部门认真履行法定职责，严厉打击各种侵权盗版活动，大力宣传和普及版权法律法规知识，积极探索适合青海省情的著作权保护途径，不断推进软件正版化工作，版权保护工作取得了明显成效。

一、打击侵犯知识产权和制售假冒伪劣商品专项行动

2010年11月，青海省版权局起草了打击侵犯知识产权和制售假冒伪劣商品专项行动的实施方案，2011年上半年督促有关部门对44家印刷复制企业进行了专项检查，6月底总结上报了有关情况。

顺利开展了图书、音像制品集中整治行动。全省出动检查人员6 179人次，对5 279家出版物批销场所进行了执法检查，共收缴侵权盗版出版物92 097件。

继续开展2010年开始的打击网络侵权盗版专项治理“剑网”行动，对青海民族文化网等8家省内较有影响的网站进行了监管，规范了青海省网络作品传播秩序，有效防止了重大侵权盗版案件的发生。

另外，对计算机软件预装和销售市场进行了多次检查。

二、侵权盗版案件查处工作

（一）大案要案的查处

青海省版权局指导、督促、协调西宁市文广局和西宁市公安局认真查处“周军武涉嫌销售侵权盗版光盘案”和“张照升涉嫌销售侵权盗版光盘案”。2011年3月30日，完成了上述两案所涉4 744种光盘的鉴定，协助西宁市公安局完成了案件的调查取证工作。

（二）一般案件的查处

一是对新疆字节数码科技有限公司举报的“青海集结号网络有限公司等18家西宁地区网吧未经许可复制、安装、使用微软公司操作系统软件和办公软件”一案，根据调查结果和案件管辖，移转西宁市文广局进行查处；二是对人民卫生出版社投诉的“青海大学医学院临床系08级使用盗版人民卫生出版社教材”案进行调查取证和查处工作。

三、政府部门使用软件正版化工作

2011年5月底，青海省版权局完成了对青海省政府各委、办、厅、局和州、地、市、县政府部门使用软件情况的调查摸底和数据统计工作，8月31日前对西宁市及大通县、海东行署及平安县、海西蒙古族藏族自治州及德令哈市和40个省级政府委、办、厅、局的计算机软件使用情况和整改情况进行了检查，督促各政府部门认真开展使用软件正版化工作，并向省政府呈报了情况报告。

四、推进企业使用软件正版化工作

青海省版权局认真开展省级国有大型企业使用软件的调查摸底和整改工作，对省级大型企业信息工作负责人进行一次软件正版化工作培训。积极推荐第三批企业软件正版化示范单位，并以示范单位为榜样，努力营造使用正版软件的良好社会氛围，提高企业使用正版软件的积极性。

五、版权保护宣传和相关咨询工作

2011年3月18日，青海省版权局协助文化新闻出版厅文化市场处开展了文化市场综合执法领域以保护知识产权、宣传“12318”文化市场举报电话为重点内容的全省“知识产权保护法制宣传周”活动。

4月20日至26日，青海省版权局积极开展了以“知识产权推动经济转型”为主题的“2011年保护知识产权宣传周”活动，共制作横幅 3 条、展板 10 块，发放版权知识宣传资料 5 000 多份，接受社会公众版权咨询 30 余人次。

在加强版权保护宣传的同时，青海省版权局全年共向社会各界提供版权咨询服务 80 余人次，完成作品自愿登记 10 件。

（付成久）

宁夏回族自治区

2011 年，宁夏版权管理部门加大宣传力度，强化版权行政管理工作，完善版权管理制度；积极推进软件正版化工作，坚决打击侵权盗版行为，调解处理版权纠纷，维护权利人合法权益。

一、推进软件正版化工作

为确保宁夏政府机关软件正版化工作的顺利开展和如期完成，宁夏回族自治区打击侵犯知识产权和制售假冒伪劣商品专项行动领导小组办公室下发通知，对全区县（区）级以上政府机关软件正版化情况调查摸底工作做出安排部署。通过摸查，全区 5 个地市，22 个县（区）政府机关数为 1 070 个，使用计算机 42 300 余台，计划购买更换办公软件 23 100 余套，初步测算购买软件需要资金 6 000 余万元。

2011 年 7 月，宁夏版权局研究制定的宁夏政府机关软件正版化工作实施方案获宁夏政府办公厅批准实施。宁夏版权局积极争取国家版权局的支持，经与金山软件公司协商，全区政府机关全部购买金山 2012 版软件，共计 23 100 套，金山软件公司免费赠送 50%，自治区只购买 11 550 套，每套 598 元，共需资金 690 余万元。这样既符合国家软件产业政策，又能充分满足实际工作需要，既节省了财政开支，又一次性全面完成了全区政府机关软件正版化的工作任务。

2011 年 11 月，宁夏财政厅《关于全区政府机关软件正版化工作的意见》提出，为确保自治区各级政府机关软件正版化工作顺利开展，按照现行财政管理体制分级管理的原则，此次正版软件的需求和购置数量应以各部门、市县为主，所需经费建议由自治区和市县分别负担，自治区负担政府机关购置正版软件资金 98.7 万元，五市负责资金 592 万元。自治区政府同意此意见并将购置正版软件所需的 98.7 万元资金落实到位。

二、打击侵权盗版专项行动

（一）打击政治性非法出版物、非法报刊专项行动

2011 年，宁夏版权局有计划、分阶段地开展了以整治出版环节为重点，以打击政治性非法出版物为首要任务，以打击非法报刊和盗版音像制品、盗版教材教辅为切入点的集中行动。宁夏版权局在每个阶段的集中方案部署后，及时组织自治区新闻出版、文化、公安、工商、文化行政执法、城管等相关部门召开协调会，对集中行动的总体要求、方法措施和工作重点进行了部署，并在查缴境内、封堵境外、清除网上、打掉地下、严查市场、杜绝炒作六个方面周密部署。

在 2009 年治理非法报刊专项行动中被查获的非法杂志《中国社会调查》的“记者”以刊登批评稿件相要挟，向有关单位进行勒索，“副总编”徐淑文和宁夏联络处“主任”、“记者”韩全同分别被判处有期徒刑 2 年零 6 个月和 3 年。西夏区公安分局通过公安网，对非法杂志《中国社会调查》“总编”、“主任”徐福庆进行网上追捕。2011 年 9 月，全国公安机关开展“清网行动”百日攻坚战后不久，徐福庆被宁夏公安部门抓捕。11 月 17 日，徐福庆被一审法院以敲诈罪判处有期徒刑 3 年。至此，涉案的三名案犯全部到案并被依法判决。在此案的侦办、审理过程中，宁夏版权局版权处与公检法部门积极协作，报纸、电视、广播等多家媒体对此案进行了报道，社会反响良好。

（二）打击侵犯知识产权和制售假冒伪劣商品专项行动

在打击侵犯知识产权和制售假冒伪劣商品专项行动（以下简称“双打”专项行动）中，宁夏版权局始终坚持整体推进、突出重点、打防结合、标本兼治、力求实效的原则，抓住薄弱环节和突出问题，有针对性地开展专项整治。

“双打”专项行动分成几个小组，各小组领导亲自带队，采取错时执法，通过“午间行动”、“零点行动”、“节假日行动”加大重点时间段的市场检查力度。针对重点行业、重点位置进行重点清查，严厉打击政治性和淫秽色情等非法出版物，查缴各类非法书报刊、盗版音像制品和计算机软件，分别对印刷复制企业、电脑市场、出版物批发市场、集贸市场、火车站、汽车站等进行拉网式检查，取缔兜售非法出版物的游商、地摊。截至 2011 年底，宁夏全区共出动执法车辆 156 台次，执法人员 1 658 人次，检查各类经营单位 946 家，收缴盗版图书 4 630 余册、盗版期刊 1 965 册、盗版音像制品 3 684 盘、盗版计算机软件 1 242 盘，取缔无证经营的游商地摊 42 家，关闭网站 4 家。

（三）打击网络侵权盗版专项行动

宁夏版权局联合公安厅、通信管理局、文化市

场行政执法总队等有关单位对宁夏的手机网站和经营市场进行了拉网式检查，共出动执法人员1 000余人次，检查手机网站5家，手机图铃下载经营单位521家，网吧222家，关闭98家未备案网站，整改问题经营单位12家，拦截不良垃圾短信975万余条。同时充分利用宁夏新闻出版局互联网监控中心、宁夏公安厅网络公共安全监控中心进行实时监控，输入关键词近5 000个，输入敏感词汇60余个，删除有害信息1 312条，屏蔽信息16条。通过这次专项行动，有效地净化了宁夏的网络环境。

（四）打击盗版工具书专项行动

按照全国《关于组织开展打击盗版工具书专项行动的通知》要求，结合本区实际，宁夏版权局联合教育、公安、工商、文化、城管等有关单位召开了专题协调会，研究部署专项行动，确定了银川市商都、物流储藏中心为盗版工具书重点地区，明确了工作重点。要求全体执法人员把主要精力投入到文化市场稽查一线，加强对全区出版物市场的联合检查。在全区开展统一行动，分别对出版物批发市场、学校、集贸市场、火车站、汽车站等处进行拉网式检查，特别是重点加强对各类培训学校、培训班的检查，坚决查处学校、老师向学生推销盗版工具书的行为。

此次专项行动，全区共出动执法车辆116台次，执法人员1 238人次，检查各类经营单位842家，收缴盗版图书2 326余册（其中盗版工具书243本）、盗版期刊765册、盗版音像制品1 684盘、盗版计算机软件1 024盘，取缔无证经营的游商地摊12家。

三、版权宣传活动

2011年4月22日，宁夏版权局在银川市光明广场举行了全国集中销毁侵权盗版及非法出版物活动，销毁侵权盗版制品及非法出版物共计10.2万件，其中盗版及非法图书2.14万册，盗版及非法音像制品7.3万盘，非法报刊8 038份。共500多人参加该活动。

4月26日，宁夏版权局在银川市步行街组织“4·26世界知识产权日”宣传活动，共发放著作权知识手册等图书200本、宣传资料1 000份、保护版权绿书签5 000个、招贴画500张，并开展现场咨询等活动。宁夏电视台、银川电视台等媒体进行了专题报道。

宁夏版权局还编辑出版了《版权热点问题透析》一书，针对19个版权保护的热点问题进行了分析和评述，以加强公众的著作权保护意识，鼓励优秀作品的创作与传播，不断提高公众对版权的创造、运用、保护和管理能力。

四、版权公共服务工作

在加强版权执法和版权宣传工作的同时，宁夏版权局积极做好版权公共服务工作，全年共鉴定非法书报刊168种、光盘128种，受理作品自愿登记48件，检查经营单位1 480余家，查缴侵权盗版及非法出版物近10.2万件，其中盗版及非法图书2.14万册、盗版及非法音像制品7.3万盘、非法报刊8 038份。

由于版权监管工作表现突出，宁夏版权局版权管理处被国家版权局评为2011年度查处侵权盗版案件有功单位，被宁夏回族自治区“扫黄打非”工作领导小组评为宁夏“扫黄打非”工作先进集体。

（张秀年）

新疆维吾尔自治区

2011年，新疆版权工作按照年初确定的工作计划，以抓机关效能建设促版权业务工作，以实践“新疆效率”提升版权工作水平，以“现代文化”精神引领对外交流合作工作，群策群力，取得了较好的成绩。

一、软件正版化工作措施有力，富有成效

（一）做好宣传动员，提高各单位认识

新疆版权局在国务院下发通知后，第一时间起草新疆维吾尔自治区开展各级政府机关软件正版化检查整改工作的方案，报送政府下发各地、各部门；向各地州市新闻出版局（版权局）转发564号明电，要求各地版权管理部门积极承担工作，争取政府支持，要求各地及时调整软件正版化工作领导机构；下发《在软件正版化自查过程中如何认定盗版软件的意见》，帮助地州市澄清认识。

2011年3月31日至4月1日，新疆版权局组织召开“自治区企业软件正版化工作总结表彰大会暨软件正版化培训会议”，表彰先进集体6个、优秀组织单位14个、先进个人27人。同时对新疆维吾尔自治区各委办厅局、地州市软件正版化领导小组成员、50家纳入2011年度推行使用正版软件企业共计202人进行软件正版化培训。10月20日至21日，新疆版权局举办了“软件正版化和版权行政执法培训班”，全区99个县市区共122名软件正版化工作人员参加培训。

为确保自治区级政府机关在8月底前全面完成软件正版化工作，新疆版权局通过编发《正版化工作快报》，对提前完成工作的17个厅局进行通报表扬。8月16日、17日分政府和党群两个部分，召开了“软件正版化阶段性工作部署会暨各厅局办公室主任联席会”，向51家未完成正版化的部门传达了自治区人民政府关于推动软件正版化工作的会议纪要，明确时间要求，对不按期完成的部门予以通报。

（二）创新工作思路，创造性地开展工作

截至2011年3月3日，新疆自治区级71家委、办、厅、局完成软件摸底，为实施软件正版化工作提供了可靠依据。新疆版权局通过建立版权QQ群，与各地州版权管理部门保持密切联系，随时指导和服务。地州市软件正版化调查摸底工作全面展开。

为加快软件正版化工作进度，5月底新疆版权局向各厅局委办发函要求积极开展软件采购工作，商请自治区“双打领导小组”33家成员单位提前完成软件正版化工作，同时要求各地州市加强软件正版化信息报送工作。

6月初，新疆版权局对自治区级党政机关软件采购金额进行了认真测算，向自治区人民政府呈报了《关于对自治区级党政机关采购正版软件经费予以补贴的请示》，得到自治区领导的高度重视及大力支持。新疆维吾尔自治区主席努尔·白克力批示，同意版权局提出的“统一招标、适当补贴、鼓励先进”的方案，并请自治区财政厅支持。自治区财政厅收到批示后，立即按照要求，将自治区级党政机关采购软件经费的30％奖励补贴1 245万元筹集到位，为推动自治区级行政机关在8月31日前全面完成软件正版化工作提供了资金保障。

新疆版权局还起草了《关于采取以奖代补的方式推进自治区级政府机关实施软件正版化工作的通知》，细化了奖励补贴的办法、完成软件正版化的期限、采购方式等。同时还对各单位建立软件资产管理制度提出了具体要求。

（三）狠抓落实，扎实推进

2011年4月7日至10日，国务院软件正版化督查组对新疆维吾尔自治区软件正版化工作进行了督导检查。督查组对新疆宏源证券股份有限公司、新疆农村信用社联合社、乌鲁木齐市商业银行、新疆广汇实业投资（集团）有限责任公司等4家企业进行现场检查。4月9日上午，召开“新疆维吾尔自治区软件正版化工作情况汇报会议”，自治区副主席铁力瓦尔迪·阿不都热西提出席会议。督查组听取了自治区政府副秘书长李春阳关于自治区软件正版化工作的情况汇报，并就本次督查情况进行了反馈，对自治区政府机关软件正版化检查整改工作和企业软件正版化工作给予了充分的肯定。

5月初，克拉玛依市的软件正版化工作完成，成为继青岛市之后全国第二家完成正版化的地级市。6月13日至15日，自治区软件正版化领导小组对克拉玛依市软件正版化工作进行了检查验收。6月17日，乌鲁木齐市水磨沟区在首府率先完成正版软件的采购。

截至9月15日，自治区级71个委办厅局全面完成软件正版化工作，成为继上海市之后全国第二个完成省级机关正版化工作的省区。据不完全统计，各部门共采购正版操作系统软件4 377套，办公软件10 823套，防病毒软件（国产）22 800套，采购金额达2 600多万元，国产软件采购金额611.2万元，占总金额的23.5％。

9月27日至10月20日，自治区软件正版化工作领导小组办公室组织4个督察组，对东疆（吐鲁番、哈密）、北疆（石河子、博州、伊犁、阿勒泰、塔城、昌吉）、南疆（巴州、阿克苏、和田、喀什、克州）13个地州市的软件正版化工作进行了调研督查。

截至年底，伊犁州、巴州、哈密、克州、乌鲁木齐市、石河子市等初步形成正版化工作方案，并计划尽快进行正版软件采购。

（四）企业软件正版化工作有序推进

2011年，新疆政府确定新疆青少年出版社等50家企业为企业软件正版化工作实施单位。新疆版权局与相关部门密切配合，指导各企业完成软件正版化机构的设立、软件资产的自查以及软件的采购和安装等工作，截至2011年底，已有24家企业完成了软件正版化工作。

二、打击侵犯知识产权和制售假冒伪劣商品专项行动成绩斐然

新疆版权局精心组织，加大市场巡查力度和宣传工作力度，统一指导全区版权管理部门，对盗版图书、音像制品、电子出版物市场展开了拉网式的执法巡查。截至2011年3月底，新疆各级版权管理部门共出动执法人员2 000多人次，500余车次，共立案查处侵权盗版案件13起，涉案总金额达33.57万元，其中重大案件3起，移送司法机关案件3起；共捣毁窝点或清理取缔店档摊贩350多个，没收侵权盗版制品416 233册（张）；利用报纸、期刊发布专项行动宣传信息8次，发放宣传资料18 000多份。

新疆版权局加大对重点地区和重点市场的整治工作。将乌鲁木齐市、喀什、伊犁、巴州、克拉玛依作为重点地区，将新疆出版物批销市场、商贸城音像市场、红旗路—南门剧场等三个图书、音像制品比较集中的销售市场作为重点市场，针对教材教辅、贺岁片、工具书、外国电影影碟开展治理活动。同时，伊犁、和田等地州也对游商摊贩集中的市场开展拉网式的治理，取缔了近百家无证经营的摊贩，没收大量盗版音像制品。此外，新疆版权局还将保护国产贺岁片音像版权工作纳入专项行动，共没收盗版贺岁片500多张，对相关电视台进行检查督导，强调各电视台要依法管理，杜绝未经贺岁片著作权人许可就播放的行为。

新疆版权局注重对大案要案的督办和查处，先后将“霸气征途私服案”、“11·12特大贩卖民语光盘案”、“6·5盗版图书案”、“2·2私服案”、“新疆文学出版社网站涉嫌诈骗案”、“3·1涉嫌盗版工具书、教辅图书案”、“3·10销售盗版图书案”作为重点督办案件，并报请国家版权局将“11·12特大贩卖民语光盘案”、“2.2私服案”列为国家“双打”专项行动五部门联合督办案。

4月后，新疆版权局将执法工作的重点放在对KTV的执法工作中，根据中国音像著作权集体管理协会投诉，联合自治区公安厅、乌鲁木齐市新闻出版局先后对14家KTV开展了行政执法。

在国家版权局组织“全国查处侵权盗版案件有功单位及个人”评选活动中，新疆维吾尔自治区2个单位获得“有功单位”二等奖，2个单位获得“有功单位”三等奖，3名个人获得“有功个人”三等奖，在西北五省区中名列第一。

三、对外交流与合作工作顺利进行

为贯彻落实东风工程“睦邻固边”工程，新疆版权局与新疆对外文化交流协会、友邻杂志社建立了广泛的合作关系，促成在巴基斯坦、哈萨克斯坦设立出版社、发行公司和英文版友邻杂志等事宜，并将相关合作项目作为东风工程资助项目；与新疆经济报社加强出版交流合作，将该社在哈萨克斯坦开办报纸、开办《大陆桥视野》杂志列入东风工程项目；将新疆青少年出版社向意大利输出6种图书作为2011年新疆“走出去”工作的重点项目，通过东风工程专项资金予以扶持。

新疆版权局积极指导新闻出版单位开展对外交流合作工作。2011年6月8日下午，根据自治区外办的安排，新疆版权局局长米吉提·卡德尔、副局长古力先·吐拉洪在乌鲁木齐会见了哈萨克斯坦民族大会副主席、哈萨克斯坦阿拉木图市议员、哈维吾尔文化中心主席沙尔季诺夫一行，双方就在哈萨克斯坦开办中文书店、进一步扩大新闻出版交流合作、共同举办“中国—哈萨克斯坦国际书展”等议题进行了讨论；7月，新疆人民出版社与土耳其中国经济协作友好协会正式签署了《维吾尔文版中国古典文学名著土耳其文翻译出版合作协议》；9月1日，新疆电子音像出版社就其出版的“中国百城系列·新疆魅力城市”系列图书16种，在北京国际图书博览会上与美国威蒙特出版社和法国友丰出版社成功签订了版权输出协议；11月下旬，友邻出版社、友邻发行公司在巴基斯坦举行揭牌仪式。

应吉尔吉斯斯坦外交部请求，根据自治区外宣办的安排，新疆版权局组织新疆有柯文图书出版范围的出版社策划出版吉文少儿读物，共选定新疆人民出版社、柯文出版社的12个品种图书，申请资助资金出版。

按照国务院新闻办三局的要求，新疆版权局组织区内出版社开展外文图书回购申请工作，共向国新办三局报送图书品种22种，其中已有4种图书各200套被回购，码洋达到15万余元。

四、做好版权服务，树立形象

新疆版权局加强版权公共服务。截至2011年11月15日，新疆版权局共登记各类作品698件，较2010年增长37%；登记出版外国图书授权合同41件；登记出版外国图书合同63件。在新闻出版工作会议期间，针对新疆出版单位翻译出版外国图书的情况，新疆版权局及时就相关问题下发了《各出版社在翻译境外作品时应注意的版权问题》，指导出版社的作品使用行为，并积极支持集体管理组织在新疆的维权工作。

同时，新疆版权局为新疆大学出版编辑学专业讲授“新闻出版法律法规”课程，授课32学时；为印刷企业培训班、版权执法人员培训班、出版行业专业技术人员继续教育培训班、新闻采编人员培训班讲授著作权法，受众达1 200多人；派专人前往奎屯市与该市KTV经营企业进行座谈，宣传国家法律，要求企业依法经营；为乌鲁木齐市、石河子市中级法院审理著作权案件提供咨询意见。

五、加强宣传，拓展宣传途径

“4·26知识产权宣传周”期间，新疆版权局紧紧围绕“知识产权助推经济转型”的主题，以版权知识进校园、进社区、贴近创作者团体宣传为主线，以查处侵权盗版行为、曝光典型案例为手段，有针对性地开展宣传和执法活动，在全社会营造“尊重知识、尊重创造、尊重版权”的氛围，收到了良好的宣传效果。

4月23日下午，新疆版权局在新疆大学举办

“知识产权走进校园——大学生版权沙龙”活动，讲解著作权法相关知识，介绍新疆出版工作状况。

新疆版权局还举办了“版权进社区”活动，利用与光明路北社区开展共建活动的契机，专门编辑版权基础知识板报一期，悬挂在社区宣传栏，吸引了社区居民的关注，起到了提高社区居民版权意识的作用。

4 月 25 日，新疆住建厅和版权局在新融大厦共同举办建筑作品版权保护座谈会，乌鲁木齐近 40 家勘察设计单位的总工程师和设计人员与会交流。

4 月 26 日，新疆版权局参加了由自治区知识产权局组织的联合执法行动，对红旗路电脑市场进行了检查。当天下午，接到群众举报，新疆版权局立即与乌鲁木齐市文化市场稽查队取得联系，对红旗路地下二层秘密批发盗版光盘的商户进行查处，当场查缴淫秽色情光盘 80 张，盗版光盘 200 多张。

2011 年，新疆版权局共编印《新疆版权简报》、《正版化快报》15 期，在《中国新闻出版报》刊登版权、对外交流合作消息 4 次。《新疆日报》、《新疆晨报》、《乌鲁木齐晚报》、新疆电视台等媒体也对版权相关工作进行了报道，起到了良好的宣传作用。

（杨建新）

2011年版权社会服务组织工作

中国版权保护中心

2011年，中国版权保护中心（以下简称中心）围绕打造数字网络环境下中国规模最大、功能最强、最值得信赖的国家版权公共服务机构的定位，以加强版权公共服务和市场服务体系建设为工作主线，全面提升科学管理水平，不断进行版权服务技术、模式和机制的体系化创新，狠抓重大工作项目和重要服务平台建设，服务体系更加完善，服务能力显著提升，各项工作再上新台阶。中心全年共上缴国库软件著作权登记费3 365.07万元，比2010年增长40.2%；自营收入3 997万元，比2010年增长39.7%，实现了“十一五”期间的跨越式快速发展。

一、突出重点，谋划布局

2011年3月15日，新闻出版总署（国家版权局）党组在中心调研时，柳斌杰署长发表重要讲话，对中心未来5年的战略发展目标和2011年重点工作做出了部署，对中心“十二五”时期的改革发展提出了更加明确的目标和任务。中心依据总署关于“十二五”发展规划的要求以及柳斌杰署长“3·15”讲话精神，组织编制了《中国版权保护中心“十二五”时期发展规划》，明确了中心“十二五”时期的主要目标和任务，把建设“八个中心”和“一个基地”放到主要位置，提出了多项重点工作及其保障措施，为实现中心“十二五”时期的发展目标打下了坚实基础，推进和完善了数字版权公共服务体系建设。

根据中心“十二五”规划，中心以版权登记为核心，主要提供版权产生、流转和维权证明服务，全面打造数字版权公共服务新体系，着力提高版权公共服务能力；按照国家事业单位分类改革的总体要求，进一步明确中心的职能定位，调整内部机构设置，理顺业务体系；不断优化经营体制和强化市场服务能力，业务模式创新和业务领域拓展成绩显著，推进版权交易市场和版权要素市场建设取得实质成果；进一步完善绩效管理体系，系统深化业绩责任制和岗位责任制，组织开展业务操作规范制订、业务技能培训和考核，职工队伍专业素质不断提升。

二、数字版权公共服务体系建设取得重大进展

（一）版权登记数量持续快速增长

针对软件和其他作品著作权登记量持续大幅激增的现状，以及广大权利人对各类版权服务日益个性化的需求，中心不断提升服务品质，着重加强登记岗位的专业技能培训和业务考核，版权登记服务能力得到大幅度提升。同时积极推进版权登记代理体系建设，不断扩大登记覆盖领域，成效显著。截至2011年12月31日，全年共完成软件著作权登记109 342件，首次突破10万件，同比增长33.4%，软件著作权质权登记共涉及合同130件，涉及软件418件，涉及质权担保金额123 658.8万元；共受理非软件类作品自愿登记18 415件（系列），涉及作品101 853件（不包括质押、重印刊、涉外音像），同比增长37.8%；作品著作权质权登记共涉及合同37件，涉及作品256件。

（二）版权登记工作再上新台阶

2011年，中心完成了著作权登记管理信息系统二期项目开发，实现了版权登记“在线咨询平台”、“版权登记档案查询信息系统”与“版权登记档案管理系统”三大功能；进一步加强对登记信息的数据挖掘和深入分析，每月编制《软件著作权登记情况专报》上报国家版权局，及时反映软件著作权登记实时情况，定期向社会发布半年和全年软件著作权登记情况，并根据地区、城市、种类等分析当期登记情况变化和特点；不断完善和优化登记工作程序，制定了《软件登记业务操作规范手册》和《著作权登记工作规范手册》；依据新修订的《著作权质权登记办法》，快速修改、完善了关于著作权质权登记的相关规章制度，实现了登记程序的正常接轨，质权登记工作现已规范、高效、有序开展。积极贯彻落实国家版权局《关于进一步规范作品登记程序等有关工作的通知》，承担作品登记信息统计以及对作品登记情况进行统一公告和查询等工作，筹划开发建设全国作品登记数据库及公告查询网站，为版权管理机构提供权威的版权登记数据。

（三）建立以DCI体系为核心的数字版权公共服务体系

第一，完成有关DCI（数字版权唯一标识符）体系建设重大项目立项，成立国内首个DCI技术联合实验室。DCI 体系的重要技术支撑项目——“基于版权的数字内容服务平台及应用示范”作为科技部国家科技支撑计划项目，成功入选科技部“十二五”高新技术发展及产业化领域国家科技计划备选项目库；草拟完成了版权标准化技术委员会的申请筹建报告并上报国家版权局；“基于版权的数字内容服务平台关键标准”已列入国家标准化管理委员会“十二五”规划当中；数字版权唯一标识符——DCI 标准研制项目已获总署（国家版权局）批准立项；2011 年 8 月 30 日，中心与北方工业大学 DCI 技术联合实验室挂牌成立，该实验室为国内第一家 DCI 技术科研机构。

第二，加快全国数字作品版权登记平台建设。2011 年 1 月 18 日，总署（国家版权局）正式批复中心筹备组建中国 ISRC（音像制品国际标准编码）中心，在总署（国家版权局）科技与数字出版司及出版管理司的大力支持下，中心开发了具备初步 ISRC 数据采集功能的中国 ISRC 编码申领管理信息系统，保证了 ISRC 编码申领试点试行工作的顺利展开。在此基础上，为加快 DCI 体系核心基础平台的规划和建设，保证中国 ISRC 编码分配工作的全面实施，中心提出了规划建设“中国 ISRC 业务和数字作品版权登记业务管理信息平台”，该项目能在 DCI 体系的整体框架下整合面向录音制品和音乐录像制品的中国 ISRC 业务与面向数字作品的版权登记基础业务，实现 DCI 体系核心基础平台的建设。

第三，网络视频音频版权监测平台运行良好。针对互联网视频音频作品维权难问题，中心建立了“网络视频音频版权监测及调查取证服务平台”，通过监测、取证、发函通知删除的一站式服务，为著作权人建立了一条快速维权的通道。

第四，积极推进数字版权服务新模式的重要业务拓展。中心积极推动 DCI 战略联盟的建设，将三大运营商、知名内容提供商引入 DCI 战略联盟，并积极推进各项业务合作。

第五，国家数字版权产业基地建设有序推进。2011 年 2 月，中心与西城区政府正式签署《推进创建国家数字版权产业基地合作协议》，按照协议要求编制完成基地建设可行性研究报告，并通过专家评审；6 月，确定江苏凤凰出版传媒集团为数字版权产业基地建设投资主体。与此同时，中心积极推进基地软件建设，基地内数字版权大厦的规划选址、建设用地拆迁腾退等方面的工作。

（四）开展基础研究，完善版权公共服务体系

受国家版权局委托，中心开展了版权公共服务体系建设问题研究，深入研究了版权公共服务体系的基本内涵以及国内和国际版权公共服务情况现状，对面向互联网时代的版权公共服务体系的合理构架和服务模式进行了系统分析，厘清了互联网环境下版权治理的思路，提出了加强版权公共服务体系建设的相关对策，为更加深入地进行版权公共服务技术、模式和机制的体系化创新提供了理论基础。

此外，中心还进行了作品保管业务基础建设，拟订了作品保管业务标准，建立了作品保管规范和模式，设计制订了作品保管业务流程及各种表单，完成了网上作品保管系统的开发、测试和上线工作，为正式开展作品保管业务奠定了基础；完成了版权价值评估案例库系统的建设和完善工作，着手进行有关数据信息的汇总和输入。

三、创新业务模式，提高版权市场服务和社会服务能力

（一）建立业内最大的版权贸易资源平台系统

2011 年，由中心支持建设的中华版权代理中心版权代理服务平台投入试运营，成为业内最大的版权贸易资源平台系统。中心还着重拓展新媒体领域业务，全年共签订电子书授权合同 10 余份、数字出版委托代理协议 3 份，涉及图书共计 2 000 余本。

（二）支持成立国内首支影视新媒体版权基金

中心继续加大对版权交易市场建设的指导和支持。2011 年 5 月，北京东方信达资产经营总公司、北京中关村创业投资发展有限公司、北京厚德雍和资本管理有限公司共同创立的国内首支影视新媒体版权基金——“北京中关村影视新媒体版权基金”正式成立。基金首期规模为 1 亿元人民币，投资方向专注于新媒体版权领域，包括新媒体内容版权投资和内容制作项目投资。基金运行数月后，累计签约电视剧新媒体版权项目 25 部，动漫新媒体版权项目 53 部，总投资额达 7 000 余万元。

（三）成功发布全球首款虚拟财产保险

为创造性地解决数字环境下虚拟财产的保护问题，中心继续开展文化金融服务创新，推动文化产业与金融业对接。中心组建研发团队与阳光财产保险股份有限公司等单位共同进行了虚拟财产保险的研发工作。2011 年 7 月 6 日，中心联合阳光财产保险股份有限公司和北京网元圣唐娱乐科技有限公司发布了全球首款虚拟财产保险。

（四）成功举办第六届全国书稿（作品）版权交易会

2011 年 1 月 9 日至 11 日，中华版权代理中心承办的第六届全国书稿（作品）版权交易会在北京图书订货会上举行。交易会期间，中华版权代理中心共收集到具有出版潜力的书稿和相关作品近200部，并举办了“首届中国版权拍卖大会的线下推广”、“中南·天闻杯华语写作大赛”、“读览天下数字阅读体验”、“年度热点图书的幕后故事”、“版权知识抢答赛”等系列版权沙龙和专场活动。

（五）开展版权培训服务

2011年，中心成功举办了第二届数字出版与版权管理培训班、第二届全国版权经纪人/代理人专业实务培训班（共举办两期）和软件登记代理工作未来规划和新模式实务培训班，共有来自全国各地的400余名学员参加了培训。

（六）提供版权鉴定和法律咨询服务

根据社会需求，中心将鉴定受案的范围由行政、司法机关扩展到行业协会或组织等，取得了良好的社会效果。

（七）设计软件资产管理模式和方法

2011年，中心深入开展软件资产管理相关的研究工作，编辑出版了《软件资产管理手册》，首次设计出了符合中国国情的软件资产管理模式和方法。同时，中心成功举办了第三届全国大学生版权征文活动，并受国家版权局委托，组织编撰《中国版权事业20年》，以纪念《著作权法》实施20周年。

四、深化版权国际交流与合作，国际版权综合服务能力大幅提升

（一）与韩国的版权合作不断向纵深发展

2011年，中心与韩国相关机构在版权法律交流、案例分析、学术研究等方面开展广泛合作，提供集版权保护状况调研、版权纠纷解决、版权贸易合作等内容于一体的服务机制，并成功举办了第七届中韩著作权研讨会，与韩国著作权委员会签署《韩国作品在中国视频网站版权监测及相关法律问题研究项目委托协议书》，监控部分韩国作品在中国视频网站的传播情况，为其提供版权监测报告及维权报告。

（二）在全球范围拓展版权贸易服务

在继续经营与管理好英国和日本版权服务窗口的基础上，中心新设立了驻德语国家（德国、奥地利、瑞士、列支敦士登）版权服务窗口单位，并在法兰克福书展德国馆举办了“中国版权保护中心驻德语国家窗口单位业务发布会”。

2011年，中心重点开发独家代理客户，加强英国、美国、德国、西班牙、意大利、澳大利亚、比利时等发达国家图书、期刊和音像制品的版权引进，巩固与俄罗斯、乌克兰等东欧国家长期的版权贸易合作；同时，通过参加第十八届北京国际图书博览会、法兰克福书展、博洛尼亚书展和英国书展等国际书展，进一步开拓版权代理市场。

（韩　璐）

中国版权协会

2011年，中国版权协会坚持以邓小平理论、“三个代表”重要思想为指导，深入贯彻落实科学发展观，在国家版权局的领导下，在全体会员与社会各界的热情支持下，围绕推进版权保护积极开展工作。

一、成功举办第四届中国版权年会

2011年11月12日，中国版权协会在北京举办第四届中国版权年会。全国人大常委会原副委员长、民进中央名誉主席许嘉璐，新闻出版总署署长、国家版权局局长柳斌杰出席年会并讲话。新闻出版总署副署长、国家版权局副局长阎晓宏，原新闻出版署署长、国家版权局原局长宋木文、于友先，中国版权协会理事长沈仁干，中国广告协会会长李东生等出席年会。

年会上，经评选产生了14位“2011年中国版权产业风云人物”、12家“2011年中国版权产业最具影响力企业”、6位“2010年中国版权产业新锐人物”、16家“2011年中国版权产业新锐企业”，另有5家单位获得优秀组织奖，2家单位获得版权特别贡献奖（具体获奖名单请参见P259“表彰评奖”栏目）。

二、承办2010年度知识产权保护重大事件（案件）和最具影响力人物评选活动

2010年度知识产权保护重大事件（案件）及最具影响力人物评选活动，由国家知识产权局、国家工商行政管理总局、国家版权局共同主办，由中国专利保护协会、中国商标协会、中国版权协会承办。

王自强、刘春田、张抗抗、陈锦川4人被评为“2010年度全国知识产权保护版权系统最具影响力人物”；《著作权法》第二次修订、中国著作权法律百年国际论坛、中国作家向谷歌维权、南通家纺市场成为WIPO全球首个版权保护优秀案例示范点、中央电视台首获中国音乐著作权协会使用音乐作品著作权许可、政府机关软件正版化检查整改工作取得阶段性成果、18家视频网站积极开展自查自纠加强版权保护等被评为“2010年度知识产权保护版权系统重大事件（案件）”；上海市版权局、中国文字著作权协会、江苏省版权局、中国音乐著作权协会、北京市高级人民法院等5家单位获“2010年度全国版权保护评选活动优秀推荐单位”称号。

三、进一步加强海峡两岸版权合作与交流

应海峡两岸商务协调会的邀请，以中国版权协会理事长沈仁干为团长、常务副理事长张秀平为副团长、国家版权局版权管理司副司长汤兆志为顾问的中国版权协会代表团一行25人，于2011年8月22日至29日赴台湾进行了版权交流。

交流活动期间，举办了海峡两岸第四届著作权保护论坛，两岸版权界300多名相关人士参加论坛。海峡两岸商务协调会会长张平沼、中国版权协会理事长沈仁干、台湾商业总会智慧财产委员会顾问王美花、中国版权协会顾问汤兆志分别在开幕式上致辞。

两岸著作权主管部门工作组就推进两岸知识产权合作协议落实交换了意见。代表团还与台湾著作权保护协会举行了座谈，并访问了高雄保智大队。

四、参与主办中国·福州海峡版权（创意）产业精品博览会

由新闻出版总署、国家版权局指导，福建省人民政府、中国版权协会主办，福州市人民政府、福建省新闻出版局承办的第二届中国·福州海峡版权（创意）产业精品博览交易会于2011年5月18日在福州市举办。

本届版博会以“海峡、版权、创意、精品、交易”为主题，邀请了动漫、木雕、软木画、石雕、漆艺、陶艺玻璃、树脂、建筑设计、工业设计和原创音乐等领域的两岸权威专业协会、知名企业与业内专家共532个单位和个人参展，比上届增长70%；总参展作品1 530件，比上届增长17%。经过版权专家和各相关艺术门类专家们的认真评选，《鸟人不孤独》等75件参展作品获得“中国版权金奖”。本届博览会的参观人数超过60万人次，比上届增长13%；项目签约及现场交易额61.2亿元。

五、举办“数字出版时代的版权保护——机遇与挑战”论坛

受国家版权局委托，2011年3月22日，中国版权协会与英国出版商会在北京联合举办“数字出版时代的版权保护——机遇与挑战”论坛。这是根据两国政府之间的战略合作协议安排的一次活动。

国内外10余位专家在论坛上发表了演讲，并与到会的百余位版权界人士进行了交流与互动。此次活动在两国学术界产生了良好的反响，也受到了两国舆论界的好评。

六、举办第三届大学生版权征文颁奖活动

第三届大学生版权征文颁奖活动于2011年5月28日在哈尔滨举行。经过严格的评审工作，本届全国大学生征文本科生组和研究生组各评选出一等奖10名、二等奖20名、三等奖30名、鼓励奖30名和组织奖20名。新闻出版总署副署长、国家版权局副局长阎晓宏，黑龙江省人民政府副省长程幼东等出席会议并向获奖学生颁发证书。

本届征文活动有近70所高校参与，共收到征文800多篇。选题新、观点新、方法新、结论新是本届大学生征文的显著特点，其中很多论文都具备了较高的专业水准和学术价值。活动的举办，体现了中国重视版权立法与普及，特别是高校重视版权理论研究与实践的成果。

七、举办“2011版权之春”联谊会

首都版权界新春联谊会于2011年1月14日在高等教育出版社举行，新闻出版总署和国家版权局的老领导于友先、于永湛、桂晓风、杨牧之，在京的版权界知名人士、专家，以及各个相关媒体的朋友，共300多人进行交流。

八、组织版权媒体沙龙活动

2011年4月22日，在第11个“世界知识产权日”来临之际，中国版权协会主办的中国版权沙龙·媒体联谊会在光明日报社举行揭牌仪式，其间还举办了“企业与媒体的社会责任”沙龙。中国版权沙龙·媒体联谊会是为媒体、知识产权学界、司法界、版权产业相关企业等搭建的一个沟通平台，使各方增加交流、加深了解、相互学习，促进中国版权保护和发展。

（刘义成）

中国音乐著作权协会

2011年，中国音乐著作权协会（以下简称“音著协”）继续秉承“一个走出，两个适应”的基本发展思路，坚持“以会员为中心”的服务理念，积极应对包括传统音乐产业持续下滑、新兴音乐产业形式多样、新技术发展突飞猛进等行业新形势带来的挑战，以脚踏实地、扎实稳健的工作态度不断开拓创新，努力为音乐版权产业开拓新的局面。同时注重国际版权交流，积极发挥自身在国际版权保护体系中的作用。

一、会员发展与管理

（一）会员发展

2011年，音著协共发展新入会会员369人，其中词作者224人、曲作者123人、继承人18人、出版公司4家，会员总数达到6 523人。

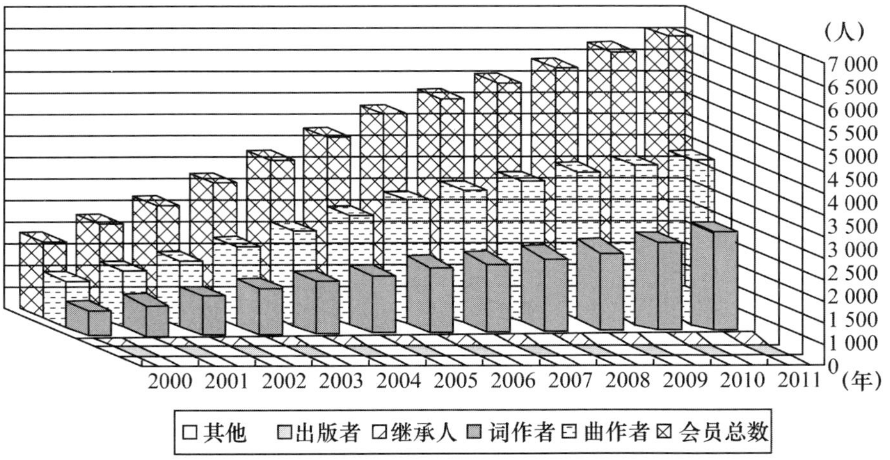

音著协会员发展统计图

（二）会员管理与服务

2011年，音著协坚持“以会员为中心”的原则，扎实推进会员分管机制，精心研究开展更为深入细致的会员贴心服务和管理。除继续保持以往对会员的法律服务外，音著协还积极组织工作人员对生活困难、重伤致残会员进行捐助，并替残疾、孤老和烈属会员代办减征个人所得税申请，得到了广大会员的一致好评。

二、音乐作品资料管理

2011年，音著协继续完善作品资料的归档、保管、借阅、许可核查、分配核查和会员作品登记等各项管理制度，根据需要重新修改了会员作品登记须知，建立了争议作品通知、出版商作品整理流程，进一步规范了档案管理工作，同时全面实现电子作品目录和纸质目录并存的资料保管方式。2011年，DIVA数据库中音著协管理的会员作品已达23万余首，申请并获得ISWC码的作品已达8万余首。

三、音乐作品许可使用工作

2011年音著协许可总收益达人民币8 889.31万元，同比增长30.69%，再创历史新高。其中表演权许可使用费4 378.89万元，广播权许可使用费2 025.61万元，复制权许可使用费815.66万元，网络许可使用费1 107.08万元，海外音乐著作权许可使用费562.07万元。

（一）表演权许可工作

2011年音著协收取表演权许可使用费4 378.89万元，与2010年相比增长34%。其中，包括上海、内蒙古在内的地方许可工作成效突出，体现了中国各地对版权的认识和尊重程度有所提升。面对新形势，音著协通过政策调整，完善了地方许可工作机制，为稳定地方许可市场起到了良好的促进作用。同时，音著协圆满完成了深圳世界大学生运动会的音乐使用许可工作。

1. 地方背景音乐许可工作

2010年12月至2011年11月，音著协地方背景音乐许可收费共计约897万元，比2010年增长20%，继续保持稳中有升。同时，音著协借鉴上海、内蒙古等地的成功经验，进一步拓展广东、河南等地区的背景音乐许可市场，为权利人争取更多权益打下扎实基础。

2. 现场表演许可工作

2011年演出市场相比2010年较为活跃，多场全国巡回演唱会相继在全国多个城市举办，音著协借此对全国巡演项目的许可工作进行统一部署，整体协调落实相关事务，妥善解决包括张学友、王菲、刘德华等在内的多个全国巡演项目的许可事宜，并与部分巡演的演出主办方代表积极协商，统一解决团体申报的巡演场次，一方面降低了工作成本，另一方面也彻底解决了演出主办方使用音乐所需的法律授权，同时也使权利人的权益得到了保障。

2011年，音著协为拓展现场表演许可业务，与福建、内蒙古、山东等地的法律代理机构开展合作。其中，福建法律代理机构办理许可16个，许可收费30万人民币，并在音著协的指导下，成功代理福建首起现场表演著作权侵权案，取得了积极的效果。

（二）复制权许可工作

由于数字信息技术的不断发展，传统音乐产业（唱片等）的市场规模持续萎缩，新的视听技术和使用方式的出现不断地冲击着传统市场。针对面临的各种问题，音著协积极应对，不断寻找新出现的产业机会和合作机会。同时，音著协还承担着繁杂的录音制品法定许可收转工作。

2011年，音著协在互联网领域开始了破冰之旅，与百度网签订使用音乐的著作权一站式合作协议，从而在互联网行业开创了全新的音乐著作权合作模式，为解决互联网行业海量使用音乐作品与需要众多权利人授权之间的矛盾提供了较为妥善的解决方案。

针对 2012 年国家可能对于教科书使用作品出台法定许可收费标准，音著协提前开始市场调研，以推进各主要出版单位对于教科书支付著作权费的合作。

（三）广播权许可工作

继 2010 年音著协与中央电视台成功达成广播权许可合作协议之后，深入拓展广播权许可工作，将许可范围延伸到全国各级电台、电视台，成为 2011 年度音著协在广播权许可业务方面的工作重点。

2011 年 3 月，音著协同中央人民广播电台达成广播权许可付酬协议，并进一步与中国广播电视协会广播版权委员会共同确立了其所涵盖的全国百余家各级广播电台的付费模式，签订了《中国音乐著作权协会与中央人民广播电台关于解决中国广播电视协会广播版权委员会成员及相关电台涉及音乐著作权使用费问题的协商备忘录》，针对全国东部、中部、西部的经济发展差异，结合各地区广播电台使用音乐的具体情况，确立了相应的付酬方案。该方案兼顾了音著协对全国广播权许可市场的预期收益与广播电台对音乐付酬低起步的要求，在实践中体现了一定的可操作性。2011 年音著协已与 10 家广播版权委员会成员台完成签约。

2011 年下半年，为推动全国电视台解决音乐作品广播权付酬问题，音著协启动了与中国广播电视协会电视版权委员会的谈判工作，经过两个月数轮谈判，最终签订《中国音乐著作权协会与中国广播电视协会电视版权委员会关于音乐作品一揽子使用的合作备忘录》，确立了全国各级电视台的整体付酬模式。该模式不仅考虑到全国东部、中部、西部的经济发展水平不同，同时考虑到省级、市级、县级、少数民族地区、专业电视频道间的差异，结合各台广告收入，确定具体的付酬比例，各电视台可直接套用操作。借此模式，音著协已与全国 32 家省、市级电视台达成合作意向。

四、音乐作品许可使用费分配

2011 年，音著协面向会员及相关音乐著作权人共进行 4 次分配，合计参与分配金额 7 155 万元人民币。其中，来自图书、音像制品、点歌机等的使用费分配金额为人民币 746 万元，来自互联网、移动终端的使用费参与分配金额为人民币 414 万元，来自卡拉 OK 的使用费参与分配金额为人民币 2 357 万元，来自经营性场所播放背景音乐的使用费分配金额为人民币 2 818 万元，来自音乐会、演唱会的使用费分配金额为人民币 444 万元，来自海外的使用费分配金额为人民币 376 万元。

五、音乐作品诉讼维权工作

2011 年，音著协总部承办民事诉讼案件 26 件，外地诉讼案件 56 件，通过诉讼等方式共索赔和追回著作权使用费达人民币 1 004 383 元，待执行款 216 257.11元，诉讼花费总支出为 292 620.85 元，继续保持了较高的诉讼效率。

其中较为典型的案件是针对 TCL 集团的某款网络电视机侵权展开了第二次百万标的的诉讼，最终经法院调解，TCL 集团向音著协申请办理了著作权许可；此外，音著协还指导或派员参与了多起针对商家侵权播放背景音乐的诉讼，引起了业界、媒体以及广大公众的高度关注；同时，音著协继续对拒不付费的 DVD 点歌机厂家、音像出版社以及一系列演出活动进行了诉讼维权，均取得了比较令人满意的结果。

六、信息宣传工作

除继续开展传统的著作权许可和使用费分配工作外，2011 年音著协开始重视对著作权保护知识的信息宣传。7 月，全新改版的《会讯》正式推出，着力于展示会员作品，传播产业知识，介绍业界动态，推动会员之间、会员与产业主体之间的互动。截至 2011 年底，音著协共制作完成 3 期《会讯》，寄送包括会员、产业人士、法律专家、政府部门等约 23 000 人次。

2011 年下半年，音著协启动了“版权音乐校园行”系列活动，活动目的为面向高校大学生宣传音乐版权保护的相关知识，增强大学生版权保护的意识，同时让更多人了解音著协的各项工作。此次“版权音乐校园行”系列活动在北京交通大学、中央民族大学、首都师范大学、中国音乐学院、北京现代音乐学院五所高校进行了“版权音乐校园使者”的招募活动，最终经过层层筛选产生版权音乐校园使者 56 人，他们将成为音著协与高校学生互动的联络员与桥梁，协助音著协继续在校园内开展相关宣传活动。

七、国际交流与合作

2011 年，音著协与尼泊尔音乐著作权协会（MRCSN）签署相互代表协议，至此与音著协签署相互代表协议的海外协会共计 56 个。尼泊尔音乐著作权协会与中国音著协同属国际作者和作曲者协会联合会（CISAC）亚太委员会成员，该委员会有一名主席、两名副主席。现任主席由澳大利亚音乐著作权协会（APRA）代表担任，中国音著协总干事屈景明先生2010年当选为该委员会副主席，另一副主席由日本音乐著作权协会（JASRAC）代表担任。

音著协是国际作者和作曲者协会联合会（CISAC）及国际影画乐曲协理联会（BIEM）会员。依托国际音乐著作权保护体系，音著协与海外音乐著作权协会通过签署相互代表协议建立了合作关系，就在中国大陆地区使用海外音乐作品及音著协所属会员作品在海外使用的情况，与海外音乐著作权协会保持紧密联系，一方面落实中国大陆地区的海外作品著作权许可工作，另一方面敦促海外音乐著作权协会对音著协会员作品的海外使用进行许可收费并及时向音著协分配版税。

（朱严政）

中国音像著作权集体管理协会

2011年，在国家版权局的领导下，在各地版权行政管理部门的大力支持下，中国音像著作权集体管理协会（以下简称音集协）在发展会员、扩大许可、诉讼维权、规范收费和分配等方面做了大量工作。

一、发展和完善会员资料

2011年音集协新发展会员12家，截至2011年12月31日，共有会员78家，涉及权利人单位156家，授权MV作品105 869首。

建立曲库是音集协服务的一项重要内容，在确定授权正版曲库的制作规范、流程和技术标准的基础上，截至2011年底，按照音集协的标准制作完成了2万首卡拉OK娱乐场所使用的标准曲目，使协会曲库创建初具规模，为进一步规范卡拉OK市场版权秩序奠定了良好基础。

二、有序开展著作权许可工作

2011年度，音集协收取卡拉OK著作权使用费总计约1.2亿元。除西藏自治区外，其余地区均已设立音集协的办事机构，负责卡拉OK许可收费工作，卡拉OK版权收费工作有序开展。

在数字音乐领域，为更好地了解数字音乐产业发展的总体情况，音集协委托北京红创文化传播有限公司开展数字音乐产业使用情况的调研项目。该调研项目为音集协数字音乐领域业务开展后续工作奠定了基础。

2011年10月，音集协与中国联通签订战略合作协议，在无线网络音乐领域迈出了实质性的一步。下一步音集协计划与中国电信签订同样的战略合作协议，并与两大运营商就数字音乐领域业务开展深度合作。

三、积极处理著作权法律事务

2011年，为促进收费工作，音集协在全国范围内积极推动以音集协名义进行的卡拉OK侵权诉讼。截至2011年底，音集协在北京等13个地区开展了维权活动，共对503家KTV经营者进行了取证，并提起民事诉讼151起。此外，2011年音集协在10个省市针对KTV侵权行为提起了24例行政投诉，有效促进了音集协在KTV行业收费的工作。

2011年度，个别没有加入音集协的非会员对已经支付音集协著作权使用费的卡拉OK经营者提起法律诉讼的案件激增。2011年音集协共处理了261起非会员诉讼案件。针对此种情况，音集协积极帮助卡拉OK歌厅应诉，与各级受案的法院积极沟通情况，寻求司法实践对著作权集体管理的支持。厦门中级人民法院，北京朝阳区、东城区、西城区法院，内蒙古呼和浩特市中级法院都对此类案件做出判决，卡拉OK经营者在难以找到权利人的情况下，选择向著作权集体管理组织支付使用费的，没有过错，不承担赔偿责任；但也有的法院判决，卡拉OK经营者有过错，应该承担赔偿责任。为避免非会员诉讼范围进一步扩大，音集协采取相应的措施，如在网站或权威媒体刊登声明，要求已向音集协支付著作权使用费及正在或将要办理签约交费手续的卡拉OK经营者立即停止使用涉诉权利人的歌曲；积极联系原始权利人，劝其加入音集协；同时积极与国家版权局和司法机关沟通，希望能从立法和司法层面寻求解决此类问题的方案。

为更好地维护音像著作权人的权益，音集协通过政协委员提案、召开研讨会、新闻媒体宣传等形式呼吁修改著作权法，赋予唱片公司广播权和表演权。在2011年中国《著作权法》第三次修订征求意见过程中，音集协结合著作权集体管理工作实践，对现行《著作权法》中存在的问题进行了认真研究，在完善著作权集体管理制度和更好地保护音像著作权人的权益等方面提出修改意见。

四、完善著作权使用费分配细则

音集协对2010年通过的《全国卡拉OK著作权使用费分配细则》进行了修订，经多次开会讨论，修订后的分配细则在2011年5月27日召开的音集协第一届理事会第四次会议上获得通过。之后，音集协按照修订后的分配细则，将2010年度收取的卡拉OK著作权使用费总额11 411万元进行了分配，会员对此次分配工作给予了充分肯定。

五、认真对待和处理财务工作

音集协严格按照中国会计法律、法规及相关制度等规定，认真进行会计核算，及时编制会计凭证及会计报表，接受了民政部指定的会计师事务所对音集协 2010 年度财务状况的审计，审计会计师事务所出具了标准无保留意见审计报告。

音集协按照财政部驻北京监察专员办事处的有关要求，及时编制了 2010 年度年检报表，按规定时间参加了银行账户 2010 年度年检并顺利通过。

音集协按照中央治理“小金库”重点检查组对音集协进行重点检查时提出的要求，及时对银行账户进行清理，对长期挂账的债权债务进行分析和清理工作，积极配合并通过了检查组的检查工作。

（马继超）

中国文字著作权协会

2011 年，中国文字著作权协会（以下简称文著协）按照国家版权局的整体部署和协会的年度工作计划，加强协会内部管理，积极推进报刊和教材“法定许可”稿酬收转、版权维权法律服务、版权贸易代理和数字版权授权合作等各项工作，取得较好成绩。

一、内部管理工作

（一）加强领导班子建设

2009 年 8 月，经国家版权局批准，文著协原副会长兼总干事杨天赐（法定代表人）辞职，原常务副总干事张洪波临时主持协会秘书处工作。在两年的时间里，秘书处一直处于法人代表空缺状态，给工作开展带来极大不便。因此，为了加强组织建设，经陈建功会长推荐、国家版权局审核同意，文著协理事会以通讯方式召开会议，增选国务院参事、中国作协副主席、全国政协委员、著名作家张抗抗为副会长，补选张洪波为总干事（法定代表人），并对这一人事变动在民政部进行了备案登记。

（二）设立电子书工作小组

鉴于电子书产业是近年来发展较快的一种新兴产业形态，对中国经济社会和文化发展产生了深远影响，2011 年中，文著协抽调许可与法律部、会员部和收转分配部的业务骨干，成立电子书工作小组，重点追踪研究电子书产业政策、产业商业模式和发展趋势、市场需求，提出文著协的应对措施和方案，积极接触产业界，在电子书授权合作、维权等方面有所建树。

（三）完善管理制度

文著协成立后，秘书处建立了较为完善的内部管理制度，人事聘用、财务管理、业务工作、国际交往等均有章可循，保障各项工作合法合规。秘书处本着为会员和其他著作权人负责的精神，遵循“使权利人利益最大化”的服务宗旨，认真履行稿酬收转的法定职能，采取多种形式，加大稿酬分配、转付力度，同时，通过“请进来、走出去”和内部业务交流等形式，为员工提供较多的学习和培训机会，提高员工素质，并通过定期编发简报、电子邮件、手机短信等形式与会员保持经常性的沟通和互动，保证各项工作公开、公正、透明。

（四）加强协会宣传

文著协在新浪微博开通了“中国文字著作权协会”官方微博，随时发布协会动态和重大新闻，分享行业信息，推广会员作品；协会收转分配部开设了工作微博，及时发布稿酬分配、转付信息，解惑答疑，寻找作者。

人人网是在大中小学生中十分流行的社交类网站。文著协在人人网设立了公共主页，主要面对青年学生群体，目的是在年轻人中宣传《著作权法》，普及版权知识，同时挖掘青年作家。

为加强与会员的联络，除了电子信箱和协会简报外，文著协还于 2011 年初开通了中国移动“企信通”业务（手机短信平台），通过手机短信，向会员发布协会重大业务活动、稿酬分配和转付情况、稿酬发放提醒、会员创作情况、著作权普法知识、节日问候、生日祝福等信息，加强与会员的沟通、互动，使工作更加高效、透明和人性化。

二、稿酬收转分配与转付工作

作为向著作权人转付报刊转载费和教材“法定许可”使用费的法定机构，文著协始终将报刊转载和教材“法定许可”使用费的收转分配工作放在首位。

（一）报刊转载与教材“法定许可”稿酬收转工作开展情况

为更好地履行法定职能，文著协想方设法加强与出版社、报刊社的沟通联系，促进报刊和教科书“法定许可”稿酬收转工作。2011 年，文著协给全国数百家文摘类报纸、杂志发送函件和有关法律规定，详细介绍文著协承担的法定职能和业务范围，并一一进行电话回访，经过努力《今日新疆》、《天涯》、《民主与法制》、《青年博览》、《党建视野》、《中国版权年鉴》、《浙江画报》、《意林》等报刊年鉴与文著协签订了稿酬收转协议。至此，已有 200 多家文摘类报刊向文著协交纳报刊转载稿酬。另外，中国人民大学书报资料中心将2008—2010年未发出的报刊转载稿酬情况整理完毕，计划于2012年上半年将稿酬转付到文著协。

教材“法定许可”稿酬收转方面，人民教育出版社、高等教育出版社等均能按照合同约定标准向文著协交纳教材所选文字作品的版权使用费。但从总体上看，由于国家版权局《教科书“法定许可”付酬办法》尚未出台，只有为数不多的教育出版社主动向文著协支付稿费，而且稿酬标准参差不齐。针对此问题，受国家版权局的委托，2011年文著协继续对“法定许可”付酬问题进行调研，并向国家版权局递交了调研报告，起草了《教科书“法定许可”付酬办法》草案，完成了调研任务。

（二）著作权使用费收取与分配情况

2011年，文著协收取的著作权使用费共计216.1万元。其中，收取教材“法定许可”使用费81.4万元，分配50.5万元，分配率为62%；收取报刊转载“法定许可”使用费30万元，分配4.5万元，分配率为15%；收取汇编作品授权使用费42.2万元，分配42.2万元，分配率为100%；收取汇编作品转付稿酬17.5万元，分配率为100%；纠纷调解和追讨入款45万元，分配率为100%。

全年分配和转付稿酬惠及作者逾3 000人次，文章3 000多篇，著名作家冯骥才、陈建功、张抗抗、王蒙、贾平凹、铁凝、高洪波、余秋雨、余光中（台湾）、刘墉（台湾），以及著名作家巴金、茅盾、郭沫若、老舍、曹禺、钱锺书、汪曾祺、冰心、臧克家、梁实秋、孙犁、吴晗的继承人等都从文著协收到了应得的稿酬。

从上述数据可以看出，报刊转载“法定许可”分配率较低，造成这一状况主要有如下三个原因：一是报刊社转付的使用费中包含大量佚名作品使用费，著作权人根本无从查找；二是文章虽有署名，但是通过种种努力，均无法找到作者；三是报刊转载篇幅短小，每篇转载文章的稿费有时只有几十元，部分著作权人明确表示不愿领取，造成邮政汇款单的“逾期退汇”。

三、会员发展与内部交流工作

会员是文著协的立业之本。文著协抓住稿酬分配、召开会议、举办活动调研走访等机会，充分利用网络博客、微博、手机短信平台等形式，积极与作者联系，大力发展会员。2011年，发展了著名诗人何其芳、流沙河、刘湛秋、梁小斌，著名儿童文学作家陈伯吹、常新港、张秋生，著名作家张抗抗、苏叔阳、刘庆邦等会员。2011年发展会员1 000多名。截至2011年底，文著协发展会员共计6 084名，会员授权作品共计28 928部。

为加强会员之间的交流，2011年3月14日，在协会会员、著名儿童文学作家金波、樊发稼等人倡议下，文著协在北京召开“儿童文学作家权益保护”座谈会，发布《儿童文学反侵权盗版宣言》。金波、樊发稼、张之路、庄之明、尹世霖、张吉祥、关登瀛、保冬妮、星河等9位著名儿童文学作家出席座谈会，呼吁全社会尊重创作、尊重版权，呼吁家长和孩子使用正版作品、拒绝盗版。

四、会员版权维权工作

（一）代表作家向百度维权

百度文库利用网络共享空间鼓励注册用户自由上传和下载文字作品，引起广大作家和社会的高度关注。

2011年3月24日，文著协组织并推选代表与百度公司谈判。迫于各方面的压力，百度公司删除了数百万份非授权的文学作品，对一些作家表达了歉意，并派出代表主动与文著协接触、沟通，协商解决问题的路径与合作事宜。

在国家版权局和北京市版权局的指导下，文著协与百度公司进行多次沟通和磋商，对百度文库的版权保护和商业模式提出了建设性意见。百度公司出台了版权保护方案，并结合技术优势，研发、上线了文档DNA版权识别系统。10月，文著协与百度公司达成战略合作，百度公司为文著协开辟绿色通道，根据文著协提供的会员作品名单，主动删除、屏蔽网友上传的会员作品，同时在获得文著协授权的情况下，对其会员作品通过付费下载和广告分成等方式进行合法传播，百度公司同时愿意通过文著协解决众多作者的投诉和后续合作问题。

这是继2009年文著协代表中国作家和出版社向美国谷歌公司维权之后，权利人组织再次成功的维权行动。这一事件入选由《中国版权》杂志和《中国新闻出版报》联合评选的“2011年中国版权十大事件”，成为2011年度全国有重要影响的版权保护标志性事件。

（二）帮助会员调解版权纠纷

2011年，文著协接到的维权申请中涉及的侵权单位由原来的出版社、报刊社扩展到网络公司、个人网站、影视制作单位等非传统出版单位，这给维权工作带来很多新的挑战和困难。根据这种情况，文著协研究制定了新的策略，抓大案要案，必要时提起诉讼，造成一定的社会影响，在一定程度上扭转了著作权人权益被任意践踏的状况。文著协全年调解版权纠纷 713 件，其中大多是帮助会员追讨文章被转载或抄袭的稿酬，帮助会员追讨的稿酬或者赔偿近百万元。

五、著作权法修订的推动工作

2011 年 3 月“两会”期间，全国政协委员、文著协副会长、著名作家张抗抗以国务院参事身份，直接上书温家宝总理，恳请关注著作权法修订问题，尽快把修法提上议事日程，得到了温总理的明确批示。张抗抗还向全国政协提交了《关于尽快修改著作权法的提案》和《坚决遏制互联网文学作品侵权的建议》，并在无党派组联组会议上，向吴邦国委员长重点陈述了完善著作权法律法规的重要性和紧迫性。

2011 年 7 月，国家版权局启动第三次《著作权法》修订工作，张抗抗被聘为第三次《著作权法》修订工作领导小组副组长，文著协也对《著作权法》提出了具体的修改意见和建议。

六、国际交流活动

2011 文著协与国际影印复制权组织联合会（IFRRO）、美国、英国、加拿大、澳大利亚、挪威、俄罗斯以及中国香港和台湾地区的著作权集体管理组织建立了正式联系，进行了深入交流。2011 年 6 月，参加世界知识产权组织（WIPO）在新加坡举办的“版权及相关权集体管理区域论坛”；10 月，参加 IFRRO 在挪威和斯洛文尼亚举办的集体管理专项培训和年度大会；12 月，访问台湾地区中华语文著作权集体管理协会。

在第 18 届北京国际图书博览会期间，文著协接待了英国版权许可代理机构（CLA）和美国版权结算中心（CCC）等海外复制权集体管理组织的代表团，就“法定许可”收费、数字版权保护、在中国如何开展复制权收费工作等问题与外方进行了有益探讨。

七、著作权相关业务

（一）版权代理业务

1. 汇编作品授权

2011 年，文著协利用长期积累的会员和作者信息，为高等教育出版社、山东教育出版社、机械工业出版社、二十一世纪出版社、新华出版社等 20 多家出版机构解决了 64 本汇编图书的授权问题，既维护了著作权人的合法权利，也保证了图书的顺利出版，获得出版界的认可。

2. 代理授权

2011 年，文著协成功代理授权出版图书 12 本，包括老舍、季羡林、苏青等知名作家的作品；成功代理协会理事、著名女作家姜安《走出硝烟的女神》一书的影视剧改编授权业务；为当代世界出版社、译林出版社等单位代理引进俄罗斯《普京—梅德韦杰夫：将走向何方?》、《第三子》等图书中文翻译权；在新闻出版总署的中国出版“走出去”政策指引下，向企鹅、培生教育、韩国 IMPRIMA 等国外出版机构输出老舍的《猫城记》、《二马》等图书的英文和韩文翻译权。文著协还发挥海外渠道和资源优势，为国内作家和中小出版社与海外的版权贸易提供常态化的代理服务。

（二）数字新媒体业务

为适应数字化时代的产业需求，文著协高度重视并追踪关注数字出版产业的发展趋势和商业模式，积极与中国移动浙江阅读基地、亚马逊、京东、当当、亿部文化、Tom 在线、爱国者、新华瑞德、超星等数字新媒体公司探讨数字版权合作业务，手机阅读授权业务有很大进展，这是文著协积极推广会员作品的数字版权，为会员和产业界服务的一个主要方向。

（三）断版图书的授权业务

2011 年 2 月 24 日，文著协与中国印刷集团数字印务有限公司和北京瀚文典藏文化有限公司签署了《断版学术图书限量复制授权合作协议》。

教育部高校图书情报工作指导委员会针对高校图书馆缺藏图书情况，专门组织编制了《百年华文人文社会科学学术图书要目》，其中上万种人文社科学术图书处于断版状态，中国印刷集团数字印务有限公司和北京瀚文典藏文化有限公司启动的断版书解决方案，将在很大程度上解决高校图书馆缺藏断版书的情况。文著协利用自身优势，接受委托，在遵守现行法律法规的基础上，帮助其解决著作权人的授权问题。

（四）影印复制权的授权工作

中国文字著作权协会还在国家版权局和国际影印复制权组织（IFRRO）的支持和指导下，与英国、澳大利亚、意大利、挪威、加拿大、中国香港、中国台湾等国家和地区的复制权组织洽谈中国图书在有关图家和地区发放影印复制许可与收取版权费的问题。影印复制权是出版社和作者拥有的一项重要权利。海外机构存在大量复制中国报刊文章和图书而未征得中国权利人许可并交纳版权费的问题，如果广大期刊社、出版社、文字作者能够与中国文字著作权协会合作，按照国际惯例和通行做法，授权文著协向海外复制权组织授权并收取版权费，那么影印复制权版权费将成为中国出版单位和作者的另一大经济来源，并且能够更加顺畅地促进中国优秀文化走向世界。这也是文著协作为中国唯一的文字作品著作权集体管理机构的一项长期主要工作。

由于工作表现突出，文著协总干事张洪波于2012年4月被国家知识产权局、国家工商行政管理总局和国家版权局共同评为“2011年度全国知识产权保护十大最具影响力人物”。协会副会长张抗抗和总干事张洪波被中国版权协会评为“2011年中国版权产业风云人物”。

（张洪波）

中国摄影著作权协会

2011年，中国摄影著作权协会（以下简称摄著协）积极配合国家版权局推动《著作权法》，大力发展会员，积极推进教科书“法定许可”使用费收转工作。

一、积极配合国家版权局推动《著作权法》的修改工作

为了配合国家版权局全面推动《著作权法》的修订工作，在2011年“两会”召开之际，国家知识产权局副局长、摄著协副主席李玉光等16位全国政协委员向全国政协十一届四次会议提交了《关于修改〈著作权法〉的提案》。

提案详细剖析了导致中国《著作权法》对摄影著作权保护水平低下的缘由并以此为依据提出了延长摄影作品保护期、修改完善《著作权法》第43条、增加视觉艺术追续权等修法建议。

为了使提案受到重视，摄著协于“两会”前夕举行了新闻发布会，邀请首都各大新闻媒体介绍提案的情况。提案内容被20余家纸质媒体和几十家网站报道和刊载，在社会上产生了较大的影响。

为了配合推动修法工作，摄著协还于8月专门组织召开了摄影界关于修法的座谈会，认真听取摄影家对修改《著作权法》的意见和建议。根据讨论意见，摄著协向国家版权局提交了《关于对征求修订〈著作权法〉意见的复函》，提出延长摄影作品保护期、增加视觉艺术追续权、实现摄影家在广播电视机构以及报刊转载获酬权、加强互联网对摄影作品的保护等4条建议。

二、大力发展会员

发展会员是摄著协的重要工作之一，伴随摄著协各项工作的逐步展开，会员发展工作也取得了明显成效。2011年，摄著协会员数量同比增长166%，是协会成立后发展会员人数最多的一年。

由于海峡两岸摄影文化交流日益增多，各种摄影展览、摄影比赛和相关学术活动逐年增加，台湾摄影家的作品在大陆被广泛使用。2011年初，以台湾省台北县摄影学会荣誉理事长陈寿俊为团长的摄影采风团一行11人到访北京，摄著协常务副总干事林涛接待了采风团一行，详细介绍了摄著协的宗旨、任务和所开展的工作，并现场为台湾摄影家办理了入会手续。

三、扎实开展教科书“法定许可”使用费收转工作

摄著协成立三年来，一直在寻找和探索开展摄影著作权集体管理业务工作的方法。2011年，摄著协凭借2010年对教科书使用摄影作品进行调查所掌握的情况，从年初开始，对北京四家重点教科书出版社逐家拜访，根据《著作权法》和《著作权集体管理条例》的相关规定与他们进行谈判。为了把谈判工作做好，摄著协制定了缜密的工作计划：依据对四家出版社教科书调查所发现的问题，与他们进行积极沟通，对在教科书中使用摄影作品存在的问题，与他们展开积极协商；全面启动与四家出版社的谈判，重点推动在社会上影响力大、在行业内有代表性的名社、大社的付费工作；举行隆重的签约仪式，邀请新闻出版总署、国家版权局和教育部领导出席，借此契机向社会和教科书出版业进行普法宣传，扩大摄著协的社会影响力。

8月31日，摄著协与人民教育出版社签署了《教科书“法定许可”使用费收转协议》，这是自“法定许可”规定颁布十年来教科书出版社第一个向摄影著作权人付酬的协议，协议的签署终结了教科书出版社长期没有很好地向摄影著作权人支付稿酬的历史，广大摄影著作权人成为协议的受益人。协议的签订，还为国家出台《教科书法定许可付酬办法》作了有力的铺垫。

四、帮助会员维权

由于数字技术和互联网的不断普及，网络成为摄影作品侵权的重灾区。2011年，摄影人对互联网侵权的投诉大量增加。为了应对新形势下摄影著作权保护的新要求，摄著协2011年的维权工作主要围绕互联网展开。从年初起，摄著协先后将中国雅虎网、凤凰网、MSN中国网、新浪网、中国广播网、北京青年报网际传播技术有限公司、北京盛世典藏文化有限公司诉至法院，截至2011年年底法院已经结案4起，为摄影师争取经济赔偿7.9万元。

此外，针对传统媒体的侵权行为，摄著协也开展了一系列的维权活动，先后与北京多家公司、出版社等单位积极协商，争取为会员维护合法权益，挽回经济损失。

（林　涛）

中国电影著作权协会

2011年，在新闻出版总署（国家版权局）和国家广电总局的领导和支持下，中国电影著作权协会（以下简称影著协）经受考验，各项工作在艰难中推进。

一、收费工作未能如期展开

（一）网吧业主强烈要求将电视剧纳入集体管理的范围

从2005年开始，影著协为收取电影作品著作权使用费作了长期调研。当时，网吧只向消费者提供电影作品而不提供电视剧的观看服务，因此，收费标准只包括电影作品的使用。但启动收费时，各地网吧协会、网吧业主强烈要求协会收取的著作权使用费包括电视剧。为此，影著协在北京、上海、南京、杭州等四个城市的网吧进行抽样调查，调研结果表明：一是近年来网吧逐渐提供电视剧观看服务；二是在网吧观看电视剧的人数加上观看电影的人数，仍占总人数的20%。由此可见，著作权使用费应涵盖电视剧的要求是合理的。按照协会章程规定，影著协通过通讯方式向代为行使会员大会职能的常务理事会通报情况并提出建议。经常务理事会通过后，影著协向全体会员通报，并上报国家版权局，将电视剧观看服务费纳入向网吧收取的著作权使用费总额内。

（二）众多网吧供片平台必须整合并加以规范

在影著协正式转变为著作权集体管理组织之前，市场上就已经有20多家向网吧提供影视节目和技术服务的平台商存在，大多有严重的侵权盗版行为，且运营无序。将这些平台从市场赶出去，由影著协取而代之，既无可能，又可能造成诸多社会问题。因此，只能采取合作的方式。为此，影著协多次召集向网吧供片的平台服务商开会，宣传著作权法和著作权集体管理制度，传达中央关于保护知识产权、打击侵权盗版的精神，就保护各方合法利益问题交换意见、统一认识。经过多次艰苦的谈判，明确了合作原则，最终影著协与乐吧、景视宽频、网酷等平台签订了战略合作协议。这为网吧收费工作在各地的开展打下基础，有利于遏制侵权盗版、建立正常的市场秩序。

（三）应各方要求，建立正版影视作品库

按法律规定，影著协向使用者发放许可，不必提供内容载体。但因目前盗版严重，使用者难以识别，各地政府主管部门、网吧业主及网络服务商强烈要求影著协建立正版影视作品库供网吧使用。由于缺乏人力、物力、财力，影著协只能与电影频道（CCTV-6）进行沟通，求得支持。影视作品库开发后又多次测试改版，基本成型后于9月正式在福建、上海等省市上线调试。针对网吧的本地化需求，影著协将片库整体拷贝并发送至福建等省进行安装，此项工作流程已基本理顺，部分优化工作仍在继续。2011年，会员单位授权的影视作品近4 000部，但由于转制等技术原因，目前只有3 000部能纳入数据库。

（四）沟通解释不够，未得到有关政府主管部门的足够支持

根据音集协卡拉OK收取著作权使用费的经验，影著协在启动收费工作以前就专门准备了数十页书面材料并由理事长带队上门拜访文化主管部门，与相关领导达成共识：既支持影著协依法收费，也支持网吧依法经营。但是，由于工作做得还不够深入、细致，各方认识未能统一，致使在召开全国部分省市首席代表会议上，文化部门公开表示反对，对各地收费工作造成了极大的困难。由于许多地市文化、新闻出版、版权甚至广电都已经合并为一个部门，影著协决定从各地政府部门着手做工作，逐渐取得了一些成效。

二、化解矛盾犹如愚公移山

（一）全国网吧行业持续微利，面临结构性调整

根据文化部发布的网吧市场年度报告，2010年全国网吧市场规模为771.16亿元，比2009年886亿元的市场规模下降了12.96%。受场地租金和通货膨胀的影响，网吧经营成本上涨，但上机费难以上涨，致使亏损网吧的比例逐步扩大。管理部门极力推动网吧连锁化，网吧面临结构性调整压力。影著协经各地奔波，各方协调后，不得不适当降低收费标准。

（二）城域网、电信资费下调等趋势，改变了网吧的运行方式

一些带宽资源丰富的地区办起城域网，向网吧业主提供“免费”的影视节目库，网吧纷纷卸载各自网吧内的服务器。IPTV及ITV的全国用户已高达数千万。由于权利人授权不严谨，许多权利人已失去向覆盖宾馆、家庭、网吧等多个领域的城域网收取著作权使用费的权利。宽带资费下调和网速的提升使得网吧不再通过网吧服务器存储和使用影视作品。这些变化和趋势，迫使影著协不得不反复调研，改变策略，调整收费对象，重新进行谈判。

（三）个别网吧供片平台不但大量盗版，而且鼓动网吧抵制交纳著作权使用费

网吧供片平台“世纪联线”大量盗版，屡教不改；“英雄宽频”不但向网吧提供大量境内外盗版影视作品，而且向全国相关部门和网吧业主发函，声称经营合理合法，并污蔑影著协收费于法无据，鼓动网吧业主抵制交费。面对这种情况，影著协在国家版权局版权管理司的指导下，借“剑网”行动的东风，下了极大工夫搜集证据，并与公安部门沟通，终于得以立案。两家公司的原法定代表人均被拘捕。全国网吧供片平台受到震慑，纷纷向影著协表态不再盗版。

三、各项工作在艰难中推进

（一）推进向网吧及长途汽车收取电影作品著作权使用费的工作

截至2011年底，影著协已在福建省、广东省、云南省、四川省、山东省、江苏省、海南省、重庆市、大连市正式聘任了首席代表，签署了合作协议。福建、广东、云南、四川和重庆已于2011年底正式启动安装中国电影著作权协会供网吧使用影视作品库。上海已经开始安装影视作品库测试盘。

（二）依法保护电影作品著作权，保障权利人合法权益

电影《叶问2》在院线上映不久，即遭网络疯狂盗播。影著协及时主动协助会员单位大盛国际传媒（北京）有限公司调查取证，并共同起诉上海隐志网络科技有限公司（电驴网 www.verycd.com）侵犯该片著作财产权。最后，双方达成和解协议：电驴网在其网站首页以及《中国电影报》2011年2、3、4期分别发表道歉声明，并赔偿经济损失28万元（该赔偿额为近年同类案件之最）。

2011年2月，影著协对承德电视台涉嫌侵权盗播八一电影制片厂的《大决战Ⅲ（平津战役）上》、《大决战Ⅲ（平津战役）下》两部电影作品提起诉讼，并最终以赔款和解结案。

此外，受八一电影制片厂委托，影著协对56网、马库网非法传播其刚刚上映的影片《歼十出击》网络侵权案件进行取证和公证。

（三）多次与司法机关沟通，争取司法机关对著作权集体管理工作的支持

北京市朝阳区法院知识产权庭受北京高级人民法院委托进行调研时，影著协就“著作权集体管理组织关于作品著作权归属的举证责任”、“集体管理组织关于要求使用者按规定缴纳集体管理使用费的诉求应当得到法院支持”和“非集体管理组织会员权利人针对已缴费用户提起维权诉讼”等问题发表意见，并介绍了电影作品遭受侵权盗版严重、维权艰难的现状以及著作权集体管理的必要性、紧迫性和实际工作中的困难。

此外，影著协还参加了最高人民法院研究室召开的关于办理侵犯音像作品著作权刑事案件有关问题的座谈会、最高人民法院研究室组织的《关于办理侵犯知识产权刑事案件具体应用法律若干问题的解释（三）（征求意见稿）》座谈会以及北京市高级人民法院召开的《北京市高级人民法院关于审理著作权集体管理组织民事纠纷案件适用法律问题的解答（讨论稿一）》征求意见座谈会并发表意见。

（四）积极开展调研活动，为行政主管部门加强管理和权利人拓展市场提供咨询建议

为了在三网融合过程中探索电影作品著作权集体管理的新思路，影著协进行了关于IPTV及ITV的专项调研。除了请教专家学者和政府主管部门，弄懂原理和传播方式外，还先后在福建省莆田市、辽宁省大连市、山东省青岛市开展IPTV业务的实际调研，一边了解用户使用情况，一边与当地运营商接触，探讨合作可能。同时，联系盛世骄阳、电影网、保利博纳、乐视网等多家电影权利人调研IPTV权利的授权状况。影著协建议权利人对IPTV的版权收益引起重视，谨慎授权，限制授权，并适当调整授权期限，为自己保留更大的市场空间。

（五）努力参与《著作权法》修订工作，为完善著作权法及相关法律提供意见

影著协理事长朱永德被国家版权局聘为《著作权法》第三次修订专家小组成员，为此，朱永德不仅研读了15个国家和地区的著作权法，对修改《著作权法》提出自己的意见，还向中国电影制片人协会、中国电影导演协会、中国电影文学学会、中国电影音乐学会、中国电影表演艺术学会、中国影视摄影师学会等各个行业协会广泛征集意见，并进行总结。

另外，就《电影产业促进法（草案）》的修改问题，影著协主动与国务院法制办联系，呈送书面材料，提出具体修改意见。

（六）扎实做好基础宣传，争取权利人和相关部门的理解与支持

根据理事（扩大）会议精神，影著协坚持通过简报的形式，不定期向会员通报协会动态，听取会员意见。截至2011年底，共编印简报10期。同时，将简报报送国家广电总局、国家版权局、民政

部等相关政府管理部门，及时汇报工作，争取支持。

在中宣部等五部门联合组织开展的“走基层、转作风、改文风”活动的启发下，为加大对协会工作和职能的宣传，更好地为会员单位提供服务，影著协自 9 月起开展了“走近会员服务会员”活动，先后走访了北京保利博纳电影发行有限公司等 18 家在京会员单位。

此外，在广电总局电影局的具体指导下，影著协启动了电影版权清理工作，历时 18 天，协助珠江电影集团清理了 1958 年至 2010 年珠影摄制、出品的所有电影作品共计 242 部。

（史文霞）

中国互联网协会网络版权联盟

2011 年，中国互联网协会网络版权联盟（以下简称网络版权联盟）积极开展互联网行业版权保护交流研讨活动，并与司法机关加强合作，探索建立互联网版权联合调解机制。

一、举办交流研讨活动，探讨互联网版权保护

为了与国内外知识产权相关机构建立联系，加强互联网行业内部交流，探讨互联网版权保护的制度与方法，网络版权联盟举办并参加了各种交流研讨活动。

（一）第三届网络影视产业发展 CEO 联席会

2011 年 2 月 19 日，网络版权联盟与中国广播电视协会电视制片委员会在北京联合主办“第三届网络影视产业发展 CEO 联席会”。北京广播电视总台副台长陆莹、网络版权联盟秘书长石现升、中国广播电视协会电视制片委员会会长杨伟光出席此次会议，新浪网、奇艺网、优酷网、酷 6 网、我乐网、风行在线、土豆网、迅雷、乐视网、PPS、淘花网、PPTV、悠视网等互联网视频企业，以及电视制片人、出品人 50 余人参加会议。

会议主要围绕“共建合理化、规范化、市场化的影视剧价位平台”、“创新制片与网络发行的深度合作模式”等议题展开讨论，制播双方就营造健康的市场环境、规避恶性竞争、规范互联网版权保护和发展等问题进行了探讨。

（二）中日网络知识产权保护问题研讨会

2011 年 5 月 13 日，中国互联网协会调解中心与日本贸易振兴机构北京办事处在北京召开中日网络知识产权保护问题研讨会。调解中心在会上阐述了中国互联网知识产权合作保护工作开展的有关情况，并与日方企业就有关问题进行了深入讨论。研讨会的召开为中日企业在互联网领域知识产权保护与合作工作的进一步深入开展奠定了基础。

（三）第二届中日互联网知识产权保护研讨会

2011 年 8 月 2 日，由日本经济产业省主办、日本贸易振兴机构承办、中国互联网协会调解中心和中国电子商务协会协办的“第二届中日互联网知识产权保护研讨会”在北京举行。全土豆网络科技有限公司、优酷网、酷 6 网、56 网与日本内容产品海外流通促进机构（CODA），淘宝网与国际知识产权论坛（IIPPF）、上海 IPG 互联网工作组分别签署了备忘录。

中日双方电子商务领域的专家分别对电子商务领域所涉及的典型法律问题进行讲解，就电子商务领域的知识产权保护问题进行沟通。在专项小组讨论中，卡西欧（上海）贸易有限公司、浙江淘宝、雅虎株式会社等中日双方代表企业与专家学者对于“什么是应当删除的侵犯知识产权的信息”问题进行了讨论，探讨了具有可行性的知识产权保护策略。

（四）中美政府业界知识产权圆桌会议

商务部于美国西部时间 2011 年 10 月 17 日在美国旧金山举行“中美知识产权国际合作论坛”及中美政府业界知识产权圆桌会议。中国互联网协会调解中心、中国互联网协会网络版权联盟负责此次参会互联网企业的组织联络工作。通过会议，美方加深了对中国企业知识产权保护具体情况的了解。

（五）第二届互联网知识产权保护论坛

2011 年 6 月 29 日，中国互联网协会调解中心与北京市高级人民法院知识产权庭联合举办“优化调解能动司法广泛合作——第二届互联网知识产权保护论坛”。北京市各级法院知识产权审判庭法官及淘宝网、奇虎 360 等国内著名互联网企业与会讨论。此次会议一方面让互联网公司加深了对纠纷调解工作的理解，另一方面让司法机构充分了解了互联网公司在纠纷处理及法律风险防控方面的切实需求。

（六）《信息网络传播权保护指导意见（试行）》交流会

针对网站侵权愈演愈烈的现象，北京市版权局于 2011 年 6 月发布了《信息网络传播权保护指导意见（试行）》，并于 8 月 1 日起正式实施。2011 年 7 月 15 日，网络版权联盟在北京组织召开《信息网络传播权保护指导意见（试行）》交流会，邀请北京市版权局、北京各级人民法院与电信运营商代表及互联网企业代表共同探讨在实际执行中可能遇到的问题。

二、加强与司法机关合作，建立网络版权联合调解机制

2011年4月18日，中国互联网协会与最高人民法院知识产权审判庭在北京签署《关于合作建立互联网知识产权纠纷调解机制备忘录》。中国互联网协会理事长胡启恒、最高人民法院副院长奚晓明等出席签署仪式并讲话。备忘录的签署是最高人民法院对非诉讼纠纷解决机制的创新与发展，也是知识产权审判领域推进三项重点工作的重大举措。

2011年4月15日，中国互联网协会调解中心配合北京市东城区第三届“知产雍和行”活动，与北京市东城区人民法院、雍和园管委会共同签署“雍和园企业知识产权纠纷调解服务平台战略合作协议”，并举办中国互联网协会调解中心雍和园工作站揭牌仪式。

2011年4月15日，在石景山区召开的2011年知识产权联席会议工作会上，中国互联网协会调解中心与石景山区知识产权局、司法局、法院联合签约，建立中关村石景山园知识产权法律服务平台，为园区企业提供从设计研发、营销推广到运营服务的全流程法律服务，以推进石景山区的知识产权保护工作。

2011年5月10日，中国互联网协会调解中心与北京市朝阳区人民检察院签署为期五年的《委托调解协议》。

2011年5月19日，中国互联网协会调解中心与浙江省高级人民法院签署为期五年的《委托调解协议》。

（张燕桦）

中国软件联盟

中国软件联盟（以下简称软件联盟）自1995年成立以来，一直从维护软件用户和软件企业各方合法权益出发，在正版化推广模式和服务模式的创新上进行全面考虑，通过调研、培训、研讨等多种途径，协助各级政府及有关部门引导企业走适合自己企业发展的软件正版化道路，搭建软件用户与软件企业沟通的桥梁。2011年，中国软件联盟围绕软件正版化和软件资产管理开展做了大量工作。

一、发布《政府软件正版化推荐软件产品目录》

自2001年起，党中央、国务院在政府机关全面推广使用正版软件。2010年10月18日，国务院办公厅发出《关于进一步做好政府机关使用正版软件工作的通知》，要求各级政府开展正版软件专项检查工作，落实政府软件正版化监督管理职责。

为支持中央国家机关和地方政府的软件正版化工作，软件联盟根据政府机关使用的软件种类和政府信息化的要求，征得国家版权局的支持，联合Adobe、数码大方、苏州浩辰、金山、上海软众、天正软件、探索者软件等软件厂家共同推出第一批《政府软件正版化产品推荐目录》，供各级政府在正版化工作中参考和使用。该目录于2011年5月被印刷成册，由软件联盟统一寄往全国各省市版权局，帮助各省市政府开展正版化工作。

二、组织专家参与全国各省市正版化督查工作

2011年3月，根据王岐山副总理的指示，国务院办公厅组织对中央国家机关和省（区、市）软件正版化工作进行督导检查工作，软件联盟受国家推进企业正版化部际联席会议办公室委托，组织8名软件业务骨干作为技术专家参加了国务院督查组，在配合政府推动企业使用正版软件过程中起到了积极作用。

三、举办系列软件正版化研讨会

2011年5月25日，软件联盟和中国勘察设计协会、天正公司在北京共同举办“天正多专业三维协同一体化解决方案研讨会”。国家版权局、中国勘察设计协会、中国有色金属建设协会、北京市工程勘察设计行业协会相关领导及北京市建筑工程设计行业的众多专家、学者、工程师们共同交流了在建筑工程设计方面的先进技术和经验，并探讨了软件正版化的相关问题。6月和7月，此系列研讨会相继在武汉和天津举办。

7月19日，深圳市市场监督管理局和深圳市证监局联合主办深圳市上市企业软件正版化培训班，软件联盟和中国美国商会、商业软件联盟参与协办。该活动旨在推动深圳上市企业的软件资产管理工作，在帮助企业加快软件正版化进程的同时，为企业提供了有关软件合规政策和软件资产管理方面的专业咨询，从IT和法律方面降低企业经营风险。

8月25日，国家版权局在内蒙古乌兰浩特市主办以“推进勘察设计行业软件正版化工作”为主题的研讨会，软件联盟协助举办。国家版权局版权管理司王志成副司长到会讲话。

为配合《著作权法》第三次修订工作，软件联盟联合中国版权协会、中国人民大学、赛迪集团等有关单位，组织了有关计算机软件著作权保护的修法研讨会，向软件行业征求修法建议，并起草了修法建议报告，报送国务院法制办等有关部门。

四、参与软件正版化培训活动

11月9日至11日，中国保险监督管理委员会统计信息部和全国保险业标准化技术委员会在北京联合举办“保险业软件正版化培训与‘十一五’标准化宣贯会议”。会议对保险业软件正版化与“十一五”标准化有关情况进行了通报，并提出了下一步的工作要求。国家版权局、国标委、金标委和ACORD（国际保险信息标准化协会）等单位的领导和中国软件联盟的专家进行了授课。

12月15—16日，中国机械工业联合会主办了2011年机械行业企业软件正版化现场培训会。国家版权局版权管理司、工信部信息化推进司有关负责人在会上介绍了中国推进软件正版化工作的总体思路，并从国家、产业、企业3个层面就开展机械行业软件正版化工作的重要性、实施方法及相关政策措施作了详细阐述。软件联盟秘书长孙彦出席培训会，并在会上介绍了推进软件资产管理工作的必要性和工作方法。

五、开展机械行业软件正版化相关调研

为贯彻落实《关于推进企业使用正版软件工作的实施方案》（国权联［2006］2号）精神，结合国务院五部委《关于加快推进信息化与工业化深度融合的若干意见》，软件联盟在国家版权局的指导下，联合中国机械工业联合会，结合机械工业规模大、产品多、企业多、信息化水平参差不齐、两化融合阶段性特征的特点，选择了不同区域、不同行业、不同规模的部分机械企业进行了实地调研和访谈，对机械行业软件正版化情况及需求情况有了进一步的把握，并向国家版权局做了在机械行业开展软件正版化工作、国产软件使用情况的调研汇报。

六、参加企业软件资产管理工作会议及培训活动

根据推进企业使用正版软件工作部际联席第四次、第五次全体会议要求，国家版权局与国资委、银监会等部门于2011年8月启动了全国第一批30家大型企业软件资产管理试点工作。

为科学、务实地开展这项工作，8月10日，部际联席会议办公室在北京组织召开“企业软件资产管理试点项目动员及培训工作会议”。新闻出版总署副署长、国家版权局副局长阎晓宏出席会议并讲话。商务部、工信部、财政部、国资委、银监会、保监会、全国工商联等推进企业使用正版软件部际联席会议成员单位，国务院机关服务管理局、中国软件联盟、商业软件联盟、中国版权保护中心及全国15个省（区、市）版权局以及30家试点企业的代表共90余人参加会议。

9月21日，西部地区软件资产管理培训班在银川举办。培训班上，软件联盟秘书长孙彦为在场人员进行软件资产管理培训。

10月24日，“正版软件，你我有约”新闻发布会暨“软件资产管理优势项目”启动仪式举办，标志着中国启动软件资产管理优势项目，这也是首个基于ISO标准的有关软件资产管理的网络培训课程。软件联盟有关领导出席该启动仪式。

七、举办中国软件大会2011软件知识产权分论坛

11月16日，中国电子信息产业发展研究院（赛迪集团）在北京主办中国软件大会2011软件知识产权分论坛。此次论坛由赛迪集团知识产权研究所和中国软件联盟共同承办，就推进软件正版化和软件资产管理工作进行了探讨，力争在国家一系列政策措施的扶持、引导下，经过社会各界的共同努力，为中国软件产业发展创造良好的外部条件。工信部科技司副司长韩俊、国家版权局版权司副司长王志成出席会议并讲话。

八、加强软件正版化和软件资产管理宣传

11月17日，中国软件联盟常务副理事长邹忭出席由微软倡议的、在全球50多个国家同步开展的主题为“真IT，促发展”的“公平经营宣传日”活动，并阐述了知识产权的重要性。该活动旨在帮助人们了解使用正版软件的益处，提升人们对盗版软件风险的认识，促进人们建立对知识产权的尊重，着重强调使用盗版软件对行业公平经营以及整体经济环境带来的危害，并对知识产权对于建设创新型国家的积极意义以及在促进创新型经济和帮助实现可持续发展中所扮演的角色等问题进行了深入的探讨。

为了加强对软件知识产权保护及正版化的宣传，软件联盟继续坚持每月出刊一期《CSA通讯》，搜集整理有关软件知识产权保护及正版化的资讯信息、法规政策和相关案例，向会员单位和有关政府部门免费寄送。

（李　晴）

中国人民大學文化科技园

RENMIN UNIVERSITY OF CHINA CULTURE AND SCIENCE PARK

实现文化产业

四个"第一"
为文化插上科技的翅膀

全国第一家文化创意特色的国家大学科技园

全国第一家文化创意特色的留学人员创业园

全国第一家依托大学建设的国家文化产业示范基地

全国第一家国家版权贸易基地

联系我们：

地址：北京市海淀区中关村大街甲59号文化大厦2104室 邮编：100872

电话：办公室010-82503001 文化大厦010-62517777 兴发大厦010-62517788

传真：010-82509959 网址：www.cspruc.com Email：cspruc@ruc.edu.cn

NCTC
国家版权贸易基地
NATIONAL COPYRIGHT TRADE CENTER

国家级版权相关产业要素市场

- 版权评估中心
- 国家版权交易网
- 中关村版权联盟
- 中国版权拍卖大会
- 中关村版权争议调解中心
- 版权人沙龙
- 中国版权年鉴

中国第一家国家版权贸易基地
2007年10月正式挂牌成立

联系电话：010－62513090 邮箱：banmao@cspruc.com 网址：www.copyrightmall.com

中国人民大学国家版权贸易基地

版权评估中心

研究成果：

《版权资产评估指导意见（建议稿）》、
《中国版权资产评估状况调研报告》、
《版权资产评估准则研究》。

合作机构：

北京银行、中国银行、连城资产评估公司、中通诚资产评估公司、上海文化产权交易所、深圳文化产权交易所。

2012年1月6日，成立全国首家专业的版权评估中心。中心出具的评估咨询报告可用于信贷评估、涉案版权价值评估、版权交易评估等。

动漫、游戏作品版权价值评估研讨会

《版权资产评估指导意见》（建议稿）专家座谈会

北京人大文化科技企业孵化器有限公司

国家级高校学生科技创业实习基地

北京市高新技术产业专业孵化基地

北京市优秀留学人员创业园

依托中国人民大学在人文社会科学方面的资源优势、中关村国家自主创新示范区的政策优势，建立**创业服务+创业投资+创业导师**综合孵化服务体系，面向版权相关行业提供创业服务

服务行业

- 电子信息
- 计算机软件
- 新闻出版
- 广播影视
- 游戏动漫
- 广告设计
- 文学艺术
- 文化娱乐

创业者沙龙

人大留学人员创业园办公环境

人大学生创业园办公环境

联系方式：

电话：010-82509532 邮箱：cspruc@ruc.edu.cn 网址：http://www.cyruc.com/ 地址：北京市海淀区中关村大街45号兴发大厦1005

中国人民大学文化产业研究院

研究院简介

中国人民大学文化产业研究院是中国人民大学直属的科研机构。研究院充分整合中国人民大学学科学术资源，发挥中国人民大学文化科技园产业实践优势，致力于文化产业标准体系制定、政府决策咨询、前沿理论研究、文化产业园区规划和文化产业人才培养，以“政、产、学、研、资、介”一体化的模式，为各级政府、各类文化企业提供前瞻性、战略性、全局性的学术与理论支持。

组织架构

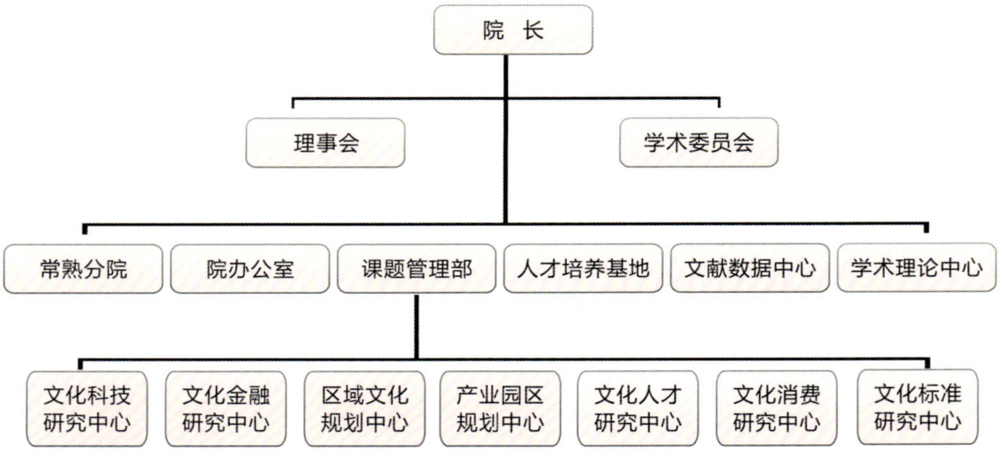

研究成果

理论研究成果

★着眼于理论前沿
★致力于服务实践

专著	中国城市文化产业发展评价体系研究
	国际文化产业集聚区发展研究报告
	北京文化产业集聚区发展研究报告
	北京建设世界城市发展战略研究报告
	创意产业：奥运经济与城市发展
学术期刊	《文化创意产业评论》

国家标准研究成果

★服务于国家部委
★致力于产业标准体系制定

委托部门	课题名称
文化部	科技与文化融合示范基地建设标准研究
	文化产业统计口径平台建设研究
	特色文化示范区建设标准研究
	特色文化城市建设标准研究
	文化产业公共服务平台建设标准研究
科技部	国家文化科技融合示范基地管理办法起草
	版权示范城市评价标准研究
新闻出版总署	新闻出版产业园区建设标准研究

文化产业园区研究成果

★服务文化产业园区
★制定园区发展规划

名称
内蒙古文化会展中心建设规划
福州闽台文化产业园建设发展规划
“派乐达”动漫产业园规划研究

文化产业数据服务

★依托于统计平台
★致力于全业态数据平台建设

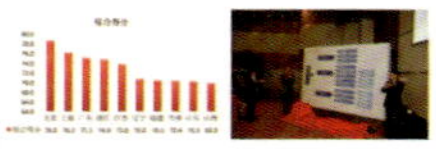

数据中心项目
全国文化产业信息统计平台建设
中国省市文化 产业发展指数
中国文化产品出口指数
中国文化消费指数
中国广告产业发展指数

地方政府咨询成果

★服务于地方政府
★致力于区域产业破题

名称
内蒙古自治区文化产业系统性融资规划
青岛市文化产业评价与分析
科技促进北京文化创意产业发展研究
南安市文化产业发展规划
广饶县文化产业发展规划
石家庄投资环境评价与分析

人才培训项目

★依托于人民大学
★致力于复合型人才培育

部分培训项目
国家级文化和科技融合示范基地负责人培训班
北京银行文化创意产业高级研修班
中国人民大学文化创意产业讲坛
文化产业司长大讲堂

联系我们

电话：010-82509536 电子邮箱：ruccncci@gmail.com 地址：北京市海淀区中关村大街59号中国人民大学 邮编：100872

中国人民大学文化创意产业人才培养基地

基地介绍

中国人民大学文化创意产业人才培养基地是中国人民大学文化产业研究院的核心业务部门之一，是文化创意产业领域培养高级政府公务人员和高级企业管理人员的专业机构。

基地依托中国人民大学雄厚的教育资源、先进的教学设施和强大的学科优势，充分整合国内外优秀名师、行业管理部门专家以及业界精英，为政府、企业、社会提供高质量的文化产业高端培训。

学历教育	非学历教育（以下课程可根据各单位需求设置培训方案）
一、企业管理专业在职研究生课程进修班 进修时间：按照国务院学位办和我校有关规定，学制为两年，周六日上课。 开班时间：2012年11月17日开课	一、文化产业党政干部专题培训班 二、文化创意企业高级职业经理人研修班 三、文化产业园区建设管理人才研修班 四、中国人民大学文化创意产业讲坛
二、中国人民大学文化创意产业EMBA 进修时间：学制两年，中文授课为主，每月或每两月上课1次，每次4-6天。 开班时间：2012年10月16日开课	

文化产业核心课程

文化产业综合课程	
文化产业概论	文化产业政策解读
文化体制改革与产业发展	文化产业区域规划
文化产业园区建设、运营与管理	文化产业项目开发模式
文化产业项目管理	文化产业品牌建设与推广
基于“中国省市文化产业发展指数”的文化产业绩效分析	知识产权保护
《著作权法》第三次修订与中国版权保护	出版实务中的著作权法律风险防范

文化金融课程	
国内外资本市场金融投资环境	文化产业投资理论与实践
文化企业价值评估	文化企业信用评级
文化企业上市战略的选择与操作	与文化企业上市相关的企业资本运作
文化企业上市与VC、PE退出	文化企业融资上市与企业发展经验
文化企业财务管理与控制	文化产业保险
文化产业投资风险管理	知识产权质押中的法律问题及风险防范

文化科技融合课程	
我国科技创新体制机制	动漫、演艺、艺术与科技创新的关系
出版产业与科技创新的关系	文物、博物馆、文化旅游与科技的关系
广播电视与科技的关系	电影与科技的关系
文化科技、文化科技融合创新、创意设计与科技	文化科技发展规律与发展模式
文化产业公共服务平台建设、文化科技创新体系建设	文化科技创新工程纲要
文化科技工程纲要之网络文化与科技	

联系人：伏 老 师　电话：010-82509536　地址：北京市海淀区中关村大街甲59号文化大厦2104室
邮　编：100872　邮编：cciptc@126.com　传真：010-82509959　微博：http//weibo.com/cciptc

学术沃土　思想摇篮

China Renmin University Press was founded in 1955, and it is the first university-based publisher of the People's Republic of China. In 1982, CRUP became a publishing center of college textbooks of humanities and social sciences approved by Ministry of Education. In recent years, CRUP has won several important prizes, such as the prize of Best Publisher of China, a government prize awarded in 2007, and the prize of China's Top Publisher in 2009. CRUP has established a reputation for excellence as a publisher of college textbooks and academic works in China.

Tapping the comprehensive strength and latest research achievements of Renmin University of China, CRUP has continued its commitment to excellence in publication of academic book of humanities and social sciences. CRUP has been determined to keep up to its high standard in the publication of finest textbooks in humanities and social sciences, facilitating the education of excellent university students in China. CRUP has also made great contribution in promoting Chinese culture in the international arena. Currently, CRUP publishes over 2 900 kinds of books each year and the annual sales of the Press have reached more than 127 million US dollars. Since it was founded 57 years ago, CRUP has published more than 10 000 categories of books, and these excellent textbooks and academic works are of great significance for cultural promotion and cultural heritage.

In the new century, CRUP continues to carry out its new development strategies at this very moment of the reform of the Press and Publication System in China, combining its mission with China's educational, cultural, economic and social development. By keeping innovation in mind and with the aim of fostering core competitiveness, CRUP strives to distinguish itself in China's publishing industry, developing itself into a large-size comprehensive publishing group providing books, audio and video products, electronic and Internet services and digital publications.

谢无量文集（9卷本）
Collected Works of Xie Wuliang

"全国版权示范城市"——杭州市

做好版权管理 助力产业发展

2007年6月，国家版权局批复同意杭州为全国版权保护示范城市。2007年以来，杭州市不断创新理念，开展特色工作，把全国版权保护示范城市建设工作作为"十一五规划"和打造全国文化创意中心的一项战略任务来抓紧抓实。

杭州市建立了"版权宣传进学校、版权服务进园区、版权顾问进企业、软件正版化进单位、打击侵权进市场"的"版权五进"工作机制，在全国首创公安、工商驻文广新局综合执法联络室，形成文化市场综合执法的"杭州模式"，加强版权宣传、严格版权执法、强化版权服务、不断提升软件正版化水平，积极营造良好的版权文化环境。

2011年全市开展了以"加强版权保护、促进产业发展"为主题版权宣传周活动，举办了识别侵权盗版地图产品的专题讲座；组织"版权顾问进企业"培训班4期；第七届中国国际动漫节期间，为参展的250件杭州本土原创动漫版权作品进行免费登记。2011年圆满完成了杭州市政府本级和13个区、县（市）及杭

评选表彰全市企业软件正版化先进单位

版权宣传进学校

版权执法

州经济技术开发区软件正版化整改工作。在2011年全国打击侵犯知识产权和制售假冒伪劣商品专项行动督查中，杭州市抽查单位正版率达100%，受到督查组充分肯定。在政府软件正版化工作顺利完成的引领和示范作用下，杭州市已累计完成了205家企业的软件正版化工作。其中有49家企业获"浙江省企业软件正版化工作示范单位"称号，2家企业荣获"全国软件正版化工作示范单位"称号，杭州市版权局被评为省先进集体。

杭州市建立了版权重点领域常态管理制度，坚持对软件预装市场的定期或突击检查监管，加强对乐视网、皮皮网等800家网站的常态监管；对淘宝网实施售前资质预审措施，建立并公示《知识产权投诉流程》及《禁止和限制发布商品信息规则》等制度，将侵犯知识产权行为列为日常监管的重点，注重网络巡查日常化，安排执法人员对"淘宝网"注册卖家发布的涉及文化类商品信息进行浏览和甄别。

2011年杭州市开展了打击侵犯知识产权和制售假冒伪劣商品专项行动、打击盗版工具书专项整治行动、打击网络侵权盗版的"剑网行动"，加大对网络非法游戏案件的查处。全市共出动执法检查6 552次计20 707人次，检查文化市场经营场所27 805家次，立案785件。其中版权执法立案17件，移送司法机关追究刑事责任3件。办理了杭州世纪联线公司、"我要听音乐网"等侵犯著作权人表演权、放映权等典型案件。

完善的版权保护体制，有效激发了创造力，全市原创动画片产量连续三年位居全国城市第一；动漫产品、新闻出版等领域的国际版权合作方兴未艾。2011年杭州市文化创意产业实现增加值843.3亿元，占全市GDP比重的12%，文创产业成为杭州经济社会发展的新"蓝海"。

2012年，国家版权局确认杭州市为"全国版权示范城市"。

全市政府软件正版化会议

版权顾问进企业

版权顾问进园区

“国家版权贸易基地”
——枣庄市版权工作巡礼

①

②

近年来，枣庄市委、市政府始终高度重视版权工作，把强化版权管理、促进版权产业发展作为推动全市经济、科技、文化和社会建设的重要环节来抓，加快转方式、调结构步伐，成为实现资源枯竭型城市转型的一个新的经济亮点。

一是深入开展版权宣传，在全市范围内开展“尊重知识、崇尚创新、诚信守法”活动，使各级党政机关、企事业单位公民对版权保护的认知度大幅度提高；扎实推进软件正版化工作，在全省率先完成软件正版化。

二是不断加大版权行政执法和司法保护力度，营造良好的版权产业发展环境。枣庄市有关部门开展了打击侵犯知识产权和制售假冒伪劣商品、“剑网行动”等专项执法行动，获国家版权局“2010年查处侵权盗版案件有功单位”三等奖。各级法院审理著作权侵权案件共计117件，其中一起案件

③

④

被编入《案件审判技术与典型案例评析》丛书。

三是积极培育版权产业示范园区和示范基地，形成版权产业集聚效应，努力实现“文化强市”战略目标。按照“政府主导、企业主体、多元投入”的方式，以“台儿庄古城文化产业园管理有限公司”为主体，与北京东方雍和国际版权交易中心合作，创建了“台儿庄国家版权贸易基地”，搭建版权交易服务平台，建设全国性版权交易要素市场。

目前，枣庄市台儿庄古城文化产业园先后被命名为全国首个“海峡两岸交流基地”、首个“国家文化遗产公园”、“国家级文化产业试验园区”、“国家版权贸易基地”，荣膺“齐鲁文化新地标”榜首，先后获第四届中国国际版权博览会“优秀名企奖”、第四届山东文化创意产业博览交易会“优秀展示奖”。

图片说明

1. 枣庄市积极组织企业参加第四届中国国际版权博览会
2. 2012年7月19日，国家版权局领导来枣庄视察
3. 山东省新闻出版（版权）局领导与枣庄市领导共同为国家版权贸易基地揭牌
4. 枣庄市领导参加国家版权贸易基地揭牌仪式并讲话
5. 枣庄市领导陪同国家版权局领导视察工作
6. 枣庄市领导访问北京东方雍和国际版权交易中心

5

6

创建“全国版权示范城市”——广州市

实施知识产权战略　积极推动版权产业发展

在市委、市政府领导下，近年来，广州市实施知识产权战略，积极推动版权产业发展，全市版权产业增加值占GDP比重连续三年超过10%，推动了广州的社会经济快速发展。2011年9月，广州市顺利获得国家版权局批准，启动创建全国版权示范城市。广州市版权局局长陆志强总结广州市版权工作主要在以下五个方面取得明显成效：一是加大宣传力度，在“4·26”世界知识产权日宣传周进行侵权盗版及非法出版物集中销毁，开展“绿书签行动”，在大型活动中表彰先进，营造了良好的社会氛围；二是持之以恒打击侵权盗版，2012年“三打”行动开展以来出动执法人员5.8万余人次，检查文化市场经营场所4万余家，查处了“4·18网络+实体店销售非法出版物案”等典型案件，收缴侵权盗版出版物457万张（册）；三是政府机关和企业大力推进软件正版化工作取得显著成效；四是成立珠三角版权保护联盟，建立了版权公共服务体系；五是继续实施版权登记资助政策，累计受理作品版权登记4 774件，资助4 642件。下一步，广州市将加快推进创建全国版权示范城市工作进程，再接再厉，推动版权工作上新台阶。

1. 广东省、广州市侵权盗版以及非法出版物集中销毁活动
2. 加强知识产权保护，促进幸福广州建设——2012年“4·26”世界知识产权日宣传活动
3. 珠三角九城市版权保护联盟签约仪式
4. 广州市越秀区公安和区文化执法队收缴涉嫌非法音像制品
5. 广州市文化市场综合行政执法总队查获非法音像制品

创建“全国版权示范城市”——苏州市

打造版权强市 实现新跨越

1

2

3

4

苏州市委、市政府高度重视版权工作，在国家和省版权局的关心指导下，苏州不断健全版权工作体系，不断拓展工作领域，不断实现新的跨越。2011年1月，苏州市携下辖昆山市获批创建全国版权示范城市。苏州市成立了领导小组，制定创建方案，召开创建工作大会，重点实施版权创造、运用、保护、管理和文化五大工程，促进版权产业发展，全力创建全国版权示范城市。

1.版权创造工程：2011年全市版权登记量9 548件，跃居全省第一。其中软件著作权登记量1980件，同比增长92.05%；一般著作权登记量8 006件，同比增长290.73%。截至2011年底累计评选出优秀版权奖27项、入围奖23项，下发奖金合计58.6万。

2.版权运用工程：截至2011年底累计下达23项重大版权推广运用计划项目，下达引导资金260万元。积极推广运用苏州市正版软件服务平台和刺绣作品版权许可交易平台等版权公共服务平台。

3.版权保护工程：苏州市级和各县、区级机关软件正版化工作分别于2011年5月和10月在全省率先全面完成。截至2011年底累计重点推进309家企业开展软件正版化工作，扶持51家企业实施软件正版化计划项目，下达引导资金216万元。大力开展打击侵犯知识产权和假冒伪劣商品专项行动，得到国务院督查组充分肯定。

4.版权管理工程：确定11家版权工作示范创建单位，给予40万元资金扶持创建工作。

5.版权文化工程：开展版权有奖征文活动，表彰了3家青少年版权教育先进单位，举办了苏州市青少年版权教育活动颁奖典礼。

1. 2011年7月，苏州市召开创建全国版权示范市推进会
2. 苏州市青少年版权教育活动颁奖典礼
3. 江苏省版权局局长徐毅英在苏州调研指导刺绣产业版权保护工作
4. 苏州市召开市级机关使用正版软件工作会议

创建“全国版权示范城市”——昆山市

版权引领转型 创新促进发展

——前进中的昆山版权工作

昆山，东临国际大都市上海，西依历史文化名城苏州。市域面积931平方公里，常住人口159万，其中户籍人口72万。昆山历史悠久，人文荟萃：“百戏之祖”昆曲发源于昆山，昆石、琼花和并蒂莲被称为“昆山三宝”，千年古镇周庄被誉为“中国第一水乡”；昆山是顾炎武、归有光、朱柏庐等先贤和“航天英雄”费俊龙的故乡。

改革开放以来，昆山坚持以开放促改革、促发展、促创新，走出了一条率先发展、科学发展、和谐发展的“昆山之路”，率先达到江苏全面小康社会水平，成为全省科学发展的排头兵、全国18个改革开放典型地区之一。在传统文化与现代文明的融合中，昆山迸发出无限的生机和活力。2012年昆山正全力冲刺率先基本实现现代化的目标！

近年来，昆山市版权部门以服务全市经济转型升级为导向，以创建全国版权示范城市为抓手，深入贯彻落实国家关于加强知识产权保护、促进创新发展的战略部署，认真履行职能，积极开展工作，全市版权事业取得了巨大进步，为创建全国版权示范城市打下了扎实的基础。

1. 世界知识产权组织、国家新闻出版总署、国家版权局等领导听取昆山市版权工作汇报
2. 昆山市企业软件资产管理试点工作总结表彰会

创新看昆山

敢于争第一 勇于创唯一

2002年，全国县级市第一家成立新闻出版（版权）局；

2002年，全国县级市第一个完成政府部门软件正版化工作；

2004年，全省县级市第一个启动宾馆、娱乐行业背景音乐收费工作；

2007年，全国第一个与微软（中国）有限公司签订战略合作备忘录；

2007年，全省县级市第一个开展版权登记服务工作；

2009年，全省县级市第一家设立版权保护管理中心；

2009年，全国第一家实施版权登记全额资助和企业软件正版化项目资助；

2010年，全省县级市第一个被授予“江苏省版权示范市”称号；

2010年，全国第一家开展企业软件资产管理试点工作；

2011年，全国县级市第一个被批准创建“全国版权示范城市”。

3. 建立“昆山市保护版权模范城市”启动仪式
4. 国家版权局调研组一行来昆山调研
5. 昆山市创建全国版权示范城市工作推进会
6. 版权保护与经济发展专题讲座

数据看昆山

推进实施广告、电子、国有企业、勘察设计、旅游宾馆及卫生等六大行业软件正版化工作；
62家工业企业通过软件正版化重点推进企业验收；
55家企业获得软件正版化资助，资助总额318万元；
评定软件正版化示范企业31家；
5家企业率先试点实施软件资产管理。
授权登记版权作品8 759件；
版权登记资助8 257件，总额近76万元。

政策看昆山

专项政策：出台了《昆山市企业软件正版化资助项目与示范单位评定暂行办法》、《昆山市版权登记资助和奖励暂行办法》、《关于加快昆山市文化产业发展若干政策意见》、《昆山市软件服务外包知识产权保护的若干政策》、《关于加强昆山文化人才队伍建设的若干政策》等相关政策。

7. 青少年版权保护主题活动
8. 江苏省版权局授予昆山市“江苏省版权保护示范市”称号

版权扫描

BAN QUAN SAO MIAO

版权纪事

1　月

6 日　新闻出版总署、商务部、工信部、国务院机关事务管理局在北京召开软件正版化阶段性成果新闻通气会，共同发布了政府机关软件正版化阶段性成果。

7 日　新闻出版总署、国家版权局、全国“扫黄打非”办公室在北京举行新闻通气会，通报自2010年11月开展的全国开展打击侵犯知识产权和制售假冒伪劣商品专项行动的重要进展。

8 日　国务院发布《国务院关于废止和修改部分行政法规的决定》（国务院令第588号），对部分行政法规进行修改和废止。其中，对《著作权法实施条例》、《著作权集体管理条例》、《计算机软件保护条例》、《广播电台电视台播放录音制品支付报酬暂行办法》等法规进行了条款序列调整。

6—8 日　由中国版权保护中心主办的2010 CPCC中国版权服务年会在北京举行。新闻出版总署副署长、国家版权局副局长阎晓宏出席开幕式并致辞。年会上举行了“2010 CPCC十大中国著作权人年度评选”颁奖典礼，举办了“DCI——数字版权公共服务新模式论坛”和“网络视频版权治理新模式研讨会”，发布了“2010年中国版权十大事件”。中国网络游戏版权保护联盟也在年会上成立。

9—11 日　第六届全国作品版权交易会在北京举办，本届交易会由2011北京图书订货会组委会主办、中华版权代理中心承办，主题为“新媒体·新模式·新未来”。首届中国版权拍卖大会的线下推广、中南·天闻杯华语写作大赛、读览天下数字阅读体验、年度热点图书的幕后故事、版权知识抢答赛是本届交易会的5大亮点。

10 日　全国“打击侵犯知识产权和制售假冒伪劣商品专项行动”领导小组办公室、全国“扫黄打非”工作小组办公室在北京、天津、山西、江苏、广东、四川等省市统一举行了2011年侵权盗版出版物第一次集中销毁活动，共销毁521万件侵权盗版出版物。

◇　最高人民法院、最高人民检察院、公安部联合印发了《关于办理侵犯知识产权刑事案件适用法律若干问题的意见》，对侵犯知识产权刑事案件的法律适用问题给予明确规定。

11 日　北京市第二中级人民法院发布2010年度十大案件，其中包括“百度诉360不正当竞争案”、“真假开心网不正当竞争案”、“全国首例互联网电视机侵犯信息网络传播权案”等3起侵犯知识产权案。

◇　由音乐著作权协会、音像著作权集体管理协会主办的厦门地区卡拉OK经营行业著作权许可使用单位授牌仪式在厦门举行，欢唱、诺亚金樽、哈乐、新一代佳人、新花样等厦门卡拉OK企业获得“卡拉OK经营行业著作权许可使用单位”的称号。

◇　国家版权局批准苏州、昆山市创建全国版权示范城市。

12 日　全国版权工作会议在北京举行。新闻出版总署署长、国家版权局局长柳斌杰在会上作了题为《抓住机遇，开拓创新，全面开创版权“十二五”工作新局面》的书面报告。新闻出版总署副署长、国家版权局副局长阎晓宏出席会议并讲话。

◇　中国版权保护中心发布中国软件著作权登记统计数据：2010年中国软件著作权登记量突破8万件，连续5年保持高速增长态势。2006年至2010年，全国软件著作权登记量以平均每年39.7%的速度连续增长，从2006年的21 495件增长到2010年的81 966件，五年累计达241 591件。

13—14 日　国家版权局与中国—欧盟知识产权保护项目（二期）在南通共同召开研讨会，此次研讨会聚焦版权保护推动产业发展以及数字环境下的版权执法两个议题。

15 日　乔羽、谷建芬、傅庚辰、赵季平、徐沛东、陈晓光、阎肃、孟卫东、印青、张千一、雷蕾、三宝、李海鹰13位中国著名词曲作家联合发表声明，要求自1月5日起，所有非公益性（即营利）、商业性演唱活动涉及以上作者作品的，必须征得相关作者的书面授权许可并支付相应报酬，如擅自使用将被追究相关人员或单位的法律责任。

◇　最高人民法院发布第二批共5件侵犯知识产权和制售假冒伪劣商品的典型案例。分别为：被告人韦友军、钟世新侵犯著作权案；被告人梁立勇侵犯著作权案；被告人麦健兴假冒注册商标案；被告人仇海营等假冒注册商标案；被告人吴根创等销售伪劣产品案。

16日 新闻出版总署副署长、国家版权局副局长阎晓宏、工业和信息化部副部长杨学山做客中央电视台二套财经频道《对话》节目，就“软件正版化工作”与嘉宾进行了对话。

17日 广东省召开关于进一步做好政府机关使用正版软件工作会议，要求确保2011年6月底前、8月底前分别完成省和市（地）、县级政府机关软件正版化专项检查和整改工作；在巩固大型企业软件正版化成果基础上，逐步推进中小企业使用正版软件工作。

18日 中国商业联合会在北京召开以“提升版权意识，助力企业良性发展”为主题的沟通交流会，就近期发生纠纷较多的背景音乐版权问题进行深入探讨。

◇ 由中国互联网协会主办、中国网民文化节组委会承办的中国互联网产业年会在北京举行。本次年会的主题是“把握网络经济脉搏、发掘产业新生力量”。

20日 川子、马条、山人乐队、周云蓬、李志、秋野、洛兵、沈庆、吴梦奇等27名艺人连同十三月唱片公司向百度公司发出律师函，指出百度MP3未经版权许可使用了其137首原创歌曲，要求百度公司赔偿其作品损失费用共计685万人民币。

22日 上海举行了“保护知识产权集中销毁侵权盗版制品活动”，在现场集中销毁了盗版音像制品28.1万余盘、盗版图书2万余册。

24日 “骑士音乐网”侵犯著作权案在滁州市南谯区法院一审判决。法院判决网站3名负责人均犯侵犯著作权罪，分别被判处有期徒刑5年、罚金150万元，有期徒刑3年6个月、罚金20万元，有期徒刑3年3个月、罚金20万元。这是全国“扫黄打非”办公室、新闻出版总署（国家版权局）、公安部、最高人民法院、最高人民检察院联合挂牌督办的全国首批15起重点案件中唯一的网络侵犯音乐著作权案件。

26日 湖南省人民政府召开新闻发布会，公布了10个“十一五”期间湖南省涉外知识产权的典型案例和20个专项行动期间湖南省行政执法查处的典型案例。

28日 国家版权局、公安部、工业和信息化部联合召开打击网络侵权盗版专项治理“剑网”行动视频网站主动监管工作会议，对“剑网”行动开展以后视频网站主动监管工作的部署、落实情况以及存在的问题和下一阶段重点工作进行了通报。

29日 全国“扫黄打非”办公室发出《关于组织开展打击盗版工具书专项行动的通知》，决定2011年2—3月在全国开展打击盗版工具书专项行动，并将此次专项行动纳入正在组织开展的打击侵犯知识产权和制售假冒伪劣商品专项行动。

30日 厦门市接到国家版权局《关于同意厦门市创建全国版权示范城市的批复》。厦门市正式成为“全国版权示范城市”创建市。

2 月

12日 《春天里》的作者汪峰所属公司发表声明称，大国文化音乐版权有限公司为汪峰的作品版权所有公司，从即日起，未经作者本人、版权所属公司及中国音乐著作权协会书面授权，任何个人及团体不得在商演中演唱由汪峰创作且该公司拥有词曲权利的音乐作品。

14日 社交网站开心网因提供音乐服务涉嫌侵权被北京龙乐文化艺术责任有限公司及北京源泉知识产权有限公司告上法庭，北京市海淀区人民法院开庭受理。

16日 国家知识产权战略实施工作部际联席会议召开第五次联络员全体会议。会议总结了2010年各部门、各地方知识产权战略实施工作开展情况，讨论了《2011年国家知识产权战略实施推进计划》和《2010年国家知识产权战略实施工作总结》，交流了战略实施工作经验，研究了2011年战略工作部署。

21日 全国打击侵犯知识产权和制售假冒伪劣商品专项行动领导小组办公室、新闻出版总署（国家版权局）、国务院机关事务管理局、中央直属机关事务管理局在北京联合召开了中央国家机关软件正版化工作会议，通报中央国家机关软件正版化工作进展情况并对下一阶段工作提出具体要求。

22日 北京市新闻出版（版权）局召开“2011年北京市新闻出版（版权）工作会”。会议总结了2010年首都新闻出版业工作情况，部署了2011年重点工作。新闻出版总署副署长、国家版权局副局长阎晓宏出席会议并讲话。

23日 上海市政府召开使用正版软件工作会议，总结2010年软件正版化工作，并对2011年软件正版化工作进行动员部署。

24日 由中国版权协会及中国人民大学法学院、中国人民大学知识产权学院联合主办的《中华人民共和国著作权法》修订座谈会在北京举行。中国版权协会、中国音像协会、中国音像著作权集体管理协会等相关协会代表、权利人代表及法学界专家学者共同签署《关于尽快对〈中华人民共和国著作权法〉进行全面修订的建议书》，呼吁尽快全面修法。

◇ 中国文字著作权协会、中印集团数字印务有限公司和北京瀚文典藏文化有限公司在北京签署《断版学术图书限量复制授权合作协议》。

25日 新闻出版总署副署长、国家版权局副局长阎晓宏做客人民网强国论坛，以版权保护这一热点话题与网友进行了在线交流，回答了网友关心的"百度文库问题"、"《春天里》纠纷"、"著作权法修订"、"软件正版化工作"、"'引进消化'措施"等热点问题。

28日 广东省南方文化产权交易网正式上线，这是全国第一个省设文化产权交易网。

◇ 北京市高级人民法院发布2010年度十大知识产权案例，分别是"易建联"商标争议复审案、搜狐博客作品抄袭案、百度垄断案、《狼爱上羊》诉前禁令案、4D影院坐椅专利侵权案、"高达"玩具著作权侵权系列案、美健图形商标侵权案、北京鬃人著作权侵权案、"用于印刷电路板的导体连接模块"发明专利纠纷案、"杏花村"商标异议案等案件。

3 月

1日 由全国打击侵犯知识产权和制售假冒伪劣商品专项行动领导小组办公室、新闻出版总署（国家版权局）联合召开的全国软件正版化工作会议暨推进企业使用正版软件工作部际联席会议第五次全体会议在北京举行。

2日 新闻出版总署署长、国家版权局局长柳斌杰在北京会见了来访的英国知识产权局首席执行官兼总监官约翰·奥尔一行。双方就两国版权立法的最新进展情况、双边合作框架协议的落实情况及下一步工作计划等交换了意见，并就数字环境下如何调整版权制度以应对互联网盗版等问题进行了深入探讨。

7日 国家版权局在成都召开全国版权重点工作专题会议，对2011年版权重点工作进行了整体部署。

8日 国家版权局在成都市举行全国版权示范城市授牌仪式，成都成为首个创建成功的全国版权示范城市。

10日 广州市版权局举办了"降低制造业IT风险与成本"研讨会，贯彻国家版权局等9部委下发的《关于推进企业使用正版软件工作的实施方案》的通知精神，并进一步在制造行业推动软件资产管理工作。80多家来自广州的制造企业代表参加了会议。

◇ 国务院发布《国务院办公厅关于调整打击侵犯知识产权和制售假冒伪劣商品专项行动结束时间的通知》。《通知》要求将打击侵犯知识产权和制售假冒伪劣商品专项行动结束时间由2011年3月底调整为2011年6月底。

13日 十一届全国人大四次会议新闻中心在北京举行主题为"加强知识产权保护"的记者会。国家工商总局副局长付双建，国家质检总局副局长刘平均，新闻出版总署副署长、国家版权局副局长阎晓宏，国家知识产权局副局长贺化，公安部经济犯罪侦察局局长孟庆丰，商务部条法司司长李成钢就相关问题分别回答了中外记者的提问。

14日 中国文字著作权协会组织召开儿童文学作家权益保护座谈会，9名儿童文学作家代表近100位儿童文学作家发起"儿童文学反侵权盗版宣言——儿童文学反侵权盗版的100个声音"倡议活动。15日，包括贾平凹、刘心武、韩寒、郭敬明等在内的近50位中国作家联合发表《三一五中国作家讨百度书》，声讨百度文库的盗版行为。

16日 广州市召开软件正版化工作座谈会，座谈会以"推广正版软件，保护自主创新"为主题，宣传软件正版化工作相关法规政策，交流软件正版化工作经验。

18日 国家新闻出版总署副署长、国家版权局副局长阎晓宏等领导赴浩辰CAD北京分公司视察。

18—19日 由上海版权保护协会、上海版权服务中心（SCSC）和日本内容产品海外流通促进机构（CODA）共同发起并举办的"尊重版权，抵制侵权——2011中日版权交流活动"在上海举行。活动共分为"2011中日版权保护研讨会"和"正版？盗版！版权保护普法宣传日"两部分。

22日 由中国版权协会、英国出版商协会共同主办的"数字时代的版权保护——机遇与挑战"研讨会在北京召开，此次会议围绕当前出版业和图书馆业面临的版权相关问题等进行了交流研讨。

24日 上海市版权局发布了2010年度上海十大版权典型案件，案件涉及出版、摄影、网络游戏与视频、软件预装与使用等多个领域。

◇ 上海市版权局推出《上海版权产业报告(2004—2009)》，从多角度对 2004—2009 年上海版权产业的经济贡献进行统计分析，并在版权产业相关货物贸易的基础上，增加了与版权产业相关的服务贸易数据。

◇ 由全国 140 多家广播电台联合组建的中国广播电视协会广播版权委员会在北京成立。

26 日 百度公司针对外界对其文库产品的讨论发布官方声明，表示预计在未来 3 天内彻底处理百度文库中文学作品类别的未获版权方授权的文档。百度还对因版权问题伤害了一些作家的感情表示抱歉。

27 日 北京市版权局和中国电影著作权协会在北京共同主办了推进网络传播和网吧使用正版影视节目研讨会。会上，影著协与参会的光音网视、五洲回响、网乐等网络影视节目服务商代表签署合作协议，这些服务商将继续为网吧提供影视节目的相关技术服务。

29 日 国家版权局有关负责人再次约见百度高层负责人，明确要求百度从公司长远发展的角度高度重视版权问题，对权利人、社会公众反映的突出问题和自身存在的版权问题，要以负责任的态度进行积极整改，妥善处理。

◇ 高晓松、小柯、张亚东等音乐人发起倡议，成立了“华语音乐作者维权联盟”，向百度维权。

30 日 百度文库正式推出版权合作平台。百度表示，将通过付费分成、广告分成两种模式为版权方提供收益。

◇ 由中国文联、中国美协主办的美术作品著作权保护座谈会在北京召开。中国文联党组成员、副主席冯远，中国文联副主席、中国美协主席刘大为，中国美协分党组书记、驻会副主席吴长江，以及周林、段玉萍、张雪松、张晓津等法律界专家，侯一民、唐小禾、庞涛、何洁等美术家，雅昌集团、人民美术出版社等美术作品使用者代表出席座谈会。

31 日 百度宣布与音著协就百度公司网络音乐作品的授权使用问题达成战略合作，这一合作对于保护互联网环境下广大音乐著作权人的合法权益，实现使用者与权利人的利益平衡具有重要意义。

4 月

7—8 日 “中国图书对外推广计划”第七次会议在浙江杭州举行。会议总结了“十一五”期间“推广计划”取得的成绩和 2010 年工作情况，提出了“十二五”期间的工作目标，部署了 2011 年的重点工作。

11 日 全国“扫黄打非”办公室、新闻出版总署、国家版权局和中央电视台联合举行“绿书签行动 2011”启动仪式，宣传主题是“拒绝盗版，做诚信公民”。

13 日 北京市版权局和中国互联网协会网络版权联盟联合召开数字环境下版权保护和合作模式座谈会，来自司法、行政机关及权利人组织、互联网企业的有关专家试图通过探讨权利人和使用人之间的利益平衡点，推动版权相关法规完善和行业健康发展。

15 日 中国音乐著作权协会以通讯形式召开的第四届会员大会暨理事会换届会结束，成功选举产生协会第四届领导机构。

◇ 第三届“知识产权雍和行”活动启动仪式暨“4·26”知识产权宣传月大型宣传活动在北京举行。在启动仪式上，雍和园管委会、东城区人民法院知识产权庭与中国互联网调解中心共同签署了《雍和园企业知识产权纠纷调解服务平台战略合作协议》，中国互联网协会调解中心雍和园工作站正式成立。

18 日 最高人民法院知识产权审判庭与中国互联网协会签署《关于合作建立互联网知识产权纠纷调解机制备忘录》。

19 日 最高人民法院发布了《中国法院知识产权司法保护状况(2010 年)》。

◇ 上海市版权局发布《2010 年上海知识产权发展和保护白皮书》。

20 日 国家版权局正式发布了《版权工作“十二五”规划》，紧紧围绕科学发展这个主题和加快转变经济发展方式这条主线，在总结“十一五”时期版权工作经验的基础上，对今后 5 年的版权工作进行了总体部署和规划。

◇ 由国家知识产权局、中宣部、国家版权局、国家工商总局等 25 个部门联合主办的 2011 年全国知识产权宣传周启动仪式在北京举行。2011 年全国知识产权宣传周活动于 4 月 20—26 日在全国展开，主题是“知识产权助推经济转型”。

◇ 新闻出版总署副署长、国家版权局副局长阎晓宏在北京会见到访的贝塔斯曼首席财务官瀚韬一行。双方就中国音乐版权保护与管理、数字媒体版权保护与管理等问题进行了深入交流。

◇ 中国首届版权拍卖大会线下拍卖专场在北京举行。该活动由中国人民大学国家版权贸易基地、北京国信兴业拍卖行有限公司、一起写网共同策划举办。

21 日 国家知识产权局、国家工商总局和国家版权局联合发布了 2010 年中国知识产权保护状况。国家知识产权局局长田力普，国家工商行政管理总局副局长付双建，新闻出版总署副署长、国家版权局副局长阎晓宏出席了新闻发布会。

◇ 中关村核心区“世界知识产权日”宣传活动暨海淀区“聚焦核心区·法律服务进企业”活动在北京启动。

◇ 商务部、工业和信息化部、公安部、人民银行、海关总署、工商总局、质检总局、新闻出版总署（版权局）、知识产权局九部门联合下发通知，要求进一步严厉打击网络购物领域侵权假冒行为，加大网上巡查力度，查办一批重点案件，建立办案责任制。

22 日 全国“扫黄打非”工作小组在全国 31 个省（区、市）同时举行集中销毁侵权盗版及非法出版物活动。本次活动共销毁盗版音像制品、盗版图书、盗版电子出版物及非法报刊 2 648 万件。

◇ 中国电影著作权协会一届二次理事（扩大）会议在北京召开。新闻出版总署副署长、国家版权局副局长阎晓宏出席会议并讲话。

◇ 北京中关村海龙电子城百名商户在“中关村卖场保护知识产权活动”现场发出倡议：销售正版，保护版权。该活动由北京市版权局和北京中关村电子产品贸易商会联合电子卖场共同组织。

◇ 第三届“爱普生·北京高校知识产权邀请赛”决赛在北京开赛。此次邀请赛决赛是第四届“知识产权在我身边”爱普生·知识产权普及系列活动之一，参赛队分别来自北京 6 所高校。

23—24 日 由中南财经政法大学知识产权研究中心发起的 2011 知识产权南湖论坛在武汉举行。本次论坛主题为“创新型国家建设与知识产权战略”。

24 日 以“保护知识产权分享正版生活”为主题的宣传活动在地坛公园举行，本次活动由北京市文化市场行政执法总队联合东城区文委执法队、地坛书市组委会举办。

25 日 北京市海淀区文化委员会在爱国者数码科技有限公司启动了“正版正道、正己正人”版权知识企业流动课堂活动。

◇ 中关村知识产权推进大会暨中关村行动宣言签署仪式在北京举行，北京市知识产权局、北京市工商行政管理局、北京市新闻出版局（版权局）和中关村科技园区管理委员会共同签署《中关村知识产权行动宣言》。

26 日 由全国“扫黄打非”办公室、新闻出版总署、国家版权局与中央电视台联合主办的“4·26”世界知识产权日特别节目——“绿书签行动 2011”大型主题晚会在中央电视台 12 频道播出。

◇ 由中国版权协会、中国文字著作权协会、中国音像著作权集体管理协会、中国摄影著作权协会、中国互联网协会、抵制盗版联合体、北京国际版权交易中心及国内知名律师团队共同发起的“中国数字版权维权联盟”在北京成立。

◇ 由中国版权保护中心主办的“2011 CPCC 十大中国著作权人年度评选”活动正式启动，本年度该项评选活动的主题为“资本的新源泉——版权价值”。

◇ 由中国版权协会主办的“金融机构助力正版创意文化借势前行——FAB 精彩集团与金融机构战略合作新闻发布会”在北京举行。

◇ 北京厚德雍和资本管理有限公司、北京东方信达资产经营总公司、中关村创业投资发展有限公司联合建立了国内首支影视新媒体版权基金——北京中关村新媒体版权基金。

27—28 日 苏浙鲁粤四地纺织品市场版权保护协作联合体工作会议在江苏省南通市通州区川姜镇召开。与会人员对《苏浙鲁粤四地纺织品市场版权保护协作联合体工作实施细则（征求意见稿）》进行了讨论、磋商、修改，并通过了《苏浙鲁粤四地纺织品市场版权保护协作联合体工作实施细则》，推举产生了联合体第一届秘书长、副秘书长。

28 日 在北京市新闻出版局（版权局）主办、中国音乐著作权协会协办的“2011 北京音乐版权保护与产业发展论坛暨首批重点音乐著作权人版权保护签约仪式”上，北京市版权局推出了设定重点音乐著作权人名单进行重点保护，建立行业示范效应的新举措。北京版权保护中心与太合麦田、东乐影音、天娱传媒、著名音乐人高晓松等首批十家重点音乐著作权人签署版权保护合作协议。

29 日 中国广播电视协会电视版权委员会在北京成立。

5　月

9—10 日 由国家版权局主办、中国图书进出口（集团）总公司承办的 2011 BIBF 北京国际版权贸易研讨会在北京举行。

10 日 上海市卢湾区人民法院就盛大文学起诉

百度侵权一案作出判决，法院认定百度侵权成立，赔偿盛大文学经济损失 50 万元。

11 日 上海市版权局、市公安局、市文化市场行政执法总队、市通信管理局等六部门联合召开“剑网”行动工作会议暨《上海互联网行业版权自律公约》签署仪式，正式启动上海 2011 年打击网络侵权盗版专项治理“剑网”行动。

13 日 《深圳市版权产业发展状况》白皮书对外发布。数据显示，2010 年深圳版权产业增加值达 1 771.23 亿元，同比增长 22%；软件版权登记量和软件业收入快速增长，软件业总收入 1 891.8 亿元，同比增长 32.5%，占深圳 GDP 的 19.22%。

16 日 第七届文博会重大系列活动之一的“云计算与版权法的未来研讨会”在深圳举行。来自国家版权局、广东省版权局等单位的领导，业界著名的专家、学者，中国著作权相关的权利人组织及相关企业代表近 200 人出席。

17 日 世界知识产权组织（WIPO）与中国国家版权局在福州市签署“世界知识产权组织版权保护优秀案例德化示范点调研项目合作协议”，并启动“关于版权保护对中国德化陶瓷产业发展的影响的研究”项目调研。

18—22 日 第二届中国·福州海峡版权（创意）产业精品博览交易会在福州海峡国际会展中心举行。

19 日 世界知识产权组织（WIPO）与中国国家版权局在福建省泉州市德化县举行了“关于版权保护对中国德化陶瓷产业发展的影响的研究项目”第一次专家组会议。

◇ 金山 WPS 政府采购成果发布暨软件应用座谈会在北京举行。

24 日 商务印书馆与荷兰威科集团版权贸易签约仪式在北京举行。

25 日 新闻出版总署联合国务院机关事务管理局、中央直属机关事务管理局召开中央国家机关软件正版化工作会议。

◇ 由中央国家机关政府采购中心主办的正版软件采购网在北京正式开通。

27 日 青岛市文化市场行政执法局组织召开了全市推进企业软件正版化工作培训会。市文化市场行政执法局副局长赵秀军及国资委、发改委、证监局、保监局、银监局等相关负责人和来自全市 138 家国有企业、上市公司和金融行业的代表 160 余人出席培训会。

28 日 由国家版权局主办、《中国版权》杂志和黑龙江省版权局承办的第三届全国大学生版权征文颁奖仪式暨《版权保护小卫士》赠书仪式在第 21 届全国书博会现场举行。新闻出版总署副署长、国家版权局副局长阎晓宏，黑龙江省副省长程幼东等出席会议并向获奖学生颁发证书。

31 日 山东省版权局在济南召开“纪念著作权法实施 20 周年座谈会”。

◇ 四川省成都市完成了 89 个市级部门和 20 个区（市）县政府机关软件正版化检查整改工作，共采购国内外通用办公软件 59 330 套，采购金额达 7 141.74 万元，成为继山东青岛、新疆克拉玛依、安徽淮南之后全国首批完成软件正版化检查整改工作的城市。

6 月

2 日 北京市版权局发布了《信息网络传播权保护指导意见》。该《意见》于 2011 年 8 月 1 日起正式实施。

10 日 第七届中韩著作权研讨会在国际版权交易中心召开。本届研讨会由中国国家版权局与韩国文化体育观光部主办，中国版权保护中心和韩国著作权委员会共同承办，主题为“中韩网络版权监测及维权新机制”。

11 日 天津滨海国际知识产权交易所在天津揭牌。

15 日 新闻出版总署副署长、国家版权局副局长阎晓宏会见美国电影协会主席兼首席执行官克里斯托弗·多德一行。

◇ 天津海泰数字版权交易服务中心正式运营，文化创意产业论坛在天津市高新区举行。

16 日 中国建筑工业出版社、中国计划出版社、中国建筑标准设计研究院共同组织全国各地建筑图书代理连锁网站的经理召开了“打击盗版依法经营诚信合作”规范建筑图书市场工作会议。

19 日 北京市平谷区政府和中国乐谷管委会与中国唱片总公司、北京歌华文化发展集团等 7 家企业集中签署 30 余亿元投资协议，全力推进中国乐谷音乐产业集聚区发展。

◇ 第四届海峡两岸知识产权论坛在福建省福州市举行。来自海峡两岸的专家、学者就知识产权保护问题展开讨论，呼吁两岸在形成知识产权保护机制以及相关人才交流等方面进一步加强交流合作。

21 日 国家版权局、公安部、工信部联合在北京召开“2010 年至 2011 年打击网络侵权盗版专项治理‘剑网’行动新闻发布会”，公布了安徽滁州骑士音乐网侵犯著作权案、上海盛大网络《冒险岛》游戏外挂案等15起2010—2011年度“剑网”行动典型案件。

22日 北京市召开全市政府机关软件正版化工作推进会，就全市政府机关软件正版化工作思路进行了梳理，并对下一步工作进行了部署。

23日 中国新闻出版研究院在北京发布《电子词典内容质量及版权状况检测报告》。据该《检测报告》显示，电子词典在内容及版权状况上存在一定问题。

25—26日 2011首届中国律师版权实务论坛在广州珠江宾馆举办。本次论坛由中华全国律师协会知识产权专业委员会和广东省律师协会联合主办，广东省律师协会知识产权专业委员会和广东华进律师事务所等承办。

29日 北京市高级人民法院知识产权庭与中国互联网协会调解中心联合举办的“优化调解能动司法广泛合作——第二届互联网知识产权保护论坛”隆重召开。

30日 湖南省知识产权局与中南大学合作共建知识产权研究院签约及聘任仪式在中南大学举行。

7 月

1日 中国首个《著作权资产评估指导意见》正式实施，该《意见》将有效规范著作权资产评估行为，服务文化创意产业发展。

4日 由韩寒、李承鹏、慕容雪村、南派三叔等作家和磨铁图书总裁沈浩波、万榕书业总经理路金波等10人倡议发起的作家维权联盟公司在北京成立。

8日 江苏省召开省级机关软件正版化实施大会。江苏117家省级机关单位的正版软件公开招标采购工作正式启动，江苏省财政安排专项资金1 700万元予以奖励补贴。

10日 宁波市版权协会正式宣告成立。

11日 中国打击侵犯知识产权和制售假冒伪劣商品专项行动成果展启动。该展览于7—10月举行，由全国打击侵犯知识产权和制售假冒伪劣商品专项行动领导小组26个成员单位主办，央视网（中国网络电视台）承办。中共中央政治局常委、国务院总理温家宝为展览撰写导语。

12日 国务院办公厅召开打击侵犯知识产权和制售假冒伪劣商品专项行动第二次督查动员培训会。按照工作部署，专项行动第二次督查于7月14日至21日全面展开。

13日 新闻出版总署、国家版权局在北京举办《著作权法》第三次修订启动会议暨专家聘任仪式。

◇ 北京市第一中级人民法院对北大方正电子有限公司诉宝洁公司侵犯其著作权一案作出终审判决。法院最终认定宝洁公司在其洗发水等产品上使用方正倩体字库中“飘柔”二字的行为不属于侵犯著作权的行为，而是获得了方正公司的默示许可。

19日 百度与环球音乐、华纳唱片、索尼音乐3大国际唱片公司在北京签署了授权数字音乐发行协议。百度将根据音乐社区平台“百度听”在线播放及下载次数数据向版权者支付音乐使用费。

◇ 国家版权局正式授予青岛市“全国版权示范城市”称号，青岛成为继成都后第二个获此称号的城市。

◇ 深圳市市场监督管理局和深圳市证监局联合主办了“深圳市上市企业软件正版化培训班”。

25日 数字版权保护技术研发工程研发工作启动大会在北京召开，这标志着该工程已从筹备阶段进入实质性全面研发建设阶段。新闻出版总署副署长、新闻出版重大科技工程项目领导小组副组长孙寿山出席大会并讲话。

27日 中国国家版权局与英国知识产权局联合召开的2011年第二次视频会议在英国驻华使馆举行。双方就中国打击侵犯知识产权和制售假冒伪劣商品专项行动的开展、英国在中国设立知识产权专员等议题进行了深入的交流讨论。

◇ 苏州市创建全国版权示范城市工作推进会举行。会议旨在为苏州市创建全国版权示范城市，加大版权工作力度，部署各项创建工作任务。

28日 粤港保护知识产权合作专责小组在广州召开第十次会议。粤港双方将在下一阶段继续深化知识产权合作，除了继续做好完善粤港知识产权案件协作处理机制等已有项目以外，还将推出组织粤港中学生进行版权知识和版权保护交流活动、推动粤港知识产权贸易等新的合作项目。

8 月

10日 推进企业使用正版软件工作部际联席会议办公室在北京组织召开“企业软件资产管理试点项目动员及培训工作会议”，启动全国第一批30家大型企业软件资产管理试点工作。国务院机关服务管理局、中国软件联盟、商业软件联盟、中国版权保护中心和全国 15 个省（区、市）版权局以及 30 家试点企业的代表共 90 余人参加会议。

12 日 福建省新闻出版局（版权局）召开版权保护促进产业发展座谈会。与会人员围绕如何加强版权保护工作来更好地促进产业发展以及对即将成立的福建省版权协会如何更好地发挥作用等事项进行了交流与探讨。

19 日 上海版权服务中心和韩国著作权委员会签署了《中韩版权长期合作框架协议》，双方承诺今后将重点在打击侵权盗版、著作权维权、版权贸易等方面展开合作。

19—20 日 由国家版权局主办、新闻出版报社承办的 2011 版权相关热点问题媒体研讨班在北京举办。编辑记者与知识产权界专家学者围绕网络环境下的著作权保护、《著作权法》修订、著作权集体管理等相关问题展开热议。

24 日 人民教育出版社和广东新华发行集团股份有限公司联合召开“保护知识产权、使用正版教辅”座谈会。

26 日 数字出版平台中文在线在北京举行新闻出版重大科技工程项目——数字版权保护技术研发工程“移动出版版权保护应用系统开发及应用示范”、“电子阅读器应用示范”启动会。这标志着这两大项目正式进入实施部署阶段。

28 日 上海文化产权交易所与工信部中国中小企业品牌建设（上海）示范基地等单位联合组建了上海品牌交易中心，这是国内首家品牌交易中心。

30 日 第十届（2010 年度）输出版、引进版优秀图书评选活动在北京揭晓。《地球的红飘带》等 81 种输出版图书、《不可思议的年代》等 69 种社科类引进版图书和《建筑论坛》系列丛书等 30 种科技类引进版图书，共计 180 种图书获奖，沈元勤等 13 名优秀版权经理人获表彰。

◇ 中国版权保护中心、北方工业大学数字版权唯一标识符（DCI）技术联合实验室在北方工业大学正式成立，这是中国第一家 DCI 技术科研机构。

31 日 国家版权局发布 2010 年度打击侵权假冒专项行动版权执法十大案件。

◇ 人民教育出版社与中国摄影著作权协会签署了《教科书“法定许可”使用费收转协议》，新闻出版总署副署长、国家版权局副局长阎晓宏，教育部副部长李卫红和相关领导出席了签约仪式，此次签约标志着教科书出版机构首次依法向著作权集体管理组织支付摄影作品使用费。

9 月

8 月 31 日—9 月 4 日 第 18 届北京国际图书博览会在中国国际展览中心举行。

1 日 中国对外翻译出版有限公司与英国欧若拉出版公司举行了《永远感恩毛泽东》版权输出英国的签约仪式。

7 日 国家版权局办公厅印发了《关于奖励 2010 年度查处侵权盗版案件有功单位及个人的决定》，对在 2010 年度查处侵权盗版案件工作中作出突出贡献的 137 家有功单位、122 名有功个人给予表彰和奖励。

9 日 国家版权局在山东青岛召开推进全国版权示范城市、示范单位和示范园区（基地）创建工作座谈会。

◇ 荷兰保健养生作家阿诺·范·德·维尔与大佳网签约，大佳网获得阿诺全部中文作品的数字版权。

19 日 2010 年度全国知识产权保护重大事件及有影响力人物评选结果在北京发布。

22—23 日 由国家版权局委托新闻出版总署培训中心举办的 2011 年全国版权执法工作首期培训班在宁夏银川开班。

25 日 全国古籍出版反侵权盗版联盟在浙江杭州成立。

9 月 26 日—10 月 5 日 在瑞士日内瓦举行的世界知识产权组织（WIPO）成员国大会上，中国新闻出版总署副署长、国家版权局副局长阎晓宏当选为伯尔尼联盟大会副主席（2011—2013 年度）。

28 日 “中国政法大学知识产权研究生学术沙龙”第一场专家讲座在中国政法大学学院路校区举行。本次沙龙由中国政法大学无形资产管理研究中心主办。

29 日 第四届中国国际漫画节在广东省广州市开幕，国家版权局版权管理司副司长汤兆志出席开幕式并宣读了国家版权局关于同意广州市创建全国版权示范城市的批复。

30 日 第四届中国国际漫画节动漫版权交易会暨产业论坛在广州举行。

10 月

12 日 中国版权保护中心在法兰克福国际书展现场举办了驻德语国家（德国、瑞士、奥地利、列支敦士登）独家窗口单位业务发布会，宣布将把中国版权服务业务推向德语国家市场。

16日 第63届法兰克福国际图书博览会圆满落幕。书展期间，中国展团共签署版权输出与合作出版合同2 424项。

18日 国内两大视频网站乐视网与土豆网联合宣布：成立合资公司，进行版权采购和分销，并共同筹建视频合作平台。

18—19日 由国家版权局委托新闻出版总署培训中心举办的2011年全国版权执法工作第二期培训班在河南郑州开班。

24日 国家版权局下发《关于进一步规范作品登记程序等有关工作的通知》，对作品登记申请受理、审查、时限等方面作出详细规定。

◇ 商业软件联盟（BSA）在北京举行“正版软件，你我有约”新闻发布会暨“软件资产管理优势项目”启动仪式，著名电视节目主持人陈鲁豫应邀担任“正版软件形象代言人”。

28日 由中关村版权联盟和中国人民大学国家版权贸易基地共同主办的2011中关村版权联盟峰会暨中关村版权争议调解中心成立仪式在北京举行。

11 月

1日 中国版权保护中心发布了《中国版权保护中心网络视频音频版权监测及调查取证服务规则》，明确规范了网络视频音频版权监测及调查取证服务平台的服务和工作流程。

9日 国务院总理温家宝主持召开国务院常务会议，研究部署进一步做好打击侵犯知识产权和制售假冒伪劣商品工作。

◇ 新闻出版总署署长、国家版权局局长柳斌杰在北京会见了世界知识产权组织总干事弗朗西斯·加利、副总干事王彬颖一行，双方就如何进一步加强合作、加大版权保护力度深入交换意见。

11日 中国手机游戏开发商联盟（CPU）召开新闻发布会，宣布手机游戏开发商联盟起诉百度案庭审过程已经结束，双方在等待宣判。

12日 2011中国版权年会在北京举行。全国人大常委会原副委员长、民进中央名誉主席许嘉璐出席年会并致辞，新闻出版总署署长、国家版权局局长柳斌杰讲话。

◇ 在第六届北京文博会朝阳展区，北京国际版权交易中心展示了国内首个版权“黑匣子”，可为版权人提供互联网电子公证，有效避免版权纠纷。

14—15日 2011年版权执法培训工作会议在北京召开，170余名来自各省（区、市）及中心城市的版权、公安、检察系统的同志参加了此次培训。

15日 全国打击侵犯知识产权和制售假冒伪劣商品专项行动工作领导小组第一次全体会议在北京召开。

16日 由中国电子信息产业发展研究院（赛迪集团）主办，赛迪集团知识产权研究所和中国软件联盟承办的“中国软件大会·2011软件知识产权分论坛”在北京举行。

17日 商务部宣布成立企业知识产权海外维权援助中心，为“走出去”企业提供知识产权服务与帮助，减少知识产权海外纠纷与摩擦。

18日 第五届爱普生·北大知识产权新闻报道研修班在北大经济研究中心启动。

19—20日 中国知识产权实务论坛在长沙举行，来自全国29个省（区、市）的律师界代表共同签署发布了《文化产业知识产权保护长沙宣言》。

23日 北京市召开政府机关使用正版软件专项检查整改工作总结表彰大会，宣布截至2011年10月底，北京市政府机关软件正版化专项检查整改工作已完成全部工作任务，各级政府部门正版化率均达到了100%。

26日 全国8家版权交易中心和文化产权交易所发表了《共同发展宣言》，宣言称将以版权交易为核心，开创文化要素市场新局面。

◇ 北京东方雍和国际版权交易中心正式推出全新的限量收藏品业务模式。同时，艺术收藏投资指导委员会、交易制度指导监督委员会宣布成立。

27日 福建省版权研讨会在福州举办，本次研讨会由海峡经济研究院、福建省福州市三坊七巷管委会、海峡经济杂志社共同承办，来自政府机构、版权专家、法律和银行界人士以及企业的代表围绕如何加强版权保护工作以更好地促进产业繁荣发展进行了交流与探讨。

28日 全国法院知识产权审判工作座谈会在杭州召开。

◇ 北京市版权局召开北京市作品登记工作会议，传达落实国家版权局领导关于加强版权作品登记工作的指示精神，研究了关于作品登记申请受理、申请审查、登记时限、《作品登记证书》内容、作品登记信息统计等方面的问题。

29日 全球领先的信息技术市场研究与预测机构国际数据公司（IDC）在北京发布了在中国独立完成的白皮书《中国企业推进软件正版化进程，消除盗版软件安全风险》。

◇　人民教育出版社联合广东新华发行集团在广州召开 2012 春季人教社授权教辅维权工作会议，授权南方出版传媒股份有限公司为广东唯一全品种出版、发行“人教版”同步配套教辅的单位。

30 日　中央人民广播电台首次与台湾作家签订版权授权协议。授权仪式上，台湾著名女作家朱秀娟将其代表作《女强人》的广播权、改编权和演播权赠与中央人民广播电台。

12　月

1 日　在电影大师班（CICE-MPA）的开班仪式上，由北京国际版权交易中心和美国电影协会携手 FAB 精彩集团、中影集团、华谊兄弟等机构共同发起的致力于国际影视版权保护的“国际影视版权维权联盟”正式宣布成立。

8 日　英国—中国知识产权研讨会在伦敦召开，这是中英双方首次举行有关知识产权的研讨会。

8—9 日　中国国家版权局与世界知识产权组织（WIPO）在上海共同召开“世界知识产权组织数字环境下的版权管理和执法国家研讨会”。

9 日　国家知识产权局联合相关部门在深圳市举办了主题为“创新·保护·发展”的 2011 年全国外商机构保护知识产权座谈会。

13 日　中国当代书画艺术品知识产权论坛在北京召开。本次论坛的主题是“去伪存真、传承文明、创新发展”，全面阐述当代书画艺术领域的知识产权问题。

15—16 日　中国机械工业联合会在北京主办了 2011 年机械行业企业软件正版化现场培训会。

16 日　土豆网、台湾中天电视等在北京举办“尊重版权、尊重规范、自尊自重”土豆维权发布会，直指优酷侵权。优酷也公开宣布向土豆网“展开公开维权”，表示将就 100 部长期被土豆网盗播的热播影视剧、综艺节目及优酷出品的原创内容提起诉讼。

18 日　天津文化产权交易所和天津文化产业股权投资基金同时揭牌成立。

20 日　最高人民法院召开新闻发布会，2011 年 1—10 月全国法院知识产权一审民事案件首次突破 5 万件，达到 52 708 件，同比增长 42.2%。

◇　中国音像著作权集体管理协会在北京召开第三次会员大会，讨论通过了《2010 年度工作报告》和《2009—2010 年度财务工作报告》，并就协会 2011 年的重点工作进展向与会会员做了汇报。

21 日　新闻出版总署副署长、国家版权局副局长阎晓宏就学习贯彻十七届六中全会精神，加强版权保护力度，推动互联网产业发展等方面内容到百度公司进行专题调研。

22 日　搜狐微博举办“微博版权保护倡议研讨会”，版权专家、学者、律师及行业主管部门代表就微博的版权问题进行探讨。

26 日　第 20 届“风载我歌行”暨“新民谣”原创音乐大赛在中国人民大学如论讲堂举行。本次大赛由中国人民大学文化科技园、中国人民大学商学院联合主办，首次将版权管理制度引进校园音乐大赛。

版权界动态

◆ 立 法

【国务院对《著作权法实施条例》等进行调整】 2011年1月8日，国务院发布《国务院关于废止和修改部分行政法规的决定》（国务院令第588号）（以下简称《决定》），对部分行政法规进行修改和废止。其中，对中国著作权法实施条例等相关法律条款进行了调整。

《决定》对《中华人民共和国著作权法实施条例》第二十二条、第二十九条、第三十条等进行了调整。其中，将第二十九条中的“视为著作权法第三十一条所称图书脱销”修改为“视为著作权法第三十二条所称图书脱销”，将第三十条中的“著作权人依照著作权法第三十二条第二款声明”修改为“著作权人依照著作权法第三十三条第二款声明”。此外，《决定》还对《著作权集体管理条例》、《计算机软件保护条例》、《广播电台电视台播放录音制品支付报酬暂行办法》等法规中的规定进行了调整。

（资料来源：中国知识产权报　作者：姜　旭）

【三部门联合出台办理侵犯知识产权刑事案件适用法律新规】 2011年1月10日，最高人民法院、最高人民检察院、公安部联合印发了《关于办理侵犯知识产权刑事案件适用法律若干问题的意见》（以下简称《意见》），对侵犯知识产权刑事案件的法律适用问题进行明确规定。

《意见》共16条，针对近年来公安机关、人民检察院、人民法院在办理侵犯知识产权刑事案件中遇到的新情况、新问题，进一步明确了侵犯知识产权刑事案件的管辖，收集、调取证据的效力，如何认定侵犯著作权罪中“以营利为目的”等7个问题。

《意见》对网络侵犯知识产权犯罪的定罪量刑标准作出了明确的、具有可操作性的规定，从非法经营数额、传播他人作品数量、作品被点击的次数、注册会员人数等方面进一步明确。为有效保护知识产权、打击通过信息网络实施的侵犯知识产权犯罪提供具体明确的法律依据。

关于侵犯著作权犯罪“以营利为目的”的认定问题，《意见》根据侵犯著作权犯罪案件中有些是通过信息网络实施犯罪的特点，作了比较具体的规定，相较以往的一般性规定更加明确、具体。

关于侵犯著作权犯罪案件“未经著作权人许可”的认定问题，《意见》指出，“未经著作权人许可”一般应当依据著作权人或其授权的代理人、著作权集体管理组织、国家著作权行政管理部门指定的著作权认证机构出具的涉案作品版权认证文书，或者证明出版者、复制发行者伪造、涂改授权许可文件或超出授权许可范围的证据，结合其他证据综合予以认定。

《意见》同时对《刑法》第二百一十七条规定的发行及相关问题进行了认定。根据《意见》，发行包括总发行、批发、零售、通过信息网络传播以及出租、展销等活动。非法出版、复制、发行他人作品，侵犯著作权，构成犯罪的，按照侵犯著作权罪定罪处罚，不认定为非法经营罪等其他犯罪。

（资料来源：中国新闻出版报　作者：曾革楠）

【中国首部《著作权资产评估指导意见》实施】 2011年7月1日起，中国资产评估协会于2010年12月发布的中国首部《著作权资产评估指导意见》正式实施。

《著作权资产评估指导意见》从著作权资产定义，著作权资产评估的基本要求、评估对象、评估操作要求以及评估披露等多方面，系统规范了著作权资产评估过程中需要遵循的原则和标准，初步解决了由于著作权资产评估对象的复杂性、原创著作权资产价值的衍生性，以及著作权资产的时效性等特性造成的评估难题，在一定程度上解决了中国著作权资产评估缺乏专门准则指导的问题。

（资料来源：中国新闻出版报　作者：韩　洁　徐　蕊）

【《著作权法》第三次修订启动会议召开】 2011年7月13日，新闻出版总署、国家版权局在北京举办《著作权法》第三次修订启动会议暨专家聘任仪式。新闻出版总署署长、国家版权局局长柳斌杰出席会议并讲话。会上，柳斌杰与时任新闻出版总署副署长李东东，新闻出版总署副署长、国家版权局副局长阎晓宏共同为20余位知识产权专家颁发了聘书。

柳斌杰在讲话中分析了中国《著作权法》第三次修订工作的紧迫性和重要性，特别强调了修法工作应坚持三个基本原则。第一，要坚持独立性原则，即必须立足于中国国情、体现出中国特色、致力于解决中国的问题，必须着眼于解决中国版权创造、运用、保护、管理面临的突出问题。第二，要掌握好利益平衡原则，必须深入研究各方利益诉求，准确把握著作权法的利益平衡原则，妥善处理好创作者、传播者和社会公众利益的基本平衡，妥善处理好保护著作权与保障信息传播的关系，既要依法保护著作权，又要促进信息传播。第三，要坚持国际性原则，充分借鉴国际社会成熟的经验和做法，加强对国际社会著作权法制的跟踪与研究，认真查找中国现行《著作权法》与中国加入的国际条约之间的差距，使中国《著作权法》符合相关国际条约的规定，体现一个负责任大国的良好国际形象。同时，柳斌杰希望《著作权法》第三次修订能达到“三高”，即高效率、高质量与高水平。

中宣部出版局局长陶骅出席会议。国家版权局原副局长沈仁干、全国人大教科文卫委文化室主任朱兵、中国出版集团公司副总裁王涛、中国电影著作权协会理事长朱永德、中国人民大学教授刘春田等代表受聘专家在会上发言。在本次会议上受聘的专家有：马晓刚、王迁、王涛、王炬、王野霏、王建华、刘波林、刘春田、刘晓海、刘俐、许超、朱永德、沈仁干、张平、张今、吴汉东、李海鹰、李明德、陈一丹、陈锦川、李长喜、季星星、汪涌、罗东川、郭寿康、高青云、索来军、陶鑫良、蒋志培、童之磊。

新闻出版总署、国家版权局法规司司长王自强在会上介绍了中国《著作权法》的基本情况及第三次修订工作的计划和设想。

（资料来源：中国新闻出版报　作者：赖名芳）

◆ 司法

【“骑士音乐网”侵权案宣判】　2011 年 1 月 24 日，全国“扫黄打非”办公室、新闻出版总署（国家版权局）、公安部、最高人民法院、最高人民检察院联合挂牌督办的全国首批 15 起重点案件中唯一的网络侵犯音乐著作权类型案件——“骑士音乐网”侵犯著作权案在滁州市南谯区法院一审判决。“骑士音乐网”未经国际唱片业协会会员公司授权，擅自向公众提供大量侵权音乐的下载和试听，涉案金额达百余万元。法院判决网站 3 名负责人均犯侵犯著作权罪，分别判处有期徒刑 5 年、罚金 150 万元，有期徒刑 3 年 6 个月、罚金 20 万元，有期徒刑 3 年 3 个月、罚金 20 万元。

一审判决后被告提出上诉。2011 年 3 月，滁州市中级人民法院作出二审判决，维持原判。

（资料来源：中国新闻出版报　作者：吴安宁）

【北京高院发布 2010 年十大知识产权案例】
2011 年 2 月 28 日，北京市高级人民法院发布了 2010 年度十大知识产权案例，这是该院自 2002 年以来连续第 9 年发布年度知识产权案例。知识产权行政案件是北京市法院专属管辖的案件，近年来数量增长迅猛，已经成为北京市知识产权案件的重要组成部分。

2010 年，北京市法院受理一审知识产权纠纷案件 8 923 件，同比上升 42.49%，审结 8 855 件，同比上升 44.8%。本次发布的十大案件，分别是“易建联”商标争议复审案、搜狐博客作品抄袭案、百度垄断案、《狼爱上羊》诉前禁令案、4D 影院坐椅专利侵权案、“高达”玩具著作权侵权系列案、美健图形商标侵权案、北京鬃人著作权侵权案、“用于印刷电路板的导体连接模块”发明专利纠纷案、“杏花村”商标异议案等案件，涉及著作权、商标、专利、垄断等多个审判领域。

这些案件有多起属于北京法院首次受理的新类型案件，比如首例垄断纠纷案、首例博客作品抄袭案、首例涉及非物质文化遗产鬃人作品的著作权案等。

（资料来源：中国新闻出版报　作者：刘玉民　戴怡婷）

【最高人民法院发布 2010 年知识产权司法保护白皮书】　2011 年 4 月 19 日，最高人民法院发布了《中国法院知识产权司法保护状况（2010 年）》。这是最高人民法院第二次对外发布中国知识产权司法保护状况白皮书。

白皮书显示，2010 年地方各级人民法院共新收和审结知识产权民事一审案件 42 931 件和 41 718 件，比 2009 年增长 40.18%和 36.74%，新收一审案件诉讼标的总金额达到 794 801.33 万元。全国知识产权民事一审案件平均调解撤诉率达到 66.76%，同比上升 5.68 个百分点。

在行政审判支持和监督依法行政方面，2010 年地方各级人民法院新收一审知识产权行政案件 2 590 件，同比上升 25%；审结 2 391 件，同比上升 21.31%。知识产权行政案件一审收结案数大幅上升，主要集中在商标行政案件，这表明注册商标作为区分商品和服务来源的重要手段，作为生产者和经营者商誉的重要载体，受到越来越多的重视。

在刑事审判方面，2010 年，全国法院新收一审知识产权刑事案件 3 992 件，同比上升 9.58%。全国法院共审结涉及知识产权侵权的一审刑事案件 3 942 件，同比上升 7.7%；判决发生法律效力 6 001 人，其中有罪判决 6 000 人。

（资料来源：人民网　作者：白　龙）

【手机游戏开发商联盟起诉百度】　2011 年 11 月 11 日，中国手机游戏开发商联盟（CPU）召开新闻发布会，宣布手机游戏开发商联盟起诉百度案庭审过程已经结束，双方在等待宣判。

CPU 代理律师王英军表示，CPU 状告百度一案与此前的“百度 MP3 侵权案”、“作家维权联盟状告百度文库案”均不同，本案中百度游戏的 WAP 页面既非外链，也不是由用户生成内容，页面上提供下载的盗版游戏就保存在百度的服务器上，并向用户公开，网页上也没有百度公司工作人员之外的用户提供内容的入口，因此 CPU 认为百度公司是一个直接的盗版内容提供商，并通过盗版游戏带来的高流量获利。

此次涉案的共有 17 家游戏开发公司的 17 个产品，CPU 联盟要求百度公司立即停止侵权，并对每个游戏索赔 10 万元。截至 11 月 11 日，共有 25 家手机游戏开发企业委托 CPU 联盟提起诉讼，其中先期完成公证的是 17 家，而整个 CPU 成员企业出品的游戏共有 335 个涉及被盗版。

2012 年 5 月 22 日，北京市海淀区人民法院在一审中判定百度败诉，并赔偿其中一家企业——大连阿里奥斯科技咨询有限公司损失 7 000 元。

（资料来源：中国知识产权报　作者：刘阳子）

◆ 行政管理

【2011 年推进使用正版软件工作】　2011 年，推进使用正版软件工作在两个方面取得重要进展，一是政府机关软件正版化检查整改工作取得阶段性成效，二是推进企业使用正版软件工作向纵深推进。

在政府机关软件正版化方面，2011 年 2 月 21 日，全国打击侵犯知识产权和制售假冒伪劣商品专项行动领导小组办公室、新闻出版总署（国家版权局）、国务院机关事务管理局、中央直属机关事务管理局在北京联合召开了中央国家机关软件正版化工作会议。按照《国务院办公厅关于进一步做好政府机关使用正版软件工作的通知》（国办发［2010］47 号）、《国务院办公厅关于进一步做好政府机关软件正版化检查整改工作的通知》（国办函［2011］130 号）和国务院有关会议精神要求，中央国家机关应于 2011 年 5 月底前完成检查整改任务，省级、地市级、县级政府机关应分别于 2012 年 6 月底前、2012 年 12 月底前、2013 年 12 月底前完成检查整改任务。

截至 2011 年 5 月底，中央办公厅、国务院办公厅等 135 个中央和国家机关按时完成机关本级软件正版化检查整改工作，共采购操作系统、办公、杀毒三类软件 9.18 万套（许可数），采购金额 7 723 万元，其中办公软件的采购套数和金额分别为 6.56 万套、6 031 万元，国外办公软件的采购套数和金额分别为 3.71 万套、4 843 万元，国外办公软件分别占比 56.6%和 80.3%。

截至 2012 年 1 月底，上海、北京、广西、浙江、新疆、江苏、安徽、重庆等 8 个省（区、市）已完成全部省级政府机关检查整改工作，其中上海、北京、广西、浙江已完成全部省、地市、县三级政府机关软件正版化检查整改工作任务；海南完成了三级政府机关办公软件（不包括其他软件）的正版化。在全国 432 个地市级政府（含开发区、管委会）中，已有山东青岛、安徽淮南等 100 个地市级政府完成所有市级政府机关检查整改工作，占所有地市级政府总数的 23%。在全国 2 732 个县级政府中，广西、浙江等地 373 个县级政府完成所有县级政府机关检查整改工作，占所有县级政府总数的 14%。各地共已支付采购资金 9.09 亿元、采购软件 111.72 万套（许可数）。其中国内、国外办公软件采购套数、金额分别是 39.23 万套、1.67 亿元，26.82 万套、4.06 亿元。

在企业软件正版化方面，2011 年 3 月 1 日下午，由全国打击侵犯知识产权和制售假冒伪劣商品专项行动领导小组办公室、新闻出版总署（国家版权局）联合召开的全国软件正版化工作会议暨推进企业使用正版软件工作部际联席会议第五次全体会议在北京举行。各地区、各部门按照会议要求，在巩固 2006 年以来企业软件正版化工作成果的基础上，进一步完善工作机制，形成工作合力，与政府机关软件正版化检查整改工作形成互动，协调推进企业软件正版化工作，取得显著成效。

2011 年全国共有 4 819 家企业列入年度完成使用正版软件工作目标企业，其中 2 484 家企业完成检查验收；共举办培训班 230 余次，参训企业数量近8 000家，培训人员近 1.4 万人。截至 2011 年 12 月，全国累计列入年度完成工作目标企业达到 23 101 家，累计完成软件正版化企业 15 256 家，累计举办培训班 1 230 余次，参训企业数量近 3.8 万家，培训人员近 7.3 万人；国资委所监管的中央企业完成软件正版化的达 15 930 家（含一、二、三级企业），大型银行机构和保险企业基本实现软件正版化，煤炭、旅游饭店、网吧、勘察设计等重点行业取得了突破性进展。

同时，推进企业使用正版软件工作部际联席会议办公室会同有关部门，审定出版《软件资产管理手册》，对 30 家试点企业进行软件资产管理集中培训，组成工作组入驻试点企业进行一对一指导，推进试点企业深入开展软件资产管理试点工作，初步建立起符合中国企业实际的软件资产管理制度，为长效推进企业软件正版化工作提供了重要保障。

（《中国版权年鉴》编辑部）

【2011 年打击网络侵权盗版专项治理“剑网”行动】 2010 年至 2011 年打击网络侵权盗版专项治理“剑网”行动于 2010 年 7 月启动，2011 年 6 月底结束，是国家版权局、公安部、工信部连续第 7 次开展打击网络侵权盗版专项治理行动。从 2010 年 8 月至 2011 年 5 月，国家版权局通过“12390”侵权盗版举报电话以及举报信箱等渠道收到社会公众、权利人举报投诉的 1 000 余个案件，经初步核查后，分 5 次向 27 个省（区、市）版权部门移送案件 832 起，加上各地版权部门自行受理的案件，截至 2011 年 6 月，全国版权执法部门及公安、电信等部门共查处网络侵权盗版案件 1 148 起，其中作出行政处罚 466 起，通过“两法衔接”机制移送司法机关追究刑事责任 66 起。

国家版权局联合全国“扫黄打非”办公室、公安部、最高院、最高检，实行五部门联合挂牌督办安徽骑士音乐网侵权案等 17 起重大网络侵权案件，并联合开展实地督导。截至 2011 年 6 月底，这 17 起重点案件中，法院已判决 7 起，检察院正在审查起诉 5 起，其他 5 起案件公安机关尚在深入侦查中。7 起已经判决的案件中，共有 20 名被告被判有罪，刑期从拘役 6 个月到有期徒刑 5 年不等，共处罚金 570 万元。

除查处网络侵权盗版案件外，此次“剑网”行动还集中开展对视频网站的主动监管工作，对重点网站、重点作品进行重点监管。

国家版权局选定 18 家视频网站作为重点监管对象，分别是：悠视网、新浪网、乐视网、优酷网、搜狐网、百度视频、酷 6 网、激动网、PPS 网络电视、VeryCD 网、土豆网、腾讯网、56 视频、迅雷、暴风影音、风行网、PPTV 网络电视、皮皮网。这 18 家网站传播的影视作品占到全部视频网站传播影视作品总量的 95%左右。选定这些重点网站的 300 部作品作为重点作品，即整个视频网站领域点击率或下载率排名前 100 名的电影、前 100 名的电视剧，以及 18 家视频网站上点击率或下载率排名前 50 名的电影、前 50 名的电视剧。2010 年 9 月 15 日，国家版权局对相关网站发出主动监管通知，要求其针对 300 部作品的传播使用情况开展自查自纠。要求网站根据通知填报自查自纠报告、主动监管网站情况统计表、自查自纠表等文件，督促网站按照“先授权后使用”的原则自行删除未获得授权的作品，积极处理权利人投诉。

同时，国家版权局通过技术手段对 18 家网站上 300 部作品的传播情况予以重点监控，作为审核网站上报文件的依据。对通过技术监控发现网站自称已经删除或者未上报授权信息却仍然可以在线观看的作品，要求相关网站提供授权证明文件。

根据技术监控和文件审核结果，2011 年 1 月 28 日，国家版权局联合公安部、工信部召开专题会议，对视频网站的作品传播使用情况、自查自纠情况进行公开通报，对存在侵权盗版现象又不彻底删除的悠视网、VeryCD 网提出批评并列入重点监管网站名单；对网站上报信息与技术监控信息有较大出入的网站提出警示。通过主动监管，提高了重点视频网站在传播影视作品时对“先授权后使用”的认识水平，引导这些重点视频网站合法经营，有效规范了网络版权经营秩序。

（《中国版权年鉴》编辑部）

【国家版权局召开 2011 年全国版权工作会议】 2011 年 1 月 12 日，全国版权工作会议在北京举行。新闻出版总署署长、国家版权局局长柳斌杰在会上作了题为《抓住机遇，开拓创新，全面开创版权“十二五”工作新局面》的书面报告。新闻出版总署副署长、国家版权局副局长阎晓宏出席会议并讲话。

会议指出，“十一五”期间，版权工作深入贯彻落实国家知识产权战略，大力推进版权工作六大体系建设，在六大方面取得了显著成绩：版权法律体系不断完善、版权执法监管力度空前加大、版权相关产业蓬勃发展、版权公共服务和社会参与体系基本建立、社会公众版权保护意识显著增强、版权工作面临的国际环境明显改善。

会议提出了“十二五”期间中国版权工作的目标任务：版权保护要同中国经济社会发展水平基本相适应，版权法律制度更加完备，版权监管机制与执法体制更为健全，版权法治环境进一步改善，版权公共服务体系和功能进一步加强，版权相关产业得到进一步发展。通过激励创新与加强保护，作品的创造、运用、保护和管理能力不断增强，支持具有鲜明民族特色、时代特点的优秀作品创作，培育一批有重大影响的版权相关产业和版权企业，版权相关产业产值占国内生产总值的比重明显提高，国民的版权认知度达到80%以上，侵权盗版行为明显减少，版权保护社会环境和版权相关产业发展市场环境得到明显改善，为中国进入创新型国家行列打下坚实基础。

会议就2011年版权工作如何围绕中心、服务大局，坚决完成国务院部署的打击侵犯知识产权和制售假冒伪劣商品专项行动各项任务作了部署。会议指出，坚持查破大要案件，强化行政处罚工作，推动重点案件行政执法与刑事司法的有效衔接及分别于2011年5月底前和10月底前如期完成中央国家机关与省、市（地）、县政府机关软件正版化专项检查和整改工作，是当前版权工作的重中之重。

来自北京、上海、江苏、浙江、广东、湖南、广西、甘肃、陕西等20余个省（区、市）版权局主要负责人参加会议。

（资料来源：中国新闻出版报　作者：赖名芳）

【全国开展打击盗版工具书专项行动】　2011年1月29日，全国“扫黄打非”办公室发出《关于组织开展打击盗版工具书专项行动的通知》（以下简称《通知》），决定从2011年2月至3月在全国开展打击盗版工具书专项行动，并将此次专项行动纳入打击侵犯知识产权和制售假冒伪劣商品专项行动。

《通知》要求全面检查工具书市场，严厉查处非法印刷、运输、储藏和销售盗版工具书尤其是名牌工具书的行为。整治地（市）、县（市）、乡（镇）出版物市场和清查校内、校园周边书店是此次专项行动的重点任务。河北、内蒙古、辽宁、山东、河南、湖北、湖南、广西、重庆、四川、贵州、云南、陕西、甘肃、青海、宁夏等16个省（区、市）是整治的重点地区。

《通知》要求，专项行动期间，各地“扫黄打非”办公室要采取发动举报、清查市场、关注网售、查办大案和加强宣传等5项措施，大力推进专项行动。注重对图书批发、零售、出租单位进行严格检查，在检查过程中，认真甄别混合摆放的正版和盗版工具书；注重掌握境内各大网络交易平台上开办的各种网络书店销售盗版工具书情况，一经发现，立即查处，并追根溯源，彻查彻究；注重从群众举报和市场清查中获取案件线索，深入查办大案要案。对触犯刑律的，依法追究刑事责任，严惩犯罪分子，不得以罚代刑。

打击盗版工具书专项行动开展以后，各地全面检查工具书市场，深挖案件线索，严厉查处非法印刷、运输、储藏和销售盗版工具书的行为，先后破获了一批盗印《新华字典》、《现代汉语词典》、《牛津高阶英汉双解词典》等名牌工具书的案件，如河南新乡“9·03”非法印刷盗版图书案和河北邯郸“6·01”盗印工具书案。

这类案件多呈现以下特点：一是手段更加隐蔽。为减少中间销售环节被查获的风险，盗版工具书往往通过学校直接向学生批销。二是逐步形成网络。制售盗版工具书的违法犯罪分子已形成犯罪团伙，建立起相对稳定、遍布全国的发行网络。三是向薄弱地区转移。随着查处力度的加强，违法犯罪分子已将制作、存储窝点转移到中小城市和农村，以逃避打击。比如新乡非法盗印案破获的地下印刷厂就藏匿在农村的废弃工厂里。

针对上述特点，全国“扫黄打非”办公室要求各地加大对地（市）、县（市）、乡（镇）出版物市场的检查整治力度和对校内、校园周边书店的清查力度；积极协调所在地教育行政部门加强对各级各类学校的管理，坚决查处学校、教师向学生推销盗版工具书的行为；切实加强印刷源头监管，对屡次成为盗版盗印源头的地区进行拉网式清查，坚决取缔各类非法印刷窝点；对案件线索追根溯源，打团伙、破网络，有效震慑违法犯罪分子。同时，欢迎群众积极举报盗版工具书的相关线索，一经查实，将按照规定予以奖励。

（《中国版权年鉴》编辑部）

【国家版权局在成都召开全国版权重点工作专题会议】　2011年3月7日，国家版权局在成都召开全国版权重点工作专题会议，对2011年版权重点工作进行了整体部署。

会议要求2011年版权工作要突出五大发展主题：加强版权公共服务建设，创新版权公共服务形式，增强版权公共服务能力；加强版权贸易基础性建设，积极探索构建综合性的版权要素市场；加强版权相关产业基地建设，培育一批版权示范城市、示范单位和示范园区（基地）；充分发挥集体管理组织、行业协会、涉外版权认证机构和版权中介机构的作用，进一步规范其市场行为；认真做好全国版权相关产业对国民经济的贡献的调研工作。

在推动作品登记方面，进一步完善作品登记制度，形成全国统一规范的工作流程。同时，培育和推荐全国版权示范典型，发挥先进典型在促进版权相关产业发展中的引导和示范作用。

在行政执法和市场监管方面，2011 年要落实三大重点工作任务：一是扎实开展“打击侵犯知识产权和制售假冒伪劣商品专项行动”。已列入新闻出版总署、国家版权局等五部门重点督导的 55 个重大案件，要保证件件有落实、事事有结果。二是各级版权行政部门要集中行政资源，拿出有效办法，确保中央和地方政府机关分别于 5 月底前与 10 月底前完成软件正版化检查整改工作。三是要把版权监管工作与国家意识形态和文化安全结合起来，将版权保护引入内容审查工作，加强版权主动监管。同时，扩大大型网络企业的监管范围，加强网络监管平台建设，及时处置网络侵权盗版行为。

在夯实工作基础方面，会议要求各级版权管理部门要以新中国第一部《著作权法》实施 20 周年为契机，以国务院开展的专项行动为重要内容，大力宣传保护知识产权对贯彻落实科学发展观、提高民族创新能力、建设创新型国家的积极作用；宣传中国政府保护知识产权、打击侵权盗版的坚定立场和坚决态度以及取得的显著成效；宣传保护知识产权，促进智力创造和产业发展的先进典型。同时，积极配合立法部门推进著作权法律、法规和规章的修改工作，进一步完善中国的著作权法律制度。

会议期间，与会代表讨论并修改了《关于进一步加强作品登记工作的通知（征求意见稿）》及《2011 年企业软件正版化工作计划（征求意见稿）》。

（资料来源：中国新闻出版报　作者：赖名芳）

【成都成为中国首个全国版权示范城市】 2011 年 3 月 8 日，国家版权局在成都市举行全国版权示范城市授牌仪式。国家版权局于 2009 年 12 月发布《全国版权示范城市、示范单位和示范园区（基地）管理办法》后，成都成为首个创建成功的全国版权示范城市。

新闻出版总署副署长、国家版权局副局长阎晓宏出席授牌仪式并致辞。阎晓宏指出，国家版权局开展的创建全国版权示范城市工作，就是要有效发挥知识产权特别是版权在优化资源配置、保护创新成果、促进文化繁荣、推动经济发展等方面的积极作用，在全社会大力弘扬尊重知识、尊重创新的科学品质，推动中心城市版权创造、运用、保护和管理能力的显著提高。新闻出版总署、国家版权局先后批准版权要素丰富、版权资源聚集、版权产业发达的中心城市启动了创建活动，这对贯彻国家知识产权战略纲要、提升全国的知识产权水平具有重要的示范意义。

成都市副市长谢瑞武介绍了成都市自 2009 年 2 月获准创建全国版权示范城市以来，开展的“版权兴市”活动，实施的“版权干部工程”、“版权孩子工程”、“版权人才工程”和“版权公益宣传工程”四大重点工程等积极有效的措施。

成都、青岛、厦门等地版权局代表在授牌仪式上共同发布了《版权保护成都宣言》，表示要“共同为构建有利于版权事业大繁荣、产业大发展的现代版权制度，加快建设创新型国家而不懈努力”。

（资料来源：中国新闻出版报　作者：赖名芳）

【国家版权局发布《版权工作“十二五”规划》】 2011 年 4 月 20 日，国家版权局正式发布了《版权工作“十二五”规划》。《规划》根据《中华人民共和国国民经济和社会发展第十二个五年规划纲要》及《国家知识产权战略纲要》编制，紧紧围绕科学发展这个主题和加快转变经济发展方式这条主线，在总结“十一五”时期版权工作经验的基础上，对以后 5 年的版权工作进行了总体部署和规划。

《规划》提出，“十二五”时期版权工作的主要目标为：版权工作要同中国经济社会发展水平基本相适应，版权法律和政策体系更加完备，版权监管体制和机制更为健全，版权法治和社会环境进一步改善，版权公共服务体系和功能进一步加强，版权相关产业进一步发展。通过激励创新与加强保护，版权创造、运用、保护和管理能力不断增强。大力支持具有鲜明民族特色、时代特点的优秀作品创作，培育一批有重大影响的版权相关产业和版权企业，版权相关产业产值占国内生产总值的比重明显提高，版权的国民认知度达到 80%以上，侵权盗版行为明显减少，版权保护的社会环境和版权相关产业发展的市场环境明显改善，为中国进入创新型国家行列打下坚实基础。

《规划》确定了“十二五”时期版权工作 5 个方

面的重点任务：一是强化版权服务功能，完善公共服务和社会参与体系；二是鼓励版权创造运用，促进版权相关产业健康发展；三是完善宣传培训机制，提高公众版权保护意识；四是完善法律政策体系，加强版权执法监管能力；五是强化国际应对体系，切实维护国家根本利益。

此外，《规划》提出，“十二五”期间，软件和其他作品登记量年平均增长8%～20%，培育推出5～10个全国版权示范城市、3～5个国家版权贸易基地、5～10个国家版权相关产业基地、3～5个国家科研教学基地和100个全国版权保护示范单位。各级版权行政管理部门要采取多种形式，开展“版权干部工程、版权孩子工程、版权人才工程、版权公益宣传工程”。

（资料来源：中国新闻出版报　作者：王玉梅）

【全国集中销毁侵权盗版及非法出版物活动展开】 2011年4月22日上午，全国“扫黄打非”工作小组在全国31个省（区、市）同时举行集中销毁侵权盗版及非法出版物活动。此次活动共销毁盗版音像制品、盗版图书、盗版电子出版物及非法报刊2 648万件。其中，销毁量超过100万件的13个省（区、市）为北京、河北、黑龙江、辽宁、山东、河南、广东、浙江、湖北、湖南、四川、甘肃和贵州。

在北京主会场，新闻出版总署副署长、国家版权局副局长阎晓宏，北京市委常委、宣传部长、副市长、市“扫黄打非”工作领导小组组长鲁炜，分别代表活动主办方和北京市委、市政府讲话。全国“扫黄打非”工作小组副组长、中宣部副部长蔡名照，全国“扫黄打非”工作小组成员、国家邮政局副局长徐建洲等出席。2011年度全国“反盗版形象大使”、著作权人代表郑渊洁向广大市民发出“拒绝盗版、从我做起”的倡议。全国各个集中销毁活动现场还开展了以“拒绝盗版，做诚信公民”为主题的签名及绿书签发放活动。

全国其他省（区、市）党委、人大、政府、政协和“扫黄打非”工作领导小组有关负责人分别参加了当地分会场的销毁活动。

（资料来源：中国新闻出版报　作者：赖名芳）

【国家版权局发布打击侵权假冒专项行动版权执法十大案件】 2011年8月31日，国家版权局发布了2010年度打击侵权假冒专项行动版权执法十大案件。这十大案件包括8个刑事案件和2个行政处罚案件。8个刑事案件分别是：安徽滁州“骑士音乐网”侵犯著作权案，江苏“9CAX网站”非法提供软件案，江苏徐州万松网文字作品侵权案，江苏无锡鞠文明等侵犯著作权案，天津何震宇、刘冰销售盗版光盘案，上海盛大网络《冒险岛》游戏“外挂”侵权案，山东泰安非法印刷、销售《语文报》案，河北廊坊“9·20”批销盗版图书案。2个行政处罚案件分别是：浙江杭州麦达公司文字作品侵权案，北京“悠视网”影视作品侵权案。

（资料来源：中国新闻出版报）

【国家版权局奖励2010年度查处侵权盗版案件有功单位及个人】 2011年9月7日，国家版权局办公厅印发了《关于奖励2010年度查处侵权盗版案件有功单位及个人的决定》，对在2010年度查处侵权盗版案件工作中作出突出贡献的河南省版权局版权管理处等137家有功单位、刘飞跃等122名有功个人给予表彰和奖励。这是国家版权局自2008年重奖打击侵权盗版有功单位及个人后开展的第四次大规模表彰奖励活动，此次颁发奖金467.1万元。

（资料来源：中国新闻出版报　作者：赖名芳）

【青岛市成为第二个“全国版权示范城市”】 2011年9月9日，国家版权局在山东青岛召开推进全国版权示范城市、示范单位和示范园区（基地）创建工作座谈会。会上，国家版权局授予青岛市“全国版权示范城市”称号。这是继《全国版权示范城市、示范单位和示范园区（基地）管理办法》发布后，第二座荣获“全国版权示范城市”称号的城市。

同时，国家版权局还将浙江省绍兴县中国轻纺城花样版权登记管理保护办公室、安徽省版权交易中心、青岛创意100产业园、南京市徐庄软件产业基地、安徽省版权教育基地、四川大学文化产业研究中心、成都高新技术产业开发区、上海张江高科技园区评为“全国版权示范单位”和“示范园区（基地）”。

新闻出版总署副署长、国家版权局副局长阎晓宏在致辞中指出，推进全国版权示范城市、示范单位和示范园区（基地）创建工作座谈会是国家版权局举办的第一次创建工作会议，对促进各示范城市、示范单位和示范园区（基地）之间加深了解、增进交流、分享经验、查找不足、弥补欠缺、共谋发展具有重要意义。青岛市副市长王修林在授牌仪式上介绍，青岛市自2009年4月开展创建全国版权示范城市工作以来，逐步形成了“政府引导、企业参与、群众支持”的创建格局。自 2008 年开始，青岛市累计用于版权工作的专项资金近 1 亿元，在建设版权组织体系、实施版权产业扶持政策、健全版权管理制度等方面取得了长足的进步。

国家版权局版权管理司司长于慈珂在会上宣读了国家版权局对青岛创建全国版权示范城市及 8 个全国版权示范单位和示范园区（基地）的批复。山东省版权局局长宿华及部分省（区、市）、副省级城市版权行政管理部门负责人，全国其他争创版权示范城市代表，争创全国版权示范园区（基地）代表等出席座谈会。

（资料来源：中国新闻出版报　作者：赖名芳）

【国家版权局规范著作权登记程序】　2011 年 10 月 24 日，国家版权局下发《关于进一步规范作品登记程序等有关工作的通知》（以下简称《通知》），对作品登记申请受理、审查、时限等方面作出详细规定。

《通知》要求，全国各地登记机构必须使用由国家版权局统一监制的《作品登记申请表》、《作品登记不予登记通知书》和《作品登记证书》。登记机构可通过国家版权局网站下载，由各地印制，各地最迟不得晚于 2012 年 1 月 1 日启用。同时，各地登记机构要完善作品登记信息统计及报送制度，建立作品登记数据库。国家版权局将在指定的报刊和网站上对作品登记情况进行统一公告和查询。

《通知》同时对作品登记申请受理、申请审查作出明确规定：申请人在提交作品登记申请表的同时，还应提交作品样本及申请人身份证明；委托他人代为办理作品登记的，应提交相应的授权委托书以及其他必要材料。对申请人提交的作品著作权归属存在争议、申请人拒绝提交其他必要材料的，登记机构应作出不予登记决定。

此外，国家版权局为不断扩大作品登记覆盖面，将作品登记纳入版权工作考核的重点内容，作品登记数量等情况成为省级及国家级版权示范城市、单位和园区（基地）评选的重要条件，同时鼓励有条件的地区建立各种作品登记资助激励机制。

（资料来源：中国新闻出版报　作者：赖名芳）

【国务院部署打击侵犯知识产权和制售假冒伪劣商品工作】　2011 年 11 月 9 日，国务院总理温家宝主持召开国务院常务会议，研究部署进一步做好打击侵犯知识产权和制售假冒伪劣商品工作。

会议指出，2010 年 10 月至 2011 年 6 月，国务院部署在全国范围开展了打击侵犯知识产权和制售假冒伪劣商品专项行动，集中整治侵权和假冒伪劣突出问题，依法惩处犯罪分子，曝光处理违法违规企业，维护公平竞争的市场秩序，取得显著成效。

会议强调，部分地区和领域仍存在侵权和假冒伪劣问题，一些地方对打击侵权和假冒伪劣工作重视不够、查处不力，甚至有案不办。打击侵权和假冒伪劣任务仍很艰巨。要着眼于完善法律法规、落实监管责任、强化监管手段、提高执法能力、鼓励公众参与，抓紧建立标本兼治的长效机制。一要继续加强行政执法。二要强化刑事司法打击。三要落实监管责任。各省级政府机关在 2012 年 6 月底前完成，地（市）级政府机关在 2012 年 12 月底前完成软件正版化检查整改任务。四要强化违规失信惩戒。五要充分发挥社会监督作用。六要修订完善打击侵权和假冒伪劣的法律、法规和规章。七要加强国际交流合作，建立完善多双边执法合作机制。

（资料来源：中国新闻出版报）

【全国打击侵犯知识产权和制售假冒伪劣商品工作领导小组第一次全体会议】　2011 年 11 月 15 日，全国打击侵犯知识产权和制售假冒伪劣商品工作领导小组第一次全体会议在北京召开。中共中央政治局委员、国务院副总理、全国打击侵犯知识产权和制售假冒伪劣商品工作领导小组组长王岐山在会上强调，各地区、各有关部门要认真贯彻国务院常务会议和《国务院关于进一步做好打击侵犯知识产权和制售假冒伪劣商品工作的意见》精神，立即行动起来，做好打击侵权假冒伪劣工作，切实维护人民群众的切身利益。

王岐山强调，中国所处的发展阶段决定了打击侵权假冒伪劣是一项长期、艰巨、复杂的任务，打击侵权假冒伪劣专项行动有结束之日，保护知识产权绝无收兵之时。要加快修订和完善相关法律、法规和规章，为打击侵权假冒伪劣行为提供法制保障。要将专项行动成果展转变为打击侵权假冒伪劣工作网站，办出特色、办出品牌、办出效果，使其成为政府与企业、民众互动的工作平台。

（资料来源：中国新闻出版报）

【北京成首个实现各级机关软件正版化省份】

2011 年 11 月 23 日，北京市政府机关使用正版软件专项检查整改工作总结表彰大会召开。大会宣布，截至 2011 年 10 月底，北京市政府机关软件正版化专项检查整改工作已完成全部工作任务，各级政府部门正版化率均达到了100%。由此，北京也成为全国首个实现各级各部门软件正版化的省份。

此次政府机关使用正版软件专项检查整改工作是北京市“打击侵犯知识产权和制售假冒伪劣商品专项行动”的一项重要组成部分，于2010年10月启动，全市64个市属委办局，1 172个区（县）委办局、乡（镇、街道）共1 236个政府部门参加。各政府部门克服了时间紧、任务重、未编制财政预算等困难，累计筹措软件采购资金7 043.09万元，采购正版操作系统软件16 920套，办公套件40 979套，杀毒软件7 873套，实现了市区两级政府机关的正版化工作目标。其中，西城区、东城区在区划调整、机构合并、领导变化、工作繁杂等情况下，分别调整筹措财政资金1 910万元和862万元，保证了软件采购需要。

（资料来源：中国新闻出版报　作者：王坤宁）

【阎晓宏到百度公司调研】 2011年12月21日，新闻出版总署副署长、国家版权局副局长阎晓宏到百度公司进行专题调研。他强调，要把学习贯彻十一届六中全会精神具体落实到版权工作中，大力提升版权的创造、管理、使用和保护水平，为创造更多版权作品、推动文化科技创新、发展互联网产业服务，为推动社会主义文化大发展大繁荣服务。

阎晓宏指出，当前数字网络技术所具有的多重特点，给现有版权法律制度、管理体制、商业模式、社会规范带来了冲击和挑战。如何在现有法律框架下，既保障权利人的权利，又能促进作品的广泛传播，实现产业和谐健康发展，这是国家版权局一直十分关心重视的问题。阎晓宏强调，在数字环境下有效实施版权的管理、运用与保护，是一项长期复杂的任务，不能回避问题，要权衡各方利益，妥善处理好数字环境下创作者、传播者、使用者和社会公众利益的基本平衡，妥善处理好保护著作权与保障传播的关系。当前，要重点做好《著作权法》的第三次修订工作，进一步完善互联网法律制度，着重解决好互联网环境下权利和权利使用等问题，促进网络海量作品的授权与使用。同时，版权行政管理部门将进一步加大网络版权监管力度，严厉打击网络侵权盗版活动，营造激励自主创新的良好版权环境。国家版权局将继续支持、指导互联网企业妥善解决版权难题，推动建立适合互联网特性的版权授权机制和版权交易平台，促进知识创作成果的广泛传播。

百度公司称，百度已与一批出版单位、权利人和权利人组织开展合作，进展顺利。在管理创新方面，百度文库已为400余家出版社开设绿色通道，免除版权证明；推出百度阅读平台，为读者提供了付费阅读体验，为版权方提供了多样化的收益模式。在技术创新方面，百度开发了批量删除系统，实现了快速自动更新，满足了权利人批量删除的需要；百度开发的“DNA反盗版文档识别系统”，召回盗版率达到100%，准确率达到95%。

调研中，百度网站的法定代表人、百度公司副总裁梁志祥就在移动互联网、框计算、云计算等前沿技术领域如何尽快制定、完善版权立法和行业政策等方面提出了建议。国家版权局版权管理司司长于慈珂、副司长王志成陪同调研。

（资料来源：中国新闻出版报　作者：李雪昆）

◆ 宣传教育

【上海发布2010年度十大版权典型案件】 2011年3月24日，上海市版权局发布了2010年度上海十大版权典型案件，案件涉及出版、摄影、网络游戏与视频、软件预装与使用等多个领域。

与往年相比，2010年的十大案例对网络侵权盗版行为的认定更趋合理，对最终用户软件侵权行为的处罚力度更大。此十大案件分别为：某国有金融企业侵犯著作财产权案；某摄影工作室著作权侵权纠纷案；徐某、某出版社共同侵犯著作人身权、著作财产权纠纷案；某公司未经著作权人许可复制和使用著作权人软件案；刘某等人销售侵权复制品案；某分享视频网站非法上传作品侵犯他人著作权案；某出版社、图书发行公司侵犯著作权纠纷案；某视频网络企业侵犯著作财产权纠纷案；张某等人侵犯网络游戏作品著作权案；某公司侵犯胡兵、陈好婚纱照著作财产权纠纷案。

（《中国版权年鉴》编辑部）

【2010年中国知识产权保护状况发布】 2011年4月21日，国家知识产权局、国家工商总局和国家版权局联合发布了2010年中国知识产权保护状况。国家知识产权局局长田力普，国家工商总局副局长付双建和新闻出版总署副署长、国家版权局副局长阎晓宏出席发布会。

2010年，中国著作权作品登记出现了数量大幅攀升现象。全国作品自愿登记量达37万余件，全年共完成计算机软件著作权登记81 966件，较上年增长15.5%，连续5年保持高速增长。在版权立法、执法方面，新修订的《著作权法》于2010年4月1日起施行；完成了对《著作权质权登记办法》的修改，并于2010年11月25日颁布。全国版权系统行政处罚各类侵犯著作权案件10 500余件，移送司法机关530余件。在推进软件正版化方面，截至2010年12月底，已有37家中央国家机关和上海、山东青岛等地率先完成软件正版化整改工作。在对外交流方面，国家版权局积极参与有关国际重大版权问题的磋商和版权新条约的制定，联合世界知识产权组织开展了世界知识产权组织版权金奖、国际版权论坛等相关活动，与英国、日本相关机构分别签署了战略合作协议和战略合作备忘录，与美国、韩国等国相关机构共同举办了有关网络版权新问题的研讨会。

（资料来源：中国新闻出版报　作者：赖名芳）

【第三届北京高校知识产权竞赛开赛】 2011年4月22日晚，第三届“爱普生·北京高校知识产权邀请赛”决赛在北京开赛。此次邀请赛决赛是第四届“知识产权在我身边”爱普生·知识产权普及系列活动之一，参赛队分别来自北京6所高校。

本届比赛题型将知识产权的基础理论和应用案例分析巧妙地结合起来，更加注重为学生们的未来应用提供相应启发和案例积累。经过两个小时紧张有序的比赛，最终北京航空航天大学获一等奖，北京大学和北京理工大学并列二等奖，中国政法大学、中央民族大学和北京师范大学获优胜奖。爱普生（中国）有限公司董事长兼总经理小池清文表示，连续举办此项比赛的目的是希望学生们能够从身边的点滴做起，关注知识产权，尊重知识产权。

（资料来源：中国新闻出版报　作者：邹　韧）

【“绿书签行动2011”大型主题晚会在央视播出】 2011年4月26日晚，由全国“扫黄打非”办公室、新闻出版总署、国家版权局与中央电视台联合主办的“4·26”世界知识产权日特别节目——“绿书签行动2011”大型主题晚会在中央电视台12频道播出。全国“扫黄打非”工作小组副组长兼办公室主任、新闻出版总署副署长蒋建国，新闻出版总署副署长、国家版权局副局长阎晓宏出席晚会，并分别就盗版的社会危害问题及中国推进软件正版化进程情况与晚会主持人进行了对话。他们呼吁全社会拒绝盗版，尊重创新，尊重知识，做诚信守法公民。晚会现场，蒋建国代表主办方向宋祖英、郑渊洁、汪峰颁发了2011年度“反盗版形象大使”聘书和牌匾。

（资料来源：中国新闻出版报　作者：赖名芳）

【中国打击侵权假冒专项行动成果展举行】 2011年7—10月，中国打击侵犯知识产权和制售假冒伪劣商品专项行动成果展在央视网上举行。中共中央政治局委员、国务院副总理王岐山7月11日在中国网络电视台点击启动展览。

此次成果展采用中英文双语，以网上虚拟展馆的形态和高清视频、高清图集等表现形式，集中展现了专项行动取得的丰硕成果，全面展示了党中央、国务院加强知识产权保护、建设创新型国家的决心，各地区、各部门严厉查处大案、要案，集中整治“重点内容、重点领域、重点地区、重点产品”取得的成果等方面内容。

为了最大限度地扩大展览的社会影响和教育效果，新闻出版总署、国家版权局已向相关单位发出通知，要求新闻出版、版权管理部门积极组织本系统的干部群众登录网站观看专项行动成果展。

此次成果展由全国打击侵犯知识产权和制售假冒伪劣商品专项行动领导小组26个成员单位主办，央视网（中国网络电视台）承办。中共中央政治局常委、国务院总理温家宝为展览撰写导语。

（资料来源：中国新闻出版报　作者：赖名芳）

【2010年度输出版、引进版优秀图书揭晓】 2011年8月30日，第十届（2010年度）输出版、引进版优秀图书评选活动结果在北京揭晓。《地球的红飘带》等81种输出版图书、《不可思议的年代》等69种社科类引进版图书和《建筑论坛》系列丛书等30种科技类引进版图书，共计180种图书获奖，沈元勤等13名优秀版权经理人获表彰。新闻出版总署副署长、国家版权局副局长阎晓宏出席颁奖典礼并为获奖者颁奖。

从本次评选来看，2010年度中国图书输出品种呈现多样化特点，除了传统文化、经典文学作品以外，科技类、旅游类、管理类、建筑类以及漫画、动漫作品也走出了国门，并取得良好的销售业绩。与此同时，《文化的重要作用——价值观如何影响人类进步》、《纳米光子学》等引进版获奖图书也得到了专家评委的一致好评。

阎晓宏在致辞中说，近年来，“走出去”已经取得了丰硕成果，版权贸易逆差不断缩小，结构持续改善，“走出去”战略成效明显。但是，相对于庞大的全球图书市场来说，中国出版业海外市场容量还很有限，需要出版界进一步努力。对于未来工作，阎晓宏提出三点要求：一是以更开阔的视野，做好版权贸易工作。二是坚持导向，在拓展传播渠道、提高传播范围和影响力上多下工夫。三是建立更加完善的衡量标准。

评选活动由中国出版工作协会国际合作出版工作委员会、中国新闻出版研究院、《出版参考》杂志社联合发起主办。

（资料来源：中国新闻出版报　作者：王玉梅）

【2010年度全国知识产权保护评选活动结果揭晓】 2011年9月19日，“2010年度全国知识产权保护重大事件及有影响力人物”评选结果在北京发布。“国务院开展打击侵犯知识产权和制售假冒伪劣商品专项行动”等20个事件当选“2010年度全国知识产权保护重大事件（案件）”，新闻出版总署（国家版权局）法规司司长王自强等10人当选“2010年度全国知识产权保护最具影响力人物”。

20个重大事件（案件）中，“国务院开展打击侵犯知识产权和制售假冒伪劣商品专项行动”、“上海世博会和广州亚运会知识产权保护有力”因具有广泛重要国际影响力而当选。此外，“中国著作权法律百年国际论坛在京召开”、“中国作家向谷歌维权”、“南通家纺市场成为WIPO全球首个版权保护优秀案例示范点”、“中央电视台首获中国音乐著作权协会使用音乐作品著作权许可”、“政府机关软件正版化检查整改工作取得阶段性成果”、“18家视频网站积极开展自查自纠加强版权保护”等6起版权领域重大事件同时入选。王自强由于对版权工作认真谋划、精心部署、积极推进、狠抓落实，倡议理性、冷静地协商解决问题，受到业界的肯定和国际、国内社会的一致好评而当选最具影响力人物。

本次评选由国家版权局、国家知识产权局和国家工商总局联合主办，中国专利保护协会、中华商标协会、中国版权协会承办，中国知识产权报社等有关单位协办。

（资料来源：中国新闻出版报　作者：赖名芳）

【2011年全国版权执法工作培训班】 2011年，国家版权局委托新闻出版总署培训中心举办了四期全国版权执法工作培训班，分别在宁夏、河南、天津、北京举行。

9月22—23日，2011年全国版权执法工作首期培训班在宁夏银川举办。新闻出版总署副署长、国家版权局副局长阎晓宏出席了培训总结大会，并对新时期版权执法工作提出了要求。来自国家版权局、公安部治安管理局、最高人民检察院侦监厅、北京市版权局、山西省版权局、山东省版权局、上海市文化市场执法总队等单位的8位版权方面的学者和专家，分别就著作权法律基础知识、版权行政执法实务、版权执法两法衔接之批捕起诉和刑事侦查、网络版权执法监管实务、打击侵权盗版专项行动版权执法经验等内容进行了授课。来自北京、河北、山西等10个省（区、市）各级版权与文化市场行政执法队伍的116名执法人员参加了培训。

10月18—19日，2011年全国版权执法工作第二期培训班在河南郑州开班。来自上海、河南、江苏等11个省（区、市）各级版权与文化市场行政执法队伍的176名执法人员参加了培训。

10月30日—11月1日，2011年版权执法工作第三期培训班在天津召开。来自9省市的行政执法人员及主管领导约140人参加了本期培训。

11月14—15日，2011年版权执法培训工作会议在北京召开。170余名来自各省（区、市）及中心城市的版权、公安、检察系统的同志参加了会议。新闻出版总署副署长、国家版权局副局长阎晓宏出席了15日举行的专题研讨会。国家版权局版权管理司司长于慈珂、副司长王志成，公安部治安局副局长华敬锋，最高人民检察院侦查监督厅副厅长黄卫平等分别介绍了版权、公安、高检等在“双打”专项行动中取得的重要成果，分析了版权保护面临的严峻国际国内形势，对进一步加强版权执法两法衔接，如何开展侵权盗版案件的刑事侦查、批捕、起诉提出了明确的要求。相关专家分别就著作权法律基础知识、版权行政执法实务、版权执法两法衔接之批捕起诉和刑事侦查、网络版权执法监管实务、打击侵权盗版专项行动版权执法经验等内容进行了授课。

（《中国版权年鉴》编辑部）

【知名主持人陈鲁豫担任“正版软件形象代言人”】 2011年10月24日上午，知名电视节目主持人陈鲁豫出现在由商业软件联盟（BSA）在京召开的“正版软件，你我有约”新闻发布会暨“软件资产管理优势项目”启动仪式上，她应商业软件联盟邀请担任了“正版软件形象代言人”。

为进一步提升公众使用正版软件的意识，商业软件联盟首次在中国专门邀请国内知名媒体人担任“正版软件形象代言人”，希望能凭借陈鲁豫的知名度得到大众的关注，能将企业和公众对正版软件和知识产权问题的认识提升到一个新的高度。对此陈鲁豫表示，她将呼吁广大企业和公众从自身做起，在日常生活中形成“支持正版、使用正版”的行为和习惯，共同保护软件知识产权。

（资料来源：中国新闻出版报　作者：邹　韧）

【2011 中国版权年会在北京举行】 2011 年 11 月 12 日，2011 中国版权年会在北京举行。全国人大常委会原副委员长、民进中央名誉主席许嘉璐出席年会并致辞，新闻出版总署署长、国家版权局局长柳斌杰到会并讲话。

中国版权产业奖在会上颁发。著名作家张抗抗、新京报社社长戴自更、中国人民大学出版社社长贺耀敏、盛大文学首席执行官侯小强、著名导演贾樟柯、中央电视台“星光大道”节目制片人毕福剑等 14 人获得“2011 年中国版权产业风云人物”荣誉称号；北京方正阿帕比技术有限公司、读者出版集团有限公司、苏州浩辰软件股份有限公司等 12 家单位获“2011 年中国版权产业最具影响力企业”奖；二十一世纪出版社社长张秋林等 6 人荣获“2010 年中国版权产业新锐人物”奖；安徽利斯特三维动画制作有限公司、番薯网等 16 家企业获“2011 年中国版权产业新锐企业”奖。

本届版权年会还举办了版权保护现场法律咨询活动，并举办了以“云计算、数字出版及版权保护”为主题的论坛。产业界、法律界的专家和代表围绕数字时代版权产业面临的机遇与挑战以及云计算等新技术给版权管理模式和产业发展带来的新问题进行了广泛交流。

（资料来源：中国新闻出版报　作者：赖名芳）

【全国律师代表签署宣言保护文化产业知识产权】 2011 年 11 月 19 日至 20 日，中国知识产权实务论坛在湖南省长沙市举行。在论坛上，来自全国各地的律师界代表共同签署、发布了《文化产业知识产权保护长沙宣言》，提出要按照《国家知识产权战略纲要》的要求，把对文化创意人才的保护落实在“激励创造、有效运用、依法保护、科学管理”四个方面。

《文化产业知识产权保护长沙宣言》提出鼓励和帮助文化创意人才，将无形财产转换成专利价值、品牌价值加以保护。同时，宣言还呼吁律师要熟练地掌握和运用专利法、商标法、著作权法等有关法律法规，加大对知识产权的保护力度，通过实务努力，争取到 2020 年，使中国成为知识产权能力较强、保护较好的创新型国家。

（资料来源：中国知识产权报）

【IDC 发布中国企业软件正版化进程白皮书】 2011 年 11 月 29 日，全球领先的信息技术市场研究与预测机构国际数据公司（IDC）在北京发布了在中国独立完成的白皮书《中国企业推进软件正版化进程，消除盗版软件安全风险》。

该书是在对中国 600 多家企业的在线和面访进行调查的基础上完成的，调查涵盖了金融服务、制造业和公共事业等主要行业。受访对象均为公司参与软件采购、安装和维护工作的 IT 经理或高级管理人员。调查围绕盗版软件的使用、风险，对业务运营的影响，以及企业采取了哪些措施来减少盗版软件的使用等方面提供了直接的、第一手的观点。调查表明，84％的受访企业表示，盗版软件可能缺少正版软件的某些关键功能，使用未经授权或盗版软件，将使公司面临重大的安全风险，这些潜在的安全风险以及所导致的损失远远大于购买廉价盗版软件所节省下来的成本；76％的受访企业表示盗版软件中植入的病毒或木马，可导致企业数据或信息泄露；当系统出现漏洞导致数据丢失或系统崩溃时，数名 IT 员工需要至少 1 到 2 天的工作才能还原数据；企业会经常低估因违反版权法所导致的官司和法律风险，这会给企业带来经济损失，造成客户流失、公司蒙羞，以及对公司的品牌和声誉造成损害。这些潜在的安全风险以及成本损失，远远大于购买盗版软件所节省的费用。

IDC 大中华区总裁郭昕表示，受访的中国企业的这些看法，让他感到很轻松，因为这显示了受访企业已充分认识到盗版软件对企业的致命危害，不能“占小便宜吃大亏”，这也是抵制盗版的一种自觉意识。两项调查均由商业软件联盟赞助。

（资料来源：中国新闻出版报　作者：赖名芳）

◆ 交流研讨

【《中华人民共和国著作权法》修订座谈会举行】 2011 年 2 月 24 日，由中国版权协会及中国人民大学法学院、中国人民大学知识产权学院联合主办的《中华人民共和国著作权法》修订座谈会在北京举行，中国版权协会、中国音像协会、中国音像著作权集体管理协会等相关协会代表、权利人代表及法学界专家学者共同签署《关于尽快对〈中华人民共和国著作权法〉进行全面修订的建议书》，呼吁尽快全面修法。

《建议书》中称，《著作权法》的实施，为文学、艺术和科学作品的著作权保护保驾护航，促进了社会主义文化和科学事业的繁荣发展。但20年过去了，数字技术飞速发展，文学、音乐、电影、摄影、软件等文化创意产业和高科技产业的生存发展环境发生了巨大变化，《著作权法》已远远不能适应当前形势。就此，内容产业界和知识产权界集体要求尽快对《著作权法》进行全面修订。

与会专家认为，中国内容产业的发展紧密地依赖知识产权保护。互联网和手机等数字技术迅猛发展所带来的新一轮技术进步，对音乐、文学、影视、摄影、软件等产业造成了巨大冲击。内容产业界希望通过修订法律，赋予权利人应有的权利，充分保护权利人的合法利益，加大对侵权盗版的打击力度，提高侵权者法律赔偿责任。同时，呼吁将《著作权法》的修订列入2011年全国人大常委会的立法计划，并尽快启动修订，从根本上加强对内容产业的保护，推动中国文化和高科技产业的大发展大繁荣。

（资料来源：中国新闻出版报　作者：赖名芳）

【2011知识产权南湖论坛在武汉举行】 2011年4月23日至24日，由中南财经政法大学知识产权研究中心发起的2011知识产权南湖论坛在武汉举行。本次论坛主题为“创新型国家建设与知识产权战略”，邀请了国家有关部委人士、高校和科研院所学者、法律实务工作者、企业高管以及美国、德国、法国、日本、韩国、澳大利亚、印度、埃及等多个国家和地区的专家参加。在为期两天的会议中，与会嘉宾围绕民间文学艺术作品的著作权保护、国家知识产权战略实施、广播影视出版行业知识产权问题和政策、司法与企业知识产权保护四个分议题展开了热烈讨论，取得了广泛共识。

中南财经政法大学校长、中南财经政法大学知识产权研究中心主任吴汉东以“设计未来：中国发展与知识产权”为主题做了发言。他认为，判断创新型国家的综合实力有三个标准：国家的科技竞争力、文化软实力、品牌影响力，这三个方面的实力都集中体现了自主知识产权的数量和质量；关于中国创新型国家的建设，他认为，应在“中国创意”方面加强努力，即提升版权战略与国家文化软实力。中国版权战略的实施应该考虑三个方面的问题：首先是文化产品在国际市场的占有率；其次是注重版权业的增长率；最后是版权业对GDP的贡献率。国家知识产权局原局长、中南财经政法大学知识产权学院院长王景川教授围绕“关注知识产权国际协调活动，加强中国应对策略研究”做了发言。德国马克斯-普朗克知识产权、竞争法及税法研究所所长约瑟夫·斯特劳斯教授也做了题为“经济全球化的制衡：知识产权的新作用”的主题发言。

知识产权南湖论坛是由教育部人文社科重点研究基地、中南财经政法大学知识产权研究中心精心培育的一个国际学术交流平台，从2004年至2011年已举办8届。

（资料来源：中国新闻出版报　作者：方　圆）

【2011北京音乐版权保护与产业发展论坛举行】

2011年4月28日，由北京市新闻出版局（版权局）主办、中国音乐著作权协会协办的“2011北京音乐版权保护与产业发展论坛暨首批重点音乐著作权人版权保护签约仪式”在北京举办。论坛上，北京市版权局推出了设定重点音乐著作权人名单进行重点保护、建立行业示范效应的新举措。北京版权保护中心与太合麦田、东乐影音、天娱传媒、著名音乐人高晓松等首批10家重点音乐著作权人签署版权保护合作协议，由此音乐版权集体权利公示迈出了至关重要的第一步。

北京市版权局副局长王野霏表示，这次北京版权保护中心选定10家音乐著作权人作为首批重点保护对象签约，就是体现了北京市版权局以重点音乐著作权人和重点音乐作品为突破口，建立音乐作品“先授权后传播”的行业新秩序，树立示范效应，创新音乐版权保护模式的新思路。首批与北京版权保护中心签约版权保护的10家重点音乐著作权人将率先通过北京版权资源信息中心网站（www.ccibs.cn）开展音乐版权合同备案、版权声明等业务。

（资料来源：中国新闻出版报　作者：王坤宁）

【2011 BIBF北京国际版权贸易研讨会召开】

2011年5月9日至10日，2011 BIBF北京国际版权贸易研讨会在北京举行。本届研讨会由国家版权局主办、中国图书进出口（集团）总公司承办，是第18届北京国际图书博览会（BIBF）的重要组成部分。

研讨会上，国家版权局版权管理司司长王自强以《“十二五”版权工作重点及版权贸易“走出去”政策分析》为题，向与会者介绍了中国版权工作“十二五”规划制定的主要依据、设计安排及主要内容，版权贸易与图书“走出去”战略的关系，图书“走出去”战略规划与政策分析等。

本届研讨会以“数字环境下的‘走出去’”为主题，邀请了12位来自商务印书馆、北京语言大学出版社、中国政法大学、英国培生教育、台湾网络消费协会、方正阿帕比等机构的中外版权专家学者和业内精英，围绕"数字环境下的传统出版'走出去'新探"、"数字时代国际出版合作新模式"、"中国数字阅读的现在与未来"等议题，进行了深入探讨与交流。

（资料来源：中国新闻出版报　作者：邹　韧）

【山东召开"纪念著作权法实施 20 周年座谈会"】　2011 年 5 月 31 日，为纪念《中华人民共和国著作权法》实施 20 周年，山东省版权局在济南召开了"纪念著作权法实施 20 周年座谈会"。与会者共同交流了贯彻实施著作权法的做法和体会，并就如何进一步完善著作权立法与执法进行了深入的探讨。

座谈会上，山东省版权局副局长郭爱玲对山东省贯彻实施著作权法的整体情况进行了总结。山东省高院、省公安厅、大众报业集团、省作协、山东大学等相关单位负责人和专家从不同角度交流了贯彻实施著作权法的经验体会。据山东省高院民三庭副庭长肖彬介绍，近年来，山东全省法院著作权案件数量始终保持快速增长的势头，案件增幅远远超过其他类型民商事案件。2010 年新收著作权案件 1 050 件，不仅增长幅度最为明显，达到 33%，而且在所有知识产权案件中所占的比重高达 40.6%，居全省各类知识产权案件之首。她指出，全省法院受理的著作权案件呈现出四大特点。一是网络著作权案件大幅增加；二是新型复杂案件层出不穷；三是关联案件明显增多；四是个案司法裁决的影响不断加大。

座谈会上，与会者还就著作权法的完善、网络版权立法和执法、建立版权保护长效机制、促进版权产业发展等问题进行了探讨和交流，为进一步贯彻实施著作权法提出了许多新思路。山东省人大常委会副主任刘玉功出席了座谈会并讲话。

（资料来源：中国新闻出版报　作者：于晓林）

【首届中国律师版权实务论坛在广州举行】　2011 年 6 月 25—26 日，2011 首届中国律师版权实务论坛在广州珠江宾馆成功举办。本次论坛由中华全国律师协会知识产权专业委员会和广东省律师协会联合主办，广东省律师协会知识产权专业委员会和广东华进律师事务所等承办。

近 200 名来自全国各地的律师、法官和企业代表，就网络环境下著作权最新审判实务、软件著作权的侵权判定和责任、版权诉讼中的证据规则、著作权诉讼中高度盖然性规则的适用、原创动漫作品的保护策略、版权采购和维权实务、动漫产业盗版侵权现状等 20 多个热点问题进行了广泛和深入的研讨和业务培训。

（资料来源：中国知识产权报　作者：顾奇志）

【粤港保护知识产权合作专责小组召开第十次会议】　2011 年 7 月 28 日，粤港保护知识产权合作专责小组在广州召开第十次会议。粤港双方将在下一阶段继续深化知识产权合作，除了继续做好完善粤港知识产权案件协作处理机制等已有项目以外，还将组织粤港中学生版权知识和版权保护交流活动、推出粤港知识产权贸易等新的合作项目。

自从 2010 年 7 月召开粤港保护知识产权合作第九次专责小组会议以来，在双方的共同努力下，顺利举办了"粤港知识资本管理与企业标准培训班"、"粤港知识产权与中小企业发展研讨会"、推进粤港知识产权案件协作处理机制建设、继续开展"正版正货"承诺活动等多项知识产权合作项目，使双方在保护知识产权合作方面取得了显著成效。

在知识产权执法合作方面，自 2010 年 7 月至 2011 年 6 月，两地海关共交换各类情报信息 141 件，开展海关保护知识产权联合执法行动 3 次，查获涉嫌侵权案件 60 宗。协助港资企业认定广东省著名商标方面，在 2011 年广东省著名商标认定中，涉及港资企业的新认定申请 55 件、延续认定申请 91 件。

（资料来源：中国知识产权报　作者：顾奇志）

【"2011 版权相关热点问题媒体研讨班"举办】　2011 年 8 月 19 日至 20 日，由国家版权局主办、新闻出版报社承办的"2011 版权相关热点问题媒体研讨班"在北京举办。编辑记者与知识产权界专家学者围绕网络环境下的著作权保护、《著作权法》修订、著作权集体管理等相关问题展开热议。新闻出版总署副署长、国家版权局副局长阎晓宏出席开班仪式并讲话。

阎晓宏表示，密切联系媒体，加强版权重点工作的宣传，一直是国家版权局宣传工作的一个重要形式。近年来，中国在版权制度建设、执法监管、产业发展、国际交流合作等方面都取得了很大的进展，版权保护工作的社会影响和国际影响也在不断扩大，并逐渐得到了社会公众的理解和认同，这与媒体的宣传密不可分。阎晓宏希望通过媒体研讨班的培训，使记者在今后的版权相关报道中做到科学报道、准确报道、依法报道。同时，在普及《著作权法》的宣传报道中，做到通俗易懂，突出法律重点。

在为期两天的研讨班上，华东政法大学知识产权学院教授、博士生导师王迁就“数字环境下中国著作权保护制度能否适应新形势的需要”进行了深入浅出的讲解；国家版权局法规司司长王自强对《著作权法》第三次修订工作的背景及如何凸显中国特色性、平衡性和国际性进行了全面阐述；国家版权局版权管理司版权处处长段玉萍及中国音乐著作权协会、中国音像著作权集体管理协会、中国文字著作权协会相关责任人就著作权集体管理组织在中国的发展及引发的社会热点问题进行了全方位解读。

国家版权局版权管理司副司长汤兆志，新闻出版报社总编辑马国仓、副总编辑姚一宪以及来自《人民日报》、新华社、中央电视台、中国国际广播电台等30余家主流媒体的60余名编辑记者参加了研讨班。

（资料来源：中国新闻出版报　作者：邹　韧）

【8家版权服务机构发表《共同发展宣言》】

2011年11月26日，国内8家版权交易中心和文化产权交易所发表了《共同发展宣言》(以下简称《宣言》),《宣言》称将以版权交易为核心，开创文化要素市场新局面。

《宣言》强调推动版权等文化无形资产对国民经济各个层面的渗透与提升，促进版权等文化无形资产与实体经济、虚拟经济、城市发展以及国民消费的深度结合、互动开发，是时代发展的必然要求，是促进文化生产要素的流动与重组、转变经济增长方式、增加人民群众消费与投资渠道、提升国民幸福指数，进而增强综合国力、提高国际竞争力的必由之路。面对当前国内众多文化产权交易所面临的问题，《宣言》指出，以版权交易为核心构建文化要素市场，其天职就是找到好“文”促其转化，搭建“守文化之正，出经济之奇”的转换平台。

参与发表《宣言》的机构有中国版权保护中心、北京东方雍和国际版权交易中心、广东南方文化产权交易所、湖南文化艺术品产权交易所、浙江文化艺术品交易所、江西文化艺术品交易所、青岛国际版权交易中心、昆明元盛文化产权交易所和筹建中的宁夏版权交易所。

（资料来源：中国知识产权报　作者：姜　旭）

【书画艺术呼吁版权保护】 2011年12月13日，中国当代书画艺术品知识产权论坛在北京召开。本次论坛的主题是“去伪存真、传承文明、创新发展”，全面阐述当代书画艺术领域的知识产权问题。书画艺术大师、法律专家学者和国家版权局领导参加了本次论坛。

近年来，国内艺术品市场得到迅猛发展，但是问题也随之而来。在创造最大商业价值的同时，艺术家在展览、出版、收藏、流转、使用等各个环节被侵权的事件层出不穷，各种涉及书画艺术作品的官司随之而来，这在一定程度上阻碍了当代中国书画艺术的良性发展。

中国法学会知识产权法研究会副会长蒋志培表示，书画作品的艺术表达和它表达的载体具有联系，这造成了书画作品著作权纠纷具有专业性强、权利交叉和法律关系复杂的特点。近几年来，知识产权的案件保持着强劲的增长势头。2011年上半年著作权案新收一审案件增幅达36.64%。

与会专家还围绕内容相似的油画作品与摄影作品是否侵权、书画作品的原创者在作品创作和交易过程中该具备怎样的权利意识和证据意识等问题展开讨论。专家认为，有关部门需要根据社会发展中出现的新情况，及时修订相关法律法规，加强执法力度，书画艺术家、相关的行业从业者也应不断提高法律意识，学会利用法律武器更好地维护自身的合法权益。

（资料来源：中国知识产权报　作者：刘　仁）

【机械行业企业软件正版化现场培训会举办】

2011年12月15日至16日，中国机械工业联合会在北京主办了2011年机械行业企业软件正版化现场培训会。中国机械工业联合会执行副会长宋晓刚在会上表示，积极推进行业软件正版化，对于机械行业企业提高知识产权和法制意识，降低法律风险，保证信息化应用安全和信息化实施效果具有重要现实意义。

国家版权局版权管理司副司长王志成在发言中介绍，机械行业内软件正版化工作具有以下几个特点：第一，产品研发设计软件是机械行业今后软件正版化工作应该重点关注和推进的重要领域，也是机械企业非常重视的信息化重点环节；第二，国产研发设计软件在各方面已经基本能够满足机械行业的实际需要，而且在集成应用和系统整套技术上也有明显的突破；第三，部分机械行业企业已经把软件作为资产进行管理，极大地提高了软件的使用率和效益。

同时，调研结果也显示，当前在机械行业企业中使用非正版设计软件的现象还时有发生，这给企业的产品研发、生产和经营带来了极大的风险，王志成希望机械行业各会员单位在机械工业联合会的领导下，积极稳妥地推进本行业的软件正版化工作。

（资料来源：中国知识产权报　作者：姜　旭）

【业内人士研讨微博版权保护问题】 2011 年 12 月 22 日，搜狐微博举办“微博版权保护倡议研讨会”，版权专家、学者、律师及行业主管部门代表就微博版权的问题进行了探讨。与会专家普遍认为，微博的写作虽然呈现出碎片化与随意性的特征，但是依然是有版权概念的，尤其是对于网络身份与个人信用清晰的用户，其内容应该受到版权保护。

新华社中国新华新闻电视网总编辑陆小华表示，提出微博版权保护问题对全行业而言具有重要意义，它使得千千万万个普通人意识到著作权、版权问题是和自己有联系的。北京市新闻出版局版权保护处副处长张俊杰说，微博作品是否享有著作权，要看他是不是著作权法律意义上的作品（作品的独创性、可复制性）。如果一条微博是著作权意义上的作品、有原创性、是作者的智力成果，就应当受到著作权的保护。

不过，与会专家也坦言，如何实现微博内容的版权保护仍具有很大难度。中国互联网协会网络版权联盟秘书长王斌指出，由于微博传播速度快、范围广，微博作品具有特殊性，如何确定微博内容的原创性，进而有效实现对微博作品版权的保护是最难的。在当前互联网的环境下，首先要倡导尊重知识产权的良好氛围。

（资料来源：中国新闻出版报　作者：李　森）

◆ 社会管理与服务

【中国首届版权拍卖大会举行线下签约仪式】 2011 年 1 月 9 日，中国首届版权拍卖大会在北京图书订货会现场举行了首批竞拍作品线下签约仪式。其中，在第一阶段中表现优秀的作品代表、荣获最佳交易奖的北京君之路动漫科技有限公司的漫画作品《小学徒》以 20 万元的价格成功签约给买家。

中国首届版权拍卖大会由中国人民大学国家版权贸易基地主办、一起写网承办，该活动自 2010 年 11 月 19 日正式启动以后，在一个多月的时间里共有 500 多部作品参与了版权线上拍卖活动。在此次版权拍卖大会的举办过程中，主办方组织了百余家国内知名出版单位和文化机构，对原创作品进行筛选，协助“草根”作家实现他们的出版梦。同时，已经出版的优秀作品也获得了更多的合作机会，将其改编权、拍摄权、翻译权等众多权利进行拍卖，切实为版权所有者带来了更多的收益。

（资料来源：中国新闻出版报　作者：廖小珊）

【第六届全国作品版权交易会举办】 2011 年 1 月 11 日，以“新媒体·新模式·新未来”为主题的第六届全国作品版权交易会在北京举办。本届版权交易会由 2011 北京图书订货会组委会主办、中华版权代理中心承办。

交易会期间，中华版权代理中心共从全国作者和一起写网等知名版权机构收集具有出版潜力的书稿和相关作品近 200 部，现场免费发放《版权推荐书目》200 册，并通过网络向全国出版单位寄送电子版书目千余份；接待各类版权知识和法律咨询 600 多人次；现场受理了多位作家、作者的版权代理信息；所有活动的现场观众累计近 1 000 人次。

首届中国版权拍卖大会的线下推广、中南·天闻杯华语写作大赛、读览天下数字阅读体验、年度热点图书的幕后故事、版权知识抢答赛是本届交易会的 5 大亮点。

（资料来源：中国新闻出版报　作者：方　圆）

【南方文化产权交易网上线】 2011 年 2 月 28 日，广东省南方文化产权交易网正式上线。该网站是全国第一个省设文化产权交易网，主要负责披露版权、物权、投融资等相关信息，助推文化产权交易。

已建成的南方文化产权交易网提供包括行业资讯中心、产权交易中心、信托组合中心、政策法规解读等多项服务，可以通过信息发布平台和电子交易系统广泛征集买家卖家，在交易网上提供版权登记、备案、投融资等信息。

（资料来源：中国新闻出版报　作者：吴　明）

【近百位儿童文学作家发出反盗版侵权宣言】 2011 年 3 月 14 日，中国文字著作权协会组织召开儿童文学作家权益保护座谈会，著名儿童文学作家金波、樊发稼等 9 人代表近 100 位儿童文学作家发起“儿童文学反侵权盗版宣言——儿童文学反侵权盗版的 100 个声音”倡议活动，呼吁广大儿童文学作家团结起来，抵制对儿童文学作品创作、传播的一切侵权盗版行为，维护自身权益，为孩子们创作出更多的优秀作品。

作家们在座谈会上表示，儿童文学作品就像一位启蒙者，指引着幼小的心灵去感知这个世界。儿童文学作家们通过辛勤创作，把孩子们引入如花的人生殿堂。然而，视作品如自己孩子的儿童文学作家们却遭受着侵权盗版之苦，一些作品在作者毫不知情的情况下被媒体使用、篡改甚至盗印出版，不少作家都面临稿酬被无故拖欠、拒付等窘境，创作积极性遭受极大打击。他们认为，只有为作家提供良好的创作环境，保护他们的著作权，才能有更多的优秀儿童文学作品问世。

（资料来源：中国新闻出版报　作者：方　圆）

【知名作家“3·15”联合声讨百度】　2011年3月15日，包括贾平凹、刘心武、韩寒、郭敬明等在内的近50位中国作家联合发表《三一五中国作家讨百度书》。国家版权局对作家们的举报及事件的动态发展高度关注，表示坚决支持包括作家在内的权利人依法维权，呼吁并鼓励作品使用人、企业依法诚信经营，不能滥用“避风港”原则。同时，国家版权局明确要求百度要以负责任的态度进行积极整改并提交整改报告。在强大舆论压力下，百度向作家们致歉，并相继删除了百度文库中侵权的文学类作品。3月30日，百度文库正式推出版权合作平台。百度表示，将通过付费分成、广告分成两种模式为版权方提供收益。

（资料来源：中国新闻出版报　作者：赖名芳）

【上海发布2004—2009年版权产业报告】　继2010年首次发布版权产业报告引起业界关注之后，上海市版权局在权威统计数据的基础上，于2011年3月24日推出了《上海版权产业报告（2004—2009）》。该报告从多角度对2004—2009年上海版权产业的经济贡献进行统计分析，并在版权产业相关货物贸易的基础上，增加与版权产业相关的服务贸易数据，进一步提高了上海版权产业对外贸易状况统计分析的科学性和完整性。

从该报告的数据统计和分析来看，上海版权产业发展状况良好，版权产业对当年GDP的经济贡献率高达25.57%；从产业增加值来看，2004—2009年，上海版权产业的增加值从669.51亿元上升到1 540.20亿元，占当年上海GDP的比重从8.29%上升到10.24%；按可比价格计算，2004—2009年，上海GDP年均增长速度为11.04%，而上海版权产业增加值年均增长速度为19.48%，明显高于同期GDP。

上海版权产业中的出版发行、广播影视、文化艺术、计算机服务、软件与互联网信息服务、广告、设计、工艺品等核心版权产业持续保持相对强劲的增长，而其中新兴产业部门优势更加突出。2004—2009年，上海核心版权产业增加值的年均增长速度高达20.92%，高于整体版权产业增加值的年均增速。其中，软件与互联网信息服务产业更是发展迅速，2008年和2009年接连突破200亿元和300亿元。

此外，上海版权产业就业率也显著高于各行业平均水平。2004—2009年，上海版权产业的从业人数从60.75万上升到88.68万，占当年上海各行业从业人数的比重从7.26%上升到8.33%，年均增长速度为7.86%，而同期上海全社会各行业从业人数的年均增长速度仅为4.93%。

（资料来源：中国新闻出版报　作者：金　鑫）

【中国广播电视协会成立广播版权委员会】2011年3月24日，由全国140多家广播电台联合组建的“中国广播电视协会广播版权委员会”在北京成立。

广播版权委员会是中国广播电视协会直属的专业委员会，由全国各级广播电台自愿联合组建，致力于提升中国广播业版权管理水平，增强广播业版权保护能力，促进广播媒体形成良性竞争，加强广播节目创作交流。广播版权委员会的成立将有利于其代表各广播电台和著作权集体管理组织进行谈判与沟通，加强联系与合作；委员会还将为会员单位提供版权维权信息，接受会员单位委托开展维权活动，为会员单位参与版权诉讼、仲裁提供支持。

会上，中央人民广播电台台长王求介绍了中央电台在全国广播系统中率先成立版权机构、与中国音乐著作权协会就使用音乐作品付酬问题达成共识、建设数字版权综合管理系统提升知识产权保护水平的举措和成效。会议通过了《中国广播电视协会广播版权委员会章程》及缴费办法，并向会员台提供了向中国音乐著作权协会付酬可选用的几种模式，选举了会长、副会长和秘书长。中国广播电视协会广播版权委员会会长由中央人民广播电台副台长赵忠颖担任。

（资料来源：中国新闻出版报　作者：曹亚宁）

【众音乐人成立“华语音乐作者维权联盟”向百度维权】　继50名作家向百度发起维权后，2011年3月29日，高晓松、小柯、张亚东等音乐人也开始发起倡议，并成立了“华语音乐作者维权联盟”，向百度维权。截至3月31日，该联盟成员已经超过百位。高晓松等音乐人认为，在中国音乐市场巨大的背景下，由于侵权盗版猖獗，使得大量利润并未收入创作者手中，因此有必要建立起畅通的授权模式，实现网络音乐的正版化。为此，音乐界代表将与“链接了大量盗版音乐网站”的百度进行谈判。3月31日，百度对外宣布：与中国音乐著作权协会就百度公司网络音乐作品的授权使用问题达成战略合作，双方同意发挥各自优势，共同建立网络音乐作品授权主渠道，以推进网络音乐的正版化进程。

此次合作的基本架构内容是：音著协与百度公司共同打造互联网词曲著作权授权主渠道，音著协利用协会作为著作权集体管理组织的广泛代表性，全面解决全球范围内的音乐作品所涉及的词曲著作权问题，百度公司则利用自己的网络推广平台向用户合法地传播音乐作品，双方各自发挥自己的资源优势，共同推动中国网络音乐正版化的发展。

此举引发了音乐界的热议。4月1日上午，维权联盟的发起者高晓松在微博中表示：欢迎百度与音著协达成协议并付出了第一笔词曲版税，在音乐正版化的路上迈出第一步。虽然有许多词曲作者并非音著协会员，会员中迄今也无人知晓协议内容。但无论如何，只要百度承认今是昨非，开始支付版税，就是进步和示范。他同时表示，音著协只能代表部分作者的部分权利，并且只能从现在开始收取版权费。过去的版权费如何支付，以及百度承诺给作者们的权益也要通过谈判去落实。而联盟的另一位发起者、著名音乐人小柯却在微博中表示：“这是在转嫁矛盾，并且挑起代表‘个人’的‘华语音乐作者’和代表‘行业组织’的‘音乐著作权协会’之间的矛盾。”他表示并不认可这种“合作”行为，并会将维权进行到底。

（资料来源：中国新闻出版报　作者：方　圆）

【首届版权拍卖会总成交额达114.7万元】 2011年4月20日下午，中国首届版权拍卖大会线下拍卖专场在北京举行。该活动由中国人民大学国家版权贸易基地主办、一起写网承办，是此前为期5个月的版权线上拍卖活动的总结，在线上拍卖活动中，共有2 000余件作品在网上进行了竞拍。

拍卖专场共有25部作品参与了版权拍卖，总成交额达114.7万元，成交率逾60%。其中财经类图书表现最为抢眼，参与拍卖的5部财经类书稿全部成功拍出，其中刘世英的作品《百年沉浮迪斯尼》以1.2万元的起拍价，经过十几轮的竞价，最后以4.5万元成交。著名影视剧作家黄亚洲的作品《建党伟业》起拍价为40万元，经过多轮竞价后，最终以56万元成交，是所有作品中成交价最高的。对此，黄亚洲表示，版权拍卖活动能帮助版权人与使用方认识和提升版权价值，并提高整个社会的版权保护意识，对文化创意产业起到积极促进作用。

（资料来源：中国新闻出版报　作者：邹　韧）

【中国数字版权维权联盟成立】 2011年4月26日，由中国版权协会、中国文字著作权协会、中国音像著作权集体管理协会、中国摄影著作权协会、中国互联网协会、抵制盗版联合体、北京国际版权交易中心及国内知名律师团队共同发起的“中国数字版权维权联盟”在北京成立。

北京国际版权交易中心董事长李蘅在联盟成立仪式上介绍说，联盟将以文化创意及版权产业持续、健康发展为目标，并以数字多媒体产业技术创新、内容创新为动力，努力为权利人提供确权、维权服务，同时将在规范数字版权市场化发展、保障权利人合法权益、提升公众版权保护意识方面开展一系列活动。

（资料来源：中国新闻出版研究院　作者：赖名芳）

【国内首支影视新媒体版权基金成立】 2011年4月26日，在首届北京国际电影季上，北京厚德雍和资本管理有限公司、北京东方信达资产经营总公司、中关村创业投资发展有限公司联合建立了国内首支影视新媒体版权基金——北京中关村新媒体版权基金。这是国内第一支专门针对电影电视类别的版权权益类基金，基金首期规模2亿元人民币。基金主要专注于各类优质电影、电视剧、动漫类节目的新媒体专有许可权，以及相关的电影、电视剧、动漫类项目制作投资。

北京中关村新媒体版权基金定位于具有公信力的产业引导者，响应由中宣部、中国人民银行等9部门联合制定的《关于金融支持文化产业振兴和发展繁荣的指导意见》的有关精神，加大金融业支持文化产业的力度，促进文化在新技术时代背景下的创新发展。通过组织新媒体主流运营平台和管道形成战略购销联盟，共同投资、制作、购买、推广电影和电视剧节目，扩大影视节目内容在新媒体领域的传播广度和传播深度，丰富影视节目内容的赢利渠道和赢利模式。同时创新运用基金这一现代金融工具，打开社会资本有序参与影视产业的通道，促进影视特别是电影产业的持续健康快速发展。

（资料来源：中国新闻出版报　作者：方　圆）

【苏浙鲁粤四地纺织品市场版权保护协作联合体制定细则】　2011年4月27日至28日，苏浙鲁粤四地纺织品市场版权保护协作联合体工作会议在江苏省南通市通州区川姜镇召开。南通、绍兴、潍坊、佛山4地版权及纺织品市场管理机构负责人参加了会议。与会人员对《苏浙鲁粤四地纺织品市场版权保护协作联合体工作实施细则（征求意见稿）》进行了讨论、磋商、修改，并以举手表决的方式通过了《苏浙鲁粤四地纺织品市场版权保护协作联合体工作实施细则》，推举产生了联合体第一任秘书长、副秘书长。

联合体是由江苏省南通市版权局、浙江省绍兴县中国轻纺城知识产权保护领导小组、山东省潍坊市公平交易局、广东省佛山市版权局、江苏省南通市通州区川姜镇知识产权管理办公室、浙江省绍兴县中国轻纺城花样版权登记管理保护办公室、山东省潍坊市纺织花色设计版权保护中心、广东省家用纺织品行业协会四地八方于2010年4月签约组建的，是中国第一个跨区域的纺织品市场版权保护联合体，旨在省市版权行政管理部门的指导、支持下，联合四地纺织品市场版权管理机构、民间团体和个人，开展跨区域版权保护的协作，保护自主创新，维护权利人合法权益，实现合作共赢，共同促进四地纺织品市场版权及相关产业的健康发展。时隔1年后，四地再度联手，制定通过了联合体实施细则，以促进联合体工作实现制度化和常态化。

（资料来源：中国新闻出版报）

【中国广播电视协会成立电视版权委员会】　2011年4月29日，中国广播电视协会电视版权委员会成立大会在北京举行。时任新闻出版总署副署长李东东、国家广电总局副局长张丕民、中央电视台台长焦利等出席大会并讲话。

张丕民说，该委员会作为中国广播电视领域第一家获得批准的版权行业组织，作为中国广播影视法制建设道路上的重要里程碑，对推动和保障中国电视事业健康发展具有长远的重大意义。对此，张丕民对电视版权委员会提出三点要求：一是进一步探索电视台版权管理的长效机制；二是进一步做好电视台版权权益保障工作；三是进一步完善电视版权委员会自身建设，以推动中国电视版权工作再上新台阶。他希望各电视台通过共同努力，以电视版权委员会为平台，开创电视版权管理新局面。

李东东指出，受版权保护的智力成果，作为一种具有财富属性、产品属性和高附加值属性的重要生产要素和基本资源，支撑着新闻出版、广播影视、文学艺术、广告设计、工艺美术、计算机软件、信息网络等数量众多的产业群。她强调，在中国转变经济发展方式和调整产业结构的过程中，版权已经成为国家发展的战略资源和国际竞争的核心要素，成为建设创新型国家的重要支撑。版权保护对服务于全面实现小康社会，进一步深化对外开放，推进国民经济又好又快发展，促进文化大发展大繁荣，提高国家软实力和综合竞争力，都具有不可替代的作用。为此，李东东希望中国广播电视协会电视版权委员会创新工作方式，发挥好对电视行业版权工作的指导、协调和宣传作用，进一步提高版权保护意识、版权保护技术水平，不断增强工作影响力，为电视行业的健康快速发展作出更大的贡献。

会上通过了《中国广播电视协会电视版权委员会章程》，选举了名誉会长、会长、副会长和秘书长。中国版权协会理事长沈仁干，中国广播电视协会会长李丹和来自文化部、国家广电总局、新闻出版总署、中国法学会等相关司局负责人，以及全国近50家电视台代表出席了成立大会。会议由中央电视台总编辑、副台长罗明主持。

（资料来源：中国新闻出版报　作者：李雪昆）

【第二届中国·福州海峡版权（创意）产业精品博览交易会举行】　2011年5月18日至22日，第二届中国·福州海峡版权（创意）产业精品博览交易会在福州海峡国际会展中心举行。本届版博会由新闻出版总署（国家版权局）指导，福建省政府、中国版权协会主办，福建省新闻出版局（版权局）、福州市政府承办。

第二届版博会以“海峡、版权、创意、精品、交易”为主题，参展作品总计1 530件，参展单位和个人作者532个，签约项目涵盖动漫游戏、工艺美术、工业设计、建筑设计、广告创意、文化旅游等6个版权创意领域。同时，本届展会进一步加大了对台招展力度，海峡特色更为浓厚。台湾参展作品530件，占总参展作品的34.6%；参展企业和个人240个，占总参展量的45.1%。

版博会开幕式后，10项重点项目举行了签约仪式，签约金额166 125万元，占签约总金额的27.2%。此外，本届版博会设有“海峡版权（创意）精品奖”、“海峡动漫创意精品奖”两项大奖，共评出金奖8名、银奖31名、铜奖49名，开幕式上主办方为各获奖作品颁了奖。

（《中国版权年鉴》编辑部）

【中国首家国际知识产权交易所落户天津】 2011年6月11日，天津滨海国际知识产权交易所在天津揭牌，这是中国第一家国际化、专业化的知识产权交易所。天津市委常委、副市长崔津渡和国家知识产权局副局长贺化共同为交易所揭牌。

天津滨海国际知识产权交易所由北方技术交易市场、天津市知识产权服务中心联合国内外相关投资机构发起组建，2011年3月在天津市滨海新区注册成立，注册资金达120万美元。交易所将探索知识产权交易的基础商业模式及运营模式，并通过建立知识产权基金等，逐步形成以市场为导向、交易为核心、监管为保障的知识产权交易市场体系。

（资料来源：中国知识产权报　作者：崔静思）

【国内首家音乐版权交易中心落户北京平谷】 2011年6月19日，北京市平谷区政府与相关单位签署投资协议，将在位于平谷区的中国乐谷开建中国首家音乐版权交易中心，为音乐著作权人提供作品登记、价值评估、交易、维权等专业化音乐版权服务。该音乐版权交易中心由中国音乐家著作权协会、中国音像著作权集体管理协会、中央人民广播电台联合北京市平谷区委、区政府一起成立。

据相关负责人介绍，目前音乐市场上还没有一家专门针对音乐版权的交易中心，由此带来了音乐版权交易不规范、没有经过合法认可的音乐作品屡屡被非法滥用、一些协会收取著作权人费用后并没有为著作权人维护正当权益等制约音乐产业发展的难题。具有官方背景的全国首家音乐版权交易中心将对规范中国音乐交易市场起到积极作用。

北京市平谷区政府6月19日共与7家单位签署了合作协议，总投资额30余亿元，项目涉及高端音乐文化品牌建设，音乐产业化运营和传播服务，版权、音乐营销技术，新兴媒体应用，艺术家资源，投融资平台和服务配套酒店设施建设等。

2011年5月，位于平谷区的中国乐谷——北京国际音乐城被新闻出版总署认定为国家级音乐产业基地。中国乐谷规划面积10平方公里，预计投资150亿元，计划用5～10年建成，建成后可实现年产值300亿～500亿元，提供就业岗位5万个。

（资料来源：中国新闻出版报　作者：张晓东）

【第18届北京国际图书博览会举行】 2011年8月30日至9月4日，第18届北京国际图书博览会在中国国际展览中心举行。

本届图博会展厅总面积5.36万平方米，包括国内传统出版物展区、主宾国和海外传统出版物展区、数字出版展区、图书馆采购及中外期刊展区。整个展区内设5个活动区，分别为作家交流区、新闻中心会议室、数字出版活动区、“中国图书对外推广计划”活动区和文化活动区。来自60个国家和地区的2 000多家中外出版机构展出了约20万种图书。

本届主宾国荷兰1 500平方米的展览面积为历届之最。书展期间，荷兰将组织多场专业出版交流、作家交流、文化交流活动和展览展示。

经初步统计，本届图博会共达成中外版权贸易协议2 953项，比2010年增加574项。其中，达成各类版权输出与合作出版协议1 652项，比2010年同期增长17%，达成引进协议1 301项，引进与输出之比为1∶1.3，实现了“十二五”开局之年版权输出的开门红。

书展期间，还举办了第五届中华图书特殊贡献奖颁奖仪式，2011北京国际出版论坛、中国图书馆与国际出版社高层对话论坛、中荷10+10国际出版人会议等一系列专业出版领域的研讨会，有效地促进了国际间的版权贸易与出版合作；邀请冯骥才、杨红樱、约翰·奈斯比特等中外作家、翻译家和文化名人参与的各种形式的文化活动，有力地推动了国际出版人对中国当代作家和当代文学的理解与认同。

（资料来源：中国新闻出版报　作者：王坤宁）

【国内第一家DCI技术科研机构正式成立】 2011年8月30日，中国版权保护中心、北方工业大学数字版权唯一标识符（DCI）技术联合实验室在北方工业大学正式成立，这是中国第一家DCI技术科研机构。这标志着以中国自主创新的DCI（Digital Copyright Identifier，数字版权唯一标识符）体系为核心的数字版权公共服务新模式正式建立。

国家版权局版权管理司司长于慈珂、中国版权保护中心主任段桂鉴、北方工业大学校长王晓纯、北方工业大学副校长李正熙等共同为DCI技术联合实验室揭牌。

DCI体系是中国版权保护中心在多年版权公共服务的基础上提出的数字版权公共服务新模式，基于数字版权唯一标识技术，能够适应Web 2.0时代数字版权公共服务的特性。通过数字作品版权登记，为每件数字作品赋予唯一的DCI，可使互联网上所有数字作品都具有一个唯一的身份标识，并以此开展国内外数字版权登记、交易及费用结算、版权监测取证、知识产权管理等服务。通过将DCI标识以不可篡改的方式加载到数字作品中，并运用信息技术手段验证数字作品中的DCI标识，明确数字作品的版权归属和流转状态，从而实现真正意义上的数字作品版权的网上自动监测、跟踪、取证及证据保全等嵌入式版权服务，达到促进数字作品创作和传播、推动数字版权产业繁荣与发展的最终目的。

（资料来源：中国新闻出版报　作者：邹　韧）

【全国古籍出版反侵权盗版联盟成立】 2011年9月25日，全国古籍出版反侵权盗版联盟在浙江杭州成立。该联盟旨在保护联盟成员的著作权及邻接权权利，特别是网络环境下的著作权保护，促进版权产业的健康发展，繁荣社会主义文化事业。

该联盟的任务主要有11项。除学习、宣传、普及著作权法律、法规、规章及国际条约，向行政机关和立法机关提供著作权法律、法规、规章的修法及立法建议，支持并配合联盟成员向政府有关部门举报、投诉侵权盗版行为，配合政府有关部门打击侵权盗版行为以外，该联盟着重加强了自身反侵权盗版的能力。比如，在联盟内部建立快速的信息反馈机制，及时发现、收集、传递涉嫌侵权盗版信息，并提供给政府有关部门；加强与司法机关的沟通；为联盟成员提供与著作权有关的法律咨询；接受联盟成员的委托，代理侵权调查和维权事宜，包括但不限于采取行政、民事、刑事的法律手段；协调、处理联盟成员之间可能发生的版权法律纠纷等。

对于侵害联盟成员著作权及邻接权权利的侵权盗版行为，联盟将作为一个整体进行维权和抵制。中国出版工作者协会古籍出版工作委员会主任李岩对此表示，联盟在寻求各方面支持的同时，也要凝聚自身力量，发挥群体优势，共同发出行业声音，共同呼吁对创造性劳动给予应有的尊重和保护。

全国古籍出版反侵权盗版联盟的权力机构是理事会。上海古籍出版社被选为理事单位，凤凰出版社、岳麓书社被选为副理事单位。联盟秘书处设在中华书局。

（资料来源：中国新闻出版报　作者：章红雨）

【第四届中国国际漫画节动漫版权交易会在广州举行】 2011年9月30日，第四届中国国际漫画节动漫版权交易会暨产业论坛在广州举行。本届交易会共有五大议程：版权交易会启动仪式、重点动漫版权交易项目签约发布仪式、穗港两地动漫项目推介会、动漫高级人才资格认证及教材发布仪式和首届手机动漫产业高峰论坛。

本届动漫版权交易会的重头戏是动漫产业交易项目签约仪式。内容有金龙奖走向欧洲战略合作协议、阿尔戈斯酒店管理集团总投资2.5亿元兴建广州第一家动漫休闲娱乐主题酒店、中国民生银行广州分行授信广州动漫行业协会动漫企业1亿元、广东创富融资担保有限公司授信广州动漫行业协会动漫企业3亿元等项目。

随后，本届动漫版权交易会主体项目手机动漫产业高峰论坛围绕“新媒体、新机遇、新发展”的主题，对手机动漫市场现状和未来发展方向展开论述。多位动漫相关产业高层人士一起探讨了中国手机动漫的发展现状和前景。

新闻出版总署副署长孙寿山出席交易会并致辞。新闻出版总署出版产业发展司司长范卫平、科技与数字出版司司长张毅君、版权管理司副司长汤兆志，广东省政府副秘书长江海燕，广东省新闻出版局副局长韩安贵，广州市文化广电新闻出版局局长陆志强等也出席了活动。

（资料来源：中国新闻出版报　作者：曾革楠）

【中关村版权争议调解中心成立】 2011年10月28日，由中国人民大学国家版权贸易基地筹建的中关村版权争议调解中心在北京宣布成立。这是继上海版权纠纷调解中心和成都版权纠纷调解中心之后成立的又一家面向社会提供版权法律服务的公益性机构。

中关村版权争议调解中心由中国人民大学国家版权贸易基地筹建，作为公益性机构，调解中心致力于开展版权纠纷的调解业务。中心设有决策机构——调解委员会，委员会由国内知名知识产权法专家、行业协会负责人、知识产权庭法官组成；同时聘请律师、版权相关产业从业人员、法官、高校教师等人员担任调解员。

（资料来源：中国新闻出版报　作者：李　森）

【企业知识产权海外维权援助中心成立】 2011年11月17日，商务部宣布成立企业知识产权海外维权援助中心，为“走出去”企业提供知识产权服务与帮助，减少知识产权海外纠纷与摩擦。

企业知识产权海外维权援助中心将发布海外知识产权预警信息，建立并完善海外维权专家库、法规资料库，开展重点行业知识产权竞争与布局调查，建立涉外知识产权重大纠纷协调处理机制，通过政府间知识产权交流机制推动知识产权重大案件的解决，提供境外展会知识产权保护服务等工作，并通过培训、研讨、宣传等形式帮助企业提升知识产权海外维权的意识与能力。

（资料来源：中国新闻出版报　作者：刘　铮　王　希）

【国际影视版权维权联盟在北京成立】 2011年12月1日，在电影大师班（CICE-MPA）的开班仪式上，由北京国际版权交易中心和美国电影协会携手FAB精彩集团、中影集团、华谊兄弟等机构共同发起的、致力于国际影视版权保护的“国际影视版权维权联盟”正式宣布成立。

电影大师班是中国国际版权博览会的主要内容之一。奥斯卡前主席西德尼·甘尼斯、好莱坞独立电影制作大师哈里斯·塔琴、华纳兄弟制片公司高级副总裁约翰·凯柏等9位国际级电影大师及中影集团韩三平、华谊兄弟王中军、保利博纳于冬、北京光线影业邝文伟等国内电影行业代表齐聚大师班，针对正版电影版权保护、合拍片市场趋势，以及中国未来电影发展等课题进行了深入研讨和交流。

（资料来源：中国新闻出版报　作者：赖名芳）

◆ 国际交流与合作

【中欧研讨会聚焦数字环境下的版权执法】 2011年1月13日至14日，国家版权局与中国—欧盟知识产权保护项目（二期）在南通召开研讨会，此次研讨会聚焦版权保护推动产业发展以及数字环境下的版权执法两个议题。

江苏南通家纺市场作为世界知识产权组织全球首个版权保护优秀案例示范点，其在版权保护方面的优秀经验已经由世界知识产权组织向全球推广。此次国家版权局与中欧知识产权保护项目（二期）选择在江苏南通举办研讨会，旨在进一步介绍南通市通过版权保护推动家纺产业发展方面的行政和司法具体实践，并由此引申出关于中国著作权相关法律对实用艺术品的保护，以及版权在创意产业发展中的作用等热点议题的探讨。此外，相关中外专家还就数字环境下版权法律秩序的构建、著作权案件证据的调查和收集等问题进行了热烈的研讨。

（资料来源：中国新闻出版报　作者：方　圆）

【柳斌杰会见英国知识产权局首席执行官】 2011年3月2日下午，新闻出版总署署长、国家版权局局长柳斌杰在北京会见了来访的英国知识产权局首席执行官兼总监官约翰·奥尔一行。

会见中，柳斌杰首先介绍了中国立法政策的最新发展情况。针对约翰·奥尔比较关心的正在开展的打击侵犯知识产权和制售假冒伪劣商品专项行动，柳斌杰表示，这是中国迄今为止规模最大的知识产权保护专项行动。国家版权局作为重要的主力部门，承担了多方面的任务，在此次专项行动中，按照国务院办公厅《打击侵犯知识产权和制售假冒伪劣商品专项行动方案》和《关于进一步做好政府机关使用正版软件工作的通知》精神，系统部署了政府机关软件正版化工作和对印刷复制生产源头治理、流通市场的反盗版、打击网络侵权盗版的行动。

约翰·奥尔对中国多部门合作共同打击侵犯知识产权行为的做法表示赞赏，并介绍了英国2010年4月颁布实施的《数字经济法》。据介绍，该法律分别对互联网条件下的基础设施建设、数字内容的著作权保护、域名管理、数字内容管理等进行了规定，补充了英国原有的《通信法》、《著作权法》等内容，将适用范围扩展到了互联网。约翰·奥尔表示，互联网环境下的版权保护是全球各国面临的共同问题，他赞赏中国在2008年北京奥运会时版权保护方面的卓越成就，并希望与中国分享相关经验，应用于2012年伦敦奥运会。

新闻出版总署版权管理司司长王自强、对外交流与合作司司长张福海等陪同会见。

（资料来源：中国新闻出版报　作者：方　圆）

【2011中日版权交流活动在上海举行】 2011年3月18日至19日，上海版权保护协会、上海版权服务中心（SCSC）和日本内容产品海外流通促进机构（CODA）共同发起并举办“尊重版权，抵制侵权——2011中日版权交流活动”。活动共分为“2011中日版权保护研讨会”和“正版？盗版！版权保护普法宣传日”两部分。

在3月18日举行的“中日版权保护研讨会”上，来自两国相关政府机构、版权事务领域的专家以及80多位版权相关企业和版权服务机构的代表共同探讨了当前数字版权环境下版权保护的前沿问题。上海市版权局副局长蔡继万，激动网的代表、沪上知名律师游闵键与日本读卖电视台的大泉纯子、Niwango的杉木诚思就有关版权保护问题进行了专题讨论。日本内容产品海外流通促进机构常务理事永野行雄介绍了日本在中国进行版权保护的成果及针对盗版行为采取的对策和措施。上海版权服务中心副主任王艳介绍了版权公共服务如何助力海外作品在中国的传播与保护，以及上海版权公共服务平台在版权保护、运用、管理等各个环节的具体服务措施。

3月19日，“正版？盗版！版权保护普法宣传日”活动在正大广场举办。活动中，主办方不仅对正版和盗版商品进行了展示，还组织了有奖知识问答和法律知识竞猜活动。中国国际广播电台著名主持人王丹丹以及著名歌手朱桦的亮相，使得现场气氛一度活跃。现场观众还积极参与了法律知识竞猜、版权认知度调查、版权法律咨询等活动。

（资料来源：中国新闻出版报　作者：王　艳）

【中英“数字时代的版权保护——机遇与挑战”研讨会举办】　2011年3月22日，由中国版权协会、英国出版商协会共同主办的“数字时代的版权保护——机遇与挑战”研讨会在北京召开。此次会议围绕当前出版业和图书馆业面临的版权相关问题进行了交流研讨。

研讨会举行了一系列小组会议，就数字化出版的版权归属问题、图书馆和出版商如何在国际组织协作基础上和全球化的框架中获取版权保护等问题进行了研讨。研讨会还特别侧重讨论了数字时代对图书馆与出版商的影响，特别是随着时代的发展，版权保护对商业和文化的意义，介绍了中、英、美各国进行版权保护的经验以及网络、全球通讯方面优秀的实践解决方案。

英国出版商协会贸易与国际化总监艾玛·豪斯、中国人民大学知识产权学院刘春田教授、华东政法大学知识产权学院王迁教授、北京大学图书馆馆长朱强、国家科技图书文献中心网络工作组组长乔晓东等专家学者分别从不同的角度阐述了版权保护对文化产业发展和知识积累的推动作用，数字时代给图书馆和出版商带来的变革、机遇与挑战。来自出版管理部门、各数字出版单位、图书馆、法律专业等的代表100余人参加了研讨会。

（资料来源：中国新闻出版报　作者：肖　虹）

【福建德化成为全球版权保护优秀案例示范点】　2011年5月17日下午，世界知识产权组织（WIPO）与中国国家版权局在福州市签署“世界知识产权组织版权保护优秀案例德化示范点调研项目合作协议”，并启动“关于版权保护对中国德化陶瓷产业发展的影响的研究”项目调研。这是继2009年江苏南通项目之后，WIPO在中国开展的第二个全球版权保护优秀案例示范点调研项目，也是WIPO第二次针对一个国家特定地区的一个行业进行的微观调研项目。

由于德化政府部门、企业版权保护有力，2010年德化陶瓷产业的产值达到80多亿元，2009年出口货值达到57亿元，成为国内外陶瓷工艺品市场上一个极为重要的产销中心。

（资料来源：中国新闻出版报　作者：赖名芳）

【中韩热议网络版权监测及维权新机制】　2011年6月10日，第七届中韩著作权研讨会在北京召开。本届研讨会由中国国家版权局与韩国文化体育观光部共同主办，中国版权保护中心和韩国著作权委员会共同承办。来自中韩两国影视、游戏、动漫等领域的专家、学者、企业代表以“中韩网络版权监测及维权新机制”为主题进行了交流探讨。

中国国家版权局版权管理司司长王自强在致辞中表示，数字环境下的版权保护问题，是当前国际版权领域遇到的最大挑战，而目前世界各国、各地区尚未找到统一有效的解决办法。因此，这次研讨具有非常现实的意义，这样的研讨不仅对完善中韩两国著作权制度有所帮助，而且对于进一步完善网络和数字技术条件下的著作权国际规则也具有借鉴作用。

在研讨会上，中国版权保护中心主任段桂鉴提出，构建互联网和新媒体领域的利益共享机制和快速维权机制，是解决互联网版权问题的重要途径。韩国文化体育观光部文化内容产业室室长金钟律和韩国著作权委员会委员长李普京分别就韩国政府和版权服务机构在网络版权立法、执法方面的态度以及举措进行了介绍。此外，中国网络游戏版权保护联盟、北京华录百纳影视有限公司、卡酷动漫频道以及韩国Candle Media、Iconix、NC Soft等机构的相关负责人分别结合自身情况与参会者们分享了中韩两国产业界在网络版权维权方面的成功经验和具体做法。

研讨会期间，中国版权保护中心与韩国著作权委员会还签署了《韩国作品在中国视频网站版权监测及相关法律问题研究项目委托协议书》。这是韩国版权界相关机构首次委托中国国家版权公共服务机构，依托技术手段，系统开展的版权监测和维权工作项目。

（资料来源：中国新闻出版报　作者：邹　韧）

【阎晓宏会见美国电影协会主席兼首席执行官克里斯托弗·多德一行】 2011年6月15日，新闻出版总署副署长、国家版权局副局长阎晓宏会见美国电影协会主席兼首席执行官克里斯托弗·多德一行。这是克里斯托弗·多德结束38年从政经历、担任美国电影协会主席兼首席执行官职务后首次到访中国。

阎晓宏说，和全世界一样，目前中国版权业正面临一个新的挑战——互联网侵权盗版，而光盘、图书等其他形式的侵权盗版在政府强力打压和新技术大量应用的双重打击下，已呈下降趋势。在打击互联网侵权盗版方面，中国政府采取了两方面有力措施。一是修订法律法规，国务院已决定尽快对《著作权法》进行一次全面修订，国家版权局也会对有关部门规章进行相应修订，网络环境下的版权保护将是这次修订的重要内容之一；二是加大对互联网特别是视频网站的版权监管力度，和对非法使用、传播他人音乐、视频、文字的侵权网站的行政打击力度。国家版权局已对18家国内大型视频网站实行定期主动监管。现在，这些网站用于购买正版影视版权的金额、数量成倍增长。

阎晓宏强调，在中国这样一个发展中国家，侵权盗版问题在短期内还不能完全清除。中国政府的态度是绝不姑息，采取有效措施打击侵权盗版行为。在版权保护方面，中国政府愿意加强国际合作。

克里斯托弗·多德感谢中国国家版权局多年来对美国电影协会的大力支持，认为中国政府开展打击网络侵权盗版专项行动，对保护版权、鼓励创作起到了非常积极的作用。他认为，中国政府把文化创意产业作为国民经济重要支柱之一，大力推动文化产业发展，文化创意产业在中国将有很大发展空间，也会提供更多机会。

双方还就如何认识盗版、当前如何遏制侵权盗版进行了深入讨论。

新闻出版总署（国家版权局）出版管理司司长吴尚之、版权管理司司长于慈珂、对外交流与合作司司长张福海，美国电影协会亚太区总裁艾礼善、中国区总裁兼首席代表冯伟等参加会见。

（资料来源：中国新闻出版报　作者：王玉梅）

【阎晓宏当选世界知识产权组织伯尔尼联盟大会副主席】 2011年9月26日至10月5日，世界知识产权组织（WIPO）成员国大会在瑞士日内瓦举行。会上，中国新闻出版总署副署长、国家版权局副局长阎晓宏当选为伯尔尼联盟大会副主席（2011—2013年度）。这是自1992年10月加入伯尔尼联盟以来，中国知识产权领域行政首脑首次担任这一机构副主席职务。

《伯尔尼公约》全称为《保护文学和艺术作品伯尔尼公约》，1886年制定于瑞士伯尔尼，于1887年12月生效，是世界上第一个国际版权公约，也是影响最大的版权公约之一。《伯尔尼公约》由联合国专门机构——WIPO管理，所有参加这一公约的国家组成一个联盟，即伯尔尼联盟。联盟自成立以来，主席或副主席的职位历经更迭，早期多为发达国家代表担任，近年来发展中国家成为其中坚力量。

（资料来源：中国新闻出版报　作者：赖名芳）

【亚马逊为中国图书版权输出搭建平台】 2011年9月29日上午，中国国际图书贸易集团有限公司与美国亚马逊公司在北京共同举行亚马逊“中国书店”合作项目启动仪式。“中国书店”于2011年8月上线试运营，是亚马逊网站上有史以来唯一的国家主题书店，为中国出版物的版权输出打开一条新渠道。

“中国书店”项目利用亚马逊成熟的网络营销平台、先进的技术及全球影响力，实现中国图书的全球网络销售。项目启动仪式举办时，已有千余种中国图书上线，国图集团公司已与国内48家主要出版机构建立了亚马逊“中国书店”合作项目联席会议机制，以确保项目所需图书的品种选择、信息编制和实物供应。

（资料来源：中国知识产权报　作者：窦新颖）

【中国展团在第63届法兰克福国际书展再创佳绩】 2011年10月12日至16日，第63届法兰克福国际书展举办，中国展团在版权输出与合作出版领域再创佳绩，两项合计2 424项。

据统计，中国展团版权输出项目2 399项，贸易额共计258万美元；版权引进项目1 437项，贸易额共计135万美元；合作出版项目25项，贸易额共计6万美元。其中，版权输出项目数量前10名依次为：中国出版集团314项，中国国际出版集团291项，上海世纪出版股份有限公司197项，凤凰出版传媒集团173项，中国科学出版传媒集团150项，北京语言大学出版社144项，中国教育出版传媒股份有限公司110项，中南出版传媒集团92项，北方联合出版传媒集团85项，南方出版传媒股份有限公司77项。

（资料来源：中国新闻出版报　作者：周翼双）

【柳斌杰会见世界知识产权组织总干事加利一行】 2011年11月9日，新闻出版总署署长、国家版权局局长柳斌杰在北京会见了世界知识产权组织总干事弗朗西斯·加利、副总干事王彬颖一行，双方就如何进一步加强合作、加大版权保护力度深入交换了意见。新闻出版总署副署长、国家版权局副局长阎晓宏陪同会见。

柳斌杰在会见中表示，自1980年6月3日加入世界知识产权组织以来，中国国家版权局与世界知识产权组织一直保持着良好稳定的合作关系，在国际知识产权事务中相互支持、真诚合作、加强交流，取得了良好的效果。世界知识产权组织关心和支持中国版权保护事业，在中国制定著作权法、拓展国际空间、培训版权专业人员等方面给予了大力支持和诸多帮助。他表示，中国国家版权局积极参与世界知识产权组织领导下的国际版权事务，愿意在世界知识产权组织框架下，通过与成员国之间的充分交流，积极参加版权国际新规则的制定，加快国内相关立法进程，从而在音像表演保护条约、传统知识和民间文艺保护、发展议程、广播组织条约等世界知识产权组织重大议题和重要立法活动中发挥更大的作用。

加利表示，中国在知识产权保护领域，尤其是版权保护方面已经在世界上处于相对领先的地位，很高兴看到中国在知识产权保护领域所作的新计划和取得的成果。他表示，创意产业的重要性毋庸置疑，全世界对中国在知识产权保护方面的措施和成果都保持着高度关注和兴趣，并对中国政府拟积极申请承办保护音像表演外交会议表示大力支持。

国家版权局版权管理司司长于慈珂、世界知识产权组织亚太区高级顾问刘杰等参加会见。

（资料来源：中国新闻出版报　作者：朱烨洋）

【“数字环境下的版权管理和执法国家研讨会”召开】 2011年12月8日至9日，中国国家版权局与世界知识产权组织（WIPO）在上海共同召开“世界知识产权组织数字环境下的版权管理和执法国家研讨会”。来自WIPO及日本、澳大利亚、新加坡等国版权机构的官员和学者与中国版权立法、司法和行政执法机构的代表一起，就数字环境下各国版权管理和保护面临的挑战、执法实践进行了重点探讨。世界知识产权组织助理总干事特沃尔·克拉克，新闻出版总署副署长、国家版权局副局长阎晓宏出席研讨会并致辞。

克拉克在致辞中指出，互联网技术的高速发展与广泛应用，极大地影响到传统的版权管理模式，也使世界各国共同面临着更加复杂和多样化的版权保护诉求。他强调，知识产权保护只是手段，而最终目标是促进创意产业发展。互联网新技术是一把双刃剑，既可以促进作品的广泛传播，也可能挫伤创意产业的创新活力。因此，WIPO近年来一直致力于解决权利人与使用者之间的利益平衡关系，探讨适应网络时代要求的多种授权模式。

阎晓宏在致辞中指出，互联网让人们更加快捷方便地获取各类信息，对促进产业发展和就业、拉动经济增长、增加社会财富发挥了积极作用，越来越多的权利人从网络使用中获得报酬。但同时，互联网上大量传播未经授权作品的现象也很突出。特别是随着数字网络技术的日新月异，传统的版权授权模式受到挑战。

阎晓宏认为，网络版权保护应该是现有著作权法律原则在数字环境下的必然延伸，有形世界里“先授权再传播”的原则在互联网领域也应该得到遵循和贯彻。但也要充分考虑到互联网传播的特性，妥善处理好数字环境下权利人与使用者、传播者和社会公众间的利益平衡关系。要在著作权法基本原则基础上，探索符合网络使用需求和网络传播规律的更加开放积极的授权模式。如通过著作权集体管理组织在互联网领域进行大规模授权方式，权利人有权放弃自己的部分知识产权的模式，在特定环境下对一些权利作特定限制以方便作品使用的模式等。阎晓宏特别强调了数字环境下版权的管理和保护手段。

WIPO文化和创意产业部版权发展服务司司长高航，中国新闻出版总署（国家版权局）法规司司长王自强、反非法和违禁出版物司副司长龙志刚、版权管理司副司长汤兆志、对外交流与合作司副司长赵秀玲，中共上海市委宣传部副部长焦扬等出席会议。

（资料来源：中国新闻出版报　作者：赖名芳）

版权相关产业与贸易

BAN QUAN XIANG GUAN CHAN YE YU MAO YI

2011 年中国出版产业发展报告

徐升国

2011 年是中国出版产业整体发展非常景气的一年，产业规模快速提升。据新闻出版总署出版产业发展司发布的《2011 年新闻出版产业分析报告》，2011 年全国出版、印刷和发行服务实现营业收入 14 568.6 亿元，较 2010 年增加 2 193.4 亿元，增长 17.7%；增加值 4 021.6 亿元，较 2010 年增加 518.3 亿元，增长 14.8%，占同期国内生产总值（GDP）的 0.9%；利润总额 1 128.0 亿元，较 2010 年增长 4.8%；不包括数字出版的资产总额为 14 417.5亿元，较 2010 年增长 13.2%；所有者权益（净资产）为 7 344.8 亿元，较 2010 年增长 12.5%；纳税总额为 787.9 亿元，较 2010 年增长 11.3%。

一、2011 年全国出版业发展状况

新闻出版总署发布的统计数据显示，2011 年全国出版业整体发展良好，各项指标出现较大幅度增长，行业发展态势喜人。

（一）图书品种和重版重印品种同步增长

2011 年，全国共出版图书 37 万种，较 2010 年增长 12.5%。其中，新版图书 20.8 万种，较 2010 年增长 9.6%；重版、重印图书 16.2 万种，增长 16.5%。总印数 77.1 亿册（张），增长 7.5%；总印张 634.5 亿印张，增长 4.7%；码洋（定价总金额）1 063.1 亿元，增长 13.6%。图书出版实现营业收入 664.4 亿元，增长 19.8%；增加值 225.3 亿元，增长 4.8%；利润总额 94.2 亿元，增长 22.2%。从数据可以看出，图书出版业的主要方面都出现了较明显的增长，特别是图书总印数一反往年不断下降的趋势，呈现出较大幅度增长，重版、重印图书品种增长率为 2005 年以来最高。图书再版率大幅上升表明图书生产的品种结构优化，获利能力强的品种增多。

（二）期刊、报纸、音像、数字各有所长

1. 期刊各项指标均呈现较大幅度增长

2011 年，全国共出版期刊 9 849 种，较 2010 年减少 0.4%；总印数 32.9 亿册，增长 2.2%；总印张 192.7 亿印张，增长 6.4%；定价总金额 238.4 亿元，增长 9.5%。期刊出版实现营业收入 162.6 亿元，增长 8.0%；增加值 152.4 亿元，增长 114.2%；利润总额 22.9 亿元，增长 23.8%。

2. 报纸出版收入大幅增长，但利润有所下降

2011 年，全国共出版报纸 1 928 种，较 2010 年减少 0.6%；总印数 467.4 亿份，增长 3.4%；总印张 2 272.0 亿印张，增长 5.8%；定价总金额 400.4 亿元，增长 8.9%。报纸出版实现营业收入 818.9 亿元，增长 12.3%；增加值 320.2 亿元，增长 1.0%；利润总额 98.6 亿元，减少 2.2%。

3. 音像制品、电子出版物品种下降但利润增加

2011 年，全国共出版音像制品 19 408 种，较 2010 年减少 10.0%；出版数量 4.6 亿盒（张），增长 9.6%；发行数量 3.9 亿盒（张），增长 3.5%；发行总金额 18.3 亿元，减少 9.3%。音像制品出版实现营业收入 26.1 亿元，增长 29.1%；增加值 8.2 亿元，增长 11.6%；利润总额 2.8 亿元，增长 15.6%。2011 年，全国共出版电子出版物 11 154 种，较 2010 年减少 0.2%；出版数量 2.1 亿张，减少 17.7%。电子出版物出版实现营业收入 6.2 亿元，减少 15.5%；增加值 3.1 亿元，增长 8.8%；利润总额 1.3 亿元，增长 28.0%。

4. 数字出版继续保持快速增长

2011 年，数字出版实现营业收入 1 377.9 亿元，较 2010 年增长 31.0%；增加值 389.4 亿元，增长 34.2%；利润总额 106.7 亿元，增长 19.1%。

（三）出版物发行业收入增长但利润下降，行业发展面临考验

2011 年全国共有出版物发行网点 168 586 处，与上年相比增长 0.42%。全国出版物发行业从业人员 72.44 万人，与上年相比增长 0.08%。全国新华书店系统、出版社自办发行单位出版物总购进金额 2 024.89 亿元，与上年相比增长 14.05%；总销售金额 1 953.49 亿元，与上年相比增长 11.36%。2011 年全国新华书店系统、出版社自办发行单位纯销售 65.78 亿册（张、份、盒）、653.59 亿元，与上年相

比，数量增长 1.80%，金额增长 8.95%。全国新华书店系统、出版社自办发行单位年末库存 55.86 亿册（张、份、盒）、804.05 亿元，与上年相比，数量增长 5.39%，金额增长 8.98%。出版物发行实现营业收入 2 162.9 亿元，增长 13.9%；增加值 593.3 亿元，增长 26.0%；利润总额 185.1 亿元，减少 10.5%。可以看出，出版物发行在 2011 年也同步出现了较好的增长趋势，特别是纯销售数量和金额的增长，显示出这种增长是市场销售本身带动的。但发行业利润大幅下降，表明受宏观环境因素影响，出版物发行成本、费用上涨较多，企业经营压力加大。

（四）印刷复制业在全行业中居主要地位

2011 年全国印刷复制业实现营业收入 9 305.35 亿元，与上年相比增长 17.52%，占全行业 63.9%；增加值 2 324.91 亿元，与上年相比增长 9.63%，占全行业 57.8%；利润总额 614.60 亿元，与上年相比增长 6.26%，占全行业 54.5%。可以看出，2011 年印刷业发展也呈现出较好的势头，营业收入、增加值和利润均呈现出难得的大幅度增长，显示行业发展处于良性状态，而营业收入、增加值和利润在行业中超过 50%的高比例，表明印刷复制业仍然是新闻出版业的支柱产业。

（五）版权输出和实物出口取得新突破

2011 年，全国累计进口图书、报纸、期刊、音像制品、电子出版物 113.5 万种次，较 2010 年增长 25.4%；数量 3 019.5 万册（份、盒、张），增长 2.5%；金额 42 508.0 万美元，增长 13.7%。全国累计出口图书、报纸、期刊、音像制品、电子出版物 148.7 万种次，数量 1 557.5 万册（份、盒、张），金额 7 396.6 万美元。进出口总额 49 904.6 万美元。2011 年全国共引进版权 16 639 种，输出版权 7 783 种。版权贸易输出品种与引进品种比例由 2010 年的 1∶2.9 降低到 2011 年的 1∶2.1，全国版权贸易逆差比例进一步缩小，表明实施新闻出版“走出去”战略取得明显成效。

（六）民营经济比重进一步提高

在全国 15.3 万家新闻出版企业法人单位中，民营企业数量占 81.2%，较 2010 年提高 5.1 个百分点。在印刷复制企业中，民营企业营业收入占 86.3%，增加值占 85.4%，利润总额占 86.5%，较 2010 年分别提高 0.1 个百分点、0.9 个百分点和 1.9 个百分点。在出版物发行企业中，民营企业营业收入占 62.9%，增加值占 67.6%，利润总额占 68.7%，较 2010 年分别提高 1.1 个百分点、4.1 个百分点和 2.7 个百分点。民营企业继续成为新闻出版业一支重要的生力军。

（七）人均出版物拥有量稳步增长

全国百万人均拥有当年出版图书 274 种，较 2010 年增长 11.8%；人均年拥有图书 5.7 册，较 2010 年增长 7.3%；人均年拥有期刊 2.4 册，较 2010 年增长 1.7%；每千人日均拥有报纸 95.1 份，较 2010 年增长 2.8%；报纸普及率每户 0.35 份，较 2010 年增长 2.9%；人均书报刊用纸 230.0 印张，较 2010 年增长 5.0%。表明新闻出版业的供给与服务能力进一步增强。

二、2011—2012 年出版业主要特征与趋势

（一）十七届六中全会吹响文化大发展大繁荣的号角，文化产业政策强力推动

2011 年 10 月 15 日，中国共产党十七届六中全会在北京举行，全会历史上首次集中探讨了文化改革发展的主题，提出建设文化强国的目标。全会审议通过的《中共中央关于深化文化体制改革、推动社会主义文化大发展大繁荣若干重大问题的决定》，全面总结了文化建设的成就和经验，分析了文化改革发展面临的形势和任务，提出了新形势下文化大发展大繁荣的指导思想、重要方针、目标任务、政策措施。

推动文化大发展、大繁荣，很重要的一个方面就是调整新闻出版行业的结构，集中组建大型的、国内一流的、世界知名的出版产业集团，培育成战略投资者市场主体，集中力量造就大型骨干企业。此外，还要调整产品结构，生产分众化、对象化的出版产品，以满足各个层次、各种文化程度人们的精神文化需求。要调整产业结构，利用互联网、数字化等现代传播技术形成一些新的传播产业，打造国家级数字出版平台，使传统的产业结构逐渐向新兴的产业结构转换。另外，还要转变发展方式，集中建设产业带、产业园区、产业基地，数字出版、印刷、复制行业也要建设大型园区，使政策、技术、人才相对聚集起来，利用现代的先进技术、现代的传播手段、现代的市场体系，生产更多优秀的精神产品。

中共十七届六中全会提出要打造文化强国，深化文化体制改革，财政、税收、金融、文化、新闻出版等相关的政府部门都在积极制定支持文化产业发展的具体政策，这给出版行业带来了巨大的发展机遇，创造了良好的政策环境。

（二）出版集团与上市公司规模不断扩大，强者愈强

集团化发展是世界出版业发展的潮流，也是中国出版业发展的重要方向之一，目前集团正在成为中国出版业的主力军。2011 年全国出版、报刊和发行集团共实现主营业务收入 2 094.6 亿元，较 2010 年增加 354.3 亿元，增长 20.4%，占全国出版发行全行业主营业务收入的 57.5%；拥有资产总额 3 680.1 亿元，较 2010 年增加 530.3 亿元，增长 16.8%，占全国出版发行全行业资产总额的 73.4%；实现利润总额 173.4 亿元，较 2010 年增加 21.2 亿元，增长 13.9%，占全国出版发行全行业利润总额的 43.2%。其中，江苏凤凰出版传媒集团有限公司、湖南出版投资控股集团有限公司主营业务收入和资产总额均突破了 100 亿元。这进一步凸显了新闻出版企业集团和上市公司的骨干地位。

2011 年以来，中国的出版集团实力不断加强，正在成为行业改革发展的主力军。建造大型国际一流出版航母是中国出版业集团化发展的主要目标之一。2011 年 3 月 9 日，柳斌杰署长在做客中央人民广播电台“中国之声”两会特别节目时透露，“一两年内中国将出现 200 亿元量级的新闻出版‘航母’——这些大型出版传媒集团要达到 200 亿元的固定资产、200 亿元的年销售收入，未来还将向全球出版传媒巨头看齐，向千亿级别迈进”。

2011 年 4 月 6 日，中国教育出版传媒股份有限公司召开成立大会。7 月 19 日，中国科技出版传媒集团有限公司暨中国科技出版传媒股份有限公司宣布正式成立。至此，拥有中国出版集团公司、中国教育出版传媒股份有限公司、中国科技出版传媒集团有限公司三大中央出版集团的中国出版传媒产业，在资源整合、兼并重组后迈上了一个新台阶，三大出版传媒集团将成为整合部委出版社及地方出版资源的主体，主导中国出版业的竞争格局。

在中央出版传媒集团努力做大做强的同时，地方出版传媒集团也加快了打造大型出版航母的步伐。2011 年 6 月 3 日，上海世纪出版集团和上海文艺出版集团合并重组，拉开了组建现代大型综合性出版传媒集团的序幕。

通过上市融资进行资本运作做大做强，是许多出版传媒集团的梦想，2011 年出版传媒集团上市的步伐进一步加快。2011 年 4 月 12 日，“ST 鑫新”发布公告变更为“中文传媒”，标志着江西出版集团借壳上市全面完成。10 月 20 日，中国证监会通过了长江出版传媒集团借壳上市方案。11 月 30 日，凤凰传媒实现 IPO 上市。12 月 2 日，大地传媒借壳 ST 鑫安上市。2011 年实现上市的出版传媒集团共 4 家，占已上市出版传媒集团总数的 40%。

2011 年 12 月 28 日，中国出版传媒股份有限公司在北京正式成立，计划将在 A 股上市。读者出版集团、上海世纪出版集团、广东出版集团都已成立股份制公司，准备择机上市。

（三）数字出版产业发展进入快车道

近年来，中国数字出版继续高歌猛进，产业收入逐年大幅度递增，实现了跨越式发展。数字出版从星星之火发展成燎原之势，传统出版数字化进程加快，以手机阅读为代表的数字阅读异军突起，数字出版产业步入高速发展的快车道。2011 年，全国数字出版实现营业收入 1 377.9 亿元，较 2010 年增长 31.0%；增加值 389.4 亿元，增长 34.2%；利润总额 106.7 亿元，增长 19.1%。

数字出版业发展中，一个重要亮点是“电子书包”上升为国家战略。新闻出版总署在《新闻出版业“十二五”时期发展规划》中第一次明确将“电子书包研发工程”列入“十二五”重大工程项目。“十二五”期间，中国将大力研究开发以网络环境为依托，由移动终端设备、电子教学服务平台、资源加工出版支撑体系以及教育教学数字内容共同构建，参与者通过使用终端设备来进行教学活动的“电子书包”工程。工程一期启动“电子书包”研发工作并展开小范围试点；二期进行优化调整并在部分地区推广；三期在全国范围推广。

在操作层面，“电子书包”试点工作在 2011 年也全面启动。上海虹口区教育局与中国电信及几家主要相关出版社和数字出版网站签署了四方数字出版协议，上海市“电子书包”计划在虹口区试点推广。此后，包括广东、江苏、北京、四川、重庆在内的多个省市均已部署试点单位。电子书和电子化教育教学相结合是大势所趋。

少儿出版曾被业界一致认定为是受数字出版冲击最小的板块，然而 2011 年以来，不少专业少儿出版机构也全面启动了少儿出版数字化工程，以互动阅读为切入点，开始踏上积极整合数字出版资源、跨媒体经营的转型之路。安徽少年儿童出版社打造了集发布、销售、互动功能于一体的平台——Ebook 3.0 少儿互动阅读社区；童趣出版公司将数字阅读产品与游戏、玩具的特点相结合，推出了互动阅读娱乐平台“乐学糖”；二十一世纪出版社以网络游戏和社区网站为主线，参股网络游戏开发公司和动漫制作公司，打造二十一世纪儿童网游动漫研发基地和二十一世纪纸质数字互动出版基地。此外，诸如中国少年儿童新闻出版总社、江苏少年儿童出版社、海燕出版社等也都在开发大规模定制的个性化特色产品。

数字出版业不断发展和成熟的标志之一是作家数字版税收益猛增。数字出版虽然炙手可热，但是对于作家来说，数字出版一直是“水中月，镜中花”。2011 年 8 月，一批作家从作家出版社收到了 2010 年度的数字出版分账收益，其中天下霸唱、王晓方、张者、铁凝、胡佳、张炜等一批作家授权作品的数字版权年度收益已经接近或超过其纸质作品带来的收益。据不完全统计，以不同形式在网络上发表过作品的高达 2 000 万人次，作者 200 万人，通过数字创作（包括在线收费、线下出版和影视、游戏改编等）获得经济收入的已达 10 万人，职业或半职业写作人群超过 3 万人。可以预见的是，未来作家数字版权的收益还将继续增加，作家作品的数字版权将成为争夺的焦点。

（四）民营书业进入转型期

2011 年对民营书业来说，可谓悲喜交加的一年，发展正在进入转型期。一年来，一些有实力的民营公司或者与风投合作，或者与国有出版社合作，为上市作准备；一些民营公司在发展主业的同时，尝试多元化发展与转型；一些民营公司继续领先于市场，积极尝试数字化；一些民营公司在政府支持下构建文化产业园。然而，这也是民营书业面临动荡较多、冲击较大的一年，网络冲击、租金持续上涨下，民营实体书店面临的是更加寒冷的严冬，教辅领域的“新政”也对其格局产生重大影响。

中国民营书业面临的考验之一是实体书店出现倒闭潮。2011 年 6 月，北京著名的风入松书店正式关门，11 月，全国连锁书店光合作用经营出现危机，大量门店关门。此外，许多民营书店都正在生死存亡中苦苦挣扎。从国际上看，实体书店也都正在经历煎熬。2011 年 2 月 16 日，美国第二大连锁书店鲍德斯向法院递交了破产保护申请；5 月 20 日，英国最大的连锁书店瓦特斯通因经营不善而被其母公司 HMV 集团挂牌出售。实体书店出现经营危机的原因，第一是网络书店的冲击，第二是数字阅读的影响，第三是门店租金和经营成本的大幅上涨。

为了拯救各地频频倒闭的民营书店，2012 年全国“两会”期间，全国政协委员张抗抗向“两会”提交了《建议政府对实体书店的生存与发展加大政策性支持的提案》。2 月 22 日，杭州出台了《关于扶持民营书店健康发展的暂行办法》，28 日，上海市新闻出版局发布了《上海市出版物发行网点建设扶持资金管理办法》，提出每年将向实体书店提供 500 万元扶持资金。据了解，北京等地也正在研究扶持民营书店的相关政策。

民营书业面临的考验之二是教辅出版正面临历史性变局。市场化是教辅出版得以兴旺的根本，但也给其带来了出版散滥甚至滋生教育腐败的问题。2011 年 8 月 16 日新闻出版总署《关于进一步加强中小学教辅材料出版发行管理的通知》的出台，标志着由教育部、新闻出版总署、发改委等几部委联手进行的全国教辅出版整治工作正式开展。此后，教辅出版资质收紧、教辅图书限价、“一科一辅”以及教辅内容质量审查等管理细则连续出台，教辅出版发行整顿大幕全面拉开，教辅出版发行这一民营书业最大的蛋糕面临重新分割的局面，许多民营公司因为缺乏资质及经营方式不规范，被大面积清理出局。

除了教辅整顿外，教辅授权问题也成为民营教辅企业头上的一道紧箍咒。从 2011 年年初开始，在人民教育出版社的带领下，开始通过各种方式进行中小学教材的授权和维权工作，对配套教材的同步类教辅的出版征收版权使用费，并通过内容审查等手段保障授权配套教辅的内容质量。从维权成果来看，包括志鸿教育、金星教育和修远教育等在内的民营策划公司已经与原创教材出版社开展了版权方面的合作。而“出版配套教辅需要取得原创教材社授权”的理念也被越来越多的人接受，这必将对教辅出版市场的未来产生更为深远的影响。许多文教类图书出版社、民营策划公司在收缩教辅业务的同时，积极进行业务的多元化探索，寻求在少儿图书出版、教育服务、数字出版等方向的转型。

（作者单位：中国新闻出版研究院应用理论研究室）

2011 年中国广播电视产业发展报告

国家广播电影电视总局发展研究中心

一、2011 年广播电视产业发展总体情况良好

2011 年，中国广播电视行业继续深化改革，不断创新，加快转变发展方式，广播电视产业收入保持较快增长，总体态势良好。全国广播电视总收入（含财政补助收入）为 2 717.32 亿元，同比增长 18.05%；创收收入为 2 371.18 亿元，同比增长 18.39%。近 5 年来，全国广播电视总收入和创收收入均保持了平稳较快增长（见图 1、图 2）。

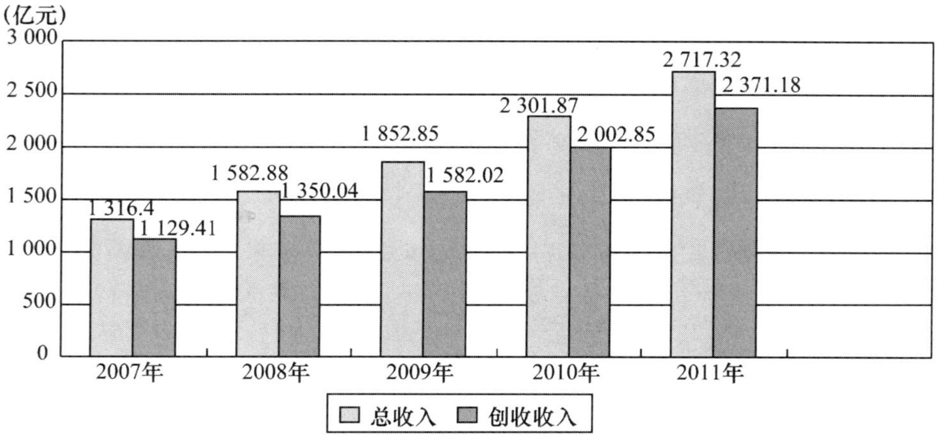

图 1　2007—2011 年全国广播电视总收入与创收收入对比

数据来源：国家广电总局规划财务司。

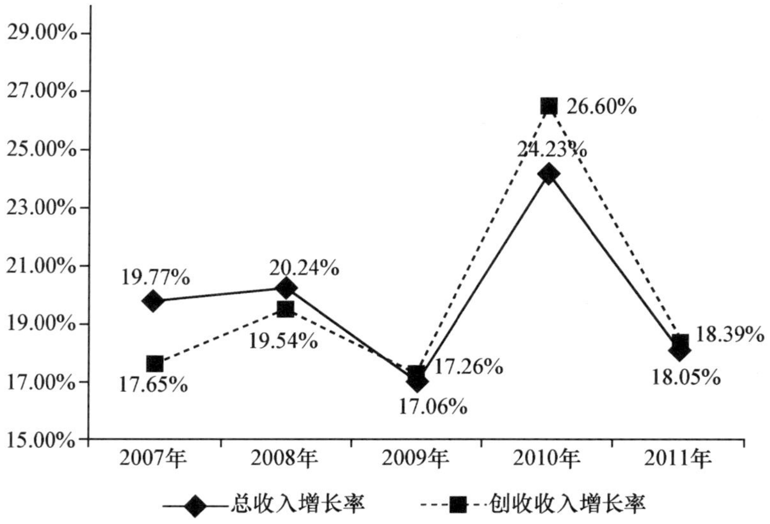

图 2　2007—2011 年全国广播电视总收入与创收收入增长率对比

数据来源：国家广电总局规划财务司。

2011年中央直属单位广播电视创收收入为413.63亿元，同比增长17.26%；各省（区、市）广播电视创收收入为1 957.55亿元，同比增长18.63%。其中，上海市广播电视创收收入继续排在全国第一位，达到236.39亿元，同比增长14.69%；江苏省广播电视创收收入达211.08亿元，列全国第二位，同比增长28.72%；浙江省广播电视创收收入194.62亿元，排第三位，同比增长15.34%；广东、北京、湖南、山东等4个省（市）紧随其后，广播电视创收收入均超过百亿元（见图3）。

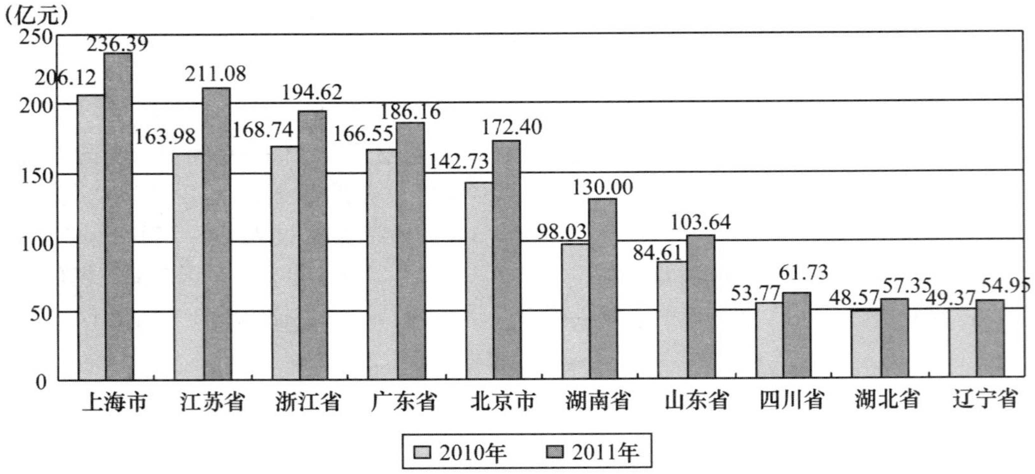

图3　2011年全国广播电视创收收入前十位的省份与其上一年创收收入对比

数据来源：国家广电总局规划财务司。

2011年，全国广播电视创收收入达到2 371.18亿元，占总收入的比重为87.26%。从广播电视创收收入构成看，广告收入1 122.90亿元，占47.36%；有线电视网络收入563.78亿元，占23.78%；其他创收收入684.50亿元，占28.86%。这表明，广告收入仍然是广播电视创收收入的主要来源。近5年来，广告收入在创收收入中的比重虽有些波动，但总体上呈下降趋势；其他创收收入所占比重上升较快。从2009年起，有线电视网络收入与其他创收收入占比之和已超过50%，2011年达到52.64%。广播电视产业主要依赖广告收入的情况正在逐步改变（见表1）。

表1　2007—2011年三项收入在全国广播电视创收收入中的占比情况

年份	广告收入	网络收入	其他创收收入
2007年	53.17%	27.16%	19.67%
2008年	51.98%	27.37%	20.65%
2009年	49.42%	26.48%	24.10%
2010年	46.93%	24.34%	28.73%
2011年	47.36%	23.78%	28.86%

数据来源：国家广电总局规划财务司。

二、电视剧产业继续保持平稳增长

（一）电视剧产量平稳增长，质量进一步提升

2011年，全国获得发行许可的电视剧共计469部、14 942集，比2010年增加33部、257集，同比增长7.57%和1.75%。从近5年情况看，电视剧产量基本保持稳定，平均年产量468部、1.43万集（见图4）。围绕庆祝建党90周年与纪念辛亥革命100周年创作的“红色电视剧”成为荧屏亮点，《五星红旗迎风飘扬》、《东方》、《中国1921》、《开天辟地》、《辛亥革命》等优秀电视剧赢得广泛关注。军旅、生活、谍战等题材剧也受到观众好评，如《中国远征军》、《双城生活》、《借枪》等。

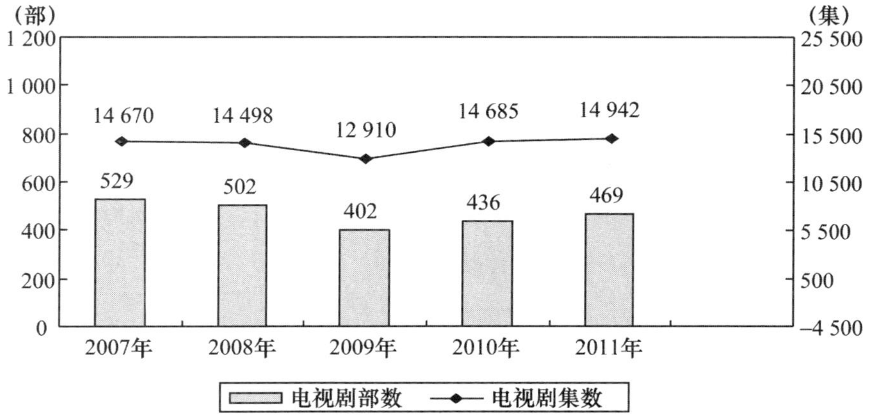

图 4　2007—2011 年全国生产完成并获得发行许可的电视剧数量

数据来源：国家广电总局电视剧管理司。

(二) 通过播出调控，引导创作生产

2011 年，为保证现实题材剧在播出中的主导地位，广电行政管理部门继续对古装剧、涉案剧等进行播出调控，增加现实题材剧在电视节目特别是黄金时段节目中的播出比例，要求 2013 年达到播出总量的 40%。2011 年，生产现实题材剧（包括现代和当代）共计 237 部，占比 50.53%，现实题材剧仍占主导地位（见表 2）。

表 2　2011 年度全国获准发行的国产电视剧主要题材占比情况

题材分类	部数	百分比	集数	百分比
当代	220	46.91%	6 566	43.94%
现代	17	3.62%	548	3.67%
近代	158	33.69%	5 114	34.23%
古代	61	13.01%	2 322	15.54%
重大	13	2.77%	392	2.62%
总计	469	100%	14 942	100%

数据来源：国家广电总局电视剧管理司。

(三) 电视剧网络版权价格不断攀升，优质电视剧成为稀缺资源

2011 年，电视剧每集百万元的网络价格已很常见。而在 2006 年，备受欢迎的电视剧《武林外传》，81 集网络版权总售价只有 10 万元；2010 年，新版《红楼梦》的网络版权每集也仅 20 万元。到 2011 年，搜狐、腾讯等网站购买的《新还珠格格》、《甄嬛传》、《宫锁珠帘》等剧的网络版权价格均在 2 000 万元以上。视频网站的主营收入仍然依赖广告，在新盈利模式尚未形成的情况下，电视台、专业视频网站和门户网站对优质电视剧的争夺日趋激烈；同时，电视剧网络版权市场尚处于初级阶段，有关各方冲动有余，理性不足。因此，优质剧网络版权价格在一个时期存在异常波动亦属正常，随着市场供求关系趋于平衡，网络版权价格会逐渐回归理性。从 2012 年前 5 个月的情况看，电视剧网络版权价格已有所回落。

(四) 电视剧制作发行企业积极对接资本市场

继华谊兄弟、华策影视上市后，2011 年 8 月，光线传媒在深圳证券交易所上市，据该公司年报，2011 年该公司影视剧投资超过 7 亿元。

2011 年，中国电视剧产业表现出以下特点：

1. *播出机构加大定制剧和自制剧生产*　随着频道竞争的加剧，播出机构通过介入或自制方式量身制作电视剧，使电视剧更加贴近自身频道定位。如 2011 年，湖南广播电视台生产电视剧 23 部 717 集，比 2010 年增长一倍多。其中，《新还珠格格》、《一不小心爱上你》、《我的青春在延安》等电视剧都很贴近湖南台青春时尚的定位。湖南卫视金鹰剧场播出的 19 部剧中，自制剧有 6 部 209 集，约占 1/3。安徽卫视、江苏卫视等也采取相应的策略，加大定制剧、自制剧生产。定制剧、自制剧模式将制播双方的利益和需求有效整合，有利于塑造品牌，提升竞争力。

2. *媒体互动营销成为新模式，台网联动提升电视剧价值*　如安徽卫视、天津卫视等 4 家卫视在 2011 年 8 月联合推出新版《水浒传》。在该剧的营销中，安徽卫视不仅与《京华时报》、《广州日报》

等多家媒体合作，还与搜狐网、PPTV 等多家网站和手机媒体进行互动营销；天津卫视与新浪网、优酷网在宣传、播出和广告等方面深度合作，围绕该剧共同制作了《今夜有水浒》、《老郭讲水浒》等专题节目，实现互动共赢。播出机构通过提高电视剧的社会关注度，形成播剧热潮，提高了电视媒体的影响力和网络媒体的流量及用户黏性，促进了电视剧价值的最大化。

3. *电视剧网络分销模式正在形成* 随着竞争不断加剧，以电视剧为代表的优质正版节目，成为各大视频网站争夺的重点。为了降低购剧成本，一些视频网站成立公司或建立基金，共同进行电视剧版权采购和网络分销。2011 年，乐视网和土豆网共同注资 100 万元成立合资公司，开展国产影视剧网络版权的采购和销售；悠视网与北京国际版权交易中心等机构合作成立版权基金，购买电视剧。乐视网年报显示，2011 年其收入为 5.98 亿元，同比增长 151%。其中，仅版权分销收入就高达 3.56 亿元，同比增长 572%。

三、电视动画产业保持较快发展

2011 年，全国制作完成国产电视动画片共 435 部、26.12 万分钟，比 2010 年的 385 部、22.05 万分钟，分别增长 12.99% 和 18.46%。1993 年至 2003 年这 11 年间，中国国产动画总产量只有 4.6 万分钟，平均每年不到 4 200 分钟。从 2004 年起，中国动画生产提速，当年产量达到 2.18 万分钟，2005 年达 4.3 万分钟，2006 年达 8.2 万分钟，2007 年突破 10 万分钟，国产动画产量已连续 8 年保持快速增长。2011 年国产动画部数和时间长度比 2007 年增长 133.87% 和 157.09%（见图 5）。

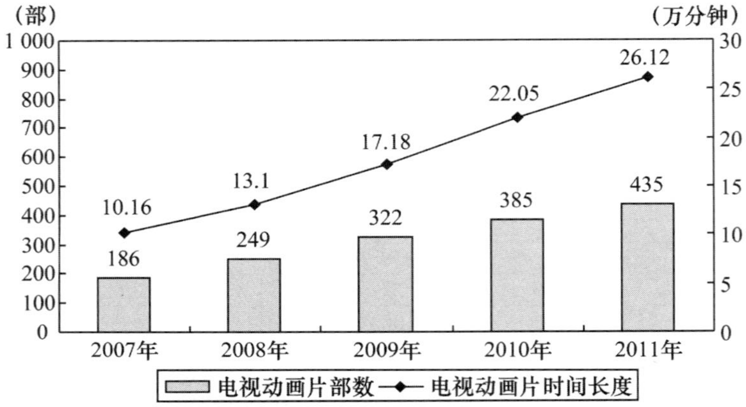

图 5 2007—2011 年全国制作完成电视动画片数量及时间长度

数据来源：国家广电总局宣传管理司。

在动画片数量及时间长度不断提高的同时，动画质量也不断提升。2011 年度，国家广电总局共向全国推荐播出 82 部优秀国产动画片。其中，推荐播出数量居前 5 位的省份是：江苏（16 部）、浙江（14 部）、福建（11 部）、广东（9 部）和安徽（5 部）。同时，许多优秀动画片获得国内外大奖。中国文化艺术政府奖首届动漫奖共评选出 12 大类 30 个奖项。其中，《美猴王》、《蓝猫龙骑团》和《大耳朵图图》获最佳动画电视片奖。在国家广电总局组织的 2011 年度少儿节目精品及国产动画发展专项资金项目评审中，《秦汉英雄传》等 43 部国产动画片获奖。百集动画片《孔子》入选法国戛纳电视节首届亚洲展映会最佳作品，《星游记》（第一季）获得第 15 届韩国首尔国际动漫节"首尔推广计划"的最佳创意奖。

2011 年，中国动画产业发展有如下特点：

（一）对动画产业扶持力度不断加大

广电系统采取措施，大力扶持动画产业发展。2011 年，国家广电总局不断完善优秀动画片推荐播出工作，使一大批优秀动画片脱颖而出；同时，大力推动少儿节目精品及国产动画发展，认真组织好 2011 年度少儿节目精品及国产动画发展专项资金评审工作，评选出 7 大类共 168 个奖项，发放奖励资金共计 1 864 万元，极大地鼓励和扶持了国产少儿节目与国产动画原创作品的创作、生产和播映。北京、上海、浙江、江苏、广东等省市也在政策、资金等方面不断加大对动画产业的扶持力度。此外，2011 年 5 月，财政部、海关总署、国家税务总局、文化部共同制定出台了《动漫企业进口动漫开发生产用品免征进口税收的暂行规定》。中国文化艺术政府奖中首次增设了动漫奖，体现了国家对动漫产业发展的重视。

（二）动画产业链不断拓展，品牌经营成为新亮点

2011年，中央人民广播电台央广江通公司着力打造以“小喇叭”为核心的动画产品全产业链，并开发制作了“小喇叭”动画片；北京电视台卡酷传媒公司着力打造涵盖动画原创、播出、衍生品研发、玩具销售的卡酷动漫全产业链；江苏、浙江、广东等省的动漫企业也加强与相关公司合作，进一步拓展产业链。在品牌合作与授权经营方面，广东原创动力文化传播公司的合作伙伴动漫火车集团，与美国迪士尼公司就其卡通品牌“喜羊羊与灰太狼”的消费产品全球授权业务签署了商业合作协定；江苏省动画企业与相关公司进行品牌合作，生产童装“其乐魔果”等，取得了较好的经济效益。

（三）动画产业集中度增高，动画基地集聚作用进一步凸显

2011年，原创动画片制作生产排在前10位的企业分别是深圳华强、无锡亿唐、平潭水木、杭州漫奇妙、宁波水木、浙江中南卡通、央视动画、大连卡秀、沈阳易品、福州翰格等公司。这10家公司共生产动画片86部、9.65万分钟，占全国总产量的比例分别是19.77%和36.96%。这一比例在2009年是25.78%和37.42%，2010年是22.60%和39.24%。2009年以来，每年生产原创动画排在前10位的公司，其总产量占全国原创动画片的总产量近40%。

动画基地已成为带动动画产业发展的龙头。到2011年底，国家广电总局批准的动画基地（含教学基地）已达33家，分布在18个省（区、市），成为带动中国动画产业发展的资源聚集地，其中长三角、华南、华北、东北、西南以及中部地区都形成了若干动画产业集群带。2011年，国家动画产业基地共自主制作完成国产动画片276部、19.03万分钟，比2010年增长2.60%和10.19%，约占全国总产量的63.45%和72.86%，动画基地的龙头作用进一步显现。

四、纪录片产业发展进入快车道

根据北京师范大学纪录片中心发布的数据，2011年，中国纪录片播出总量约为5.8万小时，其中，首播约为1.6万小时；国产纪录片占48%，外购改编纪录片占15%，国外供片占37%。全年纪录片市场总投资约为8亿元，总收入超过10亿元。

2011年，中国纪录片创作生产活跃。为庆祝建党90周年，中央电视台制作了《旗帜》、《大市·中国》、《大三峡》等纪录片，北京电视台制作了《笔墨春秋》、《少年中国》等专题纪录片。为纪念辛亥革命100周年，中国国际电视总公司出品了6集文献纪录片《天下为公——孙中山1911》，北京电视台制作了10集大型历史纪录片《辛亥》，获得各界好评。

为追求人文品质，有实力的电视台加强了纪录片的创作生产。如，浙江广电集团投资上亿元拍摄《先驱》、《走向蓝海》、《南宋》等纪录片；浙江卫视推出了“中国蓝新锐人文季”纪录片集群；南京广电集团将科教频道作为纪录片试播平台，推出了历史文化纪录片日播栏目“风云百年”，赋予节目更多的文化内涵。

纪录片的扶持力度进一步加强。2011年，国家广电总局设立国产纪录片及创作人才扶持项目发展专项资金。在全国选送的356部2010年度国产纪录片中，评选出优秀导演等8类共46个奖项，发放扶持资金468万元，有力地推动了纪录片的创作和发展。

2011年，中国纪录片产业发展有如下特点：

（一）纪录片播出平台建设取得新突破

2011年被称为“纪录频道年”。1月1日，央视纪录频道正式开播，该频道2011年度国内受众已超过6.5亿人，并在全球60个国家和地区播出。7月1日，北京电视台纪实高清频道开播，该频道是全国首家采用全高清方式播出的纪实频道。2012年1月1日，中国教育电视台文献纪录频道开播。截至2012年6月，广电总局共批准地级以上播出机构开办纪实类频道4套，全国省级以上广播电视机构已开办纪录片频道8个。播出平台建设对纪录片产业的发展起到了重大推动作用。

（二）视频网站日益重视纪录片播出，成为纪录片生产的新生力量

截至2011年11月底，搜狐纪录片频道的总点击率达到203亿次，目前已经拥有5万部纪录片，成为新媒体中纪录片发展的领跑者。中国网络电视台（CNTV）、爱奇艺、凤凰网、腾讯网、酷6网等也相继推出纪录片频道。为满足网络视频用户对优质内容的需求，实现差异化竞争，2011年，视频网站也加大了自制纪录片的力度。如搜狐网推出日播纪录片栏目《大视野》，这是国内视频网站推出的首档定位高端人群的原创自制纪录片栏目。

五、广播电视节目生产与交易稳步发展

2011年，全国广播节目产量稳步上升，总产量达到693.70万小时，同比增长1.80%。在2011年生产的广播节目中，产量居前三位的是专题服务类、

综艺类和新闻资讯类节目，其产量分别为 201.64 万小时、190.59 万小时和 129.50 万小时，占节目总产量的比重分别为 29.07%、27.47% 和 18.67%（见图 6）。

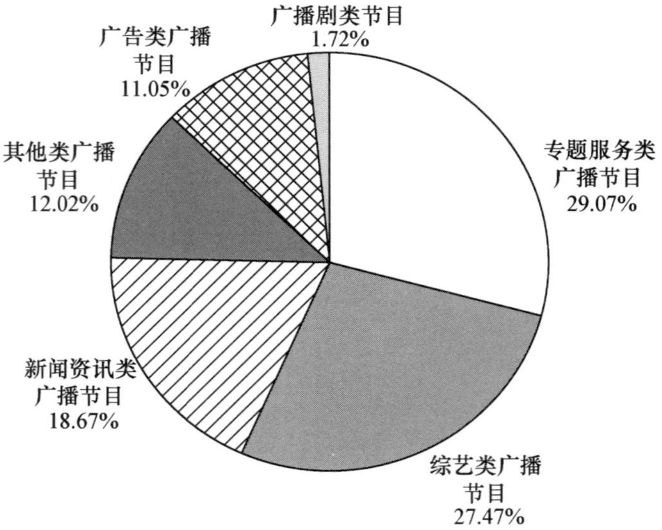

图 6　2011 年全国制作的各类广播节目时间分类构成情况

数据来源：国家广电总局规划财务司。

广播电台通过创新节目运作方式，促进了节目生产。2011 年，中央人民广播电台央广财经文化传媒公司创新运营管理模式，成立了两个节目工作室，制作的节目占“经济之声”节目总量的 46%。河北人民广播电台实行了各频率专业定位和差异化发展策略，栏目数量由 160 多个压缩到了 80 个，节目品质得到提升。

从广播节目播出情况看，2011 年，全国全年播出的自制广播节目 861.54 万小时，播出的购买、交换广播节目 168.77 万小时，同比增长 0.89% 和 16.79%（见图 7）。

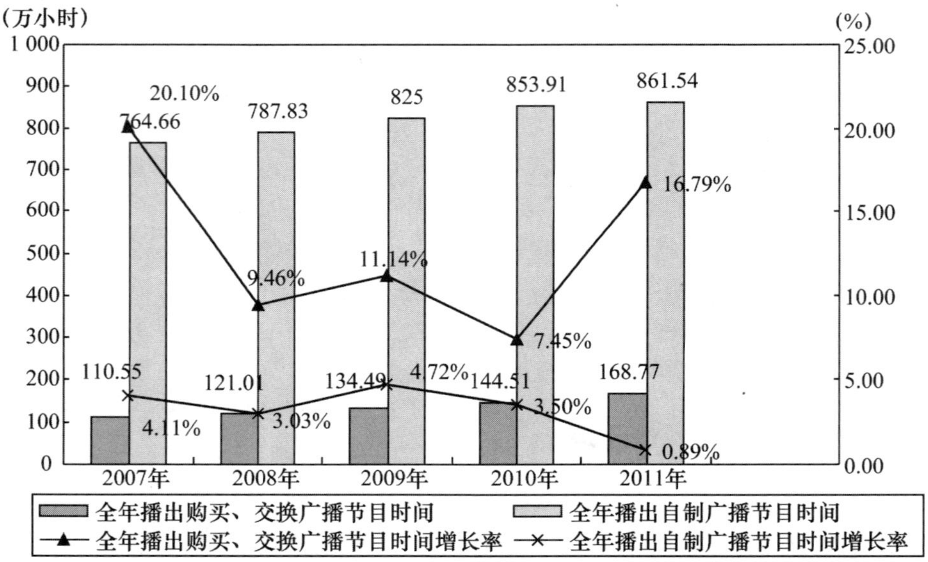

图 7　2007—2011 年全国播出的自制广播节目与购买、交换广播节目情况及增幅走势

数据来源：国家广电总局规划财务司。

2011 年，全国电视节目总产量达到 295.05 万小时，同比增长 7.57%。其中，产量居前三位的是新闻资讯类、专题服务类、广告类节目，其产量分别为 80.24 万小时、77.56 万小时和 50.83 万小时，占节目总产量的比重分别为 27.19%、26.29% 和 17.23%（见图 8）。

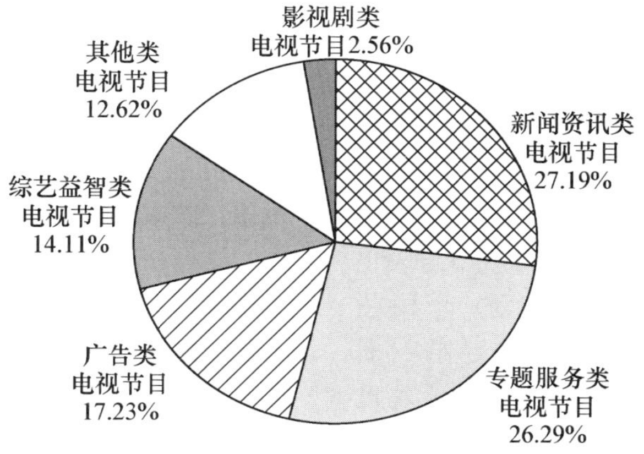

图 8　2011 年全国制作的各类电视节目时间分类构成情况

数据来源：国家广电总局规划财务司。

从电视节目播出情况看，2011 年，全国全年播出的自制电视节目 561.80 万小时，播出的购买、交换电视节目 862.08 万小时，同比增长 1.69%和 3.27%（见图 9）。

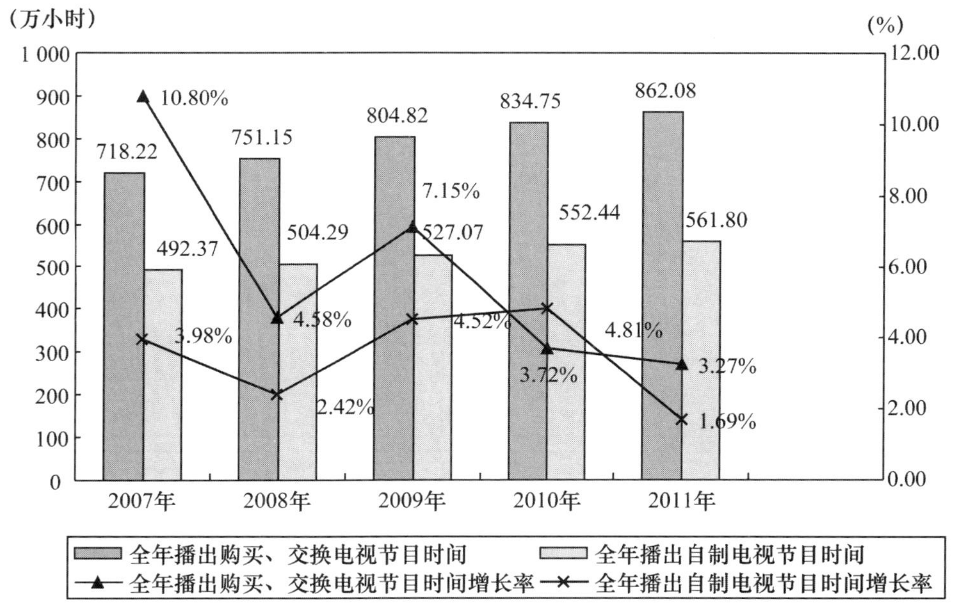

图 9　2007—2011 年全国播出的自制电视节目与购买、交换电视节目情况及增幅走势

数据来源：国家广电总局规划财务司。

节目制作机构获得了空前发展。截至 2011 年底，全国节目制作经营机构达 5 363 家，比 2010 年的 4 678 家增加了 685 家，同比增长 14.64%。其中涌现出一大批经济实力雄厚、示范作用突出的制作经营企业。2011 年，广东省拥有节目制作机构 865 家，比上一年增加了 114 家，同比增长 15%；浙江省共有影视节目制作机构 660 家，新增 114 家，民营企业占全省节目制作机构的 90%以上。

在节目交易市场，有实力的影视机构成为节目交易的主力。中国国际电视总公司拓展营销渠道，全年节目营业收入 4.54 亿元。其中，国内收入 3.2 亿元，同比增长 25%；出口收入连续 4 年突破千万美元，达到 1 200 万美元，同比增长 13%。北京电视台京视传媒公司电视节目交易 2 963.90 万元，比 2010 年增长 19%；上海五岸传播公司全年版权收入再创新高，达到 1.43 亿元；江苏广电总台幸福蓝海集团电视剧收入超过 2.5 亿元。

视听新媒体成为节目交易的重要渠道。2011 年，北京电视台京视传媒公司的视听新媒体节目版权交易额为 865.13 万元，同比增长 60.72%；其发行渠道达到 30 家，已覆盖全国主要的专业视频网站和门户网站。江苏广电总台电视剧网络版权收入超过 5 000 万元；《哈皮父子》在爱奇艺、腾讯等各大网站上线，网络和手机点击量超 3 000 万次，取得较好经济效益。

2011 年，中国广播电视节目生产与交易呈现以下特点：

品牌节目和创新节目继续引领节目市场 根据央视—索福瑞数据，2011 年，在全国电视节目收视率总排名（不包括世界杯等比赛和电视剧）前 10 位的栏目中，除了 5 档新闻和 1 档服务类节目外，《非诚勿扰》、《快乐大本营》、《豪门盛宴》和《动物世界》这 4 档节目成为节目市场的有力竞争者。湖南广播电视台新创办节目《非常靠谱》、《帮助微力量》等引领节目市场。江苏广电总台的品牌节目《非诚勿扰》收视稳居省级卫视栏目前列。该节目不仅销售了电视和网络版权，还在中国香港、台湾地区以及新加坡的航线播出，首次实现自有版权节目的打包输出。

节目生产向新媒体市场进军 2011 年，不少电台电视台在满足本台节目播出的同时，将其内容生产向新媒体延伸。除盘活存量，继续把原有音视频节目放在自己的网站或网络广播电视台上之外，还积极面向 IP 电视、手机电视、网络等进行节目生产。中央三台以及北京、上海、天津、江苏、浙江、湖南、广东等广电机构都加强了新媒体节目的生产。

更加注重节目版权保护 2011 年，各级广电机构按照广电总局部署，进一步加强节目版权管理，有的台成立了专门的音视频资料机构，有的台加强了节目数据库的建立与管理。此外，中广协会广播、电视版权委员会分别成立，进一步加强节目版权的管理与保护。

六、广播电视广告产业持续较快增长

2011 年，中国广播电视广告收入达到 1 122.90 亿元，同比增长 19.46%，虽然比 2010 年增幅略低，但也是近 10 年来增长率较高的一年（见图 10）。

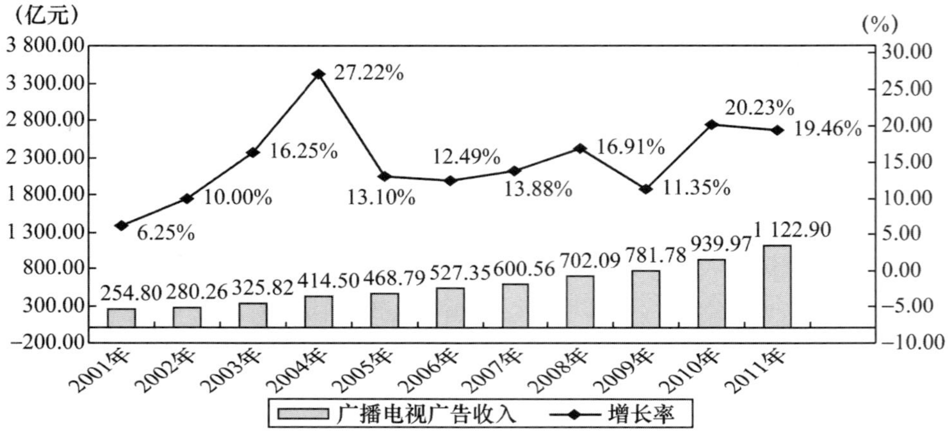

图 10　2001—2011 年全国广播电视行业广告收入及增幅走势

数据来源：国家广电总局规划财务司。

从广播电视广告收入构成来看，2011 年，电视广告收入占广电行业广告收入的比重为 83.23%，近 5 年都在 80%以上；广播广告占比 10.98%，近 5 年都在 10%～11%之间，波动较小；其他广告收入占 5.79%，近 5 年呈逐年上升趋势（见表 3）。

表 3　2007—2011 年全国广播电视广告收入构成

年份	广播广告收入（亿元）	占比（%）	电视广告收入（亿元）	占比（%）	其他广告收入（亿元）	占比（%）
2007	65.39	10.89	519.21	86.45	15.96	2.66
2008	72.57	10.34	609.16	86.76	20.36	2.90
2009	81.46	10.42	675.82	86.45	24.50	3.13
2010	99.58	10.59	796.59	84.75	43.80	4.66
2011	123.32	10.98	934.54	83.23	65.04	5.79

数据来源：国家广电总局规划财务司。

（一）广播广告保持较快增长

全国广播广告增速连续两年保持在20%以上。2011年，全国广播广告收入首次突破100亿元，达到123.32亿元，同比增长23.84%，是近5年来增长最快的一年（见图11）。其中，广播广告收入超亿元的省份有25个，比2010年增加2个，广播广告收入排前三名的省份分别是江苏省、北京市和广东省。北京人民广播电台广告收入位居全国电台首位，达8.6亿元，同比增长21.13%。

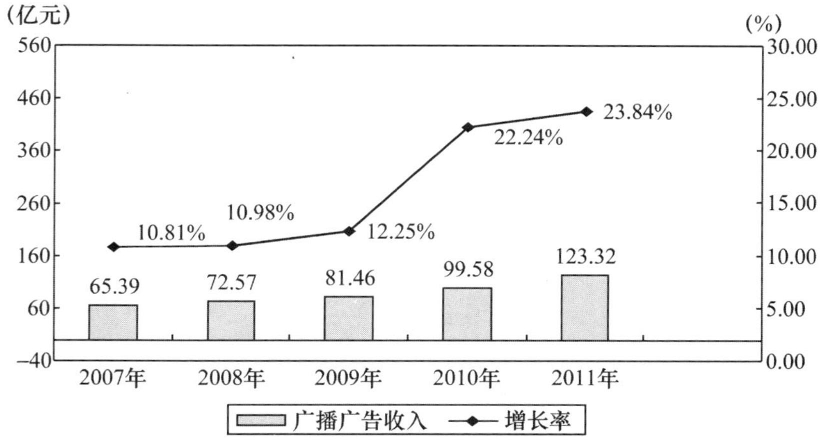

图11　2007—2011年全国广播广告收入及增幅情况

数据来源：国家广电总局规划财务司。

专业频率对广告的拉动作用明显　2011年，随着车载、移动、网络等收听渠道的增多，听众规模不断扩大，广播潜力继续提升。新闻、交通、音乐等专业频率的广告市场份额名列前茅。中央人民广播电台"中国之声"全年广告收入超过4亿元，连续三年位列全国广播广告收入增速第一位。北京人民广播电台的"交通广播"广告收入超过4.1亿元，在全台广告收入中占比超过50%。中央人民广播电台的"音乐之声"、北京人民广播电台的"音乐广播"、广东人民广播电台的"音乐之声"等频率的广告收入均有较大增长。

广播广告营销水平不断提升　2011年，各级电台采取与有实力的公司合作、通过品牌栏目和活动策划吸引广告客户、整合资源等多种策略，不断提高广告营销水平。中央人民广播电台与远誉广播广告公司签订协议，代理其"中国之声"等频率的广告，使其广告运作专业化水平得到较大提升；安徽广播电视台通过品牌栏目和活动类节目吸引广告客户增加投放；辽宁广播电视台和沈阳广播电视台实现优势互补与资源共享，提升广告营销水平。

（二）电视广告实现平稳增长

2011年，全国电视广告收入达到934.54亿元，同比增长17.32%，继续保持上升态势。从近5年情况看，全国电视广告的平均增长率为15.60%，2011年全国电视广告增长率高于平均增长率1.72个百分点（见图12）。

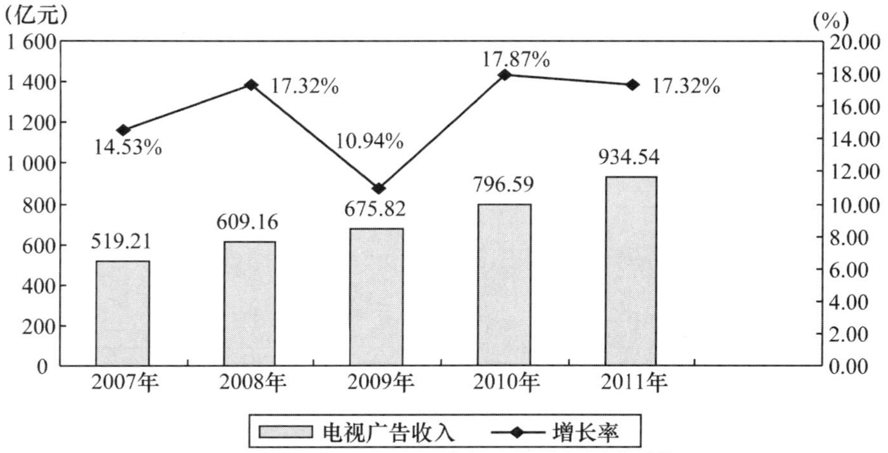

图12　2007—2011年全国电视广告收入及增长情况

数据来源：国家广电总局规划财务司。

品牌节目和创新节目成为提升广告价值的主力 2011 年，各级电视台都加大了节目创新力度，通过品牌节目和创新节目提升广告价值。中央电视台综合频道、财经频道、新闻频道等拥有的品牌节目最多，其中《新闻联播》、《焦点访谈》、《今日说法》、《新闻 30 分》等品牌节目拉动广告较快增长，成为广告盈利大户。2011 年，中央电视台全年广告收入达到 228 亿元，同比增长 21.01%；北京电视台依托《档案》、《健康北京》等品牌节目，实现广告连年较快增长，其收入达到 32.5 亿元；上海东方卫视着力打造《中国达人秀》、《舞林大会》等品牌节目，截至 2011 年 11 月，其广告收入达到 13.65 亿元，同比增长 67%；江苏卫视继续做好《非诚勿扰》等品牌节目，单频道广告收入达到 31.5 亿元，同比增长 57.5%；湖南卫视推出《博物馆奇妙夜》、《喜剧之王》等 10 多档新节目，实现单频道创收超过 50 亿元。

提高营销水平，确保广告平稳增长 2011 年，中央电视台深入分析市场，创新设计广告产品，弥补资源不足，坚定了客户投放信心；北京电视台通过加强服务，力保存量不减，促进了大客户的增量投放；江苏卫视坚持从客户需求出发，为客户提供个性化投放解决方案，提升了广告投资回报价值；浙江广电集团扎实推进广告经营“从时段营销向节目、栏目和活动营销转变”，着力开发植入式和互动式等新型广告，实现广告增长；湖南广播电视台通过产品创新、价格规范、渠道拓展、促销推广等多管齐下的战术组合，确保广告增长。

七、传输网络产业取得新进展

2011 年，全国有线广播电视用户首次突破 2 亿，达到 20 264.39 万户，同比增长 7.38%。其中，数字电视用户 11 488.96 万户，首次突破 1 亿户，同比增长 29.52%。数字电视用户净增 2 618.71 万户，为近年最多。从近 5 年情况看，全国有线广播电视用户数和数字电视用户数都实现了较快增长（见图 13）。

2011 年，全国有线网络收入保持平稳增长，达到 563.78 亿元，同比增长 15.66%，增幅比 2010 年略有下降（见图 14）。

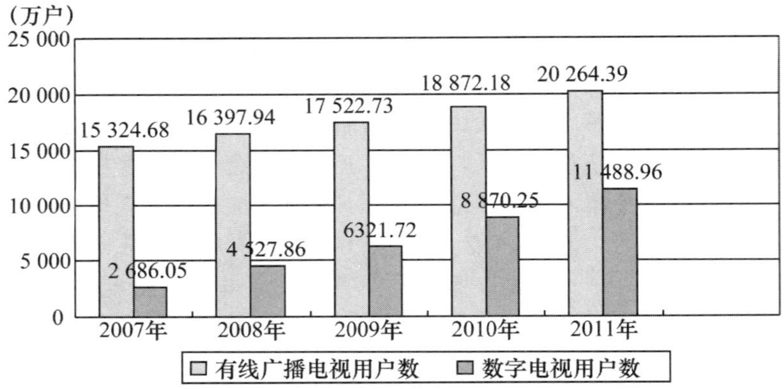

图 13 2007—2011 年全国有线广播电视用户数与数字电视用户数情况

数据来源：国家广电总局规划财务司。

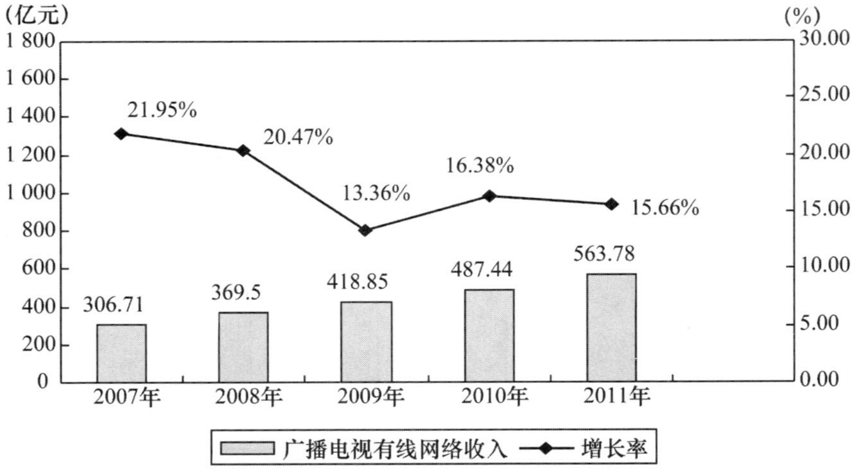

图 14 2007—2011 年全国广播电视有线网络收入及增长情况

数据来源：国家广电总局规划财务司。

有线网络整合加速推进，基本实现“一省一网” 到2011年底，全国已有26个省（区、市）完成或基本完成了有线网络整合。其中，北京、上海、陕西、广西等15个省（区、市）完成或基本完成到县级的网络整合；河南、内蒙古等7省（区）完成或基本完成到市（地）级的网络整合；湖南、广东等4个省完成或基本完成到除个别市外的市（地）级的网络整合。

网络增值业务快速发展 2011年，各地有线网络运营商积极推进高清交互、视频点播等增值业务，北京、上海、江苏、深圳、杭州等地高清业务取得明显成效。北京市有线电视用户已达470万，其中数字用户340万，高清交互用户272万，成为全国高清交互数字电视用户数量最多的城市。此外，全国第一个3D试验频道于2012年元旦开播，3D电视发展取得突破。

三网融合试点继续推进 2011年，全国IP电视用户超过1 300万。中央IP电视集成播控总平台和第一批试点地区IP电视集成播控分平台完成对接，并已做好与电信企业IP电视传输系统对接的准备。2011年12月，国务院公布了第二批42个试点城市名单，试点城市增加到54个，覆盖人口超过3亿。同时，各地在网络整合改造、市场主体培育、广电和电信业务双向进入、IP电视集成播控平台建设、业务功能开发试验、三网融合监管政策和体制机制等方面积极探索，有序推进三网融合工作。

下一代广播电视网（NGB）建设取得新进展 2011年，上海市已基本完成市中心城区250万用户数字化整体转换，以及100万用户NGB示范网建设目标。上海文广互动电视公司与同洲电子公司成立合资公司，重点开拓具有NGB特点的增值服务市场。北京歌华有线与华为公司签署了战略合作协议，在NGB规划建设、云计算与物联网应用等方面开展合作。重庆有线网络公司成立了“下一代广播电视网媒体云业务实验室”，这是继上海“NGB应用实验室”和杭州“NGB融合业务创新实验室”之后，国家广电总局设立的第三个国家NGB实验室。江苏有线也在积极开展NGB与物联网融合技术研究和应用开发。

移动多媒体广播电视（CMMB）全国覆盖网络基本形成 2011年，按照中广传播集团公司的规划，各省（区、市）分公司加大了网络建设的力度，信号已基本覆盖全国336个地级以上城市、855个县级城市。终端用户超过3 500万，付费用户达到1 600万。

2011 年中国电影产业发展报告

国家广播电影电视总局发展研究中心

2011 年是中国电影产业开始转型升级的一年。这一年，中宣部、国家发改委、财政部、国家广电总局等四部委出台了《中国电影 2011—2020 年发展规划纲要》，国务院法制办公室发布了《电影产业促进法（征求意见稿）》，这些政策措施的出台，为中国电影发展营造了良好的环境，推动电影产业继续保持产业化改革以来的良好发展势头。

一、电影创作生产

（一）影片产量稳中有升，品种结构出现新变化

2011 年，全国生产故事片 558 部，较 2010 年的 526 部增加了 32 部（见图 1），故事片产量保持世界第三，仅次于印度和美国。

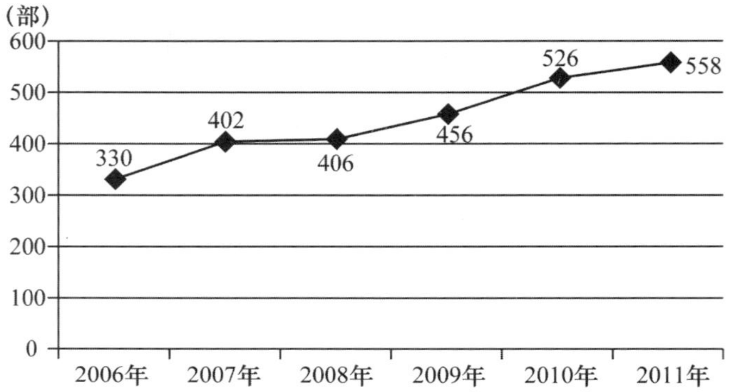

图 1　2006—2011 年国产故事片生产情况

数据来源：国家广电总局电影管理局。

此外，全国还生产了动画电影 24 部、纪录电影 26 部、科教电影 76 部、特种影片 5 部，电影频道节目制作中心生产供电视播出的数字电影 102 部。动画电影同比增长 50%，纪录电影同比增长 62.5%，科教电影同比增长 40.7%，电影产品呈现出多样化发展趋势。

（二）主旋律影片影响力进一步提高

2011 年恰逢庆祝中国共产党建党 90 周年和纪念辛亥革命 100 周年，电影界拍摄了一批题材多样、类型丰富、形式新颖、质量上乘的献礼影片，将主旋律电影创作推上了一个新台阶。其中，展现恢弘历史变迁的《建党伟业》延续《建国大业》全明星路线，融入了青春片的类型元素；《辛亥革命》通过革命者个人理想与家国情怀的双线铺陈，将微观叙事与宏大叙事有机结合。《建党伟业》的票房达 4.2 亿元，成为 2011 年票房最高的三部国产影片之一。

（三）国产商业大片质量进一步提升

2011 年，国产商业大片渐趋成熟，艺术质量和制作水准显著提高，一批国产大制作影片坚持“三性（思想性、艺术性、观赏性）统一”的创作道路，追求商业元素与文化内涵的协调共融，巩固了国产大片在电影市场中的主导地位。《金陵十三钗》获得了国产电影年度最高票房，制作水准得到普遍肯定；首部国产 3D 武侠电影《龙门飞甲》最终票房超过 5 亿元，是国产电影的技术革新和产业拓展的范例。

（四）中小成本影片成为国产电影的重要力量

2011 年，中小成本影片展示出令人惊喜的市场影响力，进入了一个新的发展阶段。《武林外传》、《观音山》、《孤岛惊魂》、《将爱情进行到底》等中小成本电影连续创造高票房，尤其是没有“大制作、大明星、大投入”的《失恋 33 天》，凭借“接地气”的

故事和对白成为市场黑马，上映月余票房突破3.5亿元（见表1）。这些现象标志着中国电影产业格局正在由大片垄断向多层次、多类别、多样化发展转变。

表1　2011年票房排前10名的中小国产电影

排序	影片	上映档期	场次（万场）	人次（万人）	票房（万元）	发行公司
1	失恋33天	11月8日	28.98	1 120.00	35 607	中影
2	将爱情进行到底	2月12日	20.64	561.00	19 635	小马奔腾
3	武林外传	1月26日	15.87	526.30	18 965	中影
4	最强喜事2011	1月31日	13.50	488.20	17 040	光线影业
5	喜羊羊与灰太狼之兔年顶呱呱	1月21日	14.93	458.00	14 500	美亚华天下
6	孤岛惊魂	7月8日	11.15	289.53	8 930	美亚华天下
7	观音山	3月3日	12.00	212.00	7 200	盛世新影
8	最爱	5月10日	11.40	191.00	6 000	星美影业
9	神奇侠侣	2月3日	6.10	157.00	5 100	星美影业
10	赛尔号	7月28日	7.10	161.13	4 400	上海东方、华天下

数据来源：中国电影家协会。

（五）合拍片数量增多，合作伙伴增加

随着中国合拍政策的不断完善，合拍片取得长足发展。合拍片境外合作伙伴不断增加，中国先后与加拿大、意大利、澳大利亚、英国、法国、新西兰、新加坡等国家签署了合作拍摄协议。据统计，2011年中国电影合作制片公司共接受合拍片申请99部，其中73部通过立项，同比增长30%，并有57部拍摄完成。[①] 合拍片在拓展电影市场，促进不同国家、地区间的电影交流合作，实现技术与营销升级，推动文化走出去等方面发挥着越来越重要的作用。

二、电影市场

2011年，全球电影票房达到326亿美元，比2010年增长3%。中国全年票房约20亿美元，跃居全球第三，排在美国（102亿美元）和日本（23亿美元）之后。[②]

（一）电影票房继续快速上行，中西部地区票房高速增长

2011年，全国电影票房收入131.15亿元（见图2），同比增长28.93%，这已是国内电影票房连续9年以25%以上的速度增长。与2010年63.91%的高速增长相比，电影票房增速呈现理性回落的态势。

从月度数据来看，2011年中国电影市场有7个月的票房超过10亿元。其中，8月份创下月票房15.361亿元的历史纪录（见图3）。3月和4月因为缺少好片源，继续成为电影市场的淡季。

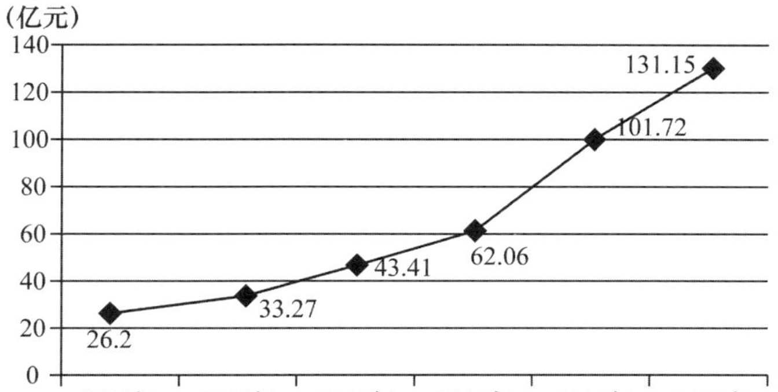

图2　2006—2011年国内电影票房

数据来源：国家广电总局电影管理局。

---

① 参见李慧兴：《合拍2011，实现技术升级，推动文化走出去》，载《中国电影报》，2012-01-06。

② 数据来源于美国电影协会网站。网址为：www.mpaa.org.

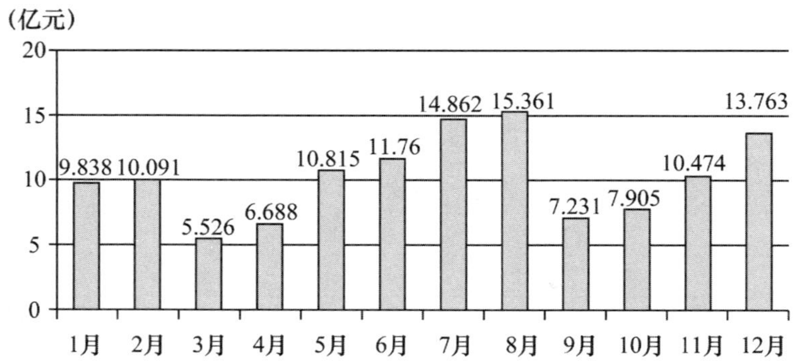

图 3　2011 年国内月度电影票房走势

数据来源：中国电影发行放映协会。

大部分省（区、市）的电影票房较 2010 年有显著增长。传统重点票仓地区，如广东省票房达 18.65 亿元、北京市 13.49 亿元，较 2010 年均有超过 10%的增幅（见表 2）。而中西部省区近年来影院设施明显改善，电影消费需求逐步释放，不少省区票房增幅在 50%以上。如青海省票房收入 1 300 万元，同比增长 188%；江西省票房收入 1.65 亿元，同比增长 51.2%。

表 2　　2010 年与 2011 年中国票房前 10 名地区对比

序号	2010 年		2011 年		同比增长（%）
	地区	票房收入（万元）	地区	票房收入（万元）	
1	广东	162 434	广东	186 544	14.84
2	北京	119 676	北京	134 952	12.76
3	上海	97 512	上海	110 339	13.15
4	江苏	75 635	江苏	109 007	44.12
5	浙江	73 802	浙江	101 413	37.41
6	四川	62 224	四川	67 106	7.85
7	湖北	44 666	湖北	58 643	31.29
8	辽宁	37 414	辽宁	48 466	29.54
9	重庆	30 399	重庆	42 908	41.15
10	山东	29 853	山东	40 418	35.39

数据来源：国家广电总局电影管理局。

（二）进入市场的新片增加，国产电影票房再超进口电影

2011 年国内上映中外新片 247 部，其中国产片 183 部，是近年来国产片登陆院线最多的一年。进口片 64 部，涵盖美国、法国、英国、日本、韩国、印度、俄罗斯等国家和香港、台湾地区。全年共有 38 部影片票房过亿元，其中国产片 21 部（含两部复映片），比例为 55.26%（见表 3）。

表 3　　2006—2011 年中国内地票房过亿元影片数量　　单位：部

	2006 年	2007 年	2008 年	2009 年	2010 年	2011 年
票房过亿元影片	5	7	12	21	27	38
票房过亿元国产片	3	3	7	11	17	21

数据来源：中国电影发行放映协会。

尽管 2011 全年未能出现票房过 6 亿元的国产大片，国产影片票房仍取得 70.31 亿元的成绩，占全年票房总额的 53.61%。排名前 10 的国产电影的市场份额占全国电影票房的 21.84%，2010 年这一数据为 27.67%。这说明，国产电影票房正从过度集中于大片向一些优秀的中小成本影片转移。

（三）观影人次继续增长，电影平均票价有回落趋势

2011 年，城市主流电影院线观影人次 3.68 亿（见图 4），同比增长 30.96%。对比电影票房 28.93%的增幅可以发现，观影人次增幅与票房增幅基本同步。与此同时，2011 年全国农村放映公益电影812.3万场，观众17.53亿人次。2011年，随着观众市场细分日趋明显，《钢的琴》、《观音山》、《hello！树先生》等艺术性较强的影片以及纪录片《海洋》等都取得了较好的票房成绩。

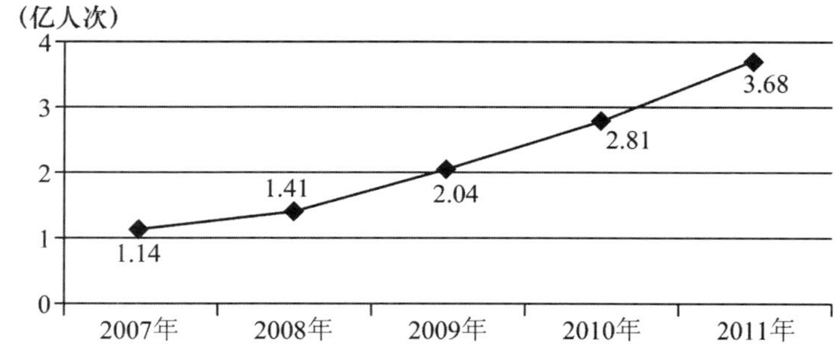

图4　2007—2011年中国城市主流电影院线观影人次情况

数据来源：国家广电总局电影管理局。

2011年中国平均电影票价为35.6元，比2010年下降0.2元（见表4）。2010年，《阿凡达》3D和IMAX影片的上映，大幅提升了平均票价。2011年，观众对这类影片的新鲜感有所下降，一定程度上导致了平均票价的回落。

表4　2006—2011年中国电影平均票价

	2006年	2007年	2008年	2009年	2010年	2011年
票房（亿元）	26.2	33.27	43.41	62.06	101.72	131.15
观影人次（亿）	0.95	1.3	1.7	2.1	2.84	3.68
平均票价（元）	27.6	25.6	25.5	29.6	35.8	35.6

数据来源：根据公开数据整理。

三、院线与影院

2011年，院线与影院建设进一步加快，市场的扩容使更多的影片进入市场，也使更多的观众进入影院。

（一）城市院线竞争更趋激烈，差异化发展格局初现

2011年，全国新增了北京红鲤鱼、北京长城沃美、江西星河、内蒙古民族等4条院线，城市电影院线竞争态势更加明显。在城市院线中，年票房过亿的院线有24条，比2010年增加5条。票房收入前20名的院线，收入总和达到115.78亿元，占全国票房总额的88.28%。

北京万达、中影星美、上海联和、深圳中影南方新干线等4条院线的年票房收入均超过10亿元。北京万达院线定位于抢占大中城市的高端市场，现有影城86家，银幕730块，其中IMAX银幕47块，2011年票房收入达到17.85亿元，连续第3年居全国第一，约占全国13.61%的市场份额。而主要在中小城市布点的广东大地院线，已有影院199家，银幕832块。该院线采取低价优惠等策略，2011年实现票房收入6.77亿元，同比增长80.2%，位列全国院线第7，从观影人次来看，已经上升到第5位，可见中小城市电影市场蕴涵巨大潜力。

（二）影院排名发生变化，提升服务成为共识

2011年，影院放映市场转型升级步伐加快，排名前10的影院格局发生变化。

新建影院得益于优质服务而上位。开业仅1年半的北京耀莱成龙国际影城体量超大，具有成龙电影主题元素，通过会员服务、团购降价、免费停车等个性化服务后来居上，以7 632万元取代北京UME华星国际影城，荣登全国影院票房榜首，观影人次达286万，是全国唯一一家观影人次超过200万的影院。

（三）影院建设如火如荼，民营资本成为重要力量

2011年，全国新增影院803家，共增加3 030块银幕，相当于日本一个国家的银幕数。全国平均每天新增银幕8.3块，是2010年的两倍（见图5）。新增影院大部分位于中小城市。

截至2011年底，中国有影院约2 800家，银幕总数超过9 200块，正在进入“万块银幕”时代。经过近10年的发展，影院建设已经打破由国有单位投资建设运营的行业内循环，呈现多主体齐头并进的良好局面，民营资本成为现代化影院建设的重要力量。

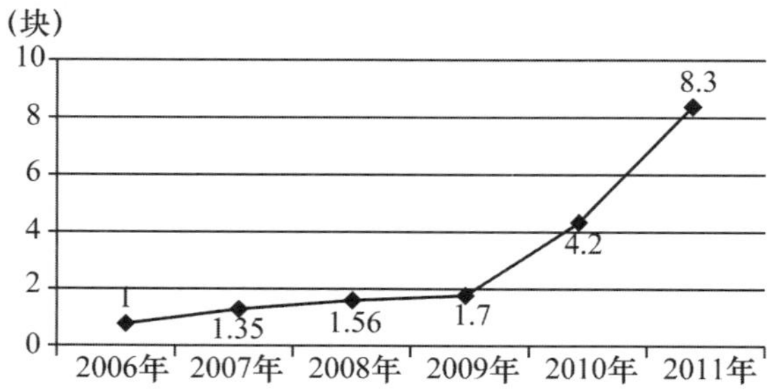

图 5　2006—2011 年全国平均日新增银幕情况

数据来源：国家广电总局电影管理局。

四、电影发行与营销

作为电影产业链中最具市场活力的环节，2011 年各电影发行与营销主体以满足观众的多元化观影需求为目标，更加重视营销创新，使电影产品产生更大的市场号召力。

（一）发行市场格局出现新气象，民营发行公司加快成长

2011 年电影发行公司迅速发展至 40 余家。国营发行公司继续主导城市发行市场。中国电影股份有限公司主导或参与发行国产影片 77 部，实现票房 33.88 亿元；发行进口影片 47 部，实现票房 27.75 亿元；发行 3D 影片 4 部，实现票房 5.44 亿元。

民营电影公司日益成为发行市场的主要力量。民营公司 2011 年发行影片虽然只有 40 余部，却占电影票房的 26%以上，其发行的国产影片票房占到全部国产影片票房的近一半。

（二）农村电影发行受版权方重视，片源可选择性超过城市院线

农村电影放映工程实施以来，市场需求持续增长。2011 年公益场次订购价格提升至每场 10 元后，版权方积极参与农村电影放映。按照全年订购 800 万场次来计算，这一市场每年约有 8 000 万元资金支付给版权方。对于中小成本影片来说，取得这一市场更便于回收成本，降低投资风险。截至 2011 年底，电影数字节目管理中心交易服务平台可供订购影片 1 964 部，其中 2011 年新增 652 部，远高于 2011 年城市院线上映的影片数量。

（三）电影营销异彩纷呈，手机、微博营销得到广泛运用

随着互联网等新兴传播媒介的兴起，电影营销理念发生了深刻变化。越来越多的电影通过新媒体平台进行宣传推广，形成新的营销渠道，包括中影集团、华谊兄弟在内的国内知名影视出品机构都与手机、电视等运营商建立了合作关系。

2011 年微博等社交媒体逐渐成为电影营销的“新型平台”。小成本影片《孤岛惊魂》通过微博号召明星粉丝前往影院包场观看，获得近 9 000 万元票房。《失恋 33 天》营销团队派出摄制组奔赴全国各地，分享普通人的失恋经历，制成《失恋物语》。该组视频上传至微博等平台后，让众多网友感同身受，点击率直线上升，激发观影需求。

五、电影衍生产业

2011 年，电影的电视、网络、手机等播映市场得到进一步开发，电影广告收入大幅提升，电影综合效益显著增长。

（一）电视播映仍是观众看电影的重要方式

电影频道覆盖率高、传播面广，在传播电影文化方面具有得天独厚的优势。国家广电总局电影频道节目中心已由 1 个频道（CCTV-6）发展到 7 个频道，日播出电影 83 部次，年播出电影 3 万余部次，CCTV-6 收视率多年稳居全国上星频道前 3 名。东方电影频道作为内地第一家地方性电影频道，已实现每天 24 小时播出，覆盖上海地区 350 万用户。珠江电影频道通过有线电视网络覆盖广东全省近 1 亿电视观众。2011 年全国各电影频道播放电影的收入约为 25.86 亿元，超过 2010 年（见表 5）。①

① 广告是各电影频道收入的最主要来源，2011 年全国电视广告收入增速约为 20%。以此增速推算，2011 年全国各电影频道的收入约为 24.4 亿元。

表 5　　2006—2011 年全国各电影频道播放电影的收入情况　　单位：亿元

年度	2006	2007	2008	2009	2010	2011
收入	12	13.79	15.64	16.89	20.32	25.86

数据来源：国家广电总局电影管理局。

（二）网络版权收益成为电影回收投资的重要渠道

电影是网络视频用户最为喜爱的内容类型之一，电影网络版权价格在 2011 年有很大提升。《武侠》、《大武生》等影片的独家网络版权均以超过 1 000 万元的价格销售给视频网站，《金陵十三钗》的网络版权则突破 2 000 万元。网络版权成为不少国产影片回收投资的重要渠道。

电影的网络付费观看取得新进展。2011 年，电影网联合新浪、搜狐、优酷、土豆等多家网络媒体成立“新媒体数字院线发行平台”，乐视、腾讯、激动、迅雷、暴风影音等联合组建了“电影网络院线发行联盟”，推行付费点播服务，用户只需花费3～5元即可欣赏新片。网络院线第一部收费影片《将爱情进行到底》上线半个月，仅乐视点播量就超过 4 万次，点播收入超过 20 万元。

（三）电影广告市场规模进一步扩大

随着电影放映规模的持续扩展，电影广告经营深受业界重视，成为制片方与影院的重要收入来源。以上海电影集团为例，2011 年广告收入 4.16 亿元，占集团全年主营业务收入 20.09 亿元的 20.7%。

中国电影的贴片广告与映前广告规模正快速扩大。根据估算，2011 年贴片广告与映前广告市场规模接近 15 亿元。2011 年 9 月，中国电影发行放映协会出台了《电影贴片广告、映前广告自律规则》，促使电影广告走上规范化发展道路。

2011 年，电影植入式广告进一步受到业界重视。《武林外传》、《将爱情进行到底》、《我知女人心》等影片都有不少广告植入。随着美国影片《变形金刚 3》中植入了多条中国产品的广告，越来越多的中国企业正积极与美国大片接洽投放植入广告事宜，中国电影的植入式广告面临新的发展机遇。

六、电影投融资

2011 年，中国电影投融资无论在纵向（产业链）还是在横向（相关领域）方面都有新亮点，为电影产业的持续快速发展起到巨大的推动作用。

（一）投资基金助推电影产业发展

设立文化产业投资基金是国家加快文化产业发展的重要措施。2011 年 7 月 6 日，中国文化产业投资基金在北京成立，这是中国首支国家级文化产业投资基金。该基金主要以股权投资方式，投资广播影视、新闻出版、文化艺术等领域，引导示范和带动社会资金投资文化产业，对电影产业发展必将产生重要的推动作用。

2012 年 3 月，由中央新影集团联合杭州博润投资公司设立的国内首个纪录电影基金——“博润·中央新影（集团）纪录电影基金”正式成立，计划每年推出一批高水准、高质量的优秀纪录电影，通过规模化的生产运营，积极推动中国纪录电影的集约化生产制作，以资本化方式打造新时期纪录电影产业发展和运行的独特模式。2012 年，为纪念邓小平同志南方讲话 20 周年，该基金已计划投资拍摄主题为“春天 1992”的系列纪录电影 10 余部。该基金的设立对促进全国纪录片产业发展具有重要意义。

（二）电影制作已成为信贷和投资“热门”

2011 年，金融业继续加强对电影业的支持。中国建设银行、中国民生银行、北京银行等多家银行都积极介入影视产业融资市场。2011 年 1 月，中国建设银行与浙江横店集团签署战略合作协议，以 100 亿元授信额度重点扶持影视产业，《寻龙夺宝》成为首部受其支持的电影。中国民生银行通过版权质押方式为《金陵十三钗》的拍摄和宣传贷款 1.5 亿元，创下金融业对单一影片的最大投入。北京银行采用“打包贷款”方式一次性贷款给博纳影业 1 亿元，用于《龙门飞甲》、《不再让你孤单》等电影的拍摄。北京等地还出台相关支持政策，对已形成一定规模、获得商业银行文化创意产业项目贷款的企业，按照项目贷款利息总额的 50%～100%给予贷款贴息支持。

介入电影业的行业外资本不断增多。湖南广电、江苏广电等依托渠道平台优势，参与《建党伟业》等影片的制作。2011 年 4 月，腾讯网正式设立 5 亿元的影视投资基金。乐视、土豆、优酷等网络公司积极介入电影制作环节，风险投资、私募股权投资（Private Equity，简称 PE）等机构由以往主要集中在电影项目与电影制作层面，向规模化的战略投资和产业投资转变。

中国电影产业的美好前景也吸引着国外的投资。

2011 年 6 月，华谊兄弟公司与美国传奇影业成立“传奇东方”公司。2012 年 2 月，美国梦工厂动画公司宣布与华人文化产业投资基金（CMC）、上海东方传媒集团有限公司（SMG）和上海联和投资有限公司（SAIL）联合创办总资产 3.3 亿美元的企业“东方梦工厂”。中外有关机构成立的合资企业带来了新的理念、创意、经验和资金，将对中国电影业的发展产生重大影响。

2011 年中国软件和信息技术服务业发展报告

工业和信息化部电子知识产权中心

软件和信息技术服务业是关系到国民经济和社会发展全局的基础性、战略性、先导性产业，具有技术更新快、产品附加值高、应用领域广、渗透能力强、资源消耗低等突出特点，对经济社会发展具有重要的支撑和引领作用。加快发展软件和信息技术服务业，对于推动信息化与工业化的深度融合，培育和发展战略性新兴产业，加速经济发展方式合理转变和产业结构调整，提高国家信息安全保障能力和国际竞争力具有重要意义。

一、2011 年中国软件和信息技术服务业发展的宏观环境

“十一五”时期，中国软件和信息技术服务业持续快速发展，年均增速达 28.3%，产业规模不断扩大，创新能力显著增强，产业集聚日益明显，国际化水平持续提高，人才队伍不断壮大，对国民经济和社会发展的支撑作用进一步增强，已具备再上新台阶的坚实基础。

2011 年是“十二五”开局之年，全球经济形势依然复杂严峻，一些发达国家主权债务问题突出，引发金融市场动荡，不少发展中国家也面临通胀压力，世界经济增速有所放缓。为适应新形势的要求，进一步优化软件产业发展环境，2011 年 2 月 9 日，国务院办公厅发布了《国务院关于印发进一步鼓励软件产业和集成电路产业发展若干政策的通知》（国发［2011］4 号），对优化产业发展环境起到了积极的作用。软件产业在相关产业政策的激励下持续复苏，企业发展和区域布局出现新的特点，表现出强劲的逆势增长态势，产业增速稳步回升，业务结构调整加快，在国民经济中的地位不断提升。

二、2011 年中国软件和信息技术服务业发展态势

（一）产业规模快速增长

2011 年中国软件和信息技术服务业共实现业务收入 18 468 亿元，同比增长 32.4%（见图 1），超过“十一五”期间平均增速 4.4 个百分点，实现了“十二五”软件产业的良好开局。

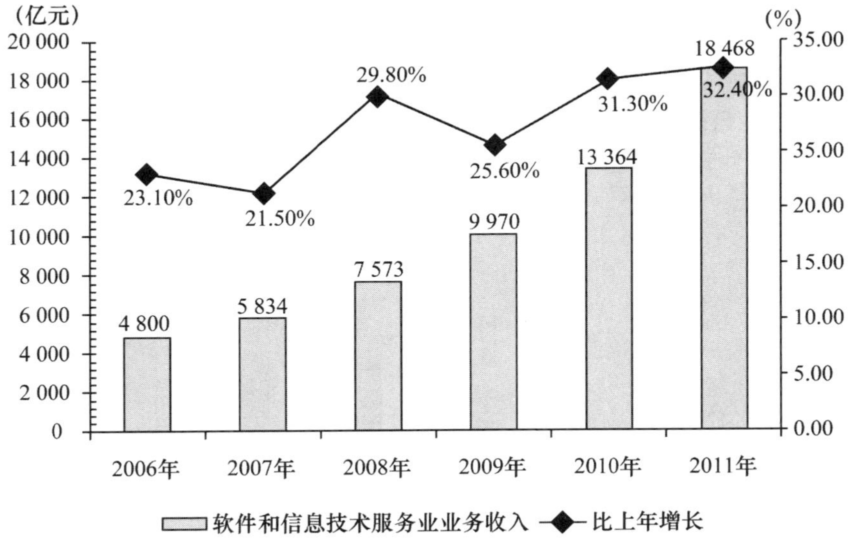

图 1 2006—2011 年中国软件和信息技术服务业业务收入及增长情况

从全球范围来看，2011 年中国软件产业收入占全球软件和信息技术服务业规模比重从 2006 年的 7.10%上升为 22.3%，排名亚洲第一，全球第三（见图 2）。

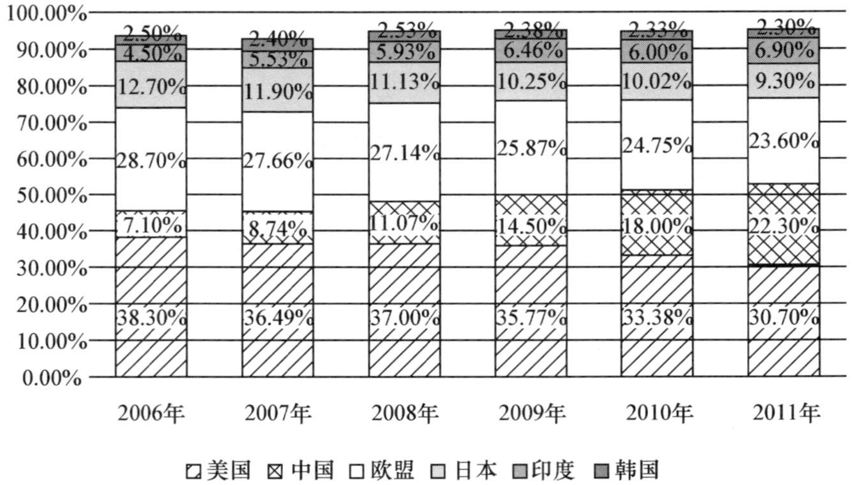

图 2 2006—2011 年全球主要国家和地区软件与信息技术服务业规模比较

（二）业务结构调整加快，信息技术服务增速突出

2011 年，信息技术咨询服务、数据处理和运营服务分别实现收入 1 864 亿元和 3 028 亿元，同比增长 42.7%和 42.2%，两者占行业比重达到 26.5%，比 2010 年同期提高 1.9 个百分点。嵌入式系统软件增长快于 2010 年，实现收入 2 805 亿元，同比增长 30.9%，比上年同期高 15.8 个百分点。软件产品、信息系统集成服务和 IC 设计增长较为平稳，分别实现收入 6 158、3 921 和 691 亿元，同比增长 28.5%，28.4%和 33.0%（见图 3）。

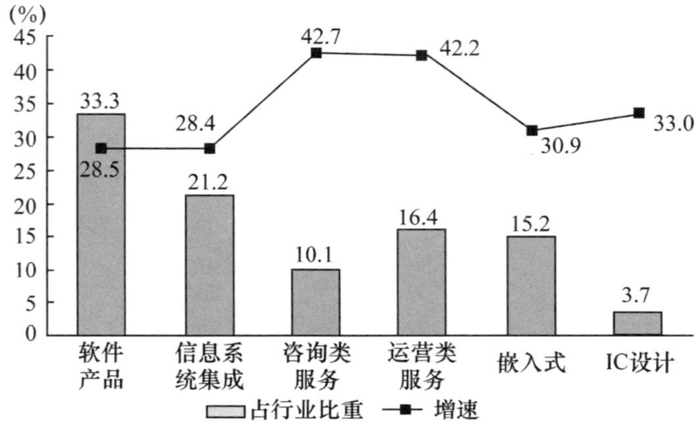

图 3 2011 年中国软件和信息技术服务业各类业务收入占行业比重及增长情况

（三）企业规模不断壮大

2011 年，中国软件和信息技术服务业从业企业达到 4 万余家，其中，全国软件和信息技术服务外包企业数量约为 7 100 家。截至 12 月底，2011 年全国新认定软件企业 4 750 家，登记软件产品 23 222 个。全部累计认定软件企业 32 518 家，产品 119 797 个（见图 4）。

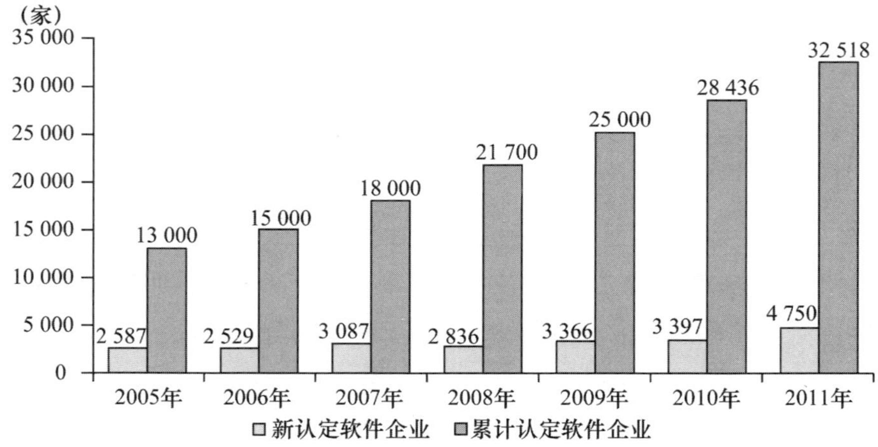

图 4 2005—2011 年中国软件企业认定情况

（四）产业发展聚集特点显著

2011年，全国4个直辖市和15个副省级城市实现软件业务收入15 008亿元，同比增长34%，增速高于全国平均水平1.7个百分点，占全国软件业务收入的81%，其中软件业务规模超过500亿元的城市达到10个。东部省市继续领先全国发展，共完成软件收入15 656亿元，同比增长31.7%，占全国比重达84.8%（见图5），其中江苏、福建和山东等省的增速均超过35%。2011年全国百亿以上软件和信息技术服务业省市排行中，广东、江苏、北京、辽宁、上海排在前五位（见图6）。

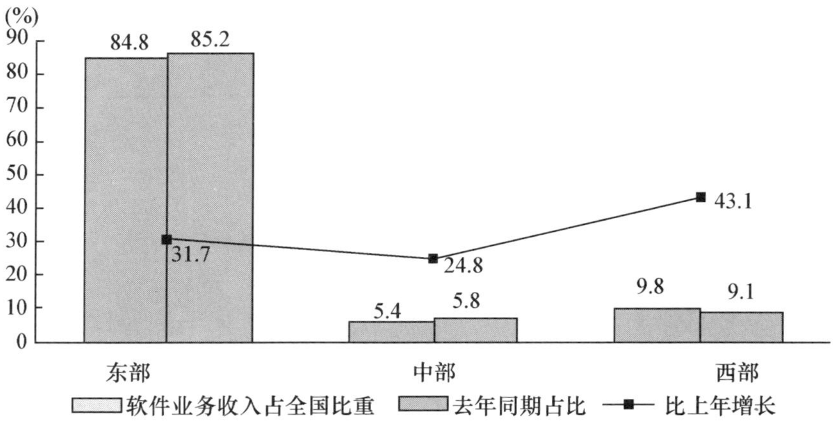

图5　2011年中国软件和信息技术服务业分区域增长图

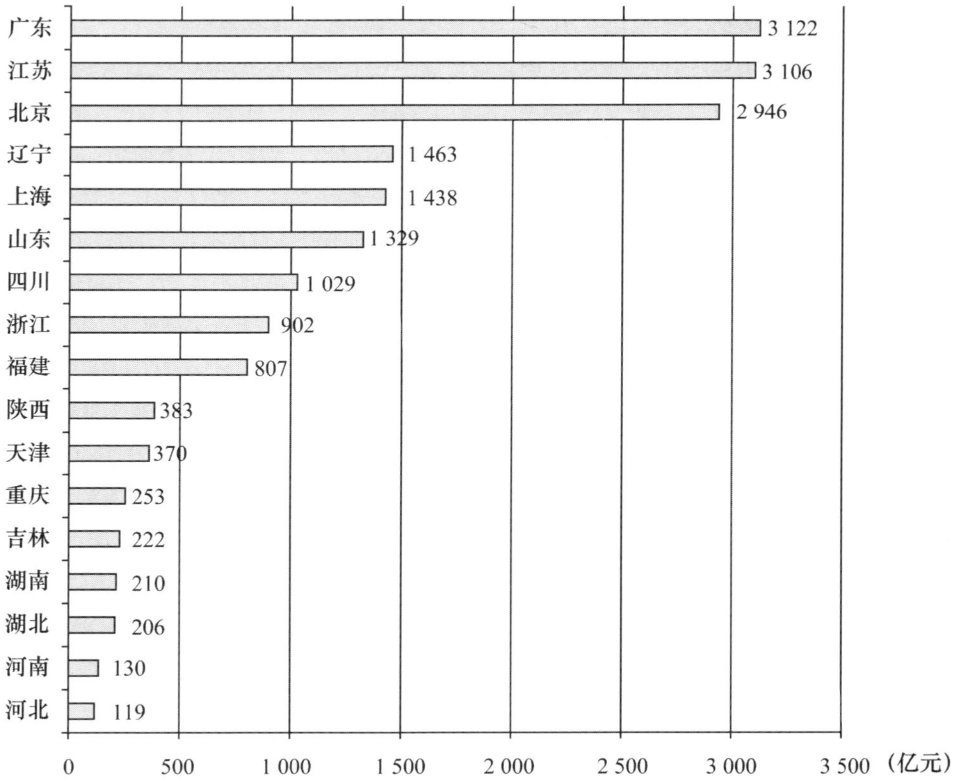

图6　全国软件和信息技术服务业百亿以上收入省市图

（五）软件出口增速出现放缓趋势

2011年软件业实现出口304亿美元，同比增长18.5%（见图7），增速低于上年25.8个百分点。其中，嵌入式系统软件出口持续低迷，同比仅增长7.6%；外包服务出口保持较快增长，实现收入59亿美元，同比增长40.3%。

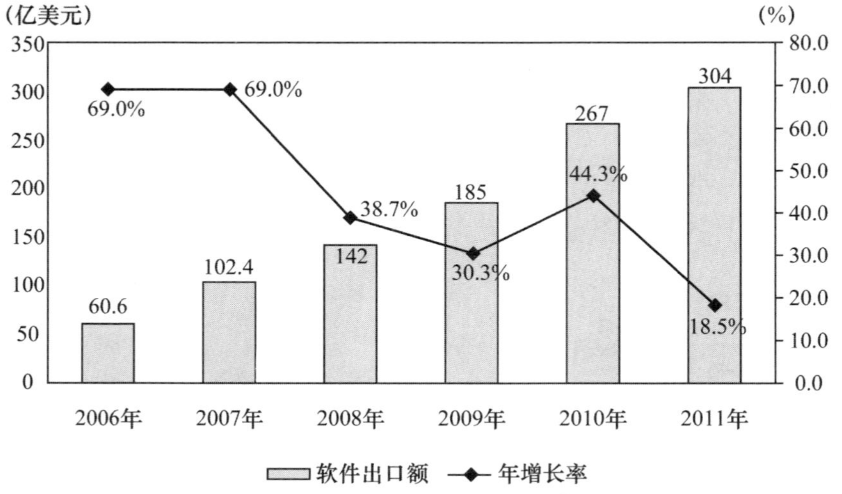

图7　2006—2011 年中国软件出口额及增长情况

三、2011 年中国软件和信息技术服务业发展特点

（一）政策法律体系不断完善，产业环境进一步优化

近年来，中国政府高度重视软件和信息技术服务业的发展，为进一步促进产业发展环境的优化升级，相继出台了一系列政策和规划。2011 年初，国务院办公厅出台了《进一步鼓励软件产业和集成电路产业发展若干政策》（国发［2011］4 号）文件，着重从财税政策、投融资政策、研究开发政策、进出口政策、人才政策、知识产权政策、市场政策七个方面，加大对软件产业的扶持力度，积极推动与促进软件产业快速发展。

2011 年底，按照《国民经济和社会发展第十二个五年规划纲要》的总体部署，为落实《工业转型升级规划（2011—2015）》、《信息化发展规划(2011—2015)》和《信息产业“十二五”发展规划》的总体要求，工业和信息化部发布了《软件和信息技术服务业“十二五”发展规划》，明确了“十二五”期间软件与信息技术服务产业的发展思路和目标，为行业未来发展提供了政策指引。规划提出，通过实施一系列重大工程促进企业加大研发力度，扎实提升技术创新能力，同时提出支持云计算、物联网、移动互联网等新兴技术研发和产业化，建立以企业为主体的高效的产业创新体系。此后，相关部门又相继发布了《信息安全产业“十二五”发展规划》、《关于软件产品增值税政策的通知》等一系列文件，从不同角度促进了软件产业的健康有序发展。

此外，中国《著作权法》正在酝酿新一轮的修改，在已经公布的两个征求意见稿中，在计算机程序的定义、与计算机程序有关的权利内容、计算机程序的著作权归属、计算机程序相关权利限制、技术保护措施和权利管理信息，以及计算机程序相关权利的保护等方面进行了全面、系统的规定，将对计算机软件程序的保护提高到一个新的高度，对软件产业的发展极为利好。

（二）软件技术创新和产业格局呈现新趋势

近年来，以云计算、物联网和移动互联网为代表的新一代信息技术，正在给软件产业带来一系列深刻影响，开放式创新、产业链垂直整合、技术与业务深度融合成为新时期软件产业发展的重要特点。新技术和新应用层出不穷，云计算、物联网、移动互联网、社交网络、电子商务、定位服务（LBS）等新应用和新模式将引领未来软件与信息技术服务业的发展方向。借此契机加快发展软件产业，成为许多国家引领科技发展、提升国家竞争力的有效手段。中国当前面临的经济发展形势复杂严峻，推动工业转型升级，推进两化深度融合，实现经济稳中求进，进一步发挥软件产业的引领支撑作用意义重大。

（三）企业创新能力进一步提升

2011 年，中国软件企业创新能力进一步提升，国发 4 号文加大了对软件知识产权的保护力度，以及随着中国软件正版化工作的全面推进，企业创新积极性不断提高，开发软件数量不断增加，2011 年中国软件著作权登记量再创新高。据中国版权保护中心统计，2011 年中国软件著作权登记量达到 109 342 件，首次突破 10 万件，同比增长 33.4%，较 2006 年的 21 495 件增长 4.1 倍（见图 8）。

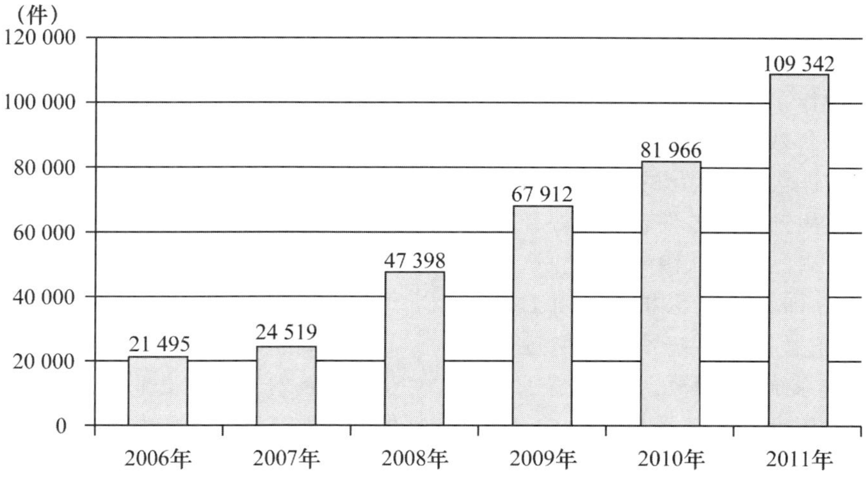

图 8　2006—2011 年中国软件著作权登记规模

2011 年中国软件著作权登记量排名前 5 位的是北京、广东、上海、江苏和浙江（见图 9）。

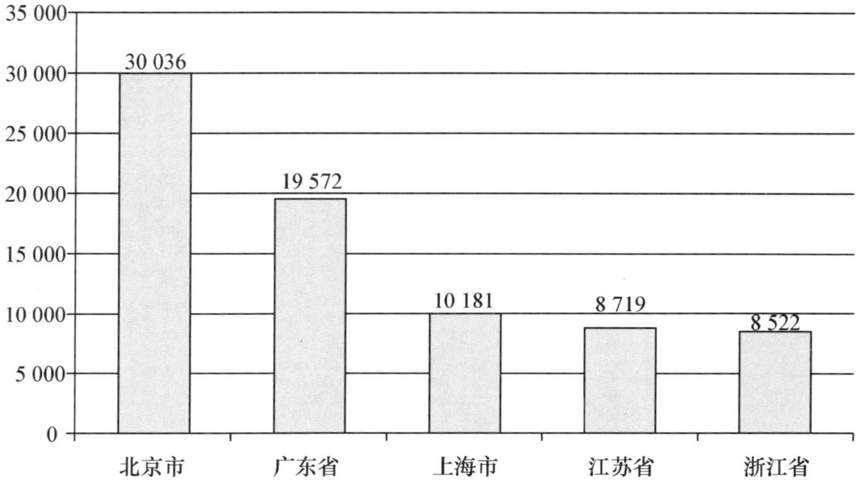

图 9　2011 年中国软件著作权登记数量排名前 5 位省市

（四）骨干企业发展态势良好

2011 年，中国软件和信息技术服务业从业企业达到 4 万余家，其中软件业务收入超百亿元的企业有华为、中兴、神州数码、海尔 4 家，50 亿～100 亿元的有北大方正、南京联创、浪潮 3 家，10 亿～50 亿元的有浙大网新、中软、东软、同方、上海宝信、山东中创、用友、中国民航信息网络、中国银联等 45 家，5 亿～10 亿元的有首钢自动化、北京联想、先锋软件、江苏集群等 48 家。上述骨干企业业务发展态势良好。“十二五”期间，中国将着力培育一批管理水平先进、创新能力强、规模效益好、市场竞争力强的龙头企业，引导骨干企业发挥辐射带动作用，为小型微型企业和新创企业营造良好的创新环境；继续梳理工作流程，促进创新资源合理流动和配置，加快建立政产学研用协同的工作体系。

四、2011 年中国软件正版化工作开展情况

长期以来，中国对软件知识产权保护及反盗版工作给予高度关注，逐步改善了立法、司法和行政保护环境，建立起适应产业发展需要、体系比较完善的软件知识产权保护制度，并积极推进软件正版化进程，这对中国软件产业的发展起到了举足轻重的作用。

2011 年，按照《国务院办公厅关于进一步做好政府机关使用正版软件工作的通知》（国办发［2010］47 号）、《国务院办公厅关于进一步做好政府机关软件正版化检查整改工作的通知》（国办函［2011］130 号）和国务院有关会议精神要求，中国软件正版化工作得到了稳步推进。工业和信息化部根据《信息产业部、国家版权局、商务部关于计算

机预装正版操作系统软件有关问题的通知》（信部联产［2006］199号）的要求，继续针对中国境内较大计算机生产商和操作系统软件提供商开展计算机预装正版操作系统软件数据报送工作。此项工作是工业和信息化部为推进软件正版化的一项重要举措，旨在积极引导计算机生产者和软件企业做好计算机预装正版操作系统软件工作，从源头上防止盗版软件的泛滥，加强软件知识产权保护。该项工作自2007年开展以来，正版操作系统预装比例逐年提高，推动了中国操作系统软件的发展，改善了中国软件知识产权保护的环境。

据统计，2011年中国计算机预装正版操作系统软件数量约为5 501万套，比2007年增长106%；预装比例达到98.12%，5年间提高了10.37个百分点。2011年工业和信息化部还进一步加强了对预装正版操作系统软件的监督管理工作，并会同国家版权局、商务部开展了计算机厂商在生产及销售过程中预装正版操作系统软件情况的专项检查；同时加强了对操作系统软件的质量监管，督促供应商做好操作系统软件更新、兼容等技术保障服务，确保软件生产商采取有效措施，满足用户对正版操作系统软件的要求。

此外，工业和信息化部也不断加大对软件知识产权保护的宣传力度。2011年5月12日，工业和信息化部与国家发展和改革委员会、科技部、国家外国专家局、北京市政府共同主办了“第十五届中国国际软件博览会”。工业和信息化部副部长杨学山在开幕式致辞中表示，要实施差异化发展战略，进一步加强技术创新、商业模式创新和体制机制创新，促进软件产业实现新发展、新跨越。博览会期间举办了“2011中国软件和信息技术服务业发展高峰论坛”，有关部委司局领导、地方政府主管领导以及来自产业界的近400名专家、学者、企业家、用户围绕“把握机遇、创新发展、做大做强，服务‘两化’深度融合”这一主题，共同分享了中国软件服务业在发展过程中取得的辉煌成就，研究探讨了两化融合趋势下中国软件服务业未来发展的新趋势、新思路和新举措。

2011年中国动漫产业发展报告

牛兴侦

2011年是"十二五"的开局之年，在中国动漫产业发展史上有着承前启后的意义。第十一届全国人大四次会议审议通过了《国民经济和社会发展第十二个五年规划纲要》，明确提出："大力发展文化创意、影视制作、出版发行、印刷复制、演艺娱乐、数字内容和动漫等重点文化产业。"中共十七届六中全会审议通过了《中共中央关于深化文化体制改革推动社会主义文化大发展大繁荣若干重大问题的决定》，明确提出："加快发展文化创意、数字出版、移动多媒体、动漫游戏等新兴文化产业"，"提高中国出版、印刷、传媒、影视、演艺、网络、动漫等领域技术装备水平"，"要重点发展图书报刊、电子音像制品、演出娱乐、影视剧、动漫游戏等产品市场"。2012年年初，中共中央办公厅、国务院办公厅印发了《国家"十二五"时期文化改革发展规划纲要》，其中再次强调发展动漫产业。以上重大指导政策反映了中国经济社会发展的必然要求，也必然引发新一轮思想观念的变革和产业的跨越式发展。

一、中国动漫产业正处于从量变到质变的历史拐点

2011年，中国动漫产业继续保持较快较好的发展局面和势头。全年生产电视动画片435部、261 224分钟（见表1），比2010年生产动画片长度增长18.5%，其中82部获得国家广电总局推荐播出；全年完成制作动画影片24部，合计票房收入约3.2亿元，创历史新高；出版发行动漫报刊1.8亿册（份）、图书1.1亿册，合计发行总码洋24.5亿元；与此同时动漫在社会生活各领域的应用更加广泛，动漫演出、新媒体动漫、应用动漫、动漫授权服务等蓬勃发展，在推动文化产业结构升级、转变经济发展方式方面发挥了重要作用。

（一）中国动漫产业初具规模

2011年，中国动漫产业产值达621.72亿元，较2010年增长32.04%。产业结构进一步优化，新媒体动漫产值达35.34亿元，占整个动漫产业规模的6%。动漫产业"走出去"步伐加快，核心动漫产品出口额达7.14亿元，国际竞争力不断提升。

根据各省（区、市）的动漫产值规模，排名前10位的地区为：广东省168.67亿元、上海市50.9亿元、湖南省46.55亿元、北京市41.37亿元、湖北省37.85亿元、浙江省34.98亿元、江苏省19.58亿元、黑龙江省14.02亿元、吉林省13.19亿元、福建省9.01亿元。

表1　2011年全国各省国产电视动画片生产情况

排序	省份	部数	分钟数	排序	省份	部数	分钟数
1	浙江	71	47 545	13	天津	8	4 100
2	江苏	68	45 913	14	重庆	7	3 340
3	广东	55	42 164	15	湖北	10	2 758
4	辽宁	39	28 367	16	江西	5	2 730
5	福建	46	26 079	17	河北	6	2 045
6	北京	20	11 168	18	内蒙古	3	1 936
7	中央电视台及所属机构	13	9 964	19	陕西	3	1 856
8	安徽	21	7 729	20	中直机构	3	993
9	河南	10	6 188	21	吉林	4	741
10	黑龙江	9	5 325	22	山东	1	572
11	湖南	6	5 268	23	云南	1	140
12	上海	26	4 303	合计		435	261 224

（二）动漫企业规模逐步壮大

2011 年，全国从事动漫生产经营的企业达 8 300 多家，年产值在 3 000 万元以上的企业已有 24 家，年产值超过亿元的大型企业 13 家；涌现出湖南拓维信息、广东奥飞动漫等成功上市的大型动漫企业，中南卡通、江通动画、炫动卡通等企业也在积极申请上市。动漫企业集团化发展趋势明显，初步形成了中国动漫集团、吉林动漫集团、天津北方动漫集团、小樱桃动漫集团、华夏动漫集团等多种所有制形式和商业模式的大型动漫集团。

2011 年，又有 121 家动漫企业通过文化部、财政部、国家税务总局的认定，连同 2009 年的 100 家和 2010 年的 169 家，累计通过认定的动漫企业已达到 390 家。这些优秀的动漫企业作为行业的领军企业，在创造骄人成绩的同时，也通过引领示范效应带动了整个行业的发展，促进了动漫市场的扩容。2011 年全国原创电视动画片生产规模前 10 位企业见表 2。

表 2　　2011 年全国原创电视动画片生产规模前 10 位企业

排序	生产单位	部数	分钟数	排序	生产单位	部数	分钟数
1	深圳华强数字动漫有限公司	15	18 512	6	浙江中南卡通股份有限公司	10	8 320
2	无锡亿唐动画设计有限公司	12	15 321	7	央视动画有限公司	11	8 224
3	平潭水木动画有限公司	9	9 850	8	大连卡秀数字科技有限公司	3	6 580
4	杭州漫齐妙动漫制作有限公司	2	9 125	9	沈阳易品动漫有限公司	8	6 300
5	宁波水木动画设计有限公司	8	8 845	10	福州翰格文化传播有限公司	8	5 466

（三）动漫产品数量大幅增长，质量有所提升

从 2004 年以来，短短 7 年间中国动画产量突飞猛进，早在 2008 年就已经取代日本成为世界产量第一的动画大国。虽然中国动画产量很高，但质量和产值都明显不高，远低于美国和日本等发达国家。

（四）动画电影市场急剧升温

2011 年，中国动画电影制作和票房市场持续升温，全年完成制作动画影片 24 部，加上 10 部引进动画电影，合计票房收入达到 16.63 亿元，首次突破 10 亿元大关。与 2006 年的 1.61 亿元相比，5 年时间票房收入扩大了 9 倍。其中，2011 年国产动画电影票房收入为 3.21 亿元，占动画电影票房总收入的比例为 19.3%，远低于国产影片在总体市场中所占 53.6%的份额。

（五）国产动漫市场占有率仍旧偏小

虽然国产动漫凭借扶持政策在报刊图书出版市场和电视电影播映市场占有数量上的相对优势，但国产动漫总体竞争力和产业辐射力仍然较低，直接表现为网络动漫传播和衍生商品销售领域长期以来处于劣势地位。以百度搜索风云榜动漫卡通排行榜为例，截至 2011 年底，前 50 强中仅有《喜羊羊与灰太狼》、《铠甲勇士》、《我叫 mt》、《秦时明月》、《葫芦娃》、《偷星九月天》、《超兽武装》、《猪猪侠》8 部国产动漫品牌，合计搜索量仅占总体的 11.87%。

（六）动漫产品粗制滥造现象依旧较为突出

从 2011 年国产电视动画片制作生产情况来看，前 11 个月国产电视动画片产量合计为 15 万分钟，12 月份一个月的产量却达到了 11 万分钟。综合最近几年的情况来看，自 2009 年以来，年终冲刺现象开始显现，2009 年 12 月份产量为 50 687 分钟（占全年的 29.5%），2010 年 12 月份产量为 87 971.6 分钟（占全年的 39.9%），2011 年 12 月份产量为 111 095 分钟（占全年的 42.5%）。虽然国产动画产量很高，但思想性、艺术性、观赏性较强的精品力作偏少，粗制滥造、抄袭模仿、胡编乱改的现象严重，平庸之作、垃圾作品占有相当的比重。以国家广电总局向全国电视播出机构推荐播出的优秀国产动画片作为衡量标准，2011 年优秀动画片在全年产量中仅占 21%，低于前几年的平均水平。

2011 年，动漫产业的整体素质和结构性矛盾依旧较为突出，特别是直接表现为动漫产业的商业模式十分单一，企业规模普遍不大，实力普遍不强，产品质量参差不齐，整体效率和效益偏低，严重影响了动漫产业的持续发展。

二、中国动漫具有实现跨越发展的市场空间

“十一五”期间动漫产业实现新的跨越式发展的根本原因，在于存在着巨大的市场空间。动漫产业具有知识经济时代新兴产业的典型特点。动漫产业脱胎于传统产业而高于传统产业，其所依赖的核心技术渗透到越来越多的产业部门，因此与这些部门产生了越来越大的关联性和带动性。动漫产业已经成为位于一大批传统产业层级之上的、具有“高位”特征和先导性作用的新兴产业。从这个意义上说，动漫产业正在成为国民经济的战略型产业。

动漫产业是现代文化产业的典型代表。动漫产业源于个人创意和创新，依赖高科技和高文化的完

美结合，通过开发和运用知识产权，创造出财富和就业机会，并促进社会生活质量的整体提升。从经济发展角度看，动漫产业是文化与经济相结合的产物，不仅为消费性服务业提供了越来越多样化的动漫产品和服务，以满足广大消费者的最终消费需求；作为生产性服务业，动漫产业也融入了越来越多的生产部门，以越来越多样化的中间产品和服务，进一步提升传统产业部门的文化附加值。从社会发展的角度看，动漫产业是经济效益和社会效益相结合的典范，既可以培育新的经济增长点，又有利于繁荣和发展社会主义先进文化。在新一轮经济全球化迅猛发展的今天，动漫产品作为最具全球化特色的产品，其对外出口还是提升国家文化软实力的主要手段。

（一）民众文化消费需求的充分释放，是中国动漫产业大发展的基本支撑

动漫产品的基本功能是满足民众的文化消费需求。以动画和漫画为主要表现形式的动漫，作为造型艺术的一个分支，一直深受世界各地人们的喜爱。从动漫的基本功能角度思考，它主要具有娱乐性、教育性、艺术性等功能，众多生动活泼、个性鲜明的动漫形象以其独特的艺术魅力在不同时期和地区都获得过巨大的成功。近些年来，随着大众文艺娱乐日趋多元化以及数码特效技术的不断创新，动漫文化得以实现新的繁荣与飞跃，出现了FLASH动画、三维动画、全息动画、手机动漫等崭新的动漫形式，在不同的国家与地区都成为主流的文化形式。以漫画、动画、卡通形象和多媒体内容产品等为代表的动漫产品市场需求较大，特别是“十二五”期间扩大文化消费等一系列政策措施的实施，将有效刺激动漫文化消费的不断扩大。

（二）培育数字网络动漫业态，是中国动漫产业大发展的重大机遇

今天的文化产业是建立在数字化网络媒体技术基础上的新兴产业，现代文化产业正在技术创新的推动下迅速变身。动漫产业作为具有高位特征的新兴产业，与一系列产业部门的技术进步相关，正处在技术创新的最前端。数字网络技术的发展正在推动着动漫产业发生改变，技术进步所催生的产品和服务创新正在创造出新一轮动漫消费需求。中国互联网络信息中心（CNNIC）《第29次中国互联网络发展状况统计报告》显示，截至2011年12月底，中国网民达到5.13亿，其中，手机网民达到3.56亿，互联网普及率达到38.3%。

2011年，在大部分网络娱乐类应用（网络音乐、网络游戏和网络文学等）的使用率继续下滑的同时，网络视频的使用率呈逆势上扬的态势，用户规模达到3.25亿，使用率提升至63.4%，网络视频行业的发展势头相对良好。由于各大视频网站需要靠聚合数量更多、质量更好的版权内容来获取高流量，这使得网络视频业版权价格提高，视频网站对于动画作品的采购数量和价格明显上扬。

（三）大力开发应用动漫产品和服务，是中国动漫产业大发展的拓展方向

“大动漫”是指广义上的动漫，是基于传统意义上的“内容动漫”产业概念而提出的一种视野更为广阔的动漫产业发展理念，包括传统动漫和应用动漫。传统的动漫产业以创意为核心，以动画、漫画为主要表现形式，而现代的动漫技术则可以应用于许多不同的领域，其本质是广告宣传、展示推广功能的延伸。动漫作为一种表现形式，能够在包括教育、广告、展览展示、医药、科普等在内的社会生活的方方面面都得到广泛应用。应用动漫的不断发展，加强了动漫在各行业中的普及和应用，拓展了动漫市场新的“蓝海”，成为一种与传统“内容动漫”迥异的信息服务产品。

（四）参与国民经济结构的战略性调整，是中国动漫产业大发展的主攻方向

现代文化产业更重要的功能是满足越来越多相关产业部门的生产性服务需求，动漫产业更是依靠其强大的先导性、融合性和带动性成为开路先锋。动漫产业的关联度非常强，依托动漫形象品牌能够拉动玩具、文具、服装等衍生产品的开发、经营与销售业务。从长远来看，国产动漫将朝着产业环节逐步丰富、产业角色不断涌现、产业合作逐步深入的方向发展。动漫产业的关联度不断提高，中间产品激增，将引发大规模的跨界生产性需求，这将是中国动漫产业空间拓展的主攻方向。

（五）发展对外版权贸易，提升国家文化软实力，是中国动漫产业大发展的新天地

动漫本身是一种通用的国际化语言，它不仅可以为不同地域、职业、年龄和文化层次的人同时接受，而且可以跨行业、跨领域成为不同产品的品牌商标和形象代言人。动漫产业国际化程度高、出口创汇能力强，这将成为中国动漫产业从国内市场迈向国际市场、参与全球竞争、谋求国际空间的动力所在。海外市场的扩张，一方面是服务外包业务规模的不断扩大，另一方面是原创动漫出口规模的持续扩大。国产动漫质量、品质的提升和国际合作的深入，以及国家推动文化“走出去”、提升国家文化软实力等一系列战略的实施，将为中国动漫拓展国际市场铺平道路。

三、中国动漫实现转型在于全面提升动漫品牌核心竞争力

面对从动漫大国向动漫强国的跨越重任，目前中国动漫的发展已快速进入攻坚阶段。未来的5～10年，中国将处在以发展方式转变为主线的又一次转型与改革的关键阶段，动漫产业的发展不仅需要扶持政策，更需要突破发展的障碍，从根本上创造良好的产业发展环境。“十二五”期间，动漫产业不仅应该实现量的增长，更应该实现质的跃升，即从注重数量扩张的规模增长转变到更加注重质量效益的内涵提高上。

（一）加强对动漫产业本质的认识，建立知识经济时代的品牌战略理念

动漫品牌是动漫文化内容在商品化、市场化和产业化的过程中形成的商业标识。品牌是动漫产业的基石和核心，是推动动漫产业取得突破性发展，成功实现市场化、商业化和产业化的原动力。因此，动漫品牌的多寡、强弱是衡量动漫企业竞争力、动漫产品影响力乃至国家动漫产业整体实力的重要指标。

动漫企业建立起强势品牌，不仅能顺利实现跨行业延伸和异业合作，更能以此构建真正的核心竞争优势，因为商业模式可以学习，作品开发可以模仿，但品牌却是独一无二的。因此，品牌经营战略是从事动漫产业的核心理念。只有在整体品牌经营战略理念的指导下，才能使动漫企业基业长青。

（二）创新动漫企业商业模式，持续提升核心竞争力

商业模式的本质是关于企业做什么、怎么做、怎么赢利的问题，实质是商业规律在经营中的具体应用，主要在于整合各种资源创造出新价值，最通俗的说法就是通过什么途径或方式来赚钱。以迪士尼为例，就是利用动漫形象的品牌力量，整合影视、书刊、玩具、礼品、服装、商业地产等元素，为人们提供能带来欢乐的多种特色的产品，通过品牌形象的多层次深入开发和利用，实现良性发展、持续赢利。

从世界范围看，与经济发展周期和技术创新周期同步，动漫产业在三个发展阶段中形成了三种模式。第一种模式是以满足最终消费需求为直接目的的“线性发展模式”或“动漫产业化模式”。这个模式的公式是：创作—刊载/播出—衍生品—回到创作。美国迪士尼是这一发展模式的典范，日本是这一模式的改进版。第二种模式是以满足生产性需求为直接目的的“协同发展模式”或“产业动漫化模式”。这个模式的公式是：衍生品—创作—播出—回到衍生品。这种发展模式在美国和日本都较为流行，代表企业如美泰（芭比娃娃）、孩之宝（变形金刚）、万代（高达）、三丽鸥（kitty猫）。第三种模式正在数字和网络技术推动的“传媒汇流”中显现出来，特点是以大众草根创意为基础，以满足每一个人的全面需求（包括消费需求和生产需求）为目的的“网络发展模式”。中国形成了世界上最大的广电、通信以及网络用户群，已经开始成为这个模式的实验场。这三种模式在中国均有发展空间。

从未来长远发展来看，中国动漫产业必须将赢利点从以电视播出和音像图书发行为主转为衍生产品经营，建立全新的商业模式，吸引更多的消费品企业和投资企业涉足动漫产业，使企业品牌形象设计、衍生产品开发、影视节目播出和发行、形象推广和授权这些环节相互依存、相互促进，形成良性循环的产业经济模式。这样促使动漫衍生产品的设计开发和消费品生产企业的产品形象设计与品牌推广实现嫁接，从而产生远远大于动画节目播出发行和普通衍生产品开发所产生的效益。

（三）建立系统工程观念，同步推进动漫产业经济价值链条中各环节的立体发展

发展动漫产业是一项系统工程，这不仅是因为动漫产业具有漫画、动画、卡通形象等多种形态，横跨报刊、图书、电视、电影、网络和手机等多种传播媒体，而且因为动漫产业具有较强的跨行业发展的张力，从而涵盖艺术、科技、传媒、出版、商业与制造等多个行业。动漫产业具有高度综合性，虽然由许多不同性质、不同运营方式的行业所组成，但这些行业之间又相互联系，从而构成一个有机统一的整体。发展动漫产业必须按照总体协调的原则，对不同行业的发展进程和发展目标进行权衡，并使各组成部分能够最大限度地相互协调，从而达到总体效果最优的目标。

发展动漫产业需要全面把握动漫产业各环节的内在联系，以原创动漫形象为核心，构建动漫产品版权价值链，构建产业自我良性发展的内生机制，构建相互支撑的动漫产业经济平台，实现动漫产业的全面协调可持续发展。动漫产品版权价值链主要包括漫画（图书、报刊）、动画（电影、电视、音像制品）、舞台剧、网络动漫、手机动漫等创意生产型环节和衍生产品开发等环节。当前中国动漫企业的

创意策划、制作、发行、播出、品牌推广甚至衍生产品的开发，一般在同一公司内进行。从当前常规产业模式转轨到以品牌形象设计和衍生产品开发为核心的产业模式，必须通过搭建综合性动漫产业服务平台，强化动漫产业专业化分工和资源共享，从而为中国动漫产业顺利进入良性循环系统铺平道路。

（四）实施精品战略，加强产业互动，使动漫在版权传递中增值

从2011年开始，中国动漫产业已经开启国产动漫精品的发展之路，中国文化艺术政府奖首届动漫奖和国家动漫精品工程的评选明确彰显了国家对于动漫创意内容发展方向的指导意图，对于国产动漫今后实现可持续良性发展具有重要和深远的意义。中央和地方各级政府部门应进一步实施动漫精品战略，繁荣发展原创动漫创作，实施动漫精品战略，扶持原创性作品，着力打造一批代表国家形象、具有民族特色的动漫文化艺术精品，培育一批体现国家文化水准、具有相当国际影响力的动漫名家名作；抓好塑造国家文化形象的重大项目和工程建设，推出一批体现民族特色、反映时代精神、具有国际一流水准的动漫文化艺术精品，创作生产更多更好的适应人民群众需求的优秀动漫产品。与此同时，建立优秀原创动漫产品的评选、奖励和推广机制，通过举办各种动漫原创大赛和配套作品展览等活动，选拔和奖励优秀动漫作品，推广动漫原创产品。办好国家级动漫原创大奖，在精神文明建设“五个一工程”奖、文化部创新奖、中国电影华表奖、中国出版政府奖、中华优秀出版物奖和向全国青少年推荐百种优秀读物（含报刊、图书和音像制品）等方面加大对动漫作品的评选和奖励比例，奖励内容健康、艺术性强、创新度高、深受群众喜爱的动漫原创产品。组织实施“原创动漫推广计划”，通过电视、报纸、杂志、网络等媒体开展系列宣传活动，在全社会广泛营造动漫文化氛围，宣传推介优秀原创动漫作品，倡导原创动漫文化，培育动漫市场，促进动漫文化消费，推动动漫产业发展。

动漫企业要加强理论研究和市场调查，更好地满足全民阅读的需求。加强对广大民众动漫文化需求和动漫产品消费的调查研究，适应现代受众的审美需求和愉悦方式，在内容上进行独特的、富有创意的挖掘和提炼，开发深受群众喜爱、市场占有率高的文化产品，满足不同群体、不同地域的动漫产品需求。充分发掘和利用民族文化的丰厚资源，借鉴世界文明的优秀成果，大力推进文化创新，努力创作具有中国特色、中国风格、中国气派、深受群众喜爱的优秀动漫作品，繁荣发展动漫创作。积极吸收民间传说、历史典籍等文化元素作为动漫作品的原创内容，积极借鉴皮影、剪纸等民间艺术作为动漫作品的表现形式，创作出饱含中国元素的，有别于美、日等国的动漫作品和形象，吸引国内外消费者，促进产业健康发展。抓好文化创新能力建设，以内容创新为核心，以科技手段为支撑，着力培育创新主体，加速科技与文化的融合，提高中国动漫企业自主创新能力，力争取得具有重大影响的文化创新成果。

（作者单位：河南省中原动漫研究院、郑州大有动漫产业有限公司）

2011 年中国网络游戏产业发展报告

易观国际

一、2011 年中国网络游戏产业发展基本状况

（一）网络游戏产业规模持续增长

在 2011 年度中国游戏产业年会上，中国游戏出版物工作委员会发布的《2011 年中国游戏产业调查报告》显示：2011 年中国游戏市场（包括 PC 网络游戏市场、手机网络游戏市场、PC 单机游戏市场等）实际销售收入 446.1 亿元人民币，比 2010 年增长 34.0%。

其中 PC 网络游戏市场实际销售收入（包括客户端网游、网页游戏、社交游戏及游戏平台的市场销售额）为 428.5 亿元人民币，比 2010 年增长 32.4%。预计 2016 年中国 PC 网络游戏市场实际销售收入将达到 858.0 亿元人民币，2012 年到 2016 年的年复合增长率为 14.9%；

客户端网络游戏市场实际销售收入 366.9 亿元人民币，比 2010 年增长了 30.2%。预计 2016 年客户端网络游戏市场实际销售收入将达到 711.1 亿元人民币，2012 年到 2016 年的年复合增长率为 14.2%；

大型角色扮演类客户端网络游戏市场实际销售收入 250.8 亿元人民币，比 2010 年增长了 23.4%。预计 2016 年大型角色扮演类客户端网络游戏市场实际销售收入将达到 429.9 亿元人民币，2012 年到 2016 年的年复合增长率为 11.4%；

休闲类客户端网络游戏市场实际销售收入 116.1 亿元人民币，比 2011 年增长了 47.9%。预计 2016 年休闲类客户端网络游戏市场实际销售收入将达到 281.2 亿元人民币，2012 年到 2016 年的年复合增长率为 19.4%；

中国自主研发的网络游戏市场实际销售收入 271.5 亿元人民币，比 2010 年增长了 40.7%，占中国 PC 网络游戏市场实际销售收入的 63.4%。

根据易观智库的研究结果，2011 年，网络游戏带动相关产业增加了收入，其中电信业务受 PC 网络游戏带动产生的直接收入达 466.0 亿元人民币，比 2010 年增长了 15.0%，为 PC 网络游戏市场实际销售收入的 1.1 倍；IT 行业由此产生的直接收入达 155.4 亿元人民币，比 2010 年增长了 11.0%，为 PC 网络游戏市场实际销售收入的 36.3%，此项收入的主要来源是 PC、网络游戏服务器、网络及存储产品、软件及服务等；出版和媒体行业产生的直接收入达到 111.8 亿元人民币，比 2010 年增长了 30.0%，其主要来源是相关网络媒体与杂志书籍的广告销售收入（见图 1）。

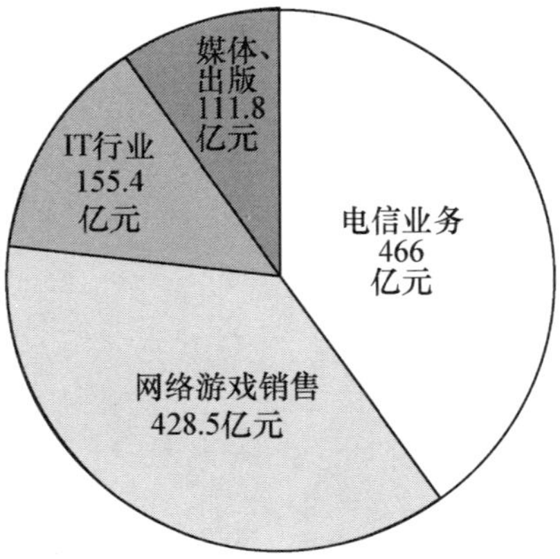

图 1　2011 年中国网络游戏产业经济总量

数据来源：易观智库。

（二）开发商数量有所上升，从业者规模继续扩大，自主研发产品量质齐升

2011 年中国网络游戏研发公司共 172 家，与 2010 年 154 家相比增加了 18 家，其中，北京、上海、广东三地的研发企业数量依旧占据前三甲的位置，其数量占据全国研发团队数量的比例分别为：北京地区 28.52%、上海地区 20.09%、广东地区 19.63%。其他地区的比例分别为：江浙地区 5.28%、川渝地区 15.06%、福建地区 3.64%、武汉和西安 9.07%。2011 年川渝已经成为网游研发的一股重要力量，研发团队数量出现了小幅增长。

中国网络游戏研发力量调查显示，从业人员数量达到 34 246 人，较 2010 年的 30 533 人增长 12.16%。

此外，中国网络游戏研发公司自主研发网络游戏产品总数超过 380 款，相比去年增长 24 款。

（三）客户端网络游戏市场规模小幅增长

易观智库数据显示，2011 年全年，客户端网游市场规模达 370.57 亿，高于易观 355 亿的预期（见图 2），这得益于中国网络游戏运营商在 2009 年之后引进国外优质游戏，加强自主研发不断扩充的结果。市场增长较 2009 年和 2010 年有所回升。从客户端游戏市场发展来看，中国有端网游市场从 2009 年三季度开始，行业整体增速不断放缓，产业阻碍因素在于网络游戏产品趋同、娱乐性降低、用户付费需求被透支，网页游戏及其他游戏的冲击。行业内各主流厂商都在有意识地拉动营收规模，推出新产品，提高 ARPU（每用户平均收入），但是短期来看，市场前景依旧不容乐观。

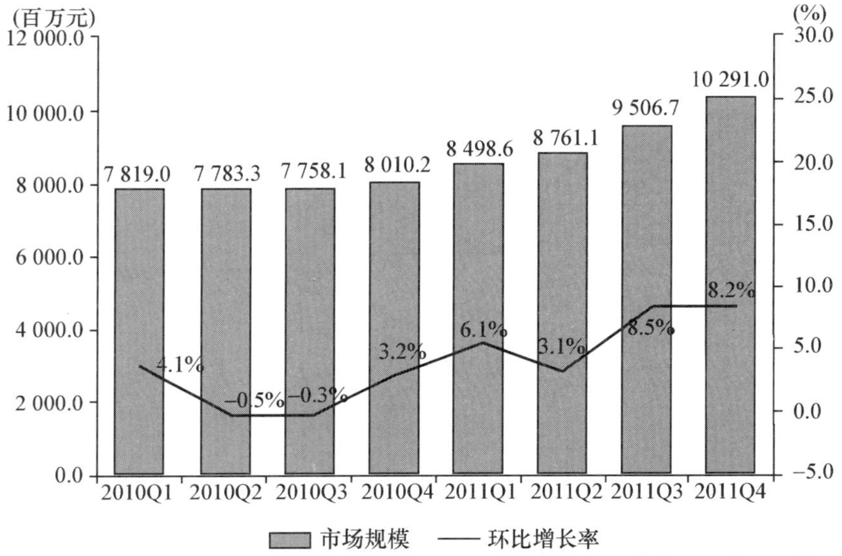

图 2　2010 年第 1 季度—2011 年第 4 季度中国客户端网络游戏市场收入规模

数据来源：易观智库。

在 2011 年，中国客户端网游市场中 TOP5 企业所占市场份额从第一季度的 77.15%增至第四季度的 79.15%；TOP3 的企业所占市场份额从第一季度的 62.79%增至第四季度的 64.54%，市场集中度进一步提升。腾讯、网易、盛大、完美、畅游位列市场前五，并形成了各自独特的商业模式（见图 3）。

在 2011 年的竞合之中，腾讯的市场份额保持稳定增长，主要动力在于《穿越火线》等游戏的商业化程度加深；网易与盛大之间的差距逐渐缩小，主要动力在于《魔兽世界》的迁移并逐渐稳定；畅游营收略低于完美世界，但是《天龙八部》的运营稳定且商业化程度很深。

（四）网络游戏对外出口贸易额翻倍增长

新闻出版总署在 2010 年陆续启动实施“中国绿色网络游戏出版工程”和“中国民族原创网络游戏海外推广计划”。新闻出版总署副署长孙寿山表示，出版署将会同发改委、财政部、商务部、税务总局等部门，制定更加有利于中国网络游戏产业发展的政策，继续加大扶持力度，积极引导有条件的网游企业加快海外推广的步伐。而“绿色网游出版工程”将在很大程度上提高绿色网游在市场上的占有率，为净化网络环境起到一定的助推作用。

在这些利好政策的推动下，2011 年，总计有 34 家中国企业自主研发的 131 款 PC 网络游戏进入海外市场，实现销售收入 20.1 亿美元，比 2010 年增长了 45.7%（见图 4）。

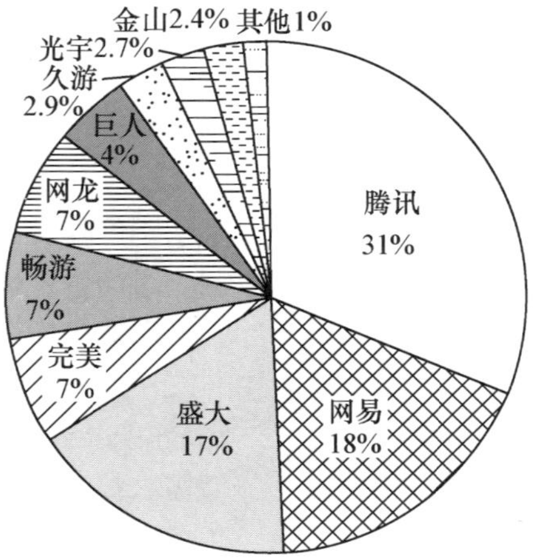

图 3　2011 年第 4 季度中国客户端网游市场份额

数据来源：易观智库。

此外，2011 年，俄罗斯、欧洲、巴西等市场成为增量市场，受到诸多研发型企业的青睐，网游出口以低授权金、合理分成为主。而上市公司中，盛大、腾讯、完美、畅游等公司也开始在新兴市场以资本整合运营平台。

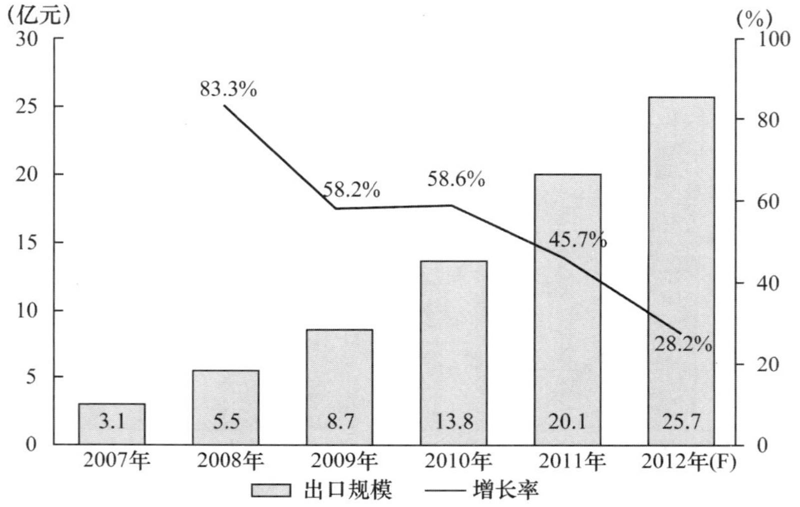

图 4　2007—2012 年中国网络游戏出口规模

说明：2012 年为预测数据，下同。

数据来源：易观智库。

二、2011 年中国网络游戏产业发展的宏观环境

（一）政治环境

1. 深化文化体制改革

2011 年 10 月 25 日，《中共中央关于深化文化体制改革推动社会主义文化大发展大繁荣若干重大问题的决定》发布，第一次提到扩大文化消费，并提出加大财政、税收等方面对文化产业的政策扶持力度，对文化内容创意生产经营实行税收优惠。

这是政府提出的第一个对文化产业具有重大意义的决定。这个决定提出了推动社会主义文化大发展大繁荣的具体行动措施，对文化产业起到极大的推动作用，对网络游戏制作厂商来说是一个极大的机遇与挑战。

目前中国游戏产业拥有较好的发展环境和机遇，但也存在低俗营销、格调低下、相互抄袭等行为，阻碍了产业的健康发展。今后应着力在提高游戏的原创性、创新性和打造品牌等方面下工夫。

2. 未成年保护进一步加强

2011 年 1 月 31 日下午，文化部等八部委联合发布《“网络游戏未成年人家长监护工程”实施方案》的通知，通知指出，自 2011 年 3 月 1 日起，将在网络游戏行业全面实施“家长监护工程”。该工程主要内容为：

网络游戏经营单位建立专门的服务页面，公布专线咨询电话，开通专门受理渠道，介绍受理方式。

家长需要了解、引导、控制孩子游戏活动的，由家长向网络游戏经营单位提供合法的监护人资质证明、游戏名称账号以及限制措施等信息。限制措施包括：限制每天或每周玩游戏的时间长度，限制玩游戏的时间段，或者完全禁止。

网络游戏经营单位按照家长要求对未成年人的账号采取限制措施，并持续跟踪观察，及时反馈该账号的活动，为家长提供必要协助，制止或限制未成年人的不当游戏行为。

该项办法的实施使得网络游戏企业逐步建立自我约束机制，加强行业自律。根据国家文化发展需要和市场走向，积极采取技术措施，加强对未成年人玩家的注册指导和游戏时间限制，最大限度地防止未成年人沉迷网络游戏，进一步促使网络游戏企业尽到应尽的社会义务。

3. 金融政策利好不断

2010 年 3 月 19 日，中宣部、中国人民银行、财政部、文化部、广电总局、新闻出版总署、银监会、证监会、保监会发布《关于金融支持文化产业振兴和发展繁荣的指导意见》（以下简称《意见》）。《意见》旨在进一步改进和提升对中国文化产业的金融服务，支持文化产业振兴和发展繁荣。《意见》倡导积极开发适合文化产业的信贷产品，加强和改进文化产业的金融服务；鼓励发展多层次资本市场，扩大企业的直接融资规模；积极培育和发展文化产业保险市场。

（二）经济环境

2011 年中国经济继续保持高速增长态势，预计 2012 年的国内生产总值增速将超过 9%。2011 年中国的经济环境虽然展现了放缓的势态，但是在国家政策的及时调整下，还是在总体上保持良好的运行趋势。中国在未来几年仍将是世界经济增长的重要带动力量。

自 2007 年起，国产网游海外拓展进入爆炸式增长阶段，2007 年共有 12 家中国网游企业的 28 款游戏作品进入海外市场，销售收入相较 2006 年增长了 175%，达到 5 500 万美元。2009 年，中国网游海外销售收入突破 1 亿美元，走出国门的原创网游产品也增长到了 64 款。

2010 年，网游企业掀起了第二波出海的高潮，来自 34 家游戏公司的 82 款网游产品共创造了 2.3 亿美元的销售收入，在 2009 年基础上业绩增长了一倍。其中，仅完美世界一家企业就占据了近四成的市场份额。

2011 年，国产网游海外市场继续走高，实现销售收入 20.1 亿美元，比 2010 年增长了 45.7%。在地域拓展方面，以完美世界为代表的中国网游海外军团，已将各自的产品输送到除非洲与大洋洲外的世界各个国家和地区。值得一提的是，完美世界已经成功将授权为主的海外业务模式转为自主运营为主、授权为辅，这不但提高了公司对于游戏的控制力，而且提高了公司的利润率。

（三）社会环境

中国经济高速增长，人均收入和个人消费能力持续提高。经济水平的提高刺激了人们对通信业务和娱乐业务的需求，尤其是对宽带娱乐业务的需求不断高涨。

文化产业发展迅猛，网络游戏已经“去妖魔化”，在 2009 年文化部白皮书的指导方针下，游戏内容越发大众化，用户年龄构成向两端延展，这一方面得益于社交网络在轻游戏领域对市场的影响；另一方面得益于网络游戏与影视、动漫、文学等多元产业的融合。且在华语游戏全球分布的大环境下，网络游戏在国际市场仍有良好空间。

（四）技术环境

国产网游已经越来越多地注重原创产品的开发，2011 年原创网游产品市场突破 220 亿，其中各个类型的游戏均有所创新，并且国产原创游戏的质量已经得到了海外市场的认可，自主研发的游戏制作引擎与国际领先产品差距缩小。网游市场中新近提出的概念“微端化”也已经推出并取得不俗的市场，说明这项技术得到了玩家们的广泛认可。

三、2011 年中国网络游戏运营商分析

（一）腾讯

2011 年，腾讯在网络游戏市场的创新实践及举措包括：

技术：2011 年腾讯完成了多次海外注资。在自身技术上并无公开披露，但腾讯已在积极储备技术力量，特别是在“数据挖掘”上。

产品/服务：在 ACG（电玩游戏）类游戏上，腾讯收获颇丰，《QQ 炫舞》、《QQ 飞车》、《穿越火线》等游戏表现优异；在 RPG（角色扮演游戏）类游戏上，腾讯主要产品为《大明龙权》；横版格斗类游戏《地下城与勇士》的表现依旧抢眼；类 DOTA（一个基于《魔兽争霸 3》的多人实时对战自定义地图）游戏《英雄联盟》的收入也在稳步上升。此外，腾讯游戏还宣布将代理韩国著名网游开发商的奇幻

武侠动作 3DMMORPG——《剑灵》。

市场推广：腾讯自身拥有多个推广平台，以 IM 为核心。值得关注的是，2011 年腾讯开始发力网页游戏。同时，在完成了对康盛的并购后，腾讯在 IM 之外的中小网站、论坛平台方面开始挖掘长尾市场的价值。

运营：腾讯在游戏运营上较为平稳，2011 年营收的稳定增长也得益于成熟产品的商业化程度加深，付费率及 ARPU 得到稳定提升。

（二）盛大

2011 年，盛大在网络游戏市场的创新实践及举措包括：

研发创新：盛大游戏着重在手机游戏领域发力，将旗下多款产品进行跨平台、跨终端的移植。

产品/服务：盛大《龙之谷》作为国内第一款 3D-ARPG 网游，承担了培育市场的责任，营收稳步增长，成为支撑盛大游戏营收的主力产品。盛大旗下经典游戏《传奇系列》依然保持着强大的吸引力与品牌号召力。盛大自主研发的《星辰变》有望成为《传奇》接班人。此外，盛大也在其他品类的游戏产品上积极进行布局，如休闲类、FPS 类游戏等。

市场推广：盛大重点产品仍以传统互联网推广为主，其中盛大游戏的影响力继续发挥。而盛大移动产品与平台的布局未来将有更多的显现机会。

运营创新：盛大在运营上并未有太多创新，只在 2011 年中开展了一系列老玩家的召回活动，主要原因也在于产品生命周期到了成熟阶段。

（三）网易

2011 年，网易在网络游戏市场的创新实践及举措包括：

研发：网易并未在研发方面有大的动作，只是在有条不紊地进行既定游戏产品的研发。网易在 3D 领域的技术积累已迈上一个新的台阶。

产品/服务：暴雪的战网平台已经接入，并推出战网点数供玩家划拨；《星际争霸 2》自从上线以来得到了玩家群体的广泛关注，但是其商业化运营依然需要提升，同时拓展增值服务，拓宽营收。

市场推广：网易在 2011 年市场推广的力度有限，主要在建立 NIE. 以及 GAME. 两个平台，更好地服务客户并增加自身在业内的话语权，同时在相应的社交平台进行游戏活动的推广。

运营：《梦幻西游》仍旧保持较高的人气，且《大话西游》在二三线市场依然有不错的业绩。值得注意的是，网易相继在国内引入暴雪旗下的国际顶尖游戏产品，丰富了自己的游戏产品线，也增强了品牌影响力与口碑。

（四）完美世界

2011 年，完美世界在网络游戏市场的创新实践及举措包括：

研发：2011 年，完美世界通过世嘉获得正式漫画版权而将《圣斗士星矢》改编成网游，并推入市场。

产品/服务：《神鬼世界》、《诛仙》、《完美世界》等游戏产品继续在市场中保持稳步增长，为完美世界贡献了大部分的营收。与此同时，完美世界在电影电视剧方面的布局也得到相应的回报，在扩大营收的同时，增强了品牌的口碑和影响力。

营销/市场推广：完美世界在 2011 年削减了部分地面推广资源。在异业合作上发力频繁，一方面与周边产业链的合作越发成熟，另一方面在网吧渠道进行创新布局。

运营：2011 年，完美世界推出了旗下众多游戏的玩家活动，并推出书籍等周边产品，增强玩家的黏性。2011 年底，完美世界北美子公司公布了旗下全新网游《神鬼之战》，并宣布正式运营，成为完美海外战略的一个缩影。

（五）搜狐畅游

2011 年，搜狐畅游在网络游戏市场的创新实践及举措包括：

技术：《鹿鼎记》、《剑仙》、《刀剑英雄 2》作为畅游的后续作品，在市场上形成了一定的产品表现力。此外，畅游还在年内收购了网页游戏开发商“第七大道”，旗下网页游戏《弹弹糖》长期受到玩家欢迎，成为中国网页游戏市场的经典游戏。

产品/服务：《天龙八部》在全面升级后更名为《天龙八部 3》，《鹿鼎记》等多款新游戏在 2011 年度推出，而来自第七大道的多款网页游戏产品已经为搜狐畅游贡献收入。此外，畅游从搜狐公司购入游戏媒体门户“17173.com”，为未来的平台化发展提前布局。

营销/市场推广：采取明星代言推广的方式，同时结合了搜狐公司的媒体资源，包括游戏门户 17173.com、搜狐视频、电影片头广告等。如《鹿鼎记》请来了当时热播剧《步步惊心》的剧组成员拍摄微电影，进行精细化传播。

运营：《天龙八部 3》是畅游目前主要的营收来源，该游戏在版本更新上较为频繁，对主要用户在暑假、法定节假日比较活跃的季节性特征把握比较好，强化休闲等玩法较为有效地拉动了用户及营收。

（六）巨人网络

2011 年，巨人网络在网络游戏市场的创新实践及举措包括：

技术：巨人集团在游戏周边领域不断进行拓展

创新，在语音领域、安全领域进行部署。

产品/服务：巨人积极进行游戏品类的拓展，推出的网页游戏、休闲游戏等拓宽了巨人的产品线，帮助其在未来的游戏市场上有所作为。

市场推广：巨人在线上渠道方面有着较强的把控能力，在市场的推广方面也取得了较好的市场效果。

运营：《征途》推出了账号回购以及领养活动，市场反应较为成功。而延续了绿色商业模式的《征途2》，在2011年为巨人网络带来稳固的营收，成为旗下主力游戏产品。

（七）金山软件

2011年，金山软件在网络游戏市场的创新实践及举措包括：

技术：金山在技术上并未有较大突破，在2.5D及3D技术的应用上有新品储备。而金山的快快平台在2011年也加大了推广力度，通过相关技术大幅降低了用户获取游戏的成本，并推出大型网游“极速体验版”的客户端版本。

产品/服务：《剑侠情缘》系列网游仍然是金山软件的主要网游产品。《剑网三》在全年为金山贡献了大部分的营收，《月影传说OL》改版上线，未来有望成为接棒《剑侠情缘》的游戏作品。

营销/市场推广：2011年，金山软件对旗下软件及游戏业务进行了多轮整合并且有计划地开展互联网、移动互联网营销策略。旗下许多业务相继MBO（Management Buy-Outs，即“管理者收购”）成立了公司，并首度尝试探索互动娱乐营销模式，《剑侠情缘——藏剑山庄》被改编成电视剧，登上了电视荧屏。

运营：在《剑网三》进行市场运营的同时，金山游戏在海外市场的营销布局也悄然展开。2011年，金山首度在欧洲和北美市场推出网络游戏产品，预计未来两年来自海外市场的收入占金山总营收的比例将提升至20%。

（八）网龙

2011年，网龙在网络游戏市场的创新实践及举措包括：

技术：一直以来，网龙在3D技术的应用上较为成熟，同时，网龙推出了许多跨平台、跨终端的游戏产品，将其客户端游戏领域的经验向网页及无线领域延伸。

产品/服务：《魔域》与《地下城守护者》现为网龙游戏营收的主力，网龙在面向海外市场推出自主研发的具有多元化、系统化解决方案的网吧管理软件“91 Cybercafe”的同时，意在部署发展中市场的网吧渠道。此外，网龙还联手IDG资本推出“mFund移动互联网投资基金”，在自身已有一定基础的移动互联网领域构建技术和内容平台。

市场推广：网龙与影视的异业合作，主要体现在邀请周星驰代言《长江七号》电影改编的同名游戏；同时，另一款游戏《梦幻迪士尼》则邀请李宇春代言。此外，网龙在年内还宣布与中影合作，携手出品首部“爱情战争片”——《爱情36计》。

运营：网龙在运营上比较稳健，值得关注的是《梦幻迪士尼》，该游戏有着良好的内容资源，游戏围绕季节及迪士尼新上映影片形成了良好的内容跟进。

（九）光宇在线

2011年，光宇在线在网络游戏市场的创新实践及举措包括：

技术：光宇通过代理国内网游产品积累了相应的经验和资本，开始代理海外网游产品。同时，光宇公开披露，在全国已建立起5个600余人规模的研发中心。

产品/服务：2011年度，光宇推出了新游戏《问道外传》与《天魔传说》，营收取得稳步增长，光宇在游戏产品的类型方面进行了积极的探索与尝试。

市场推广：推广员系统仍是光宇较为核心的推广方式，同时，光宇积极进行海外拓展，在被誉为“电子娱乐界一年一度的奥林匹克盛会”的E3展会上，光宇游戏携旗下重点项目参加，同时借此良机进军海外网游市场，持续其国际化市场战略。正式公布的旗下产品有：以舞蹈休闲为主的《炫舞吧Ⅱ》、3D横版武侠动作网游《蜀山剑侠传》、2D即时国战网游《巨龙》，以及以上古时代为背景的3D网游《创世2》。

运营：光宇在游戏运营方面较为稳健，以充值返礼、抽奖等活动为主。

（十）空中网

2011年，空中网网络游戏市场的创新实践及举措包括：

技术：空中网自主研发引擎的应用已步入成熟阶段。以低配高画质理念的《龙》引擎用于动作元素游戏，将有效占领ARPG类游戏的大众市场。

产品/服务：2011年，空中网代理的白俄罗斯游戏研发商Wargaming公司的3D队制MMO游戏《坦克世界》上线，成为国内FPS游戏市场的又一个主要作品，新颖的题材受到玩家的广泛欢迎，成为空中网营收的主力大作。

市场推广：空中网拥有一定规模的移动互联网用户，同品牌、不同平台的产品有助于空中网对用户进行交叉营销。同时，在推广渠道上，空中网选择了部分视频游戏媒体进行推广，以其产品表现力高于整体 3D 网游为卖点，吸引视频玩家进入网游。

运营：空中网采取以自主研发加独家代理保持较高回报率，以联运、国内代理的方式分摊分享渠道，以海外出口布局全球市场的营销策略，取得了相当不错的成绩。

（十一）蓝港在线

2011 年，蓝港在线在网络游戏市场的创新实践及举措包括：

技术：蓝港在线主要以 2D 回合制网游的研发见长。后续产品《佣兵天下》是以国产 3D 引擎为基础的大型多人在线角色扮演游戏（MMORPG），说明其在 3D 技术上积累较为深厚。

产品/服务：《西游记》及《佣兵天下》为蓝港目前的主要产品，同时蓝港也在积极进行其他游戏类型的探索，加大对网页游戏领域的布局，已经卓有成效。

市场推广：与盛大在线、百度、迅雷等优势资源平台合作，推广力度较大。

运营：2D 回合制网游已相对成熟，加之蓝港与盛大在线的合作，运营状态良好，网页游戏布局的收效明显。

四、2011 年中国网络游戏产业发展的特点

从全年业界发展数据、市场环境和厂商分析数据看，2011 年的中国网络游戏市场呈现出以下两个特点：

（一）领域细分，产品线日益增加

中国网络游戏经历了数十年的发展，行业已经成熟，从现状来看，虽然近几年用户活跃性有所下降，但是客户端游戏仍然是市场的主流，而社区游戏和手机游戏都保持不错的增长情况，扩大了网络游戏整体的占有率。从游戏的品质和用户体验来看，客户端网络游戏占有一定的优势，同时客户端的用户基本稳定。预计未来几年，客户端游戏将保持 60％的占有率，剩余占有率将被其他领域划分。

（二）网游产品更新换代，用户资源紧张

网络游戏用户对游戏产品的要求不断提高，单一无味的游戏内容已经无法满足用户的需求。因此，即使网络游戏是中国互联网的经济支柱，但是整个网游行业进入红海状态已经成为定局。而海外的广阔市场同样会成为国内企业争先抢夺的资源。

五、中国网络游戏产业发展趋势

据易观智库数据显示：2011 年，中国网络游戏市场用户规模达 3.88 亿人，比 2010 年增长了 24.68％。预计 2016 年中国 PC 网络游戏用户数将达到 1.4 亿人。2006 年至 2012 年，中国 PC 网络游戏用户增长速度和互联网用户增长速度持平。其中，中国付费 PC 网络游戏用户数达到 6 632 万人，比 2010 年增加了 46.0％。预计 2016 年中国付费 PC 网络游戏用户数将达到 7 535 万人。

（一）市场及用户规模预测

根据既有数据，易观智库对中国广义网络游戏市场以及各个细分市场规模作出预测（见图 5～图 9）。

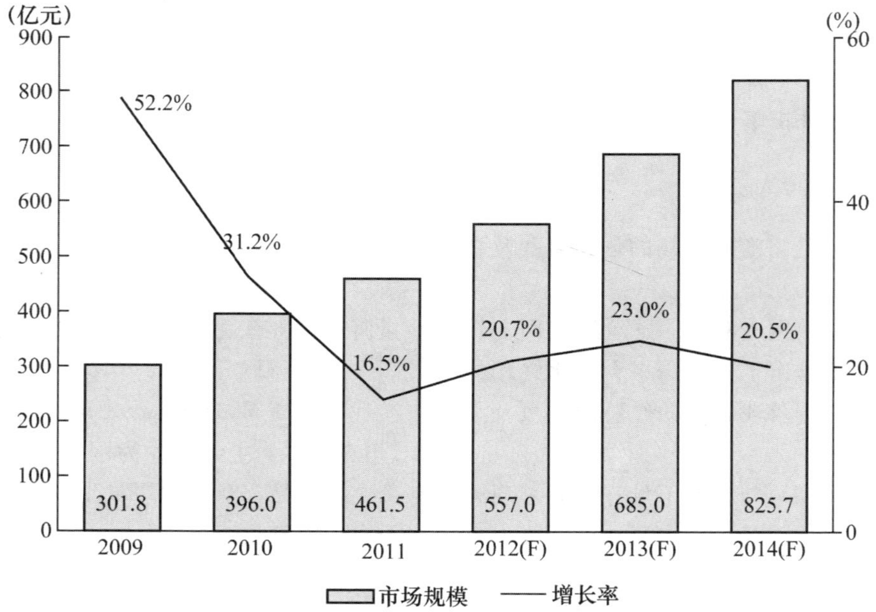

图 5　2009—2014 年中国广义网络游戏市场规模预测

数据来源：易观智库。

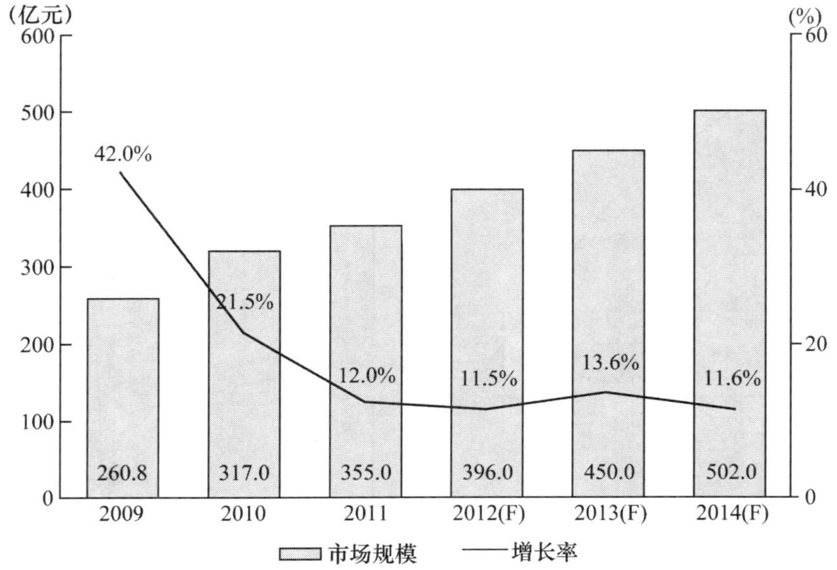

图 6　2009—2014 年中国客户端网络游戏市场规模预测

数据来源：易观智库。

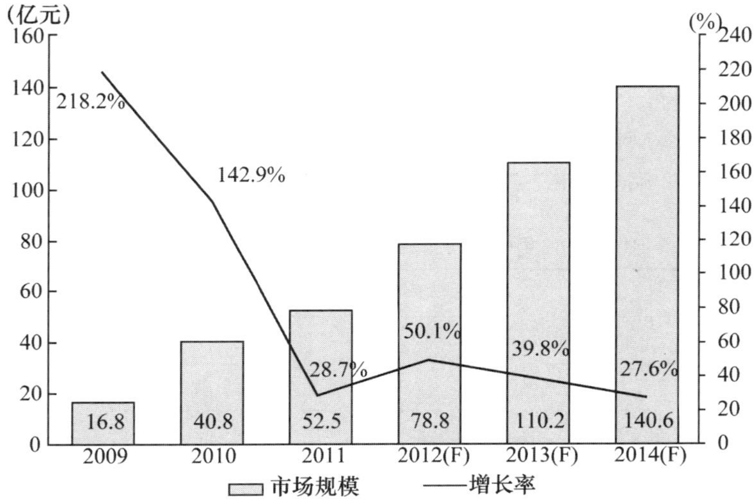

图 7　2009—2014 年中国网页游戏市场规模预测

数据来源：易观智库。

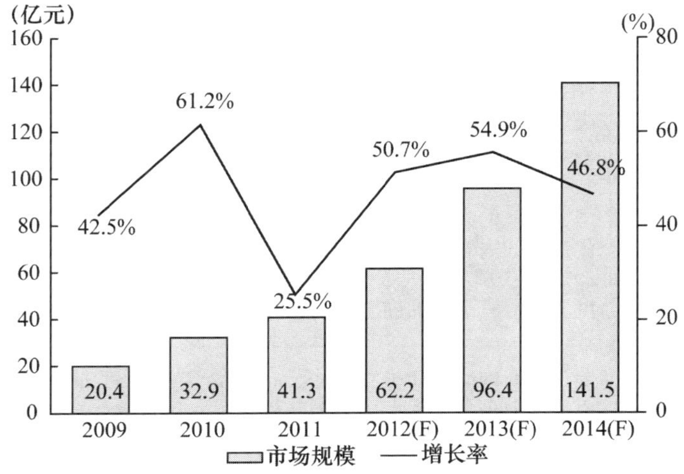

图 8　2009—2014 年中国手机游戏市场规模预测

数据来源：易观智库。

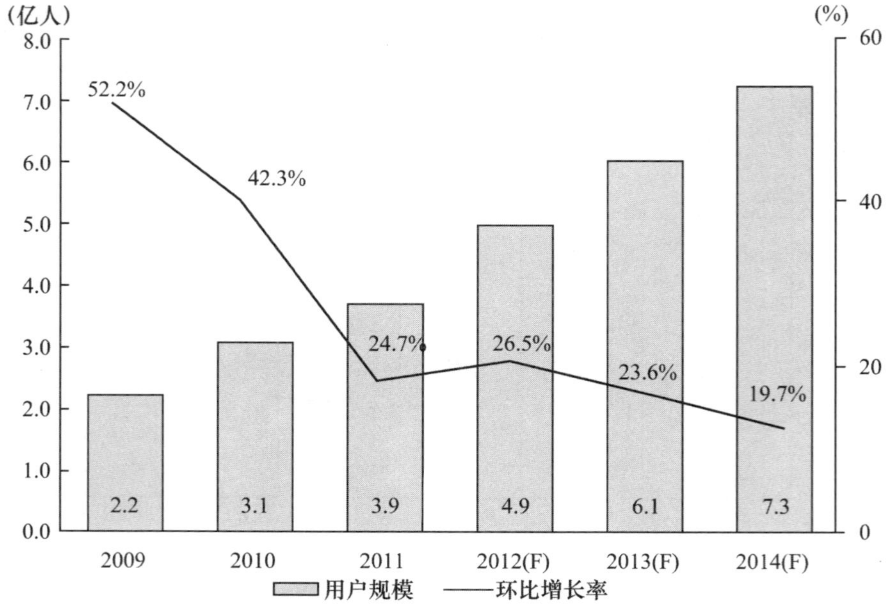

图 9　2009—2014 年中国网络游戏市场用户规模预测

数据来源：易观智库。

（二）阻碍及促进因素预测

在对中国有端网络网市场规模和用户规模作出预测的基础上，易观智库对影响中国网络游戏市场的相关因素（促进因素和阻碍因素）及其影响程度进行了进一步分析（见表 1～表 4）。

表 1　2010—2013 年中国网络游戏市场促进因素影响程度分析

促进因素	2010 年	2011 年	2012 年	2013 年
互联网在二三线市场的渗透	中	中	高	高
游戏多元发展及质量提升	高	高	高	中
传统娱乐业引入用户	低	中	高	中
商业模式的演进	中	高	中	低

数据来源：易观智库。

表 2　中国网络游戏市场促进因素分析

促进因素	促进因素分析
国家政策的大力扶持	《中共中央关于深化文化体制改革推动社会主义文化大发展大繁荣若干重大问题的决定》发布，第一次提到扩大文化消费，并提出加大财政、税收等方面对文化产业的政策扶持力度，对文化内容创意生产经营实行税收优惠。
人民生活水平日益提高　对文化产品的需求加大	国家经济的高速增长使人民对物质文化生活的要求越来越高，游戏产业作为创意文化产业的内容，是人民对提高生活质量的必需要求，游戏已经走入百姓的生活。2011 年中国上网人数已经超过 4.8 亿，其中超过 1.2 亿为网游玩家，中国已经成为世界上最有潜力的网游市场，并且用户数量仍保持每年 20%左右的增长。
游戏专业技术人才成为热门	国内专业网游人才仅有 3 000 人左右，这是一个极大的人才缺口，也说明了如今国内的网游市场本土民族原创网游的数量和质量都有待提高。数据显示，目前国内的游戏专业人才缺口高达 60 万，国内至少有 50%的企业难觅专业游戏人才，其中尤以设计、开发与策划人才最为急缺。中小企业人才的缺乏度相对大型企业来说，更为严重。

数据来源：易观智库。

表 3　　2010—2013 年中国网络游戏市场阻碍因素影响程度分析

阻碍因素	2010 年	2011 年	2012 年	2013 年
互联网接入速度	低	中	高	高
用户安全保障	高	高	中	低
产品和商业模式的趋同	高	中	中	高

数据来源：易观智库。

表 4　　中国网络游戏市场阻碍因素分析

阻碍因素	阻碍因素分析
网游产品同质化严重，创新点少	虽然近年来网游市场的大幅快速增长已经掩盖了中国网游产品的诸多缺点，但是不可否认的是，这些缺点已经越来越成为阻碍游戏开发厂商发展的不利条件。一个游戏类型被玩家所接受热捧，大量的同类产品相继推出，实际上是降低了此类产品的寿命，即使短期赢利，对于厂商的长期发展来说也是非常不利的，并且对整个游戏行业来说都是一种恶性循环。只有注重创新，发掘有特色的产品，才是企业发展的真正出路。
用户安全保障	目前，引起中国网络游戏用户流失的最主要原因仍然是外挂及盗号。中国客户端网游的第三方虚拟交易规模早已超过百亿，虽然游戏安全技术在时刻进步，但缺乏相关法律支持，以及执法部门的监督和管理。2011 年推行实名制之后，预计 2 年内将逐步落实，届时盗号等系列行为将有迹可循，并受到有效制裁。用户利益将得到更好保障。
国家对于游戏产业的市场政策法规仍显不足	游戏市场长期缺乏统一的、正式的管理办法，游戏市场的灰色地带屡见不鲜。对于网游产品的内容交易，比如游戏账号、游戏货币、玩家的付费道具等，没有完整的保护措施保护玩家的游戏虚拟财产。

数据来源：易观智库。

（三）未来发展趋势预测

在综合预测数据和影响因素的基础上，就中国网络游戏产业未来发展趋势，易观认为：

1. 技术整体升级，面向国际市场开放

进口游戏以动作类产品、FPS（第一人称射击类游戏）产品为代表全面涌进中国市场，而国产网游的技术和理念已经全面升级，自主研发实力的增长使得国产游戏的可塑性更高，多元的玩法可以实现。目前在《CF》和《CS online》对市场的培育之下，FPS 产品探索出了成熟的付费挖掘之路，而竞争也越发激烈。2011 年 3 季度，金山、盛大、腾讯等游戏巨头陆续推出 FPS 风格网游。未来 1～2 年内，产品的游戏类型也将从单纯的射击类逐渐向格斗、竞技多种类型丰富。该细分的市场用户逐渐成熟，对于产品类型的创新，以及对于该市场用户的挖掘，决定了未来的竞争格局。

2. 硬件带宽升级带动游戏业增长

2012 年起，国家对固网的整体提速政策已经步入执行阶段，一方面是提高互联网在县级以下市场的覆盖，另一方面是铜网、光纤的免费提速，这将为 ACG 网游及动作类网游释放新的发展空间。从游戏的引入角度讲，更理想的带宽可以为引入游戏的类型提供更广阔的想象空间；从用户规模来看，整体带宽提速的政策，使二三线城市的用户参与到目前的游戏当中变为可能，这无形当中提高了用户的潜在数量。此中蕴藏的巨大市场，有待更多企业专注区域或者细分市场的创新。

3. 参与厂商呈多元化发展路线

网游市场经过 2010 年震荡又重新崛起的过程之后，网络游戏领域的价值被重新挖掘，对于游戏的多元化探索也不断向纵深发展。新型细分市场的崛起和参与竞争成为 2012 年乃至未来 1～2 年的发展趋势，电视游戏、网页游戏、流量平台等多类型企业纷纷进军网游行业。它们不但能够为游戏开发商提供更多的思路和角度，也能够将自身原本的用户转化成为网络游戏的潜在用户。

从游戏细分市场来看，游戏运营商横跨的领域愈发丰富，以资本运营或者组建开发团队等形式在客户端网游、手机游戏、页面游戏等细分市场横向发展，多层次、多角度地开发用户资源。未来几年内，国内游戏厂商例如盛大、腾讯的竞争会深入至各个细分市场当中。

2011 年中国图书版权贸易分析报告

张洪波

一、2011 年全国图书版权贸易基本情况

（一）图书版权输出品种数量增长较快

新闻出版总署公布的数据显示，2011 年，全国共引进出版物版权 16 639 种，输出出版物版权 7 783 种，增幅分别为 0.02%（37 种）和 36.8%（2 092 种）。出版物版权贸易总量达 24 422 种，比上一年增长 9.6%（2 129 种）（见表 1）。

表 1　　2011 年全国出版物版权贸易数据统计情况

项目	2010 年	2011 年	增长数量	增长率
出版物引进	16 602 种	16 639 种	37 种	0.02%
出版物输出	5 691 种	7 783 种	2 092 种	36.8%
出版物版权贸易总量	22 293 种	24 422 种	2 129 种	9.6%

其中，引进图书版权 14 708 种，输出图书版权 5 922 种，增幅分别为 7.2%（984 种）和 52.6%（2 042种）。图书版权贸易总量达 20 630 种，比上一年增长 17.2%（3 026 种）。整体而言，引进版权增幅较小，而输出版权增幅较大，尤其是输出图书版权增幅超过 50%（见表 2）。

表 2　　2011 年全国图书版权贸易数据统计情况

项目	2010 年	2011 年	增长数量	增长率
图书引进	13 724 种	14 708 种	984 种	7.2%
图书输出	3 880 种	5 922 种	2 042 种	52.6%
图书版权贸易总量	17 604 种	20 630 种	3 026 种	17.2%

（二）图书版权贸易逆差进一步缩小

2011 年，全国出版物版权贸易输出与引进比例由 2010 年的 1∶2.9，缩小到 1∶2.1，出版物版权贸易逆差逐年缩小。图书版权贸易输出与引进比例由 2010 年的 1∶3.5，缩小到 1∶2.5。由于版权输出增幅明显大于引进增幅，因而版权贸易逆差进一步缩小（见图 1）。

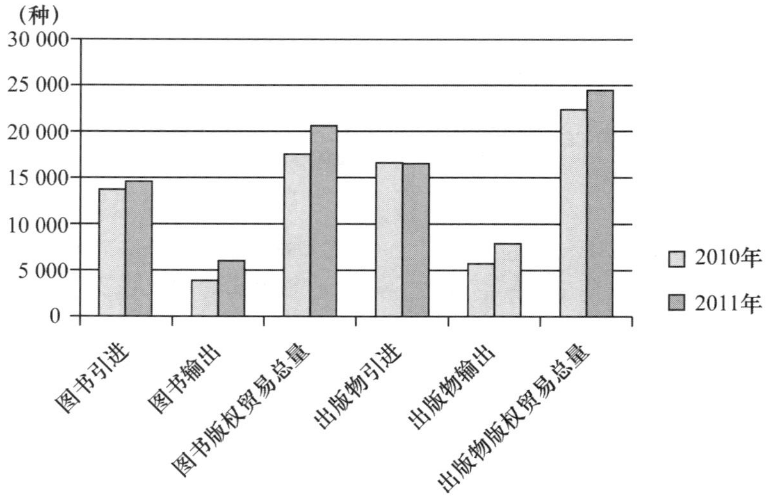

图 1　2010—2011 年全国出版物图书版权贸易基本情况

（三）经济发达国家和地区仍是中国图书版权主要引进地

2011 年，中国出版物版权引进数量最多的国家和地区依次为：美国 5 182 种，英国 2 595 种，日本 2 161 种，台湾地区 1 497 种，韩国 1 098 种，德国 895 种，法国 720 种，香港地区 658 种，新加坡 265 种，加拿大 140 种，俄罗斯 57 种，澳门地区 1 种（见图 2）。

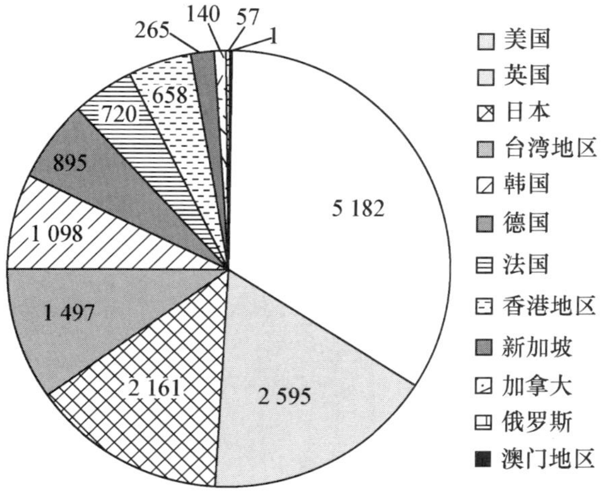

图 2　2011 年中国出版物版权引进地分布

从图书版权引进数量排名来看，美国 4 553 种，连续三年高居榜首，比 2010 年增加 4 种，占引进总数的 31%；英国 2 256 种，与 2010 年相比，止跌反升，增加 486 种，占引进总数的 15.3%，居第二位；日本 1 982 种，比 2010 年增加 362 种，占引进总数的 13.5%，居第三位。前三名图书版权引进总数为 8 791 种，占引进总数的 59.8%。台湾地区 1 295 种，比 2010 年减少 165 种，减幅为 12.7%，占引进总数的 9.8%，居第四位。韩国 1 047 种，比 2010 年增加 131 种，居第五位。之后的国家和地区依次是：德国 881 种，法国 706 种，香港地区 345 种，新加坡 200 种，加拿大 133 种，俄罗斯 55 种，澳门地区 1 种（见图 3）。

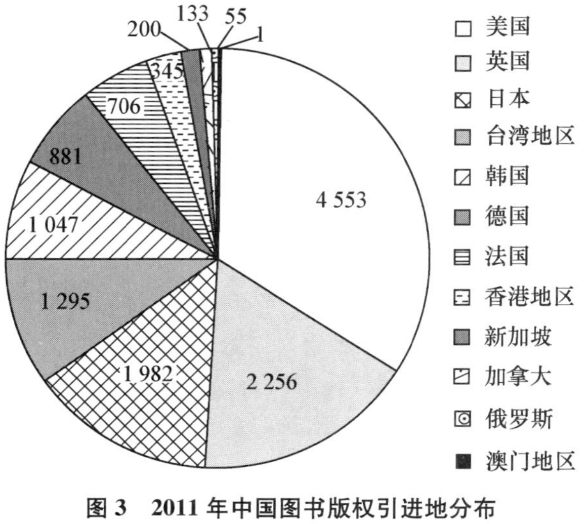

图 3　2011 年中国图书版权引进地分布

（四）输出国家和地区排序体现中华文化的国际影响力逐渐增强

2011 年，中国出版物版权输出数量最多的国家和地区依次为：台湾地区 1 656 种、美国 1 077 种、韩国 507 种、香港地区 448 种、英国 433 种、新加坡 221 种、日本 187 种、德国 146 种、法国 129 种、俄罗斯 40 种、澳门地区 37 种、加拿大 16 种（见图 4）。

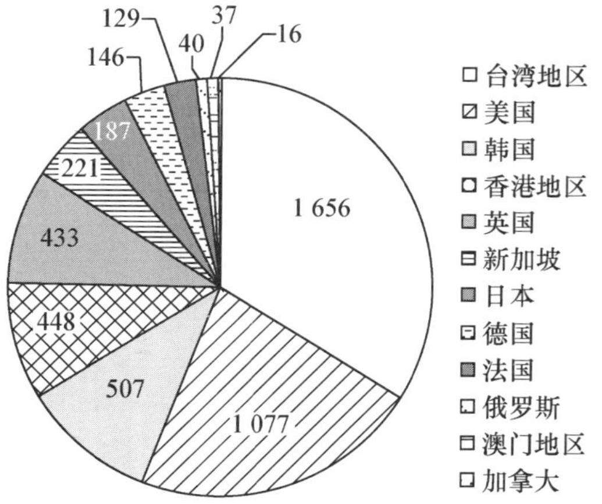

图 4　2011 年全国出版物版权输出地分布

图书版权输出数量最多的国家和地区依次为：台湾地区 1 644 种、美国 766 种、韩国 446 种、英国 422 种、香港地区 366 种、日本 161 种、新加坡 131 种、德国 127 种、法国 126 种、俄罗斯 40 种、澳门地区 19 种、加拿大 15 种。与 2010 年比，图书版权输出增幅较大的国家和地区是美国（增加 522 种）、台湾地区（增加 408 种）、英国（增加 246 种）、韩国（增加 103 种）等，美国增幅最大，从 2010 年的第五位跃居至第二位。而新加坡（减少 129 种）、日本（减少 46 种）、加拿大、香港地区等输出图书版权数量有较大幅度减少（见图 5）。

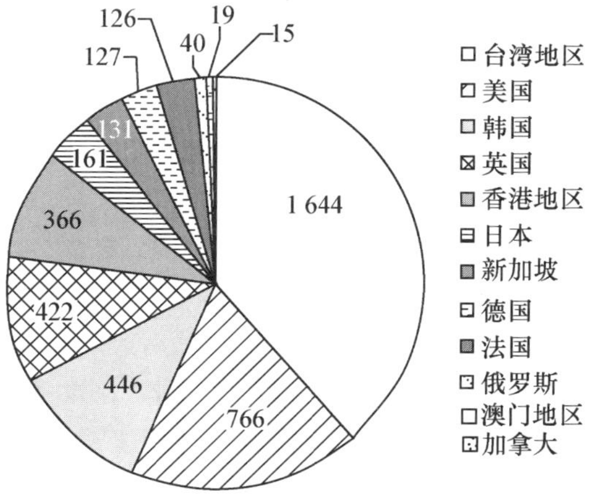

图 5　2011 年全国图书版权输出地分布

总体而言，中国图书的版权输出地集中度较高，向台湾地区、美国和韩国三地图书版权输出之和为2 856种，几近输出总数的一半（48.2%）。近年来，海峡两岸文化交流频繁，人员往来增加，台湾地区对大陆图书的兴趣越来越浓，从大陆引进版权增幅很大。中国图书版权输出地排名，体现了中国继续保持对外开放的国策和中华文化的国际影响力逐渐增强，尤其是国际社会对中国的关注度越来越高。

（五）图书版权引进集中“京沪苏吉”

2011年，图书版权引进超过300种的省市共有8个，依次为北京7 919种、上海1 260种、江苏718种、吉林646种、浙江363种、湖南329种、辽宁328种、广西326种。引进总数为11 889种，占引进总数的80.8%。尽管北京地区图书版权引进的数量比上一年减少了155种，但是仍然不能撼动它占全国半壁江山（53.8%）的地位。增幅较大的省份有江苏（增加150种）、上海（增加127种）等，北京、湖南、广西等地降幅较大（见图6）。

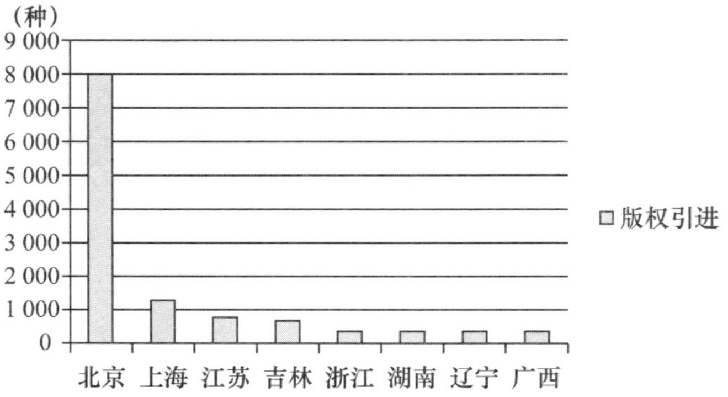

图6　2011年全国各省（市、自治区）图书版权引进情况

说明：此处仅选取图书版权引进较多的前8个省市。

从台湾地区引进图书版权最多的为北京，715种。其他各省均未超过100种，较多的省份有河南76种、广西73种、山东51种、吉林44种、重庆41种、江苏40种、上海35种、安徽35种等。

从香港引进图书版权最多的也是北京，345种。其他较多的省份有广东60种、上海25种等。

从美国引进图书版权最多的是北京，1 211种。其他较多的省份有上海434种、江苏269种、吉林197种、辽宁106种等，其他省份均未超过100种。

从俄罗斯引进图书版权最多的是北京，41种，而距离俄罗斯较近的省份中，吉林为3种，黑龙江、辽宁和内蒙古为零，并没有体现出地缘优势和传统优势。

西藏、甘肃、青海没有图书版权引进统计数据。

（六）图书版权输出集中“京皖鄂沪”

全国图书版权输出超过100种的省市从2008年的5个，增加到2009年的9个，2010年下降到8个，2011年增加到9个，依次为北京3 096种、安徽573种、湖北506种、上海296种、湖南206种、江苏175种、浙江165种、山东119种、广东108种。这9个省市输出总数为5 244种，占输出总数的88.6%。增幅较大的省市有：北京增加1 004种、安徽增加377种、湖北增加361种、江苏增加45种、上海增加33种、湖南增加29种等。北京地区由于聚集了全国一半左右的出版社和大多数民营出版策划机构，还有数量较多的外国出版公司驻华代表机构，因此，图书版权输出的数量占全国的52.3%。安徽出版集团和湖北长江出版集团在版权输出方面成绩显著（见图7）。

向台湾地区输出图书版权超过100种的省市有：北京711种、安徽403种、湖北179种等。距离台湾地区最近的福建仅有1种。

向香港输出图书版权较多的省市有：北京165种、湖南45种、江苏43种等。距离香港最近的广东仅有9种，排名居中。

向俄罗斯输出图书版权的省市仅有4个，北京27种、湖南8种、辽宁4种、广东1种。在距离俄罗斯较近的省份中，黑龙江、吉林和内蒙古为零。

向美国输出图书版权较多的省市有：北京521种、上海75种、江苏38种、湖南32种等。

内蒙古、海南、西藏、青海、宁夏没有图书版权输出统计数据。

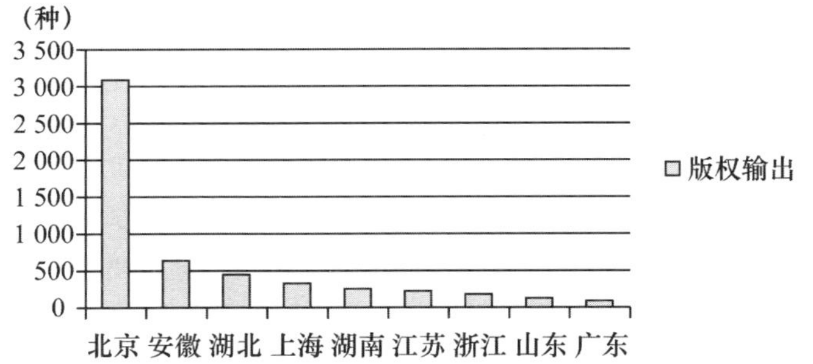

图7　2011年全国各省（市、自治区）图书版权输出情况

说明：此处仅选取图书版权输出较多的前9个省市。

（七）科技和小说居图书版权引进之首

新闻出版总署日前公布的新闻出版统计数据显示，在引进的14 708种图书中，品种最多的是科技类2 850种，其次是长篇小说1 591种、图册937种、教辅读物774种、课本379种、人物传记125种、工具书117种、宗教39种，其他7 896种（见图8）。在379种课本中，大专及以上课本125种、中学课本36种、小学课本12种、业务教育课本33种、教学参考书79种。

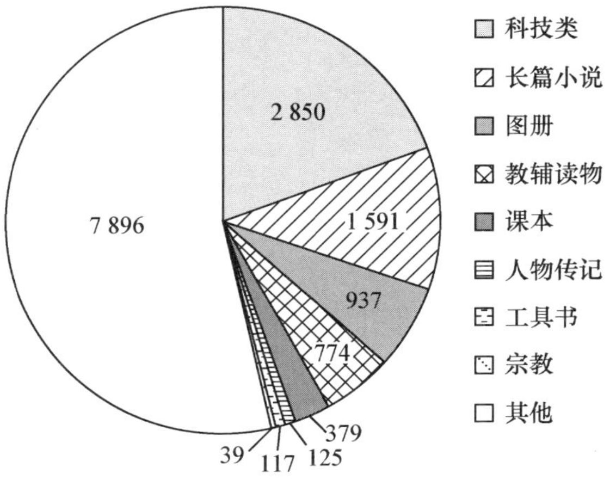

图8　2011年全国图书版权引进分类情况

以上数据显示，中国出版界和图书市场对海外科技类图书与长篇小说需求较旺。

在输出的5 922种图书中，输出最多的也是科技类741种，其次是图册729种、教辅读物579种、课本346种、长篇小说342种、工具书89种、人物传记36种、宗教13种，其他3 047种。在346种课本中，大专及以上课本14种、中学课本25种、小学课本28种、业务教育课本37种、教学参考书16种（见图9）。

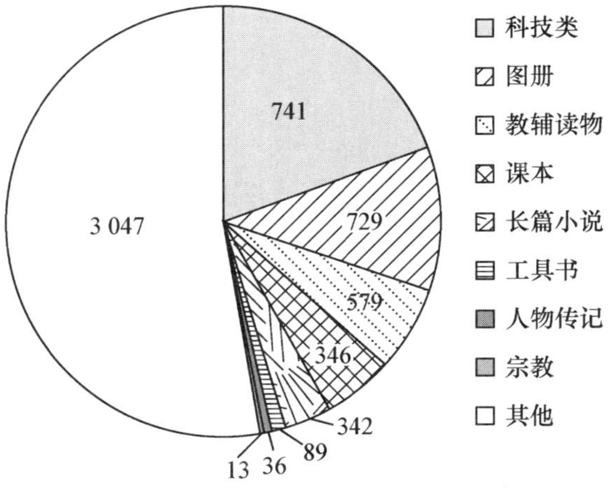

图9　2011年全国图书版权输出分类情况

以上数据显示，海外图书市场对中国科技类图书、图册、教辅读物、课本、长篇小说等都有较大的需求。

这是新闻出版总署首次公布较为详细的图书分类引进和输出版权数据情况。

二、2011 年全国图书版权贸易的显著特点

（一）引进图书频上畅销书榜单

2011 年，无论是虚构类、非虚构类，还是少儿类，均有多年畅销的外版书频上畅销书榜单，如《1Q84》、《挪威的森林》、《达·芬奇密码》、《升级版冒险小虎队》系列、《窗边的小豆豆》、《不一样的卡梅拉》系列、《托马斯和他的朋友们》系列等均由畅销书变成了“常销书”。台湾漫画家朱德庸以《涩女郎》、《双响炮》和《醋溜族》享誉华人世界，他的四方格漫画幽默、线条流畅，主题极富时代感，深受都市白领男女青年和学生喜爱。他的《大家都有病》刚一上市就登上畅销书排行榜。《百年孤独》这部名著在 2011 年由新经典文化公司和南海出版公司共同出版之前，大陆流行二十几年的翻译版本都是侵权盗版本。它的畅销不仅因为很多出版社和文化公司打破脑袋，争抢版权，更主要的是它的内容满足了文学爱好者的期待。美国苹果公司的每一款电子产品在全球上市都会引起各地空前的抢购，在中国也有大量拥趸，因此，在苹果创始人史蒂夫·乔布斯去世后，中信出版社引进的《史蒂夫·乔布斯传》很快畅销也就不足为奇了。从这本书的畅销也可看出中信出版社在运作畅销书方面的实力。

（二）政府扶持力度加大，“走出去”势头更强劲

2011 年，新闻出版总署、文化部、财政部等有关部门继续为文化企业提供各种扶持。新闻出版总署出台了《新闻出版业“十二五”时期走出去发展规划》和《关于加快中国新闻出版业走出去的若干意见》，组织实施了“经典中国”国际出版工程等七大新闻出版“走出去”工程，组织开展了埃及书展中国主宾国等六项重大活动，积极争取各部委支持，为新闻出版重点文化出口企业争取奖励资金 4 000 多万元，争取中央财政支持资金 2 700 多万元，“经典中国”国际出版工程资助资金 1 000 多万元，资助书展补贴和重点海外出版项目超过 2 400 万元，资金总量过亿元。

2011 年，由国务院新闻办公室和新闻出版总署共同组织实施的“中国图书对外推广计划”，共与 29 个国家 124 家出版机构签订了 240 个资助协议，资助金额超过 1 500 万元，全年共向海外输出版权 3 236 项（不含港、澳、台地区），比 2010 年增长 25%，创下了“中国图书对外推广计划”实施以来的历史新高。2011 年，“中国文化著作翻译出版工程”共与 8 个国家 16 家出版机构签订了 18 个资助协议，涉及文版 5 个，资助金额超过 3 600 万元。

中国出版集团旗下人民文学出版社的《山楂树之恋》输出到挪威、瑞典、韩国、泰国、英国、加拿大、意大利等 13 个国家和地区。商务印书馆《汉语图解词典》已完成 45 个语种的出版工作，直接出口到海外各孔子学院。

江苏少年儿童出版社畅销原创精品《“我真棒”幼儿成长图画书》系列之一《他有点白》由韩国大教出版社作为汉语教材引进，首印 2 万册，成为“走出去”图书首印数最多的图书之一。

浙江大学出版社与美国 Waters 科技公司签订《中药质量现代分析技术：中国药典一部参考手册》外文版权输出协议，版税收入 15 万美元，创近年来中国科技图书单本版权对外输出的最高版税纪录。

中国人民大学出版社出版的陈雨露教授的《人民币读本》和金灿荣教授的《大国的责任》的英文、韩文、日文、波兰文和俄文版权相继被麦格希教育出版公司等国际知名出版集团签下。

人民出版社的《中国共产党历史》、《毛泽东的非常之路》、《在毛泽东身边》、《理论热点面对面》、《大国复兴之路》、《中国开放 30 年：增长、结构与体制变迁》、《“中国模式”研究》、《经济体制改革 30 年回顾与展望》、《朱镕基答记者问》，北京出版集团的《中国共产党建设 90 年》等一大批反映中国现当代政治、经济、文化的优秀图书输出到海外，受到海外读者的广泛欢迎。国家外文局所属新世界出版社的党史出版物《历史的轨迹：中国共产党为什么能》自 2011 年 3 月份出版以来，已售 37 万册，电子图书月点击 15 万次，英文版上市不到一个月即销售一空。该书英文、德文、土耳其文、韩文等版权已售出。

（三）“走出去”形式多样化

除实体书出口、印刷外贸加工、版权输出、合作出版外，中国出版“走出去”形式还呈现出立体化、多样化的特点。二十一世纪出版社与英国麦克米伦出版公司在北京成立麦克米伦世纪咨询服务有限公司；安徽时代出版传媒公司与波兰马尔沙维克出版社在波兰共同建立时代—马尔沙维克出版集团；北京语言大学出版社在美国芝加哥注册成立独资企业北美分社，从而成为国内第一家在海外拥有资产的大学出版社。

2011年12月，北京语言大学出版社、浙江出版联合集团、安徽出版集团、人民卫生出版社、《中国国家地理》杂志社、《中国新闻周刊》杂志社、新民晚报社、温州日报社等48家新闻出版单位因在版权输出、实物出口、数字出版产品出口、期刊“走出去”、印刷服务出口、企业海外投资、海外销售渠道拓展等领域作出突出成绩而受到国家表彰。

三、加强图书版权贸易推动“走出去”的建议

如何加强新闻出版业的版权贸易工作，推动中国出版“走出去”？从宏观方面而言，当然与中国的综合国力和中华文化的国际影响力等因素密切相关。从微观方面而言，新闻出版界应该不断加强版权经理人队伍建设，建设版权贸易平台，整合国际营销渠道，提升企业自身的国际营销能力和国际竞争力，推动数字出版产品“走出去”，使“走出去”呈现多形式、多样化，让中国文化通过各种渠道和形式“走出去”，让世界进一步了解中国。

（一）加强版权经理人队伍建设

版权经理人应该具备“三个意识”、“三个素质”和“五种能力”。“三个意识”即立足本单位发展和国家、社会发展战略的大局意识、市场经营意识和创新意识；“三个素质”即政治素质、外语素质和版权业务素质；“五种能力”即交际公关能力、谈判能力、策划能力、市场经营能力、市场营销能力。国家应该设立版权经理人执业资格准入制度，成立相关行业协会，建立行业规范，以提高版权经理人的整体素质。

（二）建设版权贸易平台

目前全国各地有很多版权贸易基地（平台），在版权交易方面作了大量探索，但是作为平台（基地）的作用尚待开发，交易能力尚待提升。这类平台大多缺乏版权资源，工作范围主要集中在版权登记、合同备案、举办展会、提供咨询、协助维权等领域，个别基地开展了版权质押融资业务。版权贸易基地（平台）应该集中全国图书等版权资源，聚集出版社、行业协会、著作权集体管理组织、职业版权经理人、律师等资源，为权利人搭建展示信息、增进了解、作品登记备案、数字版权登记、现场和网上交易乃至结算和后续服务的平台。版权贸易平台（基地）应该真正为版权作品提供方和产业界提供专业服务，在版权作品的推广和市场化运作，满足产业界需求，推动行业发展，保护著作权人合法权益，整合和提供版权公共服务和社会服务资源，打造完整、健康产业链方面发挥重要作用。

（三）整合国际营销资源，提升国际营销能力

政府应该在帮助权利人、宣传新闻出版企业、推动版权资源的国际营销等方面提供切实的服务。出版单位应该更多地主动寻求政府和有关部门的支持与协助，通过驻外使领馆、孔子学院、中国文化中心、海外汉学家、驻外记者等资源，加强与海外出版、传播企业的合作，发挥海外营销渠道的优势，实现合作共赢。

（四）加大推动数字出版产品“走出去”的力度，向数字出版要效益

数字出版在国内处于虚火状态，作家、出版社、文化公司等版权内容提供者普遍对产业界存在不信任感，信任危机严重。中国的出版社、作家拥有丰富的文化版权资源，但是中国企业进入国际市场往往因不熟悉所在国的法律法规和市场规则，显得缺乏应有的、最起码的诚信意识。因此，我们应面向海外，利用亚马逊等大型国际电子商务交易平台，向海外销售、推广中国的版权资源，比如中文电子书、数据库等，利用海外成熟、诚信的销售结算平台，向数字版权要效益。如中国文字著作权协会和亚马逊网站已经开展合作，文著协每个月会将加工成电子文档的会员作品授权亚马逊在全球销售。同时积极与有关机构建设“中国电子书海外推广平台”，吸引中小出版社和广大作者加入，向海外推广中文电子书（版权）。

（作者单位：中国文字著作权协会）

典型案件选编

DIAN XING AN JIAN XUAN BIAN

2011年中国著作权司法保护典型案件

一、环球唱片有限公司、华纳唱片有限公司、索尼音乐娱乐香港有限公司诉北京百度网讯科技有限公司侵犯录音制作者权纠纷上诉案［北京市高级人民法院（2010）高民终字第1694号、1700号、1699号民事调解书、北京市第一中级人民法院（2008）一中民初字第5043号民事判决］

【案情摘要】 环球唱片有限公司（以下简称环球公司）、华纳唱片有限公司（以下简称华纳公司）、索尼音乐娱乐香港有限公司（以下简称索尼公司）发现其享有录音制作者权的128首歌曲在北京百度网讯科技有限公司（以下简称百度公司）的百度网站MP3栏目中通过搜索框、榜单等模式提供了链接以及相应的在线试听和下载服务。环球公司、华纳公司、索尼公司认为百度公司的上述行为侵犯了其对上述歌曲录音制品享有的信息网络传播权，请求法院判决赔偿其经济损失和合理费用共计人民币6 350万元。

【判决结果】 一审法院认为，百度公司是根据网络用户的指令进行搜索、建立临时链接，基于这种服务的技术所含有的自动和被动等性质，即使百度公司施予与其能力相当的注意，也难以知道其所提供服务涉及的信息是否侵权。因此，百度公司设置搜索框供网络用户输入关键词搜索歌曲的行为以及设置榜单等模式，均不能证明其明知或者应知所链接的录音制品侵权，故不构成对三大唱片公司信息网络传播权的侵犯，判决驳回三大唱片公司的诉讼请求。三大唱片公司不服，提起了上诉。二审审理中，合议庭在两次公开开庭审理、准确查明案情的基础上，在中国互联网协会调解中心的协助下，经过多次调解，最终使双方在2011年7月18日达成和解协议。该和解协议确认双方共同致力于互联网音乐作品的运营模式创新及其著作权保护模式创新，就此展开全面合作，并就全面合作的具体方式及内容签订了合作协议和反盗版协议。百度公司与三大唱片公司另达成协议，百度公司支付版税，三大唱片公司将授权百度公司上传其全部完整歌曲目录及即将推出的新歌曲目录；网络用户可以直接从百度网站免费在线播放及下载相关歌曲。至此，百度公司与三大唱片公司多年的版权纷争得以妥善解决。

【典型意义】 随着网络技术和网络产业的飞速发展，在线试听和下载音乐作品已经成为人们欣赏音乐作品的主要途径，消费模式的变化必然带来音乐行业商业模式的改变。以百度MP3为代表的免费MP3搜索模式一直是权利人质疑的焦点，而搜索引擎服务商的责任确定也是司法实践中的难点问题。本案的成功调解，不仅使纠纷得以妥善处理，而且使权利人和作品的使用者达成长期合作，有效遏制了“网络盗版”的传播，从根本上维护了权利人的合法权益，激发了他们进行创作的积极性，同时又使网民得以欣赏到正版音乐作品，切实体现了权利人与社会公众利益的平衡，促进了文化产业和互联网产业商业模式的创新。本案所体现出的各方利益平衡正是法院在处理信息网络传播权案件时要重点关注的问题。

二、何吉诉杭州天蚕文化传播有限公司侵犯著作权纠纷上诉案［浙江省杭州市中级人民法院（2011）浙杭知终字第54号民事判决、杭州市西湖区人民法院（2010）杭西知初字第466号民事判决］

【案情摘要】 2009年初，原告何吉构思以女子发型来演绎西湖十景，绘画了造型的人物素描，并附有策划书、对模特的形体要求、头饰选择、搭配的服装的简要说明。西湖十景形象造型于2009年4月22日最终完成并在杭州市运河文化广场正式向公众亮相。此后，在杭州动漫节、西博会古琴音乐节现场公演，媒体进行了广泛报道。被告杭州天蚕文化传播有限公司系专业模特公司，在原告和朋友创作期间提供了部分模特，被告总经理旁观了大部分创作过程并作摄录。2010年10月12日，杭州电视台西湖明珠频道播出“第二届杭州美丽节之夜颁奖晚会”，其中被告以自己的名义推出了西湖十景形象秀。2010年12月7日，何吉向浙江省杭州市西湖区人民法院提起诉讼，称自己创作的西湖十景形象造型包括发型（含头饰）、服装、道具的整体造型，系立体的美术作品，被告剽窃、篡改、歪曲原告作品的行为侵犯了其署名权、修改权、保护作品完整权、复制权，构成了侵权，请求法院判令被告立即停止侵犯原告“西湖十景”形象秀美术作品著作权的行为，即停止发布、公开演示侵犯原告著作权的作品，并赔偿其经济损失，公开赔礼道歉，消除不良影响，承担本案的诉讼费用以及其他合理费用。

【判决结果】 一审法院认为，何吉主张权利的“西湖十景”形象造型属于立体美术作品，何吉享有相应权利。但是天蚕公司的形象造型与何吉有明显不同。判决驳回何吉的诉讼请求。何吉提起上诉，二审法院认为，何吉主张权利的西湖十景形象造型，主要以发型形式展示西湖十景，具有审美意义；何吉与叶先根在创造该造型时，以其对“西湖十景”具化为形象造型的思考，对发型、头饰等具体的搭配、布局等作出了个性化的选择和判断，由此形成的智力成果具有独创性。该造型已经以有形的表达方式呈现，而不再仅仅停留于创意阶段，可以通过拍照、摄录等有形形式进行复制，具有可复制性。因此，何吉与叶先根创作的西湖十景形象造型，属艺术领域内的智力成果，且具有独创性、可复制性，构成《著作权法》意义上的作品，其作品类型为立体美术作品。但是，何吉提供的证据均为平面设计素描图和10幅从某一个角度拍摄的照片，不能清晰地反映立体作品各个面的具体细节、局部形态等特征，何吉应就此承担举证不能的不利法律后果。

关于天蚕公司是否侵权的问题，何吉主张权利的作品与被控作品能够对应的仅为四幅，即“断桥残雪”、“曲院风荷”、“雷峰夕照”和“柳浪闻莺”。就该四张照片来看，两者所呈现出的作品表达形式不同。另外，以“西湖十景”为表现主题，作品在表达时必然受到西湖十景所对应特定景物的限制，因此不能以天蚕公司的造型与何吉的造型共有某些特定元素即判断侵权成立。天蚕公司虽然在自己的造型中借鉴了何吉的构思和创意，但该种借鉴并非著作权法意义上的改编，因此不构成对何吉著作权的侵犯。综上，二审法院于2011年9月30日判决，驳回上诉，维持原判。

【典型意义】 本案涉及以女子发型、服饰等演绎“西湖十景”的形象造型是否属于著作权法上的立体美术作品问题，比较新颖。两级法院在认定该造型是否构成著作权法意义上的作品，以及如何判断对此类作品的侵权问题上都做了比较充分的论述，比如关于“西湖十景”所对应的特定景物对作品表达形式的限制等，具有借鉴意义。

三、广东原创动力文化传播有限公司诉陕西游久数码科技有限公司侵犯著作权纠纷案［陕西省西安市中级人民法院（2011）西民四初字第00336号民事判决］

【案情摘要】 2003年12月18日，罗应康创作完成了系列美术作品灰太狼、红太狼、喜羊羊、慢羊羊、懒羊羊、美羊羊、沸羊羊。2005年9月18日，谭淑君创作完成了美术作品暖羊羊。之后，广东原创动力文化传播有限公司（以下简称原创动力公司）通过受让方式取得了上述美术作品的相关著作权，并将灰太狼、红太狼、喜羊羊、慢羊羊、懒羊羊、美羊羊、沸羊羊、暖羊羊作为其摄制完成的动画片《喜羊羊与灰太狼》主角造型。动画片《喜羊羊与灰太狼》的著作权归属于原创动力公司。

原创动力公司发现陕西游久数码科技有限公司（以下简称游久公司）在其所有的互联网网站www.uuu9.com、www.dadupi.uuu.com使用了《喜羊羊与灰太狼》系列Flash游戏，遂申请浙江省杭州市西湖公证处对相关网页进行证据保全。公证书所附页面显示了游久公司在其所有的网页上使用了灰太狼、红太狼、喜羊羊、慢羊羊、美羊羊、沸羊羊等6幅美术作品。原创动力公司起诉，请求判令游久公司停止侵权，赔偿原创动力公司经济损失16万元及因诉讼产生的合理费用1万元。

【判决结果】 一审法院认为，争讼之动画片《喜羊羊与灰太狼》主角造型灰太狼、红太狼、喜羊羊、慢羊羊、美羊羊、沸羊羊系由罗应康创作完成的美术作品，罗应康应为争讼之美术作品的作者。之后，原创动力公司通过受让方式取得了上述美术作品的相关著作权，并将其作为动画片《喜羊羊与灰太狼》的主角造型，故原创动力公司的合法权利应受法律保护，原创动力公司作为本案原告，诉讼主体并无不当。游久公司未经原创动力公司许可，在其所有的互联网网站www.uuu9.com、www.dadupi.uuu.com使用了《喜羊羊与灰太狼》中灰太狼、红太狼、喜羊羊、慢羊羊、美羊羊、沸羊羊系列美术作品，此行为不属于中国法律所规定的合理使用行为或法定许可行为，故游久公司的行为已经构成对原创动力公司依法享有的信息网络传播权的侵害。原创动力公司诉称游久公司还使用了其懒羊羊、暖羊羊两幅美术作品，未能提供充分的证据，依法不予支持。

游久公司辩称，其作为向网络用户提供游戏资讯和交流沟通服务的游戏资讯门户网站，业务项目不包括游戏及相关软件的销售和运营，Flash小游戏并非其网站上的内容，而是向网络用户推荐的热门游戏，游久公司只是向网络用户推荐了网络地址链接，并未存储游戏，不属于使用作品的行为，不构成侵权。但游久公司是将争讼之美术作品置于向公众开放的网络中，使公众可以以浏览或者其他方式在线获得，属于提供作品的行为；此外，本案涉及的卡通形象角色在相关公众中具有一定的知名度；加之游久公司的网站没有对应的域名或者网站名称等信息显示其内容来源于第三方网站，故游久公司作为争讼之作品的网络服务提供者，所辩称其不构成侵权的理由，事实依据不足，依法不予支持。

鉴于游久公司侵权获利、原创动力公司因侵权受损的数额均难以确定，一审法院考虑到争讼之美术作品的类型、作品流行程度、游久公司的主观过错程度、侵权方式、侵权情节、造成的后果等因素，酌情确定，包括合理的调查费用及律师费用在内的赔偿数额为20 000元。一审法院于2011年10月24日判决后，双方当事人均未上诉。

【典型意义】 网络的普及带来了大量的涉及信息网络传播权的纠纷，诉讼中作为被告的网络服务提供者往往从原告不享有权利、其并非是作品的提供者、没有过错不应承担侵权责任等各个方面进行抗辩，本案在关于涉案作品的认定、原告的权利和诉讼主体资格以及被告是否为提供作品的行为方等方面均进行了论述。

四、南京因泰莱电器股份有限公司诉西安远征科技有限公司、西安远征智能软件有限公司等侵犯计算机软件著作权纠纷案［江苏省高级人民法院（2008）苏民三终字第79号民事判决、江苏省南京市中级人民法院（2005）宁民三初字第420号民事判决］

【案情摘要】 南京因泰莱电器股份有限公司（以下简称因泰莱公司）独立研发了PA100系列综合数字继电器嵌入式软件V3.4和PA200系列综合数字继电器嵌入式软件V3.1。其中PA100系列综合数字继电器经江苏省机械工业厅和江苏省电力工业局联合鉴定验收后，于1999年11月17日获得《新产品鉴定验收证书》。V3.4软件和V3.1软件于2002年10月15日获得江苏省信息产业厅颁发的《软件产品登记证书》。2001年8月30日，因泰莱公司与西安远征科技有限公司（以下简称远征科技公司）签订《技术合作协议》，约定因泰莱公司向远征科技公司提供具有自主知识产权的变配电系统综合自动化集成技术，以OEM方式提供因泰莱公司的系列产品（包括PA100和PA200系列综合数字继电器），并提供免费技术培训。该协议履行至2003年9月。2005年10月18日，因泰莱公司公证购买了远征科技公司和西安远征智能软件有限公司（以下简称远征软件公司）开发生产的YZ100-SB和YZ300-CX型系列综合微机保护装置各一台。因泰莱公司以其所公证购买的远征科技公司和远征软件公司生产的产品中所嵌入的软件系因泰莱公司V3.4和V3.1软件的复制品，因此远征科技公司和远征软件公司侵犯了因泰莱公司的计算机软件著作权为由诉至法院，请求判令远征科技公司和远征软件公司停止侵权、消除影响、公开赔礼道歉并赔偿损失。

【判决结果】 一审法院委托江苏省技术市场技术鉴定服务中心对被控侵权产品中的嵌入软件和因泰莱公司相关产品中的嵌入软件进行了鉴定比对。鉴定结论认为，被控侵权产品YZ100-SB中的软件与因泰莱公司PA100产品中的软件、被控侵权产品YZ300-CX中的软件与因泰莱公司PA200产品中的软件构成实质性相同。此外，相关产品说明书也有相同之处。

一审法院认为，尽管因泰莱未能提供进行软件产品登记时的软件源程序，但因泰莱公司研发相关数字继电器产品的时间早于远征科技公司，且其提供的其他证据和产品芯片能够相互印证，而远征科技公司和远征软件公司没有提供其自行研发或足以推翻因泰莱公司主张的相关证据，因此应当认定因泰莱公司系涉案软件的著作权人。又因被控侵权产品软件与因泰莱公司软件构成实质性相同，且远征科技公司有接触到相关软件程序的条件，可以认定远征软件公司、远征科技公司等侵犯了因泰莱公司的软件著作权。判决远征软件公司和远征科技公司等停止侵权并赔偿因泰莱公司经济损失和为诉讼支出的合理费用共计25万元。

因泰莱公司、远征科技公司、远征软件公司均不服一审判决，向江苏省高级人民法院提起上诉。因泰莱公司上诉认为一审判决的赔偿额过低，请求提高赔偿额。远征科技公司和远征软件公司则认为因泰莱公司未能证明其享有著作权的软件与提交鉴定的软件具有一致性，其享有涉案软件著作权的主张缺乏证据支持；一审技术鉴定存在严重的程序和实体错误，其鉴定结论不能作为本案证据使用；且一审法院认定事实不清，故请求驳回因泰莱公司的全部诉讼请求。

二审期间，二审法院又委托各方当事人共同指定的江苏省科技咨询中心进行鉴定。经过将因泰莱公司在版权中心登记的软件源程序和在本案审理过程中提交的完整电子版源程序进行比对，认为二者构成实质性相同；又对上述电子版源程序与涉案产品实物中芯片内的代码进行了比对，认为二者亦构成实质性相同。进而得出因泰莱公司在版权中心登记的软件与其产品芯片中的软件构成实质性相同的二审鉴定结论。

二审法院认为，二审鉴定机构的鉴定结论符合法律规定，应予采信。首先，鉴于中国现行的软件登记制度要求著作权人在登记时仅需登记部分源程序，因泰莱公司在穷尽其举证能力的情形下，也只能提供该部分具有法定公示效力的软件源程序。因此，只能就该登记部分的源程序与因泰莱公司提供电子版源程序的相对应部分进行比对，以确定两者是否一致。根据现有鉴定材料的实际状况，将因泰莱公司在版权中心登记的部分源程序与其提供的完整电子版源程序进行比对，以确定两者是否一致，该鉴定方法并无不当。其次，由于从涉案产品芯片中只能读出二进制代码，其与用C语言编写的电子版源程序分属软件的不同表达方式，无法进行直接对比。鉴于目前尚不具备将二进制代码翻译成C语言源程序的技术条件，而且若将二进制代码和C语言源程序均翻译成汇编语言再做比对，将涉及编译工具、参数配置、优化策略等多方面因素，可能产生多个翻译结果，比对结论不具有稳定性，故二审鉴定机构选用将C语言源程序编译成二进制代码后与芯片中的二进制代码进行比对的方法，并无不当。一方面，该类型翻译的技术条件已较为成熟；另一方面，一般情况下，二进制代码实质性相同即可认定源程序实质性相同。

鉴于通过二审鉴定已经确认了一审鉴定方法的科学性，可以确认远征科技公司、远征软件公司被控侵权软件与因泰莱公司涉案软件构成实质性相同。远征科技公司、远征软件公司构成对因泰莱公司涉案软件著作权的侵犯，应当承担相应责任。二审法院于2011年6月17日判决，驳回上诉，维持原判。

【典型意义】 侵犯计算机软件著作权纠纷案件的审理难点和重点在于如何准确进行软件的比对，鉴定结论是否科学直接影响到判决结果。法院在审理本案的过程中，适用了“接触加实质性相似”的基本原则，并确定了计算机嵌入式软件侵权案件审理的思路，即：当原、被告源程序采用不同语言编写导致无法直接比对时，同一源程序采用不同的编译工具可能生成不同形式的目标代码，但是不同的源程序不可能生成相同的目标代码，也就是说，目标代码不同不能简单认为源程序不同，但目标代码相同即应认定源程序相同。如经对比，双方软件目标代码完全相同，应当认定双方软件构成相同；或者目标代码实质性相同且有其他证据予以佐证时，应当认定双方软件构成实质性相同。对于被告提出的权属问题，法院采取了通过将原告在版权中心登记的源程序与原告诉讼中提供的软件程序进行比对，以此确定原告是否具有著作权的审理思路。该案对涉及嵌入式软件侵权案件的审理，具有一定的指导意义。

五、庄则栋、佐佐木墩子诉上海隐志网络科技有限公司侵害信息网络传播权纠纷案［上海市第一中级人民法院（2011）沪一中民五（知）终字第33号民事判决、上海市卢湾区人民法院（2010）卢民三（知）初字第193号民事判决］

【案情摘要】 庄则栋、佐佐木墩子为《邓小平批准我们结婚》一书的作者，上海隐志网络科技有限公司（以下简称隐志公司）为VeryCD网站的经营者，该网站提供的是基于P2P技术的互联网资源分享平台。2010年3月，庄则栋、佐佐木墩子发现隐志公司网站上有《邓小平批准我们结婚》一书的有声读物，该有声读物发布者的用户名为“nobodyvssomebody”，认为隐志公司在未经授权的情况下，在所经营的网站上传播该有声读物，侵犯了其著作权，故将隐志公司诉至法院，请求判令隐志公司停止侵权并赔偿经济损失人民币53万元。

【判决结果】 一审法院认为，有声读物不同于影视作品，一般爱好者也可将其自行制作的有声读物的链接资源上传至互联网供网络用户分享，因此不能推断出隐志公司明知或应知涉案作品未经权利人授权而仍然提供链接。同时，鉴于隐志公司收到起诉状后采取技术措施对关键字进行屏蔽，已履行了作为网络服务商的责任，故判决驳回庄则栋、佐佐木墩子的诉讼请求。

庄则栋、佐佐木墩子不服一审判决，提起上诉。

二审法院另查明，网络用户nobodyvssomebody自2005年10月17日以来在VeryCD网上发布的资源有88个，其中精华资源82个，并且曾因发布《黑道》一书的广播剧引发相关的著作权诉讼。

二审法院认为，隐志公司知晓网络用户nobodyvssomebody曾经涉嫌侵犯他人著作权，同时该用户在VeryCD网上发布了大量的资源，且多涉及名家著作，普通的网络用户也能意识到这些资源存在着重大的侵权嫌疑，隐志公司作为专业的网络服务提供商，却疏于履行相应的注意义务，对网络用户nobodyvssomebody在其网站上发布涉案作品，侵害原告享有的该作品的信息网络传播权具有主观过错，应当承担共同侵权责任。二审法院于2011年7月21日作出判决，撤销一审判决，改判隐志公司停止侵权并支付庄则栋、佐佐木墩子经济损失及合理开支人民币55 000元。

【典型意义】 P2P技术的出现改变了由"服务器端到客户端"的传统的网络信息传播模式。当使用P2P技术的网络用户非法传播侵权作品时，不能简单地确认提供P2P技术的网络服务商也需要承担侵权责任。P2P网络服务商是否应承担共同侵权责任的关键在于其对网络用户的直接侵权行为是否明知或应知。本案二审法院改判隐志公司应与网络用户共同承担侵权责任，是因隐志公司知晓网络用户曾经涉嫌侵犯他人著作权，同时该网络用户在隐志公司VeryCD网上发布的大量资源多涉及名家著作，隐志公司作为专业的网络服务提供商，应当知道该网络用户侵权，却疏于履行相应的注意义务，主观上具有过错。

六、山西临龙泵业有限公司诉山西金玉泵业有限公司侵犯著作权纠纷案［山西省高级人民法院(2011)晋民终字第70号民事判决、山西省晋中市中级人民法院(2010)晋中中法民初字第56号民事判决］

【案情摘要】 2009年11月27日，山西临龙泵业有限公司（以下简称临龙泵业）向山西金玉泵业有限公司（以下简称金玉泵业）购买了一台型号为50NPL25-8的泥砂泵。临龙泵业认为，金玉泵业随该泵提供的"离心式液下泥砂泵说明书"除单位名称不同外，其他部分与临龙泵业生产销售泵产品所附的产品说明书均完全一致，构成对其产品说明书著作权的侵犯，请求判令金玉泵业停止侵权，消除不良影响，赔偿经济损失20万元，并承担合理支出费用3万元。

【判决结果】 一审法院认为，临龙泵业产品说明书中的照片系由其自行拍摄的厂房和其他工作场景；其中的文字部分，亦属于临龙泵业的智力创作成果，因此，该产品说明书属于著作权法意义上的作品。因金玉泵业产品说明书中的照片和文字部分的主要内容与临龙泵业产品说明书完全一致，应当认定金玉泵业侵犯了临龙泵业的著作权。故判令金玉泵业立即停止使用临龙泵业的产品说明书，赔偿临龙泵业经济损失10万元，并支付其合理支出等费用3万元。

金玉泵业不服一审判决，向山西省高级人民法院提起上诉。二审法院认为，临龙泵业产品说明书在封面设计中，对专利号、执行企业标准、注册商标、标志性宣传图片、企业名称、字体等相关素材进行了具有特色的排列组合，具有独创性；产品说明书在封面、封底使用的照片均由其自行拍摄，照片拍摄的选材和角度都体现了其构思，具有独创性；产品说明书的图示部分，尤其是性能曲线技术参数示意图具有产品实验的唯一性，因而具有独创性；产品说明书的文字部分，在产品介绍角度的选择、文字语言的运用、结构和叙述层次的安排等方面亦具有独创性。涉案的两份说明书具有高度近似性，金玉泵业的产品说明书并没有体现出其区别于临龙泵业产品说明书的独创性，故应认定金玉泵业构成对临龙泵业著作权的侵犯。二审法院于2011年5月26日判决，驳回上诉，维持原判。

【典型意义】 产品说明书是否应受著作权法保护，不能一概而论。按照国际标准或行业标准对产品的性能所作的一般性描述，不具有著作权法意义上的独创性及作品属性，不受著作权法保护。但本案临龙泵业制作的产品说明书，在文字、图示、照片、结构及相关素材的排列组合等方面，体现了该企业为宣传产品自身特性所赋予的独创性构思，产品说明书的表现形式具有独创性，属于著作权法中的作品，应受到著作权法的保护。

七、国家体育场有限责任公司诉熊猫烟花集团股份有限公司、浏阳市熊猫烟花有限公司、北京市熊猫烟花有限公司侵犯著作权纠纷案［北京市第一中级人民法院(2009)一中民初字第4476号民事判决］

【案情摘要】 北京2008年奥林匹克运动会主会场国家体育场（又称"鸟巢"）于2008年6月27日竣工验收，国家体育场有限责任公司（以下简称国家体育场公司）主张，根据其与设计单位签订的《国家体育场设计服务合同书》的内容，国家体育场公司对作为建筑作品的国家体育场享有著作权。此外，国家体育场公司还是《国家体育场夜景图》图形作品和《国家体育场模型》模型作品的著作权人。2008年12月，国家体育场公司发现，市场上开始出现由熊猫烟花集团股份有限公司（以下简称熊猫集团公司）监制、浏阳市熊猫烟花有限公司（以下简称浏阳熊猫公司）生产、北京市熊猫烟花有限公司（以下简称北京熊猫公司）销售的"盛放鸟巢"烟花产品。国家体育场公司认为，上述烟花产品模仿了"鸟巢"的独特艺术特征，剽窃了原告的创作智慧，构成对国家体育场公司依法享有的著作权的侵犯，故起诉至法院，请求判令熊猫公司、浏阳熊猫公司、北京熊猫公司立即停止侵权行为，向国家体育场公司赔礼道歉、赔偿损失。

【判决结果】 一审法院认为，从形式上看，国家体育场属于《著作权法实施条例》所指的建筑物，与此同时，其所采用的钢桁架交织围绕碗状建筑外观形象，空间结构科学简洁，建筑和结构完整统一，设计新颖，结构独特，具备了《著作权法实施条例》所要求的独立于该建筑物实用功能之外的艺术美感，体现出相当水准的独创性，因此，可以认定国家体育场属于《著作权法实施条例》所指称的建筑作品。国家体育场公司作为设计委托方，已经依据相关合同取得了涉案建筑作品的著作财产权，其对国家体育场这一建筑作品所享有的相关权利应依法得到保护。“盛放鸟巢”烟花产品外形呈椭圆形，中部镂空，且在整体造型、长宽比例、钢架结构、色调线条搭配、火炬等方面采用了与国家体育场外观相同或者近似的设计，较为全面地体现出国家体育场建筑作品所采用的钢桁架交织围绕碗状结构的独创性特征，系对国家体育场建筑作品独创性智力成果的再现，与国家体育场构成实质性相似，构成了对国家体育场建筑作品的高度模仿。而“盛放鸟巢”烟花产品的制造和销售，已构成对国家体育场建筑作品的复制和发行。综上所述，国家体育场公司享有的国家体育场建筑作品的财产权益依法应予保护。熊猫集团公司和浏阳熊猫公司制造、销售“盛放鸟巢”烟花产品的行为，构成对国家体育场建筑作品著作权的侵犯，应承担停止侵害、赔偿损失的民事责任；北京熊猫公司销售“盛放鸟巢”烟花产品的行为，亦构成对国家体育场建筑作品著作权的侵犯，应当承担停止侵权的法律责任。据此，一审法院于2011年6月30日判令熊猫集团公司、浏阳熊猫公司停止制造、销售“盛放鸟巢”烟花产品；北京熊猫公司停止销售“盛放鸟巢”烟花产品；熊猫烟花公司、浏阳熊猫公司共同赔偿国家体育场公司经济损失10万元；熊猫集团公司、浏阳熊猫公司共同赔偿国家体育场公司合理支出2 497.9元。一审宣判后，各方当事人均未上诉。

【典型意义】 该案请求保护的作品为2008年奥运会的主会场“鸟巢”，纠纷发生伊始就引发了社会各界的广泛关注。本案中如何确定建筑作品的保护范围，是需要认真探讨的法律问题。对于建筑作品受到法律保护的条件，法院判决明确指出，建筑物或者构筑物能够作为作品受到保护，是因为它们具有独立于其实用功能的艺术美感，反映了建筑设计师独特的建筑美学观点与创造力。在没有合理使用等合法依据的情况下，未经建筑作品著作权人许可，以剽窃、复制、发行等方式对建筑作品所体现出的艺术美感加以不当使用，系损害他人著作权人合法权益的行为，构成对建筑作品著作权的侵犯。

八、谈笑靖诉北京新华书店王府井书店、珠海出版社有限公司著作权权属、侵权纠纷案［北京市东城区人民法院（2011）东民初字第5321号民事判决］

【案情摘要】 原告谈笑靖主张其创作了诗歌《班扎古鲁白玛的沉默》，并于2007年5月15日发表在其个人博客上。2008年10月，《读者》第20期第7页刊登《见与不见》一文，与原告主张权利的作品仅一字之差且字义相近，其余文字及分节均一致，署名为仓央嘉措。2008年10月7日，原告向《读者》杂志发送电子邮件一封，告知上述文章署名错误，原告为该文作者，该文发表于原告博客。2010年8月，被告珠海出版社有限公司（以下简称珠海出版社）出版了《那一天那一月那一年》一书，该书副标题为“‘六世达赖喇嘛’——仓央嘉措的情与诗”，作者子非，该书第33页收录了前述《见与不见》一文。原告从北京新华书店王府井书店（简称王府井书店）购得涉案图书，并以珠海出版社侵犯其署名权、复制权和发行权，王府井书店侵犯其发行权为由，请求法院判令珠海出版社和王府井书店停止侵权行为，珠海出版社公开赔礼道歉并赔偿经济损失及诉讼合理支出5 000元。

【判决结果】 法院经审理认为，博客作品同样是创作者智力成果的反映，作者依法对其享有著作权。原告以其博客登录过程的公证及做出权利主张的邮件相互印证，足以证明涉案作品的创作和发表情况，在没有相反证据的情况下，可以认定原告对涉案作品依法享有著作权。由于仓央嘉措的出版物中该文作者争论较大，且有《读者》对该文署名在先，故该认知错误非被告珠海出版社自身所能避免。另外，涉案图书主要内容为仓央嘉措作品赏析及其生平介绍，对《见与不见》一文使用比例有限，且对其作者争议进行了声明。故认定珠海出版社侵权主观故意不大，尽到审查注意义务，仅需承担停止侵权的法律责任，王府井书店销售涉案图书，应承担停止销售的法律责任。据此，法院于2011年10月19日作出判决，判令珠海出版社停止出版、发行含有《见与不见》内容的图书，王府井书店停止销售含有《见与不见》内容的图书。

【典型意义】 网络传播信息的便利性及虚拟性，给作品的创作、使用、管理和保护带来了新的挑战。本案涉及的是博客这样一种新类型的作品载体的保护问题。相对于传统的创作载体，博客是一种借助网络技术实现的全新的作品创作形式和传播途径。只要网络作品符合《著作权法》关于作品独创性等的规定，其著作权利就应当得到认定和保护。该案不仅在理论层面彰显了保护知识产权权利人的原则，而且在实践层面探索了诸如技术咨询、实地勘验、电子实物证据相互印证等有效做法，突破了网络虚拟性及网络信息易修改等障碍，准确地认定事实，正确适用法律，切实维护了权利人合法权益，恰当平衡了社会利益。

九、李龙泉侵犯著作权罪案［北京市昌平区人民法院（2011）昌刑初字第390号刑事判决书］

【案情摘要】 2009年初至2011年6月，被告人李龙泉以营利为目的，未经著作权人华纳家庭娱乐公司、博伟家庭娱乐公司、二十世纪福克斯家庭娱乐国际公司的许可，以北京新天地娱动科技有限公司的名义擅自复制发行上述公司拥有著作权的《成长的烦恼》、《六人行》、《英雄》、《疯狂的主妇》（又名《绝望的主妇》）、《越狱》5种影视作品光盘，共计42 000余张。未经著作权人东映动画株式会社、吉卜力工作室控股有限公司、读卖电视台、株式会社PIERROCO. LTD的许可，擅自复制发行上述公司拥有著作权的《海贼王》、《宫崎骏》、《名侦探柯南》、《火影忍者》4种影视作品光盘，共计8 000余张。上述复制发行的9种影视作品，经国家版权局会同相关部门确认，均未经著作权人许可，系盗版影视作品。

【判决结果】 2011年6月23日，北京市昌平区人民法院作出判决，认为被告人李龙泉以营利为目的，未经著作权人许可，复制发行著作权人的影视作品，情节特别严重，其行为已构成侵犯著作权罪。鉴于李龙泉认罪态度较好，酌情予以从轻处罚，判决被告人李龙泉犯侵犯著作权罪，判处有期徒刑4年6个月，并处罚金人民币30 000元，在案扣押的光盘予以没收。

【典型意义】 本案是一起侵犯著作权案件。认定构成侵犯著作权犯罪需要三个要件：行为人以营利为目的、未经著作权人许可、实施复制发行他人享有著作权的作品。本案被告人李龙泉以北京新天地娱动科技有限公司的名义，委托厂家生产了9部影视作品的光盘共计50 000余张，明显不同于一般人下载或购买光盘供自己欣赏的情况，因此，可以认定李龙泉具有营利目的。

是否未经权利人许可，最直接的做法是向权利人取证，通过权利人一一认证来证明。但审判实践中的案件，尤其是盗版影视作品光盘的案件，往往存在权利人众多且分散于海外的特点，证据难以取得。本案的证据情况相对较好，涉案9部影视作品中有4部（《六人行》、《海贼王》、《名侦探柯南》、《越狱》）未在中国正式出版发行，即权利人未在中国国内发行，亦未授权他人在中国国内发行，因此李龙泉对这4部作品没有取得授权。其余5部的权利人虽授权中国有关公司发行，但均非北京新天地娱动科技有限公司，且授权发行的国内公司也未转授权北京新天地娱动科技有限公司发行，因此，李龙泉对这5部作品也没有取得授权。此外，李龙泉亦供认其复制发行9种影视作品均未经作品著作权人许可。因此，本案是符合未经著作权人许可这一要件的。

对于无法一一查明涉案影视作品权利人的案件，如何认定“未经著作权人许可”，是困扰审判实践多年的难题。2011年1月公布实施的《最高人民法院、最高人民检察院、公安部关于办理侵犯知识产权刑事案件适用法律若干问题的意见》第十一条对这一问题进行了规定：认定“未经著作权人许可”，一般应当依据著作权人或者其授权的代理人、著作权集体管理组织、国家著作权行政管理部门指定的著作权认证机构出具的涉案作品版权认证文书，或者证明出版者、复制发行者伪造、涂改授权许可文件或者超出授权许可范围的证据，结合其他证据综合予以认定。在涉案作品种类众多且权利人分散的案件中，上述证据确实难以一一取得，但有证据证明涉案复制品系非法出版、复制发行的，且出版者、复制发行者不能提供获得著作权人许可的相关证明材料的，可以认定为“未经著作权人许可”。有证据证明权利人放弃权利、涉案作品的著作权不受中国著作权法保护，或者著作权保护期限已经届满的除外。

李龙泉复制发行9种侵权复制品，数量达50 000余张，侵犯著作权情节特别严重，依法应当判处3年以上7年以下有期徒刑，并处罚金。鉴于认罪悔罪态度较好，可以酌情从轻处罚。法院据此作出上述判决。

十、韩恒东、徐清华、沈思阳、武奇、苏喆、闫蕻、沈海侵犯著作权罪上诉案［辽宁省沈阳市中级人民法院（2011）沈刑二终字第510号刑事裁定书］

【案情摘要】 2009年5月至2011年3月23

日，被告人韩恒东先后伙同被告人徐清华、沈思阳、武奇、苏喆、闫蕻、沈海等人，未经《热血传奇》游戏著作权人许可，以营利为目的，自建火速网站发布广告，招揽《热血传奇》私服客户，为其架设《热血传奇》游戏私服，并进行维护，保障游戏正常运行，获取客户私服初装费、私服托管费及《热血传奇》游戏玩家买装备、元宝分成款等。其中，韩恒东、徐清华、沈思阳涉案金额 32 万余元，武奇涉案金额 18 万余元，苏喆、闫蕻涉案金额 16 万余元，沈海涉案金额 9 万余元。

【判决结果】 2011 年 7 月 18 日，沈阳市于洪区人民法院作出一审判决。认为 7 名被告人的行为均已构成侵犯著作权罪。韩恒东系主犯，徐清华、沈思阳、武奇、苏喆、闫蕻、沈海系从犯，依法应当从轻或减轻处罚。各被告人认罪态度较好，被告人韩恒东退还全部违法所得，可从轻处罚，依法判处：韩恒东有期徒刑 3 年，缓刑 4 年，并处罚金人民币 5 万元；沈思阳有期徒刑 2 年，缓刑 2 年，并处罚金人民币 2.5 万元；武奇有期徒刑 1 年，缓刑 1 年，并处罚金人民币 2 万元；苏喆有期徒刑 1 年，缓刑 1 年，并处罚金人民币 1.5 万元；闫蕻有期徒刑 1 年，缓刑 1 年，并处罚金人民币 1.5 万元；沈海有期徒刑 6 个月，缓刑 6 个月，并处罚金人民币 1 万元。宣判后，被告人沈思阳、武奇、苏喆不服，提出上诉，后撤回上诉，沈阳市中级人民法院裁定准许撤回上诉。

【典型意义】 网络游戏本身是计算机程序，属于《著作权法》中的计算机软件作品，受著作权法和刑法的保护。网络游戏一般由著作权人授权的运营商垄断经营。未经网络游戏制作者或其授权的运营商的许可，私自安装网络游戏运行所必需的游戏服务器端程序，或通过网络向游戏玩家提供客户端程序，运营他人享有著作权的网络游戏的行为就是通常所说的“私服”。设立“私服”属于复制并通过网络发行他人计算机软件的行为，是一种侵犯著作权的行为。本案各被告人为牟取不法利益，帮助他人架设私服，并收取私服初装费、私服托管费，以及游戏玩家买装备、元宝分成款等，具有营利目的。被告人韩恒东、徐清华、沈思阳非法经营数额达人民币 32 万余元，被告人武奇涉案金额 18 万余元，被告人苏喆、闫蕻涉案金额 16 万余元，被告人沈海涉案金额 9 万余元，均达到了《最高人民法院、最高人民检察院关于办理侵犯知识产权刑事案件具体应用法律若干问题的解释》第五条的规定，应当以侵犯著作权罪追究各被告人的刑事责任。其中韩恒东、徐清华、沈思阳属于侵犯著作权“有其他特别严重情节”，应判处 3 年以上 7 年以下有期徒刑，并处罚金；武奇、苏喆、闫蕻、沈海属于侵犯著作权“有其他严重情节”，应判处 3 年以下有期徒刑或者拘役，并处或者单处罚金。

一审法院根据各被告人在共同犯罪中的地位和作用，对从犯依法予以从轻或减轻处罚。鉴于各被告人认罪态度较好，被告人韩恒东积极退还全部违法所得并缴纳罚金，其他几名被告均受雇于韩恒东，从教育、挽救的角度出发，对各被告人判处了缓刑，体现了宽严相济的刑事政策和惩治与教育相结合的原则，也给各名初入社会的年轻人改过自新的机会。

十一、张乐、黄谦、梁文宇侵犯著作权罪案

［上海市浦东新区人民法院（2011）浦刑初字第 3240 号刑事判决书］

【案情摘要】 《冒险岛》（MAPLE STORY）网络游戏版权所有人为韩国 NEXON 公司，2004 年由中国国内企业取得 NEXON 公司许可，并经中华人民共和国文化部、新闻出版总署批准运营和网络出版。

2007 年起，被告人张乐伙同被告人黄谦针对《冒险岛》网络游戏研究制作“外挂”程序。2010 年 2 月起，由黄谦专门负责制作“外挂”的功能模块，由张乐编写“外挂”主程序，进行模块整合、功能细化，取名为“CS 辅助”。张乐还与被告人梁文宇通谋，由张乐提供“外挂”，梁文宇担任销售总代理，负责“外挂”销售。被告人张乐收取被告人梁文宇涉案“外挂”款 141.21 万元，被告人黄谦获取张乐通过银行转账的款项 19.9 万元；被告人梁文宇对外销售涉案“外挂”，收取货款 156.58 万元。经鉴定，涉案的“CS 辅助”通过内存挂钩方式入侵《冒险岛》网络游戏客户端程序，获得对该程序内存地址、数据修改的控制权，调用、复制了《冒险岛》124 项客户端软件功能数据的数据命名、数据结构、运行方式，通过改变数据的数值、参数，加强应用功能。

【判决结果】 2011 年 5 月 5 日，上海市浦东新区人民法院作出判决，认为被告人张乐与黄谦未经权利人许可，共同研发、制作《冒险岛》网络游戏软件的“外挂”程序，是共同复制网络游戏软件客户端程序的行为。张乐又与被告人梁文宇合谋分工，由张乐提供“外挂”，梁文宇作为销售总代理复制销售。其相互明知，分工明确，符合共犯的特点。三被告人以营利为目的，未经著作权人许可，共同复

制发行《冒险岛》网络游戏软件客户端程序，且非法经营数额巨大，情节特别严重，依法构成侵犯著作权罪，判处被告人张乐有期徒刑5年，并处罚金人民币130万元；判处被告人黄谦有期徒刑4年，并处罚金人民币70万元；判处被告人梁文宇有期徒刑3年6个月，并处罚金人民币60万元。

【典型意义】 “外挂”又被称为游戏辅助程序，是指通过破解游戏软件的技术保护措施，对游戏软件进行反向操作后找出该游戏程序的技术漏洞，从而能够在用户端改变游戏程序操作的一种独立的外接（挂）程序。其利用服务器判别数据的缺陷，自行或者让游戏客户端发送不正常的数据包给服务器，该数据包经服务器解释后可能使用户状态发生与游戏开发商定义的状态不同的变化。用户利用“外挂”程序可以轻易得到其他正常用户无法得到的，或者通过长期在线手动运行才能够得到的游戏效果。对于网络游戏开发商或授权运营商自行或授权开发的“外挂”不属于本案讨论的范围。

关于制售“外挂”行为的定性，一直以来存在较大争议，主要有以下观点：1. 侵犯著作权罪。持此种观点者认为，首先，研发网络游戏“外挂”程序须以网络游戏原有程序为基础，存在着复制网络游戏数据的客观事实，制作“外挂”程序包含了对网络游戏程序本身的复制行为；其次，“外挂”程序未经著作权人许可，破译和擅自使用了网络游戏的通信协议，截取并修改了游戏发送到游戏服务器的数据和客户端内存中的数据，以达到增强客户端各种功能的目的，该行为体现了侵犯著作权的特性。反对此观点者认为，刑法对著作权的保护限于复制发行权。“复制”要求复制品与原作品至少在核心内容上必须相同。“外挂”本质上是一种新开发的计算机程序，制售“外挂”所侵犯的不是复制发行权，因此不构成侵犯著作权罪。2. 非法经营罪。持此观点者认为，制作、销售网络游戏“外挂”程序的行为属于违反国家规定，出版、印刷、复制、发行严重危害社会秩序和扰乱市场秩序的非法出版物情节严重的行为，应以非法经营罪处罚。反对者认为，网络游戏“外挂”程序属于一种非法出版物，但不同于淫秽出版物等内容上有问题的出版物，且制售“外挂”的行为主要影响的是网络游戏经营者的利益，尚未对社会秩序和市场秩序造成严重危害，不适宜用非法经营罪处罚。3. 破坏计算机信息系统罪。持此观点者认为，“外挂”程序通过破坏网络游戏的技术保护措施，进入游戏服务器系统，干扰了游戏系统的正常运行，构成破坏计算机信息系统罪。反对此种观点者认为，“外挂”只是破坏了网络游戏的技术保护措施，尚未达到控制计算机信息系统的程度，中国刑法只将非法控制计算机信息系统的行为规定为犯罪（第二百八十五条第二款），对于扰计算机信息系统功能的，必须造成计算机信息系统不能正常运行，才构成犯罪（第二百八十六条第一款）。使用网络游戏“外挂”程序，尚不足以造成网络游戏系统自身不能正常运行，故不宜认定为破坏计算机信息系统罪。

不能否认，制售游戏“外挂”本质上是一种侵犯著作权的行为。“外挂”程序改变了网络游戏程序的部分数值、参数，使游戏在“外挂”程序的影响下，改变运行方式，侵犯了权利人对作品的修改权。同时也侵犯了权利人的保护作品完整权，即保护作品不受歪曲、篡改的权利。“外挂”程序大量复制了游戏程序客户端数据，侵犯了权利人对作品的复制权等。传统侵犯著作权案件中，复制品与正版作品具有较高程度的相似性，否则不宜认定为侵犯著作权罪，而“外挂”与网络游戏程序之间并不能达到较高程度的相似性。但“外挂”并不能独自运行，而是需要依附游戏程序运行，制作“外挂”程序过程中复制的游戏程序客户端数据是制作“外挂”的基础，使“外挂”程序与游戏程序发生联系，并在运行的过程中依附游戏程序，使游戏软件权利人在一定程度上失去对游戏程序的控制，并影响了其获取经济收益的权利。从侵犯著作权的行为方式来看，“外挂”在制作过程中复制的程度与传统盗版图书、计算机软件、录音录像作品的确存在一定的差别，但在对著作权的侵犯上并无本质差别。综上，法院对各被告人作出上述判决。

十二、王学海等侵犯著作权罪案［湖南省长沙市雨花区人民法院（2011）雨刑初字第546号刑事判决书］

【案情摘要】 被告人王学海于2007年8月3日因参与梁云（已判刑）等人制作、销售盗版图书一案被作不起诉处理后，于2008年年底至2011年1月间纠集被告人余艳平（王学海之妻）以营利为目的，未经著作权人许可，复制并发行《儿科学》、《妇产科学》等160余种图书。王学海还先后纠集被告人陈细龙、何新兵、余云长为其制作、销售盗版图书提供协助。所印制的图书按码洋的3折或3.5折销售。2010年4月至案发，王学海、余艳平累计销售盗版图书222 288册，非法经营数额10余万元。此外，在其租用的仓库当场查获盗版图书共计166

种、455 352 册（码洋达 1 300 余万元，非法经营数额为 400 余万元），图书胶片 163 种，图书半成品 3 700 册。经鉴定，上述查获的图书均属盗版非法出版物。

2010 年初，被告人文献铭、单绪春为牟取非法利益，明知王学海要求印刷盗版图书仍然多次帮其印刷，其中文献铭印制《儿科学》、《妇产科学》等盗版图书 6 万余册，收取印刷费 3 万余元。单绪春印制《皮肤性病学》、《美育》等盗版图书 27 000 册，收取印刷费 68 000 余元。

经查，被告人王学海违法所得 50 余万元，被告人陈细龙违法所得 25 000 元，被告人何新兵违法所得 15 000 余元，被告人余云长未取得违法所得。案发后，被告人陈细龙主动向公安机关投案，如实供述自己的犯罪事实，并退缴了全部违法所得。

【判决结果】 2011 年 12 月 19 日，湖南省长沙市雨花区人民法院作出判决，认为被告人王学海、余艳平、余云长、何新兵、陈细龙、文献铭、单绪春以营利为目的，未经著作权人许可，复制、发行其文字作品及出版他人享有专有出版权的图书，情节特别严重，其行为均已构成侵犯著作权罪，应予处罚。在共同犯罪中，被告人王学海起主要作用，是主犯；被告人余艳平、余云长、何新兵、陈细龙、文献铭、单绪春起次要作用，均系从犯，应当减轻处罚。被告人陈细龙系自首，案发后退缴了全部违法所得，依法减轻处罚并适用缓刑。依法判处被告人王学海有期徒刑 4 年 6 个月，并处罚金人民币 60 万元；被告人余艳平有期徒刑 2 年，并处罚金人民币 20 万元；被告人余云长有期徒刑 1 年 3 个月，并处罚金人民币 10 万元；被告人何新兵有期徒刑 1 年，并处罚金人民币 10 万元；被告人陈细龙有期徒刑 1 年，缓刑 2 年，并处罚金人民币 8 万元；被告人文献铭有期徒刑 10 个月，并处罚金人民币 7 万元；被告人单绪春有期徒刑 9 个月，并处罚金人民币 7 万元；没收被告人陈细龙违法所得人民币 2.5 万元，追缴被告人王学海、余艳平、何新兵、文献铭、单绪春违法所得，上缴国库；被查获的盗版图书予以没收。

【典型意义】 本案是一起以印制盗版图书销售牟利的侵犯著作权案件，被告人既有复制行为，又有发行行为。尽管案发时有大量盗版图书未销售出去，但根据《最高人民法院、最高人民检察院关于办理侵犯知识产权刑事案件具体应用法律若干问题的解释（二）》第二条的规定，《刑法》第二百一十七条侵犯著作权罪中的“复制发行”，包括复制、发行或者既复制又发行的行为。对于既复制又发行的侵犯著作权行为，复制行为一经完成，即构成对著作权的侵犯，即使侵权复制品尚未销售也不应以未遂论处。

本案被告人文献铭、单绪春明知王学海要求印刷的为盗版图书，为牟取非法利益仍然多次为其提供印刷服务，余艳平、陈细龙、何新兵、余云长等明知王学海从事非法复制发行盗版图书活动而为其提供仓储、运输、销售等帮助，均与王学海构成侵犯著作权罪共犯，应当以实际参与犯罪的情况认定非法经营数额或违法所得，并判处相应刑罚。根据《最高人民法院、最高人民检察院关于办理侵犯知识产权刑事案件具体应用法律若干问题的解释》第五条和《最高人民法院、最高人民检察院关于办理侵犯知识产权刑事案件具体应用法律若干问题的解释（二）》第一条的规定，本案符合侵犯著作权具有其他特别严重情节，应处 3 年以上 7 年以下有期徒刑，并处罚金。一审法院根据各被告人的地位和作用，对从犯减轻处罚，作出上述判决。

（注：本栏目由最高人民法院知识产权审判庭于晓白、王艳芳、李嵘、董晓敏、廖继博，刑二庭王珅提供）

2011年查处侵权盗版十大案件名单

1. 江苏“小说520网”侵犯文字作品著作权案
2. 北京林真实、徐爱娇侵犯著作权案
3. 湖北黄祖耀等4人及深圳哦哟公司侵犯著作权案
4. 安徽合肥艺凌网络科技有限公司侵犯著作权案
5. 北京求知考试书店利用互联网销售盗版图书案
6. 湖南王学海等人侵犯著作权案
7. 江苏刘晓南等制售侵权盗版光盘案
8. 黑龙江“3·15”《征途》私服网络游戏侵权案
9. 新疆乌鲁木齐“11·12”民语盗版光盘案
10. 河南上蔡县第一高中发行盗版教辅案

（注：详见本卷“典型案件选编”《2011年地方版权保护典型案件》）

2011年地方版权保护典型案件

北 京 市

一、北京林真实、徐爱娇侵犯著作权案

2008年至2010年间，徐爱娇在碟中碟公司总经理林真实指使下，未经东方新感觉音像出版社审查，将已获审批出版的单集产品变更为合集，或擅自增加载体，冒用该出版社的名义复制发行。共被查获光盘类音像制品48 332张，磁带类音像制品24 381盒，经鉴定均为非法出版物。2011年4月22日，北京市一中院判定徐爱娇犯非法经营罪，判处有期徒刑3年，并处罚金人民币5万元；犯侵犯著作权罪，判处有期徒刑2年6个月，并处罚金人民币4万元；决定执行有期徒刑5年，共处罚金人民币9万元。2011年11月26日，林真实在浙江温州被抓获归案。2012年4月24日，北京市一中院判定被告人林真实犯非法经营罪，判处有期徒刑6年；犯侵犯著作权罪，判处有期徒刑3年6个月，决定执行有期徒刑9年，并处罚金人民币60万元。

此案系上海世博会期间重点查处的案件，后被列为国务院“双打”工作重点督办案件和版权局等五部门重点督办案件，但查处过程一波三折，督办部门及专案组多次协调，最后在北京市委主持下，案件终于有了重大突破。2011年第二要犯被判刑，但主犯已逃脱，后在公安部“清网行动”中主犯终被抓获并判刑。此案充分表明了中国政府打击侵权盗版行为的决心和力度。

二、北京求知考试书店利用互联网销售盗版图书案

2011年，在全国“双打”专项行动期间，版权执法部门协同公安局等相关部门，对公安部、全国“扫黄打非”办批办的“北京求知考试书店利用互联网销售盗版图书案”进行查办。现场抓获嫌疑人7名，起获涉案电脑8台，发现各类盗版考试教材30余种，8 000余册，涉及30余家出版社。海淀区人民法院依据《刑法》第二百一十七条，以侵犯著作权罪，对阮美兰等6人分别判处有期徒刑1年至3年、缓刑2年至5年不等，罚金1万元至3万元不等（共10万元）。

此类利用互联网销售盗版教材的案件数量多，但不易追究嫌疑人的刑事责任。此案为查处类似案件提供了重要参考，体现了有关部门重点打击网络销售盗版教材的态度和决心。

河 北 省

一、保定市安玉兰电话销售侵权盗版出版物案

2011年2月21日，保定市文广新局接河北省“扫黄打非”办转来函件，称湖南省“扫黄打非”办在办理案件中，在湖南省邵阳市邵东县人民医院发现盗版的《最新临床疾病诊断与疗效判断标准实用全书》，该书是通过一个叫王彤的书商打电话订购的，数量为30套，共计金额16 500元。王彤已付款至中国农业银行股份公司定州市支行，并且有详细的账号和联系电话。

保定市文广新局立即商请保定市公安局协助调查。市公安局根据举报内容确定了涉案人信息。3月8日，在保定市文化市场行政执法大队的询问了解下，安玉兰承认通过电话方式向湖南省邵阳市邵东县人民医院销售了30套《最新临床疾病诊断与疗效判断标准实用全书》，共计16 500元。该书是从北京某处购进的，并通过高蓬镇邮政局邮寄到湖南省邵阳市邵东县人民医院。

3月20日，保定市文广新局依据《中华人民共和国著作权法》第十条第（六）项、第四十八条第（一）项之规定，依法对安玉兰作出了罚款16 500元的行政处罚。

二、定州市李双伟销售侵权盗版出版物案

2011年3月18日，保定市文化市场行政执法大队根据举报，联合定州市文化市场行政执法队对李双伟家进行检查，在其家大门后发现《中等职业专业设置管理办法》等书，共21种46套（册），总码洋24 000元。经对李双伟询问，其承认所有图书均无进货手续，是侵权盗版出版物。保定市文广新局根据《中华人民共和国著作权法》第十条第（六）项、第四十八条第（一）项之规定依法对李双伟作出了没收非法出版物、罚款1万元的行政处罚。

三、石家庄市智苑文化用品中心发行侵权书刊案

2011年5月10日，石家庄市版权局接到投诉，称石家庄市金色阳光幼儿园使用的《蒙氏数学》一书涉嫌侵权。石家庄市版权局同该市桥西区文体局

立刻组成专案组，于5月13日对该幼儿园进行了现场调查。经查，该幼儿园共购进由定桥西区智苑文化用品中心发行的涉案图书400余套，每套两本定价48元，系吉林电子出版社出版，辅麟教研编著。经鉴定，涉案图书系侵权作品。专案组确定桥西区智苑文化用品中心发行侵权书刊，其行为违反了《中华人民共和国著作权法》第四十八条第一款之规定。2011年5月下旬，石家庄市桥西区文体局遵照法定程序，根据《著作权行政处罚实施办法》第四条和《中华人民共和国著作权法实施条例》第三十六条之规定，给予当事人如下行政处罚：责令停止侵权行为，没收侵权复制品，罚款1万元。

四、保定市贾义亮网络销售侵权盗版出版物案

2011年11月15日，河北保定市文化市场行政执法大队接出版社举报，称有多名不法人员以北京祥云伟业文化发展中心（已吊销）、北京国育文化教育发展中心（已吊销）等机构名义，通过电话推销《公路桥涵施工技术规范》和《公路桥涵施工技术规范实施手册》等书。经出版社核查，涉案人员主要在河北保定等地隐蔽经营，通过互联网开设多家淘宝网店并自营数家网站向全国销售盗版图书，并提供了QQ号及IP地址。

执法大队根据出版社提供的IP地址，在保定市公安局网监支队协助下，初步锁定涉案IP地址在定州市，之后经过细致缜密摸排，最终确定了具体经营场所。

2011年12月26日，保定市文化市场行政执法大队和定州市文化市场行政执法队出动10余名执法人员，与人民交通出版社、人民卫生出版社、中国标准出版社等5家出版社有关人员一起，对定州市高蓬镇北高蓬村贾义亮家进行检查，现场发现中国标准出版社出版的《2010年食品卫生标准检验方法》等书共计411册，并发现涉案电脑3台。涉案图书经河北省新闻出版局鉴定属非法出版物，涉案电脑中有在淘宝网上注册的名为科标网的网店交易信息。后经专业技术人员对电脑内存储的交易记录进行调查取证，显示自2011年9月到2011年12月，贾义亮共销售了63册（套）涉案图书，经营额为21 654元。2012年2月23日，保定市文广新局依据《中华人民共和国著作权法》第十条第（六）项、第四十八条第（一）项之规定，依法对贾义亮作出如下行政处罚：没收违法工具电脑3台，没收非法出版物411册，罚款3万元。

辽　宁　省

一、沈阳市“2·26”特大销售盗版教材教辅读物和工具书案

2011年2月18日，辽宁省“扫黄打非”办根据举报线索，组织公安、文化执法等部门，对营口市盖州市育才书店进行了突击检查，发现了举报线索中的《中考夺标》等盗版教辅图书，同时，还查获了学生用的《新华字典》等多种盗版工具书。经突审，摸清了这批盗版图书是由沈阳一名叫“于风”的男子供货，并通过物流公司配货付款。鉴于案情重大复杂，省“扫黄打非”办将此案列为重点侦办案件，交由沈阳市公安局负责侦办工作。经过数日侦察，案件取得重大进展。2月26日，在相关警种配合下，一举端掉了犯罪嫌疑人李广权（化名于风）批销盗版教辅图书黑窝点。在李广权租用的位于沈阳大东区榆林堡一库房内，共收缴各类盗版教辅类图书115种、11万册，并将其抓获，扣押涉案汽车一台。辽宁省“扫黄打非”办连夜组织20余人对查扣的图书进行分类、清点和鉴定，为案件的顺利侦办提供了有力的技术保障。

全国“扫黄打非”办和公安部高度重视此案，并将此案列为全国“扫黄打非”办挂牌督办案件。经深入调查，这些盗版图书来自河南新乡。专案组又紧急赶赴河南，连续作战，在河南警方的配合下，于3月7日成功捣毁了“2·26”案源头——河南省新乡市非法制售盗版教辅图书的窝点，抓获犯罪嫌疑人2名，查获盗版教辅图书107种，计36万余册，涉案码洋500余万元，查扣销售账目200余本，销售网络遍及20余个省（市）。同时，专案组根据河南查获的线索，在辽宁省范围内又成功侦破了朱忠湖、陶丽等销售盗版教辅图书系列案件，共抓获犯罪嫌疑人12人。

2011年8月21日，沈阳市大东区人民检察院向沈阳市大东区人民法院提起公诉，11月8日作出一审判决。被告人李广权以盈利为目的，未经著作权人许可，非法发行他人作品，情节特别严重，其行为已构成侵犯著作权罪。依据《中华人民共和国刑法》第二百一十七条、第七十二条第一款、第七十三条之规定，判决被告人李广权犯侵犯著作权罪，判处有期徒刑3年，缓刑3年，并处罚金人民币5万元。

二、阜新市“11·24”销售侵权复制品案

2010年11月初，辽宁省阜新市细河公安分局刑警大队获取情报称，位于细河区解放大街新天地百货商场北侧的光辉音像店和商贸城 A 座的街心音像店销售盗版光碟，数量较大。刑警大队立即侦察。经辽宁省新闻出版局鉴定，这两个音像店销售的光碟“均为非法出版物（盗版光碟）”。细河分局于 11 月 24 日一举端掉了“街心音像店”和“光辉音像店”两个盗版光碟销售点，当场查获盗版光碟 5 280 张。经审查，两家音像店从 2007 年 1 月至 2010 年 11 月一直销售盗版光碟，涉案金额达 50 余万元。并查明其销售的盗版光碟均从沈阳一地下黑窝点购入。

刑警大队迅速将该案上报分局，分局领导高度重视，立即上报市公安局。鉴于该案涉及沈阳地区，经市局主管副局长崔力同意后，立即请示省公安厅，省厅委托市局指定细河公安分局对该案进行侦查。

细河分局立即成立了由副局长刘洪江牵头的“11·24 销售侵权复制品案件”专案组。经过近两个月、10 余次阜新、沈阳的往返侦查，专案组基本掌握了嫌疑人刘丽销售盗版光碟的犯罪事实。2011 年 1 月 19 日，细河分局抽调精干警力 72 人，在局长李广义和副局长刘洪江的带领下，一举端掉了刘丽在沈阳三好街和沈阳郊区丁香屯的销售盗版光碟的两个窝点，当场收缴、扣押涉案车辆 4 台、盗版光碟 115.6 万张、电脑 2 台、销售账单 133 册、账簿 21 本，抓获嫌疑人刘丽、高君等 12 人。

经审讯，嫌疑人交代，经营盗版光碟 5 年，进货渠道为广州，销往辽宁省的 14 个市及黑龙江、吉林、内蒙古、河北等地，其下家达 500 多人，日销售额 1 万到 4 万元，仅 2009 年 3 月至 2011 年 1 月末，销售额就达 553 万元，非法获利 120 万元。

2011 年 12 月 8 日，主要犯罪嫌疑人刘丽、高君已被细河区人民法院各判处有期徒刑 1 年并处罚金 215 000 元，其他涉案犯罪嫌疑人刘永源、崔洪建、罗洪江、王福鑫、王士芬、王丹凤、陆金花、孔庆华、崔艳丽、赵千秋均被判处拘役 2 个月，缓刑 3 个月，并处罚金人民币 1 万元。

吉 林 省

一、吉林市孙波侵犯著作权案

2011 年初，吉林市昌邑区人民检察院侦查科与吉林市工商行政管理局昌邑分局成功建立了“两法衔接”信息通报制度，并依托此平台成功办理了吉林地区首例贩卖盗版光盘侵犯著作权案——孙波侵犯著作权案，有效打击和震慑了侵犯知识产权的犯罪分子，对加强知识产权保护、创新立案监督工作方式进行了有效的尝试。

2011 年初“两法衔接”信息通报制度建立之后，侦查科在走访车站、东市场等人群密集、商业集中地区时发现，部分商贩涉嫌贩卖盗版光碟数量众多、行为猖獗。侦查科将上述情况反映给了昌邑区工商局，建议昌邑工商局对此事进行调查。此后，侦查科会同昌邑工商局迅速对站前音像市场展开检查，在检查至站前“群艺音像”商店时，发现该商店涉嫌销售盗版光碟，昌邑工商局扣押了该店 500 余张光盘带回调查。

昌邑工商局对扣押的 500 余张光碟进行初步鉴定后，发现其全部为盗版光碟。考虑到“群艺音像”商店尚有大量光碟未销售，可能存在大量盗版光盘，侦查科办案人员认识到本案已经涉嫌侵犯著作权罪，于 2011 年 1 月 13 日正式向昌邑工商局发出《建议移送案件线索函》，建议工商机关将该案件线索移送昌邑公安分局查处，昌邑工商局于次日将该案移送至昌邑公安分局。

昌邑公安分局立刻对此案立案侦查，再次到“群艺音像”商店进行搜查，扣押了全部 8 万余张光碟，并将音像店老板孙波刑事拘留。通过吉林市检察院侦查科与工商部门、公安机关的共同努力，该案得以快速侦结。犯罪嫌疑人孙波被判处有期徒刑 5 年，并处罚金 5 万元。该案的成功办理，明确了销售盗版光碟侵犯著作权罪的标准，对吉林省坚决打击侵犯知识产权犯罪起到巨大推动作用。

二、四平市新视野书店非法销售盗版教材案

2011 年 1 月，吉林省新闻出版（版权）局组成督导组，对各地区专项行动开展情况进行了督导检查。在对四平市督导检查过程中，省市联合执法组对铁西区一些书店进行了现场检查。在检查铁西区步行街新视野书店时，执法人员现场发现该书店非法经营中、小学盗版教材。经执法人员鉴定核实，120 套教材均属于盗版出版物。执法人员当场扣押了非法经营的盗版教材，并对店主李某进行了问询。经调查，犯罪嫌疑人李某对违法经营盗版教材一事供认不讳，执法人员给予李某罚款 1 万元的行政处罚。

三、四平市中兴大厦贩卖盗版图书案

2011 年 5 月 20 日，四平市有群众举报，中兴大厦一楼一些图书摊位销售盗版图书，摊位多、数量大，影响恶劣。接到举报后，吉林省版权局联合四平市文化市场综合执法支队执法人员组成专案组，于 2011 年 6 月 16 日对四平市中兴一楼的出版物市

场进行了突击检查。经现场检查发现，一楼全部图书销售摊位均存在经营盗版儿童读物、网络小说、畅销书刊、教辅工具书等出版物的情况。盗版图书种类较多，数量较大。执法人员对违规经营的业户进行询问，犯罪嫌疑人对违法销售盗版图书一事供认不讳。执法人员当场依法扣押各类盗版出版物2 800多册，责令7家业户停业整顿。

四、长春市黑窝点贩卖盗版音像制品案

2011年7月12日，吉林省版权局接到群众举报，在长春市南京大街与长江路附近某居民楼里隐藏着一个批销盗版光碟的黑窝点。接到举报后，吉林省版权局立即与长春市版权局协调，组成了专案小组，第一时间进行了查处。7月12日，专案组执法人员对该黑窝点进行了摸排，发现其隐藏在居民楼二楼，为了逃避打击，每天早6点到8点开门批货，平时都是大门紧闭。

7月13日凌晨5点多，专案组执法人员对黑窝点采取了执法行动。经过执法人员清点，整个房间里共有光碟近万张，内容包括国内、国外影片，各类歌曲、动画片、养生学、电视剧等，经鉴定都是盗版光碟。犯罪嫌疑人张某对销售盗版光碟一事供认不讳，执法人员当场对盗版光碟进行了收缴，并给予张某罚款2万元的行政处罚。

五、吉林市盗版高中教辅材料案

2011年9月16日，吉林市版权局接到群众举报，有一团伙在吉化一中、吉林一中、吉林毓文中学等学校非法销售盗版教辅材料。

经查，这是一起有组织、有策划、有分工的团伙销售盗版教辅案件。违法分子制定了详细的推广销售方案，并对销售人员进行专门业务培训，指使销售人员越过学校的监管，通过与各班级学生干部接触等方式，直接向学生兜售盗版及非法出版的教辅材料。至案发时止，已经累计销售1 000余册。经核实，此案涉及吉林大学出版社出版的图书共9种，其中《高中语文必背古诗文》、《高中数学公式定理》、《高中英语单词》等3本图书属于没有办理重印手续，擅自盗版。《高中历史宝典》、《高中政治攻略》、《高中英语语法》、《高中物理攻略》、《高中化学攻略》、《语文阅读与写作》等6本图书并非吉林大学出版社出版的图书，系盗用出版社书号非法出版。据嫌疑人供述，这批教辅是在长春市某印务有限公司印刷的。

经过执法人员的不懈追踪，在吉林市一举抓获了两名违法销售盗版教辅资料人员，设在吉林市各中学的盗版销售网点被依法取缔。

六、长春市颜如玉盗版及非法出版物经销案

2011年底，根据群众举报，长春市版权局稽查队行政执法人员经过近一个多月时间的调查走访、跟踪设伏，于11月24日一举查获了吉林省颜如玉文化传媒有限公司盗版及非法出版物经销案件。执法人员当场收缴查扣盗版和非法出版物6 280册，涉案码洋初步统计约30万元，为长春市2011年查处的涉案金额最大的非法出版物经销案件。长春市版权局对其作出了罚款6万元的处罚，并将盗版和非法出版物全部销毁。

黑龙江省

一、双鸭山市“3·15”《征途》私服网络游戏侵权案

2011年3月，上海巨人网络科技有限公司向黑龙江省版权局举报，双鸭山地区有人涉嫌长期经营网络游戏软件《征途》“私服”。双鸭山市文化广电新闻出版局就有关案情及查处案件涉及的技术问题进行调查了解后，立即开展案件查办工作。经过专案组23小时的连续工作，黑龙江双鸭山市“3·15”《征途》私服网络游戏侵权案被依法查处，嫌疑人刘某、于某被双鸭山市公安局刑事拘留，其为逃避打击而设立在美国和韩国的2个《征途》“私服”网站被依法取缔。

6月，黑龙江省版权局联合省“扫黄打非”工作领导小组办公室、省法院、省检察院组成督查组，赴双鸭山市对该案进行重点督办。嫌疑人刘某、于某被双鸭山市岭东区人民检察院批准逮捕。

2012年3月12日，双鸭山市岭东区人民法院对“3·15”《征途》私服网络游戏侵权案进行了一审宣判。被告人刘某、于某以盈利为目的，未经《征途》网络游戏著作权人上海巨人网络科技有限公司授权，通过互联网非法取得《征途》网络游戏服务器端盗版程序、游戏源代码，针对游戏进行情节、名称改动，先后租用美国、韩国服务器，通过网络私服宣传平台发布广告，招募玩家进行游戏，并向玩家出售装备获利，通过网上支付平台收取钱款。2008年7月至2011年3月15日，该私服注册游戏会员达13 000余人，非法经营额40余万，违法所得达28.5万元。

法院认定，被告人刘某、于某以盈利为目的，未经著作权人许可，利用信息网络架设游戏服务器端，采用会员制形式非法运营，向公众传播他人享有著作权的计算机软件，违法所得巨大，二被告人的行为已经构成侵犯著作权罪，依据刑法有关规定，认定被告人刘某犯侵犯著作权罪，判处有期徒刑 3 年，并处罚金 20 万元；被告人于某犯侵犯著作权罪，判处有期徒刑 2 年，缓刑 2 年，并处罚金 12.5 万元。

这一案件是 2011 年黑龙江省在全国打击侵犯知识产权和制售假冒伪劣商品专项行动期间破获的一起较为典型的网络侵权盗版案件，被全国“扫黄打非”办公室、国家版权局、公安部、最高人民法院、最高人民检察院联合列为挂牌督办的重点案件之一，该案的成功快速查办得到了全国“扫黄打非”领导小组、文化部、国家版权局和省有关部门的高度重视。该案已被收入“全国打击侵犯知识产权和制售假冒伪劣商品专项行动成果展”。

近年来网络游戏领域“私服外挂”现象严重，严重扰乱了市场秩序并侵犯了权利人、玩家的正当权益。此案为打击此类侵权行为起到了很好的示范作用。

二、鹤岗市李卫荣复制发行盗版音像制品案

2011 年 8 月 3 日，鹤岗市文化市场综合执法支队在日常检查中发现五指山公园早市有一男子正在贩卖复制的音像制品，数量较多，这引起了执法人员的高度重视。8 月 3 日下午 1 时，在鹤岗市公安机关的配合下，执法人员对其住所进行检查，当场查获非法复制的音像制品 1 530 盘、两台便携式 DVD 视盘机。犯罪嫌疑人对违法事实供认不讳，当天被鹤岗市经济侦查支队刑事拘留。

9 月 6 日，鹤岗市向阳区人民法院作出判决，认为被告人李卫荣以牟利为目的复制发行光碟，其行为已构成侵犯著作权罪，检察机关指控的罪名成立。依照《刑法》第二百一十七条第（一）项，第二十三条第一款、第二款，第五十二条，第六十四条，第七十二条第（二）项之规定，判决被告人李卫荣侵犯著作权罪，判处有期徒刑 1 年，缓刑 2 年，并处罚金 3 000 元；依法没收非法所得赃款 830 元，上缴国库。

上 海 市

一、上海锦鑫娱乐有限公司（紫京城）侵犯著作权案

2011 年 1 月 18 日，中国音像著作权集体管理协会（以下简称“音集协”）向上海市文化市场行政执法总队投诉，称上海锦鑫娱乐有限公司未经授权，以盈利为目的非法放映音集协著作权人刘媛媛、北京竹书房文化传播有限公司、北京太合麦田音乐文化发展有限公司授权管理的音乐电视作品。

经查，上海锦鑫娱乐有限公司自 2010 年 12 月 31 日起，在其经营的卡拉 OK 娱乐场所，提供消费者使用由深圳蓝威科技有限公司制作、杭州精特科技有限公司安装和更新的 VOD 点歌系统。对该系统内著作权人刘媛媛的《五星红旗》、《祝你好运》，北京竹书房文化传播有限公司的《不想骗自己》、《满天风雪》、《我挑我的》，北京太和麦田音乐文化发展有限公司的《千面》、《我要你》、《漫漫慢慢》、《阿么》、《下个路口见》共 10 首音乐作品，当事人无法提供版权使用许可证明和合法来源，亦未能提供与深圳蓝威科技有限公司、杭州精特科技有限公司签订的点歌系统使用合同。

上海市文化市场行政执法总队依据《中华人民共和国著作权法》第四十八条第（一）项和《中华人民共和国著作权法实施条例》第三十六条的规定，责令当事人立即停止侵权行为，并作出罚款人民币 2 万元的行政处罚。

被投诉人是沪上知名度较高的 KTV 场所，对其侵犯著作权的行为依法进行处罚，在上海娱乐行业中产生了较大影响，具有一定的警示和教育意义，对引导娱乐场所规范经营具有积极作用。

二、凯途摩托有限公司侵犯软件著作权案

2011 年 8 月 26 日，美国参数技术公司（PTC）向上海市文化市场行政执法总队投诉称，凯途摩托（上海）有限公司未经 PRO/E 计算机软件著作权人许可，复制使用 PRO/E 计算机软件，请求查处侵权行为、责令停止使用 PRO/E 侵权软件。

经查，凯途摩托有限公司未经著作权人美国参数技术公司（PTC）的许可，分别于 2009 年 12 月 15 日、2010 年 2 月 23 日、2010 年 5 月 28 日、2010 年 10 月 11 日、2011 年 7 月 15 日在其工程部的工作计算机内复制安装了著作权人 PRO/E 4.0、PRO/E 3.0 及 PRO/E 5.0 版本计算机软件共 5 套，配置号 88888888 与 07071982 均为该软件常见的盗版配置号，用于摩托车及有关产品的设计研发经营活动。该 PRO/E 软件市场平均销售价格为每套人民币 96 800 元。

案发后，凯途摩托有限公司于 2011 年 10 月 14 日主动卸载了上述擅自复制安装使用的 5 套 PRO/E 计算机软件，积极予以整改，安装使用了正版 PRO/E 计算机软件。

上海市文化市场行政执法总队依据《计算机软件保护条例》第二十四条第一款第（一）项、第二款，《中华人民共和国行政处罚法》第二十七条第一款第（一）项的规定，责令当事人停止侵权行为，并作出罚款人民币5万元的行政处罚。

本案是在打击侵犯知识产权和制售假冒伪劣商品专项行动期间查办的案件，通过对当事人未经软件著作权人许可复制著作权人软件的行为追究侵权责任，推进企业计算机软件正版化，保护著作权人合法权益，促进软件市场健康发展，维护中国尊重知识产权的形象。

江 苏 省

一、南京市高红姝、王果侵犯著作权案

2010年12月14日，高红姝、王果在南京市板仓街9号世界之窗文化产业园内的江苏古城文化艺术中心销售盗版光盘时被执法人员当场抓获。执法人员在高红姝负责的店内查获疑似盗版光盘16 632张（经鉴定，其中13 734张光盘为侵权复制品），在王果负责的店内查获疑似盗版光盘9 381张（经鉴定，其中8 454张光盘为侵权复制品）。2011年1月20日，玄武区检察院以涉嫌侵犯著作权罪批准逮捕两名犯罪嫌疑人。7月28日，南京市玄武区人民法院依据《中华人民共和国刑法》第二百一十七条，以侵犯著作权罪分别判处高红姝有期徒刑2年，缓刑2年6个月；判处王果有期徒刑10个月。

二、镇江市韩昌云等侵犯著作权案

2011年1月6日，有群众举报反映市区青云门某处有人涉嫌经营非法音像制品。接报后，镇江市文化行政综合执法支队行政执法人员会同公安侦查人员进行跟踪暗访。经查，确定举报情况属实。2011年1月11日下午，镇江市文化行政综合支队执法人员和公安民警共30余人，兵分两路进行了突击检查。在当事人韩昌云租住处查获淫秽音像制品5 255张、非法盗版音像制品13 692张，在当事人何翠娥、张绍北租住处查获淫秽音像制品4 727张、非法盗版音像制品6 219张。6月10日，镇江市京口区人民法院以贩卖淫秽物品牟利罪、侵犯著作权罪判处韩昌云有期徒刑8年，并处罚金3万元；对何翠娥以贩卖淫秽物品牟利罪、侵犯著作权罪判处有期徒刑6年6个月，并处罚金23 000元；对张绍北以贩卖淫秽物品牟利罪、侵犯著作权罪判处有期徒刑3年，缓刑4年，并处罚金15 000元。

三、张家港市季海煜侵犯著作权案

2011年1月10日，张家港市文化行政综合执法大队日常监管本地网站时发现，张家港传奇网站里有“云海1.76金币版”，涉嫌专门提供上海盛大网络发展有限公司《传奇》游戏私服，随后进行相关调查取证，并协调张家港市公安局网监大队、经济犯罪侦查大队对该案进行了立案查处。经查，2010年7月至2011年5月，被告人季海煜未经著作权人许可，以盈利为目的，在张家港市杨舍镇农联村其家中，通过互联网私自下载传奇游戏服务器端程序并修改后，采用设立服务器、建立私服推广站，提供游戏登陆器等方式供网络玩家使用，非法经营数额达人民币173 385.21元。10月20日，张家港市人民法院以侵犯著作权罪，判处季海煜有期徒刑2年，缓刑3年，并处罚金10万元。

四、南通市刘云建等侵犯著作权案

2011年1月13日，上海盛大网络集团报案至南通市公安局崇川分局经侦大队，举报有人非法使用该公司取得授权经营的《传奇》网络游戏牟利。接报后，崇川经侦大队开展了调查，并于1月19日立案侦查。经查，2010年5月份以来，犯罪嫌疑人刘云建、王子文等人复制上海盛大网络发展有限公司取得授权经营的《传奇》网络游戏服务端程序，架设《传奇》网络游戏私服，提供私服网址供玩家游戏，并开通依托成都网得科技开发有限公司亿卡交易平台进行后台结算的132gm.com支付平台，通过游戏玩家为获得元宝而向该平台充值的方式营利。12月9日，根据《刑法》第二百一十七条第（一）项规定，刘云建、王子文、高亮犯侵犯著作权罪，判处刘云建有期徒刑3年，并处罚金人民币30万元；判处王子文有期徒刑1年零9个月，并处罚金人民币11万元；判处高亮有期徒刑6个月，缓刑1年，并处罚金人民币2万元。

五、苏州市杜川等侵犯著作权案

2011年1月，苏州市公安局网警支队接到苏州市蜗牛电子有限公司报案，称有人在网上销售针对该公司开发并运营的网络游戏的外挂程序，严重干扰了该公司两款网络游戏的正常运营，给该公司造成巨大的经济损失。网监处会同园区分局成立专案组，经过为期两个月的缜密侦查，于2011年3月4日在成都和合肥成功抓获韩明、杜川、方翔、宣晖、高康杰等5名犯罪嫌疑人。其中，杜川犯侵犯著作权罪，判处有期徒刑1年6个月，并处罚金11万元；韩明犯侵犯著作权罪，判处有期徒刑10个月，并处罚金4万元；高康杰犯侵犯著作权罪，判处有期徒刑1年6个月，缓刑3年，并处罚金10万元；宣晖犯侵犯著作权罪，判处有期徒刑1年4个月，缓刑2年，并处罚金10万元；方翔犯侵犯著作权

罪，判处有期徒刑 1 年 3 个月，缓刑 2 年，并处罚金 10 万元。

六、镇江市“小说书”网侵犯著作权案

2011 年 2 月 12 日，镇江市公安局网络警察支队在工作中发现“小说书”网上有大量盗版小说，涉嫌侵犯知识产权，随即立案侦查，在相关单位的协助下抓获了犯罪嫌疑人肖振宇、艾云超等 4 人，并对另一主犯汪洋上网追逃。经查，肖振宇等 5 人在 2009 年 8 月至 2011 年 5 月间，未经版权部门许可，在互联网建立了 www. xiaoshuoshu. cn 等 5 个网站，复制传播了上海玄霆娱乐信息科技有限公司的版权小说 15 000 余部，通过为北京百度网讯等公司刊登广告累计获利 300 余万元。12 月 29 日，肖振宇因侵犯著作权罪被镇江市经济开发区人民法院判处有期徒刑 4 年，处罚金 40 万元；艾云超因侵犯著作权罪被判处有期徒刑 1 年，处罚金 5 万元；另两人情节轻微未构成犯罪。

七、南京市“6·01”特大网络制售侵权盗版蓝光光盘案

2011 年 4 月中旬，全国“扫黄打非”工作小组办公室接到举报线索：南京珠江路华海大厦某室涉嫌在网址为 http://shop60587855. taobao. com 的网上店铺销售盗版蓝光电影光盘。全国“扫黄打非”工作小组办公室将举报材料转送江苏省“扫黄打非”办公室。江苏省“扫黄打非”办执法人员根据举报内容实地检查，发现该商户为南京紫檀贸易有限公司，其店铺内确有蓝光刻录机正在刻录蓝光光盘，疑似盗版电影。因案情重大，遂将此案移送玄武公安分局。6 月 1 日，玄武公安分局在浙江警方的协助下，一举破获了刘晓南、陈晓特等人特大侵犯著作权案，在南京、浙江两地分别缴获光盘刻录机 40 台、打印机 10 台，捣毁生产盗版光碟生产线 1 条，各类盗版蓝光光碟 6 000 余张，封面摄像纸、裁纸机等若干，抓获犯罪嫌疑人 19 名，刑事拘留 8 名。2012 年 2 月 8 日，经玄武区人民法院判决，7 名犯罪嫌疑人以犯侵犯著作权罪分别被判处有期徒刑和罚金。被告人刘晓南被判处有期徒刑 3 年 6 个月，罚金人民币 60 万元；被告人陈晓特被判处有期徒刑 3 年 6 个月，罚金人民币 50 万元；其余 5 人被判处 1 年零 6 个月至 3 年有期徒刑，分别被处罚金 5 万至 30 万元。

此案查获的侵权盗版成品光盘数量并不太大，但其盗版产品涉及一个新的产品种类，严重危害到新行业的正常秩序，通过严判，有效打击了犯罪分子的气焰。

八、南京市武其陵侵犯著作权案

2011 年 4 月 11 日 15 时许，板仓所民警巡逻时发现，辖区花园路某房屋内有人销售盗版光碟。经检查，发现该房屋是由武其陵、庄德云和李杰租用销售盗版光碟的仓库兼销售点，并现场收缴盗版光碟近 8 万张。在此案侦办过程中，派出所与玄武区文化局通力协作，经查，武其陵、庄德云从广州进货，然后通过网络向全省各地销售盗版光碟，涉嫌侵犯著作权罪，涉案金额近 70 万元。10 月 20 日，经玄武区法院审理判决，武其陵等人的行为触犯了《中华人民共和国刑法》第二百一十七条之规定，犯侵犯著作权罪，武其陵被判处有期徒刑 3 年，缓刑 4 年，并处罚金 7 万元；庄德云被判处有期徒刑 2 年零 6 个月，缓刑 3 年，并处罚金 5 万元。

九、徐州市“小说 520 网”侵犯文字作品著作权案

2010 年 9 月，盛大文学有限公司向徐州市版权局举报“小说 520 网”在未经著作权人许可的情况下，利用网络技术手段，采集并复制大量由盛大文学有限公司旗下“起点中文网”所拥有独家信息网络传播权的文字作品，并登载在“小说 520 网”上。经徐州市版权局初查，后移交公安机关查明，2009 年 3 月至案发，“小说 520 网”通过在网站上发布收费广告的方式非法获利共计 2 669 938.49 元。2010 年 10 月 28 日刑事立案，2010 年 12 月 25 日公安机关赴湖北武汉、湖北宜城、南京高淳、浙江湖州等地抓获 9 名犯罪嫌疑人，该案被列为“双打”期间重点督办案件。12 月 12 日，徐州市中级人民法院以侵犯著作权罪，判处金某有期徒刑 4 年，并处罚金 300 万元；判处王某有期徒刑 3 年，缓刑 4 年，并处罚金 270 万元；其余 6 人被判处 1 年至 2 年半有期徒刑，并处罚金 3 万至 10 万元。

此案系网络文学侵权典型案例，对于网络文学类侵权盗版案件的法律运用及判罚具有非常好的示范作用，充分体现了著作权行政执法和刑事司法相互衔接的重要作用，表明了“双轨制”在中国著作权保护中的重要地位和中国政府打击网络侵权盗版行为的态度。

安　徽　省

一、合肥艺凌网络科技有限公司侵犯著作权案

合肥市版权局行政执法人员根据举报线索，经证据锁定和分析比对，证实合肥艺凌网络科技有限公司涉嫌存在侵权盗版行为，遂立案查处。经调查，合肥艺凌网络科技有限公司项某等25人在未经著作权人许可的情况下，通过网上购买、下载等方式得到《传奇》网络游戏服务器端源程序，代客户进行《传奇》私服游戏广告发布，从中牟取巨额利润。鉴于该案侵权时间较长、案情复杂，且有较大数额金钱的往来交易，已构成刑事犯罪，合肥市版权局于2010年10月26日向合肥市公安局网安支队作刑事案件移交。合肥市公安局网安支队作刑事案件立案。合肥市版权局和网安支队组成的专案组在案件查处过程中，先后抓获以项敏为主的涉案嫌疑人25人，收缴服务器120余台，涉案金额144万余元。2012年1月9日，合肥市高新区法院作出判决，项敏等25名涉案人员以侵犯著作权罪分别被判处有期徒刑6个月至3年，并分别处以罚金2 000元至70万元不等。

网络游戏领域侵权盗版案件多发，但此案抓获的犯罪嫌疑人和收缴服务器的数量在此类案件中较为少见，情节恶劣。该案的成功判处对于打击网络游戏侵权盗版具有很好的示范作用。

二、马鞍山市红旗北路林某某经营音像制品侵权案

2011年1月19日，马鞍山市版权执法部门对位于红旗北路的两处音像制品经营店进行突击检查时发现大量涉嫌侵权盗版音像制品，后经清点鉴定，1 012套为侵权制品。1月25日，该案移送公安机关。8月10日，辖区法院作出判决：被告人林某犯侵犯著作权罪，判处有期徒刑3年，缓刑3年，并处罚金1万元。

三、芜湖市新安花园两宗贩卖淫秽光盘、侵犯著作权案

2011年3月11日，芜湖市版权执法部门根据举报，对该市新安花园某室进行检查后，发现大量疑似非法音像制品和淫秽光盘，后经鉴定，共2 829个品种、18 719套为侵权制品。3月28日，该案被移交公安机关。11月24日，芜湖市镜湖区人民法院作出判决：两被告曹某、杨某犯贩卖淫秽物品牟利罪和侵犯著作权罪，一人被判处有期徒刑3年6个月，并处罚金1万元；另一人被判处有期徒刑1年，缓刑1年，并处罚金2 000元。

2011年3月25日，芜湖市版权执法部门会同公安部门对位于芜湖市新安花园内的某音像销售场所进行检查，发现大量无出版单位或SID码（光盘的复制代码，为生产商特有的身份识别码）的音像制品，后经鉴定共4 913个品种、60 526套为侵权制品。此案被移送公安机关追究刑事责任。8月2日，芜湖市镜湖区法院判决两被告犯侵犯著作权罪，一人被判处有期徒刑3年，并处罚金5万元；另一人被判处有期徒刑2年，缓刑2年，并处罚金2万元。

四、芜湖市鞠某某销售盗版音像制品案

2011年3月17日，芜湖市版权执法部门对位于宇隆广场的一门面音像销售店进行检查时发现，该店经营场所内有大量涉嫌侵权音像制品，后经清点核实，共计778个品种、2 443套侵权音像制品。3月28日，该案被移交公安部门。8月1日，芜湖市镜湖区人民法院作出判决：被告人鞠某某犯侵犯著作权罪，判处有期徒刑1年6个月，缓刑2年，并处罚金1万元。

五、芜湖市兴安花园某音像店经营盗版音像制品及电子出版物案

2011年3月17日，芜湖市版权执法部门在巡查中发现兴安花园某音像店有涉嫌侵权的音像制品出售，执法人员当场责令其停止违法经营活动，后经清点鉴定，共15 296张音像制品、1 738张电子出版物为侵权制品。9月7日，辖区法院判决被告人犯侵犯著作权罪，判处有期徒刑1年6个月，缓刑2年，并处罚金2万元。

六、宣城市《传奇》网络游戏私服侵权案

2011年3月20日，宣城市版权执法部门发现有人涉嫌私自架设《传奇》网络游戏服务器，后查实5名嫌疑人租用多台服务器，未经合法运营商盛大网络公司许可，将非法取得的《热血传奇》网络游戏版本私自架设，并对游戏的部分程序进行修改，更名为“老战友传奇”、“QQ传奇”等多款其他传奇游戏，通过支付平台开设网银账号出售游戏中的虚拟价值物品，非法牟利100余万元。此案被移交公安部门与法院审理，5名被告均犯侵犯著作权罪，被没收非法所得，分别判处有期徒刑10个月至4年，并处罚金10万至40万元不等。

七、淮北市张某等网络侵权案

淮北市张某等7人未经上海巨人游戏公司授权，租用香港地区的服务器，私自架设《征途》游戏服务器进行经营，在自己制作的游戏网页上加挂支付平台和发布广告，非法获得巨额收入。淮北市版权执法部门对此案进行调查取证后移交公安机关。2011年8月15日，淮北市相山区人民法院作出判决：被告人张某、李某2人被判处拘役；周某等5人被判处有期徒刑；7名被告全部被处罚金。此案共摧毁“私服”工作室3个，扣押电脑、服务器20余台，轿车2部，冻结现金20余万元，关闭非法网站 200 余个。

八、安庆市某书社销售盗版出版物案

2011 年 3 月，安庆市望江县版权执法部门依法检查望江县某中学教辅使用情况时，发现一批从当地某书社购进的《快易通·非常考卷》共 363 册，既无封面，也无授权页，疑似盗版，后经安徽省版权部门鉴定为侵权出版物。望江县版权部门根据查扣物品的性质进行定性，最终作出没收侵权出版物，并处罚金 1 万元的行政处罚决定。

山 东 省

一、泰安市“11·12”非法制售盗版《语文报》案

2010 年 11 月 12 日，泰安市文化广电新闻出版局和泰安市公安局泰山分局治安大队经过缜密侦查，成功破获一起非法印刷、销售盗版《语文报》案，当场查缴盗版刊物 16 万余份，抓获涉嫌侵犯著作权的犯罪嫌疑人 14 人，其中刑拘 3 人，取保候审 11 人。“11·12”非法制售盗版《语文报》案由泰山区人民检察院依法提起上诉。2011 年 5 月 4 日，泰山区人民法院依照《中华人民共和国刑法》第二百一十七条第（一）项、第二十五条第一款、第六十八条第一款之规定，以侵犯著作权罪，分别判处主犯王某等 3 人：有期徒刑 5 年，罚金 20 万元；有期徒刑 4 年，罚金 15 万元；有期徒刑 3 年 6 个月，罚金 8 万元。

二、潍坊市某建筑规划设计院使用盗版软件案

2010 年 12 月 15 日，潍坊市文化市场综合执法局执法人员根据举报线索对潍坊某建筑规划设计院进行检查，现场发现该单位未经著作权人许可，有 40 台电脑使用盗版 CAD 软件从事商业经营活动，损害了社会公共利益。综合执法局依法责令该建筑规划设计院停止侵权行为，并处罚金 4 万元。

三、青岛市某有限公司侵犯著作权案

2011 年 3 月 8 日，根据权利人投诉，青岛市文化市场行政执法局行政执法人员对城阳区青岛某有限公司进行检查，检获非法复制 AUTO CAD 软件 4 套，对侵权人判处罚金 48 000 元，没收非法收入款 4 320 元，共计 52 320 元。

四、济南市某书店销售盗版图书案

2011 年 3 月 24 日，济南市文化市场综合行政执法局执法三处根据相关线索获知，济南某书店（法人彭某）从天津购进盗版《中国共产党历史》（第二卷）2 500 套（5 000 册）进行销售。执法三处马上对该书店进行了立案查处，查获部分盗版《中国共产党历史》（第二卷），追回部分售出盗版图书，并作出没收侵权盗版图书 692 册、没收涉案电脑 1 台、罚款 5 万元的行政处罚。

五、梁山市某有限公司侵犯著作权案

2011 年 5 月 26 日，济宁市文化市场综合执法局联合梁山局在梁山某文化传媒有限公司仓库查缴抄袭崇文书局《高考核按钮》的《儒行天下系列——2012 高考系列》教辅共 4 720 册，涉案码洋近 20 万元。侵权人被依法判处罚款 5 万元。

六、济南市“8·17”印刷厂盗印图书案

2011 年 8 月 17 日，济南市文化市场综合行政执法局分别对位于天桥区无影山北路的元易工业园和丁字山路的两家印刷厂进行了依法检查。经查实，前者经营范围属其他印刷品印刷企业，存在盗印图书《建筑工程资料管理》1 000 册事实；后者所装订的《建筑工程资料管理》、《瀚海导航》、《中华鲁菜典籍》均属盗版出版物。执法局依法对前者作出没收盗版图书 1 000 册、罚款 2 万元的行政处罚，对后者作出没收其盗版图书 2 000 册、罚款 1 万元的行政处罚。

河 南 省

一、郑州市“拥抱明天 tb”网店销售盗版图书案

2010 年 11 月 24 日，根据涉案线索，河南省版权局与郑州市版权、公安、文化市场综合执法等部门联合执法，在郑州市区一居民楼内查获涉案网店经营场地，现场查缴盗版图书 1.8 万册，案值 90.9 万元，查扣涉案设备 12 件。经调查，涉案人员杜某利用虚假信息在淘宝网注册了“拥抱明天 tb”等多家网店，从 2010 年 2 月开始，雇用多名工人通过网络销售盗版图书。该案因涉嫌销售侵权复制品构成犯罪，被依法移送司法机关。2011 年 11 月 1 日，法院以销售侵权复制品罪判处杜某有期徒刑 1 年，缓刑 2 年，并处罚金 8 万元。此案被国家版权局、公安部、全国“扫黄打非”办、最高人民法院、最高人民检察院 5 部门列入挂牌督办重点案件。

二、郑州市“1·05”销售盗版音像制品案

2011 年 1 月 5 日，郑州市文化市场综合执法支队与当地公安机关联合执法，成功侦破了郑州锦绣宾戈音像超市销售非法音像制品一案，现场查缴《让子弹飞》等侵权盗版音像制品近 9 万张。经调查，郑州市民张某利用其经营的锦绣宾戈音像超市雇用工人大肆销售盗版音像制品，从中牟利。由于涉嫌构成犯罪，郑州市文化市场综合执法支队依法将该案移送司法机关。2011年6月30日，郑州市二七区人民法院以侵犯著作权罪分别判处张某、李某有期徒刑4年、1年，并处罚金20万元、12万元，没收涉案盗版音像制品89 357张。

三、上蔡县第一高中发行盗版教辅案

2011年3月17日，河南省有关执法机构对河南省上蔡县第一高级中学涉嫌发行盗版教辅案件立案查处。经查，该中学向在校学生发行盗版教辅共计4 700册，涉案金额78 960元。河南省执法机关依据《著作权法》第四十八条，没收涉案图书，行政罚款23.7万元。

学生成为了侵权盗版的受害者，学校成了侵权盗版的场所，近年来此类案件多发。此案系行政案件中法律依据明确、取证准确、处罚严格的案件，为行政执法案件的办理起到了很好的示范作用。

湖 北 省

一、天门市“7·10”侵犯著作权案

2010年6月28日，天门市公安局网安支队在办理网站备案时发现一家名为“金诚科技传奇一条龙”的网站涉嫌从事侵犯著作权的犯罪活动。经请示湖北省公安厅，天门市公安局成立了“7·10”专案组对该网站展开调查。该案于2010年11月26日成功破获，关闭了5家涉案关联网站，抓获提供《传奇》私服制作一条龙服务的金诚网络科技公司老板周超，私服空间提供商黄江林、黄辉，广告发布商董天成、吉文跃等犯罪嫌疑人28人，打击侵权犯罪团伙8个，刑事拘留22人，逮捕2人，另案处理2人，暂扣涉案车辆1辆、电脑主机40余台和笔记本电脑20余部，冻结资金50余万元。“7·10”案由于打击链条完整、打击人数众多，被评为2011年“全省十大精品网络案件”，并在全省网络安全工作会议中交流学习。2012年1月9日，天门市人民法院对“7·10”案进行了判决，被告人周超因侵犯著作权罪被判处有期徒刑3年6个月，并处罚金16万元；涉案赃款117 000元予以没收，上缴国库。

二、十堰市“1·28”侵犯著作权案

2011年1月28日，十堰市公安局根据公安部通报线索和要求，对“萝卜软件站”等6网站涉嫌侵犯著作权案进行立案，同日成立了由多部门联合组成的“1·28”专案组。3月15日，专案组兵分四路同时行动，在武汉、咸宁、十堰和深圳四地成功抓获黄祖耀等涉案人员40名，依法扣押网站服务器19台、涉案电脑35部，搜缴仿真枪3支，查封小汽车5辆、房产1套，冻结银行存款37万元。经查，2008年8月以来，深圳市哦哟网络科技有限公司实际经营者黄祖耀在未经微软公司许可的情况下，指使他人制作捆绑有2548导航网站链接及多家公司商业插件的Windows和Office系列侵权软件，通过“萝卜软件站”等8个网站供网民下载，仅2009年11月至2011年3月，通过上述网站下载的侵权软件价值就高达1 800余万元。11月18日，十堰市茅箭区人民法院对该案作出一审判决，分别判处黄祖耀、路玉龙、徐飞、代鹏飞等4人有期徒刑3年，缓刑3至5年，没收非法所得60余万元，并处罚金共计368万元。

此案系通过网络提供侵权盗版软件的典型案例，涉案金额大，情节恶劣。提供侵权盗版链接的嫌疑人被追究刑事责任，对于打击网络侵权盗版具有重要的示范作用。

三、鄂州市“3·16”发行非法出版物案

2011年3月16日，鄂州市“扫黄打非”办公室接到湖北省“扫黄打非”办提供的案件线索，联合相关部门组成专案组，于当日下午前往鄂州市邮政局函件分局展开调查，并当场查获非法出版物《武易医》、《赚钱风暴》、《创富新财路》等4万余册。3月23日，专案组赶往武汉邮区中心局收缴了前期由鄂州运往武汉的上述非法出版物约66万册。至此，前后共收缴非法出版物70余万册，案值400余万元。经查，这批非法出版物系犯罪嫌疑人胡某在鄂州市信谊印务有限公司樊川分公司非法印刷，准备利用邮寄渠道发往全国各地。3月19日，鄂州市公安机关对该案正式立案，截至2011年底，犯罪嫌疑人胡某和吴某已被刑拘，公安机关追缴违法活动资金30万元。另外，鄂州市新闻出版局依法吊销鄂州市信谊印务有限公司樊川分公司印刷经营许可证，鄂州市邮政局函件分局及其负责人王某、业务员李某因违规操作被给予行政处分。

四、咸宁市熊宏威、熊凯侵犯著作权案

2011年3月28日，咸宁市公安局经侦支队移交温泉公安分局经侦大队一起涉嫌侵犯著作权案件，要求温泉经侦大队协查并依法查处。经查，咸宁市王者科技工作室负责人熊宏威在未经上海盛大网络发展有限公司授权的情况下，提供《传奇》私服服务器平台架设及维护，并以此牟利数十万元。6月29日，犯罪嫌疑人熊宏威、熊凯2人被抓获归案。6月30日，熊宏威、熊凯2人被咸宁市公安局温泉分局以涉嫌侵犯著作权罪刑事拘留。12 月 20 日，咸安区人民法院经审理，一审判处被告人熊宏威有期徒刑 1 年 6 个月，缓刑 2 年，并处罚金 7 万元；判处被告人熊凯有期徒刑 1 年 6 个月，缓刑 2 年，并处罚金 7 万元。

五、荆门市某控股公司预装盗版软件案

2011 年 3 月下旬，荆门市版权局收到投诉，反映该市某控股公司生产的笔记本电脑预装未经授权的盗版软件。经查，该控股公司生产的某品牌笔记本电脑还处于研发试生产阶段，从 2009 年 10 月至 2011 年 3 月，共生产 2 款、1 200 台笔记本电脑，其中预装有盗版软件的笔记本电脑销售了 600 台。7 月初，荆门市版权局依据《计算机软件保护条例》第二十四条第一款，对该控股公司作出责令停止侵权行为和罚款 6 万元的行政处罚。

六、荆州市“3·21”侵犯著作权案

2011 年 3 月，荆州市公安局网络安全支队在例行检查中发现 www.92gg.com 网站涉嫌侵犯上海盛大网络发展有限公司著作权。经立案侦查，自 2010 年 6 月以来，徐某、姚某等人通过开设私服宣传网站，发展代理，大肆为开设《传奇》私服游戏的网站宣传推广并收取费用，从中非法牟取巨额利润。专案组辗转广东、浙江、江西等多地，将该网站的经营者一网打尽，抓获徐某、姚某等犯罪嫌疑人 6 人，缴获作案用笔记本电脑 5 台，扣押作案车辆 2 台，关闭涉嫌侵权的《传奇》私服网站 100 余个，涉案金额 300 余万元。截至 2011 年底，该案已移送起诉。

七、武汉市杨莲英非法批销盗版音像制品案

2011 年 8 月 10 日，武汉市江汉区文体旅游局根据群众举报，联合区公安分局前进派出所共出动 15 名执法人员，对江汉区楚宝巷 2 号进行了突击检查，当场抓获一名涉案人员，收缴盗版音像制品 22 000 张。通过对该涉案人员的调查，此经营点是一名叫杨莲英的人在经营。此人在 2009 年因从事批销盗版音像制品被江汉区文体旅游局执法人员抓获，并被判刑 1 年，出狱后又重操旧业。经武汉市公安局江汉分局立案侦查，犯罪嫌疑人杨莲英承认了自己的犯罪事实。2012 年 4 月 27 日，江岸区人民检察院指控被告人杨莲英犯侵犯著作权罪（未遂）、贩卖淫秽物品牟利罪（未遂），向江岸区人民法院提起公诉。法院判决被告人杨莲英犯侵犯著作权罪（未遂），判处有期徒刑 2 年 11 个月，并处罚金 19 000 元；犯贩卖淫秽物品牟利罪（未遂），判处有期徒刑 6 个月，并处罚金人民币 1 000 元。数罪并罚，决定执行有期徒刑 3 年，罚金 2 万元。

八、宜昌市“52DJ 音乐网”擅自向公众提供他人作品、录音录像制品案

2011 年 12 月 21 日，宜昌市文化市场综合执法支队根据举报，对位于宜昌市东山大道某处的“52DJ 音乐网”进行了查处。经查，“52DJ 音乐网”负责人周飞擅自开办网站，并通过网络向公众提供他人作品、录音录像制品，其行为违反了《信息网络传播权保护条例》第二条的规定，侵犯了著作权人的合法权利。宜昌市版权局根据《信息网络传播权保护条例》第十八条第（一）项的规定，对该网站作出行政处罚：没收提供网络服务的计算机设备及擅自复制的光碟，罚款 1 万元。

湖 南 省

一、邵东县“12·29”非法音像制品案

2010 年 12 月 29 日，邵东县文化市场执法人员和公安干警在县城查获一处地下黑仓库，现场查获非法音像制品 124 种共计 105 432 张。2011 年 1 月 5 日，邵东县“扫黄打非”工作小组成立专案组，并将该案移送公安机关。1 月 6 日，邵东县公安局红土岭中心派出所对该案立案侦查。随后，全国“扫黄打非”办和湖南省“扫黄打非”办先后对该案挂牌督办。经过邵东县公安局、检察院、法院和文化（新闻出版、版权）局等部门长达 11 个月的通力协作，该案圆满结案。11 月 30 日，邵东县人民法院以侵犯著作权罪判处被告人姜祥胜有期徒刑 5 年，并处罚金 2 万元；判处被告人金桃有期徒刑 3 年，缓刑 5 年，并处罚金 1 万元。

二、长沙市“1·19”储存盗版图书案

2011 年 1 月 19 日，根据群众举报，全国“扫黄打非”办会同湖南省“扫黄打非”办以及长沙市文化市场执法、公安等部门，在长沙市 2 个地下仓库共查获盗版图书 199 种、45 万册，码洋达 1 300 余万元，同时查获激光防伪标识 6 万余枚、盗版图书胶片 163 种以及盗版图书的印制、销售台账等。专案组经过 70 多天侦查，抓获王学海等主要犯罪嫌疑人。此案是国务院部署开展的打击侵犯知识产权和制售假冒伪劣商品专项行动中，一次性查获盗版图书数量最大、案值最高的案件。12 月 19 日，法院以侵犯著作权罪判处王学海有期徒刑 4 年 6 个月，并处罚金 60 万元；其他 6 名被告分别被判处有期徒刑 9 个月至 2 年，并处罚金 7 万至 20 万元。

此案系制售盗版图书的典型案例，案情重大，情节恶劣，查处这一侵权盗版犯罪团伙有效净化了相关行业的版权环境。

三、怀化市华联科技公司复制计算机软件案

2011年5月6日，怀化市版权局对怀化华联科技公司检查时发现该公司涉嫌侵权，决定立案查处。经查实：2011年3月，怀化华联科技公司（网维大师系统技术部）分别为银狐网吧等三家网吧和晨龙168宾馆电脑终端安装了侵权盗版的Windows软件并收取费用，违反了《中华人民共和国著作权法》第十条第（五）项规定。依据《中华人民共和国著作权法》第四十七条第（一）项规定和《中华人民共和国著作权法实施条例》第三十六条规定，怀化市版权局对怀化华联科技公司作出了停止侵权行为、没收该公司存有侵权复制品的U盘3个、罚款5万元的行政处罚。2011年6月24日，此案办结。

四、澧县葛立勇、崔家铭等人侵犯著作权案

2011年6月，澧县公安局网络安全保卫大队接到群众举报，称有人在既未办理互联网信息服务增值业务，又未得到盛大公司授权的情况下，租用服务器擅自开设游戏私服，非法经营盛大公司的《热血传奇》网络游戏，玩家遍布全国。经过侦查，澧县公安局网络安全保卫大队成功捣毁了葛立勇等人非法经营私服的犯罪窝点。12月28日，澧县人民法院依法判处葛立勇有期徒刑2年6个月，缓刑3年，并处罚金5万元；判处崔家铭有期徒刑2年，缓刑2年，并处罚金5万元。追缴非法获利66.71万元，没收作案工具笔记本电脑2台。

五、祁阳县人民彩印厂盗印教辅案

2011年7月，永州市文化市场综合执法局（原稽查支队）根据湖南省新闻出版局统一部署开展印刷复制业专项整治行动。在对祁阳县人民彩印厂进行检查时，发现该厂正在印刷、装订中国青年出版社出版的《剑桥儿童英语启蒙》，数量共计300套，存在盗印、超范围经营等违法经营行为。经调查取证，办案人员于2011年8月3日，根据《中华人民共和国著作权法》第四十七条有关规定，对祁阳县人民彩印厂作出警告、没收所有侵权制品和罚款15 000元的行政处罚。

六、永州市李用光利用网络销售盗版专业工程软件案

2011年7月，权利人举报位于永州的“专业工程软件网”涉嫌销售他人享有著作权的软件。永州市文化市场稽查支队办案人员进行了缜密的外围调查，于8月19日立案，经过调查，当事人李用光承认了利用网络销售盗版软件的事实。2010年，李用光从别人手里买下“专业工程软件网”网店并做广告销售盗版软件，通过网络和电话联络接单。接单后，从淘宝网进货，然后卖给本地客户并为其安装，从而赚取差价，每一笔交易大概获利200元左右，至案发时网络销售的软件为50套。永州市文化市场稽查支队根据《计算机软件保护条例》第二十四条第（二）项之规定，对违法当事人李用光作出以下行政处罚：警告；责令立即停止销售盗版软件，关闭销售网店；没收所有盗版软件；处罚款人民币2万元整。

七、郴州市志合计算机系统服务有限公司侵犯著作权案

2011年10月9日，郴州市版权执法人员对市城区网吧进行突击检查，发现部分网吧安装的Windows XP系统软件由郴州市志合计算机系统服务有限责任公司有偿提供。经与微软（中国）有限公司核实，郴州市志合计算机系统服务有限责任公司未取得Windows XP产品的使用和销售权。该公司在未经著作权人许可的情况下，通过网络下载Windows XP系统软件，并非法提供给各网吧使用以牟取不正当利益，该行为严重侵犯了他人的著作权。郴州市版权局依法对郴州市志合计算机系统服务有限责任公司作出罚款6万元的行政处罚，并将该案移送司法机关追究其刑事责任。

八、岳阳市江山如画《魔兽世界》私服案

2011年10月9日，接网易上海有限公司举报，域名为www.0730sf.com的“江山如画魔兽世界”网站涉嫌架设《魔兽世界》私服。岳阳市文化市场综合执法局立即前往市电信公司锁定其服务器IP地址。经查，该服务器位于岳阳市岳阳楼区鸿鑫网吧。该私服游戏程序是该网站和李越文于2011年5月份通过网络与成都一家游戏制作公司联系后共同出资12 000元购买的。2011年7月份正式开启服务器投入运营。其牟利方式为通过声讯电话、手机短信、网银、支付宝等多种形式往游戏账户充值。至查获之日，共有92名游戏玩家充值，非法所得26 760元。当事人的违法事实清楚，证据确凿，其行为违反了《信息网络传播权保护条例》第十九条之规定，执法部门对当事人作出没收非法所得29 760元、没收服务器2台和并处人民币2万元罚款的行政处罚。

九、株洲县明德理工职业技术学校发行盗版教材案

2011年11月19日，株洲市文化市场综合执法局执法人员在对株洲县明德理工职业技术学校例行检查时，发现该校使用的教材《电子技术工艺基础》

一书印刷质量较差，图片不清，遂对该书抽样调查。经鉴定，该书系侵权复制品，随后立案调查。执法人员往返于学校、长沙定王台书店10余趟，对案件进行深挖，调查取证，并在长沙定王台查获其他盗版教材1 000余册。株洲县明德理工职业技术学校已发行盗版教材130余册，严重违反了《著作权法》第四十七条，依据《著作权法实施条例》第三十六条之规定，株洲市文化市场综合执法局决定对株洲县明德理工职业技术学校罚款1万元；将长沙定王台书店案件移送长沙市文化市场综合执法局处理。

广 东 省

一、广州市锦兴纺织漂染有限公司使用侵权软件案

2010年12月15日，微软公司投诉广州锦兴纺织漂染有限公司未经授权复制使用Windows、Office软件。广州市文化市场综合行政执法总队（以下简称“执法总队”）接到举报材料后，迅速立案调查。12月17日，市执法总队联合番禺区文化执法部门到被投诉人所在地，现场检查了该公司54台办公电脑，发现这些电脑内复制安装了繁体中文版本的Windows、Office系列软件共108套，电脑上并没有微软软件的正版标签，涉嫌安装使用盗版软件。执法人员对涉嫌安装盗版软件的电脑及软件序列号进行摄像取证，制作了《现场检查笔录》等执法文书，要求该公司负责人签名确认。

执法人员要求该公司出示上述软件的授权使用证明，该公司提供了其香港总公司于2002年在香港购买的微软产品证明，称其使用的是香港总公司购买的正版软件。经执法人员与微软（中国）有限公司核实，该香港总公司确实曾经购买了一批微软软件，但根据当时的销售协议，这批软件只限于其香港公司使用，广州公司并未获得使用授权。执法总队确认了当事人未经授权非法安装使用微软Windows、Office等系列软件的侵权事实。通过对该公司非法安装使用的微软软件的市场价格进行调查核实，计算得出上述108套软件的当时市场销售平均价格为21.6万元。

执法总队要求被投诉人暂停使用涉嫌盗版软件，被投诉人以其使用的是香港公司购买的正版软件为由，拒绝停止使用涉嫌盗版软件。据微软公司反映，自2009年初开始，微软公司就多次派人联系被投诉人，要求被投诉人停止侵权行为，但是一直遭到被投诉人的拒绝，直至案件查办期间，被投诉人仍拒绝解决侵权问题。

当事人广州锦兴纺织漂染有限公司未经许可擅自复制使用微软Windows、Office软件并用于生产经营，损害了著作权人的合法权益及公共利益，根据《计算机软件保护条例》第二十四条规定，执法总队对当事人作出责令停止侵权行为、罚款21万元的行政处罚，并责令其立即删除未经授权的软件。

二、深圳市易天移动数码连锁有限公司华强北赛博销售部侵犯著作权案件

2011年5月，根据国际唱片业协会（IFPI）亚洲区总部的投诉，深圳市市场监督管理局执法人员对位于深圳市福田区华强北路现代之窗大厦的深圳市易天移动数码连锁有限公司华强北赛博销售部进行检查，发现当事人在店内摆置的3台电脑里储存了大量国际唱片业协会亚洲区总部会员的音乐（主要为港台流行音乐）。在检查过程中，当事人现场无法提供版权人授权证明，涉嫌侵犯著作权。随即，执法人员依法进行立案调查。经查明，当事人在其店面里设置3台电脑以便免费帮助购买其手机的客户下载或复制未经授权的音乐。经国际唱片业协会北京代表处鉴定，该3台电脑里共储存了54首国际唱片业协会会员唱片公司持有版权的音乐。

按照《中华人民共和国著作权法》第四十八条第（一）项规定，当事人侵犯了著作权人的复制权、发行权和获得报酬等合法权利，持续时间较长，造成了不良社会影响，损害了公共利益，应对其进行行政处罚。深圳市市场监督管理局执法人员依法责令当事人改正违法行为，并对其罚款2万元。

该案中，当事人虽无直接盈利，但其提供的此项服务仍是一种利用附加服务来吸引顾客、争取生意的经营手段，这种行为侵犯了权利人的著作权，损害了其合法利益，理应受到法律的处罚。

广西壮族自治区

一、来宾市“9·01”批销盗版图书案

2010年9月1日，来宾市文化新闻出版局在来宾市城区来华路某处查获涉嫌盗版出版物15万多册，总码洋达300多万元。案情发生后，来宾市立即成立了专案领导小组。经自治区“扫黄打非”工作小组办公室和广西版权局组织对涉嫌侵权盗版出版物进行鉴定，认定此批出版物为侵权盗版图书。11月12日，全国“扫黄打非”办将“广西来宾‘9·01’批销盗版图书案”确定为2010年第一批全国挂牌督办的10大重点案件之一。2011年1月7

日，来宾市公安局将该案犯罪嫌疑人挂网进行通缉。3月24日上午，犯罪嫌疑人匡代贵在来宾市落网。

11月29日，来宾市兴宾区人民检察院向来宾市兴宾区人民法院提起公诉。来宾市兴宾区人民法院依法组成合议庭，于12月13日和16日公开开庭审理此案。来宾市兴宾区人民法院经审理，于12月18日作出一审判决：被告人匡代贵犯非法经营罪，判处有期徒刑7年6个月，并处罚金5万元。

二、桂林市“1·17”贩卖盗版影视光碟案

2011年初，桂林市版权局在对出版物市场日常检查中发现并排查到一个批销盗版影视光碟窝点，遂将该案移交公安部门。2011年1月17日，桂林市公安局对李某出售盗版影视光碟进行立案侦查，之后，桂林市版权局与桂林市公安局经侦支队联合开展了收网行动，当场缴获4 418张盗版影视光碟。8月11日，桂林市秀峰区人民法院根据《中华人民共和国刑法》第二百一十七条之规定，以侵犯著作权罪判处李某有期徒刑2年，缓刑3年，并处罚金人民币5 000元。

三、柳州市“2·23”贩卖盗版光碟案

2011年2月23日，柳州市新闻出版局与柳州市公安局柳北分局根据群众举报，与有关部门联合行动，端掉了柳州市鱼峰区太平西路一出售盗版光碟的窝点，现场抓获王金连、钟志荣两名涉嫌贩卖盗版光碟嫌疑人。经清点，当场查获盗版光碟近3万张，其中淫秽光碟1 000多张。12月8日，柳州市鱼峰区人民法院对王金连、钟志荣侵犯著作权案进行开庭审理。最终判定王金连侵犯著作权罪，判处有期徒刑3年，缓刑4年，并处罚金人民币25 000元；判定钟志荣侵犯著作权罪，判处有期徒刑3年，缓刑4年，并处罚金人民币12 000元。

四、南宁市“4·21”侵权盗版案

2011年4月21日，广西壮族自治区“扫黄打非”工作小组办公室和自治区版权局统一组织指挥全区行动。南宁市文化市场综合执法支队，南宁市公安局兴宁分局、治安支队、特勤支队等单位300余名执法人员参与，当日同时对南宁市民族商场、新华街1号、航洋国际商场等21家音像制品铺面、库房和柳州市一处音像店进行突击检查，查处涉嫌制作、销售盗版音像制品的音像店21家，查获盗版音像制品40万余张，抓获犯罪嫌疑人5名。经南宁市公安局立案侦查，由南宁市青秀区检察院、兴宁区检察院提起公诉，南宁市青秀区法院、兴宁区法院分别于11月14日和18日作出宣判，按照《刑法》第二百一十七条判定本案谢某、林某、陆某、江某和苏某等5名被告侵犯著作权罪，判处有期徒刑3年6个月至5年6个月不等。

五、北海市“3·21”销售盗版音像制品案

2011年3月21日，按广西版权局统一部署，北海市文化新闻出版局和北海市海城区公安分局对北海市海城区海南路北海市安全局大楼旁突击检查，在两起案件中各抓获犯罪嫌疑人1名，分别查处涉嫌销售盗版音像制品7 800张和4 000余张。10月13日，北海市海城区人民法院分别判决被告人蒋某、吴某有期徒刑8个月，罚金1万元。

四　川　省

一、成都市“2·22”侵犯著作权案

2011年2月22日，成都市文化市场综合执法总队联合成都市公安局、金牛区新闻出版（版权）局，在五块石赛云台北路一居民屋内查获一涉嫌非法复制、销售光盘窝点。现场查获作案光盘刻录机5台，刻录光驱38个，查获涉嫌盗版DVD光碟1 320张、VCD光碟1 730张、淫秽光碟850张、刻录CD光碟6 525张，用于刻录的光盘7 800张、光盘盘面4 500套，抓获犯罪嫌疑人程致俊、邓怀菊2人。当日，成都市公安局以涉嫌侵犯著作权罪将程致俊刑事拘留，邓怀菊取保候审。3月31日，成都市人民检察院以贩卖淫秽物品牟利罪批准逮捕。10月19日，成都市金牛区人民法院判决程致俊犯侵犯著作权罪、贩卖淫秽物品牟利罪，执行有期徒刑5年6个月，并处罚金人民币23 000元；判决邓怀菊犯侵犯著作权罪、贩卖淫秽物品牟利罪，执行有期徒刑4年6个月，并处罚金人民币12 000元。

二、宜宾市江安县江安中学发行盗版教材案

2011年3月18日，经宜宾市江安县文化市场综合执法大队调查核实，宜宾市江安县江安中学销售给学生使用的《高二英语》（下）、《高二物理》（下）（首都师范大学出版社出版）同步练习册834册，经首都师范大学出版社鉴定为盗版。根据《著作权法》第四十七条第一款之规定，该校上述行为已构成对首都师范大学出版社著作权的侵害，应承担相应的侵权责任。6月3日，依据《著作权法实施条例》第三十六条之规定，宜宾市江安县文化市场综合执法大队对宜宾市江安县江安中学作出以下行政处罚：没收全部盗版练习册834册；罚款15 000元。

三、泸州市中等卫生职业学校侵犯著作权案

2011年3月25日，经四川省出版物市场稽查总队与泸州市文化市场稽查支队调查核实，泸州市中等卫生职业学校订购人民卫生出版社《内科护理学》等4 732册图书销售给本校学生使用，经人民卫生出版社鉴定为盗版。根据《著作权法》第四十八条之规定，该校上述行为已构成对人民卫生出版社著作权的侵害，应承担相应的侵权责任。6月3日，根据《著作权法》第四十八条第一款及《著作权法实施条例》第三十六条之规定，泸州市文化新闻出版（版权）局对泸州市中等卫生职业学校作出以下行政处罚：责令停止侵权行为；没收全部盗版图书4 732册；罚款人民币20 000元。

四、达州市王成明非法经营中小学教辅读物案

2011年5月5日至6月10日，经达州市出版物市场稽查支队调查核实，新华文轩出版传媒有限公司达州市教材分公司职工王成明、书商龚乃明，于2011年2月28日向达县大树片区的黄都中心学校等10所公立学校销售的“新课程实践与探索丛书”《思想品德》（辽海出版社出版）、《地理》（中国地图出版社出版）共6 220册（码洋55 935元），经辽海出版社和中国地图出版社鉴定为盗版。根据《著作权法》第四十七条第九款、第四十八条第二款之规定，王成明、龚乃明的上述行为已构成对辽海出版社、中国地图出版社著作权的侵害，应承担相应的侵权责任。6月11日，根据《著作权法》第四十七条第九款、第四十八条第二款，《著作权法实施条例》第三十六条之规定，达州市新闻出版（版权）局对王成明、龚乃明分别作出行政处罚：没收王成明违法所得30 764.25元，并处罚款人民币153 821.25元；没收龚乃明违法所得3 600元，并处罚款10 000元，并责令达州市通川区文体局吊销其许可证。

五、遂宁市机电职业技术学校侵犯著作权案

2011年5月12日，经四川省出版物市场稽查总队和遂宁市文化市场稽查支队调查核实，遂宁市机电职业技术学校发行给2010年秋人本机电2班、2010年秋人本数控班、2009年秋石油1班和3班学生所使用的《车工工艺学》（中国劳动社会保障出版社出版）等22个品种的教材教辅共1 982册，经中国劳动社会保障出版社鉴定为盗版。根据《著作权法》第四十八条第一款之规定，该校上述行为已构成对中国劳动社会保障出版社著作权的侵害，应承担相应的侵权责任。7月20日，根据《著作权法》第四十八条第一款之规定，遂宁市新闻出版（版权）局对遂宁市机电职业技术学校作出以下行政处罚：责令停止侵权行为；没收并销毁全部盗版教材教辅1 982册；罚款24 550元。

六、四川核工业工程学校发行盗版教材案

2011年6月13日，经四川省版权局版权处调查核实，四川核工业工程学校于2010年秋、2011年春两季共发行高等教育出版社《计算机应用基础》等9个品种、1 202册教材（合计码洋56 905元），经高等教育出版社鉴定为盗版。根据《著作权法》第四十八条第一款之规定，该校上述行为已构成对高等教育出版社著作权的侵害，应承担相应的侵权责任。7月12日，四川省版权局依法对四川核工业工程学校作出以下行政处罚：责令停止侵权行为；没收全部盗版教材1 202册；罚款56 905元。

七、成都市“8·09”复制销售侵权盗版光碟案

2011年8月9日，成都市文化市场综合执法总队会同成都市公安局、成都市金牛区文化旅游和体育局捣毁了位于成都市赛云台北路的库房，当场抓获犯罪嫌疑人刘磊和陈丹夫妇，查获电脑刻录机6台，每台有8个刻录光驱；查获用于非法刻录的母碟和刻录光碟51 584张、涉嫌盗版光碟39 448张，共计91 032张。8月9日，成都市文化市场综合执法总队将案件移交成都市公安局。成都市公安局于8月9日对当事人刘磊执行刑事拘留，9月9日对其执行逮捕，10月26日移送成都市人民检察院审查起诉。12月27日，成都市金牛区人民法院判处刘磊犯侵犯著作权罪，执行有期徒刑4年，并处罚金3万元。

八、广元市王先军销售侵权盗版工具书案

经广元市文化体育和新闻出版局调查核实，广元中学老师王先军于2011年9月，在一书商处订购《现代汉语词典》（第五版）（商务印书馆有限公司出版）195本（其中188本已销售给学生使用），经商务印书馆有限公司鉴定为盗版。根据《著作权法》第四十八条第一款之规定，王先军上述行为已构成对商务印书馆有限公司著作权的侵害，应承担相应的侵权责任。11月11日，根据《著作权法实施条例》第三十六条之规定，广元市文化体育和新闻出版局对王先军作出以下行政处罚：责令停止侵权行为；没收全部侵权复制品195本；罚款人民币20 000元。

九、成都市“10·19”储存销售侵权盗版音像制品案

2010年10月19日，成都市版权局、成都市公安局在成都市金牛区解放北路的三处民房内，现场查获《雪豹》、《最高特赦》等涉嫌盗版音像制品49万余张，以及涉嫌淫秽光碟1 400余张，抓获嫌疑人龚玉彬。经调查核实，从2010年9月至案发，龚玉彬未经广州得金文化传播有限公司、上海美术电影制片厂等影片著作权人许可，大肆销售侵权盗版音像制品。根据《著作权法》第四十八条第一款第（一）项之规定，龚玉彬的上述行为已构成对广州得金文化传播有限公司、上海美术电影制片厂等著作权的侵害，应承担侵权责任。成都市版权局于10月21日将案件移送成都市公安局侦查，11月25日，该案主要犯罪嫌疑人龚玉彬被成都市金牛区人民检察院依法批准逮捕。

2011年3月9日，金牛区人民检察院以龚玉彬侵犯著作权罪和贩卖淫秽物品牟利罪向金牛区人民法院提起公诉。11月29日，成都市金牛区人民法院以犯侵犯著作权罪判处龚玉彬有期徒刑5年6个月，并处罚金人民币5万元；以贩卖淫秽物品牟利罪判处其有期徒刑1年6个月，并处罚金人民币3 000元，二罪并罚，共判处有期徒刑6年6个月，处罚金53 000元。

十、眉山市城市猎人网吧侵权播放电影影片案

2011年12月8日，眉山市文化市场综合执法支队执法人员对眉山市东坡区城市猎人网吧进行现场检查，发现该网吧擅自复制下载电影放在服务器上，从事经营播放活动。经调查核实，该网吧服务器中播放的《雷神奇侠》、《赤焰战场》、《红手指》、《屋顶的公寓》等4部影片不能提供影片正版合法授权书。该网吧上述经营行为违反了《著作权法》第四十七条第一款之规定，应承担相应的侵权责任。2011年12月29日，根据《著作权法》第四十八条第一款之规定，眉山市文体影视新闻出版（版权）局对眉山市城市猎人网吧作出以下行政处罚：警告并责令停止侵权行为；没收登记保存的服务器1台。

西藏自治区

西藏“9·27”批销盗版教辅图书案

2010年9月10日，西藏自治区版权局版权处接到西藏人民出版社和有关群众的举报，反映嫌疑人张新峰在拉萨、日喀则、山南等地（市）大肆销售藏文盗版教辅图书，要求依法予以查处。9月13日，自治区版权局成立了以副局长龙志刚为组长，版权局副局长王喜凯、自治区公安厅治安总队副总队长何开乾为副组长，自治区版权局版权处、自治区“扫黄打非”办公室、自治区公安厅治安总队有关人员为成员的专案组。9月16日，经自治区公安厅协调，专案交由拉萨市公安局刑警支队有组织犯罪侦查大队具体承办。犯罪嫌疑人张新峰于9月27日被抓获归案。

经法院查明，犯罪嫌疑人张新峰自2009年8月始，从山东省济宁市梁山县、河北省沧州市等地购进盗版教辅图书，再以藏文类8折、汉文类5折左右的折扣，向拉萨、山南、日喀则等地（市）的16个县（市）的18所中小学校非法销售。涉案图书共计33 913册，码洋57万元。

2011年6月27日，拉萨市林周县人民法院对西藏“9·27”批销盗版教辅图书一案依法进行了公开宣判，被告人张新峰犯侵犯著作权罪，判处有期徒刑5年，并处罚金10万元。

该案被新闻出版总署、国家版权局、全国“扫黄打非”工作小组办公室、公安部、最高人民法院、最高人民检察院列为打击侵犯知识产权和制售假冒伪劣商品专项行动的联合挂牌督办重点案件。这是西藏自治区版权局组织破获的首例批销侵权盗版典型案件，也是西藏首例重大侵权盗版刑事案件。该案的破获，是西藏开展打击侵犯知识产权和制售假冒伪劣商品专项行动取得的重大战果之一，彰显了版权执法部门严厉打击侵权盗版的信心和决心。

青海省

西宁市音像店销售盗版音像制品案

根据青海省版权局关于开展图书、音像制品市场集中整治行动的工作安排，西宁市文化广播电视局与西宁市公安局组成联合检查组，于2011年1月18日对西宁市城东区图书、音像市场进行了执法检查。

检查中发现，西宁市城东区小商品批发市场良友音像店正在销售涉嫌盗版音像制品，随即对良友音像店及其库房进行了检查，现场查获盗版光盘20 170张。次日，联合检查组将案情向青海省版权局汇报，青海省版权局版权处随即对店主周军武涉嫌销售盗版音像制品案进行了会商。西宁市文化广播电视局对查获的音像制品进行了分拣，青海省版权局版权处组织人员对查获的音像制品进行鉴定并出具了鉴定书，随后西宁市文化广播电视局将案件移交西宁市公安局立案侦查。经调查核实，2009年1月5日，被告人周军武申请办理了经营音像制品出租、零售营业执照和经营许可证，在西宁市城东区小商品批发市场97号经营音像制品的出租和零售业务，后周军武从兰州以每张1.6元的价格购进电视剧、电影、歌曲等盗版光盘，后以每张1.8元至3元的价格批发或出售给他人。

2011年8月16日，城东区人民法院认为，被告人周军武以营利为目的，未经著作权人许可，发行其录像等作品，情节特别严重，行为已构成侵犯著作权罪，依照《中华人民共和国刑法》第二百一十七条、第七十二条第（二）项、第六十四条之规定，以侵犯著作权罪，判处周军武有期徒刑3年，缓刑3年，并处罚金2万元，随案移送盗版光碟予以没收。

在上述联合检查中，检查组还发现城东区小商品批发市场东升音像店内销售涉嫌盗版音像制品，随即对东升音像店及库房进行了检查，现场查获盗版光盘11 300张。经调查核实，2007年，犯罪嫌疑人张照升注册成立东升音像店，属个体经营户，主要经营音像制品的零售、出租。犯罪嫌疑人张照升为牟取非法利益，自2007年以来从兰州电子商贸城等地以1.5～1.6元不等的价格购进大量电视、电影、歌曲类盗版光盘对外销售，共计1 816个品种，11 300张。

2011年10月11日，城东区人民法院作出刑事判决：被告人张照升以营利为目的，未经著作权人许可，发行其录像等作品，情节特别严重，行为已构成侵犯著作权罪。依照《中华人民共和国刑法》第二百一十七条、第七十二条第（二）项之规定，以侵犯著作权罪判处张照升有期徒刑3年，缓刑3年，并处罚金5 000元。

新疆维吾尔自治区

乌鲁木齐“11·12”民语盗版光盘案

2010年11月12日，乌鲁木齐市新闻出版（版权）局稽查人员对位于团结路国防工办招待所院内一库房进行检查，现场查扣涉嫌盗版音像制品40 080余张。2012年1月，法院判处被告人艾买尔·艾力有期徒刑3年6个月，并处罚金8万元。

此案系销售少数民族类盗版光盘案例。该案打掉了“一条龙”侵权盗版犯罪窝点，为近年来新疆甚至西部地区出现的典型案例。

版权

法律法规及规章文件

FA LV FA GUI JI GUI ZHANG WEN JIAN

法律法规

中华人民共和国著作权法实施条例

第一条 根据《中华人民共和国著作权法》（以下简称著作权法），制定本条例。

第二条 著作权法所称作品，是指文学、艺术和科学领域内具有独创性并能以某种有形形式复制的智力成果。

第三条 著作权法所称创作，是指直接产生文学、艺术和科学作品的智力活动。

为他人创作进行组织工作，提供咨询意见、物质条件，或者进行其他辅助工作，均不视为创作。

第四条 著作权法和本条例中下列作品的含义：

（一）文字作品，是指小说、诗词、散文、论文等以文字形式表现的作品；

（二）口述作品，是指即兴的演说、授课、法庭辩论等以口头语言形式表现的作品；

（三）音乐作品，是指歌曲、交响乐等能够演唱或者演奏的带词或者不带词的作品；

（四）戏剧作品，是指话剧、歌剧、地方戏等供舞台演出的作品；

（五）曲艺作品，是指相声、快书、大鼓、评书等以说唱为主要形式表演的作品；

（六）舞蹈作品，是指通过连续的动作、姿势、表情等表现思想情感的作品；

（七）杂技艺术作品，是指杂技、魔术、马戏等通过形体动作和技巧表现的作品；

（八）美术作品，是指绘画、书法、雕塑等以线条、色彩或者其他方式构成的有审美意义的平面或者立体的造型艺术作品；

（九）建筑作品，是指以建筑物或者构筑物形式表现的有审美意义的作品；

（十）摄影作品，是指借助器械在感光材料或者其他介质上记录客观物体形象的艺术作品；

（十一）电影作品和以类似摄制电影的方法创作的作品，是指摄制在一定介质上，由一系列有伴音或者无伴音的画面组成，并且借助适当装置放映或者以其他方式传播的作品；

（十二）图形作品，是指为施工、生产绘制的工程设计图、产品设计图，以及反映地理现象、说明事物原理或者结构的地图、示意图等作品；

（十三）模型作品，是指为展示、试验或者观测等用途，根据物体的形状和结构，按照一定比例制成的立体作品。

第五条 著作权法和本条例中下列用语的含义：

（一）时事新闻，是指通过报纸、期刊、广播电台、电视台等媒体报道的单纯事实消息；

（二）录音制品，是指任何对表演的声音和其他声音的录制品；

（三）录像制品，是指电影作品和以类似摄制电影的方法创作的作品以外的任何有伴音或者无伴音的连续相关形象、图像的录制品；

（四）录音制作者，是指录音制品的首次制作人；

（五）录像制作者，是指录像制品的首次制作人；

（六）表演者，是指演员、演出单位或者其他表演文学、艺术作品的人。

第六条 著作权自作品创作完成之日起产生。

第七条 著作权法第二条第三款规定的首先在中国境内出版的外国人、无国籍人的作品，其著作权自首次出版之日起受保护。

第八条 外国人、无国籍人的作品在中国境外首先出版后，30日内在中国境内出版的，视为该作品同时在中国境内出版。

第九条 合作作品不可以分割使用的，其著作权由各合作作者共同享有，通过协商一致行使；不能协商一致，又无正当理由的，任何一方不得阻止他方行使除转让以外的其他权利，但是所得收益应当合理分配给所有合作作者。

第十条 著作权人许可他人将其作品摄制成电影作品和以类似摄制电影的方法创作的作品的，视为已同意对其作品进行必要的改动，但是这种改动不得歪曲篡改原作品。

第十一条 著作权法第十六条第一款关于职务作品的规定中的“工作任务”，是指公民在该法人或者该组织中应当履行的职责。

著作权法第十六条第二款关于职务作品的规定中的“物质技术条件”，是指该法人或者该组织为公民完成创作专门提供的资金、设备或者资料。

第十二条 职务作品完成两年内，经单位同意，作者许可第三人以与单位使用的相同方式使用作品所获报酬，由作者与单位按约定的比例分配。

作品完成两年的期限，自作者向单位交付作品之日起计算。

第十三条 作者身份不明的作品，由作品原件的所有人行使除署名权以外的著作权。作者身份确定后，由作者或者其继承人行使著作权。

第十四条 合作作者之一死亡后，其对合作作品享有的著作权法第十条第一款第（五）项至第（十七）项规定的权利无人继承又无人受遗赠的，由其他合作作者享有。

第十五条 作者死亡后，其著作权中的署名权、修改权和保护作品完整权由作者的继承人或者受遗赠人保护。

著作权无人继承又无人受遗赠的，其署名权、修改权和保护作品完整权由著作权行政管理部门保护。

第十六条 国家享有著作权的作品的使用，由国务院著作权行政管理部门管理。

第十七条 作者生前未发表的作品，如果作者未明确表示不发表，作者死亡后 50 年内，其发表权可由继承人或者受遗赠人行使；没有继承人又无人受遗赠的，由作品原件的所有人行使。

第十八条 作者身份不明的作品，其著作权法第十条第一款第（五）项至第（十七）项规定的权利的保护期截止于作品首次发表后第 50 年的 12 月 31 日。作者身份确定后，适用著作权法第二十一条的规定。

第十九条 使用他人作品的，应当指明作者姓名、作品名称；但是，当事人另有约定或者由于作品使用方式的特性无法指明的除外。

第二十条 著作权法所称已经发表的作品，是指著作权人自行或者许可他人公之于众的作品。

第二十一条 依照著作权法有关规定，使用可以不经著作权人许可的已经发表的作品的，不得影响该作品的正常使用，也不得不合理地损害著作权人的合法利益。

第二十二条 依照著作权法第二十三条、第三十三条第二款、第四十条第三款的规定使用作品的付酬标准，由国务院著作权行政管理部门会同国务院价格主管部门制定、公布。

第二十三条 使用他人作品应当同著作权人订立许可使用合同，许可使用的权利是专有使用权的，应当采取书面形式，但是报社、期刊社刊登作品除外。

第二十四条 著作权法第二十四条规定的专有使用权的内容由合同约定，合同没有约定或者约定不明的，视为被许可人有权排除包括著作权人在内的任何人以同样的方式使用作品；除合同另有约定外，被许可人许可第三人行使同一权利，必须取得著作权人的许可。

第二十五条 与著作权人订立专有许可使用合同、转让合同的，可以向著作权行政管理部门备案。

第二十六条 著作权法和本条例所称与著作权有关的权益，是指出版者对其出版的图书和期刊的版式设计享有的权利，表演者对其表演享有的权利，录音录像制作者对其制作的录音录像制品享有的权利，广播电台、电视台对其播放的广播、电视节目享有的权利。

第二十七条 出版者、表演者、录音录像制作者、广播电台、电视台行使权利，不得损害被使用作品和原作品著作权人的权利。

第二十八条 图书出版合同中约定图书出版者享有专有出版权但没有明确其具体内容的，视为图书出版者享有在合同有效期限内和在合同约定的地域范围内以同种文字的原版、修订版出版图书的专有权利。

第二十九条 著作权人寄给图书出版者的两份订单在 6 个月内未能得到履行，视为著作权法第三十二条所称图书脱销。

第三十条 著作权人依照著作权法第三十三条第二款声明不得转载、摘编其作品的，应当在报纸、期刊刊登该作品时附带声明。

第三十一条 著作权人依照著作权法第四十条第三款声明不得对其作品制作录音制品的，应当在该作品合法录制为录音制品时声明。

第三十二条 依照著作权法第二十三条、第三十三条第二款、第四十条第三款的规定，使用他人作品的，应当自使用该作品之日起 2 个月内向著作权人支付报酬。

第三十三条 外国人、无国籍人在中国境内的表演，受著作权法保护。

外国人、无国籍人根据中国参加的国际条约对其表演享有的权利，受著作权法保护。

第三十四条 外国人、无国籍人在中国境内制作、发行的录音制品，受著作权法保护。

外国人、无国籍人根据中国参加的国际条约对其制作、发行的录音制品享有的权利，受著作权法保护。

第三十五条 外国的广播电台、电视台根据中国参加的国际条约对其播放的广播、电视节目享有的权利，受著作权法保护。

第三十六条 有著作权法第四十八条所列侵权行为，同时损害社会公共利益的，著作权行政管理部门可以处非法经营额3倍以下的罚款；非法经营额难以计算的，可以处10万元以下的罚款。

第三十七条 有著作权法第四十八条所列侵权行为，同时损害社会公共利益的，由地方人民政府著作权行政管理部门负责查处。

国务院著作权行政管理部门可以查处在全国有重大影响的侵权行为。

第三十八条 本条例自2002年9月15日起施行。1991年5月24日国务院批准、1991年5月30日国家版权局发布的《中华人民共和国著作权法实施条例》同时废止。

计算机软件保护条例

第一章 总 则

第一条 为了保护计算机软件著作权人的权益，调整计算机软件在开发、传播和使用中发生的利益关系，鼓励计算机软件的开发与应用，促进软件产业和国民经济信息化的发展，根据《中华人民共和国著作权法》，制定本条例。

第二条 本条例所称计算机软件（以下简称软件），是指计算机程序及其有关文档。

第三条 本条例下列用语的含义：

（一）计算机程序，是指为了得到某种结果而可以由计算机等具有信息处理能力的装置执行的代码化指令序列，或者可以被自动转换成代码化指令序列的符号化指令序列或者符号化语句序列。同一计算机程序的源程序和目标程序为同一作品。

（二）文档，是指用来描述程序的内容、组成、设计、功能规格、开发情况、测试结果及使用方法的文字资料和图表等，如程序设计说明书、流程图、用户手册等。

（三）软件开发者，是指实际组织开发、直接进行开发，并对开发完成的软件承担责任的法人或者其他组织；或者依靠自己具有的条件独立完成软件开发，并对软件承担责任的自然人。

（四）软件著作权人，是指依照本条例的规定，对软件享有著作权的自然人、法人或者其他组织。

第四条 受本条例保护的软件必须由开发者独立开发，并已固定在某种有形物体上。

第五条 中国公民、法人或者其他组织对其所开发的软件，不论是否发表，依照本条例享有著作权。

外国人、无国籍人的软件首先在中国境内发行的，依照本条例享有著作权。

外国人、无国籍人的软件，依照其开发者所属国或者经常居住地国同中国签订的协议或者依照中国参加的国际条约享有的著作权，受本条例保护。

第六条 本条例对软件著作权的保护不延及开发软件所用的思想、处理过程、操作方法或者数学概念等。

第七条 软件著作权人可以向国务院著作权行政管理部门认定的软件登记机构办理登记。软件登记机构发放的登记证明文件是登记事项的初步证明。

办理软件登记应当缴纳费用。软件登记的收费标准由国务院著作权行政管理部门会同国务院价格主管部门规定。

第二章 软件著作权

第八条 软件著作权人享有下列各项权利：

（一）发表权，即决定软件是否公之于众的权利；

（二）署名权，即表明开发者身份，在软件上署名的权利；

（三）修改权，即对软件进行增补、删节，或者改变指令、语句顺序的权利；

（四）复制权，即将软件制作一份或者多份的权利；

（五）发行权，即以出售或者赠与方式向公众提供软件的原件或者复制件的权利；

（六）出租权，即有偿许可他人临时使用软件的权利，但是软件不是出租的主要标的的除外；

（七）信息网络传播权，即以有线或者无线方式向公众提供软件，使公众可以在其个人选定的时间和地点获得软件的权利；

（八）翻译权，即将原软件从一种自然语言文字转换成另一种自然语言文字的权利；

（九）应当由软件著作权人享有的其他权利。

软件著作权人可以许可他人行使其软件著作权，并有权获得报酬。

软件著作权人可以全部或者部分转让其软件著作权，并有权获得报酬。

第九条 软件著作权属于软件开发者，本条例另有规定的除外。

如无相反证明，在软件上署名的自然人、法人或者其他组织为开发者。

第十条 由两个以上的自然人、法人或者其他组织合作开发的软件，其著作权的归属由合作开发者签订书面合同约定。无书面合同或者合同未作明确约定，合作开发的软件可以分割使用的，开发者对各自开发的部分可以单独享有著作权；但是，行使著作权时，不得扩展到合作开发的软件整体的著作权。合作开发的软件不能分割使用的，其著作权由各合作开发者共同享有，通过协商一致行使；不能协商一致，又无正当理由的，任何一方不得阻止他方行使除转让权以外的其他权利，但是所得收益应当合理分配给所有合作开发者。

第十一条 接受他人委托开发的软件，其著作权的归属由委托人与受托人签订书面合同约定；无书面合同或者合同未作明确约定的，其著作权由受托人享有。

第十二条 由国家机关下达任务开发的软件，著作权的归属与行使由项目任务书或者合同规定；项目任务书或者合同中未作明确规定的，软件著作权由接受任务的法人或者其他组织享有。

第十三条 自然人在法人或者其他组织中任职期间所开发的软件有下列情形之一的，该软件著作权由该法人或者其他组织享有，该法人或者其他组织可以对开发软件的自然人进行奖励：

（一）针对本职工作中明确指定的开发目标所开发的软件；

（二）开发的软件是从事本职工作活动所预见的结果或者自然的结果；

（三）主要使用了法人或者其他组织的资金、专用设备、未公开的专门信息等物质技术条件所开发并由法人或者其他组织承担责任的软件。

第十四条 软件著作权自软件开发完成之日起产生。

自然人的软件著作权，保护期为自然人终生及其死亡后50年，截止于自然人死亡后第50年的12月31日；软件是合作开发的，截止于最后死亡的自然人死亡后第50年的12月31日。

法人或者其他组织的软件著作权，保护期为50年，截止于软件首次发表后第50年的12月31日，但软件自开发完成之日起50年内未发表的，本条例不再保护。

第十五条 软件著作权属于自然人的，该自然人死亡后，在软件著作权的保护期内，软件著作权的继承人可以依照《中华人民共和国继承法》的有关规定，继承本条例第八条规定的除署名权以外的其他权利。

软件著作权属于法人或者其他组织的，法人或者其他组织变更、终止后，其著作权在本条例规定的保护期内由承受其权利义务的法人或者其他组织享有；没有承受其权利义务的法人或者其他组织的，由国家享有。

第十六条 软件的合法复制品所有人享有下列权利：

（一）根据使用的需要把该软件装入计算机等具有信息处理能力的装置内；

（二）为了防止复制品损坏而制作备份复制品。这些备份复制品不得通过任何方式提供给他人使用，并在所有人丧失该合法复制品的所有权时，负责将备份复制品销毁；

（三）为了把该软件用于实际的计算机应用环境或者改进其功能、性能而进行必要的修改；但是，除合同另有约定外，未经该软件著作权人许可，不得向任何第三方提供修改后的软件。

第十七条 为了学习和研究软件内含的设计思想和原理，通过安装、显示、传输或者存储软件等方式使用软件的，可以不经软件著作权人许可，不向其支付报酬。

第三章 软件著作权的许可使用和转让

第十八条 许可他人行使软件著作权的，应当订立许可使用合同。

许可使用合同中软件著作权人未明确许可的权利，被许可人不得行使。

第十九条 许可他人专有行使软件著作权的，当事人应当订立书面合同。

没有订立书面合同或者合同中未明确约定为专有许可的，被许可行使的权利应当视为非专有权利。

第二十条 转让软件著作权的，当事人应当订立书面合同。

第二十一条 订立许可他人专有行使软件著作权的许可合同，或者订立转让软件著作权合同，可以向国务院著作权行政管理部门认定的软件登记机构登记。

第二十二条 中国公民、法人或者其他组织向外国人许可或者转让软件著作权的，应当遵守《中华人民共和国技术进出口管理条例》的有关规定。

第四章 法律责任

第二十三条 除《中华人民共和国著作权法》或者本条例另有规定外，有下列侵权行为的，应当根据情况，承担停止侵害、消除影响、赔礼道歉、赔偿损失等民事责任：

（一）未经软件著作权人许可，发表或者登记其软件的；

（二）将他人软件作为自己的软件发表或者登记的；

（三）未经合作者许可，将与他人合作开发的软件作为自己单独完成的软件发表或者登记的；

（四）在他人软件上署名或者更改他人软件上的署名的；

（五）未经软件著作权人许可，修改、翻译其软件的；

（六）其他侵犯软件著作权的行为。

第二十四条 除《中华人民共和国著作权法》、本条例或者其他法律、行政法规另有规定外，未经软件著作权人许可，有下列侵权行为的，应当根据情况，承担停止侵害、消除影响、赔礼道歉、赔偿损失等民事责任；同时损害社会公共利益的，由著作权行政管理部门责令停止侵权行为，没收违法所得，没收、销毁侵权复制品，可以并处罚款；情节严重的，著作权行政管理部门并可以没收主要用于制作侵权复制品的材料、工具、设备等；触犯刑律的，依照刑法关于侵犯著作权罪、销售侵权复制品罪的规定，依法追究刑事责任：

（一）复制或者部分复制著作权人的软件的；

（二）向公众发行、出租、通过信息网络传播著作权人的软件的；

（三）故意避开或者破坏著作权人为保护其软件著作权而采取的技术措施的；

（四）故意删除或者改变软件权利管理电子信息的；

（五）转让或者许可他人行使著作权人的软件著作权的。

有前款第（一）项或者第（二）项行为的，可以并处每件100元或者货值金额5倍以下的罚款；有前款第（三）项、第（四）项或者第（五）项行为的，可以并处5万元以下的罚款。

第二十五条 侵犯软件著作权的赔偿数额，依照《中华人民共和国著作权法》第四十九条的规定确定。

第二十六条 软件著作权人有证据证明他人正在实施或者即将实施侵犯其权利的行为，如不及时制止，将会使其合法权益受到难以弥补的损害的，可以依照《中华人民共和国著作权法》第五十条的规定，在提起诉讼前向人民法院申请采取责令停止有关行为和财产保全的措施。

第二十七条 为了制止侵权行为，在证据可能灭失或者以后难以取得的情况下，软件著作权人可以依照《中华人民共和国著作权法》第五十一条的规定，在提起诉讼前向人民法院申请保全证据。

第二十八条 软件复制品的出版者、制作者不能证明其出版、制作有合法授权的，或者软件复制品的发行者、出租者不能证明其发行、出租的复制品有合法来源的，应当承担法律责任。

第二十九条 软件开发者开发的软件，由于可供选用的表达方式有限而与已经存在的软件相似的，不构成对已经存在的软件的著作权的侵犯。

第三十条 软件的复制品持有人不知道也没有合理理由应当知道该软件是侵权复制品的，不承担赔偿责任；但是，应当停止使用、销毁该侵权复制品。如果停止使用并销毁该侵权复制品将给复制品使用人造成重大损失的，复制品使用人可以在向软件著作权人支付合理费用后继续使用。

第三十一条 软件著作权侵权纠纷可以调解。

软件著作权合同纠纷可以依据合同中的仲裁条款或者事后达成的书面仲裁协议，向仲裁机构申请仲裁。

当事人没有在合同中订立仲裁条款，事后又没有书面仲裁协议的，可以直接向人民法院提起诉讼。

第五章 附 则

第三十二条 本条例施行前发生的侵权行为，依照侵权行为发生时的国家有关规定处理。

第三十三条 本条例自2002年1月1日起施行。1991年6月4日国务院发布的《计算机软件保护条例》同时废止。

著作权集体管理条例

第一章　总　则

第一条　为了规范著作权集体管理活动，便于著作权人和与著作权有关的权利人（以下简称权利人）行使权利和使用者使用作品，根据《中华人民共和国著作权法》（以下简称著作权法）制定本条例。

第二条　本条例所称著作权集体管理，是指著作权集体管理组织经权利人授权，集中行使权利人的有关权利并以自己的名义进行的下列活动：

（一）与使用者订立著作权或者与著作权有关的权利许可使用合同（以下简称许可使用合同）；

（二）向使用者收取使用费；

（三）向权利人转付使用费；

（四）进行涉及著作权或者与著作权有关的权利的诉讼、仲裁等。

第三条　本条例所称著作权集体管理组织，是指为权利人的利益依法设立，根据权利人授权、对权利人的著作权或者与著作权有关的权利进行集体管理的社会团体。

著作权集体管理组织应当依照有关社会团体登记管理的行政法规和本条例的规定进行登记并开展活动。

第四条　著作权法规定的表演权、放映权、广播权、出租权、信息网络传播权、复制权等权利人自己难以有效行使的权利，可以由著作权集体管理组织进行集体管理。

第五条　国务院著作权管理部门主管全国的著作权集体管理工作。

第六条　除依照本条例规定设立的著作权集体管理组织外，任何组织和个人不得从事著作权集体管理活动。

第二章　著作权集体管理组织的设立

第七条　依法享有著作权或者与著作权有关的权利的中国公民、法人或者其他组织，可以发起设立著作权集体管理组织。

设立著作权集体管理组织，应当具备下列条件：

（一）发起设立著作权集体管理组织的权利人不少于 50 人；

（二）不与已经依法登记的著作权集体管理组织的业务范围交叉、重合；

（三）能在全国范围代表相关权利人的利益；

（四）有著作权集体管理组织的章程草案、使用费收取标准草案和向权利人转付使用费的办法（以下简称使用费转付办法）草案。

第八条　著作权集体管理组织章程应当载明下列事项：

（一）名称、住所；

（二）设立宗旨；

（三）业务范围；

（四）组织机构及其职权；

（五）会员大会的最低人数；

（六）理事会的职责及理事会负责人的条件和产生、罢免的程序；

（七）管理费提取、使用办法；

（八）会员加入、退出著作权集体管理组织的条件、程序；

（九）章程的修改程序；

（十）著作权集体管理组织终止的条件、程序和终止后资产的处理。

第九条　申请设立著作权集体管理组织，应当向国务院著作权管理部门提交证明符合本条例第七条规定的条件的材料。国务院著作权管理部门应当自收到材料之日起 60 日内，作出批准或者不予批准的决定。批准的，发给著作权集体管理许可证；不予批准的，应当说明理由。

第十条　申请人应当自国务院著作权管理部门发给著作权集体管理许可证之日起 30 日内，依照有关社会团体登记管理的行政法规到国务院民政部门办理登记手续。

第十一条　依法登记的著作权集体管理组织，应当自国务院民政部门发给登记证书之日起 30 日内，将其登记证书副本报国务院著作权管理部门备案；国务院著作权管理部门应当将报备的登记证书副本以及著作权集体管理组织章程、使用费收取标准、使用费转付办法予以公告。

第十二条 著作权集体管理组织设立分支机构，应当经国务院著作权管理部门批准，并依照有关社会团体登记管理的行政法规到国务院民政部门办理登记手续。经依法登记的，应当将分支机构的登记证书副本报国务院著作权管理部门备案，由国务院著作权管理部门予以公告。

第十三条 著作权集体管理组织应当根据下列因素制定使用费收取标准：

（一）使用作品、录音录像制品等的时间、方式和地域范围；

（二）权利的种类；

（三）订立许可使用合同和收取使用费工作的繁简程度。

第十四条 著作权集体管理组织应当根据权利人的作品或者录音录像制品等使用情况制定使用费转付办法。

第十五条 著作权集体管理组织修改章程，应当将章程修改草案报国务院著作权管理部门批准，并依法经国务院民政部门核准后，由国务院著作权管理部门予以公告。

第十六条 著作权集体管理组织被依法撤销登记的，自被撤销登记之日起不得再进行著作权集体管理业务活动。

第三章 著作权集体管理组织的机构

第十七条 著作权集体管理组织会员大会（以下简称会员大会）为著作权集体管理组织的权力机构。

会员大会由理事会依照本条例规定负责召集。理事会应当于会员大会召开60日以前将会议的时间、地点和拟审议事项予以公告；出席会员大会的会员，应当于会议召开30日以前报名。报名出席会员大会的会员少于章程规定的最低人数时，理事会应当将会员大会报名情况予以公告，会员可以于会议召开5日以前补充报名，并由全部报名出席会员大会的会员举行会员大会。

会员大会行使下列职权：

（一）制定和修改章程；

（二）制定和修改使用费收取标准；

（三）制定和修改使用费转付办法；

（四）选举和罢免理事；

（五）审议批准理事会的工作报告和财务报告；

（六）制定内部管理制度；

（七）决定使用费转付方案和著作权集体管理组织提取管理费的比例；

（八）决定其他重大事项。

会员大会每年召开一次；经10%以上会员或者理事会提议，可以召开临时会员大会。会员大会作出决定，应当经出席会议的会员过半数表决通过。

第十八条 著作权集体管理组织设立理事会，对会员大会负责，执行会员大会决定。理事会成员不得少于9人。

理事会任期为4年，任期届满应当进行换届选举。因特殊情况可以提前或者延期换届，但是换届延期不得超过1年。

第四章 著作权集体管理活动

第十九条 权利人可以与著作权集体管理组织以书面形式订立著作权集体管理合同，授权该组织对其依法享有的著作权或者与著作权有关的权利进行管理。权利人符合章程规定加入条件的，著作权集体管理组织应当与其订立著作权集体管理合同，不得拒绝。

权利人与著作权集体管理组织订立著作权集体管理合同并按照章程规定履行相应手续后，即成为该著作权集体管理组织的会员。

第二十条 权利人与著作权集体管理组织订立著作权集体管理合同后，不得在合同约定期限内自己行使或者许可他人行使合同约定的由著作权集体管理组织行使的权利。

第二十一条 权利人可以依照章程规定的程序，退出著作权集体管理组织，终止著作权集体管理合同。但是，著作权集体管理组织已经与他人订立许可使用合同的，该合同在期限届满前继续有效；该合同有效期内，权利人有权获得相应的使用费并可以查阅有关业务材料。

第二十二条 外国人、无国籍人可以通过与中国的著作权集体管理组织订立相互代表协议的境外同类组织，授权中国的著作权集体管理组织管理其依法在中国境内享有的著作权或者与著作权有关的权利。

前款所称相互代表协议，是指中国的著作权集体管理组织与境外的同类组织相互授权对方在其所在国家或者地区进行集体管理活动的协议。

著作权集体管理组织与境外同类组织订立的相互代表协议应当报国务院著作权管理部门备案，由国务院著作权管理部门予以公告。

第二十三条 著作权集体管理组织许可他人使用其管理的作品、录音录像制品等，应当与使用者以书面形式订立许可使用合同。

著作权集体管理组织不得与使用者订立专有许可使用合同。

使用者以合理的条件要求与著作权集体管理组织订立许可使用合同，著作权集体管理组织不得拒绝。

许可使用合同的期限不得超过 2 年；合同期限届满可以续订。

第二十四条 著作权集体管理组织应当建立权利信息查询系统，供权利人和使用者查询。权利信息查询系统应当包括著作权集体管理组织管理的权利种类和作品、录音录像制品等的名称、权利人姓名或者名称、授权管理的期限。

权利人和使用者对著作权集体管理组织管理的权利的信息进行咨询时，该组织应当予以答复。

第二十五条 除著作权法第二十三条、第三十三条第二款、第四十条第三款、第四十三条第二款和第四十四条规定应当支付的使用费外，著作权集体管理组织应当根据国务院著作权管理部门公告的使用费收取标准，与使用者约定收取使用费的具体数额。

第二十六条 两个或者两个以上著作权集体管理组织就同一使用方式向同一使用者收取使用费，可以事先协商确定由其中一个著作权集体管理组织统一收取。统一收取的使用费在有关著作权集体管理组织之间经协商分配。

第二十七条 使用者向著作权集体管理组织支付使用费时，应当提供其使用的作品、录音录像制品等的名称、权利人姓名或者名称和使用的方式、数量、时间等有关使用情况；许可使用合同另有约定的除外。

使用者提供的有关使用情况涉及该使用者商业秘密的，著作权集体管理组织负有保密义务。

第二十八条 著作权集体管理组织可以从收取的使用费中提取一定比例作为管理费，用于维持其正常的业务活动。

著作权集体管理组织提取管理费的比例应当随着使用费收入的增加而逐步降低。

第二十九条 著作权集体管理组织收取的使用费，在提取管理费后，应当全部转付给权利人，不得挪作他用。

著作权集体管理组织转付使用费，应当编制使用费转付记录。使用费转付记录应当载明使用费总额、管理费数额、权利人姓名或者名称、作品或者录音录像制品等的名称、有关使用情况、向各权利人转付使用费的具体数额等事项，并应当保存 10 年以上。

第五章　对著作权集体管理组织的监督

第三十条 著作权集体管理组织应当依法建立财务、会计制度和资产管理制度，并按照国家有关规定设置会计账簿。

第三十一条 著作权集体管理组织的资产使用和财务管理受国务院著作权管理部门和民政部门的监督。

著作权集体管理组织应当在每个会计年度结束时制作财务会计报告，委托会计师事务所依法进行审计，并公布审计结果。

第三十二条 著作权集体管理组织应当对下列事项进行记录，供权利人和使用者查阅：

（一）作品许可使用情况；

（二）使用费收取和转付情况；

（三）管理费提取和使用情况。

权利人有权查阅、复制著作权集体管理组织的财务报告、工作报告和其他业务材料；著作权集体管理组织应当提供便利。

第三十三条 权利人认为著作权集体管理组织有下列情形之一的，可以向国务院著作权管理部门检举：

（一）权利人符合章程规定的加入条件要求加入著作权集体管理组织，或者会员依照章程规定的程序要求退出著作权集体管理组织，著作权集体管理组织拒绝的；

（二）著作权集体管理组织不按照规定收取、转付使用费，或者不按照规定提取、使用管理费的；

（三）权利人要求查阅本条例第三十二条规定的记录、业务材料，著作权集体管理组织拒绝提供的。

第三十四条 使用者认为著作权集体管理组织有下列情形之一的，可以向国务院著作权管理部门检举：

（一）著作权集体管理组织违反本条例第二十三条规定拒绝与使用者订立许可使用合同的；

（二）著作权集体管理组织未根据公告的使用费收取标准约定收取使用费的具体数额的；

（三）使用者要求查阅本条例第三十二条规定的记录，著作权集体管理组织拒绝提供的。

第三十五条 权利人和使用者以外的公民、法人或者其他组织认为著作权集体管理组织有违反本条例规定的行为的，可以向国务院著作权管理部门举报。

第三十六条 国务院著作权管理部门应当自接到检举、举报之日起60日内对检举、举报事项进行调查并依法处理。

第三十七条 国务院著作权管理部门可以采取下列方式对著作权集体管理组织进行监督，并应当对监督活动作出记录：

（一）检查著作权集体管理组织的业务活动是否符合本条例及其章程的规定；

（二）核查著作权集体管理组织的会计账簿、年度预算和决算报告及其他有关业务材料；

（三）派员列席著作权集体管理组织的会员大会、理事会等重要会议。

第三十八条 著作权集体管理组织应当依法接受国务院民政部门和其他有关部门的监督。

第六章 法律责任

第三十九条 著作权集体管理组织有下列情形之一的，由国务院著作权管理部门责令限期改正：

（一）违反本条例第二十二条规定，未将与境外同类组织订立的相互代表协议报国务院著作权管理部门备案的；

（二）违反本条例第二十四条规定，未建立权利信息查询系统的；

（三）未根据公告的使用费收取标准约定收取使用费的具体数额的。

著作权集体管理组织超出业务范围管理权利人的权利的，由国务院著作权管理部门责令限期改正，其与使用者订立的许可使用合同无效；给权利人、使用者造成损害的，依法承担民事责任。

第四十条 著作权集体管理组织有下列情形之一的，由国务院著作权管理部门责令限期改正；逾期不改正的，责令会员大会或者理事会根据本条例规定的权限罢免或者解聘直接负责的主管人员：

（一）违反本条例第十九条规定拒绝与权利人订立著作权集体管理合同的，或者违反本条例第二十一条的规定拒绝会员退出该组织的要求的；

（二）违反本条例第二十三条规定，拒绝与使用者订立许可使用合同的；

（三）违反本条例第二十八条规定提取管理费的；

（四）违反本条例第二十九条规定转付使用费的；

（五）拒绝提供或者提供虚假的会计账簿、年度预算和决算报告或者其他有关业务材料的。

第四十一条 著作权集体管理组织自国务院民政部门发给登记证书之日起超过6个月无正当理由未开展著作权集体管理活动，或者连续中止著作权集体管理活动6个月以上的，由国务院著作权管理部门吊销其著作权集体管理许可证，并由国务院民政部门撤销登记。

第四十二条 著作权集体管理组织从事营利性经营活动的，由工商行政管理部门依法予以取缔，没收违法所得；构成犯罪的，依法追究刑事责任。

第四十三条 违反本条例第二十七条的规定，使用者能够提供有关使用情况而拒绝提供，或者在提供有关使用情况时弄虚作假的，由国务院著作权管理部门责令改正；著作权集体管理组织可以中止许可使用合同。

第四十四条 擅自设立著作权集体管理组织或者分支机构，或者擅自从事著作权集体管理活动的，由国务院著作权管理部门或者民政部门依照职责分工予以取缔，没收违法所得；构成犯罪的，依法追究刑事责任。

第四十五条 依照本条例规定从事著作权集体管理组织审批和监督工作的国家行政机关工作人员玩忽职守、滥用职权、徇私舞弊，构成犯罪的，依法追究刑事责任；尚不构成犯罪的，依法给予行政处分。

第七章 附 则

第四十六条 本条例施行前已经设立的著作权集体管理组织，应当自本条例生效之日起3个月内，将其章程、使用费收取标准、使用费转付办法及其他有关材料报国务院著作权管理部门审核，并将其与境外同类组织订立的相互代表协议报国务院著作权管理部门备案。

第四十七条 依照著作权法第二十三条、第三十三条第二款、第四十条第三款的规定使用他人作品，未能依照《中华人民共和国著作权法实施条例》第三十二条的规定向权利人支付使用费的，应当将使用费连同邮资以及使用作品的有关情况送交管理相关权利的著作权集体管理组织，由该著作权集体管理组织将使用费转付给权利人。

负责转付使用费的著作权集体管理组织应当建立作品使用情况查询系统，供权利人、使用者查询。

负责转付使用费的著作权集体管理组织可以从其收到的使用费中提取管理费，管理费按照会员大会决定的该集体管理组织管理费的比例减半提取。除管理费外，该著作权集体管理组织不得从其收到的使用费中提取其他任何费用。

第四十八条 本条例自 2005 年 3 月 1 日起施行。

广播电台电视台播放录音制品支付报酬暂行办法

第一条 为了保障著作权人依法行使广播权，方便广播电台、电视台播放录音制品，根据《中华人民共和国著作权法》（以下称著作权法）第四十四条的规定，制定本办法。

第二条 广播电台、电视台可以就播放已经发表的音乐作品向著作权人支付报酬的方式、数额等有关事项与管理相关权利的著作权集体管理组织进行约定。

广播电台、电视台播放已经出版的录音制品，已经与著作权人订立许可使用合同的，按照合同约定的方式和标准支付报酬。

广播电台、电视台依照著作权法第四十四条的规定，未经著作权人的许可播放已经出版的录音制品（以下称播放录音制品）的，依照本办法向著作权人支付报酬。

第三条 本办法所称播放，是指广播电台、电视台以无线或者有线的方式进行的首播、重播和转播。

第四条 广播电台、电视台播放录音制品，可以与管理相关权利的著作权集体管理组织约定每年向著作权人支付固定数额的报酬；没有就固定数额进行约定或者约定不成的，广播电台、电视台与管理相关权利的著作权集体管理组织可以以下列方式之一为基础，协商向著作权人支付报酬：

（一）以本台或者本台各频道（频率）本年度广告收入扣除 15%成本费用后的余额，乘以本办法第五条或者第六条规定的付酬标准，计算支付报酬的数额；

（二）以本台本年度播放录音制品的时间总量，乘以本办法第七条规定的单位时间付酬标准，计算支付报酬的数额。

第五条 以本办法第四条第（一）项规定方式确定向著作权人支付报酬的数额的，自本办法施行之日起 5 年内，按照下列付酬标准协商支付报酬的数额：

（一）播放录音制品的时间占本台或者本频道（频率）播放节目总时间的比例（以下称播放时间比例）不足 1%的，付酬标准为 0.01%；

（二）播放时间比例为 1%以上不足 3%的，付酬标准为 0.02%；

（三）播放时间比例为 3%以上不足 6%的，相应的付酬标准为 0.09%到 0.15%，播放时间比例每增加 1%，付酬标准相应增加 0.03%；

（四）播放时间比例为 6%以上 10%以下的，相应的付酬标准为 0.24%到 0.4%，播放时间比例每增加 1%，付酬标准相应增加 0.04%；

（五）播放时间比例超过 10%不足 30%的，付酬标准为 0.5%；

（六）播放时间比例为 30%以上不足 50%的，付酬标准为 0.6%；

（七）播放时间比例为 50%以上不足 80%的，付酬标准为 0.7%；

（八）播放时间比例为 80%以上的，付酬标准为 0.8%。

第六条 以本办法第四条第（一）项规定方式确定向著作权人支付报酬的数额的，自本办法施行届满 5 年之日起，按照下列付酬标准协商支付报酬的数额：

（一）播放时间比例不足 1%的，付酬标准为 0.02%；

（二）播放时间比例为 1%以上不足 3%的，付酬标准为 0.03%；

（三）播放时间比例为 3%以上不足 6%的，相应的付酬标准为 0.12%到 0.2%，播放时间比例每增加 1%，付酬标准相应增加 0.04%；

（四）播放时间比例为 6%以上 10%以下的，相应的付酬标准为 0.3%到 0.5%，播放时间比例每增加 1%，付酬标准相应增加 0.05%；

（五）播放时间比例超过 10%不足 30%的，付酬标准为 0.6%；

（六）播放时间比例为 30%以上不足 50%的，付酬标准为 0.7%；

（七）播放时间比例为50%以上不足80%的，付酬标准为0.8%；

（八）播放时间比例为80%以上的，付酬标准为0.9%。

第七条 以本办法第四条第（二）项规定的方式确定向著作权人支付报酬的数额的，按照下列付酬标准协商支付报酬的数额：

（一）广播电台的单位时间付酬标准为每分钟0.30元；

（二）电视台的单位时间付酬标准自本办法施行之日起5年内为每分钟1.50元，自本办法施行届满5年之日起为每分钟2元。

第八条 广播电台、电视台播放录音制品，未能依照本办法第四条的规定与管理相关权利的著作权集体管理组织约定支付报酬的固定数额，也未能协商确定应支付报酬的，应当依照本办法第四条第（一）项规定的方式和第五条、第六条规定的标准，确定向管理相关权利的著作权集体管理组织支付报酬的数额。

第九条 广播电台、电视台转播其他广播电台、电视台播放的录音制品的，其播放录音制品的时间按照实际播放时间的10%计算。

第十条 中部地区的广播电台、电视台依照本办法规定方式向著作权人支付报酬的数额，自本办法施行之日起5年内，按照依据本办法规定计算出的数额的50%计算。

西部地区的广播电台、电视台以及全国专门对少年儿童、少数民族和农村地区等播出的专业频道（频率），依照本办法规定方式向著作权人支付报酬的数额，自本办法施行之日起5年内，按照依据本办法规定计算出的数额的10%计算；自本办法施行届满5年之日起，按照依据本办法规定计算出的数额的50%计算。

第十一条 县级以上人民政府财政部门将本级人民政府设立的广播电台、电视台播放录音制品向著作权人支付报酬的支出作为核定其收支的因素，根据本地区财政情况综合考虑，统筹安排。

第十二条 广播电台、电视台向著作权人支付报酬，以年度为结算期。

广播电台、电视台应当于每年度第一季度将其上年度应当支付的报酬交由著作权集体管理组织转付给著作权人。

广播电台、电视台通过著作权集体管理组织向著作权人支付报酬时，应当提供其播放作品的名称、著作权人姓名或者名称、播放时间等情况，双方已有约定的除外。

第十三条 广播电台、电视台播放录音制品，未向管理相关权利的著作权集体管理组织会员以外的著作权人支付报酬的，应当按照本办法第十二条的规定将应支付的报酬送交管理相关权利的著作权集体管理组织；管理相关权利的著作权集体管理组织应当向著作权人转付。

第十四条 著作权集体管理组织向著作权人转付报酬，除本办法已有规定外，适用《著作权集体管理条例》的有关规定。

第十五条 广播电台、电视台依照本办法规定将应当向著作权人支付的报酬交给著作权集体管理组织后，对著作权集体管理组织与著作权人之间的纠纷不承担责任。

第十六条 广播电台、电视台与著作权人或者著作权集体管理组织因依照本办法规定支付报酬产生纠纷的，可以依法向人民法院提起民事诉讼，或者根据双方达成的书面仲裁协议向仲裁机构申请仲裁。

第十七条 本办法自2010年1月1日起施行。

国务院关于进一步做好打击侵犯知识产权和制售假冒伪劣商品工作的意见

国发〔2011〕37号

各省、自治区、直辖市人民政府，国务院各部委、各直属机构：

党中央、国务院高度重视保护知识产权和打击制售假冒伪劣商品工作，近年来采取了一系列政策措施，推动中国知识产权保护和产品质量安全水平不断提高。2010年10月至2011年6月，国务院部署开展了打击侵犯知识产权和制售假冒伪劣商品（以下简称“打击侵权和假冒伪劣”）专项行动，集中整治侵权和假冒伪劣突出问题，查办了一批大案要案，维护了公平竞争的市场秩序，增强了全社会的知识产权意识。但一些地区对打击侵权和假冒伪劣工作重视不够，侵权和假冒伪劣行为仍时有发生，有些行政执法领域存在有案不移、有案难移、以罚代刑现象，相关工作机制有待完善。打击侵权和假冒伪劣是一项长期、复杂、艰巨的任务，为进一步做好相关工作，建立健全长效机制，现提出以下意见：

一、依法严厉打击侵权和假冒伪劣行为

（一）*切实加大行政执法力度*。各地区、各有关部门要围绕食品、药品、化妆品、农资、建材、机电、汽车配件等重点商品，以及著作权、商标、专利等领域的突出问题，确定阶段工作目标，定期开展专项整治，继续保持打击侵权和假冒伪劣的高压态势。要严格对生产经营企业的监管，切实加强市场巡查和产品抽查抽检，对发现的侵权和假冒伪劣线索追根溯源，深挖生产源头和销售网络，依法取缔无证照生产经营的“黑作坊”、“黑窝点”。要强化重点口岸执法，加大对进出口货物的监管力度，有效遏制进出口环节侵权和假冒伪劣违法活动。要大力整治利用互联网发布虚假商品信息，严厉打击互联网领域侵权和销售假冒伪劣商品行为，依法吊销严重违法违规网站的电信业务经营许可证或注销网站备案，规范网络交易和经营秩序。要创新监管手段，完善重点产品追溯制度，推动落实生产经营企业进货查验、索证索票和质量承诺制度。要督促相关企业切实履行主体责任，严把产品质量关；市场开办者、网络交易平台经营者要承担相应的管理责任，引导和督促商户规范经营。

（二）*进一步强化刑事司法打击*。公安机关对侵权和假冒伪劣犯罪及相关商业贿赂犯罪要及时立案侦查，明确查办责任主体和办理时限，对情节严重、影响恶劣的重点案件要挂牌督办。要加大对制售假冒伪劣食品、药品、农资等直接损害群众切身利益违法犯罪行为的查处力度，定期开展集中打击行动。要发掘相关案件线索，深挖犯罪组织者、策划者和生产加工窝点，摧毁其产供销产业链条。有关部门要主动支持配合公安机关履行侦查职责，支持配合检察机关履行审查批捕、审查起诉、诉讼监督和对行政执法机关移送涉嫌犯罪案件的监督职责，支持配合法院做好侵权和假冒伪劣犯罪案件审理工作，依法严惩犯罪分子。

（三）*加强行政执法与刑事司法有效衔接*。商务部作为打击侵权和假冒伪劣领域行政执法与刑事司法衔接工作牵头部门，要切实负起责任，加强统筹协调。行政执法部门在执法检查时发现侵权和假冒伪劣行为涉嫌犯罪的，要及时向公安机关通报，并按规定移送涉嫌犯罪案件；公安机关接报后应当立即调查，并依法作出立案或者不予立案的决定。公安机关依法提请行政执法部门作出检验、鉴定、认定等协助的，行政执法部门应当予以协助。县级以上地方人民政府要尽快明确打击侵权和假冒伪劣领域行政执法与刑事司法衔接工作的牵头单位，建立健全联席会议、案件咨询等制度，及时会商复杂、疑难案件，研究解决衔接工作中的问题。司法机关应当积极支持行政执法部门依法办案，强化协调配合。要加快建设打击侵权和假冒伪劣领域行政执法

与刑事司法衔接工作信息共享平台，2013年年底前分批全面建设完成，实现行政执法部门与司法机关之间执法、司法信息互联互通。除适用简易程序的案件外，行政执法部门应在规定时间内将相关案件信息录入共享平台。对涉嫌犯罪案件不移送、不受理或推诿执法协作的，由监察部门或检察机关依纪依法追究有关单位和人员的责任。

（四）*建立跨地区跨部门执法协作机制*。各地区、各有关部门要建立联络员制度，定期研判侵权和假冒伪劣违法犯罪形势，确定重点打击的目标和措施。建立线索通报、案件协办、联合执法、定期会商等制度，完善立案协助、调查取证、证据互认、协助执行及应急联动工作机制，形成打击合力，增强打击效果。规范执法协作流程，加强区域间执法信息共享，提高跨区域执法协作监管效能。充分发挥部门联合办案优势，行政执法部门依法提请公安机关联合执法的，公安机关应当依法给予积极协助。

二、建立健全打击侵权和假冒伪劣的约束激励机制

（五）*健全监督考核制度*。将打击侵权和假冒伪劣工作纳入政府绩效考核体系，并推动纳入社会治安综合治理考评范围，逐级开展督促检查。对侵权和假冒伪劣问题突出的地区，要督促加强执法、限期整改。监察机关要加大行政监察和问责力度，对因履职不力导致区域性、系统性侵权和假冒伪劣问题发生的，严肃追究当地政府负责人和相关监管部门的责任。

（六）*加快诚信体系建设*。商务诚信是社会诚信体系的重要组成部分。要把打击侵权和假冒伪劣作为社会诚信体系建设的突破口和重要抓手，努力营造诚实、自律、守信、互信的社会信用环境。各地区、各执法监管部门要建立企业和个体经营者诚信档案，记录有关身份信息和信用信息，推进信用信息系统互联互通，实现信息共享。完善违规失信惩戒机制，将实施侵权和假冒伪劣行为的企业和企业法人、违法行为责任人纳入“黑名单”，鼓励金融机构将企业诚信状况与银行授信挂钩。建立和完善信用信息查询和披露制度，引导企业和个体经营者增强诚信意识。

三、动员社会力量参与打击侵权和假冒伪劣工作

（七）*充分发挥社会监督作用*。加强维权援助举报投诉平台和举报处置指挥信息化平台建设，完善举报投诉受理处置机制，充分发挥各地区、各有关部门举报投诉热线电话、网络平台的作用。建立和完善有奖举报制度，落实奖励经费，鼓励社会公众举报侵权和假冒伪劣行为。行政执法部门要依法将侵权和假冒伪劣案件纳入政府信息公开范围，案件办结后按有关规定公布案件主体信息、案由以及处罚情况，接受社会监督，警示企业与经营者。

（八）*加大宣传教育力度*。各地区、各有关部门要充分利用电视、广播、报刊、网络等传播渠道，大力宣传打击侵权和假冒伪劣的政策措施、工作进展和成效，解读相关法律法规和政策，普及识假防骗知识，宣传注重创新、诚信经营的企业，曝光典型案件，震慑犯罪分子，教育和引导社会公众自觉抵制侵权和假冒伪劣产品。加强知识产权保护法律服务工作，开展知识产权保护进企业、进社区、进学校、进网络活动，强化对领导干部、行政执法和司法人员、企业管理人员的知识产权培训。以全国打击侵犯知识产权和制售假冒伪劣商品专项行动成果网络展为基础，建设集宣传、教育、警示等功能为一体的打击侵权和假冒伪劣工作平台。

四、完善打击侵权和假冒伪劣工作的保障措施

（九）*加强组织领导和统筹协调*。设立全国打击侵犯知识产权和制售假冒伪劣商品工作领导小组（办公室设在商务部），负责领导全国打击侵犯知识产权和制售假冒伪劣商品工作。地方人民政府对本地区打击侵权和假冒伪劣工作负总责，统一领导和协调对侵权和假冒伪劣重点区域、重点市场的整治；各监管部门要制定加强监管的具体措施，指导和督促基层开展工作，切实负起监管责任。形成“全国统一领导、地方政府负责、部门依法监管、各方联合行动”的工作格局，推动打击侵权和假冒伪劣工作扎实有序开展。

（十）*完善相关法律制度*。研究修订打击侵权和假冒伪劣相关法律法规和规章，推动完善刑事定罪量刑标准，健全相关检验、鉴定标准，加大对侵权和假冒伪劣行为的惩处力度，为依法有效打击侵权和假冒伪劣行为提供有力法制保障。对跨境、有组织知识产权犯罪以及利用互联网等新技术实施侵权和假冒伪劣的行为，各地区、各有关部门要研究完善相应的执法监管措施。

（十一）*加强执法能力建设*。加强执法队伍业务和作风建设，提高业务水平和依法行政能力。严格执法人员持证上岗和资格管理制度，做到严格执法、规范执法、公正执法、文明执法。充实基层行政执法人员，加强刑事司法打击侵权和假冒伪劣犯罪专业力量，下移监管重心，推进综合执法和联合执法。保障打击侵权和假冒伪劣工作经费，改善执法装备和检验检测技术条件，提高执法监管能力。

（十二）加强国际交流合作。建立和完善多双边的执法合作机制，进一步提高对跨境侵权和假冒伪劣行为的打击能力。建立健全企业知识产权海外预警、维权和争端解决机制，提高企业在对外贸易投资中的知识产权保护和运用能力。加强多双边知识产权交流，增进互利合作。建立国际知识产权法规政策和动态信息资料库，学习和借鉴先进经验，提高中国知识产权保护水平。

国务院

二〇一一年十一月十三日

最高人民法院　最高人民检察院　公安部　司法部

关于办理侵犯知识产权刑事案件适用法律若干问题的意见

法发［2011］3号

为解决近年来公安机关、人民检察院、人民法院在办理侵犯知识产权刑事案件中遇到的新情况、新问题，依法惩治侵犯知识产权犯罪活动，维护社会主义市场经济秩序，根据刑法、刑事诉讼法及有关司法解释的规定，结合侦查、起诉、审判实践，制定本意见。

一、关于侵犯知识产权犯罪案件的管辖问题

侵犯知识产权犯罪案件由犯罪地公安机关立案侦查。必要时，可以由犯罪嫌疑人居住地公安机关立案侦查。侵犯知识产权犯罪案件的犯罪地，包括侵权产品制造地、储存地、运输地、销售地，传播侵权作品、销售侵权产品的网站服务器所在地、网络接入地、网站建立者或者管理者所在地，侵权作品上传者所在地，权利人受到实际侵害的犯罪结果发生地。对有多个侵犯知识产权犯罪地的，由最初受理的公安机关或者主要犯罪地公安机关管辖。多个侵犯知识产权犯罪地的公安机关对管辖有争议的，由共同的上级公安机关指定管辖，需要提请批准逮捕、移送审查起诉、提起公诉的，由该公安机关所在地的同级人民检察院、人民法院受理。

对于不同犯罪嫌疑人、犯罪团伙跨地区实施的涉及同一批侵权产品的制造、储存、运输、销售等侵犯知识产权犯罪行为，符合并案处理要求的，有关公安机关可以一并立案侦查，需要提请批准逮捕、移送审查起诉、提起公诉的，由该公安机关所在地的同级人民检察院、人民法院受理。

二、关于办理侵犯知识产权刑事案件中行政执法部门收集、调取证据的效力问题

行政执法部门依法收集、调取、制作的物证、书证、视听资料、检验报告、鉴定结论、勘验笔录、现场笔录，经公安机关、人民检察院审查，人民法院庭审质证确认，可以作为刑事证据使用。

行政执法部门制作的证人证言、当事人陈述等调查笔录，公安机关认为有必要作为刑事证据使用的，应当依法重新收集、制作。

三、关于办理侵犯知识产权刑事案件的抽样取证问题和委托鉴定问题

公安机关在办理侵犯知识产权刑事案件时，可以根据工作需要抽样取证，或者商请同级行政执法部门、有关检验机构协助抽样取证。法律、法规对抽样机构或者抽样方法有规定的，应当委托规定的机构并按照规定方法抽取样品。

公安机关、人民检察院、人民法院在办理侵犯知识产权刑事案件时，对于需要鉴定的事项，应当委托国家认可的有鉴定资质的鉴定机构进行鉴定。

公安机关、人民检察院、人民法院应当对鉴定结论进行审查，听取权利人、犯罪嫌疑人、被告人对鉴定结论的意见，可以要求鉴定机构作出相应说明。

四、关于侵犯知识产权犯罪自诉案件的证据收集问题

人民法院依法受理侵犯知识产权刑事自诉案件，对于当事人因客观原因不能取得的证据，在提起自诉时能够提供有关线索，申请人民法院调取的，人民法院应当依法调取。

五、关于刑法第二百一十三条规定的“同一种商品”的认定问题

名称相同的商品以及名称不同但指同一事物的商品，可以认定为“同一种商品”。“名称”是指国家工商行政管理总局商标局在商标注册工作中对商品使用的名称，通常即《商标注册用商品和服务国际分类》中规定的商品名称。“名称不同但指同一事物的商品”是指在功能、用途、主要原料、消费对象、销售渠道等方面相同或者基本相同，相关公众一般认为是同一种事物的商品。

认定“同一种商品”，应当在权利人注册商标核定使用的商品和行为人实际生产销售的商品之间进行比较。

六、关于刑法第二百一十三条规定的“与其注册商标相同的商标”的认定问题

具有下列情形之一，可以认定为“与其注册商标相同的商标”：

（一）改变注册商标的字体、字母大小写或者文字横竖排列，与注册商标之间仅有细微差别的；

（二）改变注册商标的文字、字母、数字等之间的间距，不影响体现注册商标显著特征的；

（三）改变注册商标颜色的；

（四）其他与注册商标在视觉上基本无差别、足以对公众产生误导的商标。

七、关于尚未附着或者尚未全部附着假冒注册商标标识的侵权产品价值是否计入非法经营数额的问题

在计算制造、储存、运输和未销售的假冒注册商标侵权产品价值时，对于已经制作完成但尚未附着（含加贴）或者尚未全部附着（含加贴）假冒注册商标标识的产品，如果有确实、充分证据证明该产品将假冒他人注册商标，其价值计入非法经营数额。

八、关于销售假冒注册商标的商品犯罪案件中尚未销售或者部分销售情形的定罪量刑问题

销售明知是假冒注册商标的商品，具有下列情形之一的，依照刑法第二百一十四条的规定，以销售假冒注册商标的商品罪（未遂）定罪处罚：

（一）假冒注册商标的商品尚未销售，货值金额在十五万元以上的；

（二）假冒注册商标的商品部分销售，已销售金额不满五万元，但与尚未销售的假冒注册商标的商品的货值金额合计在十五万元以上的。

假冒注册商标的商品尚未销售，货值金额分别达到十五万元以上不满二十五万元、二十五万元以上的，分别依照刑法第二百一十四条规定的各法定刑幅度定罪处罚。

销售金额和未销售货值金额分别达到不同的法定刑幅度或者均达到同一法定刑幅度的，在处罚较重的法定刑或者同一法定刑幅度内酌情从重处罚。

九、关于销售他人非法制造的注册商标标识犯罪案件中尚未销售或者部分销售情形的定罪问题

销售他人伪造、擅自制造的注册商标标识，具有下列情形之一的，依照刑法第二百一十五条的规定，以销售非法制造的注册商标标识罪（未遂）定罪处罚：

（一）尚未销售他人伪造、擅自制造的注册商标标识数量在六万件以上的；

（二）尚未销售他人伪造、擅自制造的两种以上注册商标标识数量在三万件以上的；

（三）部分销售他人伪造、擅自制造的注册商标标识，已销售标识数量不满二万件，但与尚未销售标识数量合计在六万件以上的；

（四）部分销售他人伪造、擅自制造的两种以上注册商标标识，已销售标识数量不满一万件，但与尚未销售标识数量合计在三万件以上的。

十、关于侵犯著作权犯罪案件“以营利为目的”的认定问题

除销售外，具有下列情形之一的，可以认定为“以营利为目的”：

（一）以在他人作品中刊登收费广告、捆绑第三方作品等方式直接或者间接收取费用的；

（二）通过信息网络传播他人作品，或者利用他人上传的侵权作品，在网站或者网页上提供刊登收费广告服务，直接或者间接收取费用的；

（三）以会员制方式通过信息网络传播他人作品，收取会员注册费或者其他费用的；

（四）其他利用他人作品牟利的情形。

十一、关于侵犯著作权犯罪案件“未经著作权人许可”的认定问题

“未经著作权人许可”一般应当依据著作权人或者其授权的代理人、著作权集体管理组织、国家著作权行政管理部门指定的著作权认证机构出具的涉案作品版权认证文书，或者证明出版者、复制发行者伪造、涂改授权许可文件或者超出授权许可范围的证据，结合其他证据综合予以认定。

在涉案作品种类众多且权利人分散的案件中，上述证据确实难以一一取得，但有证据证明涉案复制品系非法出版、复制发行的，且出版者、复制发行者不能提供获得著作权人许可的相关证明材料的，可以认定为“未经著作权人许可”。但是，有证据证明权利人放弃权利、涉案作品的著作权不受中国著作权法保护，或者著作权保护期限已经届满的除外。

十二、关于刑法第二百一十七条规定的“发行”的认定及相关问题

“发行”，包括总发行、批发、零售、通过信息网络传播以及出租、展销等活动。

非法出版、复制、发行他人作品，侵犯著作权构成犯罪的，按照侵犯著作权罪定罪处罚，不认定为非法经营罪等其他犯罪。

十三、关于通过信息网络传播侵权作品行为的定罪处罚标准问题

以营利为目的，未经著作权人许可，通过信息网络向公众传播他人文字作品、音乐、电影、电视、美术、摄影、录像作品、录音录像制品、计算机软件及其他作品，具有下列情形之一的，属于刑法第二百一十七条规定的“其他严重情节”：

（一）非法经营数额在五万元以上的；

（二）传播他人作品的数量合计在五百件（部）以上的；

（三）传播他人作品的实际被点击数达到五万次以上的；

（四）以会员制方式传播他人作品，注册会员达到一千人以上的；

（五）数额或者数量虽未达到第（一）项至第（四）项规定标准，但分别达到其中两项以上标准一半以上的；

（六）其他严重情节的情形。

实施前款规定的行为，数额或者数量达到前款第（一）项至第（五）项规定标准五倍以上的，属于刑法第二百一十七条规定的“其他特别严重情节”。

十四、关于多次实施侵犯知识产权行为累计计算数额问题

依照《最高人民法院、最高人民检察院关于办理侵犯知识产权刑事案件具体应用法律若干问题的解释》第十二条第二款的规定，多次实施侵犯知识产权行为，未经行政处理或者刑事处罚的，非法经营数额、违法所得数额或者销售金额累计计算。

二年内多次实施侵犯知识产权违法行为，未经行政处理，累计数额构成犯罪的，应当依法定罪处罚。实施侵犯知识产权犯罪行为的追诉期限，适用刑法的有关规定，不受前述二年的限制。

十五、关于为他人实施侵犯知识产权犯罪提供原材料、机械设备等行为的定性问题

明知他人实施侵犯知识产权犯罪，而为其提供生产、制造侵权产品的主要原材料、辅助材料、半成品、包装材料、机械设备、标签标识、生产技术、配方等帮助，或者提供互联网接入、服务器托管、网络存储空间、通讯传输通道、代收费、费用结算等服务的，以侵犯知识产权犯罪的共犯论处。

十六、关于侵犯知识产权犯罪竞合的处理问题

行为人实施侵犯知识产权犯罪，同时构成生产、销售伪劣商品犯罪的，依照侵犯知识产权犯罪与生产、销售伪劣商品犯罪中处罚较重的规定定罪处罚。

中华人民共和国国家版权局公告

（2011 年第 1 号）

为落实《海峡两岸智慧财产权保护协议》第六条规定，根据国家版权局审批涉外著作权认证机构程序，现指认社团法人台湾著作权保护协会为台湾地区影音（音像）制品进入大陆市场的著作权认证机构。

特此公告。

国家版权局

二〇一一年二月九日

中华人民共和国国家版权局公告

（2011 年第 2 号）

国家版权局现行有效规范性文件目录

为全面推进依法行政工作，根据《国务院办公厅关于做好规章清理工作有关问题的通知》（国办发

［2010］28号）的要求，国家版权局对著作权规范性文件进行了全面集中清理。截至二〇一〇年十二月三十一日，国家版权局负责实施的现行有效的规范性文件共44件，现将规范性文件目录公布。

特此公告。

国家版权局

二〇一一年三月一日

序号	发布机关	文件名称	文号	发布日期
1	国家版权局	关于报刊社声明对所发表的作品享有专有出版权的意见	（91）权字第25号	1991-08-09
2	国家版权局	关于对复制境外音像制品委托合同进行登记的通知	国权［1994］59号	1994-09-30
3	国家版权局	关于《录音法定许可付酬标准暂行规定》的补充通知	国权［1994］65号	1994-10-07
4	国家版权局	关于以IC和CD-ROM等方式使用音乐作品制作电脑卡拉OK付酬问题的通知	国权［1994］75号	1994-12-06
5	国家版权局	关于下发复制境外音像制品委托合同登记表的通知 附：登记表之一、之二，合同登记章规格和样式	权办［1994］65号	1994-12-12
6	国家版权局	关于对出版外国图书进行合同登记的通知	国权［1995］1号	1995-01-15
7	国家版权局	关于对出版境外音像制品合同进行登记的通知	国权［1995］2号	1995-01-15
8	国家版权局	关于计算机软件著作权登记工作由机械电子工业部移交给国家版权局管理的公告	国家版权局第3号公告	1995-05-29
9	国家版权局	关于不得盗版、盗映作为资料片引进的外国影片的通知	国权［1995］22号	1995-05-30
10	国家版权局	关于不得使用非法复制的计算机软件的通知	国权［1995］30号	1995-08-23
11	国家版权局	关于对复制境外音像制品委托合同进行登记的补充通知	国权［1995］33号	1995-09-05
12	国家版权局	关于台湾居民在计算机软件著作权保护方面与祖国大陆居民享有同等权利的公告	国家版权局第4号公告	1995-09-11
13	国家版权局	对《关于以少数民族文字翻译使用外国作品中有关著作权问题的报告》的答复	权办［1996］35号	1996-04-08
14	国家版权局	关于对出版和复制境外电子出版物和计算机软件进行著作权授权合同登记和认证的通知	国权［1996］28号	1996-08-08
15	国家版权局	关于作品自愿登记工作有关问题的通知	权办［1997］41号	1997-05-04
16	国家版权局	关于启动中华人民共和国国家版权局局长签发的"计算机软件登记证书"的公告	国家版权局第6号公告	1998-11-25
17	国家版权局	关于出版境外音像制品著作权合同登记工作有关问题的通知	国权［1999］15号	1999-06-08
18	国家版权局	关于贯彻实施《出版文字作品报酬规定》的意见	国权［1999］28号	1999-08-03
19	国家版权局	关于印发《著作权行政处罚文书示范格式》的通知	国权［1999］39号	1999-10-09
20	国家版权局	关于同意调整中国人民大学书报资料中心报刊转载作品付酬标准的复函	国权［2000］8号	2000-03-21
21	国家版权局	关于加强对国外著作权认证机构中国常驻代表机构进行管理的意见	国权［2000］24号	2000-07-20
22	国家版权局	关于复制发行境外录音制品向著作权人付酬有关问题的通知	国权［2000］38号	2000-09-13
23	国家版权局	关于同意试行《使用音乐作品进行表演著作权许可使用费标准》和《使用音乐作品制作数字化制品著作权许可使用费标准》的批复	国权［2000］44号	2000-09-21
24	国家版权局	关于市、县级（含县级市）著作权行政管理机关是否具有行政执法主体资格的请示的答复	国权［2000］47号	2000-11-28

续前表

序号	发布机关	文件名称	文号	发布日期
25	国家版权局	关于贯彻落实《国务院关于鼓励软件产业和集成电路产业发展的若干政策》的意见	国权〔2001〕1号	2001-01-02
26	国家版权局	计算机软件登记证书更换	国家版权局第8号公告	2001-02-26
27	国家版权局	关于政府部门应带头使用正版软件的通知	国权联〔2001〕1号	2001-08-29
28	国家版权局	计算机软件著作权登记机构	国家版权局第9号公告	2002-01-01
29	国家版权局	关于使用新的计算机软件登记证书的公告	国家版权局第10号公告	2002-05-20
30	国家版权局	关于指定中国版权保护中心为计算机软件著作权和其他作品著作权质押合同登记机构的公告	国家版权局第11号公告	2002-08-09
31	国家版权局	关于对查处涉嫌侵权MP3制品有关问题的意见	国权办〔2002〕12号	2002-08-21
32	国家版权局	关于制止未经批准从事集体管理活动的通知	国权办〔2005〕49号	2005-12-30
33	国家版权局、信息产业部、财政部、国务院机关事务管理局	关于政府部门购置计算机办公设备必须采购已预装正版操作系统软件产品的通知	国权联〔2006〕1号	2006-03-30
34	国家版权局	关于查处著作权侵权案件如何理解适用损害公共利益有关问题的复函	国权办〔2006〕43号	2006-11-02
35	国家版权局	关于适用《出版文字作品报酬规定》的复函	国权办〔2007〕27号	2007-04-02
36	国家版权局	对《关于卡拉OK歌厅使用音乐作品和音乐电视作品涉及著作权问题的请示》的复函	国权办〔2007〕33号	2007-05-14
37	国家版权局	关于发布《举报、查处侵权盗版行为奖励暂行办法实施细则》的通知	国权办〔2007〕53号	2007-09-20
38	国家版权局	举报、查处侵权盗版行为奖励暂行办法	国家版权局第2号公告	2007-09-20
39	国家版权局	关于认定点歌系统数字化复制影音音乐作品数量的回函	国权办〔2007〕69号	2007-12-27
40	国家版权局	关于向网络服务提供者发通知有关问题的意见	国权办〔2008〕10号	2008-04-25
41	国家版权局	关于互联网有关版权问题的答复	国权办〔2008〕18号	2008-06-02
42	国家版权局	关于出版外国图书进行合同登记有关问题的意见	国权办〔2008〕22号	2008-06-17
43	国家版权局	关于《出版文字作品报酬规定》第16条适用问题的复函	国权办〔2008〕36号	2008-08-05
44	国家版权局	关于印发《全国版权示范城市、示范单位和示范园区（基地）管理办法》的通知	国版字〔2009〕18号	2009-12-29

中华人民共和国国家版权局公告

（2011年第3号）

根据《中华人民共和国著作权法》和《著作权集体管理条例》的规定，国家版权局现将中国音乐著作权协会上报的《使用音乐作品进行表演的著作权许可使用费标准》予以公告。

二〇一一年十月二十七日

使用音乐作品进行表演的著作权许可使用费标准

本标准根据音乐作品表演权内容分为现场表演

类收费标准和机械表演类收费标准两部分。

●**现场表演收费标准**

音乐会、演唱会等现场表演的收费，按以下公式计算：

音乐著作权使用费=座位数×平均票价×4%

按此公式计算，分摊至每首音乐作品时，最低使用费为：

座位数在1 000（含）以下时，每首音乐作品收费低于100元的，按100元计；

座位数在1 001～2 000时，每首音乐作品收费低于200元的，按200元计；

座位数在2 001～5 000时，每首音乐作品收费低于300元的，按300元计；

座位数在5 001～10 000时，每首音乐作品收费低于500元的，按500元计；

座位数在10 001～20 000时，每首音乐作品收费低于1 000元的，按1 000元计；

座位数在20 001～30 000时，每首音乐作品收费低于1 500元的，按1 500元计；

座位数在30 001～40 000时，每首音乐作品收费低于2 000元的，按2 000元计；

座位数在40 001～50 000时，每首音乐作品收费低于2 500元的，按2 500元计；

座位数在50 001（含）以上时，每首音乐作品收费低于3 000元的，按3 000元计。

注：

1.“座位数”，指演出场地可以提供给观众的实际座位数。

2.“平均票价”应依申请人演出前提供的预计出售门票的价位及其相应票数的清单计算；申请人未提供的，按各档票价之和除以档数计算。

3.超过5分钟的音乐作品，每5分钟按一首音乐作品计。其中，超过部分不足5分钟的，按5分钟计。

4.不售票的演出，每首音乐作品均应按照上述标准中的最低使用费计算。

●**机械表演收费标准**

收费标准一 本标准适用于夜总会、歌舞厅(不含卡拉OK歌厅)、迪斯科舞厅等。

此类场所按营业面积收费，则：

1）营业面积不足100平方米的，每平方米每天收费0.15元；

2）营业面积超过100平方米的，增加的部分每平方米每天收费0.12元。

收费标准二 本标准适用于酒吧、咖啡厅、餐厅等。

1.仅提供机械表演的：

营业面积不足40平方米的，每平方米每天收费0.025元；

营业面积超过40平方米的，增加的部分每平方米每天收费0.02元。

2.提供机械表演和现场表演的：

营业面积不足40平方米的，每平方米每天收费0.05元；

营业面积超过40平方米的，增加的部分每平方米每天收费0.04元。

3.如设有荧光屏播放音乐作品，则每个荧光屏每年加收350元。

收费标准三 本标准适用于宾馆。

1.此类场所按客房数收费，其中：

五星级宾馆，每年每间客房45元；

四星级宾馆，每年每间客房40元；

三星级宾馆，每年每间客房35元；

二星级宾馆，每年每间客房15元；

一星级宾馆，每年每间客房10元。

2.此类场所如在客房外设有荧光屏播放音乐作品，则每个荧光屏每年加收200元。

3.所附夜总会、歌舞厅、咖啡厅、餐厅等场所按相关标准另行计算。

收费标准四 本标准适用于各类卖场。

1.超市

对于同一家门店：

①营业面积在200平方米（含）以下的部分，每平方米每年收费2.65元；

营业面积在201～500平方米的部分，每平方米每年收费2.60元；

营业面积在501～1 000平方米的部分，每平方米每年收费2.50元；

营业面积在1 001～3 000平方米的部分，每平方米每年收费2.38元；

营业面积在3 001～5 000平方米的部分，每平方米每年收费2.25元；

营业面积在5 001～10 000平方米的部分，每平方米每年收费2.10元；

营业面积在10 001～20 000平方米的部分，每平方米每年收费1.90元；

营业面积在20 001平方米以上的部分，每平方米每年收费1.80元。

依照上述标准计算，年度使用费不足200元的按 200 元计。

②设有荧光屏播放音乐作品的，则：

荧光屏之对角线长度不超过 20 英寸的，每个荧光屏每年加收 200 元；

荧光屏之对角线长度在 20～50 英寸的，每个荧光屏每年加收 500 元；

荧光屏之对角线长度超过 50 英寸的，每个荧光屏每年加收 1000 元。

2. 商场

对于同一家门店：

①营业面积在 1 000 平方米（含）以下的部分，每年每平方米收费 3 元；

营业面积在 1 001～5 000 平方米的部分，每年每平方米收费 2.8 元；

营业面积在 5 001～10 000 平方米的部分，每年每平方米收费 2.55 元；

营业面积在 10 001～30 000 平方米的部分，每年每平方米收费 2.25 元；

营业面积在 30 001～50 000 平方米的部分，每年每平方米收费 1.90 元；

营业面积在 50 001～100 000 平方米的部分，每年每平方米收费 1.5 元；

营业面积在 100 000 平方米以上的部分，每年每平方米收费 1 元。

依照上述标准计算，年度使用费不足 500 元的按 500 元计。

②如设有荧光屏播放音乐作品，则：

荧光屏之对角线长度不超过 20 英寸的，每个荧光屏每年加收 200 元；

荧光屏之对角线长度在 20～50 英寸的，每个荧光屏每年加收 500 元；

荧光屏之对角线长度超过 50 英寸的，每个荧光屏每年加收 1 000 元。

3. 家居店

对于同一家门店：

①营业面积在 3 000 平方米（含）以下的部分，每平方米每年收费 1.80 元；

营业面积在 3 001～10 000 平方米的部分，每平方米每年收费 1.50 元；

营业面积在 10 001～20 000 平方米的部分，每平方米每年收费 1.20 元；

营业面积在 20 001 平方米以上的部分，每平方米每年收费 1 元。

②如设有荧光屏播放音乐作品，则：

荧光屏之对角线长度不超过 20 英寸的，每个荧光屏每年加收 200 元；

荧光屏之对角线长度在 20～50 英寸的，每个荧光屏每年加收 300 元；

荧光屏之对角线长度超过 50 英寸的，每个荧光屏每年加收 600 元。

4. 汽车四 S 店

①按照营业面积，每平方米每年收费 1.5 元；照此标准计算，年度使用费低于 200 元的按 200 元计。

②如设有荧光屏播放音乐作品，则：

荧光屏之对角线长度不超过 20 英寸的，每个荧光屏每年加收 200 元；

荧光屏之对角线长度在 20～50 英寸的，每个荧光屏每年加收 300 元；

荧光屏之对角线长度超过 50 英寸的，每个荧光屏每年加收 600 元。

5. 音像店

①按照营业面积，每平方米每年收费 5 元。照此标准计算，年度使用费低于 400 元的按 400 元计。

②设有荧光屏播放音乐作品的，每个荧光屏每年加收 200 元。

注：收费标准四所列各经营场所中，所附餐厅等已有相应收费标准的均按相应收费标准另行计算。

收费标准五 本标准适用于健身房。

对于同一家门店：

①按照营业面积，

不超过 200 平方米的部分，每平方米每年收费 4.5 元；

201～500 平方米的部分，每平方米每年收费 4.2 元；

501～1 000 平方米的部分，每平方米每年收费 4 元；

1 000 平方米以上的部分，每平方米每年收费 3.6 元。

②设有荧光屏播放音乐作品的，则：

荧光屏之对角线长度不超过 20 英寸的，每个每年 200 元；

荧光屏之对角线长度在 20～50 英寸的，每个每年 500 元；

荧光屏之对角线长度超过 50 英寸的，每个每年 1 000 元。

收费标准六 本标准适用于溜冰场。

①按照营业面积，每平方米每年收费 7 元。

②设有荧光屏播放音乐作品的，每个荧光屏每年加收 500 元。

收费标准七 本标准适用于保龄球馆、台球厅、洗浴中心、美容院、发廊、影楼。

①按照营业面积，每平方米每年收费 1.8 元；照此标准计算，年度使用费低于 300 元的按 300 元计。

②设有荧光屏播放音乐作品的，每个荧光屏每年加收 350 元。

③所附餐厅等已有相应收费标准的场所均按相应收费标准另行计算。

收费标准八 本标准适用于音乐喷泉。

面积在 50 平方米以下的，每年收费 200 元；

面积在 51～300 平方米的，每年收费 400 元；

面积在 301 平方米以上的，每年收费 1 000 元。

收费标准九 本标准适用于话剧、戏剧。

①以机械表演方式使用音乐作品的，按照每场每分钟 100 元的标准收取音乐著作权使用费，不足一分钟的按一分钟计算。

②以演员演唱的方式使用音乐作品的，按照每场每半分钟 100 元的标准收取音乐著作权使用费，不足半分钟的按半分钟计算。

收费标准十 本标准适用于银行、电信等行业的营业厅。

①按照营业面积，每平方米每年 5 元。照此标准计算，年度使用费低于 500 元的按 500 元计。

②设有荧光屏播放音乐作品的，每个荧光屏每年加收 400 元。

收费标准十一 本标准适用于展厅。

长期使用音乐的展厅，每平方米每天收费 0.01 元。照此标准计算，年度使用费低于 200 元的按 200 元计。

收费标准十二 本标准适用于短期展览（车展、时装展等）。

此类场所按照展台费的 1%计算或

1. 仅以机械表演方式使用音乐作品的：每展台每天 200 元；

2. 以机械表演和现场表演两种方式使用音乐作品的，每展台每天 500 元。

本标准中所指展台以 100 平方米为单位，不足 100 平方米的按 100 平方米计算。

收费标准十三 本标准适用于办公楼、写字楼。

①每平方米每年收费 1 元。照此标准计算，年度使用费低于 200 元的按 200 元计。

②电梯间如播放音乐，则每部电梯每年加收 300 元。

③设有荧光屏播放音乐作品的，每个荧光屏每年加收 200 元。

④所附餐厅等已有相应收费标准的场所均按相应收费标准另行计算。

收费标准十四 本标准适用于公园。

此类场所按照扬声器的数量计算使用费：

1. 非主题公园，每个扬声器每年 100 元；

2. 主题公园，每个扬声器每年 200 元；

3. 游乐场，每个扬声器每年 300 元。

以上场所中，如有现场表演，则音乐著作权使用费加倍计算。

所附餐厅等已有相应收费标准的场所均按相应收费标准另行计算。

收费标准十五 本标准适用于嘉年华。

在嘉年华活动中以播放背景音乐或进行现场表演（演唱会除外）的方式使用音乐作品，按照每天每千平方米 100 元的标准收取音乐著作权使用费，不足一千平方米的按一千平方米计。

注：本标准中所称“嘉年华活动”特指室外大型文化、娱乐活动。

收费标准十六 本标准适用于各类交通工具及其等候场所。

1. 客运汽车

客车数量在 50 辆车（含）以内的，每辆车每年收费为 400 元；客车数量超过 50 辆的，超过部分每辆车每年收费为 300 元。

2. 航空

国际运营线：

每运载 1 000 名乘客每公里 0.10 元；

但每班次最低收费不得低于 30 元。

国内运营线：

每运载 1 000 名乘客每公里 0.05 元；

但每班次最低收费不得低于 6 元。

3. 铁路

高铁线路：每车次运行每公里收费 0.02 元。

动车线路：每车次运行每公里收费 0.015 元。

直快线路和旅游线路：每车次运行每公里收费 0.01 元。

特快线路：每车次运行每公里收费 0.008 元。

快速线路：每车次运行每公里收费 0.007 元。

普通线路：每车次运行每公里收费 0.005 元。

4. 船舶

容客量不超过 100 人的，每艘船每年收费 300 元；

容客量在 101～500 人的，每艘船每年收费 500 元；

容客量在 501～1 000 人的，每艘船每年收费 1 000 元；

容客量超过 1 000 人的，每艘船每年收费 2 000 元。

5. 候车、候船、候机大厅

按照营业面积，每平方米每年收费 1 元。照此标准计算，每个场所年度使用费低于 200 元的按 200 元计。

收费标准十七 本标准适用于电话等候音乐。

在电话等候音乐中使用音乐作品，按照使用电话线的数量计算使用费：5 条电话线以下（含 5 条）每年 500 元；5 至 10 条电话线（含 10 条）每年 750 元；10 条电话线以上每增加 10 条电话线每年增加 400 元。

注：电话线的数量应与电话总机和分机的总数相一致。

附　则

该许可标准在中国中部、西部等经济相对落后的地区执行时，可以根据实际情况进行适当调整后适用。

在连锁企业就其所属门店统一解决音乐作品表演权时，可以基于连锁企业经营规模将本标准进行适当调整后适用。

在行业协会就其会员单位统一解决音乐表演权时，可以基于行业覆盖率将本标准进行适当调整后适用。

关于扎实推进软件资产管理试点工作的通知

国版办字［2011］14 号

推进企业使用正版软件部际联席会议各成员单位：

为进一步巩固中国软件正版化工作成果，探索企业使用正版软件、抵制盗版软件的长效机制，帮助中国企业合理运用、管理软件资产，推进企业使用正版软件工作部际联席会议于 2009 年 12 月决定面向全国实施软件资产管理试点项目。经过一年多的努力，项目的前期工作已基本完成，30 家试点企业经过推荐也已全部确定。现为保障下一步工作的顺利开展，请推进企业使用正版软件部际联席会议相关成员单位按照本通知内容对各自管理的试点企业提出如下要求：

一、组建工作团队

1. 各试点企业确定一位公司管理层领导为软件资产管理工作总负责人，指导、监督本单位开展软件资产管理工作。

2. 各试点企业指定一名软件资产经理，负责与推进企业使用正版软件部际联席会议软件资产管理工作组对接，牵头实施本单位的软件资产管理具体工作。

3. 各试点企业应在本单位软件资产经理的统一协调下，及时组建含 IT 人员、行政管理人员、财务人员在内的软件资产管理团队。

二、完成软件资产的前期自查工作

1. 各试点企业软件资产经理应提前掌握本单位是否已初步建立关于软件采购、安装、升级、报废等的基本制度，并做好收集、整理、汇总工作。

2. 各试点企业应在软件资产经理的协调下，对本单位目前软件安装、使用的总体状况进行自查，重点检查操作系统软件、办公软件、杀毒软件、数据库软件的软件载体和授权许可留存情况。

3. 各试点企业应在软件资产经理的协调下，对近两年本单位采购软件产品的财务记录和购买清单进行清点，并与尚未使用、正在使用的软件产品进行账实比对，登记造册，初步完成对软件资产的编目管理。

4. 各试点企业软件资产经理应认真填写《企业软件资产管理基本情况调查表》中的各项内容，并及时做好报送工作。

各试点企业应积极配合推进企业使用正版软件部际联席会议软件资产管理工作组的相关工作，本着自愿原则签署《软件资产管理试点项目确认书》，组织人员参与动员会议和培训活动。

鉴于本次软件资产管理试点项目的动员、培训工作即将开始，请各相关单位督促各自管理的试点企业做好上述准备工作，并于 2011 年 4 月 15 日前将《软件资产管理试点项目确认书》、企业工作团队成员名单及联系方式、《企业软件资产管理基本情况调查表》报送推进企业使用正版软件部际联席会议办公室软件资产管理工作组。

本次软件资产管理工作所需费用均由推进企业使用正版软件部际联席会议办公室承担。

联系人：姜　川：010-64097331

马力海：010-68003940

张德军：010-83138746

传　真：010-68003940

邮　箱：cpcc@vip.163.com

推进企业使用正版软件部际联席会议办公室

（国家版权局办公厅）

二〇一一年三月三十日

关于进一步规范作品登记程序等有关工作的通知

国版字［2011］14号

各省、自治区、直辖市版权局，新疆生产建设兵团版权局，解放军总政治部宣传部版权局，中国版权保护中心：

为贯彻落实《国家知识产权战略纲要》、《版权工作“十二五”规划》，加强版权公共服务体系建设，强化版权服务功能，完善作品登记制度，逐步实现作品登记工作统一管理的目标，针对近年来作品登记工作存在的问题，现就进一步规范作品登记程序等有关工作通知如下：

一、作品登记申请受理：申请人在提交按要求填写的作品登记申请表的同时，还应提交作品样本，申请人的身份证明；委托他人代为办理作品登记的，应提交相应的授权委托书，以及其他必要材料。

二、作品登记申请审查：登记部门收到申请材料后，要对申请人提交的作品登记申请表、作品样本、身份证明、授权委托书，以及其他材料是否符合要求进行审查。申请材料有瑕疵的，登记机构应当在收到材料后7日内通知申请人补正。申请人自收到补正通知之日起30日内未能补正的，视为撤回申请。

三、作品登记时限：对经过审查符合规定的登记申请，登记机构要在规定的30日登记时限内完成登记工作，并向申请人发放《作品登记证书》。同时，登记机构要进一步提高工作效率，在保证质量的前提下，尽量缩短登记时间。

四、不予登记决定：对申请人提交的作品的著作权归属存在争议的、申请人拒绝提交其他必要的材料的，登记机构应作出不予登记决定，并发放《作品登记不予登记通知书》。

五、《作品登记证书》内容：《作品登记证书》应包含作品名称、作品类别、作者姓名或名称、权利人姓名或名称、权利取得方式、已发表作品的发表日期、出版日期和制作单位等事项。

六、作品登记表证格式：登记机构必须使用由国家版权局统一监制的《作品登记申请表》、《作品登记不予登记通知书》和《作品登记证书》（见附件1）。上述表证由国家版权局以电子版形式发放，登记机构可通过国家版权局网站（www.ncac.gov.cn）下载，并严格按照《作品登记证书》样本自行印制。各地应尽快启用上述表证，最迟不得晚于2012年1月1日。

《作品登记申请表》和《作品登记证书》应载有作品登记号，作品登记号格式为：地区编号—年份—作品分类号—序号（8位起始），以及地区列表、作品分类号（见附件2）。

七、作品登记信息统计：登记机构要完善作品登记信息统计及报送制度，建立作品登记数据库，联网的即时传送，尚未联网的要将本地区作品登记情况以电子版方式在每月的最后一天前报送中国版权保护中心，进入国家登记档案。报送邮箱为：zuopinxinxitongji@ccopyright.com（报送格式见附件3）。国家版权局将在指定的报刊和网站上对作品登记情况进行统一公告和查询。

八、各地要积极支持有条件的省会、中心城市和地级市开展作品登记业务；积极探索为重点地区、行业、企业及团体提供便捷高效的作品登记服务方式。

九、将作品登记纳入版权工作考核的重点内容，作品登记数量等情况将作为省级及国家级版权示范城市、单位和园区（基地）评选的重要条件；鼓励有条件的地区建立各种有效的作品登记资助激励机制。

各省、自治区、直辖市版权局，新疆生产建设兵团版权局，解放军总政治部宣传部版权局及中国版权保护中心，要认真贯彻落实本通知的要求，进一步加大作品登记工作力度，不断扩大作品登记覆盖面，全面推进作品登记工作。

附件：1. 作品登记申请表、作品登记不予登记通知书
2. 地区编号列表、作品分类号
3. 全国作品登记公告月度统计表、全国作品登记情况月度统计表

国家版权局
二〇一一年十月二十四日

关于同意授予青岛市创意100产业园等全国版权示范单位、园区（基地）称号的批复

国版发［2011］7号

山东、浙江、江苏、安徽、四川、上海版权局：

为贯彻落实《国家知识产权战略纲要》，充分发挥版权先进典型的示范引导作用，不断提升版权创造、运用、保护和管理的整体水平，2009年12月，国家版权局颁布《全国版权示范城市、示范单位和示范园区（基地）的管理办法》（简称《办法》）。《办法》颁布以来，各地版权行政管理部门积极响应，大力扶持、培育、打造并推荐上报了一批具有鲜明特色的版权示范单位、示范园区（基地）。

根据《办法》规定，我局经对推荐的部分全国版权示范单位、园区（基地）考核验收，认为符合规定条件，同意授予：绍兴县中国轻纺城花样登记管理保护办公室、安徽省版权交易中心全国版权示范单位称号；青岛市创意100产业园、南京市徐庄软件产业基地、安徽省版权教育基地、四川大学文化产业研究中心、成都高新技术产业开发区、上海张江高科技园区全国版权示范园区（基地）称号。

希望你们以科学发展观为指导，认真贯彻落实《国家知识产权战略纲要》和《版权工作“十二五”规划》，加强对当地全国版权示范单位、园区（基地）的监督管理，充分发挥版权示范单位、园区（基地）的示范和引导作用，推动智力成果的创新与运用，促进区域经济、文化、科技和社会事业的全面发展。

国家版权局
二〇一一年八月三十日

关于印发2011年全国版权工作会议报告和2011年版权工作要点的通知

国版发［2011］3号

各省、自治区、直辖市版权局，新疆生产建设兵团版权局，解放军总政治部宣传部版权局，北京、天津、上海、重庆、宁夏文化市场行政执法总队，中国版权保护中心，中国版权协会、中国音乐著作权协会、中国音像著作权协会、中国文字著作权协会、中国摄影著作权协会、中国电影著作权协会：

现将柳斌杰同志在2011年全国版权工作会议上题为《抓住机遇　开拓创新　全面开创版权“十二五”工作新局面》的报告和《2011年全国版权工作要点》印发给你们，请结合本地区、本部门实际，

认真学习领会，切实抓好贯彻落实。

国家版权局

二〇一一年三月一日

2011年全国版权工作要点

2011年，版权工作将坚持以邓小平理论和“三个代表”重要思想为指导，深入贯彻落实科学发展观，“高举旗帜、围绕大局、服务人民、改革创新”，坚持用党的十七届五中全会精神指导实践，按照中央关于“十二五”时期文化发展的有关部署，以科学发展为主题，以加快转变经济发展方式为主线，实施《国家知识产权战略纲要》、《版权工作“十二五”规划》，全面推进版权保护工作，为促进国民经济又好又快发展、社会主义文化大发展大繁荣、建设创新型国家和全面建设小康社会服务。

一、进一步完善版权法律法规政策体系

1. 积极推进《著作权法》、《著作权法实施条例》、《著作权集体管理条例》等法律、法规的调研、修改工作。

2. 加快《民间文学艺术作品著作权保护条例》立法进度。支持地方政府和协调国家相关部门，出台版权保护工作相关法规、规章和政策。

3. 开展著作权合同登记备案办法调研，完善作品自愿登记和著作权合同登记备案办法，统一登记标准，规范登记流程，完善登记制度，制定《教科书法定许可付酬办法》，充分发挥法律制度建设在加强版权保护、维护市场秩序、促进版权相关产业健康发展方面的基础保障作用。

二、进一步加强版权行政执法与监管

4. 认真做好全国打击侵犯知识产权和制售假冒伪劣商品专项行动有关工作。会同有关部门做好北京、天津、太原等重点地区查缴盗版出版物集中销毁活动；联合全国“扫黄打非”办、公安部、最高人民法院、最高人民检察院对重点案件进行挂牌督办，限时办结；联合全国“扫黄打非”办、公安部、最高人民法院、最高人民检察院对重点案件查处工作进行表彰，对办案有功的单位和个人进行奖励；认真做好专项行动重大活动、重要成果的宣传工作；总结专项行动治理经验特别是大要案查处工作经验，及时向全国打击侵犯知识产权和制售假冒伪劣商品专项行动领导小组报告。

5. 大力推进政府机关和企业使用正版软件工作。采取有效措施，确保中央和地方政府机关分别于2011年5月底前和2011年10月底前完成软件正版化检查整改工作，配合财政、机关事务管理部门做好经费保障和软件资产管理工作，构建使用正版软件、抵制盗版软件的长效工作机制；加大推进企业使用正版软件工作力度，确保中央（央企三级）和省级国有企业（总部）年内全面完成软件正版化，充分发挥行业协会在企业软件正版化工作中的积极作用，加快推进外资、民营企业软件正版化工作，做好30家企业软件资产管理试点工作。

6. 坚持专项治理与日常监管相结合，继续开展2011年打击网络侵权盗版专项行动，加大执法力度，深挖大案要案，坚决打击软件、影视、音乐、文字等方面和网络购物领域的网络侵权盗版行为；积极开展计算机预装盗版软件的市场治理，加大对重点软件产品的市场监管力度；强化日常监管，发挥行业协会在协助打击侵权盗版、维护市场秩序等方面的积极作用，有效推进对视频网站、手机媒体等的主动监管工作。

7. 做好2011年度查处侵权盗版案件有功单位及个人表彰奖励工作，通过举报、查处侵权盗版案件奖励机制最大限度动员各种力量参与到打击侵权盗版行动中来。充分发挥涉外权利认证机构在打击侵权盗版方面的作用。

8. 认真开展国家版权监管平台（二期）的需求方案设计和工程开发相关工作，加快工程前期建设进度。支持各地根据实际需要建设监管平台。

9. 出台《版权行政执法指导意见》，进一步完善版权行政执法体制，指导督促文化和经济市场行政综合执法机构履行版权行政执法职责，开展版权执法活动，把版权执法工作落到实处。

三、进一步完善版权公共服务和社会参与机制

10. 创新版权公共服务形式，增强版权公共服务能力，加大作品登记、合同备案、版权质押登记工作力度，提高作品登记、版权合同登记备案和版权质押登记的质量和数量。

11. 充分发挥集体管理组织、行业协会、涉外版权认证机构和版权中介机构的作用，加强对其的监督管理和业务指导，进一步规范其市场行为，支持其依法开展业务活动，建立科学、合法、规范的集体管理和作品授权使用的市场秩序。

12. 加强版权贸易基础性建设，积极探索构建综合性的版权要素市场。鼓励民营资本和社会力量参与版权贸易，支持版权代理、版权评估、版权投融资活动，逐步完善版权交易市场机制。

13. 进一步贯彻落实《全国版权示范城市、示范单位、示范园区（基地）管理办法》，批准一批版权示范主体，大力推动版权示范城市、示范单位和示范园区（基地）建设。

14. 支持办好2011年北京国际图书博览会、全国图书交易博览会、中国国际版权博览会等大型版权贸易展会，形成常态化和定时定点相结合的版权交易市场机制。

15. 推动建立版权争议调解机制，继续支持中央有关行业协会和有条件的省（自治区、直辖市）成立版权调解机构，基本形成司法和行政有机衔接的版权争议民事调解机制。

16. 做好全国版权相关产业对国民经济贡献（2009年度）调研，支持有条件的省（自治区、直辖市）和中心城市开展版权相关产业对国民经济贡献的调研工作。

四、进一步做好版权宣传培训统计工作

17. 利用"4·26知识产权宣传周"平台集中开展系列宣传活动，以新中国第一部《著作权法》实施20周年为契机开展重大宣传教育活动，加强版权公益宣传工作，在全社会形成"尊重知识、尊重劳动、尊重创作、尊重版权"的良好舆论氛围。

18. 加强版权培训工作，针对领导干部、著作权人、版权相关企业经营者等不同主体广泛开展版权培训，继续做好基层版权执法培训和企业软件正版化培训，提高版权创造、运用、保护、管理能力。

19. 支持各级版权行政管理部门采取多种形式，深入学校社区及权利人、使用者集中的各种社会团体、组织等，加强版权公益宣传工作。

20. 推动建立完备的版权统计制度，按要求进一步做好版权年度统计工作，同时做好版权各专项统计上报和汇总工作。

五、进一步加强版权涉外应对及交流合作

21. 积极参与世界知识产权组织重大议题的讨论和制定国际版权新规则事务，积极推进世界知识产权组织在华开展版权保护优秀案例示范点调研。认真应对世界贸易组织、亚太经合组织有关版权议题。

22. 妥善处理中美等重要版权双边关系。做好中美商贸联委会后续工作，召开中美网络版权会议就有关问题进行磋商；落实《中美版权战略合作备忘录》的实施计划，积极推进中美在推广正版软件、互联网版权保护方面的交流与合作；推进和落实《中英版权谅解备忘录2010—2011年工作计划》；积极参与中国欧盟知识产权合作项目二期相关活动；落实中日和中韩版权合作备忘录框架下相关工作。

23. 进一步发展其他版权双边关系，积极参与中澳、中秘、中哥自由贸易区谈判和中巴、中俄、中瑞（士）、中挪知识产权工作组会议等相关工作，拓展版权对外关系。

24. 进一步发展与台、港、澳地区的版权合作关系，推进落实与台湾有关部门签署的《海峡两岸知识产权保护合作协议》，有序实施与香港海关签署的《打击网络盗版合作互助安排》。

25. 建立和完善版权国际应对工作机制，及时跟踪了解国际版权保护发展新动向，特别是美欧发达国家版权保护的新情况和新趋势，及时掌握涉外版权工作动态。加强部门协调和沟通，及时研究对策，提高版权国际应对能力。

26. 加强版权国际应对事务专业队伍建设，充分利用社会资源，发挥专家学者的专业技能，建立由高校、科研机构等专业机构为主体的应对国际版权事务的咨询团队，为版权涉外应对事务提供人才支持和业务咨询。

（注：《2011年全国版权工作会议报告》详见《中国版权年鉴2011》"专文"栏目）

推进企业使用正版软件工作部际联席会议
关于印发2011年企业软件正版化工作计划的通知

国版发2011［4］号

各省、自治区、直辖市人民政府，推进企业使用正版软件工作部际联席会议各成员单位：

《2011年企业软件正版化工作计划》已经推进企业使用正版软件工作部际联席会议第五次全体会议讨论通过，现印发你们，请认真贯彻执行。请于3月25日前，将你单位实施计划报送部际联席会议办公室（国家版权局版权管理司）。

联系人：郑良斌、张德军

电　话：010-83138743、83138746

传　真：010-83138743、83138748

推进企业使用正版软件工作部际联席会议

（国家版权局）

二〇一一年三月三日

2011年企业软件正版化工作计划

2011年，企业软件正版化工作将坚持以邓小平理论和“三个代表”重要思想为指导，深入贯彻落实科学发展观，按照中央关于知识产权工作的整体部署和《国家实施知识产权战略纲要》的总体要求，在巩固2006年以来企业软件正版化工作成果的基础上，进一步完善工作机制、形成工作合力，与政府机关软件正版化工作形成良性互动，不断扩大企业软件正版化推进成果，为加大知识产权保护、促进软件产业发展、建设创新型国家服务。

一、明确工作任务，巩固工作成果

1. *进一步加大行业企业软件正版化工作力度。*工信部要积极协调相关软件厂商，为企业软件正版化推进工作做好技术支撑。财政部要切实加大软件正版化工作经费的支持力度。商务部要继续发挥外商投资企业协会和中国对外贸易企业协会等行业协会的作用，鼓励和引导协会会员企业使用正版软件，进一步推进外商投资企业与外贸企业的软件正版化工作。国资委争取在年内全面完成中央企业总部及其二、三级子企业软件正版化工作，并指导省级国资委积极推进省属国有重点企业（总部）软件正版化工作。银监会要在巩固大型银行企业全面完成软件正版化的基础上，加快推进中小银行企业软件正版化工作。证监会要进一步做好上市公司使用盗版软件涉诉事项或重大违法违规行为信息披露工作和大型证券公司软件正版化推进工作。保监会要在巩固大型保险公司软件正版化的基础上，完成其他保险企业（总部）软件正版化工作。全国工商联要进一步巩固大型民营企业软件正版化工作成果，完成民营上市企业软件正版化工作。国家版权局要积极推进新闻出版行业企业软件正版化工作，在年内完成新闻出版上市企业、大型出版集团（总部）软件正版化工作。

2. *各地方政府要确定阶段性目标并按期完成。*各地方政府要在巩固已完成企业软件正版化成果的基础上，确定2011年度企业软件正版化推进目标，在年内完成省级国有大型企业（总部）软件正版化工作。

3. *启动已完成正版化的企业软件正版化自查自纠工作。*从下半年开始，要求所有已完成软件正版化的企业认真开展一次自查自纠专项检查，重点检查操作系统、办公软件和杀毒软件等通用软件使用情况。中央和地方按照各自分工协调督导好所辖企业的检查工作，及时汇总情况，于11月底向部际联席会议办公室报送企业自查自纠情况。

4. *继续开展企业软件资产管理试点工作。*在企业自愿的基础上，国家版权局要会同有关部门参照财政部等部门关于软件资产管理的文件要求，继续做好第一批30家企业软件资产管理试点工作。通过加强软件资产管理，在试点企业构建起使用正版软件、抵制盗版软件的长效机制。

二、加大执法、督查力度，净化市场环境

5. *加强计算机生产企业预装操作系统软件工作的监督管理。*工信部要会同有关部门切实落实预装正版操作系统软件的规定，从源头上防止使用盗版操作系统软件。

6. *严厉打击软件侵权盗版活动。*各级版权部门要会同有关部门继续开展打击非法预装计算机软件、打击网络侵权盗版等专项行动，加大对软件市场、电脑城等经营场所的日常监管，签订责任书落实责任制；严厉打击计算机软件销售领域未经授权预装盗版软件和通过网络等方式制售、传播盗版软件等非法行为，通过查处并曝光大案要案，切实加大软件版权保护力度，净化软件市场环境。

7. *建立依法查处使用盗版软件企业的执法机制。*加大对企业使用盗版软件的查处力度，坚决依法查处使用盗版软件且情节严重的违法企业，将被行政处罚的企业列入软件正版化“黑名单”，在国家版权局网站和主流媒体上进行曝光，每半年对“黑名单”调整一次，将完成整改并购买正版软件的企业调整出“黑名单”。加大执法威慑力度，维护法律的权威性，增强企业依法经营、使用正版软件的自觉性和主动性。

8. *加强督导检查，强化工作责任，推动企业切实完成软件正版化工作任务。*国家版权局要会同有关部门组成督查工作组，在年末对部分地区已完成软件正版化任务和自查自纠工作的单位开展督导检查，通过听取地方政府企业软件正版化工作汇报，对国有企业、民营上市企业、外商投资企业等重点企业进行抽查检查，确保各地区、各行业按时完成软件正版化工作任务；强化各地方、各有关部门的工作责任，切实做好企业软件正版化推进工作，将企业软件正版化列入重要工作日程，明确阶段性目标，实现阶段性任务。

三、做好培训宣传，营造良好氛围

9. *加大培训力度，夯实推进基础*。各地方、各有关部门要继续做好行业企业软件正版化培训工作，积极开展软件版权法律知识、软件资产管理和软件技术知识培训，切实提高企业的版权法律意识和使用正版软件的主动性，将企业培训逐步列入年度软件正版化工作目标，为推进企业软件正版化打好基础。

10. *启动第三批企业软件正版化示范单位推荐工作*。开展软件正版化工作成绩突出的先进单位和先进个人的评选表彰工作，充分发挥示范单位、先进个人的先进模范作用，年内启动“第三批企业软件正版化示范单位”的评选推荐工作。

11. *做好信息宣传报送，营造良好氛围*。各地方、各有关部门要充分利用行业媒体等各种宣传平台，大力宣传本地区、本系统企业软件正版化工作成果，共同营造良好氛围；要高度重视信息发布工作，定期编发工作简报，及时向部际联席会议办公室报送有关工作进展情况。

四、加强组织领导，强化工作机制

12. *巩固和完善部际联席会议制度*。按照同步推进政府机关和企业软件正版化工作的要求，修改完善“推进企业使用正版软件工作部际联席会议制度”，扩大成员单位，调整部际联席会议工作职责和名称，指导、协调、督促各地方、各有关部门切实推进企业软件正版化工作。各地要完善企业软件正版化领导小组或联席会议制度。

13. *强化企业软件正版化推进工作机制*。坚持部际联席会议例会制度，每年召开一次部际联席会议全体成员会议，每半年召开一次部际联席会议办公室成员会议，及时召开联络员会议，切实加强对企业软件正版化工作的部署指导；推广软件集中采购机制，在进一步做好中央企业软件集中采购工作的基础上，将“中央企业软件集中采购平台”建成跨地区、跨行业的软件集中采购平台；完善突发事件应对机制，妥善解决企业软件正版化推进过程中可能出现的突发事件和矛盾冲突，及时纠正软件正版化工作中出现的新问题，避免矛盾冲突、维护社会稳定；完善信息报送机制，及时向部际联席会议办公室报送简报等工作信息，部际联席会议办公室及时编发“软件正版化工作简报”，加强信息交流和经验推广；完善示范表彰机制，继续做好示范单位评选工作，将软件正版化工作情况作为“全国版权示范城市、示范单位、示范园区（基地）”评选的重要标准，积极推荐软件企业参加由世界知识产权组织设立的“版权金奖”评选活动。

国家版权局关于奖励
2010 年度查处侵权盗版案件有功单位及个人的决定

国版字［2011］11 号

各省、自治区、直辖市版权局，北京、天津、上海、重庆、宁夏文化市场行政执法总队，公安部、工业和信息化部、海关总署、工商行政管理总局，最高人民法院、最高人民检察院，各相关协会、出版单位、新闻媒体：

2010 年，各级版权执法及版权相关执法部门认真贯彻落实《国家知识产权战略纲要》和《2011 年中国保护知识产权行动计划》，特别是在国务院部署开展的全国打击侵犯知识产权和制售假冒伪劣商品专项行动和国家版权局、工业和信息化部、公安部联合开展的“剑网”行动中，严厉打击各类侵权盗版活动，查处了一大批侵权盗版案件，有效保护了权利人合法权益，维护了正常的版权秩序，促进了版权相关产业的健康发展。为进一步调动相关执法部门和执法人员依法查处侵权盗版案件的积极性和主动性，继续营造尊重知识、鼓励创新、有效保护的良好氛围，保持对侵权盗版违法活动的高压态势，积极推动经济方式转变和创新型国家建设，根据《举报、查处侵权盗版行为奖励暂行办法》的规定，国家版权局决定奖励在 2010 年度查处侵权盗版案件工作中作出突出贡献的河南省版权局版权管理处等137家“2010年度查处侵权盗版案件有功单位”和刘飞跃等122名“2010年度查处侵权盗版案件有功个人”（名单见附件）。

希望获得奖励的有功单位和有功个人珍惜荣誉，再创佳绩。希望全国版权执法部门及相关部门、广大版权执法人员及相关执法人员以有功单位和有功个人为榜样，高举保护知识产权旗帜，创新工作方法、完善工作机制，开拓进取、与时俱进，继续加大专项治理与日常监管工作力度，以良好的工作作风和昂扬的精神状态，扎实推进查处侵权盗版案件工作，切实提高中国的版权保护水平。

中华人民共和国国家版权局

二〇一一年九月七日

（附件《2010年度查处侵权盗版案件有功单位及个人名单》详见本卷“表彰评奖”栏目）

国家版权局关于奖励 2011年度查处侵权盗版案件有功单位及个人的决定

国版字［2012］6号

各省、自治区、直辖市版权局，解放军总政治部宣传部版权局，北京市、天津市、上海市、重庆市文化市场行政执法总队，工业和信息化部、公安部、海关总署、工商总局办公厅，最高人民法院、最高人民检察院办公厅，各相关协会、出版单位、新闻媒体：

为进一步调动相关执法部门和执法人员查处侵权盗版案件的积极性和主动性，为建设创新型国家营造激励创造、有效运用、依法保护、科学管理的良好氛围，根据《国家版权局举报、查处侵权盗版行为奖励暂行办法》及实施细则的规定，国家版权局决定对在2011年度查处侵权盗版案件工作中作出突出贡献的安徽省合肥市公安局网络安全支队等180家有功单位、陈江丽等172名有功个人给予奖励（名单见附件）。

希望获得奖励的有功单位和有功个人珍惜荣誉继续努力，再创佳绩。希望全国版权执法部门及相关部门、广大执法人员以受奖励的有功单位和有功个人为榜样，高举保护知识产权旗帜，开拓进取、与时俱进，创新工作方法、完善工作机制，坚持专项治理与日常监管相结合，以良好的工作作风和昂扬的精神状态，扎实推进查处侵权盗版案件工作，切实提高中国的版权保护水平。

中华人民共和国国家版权局

二〇一二年六月二十九日

（附件《2011年度查处侵权盗版案件有功单位及个人名单》详见本卷“表彰评奖”栏目）

表彰评奖

BIAO ZHANG PING JIANG

2010 年度查处侵权盗版案件有功单位及个人名单

2010 年度查处侵权盗版案件有功单位名单

【一等奖】

1. 公安部治安管理局一处
2. 最高人民检察院侦监厅立案监督处
3. 最高人民检察院公诉厅起诉二处
4. 最高人民法院刑二庭
5. 悠视网侵权案专案组（北京市版权局执法处）
6. 安徽滁州“骑士音乐网侵犯著作权案”专案组（安徽省公安厅治安警察总队、滁州市公安局治安支队、滁州市文化广电新闻出版局、滁州市南谯区检察院、滁州市南谯区法院、黄山市文广新闻出版局）
7. 北京市公安局治安管理总队行动支队三中队、北京市文化市场行政执法总队执法二队
8. 广东省中山市公安局治安管理支队、中山市第二市区人民检察院
9. 河北省廊坊“9·20”批销盗版图书案专案组（河北省廊坊市文化广电新闻出版局、河北省廊坊市公安局、河北省廊坊市人民检察院、河北省廊坊市中级人民法院、河北省廊坊市安次区人民法院等）
10. 河南省版权局版权管理处
11. 河南郑州“锦绣宾戈音像店经营盗版音像制品案”专案组（郑州市文化市场综合执法支队、郑州市公安局嵩山路派出所）
12. 黑龙江省哈尔滨市道外区人民法院刑事审判庭
13. 吉林省版权局版权管理处
14. 江苏省版权局版权管理处
15. 江苏省昆山市文化广电新闻出版局
16. 徐州市版权局、徐州市“万松网侵犯著作权案”专案组
17. 江苏无锡鞠文明等侵犯著作权案专案组
18. 山东泰安非法印刷、销售《语文报》案件专案组
19. 山东省济宁市文化市场综合执法局
20. 山东省青岛市文化市场行政执法局
21. 山西省版权局版权管理处、山西省新闻出版局“双打”行动领导小组办公室、吕梁市文化广电新闻出版局版权科
22. “盛大网络”《冒险岛》游戏“外挂”侵权案专案组（上海市公安局浦东分局治安一支队行动大队等）
23. 四川成都“8·19”批销淫秽盗版光盘案专案组
24. “何震宇销售盗版光盘案”专案组（天津市“扫黄打非”工作领导小组办公室、天津市文化市场行政执法总队、天津市政法委案件督办处、天津市版权局、天津市公安局南开分局、天津市公安局南开分局学府街派出所、天津市南开区人民检察院、天津市南开区人民法院）
25. 西藏9·27批销盗版教辅图书案专案组
26. 浙江省版权局

【二等奖】

1. 公安部经侦局知识产权处
2. 公安部网监局五处
3. 工业和信息化部电信管理局市场管理处
4. 一听网侵权案专案组
5. 中国新闻出版报社版权监管部
6. 安徽省版权局
7. 北京市文化市场行政执法总队执法一队
8. 河南省驻马店市“妙计软件工作室网络侵权案”专案组
9. 黑龙江省哈尔滨市“11·02”侵犯著作权案专案组
10. 湖北省荆门市版权局
11. 湖北省通信管理局网络与信息安全处
12. 湖南常德罗颖、孙斌等私服侵权盗版案专案组
13. 湖南常德吴飞等私服侵权盗版案专案组
14. 湖南省株洲市版权局

15. 湖南省怀化市文化市场稽查支队
16. 吉林省梅河口市文化市场综合行政执法大队
17. 江苏淮安中国宽频网侵权盗版案专案组
18. 南京市公安局下关分局经侦大队、南京市鼓楼区人民法院知识产权庭
19. 江苏省苏州市文化行政综合执法支队
20. 江西“9·01”侵犯著作权案联合专案组
21. 辽宁省沈阳市文化市场行政执法总队直属执法四大队
22. 山东省淄博市公安局
23. 山东省济宁市汶上县文化市场综合执法大队
24. 山西太原“10·19”运储盗版和淫秽光盘案专案组
25. 陕西省版权局、陕西省“扫黄打非”工作领导小组办公室
26. 上海市公安局金山分局经侦支队、上海市公安局某总队某支队
27. 上海市公安局经侦总队四支队
28. 上海市公安局治安总队治安行动队、上海市第二中级人民法院民事审判第五庭
29. 上海市文化市场行政执法总队稽查五处
30. 四川省通信管理局市场监管处
31. 四川省阆中中学侵犯著作权案专案组
32. 新疆乌鲁木齐文化局（新闻出版、版权局）
33. 新疆维吾尔自治区出版物市场稽查队
34. 浙江省杭州市文化市场行政执法总队
35. 浙江省宁波市文化市场行政执法总队
36. 高等教育出版社法务部
37. 中国建筑工业出版社

【三等奖】

1. 海关总署监管司行李邮递物品监管处
2. 海关总署政法司
3. 中央电视台新闻中心社会新闻部社会事业组
4. 安徽省蚌埠市文化市场综合执法大队
5. 福建省宁德市文化市场管理稽查队
6. 福建省厦门市版权局
7. 福建省福州海关法规处
8. 广东省大鹏海关货运机检科
9. 广东省惠州市文化市场综合执法大队
10. 广东省茂名市文化市场综合执法大队
11. 广西壮族自治区中国联通梧州分公司
12. 广西壮族自治区版权局
13. 广西壮族自治区钦州市文化和新闻出版市场稽查队
14. 贵州省六盘水市文化市场综合执法支队
15. 河北省通信管理局市场监管处
16. 河北省保定市文化市场行政执法大队
17. 河北省版权局、石家庄市版权局
18. 河南省安阳市文化市场综合执法支队
19. 河南省洛阳市文化市场综合执法支队
20. 黑龙江省版权局
21. 黑龙江省齐齐哈尔市文化市场管理处
22. 黑龙江省双鸭山文化市场稽查支队
23. 黑龙江省鹤岗市文化市场管理处
24. 湖北省版权局
25. 湖北省天门市文化市场综合执法支队
26. 湖北省钟祥市文化市场管理所
27. 湖北省潜江市文化市场稽查大队
28. 湖南省衡阳市版权局
29. 湖南省邵东县版权局
30. 湖南省桃江县版权局
31. 湖南省郴州市版权局
32. 吉林省延边朝鲜族自治州版权局
33. 吉林省汪清县公安局经侦大队
34. 吉林省长春海关驻机场办事处旅检二科
35. 江苏省淮安市版权局、淮安市公安局信息网络安全监察支队、淮安市文化行政综合执法支队
36. 江苏省淮安市中级人民法院知识产权庭
37. 江苏省常熟市版权局
38. 江苏省灌南县文化市场管理办公室
39. 江苏省江都市文化广电新闻出版局
40. 辽宁省通信管理局市场监管处
41. 辽宁省版权局版权处
42. 辽宁省丹东市文化市场稽查支队
43. 内蒙古自治区赤峰市文化市场稽查队
44. 山东省青岛市城阳区文化市场行政执法局
45. 山东省青岛市黄岛区行政执法局
46. 山东省济南市文化市场综合执法局执法三处
47. 山东省德州市文化市场综合执法局
48. 山东省聊城市文化市场综合执法局
49. 山东省枣庄市文化市场综合执法支队
50. 山东省潍坊市奎文区文化市场综合执法局
51. 山东省通信管理局市场监管处
52. 山西省晋中市版权局
53. 山西省2010年打击网络侵权盗版专项治理“剑网”行动工作领导小组
54. 山西省吕梁市文化广电新闻出版局版权科
55. 山西省大同市版权局

56. 陕西省公安厅治安局二处
57. 上海海关法规处
58. 上海海关现场业务二处
59. 上海市通信管理局信息安全处
60. 四川省泸州市文化新闻出版局
61. 四川省大英县新闻出版局稽查队
62. 四川省仪陇县文化体育和广播影视局
63. 四川省成都市版权局
64. 天津市文化市场行政执法总队
65. 新疆维吾尔自治区新闻出版局（版权局）
66. 新疆维吾尔自治区乌鲁木齐海关驻邮局办事处
67. 浙江省武义县文化市场行政执法大队
68. 浙江省鄞州区文化市场行政执法大队
69. 浙江省温州市文化市场行政执法支队
70. 浙江省温州市永嘉县文化市场执法大队
71. 浙江省湖州市文化市场行政执法支队
72. 浙江省嘉善县文化市场行政执法大队
73. 浙江省义乌市文化市场行政执法大队
74. 重庆市江津区文化市场行政执法大队

2010年度查处侵权盗版案件有功个人名单

【一等奖】

有功个人 所在单位

1. 张　钧　公安部治安管理局
2. 刘福谦　最高人民检察院侦监厅
3. 孙铁成　最高人民检察院公诉厅
4. 王　珅　最高人民法院刑二庭
5. 张　辉　中国版权保护中心
6. 赖名芳　中国新闻出版报社
7. 刘飞跃、吴安宁；许　刚　安徽省版权局；安徽省公安厅
8. 杜鹏、李钦俭、高　坤；丛海涛　北京市文化市场行政执法总队；北京市公安局海淀分局
9. 韩志宇、赵红仕、袁振学　北京市版权局
10. 萧鉴明　广东省中山市公安局
11. 王国维　河北省人民检察院
12. 来有功、李景亮、王泽平　河南省版权局
13. 尤荣喜、张红伟、雒　强　江苏省南京市文化综合执法总队、南京市版权局、南京市中级人民法院
14. 张　园、潘　方；乔景山　江苏省徐州市公安局；徐州市版权局
15. 孙　章　山东省青岛市文化市场行政执法局
16. 吉　平　山西省版权局
17. 孙黎俊　上海市公安局浦东分局
18. 孙　伟　浙江省版权局

【二等奖】

有功个人 所在单位

1. 王志广　公安部经侦局
2. 邓法超　公安部网监局
3. 黄雪峰　安徽省淮北市文化广电新闻出版局
4. 郭东竹、朱文君、孙振伟　北京市版权局
5. 李忠义、李智杰、尹　森、吴树超、宋金荣、佟智勇；唐利杰　北京市公安局治安总队；北京市公安局昌平分局
6. 蔡奕俊　广东省汕头市版权局
7. 潘海波、李耀峰　河北省版权局、石家庄市版权局
8. 杨大勇　河北省保定市文化市场行政执法大队
9. 刘　琳　湖北省荆门市文化体育和新闻出版（版权）局
10. 邹喜玲　湖北省版权局
11. 黄贵武　湖南省岳阳市文化市场综合执法局
12. 孟红军　湖南省株洲市新闻出版（版权）局
13. 姜俊玉　吉林省版权局
14. 谭松枝　江苏省版权局
15. 顾建强、王　勇、金纪文、黄燕娟　江苏省昆山市文化广电新闻出版局、昆山市公安局、昆山市人民检察院、昆山市人民法院
16. 万劲松、陈雪松　江苏省淮安市公安局、淮安市公安局清河分局
17. 黄芝怡　江苏省苏州市文化行政综合执法支队
18. 张宏涛　江西省版权局
19. 张兆明　内蒙古自治区赤峰市红山区文化局
20. 高　睿　山东省版权局
21. 王玉亭　山东省青岛市南区文化市场行政执法局
22. 高迎新　山西省吕梁市版权局
23. 凌震伟　上海市公安局经侦总队
24. 沈正荣、某总队某支队2人（不公开姓名）上海市公安局金山分局；上海市公安局

25. 王丽莉　四川省成都市青羊区人民检察院
26. 李建华　四川省南充市文化稽查支队
27. 张露娜　天津市版权局
28. 王喜凯、洛桑多吉、杨　剑　西藏自治区版权局
29. 王晓红　浙江省杭州市文化市场行政执法总队
30. 王祖伟　浙江省武义县文化广电新闻出版局
31. 凌申根　中国建筑工业出版社

【三等奖】

有功个人　所在单位

1. 李群英、黄建华　海关总署
2. 解新红、李　丹、王丽婷　海关总署
3. 张芬涛　海关总署
4. 梁　冰　海关总署
5. 刘兆太　海关总署
6. 王大庆　光明日报社
7. 吴红晓　中国科技新闻学会手机媒体新闻传播专业委员会
8. 李爱武　安徽省合肥市文广新闻出版局
9. 丁　钢　安徽省蚌埠市文化市场综合执法大队
10. 代长红　安徽省淮北市文化市场综合执法大队
11. 林为民　福建省福州海关驻邮局办事处
12. 陈欣欣　福建省晋江市版权局
13. 林晓霞　广东省揭阳市版权局
14. 侯　娅　广东省深圳海关
15. 李延华　广东省惠州市综合执法大队
16. 黄　敏　广西壮族自治区梧州市文化新闻出版局
17. 石　卫、罗　然　广西壮族自治区版权局
18. 施济南　广西壮族自治区钦州市文化和新闻出版局
19. 陆国理　贵州省六盘水市文化市场综合执法支队
20. 裴立新　河北省秦皇岛市文化广电新闻出版（版权）局
21. 边振林　河北省任丘市文化市场综合执法队
22. 董　娣　河南省郑州市文化广电新闻出版局
23. 程振海　河南省安阳市文化市场综合执法支队
24. 魏景义、谢元涛　河南省驻马店市文化新闻出版局
25. 张　巍　黑龙江省齐齐哈尔市文化市场管理处
26. 何东春　黑龙江省双鸭山市文化市场稽查队
27. 唐　虎　湖北省版权局
28. 张　岩　湖北省通信管理局
29. 霎江峰　湖北省十堰市文化市场综合执法支队
30. 阳本忠　湖南省衡阳市新闻出版局
31. 李志华、邓　静　湖南省郴州市文化市场稽查大队
32. 胡孟科　湖南省桃江县版权市场稽查大队
33. 李小星　湖南省永州市文化新闻出版局
34. 宋洪电、姜　山　吉林省版权局、吉林省延吉市文化新闻出版和体育局
35. 田庆权、陈晓明　吉林省新闻出版局、吉林省版权局
36. 贯本军　吉林省汪清县公安局
37. 李冰锐　吉林省版权局
38. 贺　喜　江苏省淮安市文化行政综合执法支队
39. 吴丛剑、郑志峰　江苏省如东县文化市场稽查队
40. 刘志国　江苏省江都市文化广电新闻出版局
41. 陈　铭　江苏省连云港市版权局
42. 乔景山　江苏省徐州市版权局
43. 张　志、张　牧　辽宁省通信管理局
44. 石　帅、夏俊雄　辽宁省版权局、沈阳市文化市场行政执法总队
45. 张靖弢、于燕凝　辽宁省沈阳市文化市场行政执法总队
46. 田大鹏、陈广君　辽宁省版权局、丹东市文化市场稽查支队
47. 赵小华　内蒙古自治区包头市中级人民法院
48. 刘肖宁　山东省潍坊市文化市场综合执法局
49. 张继军　山东省诸城市文化市场综合执法局
50. 秦　钊　山东省日照市文化市场综合执法局
51. 孟　杰　山东省济宁市市中区文化市场综合执法局
52. 张玉光　山东省聊城市文化市场综合执法局
53. 吴明哲　山东省临沂市文化市场管理执法局
54. 李　艳　山东省东营市文化广电新闻出版局
55. 刘贵德　山东省昌乐县文化市场综合行政执法局
56. 董思宁　山西省晋中市版权局
57. 任永善　山西省运城市文化广电新闻出版局
58. 李忠革　山西省大同市文化广电新闻出版局
59. 阎林海　陕西省版权局
60. 江西兵、刘才娃　陕西省公安厅
61. 王海平　陕西省绥德县文体广电局
62. 倪　珏、黄清河　上海海关
63. 陆　琦　上海市公安局
64. 林　燚　四川省仪陇县文化体育新闻出版稽查

大队

65. 黄玉全　四川省大英县新闻出版局
66. 肖占鹏　天津市新闻出版局
67. 郭庆龙　新疆维吾尔自治区新闻出版局（版权局）
68. 艾克拜·牙生　新疆维吾尔自治区乌鲁木齐市文化市场稽查支队
69. 廖　强　新疆维吾尔自治区乌鲁木齐市文化市场稽查支队
70. 姜国星　浙江省杭州市西湖区文化市场行政执法大队
71. 施旭林　浙江省湖州市文化市场行政执法支队
72. 周　浩　浙江省嘉善县文化广电新闻出版局
73. 黄　俊　重庆市江津区文化市场行政执法大队

2011年度查处侵权盗版案件有功单位及个人名单

2011年度查处侵权盗版案件有功单位名单

【一等奖】

1. 公安部治安管理局一处
2. 最高人民检察院侦查监督厅
3. 最高人民法院刑二庭
4. 安徽省版权局
5. 安徽合肥艺凌网络科技有限公司侵犯著作权案专案组（合肥市版权局、合肥市公安局网络安全支队）
6. 安徽省芜湖市文化市场行政执法大队
7. 北京百度文库侵权案专案组
8. 福建省高级人民法院刑二庭
9. 河北省廊坊市文化广电新闻出版局
10. 河北“2·26”王雷等侵犯著作权案专案组（廊坊市安次区人民法院刑事审判庭、廊坊市中级人民法院刑事审判第二庭）
11. 河南省信阳市文化市场综合执法支队
12. 河南省驻马店市上蔡县文化局
13. 河南省版权局版权管理处
14. 黑龙江“3·15”《征途》私服网络游戏侵权案专案组（省版权局、省检察院、省法院、省公安厅、省“扫黄打非”办公室、双鸭山市文化市场稽查支队、双鸭山市公安局治安管理支队、双鸭山市法院、双鸭山市检察院、双鸭山市“扫黄打非”办公室）
15. 湖北省天门市公安局网安支队
16. 湖南省邵东县文化（新闻出版、版权）局
17. 湖南“1·19”王学海等人特大侵犯著作权案专案组（长沙市文化市场综合执法局、长沙市公安局治安管理支队侦查大队）
18. 吉林孙波侵犯著作权案专案组（吉林市公安局昌邑分局经侦大队、昌邑区人民检察院侦查监督科、昌邑区人民法院刑事审判庭）
19. 江苏省版权局
20. 江苏南京“6·01”特大网络制售侵权盗版蓝光光盘案专案组（南京市文化综合执法总队一支队、南京市公安局玄武分局经济案件侦查大队、南京市版权局版权管理处鉴定组）
21. 江苏小说520网侵犯著作权案专案组（徐州市版权局版权管理处、徐州市公安局云龙网警大队）
22. 江苏省镇江市公安局网络警察支队
23. 山东省青岛市文化市场行政执法局
24. 陕西孟宪军侵犯著作权案专案组（西安市中级人民法院刑二庭、西安市文化广电新闻出版（版权）局版权（出版）管理处）
25. 陕西榆阳区文化市场综合执法大队
26. 上海傅旭义等人侵犯著作权案专案组（上海市普陀区检察院公诉科、上海市普陀区人民法院民三庭）
27. 上海市公安局文保分局刑侦大队
28. 上海市公安局经侦总队四支队
29. 四川“8·09”刘磊制售盗版音像制品案专案组（成都市金牛区版权局、成都市金牛区法院，成都文化市场综合执法总队新闻出版大队）
30. 四川“10·19”龚玉彬制售盗版音像制品案专案组（四川省高级人民法院刑二庭、成都市版权局、成都市中级人民法院刑二庭、成

都市公安局）
31. 四川省成都市文化市场综合执法总队
32. 新疆乌鲁木齐“11·12”民语盗版光盘案专案组（乌鲁木齐市新闻出版局、乌鲁木齐市公安局经侦支队四大队）
33. 新疆维吾尔自治区新闻出版（版权）局版权处
34. 浙江何昌灶侵犯著作权案专案组（宁波市公安局治安支队、宁波市文化市场行政执法总队）
35. 浙江省版权局版权处
36. 浙江省杭州市萧山区人民法院

【二等奖】
1. 公安部网安局网络侦查行动处
2. 公安部经侦局知识产权处
3. 高检院公诉厅起诉二处
4. 工业和信息化部电信管理局市场管理处
5. 中国版权保护中心法律部
6. 新闻出版报社版权监管部
7. 安徽省合肥市公安局
8. 安徽省马鞍山市文化市场综合执法大队
9. 安徽省宣城市文广新闻出版局
10. 北京市版权局版权保护处
11. 北京鹏翔宏途图书有限公司侵权盗版案专案组（北京市文化市场行政执法总队、北京市公安局海淀公安分局）
12. 北京市文化市场行政执法总队执法四队
13. 福建郑杰侵犯著作权案专案组（福建省“扫黄打非”稽查队、福州市公安局鼓楼分局经济犯罪侦查大队）
14. 福建莆田“3·11”网络销售盗版光盘案专案组（福建省公安厅治安管理总队、莆田市城厢区文体广电出版局、莆田市公安局城厢分局经侦大队）
15. 广西南宁市“4·21”制售盗版音像制品案专案组（南宁市文化新闻出版局、南宁市文化市场综合执法支队、南宁市公安局治安警察支队）
16. 广西柳州市王金连、钟志荣侵犯著作权案专案组（柳州市新闻出版局、柳州市公安局解放责任区刑侦大队）
17. 广西壮族自治区版权局
18. 河北“2·18”盗印《中国共产党历史》（第二卷）案专案组（河北省公安厅治安管理局、廊坊市公安局、三河市人民检察院侦查监督科、三河市人民法院刑事审判庭）
19. 河南杨佩然销售盗版教辅案专案组（商丘市梁园区文化市场综合执法大队、商丘市公安局中州派出所）
20. 河南省开封市文化市场综合执法支队
21. 河南省郑州市金水区文化旅游局
22. 湖北省武汉市江汉区文化体育和旅游局
23. 湖北省十堰市公安局网络安全保卫支队
24. 吉林省版权局版权管理处
25. 江苏省南通市版权局
26. 江苏省淮安市中级人民法院
27. 江苏省南京市公安局玄武分局板仓派出所
28. 江苏省连云港市公安局网警支队
29. 江苏省南通市公安局崇川分局经侦大队
30. 江苏省镇江市文化行政综合执法支队
31. 辽宁省“扫黄打非”办公室
32. 辽宁省阜新市公安局细河公安分局
33. 青海周军武、张照升侵犯著作权案专案组（青海省版权局版权处、西宁市文化广播电视局新闻出版处）
34. 陕西省西安市碑林区人民检察院侦查监督科
35. 山东省版权局版权管理处
36. 山西省版权局版权管理处
37. 上海市版权局版权管理执法处
38. 上海市人民检察院公诉一处
39. 上海市公安局网安总队三队
40. 上海市徐汇区人民检察院公诉科
41. 四川省出版物市场稽查总队
42. 四川“12·15”批销盗版音像制品案专案组（四川省“扫黄打非”办公室、成都市公安局、成都市青羊区公安分局、四川省高级人民法院邢二庭）
43. 四川省达州市文化综合执法支队
44. 新疆和田“9·6”盗版光盘案专案组（和田地区新闻出版局、和田市新闻出版局、和田市公安局经侦大队）
45. 浙江刘小勇等人侵犯著作权案专案组（嘉兴市南湖区公安分局治安大队、嘉兴市文化市场行政执法支队）
46. 浙江省杭州市文化市场行政执法总队
47. 浙江省永嘉县文化市场行政执法大队

【三等奖】
1. 公安部光盘生产源鉴定中心

2. 海关总署政法司
3. 海关总署监管司行李邮递物品监管处
4. 人民卫生出版社维权中心
5. 中央广播电视大学出版社有限公司
6. 安徽省淮北市公安局经侦支队
7. 安徽省望江县文化广电新闻出版局
8. 北京市文化市场行政执法总队执法三队
9. 福建省福州海关驻邮局办事处业务二科
10. 甘肃蔡旭升、蔡芳红侵犯著作权案专案组（天水市文化文物出版局新闻出版科、秦安县公安局经侦大队）
11. 甘肃省平凉市文化出版局
12. 广东省中山市文化市场综合执法支队
13. 广东省深圳市市场监督管理局福田分局知识产权科
14. 广西李远清侵犯著作权案专案组（桂林市新闻出版局、桂林市公安局经济犯罪侦查支队）
15. 广西省梧州市“扫黄打非”工作领导小组办公室
16. 河北省版权局版权处
17. 河北省通信管理局市场监管处
18. 河北省保定市文化市场行政执法大队
19. 河北省承德市文化广电新闻出版局
20. 石家庄梦思缘KTV侵犯音乐作品著作权案等7起侵犯著作权案专案组（石家庄市版权局、石家庄市桥西区文化体育局、石家庄市裕华区文化体育局）
21. 河北“9·21”侵犯美国梦工厂著作权案专案组（石家庄海关法规处、现场业务处）
22. 河北“3·29”邮递出境侵权盗版光盘软件案联合办案组（石家庄海关、秦皇岛海关）
23. 中国联合网络通信有限公司河北省分公司产品创新部
24. 中国电信集团公司河北省电信分公司网络发展部
25. 河南省洛阳市文化市场综合执法支队
26. 黑龙江省通信管理局网络信息安全处
27. 黑龙江省佳木斯市文化市场稽查支队
28. 黑龙江省鹤岗市文化市场综合执法支队
29. 黑龙江省大庆市文化市场综合执法支队
30. 湖北省版权局版权管理与政策法规处
31. 湖北省通信管理局网络与信息安全处
32. 湖北省宜昌市文化市场综合执法支队
33. 湖北省襄阳市文化旅游综合执法支队
34. 湖北省荆门市文化市场综合执法支队
35. 湖南省澧县公安局网络安全保卫大队
36. 湖南省岳阳市文化市场综合执法局
37. 湖南省永州市文化市场综合执法局
38. 湖南省怀化市文化市场综合执法局版权执法科
39. 吉林省梨树县新闻出版管理所
40. 吉林省通化市文化市场综合执法支队
41. 江苏省张家港市文化行政综合执法大队
42. 江苏省通信管理局互联网管理处
43. 江苏省南京市玄武区人民检察院
44. 江苏省南京市白下区文化局
45. 江苏省南京市秦淮区文化局
46. 江苏省扬州市江都区文化行政综合执法大队
47. 江苏省昆山市文化行政综合执法大队
48. 江苏省南京市玄武区人民法院知识产权审判庭
49. 江苏省苏州市公安局网络警察支队
50. 江苏省南通市崇川区文化市场稽查队
51. 江苏省南京市文化综合执法总队三支队
52. 江西省新余市版权局
53. 辽宁省沈阳市文化市场行政执法总队直属执法二大队
54. 辽宁省抚顺市版权局
55. 辽宁省丹东市文化市场综合执法支队
56. 辽宁省辽阳市文化市场综合执法大队
57. 辽宁猛士DJ音乐工作室侵权制售盗版案专案组（盘锦市版权局、盘锦市公安局食品药品犯罪侦查支队）
58. 内蒙古新闻出版（版权）局版权管理处
59. 宁夏回族自治区新闻出版（版权）局版权管理处
60. 山东省淄博市文化市场执法支队
61. 山东省聊城市文化市场综合执法局
62. 山东省德州市文化市场综合执法局
63. 山东省东营市版权局
64. 山东省日照市文化市场综合执法局
65. 山东省枣庄市公安局
66. 山东省济南市文化市场综合行政执法局执法三处
67. 山东省潍坊市文化市场综合执法局
68. 山东省济宁市文化市场综合执法局
69. 山东王凤文侵犯著作权罪等4起侵犯著作权案专案组（青岛市公安局城阳分局治安大队、青岛市人民检察院公诉二处）
70. 山西省太原市版权局

71. 山西省大同市版权局
72. 山西省吕梁市版权局版权科
73. 陕西省通信管理局信息安全处
74. 上海连云港鑫盟进出口有限公司出口侵犯“POWER BALANCE”著作权手环案专案组（上海海关法规处、浦东国际机场海关物流监控处物流监控三科）
75. 上海市文化市场行政执法总队稽查五处
76. 上海何光磊等侵犯著作权案专案组（上海市公安局行技总队一支队、上海市公安局虹口分局经济犯罪侦查支队）
77. 上海市公安局浦东分局治安一支队行动大队
78. 上海市公安局普陀分局治安支队行动管理中队
79. 上海市杨浦区人民法院知识产权审判庭
80. 上海市浦东新区人民法院知识产权审判庭
81. 上海市通信管理局信息安全处
82. 上海市文化市场行政执法总队稽查三处
83. 四川省通信管理局市场监管处
84. 四川“5·12”遂宁市机电职业技术学校盗版教材案专案组（四川省出版物市场稽查总队、遂宁市文化市场稽查支队）
85. 四川省成都市崇州市公安局经济犯罪侦查大队
86. 四川省南充市仪陇县文化体育和广播影视局
87. 四川省宜宾市江安县综合执法大队
88. 四川“3·08”泸州市中等卫生职业学校侵犯著作权案专案组（泸州市版权局、泸州市文化综合执法支队）
89. 四川王先军销售盗版《现代汉语词典》案专案组（广元市版权局、广元市综合执法支队）
90. 四川省版权局版权处
91. 天津市文化市场行政执法二队
92. 浙江省金华市文化行政综合执法支队
93. 浙江省金华市金东区文化市场行政执法大队
94. 浙江省义乌市公安局治安大队
95. 浙江省温州市瓯海区文化市场行政执法大队
96. 重庆市渝中区文化市场行政执法大队
97. 重庆市渝北区文化广电新闻出版局

2011 年度查处侵权盗版案件有功个人名单

【一等奖】

1. 徐　永（公安部治安局）
2. 张晓津（高检院公诉厅起诉二处）
3. 王　珅（高法院刑二庭）
4. 吴　勤（京版“十五社”反盗版联盟秘书处（高等教育出版社））
5. 陈江丽（安徽省合肥市文广新闻出版局）
6. 北京鹏翔宏途图书有限公司侵权盗版案专案组个人（旷天鑑、刘丽娜、刘先武、丛海涛、陈敬、周长亮）（中央广播电视大学出版社有限公司；北京市海淀区人民检察院知识产权检察处；北京市公安局海淀分局香山派出所；北京市文化市场行政执法总队执法一队）
7. 北京百度文库侵权案专案组个人（王野霏、韩志宇、张俊杰、张　辉）（北京市版权局、中国版权保护中心）
8. 广西“4·21”制售盗版音像制品案专案组个人（于维钢、梁德辉、黄勤民）（广西壮族自治区南宁市文化新闻出版局、南宁市文化市场综合执法支队、南宁市公安局兴宁分局）
9. 河北“2·18”盗印《中国共产党历史》（第二卷）案件专案组个人（卢留虎、王德光、张钧、马长城、程万里、孙玉宝、王国维、温振全、郑树青、李　莹、高　莉、赵亚光）（河北省廊坊市文化广电新闻出版局；河北省公安厅治安管理局；三河市公安局；河北省人民检察院侦查监督一处；三河市人民检察院侦查监督科；廊坊市人民检察院侦查监督处；三河市人民法院）
10. 吕晓东（河南省新乡市中级人民法院刑事审判第一庭）
11. 常浩峰（河南省郑州市金水区文化旅游局）
12. 黑龙江“3·15”征途私服网络游戏侵权案专案组个人（闫　石、李景辉、何东春、王桂杰、曲宏亮、张忠秋）（黑龙江省版权局、黑龙江省高级人民法院刑一庭、双鸭山市文化市场稽查支队、双鸭山市岭东区人民法院刑庭、双鸭山市公安局治安支队、双鸭山市公安局网监支队）
13. 湖北周超侵犯著作权案专案组个人（孔登榜、张敏尉）（湖北省天门市公安局网安支队）
14. 彭继承（湖南省长沙市公安局治安管理支队侦查大队）
15. 薛亚清（吉林省新闻出版局）
16. 单兴强（江苏省徐州市版权局）
17. 江苏镇江市“5·1”经营非法音像制品案专

案组个人（张茂盛、朱　勇、江继瑞）（镇江市文化行政综合执法支队、镇江市公安局治安支队）

18. 张晓刚（江苏省南京市文化综合执法总队）
19. 陈　铭（江苏省连云港市版权局版权管理处）
20. 陕西丁贵林等人侵犯著作权罪专案组个人（陆　鹏、刘育社、赵圣荣、付宇婷、黄卫洪、牛文平、王卫武）（西安市文化市场行政执法总队；西安市“扫黄打非”办；西安市公安局治安局特行科；西安市文化广电新闻出版局版权（出版）管理处）
21. 赵育前（四川省达州市文化综合执法支队）
22. 傅祖康（上海市公安局文保分局刑侦大队）
23. 四川“10·19”龚玉彬侵权盗版音像制品案专案组个人（龚秉贵、李　源）（成都市文化市场综合执法总队新闻出版执法大队、成都市中级人民法院刑二庭）
24. 新疆乌鲁木齐“11·12”民语盗版光盘案专案组个人（王文贵、陈　冰、王　刚、刘涛、赵　睿）（乌鲁木齐市新闻出版局；乌鲁木齐市公安局经侦支队四大队）
25. 浙江何昌灶侵犯著作权案专案组个人（蒋鹏永、曹　剑）（宁波市公安局治安支队、宁波市文化市场行政执法总队）

【二等奖】

1. 庄　浩（公安部治安局）
2. 王志广（公安部经侦局）
3. 胡耀先（高检院侦监厅）
4. 裴　玮（工业和信息化部电信管理局市场管理处）
5. 赖名芳（新闻出版报社）
6. 璩　静（新华社中央新闻采访中心）
7. 张　贺（人民日报政治文化部文化采访室）
8. 房志刚（安徽省宣城市公安局网监支队）
9. 北京求知考试书店利用互联网销售盗版图书案专案组个人（郭松涛、邢玉金）（北京市文化市场行政执法总队）
10. 吴兆煜（福建省高级人民法院刑二庭）
11. 福建莆田“3·11”网络销售盗版光盘案专案组个人（林平凡、翁　东、魏向阳、林永忠）（福建省莆田市城厢区文体广电出版局；莆田市公安局城厢分局；莆田市城厢区影视市场稽查队）
12. 龙　毅、石　卫（广西壮族自治区版权局）
13. 广西柳州市王金连、钟志荣侵犯著作权案专案组个人（朱建东、蒙海啸）（柳州市新闻出版局、柳州市公安局解放责任区刑侦大队）
14. 李冬群（河北省版权局版权处）
15. 张　鸣（河北省廊坊市安次区人民法院）
16. 刘丽华（河北省廊坊市中级人民法院刑二庭）
17. 河北“11·26”盗版图书案专案组个人（秦　冬、赵昶水）（廊坊市文化广电新闻出版局）
18. 葛艳丽（河南省开封市文化广电新闻出版局）
19. 河南上蔡县第一高中发行盗版教辅案专案组个人（刘景才、姜自立、魏景义）（上蔡县文化局、驻马店市文化新闻出版局）
20. 张　岩（湖北省通信管理局）
21. 邓　静（湖南省郴州市文化市场稽查支队）
22. 蔡　馨、宋晓春、袁学术（江苏省版权局）
23. 吴　刚（江苏省淮安市中级人民法院）
24. 孙　杰（江苏省南通市崇川区文化市场稽查队）
25. 张　明（江苏省镇江市公安局网络警察支队）
26. 谢志宏（山东省青岛市文化市场行政执法局）
27. 杜贵献（山东省胶南市文化市场行政执法大队）
28. 郝子谋（山西省版权局版权管理处）
29. 陕西孟宪军侵犯著作权案专案组个人（郝卫、吴加亮）（西安市中级人民法院刑二庭）
30. 李　立（陕西省榆阳区文化市场综合执法大队）
31. 四川“8·09”刘磊复制销售侵权盗版光碟案专案组个人（肖　梅、王海涛）（成都市文化市场综合执法总队版权执法科、成都市公安局经济犯罪侦查支队三大队）
32. 刘　卫（四川省成都市公安局经济犯罪侦查三大队）
33. 新疆和田地区“9·6”盗版光盘案专案组个人（阿不力克木·马木提、李　龙、冯　暇、姬中亮、胡芳莲、阿丽亚）（和田地区新闻出版局、和田市新闻出版局、和田市公安局经侦大队）
34. 杨建新（新疆维吾尔自治区版权局版权处）
35. 李康成（浙江省台州市开发区公安分局治安大队）
36. 李　涛（重庆市江北区人民检察院公诉科）

【三等奖】

1. 董翰飞（公安部网络安全保卫局）
2. 孙　悦（《中国版权》杂志社）
3. 杨　铭（安徽省合肥市文化市场稽查大队）
4. 安徽树建林经营盗版音像制品案专案组个人（朱光祥、陈　勇、聂　飞）（芜湖市新闻出版版权局、芜湖市文化市场综合执法大队、芜湖市公安局镜湖分局经侦大队）
5. 王治江（安徽省淮北市文化广电新闻出版局）
6. 管　静（安徽省马鞍山市文化市场综合执法大队）
7. 徐志斌（安徽省望江县文化广电新闻出版局）
8. 北京日讯在线科技有限公司使用盗版软件案专案组个人（路　雨、张　清）（北京市公安局治安管理总队治安行动支队、北京市文化市场行政执法总队执法三队）
9. 陈少锋（福建省连江县公安局城关派出所）
10. 陈金殿（福建省德化县文化体育新闻出版局）
11. 福建武夷山市新创电脑办公设备商行发行非法电脑软件（加密狗）案专案组个人（胡朝旭、吴木龙）（南平市文化市场综合执法支队）
12. 王　桦（福建省福州市公安局鼓楼分局经济犯罪侦查大队）
13. 任祖彪（福建省福州市公安局鼓楼分局经济犯罪侦查大队）
14. 欧宇心（福建省福州海关驻机场办事处旅检三科）
15. 颜德建（福建省福州市文化市场综合执法支队）
16. 贾　芜（甘肃省秦安县公安局经侦大队）
17. 钟晓刚（广东省深圳市市场监督管理局）
18. 广东高新兴通信股份有限公司与微软公司软件使用纠纷案专案组个人（彭村、韦海忠）（广州市萝岗区文化广电新闻出版（版权）局）
19. 广西李远清侵犯著作权案专案组个人（柳群、丘兴阳）（桂林市版权局、桂林市公安局经济犯罪侦察支队）
20. 罗善武（广西壮族自治区梧州市文化市场综合执法支队）
21. 符　萍（海南省文化市场稽查总队）
22. 张海峰（河北省保定市文化广电新闻出版局）
23. 张守平（河北省承德市文化广电新闻出版局）
24. 王丽峰（河北省石家庄市版权局）
25. 河北石家庄海关出口洗衣粉著作权侵权案专案组个人（张　威、狄晓燕）（石家庄海关）
26. 吕　峰（河南省商丘市梁园区文化市场综合执法大队）
27. 刘红普（河南省洛阳市文化广电新闻出版局）
28. 杨克正（黑龙江省通信管理局）
29. 李　源（黑龙江省齐齐哈尔市文化市场管理处）
30. 王德峰（黑龙江省佳木斯市文化市场稽查支队）
31. 谷晓龙（黑龙江省鹤岗市文化市场综合执法支队）
32. 薛　秋（黑龙江省绥化市文化广电新闻出版局）
33. 郭玉兰（黑龙江省大庆市文化市场综合执法支队）
34. 湖北李孟华王芳侵犯著作权罪案专案组个人（严晓林、邓雄飞）（江汉区公安分局水塔派出所、江汉区文化市场综合执法大队）
35. 卢文俊（湖北省版权局版权管理与政策法规处）
36. 湖北黄祖耀等4人及深圳市哦哟网络科技有限公司侵犯著作权案专案组个人（石　磊、方　植）（公安厅网络安全保卫总队、十堰市公安局网络安全保卫支队）
37. 房　鸣（湖北省襄阳市文化旅游综合执法支队）
38. 刘文浩（湖北省咸宁市公安局温泉分局经侦大队）
39. 范忠清（湖北省荆门市文化市场综合执法支队）
40. 屈　华（湖北省十堰市文化市场综合执法支队）
41. 文国斌（湖北省潜江市文化市场综合执法支队）
42. 汤　虎（湖南省岳阳市文化市场综合执法局）
43. 欧亚平（湖南省郴州市文化市场稽查支队）
44. 郑国桢（湖南省株洲市文化市场综合执法局）
45. 湖南李用光利用网络销售盗版专业工程软件案专案组个人（李长文、文　晖、唐泰华、廖明宏、郭　平、屈　鹏）（永州市文化市场综合执法局）
46. 宋洪电（吉林省版权局）

47. 云伟峰（吉林省梨树县新闻出版管理所）
48. 刘明君（吉林省通化市文化市场综合执法支队）
49. 陈继刚（江苏省昆山市文化行政综合执法大队）
50. 王文水（江苏省南京市文化综合执法总队）
51. 袁培珍、张红伟、许 军、李庆荣（江苏省南京市版权局、南京市公安局玄武分局板仓派出所）
52. 张跃平（江苏省南通市公安局崇川分局经侦大队）
53. 江苏季海煜侵犯上海盛大网络发展有限公司的著作权案专案组个人（李 明、葛显平、顾振华、刘远志）（张家港市文广新局、张家港市公安局）
54. 杨立军、蒋慧明（江苏省南京市玄武区人民检察院）
55. 余海宁（江苏省南京市玄武区人民法院知识产权审判庭）
56. 王永凯（江苏省南京市秦淮区文化局）
57. 胡建华（江西省新余市版权局）
58. 辽宁诚浩证券公司有限公司、沈阳易讯科技股份公司侵犯软件著作权案专案组个人（任东晖、田 野、孙丹阳、戴阿明）（沈阳市文化市场行政执法总队直属执法二大队）
59. 辽宁“6・2”《功夫熊猫》侵权盗版案专案组个人（党 伟、贯伟光、陈 曦、王 巍、陈 岩）（沈阳市文化市场执法总队直属三队）
60. 季晓辉（辽宁省抚顺市版权局版权处）
61. 田大鹏（辽宁省版权局版权处）
62. 孙建设（辽宁省丹东市文化市场综合执法支队）
63. 薛永安（辽宁省辽阳市文化市场综合执法大队）
64. 辽宁猛士DJ音乐工作室侵权制售盗版案专案组个人（孙 颖、卢 火）（盘锦市版权局、盘锦市公安局食品药品犯罪侦查支队）
65. 张秀年（宁夏回族自治区新闻出版（版权）局版权管理处）
66. 青海周军武、张照升侵犯著作权案专案组个人（刘 晶、李永翃）（西宁市公安局经济犯罪侦查支队、青海省版权局版权处）
67. 潘勇毅（山东省版权局）
68. 刘建峰（山东省济南市文化市场综合行政执法局）
69. 宋明国（山东省济宁市文化市场综合执法局）
70. 张 岩（山东省莱西市文化市场行政执法局）
71. 徐海涛（山东省淄博市文化市场执法局）
72. 曲正库（山东省潍坊市文化市场综合执法局）
73. 张玉光（山东省聊城市文化市场综合执法局）
74. 张爱党（山东省安丘市文化市场综合执法局）
75. 赵玉清（山东省枣庄市公安局）
76. 曲秀国（山东省胶南市公安分局治安大队）
77. 刘宝卿（山西省忻州市文广新局）
78. 洪仲校（山西省太原市版权局）
79. 李忠革（山西省大同市版权局）
80. 阎林海（陕西省版权局版权处）
81. 栾晓荣（陕西省通信管理局信息安全处）
82. 周 露（上海市文化市场行政执法总队稽查二处）
83. 上海“12・22”销售侵权复制品案专案组个人（陈 琪、庄 青）（上海市公安局经侦总队四支队）
84. 上海连云港鑫盟进出口有限公司出口侵犯“POWER BALANCE”著作权案专案组个人（包文勍、范晶晶、张 春）（上海海关）
85. 徐海涛（上海市公安局浦东分局网安支队）
86. 朱建石（上海市公安局普陀分局治安支队行动管理中队）
87. 卢 维（上海市公安局虹口分局经侦支队）
88. 陈嘉骏（上海市公安局网安总队三支队）
89. 李 琳（四川省崇州市公安局经济犯罪侦查大队）
90. 四川江安中学销售盗版教材案专案组个人（龚德林、罗建国）（江安县文化市场综合执法大队）
91. 四川6621原创空间侵犯著作权案专案组个人（高 斌、陈嵩嵩、钱海燕）（四川省版权局、成都市公安局经济犯罪侦查五大队、四川省通信管理局市场监管处）
92. 四川“5・12”遂宁市机电职业技术学校盗版教材案专案组个人（吕 伦、杨洪志）（四川省出版物市场稽查总队、遂宁市文化市场稽查支队）
93. 胡世海（四川省泸州市文化新闻出版局综合执法支队）
94. 林 燚（四川省仪陇县文化体育新闻出版稽查大队）
95. 林万平（四川省广元市文化市场综合执法支

队三大队）

96. 安　鸣（天津市文化市场行政执法总队执法二队）

97. 董　雷（新疆维吾尔自治区阿勒泰市文化市场稽查大队）

98. 王　宏（云南省昆明海关法规处）

99. 黎　欣（云南省文化市场综合行政执法总队）

100. 施克沛（云南省楚雄州文化体育新闻出版局）

101. 李春斌（浙江省杭州市检察院公诉一处）

102. 吴军刚（浙江省义乌市公安局治安大队）

103. 浙江瓯海打击侵犯知识产权系列案件专案组个人（周和敏、张　耀、应慧义）（温州市瓯海区文化市场行政执法大队）

104. 赖永忠（浙江省杭州市文化市场行政执法总队执法二处）

105. 张国伟（浙江省临安市文化市场行政执法大队）

106. 浙江李必方侵犯著作权案专案组个人（方绍华、吴慧萱、苏　英）（金华市文化行政综合执法支队）

107. 范月红（浙江省金华市金东区文化市场行政执法大队）

108. 顾天存（浙江省嘉兴市文化市场行政执法支队三大队）

109. 浙江“1·11”何兆兵贩卖盗版光盘案专案组个人（叶洪泽、邹陶然）（永嘉县文化市场行政执法大队、永嘉县人民检察院）

110. 张　斐（重庆市巫山县文化市场行政执法大队）

111. 郭晓鸿（重庆市江津区文化广电新闻出版局）

2011 CPCC 十大著作权人

1. 中国电视剧制作中心有限责任公司

中国电视剧制作中心有限责任公司（以下简称“电视剧制作公司”）是中央电视台全资公司，前身为“中国电视剧制作中心”，成立于1983年10月。2009年12月，中国电视剧制作中心有限责任公司正式挂牌成立，被中宣部指定为全国文化体制改革试点单位，也是国家广电总局授予的唯一一家“国家重大革命和历史题材影视剧制作基地”。

2011年，在中国版权保护中心进行作品著作权登记的电视剧《中国1921》，是为纪念建党90周年，由中宣部、国家广电总局、中央电视台重点扶持，电视剧制作公司制作的一部视角独特、制作精良、追求史诗品格的佳作。它第一次以独特的青春视角，生动再现中国共产党萌芽、诞生的伟大进程；巧妙地将亲情、爱情、友情等人性化的现代元素融入建党这个历史大题材中，以创新形式避免了历史题材剧易产生的“高、大、全”的误区，成为受观众好评的一部弘扬主旋律的年度大戏。

公司在拍好剧、实施多元化发展战略的过程中，注重版权的管理与运用，建立了较完善的电视剧版权管理制度，从剧本、音乐、形象、成片到署名、发行及衍生品等，将版权融入到电视剧制作的各环节中。在所签协议中，公司将版权条款放到了重要位置，积极着手对制作的电视剧资源进行整理，表示要将更多的作品进行著作权登记，理清权属关系，主动规避版权风险。对重大革命历史题材剧本，主动征求当事人亲属对剧本的认可并签订版权相关协议，甚至邀请其亲属参与剧本的创作。探索通过授权许可，不断挖掘版权价值的模式，在多方合作与发行过程中，力争做到利益最大化。

作为中国电视剧制作业的“国家队”，从早期的《红楼梦》等“四大古典名著”，到今天的《戈壁母亲》、《解放》、《北平战与和》、《茶馆》等，公司以视觉力量反映社会重大历史事件，为中国电视剧的繁荣发展作出了重要贡献，给观众留下了众多难以忘怀的荧屏形象。

2. 北京电影学院动画学院

北京电影学院动画学院（以下简称“动画学院”）的前身动画专业创建于1952年，1999年成立动画学院。2004年，动画学院被国家广电总局批准成为首家国家级“国家动画教育基地”。

2011年，由孙立军院长主创并组织实施的“第三代电影”（数字交互式电影）在北京首届中国动漫游戏嘉年华开幕式的现场展示，以及相关配套作品和动画电影《糯米的午餐》、《雪域獒王》在中国版权保护中心著作权登记的完成，标志着世界首创最新电影播映模式在北京电影学院动画学院诞生。数字、互动、立体是“数字交互式电影”的显著特征，其最大突破在于：从以往固定的导演自由创作空间向完全开放的观众自由选择空间发展，吸引观众参与其中。更自由的体验和前所未有的梦幻空间感受，满足了人类追逐数字娱乐的趋势，实现了“我的电影我做主”，也为制片人、导演对于影片游戏性的设计和相关衍生产品的开发创造了良好的空间。

动画学院从2006年起创作研发了很多优秀的动画电影作品，连续三年荣获国家电影最高奖——中国电影华表奖“优秀动画片奖”，成为世界上唯一能够真正实现产学研完美一体的创作动画电影的高等院校，培养出了一批活跃在中国动画产业的著名动画艺术家和导演。

动画学院努力开拓高端数字动漫科学领域的研究，出版了2004—2009年度《中国动画产业年报》（共三部），填补了中国动画研究的学术空白。在中、日、韩三国政府文化产业高峰论坛活动中，该成果连续三年被文化部以政府白皮书的形式与日本、韩国政府代表进行政府间的资料交换。

动画学院自觉将版权保护意识和版权价值开发创新理念植入到教学、科研、创作中，主动向师生宣传国家的版权登记和版权保护制度；主动邀请中国版权保护中心专业人员到校宣讲版权知识；鼓励师生将作品进行著作权登记，引导培育学生提高版权价值开发的创新能力。学院在孙立军院长的带动下，连续3年主动将创作的动画电影进行了著作权登记，起到了率先垂范的作用。

3. 大业传媒集团

大业传媒集团（以下简称“大业传媒”）成立于1997年，是一家成长迅速的民营传媒文化企业。集团坚持“以人为本、创造价值”的文化理念，以“中国区域传播”为目标，发挥覆盖全国的网络渠道优势、国内外的客户优势、专业的团队优势以及资源丰富的平台优势，致力于打造中国传媒产业内容提供和资源运营的强势平台。其产业模块中，既有传统的传媒项目、影视节目版权交易和广告综合服务，也有新兴的原创动漫整合营销、文化创意产业投资担保服务等。

大业传媒对版权有比较深入的认识，十分重视版权保护和运用，将版权价值开发作为企业发展的核心战略之一，积极将众多版权优良资产进行了版权登记，仅2010和2011两年的质权登记就有30多个，赢得了交通银行、北京银行、杭州银行等全国多家金融机构的大力支持，探索开拓了国内首家文化创意产业投资担保项目的运营。在版权登记的基础上，与交通银行创新开发了版权质押贷款，为企业的发展赢得了上亿元的资金支持，为创作更多、更好的文化产品提供了必要的保证。

自2008年以来，集团对制作的各类文化产品均进行了版权登记，数量已逾110件，作品经济价值过亿元，涵盖了集团多种业务类别。

大业传媒拥有的洛宝贝是家喻户晓的原创动漫明星，创作完成后，公司立即进行了版权登记。因有登记做证明，洛宝贝得到各级政府和社会组织的认可，至今她已经主演过上万分钟的动漫节目，先后担任过新闻出版总署、中国邮政、北京市朝阳区、杭州市等多个机构和活动的形象代言人。著作权登记的身份让洛宝贝具有了公信力，为使用其形象进行公益宣传的政府部门和组织免去了后顾之忧。大业传媒创作的许多作品，先后获得了中宣部“五个一工程”奖、文化部“原创动漫扶持计划”、国家广电总局优秀国产动画片等许多国家级重要奖项。

通过积极创新和对版权价值的不断挖掘利用，大业传媒产业运营平台具有更强的吸纳力、培育力与创新力，成为中国最具活力与发展前景的传媒平台之一。

4. 华录出版传媒有限公司

华录出版传媒有限公司（以下简称“华录出版传媒”）于2005年5月经国家新闻出版总署批准成立，由中国华录集团主管、华录文化产业有限公司主办。2010年9月公司增资并更名为华录出版传媒有限公司，注册资本5 000万元，是国内最大的以高清版权运营，蓝光编辑制作，光盘出版、复制、发行为核心且兼备传统出版与新媒体出版的国有出版企业之一。截至2011年底，已出版发行高清音像出版物200余种。

华录出版传媒具备电子出版物、音像制品、网络文化经营、信息网络传播视听节目、互联网出版等多种资质；拥有国内唯一一家专业蓝光编辑中心，参股组建了国内第一条蓝光碟片生产线；推动华录主导的中国自主知识产权音频标准——DRA音频标准进入国际蓝光光盘联盟专利池；发行了应用DRA 5.1环绕声格式的高清蓝光光盘，自此DRA成为全球消费类电子领域中第一个贴有“中国”标签的国际标准，打破了中国在这一领域长期受制于人的局面。

在创新发展中，公司由版权引进向自主版权开发转变。2011年，公司成立3D事业部，开展3D内容拍摄及制作，并成功中标《故宫雕塑藏品》3D拍摄项目。这次转型，标志着其经营业务已由单纯的3D蓝光编辑向3D内容策划、摄制、后期制作等产业上下游延伸，并实现3D版权的有效控制与保护。

随着互联网技术与移动通信技术的应用，数字出版应运而生。为满足文化内容消费市场需要，公司搭建了数字版权统一管理平台“东东007”。对于进入平台的光碟和视频，在制作和转码过程中统一进行数字加密。在光碟内容中加入版权声明，并在编辑时采用加密措施；网络点播内容则在转码过程中实现加密，并加入数字水印，以防止网络盗版行为。

华录出版传媒一贯重视知识产权的保护和运用，积极主动将其创作的智力成果进行著作权登记，2011年就将其刚刚创作完成的“《传承·中国》3D世遗系列纪录片”进行了登记，并结合信息产业与文化产业中掌握的优质资源，通过知识产权的开发和运用、高新技术的投入与研发，加强资源整合，创造并提升企业价值，形成具有华录特色的产、销、研一体化发展模式，并将著作权登记、价值开发利用等纳入其中，不断扩大品牌影响力，增强公司综合实力。

5. 央视动画有限公司

央视动画有限公司（以下简称“央视动画”）成立于2007年3月18日，是由中央电视台全额投资的大型动画企业，由原中央电视台青少节目中心动画部整建制转制后重组而成。原创动画年产能力逾

9 000 分钟，拥有包括《小鲤鱼历险记》、《美猴王》等近 200 部电视动画片版权，有多部精品已登陆尼克儿童频道和迪士尼亚洲等国际主流媒体，并取得极高的收视率，收视范围覆盖了全球数十个国家和地区的超过 20 亿人口，年营业额达 1.8 亿元。

转制后的央视动画抓住机遇，锐意创新，借助与央视少儿频道的血脉关系，将先天优势转化为快速发展的动力，积极围绕版权这一“核心价值”，在重视动画生产的同时更加关注版权保护、品牌建设、市场运营和衍生品市场开发，努力构建以版权为核心的动画产业链，取得较快发展。

2009 年针对《美猴王》作品的版权，央视动画举办了“《美猴王》品牌授权拍卖会”。拍卖会以央视 2009 年推出的动画大片《美猴王》为授权主体，另有央视动画精心制作并强力推荐的多部动画精品，在国内甚至国际行业内首次以拍卖形式出售版权。拍卖会中《美猴王》图书音像、玩具共签署授权合同额 2 000 余万元。公司另外一部重点动画片《小鲤鱼历险记》图书音像签署授权合同额 1 200 万元。

央视动画重视动画作品的版权保护，自觉进行著作权登记，对每年自产的十余部动画片实施全面的登记保护。2011 年就将 200 集动画系列片《新大头儿子和小头爸爸》、104 集动画系列片《熊猫小象》的策划案进行了登记，显示了其在版权管理与保护上的超前意识。

央视动画拥有国内一流的动画片创作、制作、市场开发人员和精良的动画制作设备及科学有序的管理体系，研发和制作了不同题材与应用技术的各类动画片。《哪吒传奇》、《小鲤鱼历险记》、《乌兰·其其格》等深受观众喜爱并获得众多奖项。其中《乌兰·其其格》荣获“2007 年度全国动画精品二等奖”和 2007 年第九届四川电视节“金熊猫”奖国际动画作品评选“亚洲制作特别奖”。

央视动画有限公司联合社会力量，谋求多方面、多渠道的合作，在为不同年龄段观众提供赏心悦目的动画佳作的同时，也将为建立契合中国国情、接轨国际市场的中国动画产业新模式和新秩序作出贡献。

6. 北京御景江山影视文化发展有限公司

北京御景江山影视文化发展有限公司（以下简称“御景江山”）成立于 1997 年，是国内专业影视公司中发展较快的一匹黑马，曾与中央电视台、电影频道及全国多家知名电视台联合摄制完成并播出了几十部具有社会影响力的电视剧、电影。《在那遥远的地方》、《结婚十年》、《天下第一楼》、《刑警使命》、《亲兄热弟》等先后获得电视剧“金鹰奖”，特别是《在那遥远的地方》，运用独特的视角，把镜头对准坚守在海拔 5 380 米以上昆仑山哨卡的边防军人，反映了高原边防军人“缺氧不缺精神”的事迹，成为中国首部描写边防军人的电视剧，被誉为最感人的军旅大戏，受到中央军委、总政治部的特别嘉奖。

2011 年，在中央电视台黄金时段热播的电视连续剧《下海》，是御景江山为建党 90 周年献礼而倾力打造的一部年度大戏，该剧再现了中国改革开放 30 年间翻天覆地的变化，将拍摄视角聚焦在一个普通的家庭，通过一家人或主动、或被动卷入“下海”大潮，奋力拼搏的故事，展现了中国市场经济从萌芽到发展的过程，被称为“一部反映改革开放的平民史诗剧”，成为纪念建党 90 周年献礼片中唯一一部反映改革开放现实题材的力作。

为筹拍好《下海》，公司积极挖掘已有的版权资源，利用版权质押等手段，融得宝贵的资金，有力支撑了该剧的顺利完成。全剧拍摄完成后，御景江山在第一时间主动到中国版权保护中心进行了作品登记。

7. 天津中青意达软件技术有限公司

天津中青意达软件技术有限公司（以下简称“中青意达”），是团中央网络影视中心下属企业，成立于 2010 年，专长于应用软件与工程软件的开发、销售与服务，产品涉及网络安全、电子商务、网络游戏等。其前身“北京看兰电脑软件开发有限公司”成立于 2003 年。从 2004 年起，中青意达旗下产品“50 金库”逐步发展成为国内最大、最专业的 B2C 虚拟物品交易商城，拥有百万注册会员，在广大网络游戏用户中占有重要地位。从 2010 年 7 月开始，中青意达集结强大技术力量，全力打造更专业、全新的虚拟物品交易商城，努力为用户提供体验更佳、更简单、更快捷和更安全的虚拟物品交易服务。公司自主研发的“50 州虚拟交易平台”在开发完成后第一时间就到中国版权保护中心进行软件著作权登记，即时保护了企业的无形资产。“50 州虚拟交易平台”实现了一种 C2B2C 的游戏虚拟物品交易模式，为用户提供自助、透明、实时、智能和安全的虚拟交易服务。至 2011 年，他们已开展了包括《魔兽世界》、《完美国际》、《新武林外传》等在内的 9 款游戏的游戏币交易，之后将会有更多游戏陆续上线交易。随着游戏数量的不断增加，中青意达打造最完美用户体验的步伐也不会停止，继续领跑虚拟物品交易新模式。中青意达秉承“全新”的服务理念，以全新概念的交易模式、更优的用户体验、业界首创的收发货程序、更快的交易速度，让创新成为必然。

8. 积成电子股份有限公司

积成电子股份有限公司（以下简称“积成电子”）是一家面向电力系统自动化领域，从事计算机软件开发、软件密集型系统和智能电子设备研制、信息系统集成等方面工作的高新技术企业。

自 1984 年创业至今，公司一直在电力系统自动化行业中奋力前行。“积成电子”已成为国内电力自动化行业的知名品牌，先后被国家有关部委认定为“国家规划布局内重点软件企业”、“国家重点高新技术企业”，拥有国家计算机信息系统集成一级资质，是国家人事部批准的博士后流动分站，于 2010 年 1 月 22 日在深圳证券交易所正式挂牌上市。

积成电子以采用先进技术、持续创新、为顾客提供满意的产品和专家型服务为使命，在完善全方位知识产权保护体系的同时，积极进行版权资产的管理和开发，以计算机软件著作权质押的方式从齐鲁银行获得 6 500 万元大额贷款，成为齐鲁银行第一个知识产权质押融资业务授信对象。公司是电网调度自动化应用领域首选的专业企业，秉承“诚信负责、规范创新、协作敬业”的理念，在自主研发的 iES-S500 调度自动化主站系统软件的基础上，开发出了完全基于最新国际标准的新一代集成式电网调度自动化应用系统 iES-600。积成电子以用户需求为导向，推出的一系列软件创新产品都取得了较大的商业成功，尤其是 iES-600 的出现更是走在了电力集成控制系统发展的前沿，以创新的姿态为行业树立了版权价值转换的典范。

9. 苗再新——中华民族和美的绘画者

苗再新，国家一级美术师、中国美术家协会理事、中国画学会常务理事、中国艺术研究院国画院研究员、解放军美术书法研究院艺委会委员。

2011 年，为庆祝建党 90 周年，苗再新日夜不停，连续 200 余天创作完成了 56 幅宽 1.82 米、高 1.45 米、完整表现中华 56 个民族风情的系列人物大型组画《民族之光》，震惊了中国画坛。

在《民族之光》的 56 幅巨作里，苗再新用最准确的形象展示了 56 个民族各自特有的历史、文化、风情。从汉族的《生命律动》到回族的《欢乐花儿唱不完》，从藏族的《雪山之祭》到景颇族的《收获甘甜》，在完美诠释各民族坚韧不拔、勤奋乐观的精神的同时，也表现了其高超的人物造型和娴熟的水墨技法。在规定时间里，一气画出这么多形神各异、栩栩如生的人物群像，这在中国人物画创作史上堪称史无前例。

身为一名军人画家，苗再新勇于挑战自我，大胆创新。长期以来，他始终把目光投向那些关乎历史、时代、社会与民生的现实主义题材，用其独特的观察、精湛的技艺来展现社会各时期的重大事件。从表现毛泽东、徐特立师生情的《师生》，参军上前线打鬼子的《热血男儿》、《儿女英雄》，到《会师井冈山》；从“非典”时期表现医护人员救死扶伤的《天使在人间》，到以汶川大地震为题材的《危难时刻》，以及关注民生的作品《矿工》，都被誉为中国最好的人物画作，屡屡获得国家大奖。其作品《民族人物》、《云涌井冈》等曾 3 次随神舟飞船升入太空。2009 年，他创作的反映中国特警部队的作品《雪狼突击队》，获得第十一届全国美展暨首届中国美术奖创作金奖。

2010 年，苗再新创作的以钓鱼岛自然景观为表现题材的《中国钓鱼岛》，在非常时期受到社会的追捧和瞩目，被众多专家评价为题材新颖、构思独特，具有很高的艺术水准，并呼吁将其载入中小学教科书，作为爱国主义教材。

10. 叶小钢——谱写“辛亥百年”新曲的人

叶小钢，著名作曲家，现任全国政协常委、中央音乐学院副院长、中国音乐家协会副主席。

叶小钢出身于音乐世家，早年就读于中央音乐学院，并凭借一曲《中国之诗》崭露头角，荣获美国齐尔品作曲比赛第一名，随后获伊斯曼音乐学院奖学金，赴美留学并获得硕士学位。此后，叶小钢在长期的艺术实践中创作了大量具有国际水平的优秀音乐作品，因其技法高超精致、旋律清澈流畅、思想深刻独到，受到国际乐坛瞩目，其作品由柏林爱乐乐团等世界顶级乐团在旧金山、纽约林肯中心、伦敦巴比肯中心、柏林爱乐大厅等世界主要音乐厅先后上演，逐渐形成了独具个人特色的“叶氏风格”，先后荣获“金钟奖”、“金鸡奖”、“华表奖”、“路易斯·兰奖”、“哈沃德·汉森奖”等国内外乐坛顶级奖项，深受各国听众喜爱并在国际上赢得了业界人士的尊敬和赞誉。美国著名乐评人 Rolnick 先生赞誉“他是位有着国际影响力的中国作曲家，他不但在作曲方面有着极高的造诣，而且作品数量庞大”。

2011年，为了纪念辛亥革命百年，叶小钢满怀激情创作完成了大型交响乐《共和之路》，这部表现历史题材的音乐作品运用歌剧的手法，采用普通人可以接受的音乐语言。作曲家大胆创新，巧妙地将交响乐唯美的方式、高雅的气质、易懂的风格融为一体，大气磅礴地歌颂了孙中山先生领导的辛亥革命的历史意义，传递了作曲家心中对伟人的诠释，表达了艺术家渴望为国家复兴与社会发展贡献力量的使命感，受到社会高度关注和热烈赞扬。2011年12月，叶小钢将这部重要作品在中国版权保护中心进行了著作权登记，表明了作者重视版权保护，支持版权公益宣传活动的积极态度。

叶小钢是一位才华横溢的音乐家，除大型交响乐、室内乐、歌剧等大量作品外，他还创作了很多观众耳熟能详的电影音乐作品：《湘女潇潇》、《花季雨季》、《人约黄昏》、《生命如歌》、《刮痧》（*Guasha Treatment*）等屡获国内外大奖并深受大众喜爱，赢得了公众和音乐界的尊敬。

2011 中国版权产业风云人物

1. 毕福剑

1989年毕业于北京广播学院，中央电视台知名主持人。从1997年起，创办并主持《梦想剧场》，从此踏上主持人道路。2002年，首创全新的娱乐节目——节日《七天乐》，让主持人的话筒在传递梦想中戏剧化地加入“闹剧”风格，恰如其分地控制好节目时长，在观众欢笑声还没有过的时候结束，避免娱乐疲劳，收视率很高。

2005年，在不断创新主持风格的同时，毕福剑迎来了事业的成熟期——主持《星光大道》。几年来，毕福剑练就了朴素自然、风趣幽默的独特风格，广受欢迎，被观众亲切地称为“老毕”。在主持工作中，毕福剑始终将服务于观众，说百姓爱听的话，传达最有共鸣的声音作为自己的职责，把这种和观众平等的主持关系作为不断创新的基石，鞭策自己，坚持不懈。

作为有影响力的文化名人，毕福剑一直积极支持全社会对知识产权的重视，并在自己创办的节目中实践创新理念，为中国文化创意产业的发展作出了积极贡献。

2. 戴自更

新京报社社长、总编辑。《新京报》创刊于2003年11月11日，是中国首家获正式批准的跨地区联合办报试点单位。在戴自更领导下，《新京报》在推动版权建设方面做了大量工作。

（1）具有浓厚版权意识。创刊以来，新京报社与全体采编人员签署作品版权归属条款，明确约定员工职务作品著作权归报社所有，避免了绝大多数媒体“著作权无明确归属”、难以维权的情况。

（2）广泛扩展版权资源开发途径。从2004年开始，《新京报》就其原创新闻数量多、质量好的优势，率先提出收取版权费用，进一步提升报纸作品的版权价值。2010年，新京报社与新浪、腾讯、江西晨报社、汉王科技等多家公司签订版权合作协议。

（3）挑战免费转载“潜规则”，坚持依法维权。2007年，新京报社发现浙江在线未经授权转载了《新京报》的文章，协商未果后将其诉至杭州中级人民法院。杭州中院于2010年3月裁定，要求新京报社将7 706篇文章分案起诉。随后，新京报社向浙江省高院提起上诉。2010年7月，浙江省高院终审裁决维持原裁定。2010年7月，新京报社再次向杭州中级人民法院提起10起侵权案件的起诉。2010年11月，在满足新京报社权益要求的前提下，双方达成和解。该案件被业界视为向“潜规则”开战的典型案件，不仅维护了《新京报》自身版权利益，对纸质媒体的版权维护工作也具有标志性意义。

3. 贺耀敏

中国人民大学经济学教授、博士生导师，校学术委员会副主任。在人民大学从事科研与教学工作20余年，主要研究中华人民共和国经济史，承担多项国家和省部级课题，先后主持“国有大中型企业脱困研究”、“中华人民共和国经济发展研究”等重大课题研究。代表作有：《中国经济史》、《中华人民共和国史长编》（合著）、《五十年国事纪要》（经济卷）、《中国近现代经济史》和《中国经济》（日文版）等。担任国家哲学社会科学基金、北京市哲学社会科学基金评审组专家，中国国史学会、中国经济史学会理事。

担任人大出版社社长期间，贺耀敏运用自身灵敏的经济嗅觉和深刻的经济思想，实现了传统中国人学以致用、经世济民的理想和追求，引领人大出版社在新世纪走出了一条内涵式、集团式、多媒体互动、产学研一体的发展道路。在贺耀敏的带领下，人大出版社的码洋从 21 世纪初的 2 个多亿增长到了 7 个多亿，出版物从单一的纸质出版物为主转向了图书、期刊、音像、电子和网络出版物等多媒体兼营的立体出版格局，人大出版社从一家传统的出版事业单位转变为一家以市场为导向的现代出版企业，稳稳地成为中国人文社科出版的“第一品牌”。近年来，人大出版社囊括了“中国图书奖”、“国家图书奖”、“五个一工程”奖、“中华优秀出版物奖”、“中国出版政府奖”等所有国家级出版奖项，贺耀敏也被评为“中国百名优秀出版企业家”。

4. 侯小强

盛大文学 CEO，中国作家协会调解委员会委员，中国出版工作者协会文学委员会副主任，全国工商联书业商会副会长。曾获中国文化产业十大人物、《新周刊》2009 年年度创想家、上海十大 IT 青年新锐、2009 年度数字出版先锋榜人物、2010 年 IT 经理世界“未来十年十大新经济人物”、GQ2010 年度人物、《中国新闻周刊》2010 年度人物、2010 年《商界时尚》“十大商界青年生活领袖”等多项称号。

侯小强在新浪担任副总编期间，敏锐地发现名人博客这片“蓝海”，打造出令人称道的新浪博客。2008 年，侯小强加盟盛大文学，在其领导下，盛大文学推出了全球领先的中文正版数字书城“云中书城”，推动了整个数字出版行业的发展。此外，在侯小强领导下，盛大文学旗下晋江文学城的网络作家阿耐的作品《大江东去》获中宣部“五个一工程”奖，旗下红袖添香网站的作品《阳关古道苍凉美》被收录进牛津大学出版社（香港）的中学语文教材，旗下晋江文学城网站的《网逝》成为唯一一篇入围鲁迅文学奖的网络文学作品。

5. 黄友义

中国外文局副局长，享受国务院政府特殊津贴，第十一届全国政协委员。1975 年 1 月至 1986 年 11 月在外文出版社英文部工作，期间公派赴英国、美国留学；1986 年 11 月至 1993 年 10 月任外文出版社副总编辑、总编辑；1993 年 10 月至 2004 年 1 月，历任外文出版社总编辑，中国外文局副局长、总编辑，中国互联网新闻中心主任。曾担任国际翻译家联盟（国际译联）第一副主席、理事，现任中国翻译协会副会长兼秘书长、全国翻译专业资格（水平）考试英语专家委员会主任、全国翻译系列高级职称评委会主任、全国翻译专业学位研究生教育指导委员会主任。2009 年获“中国出版荣誉纪念章”，2011 年 7 月获国际译联最高荣誉奖。

黄友义在负责外文局书刊编辑、翻译、出版管理、版权贸易工作期间，以中方总协调人身份组织实施了“中国文明与文化”大型丛书中美合作项目，该丛书第一卷《中国绘画三千年》出版后，由江泽民主席作为礼品赠送给了美国总统克林顿。该书英文版获美国图书最高奖。1998 年，黄友义以编委会主任的身份主持了《汉英外事常用词汇》的编撰，此书自出版以来受到中央领导和有关部门的肯定与表扬。他的主要中译英译著有《中国的社会保险制度》、《中国加入 WTO 与经济改革》、《千年古都西安》等 30 多种图书，另外参与了美国文学名著《名利场大火》、《马歇尔传》和《无冕之王》的翻译，并曾参加党政文件和领导人讲话的翻译工作。现为《大中华文库》丛书（汉英对照）编委会副主任、《中国翻译》杂志主编、《英语世界》编辑顾问、《对外传播》杂志编委会主任。

黄友义长期负责中国外文局版权贸易工作。近年来外文局的版权输出逐年增长，连续多年处于全国领先地位。2009 年外文局 7 个出版社共输出版权 441 种；2010 年共输出版权 450 种，包括英、法、西、德、韩、日、俄、意、葡、荷、越、波兰、印尼、阿拉伯等 30 余个语种，涵盖五大洲的 50 多个国家。

6. 贾樟柯

贾樟柯导演作为中国第六代导演的领军人物，在尊重知识、尊重版权方面一直有深刻的体会，同时也作出了很多自己的努力。

电影界的盗版问题由来已久。贾樟柯导演也多次在公众媒体上呼吁：尊重版权、拒绝盗版，希望观众能从正规渠道购买、观看电影。在《三峡好人》正版 DVD 的发布会上，贾樟柯导演说道：“我很高兴在国内《三峡好人》不仅能上院线，而且可以通过正版DVD的形式呈现给更多普通中国观众。”贾樟柯说，从前他的电影的主要传播途径是盗版DVD。此次三种档次和价格的正版DVD发行会对盗版产生不小的冲击，其中金版DVD中还附赠了贾樟柯纪录片《东》。卓越网自该DVD销售之始便几次断货，足见大家对《三峡好人》的追捧。新媒体的出现，让更多影迷有了新的选择。夸克电影网联手中国版权保护中心、中国电影版权保护协会和具有版权意识的网站，包括网视、网易、人民网、千龙网、中国网、百度、凤凰网等共同签署了“中国正版电影网站联盟”合作计划启动声明，公开承诺“坚持正版，打击盗版”，对于联盟网上发布的电影作品要严格自律、互相监督。贾樟柯导演参加了启动仪式，并在现场表示：通过“夸克”的免费网络观看，能让观众逐渐拒绝盗版，并与影院形成互补。

7. 柳建尧

中国科技出版传媒集团有限公司总裁，中国科技出版传媒股份有限公司董事长。

柳建尧曾长期在科研和科技管理部门工作，在国家软件产业基地大连软件园的创办发展过程中发挥了重要作用，曾先后主持“大连市CAD应用工程技术与示范”和“大连市创建软件产业国际化示范城市”等重大项目，成果获辽宁省科技进步二等奖。2002—2009年在中科院国有资产经营有限责任公司工作期间，历任总经理助理、董事、副总经理，中科院企业党组成员，曾兼任中国科技产业投资管理有限公司董事长、深圳中科院知识产权投资有限公司董事长等职，主持过多项重大投资和企业并购项目，在高技术企业经营管理和资本运营方面具有丰富的经验。

2009年，柳建尧调任中国科学出版集团有限公司和科学出版社有限责任公司董事长，主持制定并实施了集团五年发展规划，启动并积极推进股改上市，在深化企业运营机制改革，加快出版结构调整，推动产业转型升级、重大项目建设等方面取得了较大进展，集团和出版社在中国出版政府奖、国家自然科学奖、国家科技进步奖等各类评奖中全面开花，“中国科技出版第一品牌”的称号进一步巩固，集团先后获得“全国文化体制改革先进企业”、“国家文化出口重点企业”等荣誉。在新闻出版总署、中科院等有关部门的领导下，积极推动组建中国科技出版传媒集团相关工作。2011年7月，中国科技出版传媒集团有限公司和中国科技出版传媒股份有限公司挂牌成立，为做大做强中国科技出版产业奠定了重要基础。

8. 童之磊

中文在线董事长兼总裁。2000年，童之磊发起成立中文在线，致力于中国数字出版产业发展，通过与国内400余家出版单位、逾2 000名知名作家、10万余名网络写手合作，每年可提供7万～10万种电子图书。今天，中文在线已经成为中国最大的数字出版机构之一，是国内领先的数字出版服务提供商。

童之磊带领的团队，始终以创新和推动产业升级为公司发展的核心驱动力。11年来，他的团队成绩斐然：首创全媒体出版模式，首次将数字出版成果应用于基础教育领域，首创全民阅读新模式，首创“先授权、后传播”的版权保护机制等。

童之磊不仅荣获“十大中华管理英才”、“2008中国十大新媒体人物”、“中关村20周年突出贡献个人”、“2009年中国数字出版年度人物”等称号，而且在2011年荣获由《中国图书商报》及中华全国工商业联合会书业商会评选的“2010年度最佳数字出版人”等称号。

9. 屠岸

人民文学出版社原党委书记、总编辑、编审。在人民文学出版社工作期间，屠岸携出版社专家、学者共同努力，编辑出版了大量优秀图书，在现代文学、当代文学、古典文学、外国文学的图书策划、编辑、出版方面作出了突出贡献。他组织出版的台湾作家文学作品，对促进两岸文学交流作出了突出贡献。

离休后，屠岸历任中国作家协会名誉委员、中国诗歌学会副会长、《当代诗坛》主编、中国出版集团公司顾问委员会出版顾问、人民文学出版社专家委员会副主任。曾三任新闻出版总署主办的国家图书奖评委，两任中国作协鲁迅文学奖评委及新闻出版总署翻译奖副主任委员、诗歌奖主任委员。他曾以中国作协诗人访问团团长的身份带团赴台湾进行学术交流；还应邀或公派到许多国家进行诗歌学术研讨或交流，并有多部诗集、译著、评论集出版。

屠岸于2001年荣获中国作家协会颁发的鲁迅文学奖，于2010年荣获中国翻译协会颁发的翻译文化终审成就奖。

10. 王迁

华东政法大学教授、博士生导师。北京大学法学博士，加拿大多伦多大学法学硕士，上海 2010 年世博会知识产权咨询专家、中国法学会知识产权研究会理事、中国版权协会理事、中国作家协会著作权纠纷调解委员会委员、上海互联网版权工作委员会咨询专家、上海多家法院知识产权审判咨询专家。《美国版权协会杂志》（*Journal of the Copyright Society of the USA*）和《中国版权》杂志编委会成员。2009 年被评为上海市第四届“优秀中青年法学家”。

曾独著《网络环境中的著作权保护研究》、《论基因歧视及其法律对策》，合著《知识产权间接侵权研究》和《中欧网络版权保护比较研究》，独著教材《知识产权法教程》（一、二、三版）、《著作权法》与《网络版权法》，在《法学研究》等期刊上发表学术论文和评论 80 余篇，并主持过多项国家级、省部级课题以及国际合作研究课题。他对网络环境中著作权保护的研究在业界产生了较大影响，许多观点为法院的判决书或相关审判指导意见所采纳。

11. 王亚非

安徽出版集团党委书记、总裁，时代出版传媒股份有限公司董事长、高级国际商务师。入选“2008 中国年度出版人”、“2008 年度创新风云奖”、全国宣传文化系统“四个一批”经营管理人才、新中国成立以来百名“优秀出版人”和百名“优秀出版企业家”、全国劳动模范、“我的奋斗·2009 安徽年度经济人物”等，并曾当选安徽省第九届人大代表，第十一届全国人大代表。2011 年 10 月荣获“2011 中国最佳商业领袖——年度最佳中国经营者奖”。该奖项由第一财经和 CNBC（美国消费者新闻与商业频道）亚太联合主办，被誉为“中国商界奥斯卡”，旨在表彰中国最优秀的企业家。

王亚非率先在全国提出“做强主业，做大产业”的企业发展思路，成为文化产业大发展的共识；首倡“有激情，在状态”，“天天想干事，努力干成事”的企业精神，带领全员创新观念、创新行动，成为全行业创新发展的典范。安徽出版集团先后入选“全国文化企业 30 强”、“全国文化体制改革先进企业”、“中国服务企业 500 强”、“国家文化出口重点企业”、“中国版权产业最具影响力企业”等。

12. 王野霏

北京市版权局主管版权工作副局长。在局党组管理领导下，王野霏大胆改革、不断创新，在提升首都版权监管水平、促进版权产业发展等方面取得了显著成效。

（1）创新版权监管模式，提高监管与服务能力。在全国成立了第一家市级版权保护中心和软件登记中心。在中关村科技园区成立了园区版权保护中心和版权技术合同登记处，实现了“一站式”版权服务。

（2）重视地方性政策法规建设。组织有关人员制定出台了《北京市关于加强计算机软件保护工作的意见》、《信息网络传播权保护指导意见（试行）》、《关于加强政府投入项目专利和版权管理工作的意见》、《正版产品销售示范单位管理办法》等规范性文件，增强地方版权行政管理的操作性。

（3）积极实施“远航工程”，打造版权贸易平台。支持朝阳区、东城区和人民大学版权贸易专业平台的规划建设和健康发展，三个平台均被国家版权局授予“国家版权贸易基地”称号。参与策划并成功组织承办了首届“中国国际版权博览会”。该博览会成为中国版权产业最主要的盛会和最权威的国际交流平台。组织开发了数字作品版权登记系统和版权资源信息中心项目，建成全国最大版权资源信息和登记系统。

（4）策划实施“正版工程”，构建正版示范体系。在全北京市重点行业开展了“正版产品销售示范单位”评选工作，共有 400 余家企业达到示范单位标准；2011 年率先组织北京市完成政府软件正版化专项检查整改工作。

（5）努力捍卫法律尊严。成功主持查处了全国第一例数据库作品著作权行政处罚案、第一例软件最终用户侵权案、第一例著作权虚假授权案、第一例网络游戏外挂侵权案、第一例北京音乐侵犯著作权案等一大批具有广泛影响的典型案例。2008 年，因成功组织开展奥运版权保护工作取得突出成绩，荣获“全国扫黄打非先进个人”荣誉称号。2010 年，因推动视听行业版权自律和协助国家版权局妥善处理百度版权纠纷，受到业界好评。

13. 张洪波

中国文字著作权协会总干事，中国版权协会常务理事，中国国际私法学会理事，新闻出版总署“课题项目咨询评审专家委员会”专家。2010 年荣获新闻出版总署“百名有突出贡献的新闻出版专业技术人员”称号。

2009 年，针对美国谷歌公司的侵权行为，张洪波代表文著协与其进行了三次谈判，迫使其在 2010 年 1 月向中国作家道歉，并向文著协提交侵权图书清单。这是谷歌公司在全世界遭遇的“版权门”事件中首次作出如此明确的表态。这一事件突显了集体管理组织在维护著作权益方面的重要作用，树立了中国权利人组织的良好社会形象。

2010—2011年，张洪波通过组织研讨会、公开声明、媒体采访等形式，谴责百度文库的侵权行为。2011年3月，张洪波组织推选6名谈判代表，并作为维权方代表之一与百度公司谈判。迫于各方面的压力，百度删除了大量未获授权的文字作品，并公开致歉，还派出代表主动与文著协接触。这一事件获得了极高的社会关注，在海内外引起很大反响，成为2011年中国知识产权界的标志性事件。

2010—2011年两会期间，张洪波积极与全国人大代表和政协委员联系，通过他们提交《尽快完善著作权法，加快集体管理组织建设和发展的建议》和《关于尽快修改著作权法的提案》。他还撰写了大量版权方面的专业文章或评论，在中央媒体发表，多次接受各大媒体采访，呼吁全社会尊重版权、保护版权。

14. 张抗抗

中国作协副主席、中国文字著作权协会副会长、黑龙江省作协名誉主席，国家一级作家，国务院参事、全国政协委员。

已发表小说、散文作品共500余万字，出版各类文字专集60余种。曾获多项全国性奖项，多部作品被翻译成英、法、德、日、俄文在海外出版。

近年来，张抗抗积极参与版权保护工作，为加强网络著作权保护奔走呼号。2010年，她向全国政协提交了《关于完善著作权法，加快著作权集体管理组织建设和发展的提案》和《关于加强网络著作权保护的提案》。她连续两次与全国政协委员王兴东联合提交了《关于建议华表奖、金鸡奖、百花奖、飞天奖增设“最佳改编剧本奖”的第二次提案》，呼吁尊重和保障影视剧本原作者和改编者的双重权益。

2011年，张抗抗向全国政协提交了《关于尽快修改著作权法的提案》和《坚决遏制随互联网文学作品侵权的建议》，并在无党派联组会议上，作了“尽快修改著作权法”的专题发言，向吴邦国委员长当面陈述了完善著作权法法律法规的重大意义和紧迫性。

2011年3月，张抗抗以国务院参事的身份，给温家宝总理写信，恳请总理关注修改著作权法的问题，尽快把修法提到议事日程上来。这封信很快得到了温总理的明确批示。在她的努力和推动下，国务院法制办、国家版权局启动了第三次著作权法修订工作。她被新闻出版总署聘为第三次著作权法修订工作领导小组副组长。

鉴于张抗抗在版权保护方面发挥的重要作用，她被评为“2010年度全国知识产权保护最具影响力人物”。

2011中国版权产业最具影响力企业

1. 北京畅游时代数码技术有限公司

北京畅游时代数码技术有限公司（以下简称“畅游公司”）是中国领先的在线游戏开发和运营商，于2009年4月在纳斯达克全球精选市场上市。畅游公司拥有领先的自主研发技术平台和顶尖运营团队，其自主研发的《天龙八部》是中国最受欢迎的大型多人在线角色扮演游戏之一。2010年4月，其续作《天龙八部2》推出，次世代新武侠世界以独特魅力再次震撼玩家。截至2011年12月，畅游公司运营的游戏还有《鹿鼎记》、《古域》、《刀剑英雄》、《九鼎传说》（原《刀剑英雄2》）、《大话水浒》、《中华英雄》、《剑仙》。此外，《霸者无双》、《战地风云OL》等多款游戏正在测试中。畅游将继续秉承“第一精品·第一在线”的产品理念，为用户提供更好的游戏和服务。

畅游公司拥有领先的技术平台，包括先进的2.5D与Unreal、BigWorld 3D图形引擎，统一的游戏开发平台，有效的反作弊和反黑客技术，自主研发的跨网络技术和先进的数据保护技术等。其产品开发团队和游戏精英团队紧密合作，共同将玩家的反馈及时地融入到游戏升级和资料片中。同时，畅游公司从与搜狐的密切关系中获得了独特的竞争优势，搜狐为畅游公司提供包括战略指导、发布前游戏评估、营销与运营等方面支持，并使畅游公司能与搜狐门户网站的2.5亿注册用户建立联系。

2. 北京方正阿帕比技术有限公司

北京方正阿帕比技术有限公司（以下简称“方正阿帕比公司”）是方正集团旗下专业的数字出版技术及产品提供商。方正阿帕比公司自2001年起进入数字出版领域，在继承并发展方正传统出版印刷技术优势的基础上，自主研发了数字出版技术及整体解决方案，已发展成为全球领先的数字出版技术提供商。

方正阿帕比公司为出版社、报社、期刊社等新闻出版单位提供全面的数字出版和发行综合服务解决方案，并提供丰富多样的数字资源产品的运营服务。中国90%以上的出版社在应用方正阿帕比技术及平台出版发行电子书，每年新出版电子书超过12万种，累计正版电子书近60万册，并与阿帕比共同打造推出了各类专业数据库产品；中国90%的报业集团、800多种报刊正在采用方正数字报刊系统同步出版数字报纸。此外，全球4 500多家学校、公共图书馆、教育城域网、政府、企事业单位等机构用户应用方正阿帕比数字资源及数字图书馆软件为读者提供网络阅读及专业知识检索服务。

方正阿帕比公司将继续提供多元化的数字出版技术和平台服务，并逐步从行业应用走向大众服务，帮助机构、个人构建网络阅读崭新生活，实现“全民数字阅读”的美好愿景。

3. 北京语言大学出版社

北京语言大学出版社有限公司（以下简称“北语社”）成立于1985年，具有图书、期刊、音像、电子出版物出版权和网络出版权，是中国唯一一家对外汉语教学与研究专业出版社。北语社以出版对外汉语教材、中国少数民族汉语教材、外语图书等语言类图书产品为主要特色，每年出版图书800多种，电子音像产品200余种。以对外汉语教材种类最多、使用范围最广、读者评价最高而成为中国对外汉语教材出版的领军力量。

北语社积极开展汉语教材和中国文化产品的国际推广，尤其在版权输出、实物出口、合作出版等方面创造了突出业绩，开辟了中国图书“走出去”的特色领域。

北语社坚定走特色化、专业化发展之路，坚持以图书产品精品化、立体化为发展方向，不断强化纸质图书出版、电子音像出版、数字网络出版三大出版核心和图书营销、海外营销、网络营销三大营销渠道，全力打造一个集语言类图书、音像、电子、网络等多种出版媒体于一身的一流国际型、专业化出版社。

4. 读者出版集团有限公司

为了顺应国家文化体制改革的要求，应对出版业由传统出版向现代出版转型升级的趋势，建立真正意义上的市场主体，推动事业和产业发展，2009年12月，读者出版集团有限公司作为主发起人，联合国内多家知名企业共同发起成立读者出版传媒股份有限公司。

股份制改造完成之后，读者出版集团已将主体经营性资产、主要业务及人员投入到读者出版传媒公司，并定位于打造专业化产业平台和金融投资平台，利用品牌扩张和资本运营，致力于产业集群建设和文化产业项目投资工作。

读者出版传媒股份有限公司主营产品《读者》杂志创刊于1981年，发行量连续10余年领跑中国期刊界，位居中国和亚洲第一、世界综合类期刊第三位，被国人誉为“中国人的心灵读本”。2004年至2011年，“读者”品牌连续8年被世界品牌实验室评为“中国500最具价值品牌”，2011年品牌价值达到76.54亿元，名列“中国500最具价值品牌”总排行榜第175位。

5. 广州漫友文化科技发展有限公司

广州漫友文化科技发展有限公司（以下简称“漫友文化”）成立于1997年，专注于动漫制作、动漫图书与期刊运营和增值服务，以及数字动漫、手机游戏、衍生品开发等业务领域。漫友文化由于经营模式稳健、发展脚步快速、品牌价值高，于2011年被财政部、文化部、国家税务总局联合认证为“国家重点动漫企业”。经过10余年的悉心打造，公司已经成为中国动漫产业最具知名度与美誉度的龙头企业。

漫友文化先后成功打造了BENJIAMIN、阮筠庭、姚非拉、猪乐桃、寂地、客心、丁冰、SHEL、王小洋、朱斌、十九番、于彦舒、韩露、夏达、爱欧、童亦名、陈晓韵、杨笑汝、NOCA、Gwemo鸡毛、胡伟等近百位漫画明星，夏达更成为首位登陆央视春晚的漫画家。漫友文化动漫读物市场发行量连续10年位居全国第一，推出了包括《乌龙院》、《爆笑校园》、《我的路》、《子不语》、《兔子帮》、《未成年》等数百种畅销图书在内的一系列原创精品。漫友文化负责运营的《漫友》杂志拥有10余年的历史，是中国目前最具品牌价值的动漫杂志之一；同样由漫友文化运营的《漫画世界》则以良好的市场表现，被财政部、文化部、国家税务总局联合认定为“首批全国重点动漫产品”，为榜单上唯一期刊品牌。旗下运营的其他品牌如《科幻画报·漫画SHOW》、《约绘》、《漫画BAR!》、《新蕾》等在期刊市场表现活跃，正成长为中国原创动漫领域的知名品牌，在亿万青少年群体中拥有强大影响力。

漫友文化是国家新闻出版总署颁发“互联网出版许可证”的唯一动漫企业，正利用自身所拥有的海内外优质动漫资源，全力打造华语动漫数字出版门户“91AC网站”及手机动漫运营平台，在同业中率先占领了数字动漫出版产业的制高点。

漫友文化通过承办由新闻出版总署和广东省人民政府主办的中国国际漫画节官方赛事——金龙奖，以及首届中国动漫艺术大展、中国原创动漫推广展、中国原创动漫游戏海外推广计划展、优秀动漫产品进西藏、瑞士中国动漫艺术展等国家级大型文化活动，进一步彰显了企业实力与品牌影响力，同时较大程度地促进了中国动漫产业的繁荣与发展。

6. 接力出版社

接力出版社成立于1990年，专业从事青少年读物出版，年均出版图书900余种，2010年销售码洋达3.78亿元。与接力出版社合作的作者可谓精英荟萃，中国著名作家杨红樱的“淘气包马小跳系列”上市6年，销售突破2 000万册，版权输出到法国、英国、韩国；著名畅销书作家刘墉的作品在接力出版社的销售量已突破550万册；曹文轩的“大王书”系列、黑鹤的《黑焰》（版权输出到法国）、郑春华的“大头儿子小头爸爸”系列（版权输出到越南）、蔡骏的悬疑系列小说作品《地狱的第19层》、《荒村公寓》（版权输出到越南）等，都深受中国乃至世界少年读者的喜爱。崔岸儿所著《龙图腾》不仅获得首届霍尔拜恩科幻奖，更是在中文版尚未出版的情况下售出德语版权。

国外诸多知名出版商都是接力出版社稳固的合作伙伴，美国畅销20年的益智经典“I SPY视觉大发现”系列、风靡世界40年的经典图书“巴巴爸爸”经典系列、比利时国宝级童书“蓝精灵”系列、捷克的“鼹鼠的故事”系列等由接力出版社出版后，深受中国读者的好评。引进自美国的“暮光之城”系列不到3年累计销量350万册，销售码洋突破1亿元。接力出版社致力于不断输出中国原创文化精品，引进各个国家的精品文化，努力实现使中国青少年读者与世界同步阅读的梦想。

7. 金蝶软件（中国）有限公司

金蝶软件（中国）有限公司总部位于中国深圳，始创于1993年8月8日。在中国大陆拥有100家以营销与服务为主的分支机构和2 000余家咨询、技术、实施服务、分销等合作伙伴。金蝶营销、服务及伙伴网络在中国大陆分为华南、华东、华北、华中、东北、西南、西北7大区域，遍及221个城市和地区，目前拥有员工11 000人，客户遍及中国大陆、中国香港、中国台湾、新加坡、马来西亚、印度尼西亚、泰国等国家和地区，客户总数超过50万家。

金蝶软件（中国）有限公司在中国软件产业拥有众多“第一”：第一个Windows版财务软件及小企业管理软件——金蝶KIS的缔造者；第一个纯Java中间件软件——金蝶Apusic和金蝶BOS的缔造者；第一个基于互联网平台的三层结构的ERP系统——金蝶K/3的缔造者和第一个基于互联网提供在线管理和电子商务服务的网站——友商网的缔造者。

8. 上海巨人网络科技有限公司

上海巨人网络科技有限公司（原上海征途网络科技有限公司）成立于2004年11月18日，是一家以网络游戏为发展起点，集研发、运营、销售为一体的综合性互动娱乐企业。公司拥有雄厚的资本实力、强大的研发能力、熟稔的运营能力、完善精湛的技术支持能力、人性化的客户服务能力，以及强大的销售能力。

巨人网络于2007年11月1日顺利登陆纽约证券交易所，成为在美国资本市场发行规模最大的中国民营企业之一，同时也是除美国本土企业外，在美国发行规模最大的IT企业之一。

巨人网络的目标是成为亚洲领先的互联网企业，并致力于打造民族精品网游，巨人网络自创始之初就一直为这个目标努力。

面对变幻的市场需求和层出不穷的挑战，巨人网络坚持“一切以玩家为出发点”的宗旨，不断为玩家提供高品质的游戏产品，为中国网络娱乐产业的发展作出积极贡献。

9. 上海世纪出版集团

上海世纪出版集团成立于1999年2月24日，是经中宣部、新闻出版署批准成立的全国第一家出版集团。2005 年 11 月 26 日，经新闻出版总署和上海市人民政府批准，全国出版领域第一家股份公司——上海世纪出版股份有限公司宣告成立。上海世纪出版集团以大部分经营性资产注入股份公司，拥有公司 70%的股份。2011 年 6 月 3 日，上海文艺出版集团整体划入上海世纪出版集团，上海世纪出版股份有限公司、上海文艺出版集团、上海人民出版社等并列为上海世纪出版集团下属独立企业。

集团现拥有全资或控股成员单位 41 家，其中有 26 家图书编辑出版机构（含 3 家编纂处），1 家物流企业，1 家网络出版单位，4 家传媒公司，2 家拍卖公司，1 家印刷技术公司，1 家动漫制作企业和 1 家数字出版企业。2011 年，上海世纪出版集团生产经营保持了稳定增长的态势，图书发货总码洋 30 亿元，主营业务收入 33 亿元，利润 3.1 亿元。

集团以图书、报刊、电子音像等出版物的出版和销售为主业，业务涵盖图书、报刊、电子音像读物、网络出版，并涉足图书发行、零售、物流、拍卖等相关领域，在基础教育、高等教育、古籍整理、汉语和双语工具书以及大众读物、专业图书等诸多细分图书市场上具有强大的实力，是目前国内最具影响力的文化生产和内容提供企业之一。

集团拥有 73 种期刊、8 种报纸，年出书量达 1 万多种，品种与市场份额均位居全国第一，并在多个主要细分市场占有率上名列前茅。集团着力打造基础教育、高等教育、工具书、古籍出版、大众出版、专业出版等 6 条图书出版产品线和时尚、财经、教育 3 条期刊产品线，出版了包括上百种发行量在数十万到两百万册的畅销图书，在畅销书排行榜上保持较高的上榜率。集团有 137 项图书项目、1 项电子出版物入选国家“十二五”重点图书规划，入选总数名列全国第一。

10. 上海张江文化控股有限公司

为进一步推动张江文化产业的发展，2008 年 6 月，上海张江（集团）有限公司在原有的张江文化科技创意产业发展有限公司、张江数字出版产业发展有限公司、东方惠金文化产业投资有限公司、张江动漫科技有限公司、张江文化传媒有限公司（原名张江文化艺术有限公司）和浦东电子出版社的基础上，投资 3 亿元人民币成立了上海张江文化控股有限公司。

张江文化控股有限公司是张江园区文化产业的环境运营商、服务提供商和产业发展商。园区已经集聚了上海版权交易中心、上海文化产权交易所、上海市宣传系统人才交流中心等功能要素，以及炫动卡通、华人文化基金等一批文化产业龙头企业。还拥有全国首家国家级数字出版基地——张江国家数字出版基地，国内最大数字出版技术企业——中国数字出版技术有限公司。截至 2011 年，注册于张江的文化企业已经达到 380 多家，产值超过 120 亿元，其中不乏盛大网络、网易、第九城市、雅昌印刷、PPTV、城市动画等一批国内知名、业界领先的文化企业。园区设有张江版权服务工作站为园区文化企业服务，并通过举办相关文化活动，采取有关措施来提高张江发展软环境，提升张江园区品质。位于张江路 69 号的全国第一家专业化的上海动漫博物馆已于 2010 年 6 月 1 日正式对外开放，成为张江文化产业新地标。

11. 苏州浩辰软件股份有限公司

苏州浩辰软件股份有限公司，是国家高新技术企业和双软认定企业，中国领先的 CAD 平台软件提供商。它是全国极少数掌握 CAD 核心技术的主要软件厂商之一，也是最早形成 CAD 一体化服务体系、提出协同设计概念及推行整体解决方案的中国 CAD 软件企业。

浩辰 CAD 自主知识产权产品分为：浩辰 CAD 平台软件、基于浩辰 CAD 平台的专业软件。浩辰 CAD 保持主流软件操作模式，符合用户设计习惯，完美兼容 AutoCAD，在世界 100 多个国家和地区得到应用。平台软件包括专业版、标准版、MC 平台软件。专业软件包含应用在工程建设行业的建筑、结构、给排水、暖通、电气、电力、协同设计管理平台、文档安全管理软件和应用在机械行业的机械、浩辰 CAD 燕秀模具、图文档协同管理系统、文档安全管理软件等。

公司先后荣获各类荣誉 180 多项。其中包括：2010 年荣获联合国世界知识产权组织版权推广运用金奖；2010 年成功申报国家工信部电子信息产业发展基金“三维 CAD 软件研发和产业化”项目，并获 500 万元无偿资助；2011 年，再次入选国家科技部火炬计划项目和中央企业集中采购 CAD 品牌名录等。

12. 镇北堡西部影城

镇北堡西部影城地处雄伟的贺兰山东麓，距银川市火车站 25 公里，河东机场 60 公里，110 国道和银川北环高速直达影城。

镇北堡西部影城自 1993 年成立，董事长张贤亮率领全体员工在保护文物的基础上，通过智力策划、设计、创意，运用现代的企业管理理念，将一片荒凉的废墟打造成银川市首家国家AAAAA级旅游景区，被国务院和文化部评为“国家文化产业示范基地”和“国家级非物质文化遗产代表作名录项目保护性开发综合实验基地”。

镇北堡西部影城如今已成为中国古代北方小城镇的缩影，有各类影视片重要场景140余处，享有“中国电影从这里走向世界”的美誉，集中了大量中华传统物质文化与非物质文化，再现了我们祖先的生活方式、生产方式和娱乐方式，它以此唤起我们的民族记忆，并激发出人们丰富的想象力和创新精神。

2011年（第四届）全国大学生版权征文获奖名单

研究生组

一等奖

李国庆　武汉大学
姜　斐　华中师范大学
纪　璐　南开大学
权彦敏　西安交通大学
苗　雨　西南政法大学
侯金花　中南财经政法大学
陆　燕　中国人民大学
柴耀田　中国人民大学
罗　斌　中国政法大学
杨佩霞　中山大学

二等奖

杜艺敏　北京航空航天大学
马　梦　北京航空航天大学
王　群　广东商学院
李逸竹　华东政法大学
唐豪臻　华东政法大学
张乘玮　南京大学
冯　婧　华南理工大学
毛禾枫　上海交通大学
张　林　西南政法大学
彭秋莎　西南政法大学
余　翔　西北政法大学
刘　媛　西南政法大学
苏　熳　中国政法大学
刘检玲　中国政法大学
胡国梁　中南大学
李美云　中南财经政法大学
陈　麒　中南财经政法大学
张继文　中南财经政法大学
王　然　中国人民大学
曹泳超　中国传媒大学

三等奖

王　帆　北京大学
汤　岩　北京外国语大学
杨天娲　北京外国语大学
刘　琦　北京航空航天大学
王上嘉　北京印刷学院
卞冉冉　重庆理工大学
王敬华　河北经贸大学
姬亚平　西安交通大学
陈　瑜　华中师范大学
俞志杰　南京大学
于文霖　南京大学
任中杰　上海大学
戴纯箴　上海大学
程　财　西南政法大学
蔡力猛　西南政法大学
陈仁淋　西南政法大学
谢丽娟　湘潭大学
钟　宇　厦门大学
张　林　厦门大学
郑鲁英　厦门大学
方文琳　云南大学
李飞飞　中国政法大学
王　琳　中南财经政法大学
杨一帆　中南财经政法大学
郭泠泠　中南财经政法大学
成芳芳　中南财经政法大学
张道营　中国传媒大学
成伟杰　中国社科院
晏亮敏　中南大学
钱靖静　中国人民大学

鼓励奖

饶先成 安徽大学
陈 杰 中国人民大学
毛 略 北京外国语大学
郝 欣 北京航空航天大学
孔得建 北京航空航天大学
刘 骏 北京航空航天大学
魏 薇 北京理工大学
孟祥兆 北京印刷学院
周建存 北京印刷学院
郑诗洁 复旦大学
谭嘉颖 广东商学院
王琳泷 华东政法大学
阮开欣 华东政法大学
俞 渊 南京大学
郭 矗 南京大学
王倩倩 南开大学
雷志军 同济大学
周 围 武汉大学
陈 捷 上海大学
姜小明 上海大学
杨士维 上海大学
李文振 中国传媒大学
陈秋君 西南政法大学
黄德伟 西南政法大学
阳文敏 西南政法大学
赵 阳 西南政法大学
栗鹏飞 西北政法大学
宋 全 西北政法大学
许 志 西北政法大学
付 强 中南财经政法大学
李金凤 中南财经政法大学
王志晓 中南财经政法大学
李 倩 中南财经政法大学
王静文 中南民族大学
吕海荣 中南民族大学
陈文煊 中国人民大学
王 晨 中国政法大学
朱瑞云 中国政法大学
张梦龙 中南大学
孙 杰 中南大学

本科生组

一等奖

何 悦 北京理工大学
白金锐 重庆理工大学
王昕息 东海大学
周 喆 对外经济贸易大学
蒋怡芸 华东政法大学
陈雅萍 西北政法大学
陈逸凡 中国人民大学
邹健宁 中南财经政法大学
孙冠绯 中南财经政法大学
程欣莹 暨南大学

二等奖

廖冬阳 北京理工大学
唐恬恬 浙江工商大学
金溪子 浙江工商大学
芮少源 河南科技大学
杨 蕊 华南理工大学
蒋忠凡 华南理工大学
颜宇佳 华南理工大学
肖 月 华东政法大学
杜靖怡 华东政法大学
刘晓竹子 中南民族大学
王子鹤 中南民族大学
廖晓斌 南方医科大学
刘 洁 南方医科大学
尚 酉 上海商学院
余 龙 西南科技大学
邹 瑜 湘潭大学
钟聪燕 襄樊学院
边 旭 辽宁工程技术大学
陈 欣 中山大学
向萌朦 对外经济贸易大学

三等奖

卿前良 安徽师范大学
钱明睿 安徽师范大学
年照伟 北京理工大学
柳婷婷 北京理工大学
刘 昶 北京印刷学院
徐白鹿 重庆理工大学
陈俊文 重庆大学
吴胜楠 河南科技大学
罗 俊 河南科技大学
焦语晨 河南科技大学
杨 帆 华东政法大学
鲍陆文英 华东政法大学
彭思敏 华南理工大学
邹宇婷 华南理工大学
阚 剑 华中农业大学

邓琳炜	上海松江大学
陶　洁	浙江工业大学
刘南方	襄樊学院
柴智强	襄樊学院
戈　超	西北政法大学
周　英	西北政法大学
聂朋云	武汉大学
褚建鑫	中国传媒大学
马　特	南方医科大学
纪怡菲	中南财经政法大学
戴昕琦	中国政法大学
金　路	中南民族大学
方　媛	重庆工商大学
黄文康	浙江工商大学
吴海谧	浙江工商大学

鼓励奖

郭　格	华东政法大学
陈　熙	北京师范大学
李劲瑶	北京印刷学院
李哲思	北京理工大学
陈　甜	北京理工大学
李雅璐	北京理工大学
褚若涵	北京理工大学
和玉娟	北京理工大学
金　芮	北京理工大学
杨　洲	北京理工大学
韩　鑫	重庆理工大学
龚苑博	重庆理工大学
代　芳	重庆理工大学
卢佳青	重庆理工大学
陈宇宁	中国人民大学
兰　羽	湖南工业大学
张慧芳	河南科技大学
郭岩清	河南科技大学
温燕铭	华南理工大学
徐坤宇	华南理工大学
陈骁骁	南京师范大学
王晨紫	南方医科大学
叶　欢	西北政法大学
张怡冰	中南财经政法大学
褚馨竹	襄樊学院
闫维航	襄樊学院
孙雪柔	中山大学
刘　权	中山大学
肖久灵	中南大学
马　然	中南民族大学
黄依心	中国传媒大学
孙　慧	中国传媒大学
吕倩雯	上海商学院
陈龙跃	上海商学院
竺晓青	浙江工商大学
郑雪丽	暨南大学
贺欣雨	暨南大学
王　迪	安徽师范大学
艾红永	安徽师范大学
黄珍娣	安徽师范大学

2010 年度全国知识产权保护重大事件（案件）及 10 位最具影响力人物

2010 年度全国知识产权保护 20 件重大事件（案件）

1. 国务院开展打击侵犯知识产权和制售假冒伪劣商品专项行动

2010 年 10 月，国务院决定在全国集中开展打击侵犯知识产权和制售假冒伪劣商品专项行动，这是近年来中国声势最大、各部门协作、收效显著的保护知识产权重大活动。活动开展以来，各部门强化了监管与行政执法，加大了刑事司法打击力度，全国共立案查处了 10 多万起侵权假冒案件，特别是查处了一批大案要案，严惩了犯罪分子，取得了显著成效，有效营造了知识产权保护的良好环境，加快了知识产权保护长效机制的建立。

据统计，2010 年 10 月至 2011 年 6 月，全国地方各级知识产权局共出动执法人员 16.2 万余人次，检查商品 213 万余件，查处各类专利案件 2 116 起，罚没物品 8 万多件；跨部门执法协作 580 余次，跨地区执法协作 940 余次，有力地保护了知识产权权利人的合法权益。

全国各级工商机关共出动执法人员 397.84 万人次，捣毁制假窝点 4 966 个；立案查处侵权假冒案件 9.07 万余件，移送司法机关处理案件 757 件；受理和处理消费者申诉与举报 10 万余件。

2010 年 11 月 25 日和 12 月 17 日，国家新闻出版总署等五部门两次下发督办通知，挂牌督办重点案件，并派出督查组开展案件督办工作。截至 2010 年底，各地共出动执法检查人员 69 万多人次，查缴盗版制品 633.8 万张（册），对 227 起违法案件作出行政处罚。

2. 上海世博会和广州亚运会知识产权保护有力

2010 年，上海世博会和广州亚运会成功举办，知识产权保护工作成效显著，在国际国内树立了中国保护知识产权的良好形象。

上海知识产权局、广东知识产权局等有关部门在世博会、亚运会举办前后，积极营造完善知识产权法制环境，深入开展打击专利侵权、假冒专利行为活动，加强知识产权维权援助服务，切实落实世博会知识产权保护纲要和亚运会知识产权保护规定，为重大国际展会及赛事活动的成功举办提供了重要保障。

上海各级工商部门作为世博商标保护的主力，进一步加强对世博会标志和特许商品的保护，举办了 6 个大型培训研讨会，防范世博会生产领域、商标印制领域侵权行为的发生以及流通领域商业企业销售侵权产品的行为，有力保障了世博会的顺利进行。广州工商系统综合运用多种方式查处侵犯亚运标识违法行为，得到权利人及社会舆论的高度肯定。

各级版权行政管理部门建立了世博会反盗版快速反应机制，实施了世博会版权保护专项行动，突出重点净化世博市场环境，快速反应保护世博会版权，主动服务打造世博版权服务平台，形式多样营造世博版权保护社会氛围。

3. 中国专利法律制度建设取得显著成效

继中国专利法第三次修改颁布施行，2010 年 1 月 9 日，温家宝总理签署了《国务院关于修改〈中华人民共和国专利法实施细则〉的决定》，第三次修改的专利法实施细则于 2011 年 2 月 1 日起施行。本次对专利法实施细则进行的全面修改，对完善中国专利制度具有重要意义。同时，《专利行政执法办法》、《专利审查指南》等多部规章相继完成制定、修订工作，标志着中国专利法律制度日臻完善，专利权保护得到进一步加强。

4. 通领科技集团在美专利诉讼赢得五连胜

2010 年底，在竞争对手美国莱伏顿公司在美发起第五轮专利诉讼两个月后，通领科技集团再次迎来了胜利。12 月 2 日，美国新墨西哥州联邦地方法院召开电话听证会，驳回了莱伏顿诉通领科技专利侵权的动议，判令其撤销在美国国际贸易委员会（ITC）的“337 调查”和在加州北区联邦法院的暂缓诉讼案。至此，通领科技在美专利诉讼赢得五连胜。此举打破了竞争对手一统天下的垄断格局，创造了中国企业在海外专利诉讼的经典案例。

5.《海峡两岸知识产权保护合作协议》签署

2010 年 6 月 29 日，《海峡两岸知识产权保护合作协议》签署，开启了两岸知识产权保护合作工作的新局面。根据协议，两岸将本着平等互惠原则，加强专利、商标、著作权及植物新品种权（植物品种权）等知识产权保护的交流与合作，协商解决相关问题，提升两岸知识产权的创新、应用、管理及保护水平；双方还将建立执法协处机制，依各自规定妥善处理有关知识产权保护事宜。海峡两岸签署知识产权保护合作协议，体现了两岸发展经济关系的良好意愿，对改善两岸经济、科技、文化交流的知识产权环境，提升两岸经济的国际竞争力，增进两岸人民的福祉，将产生重大和深远的影响。

6. 好孩子公司诉美国制造商及经销商等专利侵权案经最高法院再审获胜

2004 年，江苏好孩子儿童用品有限公司因美国美泰公司及经销商广州市上威贸易有限公司、广州中威日用品企业有限公司侵犯其发明专利，将三公司告上法庭。从 2008 年至 2010 年，历经专利无效、北京市中级法院一审、北京市高级法院二审、南京市中级法院一审、江苏省高级法院二审、最高法院再审，好孩子公司最终获得胜诉。好孩子公司依法维护自身合法权益，不仅挽回了经济损失，也体现了中国加大侵权打击力度、创造良好法制环境的坚定态度和不懈努力。该案被最高法院评为 2010 年中国法院知识产权司法保护 50 件典型案例之一。

7. 瑞士维氏股份有限公司诉上海亿钻公司专利侵权案达成行政调解协议

2010 年 4 月，瑞士维氏股份有限公司就上海亿钻五金工具有限公司生产、销售的产品侵犯其发明专利权向上海市知识产权局提出 5 起行政处理请求。通过审理，上海市知识产权局作出决定，要求上海亿钻五金工具有限公司立即停止对瑞士维氏股份有限公司专利权的侵害。上海市知识产权局充分运用行政执法手段加强知识产权工作，依法保护专利权人的合法权益，赢得了良好的国际声誉。该案被评为2010年上海市保护知识产权十大典型案例之一。

8. 首都保护知识产权志愿者活动成效明显

为深入实施首都知识产权战略，大力弘扬志愿服务精神，广泛动员社会力量参与知识产权保护工作，北京市于2008年发起并组建首都保护知识产权志愿服务队。2010年，该项目被列入市政府折子工程，并成为首批认定的专业志愿者队伍之一。已建成大学生、社区和专家三支志愿者队伍，在开展知识产权宣传、培训活动，为知识产权权利人和公众提供知识产权专业服务等方面发挥了积极作用。

9. 国家工商总局圆满完成三年解决商标审查评审积压问题的目标任务

从2000年初到2007年底，中国商标注册申请审查积压已达182万件。2008年，国家工商行政管理总局决定把“三年解决商标审查积压”作为实施商标战略的首要任务。为此，工商总局商标局采取增设审查处室、招聘辅助人员等措施加快解决这一问题，通过不懈努力，2009年、2010年连续两年审查量突破百万件；商标评审驳回复审案件的审理周期缩短至12个月，复杂案件审理周期缩短至18个月，商标注册申请审查工作实现了历史性飞跃。

10. 商标战略实施示范企业发出《芜湖倡议》，商标战略实施示范城市（区）达成《苏州共识》

为促进国家知识产权战略实施，2010年12月和2011年1月，国家工商行政管理总局分别在安徽芜湖和江苏苏州召开会议。在这两次会议上，形成了由41家商标战略实施示范企业签署的《芜湖倡议》和由53个商标战略实施示范城市签订的《苏州共识》。《芜湖倡议》倡导企业树立自主品牌形象，加大商标保护力度，树立负责任的企业形象和品牌形象；《苏州共识》作出了大力实施商标战略等8项承诺，大力推动了商标战略的实施。

11. “解百纳”商标争议得到圆满解决

2010年，在国家工商行政管理总局商标评审委员会主持下，历时8年、涉及中国葡萄酒行业和多家企业的“解百纳”商标之争以调解成功的结果告终。该案的圆满解决不仅有效保护了各方当事人的合法权益，更为中国葡萄酒行业的健康有序发展和打造葡萄酒行业的民族品牌作出了重要贡献。商评委为此付出巨大努力，做了大量耐心细致的工作。

12. 江苏江阴工商局查处利用互联网侵犯“爱马仕”等世界知名商标专用权案

2010年12月8日，江苏省无锡市江阴工商局会同公安机关查处假冒“爱马仕”等世界知名品牌服装服饰2万余件，案值5 000万元以上。该案经法院审理，判处主犯构成销售假冒注册商标的商品罪。该案的查处，充分体现了工商部门责任心强、反应迅速、执行有力的特点，树立了中国重视知识产权保护的国际形象。

13. 福建省工商部门保护涉台商标专用权，两岸反响热烈

2010年，福建省工商部门组织全省工商系统开展涉台商标保护工作，先后针对中国台湾“正新”、“金门高粱酒”等驰名商标展开专项行动予以保护，取得了较为显著的成绩，既有力震慑了违法分子，维护了台商企业的合法权益，也营造了更为公平有序的市场环境，增强了台商的市场信心，为加强海峡两岸的交流与合作作出了贡献。

14. 山东省工商局加强地理标志注册与保护，做大做强地方特色品牌

2010年，山东省工商系统加强商标兴农工作的组织领导，建立完善商标兴农宣传培训机制，加大农产品商标和地理标志注册与保护力度，并以此推动“公司＋商标＋基地（农户）”的产业化模式，取得显著成效，不仅宣传了商标战略，提高了农户的商标意识，而且推动了农产品的产业化，充分体现了知识产权对经济发展的推动作用。

15. “中国著作权法律百年国际论坛”在京召开

2010年，中国法学会和中国版权协会在中国人民大学举办了盛况空前的“中国著作权法律百年国际论坛”，来自十几个国家和港澳台地区的400多位专家及代表，围绕中国著作权法制的历史与现实进行广泛交流，产生了巨大的国际反响。“中国著作权法律百年国际论坛”回顾了著作权制度的百年历程，总结历史经验，规划了中国著作权制度的未来，为贯彻落实科学发展观、提高民族创新能力、建设创新型国家，发挥了积极的作用。

16. 中国作家向谷歌维权

2010年，根据作家要求，在中国作协等部门的支持下，中国文字著作权协会与谷歌举行了三轮谈判和多次磋商，促使谷歌提交其非法扫描收录的21万种中国图书清单，并向中国作家公开道歉。中国作家的网络版权维权行动，体现了全社会版权意识的进一步增强，也是加强网络版权保护机制建设的一次有益探索和努力，具有重要的示范和警示作用。

17. 南通家纺市场成为WIPO全球首个版权保护优秀案例示范点

2010年是南通家纺市场被认定为世界知识产权组织（WIPO）全球首个版权保护优秀案例示范点后的第一个完整年头。南通家纺市场年交易量已近千亿元，产品远销50多个国家和地区，成为世界三大家纺市场之一。“南通经验”是中国版权从被动保护向版权创造、使用和保护并重转化的一个鲜活例证，充分体现了版权保护可以有效地促进地区经济的发展。

18. 中央电视台首获中国音乐著作权协会使用音乐作品著作权许可

2010年9月21日，中央电视台与中国音乐著作权协会在京举行音乐付酬签约仪式，音著协向央视颁发了使用音乐作品著作权许可。双方的合作表明，在备受国际社会广泛关注的广播组织音乐付酬问题上，中国与国际先进水平的差距有了实质性缩小。这一事件标志着中国著作权集体管理制度走向成熟，对于加快改善中国著作权保护环境，建立音乐著作权付酬社会管理机制，维护中国知识产权保护的国家形象，具有重要的意义。

19. 政府机关软件正版化检查整改工作取得阶段性成果

截至2010年底，31个中央国家机关已率先完成软件正版化检查整改，共采购安装正版软件19 827套，包括国外软件产品13 657套、国内软件产品6 170套。推动政府部门软件正版化，是发挥政府保护知识产权表率作用的必然要求，为提高国民知识产权意识，形成崇尚创新、诚信守法的社会氛围，营造知识产权保护的良好环境，起到了积极的促进作用。

20. 18家视频网站积极开展自查自纠，加强版权保护

在2010年深入开展的打击网络侵权盗版专项治理“剑网”行动中，新浪、搜狐等18家视频网站积极开展自查自纠，建立有效机制，强化“先授权、后传播”意识，自觉维护版权保护秩序。这18家网站视频份额占到市场80%以上，这些网站遵纪守法、诚信自律，表明了互联网产业知识产权保护意识的增强，对改善网络视频知识产权保护环境、维护网络传播秩序、促进互联网产业健康繁荣发展具有重要的意义。

2010年度全国知识产权保护10位最具影响力人物（按姓氏笔画排序）

1. 王自强

国家新闻出版总署（国家版权局）法规司司长。2010年，王自强切实贯彻落实中央和总署要求，对版权工作认真谋划、精心部署、积极推进、狠抓落实，各项工作取得突出成绩。他努力推动图书馆版权保护工作，并帮助企业进一步提高对版权保护重要性的认识，提升防范侵权盗版的管理水平和实际操作能力。在处理中国作家向谷歌维权的工作中，他坚持引导公众实事求是地看待互联网新技术条件下的版权问题，倡议理性、冷静地协商解决问题，受到业界的肯定。他对版权保护所作出的贡献，受到国际和国内社会的一致好评。

2. 邢冬生

现任上海市工商行政管理局商标处处长。作为上海世博会商标保护的具体组织实施者，邢冬生凭借深厚的理论功底和丰富的实践经验，充分调动工商干部的执法热情，积极寻求各方的支持配合，有效整合各类执法资源，全面完成了上海世博会商标保护的各项工作任务，受到中央8部委的表彰，被评为“世博会知识产权保护工作先进个人”。在打击侵犯知识产权和制售假冒伪劣商品专项行动中，他充分显示了优秀的组织才能，指导全市工商部门稳步开展专项行动并取得了一定实效。

3. 吕国强

现任上海市知识产权局党组书记、局长，上海市知识产权联席会议秘书长。在2010年上海世博会期间，吕国强领导有力，并身先士卒、亲力亲为，为营造世博会知识产权保护的良好环境作出了突出贡献。在他的领导下，上海市知识产权局加强知识产权制度建设，强化知识产权保护；组织开展专项执法行动，建立快速应急工作机制；加强宣传培训，提高社会保护知识产权意识；加强维权援助服务和知识产权志愿者工作，取得了世博会知识产权保护工作的显著成绩。

4. 刘春田

现任中国人民大学知识产权学院院长、法学教授。2010年，刘春田组织翻译了《十二国著作权法》、《十二国商标法》等工具书；与中国版权协会一起承办了盛况空前的“中国著作权法律百年国际论坛”，并获巨大成功。他是中国知识产权高等教育的主要开拓者、知识产权法学学科带头人。2010年，刘春田在中国《著作权法》宣传上作出的突出贡献和获得的成功，在业界留下了浓墨重彩的记忆。

5. 李建昌

国家工商行政管理总局商标局前任局长。李建昌在2008年1月至2011年4月担任国家工商行政管理总局商标局局长期间，大力推进商标战略实施，通过大刀阔斧的改革，用3年时间解决了长期存在的商标审查积压问题，为众多商标申请者和企业带来福音；以全国打击侵权假冒专项行动为重点，进一步加大商标保护力度，维护了公平有序的市场竞争秩序。他的工作受到国家工商行政管理总局的多次嘉奖。2010年，李建昌还被西班牙政府授予“西班牙品牌在中国的友好使者”的荣誉称号。

6. 吴汉东

现任中南财经政法大学校长，中国著名知识产权法专家。他在2010年8月中国法学会法律信息部发布的民法学被引证数据中名列中国民法学者第二位，在全国权威学术刊物上发表了20余篇论文，充分显示了他在民法与知识产权法学方面的深厚理论造诣。他为多个政府部门宣传讲解国家知识产权战略，承担了10多项省部级研究项目；2010年他主持制定的广播影视知识产权战略纲要已公布实施。他为国家知识产权战略制定实施工作作出了重要贡献。

7. 宋柳平

现任深圳华为技术有限公司副总裁、首席法务官。宋柳平是公司知识产权工作的领头人，他领导知识产权部门参与了企业众多知识产权谈判，主持申请了数万件国内外专利，主导和参与了多项国际技术标准的制定。在他的领导下，华为公司成为中国企业知识产权工作的排头兵，并以知识产权为企业发展提供了保障和支撑。他为提升中国企业的知识产权能力和国际竞争力、为中国通信产业立足于世界之林，作出了重要的贡献。

8. 张抗抗

作家，现任中国作协副主席、中国文字著作权协会常务理事，全国政协委员，国务院参事。2010年，张抗抗积极参与并呼吁全社会加强版权保护工作，在全国政协十一届三次会议上，她提交了多个版权保护提案。她是中国作家集体利益的坚定维护者，被称为文学界的版权保护斗士，为加强原创文学作品的版权保护、维护作家合法权益发挥了重要作用。

9. 陈锦川

现任北京市高级人民法院知识产权审判庭庭长。2010年，他参与完成了《关于网络著作权纠纷案件若干问题的指导意见（一）（试行）》等一系列有重大影响的审判规范。他领导的北京市高级法院知识产权审判庭获得了世界知识产权组织颁发的版权保护金奖。陈锦川从事知识产权审判工作近20年，审理了大量案件，发表著述200余万字，得到了业界的高度认可。

10. 秦　敏

现任山东省青岛市副市长。青岛市是首批入选的“商标战略实施示范城市”。作为分管副市长，秦敏对知识产权工作高度重视，把商标工作提升到政府的重要工作位置，增强了全市推进商标战略的责任感和使命感，通过商标大走访、大回访等活动，积极宣传商标发展战略，并在全国率先建立商标管理信息系统，实现全市注册商标数据库与企业登记数据库的衔接。他对深入实施商标战略、服务城市发展作出了重要贡献。

2011年度全国知识产权保护重大事件、重大案件及有影响力人物评选结果

2011年度全国知识产权保护10大事件

1. 中国深入开展打击侵犯知识产权和制售假冒伪劣商品专项行动取得显著成效，并成功举办网上成果展

2010年10月至2011年6月，中国开展的打击侵犯知识产权和制售假冒伪劣商品专项行动取得显著成效。全国专项行动成果展首次以网络形式举办，2011年7月11日至10月15日，海内外来访者达5 065.3万人次，页面访问量达到2.39亿次，

社会各界对专项行动期间所取的成绩给予了高度评价。

2. 中国国民经济和社会发展第十二个五年规划纲要首次提出每万人发明专利拥有量提高到3.3件的目标，国家知识产权事业发展规划首次编制

随着中国经济社会的快速发展，知识产权越来越成为国家核心竞争力的战略要素，发明专利拥有量成为评价一个国家或地区创新能力和市场竞争力的重要指标。这一指标的设立和知识产权事业发展“十二五”规划的编制发布，表明中国更加关注创新对加快经济发展方式转变的支撑作用，更加注重知识产权保护，知识产权工作进入了新的发展阶段。

3. 深圳世界大学生夏季运动会加强知识产权保护，各项任务圆满完成

2011年，第26届世界大学生夏季运动会在深圳举办，深圳市市场监督局（知识产权局）精心组织，周密部署，全方位、立体化加强大运会的知识产权保护，积极完善知识产权保护政策法规体系，深入开展打击侵犯知识产权活动，为大运会成功举办提供了重要保障，为树立中国良好知识产权保护形象作出了贡献。

4. 最高人民法院、最高人民检察院、公安部发布《关于办理侵犯知识产权刑事案件适用法律若干问题的意见》

《关于办理侵犯知识产权刑事案件适用法律若干问题的意见》从公安、司法机关办理侵犯知识产权刑事案件的实践着眼，对反映集中的实体、程序和证据等多方面问题提出了明确意见，并取得了重大突破。《意见》的发布实施，顺应了社会发展要求，适应了司法实践的迫切需要，对于提高知识产权刑事司法保护水平、维护公平有序的市场环境，具有十分重要的意义。

5. 国家工商行政管理总局与世界知识产权组织共同举办中国商标金奖颁奖活动

中国商标金奖颁奖活动表彰了中国在商标注册、运用、保护和管理等工作中作出突出贡献的单位及个人，对引导国内企业积极创立自主品牌、进一步推进商标战略的实施、提高全社会的商标意识将起到重要的促进作用。

6. 中国著作权法第三次修订工作正式启动

2011年7月13日，新闻出版总署、国家版权局在北京举行著作权法修订启动会议暨专家聘任仪式，标志着中国著作权法第三次修订工作正式启动。完善著作权法律制度对于促进社会主义文化大发展大繁荣、落实《国家知识产权战略纲要》的部署、建设创新型国家、提升国家核心竞争力意义重大，受到社会各界的广泛关注。

7. 全国版权执法等部门打击侵权盗版行为“剑网”取得显著成效

国家版权执法部门连续7年开展打击网络侵权盗版专项治理“剑网”行动。2011年查处了一大批重大侵权案件，得到国内外权利人及相关组织的充分肯定。“剑网”行动已成为规范打击网络侵权盗版、规范网络版权经营秩序、保护著作权人合法权益的常态性工作，为网络版权产业健康发展提供了重要保障。

8. 粤港澳三地海关联合开展打击侵权货物跨境运输“海龙行动”

粤港澳三地海关在“海龙行动”中，联手开展多层次、宽领域的合作，取得了丰硕成果，查获的案件数量和案值同比明显增加，起到了有效的宣传和震慑作用，促进了粤港澳海关知识产权执法合作长效机制的建立。

9. 第四届中国商标节在四川省成都市举办

第四届商标节在传承以往成功经验的基础上，发展创新，聚焦热点，呈现亮点，全面反映了中国实施商标发展战略的经验和成果，集中展示了中外商标文化最新成果，促进了国内外商标行业的沟通交流，搭建了合作发展的平台，取得了丰硕成果，得到社会广泛好评，为中国商标事业发展和国际交流起到了积极的推动作用。

10. 国家知识产权局作出关于加强专利行政执法工作的决定

为使知识产权执法专项行动中的有益措施长效化，大力营造促进创新与发展的良好环境，2011年6月，国家知识产权局作出《关于加强专利行政执法工作的决定》，对于进一步加强专利行政执法工作发挥了重要的推动作用。

2011年度全国知识产权保护10大案件

1. 华为公司在美国诉摩托罗拉在诺西交易中侵犯知识产权案达成和解

华为公司在对外合作中，敢于向国际巨头挑战，善于利用知识产权制度保护自身合法权益，为企业海外发展提供了保障，也为中国企业“走出去”树立了榜样。

2. 恰恰食品股份有限公司诉德国欧凯（OKAI）公司抢注商标案获胜

德国欧凯（OKAI）公司抢注商标案自洽洽公司正式起诉以来，诉讼过程历时两年，在一审败诉的不利情况下，洽洽公司仍坚持通过法律途径维护企业品牌在海外的正当权益，并取得二审胜诉，为公司扫清了进军欧盟市场的知识产权阻碍，也成为中国民族品牌海外维权的成功典型。

3. 上海宏源照明有限公司应诉欧司朗有限公司专利侵权纠纷案胜诉

宏源照明公司拥有LVD无极灯专利100多项，被列为国家和上海市多项重要科技发展计划支持单位。2005年欧司朗公司以侵犯专利权为由将其诉至法院，宏源公司不畏强权、据理力争，6年维权，最终经上海和北京高院终审判决获胜，是成功应对国际专利纠纷的范例。

4. 商标评审委员会对第3566158号“M-ZONE”商标异议复审案作出不予核准注册裁定

由于“M-ZONE”商标具有极高知名度，被异议商标的注册使用使消费者对商品或服务的来源容易产生混淆误认，从而产生不良影响。本案对被异议商标不予核准注册，对稳定市场秩序，消除混淆具有重要意义。

5. 安徽省滁州“骑士音乐网”侵犯著作权案件，司法审判作出有罪判决

作为典型的网络侵犯音乐著作权案，该案当事人被判刑罚，并打破国内同类案件的量刑，在国内外产生较大影响，美国特别301报告援引此案佐证中国政府保护知识产权的决心和力度。该专案组获全国查处侵权盗版案件有功单位一等奖。

6. 公安机关“7·20”系列特大假药集群战役取得重大战果

公安部组织29个省（区、市）公安机关，围绕浙江“7·20”制售假药犯罪等15起案件，联合发起集群战役，发挥多地联动、多警种合成的优势，取得了“亮剑”收官之战的胜利。

7. 浙江省版权局对杭州麦达电子有限公司侵犯著作权案作出行政处理

该案是运用行政执法及时有效查处著作权侵权案，是浙江省版权行政管理部门处理涉外网络侵权案件的一次重大突破。该案件的及时查处受到了相关权利人的肯定，在国际上对中国的版权保护形成了积极的影响。

8. 珠海拱北海关查获珠海市某公司出口墨盒侵犯国内企业专利权案

该案是拱北海关查获的首宗侵犯国内耗材企业自主知识产权案件，在珠海耗材行业产生了强烈反响，使业内企业依托海关行政执法力量保护自有品牌、维护自身合法权益的信心得到了增强。

9. 中微半导体设备（上海）有限公司应对美国企业5年侵犯商业秘密和专利权缠诉，终获“一撤诉四连胜”

该案是“中国创造”有效打破国际巨头的垄断，赢得国内外用户好评与业界尊重，开辟高端关键装备国内外市场的例证，也为中国自主创新企业走向世界，进行海外知识产权维权树立了榜样。

10. 江苏省南京市栖霞工商分局会同公安部门查处利用互联网销售侵犯“其乐”等注册商标专用权商品案

该案是工商机关查处的利用互联网销售假冒商标商品案件，涉及商标众多，涉案犯罪嫌疑人众多，案值巨大，影响巨大，充分体现了工商机关利用高科技手段查处侵犯商标知识产权不法行为的能力和水平，有力打击了侵犯商标知识产权的不法行为。

2011年度全国知识产权保护最具影响力人物

1. 王海波

中兴通讯股份有限公司法务部副部长。在他带领的团队的努力下，中兴公司在国内专利申请量连续10年位居首位，2011年为国内发明专利授权量第一，PCT专利申请量跃居全球首位，为构筑公司知识产权战略、提升公司全球化竞争力作出了重要贡献。

2. 徐友军

广东省深圳市市场监督管理局（知识产权局）党组书记、局长。他在推动知识产权保护地方政策法规建设，构建集中统一的知识产权保护工作机制和执法体系，推进实施三级联审和集中办案模式，促进城市核心竞争力提升等方面取得了显著成效，作出了积极贡献。

3. 张洪波

中国文字著作权协会总干事。他创新文著协服务理念，在数字版权管理和维权中倾注心血并取得重要成果。他作为主要代表，携众多作家进行维权，受到广大作者与社会的赞誉。2011 年度他撰写了多篇学术文章，呼吁尊重版权，受到广泛关注。他被中国版权协会评为“2011 年中国版权产业风云人物”。

4. 王野霏

北京市版权局副局长。他积极探索北京市网络版权保护，组织专项治理“剑网”行动，推动查处刑事犯罪案件，探索网络版权保护新机制，制定规范网络版权行政性文件、着力解决重大版权纠纷，北京市网络版权环境明显改善。他被中国版权协会评为“2011 年中国版权产业风云人物”。

5. 黄建华

四川省公安厅经济犯罪侦查总队总队长。他在组织、指挥全省公安机关打击侵犯知识产权和制售假冒伪劣商品犯罪工作中作出了突出贡献，在“亮剑”行动中，其所在单位得到公安部领导的嘉奖。

6. 刘瑞旗

恒源祥集团有限公司董事长。他以企业家的战略眼光和远见卓识，通过实施品牌战略，带领恒源祥开创了以品牌经营为特色的发展道路，使恒源祥迅速成为国内外著名品牌。他开创性的工作，为中国品牌经营事业和经济发展作出了重要贡献。

7. 徐　枫

上海海关法规处知识产权保护科科长。在他的组织领导和努力下，上海海关知识产权保护工作成效显著，被国家版权局评为“2010 年度查处侵权盗版案件有功单位”，被日本贸易振兴机构评为“2010 海关知识产权保护贡献部门”。

8. 许瑞表

国家工商行政管理总局商标局局长。他团结带领全局同志，深入贯彻落实《国家知识产权战略纲要》，完善工作机制，创新服务方式，强化监管执法，不断提高商标注册、运用、保护和管理水平，各项工作取得显著成绩，为促进经济社会又好又快发展作出了重要贡献。

9. 张玉敏

西南政法大学知识产权学院名誉院长。她从事知识产权教学研究 20 多年，对把西南政法大学建成知识产权领域有影响的研究中心和培训基地作出了积极的贡献。

10. 冯兴汉

江苏省工商行政管理局商标处处长。他坚持结合实际抓落实，整合资源建机制，探索创新求突破，使全省商标战略实施工作取得了重大进展，得到了国家工商总局、省委省政府领导的充分肯定和社会各界的广泛认同。

PPMG
凤凰出版传媒集团

凤凰出版传媒集团

打造创新型文化领军企业

凤凰集团总部位于南京，是中国销售收入、总资产、净资产超百亿的出版集团，在新闻出版业总体经济规模和实力评估中名列前茅，是中国出版业中的佼佼者。

集团的产业领域主要是出版、发行、印务、酒店、地产和金融六大板块，年销售收入超160亿元。集团拥有凤凰传媒和凤凰股份两家上市公司，总市值超270亿，其中，凤凰传媒是文化传媒板块市值领先的公司，成为仅有的入选上证180和沪深300指数样本股的文化传媒公司。集团是江苏银行和南京证券的第二大股东。集团是中国出版政府奖获奖单位，连续四届入选“全国文化企业30强”。集团旗下6家出版单位为国家一级出版社。大众出版已跻身国内出版业前沿阵营，教育出版在全国举足轻重，成为中小学教材的第二大出版商；综合出版能力以及出版能力的成长性居全国之首。集团与海外30多个国家和地区的出版商保持合作，近年来与海外合作出版和进行版权贸易的图书达3 000余种。

凤凰集团的核心目标是打造创新型文化领军企业，努力成为全国文化产业重要的战略投资者、享誉世界的出版企业，力争“十二五”末销售收入突破200亿，企业总价值超500亿，努力建成现代出版的重要基地，构建中国现代图书产业网络，成为国内领先、国际知名的大型文化传媒企业。

1

2

3

4

5

1. 2012年4月凤凰国际（伦敦）公司在伦敦书展举行签约仪式
2. 2011年11月30日，凤凰传媒成功登陆A股市场，成为文化传媒板块市值最大的公司
3. POD数码连线被誉为“亚洲第一线”
4. 苏州凤凰文化广场是集团MALL建设的重点
5. 集团总部大楼外景照

中国教育出版传媒集团有限公司
China Education Publishing & Media Group Ltd.

中国教育出版传媒集团有限公司成立于2010年12月18日，控股企业包括中国教育出版传媒股份有限公司及人民教育出版社、高等教育出版社、语文出版社、中国教学仪器设备总公司、中国教育图书进出口公司等。

2011年北京国际图书博览会中国教育出版传媒集团有限公司展区

集团公司总资产124亿元，2011年销售收入近60亿元。集团公司成立一年多以来，积极响应国家"走出去"战略，努力对外推荐、输出本土优秀图书作品。2011年，向德国、俄罗斯、西班牙、意大利、荷兰、新加坡和中国香港、台湾等地区的出版机构输出版权244项，引进版权171种。2011—2012年，集团公司连续获得第三届、第四届"中国文化企业30强"、新闻出版"走出去"先进单位等荣誉，是全国综合实力最强的出版集团和龙头企业之一。

一、版权维权工作

1.打击侵权盗版工作

集团公司积极组织和协调成员单位，继续加强国内打击侵权盗版工作的力度。

2011年，人民教育出版社维权工作重点逐步由打击盗版向追究教辅侵权转移，通过发函、申请行政执法、诉讼等方式追究侵权行为，并开展了"合作共赢，建立教辅市场合法秩序"的系列维权宣传活动。

高等教育出版社在国内15个省、区、市的27个地（县）市巡察暗访，配合各地执法部门办结各类侵权盗版案件共37起。

2.网络维权工作

针对网络侵权日益猖獗现象，集团公司采取种种措施加大维权力度。人教社联合"京版十五社反盗版联盟"成员单位，向新闻出版总署等部门联名呼吁，请求治理网络销售盗版图书的乱象。经总署领导批示，国家版权局执法处领导带领"京版十五社反盗版联盟"成员单位的代表与淘宝网进行接洽，初步达成三项意愿，为治理网络销售人教版盗版图书打下良好基础。

高教社对淘宝网等网站销售盗版高教社图书现象进行了监督与整治，共查处相关网络店铺2 725家，删除商品32 964件，约合9.8万册，其中27家情节严重的店铺被注销。2011年，国家版权局授予高教社"2010年度查处侵权盗版案件有功单位二等奖"。

CHINA EDUCATION PUBLISHING & MEDIA GROUP LTD.

二、版权贸易

1.海外版权贸易

为响应国家“走出去”战略号召，传播中华优秀文化，集团公司积极开展版权贸易工作，通过参加国际国内图书博览会，鼓励各成员单位“走出去”。

2011年，人教社版权输出及合作出版项目达89项。在2011年的国际版权贸易中，“数字化”是突出的亮点。人教社与新加坡教育部合作开发新加坡《小学华文》教科书配套的数字化教学辅助资源，共涉及38个品种。人教社还与香港现代教育研究社有限公司合作编写、出版了香港《小学常识科》（一至六年级）教科书及其配套教辅产品。

高等教育出版社与荷兰BRILL出版社人文社科英文学术期刊签约仪式

2011年，高教社版权输出及合作出版项目共155种。数字化方面，高教社与新加坡iGroup公司达成了生命科学与医学图书的电子版合作协议，涉及产品上百种。高教社与泰国教育部合作的《体验汉语》中小学系列教材项目涉及一百多个品种。除纸质教材外，还为泰国学校定制了“体验汉语互动学习系统”，2011年，双方达成了继续合作研发《体验汉语》产品的协议。

2.国内版权贸易

2011年，人教社成立了版权合作项目管理委员会，确立了教辅授权及合作出版必须经过该委员会开会论证的制度。

三、版权管理

为加强版权的内部管理，集团公司鼓励各成员单位进一步完善规章制度、管理流程，增强员工的自觉守法和维权意识。在第十七届北京国际图书博览会期间，人教社与中国摄影著作权协会举行签约仪式，解决了人教版教科书法定许可使用摄影作品的付酬问题。

高教社进一步完善海外合作工作联络机制，召开年度海外合作工作小组总结会，取得了良好效果。

目前，集团公司正在进一步深化文化体制改革，推动股改上市工作，努力打造成为中国出版业有引导力的龙头企业、有竞争力的现代企业、有影响力的跨国企业。

人民教育出版社与中国摄影著作权协会签约仪式

地址：北京市海淀区学院路30号科大天工大厦19层
邮编：100083
电话：010-58938300　58938311
传真：010-58938509
网址：www.cepmg.com.cn

中国外文局

——我国图书版权输出的排头兵

中国外文出版发行事业局，又称中国国际出版集团(China International Publishing Group，CIPG)，前身为1949年10月成立的中央人民政府新闻总署国际新闻局，是承担党和国家图书、期刊、网络对外宣传任务的新闻出版机构，在美国、英国、法国、德国、比利时、俄罗斯、埃及、南非、墨西哥、秘鲁、日本、中国香港等国家和地区设有21个海外分支机构，形成了涵盖翻译、出版、印刷、发行、互联网和多媒体业务、理论研究等领域的事业格局。现有在职员工3 000余名，其中包括外籍雇员百余名。中国外文局每年以10多种文字出版4 000多种图书、50多种纸质及电子期刊，拥有中国网（www.china.org.cn）等30多家网站，所出书刊发行到世界180多个国家和地区，网络受众遍及世界各地，并在海外组织大型书展和文化交流活动。中国外文局向世界弘扬了中国悠久的历史文化，真实展现了中国改革开放取得的新进展、新成就，为增进中外了解和友谊发挥了重要作用。

2006—2011年，该局（所属七个出版社）图书版权输出数量连创新高，一直在全国同业中保持领先，每年输出数量均占全国五百多家出版单位输出总量的10%以上。六年来，该局图书输往五大洲50多个国家和地区，其中输往欧美发达国家的数量逐年提高。2011年，该局输出图书版权489种，同比增长8.7%，输往欧美发达国家的数量占该局输出总数量的55.4%。2012年继续保持全国领先水平。

2012年北京国际图书博览会上中央领导人视察中国外文局展台

2012年阿布扎比书展上中国外文局局长周明伟接受记者采访

近七年，中国外文局版权输出呈现如下特点：

1.输出图书产品题材广泛、门类齐全。题材涵盖中国基本概况、时政经济、文化艺术、中国文学、中国医药、少儿读物、语言工具书、汉语教材、历史地理、生物科学等近二十种门类。反映当代中国改革与发展、城市和乡村多彩生活的优秀图书的输出数量明显提高，如外文社《中国道路——从科学发展观解读中国发展》、《20个当代中国重要事件》、《20个当代中国的基本问题》、《唐家璇回忆录》、《中国当代女作家作品选》，新世界出版社《对话：中国模式》、《当代百姓生活实录》、《世界500强企业CEO谈中国攻略》、《足迹》、《一百个中国人的梦》、《新闻背后的故事》、《漫游中国》，海豚出版社《中国读本》、《认识中国》，新星出版社《我和父亲季羡林》、《北京的美丽村庄》，中国画报出版社“走近北京”系列，华语教学出版社《中国进行时》、《认识中国人》等。

2.版权输出的语种多，覆盖的国家和地区广泛。2006年至今，该局输出的图书文种包括英文、法文、德文、意大利文、西班牙文、葡萄牙文、阿拉伯文、俄文、日文、韩文、越南文、荷兰文、波兰文、罗马尼亚文、捷克文、匈牙利文、乌克兰文、拉脱维亚文、土耳其文、印地文、印尼文、泰文、蒙古文、僧伽罗文、泰米尔文、马来文、希伯来文、希腊文等40余个文种，覆盖全球五大洲

2012年墨西哥书展上中国外文局常务副局长郭晓勇接受记者专访

2012年伦敦书展上中国外文局副局长兼总编辑黄友义接受记者专访

50多个国家和地区，为中国文化更全面、广泛地走向世界打下了坚实的基础。

3.经典、精品图书越来越多，已形成国际品牌 。该局所属各出版社立足自身专业特色和优势，精心规划，合理定位，在版权贸易中形成了自己的体系和品牌，涌现了一大批社会效益和经济效益俱佳、经得起市场检验和时间考验的优秀外销图书。例如：《红楼梦》、《本草纲目》等经典图书至今被世界公认为最权威译作；出版于20世纪70年代的《中国针灸学》至今仍畅销于国际市场，被称为“海外研究中国针灸的《圣经》”；以数十种语言文字出版的“互动汉语”教学丛书，受到众多国家和读者的欢迎，有的国外发行商一次订购数千

2012年美国书展上中国外文局副局长齐平景接受记者采访

2012年法兰克福书展上中国外文局副局长陆彩荣接受记者采访

《永远有多远》 《梅雨》 《化妆》 《一片落叶》《一双泥靴的婚礼》《书库民俗小说》《乡土小说》《淡绿色的情感文学

套，价值上百万元；国家重点出版项目《大中华文库》，以及“21世纪中国当代文学书库”、“四大名著”、“中国民间遗产”、“大中国上下五千年”、“中国古代哲学思想全集”系列丛书等一大批外文图书在国际市场产生了重要影响。2011年，新世界出版社的《历史的轨迹：中国共产党为什么能？》出版后不久即被英国新经典出版社购买了英国英文版版权，2012年陆续又有七种语言（俄、阿、法、西、葡、意、日）的版本授权海外。2012年该社向党的十八大献礼的重点图书之一《中国共产党如何治理国家？》出版后又引起国内外强烈反响。

2012年伦敦书展上中国外文局展团人员与客户洽谈

2012年墨西哥书展上当地读者阅读中国外文局图书

《中国文学》第一辑立体书
法文版、西班牙语版和英文版

《中国共产党如何治理国家？》英文版和中文版

中国出版集团公司
精心组织参加伦敦书展中国主宾国活动

中国出版集团公司
CHINA PUBLISHING GROUP CORPORATION

携带外向型图书470种

《白雪乌鸦》《中国法律与中国社会》《汉藏交融——金铜佛像集萃》《中国京剧百科全书》《吴冠中画作诞生记》《百年衣裳》《毛泽东最后七年风雨路》《中国石窟寺乐舞艺术》……

现场演示数字产品

中版闪印王、数据库产品、
苹果iPad APP应用产品……

策划组织10余场高端活动

《于丹〈论语〉心得》版权成果展示会、外国人学汉语工具书数字产品发布会、国际对话、战略协议签约、恩道尔新书中英德文签约……

地址：北京市东城区朝内大街甲55号　邮编：100010　传真：+86 10 58110830

国家新闻出版主管领导出席中国科技出版传媒集团成立大会，并参观书展。

白春礼院长（右一）出席中国科技出版传媒集团成立大会，并参观中国科学院书展。

集团与施普林格公司合作出版的《创新2050：科技革命与中国的未来》（英文版）在法兰克福书展首发。

集团柳建尧总裁（左二）获评“2011年度版权产业风云人物”。

中国科技出版传媒集团有限公司

中国科技出版传媒集团有限公司是在中央领导的亲切关怀下，在中央宣传部门和政府出版主管部门及中科院的领导和支持下，以中国科学出版集团为主体组建成立的，是三大中央国有出版传媒集团之一。

集团高度重视版权工作，认真贯彻实施著作权法、保护著作权人合法权利、促进作品的创作与传播，在版权输出和版权保护方面取得了良好成绩。集团总裁柳建尧获评“2011年度版权产业风云人物”。

2010年，集团输出图书版权190项，其中英语版权177项，《亚洲可持续发展》、《碳收支研究》、《数学专著》等系列产品受到外商青睐。期刊版权收入稳步提升。数字出版成果显现，在东京书展上，数字产品“科学e书房”和在线产品“科学文库”引起热烈反响，《中国植物志》、《中国出土考古系列》等数字产品已开始在海外销售。

为了进一步提升中国科技出版“走出去”的层次和水平，集团加快了海外基地建设。2010年，东京公司先后推出了《中国野生兰花图鉴》、《中国出土壁画全集》、《中国传世玉器全集》及《曹操墓真相》等反映中国文化的图书精品，在日本图书市场获得良好反响；纽约公司的出版培训业务和中文图书销售业务稳步发展，作者资源和销售渠道本地化建设加快推进。

地址：北京市东黄城根北街16号　邮编：100717　电话：010-64002238

湖南出版投资控股集团自组建以来，秉承中央文化体制改革精神，主动改革改制，奋力创新创业，取得了跨越式的发展业绩，主营业务保持年均近20%的增长率，资产和销售双过100亿元。特别是承接传媒主业的中南出版传媒集团股份有限公司在上交所挂牌上市后，跃居市值过200亿元的中国出版传媒龙头股。

近3年来，集团获“五个一工程”奖、中国出版政府奖、中华优秀出版物奖、中国新闻奖等奖项40余项，30余种图书登上畅销书排行榜，版权输出500余项，5家单位荣获“全国百佳图书出版单位”。连续两年被评为全国文化体制改革先进企业、连续三次获评全国文化出口重点单位、连续三次入围“全国文化企业30强”位居前三，创造的改革发展经验多次在全国会上被典型推荐。2010年中南传媒荣获中国版权产业最具影响力企业奖。

面向未来，集团以传承文明、创造价值、产业报国为己任，以文化和资本同步增值为目标，重点发展传统出版、新传媒业务、文化地产和金融投资四大板块，把集团打造成为世界知名的华文全媒介内容运营商、信息服务和传播解决方案提供商、重要的文化产业战略投资者。

地址：长沙市营盘东路38号　　邮编：410005　　电话：0731－84302515　　传真：0731－84302518

湖南出版投资控股集团有限公司

CHINA SOUTH PUBLISHING & MEDIA GROUP 中南出版传媒集团

中南出版传媒集团股份有限公司

二十一世纪出版社简介

二十一世纪出版社，全国百佳出版单位，隶属中文天地出版传媒股份有限公司。主要出版儿童和青少年书刊及相关音像电子产品，年出书 1 500 余种，销售码洋 7.2 亿。

从构建核心竞争力的角度看待版权资源的掌控，从参与全球文化竞争的高度看待民族文化的传播，二十一世纪出版社与多家国际知名出版机构结成战略合作伙伴，并与麦克米伦集团共同投资注册成立北京麦克米伦世纪咨询服务有限公司，搭建国际化的出版平台，在知识产权的保护、培育、传播和利用方面，做了大量卓有成效的工作。

引进国外优质版权数千种：德国幻想文学大师米切尔 · 恩德的系列作品、韩国“我的第一本科学漫画书”系列图书、法国“不一样的卡梅拉”系列童书、日本“哆啦 A 梦”和“神奇宝贝”系列图书……满足了中国读者的阅读需求，也创造了一个个的市场奇迹。同时，成功输出一大批传播中华文化的优秀图书。如北京大学百余名教授集体撰稿、荣获国家图书奖的《中华文明大视野》（全八册），荣获“五个一工程”优秀作品奖的彭学军的儿童小说《腰门》，以及著名儿童文学作家曹文轩、郑渊洁的系列作品等。

引进不是一味地跟风市场争抢版权。二十一世纪出版社重视资源整合和品牌打造，努力提升引进版权的利用价值。依托德国青少年文学研究院遴选编辑的“彩乌鸦系列”图书，10 年来，其“一口气读完，一辈子不忘”的编辑理想，与通俗流行读物拉开距离的文学追求，吸引了国内儿童文学界的持续关注和读者口口相传的诵读热情，最高单册销量达 70 余万册。作为延伸品牌，“彩乌鸦”中文原创系列图书同样受到读者欢迎，连续入选国际青少年图书馆 2010 年、2011 年“白乌鸦”推荐书目，并实现了版权的规模输出。

完成从经营作品向经营作家的转变，与国内一大批优秀作家建立长效合作机制。成功地将“童话大王”郑渊洁的全部作品整合为“皮皮鲁总动员”系列次第推出，坚决打击盗版，维护作者权益，郑渊洁因此进入中国作家首富的行列。2010 年，联合国公布全球 5 年累计发行量最大的图书，《哈利 · 波特》等 10 种图书在榜，“皮皮鲁总动员”位列第四，成为民族自主创新出版品牌的代表。

适时启动全版权经营策略。全面引进畅销图书“不一样的卡梅拉”动画 DVD 和其他周边产品，根据二十一世纪出版社签约作家晓玲叮当的《魔法小仙子》改编研发的大型儿童绿色网络游戏《魔法仙踪》即将上线……一系列重大举措，为数字化时代出版社的发展作出了积极的探索。

二十一世纪出版社
21st Century Publishing House

我们坚持从构建核心竞争力的角度看待版权资源的掌控，从参与全球文化竞争的高度看待民族文化的传播！

1. 首创从引进、借鉴到原创再到走出去的新模式；
2. 在数字化时代，不断延伸产品的价值链，提升产品附加值，实现全媒体覆盖；
3. 完成从经营作品到经营作家的转变，启动全版权经营的策略；
4. 与国际出版高端对接，实现从规模引进到批量输出。

二十一世纪出版社获世界知识产权组织版权金奖

世界知识产权组织版权金奖（中国）颁奖盛典于2012年6月21日在人民大会堂隆重举行，二十一世纪出版社荣获金奖。世界知识产权组织版权金奖是世界知识产权领域的最高荣誉，该奖项以维护原创权益、传承原创精神为起点，从文化创意产业及产业链发展的角度，对版权相关领域的杰出代表给予表彰。

世界知识产权组织版权金奖（中国）分设作品奖、推广运用奖和保护奖三个奖项，二十一世纪出版社此次荣获推广运用奖，是中国唯一获此殊荣的出版社。

近年来，二十一世纪出版社在版权推广运用方面接连取得的显著成果为业界瞩目。例如：率先提出并践行经营作家的理念，出版童话大王郑渊洁的"皮皮鲁总动员"系列图书，发行3 000万册，成为民族自主创新出版品牌的代表；最大限度地发掘引进作品的市场价值，自法国引进的系列童书"不一样的卡梅拉"连续五年蝉联当当网童书销售冠军，为授权方带来了巨大的市场回报；开辟科学漫画读物新领域，出版"我的第一本科学漫画书"等科学漫画系列，发行量达到1 200万册，建立起该领域封杀性的出版格局；"彩乌鸦"系列从引进到原创，再到走出去，开创了中国出版走向世界的理想模式；努力实现图书版权价值的跨媒体转化，将历时六年打造的中国首套美德童话全书"魔法小仙子"改编成网络游戏《魔法仙踪》盛大上线。

二十一世纪出版社与多家国际知名出版机构结成战略合作伙伴，并以资本为纽带，与麦克米伦集团共同投资注册成立北京麦克米伦世纪咨询服务有限公司，搭建国际化的出版平台，首批出版的获国际大奖的系列童书已经和中国读者见面。

二十一世纪出版社社长张秋林表示，将以此次获奖为动力，以更加饱满的热情，大力促进版权作品的创新与传播，为权利人赢得最大的市场回报，为读者提供更优质的服务，为社会主义文化的大发展大繁荣添砖加瓦，贡献聪明才智。

张秋林社长和颁奖嘉宾成龙在一起

一口气读完 一辈子不忘
Colorful
Crow Series
彩乌鸦系列

9月盛大上线
魔法仙踪 online
——根据《魔法小仙子》丛书改编
魔法仙踪世界 美德修炼之旅
星相术士
吟游诗人
守护战士
元素法师

中国原创儿童文学最大规模个人作品专辑
皮皮鲁总动员
PIPILUZONGDONGYUAN
“皮皮鲁总动员”系列市场表现卓绝，受到读者热烈追捧，成为国内畅销童书的代表。荣获第二届中华优秀出版物（图书）奖。
复活的恐龙
皮皮鲁传
蜗牛过牛年
销售突破3000万册
挑战想象力的极限
异想天开 异彩纷呈

纽伯瑞大奖小说
获奖小说
1.《阿贝荒岛余生记》
2.《尼瑞克山探险》
3.《银顶针的夏天》
美国图书馆协会最佳童书
美国银行街年度最佳童书
4.《丽芙卡的信》 5.《凤凰涅槃》 6.《布鲁克林大桥》 7.《宝爱珍娜》
麦克米伦世纪
不一样的卡梅拉
我不是胆小鬼
国内少儿科普漫画著名品牌
我的第一本科学漫画书

金盾出版社

金盾出版社是一个以出版科技类图书为主的综合性出版社，于 1983 年 11 月成立。现有图书出版中心、数字影像出版中心、期刊出版中心等 16 个部门。

该社自成立以来，由开始靠 5 000 元借款和几间旧房子起家，年出新书二三十种，到现在年出新书 700 种左右，包括种植养殖、食品烹饪、服装裁剪、美化生活、医疗保健、工业交通、文化教育、少儿读物、古典文学、字典辞典、军事后勤等十几个大类的图书，年出音像制品 70 种左右，并主办《百姓生活》、《科学种养》两种杂志。建社 29 年来，共出版图书 7 500 多种、音像制品 700 余种，取得了可观的社会效益和经济效益，成为在军内外有较大影响的出版社。

1994年以来，先后被国家主管部门评为“全国优秀出版社”、“全国先进科普工作集体”、“成绩优异、服务优良”单位、“全国文化科技卫生‘三下乡’先进集体”、“全国服务‘三农’图书出版发行工作先进集体”、“全国版权保护示范单位”、“全国服务社会主义新农村建设先进出版发行集体”、“首都文明单位”、“诚信经营，优质服务”先进出版单位。2010年11月荣获“世界知识产权组织版权金奖（中国）推广运用奖”。现任社长张延扬自2002年以来，先后荣获“全国百佳出版工作者”、“韬奋出版奖”、“全国宣传文化系统‘四个一批’人才”、“全国新闻出版行业领军人才”、“新中国60年百名优秀出版人物”和“中国百名优秀出版企业家”等称号。

团结奋进的领导集体
张延扬社长
严把图书期刊质量关
张延扬社长受聘
北京印刷学院兼职教授
通俗实用的科学知识 从金盾传向四面八方
1999—2001年度
“讲信誉、重服务”出版单位
2002年1月颁发
“诚信经营 优质服务”出版发行单位互评活动
(2006–2007)
“诚信经营 优质服务”出版单位
中国出版工作者协会
中国书刊发行业协会
二○○七年十二月
首都文明单位
首都精神文明建设委员会
2005年度全国版权保护
示范单位
二○○六年二月
荣誉奖杯
荣誉证书
张延扬 同志：
您光荣地入选“新中国60年百名优秀出版人物”，特发此证，以资纪念。
金盾出版社
版权金奖
全国先进科普工作集体
全国服务“三农”图书出版发行
先进单位
二○○四年二月
全国优秀出版社
1998年12月颁发
全国文化科技卫生“三下乡”
先进集体
地址：北京市太平路5号 邮编：100036 网址：WWW.JDCBS.CN
发行部电话：010-66886182 邮购部电话：010-83210682

吉林出版集团

Jilin Publishing Group

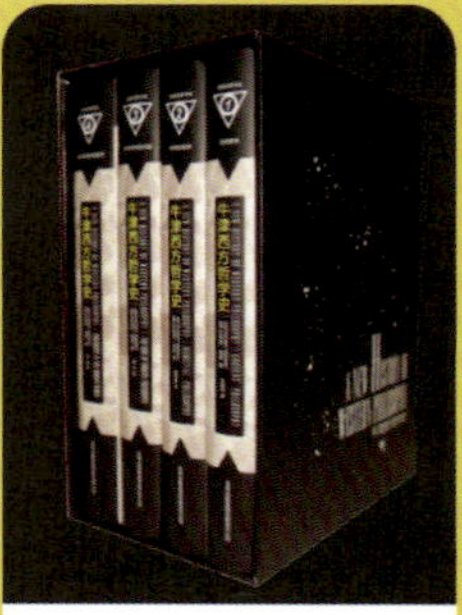

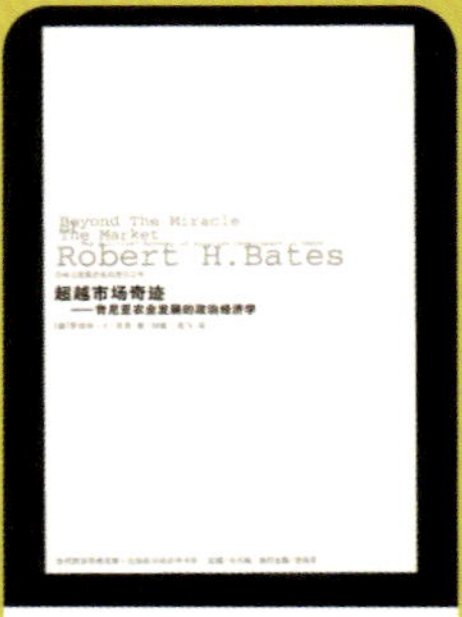

牛津西方哲学史 | 真田太平记 | 中国最美的100个地方 | 超越市场奇迹 | 神契幻奇谭

中国大趋势

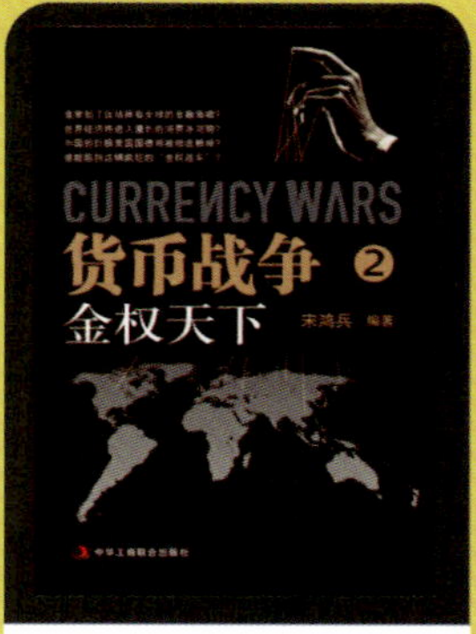

货币战争 II

作为国家图书对外推广成员单位，“走出去”战略是吉林出版集团成立以来一个坚定的发展战略。吉林出版集团以版权合作为起点，聚拢国际高端出版资源，已经与美国的麦克劳·希尔出版公司、哈珀·柯林斯集团、培生·朗文，日本的讲谈社、小学馆等境外30多家世界知名的出版公司建立了长期交流与合作友好关系，并结成了出版战略合作的联盟。

集团领导高度重视版权引进和输出工作，2012年邀请国内外著名版权经理人对集团编辑进行培训，提升人员素质，掌握国际合作能力，为版权的输出与引进奠定了良好的基础。同时，将优质国际版权的引进作为各公司选题的重要补充，引进图书多有亮点，如《马基雅维利全集》、《世界市场中的小国家》、《“真田太平记”系列》、《西方哲学史》、《西方比较政治经济学》、《欧洲史》等图书荣获国家出版基金资助并获得优秀版权引进奖等多项殊荣。2007年至2012年吉林出版集团连年入选国家文化出口重点企业。在2009年法兰克福国际书展与2012年伦敦国际书展中国主宾国活动中，吉林出版集团举办了约翰·奈斯比特夫妇的新书《中国大趋势——新社会的八大支柱》和《中国大趋势——成都调查》新闻发布会，引起了国际出版同仁的广泛关注，加深了国际社会对中国的了解，受到国家的表彰。

2012年，吉林出版集团有限责任公司再次被国家确认为“2011－2012年度国家文化出口重点企业”，集团下属的吉林美术出版社出版的《神契幻奇谭》（4册）被评为全国“2011年度输出版获奖图书”，吉林出版集团有限责任公司的《真田太平记》（系列1-5）评为全国“2011年度引进版社科类获奖图书”。集团组织策划的《唐诗选（汉日）》、《唐宋文选（汉日）》、《荀子（汉韩）》、《史记选（汉韩）》4种图书入选《大中华文库》，不仅向海外传播中国文化，也进一步提升了集团的海外影响力。

青岛出版社 QINGDAO PUBLISHING HOUSE | 国家一级出版社 全国百佳图书出版单位

《中国—新长征》

CHINA THE NEW LONG MARCH

一次沿着历史之路见证中国巨变的摄影之旅

2012年，青岛出版集团与澳大利亚威尔顿国际集团展开合作，出版大型全媒体出版物——《中国－新长征》。该书以长征为主线，组织国内外知名记者和摄影师重走长征路，记录和报道以改革开放为起点的“新长征”，以图文、纪录片、数字网络出版等多种形式向全世界介绍长征沿途改革开放以来，当地人民在党和政府领导下，在经济发展、文化建设、环境改造和生活水平提高等方面取得的巨大成就。本书以中、英、德、法、西、俄、日等多种语言出版，向全世界同步发行。

地址：青岛市海尔路182号 邮编：266061 电话：0532-68068608 传真：0532-85814750 网址：www.qdpub.com

winshare 新华文轩出版传媒股份有限公司

Xinhua Winshare Publishing and Media Co.,Ltd.

新华文轩出版传媒股份有限公司（原名“四川新华文轩连锁股份有限公司”，以下简称“文轩”）成立于2005年5月，是由全国文化体制改革试点单位四川新华发行集团有限公司作为主发起人，与多家发起人跨地域、跨行业资本联合、发起设立的我国第一家按照上市公司标准组建的股份制出版发行企业。2007年，文轩在香港联合交易所主板（H股）上市，成为国内首家在港上市的出版发行企业；2010年，完成四川出版发行资源重组，成为中国首个以市场化股权方式完成的出版发行资源整合的案例。

文轩通过创新发展，借助于现有的上市优势、体制优势、人才优势和网络优势，积极稳妥地巩固发展主业，沿着发行、出版、传媒文化产业发展路径，进行出版产业链一体化发展、产业升级和相关产业扩张，通过实施“突出主业，超越主业”的发展思路，在出版、传媒、文化产业等板块谋篇布局，力争2014年底实现“百亿集团”的销售目标，建设中国一流文化传媒集团。

发展成果：

- 2000年9月 率先自主经营网络书店、成为第一家网络销售规模突破亿元的国有出版发行企业。
- 2006年8月 率先建设出版物全国中盘分销渠道的出版发行企业。
- 2007年5月 率先在香港H股上市的中国内地出版发行企业。
- 2010年1月 率先开发“数字教室”整体解决方案并投入应用的出版发行企业。
- 2010年5月 率先以市场化方式实现省内国有出版、发行资源整合的出版发行企业。
- 2011年12月 率先建设全国商超书店网络的出版发行企业。
- 2012年4月 率先开设数字出版体验实体商店的出版发行企业。

在新闻出版总署发布的《全国新闻出版产业分析报告》中，综合经济实力连续两年排名全国前列。

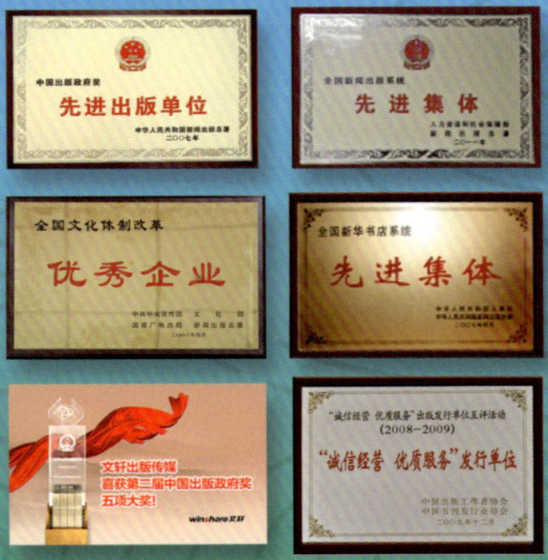

文轩产业布局

出版业
- 四川人民出版社
- 四川教育出版社
- 四川少年儿童出版社
- 四川科学技术出版社
- 四川美术出版社
- 四川文艺出版社
- 四川辞书出版社
- 巴蜀书社
- 天地出版社
- 四川数字出版传媒有限公司
- 华夏盛轩
- 海南出版社(合资)

发行业
- winshare文轩教育 教材征订
- 新华文轩 零售连锁
- winshare文轩中盘 全国中盘分销
- 全国商超书店连锁
- 文轩网 电子商务
- 九月网 数字阅读

传媒业
- 读者报
- 四川画报
- 红领巾
- 少年时代
- 小学生之友
- 婴幼儿画刊
- 龙门阵
- 出版商务周报
- Times English
- 教育科学论坛
- 博客族
- 新潮生活周刊
- 大自然探索

其他业务
- winshare文轩印务 文轩印务
- winshare文轩美术馆 文轩美术馆
- 北京华影文轩
- winshare文轩教育投资 教育投资
- 资本经营
- 文轩出版传媒创意中心
- 文轩西部文化商品物流配送基地

地址：四川省成都市城北商贸大道文轩路6号
邮编：610081
电话：028-83157033
传真：028-83157000
http://www.winshare.com.cn

中信出版股份有限公司
CITIC PRESS CORPORATION

版权道路的引领者

中信出版社成立于1988年，隶属于中国中信集团公司，2008年改制为中信出版股份有限公司，坚持“我们提供知识，以应对变化的世界”的出版理念，大量引进出版国际优秀版权图书，不断赢得市场认可。几年来，既出版过经典的《谁动了我的奶酪》、《基业长青》、《从优秀到卓越》等图书，也推出过创造了连续8个月全国非虚构类图书销量奇迹的《史蒂夫•乔布斯传》。随着《水煮三国》、《货币战争》、《激荡三十年》等本土作者精品的开发，中信也积极响应国家“走出去”战略，将一些优秀作品的版权输出到了亚洲和欧美多个国家和地区。中信出版社已经成长为具备市场影响力和国际认可的标杆性综合出版机构。

biographies 人物传记
investment 金融投资理财
pro·training 职场励志
lifestyle 时尚生活
economics 经济读物
business 企业管理
science+humanities 社科文化
literature 文学
young readers 少儿
art 艺术
multimedia 新媒体

商务印书馆 The Commercial Press 创立1897

商务印书馆创建于1897年。目前设有15个部门，包括汉语出版、学术出版、教科文出版和数字出版4个中心，英语、外语两个编辑室。在全国有13家子公司。2011年出版新书1 000多种，生产码洋10多亿元，在全国图书零售市场占有率为2.26%，名列前茅。

2011年商务印书馆引进版权108项，品种涉及外语工具书、社科学术著作、经管类图书等，与英、美、德、日等10余个国家的一流出版机构，如牛津大学出版社、培生教育出版公司、德国德古意特出版社、荷兰威科集团、哈佛商学院出版公司、日本小学馆等国际知名的出版机构保持着密切的合作关系，引进的高质量的图书产品受到了广大读者的欢迎。

在版权输出方面，商务印书馆积极向德国、英国、荷兰、新加坡、马来西亚、韩国、日本等国以及中国港澳台地区推出商务印书馆拥有自主知识产权的作品，尤其是汉语辞书、教学读物以及优秀的学术著作，如《汉语图解词典》、《汉语图解小词典》、《HSK汉语水平考试大纲》、《中国语言生活状况报告》等。2011年，商务印书馆输出版权42项，输出形式多样，有图书、软件、电子词典、电子出版物等。许多输出产品在海外市场颇受好评，其中《应用汉语词典》在新加坡的年销量达万册以上。

2011年，商务印书馆参加了第18届北京国际图书博览会、第63届法兰克福书展、2011宁夏国际穆斯林出版机构版权贸易洽谈会等，这些活动推动了版权引进与输出工作，扩大了商务印书馆的品牌影响力。

2011年，《新华写字字典》、《全球华语词典》荣获中国出版协会国际合作出版工作委员会颁发的“第十届（2010年度）输出版优秀图书奖”；《品牌如何成为偶像》荣获中国出版协会国际合作出版工作委员会颁发的“第十届（2010年度）引进版优秀图书奖”。

2011年商务印书馆与荷兰威科集团战略协议签约仪式

2011年《中国语言生活状况》、《中国语言地图集》等英文版签约仪式

2011年商务印书馆与牛津大学出版社签约合作

2011年商务印书馆与荷兰威科集团版权贸易签约仪式

《全球华语词典》荣获中国出版协会国际合作出版工作委员会颁发的“第十届（2010年度）输出版优秀图书奖”

《品牌如何成为偶像》荣获中国出版协会国际合作出版工作委员会颁发的“第十届（2010年度）引进版优秀图书奖”

教育科学出版社：全国百佳图书出版单位　国家一级出版单位

为中国教育寻找思想支点

自 1980 年成立以来，教育科学出版社秉承“弘扬教育学术，繁荣教育研究；传播国内外先进教育理念，促进中国教育改革与发展”的出版理念，一直勇于担当为中国教育提供理论和实践滋养的重任，孜孜以求为中国教育寻找思想支点。

三十余年，教科社坚持不懈，奉献精品。上百种图书问鼎中华优秀出版物奖、国家图书奖等重量级奖项；连续三届入选“三个一百”原创出版工程且入选品种较多。教科社在国内外享有盛誉，被读者誉为“教育理论图书出版的旗帜”。

“冰波童话”系列原创图画书

关键词：儿童本位 儿童视角 儿童情趣

2009年向全国青少年推荐百种优秀图书

第三届“三个一百”原创出版工程

成功实现向海外的版权输出

· 由国内著名儿童文学作家、画家、幼教专家倾力打造

· 童话故事蕴涵丰厚的情感和深远的意境

中国教育叙事研究丛书

关键词：回归教育实践研究的本真

第三届“三个一百”原创出版工程

· 我国第一套以叙事方法研究中国教育与社会实践的图文并茂的系列著作

· 持续关注以教育叙事研究推进教育经验的理论研究

《嵌入村庄的学校——仁村教育的历史人类学探究》

关键词：百年乡村历史教育的微观图景

第三届“三个一百”原创出版工程

· 运用口述史和田野调查的研究方法，汇集翔实丰富的史料

· 呈现一个真实的村落教育的历史演进历程

教育科学出版社 ESPH Educational Science Publishing House

地　址：北京市朝阳区安慧北里安园甲9号　　邮　编：100101

电　话：(86)-(010)-64989003　64989009　　传　真：(86)-(010)-64891796

网　址：http://www.esph.com.cn

北京大学出版社
PEKING UNIVERSITY PRESS

北京大学出版社始终贯彻落实党的出版方针，把握正确导向，坚持“传播知识，积累文化，繁荣学术，服务社会”的办社宗旨，坚持“立足北大，面向全国，走向世界”的开放型办社模式，坚持“教材优先，学术为本，建设一流”的经营方针，取得了较好的社会效益和经济效益，是国内有重要影响和良好声誉的大学出版社。

北京大学出版社把发展版权贸易作为走向世界、融入国际社会、参与国际竞争的重要途径，在版权贸易工作中一直坚持“输出引进并举”的工作思路，并建立了让版权贸易健康发展的长效机制。目前，北京大学出版社已同几十个国家、地区的上百家出版社建立了业务往来，共向海外输出版权900多种，引进各种版权3 000余种。版权贸易图书内容涉及人文社科、自然科学、语言文字、工程技术等多个领域。

北京大学出版社是“中国图书对外推广计划”工作小组首批成员单位之一，曾荣获“2006年度全国图书版权输出先进出版单位”、2007—2008年度、2009—2010年度“国家重点文化出口企业”等称号。2011年因版权输出成绩突出被评为“新闻出版走出去先进单位”，受到中央表彰。

王明舟社长

版权输出签约

北大社展台

英文版中华文明史

繁荣学术 服务社会

传播知识 积累文化

人民邮电出版社
POSTS & TELECOM PRESS

人民邮电出版社是工业和信息化主管部门主管的大型专业出版社，成立于1953年10月1日。

50多年来，人民邮电出版社坚持“立足信息产业、面向现代社会、传播科学知识、服务科教兴国”的出版宗旨，锐意改革探索，不断发展壮大，已经成为集图书、期刊、音像电子出版物和网络出版为一体的，在国内外有专业特色和品牌影响的综合性科技出版大社。

目前，人民邮电出版社年出版通信、计算机、电子技术、教材、少儿、经管、摄影、集邮、旅游、心理学十类图书5 000余种；出版《通信世界》、《电信技术》、《新风范》、《互联网天地》、《无线电》、《集邮》、《摩托车》、《高保真音响》、《现代通信》、《米老鼠》、《童趣》、《尚漫》、《通信学报》、《电信科学》、《喜羊羊与灰太狼》15种期刊，年发行总量近1 300万册；年出版音像电子出版物600余种，网络出版物1 000余种；2011年，全社出版新书2 530种，再版书2 450种；全社出版物总销售码洋达到10亿元；业务总收入6.2亿元。其中，通信、电子图书、计算机图书在国内同行业中保持领先地位，少儿图书已在国内少儿读物中形成质优物美的品牌特色。

人民邮电出版社在国内外出版业中享有盛誉，曾被政府主管部门授予 “中国出版政府奖先进出版单位”、“全国百佳图书出版单位”、“全国优秀出版社”、“全国新闻出版行业文明单位”、全国“讲信誉、重服务”出版单位、“全国图书对外版权贸易先进单位”、“诚信经营 优质服务”出版单位等一系列荣誉称号。历年来，有300余种图书、期刊和音像电子出版物获得省、部级以上奖项，经过长期的积累，人民邮电出版社拥有了一支素质高、能力强、善于创新的员工队伍，拥有了遍及全国的发行渠道，也拥有了遍及国内外的众多合作伙伴。

近十多年来，人民邮电出版社累计引进优秀外版图书4 000余种，内容涉及计算机、通信电子、经济管理、心理学、英语学习和少儿等多个领域，输出图书360余种。

目前，人民邮电出版社本着“以出版为核心，以专业和专业教育为主要出版领域，以数字出版为未来发展方向，成为专业特色明显的，集图书、期刊、数字出版等多媒体、多元化出版业务为一体的，国内著名、国际知名的出版集团”的发展战略，正朝着经营多元化、出版立体化、管理现代化、专业特色鲜明的现代传媒集团阔步前进！

人民邮电出版社
地址：北京市崇文区夕照寺街14号A座
邮编：100061
电话：010-67132840（社长办公室）
67132825（总编室）
67132807（发行经营部）
67129213（邮购）
网址：http://www.ptpress.com.cn
邮箱：315@ptpress.com.cn

中国石化
SINOPEC
中国石化出版社
CHINA PETROCHEMICAL PRESS
中国石化出版社成立于1984年，是世界500强企业中国石油化工集团公司直属的中央级科技出版社。2010年12月，中国石化出版社转制为中国石化出版社有限公司。
中国石化出版社主要出版石油炼制、石油化工、精细化工、油气田勘探开发、石油化工产品、化工机械与设备、安全生产、环境保护、企业经营管理等领域的科技图书、高等院校教材、职工培训读物和行业标准规范等。
中国石化出版社
地址：北京市东城区安定门外大街58号
邮编：100011
电话：010-84271850
传真：010-84289982
网址：www.sinopec-press.com
邮箱：press@sinopec.com

河南日报报业集团
中国十大传媒集团

传媒先锋
文化绽放

河南日报报业集团成立于2000年，现在已拥有《河南日报》、《大河报》、《河南商报》、《漫画月刊》、大河网等十报两刊三网站，以及大河酒店投资管理有限公司、大河传媒投资有限公司、大河全媒体广告有限公司、瑞奇房地产开发有限公司等21家经营性公司。

作为中央确定的全国文化体制改革试点单位，河南日报报业集团深入贯彻中央文化体制改革精神，巩固和加强党的新闻舆论阵地，加快构建舆论引导新格局，坚持“报业为本，多元经营”的理念，大力发展文化产业及其他相关产业，非报产业收入比重近50%，经济实力大幅提升，正在向现代传媒集团、文化集团大步迈进。

HNRB 河南日报报业集团

地址：中国河南省郑州市农业路东段28号　电话:(0371)65795811　传真:(0371)65795813　网址：http://www.dahe.cn/

大豫社区
大河网
dahe.cn
河南一百度
www.henan100.com
大河报
96211
《福布斯》称"中原经济区"效应
河南商报
社会主义核心价值体系是兴
河南日報
HENAN DAILY
谈转变 出佳作 摘桂冠
"何平九论"获中国新闻最高奖
花乡林海里的幸福光景
河南日报 农村版
以文化优势促进
宝贝,怎样呵护
FASHION
大河文摘报

读者出版集团有限公司
DUZHE PUBLISHING GROUP CO.,LTD.

读者出版传媒股份有限公司
Duzhe Publication and Media Corporation

读者出版传媒股份有限公司成立于2009年12月，是读者出版集团有限公司作为主发起人，联合国内多家知名企业共同发起设立的出版传媒企业。主营产品《读者》杂志创刊于1981年，发行量连续10余年领跑中国期刊界，位居中国和亚洲之冠、世界综合类期刊第三位，被国人誉为“中国人的心灵读本”。2004年至2011年，《读者》品牌连续8年被世界品牌实验室评为“中国500最具价值品牌”，2011年品牌价值达到76.45亿元，名列“中国500最具价值品牌”总排行榜175位。公司年出版图书、音像出版物1 600余种，出版期刊上亿册。2011年2月完成增资扩股，现有股东单位11家。

读者出版传媒股份有限公司正着力按照上市企业要求，严格管理、规范运行，积极推进上市进程。“十二五”期间，公司将继续秉持“开放、发展、合作、共赢”的理念，以打造国内一流的期刊出版主业、全媒体运营的出版传媒企业为目标，以《读者》品牌为依托，加速发展数字出版、网络传媒、动漫、影视等新兴文化业态，探索加快发展其他产业、不断扩大发展空间，积极塑造立体化、跨媒体、跨地区、跨行业、跨所有制的产业格局，争取实现上市。

读者出版集团有限公司
DUZHE PUBLISHING GROUP CO., LTD.

地址：兰州市读者大道568号　邮编：730030
联系电话：行政办公室：0931－8773418
出版业务部：0931－8773119

理论研究

LI LUN YAN JIU

版权

“入世”十年之变

——2011年中国著作权法研究综述

余 俊

2011年是中国第十二个五年规划的“开局之年”，也是中国加入世界贸易组织（WTO）以及执行WTO支柱性协定《与贸易有关的知识产权协定》十周年。十年间，中国著作权制度逐步与国际接轨，并从“调整性适用阶段”进入“主动性安排阶段”。①

为此，全国密集举行了一系列纪念性学术活动，主要包括：10月29日武汉大学举办的“中国入世十周年暨知识产权与跨国竞争研讨会”；11月3日至9日在西安交通大学举办的“中国入世十周年WTO法国际研讨班与圆桌讨论会”；11月30日中国知识产权研究会在北京举办的“中国加入TRIPS协定十周年回顾及反思研讨会”；12月9日在上海举行的“中国加入WTO十周年知识产权研讨会”；12月21日在对外经济贸易大学举行的“庆祝中国入世十周年：经贸法制建设专场纪念研讨会暨UIBE《WTO争端解决年度报告》（2009—2010）首发式”；12月23日在中国人民大学法学院召开的“入世10年——WTO中国涉诉案件专题研讨会”。

本年度的著作权学术活动还包括：2月24日在中国人民大学召开的“《中华人民共和国著作权法》修订座谈会”；4月14—16日在北京举行的“2011跨国技术转移北京论坛”；4月23—24日在武汉召开的知识产权南湖论坛“创新型国家建设与知识产权战略国际研讨会”；4月26日在湘潭举行的“中部知识产权人才培养高峰论坛”；5月28日在中国人民大学举办的“计算机汉字字库及字体法律问题研讨会”；8月16日在中国人民大学知识产权学院召开的“著作权法第三次修订专家建议稿研讨会”；10月22—23日在北京召开的“中国法学会知识产权法研究会2011年会暨中国知识产权法律修订与完善研讨会”；12月15日在中国人民大学举行的“体育赛事节目法律问题研讨会”。

一、研究的基本特征

（一）联系实践依旧紧密

中国正在进行着一场全方位的现代化实践。在这一发展进程中，中国社会从经济基础到上层建筑都发生了广泛而深刻的变化，大变革产生了极其丰富的实践经验。中国知识产权研究必然也必须要以这些实践经验作为基础。因为从根本上说，知识产权制度源于社会需求，知识产权理论取自社会实践，知识产权学术是对社会经验的体系化总结。“实践—经验—理论”是理论产生和发展的客观过程，经验以实践为基础，理论是经验的提炼与升华。经验性是科学理论的根本性的、基础性的禀性，也是科学最为鲜明的标识。② 没有经验要素的理论根本不能算做科学理论。

当今人类社会发展最突出的特征是：各国陆续进入知识经济时代，知识已逐渐成为最重要的生产要素。知识资源、知识资本、知识产权、知识创新成为人类求强致富之路上最为重要的生产方式和生活方式。因而我们需要因应发展实践，加强制度研究，实现法制革新，以契合知识经济时代的发展要求和中国实现现代化的战略目标。这正是《知识经济与法律制度创新》③ 一书的核心主题。

在数字技术时代，大量作品以数字化的形式存在，进而导致作品的利用形态更趋多样化。因而，针对数字作品的利用，如果有一种著作权人可以个别地与利用人达成合意的交易场所，作品

① 参见吴汉东：《中国知识产权法制建设的评价与反思》，载《中国法学》，2009（1）。

② 参见李醒民：《科学论：科学的三维世界》（上卷），327页，北京，中国人民大学出版社，2010。

③ 参见张文显等：《知识经济与法律制度创新》，北京，北京大学出版社，2012。

的多样化利用将十分可能。《著作权交易市场——信息社会的法律基础》① 一书为创设这一可能的实践，提出了此种交易场所的法律模型。

《版权侵权判定——以独创性表达的保护为中心》② 一文以独创性表达的保护为中心，围绕独创性理论与思想表达两分理论，对侵害著作权行为的认定这一实践性较强的命题进行了理论论证与实证分析。《国际贸易中知识产权的权利穷竭问题研究》③ 一文则从知识产权法的基本理论、国际贸易政策与竞争政策、国际协定和各国国内法对权利穷竭的规定以及中国与权利穷竭相关的法律、政策问题等角度出发，比较全面地分析了国际贸易中知识产权的权利穷竭问题。

中国知识产权法律已较为齐备，但保护效果却未能达致立法预期。有学者为此以知识产权的私权本质属性为视角，通过对中国知识产权保护机制对该私权本质属性背离之处的梳理，厘清保护立法与保护执法中诸多似是而非的问题，从而提出知识产权保护应当遵从私权本质属性、依循私权保护法理、完善保护机制。④《中华人民共和国最高人民法院公报知识产权案例全集（1987—2011）》⑤ 一书则系统整理了最高人民法院 20 余年来以公报形式公布的 131 个知识产权案例，为学界开展对知识产权司法经验的研究提供了宝贵的素材。

（二）问题意识渐趋明显

学术研究和学术思想的进步，在于不断地提出新的问题。问题预示着创新的契机。一个好的问题，可以启发新的思路，发现新的对象，尝试新的方法，提出新的理论，建构新的体系。《中国版权新问题——网络侵权责任、Google 图书馆案、比赛转播权》⑥ 一书运用比较分析的研究方法，通过对中国著作权法和美国、欧洲的著作权法律制度及案例的比较分析，探讨了体育赛事转播权、网络服务商的侵权责任、合理使用制度等热点问题。《论传播技术发展视野下的著作权合理使用制度》⑦ 一文则立足于法哲学、经济学和宪法学等不同视角论证合理使用存在的正当性，并对合理使用的核心问题——合理性判断标准进行了系统的分析。

科学发展观是指导当代中国发展的重要思想和理论，科学发展观的实施必须重视支撑能力建设，必须着力把握发展规律、创新发展理念、转变发展方式。最根本的，就是经济技术创新和社会制度创新。激发和保护创新的关键就是知识产权。《科学发展与知识产权战略实施》⑧ 一书从知识产权战略实施的理论基础、国际环境、组织保障、支撑体系、协同机制、绩效评估等方面对科学发展观与知识产权战略之间的密切关系作了深刻的揭示。

著作权与表达自由的关系，看似简单，实则复杂。本年度相继有两部专著对此问题作大开大阖的论述：《版权与表达自由：法理、制度与司法》⑨ 以及《版权保护与表达自由》⑩ 分别从法理、历史、制度、司法多个角度综合地探讨了著作权与表达自由的内在逻辑及现实关系，为有关著作权与表达自由的立法、司法提供了很好的借鉴。

对著作权制度正当性的追问，始终是一个富有学术魅力的论题，有不少学者基于各自选取的立场，运用不同的分析方法，对此问题作出了各自的阐述。例如，《著作权激励机制的法律构造》⑪ 一书紧扣著作权制度作为产业之法与技术之法的特点，运用法经济学的分析工具，并采用与先进国家相同的研究语境，将立法价值判断与具体制度设计相互融通，对著作权制度的正当性问题进行了深入研究；《著作权的宪法之维》⑫ 则提出了著作权的“宪法进路”，即将著作权乃至知识产权的正当性建立在宪法基础之上，进而划定著作权的权利边界；《论知识产权的

① 参见［日］北川善太郎：《著作权交易市场——信息社会的法律基础》，郭慧琴译，渠涛审校，武汉，华中科技大学出版社，2011。

② 参见徐俊：《版权侵权判定——以独创性表达的保护为中心》，上海，复旦大学博士论文，2011。

③ 参见王弈通：《国际贸易中知识产权的权利穷竭问题研究》，上海，复旦大学博士论文，2011。

④ 参见徐新忠：《论中国知识产权保护机制——以私权本质属性为视角》，北京，中国人民大学博士论文，2011；孙山：《知识产权的私法救济体系研究》，北京，中国人民大学博士论文，2011。

⑤ 参见中国人民大学知识产权教学与研究中心、中国人民大学知识产权学院编：《中华人民共和国最高人民法院公报知识产权案例全集（1987—2011）》，武汉，华中科技大学出版社，2012。

⑥ 参见宋海燕：《中国版权新问题——网络侵权责任、Google 图书馆案、比赛转播权》，北京，商务印书馆，2011。

⑦ 参见徐鹏：《论传播技术发展视野下的著作权合理使用制度》，长春，吉林大学博士论文，2011。

⑧ 参见吴汉东主编：《科学发展与知识产权战略实施》，北京，北京大学出版社，2012。

⑨ 参见何贵忠：《版权与表达自由：法理、制度与司法》，北京，人民出版社，2011。

⑩ 参见宋慧献：《版权保护与表达自由》，北京，知识产权出版社，2011。

⑪ 参见熊琦：《著作权激励机制的法律构造》，北京，中国人民大学出版社，2011。

⑫ 参见李雨峰：《著作权的宪法之维》，北京，法律出版社，2012。

正当性——以利益冲突的考察为基本视角》① 一文则以利益冲突的考察为基本视角，论证知识产权的正当性基础。另有学者认为，“社会利益的分化导致了著作权法的产生，而著作权法又对不同主体利益的保护方式及发展具有反作用”②。

《动态平衡中的著作权法——“私人复制”及其著作权问题研究》③ 一书以“私人复制”为问题导向，以著作权法基本原理为理论指导，以著作权法立法宗旨为价值标准，对私人复制及著作权相关问题展开了系统研究。《知识产权基本理论》④ 一书则对研究方法、法制沿革、法制功能、法律体系、法律关系、法律特征、利益分配、法律规范、权利限制、权利冲突、侵权责任、法律保护、司法鉴定等问题进行了分析。

邻接权是作者权体系的特有概念，对这一制度作专题研究近年逐渐受到重视，不少专著相继问世。《邻接权归宿论》⑤ 一文则另辟蹊径，从权利的本质出发，为邻接权寻找真正的权利归属，为邻接权制度寻求权利的正当性依据。

此外，《知识产权法体系化方法研究》⑥ 一文从理论体系化和制度体系化两个方面，对知识产权法体系化的路径、方法进行了研究。《知识产权法的概念解读——以事实与价值二分法为线索》⑦ 一文则以事实与价值二分法为线索，对知识产权法的基本范畴进行了解读。

（三）学术对话开始兴起

学术需要交流，需要对话。对话不仅是一种人际交流的方式，也是一种学术批评的方式，更是一种使思想增值的方式。

2011年，学术对话在著作权法领域逐渐流行，在有关“汉字字库字体的法律保护”这一问题上表现得尤为突出。《知识产权》、《法学》、《电子知识产权》、《中国版权》、《科技与法律》等主流学术期刊相继开辟专题，展开学术讨论，极大地深化了对著作权法基础理论的分析与研究。具体而言，这一系列学术对话主要揭示了以下核心问题：

第一，创造与劳动的区分。有学者通过采用劳动与创造相区分的方法，分析了方正字生成的关键环节和制作过程，结果表明，方正字库和字库中的单个字形，其生成过程从始至终都是劳动，没有创造行为。方正字制作过程与书法艺术的特殊性对比研究说明，方正字不具有书法艺术的本质属性，与书法艺术有本质区别，不是作品，无法获得著作权法保护。⑧

第二，作品独创性的判断。有学者从作品独创性标准背后的法律逻辑和公共政策出发，认为单个汉字字体很难获得著作权保护，但仍存在著作权保护的可能性，而字体字库软件基本上可以获得著作权保护。⑨ 有学者认为，在中国现行著作权法框架下，如果字库中每个单字并非按照一定标准设计而成，且其字形的表现具有“显著的特点”并“明显不同于已有字形”，则可认定其可以构成作品。⑩ 有学者则以汉字字体单字的首要功能是“表形而非传意”及其独创性分析为基石，得出具有独创性的汉字印刷字体单字属于中国现行著作权法保护之美术作品，但汉字字体与字库不受中国现行著作权法保护的结论。⑪

第三，作品的非功能性。有学者从字体功能性的分析着手，认为计算机汉字字体不能获得著作权保护，但可以用侵权法或反不正当竞争法加以保护。⑫

第四，美术作品的内涵。有学者认为，美术作品中的书法作品是以汉字为载体的作品，汉字本形是载体之形，是汉字自身的规定性，而非书法作品之形。书法不是造字。字库设计中没有任何超越汉字本形设计的整体创作，故而字库单字不是书法作品。字库设计的本质是生产行为，字体的美化属于

① 参见向波：《论知识产权的正当性——以利益冲突的考察为基本视角》，北京，中国人民大学博士论文，2011。
② 郑媛媛：《论著作权法的价值选择——以作者的法律地位为视角》，北京，中国人民大学博士论文，2011。
③ 参见冯晓青、胡梦云：《动态平衡中的著作权法——“私人复制”及其著作权问题研究》，北京，中国政法大学出版社，2011。
④ 参见何敏：《知识产权基本理论》，北京，法律出版社，2011。
⑤ 参见刘洁：《邻接权归宿论》，北京，中国人民大学博士论文，2011。
⑥ 参见王坤：《知识产权法体系化方法研究》，北京，中国人民大学博士论文，2011。
⑦ 参见熊文聪：《知识产权法的概念解读——以事实与价值二分法为线索》，北京，中国人民大学博士论文，2011。
⑧ 参见刘春田：《论方正“倩体字”的非艺术性》，载《知识产权》，2011（5）。
⑨ 参见崔国斌：《单字字体和字库软件可能受著作权法保护》，载《法学》，2011（7）。
⑩ 参见芮松艳：《计算机字库中单字的著作权保护——兼评“方正诉宝洁”案》，载《知识产权》，2011（10）。
⑪ 参见陶鑫良：《中文印刷字体单字与字库软件的著作权辨析》，载《知识产权》，2011（5）；陶鑫良、张平：《具独创性的汉字印刷字体单字是著作权法保护的美术作品》，载《法学》，2011（7）。
⑫ 参见黄武双：《实用功能排除了计算机字体著作权保护的可能性》，载《法学》，2011（7）。

产品设计。[1] 有学者却认为，汉字单字兼具独创性和审美意义，可获得中国著作权法意义上美术作品的保护。[2] 有学者认为，字体是美术作品，但字体工具不是。[3] 也有学者认为，在著作权法上，艺术作品需要具有独立的审美价值，倩体字组合仅仅具有美感，不能成为独立的审美对象，因而并非著作权法意义上的作品。[4] 还有学者认为，由于字体字形是传播语言文字的基本单位，是印刷设备、计算机印刷排版或传播系统中不可或缺的组成部分，因此，它们不同于书法作品，不能作为美术作品受著作权法保护。[5] 另有学者认为，字库中具有独创性的"字"属于著作权法规定的可以获得保护的美术作品的范畴。[6]

第五，公共利益。有学者认为，字库不是传统的书法作品，也不是实用艺术品。即使字库可以获得保护，作为其运行结果的字体也不应受到保护。赋予字体私有权利将会导致垄断结果，最终会损及公共利益。[7]

第六，产业发展。有不少学者认为，字库产业作为文化产业的重要组成部分，应受到著作权法保护。[8]

可以预见，这样的学术对话在未来的著作权法研究中将更加受到重视。只有如此，才能不断增强知识产权理论自觉意识、自主意识，不断提升中国知识产权研究的理论创造力和创新性；也只有如此，才能形成有中国特色的知识产权理论体系，才能在世界知识产权理论体系中有自己的学术话语，才能为世界知识产权学术作出中国的贡献。

（四）国际视野不断开阔

历史已经昭示，近代中国所创建起来的法律体系，无疑也是大规模移植外国法的结果。西方先进国家一些基本的法律理念和法学观、法律制度和原则、法律框架与体系，以及大部分法律术语，都随着17世纪下半叶以来世界法律近代化、国际化浪潮涌入了中国这块古老的土地，使中国法律的发展出现了前所未有的现象，呈现出一番崭新的图景。[9] 非中华固有之制的知识产权制度的初创与变革尤其如此。在中国知识产权法制建立完善的历程中，德国、日本、法国、英国、美国等发达国家的知识产权制度、理论对中国均产生过且仍在产生着不同程度的影响，现阶段我们也依然有必要引入先进的理念和制度观照中国知识产权制度的完善与发展。

英国作为现代知识产权制度的发源地和开拓者，对世界诸国知识产权法制的影响不可谓不大，从某种程度而言，中国当下的实践是在重复英国过去的经历，英国当下的经历则预示着中国未来的实践。故而，在知识产权问题上正本清源，我们需要向英国学习。《现代知识产权法的演进：英国的历程（1760—1911）》[10] 一书重排本的上市为我们的同学提供了很大的便利。

《十二国著作权法》[11] 一书则开风气之先，根据法系、国别、地域上的代表性，选取了包括英国、法国、德国、意大利、日本、美国等有代表性的发达国家，巴西、印度、俄罗斯、南非等"金砖"国家，还有东亚的韩国，以及中东和北非国家的代表埃及，由国内优秀知识产权法学者精心翻译其最新版本的《著作权法》，为国人认识世界、认清差距提供了重要参考，具有很高的学术价值。

此外，《论金砖四国知识产权战略》[12] 一文对金砖四国的知识产权战略进行了系统分析；也有学者以工业产权法为中心系统，研究了日本的知识产权

---

① 参见李琛：《计算机字库中单字著作权之证伪》，载《知识产权》，2011（5）。

② 参见来小鹏、谢国敏：《关于汉字字库中单字著作权保护的思考》，载《中国版权》，2011（4）；张今、卢亮：《计算机艺术字体的作品属性与著作权保护》，载《中国版权》，2011（5）。

③ 参见张玉瑞：《论计算机字体的版权保护》，载《科技与法律》，2011（1）。

④ 参见王坤：《论美术字组的法律问题》，载《知识产权》，2011（5）。

⑤ 参见许超：《字体字形的知识产权保护》，载《知识产权》，2011（5）。

⑥ 参见张玉敏：《字形、字库、字库软件的法律保护问题》，载《中国版权》，2011（5）。

⑦ 参见李雨峰、李东海：《计算机字库、字体的法律地位》，载《知识产权》，2011（5）。

⑧ 参见张平：《再谈计算机字体的法律保护》，载《知识产权》，2011（5）；张平、程艳：《计算机字库产业发展与字体的版权保护》，载《电子知识产权》，2011（4）；陈际：《计算机字库产业的发展和保护》，载《电子知识产权》，2011（4）；李玉香、邓昭君：《计算机字体版权的司法保护》，载《人民司法》，2011（15）。

⑨ 参见何勤华：《法的国际化与本土化：以中国近代移植外国法实践为中心的思考》，载《中国法学》，2011（4）。

⑩ 参见［澳］布拉德·谢尔曼、［英］莱昂内尔·本特利：《现代知识产权法的演进：英国的历程（1760—1911）》，金海军译，北京，北京大学出版社，2012。

⑪ 参见中国人民大学知识产权教学与研究中心、中国人民大学知识产权学院组织翻译：《十二国著作权法》，北京，清华大学出版社，2011。

⑫ 参见董佳：《论金砖四国知识产权战略》，长春，吉林大学博士论文，2011。

战略。[①]

二、问题点的分布

（一）著作权之一般研究

1. “入世”十年。有学者认为，在“入世”十年之际，应“肯定成绩，树立信心；头脑冷静，树立忧患意识；正视知识产权制度的合理性、正当性；学会能动地运用知识产权制度，创造更多的财富”[②]；“入世10年，是中国知识产权事业巨变的十年。十年间，挑战与机遇并存，压力与动力同在。从‘逼我所用’到‘为我所用’，从遵守国际规则到推动制度变革，中国知识产权事业步入一个新的重要的历史时期”[③]；有学者分析了TRIPS协定对中国的影响[④]；有学者以TRIPS协定为视角，分析了从体制转换到体制协调的国际知识产权制度变革之路[⑤]；有学者认为，中国加入WTO的十年间，根据TRIPS协定的要求和应对全球经济一体化的挑战所需，进一步推进知识产权制度变革，体现了三个特点，即将履行国际义务与本国国情相结合、知识产权权利人利益与公众利益的平衡、面向新世界的战略性导向发展[⑥]；有学者则认为，“入世”十年来，中国已经制定和完善了相关知识产权法律法规，特别是网络环境的知识产权保护。在国际层面逐步加强网络环境中的知识产权执法已经势不可挡，中国对此依然面临着巨大挑战。[⑦] 还有学者从知识产权规则国际化的视角研究了“入世”十年的成绩与问题。[⑧]

2. 发展战略。有学者认为，在国际竞争从硬实力向软实力领域延伸的发展态势中，提升中国软实力需要充分实施知识产权创造、管理、运用和保护战略[⑨]，知识产权作为软实力的重要组成部分，与科技信息传播交流活动密不可分，两者都是知识经济时代促进科技发展的重要因素，相互促进、相互依赖[⑩]；有学者建议设立知识产权文献及信息平台建设，这既是国家信息化工程的重要组成部分，也是知识产权战略实施的重要内容[⑪]；有学者提出，为促进技术创新与知识产权战略的有效融合，需要建立以知识产权法律制度为核心的促进技术创新的法律保障体系，建构技术创新与知识产权战略融合的法律运行机制[⑫]；有学者研究了高科技企业的知识产权战略[⑬]；有学者基于1997—2009年的省际数据，对全国和东、中、西部的知识产权创造对经济增长的影响进行了实证分析，表明知识产权创造对区域经济增长具有显著的正效应，但存在地区差异[⑭]；有学者研究了知识产权战略对经济发展方式转变的助推作用[⑮]；有学者提出要加快知识产权法制基本理论向知识产权战略基本理论的拓展与融合，构建完整的知识产权基本理论体系，以更好地适应中国知识产权事业发展的需要[⑯]；有学者建议，中国知识产权战略的实施，应着力于“中国创造”、“中国创意”、“中国形象”的发展目标，即实施专利战略、提高国家科技竞争力，实施版权战略、增强国家文化软实力，实施商标战略、提升国家品牌影响力[⑰]；有学者就实施国家知识产权战略中存在的外压与内需、政府与市场、数量与质量、统筹与分散四大矛盾提出了解决思路[⑱]；有学者对中国知识产权“十二五”发展总体形势进行了判断，认为中

① 参见杨和义：《日本知识产权战略研究——以2002年—2010年工业产权法为中心》，北京，中国人民大学博士论文，2011。

② 刘春田：《入世10年的成就与挑战》，载《知识产权》，2011（10）。

③ 吴汉东：《挑战与机遇：中国入世10年的知识产权事业》，载《知识产权》，2011（10）。

④ 参见李顺德：《TRIPS协定给我们带来了什么?》，载《知识产权》，2011（10）；许超：《从著作权角度谈TRIPS协定》，载《知识产权》，2011（10）；余俊：《TRIPS协定与中国知识产权法制的变革》，载《电子知识产权》，2011（7）。

⑤ 参见古祖雪：《从体制转换到体制协调：TRIPS的矫正之路》，载《法学家》，2012（1）。

⑥ 参见张乃根：《论WTO法下的中国知识产权制度变革》，载《世界贸易组织动态与研究》，2011（5）。

⑦ 参见孙益武：《入世十年与中国网络知识产权法制建设》，载《世界贸易组织动态与研究》，2011（6）。

⑧ 参见张勤：《析知识产权规则国际化》，载《知识产权》，2011（10）。

⑨ 参见吴汉东：《国家软实力建设中的知识产权问题研究》，载《知识产权》，2011（1）。

⑩ 参见陈雅忱、李浩明、陶贤都：《浅谈科技传播与知识产权的关系》，载《知识产权》，2012（2）。

⑪ 参见冯晓青、杨利华：《国家知识产权文献及信息平台构建》，载《人民论坛》，2012（1）。

⑫ 参见冯晓青：《技术创新与知识产权战略及其法律保障体系研究》，载《知识产权》，2012（2）。

⑬ 参见洪伟、元桥一之、曾国屏：《高科技企业的知识产权战略——以清华科技园的中小企业为例》，载《科技进步与对策》，2012（1）。

⑭ 参见顾晓燕：《论知识产权创造对区域经济增长的影响——基于省际数据的检验》，载《南京社会科学》，2011（12）。

⑮ 参见臧兴东：《论知识产权战略对经济发展方式转变的助推作用——以经济欠发达地区为例》，载《湖南社会科学》，2011（2）。

⑯ 参见吴树山、李焕焕：《浅议中国知识产权基本理论体系的战略构建》，载《知识产权》，2012（1）。

⑰ 参见吴汉东：《设计未来：中国发展与知识产权》，载《法律科学》，2011（4）。

⑱ 参见刘洋：《试析国家知识产权战略实施中的基本矛盾》，载《知识产权》，2011（2）。

国未来仍将处于后起发展国行列，由战略防御向战术进攻转变，是知识产权大国，但还不是知识产权强国，仍需加大对知识产权的战略投入，并据此提出了中国知识产权发展的定位和路径[①]；有学者认为，对知识产权制度成效的客观评价是中国知识产权对外交往策略的基础[②]；有学者建议在中国重大经济活动中，建立健全一个“多层次”、“复合型”的知识产权审议体系[③]；也有学者提出，中国应参考知识产权作为公共政策选择在国内与国际立法的实践，在国际条约允许的空间范围内，进行知识产权立法的策略选择[④]；还有学者认为，知识产权战略既是国际竞争战略，又是中国发展战略。我们必须从国际、国内两个大局认识知识产权制度的重要地位和作用，树立世界眼光，立足本国发展，将知识产权战略实施作为缩小与发达国家差距、建设创新型国家的政策抉择。[⑤]

3. 法律史。有学者研究后提出，宋代除了为世界贡献了印刷术，为人类知识的传播起了重大作用外，还为人类贡献了最早的知识产权保护的经验。[⑥]清末，在西法东渐的浪潮冲击下，西方著作权思想随之输入中国，并逐渐引起清末朝野之士的关注。有关清末朝野士人及来华传教士对涉外著作权保护的应对，是我们在研究近代中国法制发展历史中必须予以关注的问题，有学者对此作了梳理和研究。[⑦]有学者认为，清政府与日、美签订的有条件支持和有限保护著作权条款，是近代以来中国著作权国际保护历程上独有的话语，为近代中国文化转型提供了有利的交流平台。[⑧]还有学者认为，内在需求是近代知识产权制度建立的动因。[⑨]另有学者探讨了晚清著作权立法的前期实践[⑩]、辛亥革命时期中国著作权法的发展。[⑪]

4. 权利正当性。有学者比较深入地分析了知识产权的道德基础问题，指出：对于知识产权问题，可适用天理道德和契约道德两类道德规范。其中天理道德主要体现为“谁创造谁所有”，契约道德包括“先占先得”和诚信。[⑫]有学者认为，知识产权理论作为科学理论，应当有自己的一套严谨的概念，以及由这些概念构成的严密逻辑体系[⑬]；有学者从“惠顾最少受惠者”的视角论证了知识产权制度的正当性[⑭]；有学者认为，信息分享或许可以成为著作权发展的新方向[⑮]；有学者梳理了知识产权法学现代性的演进[⑯]；有学者指出，知识产权制度正在被异化，知识产权制度应当在“和谐世界”理念指导下进行变革或重构，纠正知识产权过度保护所带来的问题，实现整个人类社会的繁荣和富强[⑰]；有学者认为，科学技术的经济价值使科技日渐异化为资本增值的工具，作为资本控制技术的重要手段之一的知识产权开始走向自己的反面，阻碍了科学技术的发展，“旧知识产权”时代难以避免衰退的命运，人类对科技自由的追求将开启“新知识产权”时代[⑱]；有学者提出，知识产权价值体系应当以利益的合理分配为主要目标，并为知识产权立法提供依据[⑲]。也有学者提出，知识产权作为现代社会最重要的一种无形财产权，虽然与现代宪法规定的一些

---

① 参见刘露：《中国知识产权的未来发展态势及发展路径研究》，载《科技进步与对策》，2011（4）。

② 参见刘银良：《中国知识产权制度建设成效及问题实证分析——兼论中国知识产权对外交往策略》，载《知识产权》，2012（3）。

③ 参见朱一飞：《中国重大经济活动知识产权审议制度的模式选择与建构路径》，载《知识产权》，2011（5）。

④ 参见刘铁光、王晓君：《知识产权公共政策性的证成与中国的策略选择》，载《江西社会科学》，2012（1）。

⑤ 参见吴汉东：《知识产权战略实施的国际环境与中国场景》，载《法学》，2012（2）。

⑥ 参见张世海：《论宋代的文化消费与知识产权保护》，载《中国出版》，2011（22）；袁琳：《宋代图书刻印与版权保护价值观念考》，载《出版发行研究》，2011（3）。

⑦ 参见侯强：《清末朝野及来华传教士对涉外版权保护的认知与举措》，载《宁夏社会科学》，2011（5）。

⑧ 参见冯秋季：《日中版权同盟论争与近代中外版权条约话语》，载《河南师范大学学报》（哲学社会科学版），2011（3）。

⑨ 参见夏扬：《外来压力还是内在需求？——重新认识近代知识产权制度的建立动因》，载《西南民族大学学报》（人文社会科学版），2011（8）。

⑩ 参见王清、尹为：《晚清版权立法的前期实践——地方性行政规章的类型及其特点》，载《出版发行研究》，2011（10）。

⑪ 参见薛宁：《辛亥革命时期中国著作权法的发展》，载《知识产权》，2012（1）。

⑫ 参见张勤：《论知识产权的道德基础》，载《知识产权》，2012（1）。

⑬ 参见张勤：《关于建立知识产权科学理论的思考》，载《知识产权》，2011（2）。

⑭ 参见胡波：《“惠顾最少受惠者”：知识产权立法理念的反思与超越》，载《西南民族大学学报》（人文社会科学版），2011（8）。

⑮ 参见龙井瑢：《对网络时代版权扩张的反垄断规制及新对策》，载《河北法学》，2011（1）。

⑯ 参见康添雄：《范式与理性：知识产权法学现代性的演进》，载《法学杂志》，2011（9）。

⑰ 参见徐元：《经济全球化背景下知识产权的扩张、问题与重构》，载《世界经济与政治论坛》，2011（3）。

⑱ 参见乔磊、陈凡：《科技进步与知识产权变迁》，载《科学学研究》，2011（3）。

⑲ 参见余海燕：《论科学技术对知识产权立法价值目标的影响》，载《科技与法律》，2011（2）。

基本人权存在着某种价值上的悖论，但是知识产权入宪与财产权入宪却具有逻辑上的契合，实现知识产权入宪的关键是消除知识产权与基本人权之间的价值冲突①；理清知识产权的基本内涵，确立知识产权作为知识经济时代第一产权的地位，是科技是第一生产力和人力资源是第一资源的必然逻辑，是推进作为智力投入与利益回报平衡机制的知识产权保护制度体系建设的必然要求，也是提升中国转变经济发展方式，增强国家核心竞争力的必由之路②。有学者认为，知识产权与贸易自由共生于市场，并以市场主体的充分获利和资源有效配置为共同目标，贸易自由表现为上位的价值取向和指导原则，而知识产权则以法律制度构建的形式由此展开。③ 也有学者提出，马克思帮助我们确立这样的知识产权观念：创造性劳动和抽象物已经并将继续充当市场经济发展的第一推动力，而这个第一推动力必须依赖法律才会名副其实；只有借助知识产权法，创造性劳动才能获得作为抽象物的财产形式，融入到市场经济的商品生产体系之中；通过知识产权法，劳动获得与资本博弈的力量，从而有助于实现经济民主、契约合作基础上的市场社会主义。④ 有学者则认为，知识产权制度本质是一个均衡对价的制度安排，蕴涵了高超的政治智慧。知识产权立法只有具备这种政治智慧，才能使人们心悦诚服地按照知识产权规则从事生产和生活。⑤ 另有学者建议著作权法立法价值回归激励机制。⑥ 有学者指出基于信息概念的模糊性，“知识产权的对象是信息”这个观点值得质疑，信息产权的正当性问题并非用“信息”取代“知识”就能够加以解决，信息产权缺乏相应的正当性基础。⑦ 还有学者认为，知识产权作为一个集合概念，它的出现具有很强的历史偶然性，随着技术的发展和其他辅助手段在知识产权公示中发挥的作用逐渐增强，知识产权本身也在不断发生着变化。知识产权的客体不断突破，主体呈现多元化，权利内容持续扩张，管理模式的演进，知识产权法哲学的嬗变反映了变革中的知识产权制度发展脉络，知识产权立法和政策的制定要充分考虑这些因素并予以回应。⑧

5. 权利性质。有学者认为，知识产权不具有人权性⑨；有学者从公法与私法关系演变的视角，结合不同时期社会经济的发展情况，对知识产权法与行政法的关系进行了研究⑩；有学者则认为，应当转变辨析知识产权公私属性的价值分析方法，借助霍菲尔德基本法律概念的分析法学工具，才能厘清行政权在版权领域的真正作用机制⑪；有学者认为，从民法学理论出发研究知识产权属性，当是应有之义，而结合人权理论、经济学、管理学以及政策科学，多视角、全方位来考察知识产权功能，亦非常必要⑫。有学者提出，知识产权法是市场本位法，这一定位是由创造在劳动方面的性质和知识价值实现所决定的。贯彻知识产权法市场本位，强化知识产权法与相关政策之间的协调与互动，更能保障知识产权制度价值的实现。⑬ 有学者认为，作为私权的知识产权有社会化取向，这是合理原则指导下利益平衡的结果，体现为兼顾效益的立法宗旨、受到社会利益限制的立法内容，以及战略化的立法趋势。⑭ 也有学者认为，产业政策论是知识产权制度设计的主导理论之一。⑮ 还有学者提出，认识著作人格权的性质，应以著作权的本质为理论原点。⑯

---

① 参见刘建辉：《论知识产权入宪》，载《武汉理工大学学报》（社会科学版），2011（1）。

② 参见张颢瀚、徐浩然、朱建波：《知识产权是第一产权》，载《江苏社会科学》，2011（4）。

③ 参见康添雄、廖志刚：《论知识产权与贸易自由的目标协同性》，载《甘肃社会科学》，2011（1）。

④ 参见谈萧：《评马克思的知识产权观》，载《云南大学学报》（法学版），2011（6）。

⑤ 参见徐瑄：《视阈融合下的知识产权诠释》，载《中国社会科学》，2011（5）。

⑥ 参见熊琦：《私人利益与表达自由：著作权法立法价值之辩》，载《浙江社会科学》，2011（9）。

⑦ 参见向波：《知识、信息与知识产权的对象》，载《知识产权》，2011（1）。另有学者对此观点作出了一一回应。参见张勤：《简析知识、信息与知识产权对象》，载《知识产权》，2011（4）。

⑧ 参见谭华霖：《知识产权制度变革与发展之再思考》，载《苏州大学学报》，2011（3）。

⑨ 参见宋慧献：《财产权多元论与知识产权的非人权性》，载《北方法学》，2011（3）。

⑩ 参见武善学：《对抗、渗透与互动：知识产权法与行政法关系辨析》，载《知识产权》，2011（5）。

⑪ 参见郭威：《版权领域行政权作用机制研究——基于霍菲尔德基本法律概念的个案分析》，载《河南省政法管理干部学院学报》，2011（1）。

⑫ 参见吴汉东：《知识产权的多元属性及研究范式》，载《中国社会科学》，2011（5）。

⑬ 参见杨雄文、肖尤丹：《知识产权法市场本位论——兼论知识产权制度价值的实现》，载《法学家》，2011（5）。

⑭ 参见张冬、李博：《知识产权私权社会化的立法价值取向》，载《知识产权》，2012（3）。

⑮ 参见张平：《知识产权制度基本理论之讨论》，载《科技与法律》，2011（4）。

⑯ 参见刘宇琼：《著作人格权的性质：历史和体系之思》，载《知识产权》，2011（9）。

6. 方法论。有学者运用经济学分析方法，实证分析了著作权保护与版权贸易①、文化产业②的关系；有学者指出，经济发展和知识产权保护强度之间的关系不是传统文献中简单的线性关系，而是呈现右偏的“S”型关系。③ 有学者研究了法官造法的正当性。④ 有学者从知识产权特性出发，分析科斯定理产权黑箱思想对知识产权生产的适用性、科斯定理所含的福利原则、知识传播的公平性的影响，揭示完全遵从科斯定理建立、执行知识产权制度的弊端，为优化知识产权配置寻找新的理论基础。⑤ 还有学者认为，从法经济分析的角度解释，著作权法是维护创作者与投资者经济上诱因的制度工具，虽然其客体作为无形财产，具有不同于有体财产的特殊性，但该特殊性仅体现在法律构造的具体设计上，而不能推翻法经济分析的基本预设。⑥

7.《著作权法》修订。有学者从规范体系的配置、法律与技术的适应、集体管理组织的地位、制品与作品的分野等方面对《著作权法》修改提出了建议⑦；有学者专门针对“法律责任和执法措施”一章提出修改意见⑧；有学者认为，《著作权法》应当在侵权赔偿、网络版权、公民知悉权等方面进行修改⑨；有学者建议修改《著作权法》时，对滑稽模仿的法律地位予以明确⑩；有学者建议根据“制作录音制品法定许可”的立法目的在《著作权法》修改时予以调整⑪。有学者立意高远地指出，新一轮的《著作权法》修订工作绝不仅仅是枝节上的技术性修补，立法者需要有更强的时代意识，需要清楚地认识新的历史阶段所要求的立法思路的变革⑫；有学者建议在《著作权法》中规定作者的报酬修改权，以使作者在著作权交易中能充分保护自己的获得报酬权⑬；有学者根据数字技术、网络技术给著作权权利体系带来的挑战，从技术措施的法律属性、信息网络传播权的实质内涵，以及国务院制定的配套法规的合法性等方面，对著作权法律制度的修订提出建议⑭。

（二）著作权之具体的研究

1. 著作权对象。有学者分析了《著作权法》意义上作品的判断规则⑮；有学者认为，“独创性”的内涵应当仅指“创造性”，不应当包括“独立创作”，“独立创作”只是“判定复制与否的证据之一、侵权抗辩事由之一、确定权利主体的方法之一”⑯。有学者则认为，从利益平衡的视角审视独创性，很难用一个普适性的标准判断作品的独创性，宜针对作品类型区别对待，淡化独创性标准中的“创造性”是适应著作权立法和产业诉求的明智之举。⑰ 独创性概念的构建是断然不能一蹴而就的，而独创性概念本身也极有可能只是一个历史的产物⑱；作品独创性认定的一般原则可分为区分思想与表达原则、鼓励创作原则、投入回报原则、个案分析认定原则、利益平衡原则等⑲。还有学者介绍了美国学者 Gideon Parchomovsky 教授和 Alex Stein 教授共同提出的作品独创性程度“三分法”理论⑳；有学者以符号

---

① 参见姚颉靖、彭辉：《版权保护与版权贸易关系的实证研究——基于 56 个国家和地区的数据分析》，载《科技与法律》，2011 (1)。

② 参见彭辉、姚颉靖：《版权保护与文化产业：理论与实证研究——基于价值链分析为视角》，载《科学学研究》，2012 (3)。

③ 参见代中强、张二震：《经济发展、外部约束与知识产权保护的实证研究》，载《中国软科学》，2011 (4)。

④ 参见梁志文：《法院发展知识产权法：判例、法律方法和正当性》，载《华东政法大学学报》，2011 (3)。

⑤ 参见张耀辉：《知识产权的优化配置》，载《中国社会科学》，2011 (5)。

⑥ 参见熊琦：《著作权的法经济分析范式——兼评知识产权利益平衡理论》，载《法制与社会发展》，2011 (4)。

⑦ 参见郭禾：《关于现行著作权法修订问题的随想》，载《中国版权》，2011 (4)。

⑧ 参见陈锦川：《关于著作权法“法律责任和执法措施”一章修改的几点考虑》，载《中国版权》，2011 (5)。

⑨ 参见蒋志培：《对著作权法修改的几点意见》，载《中国版权》，2011 (2)。

⑩ 参见李雨峰、张体锐：《滑稽模仿引发的著作权问题》，载《人民司法》，2011 (17)。

⑪ 参见王迁：《论“制作录音制品法定许可”及在中国〈著作权法〉中的重构》，载《东方法学》，2011 (6)。

⑫ 参见李琛：《论中国著作权立法的新思路》，载《中国版权》，2011 (5)。

⑬ 参见胡开忠：《使用作品付酬标准探析》，载《法商研究》，2012 (1)；姚莉、胡开忠：《论作者的报酬修改权》，载《中国出版》，2012 (3)。

⑭ 参见宫士友：《中国著作权法律制度面临的困惑》，载《知识产权》，2012 (2)。

⑮ 参见余俊：《简谈版权作品的效力判断》，载《出版发行研究》，2011 (9)。

⑯ 乔丽春：《“独立创作”作为“独创性”内涵的证伪》，载《知识产权》，2011 (7)。

⑰ 参见赵锐：《作品独创性标准的反思与认知》，载《知识产权》，2011 (9)。

⑱ 参见张玉敏、曹博：《论作品的独创性——以滑稽模仿和后现代为视角》，载《法学杂志》，2011 (4)。

⑲ 参见刘辉：《论作品独创性认定的一般原则》，载《福建法学》，2011 (3)。

⑳ 参见刘辉：《作品独创性程度“三分法”理论评析》，载《知识产权》，2011 (4)。

学为分析视角，对作品进行了类型化研究①；有学者对“建筑作品”②、“模型作品”③、“电影作品”④、“戏剧作品”⑤、“民间文学艺术作品”⑥ 的内涵进行了反思与重构；有学者研究了电影作品中“可以单独使用的作品”⑦；有学者分析了传统文化表达的保护路径⑧，非物质文化遗产⑨、民间文学艺术⑩、传统知识⑪的法律保护；有学者则质疑非物质文化遗产的私权保护模式⑫。

2. 著作权归属。有学者认为，时效取得制度在知识产权法上有适用的空间，行为人通过时效取得的是知识财产使用权。时效取得与权利失效在构成要件、法律理念等方面存在差异，在知识产权法上有其独立的功能与意义。⑬ 有学者研究了网络环境下著作权主体的发展与保护⑭；有学者就中国合作作品的立法模式提出了修改建议⑮；有学者建议废除中国《著作权法》关于委托作品、法人作品以及职务作品的规定，采取以“著作权归属于作者”为原则，以“合同约定为补充”，以“名义创作并发表为例外”的著作权归属模式⑯；有学者主张确立“无主知识产权”范畴⑰；有学者考虑到交易安全、交易成本以及外部性等因素，建议中国建立一套以登记为中心的知识产权变动公示体系，并针对知识产权类型的不同选择不同的变动模式⑱；有学者研究了知识产权共有问题⑲。

3. 著作权权能。有学者分析了著作权法意义上的“署名”⑳、“私人复制”㉑，“三网合一”背景下的“广播权”㉒；有学者认为，彩铃是通过电信网进行的、同时异地的互动式机械表演行为，应受到表演

---

① 参见张怀印、周忠尚：《版权作品分类——以符号学为分析视角》，载《云南大学学报》（法学版），2011（2）。

② 参见刘瑛：《再论建筑作品的著作权保护——从“盛放鸟巢”烟花侵权纠纷案谈起》，载《知识产权》，2012（2）。

③ 参见王迁：《“模型作品”定义重构》，载《华东政法大学学报》，2011（3）。

④ 参见卢海君：《“电影作品”定义之反思与重构》，载《知识产权》，2011（6）；孙国瑞、刘玉芳、孟霞：《视听作品的著作权保护研究》，载《知识产权》，2011（10）。

⑤ 参见张林：《从戏本到戏：传统戏曲作品范围的厘定》，载《中国版权》，2011（6）。

⑥ 参见李琛：《论“folklore”与“民间文学艺术”的非等同性》，载《知识产权》，2011（4）；吕睿：《知识产权语境下民间文学艺术概念解析》，载《广西社会科学》，2011（2）。

⑦ 参见陈绍玲：《电影作品中“可以单独使用的作品”之研究》，载《河北法学》，2011（6）。

⑧ 参见熊莹：《“传统文化表达”保护的路径探析》，载《江西社会科学》，2011（12）。

⑨ 参见胡世恩：《〈非物质文化遗产法〉框架内宁夏回族“山花儿”的知识产权保护探究》，载《知识产权》，2011（7）；李墨丝：《非物质文化遗产法律保护路径的选择》，载《河北法学》，2011（2）；韩小兵：《非物质文化遗产权——一种超越知识产权的新型民事权利》，载《法学杂志》，2011（1）；王瑞龙、李静怡：《非物质文化遗产知识产权保护的实证分析——以云南石林彝族自治县为例》，载《中南民族大学学报》（人文社会科学版），2012（1）；朱兵：《关于非物质文化遗产法中的民事保护问题》，载《中国版权》，2011（6）；河山：《非物质文化遗产的民事保护》，载《中国版权》，2011（4）；白慧颖：《论非物质文化遗产之知识产权保护——以河南为例》，载《河南省政法管理干部学院学报》，2011（4）；魏丽丽：《论非物质文化遗产知识产权的法律保护模式》，载《学术交流》，2011（9）；罗澍：《民俗类非物质文化遗产的知识产权保护模式探究——以火把节为例》，载《西南民族大学学报》（人文社会科学版），2011（9）；刘禄山：《完善中国非物质文化遗产法律保护的路径研究》，载《河南省政法管理干部学院学报》，2011（4）。

⑩ 参见周安平、龙冠中：《公法与私法间的抉择——论中国民间文学艺术的知识产权保护》，载《知识产权》，2012（2）；孙彩虹：《国外民间文学艺术法律保护实践及其启示》，载《河南大学学报》（社会科学版），2011（2）。

⑪ 参见陈碧贤：《传统知识保护在现代知识产权制度下的困境及出路》，载《广西政法管理干部学院学报》，2011（1）；周方：《传统知识权的法律界定》，载《西安交通大学学报》（社会科学版），2011（5）；戴琳：《民族民间传统文化的知识产权保护》，载《云南大学学报》（法学版），2011（5）。

⑫ 参见郭禾：《对非物质文化遗产私权保护模式的质疑》，载《中国人民大学学报》，2011（2）。

⑬ 参见李雨峰：《论知识财产使用权的时效取得》，载《法学评论》，2011（5）。

⑭ 参见翟中文：《网络环境下著作权主体的发展与保护》，载《中州学刊》，2011（5）。

⑮ 参见卢海君：《中国合作作品立法模式的缺陷与改革——以中国〈著作权法〉第13条的修订为背景》，载《中国出版》，2012（3）。

⑯ 参见曹新明：《中国著作权归属模式的立法完善》，载《法学》，2011（6）。

⑰ 参见刘春霖：《无主知识产权范畴的理论构造》，载《法律科学》，2011（1）。

⑱ 参见苏平：《知识产权变动模式研究》，载《法商研究》，2011（2）；苏平：《知识产权登记法律效力比较与借鉴》，载《知识产权》，2011（8）。

⑲ 参见秦亚东、杨健：《知识产权共有法律问题研究——以财产法为视角的实证分析》，载《学习与探索》，2012（2）。

⑳ 参见芮松艳：《非物质文化遗产的著作权法保护——评“安顺地戏”案》，载《中国版权》，2011（6）；韦之：《署名权是什么——也谈“安顺地戏”案》，载《中国版权》，2011（6）；王迁：《“署名”三辨——兼评“安顺地戏案”等近期案例》，载《法学家》，2012（1）；周俊强：《署名权问题探析》，载《知识产权》，2011（10）。

㉑ 参见冯晓青、胡梦云：《私人复制著作权问题的立法规制透视——兼论中国〈著作权法〉之完善》，载《学海》，2011（3）。

㉒ 参见梅术文：《“三网合一”背景下的广播权及其限制》，载《法学》，2012（2）。

权而非信息网络传播权的规范①；有学者提出，只有建立和完善著作权登记制度，充实现有的著作权法规，增加作者或著作权人署名的特定附随义务，才能有效地防止冒名侵权行为的发生、保护知名作家的署名不被冒用②；有学者认为，从激励理论看，复制是对作品形式的再现，是著作权人控制作品市场利益的手段之一，集中反映了复制件的非独创性与竞争性特点③；有学者则建议取消复制权，认为这并不会实质性地损害著作权人的利益，而且是保障低收入群体的文化权利及充分实现作品价值、促进文化发展的必要手段④；也有学者指出，在数字时代，复制权日渐式微，传播权日渐勃兴，成为数字环境下著作权制度发展的重点⑤。有学者认为，作为法律术语，表演应指以人体的动作、声音及表情忠实地再现具有可表演性的剧本、乐谱或舞谱等作品。在作品从文字到动作和（或）声音的表达媒介转换中，作品的内在表达不变，而表演者也未对作品的外在表达做出创作、选择、安排或取舍。通常所说的“即兴表演”之所以能构成作品，是因为它同时是即兴创作。⑥ 有学者建议对知识产权体系进行重构，并在对知识产权权利客体的同质属性的合理界定的基础上，从纵向权利分层和横向权利分类两方面将传统知识产权与新型知识产权纳入到统一的权利体系架构之中。⑦ 有学者提出，知识产权排他效力既是从法律效力角度区分知识产权与物权的关键，也是认识知识产权支配效力与排他效力内在关系的关键⑧；也有学者建议著作权法赋予作者复制权、发行权、演绎权、表演权和传播权，由此构建疏而不漏的作者经济权利体系⑨；有学者对知识产权用益法律关系进行了分析⑩；有学者根据著作财产权的支配效力，将之划分为使用权、收益权和处分权三大权能⑪；有学者分析了报酬权的性质⑫；有学者以交易成本为视角，对作品使用权安排作了法经济学分析⑬。

4．邻接权。有学者重新审视了独创性标准和邻接权制度，提出可以尝试用视听作品的概念统一影视作品与录像制品⑭；有学者建议适当扩张表演者权利，赋予表演者在尊重著作权人相关权利的条件下不经许可即可表演他人作品的权利，以此达到著作权人、公众、表演者等主体利益的平衡⑮。

5．著作权利用。有学者认为著作权集体管理组织的注意义务的存在基础在于法律设置权利义务的公平性与公正性⑯，建议从交易地位与许可渠道两个方面规制著作权集中许可机制⑰，对著作权集体管理进行完善，即应完善许可使用费收取和分配方式，制定合理的管理费提取标准，并引入反垄断法对著作权集体管理组织进行规制⑱；有学者介绍了俄罗斯著作权延伸集体管理制度⑲；有学者主张建立版权信托制度⑳；有学者通过民法文义解释、体系解释以及漏洞补充等方法的分析，认为知识产权质权人享有的权利包括收取孳息的权利、转质押的

---

① 参见宋哲：《对“彩铃”法律性质的分析》，载《电子知识产权》，2011（1）。

② 参见杨志祥：《论文字作品的冒名侵权》，载《法学论坛》，2011（1）。

③ 参见冯晓青、付继存：《著作权法中的复制权研究》，载《法学家》，2011（3）。

④ 参见陈琛：《论作品复制权的取消——来自美国著作权法实践的启示》，载《学术论坛》，2011（5）。

⑤ 参见梅术文：《免费传播的终结与传播权的勃兴》，载《知识产权》，2011（4）；姚岚秋：《浅议传播权的完善》，载《中国出版》，2012（3）。

⑥ 参见冯术杰：《寻找表演中的作品——对“表演”和“表达”的概念反思》，载《清华法学》，2011（1）。

⑦ 参见关永红：《论知识产权权利体系的解构与重构》，载《学习与探索》，2012（2）。

⑧ 参见关永红：《知识产权排他效力论》，载《知识产权》，2011（7）。

⑨ 参见刘银良：《论著作权法中作者经济权利的重塑——以比较和实践为视角》，载《知识产权》，2011（8）。

⑩ 参见隋彭生：《知识产权用益法律关系分析》，载《知识产权》，2011（1）。

⑪ 参见余俊：《著作财产权的权利束体系及与作品的对应关系》，载《知识产权》，2011（1）。

⑫ 参见刘铁光：《著作权法中报酬权的性质及其保护》，载《中国版权》，2011（1）。

⑬ 参见王鹏：《作品使用权安排的法经济学分析——以交易成本为视角》，载《知识产权》，2011（4）。

⑭ 参见张玉敏、曹博：《录像制品性质初探》，载《清华法学》，2011（1）。

⑮ 参见唐艳秋：《论表演者权利的限与放——以“旭日阳刚事件”为视角》，载《西部法学评论》，2011（3）。

⑯ 参见董慧凝、徐一楠：《论著作权集体管理组织的注意义务》，载《中国行政管理》，2011（11）。

⑰ 参见熊琦：《著作权集中许可机制的正当性与立法完善》，载《法学》，2011（8）。

⑱ 参见王吉法、李阁霞：《集体管理组织与著作权保护困境》，载《烟台大学学报》（哲学社会科学版），2011（3）。

⑲ 参见孟祥娟：《试析俄罗斯著作权延伸集体管理制度》，载《知识产权》，2011（5）。

⑳ 参见杨延超：《版权信托制度研究》，载《知识产权》，2011（2）；文杰、文鹏：《版权信托制度：版权运用机制的创新》，载《出版发行研究》，2012（1）；祁遥：《版权信托中受托人的法律风险及对策——以日本“纪念树”案为视角》，载《广西政法管理干部学院学报》，2011（3）。

权利、保全权、对质权侵害救济的权利以及实行权[①]；有学者研究了文化产业发展中的著作权评估[②]；有学者认为，著作权默示许可使用可以在不改变现有的著作权法结构的前提下，有效地调和互联网的共享性与著作权的私权性之间的矛盾，因此构建著作权默示许可制度不仅在当下十分必要，而且也将是著作权法发展的大势所趋[③]；有学者认为，以著作权许可合同禁止反向工程的实施和兼容软件的使用，是一种私人主导的权利配置方式，有助于降低软件利用的交易成本，弥补著作权法对功能性作品保护的不足，并激励权利人选择能够发挥软件最大效用的商业模式[④]。

6. 著作权保护。有学者分析了《侵权责任法》"互联网专条"对网络服务提供者的影响[⑤]、"避风港制度"的困境及对策[⑥]、临时禁令的实体审查标准[⑦]；有学者研究了"实质非侵权用途"规则[⑧]、"红旗标准"[⑨]、转承责任[⑩]；有学者提出，应当重构著作权侵权行为及其责任的规定[⑪]；有不少学者对技术措施进行了研究[⑫]；有学者建议完善知识产权损害赔偿评估相应的审判程序和损害赔偿评估体系[⑬]；有学者分析了假冒他人作品行为的法律性质[⑭]；有学者运用利益分析、比较分析等方法，在法律全球化视野下探讨知识产权侵权行为归责原则的立法及司法意义[⑮]；有学者认为，完善中国特色知识产权保护体制的主要着力点包括突出司法保护在知识产权保护中的主导作用、提高司法保护救济措施的震慑和教育作用、提高司法能力以及完善多国知识产权侵权案件管辖与法律适用原则等方面[⑯]；有学者指出，搜索、链接服务提供行为不属于直接侵权行为，其仅在符合特定要件的情况下，构成共同侵权行为[⑰]，并作为共同侵权行为的帮助人承担间接责任，这是一种过错责任，也是一种不真正连带责任[⑱]；也有学者专门对网络服务提供者的过错认定作了研究[⑲]；有学者强调，知识产权领域中也存在个人利益与公共利益之间的冲突，利益平衡同样发挥着协调作用[⑳]，有利于解决软件知识产权保护中个人利益与社会公共利益的不平衡问题[㉑]。网络著作权的保护是在利益平衡的机制之下实现的，而利益平衡的理念和精神是依靠具体化为法律标准的法律制度设计及法律标准具体适用中的准确把握来实现的，这些制度设计和法律标准的把握必然体现特定的利益平衡理念、意图、精神和原则。[㉒] 有学者

① 参见任中秀：《解释论视野下知识产权质权人权利探析》，载《知识产权》，2012（2）。

② 参见蔡尚伟、钟勤：《论文化产业发展中的版权评估问题》，载《西南民族大学学报》（人文社会科学版），2012（1）。

③ 参见张今、陈倩婷：《论著作权默示许可使用的立法实践》，载《法学杂志》，2012（2）。

④ 参见熊琦：《软件著作权许可合同的合法性研究》，载《法商研究》，2011（6）。

⑤ 参见刘晓海：《〈侵权责任法〉"互联网专条"对网络服务提供者侵犯著作权责任的影响》，载《知识产权》，2011（9）；周强：《论网络侵权中的"提示规则"》，载《电子知识产权》，2011（5）；司晓、范露琼：《评中国〈侵权责任法〉互联网专条——以版权侵权制度为视角》，载《知识产权》，2011（1）。

⑥ 参见彭辉、姚颉靖：《中国避风港规则适用的实证分析与对策研究——以170份裁判书为视角》，载《华中科技大学学报》（社会科学版），2012（2）；赵红仕：《"避风港"困境与对策研究》，载《中国版权》，2011（5）；梁志文：《中国法上的避风港规则：利益失衡与立法完善》，载《电子知识产权》，2011（9）。

⑦ 参见胡充寒：《中国知识产权诉前禁令制度的现实考察及正当性构建》，载《法学》，2011（10）；权彦敏：《版权临时禁令的实体审查标准》，载《中国版权》，2011（6）。

⑧ 参见汪涌、史学清：《TCL互联网电视著作权侵权案与"实质非侵权用途"规则》，载《中国版权》，2011（4）。

⑨ 参见王迁：《超越"红旗标准"——评首例互联网电视著作权侵权案》，载《中国版权》，2011（6）。

⑩ 参见刘家瑞：《版权法上的转承责任研究》，载《知识产权》，2011（3）。

⑪ 参见应振芳：《对现行著作权法关于侵权行为及其责任规定的反思》，载《知识产权》，2011（3）。

⑫ 参见班克庆、李晓明：《版权技术措施保护模式的刑法取向》，载《广西社会科学》，2011（12）；张岳峰：《对网络作品技术措施的若干思考》，载《河北法学》，2011（4）；郭鹏：《网络版权立法：全球趋同化中的利益差异——以技术措施法律保护机制为视角》，载《学术研究》，2011（5）。

⑬ 参见杨雄文：《基于损害赔偿的知识产权评估研究》，载《重庆大学学报》（社会科学版），2011（2）。

⑭ 参见周俊强：《假冒他人作品行为的法律性质研究》，载《中国出版》，2011（23）。

⑮ 参见凌杰：《论法律全球化视野下知识产权侵权行为归责原则的完善》，载《前沿》，2011（18）。

⑯ 参见冯汉桥：《论强化中国特色知识产权司法保护体制的几个着力点》，载《广西社会科学》，2011（8）。

⑰ 参见芮松艳：《论搜索、链接服务提供行为的侵权构成要件》，载《知识产权》，2011（1）。

⑱ 参见吴汉东：《论网络服务提供者的著作权侵权责任》，载《中国法学》，2011（2）。

⑲ 参见陈锦川：《网络服务提供者过错认定的研究》，载《知识产权》，2011（2）。

⑳ 参见丛雪莲：《论知识产权视域下的利益平衡原则》，载《改革与战略》，2011（11）。

㉑ 参见张小号：《以利益平衡为视角审视计算机软件知识产权保护》，载《西安交通大学学报》（社会科学版），2011（2）。

㉒ 参见孔祥俊：《论网络著作权保护中利益平衡的新机制》，载《人民司法》，2011（17）；徐亚东：《网络版权利益平衡的实现途径探讨》，载《中国出版》，2011（13）。

认为，将“剽窃”作为著作权的侵害类型规定在著作权法中的立法体例，在比较法上实属特例，这样的立法安排不仅引发了体系上的矛盾，而且还因其浓厚的道德色彩而影响到了对著作权侵害的判断，并给司法鉴定带来了混乱，造成这种局面的根本原因是绝对权理论在中国尚未扎根，解决这一问题的根本之策是将“剽窃”驱逐出著作权法。① 目前法院在知识产权侵权案件中对停止侵害救济采取近乎绝对化的方式，这忽略了知识产权权利的不确定性和技术创新的复杂化趋势。为了解决权利保护与知识利用之间的两难问题，有学者建议在三类情形中对知识产权权利人的停止侵害请求权进行限制②，以“填平原则”为基础明确适用法定赔偿时应当参考的因素，规定权利人的举证责任，以权利客体为法定赔偿基本计赔单位，辅之以权利数量标准③。

7. 著作权限制。有学者强调，运用经济分析的方法对知识产权制度所蕴涵的经济理性进行考察，可知其内在的平衡机制和外部的限制机制对于保证信息资源配置流畅、有效进行的重要作用。④ 著作权限制具有充分的正当性：从法理学视野看，它是基于公平正义和权利义务一致的考虑；从著作权法价值构造视野看，是基于实现著作权立法宗旨的考虑；从经济学视野看，则是基于交易成本与市场失败的考虑。从著作权制度的价值构造看，在著作权法中存在权利保护和权利限制的内在协调机制。⑤ 有学者对著作权法中的“个人使用”进行了定位⑥；有学者分析了“低价复印图书”行为对合理使用的挑战及应对⑦；有学者建议对技术措施⑧以及其中的合理使用制度予以完善⑨，并将合理使用定位为对市场失灵的弥补，在利用行为有助于公共利益的基础上，考察其是否符合“交易不能”或“正外部性”市场失灵，同时把对作品潜在市场的影响视为最关键的判断标准⑩；有学者认为“效率”是判断著作权合理使用的规范性标准⑪，分析了经济学上交易成本和价格歧视理论在著作权合理使用中的定位与适用⑫；有学者提出，中国应规定技术措施不得具有隐私侵害性，限制技术措施的信息收集范围和收集方式，赋予消费者规避侵害隐私的技术措施的权利，规范著作权人对消费者信息的处理利用规则⑬；还有学者分析了作为一种权利的技术措施⑭；有学者研究了著作权保护期限的发展趋势⑮；有学者解析了公共领域对于拆封许可的重要意义⑯；有学者认为，知识产权与公有领域的关系并不是二元对立的，但也不是知识产权或公有领域范式的，知识产权与公有领域之间应建立一种动态平衡的关系，这种关系强调知识产权与公有领域的辩证统一，关注公有领域的分配正义⑰；也有学者研究了国际公共领域⑱、跨国公司知识产权滥用⑲；有学者认为，在中国因著作权强制许可制度缺失而面临一系列困境的情况下，应首先从立法上进行完善，即引入著作权强制许可制度，形成统一协调的著作权权利限制体系，然后从执法上规范行政机关的自由裁量权，从司法上完善法律救济途径，切实给予申请人和著作权人有力的保障，从而使著作权在私权领域和公

① 参见解亘：《驱逐搅乱著作权法的概念：“剽窃”》，载《华东政法大学学报》，2012（1）。
② 参见陈武：《权利不确定性与知识产权停止侵害请求权之限制》，载《中外法学》，2011（2）。
③ 参见张春艳：《中国知识产权法定赔偿制度之反思与完善》，载《法学杂志》，2011（5）。
④ 参见宁立志：《知识产权权利限制的法经济学分析》，载《法学杂志》，2011（12）。
⑤ 参见冯晓青：《论著作权限制的合理性及其在著作权制度价值构造中的意义》，载《湖南社会科学》，2011（5）。
⑥ 参见张玉敏、李杨：《“个人使用”的著作权法定位及政策选择》，载《西南民族大学学报》（人文社会科学版），2011（1）。
⑦ 参见袁博：《“低价复印图书”与著作权合理使用》，载《福建法学》，2011（3）。
⑧ 参见马利：《版权技术措施的反思与完善——以“使用者权”为研究视角》，载《郑州大学学报》（哲学社会科学版），2012（2）。
⑨ 参见吴文平、李长友：《版权技术措施保护中合理使用制度的完善》，载《电子知识产权》，2011（11）。
⑩ 参见熊琦：《论著作权合理使用制度的适用范围》，载《法学家》，2011（1）。
⑪ 参见黄锫：《著作权合理使用判断的效率标准——法律经济学视角的分析》，载《浙江社会科学》，2012（1）。
⑫ 参见姚鹤徽：《交易成本和价格歧视理论在著作权合理使用中的定位与适用》，载《知识产权》，2012（3）。
⑬ 参见谢惠加：《技术措施保护的隐私权限制》，载《知识产权》，2012（3）。
⑭ 参见杨惠玲、冯涛：《论技术措施权利的法律保护及其例外》，载《知识产权》，2011（9）。
⑮ 参见程松亮：《版权保护期发展趋势及对策研究》，载《科技与法律》，2011（6）。
⑯ 参见苟正金：《拆封许可与公共领域》，载《西南民族大学学报》（人文社会科学版），2011（7）。
⑰ 参见曹阳：《论公有领域——以知识产权与公有领域关系为视角》，载《苏州大学学报》，2011（3）。
⑱ 参见张艳梅：《国际知识产权条约体系下的国际公共领域探究》，载《当代法学》，2011（4）。
⑲ 参见张丽娜：《跨国公司知识产权滥用的反垄断规制——以〈反垄断法〉为视角》，载《广西政法管理干部学院学报》，2011（3）；刘亚军、胡宏雁：《跨国公司知识产权滥用行为界定与治理探析》，载《商业研究》，2011（11）；宋惠玲：《论中国市场经济条件下知识产权滥用行为》，载《学术交流》，2011（5）；

权领域的利益趋于平衡[①]；有学者指出，知识产权穷竭原则实现了知识产品关联主体之间利益的有机平衡，其实质在于维护自由竞争，防止知识产权所有者的垄断，反映了物权对知识产权的限制，体现了权利滥用之禁止的法律精神，是效益原则和公平原则在知识产权法律领域具体应用的体现。[②] 有学者提出，降低著作权市场的交易成本，必须以维持著作财产权的排他性为前提，一方面逐步淘汰法定许可制度，另一方面完善著作权集体管理制度，使定价机制建立于权利人自由协商的基础上。[③]

8. 新技术。有学者分析了“WAP搜索”[④]、“离线下载”[⑤]、“第三方软件”[⑥]、“微博”[⑦] 侵害著作权问题；有学者研究了新媒体技术与著作权制度之间的裂痕及弥补措施[⑧]；有学者认为，作为作品传播技术的云计算使得技术中立原则所强调的技术（设备）与服务之间的区分变得模糊，因而需要重构技术提供者的著作权责任规则[⑨]。

9. 国际著作权法。有学者认为，正是由于中美经贸关系迅速发展和中国知识产权制度的逐步完善，最终使得两国知识产权争端解决机制经历了由特别301条款主导的“权力导向型”逐渐向WTO/TRIPS所确立的“规则导向型”的演进过程[⑩]；有学者则从知识产权条约的解释路径对中美知识产权案重新进行反思[⑪]；有学者研究了《反假冒贸易协定》的知识产权执法规则[⑫]；有学者分析了以TRIPS协定为主要法律依据的当代世界知识产权政策的背景与动因[⑬]、TRIPS-Plus知识产权执法及其合法性[⑭]；有学者认为，知识产权的特殊性给传统贸易规则带来了新的挑战，在实现GATT规则体系与知识产权的结合时必须注意对其进行适当的调整和补充，这样才能实现知识产权体系的多重价值[⑮]；有学者提出，国际贸易中的知识产权滥用应该是指在国际贸易中，拥有市场优势地位的知识产权人在行使其权利时故意超越法律所允许的范围或者正当的界限，限制或妨碍自由公平竞争，损害他人以及社会公共利益的不正当行为，为此提出了作为判定标准的四项构成要件[⑯]；有学者建议，包括中国在内的发展中国家应通过建立知识产权发展同盟、发展产业磋商与咨询体系、参与国际组织和智库活动、制定内部谈判指南等途径，改进谈判策略、强化谈判力量、提高谈判技术，引导形成更加民主和平衡的知识产权国际保护机制[⑰]；有学者以TRIPS协议的制定过程为视角，研究了全球知识产权治理[⑱]；有学者提出，国际知识产权立法要对利益冲突进行协调，而如何进行利益均衡，需要一个对公平价值的理解，同时知识产权国际保护制度也要体现创新对社会的积极影响，并符合效率价值的要求，对知识产权国际保护制度价值应理性地分析与判断，对其所蕴涵的其他价值应进一步挖掘[⑲]；有学者介绍

---

① 参见高兰英：《国际视野下的著作权强制许可制度探析》，载《知识产权》，2012 (3)。

② 参见马强、王燕：《论知识产权穷竭原则的正当性基础》，载《知识产权》，2011 (1)；李建华：《中国知识产权权利穷竭制度的立法设计——基于知识产权法典化的思考》，载《法学论坛》，2011 (2)。

③ 参见熊琦：《著作权法定许可的正当性解构与制度替代》，载《知识产权》，2011 (6)。

④ 参见王迁：《“WAP搜索”及相关服务著作权侵权问题研究》，载《知识产权》，2012 (1)。

⑤ 参见夏朝羡：《“离线下载”版权侵权问题研究》，载《中国版权》，2011 (4)。

⑥ 参见姚志伟、刘润涛：《第三方插件与宿主软件著作权问题探讨》，载《知识产权》，2011 (3)；齐爱民、周伟萌：《第三方软件法律问题剖析》，载《法学杂志》，2011 (11)。

⑦ 参见孟庆吉：《微博著作权及其侵权的认定》，载《学术交流》，2012 (2)。

⑧ 参见吴伟光：《版权制度与新媒体技术之间的裂痕与弥补》，载《现代法学》，2011 (3)。

⑨ 参见梁志文：《云计算、技术中立与版权责任》，载《法学》，2011 (3)。

⑩ 参见沈鑫：《从权力导向到规则导向：中美知识产权争端解决机制的演进》，载《暨南学报》(哲学社会科学版)，2011 (4)。

⑪ 参见宋杰：《从知识产权条约的解释路径来反思中美知识产权案》，载《电子知识产权》，2011 (3)。

⑫ 参见杨鸿：《〈反假冒贸易协定〉的知识产权执法规则研究》，载《法商研究》，2011 (6)；张伟君、方华、赵勇：《ACTA关于“数字环境下知识产权执法”规则评析》，载《知识产权》，2012 (2)。

⑬ 参见严永和：《当代世界知识产权政策的生成背景与动因分析》，载《电子知识产权》，2011 (1)。

⑭ 参见余敏友、廖丽：《简评TRIPS-Plus知识产权执法及其合法性》，载《法学杂志》，2011 (12)。

⑮ 参见肖夏：《国际贸易领域知识产权规制规则探析》，载《河南省政法管理干部学院学报》，2011 (2)。

⑯ 参见高华：《国际贸易中知识产权滥用的概念及判定标准分析——以美国判例、立法及TRIPS为背景》，载《国际贸易问题》，2011 (10)。

⑰ 参见李晓玲、陈雨松：《国际知识产权贸易谈判的新方略》，载《环球法律评论》，2011 (1)。

⑱ 参见刘雪凤：《全球知识产权治理研究——以TRIPS协议的制定过程为研究视角》，载《中国社会科学院研究生院学报》，2011 (2)；刘雪凤、许超：《知识产权全球治理的结构功能主义解读》，载《中国行政管理》，2011 (9)。

⑲ 参见杨健：《知识产权国际保护制度：困境分析与正当性价值之追问》，载《学术交流》，2011 (12)。

了德国对艺术伪造的规制①、加拿大版权协商制度②。

三、结语："入世"十年图新变

知识产权是市场经济的产物，知识产权的保护本质上是一个经济问题。知识产权的历史发展表明，知识产权原本就是一个来源于经济生活和经济运动的法律准则，它来源于市场经济的需求，因而知识产权的正当性不可能以抽象的形式存在。脱离了以自由市场原则为基础的20世纪交换经济的背景，知识产权将毫无意义。"入世"对中国法制变革的实质要求，就是中国必须要在权力架构上进行调整，即要通过法制改革重新厘清行政权力与市场经济的关系。知识产权法制变革较之创建需要耗费更多的资源。创建只是从无到有，可以在一张白纸上绘制，而变革则是由此及彼，需要破旧立新，需要打破旧有习得规则的掣肘。为了使各种制度之间保持均衡而强制推行新制度安排并改变原来的意识形态，很可能会伤害统治者的既得利益。因此，统治者可能不是去创造新的制度安排，而是去维持旧的、无效率的制度安排并为纯洁意识形态而战。③ 这种现象被林毅夫称之为"意识形态刚性"，它是导致政策失败，制度无效、失衡的原因之一。正所谓"法度者，主之所以制天下而禁奸邪也，所以牧领海内而奉宗庙也。私意者，所以生乱长奸而害公正也，所以壅蔽失正而危亡也。故法度行则国治，私意行则国乱"④。由于中国的知识产权立法基本上是由上而下，运用上层建筑反作用于经济基础的思维构建的，很难摆脱长期计划经济造成的政府管理，甚至主管体制的思维习惯，不可避免、或多或少地表现为按照部门意志而非市场需求来制定相关知识产权法律⑤，因此，今后继续完善中国知识产权法制应当以市场需求为基础，反映市场经济共同规律，体现市场经济法律宗旨，贯彻反映市场经济本质属性内在要求的平等、自由、公平、竞争等基本理念。

另一方面，知识产权制度本非中国固有之制。作为法律移植继受国⑥的中国，在历史上并无相关的传统。知识产权虽是清末新政、问学西方、"拿来主义"的产物，但更多是西方列强施加压力的结果。它是"舶来品"，而非"土特产"，是"外发的"，而非"内生的"。中国知识产权法律史的演变路线是一段从"逼我所用"到"为我所用"的制度变迁史，也是一段从"被迫接受"到"主动安排"的法律移植史，因而国人对知识产权的认识与研究总不免有隔岸观火之感，于制度建构上亦常有"夫子步亦步，夫子趋亦趋"的情形。这就决定了知识产权法作为"制度舶来品"引入中国，不仅存在一个"理性选择"的过程，更有一个"法律本土化"的过程，即"拿来"的制度如何在本土"扎根"与"内化"⑦，因为"任何一种制度总是要嵌入到特定的社会结构和社会文化之中去，否则这种制度的创新与变迁最终不可能带来效益，也不可能造成这个社会的发展和稳定"⑧。改革开放以来，尤其是"入世"以后，中国虽已迅速搭建起比较完备的知识产权法律体系，但它并未完全实现其预期的政策目标和法律效益。要扭转这一局面，唯一的出路就是使"拿来"的知识产权制度与中国的政治、经济、社会、文化等因素更加紧密地融为一体，要特别注意国外法（供体）与本国法（受体）之间的同构性和兼容性⑨，使外来的法律属地化、本土化，即用本国法去同化和整合外国法，使之内化为本国法律的有机组成。毕竟，"法律是一种文化的表现形式，如果不经过某种本土化的过程，便不可能轻易地从一种文化移植到另一种文化"⑩。所以，只有使"拿来"的外生的知识产权法律真正融入中国法律的本体，才能更好地适应中国社会的需求，也才能更好地服务于中国经济的发展。

当今国际竞争在很大程度上是不同制度系统之

① 参见韩赤风：《德国法律对艺术伪造行为的规制——兼与中国相关法律的比较》，载《知识产权》，2012（3）。

② 参见夏扬：《加拿大版权协商制度的作用及其借鉴》，载《中国版权》，2011（2）。

③ 参见林毅夫：《关于制度变迁的经济学理论：诱致性变迁与强制性变迁》，见［美］R. 科斯等：《财产权利与制度变迁——产权学派与新制度学派译文集》，398页，上海，上海三联书店、上海人民出版社，1994。

④ 《管子·明法解》。

⑤ 参见刘春田：《知识产权立法应当恪守四大规则》，载《检察日报》，2008-06-14。

⑥ 有学者认为，知识产权不仅是移植的产物，更是"被迫"移植的产物。参见张平：《知识产权与法律移植》，载《读书》，2004（5）。

⑦ 参见吴汉东：《知识产权法律构造与移植的文化解释》，载《中国法学》，2007（6）。

⑧ 李汉林：《中国单位社会》，110页，上海，上海人民出版社，2004。

⑨ 参见张文显主编：《法理学》，218页，北京，高等教育出版社、北京大学出版社，2007。

⑩ ［美］格林顿等：《比较法律传统》，米健等译，7页，北京，中国政法大学出版社，1993。

间的竞争。[①] 竞争的成败很大程度取决于制度的优劣。制度创设的目的在于维护一种社会秩序，社会秩序的维护则在于建立一种信任。此亦即“见必然之政，立必胜之罚，故民知所必就而知所必去”[②]所揭示的义理。“中国的历史已经告诉我们，能向世界输出制度和文化的国家，才能成为大国。中国大国化进程的实现，必依经济建设、政治建设、文化建设、社会建设、生态文明建设的全面法治化为据。实现法治创新，是中国走向大国的必由之路，实现中华法系的创造性转型则可能是实现中国大国化地位的最终标志。”[③] 虽然中国知识产权法制在过去的十年中得到了极大的发展，但我们不能就此停步，问题依然存在，我们应当继续对之予以完善，从而使之最大效能地维护和谐稳定的社会秩序，最大限度地提升国民和社会对知识产权制度的信任与信心。

（作者单位：北京化工大学文法学院）

① 参见［德］柯武刚等：《制度经济学——社会秩序与公共政策》，韩朝华译，3页，北京，商务印书馆，2000。
② 《管子·七臣七主》。
③ 徐显明：《走向大国的中国法治》，载《法制日报》，2012-03-07。

2011年版权（著作权）论文摘编

［编者按］　本论文摘编根据2011年全国公开出版的报刊上登载的论文编辑而成，资料来源于“中国知识资源总库”。论文摘编根据论文主题分成九部分：一是著作权法概述；二是著作权的对象（客体）；三是著作权的内容、取得和期间；四是著作权的主体；五是邻接权；六是著作财产权的利用和变动；七是著作权的限制；八是著作权行政管理；九是著作权集体管理；十是著作权的司法保护。

◆著作权法概述

论我国著作权立法的新思路

李　琛

日前，我国《著作权法》的新一轮修订工作已经启动。和1990年法的制定以及2001年、2010年的两次修订相比，此次修订的社会背景发生了很大的变化，最为重大的变化有两点：第一，此次修订并非由外力驱动，乃是中国自主启动，究竟想达到何种立法效果，则需要更多的独立思考；第二，以往的立法技术以移植借鉴为主，而进入互联网时代之后，著作权的新问题层出不穷，传统技术时代积累的经验难以应对，发达国家同样处于摸索的阶段。对于互联网技术带来的新问题，我们不可能再沿袭借鉴与移植的老路，因为在新问题面前各国平等地缺乏经验。

因此，新一轮的《著作权法》修订工作绝不仅仅是枝节上的技术性修补，立法者需要有更强的时代意识，需要清楚地认识新的历史阶段所要求的立法思路的变革。

一、从应对到前瞻

近30年来，我国的著作权立法带有鲜明的应对色彩，一方面为了应对发达国家施加的压力，另一方面为了应对技术的发展。这种状况有其现实原因，而且在实际效果上也不乏可取之处。

但是，应对模式的局限也非常明显。首先，应对型思路容易导致立法欠缺全局观与前瞻性，仅仅满足于一时一事的“达标”。随着中国立法步入自主启动阶段，有必要改变这种消极思路，认真审视本国的产业状况，选择适当的保护标准。

其次，进入21世纪以来，传播技术的发展速度超过此前的任何时代，应对型立法无法跟上技术的发展，如果不采取新的思路，必将陷入频繁修法的怪圈。在增强立法前瞻性方面，最为重要的是设计著作财产权的定义方式和著作权例外的定义方式，使权利的内容与限制可以保持一定的弹性，以适应技术的发展。

二、从实质达标到形式完美

在不同的历史时期，立法有其不同的任务重点。在填补空白、进行规范基础建设的时期，我国立法更为关注的是在实体上合乎国际标准，而无暇照顾立法的表达技术与逻辑体系，导致我国著作权立法在移植过程中欠缺相应的变通与体系化。

在立法表述方面，个别之处过于忠实地袭用了条约的语言。

在实质内容方面，中国立法有兼采两大体系的特点，不可避免地存在内部体系冲突的问题，尤其是作品的本质定位。一方面，中国《著作权法》把著作权分为著作权人格权和著作财产权，似乎将作品同时视为人格要素和财产，与作者权体系类似。另一方面，中国《著作权法》又在多处规定了著作人格权可以和实际作者分离，包括法人作品、视听作品和某些职务作品。同时，法律只允许转让著作财产权，似乎暗示了著作人格权不能约定转让。著作人格权究竟是否像《民法》上的人格权一样具有专属性，从《著作权法》中可以推出相互矛盾的结论。

在急于建成基础性规范的时代，“便宜行事”的做法是可以理解的。而此次《著作权法》修订是以基础性规范框架已经建立为前提的，立法技术应当向精致化、体系化发展。

特别需要指出的是，国内法在遵循国际条约时，不能简单地照搬条约的措辞，而应当进行体系化的梳理，既要符合条约标准，又要维持立法的逻辑自治。

三、从移植到创新

为了在短期内迅速建成著作权规范的基本体系，中国的立法技术以移植为主。由于发达国家出版业的近代化起步较早，著作权立法的历史较长，确实积累了很多值得我们学习与借鉴的法律经验。但是，这些经验主要适用于非数字化的技术环境。

面对数字化技术的挑战，移植型思路难以为继。各国在新技术的挑战面前同样处于摸索状态，我们不能轻率地照搬其他国家的做法。在一些发达国家，由于传统版权产业的游说力量较大，所以政策考量往往倾向于用严厉的法律维护旧的商业模式，这种做法引起了很大的争议。对于互联网技术带来的新问题，要审慎借鉴他国方案。

在移植型立法时期，中国比较偏重外国经验和国际惯例，对本土法律实务提供的经验素材不够重视。时代的变迁，注定了中国的著作权立法要从移植借鉴走向制度创新，而本土的实务经验是立法的宝贵资源，应当认真地进行总结与梳理。

（摘自《中国版权》，2011（5））

版权制度与新媒体技术之间的裂痕与弥补

吴伟光

本文从历史与经济的角度对版权制度进行分析，指出其基本特征以及与新媒体技术之间存在的裂痕。本文认为，传统意义上的版权制度有以下方面的特点：第一，是在媒体稀缺的前提下建立的法律制度；第二，是一种专家法律制度；第三，是法域特征明显的法律制度。但是，新媒体技术使得版权制度的这三个基本特征都发生了动摇，从而严重影响了今天对版权制度的理解和实施。

版权制度的基本经济学基础是将具有公共物品特征的智力创作成果（即作品）转变成可以通过市场交易的私有财产（即商品）。通过商品的交易，版权人可以直接或者间接获得经济收益，实现对创作者的经济回报，并以此促进其创造活动，从而增加社会福利。

版权制度的另一个特征是专家法律制度，这意味着要求广大公众消费者详细了解和掌握版权制度是不现实的，也是不应该的。这要求相关立法和司法部门避免要求广大公众直接承担版权义务和责任的后果，否则可能会造成众多公众不可避免的违法现象的出现。同时，相关部门希望通过对广大公众进行版权制度教育来提升其版权法律意识和知识，从而实现对版权的主动尊重和对法律的主动遵守的想法是不切实际的，可能是事倍功半的措施。

版权法制度有很强的国家主权特征，这主要表现在：第一，版权制度往往与一个国家的经济、政治和思想文化有很密切的联系。第二，版权制度与维护本国的政治经济利益有密切关系，这种密切关系在版权制度上也反映出其法域性。

在新媒体技术环境下，版权法制度的三个基本特征都在消失或者发生了动摇。

新媒体技术使媒体变得充裕，这意味着媒体不再稀缺，公众不必再为使用媒介支付成本，或者所需支付的成本如此之小，以至于不影响公众的需求判断。媒体充裕对版权制度造成的直接挑战有四个方面：媒体充裕使得版权制度制造稀缺的正当性受到了质疑，媒体充裕使得版权的实施面临很大困难，媒体充裕使得消费者的角色变得模糊和不确定，媒体充裕使得版权制度所造成的交易成本过高的问题更加突出。

由于媒体充裕，消费者同时也成了版权内容的制造者、复制者或者传播者，版权人必须直接面对这些具有多重角色的消费者，需要和他们讨论版权问题，要求他们明白并且遵守版权制度。但是，传统的版权制度是如此之复杂，以至于很多专业人员都未必很清楚。在这种情况下，如何让公众理解并且自觉遵守这一具有几百年历史的法律制度，便成为一个现实问题。

在司法实践中，也出现了越来越多的个人作为版权侵权诉讼的当事人的案例，这使得版权人开始直接面对广大民众，通过个体诉讼来维护自己的版权，这似乎已经陷入了人民战争的汪洋之中；这种诉讼成本之高，时间之长，使得绝大多数版权人无法真正实施自己的权利。

随着技术的发展，版权作品的传播出现了不依赖海关控制的国际化现象，这一现象从具有直播技术的通讯卫星的应用就已经出现，到新媒体技术时代达到了顶峰。由于新媒体技术所造成的版权作品传播的无国界化，使得各国本来独立密封的版权法律制度和相关政策都变得国际化与一体化，即物流已经成为与版权制度独立和分立的作品传播与交易渠道，版权制度本身的主权性与作品传播的无国界化之间产生了严重矛盾。这种矛盾主要体现在以下方面：版权作品的数字化传播不再能被版权人有效控制；由于数字传播的国际化，版权人在本国实施的版权政策会产生国际性后果。

目前有三种尝试来试图弥补这一裂痕：一是改造新媒体，新媒体的三个特征是：媒体充裕、公众参与创作和传播以及版权作品物流无国界化，通过技术手段使新媒体的这三个特征得到消减或者控制；二是修改版权法，使新的版权法适应新媒体环境；三是通过建立新的商业模式，尤其是广泛使用法定许可制度来消减三者之间的冲突。但是，这三种尝试至今都不是非常成功，因此，如何应对版权法制度和新媒体之间的裂痕还需要进一步研究与观察。

（摘自《现代法学》，2011（5））

◆著作权的对象（客体）

作品独创性标准的反思与认知

赵　锐

一、传统独创性标准的追问与反思

（一）独创性是否能够成为适用于所有作品的普适性标准

按照著作权法中“思想/表达二分法”的理论，受《著作权法》保护的作品是作者思想、情感的表达形式。无论是英美法系的独创性标准，还是大陆法系的独创性标准，都成型于作品范围相对狭小的20世纪中期，彼时的独创性可以用一个统一的标准来衡量。然而，著作权客体的拓展使得创作方式和表达形式出现了翻天覆地的变化。由于作品类型和性质不同，作者在各类型作品中的创作空间也不大一样。艺术作品不受历史事实和现实的束缚，作者有足够的创作余地和空间，著作权制度的使命应当是激励作者在广阔的空间中创作出能确实丰富人类艺术成果的作品。事实性作品以既有的客观事实作为创作素材，作者的创作空间相对狭小，如果照搬艺术作品的创造性来衡量事实作品的独创性，对作者而言是一种苛刻的、不合实际的要求。同时，如果用“体现作者个性”的创造性标准衡量具有产业利用价值的功能性作品（例如，计算机软件、产品设计图、食谱等）的独创性，结果只能是将此类作品排除在著作权的保护范围之外。然而，这一结果显然与知识产权的立法价值、各国著作权制度以及产业利益诉求不相符合。我们反对独创性标准的不可知论，但也不能因此而固执地认为对独创性可以进行普适化的界定。

（二）作品的创造性是否是独创性标准的核心

中国著作权理论和制度深受大陆法系立法的影响，学界对独创性的认定多强调作品的“创造性”。“作品的独创性，是指作者在创作过程中投入了某种智力性的劳动，创作出来的作品具有最低限度的创造性。”科学技术的每一次进步都对法律制度和理论提出挑战。面对信息技术的不断演进，如果著作权理论依然因循守旧，独创性标准依然强调作者创造性，则有可能排除了本该受版权保护的诸多作品。如计算机软件和数据库是现代信息产业作品类型的代表，社会利用价值往往体现于其功能性。

（三）独创性的判断是否是法院的责任和职权

在现有立法制度和司法实践中，法院审理著作权纠纷的前提是判断涉案作品的独创性。由法院来判断独创性的有无，似乎是一个颠扑不破的制度。这一习惯性做法的合理性前提是：独创性是纯粹的法律问题，理当由审判机关认定。然而，独创性不是一个单纯的法律问题。

就现有独创性理论而言，作者的创造性是独创性标准的内容，而创造性的高低只能通过作品的表达方式来“推定”。很显然，这是一个从形式到思想的反方向认定，这一过程必须考虑作品的具体细节，并结合法律传统、相关行业习惯和产业政策。因此，独创性不仅仅是法律判断，更是一个复杂的事实判断。从方正诉宝洁案的一审判决书来看，最终结论形成于对美术作品的艺术性、字库字形的形成机理及商业运作模式等大量事实分析的基础上。作品类型的多元化使得对作品创造性的判断成为一个需从艺术、科技等方面分析的复杂过程。作为法律的专业工作者，法院审判人员是否能够完成这个综合性的事实认定就成为必须面对的问题。

（四）作品独创性在模糊状态时是否可以遵循“疑罪从无”的规则

当独创性不够明显，处于模糊状态时，究竟应承认其独创性还是予以否认？在方正诉宝洁案中，法院认为：“从社会对于汉字使用的效果来讲，如果认定字库中的每一个单字构成美术作品，使用的单字与某个稍有特点的字库中的单字相近，就可能因为实质性相似构成侵权，必然影响汉字作为语言符号的功能性，使社会公众无从选择，难以判断和承受自己行为的后果，也对汉字这一文化符号的正常使用和发展构成障碍，不符合著作权法保护作品独创性的初衷。”这一审判思路实际上抛开了就独创性而认定独创性的模式，而是从社会效果和利益的角度认定涉案字体的可版权性。方正字库中的倩体字实用功能远远大于其艺术价值，独创性不够鲜明，导致其著作权的权利边界相对模糊。这样一来，同

行经营者和社会公众无法准确地预知其著作权的保护范围，很容易在无意之中陷入侵权状态。从诉讼的角度看，在独创性可有可无时，认定字体之间存在抄袭关系也非常困难，认定结果有很大的不确定性。法院的这一审判思路实际上体现了对社会公共利益的关切，当著作权人的利益与公共利益冲突时，应更倾向于保护公共利益和作品传播渠道的通畅。

因此，独创性处于“有无”之间的模糊地带时，法院应该尽可能地倾向于认定其没有独创性。

二、对独创性标准的理性认知

（一）独创性标准的确立宜遵循利益平衡原则和区别对待原则

著作权制度赋予作者独享的各种权益，旨在鼓励文学、艺术和科学作品的创作。同时，通过合理使用、法定许可等制度对著作权进行一定的限制，以保障社会公益和作品的有效传播。在对独创性标准界定这一问题上，同样应该遵循利益平衡原则，应尽量实现作者利益与社会公共利益的兼顾、统一。独创性标准的高低会对作者利益和社会公共利益起到扩张或限制的作用。对作品独创性标准的构建应当遵循、贯彻利益平衡原则，既要保障作者利益的充分实现，起到鼓励、刺激作品创作的作用，又要兼顾社会公共利益，避免独创性标准过低，导致社会公共利益被挤压和限制。而且，相对于著作权人的个体利益，社会公众对文学、艺术等作品的分享和传播更为重要。

由于作品类型和性质不同，作者在各类型作品中的创作空间也不大一样。因此，独创性标准的建立宜采用区别对待原则，即针对不同类型作品，综合考虑社会习惯、公众接受能力和产业政策，来具体评判其独创性。

（二）淡化独创性标准中的“创造性”因素，关注作品的经济、社会价值

独创性的客观标准是从作品本身的经济、社会价值来衡量的。在贸易与版权紧密结合的世界经济大背景下，不应当将焦点永远放在作者对作品的创造性智力劳动上。作品的价值在于其传播过程中给社会带来的利益，如果说创造性是作品的内在品质，那么，这种内在品质应当是对社会有用或者说是能够增加人类文化艺术成果的总量，否则，所谓的创造性极有可能仅仅成为作者孤芳自赏的理由。因此，应当重视以社会利益价值来衡量作品独创性的立法趋势。

（摘自《知识产权》，2011（9））

从戏本到戏：传统戏曲作品范围的厘定

张　林

在研究传统戏曲作品范围之前，我们先分析一下作为传统戏曲作品的上位概念“戏剧作品”的范围。有学者认为戏剧作品指的不是“一台戏”，而是指有关的剧本。虽然这种解释可能使这部分作品与“文字作品”有所重合，但却是正确的解释。《伯尔尼公约》第11条（2）款规定：“‘戏剧或戏剧—音乐作品’的作者在其原作的保护期内，对作品的译本享有同样的权利。”这段话也暗示了“戏剧作品”指的是剧本。作为著作权客体的戏剧作品指的是属于文字作品的戏剧剧本，而不是戏剧演员的舞台表演，也不是剧本和表演二者的综合。笔者认为，该结论是值得商榷的，理由如下：

1. 从戏本到一台戏的过程是创作者付出巨大智力劳动的过程

从唐代传奇——戏本——一台戏的创作过程，可以看出戏本的编写完成并不意味着戏曲作品的完成，因为戏本还需要从平面、抽象的文字转化成立体、具体、具有艺术欣赏价值的舞台演出，需要将设计的对白、曲调、角色、唱腔、人物动作与具体的人结合，利用表演者特殊的艺术天赋呈现给观众一台戏，而只有到此时戏曲作品才最终创作完成。历史上，有很多文人创作过不适合舞台演出的甚至不能演出的戏本，这类戏本被称为案头戏或书斋剧。由此可见，从戏本转变成戏曲的过程中往往是需要付出智慧性劳动的，认为戏本就是戏曲作品的人往往忽视了这一过程。

2. 戏曲作品的发表并不以戏本的出版发行为标志，而是以第一次演出为标志

任何作品都面临着发表的问题，但每一种作品的发表都有着自己的特点。如同电影作品的发表通常是在电影院播放电影一样，戏曲作品的发表通常是在戏台上第一次表演该戏曲。作为戏曲作品的作者有权决定是否发表作品，并有权决定采用何种方式发表作品，通过在戏台上表演能够使作品为公众所知晓，因而该种方式是有效的发表方式。当然，在发表作品过程中，自然会将作品传播给不特定的第三人，但由此便认为戏曲作品的第一次表演就是在传播作品，进而得出表演者是邻接权人的结论是错误的。

3. 戏曲作品的个性化特征往往通过演员的演技呈现出来，而无法通过戏本呈现出来

不同表演者表演相同戏本通常会有不同的艺术效果，其原因就在于戏曲作品中最为重要的几种表

达方式——唱腔、动作和姿态往往与演员的艺术天赋、身体条件、后天努力有着密切的联系，因此戏曲对演员的技艺水平有着很高的依赖性。

从上述三个角度的论述不难看出，戏曲作品不是戏本，而是观众所欣赏到的“一台戏”，这也推翻了“戏剧作品是有关剧本”的观点。但有人可能会问，那你如何理解《伯尔尼公约》第 11 条（2）款关于戏剧作品的规定？笔者认为剧本作为戏剧作品的文字基础，自其创作完成之日起，自身就成为了文字作品，剧本作者对其剧本的译本也当然享有权利。戏剧作品作为一个综合性艺术作品，剧本自然也是其组成部分，因此，所谓戏剧作品的“译本”则实指戏剧剧本的译本。例如电影作品中的剧本作为单独使用的作品，自然是指文字作品，也可以有其“译本”，但并没有因此而认定电影作品就是指电影剧本。另外，对于“一台戏”完全可以存在不同“译本”，使得不同国家的人都能欣赏中国戏曲，而在“一台戏”中只需将唱词、对白翻译成外文，观众就可以理解戏曲内容，戏曲的灯光、布景、服装设计、演员的活态表演根本不存在“译本”问题，因为观众在欣赏灯光、布景、服装设计、演员的活态表演时并不存在语言障碍。因此，仅从有无“译本”并不能得出戏剧作品就是戏本的结论。

对于戏曲而言，音乐也是戏曲作品中非常重要的表达方式。自元杂剧以来的戏本实际上主要由三部分组成：唱词、舞台指导和曲牌，其中的曲牌是传统填词制谱用的曲调调名的统称，俗称“牌子”。每支曲牌唱腔的曲调，都有自己的曲式、调式和调性，以及本曲的情趣。后来由于很多曲调失传，曲谱丢失，导致现代的人们无法知道该曲调的音乐曲式、调式，于是曲牌都丧失了原有音乐的功能，成为唱词的点缀，而唱词也无人会唱，鲜活戏曲作品逐渐丧失了自己的个性特征，沦落成文字作品。而更让人伤心的是，作为专门保护作品的著作权制度竟然对此无动于衷，硬要说“戏剧作品指的就是剧本”，在这种理论的指导下，产生有《窦娥冤》戏本但却无人会唱元杂剧《窦娥冤》的结果实际上并不难理解。

（摘自《中国版权》，2011（6））

论录像制品在我国著作权法中的重新定位

曹　博

一、录像制品概念暗藏矛盾

根据中国《著作权法》的规定，电影和以类似摄制电影的方法创作的作品是指摄制在一定介质上，由一系列有伴音或者无伴音的画面组成，并且借助适当装置放映或者以其他方式传播的作品。而录像制品，是指电影作品和以类似摄制电影的方法创作的作品以外的任何有伴音或者无伴音的连续相关形象、图像的录制品。

从法条上对录像制品的规制来看，可以对其进一步区分为：使用他人作品制作的录像制品和未使用他人作品制作的录像制品（如自然风光和动物世界的原始录制品），这种区分基本上已经成为学者们的共识。

传统意义上的录像制品正是针对前者而言的，并且一般是指对表演活动的录制，往往先有文学艺术作品的创作，然后有表演者对文学艺术作品的表演，再有录音录像的制作者将有关的表演活动记录下来。录像制品出现在著作权法之中是由录制技术的产生、发展导致的，而这种录像制品不能成为作品的原因是因为缺乏独创性。显然，仅仅从概念上看，还没发现有何不妥。

然而，当我们将视线投向第二种录像制品时，可以发现录像制品这一概念本身已经存在问题了：录像制品是录制者权的客体，而录制者权又是邻接权的一种，邻接权是指作品的传播者对其传播作品的创造性劳动成果所享有的权利。可见，邻接权存在的前提是必须要有作品，邻接权是通过传播作品而获得的，但是第二种录像制品则显然不是通过传播作品获得的，它的制作并不借助已经存在的作品。

二、“只问过程，不问结果”还是“只问结果，不问过程”？

现在来检视第一种录像制品的独创性问题。认为录像制品缺乏独创性的理由往往被归结为“录制是机械的、自动的操作”。恰如摄影技术产生之初，很多人反对将照片视为作品的原因在于摄影借助了机械：“那些摁动按钮的摄影者是创作者吗?”当时的质疑导致《伯尔尼公约》规定对摄影作品自创作完成之日起保护 25 年即可，而《世界知识产权组织版权条约》在保留《伯尔尼公约》诸多规定的同时，排除了《伯尔尼公约》关于摄影作品保护期的规定，取消了对摄影作品的歧视。电影在产生之初其实也面临了同样的问题，仅仅因为借助机械就不被视为作品。而霍姆斯法官曾这样解释为什么要承认电影的作品地位：“问题的关键不在于是否利用了机械装置，而在于我们看到了活生生的故事。”就此而言，“财产法只关注财产形态是否符合法律的要求，而不必追问财产的来源。”著作权法亦不例外。

仅就借助机械这一点看，录像制品和摄影作品、电影作品并无多大差别，但却依然被排除在作品的行列之外，不能不说是著作权法长久以来“敌视机械与技巧”的反映，更是著作权理论和制度中“关注过程”这一弊病的体现。而这不但使现代著作权法标榜的“技术中立”成为空谈，更使著作权法背离了财产法“只问结果，不问对象”的分析原则。

此外，独创性本身也并不是一个确定的概念：“中国《著作权法》并未规定独创性的概念，在《著作权法实施条例》第二条中规定作品是指具有独创性的智力成果，第三条规定创作是指直接产生文学、艺术和科学作品的智力活动。显然，在这两个定义中存在着一个逻辑上的恶性循环，即定义作品必须先明确独创性的涵义，而独创性又需要根据创作概念来规定，但是创作概念只有在作品概念确定后才能有其规定性。这是一个跳不出去的‘死循环’。因此，在现行法律中要确定独创性概念是不可能的。”

然而，就是这种未被确定的独创性概念，在现实中却被人为地赋予了极大的权威，独创性成了一种可以便宜使用的主观性极强的工具，凡是电影、电视剧，因为所谓的“投资大、参与主体众多、创作过程复杂”就符合了独创性，而不属于电影、电视剧的录像制品往往因为“投资很少、由单独的个体制成、创作过程相对简单”便缺乏了独创性。其实二者之间的这种区别根本就不能说明是否具有独创性，判断者已然具有了先验的价值判断，采纳的是一种从结果证明原因的逻辑，而录像制品则成为了这种逻辑的牺牲品。

三、邻接权迷思：一种偶然的产物

邻接权制度的产生，无疑是科技发展导致的结果，也是著作权制度是科学技术产物的又一例证。随着新的传播技术的产生和发展，与传播作品相关的表演者权、录音录像制品制作者权和广播组织权就逐步产生了，并且成为了著作权法体系中的重要内容。应当说，邻接权制度产生的初衷就是要保护在作品传播过程中付出一定劳动与投资的传播者的利益，对录像制品制作者权的定位也是基于这种考虑。

技术的发展使得复制和翻录非常容易发生，一些非法复制和翻录的录像制品充斥市场，对录制者的经济利益造成了极大的损害，保护录像制品制作者的合法利益的问题凸显在社会公众面前，录像制品制作者权随即产生。应当承认，在录像制品制作者权产生之后的很长一段时间内，录像制品都是基于传播已有的作品而产生的。但是随着技术的不断发展和人类自身认识视野的拓展，已经有越来越多的录像制品不是在传播已有作品的基础上产生的，也有相当一部分录像制品是制作者发掘已经处于公有领域中的作品而进一步制成的。此时，这种录像制品显然已经不能为传统的邻接权概念所容纳。

事实上，“独立于著作权体系之外的邻接权制度，其产生受偏见的影响，更是利益博弈与妥协的产物，实属历史偶然”。因此，这样一个本身就备受争议并存在缺陷的制度，其自身并不足以实现逻辑上的自洽，在技术发展的背景下，如果坚持适用这种制度去阐释录像制品，必然只是一种抱残守缺的无奈之举。

四、一个可供尝试的选择：视听作品

在网络技术迅速发展的今天，录像制品的制作者越来越感受到自身权利的薄弱，精神权利的缺失使得录像制品制作者得不到应有的尊重，而经济权利的不足则不能保障制作者获得足够的经济收益。对旧有的依据邻接权保护录像制品的模式进行细枝末节的修补，已经不足以适应快速发展的社会现实。

可以说，用视听作品的概念统辖影视作品与录像制品，赋予录像制品完整的著作权。承认其作品的地位，应当是现代型的著作权法最为理性的选择。视听作品的概念并不新鲜，世界知识产权组织就曾试图用“视听作品”统一影视作品与录像制品。在1989年4月由其主持缔结的《视听作品国际登记条约》中，该组织认为：一系列镜头伴随或不伴随声响而固定在一定介质上，可以复制，可以供人们视、听的作品，统称“视听作品”。

笔者认为，这种“视听作品”的概念完全可以容纳中国现有著作权法中的影视作品与录像制品。采用视听作品的模式来保护录像制品，不但可以避免对独创性先验的价值判断，也可以逃脱邻接权体制的束缚。

对录像制品而言，其价值并不能被先验地认为一定就低于影视作品，而应当对录像制品赋予完整的著作权，至于其究竟有多大的价值，会产生多大的意义，则应该交由市场去判断。意义空泛、价值甚低的录像制品自然会被市场所淘汰，而意义深远、价值居高的录像制品自然能够在市场中占得一席之地。

（摘自《中国版权》，2011（2））

论方正“倩体字”的非艺术性

刘春田

一、方正字单个字形是否是美术作品是争议的核心

汉字字库、字体、字形的纠纷发生在法律领域，而艺术判断又是解决法律纠纷的前提。对此，答案应当从艺术的规定性，而不是从法律规定中去寻求。法律认定需建立在客观的艺术判断的基础上。首先要分清：我们研究的不是字体问题，而是单个方正字是否美术作品的问题。书法理论认为，书法涉及字体、书体和书风三个概念。字体是实用技术工具，书体或书风是抽象的风格，三者都不是作品本身，因而不是《著作权法》谈论的对象。方正的“倩体字”和与该字形类似的汉字产品，究竟是否艺术作品，应否为《著作权法》的保护对象，才是我们讨论的核心问题。

二、创造与劳动的区分是解决纠纷的钥匙

创造事实上是与劳动本质不同的行为。以劳动作为正当性的依据，人类产生了传统意义上的财产权，并逐步完善了相应的财产法律制度。根据创造获得的正当性，人类产生了崭新的财产权形态——知识产权，并由知识产权制度加以规制与保障。创造成果与劳动成果成了获得知识产权和传统财产权的分水岭。在这个基础上，可以提炼出划分创造与劳动的具体标准。1994 年针对“电视节目表案”曾提出：第一，凡是依照既定的规则、规范、程序、程式、标准等生成的成果，无论何人、何时、何地、在何种心绪下完成，结果都相同，不管消耗了多大的心血和精力，都不是创造；第二，凡是只贡献技艺，再现一个既有成果的行为，无论技艺多么高超繁复，成果与原作多么惟妙惟肖、酷似逼真，也不属于创造。

三、对方正字生成过程的分析

我们可以综合海淀法院判决书的认定，以及方正公司提供的书面材料，分析方正字的关键环节和制作过程。

第一步：专业设计师设计的风格统一的字稿。

第二步：在此基础上设计出一些“样字”的笔画、部件、单字。确定了字体的结构、粗细后，对字体的基本笔形、部件进行规范。

第三步：扫描输入电脑，进行数字化拟合，自动通过参数调整轮廓点、线、角度和位置。通俗地说，就是利用此前确定的规范的、标准化的、统一的、预制的、通用的汉字偏旁部首和元部件，去组装汉字，并利用数字技术进行调整。

第四步：人工修字，提高单字质量。利用造字工具以提高效率，保证质量。

第五步：质检。从头到尾，字形、字库的生产过程，看不到生产者的个性，包括当初字稿设计者齐立的个性。驾驭方正字字形、字库生产过程的只有抽离人性的客观标准与规范。

所以，方正字库和与字库互为规定的单个字形，其生成过程从始至终都是劳动，没有创造行为。

四、方正字的非艺术性

美学理论认为：各种门类的艺术都有其独特的本质属性与局限性，相互之间无法替代。按照方正的主张，如果方正字的单个字形属于美术作品，只能归于书法艺术。该主张能否成立，又取决于方正字是否具有书法艺术的本质属性。书法是一种非再现的抽象艺术。书法艺术以形式取胜，并不再现具体事物的形象，没有故事情节的描述，而只是以本身的抽象形式表现美或意味。书法艺术的特殊性在于：

第一，书法特指以毛笔书写汉字的艺术。文字本是人类用以沟通思想、情感的工具，汉字的书写方式之所以构成独立的艺术门类，根本原因在于它可以摆脱原有的表意功能，仅凭自身的形态，即足以淋漓尽致地表达书写人的思想、品格与独特的情怀，书写“形式”自身就体现了与众不同的艺术价值。

第二，书法是化文字为艺术的一种艺术形式。它以汉字为手段、为媒介、为限定载体来表达人的情感。如同石材是雕塑的质料一样，汉字也是书法艺术的质料，是艺术家构造活动的基底和场地。书法艺术的创作题材仅限于汉字，是它不同于其他艺术形式的区别所在。

第三，作为艺术的书法，以书写行为作为创作的途径，呈现出时间上的由始到终、由起到止的逻辑及实践的有序性特征。

第四，书法艺术是人对生活、情感，乃至生命的真切、直接、自然的表达，其创作是当下的、即时的、鲜活的、生气勃勃的，具有随机性、偶然性、变化性。

第五，书法艺术作品是个性的符号，是不世出的创作。它是情感的表达，是情绪的宣泄。

第六，书法艺术体现出强烈的个性，是典型的作者情感的表现。

总之，就抽象性而言，书法艺术是不受任何功能限制的，足以同音乐相媲美的纯粹的抽象艺术。上述特征，反映了书法艺术的独特本质。

反观方正字，其设计载体虽然也是以点、线构成的汉字，但也只是与书法艺术形式上相似，实质上大异其趣、本质不同。突出表现在：

第一，目的与手段的差别。方正字以装饰汉字字形、追求字形的视觉美作为目标，不传达任何情感。实用性这一概念表明，方正字是特地为使用而生产的。

第二，方正字的生产过程与书法艺术的书写过程不同，不具有有序性。

第三，方正字只具备一般形式美，而不具有书法艺术作品的随机性、偶然性、变化性。

第四，方正字标准、规范，整齐划一，是机械的、僵化的、静止的、产品的，是无生命、无个性、无情感、非人化的。

第五，与美术作品不同，生产方正字的直接目的是应用，而非鉴赏。

五、方正字无法获得《著作权法》的保护

按照创造与劳动的区分理论，创造成果依法应当获得知识产权，劳动成果则无法获得知识产权。艺术作品与劳动产品，是人类文明成果的两极，就像一个硬币的两面一样，相互依存，分别满足人的精神与物质需求，二者并无贵贱轻重之分。方正字，以及方正字同类成果的产品性、工具性是不言而喻的。社会生活中，既不会有人把方正字的“飘柔”二字精心装裱，悬于中堂，也不会有方正字的身影出现在美术馆这样的情况。方正字等美术字、印刷体字最宜出现的地方，是印刷工业博览会。

（摘自《知识产权》，2011（5））

浅论微博著作权问题

牛嘉琦

一、微博的含义和特征

微博，即微型博客（Micro-Blog）的简称，是互联网Web 2.0时代交互式产品的典型代表，是一种“基于用户关系的信息分享、传播以及获取平台，用户可以通过Web、WAP以及各种客户端组件进入个人社区，以140字左右的文字更新信息，并实现即时分享”。

二、微博的著作权困扰

微博继网络论坛、博客、跟帖之后，成为最为强大的网络信息媒体，这种互联网快餐式文化正在深刻影响着人们的生活。但与此同时，一些问题随之出现。当前关于微博著作权的争议和纠纷日益增多。

（一）微博是否应受到著作权保护

微博是不是著作权保护的对象？对这一问题的回答是讨论微博著作权法律问题的前提和基础。笔者认为，那些经过作者精心构思创作来表达一定思想或者上传了自己创作的图片、音视频文件的微博，已经符合著作权的客体要求，理应受到《著作权法》的保护。

（二）微博著作权的构成要素

1. 微博著作权的客体

著作权的客体——作品，是指文学、艺术和科学领域内具有独创性并能以某种形式复制的智力创作成果。作品最基本的属性为独创性和可复制性。所谓独创性，是指一件作品的完成应当是作者自己的选择、取舍、安排、设计、综合、描述的结果，既不是依已有的形式复制出来，也不是依既定的程式或者程序（又称手法）推演而来。很多微博内容是作者经过精妙构思和遣词造句而创作的，用以表达一定的想法或感情，有些也附上了自己创作的摄影作品或者视频，这些足以构成《著作权法》对于独创性的要求。至于可复制性，其实质在于作品能以一定的形式表现固定，而微博作品是直接在网络上通过数字化形式进行创作和传播的。并借助网络进行存储和向不特定对象反复传播。所以，对于那些有独创性的微博理应成为《著作权法》所保护的“作品”。

2. 微博著作权的主体

根据著作权自动产生的原则，完成创作的文学艺术作品的法律事实一经出现，相应的著作权法律关系也即产生，作者成为著作权人。微博的作者毫无疑问是微博的著作权人。但与传统的著作权相比，微博这种互联网语境下的作品有其特殊性。微博是网友们在微博服务提供商提供的平台和存储空间内进行创作。网友们在注册微博的时候首先要与微博服务提供商签订一个网络服务协议，协议中会提及微博著作权的问题。目前通行的做法是微博服务提供商享有微博的永久的、免费的、非独占的使用权。网友们在注册微博时要仔细阅读相关的协议，进而明确双方的权利义务关系，以免之后出现纠纷。

3. 微博著作权的内容

著作权主要包括人身权和财产权。著作人身权是指作者基于作品依法享有的以人身利益为内容的权利。根据《著作权法》第十条规定，著作人身权包括发表权、署名权、修改权、保护作品完整权。发表权是指决定是否将作品公之于众的权利。署名权是微博作者的一项重要权利，因为署名是著作权人的重要权利标记。对署名权的尊重既是对作者创作行为的尊重，也是对大众知情权的尊重。在微博的规则中，鼓励转发而不是复制粘贴到自己的微博中，这既体现了微博在传播中的分享特性，也保护了原作者的署名权。

著作财产权是指基于著作权，通过各种方式利用作品来取得一定收益的权利。另外，在前文中已经提到过，微博服务商在其用户上传微博后可以“永久、免费、非独占地使用、复制、修改、改变、出版、翻译等”。微博服务商在提供网络服务的同时，根据其与用户的协议相应地获得一定的著作财产权。

三、微博著作权侵权行为的分析

微博的交互性、传播的迅速性和广泛性以及运行环境的特殊性极易引发微博著作权侵权，并使得微博著作权无论在认定上还是救济上都较传统著作权更为复杂。中国目前的法律法规对微博著作权的规定还处于一个空白的状态。

北京市海淀区人民法院根据近期几个微博侵犯著作权案，给出了两项微博著作权侵犯认定标准：一是转发者在主观上应当具有“显而易见”的恶意，二是转发行为应当发生了“显而易见”的后果。

根据目前已经发生的诸多关于微博著作权的争议和纠纷，可以归纳为下面几种情况：

1. 网友的随意复制转载。这种行为不同于微博上的转发，而是直接的“盗用”。这种行为缺乏对原作者的足够尊重，不符合微博世界的基本原则，在道德上理应受到谴责。从法律角度看，构成对原作者信息网络传播权的损害。

2. 报刊杂志、出版书籍对于微博的引用。随着微博段子创作的火爆，许多传统的报纸杂志以及书籍纷纷以微博集锦的形式进行出版。在这个过程中，很多情况下是随意引用而且并不注明原作者名字。

3. 网友在微博上引用传统著作权保护范围内的作品，如文学作品、摄影作品、音视频等。对于这种行为，如果网友仅仅出于个人学习、研究目的，而并非营利，根据中国《著作权法》第二十二条的规定，不构成著作权的侵权。但网友在引用时应当注明作者姓名、作品名称，并不得侵犯作者根据《著作权法》享有的其他权利。

四、微博著作权的保护

著作权制度的灵魂在于既要保护作者的权利，还要利于新技术、新思想的传播，进而达到一种个人利益和公共利益的平衡。微博作为一种新的网络信息技术，具有即时更新、转载、传播与分享的特征，如果像传统版权转载的方式需要事先征得著作权人的同意，将面临海量授权的困境，并且也会阻碍微博的发展，使其失去存在的意义。但是如果不对微博著作权加以有效的保护，会导致微博内容随便被盗用，那么微博作者将毫无创作的动力，同样也会阻碍微博的发展。如何处理这个矛盾？笔者认为可以从以下角度考虑：

首先，作为微博用户，要增强维护著作权意识。一方面，要注意自己作品著作权的保护。在注册使用微博服务时，仔细阅读微博运营商出具的服务协议；在使用微博的过程中，注意自己作品证据的保留，一旦发现其他用户侵犯自己的著作权，则可以在掌握合理证据的前提下，根据微博服务协议或者《信息网络传播权保护条例》的规定要求网络服务商删除侵权者作品或者以其他方式来保护自己的著作权。另一方面，还要注意尊重其他作者的著作权。在转载别人作品时注意注明原作者的姓名和作品名称，如果要进行进一步的利用，则要取得原作者的授权。

其次，作为微博运营服务商，可以尽量细化明确与微博用户的网络服务协议，明确网友在其提供的微博平台上所创作的微博的著作权的归属，并且提醒微博用户在注册使用过程中仔细阅读并且遵守该协议。在接到用户有充足证据的侵权投诉后，删除侵权者的微博或者以其他形式来保护著作权人的利益，从而在微博上营造人人尊重著作权的氛围。另外，传统的报刊杂志以及书籍在引用网友的微博时要注意尊重微博作者的著作权。在引用时，就著作权问题要取得微博作者或者微博运营商的授权。如果实在联系不到作者，也可以在版权机构登记，将稿费交由该机构进行管理和发放。

中国目前还没有任何法律法规专门规范微博这一互联网新兴事物。既要维持微博自由、共享的活力，又要注重对著作权的保护，这不仅需要立法的完善、制度的规范，更需要每一个人在享受互联网带来的便利的同时提高对著作权的保护意识，进而在全社会形成尊重著作权的良好氛围。

（摘自《法制与经济》（下旬），2011（8））

◆著作权的内容、取得和期间

论遗作发表权

——从张爱玲作品《小团圆》说起

李国庆

一、中国《著作权法》关于遗作发表权问题的规定

对于作者生前未发表作品的发表权行使问题，《中华人民共和国著作权法实施条例》（以下简称

《条例》）第十七条规定："作者生前未发表的作品，如果作者未明确表示不发表，作者死亡后50年内，其发表权可由继承人或者受遗赠人行使；没有继承人又无人受遗赠的，由作品原件的所有人行使。"

关于侵犯著作人身权的法律责任问题，《中华人民共和国著作权法》（以下简称《著作权法》）第四十七条规定："有下列侵权行为的，应当根据情况，承担停止侵害、消除影响、赔礼道歉、赔偿损失等民事责任：（一）未经著作权人许可，发表其作品的；（二）未经合作作者许可，将与他人合作创作的作品当做自己单独创作的作品发表的；（三）没有参加创作，为谋取个人名利，在他人作品上署名的；（四）歪曲、篡改他人作品的；（五）剽窃他人作品的……"

二、意大利、法国对遗作发表权的规定和分析

意大利《版权法》第二十四条规定如下："遗作的发表权属于作者的法定继承人或遗嘱继承人，但作者生前明确禁止发表或委托由他人发表的除外；作者指定发表期限的，在该期限届满之前不得发表该未发表的作品；第一款规定的继承人为两个以上并不能达成协议时，由司法当局听取公共利益代表人陈述后裁决。但作者的书面遗嘱必须绝对尊重。"

法国《知识产权法典》第L121-2条规定："作者死亡后，在作者无相反意愿的情况下，其遗著的发表权由作者指定的一个或者数个遗嘱执行人终身行使。没有遗嘱执行人或者遗嘱执行人死亡后，该权利依次由下列各人行使：子女、未受分居终局裁定或未再婚的配偶、子女以外的全部或部分接受遗产的继承人、总体受遗赠人或全部未来财产受赠人。"并规定："如果已故作者代表人明显滥用或无故不行使发表权的，大审法官可采取一切适当之措施。代表人意见不一，或者没有已知权利所有人，或无人继承或继承人放弃继承时亦同。"

对比意大利和法国之规定，笔者认为，关于发表权的权利行使主体，法国的规定更为科学。因为法国在遵循意思自治的基础上，将遗作发表权依次授予子女、配偶行使，"子女"基于相互间亲密关系和与作者的父子或母子关系，意思表示一致的可能性较大，而配偶因其数量的唯一性，也仅仅只有发表或者不发表的意思表示，因此，遗作发表权产生争议的可能性稍小；而意大利法律规定，"遗作的发表权属于作者的法定继承人或遗嘱继承人"，这一规定使遗作发表权纠纷产生的可能性较大，因为法定继承人或遗嘱继承人很可能为两人以上，在有些情况下，法定继承人和遗嘱继承人还可能同时存在，这均可能产生继承人对发表权是否行使意见不一致的问题，并因此导致司法当局处理大量的发表权纠纷的法律后果，增加了诉讼的可能性，违背了效率原则的法律理念。

同时笔者认为，意大利和法国对作者意思自治的保护程度不够，这主要体现在遗作发表权的行使条件上。意大利规定的条件是"作者生前未明确禁止发表或委托由他人发表的除外"，法国规定的条件是"在作者无相反意愿的情况下"。作者死亡后，"作者生前未明确禁止发表"、"作者无相反意愿的情况"可以推定作者可能有两种意思：其一，同意发表；其二，不同意发表。意大利和法国规定此种情况下可以发表作品，但这不一定符合作者的真实意思，因为"作者生前未明确禁止发表"、"作者无相反意愿的情况"并不意味着作者同意发表。

三、对中国遗作发表权制度的反思

对比中国和意大利、法国的遗作发表权制度，笔者认为，中国死者著作人身权制度的规定存在着以下不足：

第一，中国《著作权法》立法不周全，没有考虑到当事人可能针对作品是否发表及如何发表进行意思表示这一情况。

第二，继承人、受遗赠人均可能是多人，并且继承人和受遗赠人可能同时存在，中国《著作权法》没有规定这些情况下行使发表权的权利主体顺序，更没有规定当不同权利主体针对发表权有不同看法时，如何行使发表权的问题。

第三，中国《著作权法》将"作者未明确表示不发表"的作品一律发表，可能产生违背作者意志的法律后果。

第四，中国《著作权法》没有明确规定保护遗作发表权的权利主体的范围。中国《条例》第十五条仅仅规定了除发表权以外的其他著作人身权的保护主体，如前所述，遗作发表权可能会遭到侵犯，中国《著作权法》应当针对遗作发表权的保护主体作出规定。

第五，针对侵犯遗作发表权的行为，中国《著作权法》仅仅规定了停止侵害、消除影响、赔礼道歉、赔偿损失的民事责任，而没有规定"消除危险"这一民事责任。笔者认为，在当前网络技术非常发达的背景下，信息的传播速度特别迅速，发表权一旦被侵犯，作者或其他著作权人很可能受到难以弥补的损失，因此，对作者和其他著作权人来讲，事前防御比事后救济的意义更为重大。基于此，中国《著作权法》应当强化"停止侵害"和"消除危险"民事责任的法律地位。

立足于中国《著作权法》现有规定，参考国外相关制度，笔者认为，中国《著作权法》应当作出如下规定：

第一，作者生前未发表的作品，作者死亡后，其遗作的发表权由作者指定的一个或者数个遗嘱执行人行使。

第二，如果作者未发表又未指定遗嘱执行人，在不违背作者可推知的意思前提下，在作者死亡后50年内，其发表权依次由下列各人行使：配偶、父母、子女、兄弟姐妹、祖父母、外祖父母；没有继承人的，由作品原件的所有人行使。如果遗作发表人明显滥用或无故不行使发表权的，司法机关可采取一切适当之措施。遗嘱执行人或者继承人意见不一，或者无人继承或继承人放弃继承时亦同。

第三，作者死亡后，作者配偶、父母、子女、兄弟姐妹、祖父母、外祖父母均享有保护作者发表权的权利，可请求侵权人承担停止侵权的民事责任，也可请求即将实施侵权行为的人承担消除危险的民事责任。但是，作者遗嘱另有指定时，则按作者遗嘱处理。

（摘自《中国版权》，2011（1））

论文字作品的冒名侵权

杨志祥

一、文字作品冒名侵权的法律分析

（一）署名权的实质内容和法律意义

署名权是著作权人一项基本的人身权利，中国《著作权法》第十条第（二）项规定：“署名权，即表明作者身份、在作品上署名的权利。”从这一条可以看出，所谓署名权，即作者在特定作品中表明其真实身份并将其姓名（真实姓名、别名、笔名、化名等）表征作品之上，以证明或宣示此作品为该作者所创作而非彼作者所创作的权利。署名权的权利主体必须是作品的真实作者；署名权必须与作品相联系，用来表示具体作品作者的真实身份。不与作品相联系的署名，不是《著作权法》意义上的署名。

署名权的主要内容之一，就是作者有权禁止他人假用、盗用和套用自己的署名或特定身份以发表、复制、销售作品，并对他人侵犯上述原权利和派生权利的请求与选择以特定方式、途径和法律程序进行救济的权利。

署名权作为作者的专有权利，无疑意味着作者有权选择以何种方式署名或者不署名。但是，作者的署名权应当善意行使，必须符合诚实信用原则，即作者在行使署名权的同时，不得侵害他人的署名权，不得包含有被法律禁止或与社会公共道德不相容的名字。从著作权法律意义上署名权的表现形式来分析，作者的署名行为包括对作者署名的表征和对署名作者的介绍等，因之完整意义上的署名行为应当符合以下实质条件：署名应当具有真实性，署名应当具有识别性，署名应当具有显著性。

（二）冒名侵权及其基本特征

冒名，又称署名的冒用，即侵权人滥用姓名权或姓名变更权，通过变更姓名等方式规避法律的行为，将作品——往往是伪劣作品——冒用知名作家或畅销书作者的姓名或署名发表、出版，以获得名誉、牟取不合法经济利益的侵权行为。冒名侵权是近年来著作权领域中的一种新的侵权形态，且有愈演愈烈之势。冒名侵权具有以下几个方面的法律特征：

第一，形式上的合法性。冒名从署名的形式特征上看，似乎没有侵犯其他作者的权利，因为在冒名侵权中，冒名侵权人在特定作品上所署之名为该作者自己通过合法程序登记或变更的姓名。单从姓名权的角度来分析，行为人通过合法程序登记或变更的姓名，或取得他人的姓名使用权的行为是合法的。如从署名权的形式来看，行为人（作者或著作权人）使用自己通过合法程序登记或变更的姓名发表作品，也具有形式上的合法性。它与未经他人许可，擅自以他人的名义发表、复制、销售作品的署名盗用行为有根本的不同。

第二，主观上的故意性。冒名侵权人通过合法程序登记或变更自己的姓名、取得他人的姓名使用权的真正目的，不在于正当地行使自己的姓名权或姓名变更权，而往往是为利用名人效应，套用知名作家的署名以牟取不法经济利益和特定社会地位，达到挤占作品市场的非法目的。

第三，侵权对象的特定性。冒名侵权的对象无一例外地为知名作家、著名作家或者畅销书作家（以下简称知名作家）的署名。这是因为知名作家的署名具有一般作者的署名所不具有的社会声誉和市场影响力，只有采取冒用知名作家的署名发表、复制、销售作品，才能给侵权人带来最大的经济利益，牟取自己不能用正常手段和程序获得的非法利益与社会地位。

第四，行为上的隐蔽性。与盗用他人署名、姓名混同、挂名、将合作作品作为单独作品署名等侵权行为相比较，冒名侵权人采取的侵权手段一般具有相当的隐蔽性。

二、文字作品冒名侵权的构成要件

（一）损害事实的存在

冒名的损害事实即冒名给被冒名的知名作家造成了人身、财产的实质性损害，这种损害事实包括：(1) 知名作家在财产方面的损失，即因冒名著作挤占了知名作家的图书市场空间，或因冒名的著作泛滥降低了知名作家的社会声誉而使知名作家的读者群减少，或使出版商不再与该知名作家合作等，从而实际地侵害了该被冒名作家的经济利益。(2) 知名作家在精神方面的损失，即因冒名著作的泛滥而贬损了知名作家的社会形象，招致社会和读者对该知名作家的否定性评价等，给该知名作家造成精神上的痛苦。

（二）侵害的对象是知名作家或者畅销作品作家

从行为效益最大化原则出发，冒名侵权的对象无一例外为知名作家的署名，这是冒名侵权的最大特点。因此，对“知名作家”和“知名作品”的判断与认定就成为认定冒名侵权的重要根据。一般认为，判断与认定“知名作家”和“知名作品”的基本依据主要有：读者和特定领域的社会受众对作家姓名与作品名称有较高的知晓程度；作家创作的作品影响广泛；一定的地理范围和时间范围的限制。如果满足这些条件，那么，作家在特定的时空中可以被认定为“知名作家”，从而成为冒名侵权的对象。

（三）隐性的外在冒名行为

与一般著作权侵权行为相比较，冒名侵权行为具有典型的隐蔽性。一般来讲，隐性的外在冒名行为可从以下几个方面进行判断：其一，侵权行为人在自己的作品上署上了自己的、但与知名作家完全相同的姓名或名称，且该作品为公开出版并已大量发行；其二，该侵权行为人之作品的选材、故事情节、叙事方式、作品风格甚至作品的装帧设计与知名作家已公开发表、出版的作品极为相似；其三，侵权行为人对此一特定署名（因其与知名作家完全相同）的真实性、可识别性和显著性未尽必要的说明与告知义务；其四，在书的内容介绍方面，侵权行为人往往有很多根本与作品无关、严重误导读者的陈述与说明，它们均与知名作家的姓名或名称以及其作品风格有一定的关联性，其目的在于进一步排除读者的盗版怀疑心理，促使读者在没有阅读冒名作品之前会误认为是知名作家的作品或新作，从而毫不犹豫地购买该作品。

（四）有冒名的故意

冒名故意是冒名侵权的主观因素。如前所述，冒名侵权的实质是以不知名的某特定主体的姓名或署名冒称知名作家的姓名或署名发表、出版、复制、销售作品的权利滥用行为。冒名侵权行为人所追求的就是这种与知名作家发表、出版、复制、销售作品一样的社会效果和市场影响力。

三、文字作品冒名侵权的法律救济与立法对策

（一）冒名侵权诸种立法规制倾向的缺陷分析

有观点认为，冒名侵权侵犯了著作权，应由《著作权法》调整。在冒名作品非被冒名者作品的情况下，认为侵犯的是著作的整体，模仿假冒把侵害的矛头指向了被冒名者作品的整体，包括作者已有作品和将来作品，或者说侵犯了作者的精神权利。

有观点认为，假借他人姓名、名称发表自己的作品或非侵权人作品侵犯了民法上的姓名权，此时的冒名侵权与版权无关，应受《民法》规制而不受《版权法》管制，那种精神权利的说法只是基于其证明需要的抽象假说，不存在脱离作品而存在的所谓的精神权利。对于这一观点，笔者认为，除可用第一种观点来否定外，还可以从另一角度来反对，即：除版权外，与版权有关的侵权行为完全可由版权法设“反不正当竞争”条款来规制这种冒名行为。

另有观点认为，应由商标法、反不正当竞争法、名称立法等与市场、商品、商业有关的经济立法来调整，即由其中某种或某几种来调整。笔者认为，上述法律的适用应仅限于商标、商品、市场各相关领域内的相关的冒名问题，且它们的重点在于保护与财产权有关的经济利益和经济秩序，缺乏对精神权利、人身权利的充分关怀，不能很好地保护它们，不够全面。

（二）现行著作权侵权救济制度设立的局限性

著作权侵权中的署名侵权行为，在目前的著作权侵权救济法律框架下，能适用的主要是中国《著作权法》第四十六条第（三）项和第四十七条第（八）项规定。但由于该规定的“假冒他人署名”所针对的是盗用、假借或擅自以他人署名发表、制作、出售作品的行为，规范本身就具有模糊性，其适用的边界并不十分清楚。显然，对以合法的姓名权或名称权为规避法律的基础性手段，冒称知名作家的姓名或署名发表、出版、复制、销售作品的冒名侵权行为，能否援用这一条款进行认定和处理存在争论。如此一来，对冒名侵权这种新的著作权侵权行为，缺乏直接的法律适用依据和具体的操作规范，这无疑不利于追究冒名侵权行为人的法律责任，自然也不能有效地保护知名作家的署名权和其他合法权益。

同样，由于法律本身的空缺，被侵权的知名作家行使当事人诉权即署名司法救济权利也不能得到法院的有力支持。从现有的民事侵权立法精神和相关规定来看，无论是法院援用《民法通则》第七条所强调的“民事活动应当尊重社会公德，不得损害社会公共利益”，以冒名侵权行为人违背公序良俗原则滥用姓名权或名称权为由，判决冒名行为人承担著作权侵权民事责任；还是依据诚实信用原则，判决冒名行为人承担违反著作权诚信义务的民事责任，均要冒法官造法的风险。可见，在具有特别法效力的著作权侵权救济法律框架下，或者在具有一般法效力的民事侵权救济法律制度范围内，均难以找到解决文字作品冒名侵权的直接法律条款和有效制度方案。基于此，完善现行著作权侵权的法律救济制度，把包括文字作品冒名侵权等在内的新型的著作权侵权形式纳入到著作权侵权的法律救济制度框架内，是十分必要的。

（三）完善文字作品冒名侵权之法律救济的立法对策

第一，建立和完善著作权登记制度。笔者认为，在维持现行的著作权保护上的创作主义或自动保护主义的前提下，应当借鉴日本和美国的著作权立法，完善中国现有的著作权登记制度。关于署名的登记，版权要求是版权权属登记，因而登记是提出侵权诉讼和对某些侵权行为取得补救方法的前提条件。而美国版权法中的版权登记包括有署名的登记。署名登记制度具有初步证明效力，不仅有利于证明作者与作品的关系，而且能够减少甚至杜绝冒名现象。对于知名作家而言，通过署名的登记，虽不能就此推定该知名作家享有对登记的署名的专用权，但可取得证明他人冒名侵权的初步证据。

第二，充实现有的法律规定，增加著作权人署名的特定附随义务。笔者认为，在中国《著作权法》暂时不便修改的情形下，有必要在《著作权法》有关实施细则中对署名与署名权的内容加以补充，使之具体化。特别是应规定作品作者的署名应当具有真实性，对作品作者介绍的内容必须真实、明确、具体，并应在作品显著的位置标明而为读者或社会公众所识别，不得含有蒙骗、虚假、误导的文字或说明。如果和已知的其他作者特别是知名作家姓名或其经常使用的署名相同，则在新近创作、发表作品上署名的作者或著作权人必须对作品上署名的作者的性别、籍贯、出生地、居住地、文化程度、经历、职业、工作单位、业绩等事项作必要的说明，特殊情况下还有必要配上作者近期照片，以示区别。作品和作者的介绍不得有误导的内容，特别是在有同名作者以及有同名知名作家的作品面世的情况下，在新近创作、发表作品上署名的作者或著作权人负有对署名做必要的、真实的介绍与说明的责任，且其介绍与说明不得包含有使读者误认为该作品为先前的同名作者或知名作家的最新作品的内容或暗示，也不能仅仅以不显眼的文字来说明。否则，在该作品上署名的作者或著作权人应承担冒名侵权的民事责任。

（摘自《法学论坛》，2011（1））

追续权制度几个理论问题探究

刘 辉

一、追续权的性质问题

关于追续权的性质问题，在宏观上存在两个层面的争论：第一个层面是关于追续权应否纳入著作权保护体系的范畴；第二个层面是在著作权框架下的追续权属于人身权还是财产权。

关于第一个层面的问题，有的国家将其纳入著作权体系加以保护，也有国家认为追续权只是一种报酬权。现代著作权法体系的设计实际上是紧紧围绕“复制权”这一核心概念展开的。而追续权是基于对艺术作品原件的售卖进行控制而产生的。追续权从其诞生之日起就肩负了维护作者经济利益和社会公平正义的使命。正是由于追续权设立的目的，使其很难归入当代著作权法体系之中。但是在现行世界各国知识产权制度框架下，基于其他部门法很难找到一个合适的位置来容纳追续权，于是不少设立追续权制度的国家都纷纷将其纳入著作权法体系加以规定和保护。

关于第二个层面的问题，即追续权在著作权体系中的性质问题，目前在学术上主要存在三种说法：其一认为追续权是财产权，因为权利人可以据以获取一定的财产，并且是可以继承的权利；其二认为追续权的享有者是作者及其继承人，带有鲜明的人身权性质，而且是一种不可转让、不可放弃、不可剥夺的权利；其三认为追续权兼具人身权与财产权的双重属性。追续权的行使可以直接给作者带来经济利益，从这一点上看接近于著作财产权。但追续权不得转让和放弃，而且只能针对作品原件或符合条件的特定作品复制件，又具有强烈的人身性。当前学界较多倾向于第三种观点，即认为追续权应该兼具人身权和财产权的双重属性。

二、追续权的权利主体范围问题

我们可以概括追续权制度设计内涵的两个方面：第一，直接性或实质性补偿。这种补偿针对的是作者在世时，作品市场价值不断增值而直接引用该制度对作者进行补偿。第二，间接性或安慰性补偿。这种补偿针对的是作者过世后作品价值出现不断增值的情况下，间接对作者以外的人（主要是继承人）进行补偿。在此需要讨论的是关于追续权权利人的范围是否应该做严格限制的问题，也就是说其他相关人如受遗赠人、债权人、继承人之继承人等是否有资格继受该权利。

在受遗赠人问题上，法国明确将受遗赠人排除在外，意大利则作了相反的规定。笔者认为，受遗赠人可以成为追续权的继受主体，理由在于：首先，基于追续权的财产权性质可以由作者转让给受遗赠人；其次，基于追续权的立法初衷，受遗赠人应该成为追续权的继受主体，特别是基于追续权的间接性或安慰性补偿的含义。

关于债权人在追续权制度中的地位问题，各国立法均鲜有涉及，笔者认为在探讨追续权权利人的范围问题上是不应回避的。在此可能会出现两种情况，第一种情况是作者将债权人指定为受遗赠人，在这种情况下完全可以适用上面所述的受遗赠人原则；第二种情况是作者没有将债权人指定为受遗赠人，在这种情况下，出于社会公平正义原则，我们可以考虑将债权人纳入追续权权利人的范围，但应以其债权额为限。

关于继承人的权利主体资格问题，当前世界各国包括欧盟都将追续权的权利主体限定为作者及其继承人。笔者认为这一规定不甚合理，表现在：首先，违背了追续权制度设立的初衷。尤其是在作者在世之时未能从追续权中受益而其继承人又早逝的情况下，如果将追续权的权利主体限定为“作者及其继承人”，那么在这种情况下既不能完成对作者的直接或实质性补偿，也无法完成对作者的间接或安慰性补偿。其次，未能融入著作权法体系。目前世界各国的著作权法均规定了著作财产权的保护期，在该保护期内可以多次继承，基于追续权的财产权性质，上述规定实际上是不合理的。因此，可以考虑规定“在追续权保护期内，可以进行多次继承”。

三、追续权的权利客体范围问题

在追续权产生之初，其主要针对的保护对象是艺术品（主要是美术作品）的原件。后来，这一客体范围逐渐有了扩大的趋势。如1948年《伯尔尼公约》的布鲁塞尔文本第十四条第三款规定的追续权客体包括艺术作品原作和作家与作曲家的手稿。《法国知识产权法典》第L.122-8条规定的追续权客体包括平面及立体作品。德国《著作权法》第二十六条规定的追续权客体包括造型艺术作品的原作，还规定建筑作品以及应用艺术作品不受追续权限制。直至2001年《欧共体追续权指令》的颁布，才对追续权客体范围作出了进一步的明确规定，将其限定为各类图形和立体艺术作品的原件，包括图画、拼贴画、绘画、素描、雕刻、版画、平版画、雕塑、挂毯、陶瓷制品、玻璃器皿和照片等。艺术品的原件应当是艺术家本人的创作，或者可以视为艺术家本人创作的复制品。此外，由艺术家本人或者授权他人编写序号的、数量有限的复制品也可以视为指令所说的艺术品原件。通常，这些复制品应当具有艺术家本人的签名，或者艺术家授权的签名。结合追续权的发展史，追续权客体的范围认定应该紧紧结合该权利的立法目的、功能价值及权利性质等方面因素来综合考虑，其基本原则应该包括以下几个方面：

第一，保护作品原件原则。追续权设立的目的或立法初衷就是为了保护作者的艺术作品原件再次销售及多次销售时取得收益的权利。由于艺术品原件所承载的无法由复制品替代的独一无二的价值，其稀缺性正是收藏家和爱好者所看重的特质，也是作品原件在再次销售时价格不断上涨的原因。在此需要讨论的是作品原件原则的例外问题，也就是说复制品是否有可能替代，以及在什么样的情况下可以替代作品原件的问题。复制品可以分为再次人工创作复制品和机器复制品，其中再次人工创作又可以分为原创作者再次创作及他人再次创作。笔者认为，在作品原件灭失的情况下，只有作者亲自创作的原作品的复制品能够替代原作品，也就是说，只有这种作品可以成为追续权的权利客体。

第二，作品特殊性原则。这里所说的作品特殊性是指该作品主要不是依靠作品复制品的发行出售取得收入的作品，而是主要依靠出售作品原件取得收入的作品。《伯尔尼公约》中曾规定了作者和作曲者的手稿可以作为追续权的客体，笔者认为这一规定是不合理的，原因在于：首先，书籍和音乐作品作者的经济收益主要来源于其作品的复制品销售收入。其次，如果作者和作曲者在其有生之年不能够从其复制品中受益的话，也就表明其作品未能得到社会广泛认可，那么其手稿也不可能出现再次出售价格飞涨的情况；反之，如果作者和作曲者在其有生之年能够从其复制品中受益的话，就不需要对作者提供追续权的保护救济。因此，作者和作曲者手稿应该被排除于追续权客体之外。对于实用艺术品的追续权保护问题，笔者认为，在没有得到《商标法》和《专利法》保护的情况下可以考虑对其提供追续权保护，但是应该符合以下几个条件：第一，必须是手工制作作品；第二，必须是具有很高的审美价值；第三，必须数量极为稀少。只有同时满足以上三点，才可以考虑给予其追续权的保护。

第三，保护民族特色作品原则。考察世界各国的追续权制度我们会发现，各国关于追续权客体范围的规定都会带有本国或本民族的文化特色。中国在构建追续权制度时也应该具体考虑本国的文化传统问题。众所周知，中国历史文化悠久，相比西方国家拥有更多的传统文化形式，如书法、篆刻、年画以及其他各种民间艺术作品，特别是许多民间艺术已经到了濒临失传的境地，在其符合追续权客体认定原则的基础上，对其提供追续权的保护无疑将会对保护和繁荣民族传统文化起到很好的积极作用。

四、追续权的保护期限问题

笔者认为追续权适宜采用“有期限保护”，原因在于：第一，追续权作为兼具人身权与财产权的特殊权利类型，其立法初衷及目的主要是为了保障作者对于作品原件的财产权利，从这个意义上来说，追续权更接近于著作财产权，而著作财产权世界各国一般都采用“有期限保护”原则；第二，基于公共利益平衡目的的考量，包括《著作权法》在内的知识产权法的一项非常重要的原则就是利益平衡原则，利益平衡原则的一个重要方面就是平衡著作权人利益与社会公共利益。具体到追续权问题，应该平衡著作权人、作品原件持有人、销售中间人以及作品原件购买人等各方的利益。对追续权进行无期限保护将会不利于平衡各方利益，从而对艺术品市场的繁荣产生消极影响。

追续权的保护期限在很大程度上取决于该权利是否可以继承和转让。德国、匈牙利、智利等国尚未承认追续权在作者死后可由继承人享有，因此在这些国家追续权随作者的死亡而消灭；而以法国、西班牙为代表的国家则允许追续权作为继承的对象；意大利则不但允许追续权继承，而且还允许遗赠。在那些允许追续权继承或转让的国家，对于追续权的保护期限，各国普遍采用的是与著作财产权相同的保护期，即作者有生之年及去世后 50 年或 70 年。追续权是一种期待利益的权利，受艺术品市场的特殊规律制约，它的期待期往往很长，甚至在作者死亡很多年之后才会产生，如果保护期较短，则不利于更好地实现设立这一权利的目的。

因此，笔者认为，追续权作为《著作权法》中的一项非常特殊的权利，为了充分保护作者的利益，实现追续权的立法初衷和目的，其保护期不应该拘泥于寻求与作者的其他财产权利的保护期一致，而是应该在“作者终身加死后 50 年”的基础上适当延长，以充分实现追续权制度的功能价值。

（摘自《西部法学评论》，2011（3））

◆著作权的主体

试论民间文学艺术作品的权利归属

王小龙　孙琦程　吴　桐

一、问题的提出

源于传统社会的民间文学艺术作品显然非知识产权制度可以调整和保护，现行法律保护模式也受到许多人的质疑。笔者认为，应探讨在非知识产权框架下保护民间文学艺术作品。

民间文学艺术作品是指由某地区或民族身份不明的成员创作，反映该地区或民族的传统文化，通过代代相传而保存、发展的文学艺术作品。中国现行《著作权法》里“民间文学艺术作品”一词是舶来品，其前身应是 1982 年《WIPO・UNESCO 示范法条》中使用的“民间文学艺术表达”。本文所称的“民间文学艺术作品”与此词义相当。另外，民间文学艺术作品还有广义和狭义之分，狭义的民间文学艺术作品指的是原始原态作品，不包括其派生作品。本文讨论的民间文学艺术作品指的是狭义的民间文学艺术作品。

二、民间文学艺术作品的特征与性质

大多数学者均同意民间文学艺术作品与著作权所指称的一般的作品有区别。与一般的作品相比，民间文学艺术作品有以下的特征：

第一，创作者有总体明确、个体不明的特点。民间文学艺术作品能大致地认定由某地区或民族的成员创造，但具体是哪个成员在什么时间创造一般不能确定。

第二，保护时间没有限制。民间文学艺术作品的存在对于推动文化多元性具有重要作用，它本身就契合了维护社会公共利益的目标，因此不需要设定一个保护时间来限制私利益，因为保护民间文学艺术作品的价值更多的在于公益。

第三，绝对的独特性。一般作品是作者精神和意志的表达方式，具体通过什么方式表达没有严格限制。而民间文学艺术作品的表达方式总是绝对的、独特的，是不可替换的，改变了就不可能是名副其实的民间文学艺术作品。

第四，多样性。一般作品易受主流文化的影响，表达相同情感但形式不同的作品很多。而民间文学艺术作品基于其创作者在历史上所处的自然环境和社会环境，所要表达的情感本身就与一般作品有很大的不同，于是多元化的思想造就了多样性的作品。我们强调：民间文学艺术作品应该从法律上体现作品的特征。

笔者认为，民间文学艺术作品权利应当是创作者自主权与经济权的统一。自主权是指创作该民间文学艺术作品的社区居民全体或民族自己按照本民族的精神和意志主张该民间文学艺术作品如何传承与发展的权利。经济权是指创作该民间文学艺术作品的社区居民全体或民族因其创作的民间文学艺术作品而获得经济利益的权利。我们强调：民间文学艺术作品权利应该从法律上体现其性质。

三、对民间文学艺术作品权利归属的探讨

国内外学者对于民间文学艺术作品权利归属的类型有国家、个人、群体（社区、社群或民族）等。民间文学艺术作品是由某地区或民族身份不明的成员创作的，在创作过程中国家起的作用往往很小。另外，民间文学艺术作品通常是历史的产物，在很多情况下，它并非产生于现在的国家，就算引入国际法中国家继承的理论也无法界定它的渊源。由此可见，将民间文学艺术作品权利归属于国家既不能反映作品本身的特征和性质，也常常受历史变迁等诸多因素的影响。

中国《著作权法》规定，“创作作品的人是作者”，“作者享有著作权”。依现代著作权理论，个人（自然人）是著作权人的最佳形式，在谈一般作品归属时，若有创作作品的自然人，非法定的其他情形一般将权利归属于他/她。然而，民间文学艺术作品的特征就是创作者总体明确、个体不明，因此不可能将其权利归属于个人。中国正在征求意见的《非物质文化遗产法（草案）》引入了“传承人”的概念。对于传承人，应当尊重他们在传播、收集和整理过程中所付出的创造性劳动。但是需要明确，传承人的权利只是作为收集者、整理者、传播者的权利或者相关派生作品的著作权，而绝对不是对民间文学艺术作品本身的著作权。

为了符合民间文学艺术作品的特征和性质，应将其权利归属于创作者。对于创作者，可以扩大范围：立法上既然不可能确定某个个体，那么总可以认定某个总体范围。笔者认为，民间文学艺术作品的权利应归属于创作该民间文学艺术作品的社区居民全体或民族。

对于民间文学艺术作品权利主体行使权利的方式，可以参照著作权集体管理的规定。民间文学艺术作品权利人应该授权民间文学艺术作品权利集体管理组织行使其自主权和经济权。民间文学艺术作品权利集体管理组织被授权后，可以以自己的名义为民间文学艺术作品权利人主张其权利，并可以作为当事人进行涉及民间文学艺术作品权利的诉讼、仲裁活动。

《著作权法》规定，“著作权集体管理组织是非营利性组织”，民间文学艺术作品权利集体管理组织也应是一个非营利性组织。笔者认为，民间文学艺术作品权利集体管理组织的设立是为了增强民间文学艺术作品权利人维护其自主权和经济权的可操作性。针对其经济权的难以直接作用于权利人的特点，行使民间文学艺术作品经济权所获的利益应该用于为促进民间文学艺术作品权利人及作品本身发展而服务的非营利性的活动。国家相关部门可以向其认定的民间文学艺术作品权利人公告筹备成立民间文学艺术作品权利集体管理组织，民间文学艺术作品权利人中的任何自然人都可以申请参加筹备工作，之后依据投票或者公告无异议的方式实现权利人对该组织的授权，并最终成立民间文学艺术作品权利集体管理组织，聘任一定的工作人员负责组织的运行管理。

民间文学艺术作品权利组织依法代表民间文学艺术作品权利人行使相应的自主权和经济权，其工作目标应是保证该民间文学艺术作品按照权利人的意愿传承和弘扬，并将因该民间文学艺术作品而获得的经济利益用于有利于权利人发展的公益事业与促进该民间文学艺术作品传承与弘扬的事业。

（摘自《法制与经济》（下旬），2011（2））

我国著作权归属模式的立法完善

曹新明

一、我国著作权归属模式

著作权原始归属，是指作品在创作完成之时依法产生的著作权应当属于谁的规定。关于著作权原始归属模式，国际上有三种常用的做法：一是著作权属于作者；二是著作权属于作者，但兼顾投资者利益，并参考创作者的意志；三是著作权属于作者，同时参考创作者意志，兼顾投资者利益。

中国《著作权法》采用的著作权归属原则类似于上述第二种模式，但又不同于第二种模式，即著作权归属于作者，包括创作作品的自然人与被视为作者的法人或者其他组织。具体情形如下：

一是著作权归属于作者，此即著作权归属原则。

二是《著作权法》特别规定的情形，此即著作权归属原则的补充或者例外规定。中国《著作权法》就著作权归属作了以下两个方面的例外规定。

第一，关于委托作品著作权归属的规定。关于委托作品著作权的归属，中国《著作权法》第十七条规定由委托人和受托人在委托合同中约定。没有约定或者约定不明确的，著作权归属于受托人。

第二，关于职务作品的著作权归属的规定。关于职务作品的著作权归属，中国《著作权法》第十六条规定了以下四种情形：其一，主要是利用法人或者其他组织的物质技术条件创作，并由法人或者其他组织承担责任的工程设计图、产品设计图、地图、计算机软件等职务作品，署名权归属于作者，著作权中的其他权利由法人或者其他组织享有。其二，法律、行政法规规定著作权归属于法人或者其他组织的职务作品，署名权归属于作者，著作权中的其他权利由法人或者其他组织享有。其三，合同约定著作权归属于法人或者其他组织的职务作品，署名权归属于作者，著作权中的其他权利由法人或者其他组织享有。其四，其他职务作品的著作权全部归属于创作作品的自然人，但是，法人或者其他组织对职务作品在其业务范围内享有两年的优先使用权。

在上述著作权归属关系中，将法人或者其他组织视为作者的情形，实际上也属于著作权归属原则的例外，因为法人或者其他组织不具有创作能力，但它却要取代作品的创作者成为作者，原始地获得完整的著作权。然而，这种情形却符合“著作权归属于作者”的基本原则。

二、中国著作权归属关系图谱解析

由上分析可知，中国《著作权法》描画的著作权归属关系图谱总体上是清晰的，能够妥善解决大多数作品的著作权归属问题。尽管如此，由于中国《著作权法》关于作品著作权归属的规定过多，更是由于将法人或者其他组织视为作者的条件过于模糊，关于职务作品著作权归属所规定的情形过于复杂，关于委托作品著作权归属的规定过于简单，导致了许多著作权归属纠纷，其缺陷充分显露出来。

（一）关于“著作权归属于作者”规定的缺陷

中国《著作权法》第十一条第（一）款确立了“著作权归属于作者”的基本原则。其表面上与著作权制度之主旨相符，有利于鼓励文学艺术或者科学作品的创作，使作者的合法利益受到保护，但是，实际上却是用合理的外衣掩盖着不合理的缺陷。其关键点在于《著作权法》使用了“作者”的概念，而不是“创作者”，或者说《著作权法》规定将法人或者其他组织视为作者，从而导致法人或者其他组织能够替代作品创作者而直接成为著作权人。如果中国《著作权法》规定“著作权属于创作者”，或者将法人或其他组织视为作者的规定能够更加明晰，就会减少许多不必要的麻烦。

（二）关于委托作品著作权归属于受托人规定的缺陷

中国《著作权法》第十七条关于委托作品著作权归属的规定，首先是尊重当事人双方的意思自治，由当事人双方在合同中约定作品著作权归属；其次是保护受托人权益，即当事人双方没有就著作权归属作约定或者约定不明确的，著作权归属于受托人。

从尊重当事人双方意思自治的角度看，尽管委托作品著作权的归属有四种选择，但不论是哪一种，都是当事人的选择，应当是可行的。但是，若当事人双方约定委托作品著作权归属于受托人，则会发生委托合同约定的著作权归属与职务作品或者法人作品著作权归属的矛盾。如果合同约定著作权归属于受托人，而且受托人是自然人，即创作者，那么，创作作品的自然人就是作者，享有全部著作权。但是，若受托人是法人或者其他组织，根据合同约定，受托人本应享有著作权，而由于法人或者其他组织自己没有创作能力，其受托创作作品只能安排、指派或者委派一个或者几个自然人创作。接受安排、指派或者委派创作作品的自然人创作的作品，是职务作品、法人作品或者委托作品，则是需要考虑的问题。若将受托创作的作品作为职务作品，该作品著作权的归属就应当按《著作权法》规定的职务作品著作权归属的情形确定。但是，中国《著作权法》规定的职务作品著作权归属有四种情形，通常是引发纠纷的原因所在。在这种情形下，只能是“合同约定著作权归属于法人或者其他组织的职务作品，署名权归属于作者，著作权中的其他权利由法人或者其他组织享有”。

由此分析，虽然受托人（法人或者其他组织）的著作权与其安排、指派或者委派的创作者之间的著作权问题得以解决，但是却绕了一个大弯。尤其重要的是，特定的自然人接受受托人的安排、指派或者委派而创作的作品之著作权到底应当归属于谁，是有争议的。

另一方面，中国《著作权法》第十七条还规定，当事人双方没有就著作权归属作约定或者约定不明确的，著作权归属于受托人。此处的“受托人”既可以是自然人，也可以是法人或者其他组织。若受托人是作品的创作者，著作权归属于该自然人，当然没有疑问；若受托人是法人或者其他组织，则同样会出现上述矛盾或者争议。

（三）关于“职务作品著作权归属”规定的缺陷

中国《著作权法》第十六条规定的职务作品著作权归属分两种情形：一是著作权完全归属于作品创作者；二是署名权归属于创作者，著作权中的其他权利归属于法人或者其他组织。后者又可以分为三种情形：由法人或者其他组织提供创作所需的物质技术条件，并且由法人或者其他组织承担法律责任的工程设计图、产品设计图、地图、计算机软件等职务作品；法律、行政法规规定著作权归属于法人或者其他组织；合同约定著作权归属于法人或者其他组织。

从中国《著作权法》第十六条规定的顺序看，首先规定了职务作品著作权完全归属于作品创作者的情形，然后才规定署名权归属于创作者，著作权中的其他权利归属于法人或者其他组织。实践中确定职务作品著作权归属时，首先考虑作品创作者在创作职务作品时是否主要利用法人或者其他组织的物质技术条件并且由其承担法律责任，职务作品是否为工程设计图、产品设计图、地图、计算机软件等作品，是否有法律、行政法规规定著作权归属于法人或者其他组织，以及是否有合同约定著作权归属于法人或者其他组织。如果答案是否定的，职务作品的著作权才能完全地归属于创作者。

《著作权法》第十六条第（二）款规定的职务作品署名权归属于创作者，著作权中的其他权利归属于法人或者其他组织的情形需满足两个条件：第一，创作者创作职务作品时，主要利用了法人或者其他组织的物质技术条件，并且由法人或者其他组织承担法律责任；第二，职务作品的类型限于工程设计图、产品设计图、地图、计算机软件等作品。就第一个条件看，特殊职务作品的构成条件与法人作品的构成条件非常相似，以至于在审判实践中，人们很难准确界定涉案作品到底是法人作品还是职务作品。就第二个条件看，该款列举的几种作品是否为全部种类的作品，经常产生纠纷。

如果中国著作权法凸显“私权自治原则”，以著作权归属于创作者为基本原则，以创作合同为补充，以名义作品为例外，那么，就可以从根本上弥补缺陷。

三、修改中国著作权归属的建议及其评价

（一）修改中国著作权归属的建议

为了解决由法律规定的模糊性而导致的纠纷，建议废除中国《著作权法》关于委托作品、法人作品以及职务作品的规定，采取以“著作权归属于作者”为原则，以“合同约定为补充”，以“名义创作并发表为例外”的著作权归属模式。建议中国《著作权法》第十一条应包括三款，第一款规定：“创作作品的自然人为作者，享有完整的著作权。但创作者与他人签订创作合同或者服务合同明确约定作品著作权归属的，从其约定。”第二款规定：“以自然人、法人或者其他组织名义创作并/或者以其名义发表的作品，著作权属于该名义人。”第三款规定：“如无相反证明，在作品原件或者复制件上以表明作者身份方式署名的自然人、法人或者其他组织，推定为作者。”同时建议删除《著作权法》第十六条、第十七条。

（二）关于著作权归属新模式的解读

上述修法建议第一款和第二款是关于著作权归属模式的规定，第三款是与前两款配套的规定。该修法建议条文建构的著作权归属模式（以下简称“新模式”）与上述第二种模式相似，但对该种模式进行了改进。新模式坚持以“著作权属于作者”为原则，以“创作者意志”为补充，以“兼顾创作投资者利益”为例外。最后，考虑到其他自然人、法人或者其他组织需要以自己的名义创作作品并以其名义将作品公之于众，该著作权属于该名义人。

（三）对新模式效果的评价

一是新模式坚持了“著作权属于作者”的基本原则。如前所述，无论是哪一种著作权归属模式，都是以“著作权归属于作者”为原则，这是著作权制度中不能动摇的基础。因此，不管如何修改，决不能改变该项基本原则。

二是新模式将“创作者与他人签订的创作合同明确约定著作权归属的，依其约定”作为一项重要内容加以规定，能够克服现行法中的缺陷。

三是新模式增加“名义作品”的规定是现实的需要。在现实中，名义作品随处可见。最常见的就是各级政府行政首长每年在同级人民代表大会上所作的政府工作报告，就是名义作品。这样的报告是

由相应的政府部门提议发起创作的，最终必须以政府首长的名义公之于众。所以，这样的作品就是名义作品，著作权归属于该名义人。

法人或者其他组织也经常需要以自己的名义创作作品，有的必须公之于众，有的不公之于众。在这种情况下，如果创作者就是法人或者其他组织的职员，那么，由这些职员以法人或者其他组织名义创作的作品，即使没有合同约定著作权归属，其著作权也应当归属于法人或者其他组织。

现实中，还有一种专门为他人进行创作的写手（习惯称其为“枪手”），他们进行的创作就是由某一个特定的人提议发起并以其名义进行的。该类作品的著作权应当归属于该名义人。具体表现为委托创作的作品，约定著作权归属于委托人。

由以上分析可知，新模式能够从根本上解决作品著作权归属纠纷，能够完全避免由法人作品、职务作品、委托作品等造成的混乱现象，以完善中国的著作权归属关系，并减少甚至避免这方面的矛盾与冲突。

（摘自《法学》，2011（6））

◆邻接权

论表演者权利的限与放

——以“旭日阳刚事件”为视角

唐艳秋

一、汪峰与“旭日阳刚”：是否为多重著作权之争

“旭日阳刚”作为表演者对《春天里》的演唱行为应该属于表演行为。表演是对原作品的一种传播形式，是在原作品的基础上加入了表演者的劳动的精神成果，既包含了原作著作权人的创作成果，也是表演者对作品进行传播的成果。因此，表演行为是一种具有创造性的劳动，由此形成了表演者独立的权利——表演者权。

表演的成果其实是原作者著作权和表演者权利的重合。在实际生活中此类问题有些复杂。如果这两种权利都归属于一人并不会出现什么问题，但是，同一个作品可以有多个表演者，各种表演可以形成自己的风格。当对作品的表演行为是除原作者外的其他人所为时就出现了问题，因为原作著作权与表演者权代表了不同人的权利或利益，因此冲突不可避免，这也是多重著作权冲突的表现。问题是：在两者无法达成一致时，原作著作权与表演者权何者优先呢？在此，我们讨论的是著作权人许可表演音乐作品后，著作权人的权利边界问题。对此，我们从两个方面加以探讨：一是表演者表演他人作品是否必须得到著作权人的许可；二是表演者对自己的表演成果能否独立地许可他人使用。第一个方面留待本文第二部分单独讨论，在此我们先讨论第二个方面。

有人认为，表演者在许可他人使用其表演时，应该得到著作权人的同意，也就是说，著作权人对表演者能否许可他人行使表演者权利享有最终的决定权。对此，笔者不敢苟同。因为《著作权法》第三十七条规定，表演者对其表演享有下列权利：表明表演者身份；保护表演形象不受歪曲；许可他人从现场直播和公开传送其现场表演，并获得报酬；许可他人录音录像，并获得报酬；许可他人复制、发行录有其表演的录音录像制品，并获得报酬；许可他人通过信息网络向公众传播其表演，并获得报酬。该法进而规定：被许可人行使表演者权中的现场直播表演等财产性权利时，还应当取得著作权人许可，并支付报酬。按照这一规定，表演者显然可以独立地行使许可他人使用、传播其表演的权利。法律所规定的“还应当取得著作权人许可”的义务主体是“被许可人”，即使用、传播表演者之表演的人，而不是表演者。因此，表演者得以独立地行使许可他人使用其表演的权利。至于是否得到了著作权人的许可，那是“他人”的事，与表演者无关。

二、民工与商业演员：“旭日阳刚”的表演是否应得到授权

著作权人可以充分利用法律赋予的权利保护自己的作品，通过许可和禁止两种方式来控制他人对自己作品表演等开发和传播行为。

一般情况下，以表演等方式使用他人作品应该得到著作权人的许可。《著作权法》第四十七条第（一）项规定，未经著作权人许可，复制、发行、表演、放映、广播、汇编、通过信息网络向公众传播其作品的，应当承担停止侵害、消除影响、赔礼道歉、赔偿损失等民事责任。但是，为了促进社会文化的繁荣与进步，法律往往通过法定许可使用和合理使用制度来限制著作权的行使。

法定许可使用制度确实是法律对著作权人以外的第三人的一种法定授权，但这一授权的对象并不包括表演者。“旭日阳刚”是《春天里》的表演者，而不是录音制作者，他们不可能依据现有法律关于法定许可使用的规定而在未经许可的情况下使用《春天里》这一作品。

具体到“旭日阳刚”的演唱，要判断其表演行为是否属于合理使用而免于责任承担，应该在区分其不同的身份、目的和行为方式的基础上判断是否符合上述法定要件。如果是作为民工的“旭日阳刚”，其在工地上喝着小酒、抱着吉他疯狂歌唱的行为，完全是为了自娱自乐和抒发对现实的感慨以及对生活的畅想，它甚至没有任何“演”的成分，当然地属于上述第（一）项规定的情形，是合理使用行为，既不需要得到汪峰的许可，也无须付费。但在成名以后作为商演演员的“旭日阳刚”，他们的演唱行为离开了“个人学习、研究和欣赏”的范畴，又不是“未向公众收取费用，也未向表演者支付报酬”的免费表演行为，而是一种商业化的行为，并不属于合理使用。按照法律规定，后一种行为应该得到汪峰的许可，也需要支付费用。

三、著作权与公众需求：是否该为表演者权利加码

中国《著作权法》在第一条就明确规定了其立法目的，即保护文学、艺术和科学作品的著作权以及与著作权有关的权益，鼓励有益于社会主义精神文明、物质文明建设的作品的创作和传播。但是，在个人利益（私权）和公共利益这两者的保护与协调上难免会发生冲突。笔者认为，在现有法律规定的合理使用制度、法定许可使用制度等不能满足利益平衡需要的情况下，为了保护公众利益，有必要对作品传播形式进行权利上的扩张，在一定条件下赋予表演者更多的权利，而对著作权的行使作出必要的限制。理由是：第一，有利于防止著作权人滥用和垄断权利；第二，有利于保障社会公共利益的实现；第三，从经济角度来分析，扩张表演者权利将减少保护作品的社会成本，著作权人给社会带来的总收益也会增加；第四，即使从著作权人的角度来看，给予表演者更多的权利对其也是有利的。

笔者认为，为使作品的使用者能充分利用人类的文明成果，为保证公众对信息资源共享的权利，我们应该在一定程度上承认表演者权利的优先性，也就是当表演者与著作权人无法达成一致意见时，表演者可因法律授权而继续享有表演作品的权利。这完全符合《著作权法》所追求的“鼓励有益于社会主义精神文明、物质文明建设的作品的创作和传播，促进社会主义文化和科学事业的发展与繁荣”的立法目的。这是平衡精神所追求的各种冲突权利因素相互协调的和谐状态，包括著作权人权利义务的平衡，创作者、传播者、使用者之间关系的平衡，公共利益与个人利益的平衡等。

（摘自《西部法学评论》，2011（3））

◆著作财产权的利用和变动

论我国版权贸易法律制度的完善

马忠法　郭　宏

一、我国目前版权贸易法律制度存在的不足

（一）《著作权法》对著作权向外转让或许可缺少明确的规定

现行《著作权法》规定著作权人享有许可或转让其著作权的权利，但对许可或转让给国内、国外企业或个人是否有所不同，没有作出规定。这种立法模式显然不同于专利法的有关规定。后者是将专利权人权利与专利权或专利申请权转让或许可分开来进行规定，没有将它们放在同一条中。

相对而言，专利法规定得较为合理，它为实施细则、有关司法解释及部门规章等对专利技术的贸易作出规定提供了法律依据。而《著作权法》对转让或许可，只是作出版权可以许可或转让的笼统规定，对转让或许可给国外当事人没有涉及，使得其行政法规、部门规章甚至司法解释在规定涉及版权进出口贸易方面的内容时缺乏一定的上位法依据。

（二）《著作权法》规定著作权转让或许可合同的具体内容，在立法逻辑上存在不足

版权贸易尽管有特殊性，但也是商业交易的一种形式，它须遵循交易的一般规律。从交易的基本法——合同法的角度看，中国合同法仅规定“技术合同”的内容，没有将著作权转让或许可的合同涵盖在其中。因为著作权法通常调整的是一国领域内的有关当事人的行为，在其缺乏对外转让或许可及进口版权的情况下，很难让人联想到进出口版权贸易也要适用这些规定。这在客观上会影响到版权贸易的发展。中国合同法是适用于国际国内交易的一部法律，如果将版权交易合同内容植入其中，就不会产生这种误解。

（三）由于上位法对版权进出口问题缺少明确规定，各下位法规定不一且法律依据不足

版权贸易法律体系中存在一个矛盾的现象，即2010年修改前的《著作权法》及《对外贸易法》对出口或进口出版物没有作出明确的规定，但很多行政法规或部门规章对版权贸易却作出了规定。

从立法的逻辑和依据上看，多数条例做法颇值得商榷。由于《著作权法》对向外转让著作权（出口）没有统一的规定，所以各行政法规对此的规定有所差异，有的有规定，有的没有规定。在处理具体事宜时，易造成无法可依的局面。

（四）行政主管部门分散，不利于版权贸易的有效管理

在法律规定和行政执法领域，版权执法权的归属和行使情况各地不一致。这种运作模式既容易造成管理冲突，也容易出现无人管理的情况。如此会降低版权贸易管理的效率，形成各自为政、难以统一或协调的局面，影响到《著作权法》及有关法律对版权贸易规定的有效实施，一定程度上将阻碍版权贸易的发展。

（五）其他相关版权贸易问题

版权交易（含对外贸易）中的信息披露问题，《著作权法》没有涉及。此外有学者提出，中国《著作权法》没有明确规定未来作品能否转让或许可（可以将它们类比为有形贸易中的期货交易）的情况，也没有规定对于转让出去的作品，作者可否在版权保护期内未来某一个时间点终止有关转让，收回自己的权利，并进行再次转让，以获取自己期待的利益。

二、完善我国版权贸易法律制度的初步思考

（一）在《著作权法》中明确规定向外转让著作权的内容

我们可以在《著作权法》中明确规定，国家有权依据职能设立特定的审查机构对有关作品的流转、演示或展出进行审查；有关著作权的转让或许可，不得违反中国的法律；对外转让或许可著作权的，应当依照有关法律、行政法规的规定办理手续。这样的规定，可以解决前文提出的第一和第三两个问题。

（二）调整《著作权法》中有关著作权转让或许可合同的规定

1965 年的德国著作权法在“著作权的处理”中只规定著作权可以转让或许可，而对合同的具体内容不涉及。日本的著作权法也是原则上规定著作权人可以全部或部分转让其所有权，但精神权利不能转让。然而，《法国知识产权法典》对版权的转让则有专章规定，它不仅规定转让的一般原则，还对五类具体合同作了较为详细的规定。英美法系的美国和英国的版权法，也均只对版权转让或许可作出一般规定：前者规定“版权所有权可以全部或部分通过任何转让方式或法律的实施来转移，可以依据遗嘱遗赠，或者依据可适用的无遗嘱继承法律作为动产转移”；而后者规定，版权可以像动产一样以转让、遗嘱处理或执行法律的方式发生转移，也可以被许可给他人使用。

（三）关于《著作权法》修改的其他问题的建议

对于著作权交易中的信息披露问题，尚需进一步研究；但我们认为随着版权公开交易的日渐频繁，要求交易方公开有关版权的信息会利于交易的发展。对于未来作品的贸易，有些国家明确规定，未来版权可以全部或部分转让，但最终主要还是依据合同来保障各方权益。我们认为，未来作品转让问题可以由当事人自由约定，立法者没有必要进行规定。但对于向外转让或许可的作品，如果涉及国家机密或重大利益，著作权法应在制度上对其有所规制。至于权利人可否回收其已经转让的权利等，我们认为也完全可以由当事人在合同中约定。

（摘自《知识产权》，2011（2））

◆著作权的限制

论室外艺术作品合理使用

——由《黄河母亲》纠纷案引发的思考

夏美婷

背景：2009 年 12 月，何鄂的雕塑《黄河母亲》屡遭盗版。山东省滨州市渤海十八路、山西省大宁县南山公园建成的“黄河母亲”雕塑造型均与何鄂的代表作《黄河母亲》极为相似。经全国城市雕塑建设指导委员会艺委会意见书认定：两雕塑系模仿抄袭侵犯何鄂创作的作品。基于此，《黄河母亲》作者何鄂已提起诉讼。2010 年 11 月，山西大宁方面已与何鄂庭外和解，和解协议正在履行中。而山东滨州方面推卸责任，庭审期延长半年。

城市雕塑属于室外艺术作品的范畴，而中国对室外艺术作品所作的合理使用规定不仅过于简单，而且没有充分考虑到该种作品的特性，导致司法实务的判决出现极大争议。所以法院有必要明确对此类案件的统一判决标准，以规范大众的行为。

从法律规范层面分析，合理使用制度的价值取向在于让渡著作权人部分的复制权和财产权利，以满足公众利用享有著作权作品的权利，其出发点在于鼓励创新促进文化事业发展。城市雕塑结合当地特色突出地方文化，在宣传提升文化品位的同时给人民以精神上的盛宴，因此城市雕塑的著作权人理应容忍大众合理的临摹、绘画、摄影、录像。中国《著作权法》第二十二条第一款第（十）项确实已经单独针对室外公共场所艺术品类作出合理使用的规定。同时，中国《关于审理著作权民事纠纷案件适用法律若干问题的解释》第十八条也对前者进行了解释，但并未达到明确具体的程度，比如关于什么是"合理的方式和范围"，法律并没有具体的规定。

纵观中国相关的法律和司法解释，均涉及一些拥有很大自由裁量空间的规定，诸如"正常使用"、"不合理损害"、"合理的方式和范围"等主观色彩浓郁的概念，因此，司法实践中必须依照著作权法与民法的基本原则和精神进行解释，以保证案件得到公正合理的处理。

该纠纷中，《黄河母亲》雕塑建成于20世纪80年代，已经成为兰州市的标志性城市雕塑。城市雕塑的灵魂就在于它的唯一性。黄河九曲十八弯，流经的每个地方都有它独特的美丽，因此创作者可根据当地特色塑造出具有美感和意义的城雕，而不是简单复制模仿一件成功的城雕作品。

从理论上分析，公共场所的艺术品从立体到立体的复制涉及两种情况：依据已存在的雕塑，经过具有创造性的再创作；单纯地复制已有雕塑，建造几乎相同的雕塑。很显然，该案中涉及的山西、山东的雕塑不仅在构图、结构，而且在形式、语言上都未经许可模仿何鄂的雕塑。关于对设置或者陈列在室外公共场所的立体艺术作品进行临摹、绘画、摄影、录像后，"根据平面复制件再制作立体的艺术品"是否认为是合理的使用的判断，著名法学家王迁认为：从立体复制到平面后，再根据平面复制出立体，已经超出了公众参与文化生活的需要。

笔者认为，城市雕塑《黄河母亲》已经和兰州的城市文化融为一体，山东和山西的这种几乎复制一模一样作品的雕塑影响了《黄河母亲》雕塑的唯一性，使其价值大幅下滑，损害了著作权人的权利，打击了作者创作的积极性。法律一方面鼓励人们依据已有雕塑生发创作灵感再行创新，属于合理使用。另一方面，如果人们生搬硬套，几乎完全窃取他人智力成果，则不属于法律容许的范围内。所以我认为，山东省滨州市渤海十八路建成的《黄河母亲》大型雕塑侵犯了何鄂的著作权，不属于合理使用的范围。

（摘自《法制与社会》（下旬），2011（3））

著作权集体管理组织合理使用问题初探

——陈少华诉中国音乐著作权协会侵犯信息网络传播权纠纷案评析

吕斐宜　刘建新

一、案情回顾

2007年9月，陈少华发现中国音乐著作权协会（以下简称"音著协"）未经许可，在音著协开办的网站"专家点评"专栏提供歌曲《九月九的酒》的在线试听服务，故请求法院判令音著协立即停止侵权，赔偿经济损失及制止侵权行为的合理开支共计人民币3万多元，并承担诉讼费用。音著协当庭辩称，其网站上提供署名为陈少华演唱的《九月九的酒》的歌曲片段试听，是为了介绍自己的会员，即该歌曲词曲作者的作品，使听众可以将该歌曲与其他歌曲加以区别，没有商业目的；而且，提供的歌曲片段很短，仅有23秒，符合国际通行的试听音乐截取的惯例，并未给原告带来任何经济损失，因此该行为属于《著作权法》规定的合理使用行为，符合法定的可以不经许可、不支付报酬的情形。原告律师则认为音著协的行为是直接侵犯演唱者权利的营利性使用，而不是合理使用。

一审法院认为：著作权侵权的构成不以侵权人是否获利为要件，且法律没有规定必须将播放歌曲的时间长短作为判断是否属于合理使用的必要条件。音著协虽然得到歌曲词曲作者的委托，其网站上播放歌曲的片断试听有介绍词曲作品的目的，但其播放歌曲《九月九的酒》时涉及演唱者陈少华的表演行为部分，仍需得到演唱者的许可。故其行为不符合《信息网络传播权保护条例》第六条规定的通过信息网络提供他人作品，可以不经著作权人许可、不向其支付报酬的情形，其行为构成对陈少华表演作品著作权的侵害。遂判决音著协立即停止在其网站上使用陈少华演唱的《九月九的酒》表演作品，并赔偿陈少华的经济损失人民币5 900元（其中包括合理费用2 900元）。

二审法院则认为：由于音著协作为保护音乐作品著作权人权利的集体管理组织，在其所设网站提供陈少华所演唱的歌曲《九月九的酒》，事先已尽相应的审慎义务，并采取了必要的防范措施，其行为虽然不属于《著作权法》及《信息网络传播权保护条例》所规定的合理使用情形，但其过错仅在于使用陈少华所演唱的歌曲《九月九的酒》事先未取得该歌演唱者陈少华本人的许可，行为显著轻微，且未对陈少华造成实际经济损失，故对陈少华所主张的经济损失部分不予支持，最终判定音著协只赔偿陈少华因维权而支出的合理费用人民币 2 900 元 。

二、案情解析及探讨

（一）著作权集体管理组织之地位

从法律法规有关著作权集体管理组织设立的依据、组织的性质及权利义务、管理的对象和范围来看，《著作权法》第八条第一款规定“著作权人和与著作权有关的权利人可以授权著作权集体管理组织行使著作权或者与著作权有关的权利”；该条第二款明确“著作权集体管理组织是非营利性组织，其设立方式、权利义务、著作权许可使用费的收取和分配，以及对其监督和管理等由国务院另行规定”；其后国务院颁布的《著作权集体管理条例》第三条规定，“本条例所称著作权集体管理组织，是指为权利人的利益依法设立，根据权利人授权、对权利人的著作权或者与著作权有关的权利进行集体管理的社会团体”；第四条进一步规定，“著作权法规定的表演权、放映权、广播权、出租权、信息网络传播权、复制权等权利人难以有效行使的权利，可以由著作权集体管理组织进行集体管理”。

著作权集体管理组织管理作品的范围，从最初的文学、音乐等领域逐步扩大到美术、摄影、电影、多媒体等领域，其管理的权利也从传统的表演权、广播权、复制权扩大到出租权以及信息网络传播权等。

从中国现有法律法规来看，音著协作为著作权集体管理组织，“天生”具备合理使用制度评判中非营利性的要求。虽严格来说，作品使用者甚至管理者的身份如何并不是判断合理使用的条件，但是特定的使用者基于特定的使用目的而使用作品，往往会被视为合理使用。而且，《著作权集体管理条例》第四十二条明确规定，“著作权集体管理组织从事营利性经营活动的，由工商行政管理部门依法予以取缔，没收违法所得；构成犯罪的，依法追究刑事责任”。故音著协是否存在营利行为及如何界定，作为著作权集体管理组织从事营利性经营活动如何予以处罚，都是值得进一步探讨的问题。

（二）著作权集体管理组织与相关权利人、使用者之关系

其一，《著作权法》第一条所规定的著作权以及与著作权有关的权益，该法第八条所规定的著作权集体管理组织的权利，以及《信息网络传播权保护条例》第一条所规定的著作权人和表演者的权利及其冲突在本案纠纷中均得到了一定体现。

其二，表演者权是表演者获得著作权人的许可以后才产生的权利，表演者权自身受到著作权的限制。表演者对作品的表演是著作权人与表演者之间的一种著作权使用许可法律关系。音著协作为著作权集体管理组织，其权利也来源于涉案音乐作品词曲作者的委托或许可。因而，分别作为涉案音乐作品表演者的陈少华和著作权集体管理组织的音著协，不管是前者的表演行为，还是后者的管理、保护甚至使用行为本身，其各自所享有的权利都会受到词曲作者著作权人权利内容本身的限制和影响。虽然涉案音乐作品著作权人与表演者陈少华、著作权集体管理组织音著协各自签订的许可合同和委托管理合同不是案件审理关注的内容，但涉案纠纷所提出的问题不能不分析当事人所享有的权利来源及其限制。

其三，由于音著协受涉案歌曲词曲作者的委托代为管理其作品，其身份同时处于一种被委托或许可的地位，即音著协此时作为涉案歌曲词曲作者作品的委托管理人，在使用、向公众传播所委托管理作品的表演时不再需要取得涉案歌曲词曲著作权人的许可，但据此规定并没有免除音著协在向公众传播涉案作品的表演时仍需取得表演者许可的法定义务；而且，音著协作为著作权集体管理组织，并不当然享有涉案作品词曲作者所享有的全部权利。音著协作为集体管理组织管理其会员作品，需取得著作权人的同意和授权，音著协使用涉案音乐作品的表演部分仍需取得与著作权有关的权利人的许可和授权，即取得涉案音乐作品演唱者陈少华的许可。

（三）“专家点评”是否构成合理使用

《著作权法》第二十二条、《信息网络传播权条例》第六条均规定了著作权合理使用的各种情形，但合理使用属于个案判断，从而留下了“仁者见仁、智者见智”的余地。因而美国著作权法中关于合理使用判断的“四要素”标准，即使用作品的目的、被使用作品的性质、使用作品的程度及对被使用作品的影响等“四要素”，往往成为国内司法实践中合理性使用判断标准的“最后一道防线”或“救命稻草”。

具体就音著协被控的涉案行为来看，虽然原告律师辩称音著协在其网页所开设的“专家点评”专栏并无任何评论信息，但也不能否认音著协开设其栏目的良好初衷。音乐作品自身的生命在于演唱或演奏，因而音乐作品本身的介绍、评论或说明，不可避免地会以表演的形式即演唱或演奏的方式予以推介或者回顾，如涉案被控网站所采取的“经典回顾”方式，这也是最为便利、简捷和易行的方式。音著协在其所开网站“CMD 中心音乐区”的页面

上，分别注明了涉案歌曲的词作者陈树、曲作者朱德荣和演唱者陈少华，以及涉案所表演音乐作品的名称《九月九的酒》。说明音著协遵循了相关法律法规，在相当程度上尽到了其“必须的”注意义务；音著协作为国家批准成立的著作权集体管理组织，尽到了审慎地规范自身行为的义务。法院最终未将音著协涉案网站的行为认定为合理使用虽不无遗憾，但其个案评判中所体现出的司法价值与意义不容忽视。

（摘自《电子知识产权》，2011（11））

◆著作权行政管理

著作权侵权行政处罚中“公共利益”的界定

陈绍玲

一、著作权法中“公共利益”的界定

笔者认为，著作权法保护两大公共利益：一是作品使用者的公共利益，即科学文化传播的公共利益；二是作品创作者、传播者以及使用者共同的公共利益，即市场经济秩序的公共利益。科学文化传播的公共利益，主要是由著作权法的立法目的决定的。著作权法关于专有权利的设置，为科学文化传播公共利益的实现提供了可能。但科学文化传播公共利益最终的实现，需以作品的创作者、传播者和使用者共同公共利益的确保为前提，即需要通过对市场经济秩序公共利益的维护才能得以实现。

二、著作权行政执法中“公共利益”的界定

根据《著作权法》第四十八条的规定，著作权行政管理部门有权予以行政处罚的著作权侵权行为主要是指未经许可“复制、发行、表演、放映、广播、汇编、通过信息网络向公众传播其作品”的行为。据此，并非所有的著作权侵权行为都可以由著作权行政管理部门实施行政处罚。而上述专有权利控制的行为，本质上都体现出一种经济特征：属于通过市场传播作品的行为或传播作品行为的准备行为。具体而言，复制、汇编等专有权利控制的行为，尽管不属于在市场上直接传播作品的行为，但如果没有复制、汇编行为，后续的发行、表演、放映、广播、信息网络传播等直接传播作品的行为就无从实施。据此可知，上述专有权利控制的行为都直接或者间接地导致了作品在市场上的传播。

未经许可实施复制、发行、表演、放映、广播、汇编、信息网络向公众传播等专有权利控制的行为，会对正版作品的市场份额产生影响。这些侵权行为在构成不正当竞争的情况下，必然会破坏市场经济秩序，在本质上体现为对市场经济秩序公共利益的破坏。《著作权法》第四十八条规定对“损害公共利益”的特定著作权侵权行为实施行政处罚，其中的“公共利益”应指市场经济秩序的公共利益。

三、著作权行政管理部门维护市场经济秩序公共利益的合理性分析

著作权行政管理部门实施行政处罚的侵权行为，本质上侵害的是市场经济秩序的公共利益，具有较强的危害性。而侵权行为的危害性决定了侵权救济的紧迫性，因此上述著作权侵权行为必须得到及时制止。民事司法保护机制尽管可以就侵权纠纷定纷止争，但漫长的诉讼程序无法及时维护市场经济秩序。而著作权行政管理部门在保障私权的过程中具有主动性、强制性和单方性的特点，这使得及时制止侵权行为、维护市场经济秩序成为可能。

当然，除民事司法保护机制、行政保护机制外，刑事司法保护机制基于其强大的威慑力，也可以制裁部分著作权侵权行为，实现对市场经济秩序公共利益的维护。中国《刑法》第二百一十七条、二百一十八条即规定对部分著作权侵权行为可予以刑事处罚。

根据上述《刑法》条款，侵犯复制权、发行权的行为，在特定情况下应属于犯罪行为。同时，根据《著作权法》，侵犯复制权、发行权的行为，又可以成为行政处罚的对象。但问题在于，为何不引入刑事司法保护机制维护市场经济秩序公共利益？

《著作权法》第四十八条所规定的行政处罚，针对的是损害市场经济秩序公共利益的著作权侵权行为。而《刑法》规定的刑罚针对的是具有严重社会危害性的著作权侵权行为。如果特定的著作权侵权行为不仅损害了市场经济秩序的公共利益，同时还产生了严重的社会危害性，就不适于利用行政保护机制进行处罚，而只能利用刑事手段加以制裁了。就危害性而言，《著作权法》第四十八条规定的侵权行为弱于犯罪行为，利用行政保护机制进行制裁是完全合理的。

四、著作权行政执法中“损害公共利益”侵权行为的具体界定

（一）“损害公共利益”侵权行为的危害性认定

“损害公共利益”的著作权侵权行为本质上是对

市场经济秩序的破坏，其危害性应达到一定的严重程度。笔者认为，“损害公共利益”的著作权侵权行为的危害性，应介于轻微的著作权侵权行为和著作权犯罪行为之间。

首先，构成刑事犯罪的著作权侵权行为并非“损害公共利益”的侵权行为。“损害公共利益”的著作权侵权行为对经济秩序的影响应小于侵犯著作权的犯罪行为。以侵犯发行权的犯罪为例，如果侵权人销售的侵权复制件数量多于500份，尽管该行为同样损害了公共利益，但这种公共利益已不属于《著作权法》保护的市场经济秩序公共利益，而属于《刑法》保护的社会公共利益，该种侵权行为已经属于犯罪行为。

其次，侵权后果轻微的著作权侵权行为并非“损害公共利益”的侵权行为。如偶尔销售少量侵权复制件的行为，就不属于损害市场经济秩序公共利益的侵权行为。

综上，笔者认为《著作权法》第四十八条规定的“损害公共利益”的侵权行为对市场经济秩序的影响应大于轻微的民事侵权行为，但又小于著作权刑事犯罪行为。

（二）判定“损害公共利益”侵权行为时应考虑的因素

《著作权法》第四十八条规定的“损害公共利益”的著作权侵权行为，本质上侵犯的是“市场经济秩序的公共利益”。因此，轻微的民事侵权行为、具有严重社会危害性的著作权刑事犯罪行为，都不属于《著作权法》第四十八条规定的“损害公共利益”的范畴。而“损害公共利益”的著作权侵权行为只有在构成不正当竞争的情况下，才可能破坏市场经济秩序，对公共利益造成损害。在坚持上述原则的基础上，笔者认为，在具体判定著作权侵权行为是否“损害公共利益”时，还应立足作品创作、传播活动的经济特征，结合若干经济因素综合考虑。

首先，未经许可公开提供作品的数量、次数或持续时间，是判定侵权行为是否“损害公共利益”时首先需要考虑的因素。

其次，实施著作权侵权行为的违法所得，也是判定侵权行为是否“损害公共利益”时需要考虑的因素。

最后，判定侵权行为是否“损害公共利益”时，除考虑上述两点因素外，还应结合其他情况综合考虑。

（摘自《电子知识产权》，2011（9））

◆著作权集体管理

浅论我国著作权集体管理制度的完善

崔 戟

一、我国著作权集体管理的现状

当世界上第一个著作权集体管理组织成立的时候，中国尚没有产生著作权的概念，更不用谈著作权集体管理。随着新中国的成立，法律建设的步伐加快，同时为了与世界接轨，我国才开始有了著作权集体管理的初步发展。直到2001年，我国修订《著作权法》，第一次以法律的形式对著作权集体管理作出了规定，为这位“海外来客”在中国正式“安家落户”奠定了法律基础。2005年3月1日，《著作权集体管理条例》正式实施，标志着中国著作权集体管理制度的正式建立。由于起步晚、发展慢，中国著作权集体管理存在着许多的不足。

（一）制度的不完善

1. 使用费标准制定及争议解决问题突出

《著作权集体管理条例》规定使用费标准由集体管理组织制定，并报国家版权局审批通过。使用费标准制定参照时间、方式以及地区差异等诸多复杂因素。由此可见，集体管理组织单方制定使用费标准，其透明性和公平性受到质疑。另一方面，使用费标准制定过程缺乏使用者的参与，其科学性和合理性也受到质疑。虽然《著作权集体管理条例》规定了国家版权局事后进行审查，但只是作一些合法性的审查，同时，国家版权局作为集体管理组织的发起者和主管单位，立场是否公允受到质疑。在这种情况下，使用者自然会对使用费产生争议。然而，相关立法中却没有专门的争议解决机制的设计，没有具体可行的司法救济，因此，容易造成使用者的利益损害。

2. 缺少有力的监督

在著作权集体管理组织垄断的现实下，一般采取两种方法解决，一是引入有效的市场竞争，但在目前中国著作权集体管理尚不成熟的情况下，过快引入市场竞争虽会消灭垄断，但会带来更多的弊端；二是加强监督，防止权力的滥用。然而，在监督方面，中国做得也不是很好。

（二）集体管理组织机构的不完善

1. 组织数量少，种类单一

截至2011年1月，中国正式登记成立的著作权集体管理组织只有五家，相比发达国家而言，数量太少，很多领域的集体管理处于空白状态。

2. 管理方式落后

目前，中国著作权集体管理组织通常采用的是传统的管理办法，是与机械复制等技术相适应的。然而，随着科学技术的发展，特别是信息网络技术的运用，作品的表现形式和使用方式都发生了巨大的变化，传统的管理手段已不能满足要求。

二、完善我国著作权集体管理的几点建议

（一）加快各类著作权集体管理组织建立步伐

鉴于我国目前此类组织比较少，而社会中需要此类组织的呼声越来越高，应加快各类著作权集体管理组织的设立。但在实践中，因为此类组织设立采用核准制，设立时遇到了一些障碍，中国音像著作权集体管理协会2005年批准成立，2008年才核准登记。

（二）建立使用费争议解决机制

在自愿许可下，目前中国使用费标准由著作权集体管理组织单方面制定，虽报国家版权局审查，但只是一些合法性审查，其合理性令人质疑。另一方面，在法定许可下，使用费标准目前是按照国家版权局1993年颁布的《录音法定许可付酬标准暂行规定》进行制定，经过十几年的变化，其中规定的适用性令人担忧，应及时修订相关的法定许可使用费问题。

目前，国际上对使用费争议的解决有三种方式：由民事法院解决可能出现的纠纷，由普通法院依一般民事程序解决；为解决纠纷设立特别裁判所或其他仲裁机构；由一个政府主管部门审批其收费标准和许可条件。中国应借鉴国外的相关做法，设置符合中国当前法律环境、切实可行的争议解决制度。

（三）完善对著作权集体管理组织的监督

1. 政府监督

政府对著作权集体管理组织进行的监管，可分为事前监管和事后监管。事前监管，即著作权集体管理组织的准入制度；事后监管，是指在著作权集体管理组织成立以后，对其运营进行的一系列监督和管理。政府应对集体管理组织的设立、变更进行审核，对组织的运营进行监督，如审核集体管理组织的使用费标准、分配规则、财务运转等集体管理的重大事项等。但政府的监督应到位而不能越位，不应对组织的业务随意干涉，进而妨碍集体管理组织的正常运行。

2. 组织内部监督

在中国，集体管理组织均采用会员制，因此，内部监督主要是来自会员的监督。在组织中，会员大会是集体管理组织的最高权力机关，理事会是大会的执行机构，在中国未规定组织应成立监事会的情况下，应加强会员大会对组织理事会的监督。

3. 社会监督

集体管理组织作为公益性的组织，并不能只顾及权利人的利益，而应平衡使用人、权利人和广大公众的综合利益，加强社会监督、舆论监督，强制集体管理组织的公开化、透明化，强制集体管理组织的财务公开义务，接受广大公众的监督。这对集体管理组织健康稳定的发展、对社会利益的平衡有着举足轻重的作用。

（四）改进集体管理组织管理

1. 减少著作权集体管理组织官方色彩

在当前，中国知识产权保护底子薄、意识弱，采用官方扶持的模式有其合理性，但市场经济的发展与成熟使目前政府职能正倾向于社会化。政府所做的更多的是监督，而不是管理，不是对业务的干预，应该让集体管理组织这类民间组织具有更强的自主性和独立性。随着集体管理制度的不断完善，采用会员制的集体管理组织的管理和运营逐渐成熟，内部监督和社会监督的作用日益加大，政府应逐步“还权于民”。

2. 管理方式的现代化

随着网络技术的普及，传统的集体管理已不能很好地完成信息高速公路上的集体管理任务，作者产生大众化、复制技术完美化、作品传播无限化、侵权行为多样化，要求集体管理方式不得不进行改良。因此，中国需加快集体管理方式的现代化进程，积极加入国际间集体管理组织，建设现代化的著作权权利管理系统。同时，这些功能的实现需要技术保护措施作保证，相应地，还应加强对技术保护措施和权利管理信息的相关立法保护等。

（摘自《法制与社会》，2011（2））

◆著作权的司法保护

从“百度文库事件”看我国避风港规则之完善

孙　军

一、问题的提出——百度文库事件

2010年下半年，国内一些知名的图书出版和销售公司要求百度网删除其下属的百度文库中的侵权书籍。此后，许多知名作家多次联名发文集体声讨百度，并呼吁所有作家联合起来共同维权。面对声讨，百度网援引避风港规则概念予以回应，称百度文库中的所有文稿均系网友上传，百度网本身并不上传书籍和作品，没有实施侵权的行为，因此并未侵害作家和出版机构的合法利益。作家及出版界则认为：一方面，百度网实质是对避风港规则的滥用；另一方面，百度文库提供文档作品免费下载，对中国原创文学造成巨大伤害。

二、从"百度文库事件"看避风港规则在中国的适用——存在问题及认定难点

（一）存在问题

1. 概念移植留有漏洞

避风港规则属法律概念的移植，但此概念在美国法律中与中国有所不同。美国法就避风港规则的理解是一种反向责任认定的逻辑模式，但中国在民事侵权方面，历来重视严密的抽象逻辑推理，对责任的承担必须以对注意义务的违反或法律的特殊规定为基础。因此，反向责任认定逻辑在中国并不适用。从"百度文库事件"中，我们看到网络服务商实则运用了美国法律的逻辑思维模式来解释避风港规则，引起广泛争议并招致对该规则本身合理性的质疑。究其原因，还是立法者在法律移植时对于法律概念的解释和说明不足，从而在理解适用中留下了漏洞。

2. 法律规定较为模糊

《信息网络传播权保护条例》是目前中国网络著作权保护的系统性、基础性法律文件，但其对于避风港规则的相关规定仍较模糊，还有待进一步出台细则和解释予以完善。

3. 实践操作存在难点

中国法律中与避风港规则相关的规定均是较为笼统的说明，并无具体的操作细则，这给司法实践带来诸多难点和问题。

（二）文字作品侵权的认定难点

1. 难以通过上传完整文字作品的行为而认定侵权。对于文字作品，从现实角度确实难以概括地得出网站中存在较为完整的文字作品即很有可能涉及侵权的结论。

2. 难以通过文字作品的名称对侵权作品进行准确定位。在网络流行同名小说、同人小说的情况下，同一个名称的文字作品很有可能由不同作者完成。此时，若缺乏权利人提供的其他信息（如作品长度、足够数量的关键词等），网站经营者事实上难以既准确防止侵权作品上传，又不误将他人主动上传的合法作品删除。在这种情况下，就很难认定网络服务商在接到通知后并未尽到谨慎的注意义务以及未做出帮助版权人删除侵权作品的行为。

3. 难以通过网络服务商提供相应网络服务判断其具有侵权的主观意图。在文字分享网站，确实存在许多文学爱好者自行上传其原创小说的情况，故无法认定开设小说栏目的文字类分享网络的服务商有帮助或引诱用户上传侵权内容的意图。

三、我国避风港规则的完善建议——文字作品著作权保护角度

（一）统一法律规定，制定操作细则

应从立法层面制定一个统一的网络著作权保护的法律规定，明确避风港规则的相关问题。此外，针对实践中存在的权利人就侵权作品向网络服务商发出侵权通知要求等操作问题，可以通过具体的操作细则和司法解释予以明确，以充分体现避风港规则提高网络纠纷解决效率的效能。

（二）完善技术措施，提升版权意识

技术措施，主要是指作者出于防止他人滥用其作品的目的而采取的一些保密方法，比如加密、扰频和口令等。技术措施要不断进行完善和更新，这就要求网络服务商充分加强和提升版权保护意识，综合考虑其服务的性质、被用于侵权的可能性、同行业所普遍采取的技术措施等因素，平衡经济成本及预防侵权的可能性。

（三）建立合作机制，分享利益收入

统一规范、制定细则、明确概念、完善技术，均系"堵"的范畴。但基于文字作品的特性，其著作权侵权问题还有另一重要的解决之道，即"疏"的办法——引导和鼓励版权人与网络服务商等相关各方探讨和创立共赢互利的解决方案，建立起一套有效的信息交换与合作机制，合理分享由著作权利用带来的利益收入。

（摘自《上海政法学院学报》（法治论丛），2011（6））

我国动漫产业知识产权保护初探

——以《喜羊羊和灰太狼》为例

韩续峰　曾静蓉

动漫产业，是指以"创意"为核心，以动画、漫画为表现形式，包含动漫图书、报刊、电影、电视、音像制品、舞台剧和基于现代信息传播技术手段的动漫新品种等动漫直接产品的开发、生产、出版、播出、演出和销售，以及与动漫形象有关的服装、玩具、电子游戏等衍生产品的生产和经营的产业。包括四个基本环节：第一阶段漫画期；第二阶段动画期；第三阶段角色扮演期；第四阶段衍生产品期。

一、我国动漫产业的法律保护现状

（一）法律依据的考察

就漫画期而言，此阶段中对于通过图书和报刊表现出来的漫画，采用著作权法保护的模式；第二环节中的动画期，仍然受到著作权法律法规的保护；第三阶段的角色扮演期，角色扮演作为一种时尚活动本无法律侵权困扰，但越来越多的商业活动以此推广宣传自己的产品的行为却值得深究，这种“搭便车”的使用是否侵权，能否受到法律的规制，从现有的法律规定来看无据可循；最后的衍生产品期更多涉及生产和销售领域环节，主要采用商标法保护或专利法保护。

2008年8月有关部门出台了《文化部发布关于扶持中国动漫产业发展的若干意见》，其中指导性思想就是扶持民族原创，虽有一定指导意义，但在法律层面仍未能解决动漫产业各个环节具体法律侵权问题。

（二）侵权状况的考察

1. 抢注行为泛滥。

2. 盗版、侵权现象频繁，其中动漫衍生产品的侵权最为严重。

（三）维权状况的考察

1. 侵权主体分散，维权成本高。

2. 被告主体不确定，诉之无门。

3. 举证存在一定的难度。

4. 赔偿数额低，执行力度不大。

二、对我国动漫产业知识产权保护的几点思考

（一）知识产权立法不完善，国家相关政策不够细化

笔者以为，动漫产业市场的确立必须建立在完备的法律制度基础之上。首先，美国法律所确立的虚构角色保护制度使得迪士尼公司那些知名的卡通形象得到了充分的保护，这项权利对动漫卡通形象以及衍生产品的保护是尤为重要的，但是中国的法律却对此没有明确规定；其次，虽然中国《著作权法》第四十九条到五十一条对侵害著作权行为的赔偿数额作了规定，但在司法实践中，侵权赔偿标准一直是困扰司法实务的一个疑难问题，动漫形象的著作权人的权利救济并没有得到充分的保护；最后，中国欠缺保护动漫产业的配套规章制度，多数皆为政策性指导意见，这对于正在发展中的动漫产业是极为不利的，法律应当具备一定的前瞻性，当发生侵权或突发事件时才寻求对策并非明智之举。

（二）执法力度欠缺

中国知识产权保护采用双重保护制——司法保护和行政保护。就实际案件来看，在版权界受刑事制裁的案件为数不多；版权犯罪的起诉受理机制的启动存在一定的技术障碍，法律规定的赔偿额低，这也是导致侵权现象猖獗的重要原因。

就国内知识产权执法和管理部门而言，其人力和物力都相对不足，打击侵权盗版的力度不强，难以有效打击侵权盗版行为，维护权利人的合法权利。同时，授权管理与行政执法一体化的体制不利于监督和制约。

如何保护中国的动漫产业已迫在眉睫，需要方方面面的密切配合，笔者以为可从以下几方面入手：

一是完善知识产权法律制度，在知识产权法律中引入角色商品化权概念，把人物的形象、情节、性格引入保护范围，大大加强动漫的知识产权保护。相对于著作权、商标权、专利权的侵权赔偿数额的计算，动漫的知识产权方面应当有更为细致有效的计算方式，切勿采用“一刀切”的方式，甚至在某些具体案例中可突破法条上限的规定，让法律的赔偿能真正弥补被侵权人的损失，并对侵权者起到一定的威慑作用。对于知识产权的刑事犯罪的确定，也应出台相应的解释，便于司法人员审判案件。

二是动漫企业和创作者需加强知识产权保护意识，采取一系列有效的措施保护自己的权益。首先，在保护创意方面，尽量采取类似商业秘密的保护手段，仅仅允许极少的人接触创意并注意签订保密协议。其次，注意对最初动漫设计的创作保留必要的草稿和制作稿，并把创作出来的卡通形象进行版权登记；若有必要，可以再进行商标注册，创立自己的动漫品牌和进行多种产品的外观设计专利申请。在动漫作品的推广过程中，若存在动漫作品的许可使用情形，注意将许可合同进行备案。

最后，建议动漫企业或创作者在调查取证阶段尽量委托专业机构进行调查取证，这将有利于证据的保全，能最大限度地保证证据的合法性、关联性、客观性。取得侵权证据后，动漫企业或创作者可以向执法机构举报，要求停止侵权，或要求执法机构依法查处，争取最大化的赔偿金额。

（三）政府部门需出台相关政策扶持和鼓励动漫企业的发展

政府可根据实际情况出台优惠政策，也可指导建立第三方知识产权专业管理机构，以扶持动漫

企业。

（摘自《法制与经济》（中旬），2011（12））

对数字化作品著作权犯罪定罪标准的几点商榷

林竹静

一、传统渠道下数字化作品著作权犯罪定罪标准存在的问题

（一）以违法所得数额作为定罪的首要标准在实践中难以操作

从理论上讲，违法所得数额即违法获利数额，等于销售数额减去成本（商品进价和其他经营成本）。但制售盗版是隐匿的地下行为，制售盗版者不可能像合法经营者一样在经营中保留真实详尽的财务资料。因此，实践中法院往往查不清或根本无法确定特定案件中犯罪嫌疑人的违法所得数额，而《刑法》第二百一十八条销售侵权复制品罪又要求必须查清违法所得额才能定罪，如果无法查明，只能通过查非法经营额或侵权复制品数量，定侵犯著作权罪。

（二）违法所得数额、非法经营额、侵权复制品数量的相关规定在实践中存在脱节和冲突

侵犯著作权罪的起刑点要求违法所得数额3万元或非法经营额5万元或侵权复制品数量500张（份）。关于“侵权复制品数量达到500张（份）以上”这一下限是2007年通过的“解释二”（《最高人民法院、最高人民检察院关于办理侵犯知识产权刑事案件具体应用法律若干问题的解释（二）》）修正的，比原先标准降低了一半，降低起刑点的目的是加大对制售盗版的刑事打击力度。单一降低侵权复制品数量下限的做法反映了实践中查明盗版数量要比查明违法所得数额或非法经营额容易得多，以查明侵权复制品数量作为定罪标准极可能已成为司法实践中法院定罪的常规做法。然而，片面降低其中一个起刑标准不但使三个定罪标准在整体上产生矛盾，也可能产生实际的不公平。

（三）HDVD等新介质的出现使以侵权复制品数量为定罪标准受到质疑

早在2006年9月，江苏中艺音像城总经理杜开林即向全国人大法制工作委员会提交了一份《对〈中华人民共和国刑法〉第二编分则及“两高解释”中有关侵犯知识产权罪内容的修改建议》。其中建言，应该以盗版碟的播放时间而非数量作为侵犯著作权罪的定罪量刑标准。其理由是，2004年“解释一”（《最高人民法院、最高人民检察院关于办理侵犯知识产权刑事案件具体应用法律若干问题的解释》）中盗版张数指普通型VCD、DVD、CD及软件光盘，每张节目时间45分钟，1 000张总节目时间750小时。而最近随着HDVD-9，HDVD-18等超大容量光碟的出现并被盗版者利用，原来需要1 000张普通光碟承载的内容现在仅通过38张HDVD-9光碟或19张HDVD-18光碟即可完全复制。侵犯著作权罪保护的客体是通过特定载体（光碟）承载的内容（节目时间）表现的著作权而非著作权的载体本身，因此以盗版碟的播放时间而非数量为定罪标准更符合该罪所要保护客体的本质属性。这一观点一经提出就备受争议。赞同者认为从保护著作权的角度来看，按时间计算更准确，同时更加明确细化了侵犯著作权犯罪的定罪标准，更加具有执行性；而反对者则认为该建议有轻罪重判的倾向，不能使犯罪人心服，自觉接受改造。

二、网络渠道下数字化作品著作权犯罪定罪标准存在的问题

根据“两高”2011年初出台的《意见》（《关于办理侵犯知识产权刑事案件适用法律若干问题的意见》）规定，通过网络侵犯他人数字化作品著作权，被侵权作品的实际被点击数达到5万次以上的；或以会员制方式传播他人作品，注册会员达到1 000人以上的；数额或者数量虽未达到前项规定标准，但分别达到其中两项以上标准一半以上的，均可视作情节严重，处3年以下有期徒刑或者拘役，并处或者单处罚金。但是，如何在司法实践中认定实际点击数，以及注册会员是否应根据其在线活跃程度、下载量等作相应区分，仍值得研究。

在司法实践中，将“点击数”作为定罪量刑的重要标准之一，始见于2004年9月，“两高”《关于办理利用互联网、移动通讯终端、声讯台制作、复制、出版、贩卖、传播淫秽电子信息刑事案件具体应用法律若干问题的解释》。根据该《解释》，传播淫秽电子信息的，情节严重与否的标准是点击数，点击数达到1万即可构成犯罪；点击数达到5万以上的，则认定为“情节严重”；点击数达到25万以上的，就将被认定为“情节特别严重”。但是，数年的司法实践证明，以“点击数”作为定罪量刑的标准，其科学性值得质疑。

与在界定传播淫秽物品牟利罪中所起的作用一样，“实际点击数”概念在侵犯著作权犯罪中的作用也是据以确定所传播人群的实际数量（从另一个侧

面讲，即著作权人的权益受损程度），但问题在于司法实务中“实际点击数”并不是一个已界定的法律概念，同时也不是一个精确的网络术语。就目前的司法实际而言，作为法庭证据使用的司法鉴定报告是很难精确区分实际点击数是否有效的。由于实际被点击数的高低直接影响犯罪认定，势必会导致在“实际点击数”上争议不断。同样，在注册会员的网络著作权犯罪案件中，对活跃会员和沉睡账号、付费会员和普通会员等不同情况是否应该区别认定，对仅注册而没有实际浏览或下载的会员是否应计入定罪标准等问题，也仍需要我们在总结司法经验的基础上进一步探讨。

（摘自《法制与社会》，2011（34））

著作权法定赔偿制度探析

何中龙

著作权法定赔偿，是指按照法律的规定，当著作权侵权人给权利人造成损失，但权利人的实际损失和侵权人的违法所得难以计算时，由法院根据侵权人的过错、侵权情节、后果等因素，在法定的赔偿幅度内确定一个赔偿数额的一种赔偿方法。法定赔偿是司法实践中的一种重要方法。

比照外国经验，本文认为，中国应从以下几个方面构建著作权法定赔偿制度。

首先，法定赔偿制度不设定适用前提，让权利人充分行使选择权。中国《著作权法》规定，法定赔偿必须在权利人的实际损失或侵权人的违法所得不能确定时才能适用，这条规定加重了权利人的举证责任，对于权利人的利益保护是不利的。因为一般情况下，权利人的实际损失或侵权人的违法所得难以查清，特别是对于网络环境下的著作权侵权而言。

其次，法定赔偿应当考虑侵权人的主观状态。在中国的司法实践中，法定赔偿考量因素有“侵权行为的情节”、“作品类型、合理使用费、侵权行为性质、后果等情节”，但并没有明确将侵权者主观状态纳入法定赔偿内。本文认为，法定赔偿应考虑侵权人主观状态，善意侵权者应承担较低赔偿责任，过失侵权者承担全面赔偿责任，故意侵权者承担较重赔偿责任。

再次，法定赔偿数额应当具有适度惩罚性。中国实践中的法定赔偿制度是排斥惩罚性原则，而适用全面赔偿原则的。但对于一些故意或恶意的侵权，如果仅仅坚持全面赔偿原则，并不能完全保护权利人的利益。因此，有必要建立客观认定标准，引入推定故意和善意信赖排除原则。

最后，适当扩大法定赔偿数额的区间。当前中国规定了不超过50万的法定赔偿区间，但是在知识经济时代，特别是在计算机、软件等高科技产品方面，侵权的数额一般比较大，原来的标准过低，应根据经济水平和行业差别将上限调为100万。

总之，要构建中国法定赔偿制度，必须在坚持全面原则的前提下加入惩罚性因素，并让当事人对法定赔偿具有选择权，此外，法定赔偿应当考量侵权人的主观状态，并适当扩大赔偿区间。

（摘自《法治与社会》，2011（19））

浅析在线视频著作权保护

李炼炼

一、视频分享网站及其著作权侵权行为

（一）视频分享网站的概念及其运作、营利模式

视频网站可以分为以下两类：一类是通过在线提供视频上传、下载、播放等服务，为网民提供分享网络视频资源的平台并从中获利的网络参与方，称为视频分享网站；另一类是电视台、成熟新闻网站、民营传媒等媒体门户的网络视频子频道，可以称之为视频媒体门户网站。此两类视频网站的运作模式不同，视频媒体门户网站由于资金雄厚或是原创或是购买版权，一般不存在著作权风险；而视频分享网站是侵犯著作权行为的高发地带，也是本文讨论的主要对象。

视频分享网站的视频种类广泛，当前广告收入依旧是其主要收入。因此，网站纵容甚至帮助用户上传盗版视频，对著作权人权利造成侵害。

（二）著作权侵权行为的构成要件

类比犯罪的构成要件，侵权的构成要件可以分为主体、客体、主观方面和客观方面。视频分享网站的在线视频著作权侵权案件中，通常是上传视频的用户作为直接侵权主体，网站是间接侵权主体。但有时网站也可以成为直接侵权主体，区分的关键在于，视频分享网站是否主动参与侵权视频的上传行为。

著作权侵权的客体是著作权人的信息网络传播权，即以有线或者无线方式向公众提供作品，使公众可以在其个人选定的时间和地点获得作品的权利。主观方面的过错，包括故意和过失，故意则包括直

接故意和间接故意。

客观方面即是侵权人的侵权行为，可分为两类，一类是直接侵权人对不特定的公众发布侵犯作品、表演、录音录像制品著作权的网络视频的行为；另一类是间接侵权人提供服务，纵容或帮助他人从事以上侵犯著作权的行为。目前对于各大视频分享网站的侵权诉讼中，被告大多是以“避风港”原则进行抗辩，中国法律也部分采纳了该原则。然而“避风港”原则是否真的能作为有效抗辩的依据，还需要进一步分析，尤其是对侵权人主观过错的认定。

二、视频分享网站侵犯著作权问题的解决模式

（一）视频分享网站的责任认定

《信息网络传播权保护条例》（下文简称《条例》）第二十三条规定，网络服务提供者为服务对象提供搜索或者链接服务，在接到权利人的通知书后，根据本条例规定断开与侵权的作品、表演、录音录像制品的链接的，不承担赔偿责任；但是，明知或者应知所链接作品、表演、录音录像制品侵权的，应当承担共同侵权责任。《侵权责任法》第三十六条也对此作了具体规定。结合上文所述，构成侵犯著作权的行为包括过失、直接故意和间接故意。

1. 过失。过失在法条中的体现，即网络服务提供者在收到被侵权人的通知后未及时采取相关必要措施防止损害扩大的，对损害扩大部分承担连带责任。此处的未及时采取必要措施不等同于未采取，是“避风港”原则的主要内容之一，也是在侵犯信息网络传播权案件中区分过失和间接故意的关键。

2. 直接故意。在视频分享网站作为侵权人的直接故意除了表现为类似直接自己上传侵权视频或教唆、帮助他人上传侵权视频这类明显的故意行为外，还包括很多更隐蔽的参与侵权视频上传的行为。首先，关于教唆、帮助用户上传侵权作品的行为，是指在侵权行为发生前，网站与用户间存在故意的意思联络；其次，如果网络服务提供商参与到具体网络视频的修改或选择时，就会从服务提供商转为网络内容服务商（ICP）。此时网站应注意到网络视频的内容，且网站的侵权行为推定为直接故意并无法适用“避风港”原则。

3. 间接故意。《条例》中所指的网络服务提供者“应知”某视频侵权的承担共同侵权责任，此“应知”可以理解为间接故意。对于视频分享网站来说，应负有较高的审查注意义务，否则推定其应该知道侵权行为的存在并放任该行为的继续进行，主观存在过错并应承担连带责任。

（二）其他创新解决模式探析

1. 网站向著作权人直接购买版权及信息网络传播权（及其他权利）的方式已经越来越多地被各个大型视频分享网站所采用，用户只有通过付费才能收看最新的高清影视作品。网站购买版权再让用户交费观看，盈利模式由原来单纯的广告收费调整到自有版权盈利，自然会主动删除用户上传的侵权视频，既盈利又规避了侵权风险。

2. 网站与电视媒体签订协议，开放版权。目前百度视频、新浪视频等实力较强的网站的视频频道纷纷与电视媒体签订了战略合作协议，不仅获得了大量有价值的电视视频资源，而且轻而易举地规避了著作权方面的风险。

此外，可以推行网络实名制，便于被侵权人找到上传用户提起控诉，也便于在视频分享网站承担连带责任后的追偿。同时，实名制也是增强网络用户责任感、实现网络文明、预防侵权行为发生的有效途径。

（摘自《法制与经济》（中旬），2011（5））

2011年版权（著作权）论文索引

［编者按］ 本索引根据2011年全国公开出版的报刊上登载的论文选编而成，资料来源于“中国知识资源总库”。每个专题的论文，按句首第一个字的汉语拼音为序；每篇论文以标题、作者、报刊名称、期号排列。

一、著作权法概述

版权制度与新媒体技术之间的裂痕与弥补/吴伟光/现代法学，2011（5）

从知识产权条约的解释路径来反思中美知识产权案/宋杰/电子知识产权，2011（3）

从著作权角度谈TRIPS协定/许超/知识产权，2011（10）

德国著作权理论的产生和发展/陈娜/人民法院报，2011-10-21

对网络时代版权扩张的反垄断规制及新对策/龙井瑢/河北法学，2011（1）

对著作权法修改的几点意见/蒋志培/中国版权，2011（2）

法律在实践中应更具操作性——对现行《著作权法》几项具体制度的修改建议/陈锦川/中国新闻出版报，2011-08-11

范式与理性：知识产权法学现代性的演进/康添雄/法学杂志，2011（9）

关于现行著作权法修订问题的随想/郭禾/中国版权，2011（4）

关于知识产权法教学改革的思考/李国庆/法制与经济（下旬），2011（2）

关于著作权保护的相关问题/邢志仁/吉林日报，2011-12-13

论数字时代下著作权的保护问题——以百度文库事件为视角/朱永红/法制与社会，2011（33）

论网络环境下知识产权的法律保护/于帆/法制与社会，2011（9）

论我国反垄断法在知识产权领域的应然取向/黄勇/电子知识产权，2011（10）

论我国著作权立法的新思路/李琛/中国版权，2011（5）

论宪法框架下著作权的正当性/夏劼/法制与社会，2011（18）

浅谈著作权的利益实现机制/吴宇琦/法制与社会，2011（617）

浅析我国著作权法与伯尔尼公约的区别/王娟/法制与社会，2011（20）

浅议网络作品著作权保护/严国定/科技创业月刊，2011（5）

软件著作权保护之修法意见/姚欣/电子知识产权，2011（9）

设计未来：中国发展与知识产权/吴汉东/法律科学（西北政法大学学报），2011（4）

涉外著作权法律适用的思考/刘远山、魏微/法治论坛，2011（1）

试论著作权技术保护措施及其法律完善/刘函/法制与社会，2011（5）

数字图书馆构建中的知识产权保护模式探究——从谷歌侵权案谈起/尹斐、郭睿华、辛丽娟、韩荣新/法制与社会，2011（3）

外层空间活动中的知识产权保护/郑友德/中国知识产权报，2011-01-28

完善我国著作权法律制度的六大构想/汪涌/中国新闻出版报，2011-07-28

网络环境下的版权保护问题研究/罗婧/法制与社会，2011（1）

我国知识产权权利冲突之立法对策/靳晓东/法学杂志，2011（12）

无主知识产权范畴的理论构造/刘春霖/法律科学（西北政法大学学报），2011（1）

新技术与国际著作权保护的发展趋势/许超/电子知识产权，2011（10）

新时期下著作权法在编辑工作中的实践探讨/徐海宁/法制与社会，2011（18）

寻求数字时代的版权法生存法则/高富平/知识产权，2011（2）

造法不易修法亦艰——写在中华人民共和国著作权

法第三次修订之际/张广良/中国专利与商标，2011（4）

知识产权法区域一体化的全面解读——评李明德等著《欧盟知识产权法》/卢海君/中国版权，2011（2）

知识产权国际强保护的最新发展——《跨太平洋伙伴关系协定》知识产权主要内容及几点思考/陈福利/知识产权，2011（6）

知识产权排他效力论/关永红/知识产权，2011（7）

知识产权权利冲突的内在机理及化解机制/谭华霖/知识产权，2011（2）

知识产权与人权冲突的协调/徐礼永/法制与经济（中旬），2011（8）

中国古代的版权保护/俞飞/政府法制，2011（29）

中国知识产权法的美国化？——美国模式的影响与走向/徐红菊/清华法治论衡，2011（1）

中国著作权制度：英美模式还是大陆模式？/（德）阿道夫·迪茨/中国专利与商标，2011（1）

著作权：划向彼岸的渡船/曲三强/法制日报，2011-09-03

著作权的法经济分析范式——兼评知识产权利益平衡理论/熊琦/法制与社会发展，2011（4）

著作权法：为建设创新型国家奠定基础/刘春田/光明日报，2011-03-31

《著作权法》亟须修订/张抗抗/光明日报，2011-03-24

《著作权法》修订要面向时代、面向世界、面向未来/柳斌杰/光明日报，2011-07-25

著作权立法体系中应避免不同法规间的错位失衡/索来军/中国新闻出版报，2011-11-10

作品使用权安排的法经济学分析——以交易成本为视角/王鹏/知识产权，2011（4）

二、著作权的对象（客体）

不应忽视的民间文学艺术保护——评析三起涉及传统文化著作权案例/吴园妹/中国新闻出版报，2011-05-05

刍议MP3音乐下载中的著作权问题/韩续峰/法制与社会，2011（17）

从“绿坝”抄袭事件谈开源软件的著作权保护/吴卓修/法制与社会（下旬），2011（2）

从戏本到戏：传统戏曲作品范围的厘定/张林/中国版权，2011（6）

“单字著作权”案警醒字体知识产权保护/李海明/江苏法制报，2011-11-28

单字字体和字库软件可能受著作权法保护/崔国斌/法学，2011（7）

第三方插件与宿主软件著作权问题探讨——兼评腾讯与奇虎之争/姚志伟、刘润涛/知识产权，2011（3）

第三方软件法律问题剖析——从“腾讯与360之争”谈起/齐爱民、周伟萌/法学杂志，2011（11）

电影作品的属性研究——以我国《著作权法》第15条修改为背景/申耘宇/中国版权，2011（5）

电影作品中“可以单独使用的作品”之研究/陈绍玲/河北法学，2011（6）

电子数据库法律保护的思考/高阳/江苏法制报，2011-07-19

独创性对作品及著作权的作用/侯仰坤、张鑫/中国知识产权报，2011-05-13

“独立创作”作为“独创性”内涵的证伪/乔丽春/知识产权，2011（7）

对歌曲著作权保护的思考/刘润涛/法制与经济（下旬），2011（3）

对临摹摄影作品行为的定性及评判标准/朱楷东/法制与社会，2011（10）

对著作权中作品独创性的理解/龚元/江苏法制报，2011-02-21

翻译他人作品应注意五大著作权问题/索来军/中国新闻出版报，2011-07-14

非物质文化遗产的著作权法保护——评“安顺地戏”案/芮松艳/中国版权，2011（6）

《非物质文化遗产法》框架内宁夏回族“山花儿”的知识产权保护探究/胡世恩/知识产权，2011（7）

孤儿作品保护大陆与香港之比较研究/金泳锋、彭婧/电子知识产权，2011（3）

关于保护作品标题的研究/张晓宁、张洋/中国检察官，2011（6）

关于非物质文化遗产法中的民事保护问题/朱兵/中国版权，2011（6）

关于汉字字库中单字著作权保护的思考/来小鹏、谢国敏/中国版权，2011（4）

滑稽模仿引发的著作权问题/李雨峰、张体锐/人民司法，2011（17）

汇编作品专有出版权问题研究——《毛泽东自传》专有出版权侵权案评析/谢甄珂/科技与法律，2011（2）

计算机艺术字体的作品属性与著作权保护/张今、卢亮/中国版权，2011（5）

计算机艺术字体是否是“作品”/张今、卢亮/中国新闻出版报，2011-07-28
计算机字库、字体的法律地位/李雨峰、李东海/知识产权，2011（5）
计算机字库产业的发展和保护/陈际/电子知识产权，2011（4）
计算机字库产业发展与字体的版权保护/张平、程艳/电子知识产权，2011（4）
计算机字库中单字的著作权保护——兼评“方正诉宝洁”案/芮松艳/知识产权，2011（10）
计算机字库中单字著作权之证伪/李琛/知识产权，2011（5）
建筑作品在著作权保护中的相关问题/朱悦/法制与经济（下旬），2011（9）
具独创性的汉字印刷字体单字是著作权法保护的美术作品/陶鑫良、张平/法学，2011（7）
开源软件商业化中的知识产权风险及应对/刘建臣、林戈/法制与社会（上旬），2011（12）
可分割使用的合作作品的权利争议与对策——以社会科学教科书为分析对象/冯涛/中国版权，2011（3）
录像制品性质初探/张玉敏、曹博/清华法学，2011（1）
论电影作品的保护与盗录行为的法律规制/孙益武/行政与法，2011（6）
论动漫角色的著作权保护/聂睿琦/法制与经济（上旬），2011
论对“草根博客”的知识产权制度保护/王欣/法制与经济（下旬），2011（1）
论方正“倩体字”的非艺术性/刘春田/知识产权，2011（5）
论非物质文化遗产之知识产权保护——以河南为例/白慧颖/河南省政法管理干部学院学报，2011（4）
论录像制品在我国著作权法中的重新定位/曹博/中国版权，2011（2）
论美术字组的法律问题/王坤/知识产权，2011（5）
论数据库专门立法保护的必要性/孔德周/法学杂志，2011（1）
论中国标准的著作权和专有出版权/杨华权/电子知识产权，2011（11）
论作品的独创性——以滑稽模仿和后现代为视角/张玉敏、曹博/法学杂志，2011（4）
论作品独创性认定的一般原则/刘辉/福建法学，2011（3）
“模型作品”定义重构/王迁/华东政法大学学报，2011（3）
“漂浮戒指”魔术著作权案解析/张绍忠/中国版权，2011（1）
浅论微博著作权问题/牛嘉琦/法制与经济（下旬），2011（8）
浅谈著作权法中思想和表达二分法及合并原则/张敏莉/法制与社会，2011（11）
浅析独创性概念/徐俊/中国版权，2011（2）
浅析科技论文的版权保护与激励/谭果林/科技与法律，2011（2）
浅析违禁作品的内涵与保护/金耀/中国版权，2011（6）
浅析字库字体单个文字字型的美术作品保护——以方正字库字体为例/马东晓、董秀生/科技与法律，2011（1）
浅议知识产权客体的扩张/孟迪云/法制与经济（下旬），2011（1）
商业广告短语著作权保护的困境及出路/马竞遥/法制与经济（中旬），2011（8）
商业广告宣传中字体单字使用的著作权辨析——从“飘柔”倩体字形著作权侵权诉讼案谈起/陶鑫良、潘娟娟/电子知识产权，2011（4）
实用功能排除了计算机字体著作权保护的可能性/黄武双/法学，2011（7）
试论建筑作品著作权的保护/马悦/天津法学，2011（4）
试论调整计算机软件登记分类的必要性/赵玺/中国版权，2011（1）
试论作品的本质/杨溦、杨光武/法制与社会，2011（20）
视听作品的著作权保护研究/孙国瑞、刘玉芳、孟霞/知识产权，2011（10）
数据库法律保护及其对中国的启示/张正怡/网络法律评论，2011（1）
数字环境下著作权法如何保护摄影作品/张子弘/经济日报，2011-09-27
谈摄影作品的知识产权/曹颖逊/科技日报，2011-09-29
网络著作权的民法保护/李运扬/上海政法学院学报（法制论丛），2011（4）
网页作品版权保护相关问题探析/白树海、张小灵/电子知识产权，2011（11）
网站对使用者上传照片的采用与照片拍摄人的权利保护——德国联邦最高普通法院第一民事审判庭第166/07号判决评析/韩赤风/知识产权，2011（7）

违禁作品著作权问题辨析——兼评我国《著作权法》第 4 条的修改/丛立先/法学，2011（2）
未经行政审批的境外影视作品的著作权保护/许根华、郭杰/人民司法，2011（9）
未经批准的涉外影视作品的司法保护/陈绍玲/中国版权，2011（3）
文库经营者须尽何种审查义务——关于百度文库事件的法律分析/王迁/中国新闻出版报，2011-04-21
文艺汇演的著作权法律问题辨析/苏运来/科技与法律，2011（3）
我国卡拉 OK 版权保护问题研究/刘辉/法制与社会（中旬），2011（3）
我国民间文学艺术权利保护探析/潘翠云/法制与社会，2011（18）
我国著作权客体制度的不足与完善/郑华聪/科技与法律，2011（5）
新编影视剧所涉版权问题研究/曹新明/知识产权，2011（3）
寻找表演中的作品——对“表演”和“表达”的概念反思/冯术杰/清华法学，2011（1）
药品说明书是否享有著作权？/周和平/中国知识产权报，2011-05-06
影视作品著作权保护的几个问题——写在《著作权法》修订之际/郭烨、胡岩/电子知识产权，2011（9）
再谈计算机字体的法律保护/张平/知识产权，2011（5）
照片不署名考/孙慨/中国摄影报，2011-07-19
中文印刷字体单字与字库软件的著作权辨析/陶鑫良/知识产权，2011（5）
著作权与外观设计专利权的竞合与冲突——以实用艺术作品的保护为视角/冉崇高、赵克/人民司法（应用），2011（21）
专利说明书能否受著作权法保护/葛红/人民司法（案例），2011（10）
字库单字著作权保护刻不容缓/吴学安/中国知识产权报，2011-12-14
字库单字著作权终获司法肯定/隋立会/中国新闻出版报，2011-09-22
字库中的单字 无独立著作权/王宏/中国新闻出版报，2011-01-06
字体保护与合理使用的利益平衡/冯晓青、谢蓉/中国知识产权报，2011-09-09
字体字形的知识产权保护/许超/知识产权，2011（5）
字形、字库、字库软件的法律保护问题/张玉敏/中国版权，2011（5）
作品标题的反不正当竞争法保护/夏朝羡/中国知识产权报，2011-02-11
作品独创性标准的反思与认知/赵锐/知识产权，2011（9）

三、著作权的内容、取得和期间

“避风港”不是网络侵权免责挡箭牌/王俊林/中国知识产权报，2011-08-19
从《马文的战争》看剧本改编的著作权争议/康雯星/中国知识产权报，2011-09-16
当著作权遇上微博/吴园妹/法庭内外，2011（5）
电子阅读绕不过版权的坎/郭振华/中国新闻出版报，2011-01-20
对“彩铃”法律性质的分析/宋哲/电子知识产权，2011（Z1）
非遗传承人的权利与义务/田艳/光明日报，2011-04-29
公共复制：补偿义务与求偿机制/林海/网络法律评论，2011（1）
“凯特婚纱”遭遇闪电“克隆”/徐磊/法律与生活 2011（11）
论网络著作权之精神权利/杨小兰/法制与社会，2011（24）
论文字作品的冒名侵权/杨志祥/法学论坛，2011（1）
论遗作发表权——从张爱玲作品《小团圆》说起/李国庆/中国版权，2011（1）
论著作权法中作者经济权利的重塑——以比较和实践为视角/刘银良/知识产权，2011（8）
米老鼠形象在我国过保护期了吗？——评深圳中院判决的米老鼠案/祝建军/中国版权，2011（1）
企业不能滥用“避风港”原则/王俊林/中国新闻出版报，2011-03-31
浅谈网络环境下的复制权若干问题/李蕾/法制与社会，2011（13）
浅析网络著作权“避风港”原则/曹逸凡/法制日报，2011-06-01
浅析在网上张贴“结婚照”是否侵犯著作权/熊亚利、孙上静/法制与经济（下旬），2011（3）
取得时效制度适用范围研究——以知识产权为角度/王萌/科技与法律，2011（5）
署名权问题探析/周俊强/知识产权，2011（10）
数字网络环境下复制权的保护与取得/吴刚/中国版

权，2011（1）
网吧在局域网内播放影视作品的法律责任/孙国瑞、王荻/电子知识产权，2011（3）
网络不是侵犯版权的“避风港”/朱巍/人民日报，2011-04-27
网络出版的版权问题研究/王勉青/法学杂志，2011（2）
网络环境下的图书财产权保问题/罗守笑/法制与社会，2011（36）
网络著作权纠纷探析/汪宏/法制与经济（中旬），2011（8）
“销售”图书不等同于“发行”/孟强/检察日报，2011-09-05
延长摄影作品保护期是时代发展要求/林涛/中国新闻出版报，2011-03-10
豫剧被网站播放著作权人讨要损失/李媛、谢伟辉/法庭内外，2011（3）
著作财产权的权利束体系及与作品的对应关系/余俊/知识产权，2011（1）
著作权法中报酬权的性质及其保护/刘铁光/中国版权，2011（1）
著作权法中的复制权研究/冯晓青、付继存/法学家，2011（3）
著作权人拿稿费为何这样难——谈报刊转载制度的修改与完善（上）/ 李永明、王葆柯/中国新闻出版报，2011-05-05
著作人格权的性质：历史和体系之思/刘宇琼/知识产权，2011（9）
著作人格权侵权赔偿制度研究——以人格和财产的双层视角/杨延超/法学论坛，2011（5）
追续权制度几个理论问题探究/刘辉/西部法学评论，2011（3）

四、著作权的主体

出版社该不该享有版式设计权/索来军/中国新闻出版报，2011-03-24
动物画作的著作权研究——以实证主义为视角/刘媛/西南政法大学学报，2011（4）
废除法人作品规定的另外三个理由/王清/政法论丛，2011（4）
关于孤儿作品著作权问题的立法设想/周艳敏、宋慧献/电子知识产权，2011（3）
关于摄影作品归属的认定——《汉江集团办公楼夜景》摄影作品著作权纠纷案评析/童海超/科技与法律，2011（3）
《见或不见》是谁的奶酪/傅强/法律与生活，2011（7）
剧本《芦荡火种》版权问题之我见/周从容/法制与经济（中旬），2011（3）
女博友与仓央嘉措“争”情歌/孙莹/法律与生活，2011（24）
如何在司法实践中认定委托创作合同/张鹏/中国知识产权报，2011-01-19
试论民间文学艺术作品的权利归属/王小龙、孙琦程、吴桐/法制与经济（下旬），2011（2）
委托作品的权利归属与权利行使/杨德嘉/中国新闻出版报，2011-07-14
我国电影著作权归属制度的缺失与改进/罗施福、徐雁/西部法学评论，2011（6）
我国视频网站运营中的版权风险分析/郭飞、林致远/法制与社会，2011（20）
我国著作权归属模式的立法完善/曹新明/法学，2011（6）
研究生与导师之间知识产权归属问题的研究/张华亮、张希华/法制与经济（下旬），2011（1）
影视作品的作者身份和著作权归属问题探析/衣庆云/行政与法，2011（12）
制片方何时才有电影著作权？/王兴东/中国知识产权报，2011-08-26
著作权主体的司法判断/骆电、胡梦云/人民司法（应用），2011（21）

五、邻接权

从“被出书”看出版社审查义务界定/邓艳谊、关晓海/中国知识产权报，2011-09-02
论表演者权利的限与放——以“旭日阳刚事件”为视角/唐艳秋/西部法学评论，2011（3）
论网络环境下表演者精神权利的法律保护/刘春霖、孙琳/公民与法（法学版），2011（7）
浅论电视节目模板的知识产权保护/郭霭雯/法制与经济（中旬），2011（8）
如何保护电视节目模式？/彭茗慧/中国知识产权报，2011-01-21
试谈报刊版权发展战略研究的意义/中国传媒大学党报党刊研究中心课题组/现代传播（中国传媒大学学报），2011（11）
完善我国广播组织权制度的原则/胡开忠/政法论丛，2011（5）
音像制品版权保护问题探析/李冰/法制与社会，

2011（1）

六、著作财产权的利用和变动

3G 技术下手机出版的版权保护/彭楷涵、李平凡/中国知识产权报，2011-10-14
版权保护助力动漫产业发展/陆幸生/中国新闻出版报，2011-02-10
版权信托制度研究/杨延超/知识产权，2011（2）
版权信托中受托人的法律风险及对策——以日本“纪念树”案为视角/祁遥/广西政法管理干部学院学报，2011（3）
保护“灰太狼”责无旁贷/施婷婷/法制日报，2011-04-06
重复授权情况下如何确定继受权利人——《别说我的眼泪你无所谓》词曲著作权重复授权纠纷案评析/徐翠/科技与法律，2011（3）
《春天里》“禁唱”风波引发的版权法律思考/蒋仕梅、张庆科/法制与社会，2011（34）
动画作品角色形象的权利认定——动画片《喜羊羊与灰太狼》角色形象纠纷案评析/孙文清、李培民/科技与法律，2011（5）
《反垄断法》应审慎适用于著作权拒绝许可行为/肖维/中国版权，2011（4）
稿约的性质及其法律规制探析——兼评中国著作权立法的完善/刘宇/河北法学，2011（3）
股东著作权出资法律问题研究/王月/电子知识产权，2011（9）
海量作品授权，如何平衡传播与保护/关晓海/中国知识产权报，2011-12-23
《黑猫警长》著作权风波/李鸿光/法律与生活，2011（2）
继承著作权财产权要学法懂法/索来军/中国新闻出版报，2011-02-10
教材与教辅的著作权之争——如何规避二者间的法律风险/王凤雷/中国新闻出版报，2011-06-30
开源软件商业化中的知识产权风险及应对/刘建臣、林戈/法制与社会（上旬），2011（12）
论网络广播的著作权许可问题——引介美国的处理方式与最近发展/孙远钊/网络法律评论，2011（1）
论我国版权贸易法律制度的完善/马忠法、郭宏/知识产权，2011（2）
论我国著作权的许可使用/刘远山、余秀宝/法制与社会（上旬），2011（5）
论著作权评估法律制度/张红飞/法制与经济（上旬），2011（11）
论著作权许可使用制度——以数字网络环境为视角/张革新/科技与法律，2011（1）
论作品利用困境下的创作共享制度/杨斌、刘智鹏/法制与社会，2011（13）
破解数字出版版权保护困局/薛松/中国知识产权报，2011-09-23
破解苏绣的版权危机/常云波、沈建洪/中国版权，2011（2）
破解因图书出版合同失效引发的著作权纠纷/李小龙/中国新闻出版报，2011-08-11
软件著作权许可合同的合法性研究/熊琦/法商研究，2011（6）
试论 CC 协议的产生和发展/王雅、陈静华、贾菁菁/法制与社会，2011（3）
探索网络版权保护的新机制/韩志宇/中国版权，2011（6）
特许经营著作权问题探讨/郑红英/中国版权，2011（1）
图书专有出版权要谨慎出质/索来军/中国新闻出版报，2011-02-24
网络环境下著作权授权模式思考/刘思俣/网络法律评论，2011（1）
网络著作权纠纷探析/汪宏/法制与经济（中旬），2011（8）
学位论文的利用中的法律问题/沈丽红/法律文献信息与研究，2011（3）
以特定许可方式向农村地区推送精品文化资源的实践与思考/李华伟/中国版权，2011（3）
有奖征集作品广告的法律性质——评赵伟轩诉上海马克华菲企业发展有限公司、北京新奥西郡房地产开发有限公司侵犯著作权纠纷案/蒋利玮/电子知识产权，2011（6）
再论我国互联网知识产权法律保护工作的问题及对策/王艺颖/法制与社会，2011（35）
知识产权变动模式研究/苏平/法商研究，2011（2）
知识产权担保融资困境及对策/王霄艳、李鹃/天津法学，2011（2）
知识产权信托的价值及其实现障碍与克服/夏建国/电子知识产权，2011（11）
著作权重复转让与重复授权纠纷的解决——《女子十二乐坊魅力音乐专辑》著作权纠纷案评析/潘奇志/科技与法律，2011（2）

七、著作权的限制

版权技术措施保护中合理使用制度的完善/吴文平、李长友/电子知识产权，2011（11）

从各国版权法的实践看中国法律中的合理使用——Google图书馆计划案引发的思考/宋海燕/中国版权，2011（1）

“低价复印图书”与著作权合理使用/袁博/福建法学，2011（3）

关于取消著作权法中报刊转载规定的建议/索来军/中国版权，2011（3）

简析合理使用制度对当前互联网环境下用户创作行为的适用——由美国伦茨诉环球音乐公司案判决引起的反思/万晨晨/法制与社会，2011（11）

录音制作者法定许可的适用——吴颂今诉江苏文化音像出版社等侵犯著作财产权纠纷案/刘岭、陈曦/中国知识产权报，2011-04-13

论“制作录音制品法定许可”及在我国《著作权法》中的重构/王迁/东方法学，2011（6）

论室外艺术作品合理使用——由“黄河母亲”纠纷案引发的思考/夏美婷/法制与社会（下旬），2011（3）

论著作权合理使用制度的适用范围/熊琦/法学家，2011（1）

论著作权技术保护措施与合理使用原则之冲突/金晶/法制与社会，2011（21）

浅谈数字图书馆及其合理使用/钱晓鸣/法制与经济（中旬），2011（2）

权利限制与作品传播的限制——《著作权法》第4条适用问题分析/衣庆云/知识产权，2011（10）

试论数字图书馆中著作权合理使用/谭嘉颖/中外企业家，2011（12）

图书馆数字化中的合理使用原则——以谷歌案庭外和解案为中心/张晶/公民与法（法学），2011（1）

图书馆数字作品法定许可制度初论/阮芳/法制与经济（下旬），2011（2）

我国知识产权权利穷竭制度的立法设计——基于知识产权法典化的思考/李建华/法学论坛，2011（2）

现代远程教育视角下的著作权合理使用制度研究/李玲/法制与社会，2011（23）

新闻报道中要善用“合理使用”避免侵权/索来军/中国新闻出版报，2011-03-10

著作权法定许可的正当性解构与制度替代/熊琦/知识产权，2011（6）

著作权集体管理组织合理使用问题初探——陈少华诉中国音乐著作权协会侵犯信息网络传播权纠纷案评析/吕斐宜、刘建新/电子知识产权，2011（11）

八、与著作权有关的行政管理和著作权集体管理

版权领域行政权作用机制研究——基于霍菲尔德基本法律概念的个案分析/郭威/河南省政法管理干部学院学报，2011（1）

《春天里》再话著作权集体管理制度/刘平/中国新闻出版报，2011-06-02

谷歌图书项目——知识产权全球性治理初现/薛虹/中国版权，2011（1）

健全著作权集体管理组织促进互联网产业健康发展/沈仁干/中国版权，2011（1）

论对分享类互联网站著作权侵权的行政规制/杨勇/中国版权，2011（5）

论我国著作权的行政保护/杨福军/法制与社会，2011（31）

浅论我国著作权集体管理制度的完善/崔戟/法制与社会，2011（2）

试论著作权集体管理组织/宋妍妍/法制与社会，2011（9）

试析俄罗斯著作权延伸集体管理制度/孟祥娟/知识产权，2011（5）

视频网站侵权高发的现状和对策/吴园妹/经济参考报，2011-11-21

完善著作权集体管理制度——从市场垄断谈起/林静欣、许国勇/法制与社会，2011（26）

网吧经营中的电影著作权收费问题/董皛之/法制与社会，2011（10）

网络环境下著作权管理的法律问题探讨/邸刚/法制与社会，2011（8）

我国《著作权集体管理条例》对数字图书馆著作权保护的分析/张东川/警官文苑，2011（4）

我国著作权集体管理制度之弊端/马可兰/江苏法制报，2011-01-10

我国著作权集体管理中的反垄断问题研究——以卡拉OK版权收费为视角/王新霞、左安磊、朱永胜/西部法学评论，2011（6）

也许是一场误会——谈汪峰与旭日阳刚《春天里》著作权纠纷/赵虎/电子知识产权，2011（3）

以著作权集体管理制度应对知识共享运动中的著作权保护与管理困境/张小号、马治国/科技与法律，2011（5）

音乐著作权集体管理制度相关问题之探讨/马继超/电子知识产权，2011（9）
知识产权登记法律效力比较与借鉴/苏平/知识产权，2011（8）
著作权集体管理组织合理使用问题初探——陈少华诉中国音乐著作权协会侵犯信息网络传播权纠纷案评析/吕斐宜、刘建新/电子知识产权，2011（11）
著作权集中许可机制的正当性与立法完善/熊琦/法学，2011（8）
著作权侵权行政处罚中“公共利益”的界定/陈绍玲/电子知识产权，2011（9）
著作权侵权行政执法“公共利益”研究/陈绍玲/中国版权，2011（5）

九、著作权的司法保护

“避风港”困境与对策研究/赵红仕/中国版权，2011（5）
“飘柔”著作权案终审判决论证脉络之检讨——从司法裁决证立理论出发/易健雄/知识产权，2011（8）
“未经著作权人许可”的理解与适用/刘惠、王拓/检察日报，2011-12-09
《关于办理侵犯知识产权刑事案件适用法律若干问题的意见》述评/崔丹妮/电子知识产权，2011（4）
P2P 网络服务提供者著作权间接侵权责任的认定/李银霞/法制与社会，2011（18）
TCL 互联网电视著作权侵权案与“实质非侵权用途”规则/汪涌、史学清/中国版权，2011（4）
TRIPS 视域下中国著作权的刑法保护研究/吴瑞/法治研究，2011（12）
百度侵权门的罪与罚/许春明、王彦志、黄武双/检察风云，2011（9）
不要对百度文库过于苛刻/王迁/法制日报，2011-04-05
超越“红旗标准”——评首例互联网电视著作权侵权案/王迁/中国版权，2011（6）
出版者遗失书稿并未侵害作者的著作权/叶海涛、徐卓斌/人民司法，2011（6）
从“百度文库事件”看中国避风港规则之完善/孙军/上海政法学院学报（法制论丛），2011（6）
对数字化作品著作权犯罪定罪标准的几点商榷/林竹静/法制与社会，2011（34）
对微博著作权侵权问题的几点思考/杨成梅/法制与社会，2011（22）
对现行著作权法关于侵权行为及其责任规定的反思/应振芳/知识产权，2011（3）
法院发展知识产权法：判例、法律方法和正当性/梁志文/华东政法大学学报，2011（3）
方正维权的是与非/张书乐/法人，2011（2）
防止大学生利用网络侵犯著作权/黄睿航/法制与社会，2011（9）
构建侵犯著作权犯罪刑事和解机制/陈蒙/检察日报，2011-04-11
关于著作权法“法律责任和执法措施”一章修改的几点考虑/陈锦川/中国版权，2011（5）
关于著作权法律责任中行政处罚权与审判权权限的划分——兼议中国著作权法律责任一章修改/蒋志培/电子知识产权，2011（10）
互联网电视产业发展初探——兼评全国首例互联网电视侵权案/刘雄飞/法制与经济（中旬），2011（3）
计算机软件侵权认定方法探析——医学影像处理软件著作权侵权纠纷案评析/郑颖/科技与法律，2011（3）
计算机字体版权的司法保护/李玉香、邓昭君/人民司法，2011（15）
技术措施是否属于技术秘密——以破解语音卡 CPLD 程序加密措施案为例/祝建军/中国版权，2011（3）
艰难的“首胜”：唱片业寒冬依旧/电子知识产权，2011（Z1）
经营者免除赔偿责任的适用/湖南省长沙市中级人民法院知产庭，余晖执笔/人民司法，2011（23）
开发数字电视机顶盒共享器的知识产权问题解析——兼谈数字电视业务的反垄断法规制/张宇庆/北方法学，2011（5）
理论概念在实践中的破解——以教案（本）侵权之诉为例/王小林/中国审判，2011（12）
利用软件不当剪贴他人美术作品构成侵权/杜健/人民司法（案例），2011（14）
论惩罚性赔偿在中国知识产权领域实行的可行性——以著作权法为例/郑谦/法制与社会，2011（34）
论后注册商标与在先著作权的权利冲突与解决——以重庆钢铁（集团）有限责任公司诉李金春著案为例/曹柯/电子知识产权，2011（5）
论侵犯网络著作权犯罪的司法认定/黄彤军/法制与社会，2011（33）
论侵犯著作权犯罪法律的完善/元明/知识产权，2011（1）
论视频分享网站的著作权侵权——基于《信息网络

传播权保护条例》与《侵权责任法》互联网专条/彭皓/法制与社会，2011（15）

论搜索引擎服务商侵权责任的认定/包永东/法制与社会，2011（36）

论网络服务提供商的侵权责任/吕凯、杨丹芳/法制与社会，2011（33）

论网络服务提供商的著作权侵权责任及豁免的认定/黄燕/法制与社会，2011（12）

论网络服务提供者的著作权侵权责任/吴汉东/中国法学，2011（2）

论网络著作权保护中利益平衡的新机制/孔祥俊/人民司法，2011（17）10

论我国著作权侵权损害赔偿计算方法的完善/余秀宝、刘远山/法制与经济（中旬），2011（1）

迷糊的诉请 尴尬的败诉——评电影《千里走单骑》著作权侵权纠纷案/祝建军/电子知识产权，2011（12）

破解著作权侵权案件管辖三问题/曹丽萍、刘君婕/中国新闻出版报，2011-08-25

浅论侵犯著作权罪——以中国司法实践为视角/王小军/法制与经济（下旬），2011（1）

浅论我国著作权刑法保护的不足与完善/苗有水/中国知识产权报，2011-12-16

浅谈技术措施的保护/程威/法制与经济（下旬），2011（1）

浅议网络链接构成著作权侵权中主观过错的特殊性/王峰/网络法律评论，2011（1）

浅议网络知识产权法律保护问题及对策/张深山/法制与社会，2011（21）

侵犯著作权纠纷案中多个被告之民事责任分担规则/康添雄/中国版权，2011（6）

侵犯著作权人修改权与保护作品完整权的司法判断/骆电/法律适用，2011（12）

侵犯著作权罪、销售侵权复制品罪、非法经营罪三者关系之厘清/王宁/法制与社会，2011，（36）

侵犯著作权罪中“未经许可”研究/赵灿/河南省政法管理干部学院学报，2011（Z1）

侵害技术措施行为的入罪化思考/田刚/中国刑事法杂志，2011（5）

侵害知识产权行为的过滤判定/罗胜华/法律适用，2011（11）

全国首例网络游戏“外挂”入罪案如何下判？/孟亚生/民主与法制，2011（13）

全球最大图片公司遭遇“反维权联盟”/辛红/法人，2011（2）

任意诉讼担当探析/张明炎/法制与经济（下旬），2011（2）

软件保护的法律盲区——腾讯与360之争的启示/王莲花/法制与社会，2011（6）

商业使用盗版软件行为的刑法规制/刘科/政治与法律，2011（1）

商业使用盗版软件行为刑事制裁的障碍及其解决/张桂红、刘科/电子知识产权，2011（9）

试论互联网数字化著作权侵权纠纷的可能解决方案——以网络服务提供商的自我审查为视角/张小林/网络法律评论，2011（1）

试论网络著作权的保护/苏亮/法制与经济（下旬），2011（11）

试论微博的著作权保护/郭雅明、熊磊/法制与经济（下旬），2011（12）

试论我国知识产权犯罪的法律适用及立法完善/蒋森华/法制与经济（下旬），2011（8）

试论知识产权的侵权认定/庞晓曦/法制与社会，2011（19）

视频网站著作权侵权间接责任探究/方思越/中国知识产权报，2011-02-25

数字图书馆侵犯著作权案件中重复诉讼的认定及赔偿责任的承担——李昌奎与北京世纪超星信息技术发展有限责任公司、北京超星数图信息技术有限公司、贵州大学侵犯著作权纠纷案评析/丁文言/法律适用，2011（8）

搜索引擎的著作权侵权形式及约束机制探讨/杨佳、郑海味/法制与社会，2011（33）

谈侵犯著作权纠纷案件中的举证责任分配问题——从华盖公司诉重庆外运公司侵权案谈起/于晓白/中国版权，2011（2）

外文影视字幕翻译组侵权问题研究/薛文广/网络法律评论，2011（1）

网络存储空间服务提供者侵犯著作权问题研究——从“作家声讨百度文库”事件谈起/王晋/西部法学评论，2011（3）

网络电子证据公证取证的效力/赵卫红/人民司法（案例），2011（10）

网络服务提供商的著作权侵权刑事责任问题研究——《关于办理侵犯知识产权刑事案件适用法律若干问题的意见》相关规定评析/左玉茹/电子知识产权，2011（4）

网络服务提供者过错认定的研究/陈锦川/知识产权，2011（2）

网络服务提供者侵犯著作权的新探讨——兼议《侵

权责任法》第36条的辨析及其延伸/姚建军/法律适用，2011（2）
网络服务提供者侵权责任的类型化解读/鲁春雅/政治与法律，2011（4）
网络环境下著作权侵权的认定/邱婧/法制与社会，2011（1）
网络环境中音乐作品著作权侵权损害赔偿数额的计算/梁栋/法制与社会，2011（19）
网络链接服务能否为侵权"免单"/杨德嘉、陈敏/中国新闻出版报，2011-08-11
网络链接侵权法律问题研究/黑小兵/科技与法律，2011（4）
网络搜索引擎服务提供者著作权纠纷的侵权责任/卢纯昕/法制与社会，2011（10）
网络搜索引擎商著作权侵权责任之思考/魏小荃/法制与社会，2011（5）
网络知识产权犯罪的刑事立法完善/陈斌、邓立军/人民检察，2011（16）
网络著作权纠纷公证电子证据面临四大问题/高翡/中国新闻出版报，2011-12-08
未经许可接入QQ即时通讯系统构成不正当竞争/芮文彪、袁秀挺/人民司法（案例），2011（4）
未经著作权人许可运营其网络游戏构成侵犯著作权罪/何渊、荣学磊/人民司法（案例），2011（14）
我国创意保护之现实困境/张艳/法学论坛，2011（3）
我国动漫产业知识产权保护初探——以《喜羊羊和灰太狼》为例/韩续峰、曾静蓉/法制与经济（中旬），2011（12）
我国对著作权实施刑事法律保护的立法研究/廖晓虹/法制与社会，2011（5）
我国法上的避风港规则：利益失衡与立法完善/梁志文/电子知识产权，2011（9）
五大问题致使出版社难逃侵权责任/曹丽萍/中国新闻出版报，2011-04-07
信息网络传播权侵权中传播途径的认定——电影作品《赤壁》（下集）信息网络传播权纠纷案评析/闻汉东/科技与法律，2011（4）
信息网络传播权涉外侵权的中国法院管辖权分析——以《网络著作权司法解释》第1条的完善为中心/郭鹏/法学评论，2011（5）
刑法保护影视作品著作权的构想/江鸽、王辉/江苏法制报，2011-02-06
刑法谦抑视野下的侵犯知识产权犯罪/刘科、高雪梅/法学杂志，2011（1）
依法准确惩治侵犯知识产权犯罪——两高一部《关于办理侵犯知识产权刑事案件适用法律若干问题的意见》述评/刘福谦/检察日报，2011-01-24
音乐电视著作权的司法保护/尹胜虎、樊珺/法制与社会，2011（36）
音像制品著作权侵权审判实务疑难探析/胡充寒/知识产权，2011（9）
音著协诉百度案引发的新思考/张玲/法制与社会，2011（1）
英国数字经济法治理网上著作权侵权的尝试/姚洪军/知识产权，2011（9）
豫剧被网站播放著作权人讨要损失/李媛、谢伟辉/法庭内外，2011（3）
怎样审查侵犯计算机程序的技术鉴定结论/何柏松/检察日报，2011-06-26
知识产权的有效保护——吉林省知识产权系列案件审理情况侧记/王姝丽/法制与社会，2011（34）
知识产权临时禁令司法适用的思考/倪慧群、徐俊/上海政法学院学报（法制论丛），2011（2）
中国台湾地区"著作权法"贯彻TRIPS协议刑事程序的研究/刘科/知识产权，2011（2）
著作权法定赔偿制度探析/何中龙/法制与社会，2011（19）
著作权侵权案件中时事新闻的认定——新闻报道著作权侵权纠纷案评析/蒋强/科技与法律，2011（3）
著作权侵权损害赔偿要论/刘远山、余秀宝/行政与法，2011（5）
著作权刑事保护的不足与完善建议/万丽红/人民检察，2011（11）

十、其他

传播技术的标准化与标准化的作品保护技术/李瑞登/法学杂志，2011（7）
对网络作品技术措施的若干思考/张岳峰/河北法学，2011（4）
互联网时代新版权博弈/屈丽丽/中国经营报，2011-04-04
技术保护措施受法律保护的条件/刘桂岑/科技与法律，2011（2）
建立著作权纠纷人民调解制度/陈智伦/中国版权，2011（2）
论管理人对破产企业知识产权的保护/冯克法、段修排/山东审判，2011（6）
论技术措施权利的法律保护及其例外/杨惠玲、冯

2011年版权相关图书简介

［**编者按**］ 本栏目的内容是从中国版本图书馆提供的2011年全国正式出版的有关版权方面的书目中，摘录的部分版权或版权相关的图书，并对其作内容简介（以出版日期为序）。

《知识产权中介服务体系的构建与发展》，唐恒著，镇江：江苏大学出版社，2011。

本书是对知识产权中介服务这一全新领域进行深入研究的专著。内容从知识产权与创新发展的讨论切入，对知识产权中介服务体系的内涵、特性以及发展现状作了系统的论述，并基于“环境—战略—绩效”理论，从理论分析和实证研究等多个层面，探讨了建设创新型国家形势下中国知识产权中介服务体系的构建与发展战略。

《知识产权法》，朱槐叶主编，北京：中国政法大学出版社，2011。

本书对知识产权法的主要内容作了详细的介绍，具体内容包括著作权的内容、著作权的取得与保护期、著作权集体管理组织、商标法中的有关主体、商标权的内容、授予专利权的条件等。

《国际图书与版权贸易》，尹章池、张麦青、尹鸿编著，武汉：武汉大学出版社，2011。

本书内容包括：国际图书实物贸易的惯例、企业发展、体制改革；国际图书实物贸易的产品、市场和世界出版集团的国际贸易运作；国际图书版权资源的建设、保护，以及图书版权资源的交易和利用；网络版权资源的建设与贸易。

《知识产权法研究》（第8卷）（知识产权法研究丛书），王立民、黄武双主编，北京：北京大学出版社，2011。

本书主要讲述了《国家知识产权战略纲要》实施后国内知识产权领域内立法、司法和实务中的种种问题，并深度结合国际经验和理论分析，探讨符合中国实践需要的解决方案。全书分为“专家论坛”、“行业报告”、“域外法制”、“综合专题”四个部分。无论是对国外相关制度的介绍，还是回应中国知识产权事业中的具体需求，只有注重应用性研究，才能真正实现知识产权法研究的社会价值。

《知识产权国际条约集成》（世界知识产权法典译丛），中国人民大学知识产权教学与研究中心、中国人民大学知识产权学院编，北京：清华大学出版社，2011。

本书是一部知识产权领域常备的工具书。由中国人民大学知识产权学院组织国内优秀的著作权法学者，将为知识产权教学与研究起到很大作用的国际条约，共计36部，汇编而成。

《创业板上市——知识产权资本运营》，代月强编著，北京：对外经济贸易大学出版社，2011。

本书结合创业板上市实务与知识产权资本价值的特点，详细阐述了中国创业板市场的特点、发行规则及注意的问题。

《知识产权决胜城市未来——第三届知识产权与城市发展市长论坛文集》，甘绍宁主编，北京：知识产权出版社，2011。

本书汇集了30个国家知识产权工作示范城市和18个国家知识产权示范创建城市的市长在第三届知识产权与城市发展市长论坛上的发言。他们分别介绍了各自城市的知识产权工作成就和经验，为中国建设创新型国家积累了宝贵经验，也为中国其他城市开展知识产权工作提供了可借鉴的案例。

《知识产权法》（高等院校法学本科应用型教材），张秀玲主编，北京：北京大学出版社，2011。

全书共分六编，包括总论、著作权法律制度、专利权法律制度、商标权法律制度、其他知识产权法律制度和知识产权的国际保护等内容。本教材为甘肃政法学院的区域教材。

《知识产权战略管理》（普通高等教育“十二五”经济管理类规划教材），王黎萤主编，北京：电子工业出版社，2011。

本书是浙江省高校重点教材建设项目。全书从战略管理的视角审视知识产权的运营之道，强调知识产权的竞争内涵在创新主体发展中的关键作用，旨在将知识产权战略管理充分地嵌入到技术创新、市场创新和经营管理的系统进程中，真正将潜在的知识产权优势转化为市场优势和竞争优势。全书共由十一章组成，在介绍知识产权及知识产权战略基础知识的前提下，阐明了知识产权战略管理的内涵，重点突出知识产权战略与技术创新战略、市场创新战略和标准战略协同发展的核心理念。

《知识产权刑事法保护专论》，赵赤著，北京：中国检察出版社，2011。

本书对中国知识产权刑法保护中的一些重点和疑难问题提出了有新意的观点并进行了充分、有力的论证，这有助于促进中国法学学术界对相关问题的研究探索，同时对指导相关问题的司法实践也起到积极作用。

《知识产权运用智慧》，李冰著，北京：九州出版社，2011。

本书是作者从一个实践者的实际体会与学习理解的角度，探讨知识产权的实质内容和应用智慧的专著。作者不仅在书中阐述了很多知识产权概念，还深入浅出地介绍了将知识产权理论和实际相结合的方法，是一本立足于知识产权推动资本增值实践和运用智慧，从而促进知识产权保护、推动国民自主创新实践的著作。

《知识产权法：制度、理论、案例、问题》（普通高等教育“十一五”国家级规划教材），徐棣枫、解亘、李友根主编，北京：科学出版社，2011。

本书全面深入地介绍与评论了知识产权的基本制度、理论及相关实务问题，涉及专利法、著作权法和商标法。以现行法律法规、司法解释为依据，以国内外最新的理论共识为参照，由浅入深，引导学生掌握该科知识，并为其今后从事相关的法律实务工作提供基本的训练。

《〈与贸易有关的知识产权协定〉刑事措施义务研究》（京师刑事法文库），刘科著，北京：中国人民公安大学出版社，2011。

本书以中美知识产权冲突为背景，综合运用逻辑分析、实证研究和比较研究的方法，从刑法学、国际法学、知识产权法学的角度，对《TRIPS协定》刑事措施义务中重要术语的解释权、解释规则及其发展方向等进行了系统的研究；在此基础上，考察了世界上有代表性国家与地区履行《TRIPS协定》刑事措施义务的情况，并结合中国创新型国家建设的现实需要，对中国履行《TRIPS协定》的有关问题进行了深入、系统的研究；最后，对中美知识产权争端案进行了评析，并提出了中国应对国际知识产权争端的策略与措施。

《知识产权法总则》，齐爱民著，武汉：武汉大学出版社，2011。

本书针对国内外立法和理论研究发展趋势，对大陆法学知识产权法总则进行了开创性的研究。内容分为知识产权法概述、知识财产、知识产权、权利行使、知识产权请求等五个部分。

《中华人民共和国著作权法文书范本（注解版）》，法律出版社法规中心编，北京：法律出版社，2011。

为了方便读者进一步了解现行法律法规，维护自身合法权益，该书以《中华人民共和国著作权法》为核心，结合日常生活中的常见法律问题，收录与其相关的常用法律文书范本，并予以精要解答，以便于广大读者充分利用法律文书实现自身合法权益。该书将与《中华人民共和国著作权法》（单行本）、《中华人民共和国著作权法注释本》、《中华人民共和国著作权法案例解读本》组成完整的法律法规系列产品。

《中国知识产权指导案例评注》，奚晓明主编，北京：中国法制出版社，2011。

本书上卷选用的是2008年中国法院知识产权司法保护10大案件和50件典型案例中的48篇案例，下卷选用的是2009年中国法院知识产权司法保护10大案件和50件典型案例中的49篇案例。以案例评析方式进行编写，每个案例一般包括三个部分：阅读提示和裁判要旨、案情和裁判、法官评述。

《与贸易有关知识产权协定下强化中国知识产权保护的经济分析》，沈国兵著，北京：中国财政经济出版社，2011。

本书围绕"TRIPS 协定下强化中国知识产权保护的经济分析"的主题，基于强化保护的动因、强化保护的国际比较和行业策略，以及强化保护的战略选择逻辑框架，运用数理模型、计量方法、比较分析及案例分析等，系统探究了现有经济发展水平下中国知识产权保护问题，并提出应对策略。

《网络知识产权案件审判实务》，杨柏勇主编，北京：法律出版社，2011。

本书共分六大部分，分别从网络著作权案件、数字图书馆案件、涉搜索排名案件、涉网页快照案件、涉"恶意软件"案件和网络知识产权案件损害赔偿数额确定六个方面对网络知识产权案件审理实务进行阐述。全书既包括理论知识阐述，又包括对相关案件的收集和加工，对网络知识产权案件审判工作具有重要参考价值和指导意义。

《知识产权纠纷法律常识》（百姓生活中的法律系列丛书），戴志强编著，昆明：云南人民出版社，2011。

中国的知识产权体系包括著作权、专利权、商标权、发明权以及其他科技成果权。本书以现行《著作权法》、《专利法》和《商标法》为依据，结合实践中常见的知识产权问题，特别是知识产权纠纷问题进行分析，对知识产权法原理进行了系统阐述，理论与实践相结合，以便社会大众更简洁、直接地熟知相关知识产权法律制度，在发生纠纷时能够准确应用法律，在自身合法权益受到侵害时能够运用法律武器保护自己，并且能够约束自己不要侵犯他人的合法知识产权。

《知识产权法》（普通高等教育"十一五"国家级规划教材），吴汉东主编，北京：法律出版社，2011。

本教材连续入选普通高等教育"十五"和"十一五"国家级规划教材，亦是教育部法学类国家精品课程配套教材，内容权威、形式新颖、品质卓越。全书以"总论—著作权、专利权、商标权—其他知识产权—知识产权国际保护"为体系。在此框架下，以现行知识产权法和相关国际公约为基线，全面展现知识产权法之概貌和精要：既有对知识产权法基本理论、基本范畴和基本概念的阐述，又有对各知识产权制度的专题介绍；同时，国际知识产权制度、国际公约及相关立法例的变动、本国立法以及司法中出现的新问题、学界前沿性研究成果等皆列其间。

《网络知识产权保护中的利益平衡与争议解决机制研究》，曹世华著，合肥：合肥工业大学出版社，2011。

本书以科学发展观和构建和谐社会为指导思想，以提高网络知识产权保护的有效性、维护网络知识产权保护与社会公共利益的平衡为研究的出发点和归宿，通过对网络知识产权保护的历史回顾、国别比较、博弈分析和实证研究，论证了以实体法维护各方利益平衡的有限性，进而提出了从建立健全网络知识产权争议解决机制的角度缓解各方利益矛盾的新思路。最后，在比较和借鉴不同法系国家网络知识产权争议解决机制的基础上，给出构建中国网络知识产权争议解决机制的具体设想。

《知识产权司法解释理解与适用》（最高人民法院司法解释解读），最高人民法院研究室编，北京：法律出版社，2011。

本书汇集了解决知识产权纠纷中需要的法律、司法解释性文件，并由相关起草人撰写对重要司法解释的理解与适用，着重剖析司法解释的起草背景、出台过程、基本内容以及焦点问题等，使读者对司法解释加深理解。

《知识产权年刊（2010 年号）》，吴汉东主编，北京：北京大学出版社，2011。

本书主要包括学科前瞻、热点聚焦、学术争鸣、域外法制等四个栏目，收录了"2010 年知识产权南湖论坛：经济全球化背景下知识产权制度完善与战略推进"国际学术研讨会的部分论文以及一些学者的文章，其内容主要涉及知识产权前沿和热点问题、知识产权立法完善、国际知识产权动态等问题。

《知识产权前沿案例》，薛峰主编，北京：中国铁道出版社，2011。

本书根据近年来发生的真实知识产权纠纷案例编写，主要包括：著作权纠纷案例、商标权纠纷案例、专利权纠纷案例和其他纠纷案例四部分，共 28 个有代表性案例。通过案情简介、法律问题分析、思考及建议等循序渐进的叙述给世人以警示。本书适合法律从业人员阅读，也适合相关工作人员参考。

《放飞理想 播撒希望——2010全国大学生版权征文获奖作品选》，中国版权杂志社编，北京：中国人民大学出版社，2011。

为提升大学生的版权意识，激励大学生特别是就读与爱好版权专业的学生学习版权法，普及版权知识，国家版权局组织了全国大学生版权征文活动。该书收录了其中的优秀获奖作品。

《中国版权事业二十年》，国家版权局编，北京：人民出版社，2011。

本书以图文并茂的形式回顾了1990年到2010年，《中华人民共和国著作权法》颁布后20年间新中国版权保护的艰难历程与重大变革、前无古人的丰硕成绩、世人瞩目的媒介事件，再现了改革开放潮流中中国版权事业、中国版权人的执著努力。本书主要分为十章，内容主要包括：山高水长——中国版权事业回望、与时俱进——大步疾行的中国著作权立法进程、井然有序——构建具有中国特色的著作权行政执法制度、波澜不惊——稳步推进的中国著作权司法审判工作、日暖风和——探索中前行的中国版权服务、气象万千——气势宏阔的中国版权贸易、春华秋实——迅速崛起的中国版权产业、风生水起——卓有成效的中国版权宣教与公民版权意识的唤起、源头活水——培育中国版权事业的学术与理论支撑、大国风范——国际版权合作与交流等。

《版权保护与表达自由》，宋慧献著，北京：知识产权出版社，2011。

文化产业的发展与版权制度的扩张将版权与表达自由的关系问题摆在了当代法学者的面前。表达自由为版权制度的运行提供着宪法保障，而版权的扩张必然阻碍表达自由。本书立足于价值论证、历史实证与规范分析，全面考察两种权利之间的正、负相关性，并为平衡其冲突寻找法理依据和规范手段。

《著作权的权利体系研究——以原始性利益人为主线的理论探讨》，费安玲著，武汉：华中科技大学出版社，2011。

本书分别从比较法学、法哲学、法历史学和法经济学的观察与思考视角，以原始性权利人为分析主线，对著作权正当性的追问，著作权的权利体系构成的制度理念、构成原则及其权利体系的人格权与财产权二元结构等著作权的权利体系的理论问题进行了较全面的分析。

《版权保护与表达自由——法理、制度与司法》，何贵忠著，北京：人民出版社，2011。

长期以来，知识产权学者研究版权保护，宪法和人权学者关注表达自由，两者缺乏交集，也缺乏沟通、交流、对话。特别是互联网的广泛使用，使二者之间的法律关系显得更加突出，因此，有必要对这个问题作深入的研究和界定。本书分别从法哲学、制度演进和司法比较三个层面，探讨了版权保护与表达自由之间关系的应然、法定和实然状态，进而分析版权保护与表达自由的关系，并结合国际的趋势，探究了中国应有的选择。

《中国版权新问题——网络侵权责任、Google图书馆案、比赛转播权》，宋海燕著，北京：商务印书馆，2011。

本书是关于中国版权新问题的专著，主要涉及版权的合理使用、侵权责任、转播权等数字传播环境下权利使用问题，本书提出的理论观点对完善中国版权法律有重要意义。

《数字媒体的版权管理与控制》，王玉林、冯晶著，北京：科学出版社，2011。

信息安全不仅是当今世界的热点研究课题，而且是信息技术的重要内容。本书系统地阐述了信息安全与数字媒体版权管理和控制的理论方法与实现技术。结合网络环境下数字媒体版权认证和管理的原型系统进行详细论述，具体展现了在B/S和C/S环境下的数字媒体的电子商务模式，以及Windows与Linux客户机平台的数字媒体版权管理和控制的主要内容与实现方法，提出了相关的理论创新与技术创新成果及其广阔的应用前景分析。

《数字版权管理导论》，王亮等编著，北京：经济管理出版社，2011。

本书立足数字出版，介绍了版权管理的相关理论、模型、技术体系和规范标准等内容，并辅以一些典型案例，力求简明、易懂、实用。数字版权管理采用包括信息安全技术手段在内的系统解决方案，在保证合法的、具有权限的用户对数字出版物正常使用的同时，保护创作者和拥有者的版权。

《动态平衡中的著作权法——“私人复制”及其著作权问题研究》，冯晓青著，北京：中国政法大学出版社，2011。

本书以著作权法的基本原理为指导，将私人复制问题置于著作权法立法宗旨、著作权人利益与公共利益平衡的宏观层面予以审视，从考察复制与复制权的沿革入手，在透视与私人复制有关理论的基础之上，从历史发展、制度规范、国际动态、比较研究、实证和对策研究等层面，全方位地展开对私人复制及其著作权问题的研究，并针对中国著作权法的现状，提出相关的立法完善建议。本书对于增进中国著作权法理论与实务研究具有重要意义。

《数字图书馆的著作权问题研究》，程文琴著，北京：中国农业出版社，2011。

随着信息技术、计算机网络技术和数字技术的飞速发展，数字图书馆的建设已成为未来图书馆的发展方向，成为时代潮流的必然趋势。全书正文分十章，分章节探讨了中国数字图书馆建设服务中存在的一些著作权问题，并根据国外数字图书馆建设的法律与技术经验，提出在数字图书馆建设中重新建立著作权利益平衡机制的构想。

《版权经济论》，皇甫晓涛著，北京：科学出版社，2011。

文化作为生产力要素优化资源配置带来了世界经济与经济学的深层次变革，而当代文化因版权经济而产生了十大变革趋向，带来了全球文化博弈的新经济变革。中国的文化产业刚刚获取市场主体的身份，处在文化产业化转型阶段，同时也在开始产权经济的建设。本书作者从自己创办广东创意文化产权交易所的经验成果出发，对版权经济的理论、实践、案例、对策进行了全面的讲解和分析，详细讲解了版权经济对于文化与经济互融的双重变革、深层次文化体制变革、中国文化产业的自主创新等问题的意义，并就科技传播、艺术传播与文化传播的融合创新和中国版权经济发展问题进行反思与探讨。本书适合文化产业、版权经济、创新与创意经济领域的从业者、学习者、研究者和管理者阅读，亦适合对该领域和方向感兴趣的普通大众读者参阅。

《版权许可基础》，陈凤兰著，北京：中央编译出版社，2011。

本书全面地介绍了版权许可相关知识，并且深入探讨了实现版权经济价值的基本问题，全书共分为版权许可基础和附录两大部分，不仅可作为详细介绍版权许可相关知识的基础性教材，同时对于学习版权相关专业的学生以及从事版权工作的人士来说，本书也是本不可多得的实用手册。

《十二国著作权法》，《十二国著作权法》翻译组译，北京：清华大学出版社，2011。

本书是世界知识产权法典译丛的第一卷，由中国人民大学知识产权学院组织国内优秀的著作权法学者，选取世界范围内具有代表性的12个国家，将这些国家在21世纪里颁布与修订的著作权法进行精准的翻译，是知识产权领域内常备的经典工具书。

《面向数字图书馆的著作权制度创新》，马海群等著，北京：知识产权出版社，2011。

本书针对数字图书馆的社会价值定位，从适度保护角度入手，分析数字图书馆信息资源开发利用中所面临的著作权障碍，并从授权模式改革、权利限制改革、集体管理制度变革、信息网络传播者权利设定等方面，探讨现行著作权制度的变革与优化。

《中华人民共和国著作权法注解与配套》，国务院法制办公室编，北京：中国法制出版社，2011。

本书由国务院法制办针对《中华人民共和国著作权法》主法条予以权威解读，同时对其中涉及的重难点知识予以实务运用，并附录重要的相关规定。

《著作权与图书馆》，靳月香、王浩、刘丽著，哈尔滨：哈尔滨工程大学出版社，2011。

本书从追溯著作权的起源出发，对著作权所涉及的经济、民事、法律等领域进行论述，内容涵盖了著作权意识的觉醒、著作权立法的经过、经典著作权法案、传统著作权和网络著作权的法案与法理、图书馆对于著作权的合理作用、数字图书馆与著作权、著作权集体管理等与图书馆密切相关的著作权知识。

《著作权侵权损害赔偿研究》，韩成军著，郑州：河南人民出版社，2011。

本书阐述了著作权的基本理论与界定，研究著作权侵权损害赔偿的基本原则、构成要件、范围计算、立法建议等问题。

《著作权侵权的判定规则研究》，何怀文著，北京：知识产权出版社，2011。

本书基于中国著作权法及其实践研究，结合中国和美国典型著作权的大量案例（其中中国案例30

多个，美国案例及其他国家案例120余个)，系统讨论和分析了著作权侵权判定的法律规则，揭示了中国目前著作权侵权纠纷法律适用的不统一和不一致，分析了中国著作权侵权案件（特别是诸多有影响的著作权案）审查判决的经验和教训。

《著作权法律法规汇编》，国家版权局版权管理司编写，北京：法律出版社，2011。

本书是国家版权局版权执法工作培训教材之一，是关于著作权的法律法规及司法解释和部门规章汇编。全书共分四部分：著作权相关法律、著作权相关法规、著作权相关司法解释、著作权相关部门规章。适用于版权执法部门以及相关单位和人员。

《著作权集体管理组织的发展与变异》，罗向京著，北京：知识产权出版社，2011。

本书运用历史分析与逻辑分析的方法，结合历史现状，勾勒出西方国家著作权集体管理组织，尤其是表演权组织的产生与发展的脉络。传播技术的日新月异是推动著作权人及其集体管理组织地位变化的重要因素。书中提出的观点对中国著作权集体管理组织的完善具有启示作用。

《版权保护纵横谈》（第2版），刘水云著，昆明：云南民族出版社，2011。

本书是一本有关版权保护知识的读本，包括中国文字、音像、计算机软件等版权保护的现状、存在的问题以及应采取的措施等内容。第二版删去前一版4篇文章，增加1篇《作品自愿登记与著作权权属辨析》。

《国际著作权制度发展趋向与中国著作权法的修改》，丛立先著，北京：知识产权出版社，2011。

本书力图对国际著作权制度发展的总体趋势作出总结分析，以完善中国现行著作权制度为目标，以中国著作权法的修改为研究核心，探讨了著作权法第二次修改中的诸多具体问题，从而为深入研究“国际著作权制度发展趋向与中国著作权法的修改”作出实际贡献。

《著作权基本原理》，许辉猛著，北京：知识产权出版社，2011。

本书从著作权基本范畴、基本原理、基本问题等不同的方面进行了较为深入的探讨，展示了著作权保护与作品价值实现之间的冲突和解决之道，全面揭示了著作权运行机制的利弊得失。

《版权热点问题透析》，朱昌平主编，银川：宁夏人民出版社，2011。

本书详细地列举了版权方面的内容，主要包括重要版权事件重现、著作权方面的法律法规分析、知识链接，形式新颖，资料翔实，可读性和借鉴性非常强。

《现代著作权法》，曲三强主编，北京：北京大学出版社，2011。

本书为北京大学立项教材，系统、全面地讲述了著作权法的相关理论知识，介绍了近年来著作权法学科的研究方向，体现了学科的发展成果。

《知识产权法律与诉讼仲裁实务》（法律与诉讼仲裁实务丛书），林一飞主编，北京：对外经济贸易大学出版社，2011。

本书介绍了著作权、专利、商标、技术合同等相关法律理论，同时评析了诉讼、仲裁案例，阐述了实务中出现的问题。

《知识产权价值评估能力建设研究》，马维野、刘玉平主编，北京：知识产权出版社，2011。

国家知识产权局专利管理司联合中国资产评估协会共同主办、中央财经大学资产评估研究所承办了知识产权价值评估能力建设研讨会，来自全国各地的知识产权局、资产评估机构、高等院校的100余位专家，就“知识产权价值评估能力建设”这一主题展开热烈讨论。本书汇集了本次会议的讨论成果，对于全面了解国内外知识产权资产评估现状、解决当前中国评估实践中的问题，具有较高的理论与实践价值。

《计算机字体与字库的法律保护：原理与案例》，黄武双等著、译，北京：法律出版社，2011。

本书旨在为中国司法实践审判中越来越多的计算机字形、字体和字库案件提供一些国外最为近似的判例，并提供经过梳理的法律原理，希望能够帮助读者系统了解有关问题。

《知识产权法》，赵宾、李林启主编，北京：清华大学出版社，2011。

本书结合有关知识产权方面的司法解释和国外经验，对中国知识产权法律和制度的基本知识、概念、原理作了系统而深入的阐述。

《知识产权法》，来小鹏著，北京：中国政法大学出版社，2011。

本书第一编阐述知识产权法总论，讲述了知识产权法的概念、知识产权保护的产生和发展；第二编阐述著作权法的相关内容；第三编讲述专利法；第四编讲述商标法。

《知识产权法》，张耕主编，北京：中国政法大学出版社，2011。

本书系统介绍了知识产权基本理论与制度，包括知识产权总论、著作权、商标权、专利权、其他知识产权以及知识产权的国际保护，体现了《国家知识产权战略纲要》、《专利法》第三次修订、国际公约变化趋势等本领域的最新发展。在各章前后均设置"重点问题提示"，使学生在学习时对各章重点内容一目了然；在各章后设置"复习思考试题"，检测学生的学习效果，引发学生对理论热点问题的思索；在具体知识产权制度各章设置"法律适用问题"，重点阐述本章内容涉及的法律规范的实践应用，尤其是法律适用中的模糊点与难点。

《知识产权纠纷非讼解决机制研究——以调解为考察中心》，刘友华著，北京：中国政法大学出版社，2011。

本书关注的焦点是，在建设创新型国家与构建和谐社会的背景下，面对现行知识产权纠纷解决机制的困境，如何构建能凸显知识产权纠纷特殊性的纠纷分流与解决机制，以妥善、高效解决知识产权纠纷。

《知识产权国际保护基本制度研究》，刘筠筠著，北京：知识产权出版社，2011。

本书内容包括：知识产权保护制度概述、WTO下的知识产权保护协定、知识产权国际保护制度的基本原则、知识产权国际保护限制制度、知识产权国际保护之权利用尽制度等。

《国际知识产权制度：冲突、融合与反思》（上海政法学院学术文库），曹阳著，北京：法律出版社，2011。

本书从国际关系、法经济学、社会学等不同视角理解与阐释了国际知识产权制度，分析了国际知识产权体系的形成机制，特别是美国、欧盟等国家和国际组织对国际知识产权体系的影响，并关注了如何利用现存的国际知识产权体系为广大发展中国家服务的问题。最后，作者对未来知识产权的变革提出了一些具有较强操作性的建议。

《最高人民法院知识产权审判案例指导》（第3辑），奚晓明主编，北京：中国法制出版社，2011。

本书主要涵括了专利案件审判、著作权案件审判、商标案件审判、竞争案件审判、知识产权合同案件审判、知识产权侵权责任承担、知识产权诉讼证据和知识产权诉讼程序。同时收录了最高人民法院知识产权审判庭年度报告（2010）的相关内容。

《知识产权法律风险管理策略》，陈晓峰编著，北京：法律出版社，2011。

本书作者结合自身丰富的法律实践经验，总结出知识产权管理、商标保护等诸多领域中的法律风险100余项，几乎涵盖了知识产权保护中的各个方面，为帮助企业防范和控制与知识产权保护有关的法律风险提供了有益借鉴。同时，本书配合诸多典型案例的深入分析，选取四类与知识产权相关的常见法律文书并进行了全面的法律风险评价，有助于中国企业及其管理者对企业知识产权保护有更为完整和充分的认识。

《广播组织权保护研究》（中国知识产权文库），胡开忠、陈娜、相靖著，武汉：华中科技大学出版社，2011。

本书系统研究了在网络技术、广播技术、数字技术等新技术发展的背景下，广播组织权保护所面临的新问题及解决思路。

《知识产权滥用的法律规制》，谢可训著，上海：上海社会科学院出版社，2011。

本书采用法学和经济学的分析方法，从对各国知识产权权利限制的比较入手，在知识产权与竞争法的结合点上来探讨各类知识产权的合理限度。

《景德镇艺术陶瓷知识产权保护》，江伟辉等编著，北京：知识产权出版社，2011。

本书内容包括：景德镇艺术陶瓷保护的综合研究、景德镇地理标志和陶瓷非物质文化遗产保护的专题研究、景德镇陶瓷知识产权案例与分析，还有精选的景德镇陶瓷产品外观设计专利图片，以及几个相关附录。研究内容具有较强的系统性、实用性和可操作性。

《国际贸易中知识产权的取得与保护》，冯汉桥著，北京：知识产权出版社，2011。

本书首先介绍了知识产权与国际贸易的关联性，又从能够取得知识产权的客体、取得的方法与具体途径、知识产权如何进行保护等三个大的方面进行展开，用一种基于实用分析的、全新的视野来研究国际贸易中的相关知识产权问题。

《知识产权管理指南》，［德］荣汉斯（Junghans C.）、［德］利维（Levy A.）著，合肥：中国科学技术大学出版社，2011。

本书包括术语、取得专利授权的经济目标、专利、专利权属、商标和外观设计、许可、创业以及商业结构对知识产权开发的重要性等内容。可作为高校法律和管理等相关专业的本科生、研究生以及有科技背景的人员学习知识产权法律和管理知识的学习参考资料，也可作为指导实务工作的操作手册以及知识产权管理方面培训和辅导的参考书。

《国家知识产权战略实施工作手册》，国家知识产权战略实施工作部际联席会议办公室编，北京：知识产权出版社，2011。

本书为近三年来与国家知识产权战略实施工作相关的政策文件、具体措施、相关报告等内容的汇编，由三个部分组成："政策篇"包括党中央、国务院的相关政策文件，"措施篇"包括相关单位实施知识产权战略的具体措施文件，"行动篇"包括历年战略实施相关工作报告及媒体报道。

《民族文化与遗传资源知识产权保护》，王景、周黎著，北京：知识产权出版社，2011。

本书对云南民族文化与遗传资源概况、知识产权保护取得的成就和实践中遇到的问题进行了全面而深入的研究。

《知识产权法》（21世纪应用型法学系列教材），张今著，北京：中国人民大学出版社，2011。

本书以知识产权法教学大纲为指导，体系化地讲授了知识产权法学基础知识，同时重点突出司法考试的特色，对司法考试涉及的重要知识点进行重点讲解，并配有相关经典案例，对法学专业本科学生非常实用。

《国际化背景下知识产权的刑事法保护》（京师国际刑事法文库），赵秉志主编，北京：中国人民公安大学出版社，2011。

本书是第三届"当代刑法国际论坛"文集，共收录中外专家学者论文27篇，分为"知识产权刑事法保护的理念与刑事政策"、"各国关于知识产权的刑事法保护"、"中国关于知识产权的刑事法保护"三编。

《中国知识产权边境保护》，王殊著，北京：中国政法大学出版社，2011。

本书作者通过代理知识产权边境保护的案件、广泛搜集相关资料、对国外的理论研究成果进行对比分析等多种方式，就中国知识产权边境保护制度进行了比较系统的研究，所涉猎的内容既包括知识产权边境保护的性质、范围、公权力与私权利界限等基础性课题，也包括了平行出口、定牌加工知识产权保护、信息公开、侵权认定形式等专门性问题，都是当前中国知识产权边境保护中的热点、难点问题。

《中国知识产权指数报告（2010）》，王正杰编著，北京：知识产权出版社，2011。

本书以全球知识发展态势为背景，通过文献梳理、实地调研、案例剖析等方式对中国31个省（区、市）知识产权发展状况和差异进行了分析。

《企业知识产权管理体系构建》，黄春海编著，北京：电子科技大学出版社，2011。

本书着重阐述了企业知识产权管理体系构建的基本原则、思路和标准，对企业知识产权基础概念作了新的诠释，并将ISO9000族质量管理标准的理念、原则和方法引入企业知识产权管理体系的构建设计中。

《侵犯知识产权罪案疑难问题研究》，皮勇主编，武汉：武汉大学出版社，2011。

本书研究了四类知识产权的刑法保护，在总体分析中国对知识产权的刑事保护现状后，对中国刑法规定的7个侵犯知识产权罪涉及的疑难问题逐一进行分析。

《知识产权法学》（21世纪东部法学系列教材），詹爱岚主编，厦门：厦门大学出版社，2011。

本书是高校本科知识产权法教材，系统阐述了知识产权法的基本理论和相关概念，内容包括专利法、商标法、著作权法、反不正当竞争法等。

《知识产权法教程》，周艳敏、张红玲著，北京：知识产权出版社，2011。

本书专为高等院校知识产权法教学而编写，以中国现行知识产权法律作为基础，借助知识产权的法理原则全面、简明地讲解知识产权各部门法律的主要内容。

《中国知识产权统计年报（2010）》，国家知识产权局编，北京：知识产权出版社，2011。

本年报由国家知识产权局主编，汇集了中国知识产权领域的年度统计数据，全面反映了中国知识产权领域每年的发展状况。本年报涵盖专利、商标、版权、计算机软件、农业植物新品种、林业植物新品种、集成电路布图设计、知识产权海关保护、知识产权司法保护等方面的内容。适合广大知识产权界业内人士、各级领导干部、企事业单位管理人员、科研人员、高等院校师生以及其他感兴趣的人士阅读。

《知识经济与企业知识产权管理》，马忠法、胡传实、尚静著，上海：上海人民出版社，2011。

本书第一章绪论部分通过案例阐释了知识经济背景下，了解和研究知识产权法及知识产权管理的重要性。第二章为知识经济的基本内容，包括知识经济的由来、定义和特征，知识经济对人类经济发展带来的影响及其未来发展趋势及知识的生产、分配、交换和消费等。第三章为知识经济形态下的知识产权法律制度，内容主要是对知识经济下知识最为重要的法律表现形式——知识产权——的法律制度进行介绍。第四章为知识产权管理，主要探讨知识经济与知识产权管理的关系、知识经济与知识产权管理的主要内容。

《知识产权基础》（专利管理工程师任职资格考试丛书），陶鑫良主编，北京：知识产权出版社，2011。

本书从专利、商标、著作权、商业秘密、集成电路、反不正当竞争等方面，系统全面地介绍了中国知识产权法律基础知识，并结合企业管理的实际需求，对知识点进行了深入浅出的讲解，对实际操作具有很强的指导性。

《知识产权基础》，许春明主编，上海：上海社会科学院出版社，2011。

本书将知识产权法律和管理的有关规定、知识和实务以一个个直观的问题形式表现出来，介绍了知识产权的概念特征、重要性、保护对象、权利取得、权利归属、侵权应对等方面的理论和实务知识。

《中国知识产权评论》（第4卷），刘春田主编，北京：商务印书馆，2011。

本书汇集了近期知识产权研究的代表性文章，反映了国内知识产权研究的最新水平。

《中国知识产权宣传海报创意设计大赛作品集》，《中国知识产权宣传海报创意设计大赛作品集》编辑委员会编，北京：知识产权出版社，2011。

本书收录了2009年首届中国知识产权宣传海报创意设计大赛的获奖作品及参赛作品。

《区域知识产权战略的实施与评价：江苏之实践与探索》，唐恒主编，北京：知识产权出版社，2011。

本书从区域知识产权战略管理的角度出发，对在特定行政区域内如何实施国家知识产权战略进行了系统的理论梳理和实务探讨。全书分为战略篇、实施篇和评价篇。

《从自主创新到自主知识产权：国际化的视角》，胡峰编著，上海：华东理工大学出版社，2011。

本书从国际化的视角出发，论述了不同产业或行业的创新模式，以及获得自主知识产权的方法和途径。

《上海文艺知识产权年度报告（2010）》，上海市文学艺术界联合会编，上海：上海文化出版社，2011。

本书是2010年上海文艺知识产权年度报告。编者以相关事例通俗地阐述和介绍了文艺知识产权的热点事件、典型案例、知识产权评论、知识产权理论和“世博会”的知识产权保护等，比较全面地展现了上海文艺界在这一年度保护知识产权方面的成就。同时，本书对相关的文艺企业、团体在保护知识产权的做法方面有积极的启发和借鉴意义。

《民间文学艺术知识产权保护策略研究》，孙彩虹著，北京：中国政法大学出版社，2011。

本书系统梳理了国内外有关民间文学艺术知识产权保护的立法与司法实践。根据中国实际情况，提出在“承认加改进”的法律制度背景下，采用多重保护机制并用的策略，循序渐进、有策略、有步骤地保护、鼓励和发展民间文学艺术；防止未经授权的使用、滥用；尊重传统文化权利，捍卫社区文化尊严和价值；促进文化多样性。

《知识产权法学》（21世纪公安高等教育系列教材），吴道霞主编，中国人民公安大学出版社，2011。

本教材包括总论、著作权、专利权、商标权、其他知识产权、知识产权国际保护公约等内容。篇下设节，注重体现知识产权的体系性和科学性，对基本概念、基本原理进行了简单、清楚、明了的阐释。

《知识产权培育·保护·利用问题研究》，刘远山等著，北京：知识产权出版社，2011。

知识产权培育、保护和利用是知识产权从产生到运用过程中的三个主要环节和层面，培育是前提、保护乃手段、利用为目的。本书就其有关问题主要运用比较分析、规范分析、实证分析、法理分析、历史分析以及法经济学、法社会学和系统论等研究方法予以研析与探讨，主要涉及知识产权的获取、侵权及其民事责任和法律救济、许可使用与转让合同及其违约责任、投资入股以及知识产权侵权诉讼和行政诉讼、知识产权的限制和涉外知识产权的法律适用等问题。

《中国—东盟自由贸易区知识产权法律制度研究》，申华林著，南宁：广西人民出版社，2011。

本书介绍了东盟各国知识产权法律制度，以及广西参与中国—东盟自由贸易区的法律途径。

《知识产权法研究》（第9卷），王立民、黄武双主编，北京：北京大学出版社，2011。

《知识产权法研究》设立的栏目有：焦点评论、理论前沿、专题研究、调查分析、域外法制、学界动态、判案评论等。作为论丛第9卷，本书文章不但涉及传统知识产权领域的热点问题，而且体现了新型的知识产权热点，如“论气味商标的法律保护”、“颜色商标注册与保护探析”等，这些课题值得相关人士进一步研究探索。

《中小企业知识产权管理指南》，高富平主编，北京：法律出版社，2011。

本书是写给企业的管理层、技术人员及其法务人员的普及读物。旨在帮助中小企业学习运用知识产权制度，学会将知识产权管理融入企业经营管理之中，为中小企业持续成长和发展提供坚实的基础。本书在吸收大量前人研究成果的基础上，为中小企业实施知识产权管理提供基本策略指引，并梳理出适合中小企业需要的基本制度、规则。

《企业知识产权管理理论与实务》，袁建中著，北京：知识产权出版社，2011。

本书从现代企业管理和发展的角度，就企业中有关知识产权管理和运用的诸多问题展开论述，包括知识产权的地位、有关知识产权的内外部参与者、知识产权管理的架构和阶段等，从理论和实务两个方面细致而深入地阐明了知识产权在现代企业管理和发展中的重要地位。

《网络环境下的知识产权法》，吴伟光著，北京：高等教育出版社，2011。

本书对网络环境下的知识产权问题进行了系统的研究和讨论，即网络环境下的知识产权问题不是孤立的而是与传统知识产权制度和国际公约及条约有紧密联系的特殊问题。因此，本书首先从国际公约与条约的高度，理解中国的特定问题，讨论中国的国际义务与履行；其次，以传统知识产权制度与网络环境下的知识产权制度进行衔接和过渡为视角，研究后者的问题；再次，对相关问题所涉及的技术问题进行简要的介绍，帮助读者理解法律问题；最后，对于具体问题的研究，落实到中国的立法与司法实践，同时对重点问题配以相关司法案例并进行讨论，帮助读者加深认识和理解。

《自主创新与知识产权保护》，赵建军等著，北京：知识产权出版社，2011。

本书从时代的角度、建设创新型国家的高度，把自主创新与知识产权保护这两大领域各自的内涵、机制、作用以及两者之间的互动关系加以系统的、全面的分析、探讨，并对自主创新思维方式进行了剖析，对国外自主创新政策、国内外知识产权制度加以介绍。

《知识产权研究》（第20卷），周林主编，北京：知识产权出版社，2011。

本书汇编了知识产权领域国内外最新研究成果，供相关人士参考和阅读。

《知识产权制度的本质》，于金葵著，北京：知识产权出版社，2011。

知识产权之争，就是利益之争。这一点，体现在国际经济竞争的各个领域。从美国“特别 301 条款”的国际化，到中美知识产权争端；从美国“337 条款”的调查，到国际技术贸易的现实；从世界范围内反垄断立法的必要性，到在美国等发达国家操控下的 TRIPS 的出台，无不反映出知识产权制度的本质，这就是各国利益最大化追求的规则要求，是各国经济、政治、技术、文化等综合力量的博弈。因此，知识产权之争，是竞争手段的争夺。知识产权制度的本质就是利益。

《知识产权法》，骆电、陈健、肖志远、胡梦云著，北京：高等教育出版社，2011。

本教材基于传统的知识产权法教学体例，共分为以下六章：总论、著作权法、专利法、商标法、其他知识产权保护（包括集成电路布图设计专有权、植物新品种权、商业秘密权以及与知识产权有关的不正当竞争）、知识产权的国际保护。本教材强调对学生法律应用能力的培养，在注重基础知识介绍的同时，通过大量的实际案例分析，帮助学生理论联系实际，从实践中发现问题，并且深入思考研究问题。

《知识产权体系下非物质传统资源权利保护研究》（黑龙江大学法学文丛），杨建斌著，北京：法律出版社，2011。

本书系黑龙江大学法学文丛选题之一。作者从知识产权的基本研究方法出发，即从研究非物质传统资源的相关概念出发，研究对于非物质传统资源的现有知识产权制度和其他权利制度采取的保护方法中存在的问题，并提出作者自己的思考。

《知识产权法教程》，王迁著，北京：中国人民大学出版社，2011。

本书是一本学术专著型教材。它将知识产权法的基础知识与现实发展紧密结合，融入国内外最新立法、判例和最前沿的学术问题讨论，并体现了作者独创性的研究成果。

《知识产权行政保护新态势研究》，孟鸿志主编，北京：知识产权出版社，2011。

本书以马列主义、邓小平理论和“三个代表”重要思想以及科学发展观为指导，以中国现行的知识产权保护体制和相关法学理论为依托，借鉴经济学、行政学以及国外相关理论和经验，综合运用历史研究、比较研究、实证研究和文献研究、规范分析的方法，对中国知识产权行政保护新态势展开了系统研究。

《侵犯知识产权犯罪案件立案与侦查工作指南》（中国公安执法规范化建设丛书），项金发主编，北京：中国人民公安大学出版社，2011。

本书对公安机关经侦部门管辖的侵犯知识产权犯罪案件从构成要件、司法认定、立案追诉标准、侦查工作等方面作了详细论述，是公安机关经侦民警执法办案的重要参考书。

《中国知识产权蓝皮书（2009—2010）》，吴汉东主编，北京：北京大学出版社，2011。

本书包括了《2009—2010 年中国知识产权发展报告》及《知识产权研究 30 年》、《民间文学艺术保护：理论与实践》等专题研究报告，并对过去两年国内知识产权界发生的重要事件、重要案例，以及重要的国际事件、国际公约发展、各国知识产权新发展进行了回顾。在此基础上，多位学者对“知识产权战略实施”、“知识产权资本化”、“新专利法评说”、“商标法修改”、“网络版权前沿”、“版权法的历史回顾”等问题进行了深入的探讨。

《知识产权法的案例解说》，杨海瑶编著，沈阳：辽宁大学出版社，2011。

本书包括“知识产权法总论”、“著作权法”、“专利权法”、“商标权法”等 4 部分，共选取了 34 个典型案例，对每个案例按照“案情”、“思考”、“分析”、“扩展”的逻辑进行分析，有助于读者对相应法律的学习和理解。

《知识产权法》，宁立志主编，武汉：武汉大学出版社，2011。

本书详细叙述了知识产权法学的基础理论，包括知识产权与知识产权法的基本原则和体系、法律关系，并对著作权法、专利法、商标法、网络知识产权保护、其他知识产权等的保护进行了论述。

《知识产权与自由贸易研究》，廖志刚著，北京：法律出版社，2011。

本书是一部旨在讨论知识产权与自由贸易这对相生相伴的概念之间的关系的民法学著作。作者把知识产权与自由贸易作为切入点，结合利益平衡与反垄断法等原理，围绕知识产权与自由贸易的对立统一关系展开论述，力图解决理论研究以及立法和执法中存在的实际问题，使知识产权与自由贸易继续共生共存、取长补短、相互促进、协调发展。

《知识产权法》，吴汉东主编，北京：北京大学出版社，2011。

作者从经济、技术和制度相结合的学术理念出发，结合中国加入世界贸易组织的实践，采取分论和总论相结合的体例，完整而系统地阐述了知识产权的一般原理、著作权法、专利法、商标法、集成电路布图设计、知识产权国际公约等理论知识。

《知识产权法学》，吴汉东主编，北京：北京大学出版社，2011。

本书撰稿人都是有多年教学和学术研究经验的高校学者，以丰富的教学经验结合实践，采取分论和总论相结合的体例，完整而系统地阐述了知识产权的一般原理、著作权法、专利法、商标法、集成电路布图设计、知识产权国际公约等理论知识。

《知识产权协调保护研究》，刘平著，北京：知识产权出版社，2011。

本书针对中国知识产权保护不力与保护过强情况并存的矛盾现状，探索其中的原因，以知识产权的权利性质为基础，分析大量典型案例，进而提出若干建议，力图实现中国知识产权民事保护、行政保护与刑事保护相协调。

《知识产权法》（高等学校法学精品教材系列丛书），丁丽瑛主编，厦门：厦门大学出版社，2011。

本书是“高等学校法学精品教材系列丛书”之一，也是法学专业十四门主干课程之一的教材。本书共分六编：第一编为“知识产权总论”，着重论述知识产权法的概念、原则和历史沿革等；第二编为“著作权法”，详细阐述了著作权法的基本内容；第三编为“专利法”，详细阐述了专利法的基本内容；第四编为“商标法”，详细介绍了商标法的具体内容；第五编为“其他知识产权保护制度”，介绍了除上述法律之外的知识产权保护制度；第六编为“知识产权的国际保护”，介绍了知识产权国际保护的具体内容。本书吸收了中国知识产权法学界的最新成果及普遍观点，深入浅出，适合普通高等院校法学专业本科生使用，也可作为进行更高层次法学研究的参考。

《中外知识产权法经典案例评析》（中外民商经济法经典案例评析丛书），韩赤风等著，北京：法律出版社，2011。

本书直接从国内外网站或近年国内外最新判例文献中精选国内及大陆法和英美法两大法系20个知识产权法经典案例进行全面评析，注重联系中国实际评析国外案例，阐述其对我们的启示，提炼对中国立法和司法实践有益的借鉴经验。本书既为各类法学专业在校学生提供了一种全新的案例分析研究和训练模式，也可供实务部门参考。

《知识产权普及读本》，台新民、赵飞编著，北京：知识产权出版社，2011。

本书本着深入浅出、通俗易懂的原则，对包括专利、商标、版权及其他知识产权在内的知识产权基础知识进行了介绍，图文并茂，属于普及读物。适合广大青少年及企业人员使用，既可作为各类学校的教材，也可以作为社会人员的培训教材。

《知识产权与区域经济发展》，郭强、李伟、管育鹰主编，北京：知识产权出版社，2011。

本书汇编了关于知识产权与区域经济发展问题的论文，深入探讨了贯彻实施知识产权战略与区域经济发展之间的关系。

《知识产权法一本通》，法规应用研究中心编，北京：中国法制出版社，2011。

本书以著作权法、商标法、专利法为主体，逐条收录相关的法律法规、司法解释、部门规章、请示答复、指导案例等，便于读者学习研究和实务操作。

《知识产权国际许可的法律问题研究》，彭志刚著，北京：法律出版社，2011。

在以知识经济为主要特征的21世纪，科学技术显示出无比的威力，因而，各国纷纷对科技研发给予多方支持和鼓励，其中最重要的鼓励措施就是以国家强制力对科技发明创造给予相当程度的保护。为了解决知识产权国际许可的南北冲突问题，以实现知识产权合理有序的跨国流动，本书系统地研究了知识产权跨国许可中的各种角色互动与矛盾冲突，以及南北国家解决这些冲突的法律规则，并结合中国技术进出口现状，提出了完善中国知识产权国际许可相关法律制度的构想。

《青岛市知识产权典型案例选评》，杨成志主编，青岛：青岛出版社，2011。

本书汇集了近年来青岛知识产权执法部门在行政执法和司法审判实践中的典型案例，以案情简介和案例分析相结合的方式对知识产权执法领域的热点难点问题进行了剖析，以期为基层知识产权行政执法人员、司法人员提供有益的借鉴。

《知识产权矛与盾——中国知识产权司法保护大案解析》（上海市高校教育高地建设项目），许春明、王勉青主编，上海：上海大学出版社，2011。

本书是“上海市高校教育高地建设项目”之一。全书共分专利侵权民事案件、著作权侵权民事案件、商标权侵权民事案件、不正当竞争民事案件、植物新品种权侵权民事案件、知识产权行政案件、知识产权刑事案件七大板块，通过案例分析的形式，对文化产业发展中的知识产权法律保护问题进行研究，以期能够对中国文化产业的发展提出有益的建议。

《欧洲知识产权典型案例》，单晓光、江清云主编，北京：知识产权出版社，2011。

本书选取21个欧盟法院或德国法院知识产权典型案例进行编译。第一编共11个案例，第二编为10个案例，为展示法院判决原稿，书后将判决原文的摘编版设为附录。

《中国知识产权典型案例》，郑胜利、[意] 提莫泰欧（Timoteo M.）、龚红兵主编，北京：知识产权出版社，2011。

本书选取了中国法院近年来的26个知识产权典型案例进行编译和评论，最高人民法院在这些案例中的法理推理和法律适用阐述，有利于明确法律适用的统一和完善。

《知识产权法的实施：国际视角》，李轩、[阿根廷] 柯莱亚（Correa C. M.）编著，北京：知识产权出版社，2011。

本书从国际视角出发，研讨了知识产权实施在国家和地区层面的最新发展趋势，以及相关国际论坛的最新动态。全书尤其比较和分析了发达国家和发展中国家在知识产权法国际实施中的不同地位和受到的不同影响，指出发展中国家应当更加主动和积极，与发达国家形成真正的对话。本书适合国际关系、法律，特别是知识产权法方向的研究者和学习者阅读与借鉴。

《对外贸易中的知识产权滥用及其规制》（当代法律科学文库），陈剑玲著，北京：对外经济贸易大学出版社，2011。

本书在研究了美国与欧盟两个规制对外贸易中知识产权制度相对完善的国际行为体相关制度的基础上，对中国目前的相关法律体系作了比较分析。

《版权开放：新媒体时代的知识产权变革》，徐剑著，上海：上海交通大学出版社，2011。

本书主要分析新媒体开发和传播过程中常见的版权纠纷。书中引用了大量案例，结合知识产权和著作权的相关知识，分析了如何处理版权纠纷和如何合理使用版权的问题。

《知识产权拒绝许可反垄断法律问题研究》（华东政法大学科学研究院社科文库），彭志刚著，北京：法律出版社，2011。

本书通过对知识产权拒绝许可反垄断的法理分析，对与知识产权拒绝许可相关的美国反垄断法、欧盟反垄断法的比较，以及对知识产权拒绝许可中的关键概念的阐释，提出了完善中国知识产权拒绝许可反垄断制度的思考。

《知识产权小专家：开启小朋友知识产权心智的金钥匙》，[日] 广田浩一著，北京：知识产权出版社，2011。

本书围绕发生在若叶小学小智、健太、大福、美佳、奈彩、真美等6位小朋友身边的故事，生动形象地告诉了小朋友什么是商标权、专利权、著作权及对它们的保护，使小朋友们明白：知识产权其实并不深奥，它就在你身边。

《软件产业演进与知识产权关联研究——兼论软件知识产权成果评价体系的完善》，陈蕾著，北京：经济科学出版社，2011。

本书引入产业分析视角对软件产业演进的整体规律进行系统把握，并从理论和实证两方面深入分析软件产业演进与知识产权的相互影响机理，以期能为软件产业演进与知识产权的良性互动提供理论支撑，解决软件知识产权保护的冲突与困境。

《成思建言录》，郑成思著，北京：知识产权出版社，2011。

本书汇编了郑成思先生在中国社科院有关信息交流平台上发表的32篇文章，反映了郑成思先生在给国家建言献策方面的贡献。

《中小企业知识产权经营手册》(第2版)，刘晓海、单晓光主编，北京：知识产权出版社，2011。

本书以知识产权体系的“铁三角”(专利、商标和著作权)为主干，紧紧围绕中小企业和新创业者在企业发展与日常经营管理中经常会碰到的知识产权问题加以论述，树立正确的知识产权观念，自觉运用知识产权促进企业发展。

《知识产权引论：原理·制度·案例》，张鸣胜等著，北京：科学出版社，2011。

本书由长期从事知识产权教学研究和法律实务的多位专家通力合作完成。全书图表与文字结合，理论与实际并举，从知识产权基本原理出发，结合鲜活的实例，就与专利、商标、商业秘密、著作权、计算机软件保护、新技术有关的知识产权、知识产权管理经营等方面总结了知识产权的基本知识、制度概貌，同时展示了作者的最新教学研究和法律实务的成果。本书内容系统创新，形式新颖活泼，是高等院校知识产权公共课的理想教材，也是企事业单位知识产权管理经营者的良好读本。

《应对美国“337调查”的知识产权战略研究》，丁丽瑛等著，厦门：厦门大学出版社，2011。

“337条款”是美国管制进口贸易的重要手段。本书以美国“337条款”以及因之而形成的“337调查”为主要研究对象，结合中美两国的贸易关系及其进展，指出当前知识产权战略与经贸发展政策相结合的趋势，提出政府、行业协会及组织、企业应对美国“337调查”的具体策略。

《原住民遗产与知识产权：遗传资源、传统知识和民间文学艺术》，[德]莱万斯基编著，北京：中国民主法制出版社，2011。

在当今经济全球化、文化多样化的背景下，知识产权制度在促进创新、建设创新型国家的过程中具有极为重要的作用。如何利用、保护中国传统的民间文学艺术形式，鼓励创新，并从与知识产权相关的角度进行合理的制度设计安排，已经成为重要的立法工作任务。本书收集、翻译、整理、汇编了国际上有关国家、地区民间文艺立法的相关资料进行比较研究，是一项基础性工作，具有十分重要的理论意义和现实意义。

《知识产权管理实务大全》，马越、郭灿辉主编，北京：企业管理出版社，2011。

本书系统地介绍了知识产权管理实务中所涉及的法律知识，详细通俗地说明了知识产权管理实务操作常见问题的具体解决办法，以及企业如何通过制定相应的策略提高自身的知识产权工作能力和水平，进而运用知识产权提升企业的核心竞争力。

《中国知识产权禁令制度研究》，施高翔著，厦门：厦门大学出版社，2011。

本书从比较研究的视角出发，较为系统地研究了禁令的概念与分类、适用范围、理论意义，以及英美法系禁令制度和大陆法系假处分制度的形成历史。同时站在中国知识产权司法保护的实践基础上，阐述了中国禁令制度制定的背景、特点、存在的主要缺陷。在对若干主要理论问题和实践问题进行研究后，提出建构中国知识产权禁令制度的思路及具体方法。

《新媒体节目内容创作与版权保护》，傅亦轩主编，北京：中国广播电视出版社，2011。

本书对移动电视、手机媒体、网络电视等新媒体的节目内容的创作和生产进行了详细的说明与叙述，对网络媒体时代广播影视作品的版权保护现状进行了介绍，并就如何做好版权保护提出了建议和意见。

《版权保护的理论与实践》，丁立莹著，天津：天津人民出版社，2011。

中国知识产权立法时间短、经验不足，加之近年来计算机网络技术不断发展，版权交易量逐年提高，来自社会和技术进步的双重压力给著作权研究带来了新挑战。本书通过鲜活的法律案例和准确的理论研讨，深入浅出地阐述了版权保护的理论与实践。

《著作权例外与图书馆可适用的著作权例外》，黄国彬著，北京：知识产权出版社，2011。

本书在理清著作权例外和图书馆可适用的著作权例外的理论框架的基础上，归纳图书馆可适用的著作权例外的发展历程、发展特点和发展趋势，以及其在图书馆的应用；结合当前国内外图书馆界对图书馆可适用的著作权例外的诉求，构建符合中国国情的可适用于图书馆的著作权例外立法框架；并从可适用于图书馆的著作权例外角度，提出图书馆规避著作权侵权风险的有效建议。

《加拿大版权概要》，杨士虎著，兰州：甘肃人民出版社，2011。

本书是学术专著。全书以案例分析的方式，对加拿大版权法进行了系统的介绍与分析，涵盖了加拿大版权法的基础规则和加拿大版权法所涉及的主要法律问题，对了解加拿大版权法具有重要的参考价值。

《著作权激励机制的法律构造》，熊琦著，北京：中国人民大学出版社，2011。

伴随着著作权产业的兴盛，著作权法在追求经济效益上的功能日趋突出，著作权制度被视为一种激励机制，旨在通过权利配置实现著作权客体的最大效用。反映在法律构造上，著作权法以产权化实现经济利益与经济效率，从权利归属上看，著作权被更多地赋予了投资者；从权利范畴上看，著作权利类型不断扩张；从权利客体上看，更多信息产品被纳入著作权体系内；从权利限制上看，公共领域的范围日趋缩小。

《著作权的宪法之维》，李雨峰著，北京：法律出版社，2011。

本书以宪法的维度，探讨了著作权的基本法律问题，包括著作权的产生、独创性、保护期、合理使用等问题。本书的基本观点是，著作权制度尽管是一种恶，但这种恶是必要的，它是诸多激励文学艺术创作的激励手段之一。而且，在法治这一实践性话语之下，通过授予创作者一定权利的模式来激励创作，其正当性本身就容易获得理解。

《版权与文化产业国际竞争力研究》，蔡翔、王巧林著，北京：中国传媒大学出版社，2011。

本书从发展现状、产业环境、竞争策略、市场绩效、政策环境等方面对中国与西方发达国家版权产业的国际竞争力进行了对比。

《版权开放——新媒体时代的知识产权变革》，徐剑著，上海：上海交通大学出版社，2011。

本书主要分析新媒体开发和传播过程中常见的版权纠纷，书中引用了大量案例，结合知识产权和著作权的相关知识，分析如何处理版权纠纷，以及合理使用版权的问题。

《俄罗斯知识产权法——〈俄罗斯联邦民法典〉第四部分》，张建文译，北京：知识产权出版社，2011。

本书是作者对俄罗斯联邦民法典第四部分的译稿。俄罗斯联邦民法典第四部分为“智力活动成果和个性化标识权”，是俄罗斯通过民法典的形式对知识产权进行的专门立法。

《知识产权法总论》（华东政法大学科学研究院社科文库），何敏主编，上海：上海人民出版社，2011。

《知识产权法总论》一书主要包括：知识产权法律制度的发展历程、知识产权法律制度的社会功能、知识产权法律体系及其基本内容、知识产权法律关系及其构成要素、知识产权客体本质及其法律特征、知识产权权利归属与利益分配、知识产权法律规范的结构及其内容、知识产权权利边界及其限制制度、知识产权权利冲突及其冲突解决、知识产权侵权行为及其侵权责任、知识产权法律保护制度、知识产权司法鉴定及其实践等内容。

《中国知识产权司法保护 2010》，奚晓明主编，北京：中国传媒大学出版社，2011。

《中国知识产权司法保护 2010》选取 2010 年度最有代表性的知识产权司法保护案例、审判文书，以对知识产权司法保护进行有针对性的指导和借鉴。

《国际科技合作知识产权保护与对策研究》，毕克新等著，北京：科学出版社，2011。

本书在分析国外政府和企业国际科技合作状况的基础上，首先对中国国际科技合作发展的基本概况和中国科技合作知识产权保护现状进行论述，并从制度、关系、经济、管理和技术五个方面选取了影响国际科技合作知识产权保护的因素；其次建立了国际科技合作知识产权保护评价指标体系，并利用灰色关联综合分析方法对东北三省国际科技合作知识产权保护进行实证研究；再次，基于制度经济学的视角，阐述了国际科技合作知识产权保护的正式制度和非正式制度的相关内涵，从知识产权保护制度供给和需求的角度，提出了中国国际科技合作知识产权保护制度的非均衡形式，并通过制度创新成本和收益、动力和阻力分析，建立了中国国际科技合作知识产权保护制度创新模型；最后，确定了国际科技合作知识产权保护策略构建的模型，并从宏观、微观两个层面构建国际科技合作保护知识产权的具体对策。

《知识产权司法前沿（2010）》，孙建国主编，北京：知识产权出版社，2011。

本书内容包括司法概况、审判调研、案例精选三个部分。司法概况部分全面总结了2010年上海市第一中级人民法院开展知识产权司法保护工作的主要做法和主要成效。审判调研部分体现了该院知识产权法官对新类型案件、疑难案件、基础理论问题、审判前沿问题的研究和探讨。案例精选部分收录了该院知识产权法官对一系列新类型案件、疑难案件的相关判决。本书可供知识产权审判工作者、代理人、知识产权纠纷当事人及其代理人、高等院校研究人员和广大师生参考使用。

《知识产权信息资源使用指南》，方曙、张娴、胡正银编著，北京：科学出版社，2011。

本书基于科技创新与成果转化和产业化对科技信息资源利用的需求，遴选了相关重要的科技信息资源，包括专利、软件著作权、集成电路布图、植物新品种等，并对这些资源的检索利用作了系统的介绍，同时对重要的知识产权网络信息资源和国内外知识产权政策法规信息资源作了较系统的介绍。本书还特别对专利信息分析的方法、指标、工具和应用作了系统的阐述，为读者构建了一个系统、完整和操作性很强的开展专利信息分析的工作指南。本书可供知识产权管理人员、科研人员、科技情报人员和高等学校师生使用与参考。

《中国知识产权审判研究》（第3辑），钱锋主编，北京：人民法院出版社，2011。

本书为中国审判理论研究系列丛书之一，由重庆高级人民法院知识产权研究分会编辑。内容分为审判动态、审批研究、案例研究、调研与指导等部分，概括了知识产权近年来工作的重点、调研的情况、疑难案件的审判思路以及裁判方法等，是了解全国法院知识产权审判工作的重要资料。

《知识产权法学》（21世纪中国高校法学系列教材），曹新明主编，北京：中国人民大学出版社，2011。

本教材共有五编，分别是：第一编“知识产权总论”，第二编“著作权制度”，第三编“商标制度”，第四编“专利制度”和第五编“其他知识产权制度”，将整个知识产权体系清晰、完整、全面地呈现给学生。为了让学生能够尽快地进入知识产权学习状态，本教材每一章以“导言”开篇，提出本章的中心内容，然后进入正文，最后以“案例与思考”结束。

《知识产权法学理论与实务研究》，来小鹏著，北京：中国政法大学出版社，2011。

本书22篇论文分别从中国知识产权法总论、著作权法、专利法、商标法等方面对知识产权法的理论与实务进行了论述。

《中华人民共和国最高人民法院公报知识产权案例全集》，中国人民大学知识产权教学与研究中心、中国人民大学知识产权学院编，武汉：华中科技大学出版社，2011。

本书内容包括《最高人民法院公报》至2011年为止登载的所有知识产权案例，包括民事、行政和刑事案例，内容全面。

《北京市第二中级人民法院经典案例分类精解（网络知识产权卷）》，朱江主编，北京：法律出版社，2011。

知识产权案件以其专业性强、庭审过程复杂、审理难度大而著称。在网络环境下，作品呈现出数字化、公开公共化、无国界化等新的特征，传统的知识产权保护体系受到前所未有的冲击，网络知识产权保护中的新问题不断出现。在这种情况下，已生效的司法判决就更具有特殊的意义。关于网络知识产权的一纸判决，很可能会成为今后解决相同问题的范本，对于判决理由和结果的交流和讨论，也能促进相关法律法规的完善。

《国际知识产权争议解决机制研究》，钟丽著，北京：中国政法大学出版社，2011。

本文以国际知识产权争议的特殊性为起点，具体探究国际知识产权诉讼、仲裁和非诉讼纠纷解决程序中的特殊问题，深入考察世界知识产权组织定位于知识产权争议解决的仲裁和调解体系，分析各种争议解决方法的利弊短长，区分国际知识产权争议的类型，注重方法的运用机制问题，最后联系中国实际，提出若干完善涉外知识产权争议解决机制的意见。

《知识产权价值评估、开发与侵权赔偿》（增补本），［美］帕尔（Parr R.L.）、［美］史密斯（Smith G.V.）著，北京：电子工业出版社，2011。

本书为《知识产权价值评估、开发与侵权赔偿》的增补本，几乎包括自本书主本出版以来全部的增补本内容。具体包括知识产权的展望，现金流的风险调整，在知识产权价值评估与开发中的风险和不确定性的处理，隐私权、形象权与明星形象，知识产权与无形资产的价值波动，技术的专利使用费率和许可费用，专利使用费率中的差错种类和应予注意的问题，知识产权的鉴定和管理，以及侵权损失补偿的新的衡量方式等内容。

《国际知识产权贸易中平行进口法律规制研究》，马乐著，北京：法律出版社，2011。

本书以国际知识产权贸易中平行进口的法律规制为研究对象，以其中的知识产权贸易关系为研究视角，揭示了既有规制方法由于忽略知识产权贸易关系而导致的法律规制的局限性，最后着重分析了适用国际知识产权贸易法中的规则对平行进口进行有效规制的可能与实现。

《发展中国家实施 TRIPS 协议研究》，田曼莉著，北京：法律出版社，2011。

TRIPS 协议是第一个将知识产权保护全面纳入世界贸易体系的国际协定，是当今世界上最为全面的有关知识产权保护的国际条约。本书围绕发展中国家实施 TRIPS 协议问题展开研究。

《WTO 框架下知识产权争端法律问题研究——以中美知识产权争端为视角》，贺小勇等著，北京：法律出版社，2011。

本书对《与贸易有关的知识产权协定》有关知识产权保护的实体与程序规则和与该协定争端相关的程序性问题作了介绍，通过实证方式考察了主要国家和地区有关知识产权刑事保护的立法体例，对知识产权海关措施的性质、中国知识产权海关措施体系和存在的问题进行了归纳与分析，然后重点分析了美国对中国知识产权海关措施的挑战，并在此基础上提出国际知识产权保护发展趋势与完善中国相关立法的建议，比较有针对性和实践意义。

《中国知识产权指导案例评注》（第 3 辑），奚晓明主编，北京：中国法制出版社，2011。

本书涵括了 2010 年中国法院知识产权司法保护 10 大案件和 50 件典型案例。全书以案例评析方式进行编写，每个案例包括阅读提示和裁判要旨、案情和裁判、法官评述 3 部分。

《解读最高人民法院司法解释（知识产权卷）》，奚晓明主编，北京：人民法院出版社，2011。

本卷收录了最高人民法院发布的知识产权类司法解释，并根据审判实践的现实需求，将有关技术合同、商标授权确权类行政案件的司法解释也纳入其中。最高人民法院连续发布的“知识产权案件年度报告”、“中国法院知识产权司法保护状况”等对知识产权审判工作亦具有重要指导意义，本卷收录了上述文件的完整版本。

《中国体育知识产权保护制度研究》，张玉超著，北京：知识产权出版社，2011。

本书采用文献资料、比较研究方法、调查法、案例分析方法对中国体育知识产权制度建设现状、存在问题及保护对策展开研究。

《论 TRIPS 协定与公共利益》，周超著，北京：知识产权出版社，2011。

本书通过对 TRIPS 协定达成的历史背景和利益较量进行探究，以利益权衡原理为基础，对 TRIPS 协定的相关利弊是非进行探讨，指出 TRIPS 协定是发展中国家在发达国家高压下妥协的结果。TRIPS 协定使知识产权进入了全球保护的阶段，本书分析了 TRIPS 协定与公共利益的冲突与融合，探讨了中国的现状，提出了改善的建议。

2011年版权相关图书索引

书　　名	第一著作责任者	出版者	定价（元）
知识产权中介服务体系的构建与发展	唐恒著	江苏大学出版社	28
商法·经济法·知识产权法	法律考试中心组编	法律出版社	45
国际图书与版权贸易	尹章池、张麦青、尹鸿编著	武汉大学出版社	32
知识产权法	朱槐叶主编	中国政法大学出版社	32
传统文化产权制度研究	田艳著	中央民族大学出版社	23
知识产权法研究（第8卷）	王立民、黄武双主编	北京大学出版社	24
广州亚运会知识产权战略实施	寿步、王永红主编	上海交通大学出版社	38
知识产权法一考通优化标准预测试卷	一考通自考命题研究中心编	人民武警出版社	20
知识产权国际条约集成	中国人民大学知识产权教学与研究中心、中国人民大学知识产权学院编	清华大学出版社	75
创业板上市——知识产权资本运营	代月强编著	对外经济贸易大学出版社	45
知识产权决胜城市未来——第三届知识产权与城市发展市长论坛文集	甘绍宁主编	知识产权出版社	56
知识产权法	张秀玲主编	北京大学出版社	39
国际法与国内法关系研究	万鄂湘主编	北京大学出版社	46
知识产权战略管理	王黎萤主编	电子工业出版社	33
知识产权刑事法保护专论	赵赤著	中国检察出版社	29
知识产权运用智慧	李冰著	九州出版社	48
知识产权法：制度、理论、案例、问题	徐棣枫、解亘、李友根主编	科学出版社	39
冲突与共赢：技术标准中的私权保护	张平主编	北京大学出版社	39
知识产权法	国试书业组织编写	中华工商联合出版社	18
《与贸易有关的知识产权协定》刑事措施义务研究	刘科著	中国人民公安大学出版社	45
知识产权法总则	齐爱民著	武汉大学出版社	22
中华人民共和国著作权法文书范本（注解版）	法律出版社法规中心编	法律出版社	28
中国知识产权指导案例评注	奚晓明主编	中国法制出版社	168
与贸易有关知识产权协定下强化中国知识产权保护的经济分析	沈国兵著	中国财政经济出版社	20
网络知识产权案件审判实务	杨柏勇主编	法律出版社	58
知识产权纠纷法律常识	戴志强编著	云南人民出版社	19.8
知识产权法	吴汉东主编	法律出版社	33
网络知识产权保护中的利益平衡与争议解决机制研究	曹世华著	合肥工业大学出版社	35

续前表

书　　名	第一著作责任者	出版者	定价（元）
知识产权司法解释理解与适用	最高人民法院研究室编	法律出版社	38
知识产权年刊（2010 年号）	吴汉东主编	北京大学出版社	35
知识产权前沿案例	薛峰主编	中国铁道出版社	45
国家司法考试商法、知识产权法、经济法要义（2011 年版）	刘安编著	中国政法大学出版社	32
互联网域名与商标冲突研究	蒋剑鸣著	中国人民公安大学出版社	30
放飞理想　播撒希望——2010 全国大学生版权征文获奖作品选	中国版权杂志社编	中国人民大学出版社	45
中国版权事业二十年	国家版权局编	人民出版社	280
版权保护与表达自由	宋慧献著	知识产权出版社	45
著作权的权利体系研究——以原始性利益人为主线的理论探讨	费安玲著	华中科技大学出版社	20
版权保护与表达自由——法理、制度与司法	何贵忠著	人民出版社	35
知识产权法律与诉讼仲裁实务	林一飞主编	对外经济贸易大学出版社	25
知识产权价值评估能力建设研究	马维野、刘玉平主编	知识产权出版社	48
计算机字体与字库的法律保护：原理与案例	黄武双等著、译	法律出版社	30
知识产权法学生常用法律手册（应试版）	法律出版社法规中心编	法律出版社	11
知识产权法	赵宾、李林启主编	清华大学出版社	48
WTO 争端解决与中国（第 3 卷）	龚柏华主编	上海人民出版社	80
知识产权法	来小鹏著	中国政法大学出版社	36
知识产权法	张耕主编	中国政法大学出版社	39
知识产权纠纷非讼解决机制研究——以调解为考察中心	刘友华著	中国政法大学出版社	35
知识产权国际保护基本制度研究	刘筠筠著	知识产权出版社	40
国际知识产权制度：冲突、融合与反思	曹阳著	法律出版社	40
最高人民法院知识产权审判案例指导（第 3 辑）	奚晓明主编	中国法制出版社	48
知识产权案例纪实	游闽键主编	知识产权出版社	36
知识产权法律风险管理策略	陈晓峰编著	法律出版社	58
植物新品种保护通论	刘平、陈超主编	中国农业出版社	28
广播组织权保护研究	胡开忠、陈娜、相靖著	华中科技大学出版社	20
中国版权新问题——网络侵权责任、Google 图书馆案、比赛转播权	宋海燕著	商务印书馆	30
数字媒体的版权管理与控制	王玉林、冯晶著	科学出版社	90
数字版权管理导论	王亮等编著	经济管理出版社	38
动态平衡中的著作权法——“私人复制”及其著作权问题研究	冯晓青著	中国政法大学出版社	38
数字图书馆的著作权问题研究	程文琴著	中国农业出版社	25

续前表

书　　名	第一著作责任者	出版者	定价（元）
知识产权滥用的法律规制	谢可训著	上海社会科学院出版社	30
景德镇艺术陶瓷知识产权保护	江伟辉等编著	知识产权出版社	32
植物品种权研究	牟萍著	法律出版社	28
国际贸易中知识产权的取得与保护	冯汉桥著	知识产权出版社	29
知识产权管理指南	［德］荣汉斯（Junghans C.）、［德］利维（Levy A.）著	中国科学技术大学出版社	20
国家知识产权战略实施工作手册	国家知识产权战略实施工作部际联席会议办公室编	知识产权出版社	54
民族文化与遗传资源知识产权保护	王景、周黎著	知识产权出版社	68
知识产权法	张今著	中国人民大学出版社	30
知识产权法配套测试	教学辅导中心组编	中国法制出版社	35
国际化背景下知识产权的刑事法保护	赵秉志主编	中国人民公安大学出版社	98
中国知识产权边境保护	王殊著	中国政法大学出版社	35
中国知识产权指数报告（2010）	王正杰编著	知识产权出版社	42
跨国公司内部的知识转移研究	于鹏著	知识产权出版社	28
企业知识产权管理体系构建	黄春海编著	电子科技大学出版社	16
侵犯知识产权罪案疑难问题研究	皮勇主编	武汉大学出版社	56
知识产权法学	詹爱岚主编	厦门大学出版社	47
知识产权法教程	周艳敏、张红玲著	知识产权出版社	45
中国知识产权统计年报（2010）	国家知识产权局编	知识产权出版社	60
知识经济与企业知识产权管理	马忠法、胡传实、尚静著	上海人民出版社	45
知识产权基础	陶鑫良主编	知识产权出版社	39
新闻出版、版权管理政策法规文件选编	广西壮族自治区新闻出版局、广西壮族自治区版权局编	接力出版社	58
版权经济论	皇甫晓涛著	科学出版社	39
版权许可基础	陈凤兰著	中央编译出版社	49
十二国著作权法	《十二国著作权法》翻译组译	清华大学出版社	68
面向数字图书馆的著作权制度创新	马海群等著	知识产权出版社	48
知识产权基础	许春明主编	上海社会科学院出版社	25
中国知识产权评论（第4卷）	刘春田主编	商务印书馆	30
中国知识产权评论（第5卷）	刘春田主编	商务印书馆	30
创新策略和产权盈利的双重博弈	窦文章等著	知识产权出版社	38
中国知识产权宣传海报创意设计大赛作品集	《中国知识产权宣传海报创意设计大赛作品集》编辑委员会编	知识产权出版社	190
知识产权法教学配套案例	张耕主编	知识产权出版社	28
区域知识产权战略的实施与评价：江苏之实践与探索	唐恒主编	知识产权出版社	30
从自主创新到自主知识产权：国际化的视角	胡峰编著	华东理工大学出版社	58

续前表

书　　名	第一著作责任者	出版者	定价（元）
上海文艺知识产权年度报告（2010）	上海市文学艺术界联合会编	上海文化出版社	35
民间文学艺术知识产权保护策略研究	孙彩虹著	中国政法大学出版社	30
《企业知识产权管理规范》培训教程	朱宇、黄志臻、唐恒著	知识产权出版社	32
知识产权法学	吴道霞主编	中国人民公安大学出版社	46
知识产权培育・保护・利用问题研究	刘远山等著	知识产权出版社	68
装备制造业与知识产权	张景玲、田玉兰、鲜林著	甘肃人民出版社	28
中国—东盟自由贸易区知识产权法律制度研究	申华林著	广西人民出版社	39
中华人民共和国著作权法注解与配套	国务院法制办公室编	中国法制出版社	20
著作权与图书馆	靳月香、王浩、刘丽著	哈尔滨工程大学出版社	22
著作权侵权损害赔偿研究	韩成军著	河南人民出版社	30
著作权侵权的判定规则研究	何怀文著	知识产权出版社	28
著作权法律法规汇编	国家版权局版权管理司编写	法律出版社	30
著作权集体管理组织的发展与变异	罗向京著	知识产权出版社	25
知识产权法研究（第 9 卷）	王立民、黄武双主编	北京大学出版社	25
中小企业知识产权管理指南	高富平主编	法律出版社	35
企业知识产权管理理论与实务	袁建中著	知识产权出版社	38
网络环境下的知识产权法	吴伟光著	高等教育出版社	31
自主创新与知识产权保护	赵建军等著	知识产权出版社	22
知识产权法	《知识产权法》编写组编	中国言实出版社	240
知识产权研究（第 20 卷）	周林主编	知识产权出版社	35
知识产权制度的本质	于金葵著	知识产权出版社	22
知识产权法	骆电、陈健、肖志远、胡梦云著	高等教育出版社	30.4
知识产权体系下非物质传统资源权利保护研究	杨建斌著	法律出版社	30
知识产权法教程	王迁著	中国人民大学出版社	49
知识产权行政保护新态势研究	孟鸿志主编	知识产权出版社	25
侵犯知识产权犯罪案件立案与侦查工作指南	项金发主编	中国人民公安大学出版社	45
中国知识产权蓝皮书（2009—2010）	吴汉东主编	北京大学出版社	59
知识产权法的案例解说	杨海瑶编著	辽宁大学出版社	25
知识产权法	宁立志主编	武汉大学出版社	39
知识产权与自由贸易研究	廖志刚著	法律出版社	20
知识产权法	吴汉东主编	北京大学出版社	35
知识产权法学	吴汉东主编	北京大学出版社	42
知识产权协调保护研究	刘平著	知识产权出版社	25
知识产权法	丁丽瑛主编	厦门大学出版社	30
中外知识产权法经典案例评析	韩赤风等著	法律出版社	25

续前表

书　　名	第一著作责任者	出版者	定价（元）
版权保护纵横谈（第2版）	刘水云著	云南民族出版社	26
国际著作权制度发展趋向与中国著作权法的修改	丛立先著	知识产权出版社	36
著作权基本原理	许辉猛著	知识产权出版社	32
版权热点问题透析	朱昌平主编	宁夏人民出版社	32
现代著作权法	曲三强主编	北京大学出版社	32
知识产权普及读本	台新民、赵飞编著	知识产权出版社	29
知识产权与区域经济发展	郭强、李伟、管育鹰主编	知识产权出版社	40
知识产权法一本通	法规应用研究中心编	中国法制出版社	25
知识产权国际许可的法律问题研究	彭志刚著	法律出版社	35
青岛市知识产权典型案例选评	杨成志主编	青岛出版社	35
知识产权矛与盾——中国知识产权司法保护大案解析	许春明、王勉青主编	上海大学出版社	50
欧洲知识产权典型案例	单晓光、江清云主编	知识产权出版社	58
中国知识产权典型案例	郑胜利、［意］提莫泰欧（Timoteo M.）、龚红兵主编	知识产权出版社	56
信息技术产业知识产权理论与实践研究	徐步陆编著	上海教育出版社	78
知识产权法的实施：国际视角	李轩、［阿根廷］柯莱亚（Correa C. M.）编著	知识产权出版社	28
对外贸易中的知识产权滥用及其规制	陈剑玲著	对外经济贸易大学出版社	20
版权开放：新媒体时代的知识产权变革	徐剑著	上海交通大学出版社	28
知识产权拒绝许可反垄断法律问题研究	彭志刚著	法律出版社	30
知识产权小专家：开启小朋友知识产权心智的金钥匙	（日）广田浩一著	知识产权出版社	10
软件产业演进与知识产权关联研究——兼论软件知识产权成果评价体系的完善	陈蕾著	经济科学出版社	28
成思建言录	郑成思著	知识产权出版社	20
中小企业知识产权经营手册（第2版）	刘晓海、单晓光主编	知识产权出版社	29
知识产权引论：原理·制度·案例	张鸣胜等著	科学出版社	32
应对美国“337调查”的知识产权战略研究	丁丽瑛等著	厦门大学出版社	25
原住民遗产与知识产权：遗传资源、传统知识和民间文学艺术	［德］莱万斯基编著	中国民主法制出版社	70
知识产权管理实务大全	马越、郭灿辉主编	企业管理出版社	76
中国知识产权年鉴（2011）	国家知识产权局主编	知识产权出版社	160
中国知识产权禁令制度研究	施高翔著	厦门大学出版社	36
全国工商行政管理系统打击侵犯知识产权和制售假冒伪劣商品专项行动（成果卷）	国家工商行政管理总局商标局编	中国工商出版社	38

续前表

书　　名	第一著作责任者	出版者	定价（元）
全国工商行政管理系统打击侵犯知识产权和制售假冒伪劣商品专项行动（文件卷）	国家工商行政管理总局商标局编	中国工商出版社	25
全国工商行政管理系统打击侵犯知识产权和制售假冒伪劣商品专项行动（总结卷）	国家工商行政管理总局商标局编	中国工商出版社	42
著作权法概论（蒙古文）	额尔很白乙拉主编	内蒙古文化出版社	38
新媒体节目内容创作与版权保护	傅亦轩主编	中国广播电视出版社	36
版权保护的理论与实践	丁立莹著	天津人民出版社	38
著作权例外与图书馆可适用的著作权例外	黄国彬著	知识产权出版社	56
加拿大版权概要	杨士虎著	甘肃人民出版社	36
新闻出版、版权法律法规及规范性文件汇编	广东省新闻出版局编	广东高等教育出版社	78
著作权激励机制的法律构造	熊琦著	中国人民大学出版社	35
著作权的宪法之维	李雨峰著	法律出版社	28
版权与文化产业国际竞争力研究	蔡翔、王巧林著	中国传媒大学出版社	58
版权开放——新媒体时代的知识产权变革	徐剑著	上海交通大学出版社	28
俄罗斯知识产权法——《俄罗斯联邦民法典》第四部分	张建文译	知识产权出版社	22
知识产权法总论	何敏主编	上海人民出版社	38
中国知识产权司法保护 2010	奚晓明主编	中国传媒大学出版社	46
知识产权贸易壁垒研究	李萍著	厦门大学出版社	35
国际科技合作知识产权保护与对策研究	毕克新等著	科学出版社	42
知识产权司法前沿（2010）	孙建国主编	知识产权出版社	38
知识产权信息资源使用指南	方曙、张娴、胡正银编著	科学出版社	60
知识产权法	燕园教育自考命题研究组编	内蒙古人民出版社	280
中国知识产权审判研究（第 3 辑）	钱锋主编	人民法院出版社	87
知识产权法学	曹新明主编	中国人民大学出版社	30
2010 年苏州市知识产权发展与保护状况	苏州市人民政府知识产权联席会议办公室编著	苏州大学出版社	10
知识产权法学理论与实务研究	来小鹏著	中国政法大学出版社	35
中华人民共和国最高人民法院公报知识产权案例全集	中国人民大学知识产权教学与研究中心、中国人民大学知识产权学院编	华中科技大学出版社	38
文艺维权实用手册——《维权行动》专刊汇编	中国文联维权办公室、中国艺术报社编	阳光出版社	36
广东知识产权年鉴（2011）	广东省知识产权局编	广东人民出版社	198
国家知识产权事业发展“十二五”规划	中华人民共和国国家知识产权局制定	知识产权出版社	5

续前表

书　　名	第一著作责任者	出版者	定价（元）
北京市第二中级人民法院经典案例分类精解（网络知识产权卷）	朱江主编	法律出版社	30
国际知识产权争议解决机制研究	钟丽著	中国政法大学出版社	35
知识产权价值评估、开发与侵权赔偿（增补本）	［美］帕尔（Parr R. L.）、［美］史密斯（Smith G. V.）著	电子工业出版社	32
国际知识产权贸易中平行进口法律规制研究	马乐著	法律出版社	25
发展中国家实施TRIPS协议研究	田曼莉著	法律出版社	35
WTO框架下知识产权争端法律问题研究——以中美知识产权争端为视角	贺小勇等著	法律出版社	35
中国知识产权指导案例评注（第3辑）	奚晓明主编	中国法制出版社	98
知识产权法	《知识产权法》编写组编	中国言实出版社	120
国际植物新品种保护制度研究	李菊丹著	浙江大学出版社	52
解读最高人民法院司法解释（知识产权卷）	奚晓明主编	人民法院出版社	58
中国体育知识产权保护制度研究	张玉超著	知识产权出版社	38
知识产权与创新发展——以苏州为例	张梅著	古吴轩出版社	30
论TRIPS协定与公共利益	周超著	知识产权出版社	22
商法·经济法·知识产权法	张海峡著	法律出版社	45
植物新品种保护案例评析	农业部科技教育司、最高人民法院知识产权审判庭、农业部管理干部学院组织编写	法律出版社	30
知识产权审判指导（2011年第1辑：总第17辑）	奚晓明主编	人民法院出版社	38

统计资料

TONG JI ZI LIAO

版权

2011年中国版权统计资料

2011年中国版权合同登记情况统计

（单位：份）

	合计	图书	期刊	音像制品	电子出版物	软件	电影	电视节目	其他
合计	**20 797**	**14 401**	**288**	**245**	**485**	**955**	**0**	**3**	**4 420**
北京市	**8 513**	7 919	281	—	47	266	—	—	—
天津市	**272**	272	—	—	—	—	—	—	—
河北省	**38**	38	—	—	—	—	—	—	—
山西省	**47**	47	—	—	—	—	—	—	—
内蒙古区	—	—	—	—	—	—	—	—	—
辽宁省	**349**	328	—	5	2	14	—	—	—
吉林省	**646**	645	1	—	—	—	—	—	—
黑龙江省	**72**	72	—	—	—	—	—	—	—
上海市	**1 134**	772	—	161	165	36	—	—	—
江苏省	**4 937**	718	—	—	5	178	—	—	4 036
浙江省	**882**	264	—	77	149	8	—	—	384
安徽省	**144**	143	—	—	—	1	—	—	—
福建省	**47**	34	—	2	11	—	—	—	—
江西省	**663**	663	—	—	—	—	—	—	—
山东省	**235**	235	—	—	—	—	—	—	—
河南省	**231**	231	—	—	—	—	—	—	—
湖北省	**208**	208	—	—	—	—	—	—	—
湖南省	**438**	326	3	—	106	—	—	3	—
广东省	**102**	102	—	—	—	—	—	—	—
广西区	**326**	326	—	—	—	—	—	—	—
海南省	—	—	—	—	—	—	—	—	—
重庆市	**283**	261	—	—	—	22	—	—	—
四川省	**265**	255	3	—	—	7	—	—	—
贵州省	**13**	13	—	—	—	—	—	—	—
云南省	**212**	212	—	—	—	—	—	—	—
西藏区	—	—	—	—	—	—	—	—	—
陕西省	**653**	230	—	—	—	423	—	—	—
甘肃省	—	—	—	—	—	—	—	—	—
青海省	—	—	—	—	—	—	—	—	—
宁夏区	**21**	21	—	—	—	—	—	—	—
新疆区	**66**	66	—	—	—	—	—	—	—

2011 年中国版权相关作品自愿登记情况统计

（单位：份）

	合计	文字	口述	音乐	曲艺	舞蹈	杂技	美术	摄影	建筑	影视	设计图	地图	模型	其他
合计	**461 363**	**82 717**	**2**	**2 339**	**46**	**34**	**1**	**67 474**	**297 056**	**7**	**8 030**	**1 239**	**167**	**9**	**2 242**
北京市	**348 175**	66 685	0	423	1	0	0	1 006	274 902	0	4 860	43	0	0	255
天津市	**0**	0	0	0	0	0	0	0	0	0	0	0	0	0	0
河北省	**246**	64	0	16	0	0	0	166	0	0	0	0	0	0	0
山西省	**339**	50	0	58	0	0	0	218	0	0	1	4	7	0	1
内蒙古区	**233**	60	—	40	2	3	—	122	—	—	4	1	—	—	1
辽宁省	**10 037**	6 138	0	195	0	6	0	1 677	24	3	1 980	14	0	0	0
吉林省	**263**	96	0	22	0	0	0	4	3	0	0	16	0	0	122
黑龙江省	**197**	71	0	49	0	0	0	55	1	0	6	1	0	0	14
上海市	**10 129**	3 303	0	56	0	0	0	2 765	3 666	0	174	36	0	0	129
江苏省	**13 629**	991	0	78	2	14	0	11 714	538	0	182	57	0	0	53
浙江省	**13 422**	137	0	32	0	0	0	13 051	0	0	16	14	69	0	103
安徽省	**168**	60	0	8	1	0	0	56	3	0	34	6	0	0	0
福建省	**13 100**	99	0	111	0	0	0	12 711	31	0	106	41	0	0	1
江西省	**296**	69	0	67	0	0	0	160	0	0	0	0	0	0	0
山东省	**20 167**	804	0	160	0	0	0	1 461	17 733	0	9	0	0	0	0
河南省	**193**	57	0	21	0	1	0	100	0	0	4	5	0	0	5
湖北省	**843**	588	0	18	0	0	0	186	24	0	8	14	1	1	3
湖南省	**376**	96	0	39	2	0	0	228	1	0	5	5	0	0	0
广东省	**7 667**	375	0	150	8	0	0	5 556	18	0	128	884	14	0	534
广西区	**137**	37	0	41	28	0	0	28	1	1	1	0	0	0	0
海南省	**0**	0	0	0	0	0	0	0	0	0	0	0	0	0	0
重庆市	**871**	121	0	50	0	0	0	635	4	0	11	23	1	7	19
四川省	**813**	216	1	51	2	1	0	514	3	2	12	10	1	0	0
贵州省	**163**	7	0	4	0	0	0	122	0	0	3	27	0	0	0
云南省	**459**	108	0	53	0	0	0	230	68	0	0	0	0	0	0
西藏区	**0**	0	0	0	0	0	0	0	0	0	0	0	0	0	0
陕西省	**237**	66	0	15	0	0	0	131	5	0	0	8	0	0	12
甘肃省	**42**	15	0	0	0	1	0	26	0	0	0	0	0	0	0
青海省	**10**	6	0	0	0	3	1	0	0	0	0	0	0	0	0
宁夏区	**46**	21	0	7	0	0	0	17	1	0	0	0	0	0	0
新疆区	**725**	84	0	240	0	5	0	387	2	0	0	1	0	0	6
中国版权保护中心	**18 380**	2 293	1	335	0	0	0	14 148	28	1	486	29	74	1	984

2011年中国输出版权汇总表

计量单位（册、盒、张、件、部、集）

数量 版权输出项目 / 中国版权输出的国家和地区	合计	图书	录音制品	录像制品	电子出版物	软件	电影	电视节目	其他
美国	**1 077**	766	11	0	21	0	0	278	1
英国	**433**	422	1	0	5	5	0	0	0
德国	**146**	127	2	0	0	0	0	0	17
法国	**129**	126	1	0	2	0	0	0	0
俄罗斯	**40**	40	0	0	0	0	0	0	0
加拿大	**16**	15	1	0	0	0	0	0	0
新加坡	**221**	131	0	0	42	0	0	48	0
日本	**187**	161	25	0	0	0	0	0	1
韩国	**507**	446	51	2	8	0	0	0	0
香港地区	**448**	366	1	0	2	0	0	79	0
澳门地区	**37**	19	0	0	18	0	0	0	0
台湾地区	**1 656**	1 644	1	0	0	0	0	10	1
其他	**2 886**	1 659	36	18	27	0	2	1 144	0
总计（项）	**7 783**	**5 922**	**130**	**20**	**125**	**5**	**2**	**1 559**	**20**

2011年中国引进版权汇总表

计量单位（册、盒、张、件、部、集）

数量 版权引进项目 / 原版权所在国家和地区	合计	图书	录音制品	录像制品	电子出版物	软件	电影	电视节目	其他
美国	**5 182**	4 553	38	289	2	47	11	241	1
英国	**2 595**	2 256	13	90	9	15	0	212	0
德国	**895**	881	0	0	0	14	0	0	0
法国	**720**	706	2	1	0	1	0	10	0
俄罗斯	**57**	55	1	0	1	0	0	0	0
加拿大	**140**	133	1	5	1	0	0	0	0
新加坡	**265**	200	0	0	3	2	0	60	0
日本	**2 161**	1 982	21	10	3	14	0	130	1
韩国	**1 098**	1 047	2	9	25	8	6	1	0
香港地区	**658**	345	141	3	3	114	20	32	0
澳门地区	**1**	1	0	0	0	0	0	0	0
台湾地区	**1 497**	1 295	52	9	135	5	0	0	1
其他	**1 370**	1 254	7	5	3	53	0	48	0
总计（项）	**16 639**	**14 708**	**278**	**421**	**185**	**273**	**37**	**734**	**3**

2011年中国输出版权分类汇总表

计量单位（册、盒、张、件、部、集）

图书		录音		录像		电子出版物		软件		电影		电视节目		其他	
类别	数量	类别	数量	类别	数量	类别	数量	类别	数量	类别	数量	类别	数量	类别	数量
合计	5 922	合计	130	合计	20	合计	125	合计	5	合计	2	合计	1 559	合计	20
科技类	741	歌曲	9	故事片	0	马列毛泽东思想	0	计算机操作系统	0	故事片	0	电视剧	3		
长篇小说	342	乐曲	11	戏曲片	0	哲学	2	计算机语言	0	艺术片	0	科技片	0		
人物传记	36	戏曲	0	风光片	0	社会科学总论	0	数据库	0	风光片	0	教育片	0		
工具书	89	曲艺	0	卡通片	14	政治、法律	2	科学计算	0	科技教育片	0	艺术片	262		
宗教	13	教育	24	音乐舞蹈	0	军事	0	工业设计与控制	0	纪录片	0	旅游风光片	0		
教辅读物	579	语言	85	卡拉OK	0	经济	0	管理	0	卡通片	2	卡通片	0		
图册	729	科技	0	MTV	0	文、科、教、体	0	金融财务	0	其他	0	其他	1 294		
课本	346	体育	0	社会科学	0	语言、文字	7	影视与美术设计	0						
其中：大专及以上课本	14	文学	0	教育	0	文学	0	电子游戏	0						
中专课本	0	医药卫生	0	语言	6	艺术	21	其他应用软件	5						
中学课本	25	军事	0	科技	0	历史、地理	0								
小学课本	28	综合	0	体育	0	娱乐	0								
业余教育课本	37	其他	1	文学	0	家政	0								
扫盲课本	0			医药卫生	0	自然科学总论	0								
教学参考书	16			农业科学	0	数理化	0								
其他	3 047			工业技术	0	天文地理	0								
				交通	0	生物科学	0								
				航空	0	医药、卫生	0								
				军事	0	农林	0								
				综合	0	工业技术	0								
				其他	0	计算机技术	0								
						交通运输	0								
						航空、航天	0								
						环境、劳保、安全	0								
						其他	93								

2011 年中国引进版权分类汇总表

计量单位（册、盒、张、件、部、集）

图书		录音		录像		电子出版物		软件		电影		电视节目		其他	
类别	数量	类别	数量	类别	数量	类别	数量	类别	数量	类别	数量	类别	数量	类别	数量
合计	14 708	合计	278	合计	421	合计	185	合计	273	合计	37	合计	734	合计	3
科技类	2 850	歌曲	140	故事片	301	马列毛泽东思想	0	计算机操作系统	19	故事片	37	电视剧	9		
长篇小说	1 591	乐曲	138	戏曲片	0	哲学	0	计算机语言	0	艺术片	0	科技片	0		
人物传记	125	戏曲	0	风光片	0	社会科学总论	0	数据库	3	风光片	0	教育片	0		
工具书	117	曲艺	0	卡通片	102	政治、法律	0	科学计算	20	科技教育片	0	艺术片	0		
宗教	39	教育	0	音乐舞蹈	5	军事	0	工业设计与控制	154	纪录片	0	旅游风光片	0		
教辅读物	774	语言	0	卡拉OK	0	经济	0	管理	10	卡通片	0	卡通片	15		
图册	937	科技	0	MTV	12	文、科、教、体	10	金融财务	5	其他	0	其他	710		
课本	379	体育	0	社会科学	0	语言、文字	35	影视与美术设计	0						
其中：大专及以上课本	125	文学	0	教育	0	文学	106	电子游戏	0						
中专课本	0	医药卫生	0	语言	1	艺术	0	其他应用软件	62						
中学课本	36	军事	0	科技	0	历史、地理	0								
小学课本	12	综合	0	体育	0	娱乐	33								
业余教育课本	33	其他	0	文学	0	家政	0								
扫盲课本	0			医药卫生	0	自然科学总论	0								
教学参考书	79			农业科学	0	数理化	0								
其他	7 896			工业技术	0	天文地理	0								
				交通	0	生物科学	0								
				航空	0	医药、卫生	0								
				军事	0	农林	0								
				综合	0	工业技术	0								
				其他	0	计算机技术	1								
						交通运输	0								
						航空、航天	0								
						环境、劳保、安全	0								
						其他	0								

2011 年中国图书版权输出地情况统计

（单位：种）

	合计	美国	英国	德国	法国	俄罗斯	加拿大	新加坡	日本	韩国	香港地区	澳门地区	台湾地区	其他
合计	**5 922**	**766**	**422**	**127**	**126**	**40**	**15**	**131**	**161**	**446**	**366**	**19**	**1 644**	**1 659**
北京市	**3 096**	521	322	84	100	27	2	112	133	238	165	1	711	680
天津市	**10**	1	1	—	—	—	—	—	—	1	3	—	4	—
河北省	**26**	—	—	—	—	—	—	—	—	—	—	—	—	26
山西省	**56**	—	—	—	—	—	13	—	—	1	—	—	42	—
内蒙古区	**0**	—	—	—	—	—	—	—	—	—	—	—	—	—
辽宁省	**96**	9	10	—	9	4	—	10	11	21	2	—	2	18
吉林省	**55**	12	—	—	—	—	—	—	—	11	4	—	14	14
黑龙江省	**6**	—	—	—	—	—	—	—	—	—	—	—	—	6
上海市	**296**	75	1	23	—	—	—	1	8	25	43	—	95	25
江苏省	**175**	38	10	—	1	—	—	—	5	6	23	—	35	57
浙江省	**165**	15	17	10	6	—	—	3	1	13	25	14	7	54
安徽省	**573**	—	13	—	—	—	—	—	—	52	—	—	403	105
福建省	**12**	10	—	—	—	—	—	—	—	—	1	—	1	—
江西省	**91**	—	—	—	—	—	—	—	1	25	—	—	9	56
山东省	**119**	12	21	10	—	—	—	—	—	10	—	—	58	8
河南省	**14**	—	—	—	—	—	—	—	—	1	—	—	5	8
湖北省	**506**	—	1	—	—	—	—	—	—	14	3	—	179	309
湖南省	**206**	32	2	—	—	8	—	—	—	5	45	4	28	82
广东省	**108**	3	22	—	1	1	—	2	—	—	9	—	5	65
广西区	**87**	—	—	—	—	—	—	2	1	1	12	—	18	53
海南省	**0**	—	—	—	—	—	—	—	—	—	—	—	—	—
重庆市	**60**	—	1	—	—	—	—	—	—	4	4	—	15	36
四川省	**84**	—	1	—	—	—	—	—	—	1	25	—	6	51
贵州省	**21**	21	—	—	—	—	—	—	—	—	—	—	—	—
云南省	**27**	—	—	—	1	—	—	1	1	16	2	—	6	—
西藏区	**0**	—	—	—	—	—	—	—	—	—	—	—	—	—
陕西省	**11**	9	—	—	—	—	—	—	—	—	—	—	1	1
甘肃省	**1**	—	—	—	—	—	—	—	—	1	—	—	—	—
青海省	**0**	—	—	—	—	—	—	—	—	—	—	—	—	—
宁夏区	**0**	—	—	—	—	—	—	—	—	—	—	—	—	—
新疆区	**21**	8	—	—	8	—	—	—	—	—	—	—	—	5

2011年中国图书版权引进地情况统计

（单位：种）

	合计	美国	英国	德国	法国	俄罗斯	加拿大	新加坡	日本	韩国	香港地区	澳门地区	台湾地区	其他
合计	**14 708**	**4 553**	**2 256**	**881**	**706**	**55**	**133**	**200**	**1 982**	**1 047**	**345**	**1**	**1 295**	**1 254**
北京市	**7 919**	2 811	1 211	482	300	41	55	164	933	529	204	—	715	474
天津市	**156**	42	19	7	22	0	5	2	15	4	0	0	13	27
河北省	**38**	8	5	8	—	—	—	—	2	6	—	—	6	3
山西省	**35**	5	—	2	2	—	1	3	—	—	1	—	—	21
内蒙古区	**108**	—	—	—	—	—	—	—	—	—	—	—	—	108
辽宁省	**328**	106	31	9	—	—	1	—	85	42	3	—	21	30
吉林省	**646**	197	95	26	21	3	3	—	128	121	1	—	44	7
黑龙江省	**101**	11	3	51	—	—	—	—	5	13	—	—	7	11
上海市	**1 260**	434	289	62	134	1	39	22	141	19	25	—	35	59
江苏省	**718**	269	139	47	59	1	7	3	83	16	6	—	40	48
浙江省	**363**	63	65	16	15	—	—	—	62	72	5	—	22	43
安徽省	**217**	54	56	—	3	—	2	—	47	13	—	—	35	7
福建省	**32**	2	1	—	—	—	—	—	7	—	—	—	17	5
江西省	**201**	29	15	34	23	—	3	—	27	22	1	—	16	31
山东省	**235**	37	15	17	—	—	—	—	47	7	12	—	51	49
河南省	**250**	14	14	3	—	—	—	—	86	11	—	—	76	46
湖北省	**228**	55	47	10	1	—	—	4	31	19	1	—	30	30
湖南省	**329**	67	31	19	27	1	3	0	134	7	9	0	0	31
广东省	**214**	88	4	—	3	—	1	—	9	2	60	—	31	16
广西区	**326**	38	22	15	16	2	1	1	42	45	14	1	73	56
海南省	**169**	56	11	12	4	1	1	—	64	1	—	—	4	15
重庆市	**200**	52	27	6	18	1	4	—	8	16	—	—	41	27
四川省	**171**	19	76	12	16	4	4	—	13	15	—	—	4	8
贵州省	**13**	4	—	4	—	—	—	—	2	—	—	—	2	1
云南省	**184**	34	5	2	10	—	1	1	6	63	2	—	—	60
西藏区	**0**	—	—	—	—	—	—	—	—	—	—	—	—	—
陕西省	**179**	24	68	7	29	—	—	—	5	4	—	—	9	33
甘肃省	**0**	—	—	—	—	—	—	—	—	—	—	—	—	—
青海省	**0**	—	—	—	—	—	—	—	—	—	—	—	—	—
宁夏区	**22**	11	—	—	—	—	2	—	—	—	1	—	2	6
新疆区	**66**	23	7	30	3	—	—	—	—	—	—	—	1	2

（本栏目数据由新闻出版总署版权管理司、中国新闻出版研究院统计处提供）

中国各地区图书出版总量

	图书总计											
	种数（种）		租型种数（种）	总印数（万册、张）			总印张（千印张）			定价总金额（万元）		
	合计	新出		合计	新出	租型	合计	新出	租型	合计	新出	租型
全国总计	**369 523**	**207 506**	**10 490**	**770 518**	**203 972**	**150 663**	**63 451 289**	**21 130 004**	**10 769 289**	**10 630 637**	**4 819 518**	**1 033 930**
中　央	**161 243**	**93 269**	**119**	**215 393**	**74 786**	**1 008**	**23 269 545**	**9 570 166**	**44 645**	**4 412 703**	**2 278 775**	**8 449**
地　方	**208 280**	**114 237**	**10 371**	**555 125**	**129 186**	**149 655**	**40 181 744**	**11 559 838**	**10 724 644**	**6 217 934**	**2 540 743**	**1 025 481**
北　京	6 699	3 420	—	10 576	4 265	—	1 035 727	452 601	—	198 379	110 228	—
天　津	4 236	2 999	225	3 942	1 416	1 087	370 954	160 019	71 655	82 965	49 533	7 829
河　北	2 971	1 615	377	16 694	2 212	6 643	1 088 620	164 342	472 643	119 690	27 365	41 628
山　西	3 401	1 778	295	13 887	2 530	4 345	1 235 960	341 893	327 085	183 893	63 466	32 251
内蒙古自治区	2 881	1 317	314	5 975	859	3 179	442 654	71 247	231 874	51 516	15 267	21 515
辽　宁	9 885	5 208	327	15 149	3 799	3 036	1 209 381	437 885	203 222	211 388	98 207	20 466
吉　林	15 963	10 115	611	21 067	8 832	5 073	1 863 846	858 761	327 126	341 284	186 280	33 796
黑龙江	4 430	3 007	439	8 284	1 597	3 551	613 492	148 751	242 254	93 905	34 419	23 948
上　海	21 744	12 333	2	28 552	9 608	1	2 712 188	1 094 282	55	562 261	280 368	5
江　苏	17 951	9 733	430	56 818	16 449	8 285	3 757 934	1 357 663	569 535	599 350	277 914	55 064
浙　江	9 492	4 595	296	32 608	7 129	6 633	2 106 467	513 064	507 298	323 218	123 248	44 805
安　徽	7 804	4 087	563	25 185	3 375	10 182	1 863 056	322 717	757 293	273 467	77 102	79 433
福　建	3 570	2 403	206	8 299	3 459	2 621	591 372	251 932	182 355	94 084	51 743	16 484
江　西	4 263	2 745	292	17 201	3 829	6 067	1 084 143	271 134	465 092	159 681	63 780	42 671
山　东	9 638	3 708	394	39 203	4 974	10 329	2 558 202	407 763	566 808	353 351	84 552	56 537
河　南	5 557	2 973	342	21 157	2 906	9 355	1 514 828	292 885	700 046	196 775	62 770	63 129
湖　北	11 122	6 544	525	26 087	6 645	7 124	1 965 882	669 042	490 275	310 567	144 725	53 887
湖　南	10 162	6 132	382	34 723	8 567	8 923	2 242 620	744 287	533 902	371 345	150 197	60 869
广　东	7 257	4 538	150	32 637	5 495	8 498	2 354 474	525 197	730 815	303 353	121 690	60 533
广西壮族自治区	7 695	3 640	369	26 820	7 018	6 124	1 733 915	463 062	477 095	239 665	84 195	42 274
海　南	2 917	1 442	204	7 395	2 759	1 222	446 283	173 504	74 246	81 775	35 700	8 942
重　庆	5 651	2 087	361	15 597	3 430	2 934	1 008 653	265 484	201 560	166 512	51 770	22 837
四　川	8 081	3 951	430	24 787	3 874	9 486	1 794 896	301 413	751 030	238 996	65 789	65 396
贵　州	856	545	315	8 492	728	6 438	572 776	56 791	454 522	61 503	10 961	41 740
云　南	6 110	3 966	291	16 958	5 724	5 817	1 177 482	439 463	439 213	175 338	87 232	40 011
西藏自治区	701	163	282	1 626	131	735	111 412	12 309	50 345	14 935	2 749	5 286
陕　西	6 636	3 350	448	16 502	3 286	3 822	1 332 267	347 227	301 328	225 354	94 458	26 842
甘　肃	2 248	1 376	248	6 752	756	3 982	516 120	93 570	319 414	61 662	23 527	28 068
青　海	543	327	211	1 015	188	636	91 935	26 599	50 907	11 438	5 871	4 567
宁夏回族自治区	1 248	953	189	2 387	811	844	193 416	93 913	60 909	27 621	17 903	6 533
新疆维吾尔自治区	6 568	3 187	853	8 750	2 535	2 683	590 789	201 038	164 742	82 663	37 734	18 135

中国出版社图书出版种数、印数、印张数、金额数（前100家）

	图书总计											
	种数（种）		租型种数（种）	总印数（万册、张）			总印张（千印张）			定价总金额（万元）		
	合计	新出		合计	新出	租型	合计	新出	租型	合计	新出	租型
高等教育出版社	8 922	2 403	0	12 029	2 065	0	1 950 776	354 121	0	302 842	61 388	0
人民教育出版社	3 542	708	0	21 491	813	0	1 960 990	83 842	0	216 849	15 269	0
北京师范大学出版社	3 200	1 658	2	16 351	7 995	7	1 286 727	639 640	511	135 702	69 256	30
外语教学与研究出版社	3 373	977	0	10 771	1 121	0	1 069 893	119 869	0	198 034	31 537	0
江苏教育出版社	3 572	1 891	65	17 628	5 043	873	10 82852	360 871	46 894	142 869	56 323	5 631
科学出版社	8 231	3 874	0	8 897	2 007	0	962 276	275 194	0	191 516	72 884	0
教育科学出版社	1 921	837	2	14 668	1 311	1	904 690	118 125	67	115 810	24 195	11
浙江教育出版社	2 091	652	0	13 798	1 557	0	752 971	119 162	0	99 453	18 874	0
广东教育出版社	1 310	529	4	11 234	609	39	754 153	60 896	3 964	77 120	11 995	374
机械工业出版社	8 688	3 933	0	3 954	1 935	0	637 482	312 493	0	135 241	73 339	0
人民卫生出版社	2 877	1 516	0	2 979	1 131	0	647 689	260 337	0	127 698	64 515	0
湖南教育出版社	3 073	1 672	6	10 205	3 400	16	646 489	250 578	528	108 023	41 929	67
重庆出版社	2 868	1 200	266	9 885	2 743	2 627	629 015	190 760	189 324	109 581	35 846	20 635
中国地图出版社	1 153	294	1	15 767	1 869	2	591 443	80 835	90	82 857	12 799	9
清华大学出版社	6 265	3 109	0	3 006	1 449	0	568 506	284 046	0	106 509	60 457	0
商务印书馆	1 311	1 024	0	2 692	493	0	580 654	79 030	0	92 453	15 832	0
四川教育出版社	925	373	129	8 594	1 451	3 242	529 958	79 120	224 890	59 543	9 827	21 923
吉林出版集团有限责任公司	2 655	1 902	611	7 590	1 136	5 073	512 058	112 202	327 126	68 124	24 546	33 796
山西教育出版社	1 256	502	5	5 034	1 680	3	495 131	225 106	299	69 724	32 976	34
广西师范大学出版社	2 571	712	7	7 797	854	67	484 649	74 341	4 778	73 724	18 096	494
中国人民大学出版社	2 975	1 726	0	2 209	1 109	0	469 205	221 296	0	82 937	45 812	0
电子工业出版社	4 602	2 783	0	3 426	1 742	0	434 793	264 889	0	99 512	66 427	0
安徽教育出版社	1 219	447	18	4 854	520	80	414 866	47 180	5 827	59 325	7 848	836

续前表

	图书总计											
	种数（种）		租型种数（种）	总印数（万册、张）			总印张（千印张）			定价总金额（万元）		
	合计	新出		合计	新出	租型	合计	新出	租型	合计	新出	租型
青岛出版社	2 276	739	0	6 484	964	0	405 575	76 555	0	62 473	16 601	0
北京教育出版社	1 885	664	0	4 354	1 107	0	401 433	116 536	0	62 458	26 292	0
延边大学出版社	2 075	961	0	3 245	1 442	0	385 334	168 575	0	78 648	36 343	0
江苏科学技术出版社	2 424	1 145	0	5 780	2 033	0	365 212	144 864	0	61 610	30 646	0
中国建筑工业出版社	2 453	1 028	0	1 420	977	0	350 615	146 633	0	74 375	43 378	0
星球地图出版社	646	119	21	9 628	1 724	908	351 649	56 368	31 096	62 094	9 380	6 645
北京大学出版社	3 476	1 818	67	2 173	1 077	20	340 809	164 502	3 702	71 441	37 822	650
江苏人民出版社	1 496	958	15	4 811	2 191	50	345 011	192 029	11 722	61 990	36 574	2 121
人民邮电出版社	4 281	2 289	0	2 250	1 399	0	326 121	170 288	0	79 709	47 680	0
内蒙古教育出版社	1 554	363	314	5 114	229	3 179	354 812	19 294	231 874	35 220	2 839	21 515
新疆教育出版社	2 209	302	399	5 841	823	2 300	350 615	44 675	143 748	35 945	4 592	14 713
陕西人民教育出版社	1 221	197	151	4 554	540	1 091	331 226	32 377	89 416	44 050	6 091	8 114
上海外语教育出版社	1 174	458	0	2 381	653	0	3 22215	9 0386	0	52 050	15 947	0
化学工业出版社	4 594	2 779	0	2 256	1 462	0	290 999	183 998	0	74 500	53 341	0
甘肃人民出版社	194	167	248	4 058	52	3 982	331 532	8 760	319 414	31 076	2 380	28 068
广西教育出版社	1 068	690	31	5 990	3 445	240	318 841	194 497	14 804	32 662	20 321	1 900
人民文学出版社	910	392	0	1 665	470	0	308 993	87 345	0	45 360	14 665	0
希望出版社	847	314	0	3 151	411	0	286 859	49 489	0	52 180	10 261	0
明天出版社	784	144	0	4 015	647	0	293 881	35 437	0	43 554	8 159	0
辽海出版社	880	241	320	4 835	269	3 026	292 863	25 327	200 739	38 126	6 158	20 385
湖北教育出版社	1 464	654	0	4 996	746	0	292 620	56 884	0	35 590	10 335	0
湖南少年儿童出版社	2 073	1 105	0	5 142	1 956	0	269 883	128 236	0	490 09	25 682	0
上海教育出版社	1 901	647	1	5 097	899	0	274 668	71 102	43	43 900	13 951	2
华东师范大学出版社	2 088	849	0	2 578	745	0	255 972	81 723	0	48 002	18 468	0
中央广播电视大学出版社	919	317	10	1 861	443	13	258 643	46 470	2 238	42 923	8 636	254

续前表

	图书总计										
	种数（种）		租型种数（种）	总印数（万册、张）			总印张（千印张）			定价总金额（万元）		
	合计	新出		合计	新出	租型	合计	新出	租型	合计	新出	租型
浙江少年儿童出版社	1 340	497	0	3 209	1 679	0	249 880	78 087	0	48 841	18 495	0
西南师范大学出版社	1 253	309	95	4 465	260	307	259 670	22 702	12 235	36 713	5 738	2 202
语文出版社	420	92	0	3 447	5 65	0	265 045	34 612	0	26 494	4 131	0
中国少年儿童出版社	1 254	452	0	3 488	1 227	0	232 687	59 191	0	48 784	16 859	0
大象出版社	952	369	45	3 287	759	257	249 274	74 311	22 286	31 935	10 867	1 706
湖南文艺出版社	773	509	0	2 901	854	0	238 744	137 544	0	41 417	23 841	0
译林出版社	1 042	435	0	3 474	878	0	239 748	79 096	0	37 052	15 260	0
地质出版社	1 196	485	1	5 257	688	1	237 985	33 851	70	35 877	9 840	11
延边教育出版社	2 548	589	0	2 463	679	0	236 858	44 896	0	38 203	8 786	0
上海科技教育出版社	703	200	0	3 585	704	0	248 268	43 540	0	26 742	6 190	0
接力出版社	1 591	547	39	3 438	1 045	170	222 294	60 649	13 818	45 242	15 649	1 770
复旦大学出版社	1 608	826	0	1 518	608	0	225 492	77 716	0	43 117	17 578	0
黄山书社	1 348	673	3	2 752	926	95	227 474	86 361	4 378	38 541	18 861	858
中国大百科全书出版社	963	409	0	1 891	726	0	206 446	95 151	0	56 322	24 798	0
长江文艺出版社	530	352	0	1 475	1 025	0	225 203	149 260	0	35 629	24 288	0
云南科学技术出版社	1 688	1 126	0	3 629	2 675	0	222 572	164 528	0	34 612	23 814	0
陕西师范大学出版社	652	381	3	2 886	706	68	224 009	100 634	5 178	34 560	20 787	465
陕西人民出版社	600	434	133	2150	226	1 552	223 938	31 184	134 315	30 091	7 438	10 956
江苏美术出版社	1 000	577	0	2 688	1 025	0	211 030	73 449	0	41 369	18 478	0
山东教育出版社	974	255	0	3 444	300	0	227 682	34 572	0	23 587	4 282	0
湖北少年儿童出版社	1 086	454	0	3 917	701	0	216 902	58 645	0	32 522	12 911	0
新世界出版社	1 218	861	3	1 938	759	43	214 972	93 537	5 637	35 730	19 009	539
云南教育出版社	1 582	696	0	3 993	1 182	0	206 001	67 267	0	37 761	16 481	0
中国电力出版社	2 514	1 224	0	1 371	1 035	0	192 674	115 390	0	46 162	31 151	0
中信出版社	732	471	0	1 337	805	0	186 675	103 759	0	51 694	30 443	0

续前表

	图书总计											
	种数（种）		租型种数（种）	总印数（万册、张）			总印张（千印张）			定价总金额（万元）		
	合计	新出		合计	新出	租型	合计	新出	租型	合计	新出	租型
二十一世纪出版社	1 330	783	0	3 004	1 556	0	189 676	96 391	0	43 801	23 653	0
辽宁师范大学出版社	794	198	0	4 138	664	0	204 087	47 919	0	28 358	8 246	0
中国劳动社会保障出版社	1 932	472	0	1 883	382	0	198 899	41 734	0	32 355	7 808	0
江苏少年儿童出版社	1 375	456	0	4 215	811	0	192 418	46 946	0	36 537	11 307	0
中国铁道出版社	2 431	1 557	0	1 190	986	0	183 402	127 212	0	40 636	30 319	0
凤凰出版社	1 124	933	21	1 247	1 066	15	181 013	150 672	2 804	39 715	35 175	832
江西教育出版社	670	445	0	4 317	754	0	191 701	56 737	0	24 705	10 351	0
中国华侨出版社	949	949	0	656	656	0	193 647	193 647	0	23 323	23 323	0
山东科学技术出版社	598	144	2	2 367	56	2	181 004	7 300	36	28 012	1 815	7
安徽少年儿童出版社	1 124	394	0	4 028	451	0	170 053	26 259	0	34 672	10 619	0
中华书局	1 017	429	2	1 067	432	3	172 279	67 125	248	35 018	17 159	66
人民交通出版社	1 516	635	0	1 114	306	0	163 476	48 606	0	43 059	14 427	0
人民出版社	1 006	912	0	1 200	825	0	166 567	93 136	0	39 950	22 756	0
云南人民出版社	1 227	1 013	1	1 304	944	4	169 982	134 521	1 164	35 676	30 146	300
浙江大学出版社	2 059	1 135	0	1 181	812	0	162 644	91 797	0	37 940	26 647	0
北京理工大学出版社	2 086	1 387	0	1 597	921	0	154 664	92 494	0	33 948	22 555	0
山东人民出版社	823	298	2	2 276	194	11	166 180	18 153	404	22 042	4 756	57
经济科学出版社	1 595	1 308	0	945	696	0	159 159	123 900	0	29 487	23 386	0
河北教育出版社	359	62	0	2 859	30	0	170 876	3 063	0	16 930	716	0
广东科技出版社	440	216	0	3 357	153	0	166 071	14 243	0	20 580	4 312	0
上海科学技术出版社	899	492	0	1 526	259	0	160 881	35 076	0	23 866	8 972	0
黑龙江教育出版社	508	172	49	2 484	135	278	159 110	9 519	16 233	23 731	2 854	2 000
中国农业出版社	2 099	1 236	0	1 479	613	0	151 547	60 247	0	30 122	15 411	0
江苏文艺出版社	943	758	0	1 388	1 146	0	147 189	117 321	0	30 489	25 174	0
上海交通大学出版社	1 655	893	0	1 270	424	0	147 550	55 513	0	27 811	13 762	0
南方出版社	1 216	514	0	1 866	520	0	142 961	43 319	0	29 745	8 910	0
河北人民出版社	469	139	15	2 462	285	29	151 746	24 575	3 877	16 555	4 208	889

注：按种数、总印数、总印张、定价总金额之和排序。

中国各级报纸出版数量

	合计					中央及省、自治区、直辖市级				
	种数（种）	平均期印数（万份）	总印数（万份）	总印张（千印张）	总金额（万元）	种数（种）	平均期印数（万份）	总印数（万份）	总印张（千印张）	总金额（万元）
全国总计	**1 928**	**21 517.05**	**4 674 326**	**227 198 914**	**4 004 374**	**1 042**	**16 003.40**	**3 153 498**	**151 078 128**	**2 834 338**
中　　央	**217**	**2 939.65**	**689 642**	**19 991 221**	**734 712**	**217**	**2 939.65**	**689 642**	**19 991 221**	**734 712**
地　　方	**1 711**	**18 577.40**	**3 984 684**	**207 207 693**	**3 269 662**	**825**	**13 063.75**	**2 463 856**	**131 086 907**	**2 099 626**
北　　京	37	513.30	141 008	9 380 590	115 169	37	513.30	141 008	9 380 590	115 169
天　　津	27	317.40	92 359	5 366 405	86 363	27	317.40	92 359	5 366 405	86 363
河　　北	64	846.86	143 135	4 238 614	91 654	30	646.36	94 636	2 591 465	56 015
山　　西	60	2 039.40	202 400	2 845 636	146 608	35	1 767.32	164 105	1 959 379	119 854
内蒙古自治区	61	128.04	29 361	748 996	23 289	25	80.05	16 170	478 436	14 774
辽　　宁	73	825.11	161 277	9 983 423	121 076	21	567.73	92 771	5 662 527	60 220
吉　　林	52	477.67	78 425	3 323 003	63 935	24	389.82	57 574	2 525 398	48 562
黑 龙 江	69	374.73	79 235	2 994 801	55 324	31	177.50	37 074	1 212 908	24 754
上　　海	72	726.16	158 463	7 860 765	155 562	72	726.16	158 463	7 860 765	155 562
江　　苏	80	1 178.44	279 885	14 202 197	238 833	29	743.04	156 618	9 252 269	144 992
浙　　江	71	1 201.94	359 090	16 055 487	295 982	35	543.32	134 806	6 030 767	119 360
安　　徽	51	504.83	120 769	6 077 340	76 377	22	294.42	52 779	2 477 163	37 400
福　　建	44	500.73	102 180	4 848 302	89 016	22	338.62	50 879	2 636 989	45 480
江　　西	52	327.04	74 425	3 012 087	52 259	18	240.90	46 247	2 112 048	30 065
山　　东	87	1 188.33	344 614	22 053 041	218 555	30	692.92	209 776	15 656 946	128 467
河　　南	78	1 580.77	214 343	7 178 902	155 353	33	1 327.73	149 922	4 994 338	101 959
湖　　北	73	907.65	197 995	8 879 272	178 575	27	592.50	106 010	5 020 989	101 603
湖　　南	50	554.44	122 203	4 606 529	101 829	24	435.20	83 675	3 506 334	75 410
广　　东	99	1 830.91	457 530	42 884 951	529 015	33	933.57	226 618	21 803 370	296 475
广西壮族自治区	51	257.74	67 229	2 639 518	49 300	22	123.61	31 727	1 499 403	25 042
海　　南	14	90.00	24 193	750 745	24 280	11	73.49	20 080	618 904	20 199
重　　庆	26	315.79	66 057	3 680 310	58 264	24	309.99	64 354	3 630 468	57 110
四　　川	89	664.50	173 151	10 163 125	134 392	40	413.26	94 869	5 514 379	101 743
贵　　州	31	174.77	44 931	2 007 122	34 686	14	79.46	18 471	754 635	13 744
云　　南	43	238.93	64 594	3 739 029	40 202	19	187.33	48 862	2 934 379	31 111
西藏自治区	23	30.76	6 441	175 967	3 959	11	22.99	4 781	105 965	2 558
陕　　西	44	292.06	66 883	4 344 729	57 162	29	212.83	41 585	3 446 650	37 518
甘　　肃	52	193.37	45 776	1 049 583	33 906	23	122.82	24 693	580 224	21 326
青　　海	27	40.36	9 885	345 645	4 864	13	28.33	6 484	213 411	3 557
宁夏回族自治区	15	47.89	10 021	324 232	7 216	8	25.66	4 567	93 845	5 040
新疆维吾尔自治区	96	207.48	46 826	1 447 347	26 657	36	136.12	31 893	1 165 558	18 194

中国各级报纸出版数量（续表）

	地、市级					县级				
	种数（种）	平均期印数（万份）	总印数（万份）	总印张（千印张）	总金额（万元）	种数（种）	平均期印数（万份）	总印数（万份）	总印张（千印张）	总金额（万元）
全国总计	**869**	**5 480.06**	**1 511 457**	**75 945 249**	**1 163 437**	**17**	**33.59**	**9 371**	**175 537**	**6 599**
中　　央	**—**	**—**	**—**	**—**	**—**	**—**	**—**	**—**	**—**	**—**
地　　方	**869**	**5 480.06**	**1 511 457**	**75 945 249**	**1 163 437**	**17**	**33.59**	**9 371**	**175 537**	**6 599**
北　　京	—	—	—	—	—	—	—	—	—	—
天　　津	—	—	—	—	—	—	—	—	—	—
河　　北	33	199.68	48 302	1 643 213	35 460	1	0.82	197	3 936	179
山　　西	24	267.85	37 167	871 755	26 190	1	4.23	1 128	14 502	564
内蒙古自治区	34	46.19	12 859	266 172	8 416	2	1.80	332	4 388	99
辽　　宁	49	255.62	68 207	4 319 136	60 645	3	1.76	299	1 760	211
吉　　林	28	87.85	20 851	797 605	15 373	—	—	—	—	—
黑 龙 江	38	197.23	42 161	1 781 893	30 570	—	—	—	—	—
上　　海	—	—	—	—	—	—	—	—	—	—
江　　苏	51	435.40	123 267	4 949 928	93 841	—	—	—	—	—
浙　　江	34	643.45	219 157	9 894 035	172 391	2	15.17	5 127	130 685	4 231
安　　徽	29	210.41	67 990	3 600 177	38 977	—	—	—	—	—
福　　建	22	162.11	51 301	2 211 313	43 536	—	—	—	—	—
江　　西	32	83.08	27 709	895 350	21 876	2	3.06	469	4 689	318
山　　东	57	495.41	134 838	6 396 095	90 088	—	—	—	—	—
河　　南	45	253.04	64 421	2 184 564	53 394	—	—	—	—	—
湖　　北	43	310.68	90 818	3 846 616	76 251	3	4.47	1 167	11 667	721
湖　　南	26	119.24	38 528	1 100 195	26 419	—	—	—	—	—
广　　东	66	897.34	230 912	21 081 581	232 540	—	—	—	—	—
广西壮族自治区	29	134.13	35 502	1 140 115	24 258	—	—	—	—	—
海　　南	3	16.51	4 113	131 841	4 081	—	—	—	—	—
重　　庆	1	4.10	1 181	47 232	945	1	1.70	522	2 610	209
四　　川	49	251.24	78 282	4 648 746	32 649	—	—	—	—	—
贵　　州	17	95.31	26 460	1 252 487	20 942	—	—	—	—	—
云　　南	24	51.60	15 732	804 650	9 091	—	—	—	—	—
西藏自治区	12	7.77	1 660	70 002	1 401	—	—	—	—	—
陕　　西	15	79.23	25 298	898 079	19 644	—	—	—	—	—
甘　　肃	29	70.55	21 083	469 359	12 580	—	—	—	—	—
青　　海	13	11.67	3 293	131 154	1 253	1	0.36	108	1 080	54
宁夏回族自治区	7	22.23	5 454	230 387	2 176	—	—	—	—	—
新疆维吾尔自治区	59	71.14	14 911	281 569	8 450	1	0.22	22	220	13

中国各地区、各类期刊出版的种数、印数、印张数、金额数（1）

	合计					综合				
	种数（种）	平均期印数（万册）	总印数（万册）	总印张（千印张）	总金额（万元）	种数（种）	平均期印数（万册）	总印数（万册）	总印张（千印张）	总金额（万元）
全国总计	**9 849**	**16 880.03**	**328 522**	**19 272 877**	**2 384 336**	**435**	**1 205.96**	**25 358**	**1 266 075**	**139 614**
中　央	**2 870**	**5 794.11**	**98 584**	**7 416 566**	**936 050**	**128**	**164.61**	**3 917**	**295 989**	**35 326**
地　方	**6 979**	**11 085.93**	**229 939**	**11 856 311**	**1 448 286**	**307**	**1 041.36**	**21 441**	**970 086**	**104 287**
北　京	174	197.36	3 363	257 669	34 200	2	0.40	1	173	91
天　津	254	259.13	3 768	197 198	25 973	3	1.10	12	863	103
河　北	230	283.44	5 252	235 960	29 162	9	2.70	27	1 659	377
山　西	200	174.07	3 428	218 578	30 976	4	1.22	27	2 123	437
内蒙古自治区	149	105.65	2 755	130 455	14 436	3	1.30	14	955	142
辽　宁	323	572.38	10 003	416 574	54 350	6	10.22	170	14 374	1 658
吉　林	234	358.16	9 645	447 145	57 024	3	8.55	203	13 016	1 820
黑龙江	315	272.45	5 502	285 588	35 535	9	3.41	31	1 868	262
上　海	632	1 022.86	18 183	942 274	116 768	15	44.44	1 498	72 907	6 820
江　苏	466	508.19	11 601	447 675	65 775	21	8.27	104	5 963	1 597
浙　江	220	501.14	7 858	367 048	51 876	22	3.72	22	1 431	321
安　徽	186	396.54	5 948	246 751	40 330	23	2.52	11	1 192	278
福　建	177	205.61	3 677	163 292	22 070	8	2.55	27	1 499	271
江　西	161	270.46	7 326	238 761	29 417	6	4.38	87	5 746	489
山　东	269	510.08	11 631	608 712	76 769	19	17.19	457	23 778	3 109
河　南	246	408.82	9 148	430 975	51 845	20	2.66	15	1 591	196
湖　北	422	1 227.09	30 107	1 605 161	157 687	17	433.66	7 791	357 328	33 014
湖　南	254	528.20	12 584	563 357	69 493	14	1.82	10	1 174	216
广　东	389	918.48	20 403	1 238 767	163 748	32	41.43	684	51 282	7 497
广西壮族自治区	184	193.91	4 470	188 643	25 668	13	10.06	344	16 143	2 032
海　南	42	52.46	852	59 315	8 064	2	3.30	36	4 166	738
重　庆	138	264.65	5 184	329 636	39 562	4	1.05	7	726	219
四　川	348	470.65	9 293	674 243	62 686	16	29.31	725	24 680	4 220
贵　州	88	78.08	1 413	72 572	9 925	6	4.46	24	1 992	428
云　南	128	224.63	3 332	219 886	27 846	6	1.44	22	1 293	394
西藏自治区	35	15.84	168	9 953	1 479	1	0.23	0.45	54	3
陕　西	286	369.80	7 622	517 952	64 094	5	4.96	87	5 122	632
甘　肃	134	497.35	11 152	455 728	47 711	7	386.10	8 906	350 902	36 434
青　海	53	29.84	461	29 659	4 188	—	—	—	—	—
宁夏回族自治区	35	53.48	1 571	157 850	15 898	1	0.62	7	642	148
新疆维吾尔自治区	207	115.14	2 241	98 932	13 731	10	8.32	92	5 445	345

中国各地区、各类期刊出版的种数、印数、印张数、金额数（2）

	哲学、社会科学					自然科学、技术				
	种数（种）	平均期印数（万册）	总印数（万册）	总印张（千印张）	总金额（万元）	种数（种）	平均期印数（万册）	总印数（万册）	总印张（千印张）	总金额（万元）
全国总计	**2 516**	**7 174. 54**	**138 842**	**7 181 138**	**964 012**	**4 920**	**3 282. 07**	**48 717**	**3 797 212**	**492 614**
中　央	**819**	**3 288. 98**	**57 070**	**2 972 919**	**433 523**	**1 470**	**1 301. 10**	**18 473**	**1 992 357**	**244 960**
地　方	**1 697**	**3 885. 56**	**81 772**	**4 208 219**	**530 490**	**3 450**	**1 980. 96**	**30 244**	**1 804 854**	**247 655**
北　京	50	71. 90	1 297	109 626	11 136	78	46. 21	599	46 716	7 336
天　津	48	64. 70	955	43 497	5 816	148	73. 69	816	54 081	8 694
河　北	60	119. 64	2 443	115 689	12 604	112	59. 78	798	53 285	8 678
山　西	53	63. 95	1 020	56 564	9 148	91	47. 70	709	58 587	7 374
内蒙古自治区	52	38. 42	555	21 533	2 818	52	12. 18	150	10 322	1 236
辽　宁	71	299. 19	6 080	229 292	28 948	183	116. 14	1 283	74 157	11 760
吉　林	60	110. 14	2 863	131 132	19 620	102	33. 15	479	39 218	5 386
黑龙江	78	124. 60	2 609	135 820	15 806	162	48. 16	691	38 213	5 149
上　海	136	303. 24	5 685	317 638	40 286	367	252. 24	2 977	219 193	29 259
江　苏	98	193. 35	4 308	151 720	24 298	264	140. 07	2 207	89 742	14 271
浙　江	45	104. 93	2 290	127 421	21 945	106	49. 75	495	28 297	4 255
安　徽	36	74. 08	1 132	53 464	7 451	89	57. 68	686	41 362	5 247
福　建	55	116. 15	1 775	78 113	10 832	71	19. 89	194	13 472	2 099
江　西	42	68. 27	1 354	46 634	6 345	70	25. 87	493	20 323	2 279
山　东	71	252. 07	4 965	304 152	43 927	132	73. 34	1 478	88 607	10 356
河　南	66	177. 50	3 844	213 104	23 800	116	75. 26	1 593	76 513	9 513
湖　北	99	352. 85	10 231	446 768	45 775	213	84. 69	1 074	79 119	11 936
湖　南	57	125. 21	2 867	121 668	15 333	127	99. 99	1 411	62 297	9 233
广　东	101	384. 75	9 632	553 715	72 194	181	303. 62	6 486	313 080	41 571
广西壮族自治区	50	63. 87	1 300	60 257	6 349	75	38. 31	571	29 202	4 072
海　南	12	22. 25	309	19 003	2 526	15	9. 89	181	9 336	1 309
重　庆	33	150. 71	2 261	155 662	15 625	82	43. 14	998	85 726	9 874
四　川	70	145. 83	2 498	139 132	17 075	201	100. 28	1 202	124 294	14 142
贵　州	24	42. 61	810	44 543	6 470	33	6. 88	65	4 550	593
云　南	38	105. 72	1 400	121 718	15 355	51	25. 71	359	17 719	2 411
西藏自治区	12	8. 34	85	4 132	524	4	0. 37	1	58	7
陕　西	59	126. 03	2 634	145 403	18 401	172	93. 95	1 809	98 707	15 336
甘　肃	35	66. 66	1 340	52 887	5 701	66	17. 21	204	14 999	2 177
青　海	17	8. 49	145	5 822	849	18	1. 98	11	620	88
宁夏回族自治区	13	43. 22	1 391	137 988	13 662	11	3. 26	33	2 413	493
新疆维吾尔自治区	56	56. 87	1 695	64 125	9 873	58	20. 58	193	10 648	1 519

中国各地区、各类期刊出版的种数、印数、印张数、金额数（3）

	文化、教育					文学、艺术				
	种数（种）	平均期印数（万册）	总印数（万册）	总印张（千印张）	总金额（万元）	种数（种）	平均期印数（万册）	总印数（万册）	总印张（千印张）	总金额（万元）
全国总计	**1 349**	**3 663.97**	**78 539**	**4 934 170**	**548 436**	**629**	**1 553.49**	**37 066**	**2 094 282**	**239 660**
中　央	**331**	**857.44**	**15 415**	**1 912 932**	**184 330**	**122**	**181.98**	**3 708**	**242 368**	**37 911**
地　方	**1 018**	**2 806.53**	**63 123**	**3 021 238**	**364 105**	**507**	**1 371.52**	**33 359**	**1 851 914**	**201 749**
北　京	31	64.75	1 127	81 735	13 480	13	14.10	338	19 420	2 157
天　津	38	53.86	1 259	51 236	6 806	17	65.78	726	47 522	4 554
河　北	35	88.24	1 709	51 254	5 875	14	13.08	275	14 072	1 628
山　西	32	32.10	989	60 692	7 733	20	29.10	682	40 612	6 284
内蒙古自治区	20	14.34	465	21 747	2 291	22	39.41	1 571	75 898	7 948
辽　宁	46	121.19	1 708	58 316	7 695	17	25.64	763	40 435	4 289
吉　林	42	71.05	1 636	69 009	9 716	27	135.27	4 464	194 769	20 483
黑龙江	47	83.33	2 023	98 683	12 989	19	12.95	149	11 005	1 329
上　海	77	123.66	1 855	110 595	16 114	37	299.28	6 169	221 942	24 290
江　苏	55	130.83	4 348	163 852	21 367	28	35.67	635	36 399	4 243
浙　江	31	305.39	4 374	156 521	20 854	16	37.35	678	53 378	4 501
安　徽	26	231.24	3 602	110 318	12 922	12	31.02	516	40 415	14 431
福　建	30	35.23	1 021	39 951	5 105	13	31.80	659	30 258	3 764
江　西	34	157.24	4 958	149 106	18 855	9	14.72	434	16 951	1 450
山　东	31	122.56	3 632	148 215	15 090	16	44.93	1 099	43 961	4 287
河　南	24	91.85	2 198	79 589	9 251	20	61.55	1 498	60 178	9 086
湖　北	66	157.46	3 303	164 678	18 415	27	198.43	7 708	557 269	48 547
湖　南	41	263.07	7 437	344 251	40 643	15	38.12	860	33 967	4 068
广　东	44	120.28	2 248	198 869	28 957	31	68.40	1 353	121 821	13 529
广西壮族自治区	32	76.44	2 193	78 944	12 648	14	5.23	62	4 097	567
海　南	10	13.42	289	23 211	2 884	3	3.60	37	3 600	606
重　庆	16	63.23	1 771	83 644	13 181	3	6.51	147	3 878	664
四　川	42	172.77	4 235	320 726	21 084	19	22.45	634	65 411	6 165
贵　州	16	13.73	385	8 954	1 105	9	10.40	130	12 534	1 330
云　南	19	21.86	665	30 441	4 892	14	69.90	886	48 716	4 794
西藏自治区	13	6.09	78	5 461	927	5	0.81	4	247	19
陕　西	37	119.10	2 550	243 529	26 762	13	25.76	542	25 191	2 962
甘　肃	20	25.98	688	35 688	3 253	6	1.40	14	1 252	146
青　海	10	4.39	93	8 859	842	8	14.98	212	14 359	2 409
宁夏回族自治区	6	5.22	127	15 786	1 508	4	1.16	12	1 020	87
新疆维吾尔自治区	47	16.64	159	7 378	862	36	12.74	102	11 336	1 131

注：含高校学报、公报、政报、年鉴 1 549 种，平均期印数 367 万册，总印数 4 764 万册，总印张 459 301 千印张。

中国电子出版物出版品种、数量汇总表

单位：种、万张

	电子出版物					只读光盘（CD-ROM）			
	合计		其中：新版		发行数量	合计		其中：新版	
	种数	数量	种数	数量		种数	数量	种数	数量
全国总计	**11 154**	**21 322.22**	**6 924**	**8 087.81**	**20 576.73**	**7 546**	**15 919.66**	**4 314**	**4 433.80**
中　央	**7 739**	**13 614.76**	**4 478**	**5 218.89**	**13 337.21**	**4 792**	**9 777.71**	**2 439**	**2 512.84**
地　方	**3 415**	**7 707.46**	**2 446**	**2 868.91**	**7 239.52**	**2 754**	**6 141.95**	**1 875**	**1 920.96**
北　京	146	263.87	146	263.87	52.40	100	78.70	100	78.70
天　津	95	39.05	78	33.35	31.82	53	16.45	45	13.95
河　北	21	15.34	21	15.34	9.92	19	12.34	19	12.34
山　西	33	4.24	33	4.24	0.23	32	4.14	32	4.14
内蒙古自治区	—	—	—	—	—	—	—	—	—
辽　宁	285	390.32	206	108.24	423.28	271	386.06	195	104.98
吉　林	196	56.70	196	56.70	72.30	49	31.10	49	31.10
黑龙江	—	—	—	—	—	—	—	—	—
上　海	652	1 686.19	398	215.20	1 533.66	529	1 627.81	299	200.25
江　苏	337	1 314.56	99	757.13	564.85	292	1 275.41	81	732.48
浙　江	160	740.94	82	49.06	787.24	153	739.07	75	47.19
安　徽	24	7.66	22	7.45	45.61	24	7.66	22	7.45
福　建	64	7.93	30	5.54	10.14	62	7.73	28	5.34
江　西	50	49.68	49	49.28	99.50	43	46.93	42	46.53
山　东	284	126.36	278	107.89	1360.31	260	112.96	254	94.49
河　南	91	421.00	80	138.81	78.20	40	332.50	29	50.31
湖　北	121	178.08	67	26.39	190.58	103	172.72	50	21.33
湖　南	86	387.63	40	111.35	319.31	77	372.81	31	96.89
广　东	182	1 059.39	111	550.04	312.91	155	729.80	84	220.45
广西壮族自治区	35	727.42	29	187.42	30.07	21	5.91	21	5.91
海　南	—	—	—	—	1.20	—	—	—	—
重　庆	134	74.80	69	32.01	401.32	94	53.32	49	25.29
四　川	309	114.21	308	114.11	147.25	287	92.95	286	92.85
贵　州	—	—	—	—	—	—	—	—	—
云　南	35	9.48	34	9.38	51.22	33	7.17	32	7.09
西藏自治区	—	—	—	—	—	—	—	—	—
陕　西	70	31.81	65	25.31	703.80	55	28.11	50	21.60
甘　肃	2	0.30	2	0.30	10.20	2	0.30	2	0.30
青　海	3	0.50	3	0.50	2.20	—	—	—	—
宁夏回族自治区	—	—	—	—	—	—	—	—	—
新疆维吾尔自治区	—	—	—	—	—	—	—	—	—

中国电子出版物出版品种、数量汇总表（续表）

单位：种、万张

	高密度只读光盘（DVD-ROM）				交互式光盘（CD-I）及其他			
	合计		其中：新版		合计		其中：新版	
	种数	数量	种数	数量	种数	数量	种数	数量
全国总计	**2 747**	**3 995.40**	**2 072**	**2 858.13**	**861**	**1 407.17**	**538**	**795.88**
中　央	**2 370**	**2 978.93**	**1 779**	**2 457.02**	**577**	**858.12**	**260**	**249.03**
地　方	**377**	**1 016.46**	**293**	**401.11**	**284**	**549.05**	**278**	**546.85**
北　京	15	1.77	15	1.77	31	183.40	31	183.40
天　津	12	8.40	9	7.40	30	14.20	24	12.00
河　北	1	2.00	1	2.00	1	1.00	1	1.00
山　西	1	0.10	1	0.10	—	—	—	—
内蒙古自治区	—	—	—	—	—	—	—	—
辽　宁	12	4.27	9	3.27	2	—	2	—
吉　林	9	1.60	9	1.60	138	24.00	138	24.00
黑龙江	—	—	—	—	—	—	—	—
上　海	69	55.78	45	12.35	54	2.59	54	2.59
江　苏	44	39.13	17	24.63	1	0.02	1	0.02
浙　江	7	1.87	7	1.87	—	—	—	—
安　徽	—	—	—	—	—	—	—	—
福　建	2	0.20	2	0.20	—	—	—	—
江　西	7	2.75	7	2.75	—	—	—	—
山　东	20	13.00	20	13.00	4	0.40	4	0.40
河　南	51	88.50	51	88.50	—	—	—	—
湖　北	17	5.07	16	4.76	1	0.30	1	0.30
湖　南	9	14.82	9	14.46	—	—	—	—
广　东	9	7.46	9	7.46	18	322.13	18	322.13
广西壮族自治区	14	721.51	8	181.51	—	—	—	—
海　南	—	—	—	—	—	—	—	—
重　庆	40	21.48	20	6.73	—	—	—	—
四　川	21	21.15	21	21.15	1	0.10	1	0.10
贵　州	—	—	—	—	—	—	—	—
云　南	2	2.30	2	2.30	—	—	—	—
西藏自治区	—	—	—	—	—	—	—	—
陕　西	12	2.80	12	2.80	3	0.91	3	0.91
甘　肃	—	—	—	—	—	—	—	—
青　海	3	0.50	3	0.50	—	—	—	—
宁夏回族自治区	—	—	—	—	—	—	—	—
新疆维吾尔自治区	—	—	—	—	—	—	—	—

中国各地区录音制品出版品种、数量及发行总量（按载体形式分类）

单位：种、万盒、万张

	录音制品合计					录音带（AT）			
	合计		其中：新版		发行数量	合计		其中：新版	
	种数	数量	种数	数量		种数	数量	种数	数量
全国总计	**9 931**	**24 642.75**	**5 848**	**4 743.56**	**26 047.38**	**3 250**	**18 757.06**	**1 322**	**1 797.10**
中　央	**4 133**	**17 771.59**	**2 028**	**1 738.03**	**15 587.68**	**1 329**	**15 361.34**	**226**	**627.12**
地　方	**5 798**	**6 871.16**	**3 820**	**3 005.53**	**10 459.70**	**1 921**	**3 395.72**	**1 096**	**1 169.98**
北　京	258	119.37	258	119.37	167.08	212	63.23	212	63.23
天　津	62	34.42	57	29.34	136.27	11	4.20	11	4.20
河　北	39	441.32	39	441.32	550.50	38	440.12	38	440.12
山　西	15	2.07	15	2.07	63.83	11	0.67	11	0.67
内蒙古自治区	33	9.98	33	9.98	26.23	—	—	—	—
辽　宁	373	238.07	245	144.05	464.56	35	25.70	19	7.90
吉　林	68	22.24	56	15.19	43.54	6	1.81	6	1.81
黑龙江	6	2.40	3	1.20	2.40	—	—	—	—
上　海	1 928	2 641.07	795	1 058.25	2 741.43	562	1 330.53	81	297.72
江　苏	415	965.77	231	180.02	429.91	159	700.53	77	5.25
浙　江	108	311.89	57	22.89	1 512.75	48	288.08	2	0.09
安　徽	108	58.44	100	53.03	517.68	57	36.42	50	31.51
福　建	61	39.99	34	9.03	102.03	56	37.09	29	6.13
江　西	117	75.22	117	75.22	119.83	64	47.47	64	47.47
山　东	151	25.03	70	22.77	1 294.16	67	9.42	25	7.16
河　南	57	69.61	56	64.61	72.55	40	26.16	40	26.16
湖　北	166	58.66	138	51.15	507.16	24	18.62	21	17.72
湖　南	160	905.54	57	73.06	547.86	19	26.93	10	4.71
广　东	1 151	509.72	1 120	473.66	682.64	263	145.21	254	144.48
广西壮族自治区	104	34.65	79	17.92	34.81	79	11.13	69	9.43
海　南	7	1.00	7	1.00	14.16	—	—	—	—
重　庆	108	99.44	49	43.08	194.40	49	70.82	27	32.44
四　川	32	25.77	31	25.47	38.75	4	4.00	4	4.00
贵　州	—	—	—	—	—	—	—	—	—
云　南	122	23.09	94	20.72	27.54	50	3.22	30	1.98
西藏自治区	4	2.10	4	2.10	2.20	—	—	—	—
陕　西	134	152.50	64	47.23	158.38	67	104.36	16	15.80
甘　肃	1	0.50	1	0.50	3.20	—	—	—	—
青　海	—	—	—	—	1.60	—	—	—	—
宁夏回族自治区	—	—	—	—	2.25	—	—	—	—
新疆维吾尔自治区	10	1.30	10	1.30	—	—	—	—	—

中国各地区录音制品出版品种、数量及发行总量（按载体形式分类）（续表）

单位：种、万盒、万张

	激光唱盘（CD）				高密度激光唱盘（DVD-A）及其他			
	合计		其中：新版		合计		其中：新版	
	种数	数量	种数	数量	种数	数量	种数	数量
全国总计	**4 716**	**3 731.56**	**3 456**	**2 156.31**	**1 965**	**2 154.13**	**1 070**	**790.15**
中　　央	**1 718**	**1 460.28**	**1 218**	**748.65**	**1 086**	**949.97**	**584**	**362.26**
地　　方	**2 998**	**2 271.28**	**2 238**	**1 407.67**	**879**	**1 204.16**	**486**	**427.88**
北　　京	26	51.34	26	51.34	20	4.80	20	4.80
天　　津	49	28.82	44	23.74	2	1.40	2	1.40
河　　北	1	1.20	1	1.20	—	—	—	—
山　　西	2	0.80	2	0.80	2	0.60	2	0.60
内蒙古自治区	33	9.98	33	9.98	—	—	—	—
辽　　宁	63	37.02	63	37.02	275	175.35	163	99.13
吉　　林	51	15.67	40	8.82	11	4.76	10	4.56
黑 龙 江	—	—	—	—	6	2.40	3	1.20
上　　海	1 046	855.04	560	552.15	320	455.50	154	208.38
江　　苏	243	256.14	141	165.67	13	9.10	13	9.10
浙　　江	59	23.51	54	22.50	1	0.30	1	0.30
安　　徽	46	19.98	46	19.98	5	2.04	4	1.54
福　　建	5	2.90	5	2.90	—	—	—	—
江　　西	53	27.75	53	27.75	—	—	—	—
山　　东	45	15.61	45	15.61	39	—	—	—
河　　南	16	43.35	15	38.35	1	0.10	1	0.10
湖　　北	87	22.37	83	21.67	55	17.67	34	11.76
湖　　南	104	410.21	34	27.40	37	468.40	13	40.95
广　　东	853	340.85	831	305.52	35	23.66	35	23.66
广西壮族自治区	24	15.52	10	8.49	1	8.00	—	—
海　　南	7	1.00	7	1.00	—	—	—	—
重　　庆	44	21.54	19	9.03	15	7.08	3	1.61
四　　川	27	21.47	26	21.17	1	0.30	1	0.30
贵　　州	—	—	—	—	—	—	—	—
云　　南	70	19.58	62	18.45	2	0.29	2	0.29
西藏自治区	4	2.10	4	2.10	—	—	—	—
陕　　西	30	26.23	24	13.73	37	21.91	24	17.70
甘　　肃	—	—	—	—	1	0.50	1	0.50
青　　海	—	—	—	—	—	—	—	—
宁夏回族自治区	—	—	—	—	—	—	—	—
新疆维吾尔自治区	10	1.30	10	1.30	—	—	—	—

中国录音制品出版品种、数量（按内容分类）

单位：种、万盒（张）

	AT				DVD-A			
	合计		其中：新版		合计		其中：新版	
	种数	数量	种数	数量	种数	数量	种数	数量
全国总计	**3 250**	**18 757.06**	**1 322**	**1 797.10**	**51**	**29.65**	**50**	**29.35**
其中：少儿	445	60.25	299	47.01	4	1.11	4	1.11
一、自编节目	**3 249**	**18 756.76**	**1 321**	**1 796.80**	**50**	**27.65**	**49**	**27.35**
歌曲	144	168.87	7	1.10	7	1.00	7	1.00
乐曲	6	0.29	—	—	2	0.80	2	0.80
戏曲	75	2.54	—	—	1	0.20	1	0.20
曲艺	10	0.43	1	0.25	—	—	—	—
教育	2 188	6 204.70	1 109	1 263.46	25	16.33	25	16.33
文学	125	14.98	33	11.20	—	—	—	—
语言	673	12 359.28	143	515.13	5	1.82	4	1.52
科技	—	—	—	—	1	1.20	1	1.20
经济	—	—	—	—	3	2.00	3	2.00
体育	—	—	—	—	—	—	—	—
医药卫生	—	—	—	—	—	—	—	—
综合	28	5.66	28	5.66	6	4.30	6	4.30
其他	—	0.01	—	—	—	—	—	—
二、引进节目	**1**	**0.30**	**1**	**0.30**	**1**	**2.00**	**1**	**2.00**
歌曲	—	—	—	—	1	2.00	1	2.00
乐曲	—	—	—	—	—	—	—	—
教育	—	—	—	—	—	—	—	—
语言	—	—	—	—	—	—	—	—
文学	1	0.30	1	0.30	—	—	—	—
经济	—	—	—	—	—	—	—	—
科技	—	—	—	—	—	—	—	—
医药卫生	—	—	—	—	—	—	—	—
体育	—	—	—	—	—	—	—	—
其他	—	—	—	—	—	—	—	—
三、对外合作	—	—	—	—	—	—	—	—

中国录音制品出版品种、数量（按内容分类）（续表）

单位：种、万盒（张）

	CD				其他			
	合计		其中：新版		合计		其中：新版	
	种数	数量	种数	数量	种数	数量	种数	数量
全国总计	**4 716**	**3 731.56**	**3 456**	**2 156.31**	**1 914**	**2 124.48**	**1 020**	**760.79**
其中：少儿	457	374.48	339	316.41	63	17.08	30	14.48
一、自编节目	**4 228**	**3 298.03**	**3 011**	**1 760.11**	**1 868**	**2 107.06**	**997**	**751.64**
歌曲	1 397	623.77	1284	486.70	21	189.30	18	80.86
乐曲	590	303.04	429	211.21	27	23.06	8	6.33
戏曲	175	55.44	75	43.25	1	0.60	1	0.60
曲艺	44	12.90	23	5.07	5	3.83	2	0.90
教育	1 197	1 579.65	657	635.19	436	682.12	267	171.46
文学	112	131.63	60	82.52	9	7.67	8	6.46
语言	590	517.60	369	231.49	1 365	1 198.47	690	483.42
科技	14	12.43	14	12.43	—	—	—	—
经济	30	17.70	30	17.70	1	0.40	—	—
体育	3	2.87	—	—	—	—	—	—
医药卫生	5	8.40	2	2.20	—	—	—	—
综合	70	30.61	67	30.37	3	1.62	3	1.62
其他	1	1.99	1	1.98	—	—	—	—
二、引进节目	**487**	**433.33**	**444**	**396.00**	**46**	**17.41**	**23**	**9.15**
歌曲	349	251.73	332	235.46	—	—	—	—
乐曲	109	160.31	90	149.36	—	—	—	—
教育	13	9.07	11	5.00	16	7.95	15	7.35
语言	8	8.29	3	2.25	30	9.46	8	1.80
文学	3	0.90	3	0.90	—	—	—	—
经济	—	—	—	—	—	—	—	—
科技	—	—	—	—	—	—	—	—
医药卫生	—	—	—	—	—	—	—	—
体育	—	—	—	—	—	—	—	—
其他	5	3.03	5	3.03	—	—	—	—
三、对外合作	**1**	**0.20**	**1**	**0.20**	—	—	—	—

中国各地区录像制品出版品种、数量及发行总量（按载体形式分类）

单位：种、万盒、万张

	录像制品合计					激光数码视盘（VCD）			
	合计		其中：新版		发行数量	合计		其中：新版	
	种数	数量	种数	数量		种数	数量	种数	数量
全国总计	**9 477**	**21 788.20**	**6 993**	**18 221.20**	**12 807.09**	**2 994**	**6 864.36**	**1 591**	**4 417.73**
中　　央	**3 885**	**6 721.29**	**2 298**	**3 779.28**	**6 547.68**	**1 415**	**3 986.41**	**418**	**1 878.87**
地　　方	**5 592**	**15 066.91**	**4 695**	**14 441.92**	**6 259.41**	**1 579**	**2 877.95**	**1 173**	**2 538.86**
北　　京	159	315.57	159	315.57	202.28	24	22.85	24	22.85
天　　津	33	8.30	33	8.30	7.45	1	1.50	1	1.50
河　　北	35	24.70	35	24.70	64.93	—	—	—	—
山　　西	120	18.02	76	12.54	173.28	14	3.91	2	0.40
内蒙古自治区	88	18.40	88	18.40	48.77	—	—	—	—
辽　　宁	426	8 260.33	422	8 259.29	304.20	55	65.01	55	65.01
吉　　林	79	36.66	74	35.66	145.53	18	4.34	17	3.74
黑 龙 江	12	48.70	8	46.70	48.62	1	5.50	1	5.50
上　　海	580	484.38	353	341.07	406.77	145	129.36	35	60.28
江　　苏	335	318.72	225	249.46	191.30	143	75.93	67	26.07
浙　　江	318	108.64	257	83.22	237.65	101	57.29	61	34.03
安　　徽	150	64.14	141	57.79	53.45	20	10.05	20	10.05
福　　建	190	112.22	54	36.22	169.22	33	35.60	17	25.60
江　　西	132	43.33	125	42.23	73.15	109	23.57	102	22.47
山　　东	217	146.24	214	144.32	237.72	17	17.12	16	16.80
河　　南	246	207.66	222	137.64	81.32	44	72.52	31	32.00
湖　　北	293	558.42	287	555.52	298.10	223	379.91	218	377.11
湖　　南	228	450.62	167	393.35	570.67	78	38.94	40	16.45
广　　东	1 281	3 055.89	1 193	2 990.42	2 324.42	316	1 506.98	312	1 476.88
广西壮族自治区	76	133.83	70	129.90	57.23	37	86.22	37	86.22
海　　南	5	2.40	5	2.40	13.60	—	—	—	—
重　　庆	153	253.54	71	188.18	107.24	76	219.94	6	158.04
四　　川	96	73.13	96	73.13	85.49	22	10.58	22	10.58
贵　　州	3	0.50	3	0.50	7.50	—	—	—	—
云　　南	222	218.70	213	208.70	203.69	64	82.44	59	74.35
西藏自治区	17	7.85	17	7.85	14.95	13	1.30	13	1.30
陕　　西	52	73.69	44	58.23	75.03	24	26.59	16	11.13
甘　　肃	21	17.83	19	16.33	50.15	1	0.50	1	0.50
青　　海	—	—	—	—	5.00	—	—	—	—
宁夏回族自治区	2	—	2	—	0.70	—	—	—	—
新疆维吾尔自治区	23	4.50	22	4.30	—	—	—	—	—

中国各地区录像制品出版品种、数量及发行总量（按载体形式分类）（续表）

单位：种、万盒、万张

	高密度激光视盘（DVD-V）				录像带（VT）及其他			
	合计		其中：新版		合计		其中：新版	
	种数	数量	种数	数量	种数	数量	种数	数量
全国总计	**6 342**	**14 860.86**	**5 265**	**13 743.70**	**141**	**62.98**	**137**	**59.77**
中　　央	**2 397**	**2 700.52**	**1 807**	**1 866.06**	**73**	**34.36**	**73**	**34.36**
地　　方	**3 945**	**12 160.33**	**3 458**	**11 877.64**	**68**	**28.62**	**64**	**25.41**
北　　京	133	289.92	133	289.92	2	2.80	2	2.80
天　　津	32	6.80	32	6.80	—	—	—	—
河　　北	35	24.70	35	24.70	—	—	—	—
山　　西	95	7.68	63	5.71	11	6.43	11	6.43
内蒙古自治区	88	18.40	88	18.40	—	—	—	—
辽　　宁	366	8 194.31	362	8 193.27	5	1.01	5	1.01
吉　　林	49	32.20	45	31.80	12	0.12	12	0.12
黑 龙 江	11	43.20	7	41.20	—	—	—	—
上　　海	408	343.05	295	272.04	27	11.96	23	8.75
江　　苏	191	242.39	157	222.99	1	0.40	1	0.40
浙　　江	217	51.35	196	49.19	—	—	—	—
安　　徽	130	54.09	121	47.74	—	—	—	—
福　　建	157	76.62	37	10.62	—	—	—	—
江　　西	23	19.76	23	19.76	—	—	—	—
山　　东	199	129.02	197	127.42	1	0.10	1	0.10
河　　南	202	135.14	191	105.64	—	—	—	—
湖　　北	69	178.31	68	178.21	1	0.20	1	0.20
湖　　南	150	411.67	127	376.90	—	—	—	—
广　　东	961	1 547.20	877	1 511.83	4	1.70	4	1.70
广西壮族自治区	38	45.61	32	41.68	1	2.00	1	2.00
海　　南	5	2.40	5	2.40	—	—	—	—
重　　庆	77	33.60	65	30.13	—	—	—	—
四　　川	73	62.30	73	62.30	1	0.25	1	0.25
贵　　州	3	0.50	3	0.50	—	—	—	—
云　　南	157	134.78	153	132.86	1	1.5	1	1.5
西藏自治区	4	6.55	4	6.55	—	—	—	—
陕　　西	27	46.95	27	46.95	1	0.15	1	0.15
甘　　肃	20	17.33	18	15.83	—	—	—	—
青　　海	—	—	—	—	—	—	—	—
宁夏回族自治区	2	—	2	—	—	—	—	—
新疆维吾尔自治区	23	4.50	22	4.30	—	—	—	—

中国录像制品出版品种、数量（按内容分类）

单位：种、万盒（张）

	VT				DVD-V			
	合计		其中：新版		合计		其中：新版	
	种数	数量	种数	数量	种数	数量	种数	数量
全国总计	**1**	**1.50**	**1**	**1.50**	**6 342**	**14 860.86**	**5 265**	**13 743.70**
其中：少儿	—	—	—	—	960	1 929.03	730	1 794.49
一、自编节目	**1**	**1.50**	**1**	**1.50**	**5 622**	**14 024.53**	**4 797**	**13 014.29**
故事片	—	—	—	—	197	376.22	194	374.35
电视剧	—	—	—	—	378	8 616.39	371	8 610.99
戏曲片	—	—	—	—	242	85.12	206	77.21
风光片	—	—	—	—	59	71.60	59	71.60
卡通片	—	—	—	—	158	720.50	147	701.00
音乐舞蹈	—	—	—	—	451	270.72	401	226.92
卡拉 OK	—	—	—	—	41	14.74	40	9.94
MTV	—	—	—	—	67	16.40	67	16.40
社会科学	—	—	—	—	216	210.98	185	170.85
教育	—	—	—	—	2 126	2 318.92	1 710	1 661.82
语言	—	—	—	—	154	97.37	117	66.47
科技	—	—	—	—	42	20.43	37	18.28
经济	—	—	—	—	95	133.29	81	107.61
体育	1	1.50	1	1.50	114	84.62	85	50.36
文学	—	—	—	—	11	12.60	10	12.50
医药卫生	—	—	—	—	245	107.80	196	73.91
农业科学	—	—	—	—	101	47.49	77	25.41
工业技术	—	—	—	—	36	13.65	27	8.50
交通	—	—	—	—	4	52.31	4	52.31
航空	—	—	—	—	1	0.30	1	0.30
军事	—	—	—	—	15	2.82	15	2.82
综合	—	—	—	—	511	482.44	455	441.97
其他	—	—	—	—	358	267.81	312	232.76
二、引进节目	**—**	**—**	**—**	**—**	**710**	**829.83**	**464**	**725.91**
故事片	—	—	—	—	414	350.84	297	330.18
卡通片	—	—	—	—	190	324.86	76	263.95
音乐舞蹈	—	—	—	—	39	31.10	36	30.20
卡拉 OK	—	—	—	—	1	1.00	1	1.00
教育	—	—	—	—	17	15.42	15	13.30
科技	—	—	—	—	1	6.00	1	6.00
经济	—	—	—	—	16	47.00	16	47.00
体育	—	—	—	—	1	6.00	1	6.00
文学	—	—	—	—	—	—	—	—
医药卫生	—	—	—	—	2	0.50	2	0.50
其他	—	—	—	—	29	47.11	19	27.78
三、对外合作	**—**	**—**	**—**	**—**	**10**	**6.50**	**4**	**3.50**

中国录像制品出版品种、数量（按内容分类）（续表）

单位：种、万盒（张）

	VCD				其他			
	合计		其中：新版		合计		其中：新版	
	种数	数量	种数	数量	种数	数量	种数	数量
全国总计	**2 994**	**6 864.36**	**1 591**	**4 417.73**	**140**	**61.48**	**136**	**58.27**
其中：少儿	673	3 664.23	609	3 595.69	7	4.61	6	2.51
一、自编节目	**2 943**	**6 594.38**	**1 550**	**4 154.83**	**89**	**39.18**	**85**	**35.97**
故事片	31	30.10	31	30.10	21	11.70	21	11.70
电视剧	2	4.00	2	4.00	1	1.00	1	1.00
戏曲片	334	318.63	254	285.87	—	—	—	—
风光片	4	3.90	3	3.30	1	0.10	1	0.10
卡通片	122	1 105.45	119	1 073.65	1	0.50	1	0.50
音乐舞蹈	163	199.63	130	147.12	4	0.60	4	0.60
卡拉OK	6	23.30	6	23.30	—	—	—	—
MTV	12	8.50	12	8.50	—	—	—	—
社会科学	42	305.41	19	5.30	—	—	—	—
教育	1 246	4 050.57	552	2 267.68	44	19.37	41	16.57
语言	77	64.43	45	39.52	1	0.20	1	0.20
科技	74	58.60	46	30.18	1	0.51	1	0.51
经济	36	40.72	21	7.66	—	—	—	—
体育	22	20.72	12	17.91	4	1.56	4	1.56
文学	32	42.85	19	36.74	—	—	—	—
医药卫生	68	49.60	17	21.11	1	0.41	—	—
农业科学	467	132.79	146	66.17	—	—	—	—
工业技术	52	21.95	25	16.28	—	—	—	—
交通	—	—	—	—	—	—	—	—
航空	—	—	—	—	—	—	—	—
军事	—	—	—	—	—	—	—	—
综合	89	47.17	65	42.66	1	—	1	—
其他	64	66.06	26	27.78	9	3.23	9	3.23
二、引进节目	**51**	**269.98**	**41**	**262.90**	**51**	**22.30**	**51**	**22.30**
故事片	7	59.40	7	59.40	48	21.70	48	21.70
卡通片	12	181.20	10	181.10	1	0.05	1	0.05
音乐舞蹈	1	1.20	1	1.20	—	—	—	—
卡拉OK	1	1.00	1	1.00	—	—	—	—
教育	1	1.20	1	1.20	—	—	—	—
科技	—	—	—	—	—	—	—	—
经济	—	—	—	—	—	—	—	—
体育	—	—	—	—	—	—	—	—
文学	—	—	—	—	—	—	—	—
医药卫生	—	—	—	—	—	—	—	—
其他	29	25.98	21	19.00	2	0.55	2	0.55
三、对外合作	**—**	**—**	**—**	**—**	**—**	**—**	**—**	**—**

中国新华书店系统、出版社自办发行单位出版物发行进、销、存情况

单位：万册（张、份、盒）、万元

	购进		销售		库存	
	数量	金额	数量	金额	数量	金额
全国总计	**1 840 642**	**20 248 910**	**1 781 734**	**19 534 916**	**558 558**	**8 040 534**
中　　央	**227 570**	**4 572 979**	**223 935**	**4 359 226**	**122 042**	**3 230 532**
地　　方	**1 613 072**	**15 675 931**	**1 557 799**	**15 175 689**	**436 516**	**4 810 002**
北　　京	14 977	365 379	16 130	374 678	6 359	164 006
天　　津	10 405	141 816	10 198	137 498	4 814	102 278
河　　北	80 070	537 697	72 361	522 102	33 348	126 699
山　　西	50 524	546 815	48 133	484 765	16 247	145 059
内蒙古自治区	9 855	84 473	8 087	75 765	5 682	35 822
辽　　宁	29 894	401 024	29 586	381 294	9 880	209 380
吉　　林	26 664	276 018	28 584	300 501	6 620	68 330
黑 龙 江	23 172	230 212	23 275	226 954	5 509	80 549
上　　海	43 402	552 725	48 107	699 526	14 380	315 591
江　　苏	201 776	1 707 205	181 620	1 539 262	69 597	663 665
浙　　江	82 663	910 112	76 612	832 649	38 819	478 383
安　　徽	87 047	931 449	88 451	906 918	6 406	134 065
福　　建	40 050	371 953	42 143	362 874	7 275	68 688
江　　西	57 337	588 993	57 338	592 504	7 886	95 432
山　　东	128 182	1 059 031	117 049	960 541	42 383	323 586
河　　南	106 310	858 745	107 275	854 984	24 598	222 363
湖　　北	64 395	584 250	58 988	542 306	14 804	199 118
湖　　南	103 218	1 187 587	101 304	1 204 272	32 080	257 324
广　　东	52 629	629 338	49 577	593 443	18 540	277 865
广西壮族自治区	65 309	509 378	66 478	498 734	3 587	70 962
海　　南	14 004	127 440	14 152	132 389	3 986	17 470
重　　庆	38 175	453 615	36 667	435 721	5 491	88 731
四　　川	68 566	732 103	63 850	664 223	12 016	209 076
贵　　州	39 815	258 448	38 355	243 424	9 304	50 270
云　　南	41 541	437 834	40 696	414 480	9 580	120 275
西藏自治区	2 010	13 926	2 104	15 132	894	4 594
陕　　西	59 536	530 704	60 246	544 015	13 764	170 605
甘　　肃	34 725	263 925	34 454	260 934	4 893	40 196
青　　海	3 441	23 186	3 513	23 094	760	5 442
宁夏回族自治区	4 273	64 792	4 283	65 304	1 006	10 898
新疆维吾尔自治区	29 107	295 758	28 180	285 404	6 009	53 279

注：本表中购进、销售为总购进、总销售（按国家商品流通企业统计口径，包括新华书店系统内购销）。

中国图书、期刊、报纸进出口情况

		出口			进口		
		种数（种次）	数量（万册、份）	金额（万美元）	种数（种次）	数量（万册、份）	金额（万美元）
总计		**914 726**	**1 144.18**	**3 905.51**	**1 119 975**	**2 979.88**	**28 373.26**
图书	合计	878 174	855.76	3 276.61	1 042 288	754.85	11 666.91
图书	哲学、社会科学	201 653	101.52	752.50	276 618	117.99	2 476.69
图书	文化、教育	181 888	158.08	571.18	165 089	180.25	2 037.88
图书	文学、艺术	208 855	144.66	650.66	168 122	138.23	1 690.11
图书	自然、科学技术	89 654	57.99	345.88	252 027	134.63	3 414.30
图书	少儿读物	64 657	205.23	280.61	63 665	78.66	629.25
图书	综合性图书	131 467	188.27	675.77	116 767	105.09	1 418.68
期刊		36 018	252.89	573.44	76 337	439.93	13 906.17
报纸		534	35.52	55.46	1 350	1 785.10	2 800.18

中国音像、电子出版物进出口情况

		出口			进口		
		种数（种次）	数量（盒、张）	金额（万美元）	种数（种次）	数量（盒、张）	金额（万美元）
总计		**8 077**	**77 091.00**	**35.17**	**14 553**	**396 287.00**	**14 134.78**
录音	合计	347	1 345.00	0.25	11 386	147 281.00	130.79
录音	录音带（AT）	0	0.00	0.00	0	0.00	0.00
录音	激光唱片（CD）	347	1 345.00	0.25	11 384	147 279.00	130.78
录音	数码激光唱盘（DVD-A）	0	0.00	0.00	2	2.00	0.01
录像	合计	7 730	75 746.00	34.93	691	75 489.00	13.32
录像	录像带（VT）	0	0.00	0.00	0	0.00	0.00
录像	数码激光视盘（DVD-V）	7 104	69 129.00	34.25	691	75 489.00	13.32
录像	数码激光视盘（VCD）	626	6 617.00	0.68	0	0.00	0.00
电子出版物		0	0.00	0.00	2 476	173 517.00	13 990.67

2011 年中国广播电视产业主要指标一览表（一）

	节目制播情况								覆盖情况					有线电视发展情况						
	广播节目播出时间	增长率	电视节目播出时间	增长率	广播节目制作时间	增长率	电视节目制作时间	增长率	广播综合人口覆盖率	电视综合人口覆盖率	无线广播综合人口覆盖率	无线电视综合人口覆盖率	有线广播电视用户	增长率	数字电视用户	增长率	付费数字电视用户	增长率	有线广播电视入户率	有线广播电视网络传输干线总长
	万小时	%	万小时	%	万小时	%	万小时	%	%	%	%	%	万户	%	万户	%	万户	%	%	万公里
全国总计	1 305.75	3.14	1 675.30	2.43	693.70	1.80	295.05	7.57	97.06	97.82	95.17	94.52	20 264.39	7.38	11 488.96	29.52	1 760.59	59.32	49.43	369.73
总局直属	27.46	16.12	25.19	12.31	22.36	2.03	12.05	91.87	—	—	—	—	—	—	—	—	—	—	—	4.09
北京市	12.03	1.46	11.32	5.07	11.82	−17.72	10.01	18.85	100.00	100.00	100.00	99.74	475.92	6.20	345.48	21.82	0.12	137.04	95.97	16.39
天津市	13.81	3.58	18.25	20.28	7.56	−0.72	2.20	0.95	100.00	100.00	100.00	100.00	290.71	10.88	227.61	6.90	21.90	−5.95	84.81	0.66
河北省	60.73	3.96	75.53	1.79	32.00	3.21	13.94	6.23	99.33	99.26	98.34	96.87	719.60	7.34	456.43	19.37	6.54	−18.12	32.64	15.60
山西省	37.80	1.81	47.21	0.63	16.29	5.86	9.32	−1.81	93.61	97.70	93.52	97.56	462.60	9.10	270.83	33.53	8.98	189.74	39.02	9.63
内蒙古自治区	64.95	2.13	63.32	0.22	24.52	7.86	6.74	4.25	97.41	96.19	97.03	88.83	317.23	1.05	200.56	3.27	10.67	50.26	38.40	4.43
辽宁省	72.29	1.01	72.89	3.46	44.27	−3.25	18.43	−2.42	98.51	98.64	98.37	96.96	810.27	7.67	358.57	17.06	10.10	54.85	51.43	11.70
吉林省	44.62	9.49	50.24	2.98	25.59	12.55	8.74	13.59	98.53	98.64	98.29	93.42	487.17	7.68	325.45	16.66	24.17	17.65	51.47	9.36
黑龙江省	43.81	4.54	67.74	2.47	24.36	42.95	9.77	19.87	98.57	98.77	98.56	98.61	550.78	5.65	309.74	41.03	94.50	8.15	45.25	17.24

续前表

	节目制播情况								覆盖情况					有线电视发展情况						
	广播节目播出时间	增长率	电视节目播出时间	增长率	广播节目制作时间	增长率	电视节目制作时间	增长率	广播综合人口覆盖率	电视综合人口覆盖率	无线广播综合人口覆盖率	无线电视综合人口覆盖率	有线广播电视用户	增长率	数字电视用户	增长率	付费数字电视用户	增长率	有线广播电视入户率	有线广播电视网络传输干线总长
	万小时	%	万小时	%	万小时	%	万小时	%	%	%	%	%	万户	%	万户	%	万户	%	%	万公里
上海市	13.80	5.00	17.72	1.10	7.23	−15.15	4.27	−13.76	100.00	100.00	100.00	100.00	627.18	9.45	285.55	21.18	44.27	95.91	120.78	3.75
江苏省	78.59	1.41	82.39	1.58	58.08	1.96	19.11	−15.73	99.99	99.88	99.93	99.87	1 987.86	5.41	1 195.80	18.65	234.23	1.52	82.24	44.29
浙江省	71.32	0.47	72.20	1.39	45.54	2.23	18.13	26.68	99.20	99.38	98.34	98.17	1 330.93	12.44	970.10	64.78	213.38	280.41	82.78	22.99
安徽省	51.96	3.14	64.13	0.03	19.19	15.87	7.70	−6.64	97.62	97.74	97.48	97.39	490.78	6.44	259.72	34.38	24.43	52.50	23.45	4.65
福建省	50.98	0.80	34.01	1.82	26.06	3.87	6.13	10.55	98.00	98.54	96.62	94.75	652.13	6.36	333.93	15.37	43.50	130.13	64.55	15.19
江西省	35.18	1.83	63.26	2.82	18.65	4.08	8.63	28.63	97.06	98.18	96.05	96.53	489.70	11.43	219.04	428.95	16.41	34.55	41.19	8.22
山东省	85.63	2.02	96.45	1.25	47.41	−0.51	17.10	8.31	98.19	97.91	97.87	97.29	1802.26	9.17	872.01	48.99	54.36	282.39	61.91	31.31
河南省	63.60	1.59	86.75	−0.18	29.73	2.68	13.91	−1.06	97.70	97.77	97.63	97.65	787.23	8.56	100.80	14.99	8.06	48.07	25.80	14.66
湖北省	44.70	−0.07	67.35	2.69	23.63	0.38	9.83	3.58	98.18	98.23	97.95	97.55	987.75	10.48	674.84	36.26	93.45	85.90	49.28	22.46
湖南省	35.15	4.97	72.27	1.15	16.91	6.55	13.45	5.43	92.61	96.82	90.18	93.98	695.94	8.49	542.01	21.33	57.18	70.99	36.11	10.72
广东省	77.27	1.02	78.17	17.95	51.45	−4.67	14.87	17.46	98.00	98.00	97.57	96.25	1 825.03	7.26	1 116.93	17.52	197.06	277.53	74.58	21.05
广西壮族自治区	29.71	7.37	48.53	0.86	16.94	−4.06	10.28	27.51	95.24	96.99	91.97	93.52	436.22	−6.77	282.54	6.98	78.92	60.84	31.89	4.50
海南省	10.88	0.90	8.18	2.07	5.72	10.29	1.69	73.51	96.45	95.42	96.26	95.14	85.48	7.19	68.00	7.16	4.76	58.04	33.71	0.22
重庆市	13.28	22.09	26.17	4.45	6.12	4.96	5.04	−6.80	98.02	98.56	88.67	88.99	508.76	3.38	249.91	26.16	10.95	−10.17	44.06	14.31
四川省	54.05	2.55	103.86	4.54	19.04	5.62	10.49	−4.18	96.60	97.69	91.68	92.19	1340.34	3.13	319.45	61.43	91.90	201.30	45.65	30.59
贵州省	18.92	19.91	22.72	−7.98	10.24	56.75	3.10	−28.64	88.00	92.81	67.50	58.00	396.57	18.30	349.68	49.11	83.59	106.28	34.25	4.89
云南省	28.09	3.36	76.78	3.19	15.09	−8.35	9.53	0.33	95.69	96.72	93.57	87.71	533.74	7.61	315.86	20.79	210.10	−11.04	42.59	8.39

续前表

	节目制播情况								覆盖情况					有线电视发展情况						
	广播节目播出时间	增长率	电视节目播出时间	增长率	广播节目制作时间	增长率	电视节目制作时间	增长率	广播综合人口覆盖率	电视综合人口覆盖率	无线广播综合人口覆盖率	无线电视综合人口覆盖率	有线广播电视用户	增长率	数字电视用户	增长率	付费数字电视用户	增长率	有线广播电视入户率	有线广播电视网络传输干线总长
	万小时	%	万小时	%	万小时	%	万小时	%	%	%	%	%	万户	%	万户	%	万户	%	%	万公里
西藏自治区	4.22	8.97	4.56	−3.08	2.81	0.01	0.71	26.21	91.67	92.80	90.63	91.74	17.88	1.93	4.26	124.01	0.50	150.00	25.93	0.36
陕西省	41.05	1.13	58.60	1.41	19.64	−0.44	10.74	28.94	97.02	97.87	95.52	96.06	551.11	8.61	381.61	29.70	98.77	70.42	45.99	6.73
甘肃省	28.32	4.18	42.33	2.03	10.88	0.92	5.94	0.96	93.70	94.05	89.98	89.07	220.46	6.56	147.79	20.30	10.28	95.15	28.57	4.72
青海省	5.50	−2.04	6.93	−0.54	3.05	−21.00	2.19	14.79	91.64	95.69	91.19	95.29	40.15	1.00	36.45	6.74	6.95	365.76	26.94	0.61
宁夏回族自治区	10.22	0.60	15.31	0.40	4.43	7.97	2.51	−11.46	93.50	98.60	92.80	96.86	79.56	12.74	79.56	12.74	—	—	41.04	1.31
新疆维吾尔自治区	75.82	3.82	94.93	1.29	27.09	3.99	8.50	11.16	94.90	95.29	94.58	94.63	208.01	8.09	188.45	43.47	0.56	−9.12	34.16	2.96
新疆生产建设兵团	—	—	—	—	—	—	—	—	96.50	98.50	—	—	55.03	4.74	—	—	—	—	63.18	1.75
计划单列市合计	33.69	2.47	39.55	0.88	25.87	−1.97	9.10	−4.30	99.40	99.40	99.25	99.33	706.86	−20.74	570.09	−16.69	47.80	2.94	72.43	10.28
大连市	7.51	0.72	8.87	0.34	4.83	−10.20	1.45	4.26	98.97	99.84	98.97	99.84	64.53	−54.56	31.95	−68.11	0.13	−97.11	31.09	1.08
宁波市	9.17	−0.11	8.60	−1.86	7.16	−3.48	2.14	−9.08	100.00	100.00	100.00	100.00	218.68	6.40	157.61	39.41	6.11	19.47	98.08	3.87
厦门市	4.08	16.86	5.27	2.06	3.27	3.05	0.76	23.86	99.19	100.00	99.19	100.00	62.94	−2.57	48.07	3.85	1.60	−34.40	108.85	0.47
青岛市	8.66	−0.08	8.91	4.73	6.60	2.82	1.30	−15.90	98.50	98.30	97.89	97.36	147.91	−41.73	122.28	−43.66	6.09	131.16	60.10	2.47
深圳市	4.27	4.56	7.91	−0.36	1.01	0.24	3.45	−4.28	100.00	100.00	100.00	100.00	212.80	−5.79	210.18	1.20	33.87	6.70	88.14	2.39

2011年中国广播电视产业主要指标一览表（二）

	总收入	增长率	实际创收收入	增长率	广告收入	增长率	广播广告收入	增长率	电视广告收入	增长率	网络收入	增长率	收视费收入	增长率	付费数字电视收入	增长率	资产总额	增长率
	亿元	%	亿元	%	亿元	%	亿元	%	亿元	%	亿元	%	亿元	%	亿元	%	亿元	%
全国总计	2 717.32	18.05	2 371.18	18.39	1 122.90	19.46	123.32	23.84	934.54	17.32	563.78	15.66	364.17	12.92	37.69	49.01	6 263.36	14.57
总局直属	483.89	13.71	413.63	17.25	270.54	18.98	6.22	30.40	259.75	19.13	20.61	11.94	7.35	−8.28	2.95	27.94	928.25	11.42
北京市	210.42	27.13	172.40	20.79	79.61	29.73	12.35	70.66	41.81	−1.71	21.70	−7.69	9.83	4.53	0.44	5.36	571.04	28.25
天津市	39.57	30.63	33.67	27.85	7.23	−3.42	4.04	10.66	3.14	−16.98	8.22	14.80	5.58	9.33	0.19	−27.55	85.65	8.44
河北省	47.37	11.38	41.48	12.21	21.49	6.67	5.69	60.85	13.78	−4.51	15.32	14.02	12.79	11.15	0.22	86.08	114.58	10.75
山西省	27.10	23.89	19.79	18.97	9.65	25.91	1.57	27.28	7.66	24.00	7.56	13.51	6.28	15.74	0.04	−60.89	64.90	3.24
内蒙古自治区	29.61	19.90	14.90	8.01	4.87	1.61	1.45	24.76	3.32	−5.08	9.59	15.60	6.79	3.09	0.76	260.68	46.31	−14.77
辽宁省	63.70	5.36	54.95	11.32	28.69	15.23	6.55	12.93	21.54	16.20	18.07	11.03	13.74	3.65	0.44	187.28	177.57	17.74
吉林省	36.02	17.15	29.45	18.25	12.39	8.83	2.45	7.96	9.92	9.05	16.08	26.51	12.32	28.78	1.02	225.35	102.83	5.45
黑龙江省	48.72	25.00	42.39	26.63	19.56	14.84	4.49	34.04	13.88	9.78	18.27	36.28	13.77	24.61	0.35	−24.87	106.06	29.90
上海市	248.43	15.59	236.39	14.68	78.45	26.05	5.79	25.54	61.55	26.71	22.10	5.45	11.51	34.53	1.47	−10.54	500.42	11.93
江苏省	223.43	28.19	211.08	28.72	94.39	28.92	12.86	26.23	78.69	29.78	56.15	17.15	34.37	18.83	3.41	−5.46	604.64	28.20

续前表

	总收入	增长率	实际创收收入	增长率	广告收入	增长率	广播广告收入	增长率	电视广告收入	增长率	网络收入	增长率	收视费收入	增长率	付费数字电视收入	增长率	资产总额	增长率
	亿元	%	亿元	%	亿元	%	亿元	%	亿元	%	亿元	%	亿元	%	亿元	%	亿元	%
浙江省	207.59	15.51	194.62	15.34	68.08	14.69	10.18	13.16	56.16	15.20	49.28	21.48	25.59	15.58	5.71	46.11	411.10	14.12
安徽省	61.16	25.47	53.87	29.86	36.84	27.22	2.77	11.60	33.41	28.57	10.64	26.10	4.13	0.15	4.21	71.75	113.24	14.75
福建省	56.21	22.66	46.49	21.13	20.25	24.74	2.49	34.35	15.73	17.78	16.55	2.65	10.19	2.89	1.26	72.65	139.11	7.01
江西省	34.29	17.98	29.62	15.67	14.04	1.38	1.24	7.34	12.39	2.06	11.08	28.13	7.45	−1.29	0.94	473.41	78.38	12.96
山东省	106.85	19.61	103.64	22.49	53.35	18.39	8.26	16.29	42.56	19.93	37.21	21.13	27.89	23.26	0.76	119.00	326.61	22.95
河南省	50.45	14.59	40.71	18.21	24.40	12.53	3.34	12.34	19.98	11.70	9.77	12.66	7.67	11.38	0.24	53.93	127.14	7.04
湖北省	65.18	18.28	57.35	18.08	23.06	25.90	3.84	78.57	18.54	17.18	25.69	16.72	19.22	15.09	1.42	109.78	170.33	−0.80
湖南省	137.66	33.83	130.00	32.61	70.81	30.51	2.78	21.50	67.49	31.68	22.57	17.25	15.63	9.20	1.72	80.05	287.26	19.25
广东省	198.31	14.14	186.16	11.77	82.38	13.25	11.40	15.62	67.08	9.67	56.70	13.45	39.99	12.80	2.16	45.07	489.06	3.35
广西壮族自治区	36.32	13.73	27.98	11.64	11.08	12.69	1.24	22.44	9.52	9.66	13.05	13.95	8.62	5.41	0.60	91.07	83.55	9.41
海南省	12.35	25.16	9.13	24.24	5.72	36.11	0.29	56.66	4.87	40.87	3.24	5.47	2.41	9.84	0.10	65.44	25.52	10.07
重庆市	34.58	0.33	28.06	−7.58	8.04	−27.59	1.19	33.16	6.55	−33.73	13.90	3.82	8.17	3.10	0.80	56.07	97.15	1.85
四川省	78.61	17.63	61.73	14.81	27.49	17.79	2.80	23.18	23.03	14.85	27.97	17.47	17.62	14.70	1.83	93.72	181.83	23.65
贵州省	37.64	9.29	32.32	9.53	8.19	5.40	0.55	−20.92	7.55	7.25	8.83	15.31	6.01	7.89	0.91	90.13	96.36	7.31
云南省	42.38	27.78	31.76	24.08	14.28	48.79	1.64	20.09	12.33	51.79	14.20	15.05	7.70	3.60	2.71	62.37	126.63	33.26

续前表

	总收入	增长率	实际创收收入	增长率	广告收入	增长率	广播广告收入	增长率	电视广告收入	增长率	网络收入	增长率	收视费收入	增长率	付费数字电视收入	增长率	资产总额	增长率
	亿元	%	亿元	%	亿元	%	亿元	%	亿元	%	亿元	%	亿元	%	亿元	%	亿元	%
西藏自治区	6.11	21.82	1.30	13.45	0.90	19.06	0.01	−20.00	0.90	19.59	0.30	−3.30	0.25	15.96	0.01	−85.12	11.84	2.02
陕西省	35.57	−7.21	37.54	24.39	16.72	7.54	3.82	−21.25	12.86	20.96	14.50	66.10	9.66	20.05	0.77	39.69	70.04	−3.30
甘肃省	15.77	9.73	8.46	10.43	2.82	8.51	0.51	18.89	2.25	6.38	4.78	8.22	4.09	6.98	0.17	20.04	35.12	12.21
青海省	6.17	42.61	2.74	20.99	0.43	19.98	0.10	36.97	0.32	16.25	1.68	2.28	1.35	5.21	0.04	220.45	9.56	12.29
宁夏回族自治区	10.90	31.91	6.62	17.78	3.10	12.98	0.16	29.09	2.90	15.94	2.58	4.52	2.33	8.31	—	—	31.78	88.05
新疆维吾尔自治区	23.96	10.64	10.23	−0.14	3.73	−2.87	1.24	25.44	2.46	−12.42	5.18	12.69	3.46	20.43	0.01	−81.50	50.50	12.03
新疆生产建设兵团	1.00	8.42	0.72	19.23	0.31	44.95	—	—	0.31	44.95	0.41	8.82	0.41	8.82	—	—	—	—
计划单列市合计	105.28	16.07	95.52	11.49	45.42	23.68	8.32	30.49	35.28	21.41	24.88	−12.23	15.49	−13.24	2.44	29.96	236.44	−4.57
大连市	10.02	−7.17	8.00	−19.32	6.20	22.60	1.97	33.94	4.11	23.34	1.43	−67.92	1.25	−64.43	—	−100.00	26.53	−18.40
宁波市	16.28	21.55	14.15	22.96	5.79	14.22	0.85	32.56	4.82	10.77	6.15	27.82	4.02	17.93	0.34	47.36	42.49	13.28
厦门市	12.46	32.33	10.46	36.92	2.97	19.62	0.46	25.48	1.88	21.73	2.91	6.69	1.51	35.37	0.51	25.39	33.07	13.79
青岛市	12.69	−5.88	12.04	−8.92	7.01	21.13	2.17	21.97	4.67	22.11	2.70	−54.85	2.27	−46.75	0.04	−63.20	34.30	−7.95
深圳市	53.82	23.42	50.86	17.23	23.46	27.95	2.86	35.53	19.81	23.69	11.70	12.71	6.44	15.96	1.56	55.69	100.03	−10.20

（注：本栏目资料由国家广播电影电视总局发展研究中心提供）

2011 年中国软件产业主要经济指标完成情况

（单位：万元）

单位名称	企业个数（个）	软件业务收入		软件产品收入		信息系统集成服务收入		信息技术咨询服务收入		数据处理和运营服务收入		嵌入式系统软件收入		IC 设计收入	
		年度累计	同比增减%	年度累计	同比增减%	年度累计	同比增减%	年度累计	同比增减%	年度累计	同比增减%	年度累计	同比增减%	年度累计	同比增减%
合计	22 788	184 679 252	32.4	61 577 834	28.5	39 213 653	28.4	18 641 658	42.7	30 282 539	42.2	28 051 795	30.9	6 911 773	33
北京市	2 880	29 461 282	21.5	11 075 529	18.2	7 645 382	17.2	2 639 950	17	7 153 732	36.8	741 452	8.7	205 237	12.3
天津市	387	3 701 152	34.1	835 126	32.5	365 821	66	446 177	44	187 356	27.3	1 183 421	19	683 251	49.4
河北省	242	1 191 496	−4.1	291 943	17.2	845 097	−12.2	21 139	47.3	4 521	71.1	26 140	86.5	2 656	—
山西省	112	193 392	43	87 181	51.6	73 588	33.4	16 961	38.6	3 719	47.5	11 733	59	210	−53
内蒙古区	64	253 648	25.8	62 054	1.6	167 641	42.4	17 559	7.5	6 395	−1.4	—	—	—	—
辽宁省	2 092	14 628 473	42.8	5 406 430	51.4	2 512 374	53.7	2 081 237	41.2	1 863 869	40.8	2 186 626	24.5	577 937	18.7
吉林省	770	2 220 000	29.1	500 000	28.2	630 000	28.6	410 000	32.3	120 000	20	560 000	30.2	—	—
黑龙江省	400	923 669	18	334 575	43.8	226 481	4.9	135 489	74.6	103 725	−24.3	122 416	31.8	983	−96.4
上海市	1 600	14 381 600	31.1	4 584 000	24.1	3 214 600	20.4	1 368 000	29.9	2 735 000	38.2	1 000 000	100	1 480 000	38.3
江苏省	2 551	31 063 412	35.6	7 841 040	38.1	5 334 322	25.8	2 658 229	109.1	3 901 600	14.1	9 297 206	34.4	2 031 015	46.5
浙江省	1 401	9 015 899	33.6	2 688 751	27.7	1 689 367	8.9	565 393	50.4	2 524 964	77	1 360 832	23.7	186 592	−1.8

续前表

单位名称	企业个数（个）	软件业务收入		软件产品收入		信息系统集成服务收入		信息技术咨询服务收入		数据处理和运营服务收入		嵌入式系统软件收入		IC设计收入	
		年度累计	同比增减%	年度累计	同比增减%	年度累计	同比增减%	年度累计	同比增减%	年度累计	同比增减%	年度累计	同比增减%	年度累计	同比增减%
安徽省	139	569 838	23.2	258 121	21.8	225 106	23.3	57 953	19.2	5 289	19.2	23 369	55	—	—
福建省	1 206	8 070 930	40.1	2 488 300	41.6	2 549 600	40.8	807 230	38.4	1 014 900	50.7	910 800	33	300 100	20
江西省	87	408 932	16.9	104 699	23.4	185 646	12.4	67 980	1.3	13 752	582.5	6 110	7	30 745	23.6
山东省	1 758	13 291 139	45.7	3 827 113	45.2	2 708 357	41.1	2 904 524	36.5	1 380 481	88.8	2 370 285	44.7	100 378	46.7
河南省	245	1 301 734	19.3	506 424	18.5	561 042	18.1	113 522	21.4	50 438	26.7	45 102	24.4	25 206	30.8
湖北省	545	2 054 931	21.9	909 380	21.1	729 573	24	90 988	17.2	81 506	20.6	236 812	21.5	6 671	17.7
湖南省	511	2 103 350	30.7	1 477 645	29.3	252 402	49.4	94 651	8.9	110 384	29.4	168 268	34.1	—	—
广东省	3 136	31 224 869	28.1	12 030 277	23	4 713 530	41.8	1 401 163	35.6	5 838 454	35.7	6 638 912	21.6	602 533	29.2
广西区	100	451 976	25.9	266 845	27.7	99 553	22.5	39 691	24.2	45 887	24.3	—	—	—	—
海南省	36	75 557	62.1	17 718	79.2	32 341	59	3 970	−53.8	7 196	69	11 492	4 838.6	2 839	−13.5
重庆市	372	2 533 865	44.6	650 074	48.7	624 358	46.3	324 176	56.3	312 130	61.6	611 039	27.9	12 088	27.9
四川省	733	10 287 908	45.8	3 867 365	11.3	1 855 622	58.5	1 301 145	44	2 634 161	135.8	144 003	107.8	485 612	50.3
贵州省	172	508 600	41.1	230 700	43.9	201 054	14	73 646	209.8	1 661	—	1 406	—	133	—
云南省	108	432 032	11.5	61 932	19.1	343 754	12.2	19 019	−10.4	5 816	−16.8	8	—	1 503	61.5
陕西省	900	3 827 000	42.7	1 048 000	58.3	1 129 000	42	928 000	73.1	157 000	−34.9	391 000	74.6	174 000	−22.3
甘肃省	77	199 281	17.2	68 965	25.3	105 312	13	12 236	13.1	10 706	12.8	289	2 527.3	1 773	16.4
宁夏区	54	52 607	18.6	20 464	19.5	20 161	10.5	4 596	−27.2	4 750	76.9	2 637	—	—	—
新疆区	110	250 681	32.7	37 183	63.1	172 568	21.5	37 035	62.9	3 147	205.2	437	624	311	106

（注：1. 本栏目数据由中国软件行业协会提供
2. 至发稿时止，尚未收到青海省、西藏自治区数据）

版权名录

MING LU

版权行政管理部门

国家版权局
局　长：柳斌杰
副局长：阎晓宏
地　址：北京市宣武区宣武门外大街 40 号
邮　编：100052
电　话：010-83138740
传　真：010-83138740
邮　箱：copyright@ncac.gov.cn
网　址：www.ncac.gov.cn

北京市版权局
局　长：冯俊科
副局长：王野霏
版权处处长：冯献省
地　址：北京市东城区朝内大街 55 号
邮　编：100010
电　话：010-64081100/64081992
邮　箱：webmaster@bjcab.gov.cn

天津市版权局
局　长：荣新海
副局长：梁淳久
地　址：天津市河西区尖山路 82 号
邮　编：300211
电　话：022-28335745
传　真：022-28331888

河北省版权局
局　长：李晓明
版权处处长：尹志军
地　址：石家庄市和平西路新文里 8 号
邮　编：050071
电　话：0311-67561039
传　真：0311-67561039/67561016
邮　箱：hebeibanquan@163.com

山西省版权局
局　长：林玉平
副局长：王吉敏
版权处处长：吉　平
地　址：太原市建设南路 21 号
邮　编：030012
电　话：0351-4922148
传　真：0351-4922148
邮　箱：sxsbqj@163.com

内蒙古自治区版权局
局　长：杨红岩
巡视员：王东生
版权处处长：牛焕炜
地　址：呼和浩特市如意开发区四纬路 9 号
邮　编：010010
电　话：0471-4167115
传　真：0471-4167337

辽宁省版权局
局　长：马述君
副局长：李世俊
版权法规处处长：李安庆
地　址：沈阳市和平区北一马路 108 号
邮　编：110001
电　话：024-23261003
传　真：024-23255549
邮　箱：TDP6666@163.com

吉林省版权局
局　长：胡宪武
副局长：董维仁
版权处处长：王培舒
地　址：长春市人民大街 4646 号
邮　编：130021
电　话：0431-85644760
传　真：0431-85644760

黑龙江省版权局
局　长：赵勤义
副局长：张雨虹
版权处处长：周美胜
地　址：哈尔滨市道里区森林街 68 号
邮　编：150010

电　话：0451-84615103/84616590
传　真：0451-84614852
邮　箱：hljbanquanju@163. com

上海市版权局
局　长：方世忠
副局长：蔡纪万
版权管理执法处处长：薛　彬
版权产业促进处处长：陈琳琳
地　址：上海市绍兴路 5 号
邮　编：200020
电　话：021-64370176
传　真：021-64332452
邮　箱：bqc@sppa. gov. cn

江苏省版权局
局　长：徐毅英
副局长：傅杰三
版权处处长：张明明
地　址：南京市鼓楼区高云岭 56 号
邮　编：210009
电　话：025-83221565
传　真：025-83359836
邮　箱：jsbq2009@163. com

浙江省版权局
局　长：陈昆忠
副局长：单　烈
版权处处长：严庆荣
地　址：杭州市庆春路 225 号
邮　编：310006
电　话：0571-87163132
传　真：0571-87163132

安徽省版权局
局　长：郭永年
副局长：刘飞跃
版权处处长：吴安宁
地　址：合肥市廻龙桥路 1 号安徽新闻出版大厦
邮　编：230063
电　话：0551-2850753/2846150
传　真：0551-2082677/2850733
邮　箱：anhuibanquan@126. com

福建省版权局
局　长：郭振家
副局长：李闽榕
版权处处长：邱建宏
地　址：福州市东水路 76 号
邮　编：350001
电　话：0591-87532711
传　真：0591-87532711
邮　箱：fjbq001@163. com

江西省版权局
局　长：黄　鹤
副局长：白文松
版权处处长：王晓燕
地　址：南昌市红谷滩区翠林路 339 号
邮　编：330038
电　话：0791-86894610
传　真：0791-86894610

山东省版权局
局　长：宿　华
副局长：郭爱玲
版权处处长：张晓生
地　址：济南市省府前街 1 号
邮　编：250011
电　话：0531-86061783
传　真：0531-86061795
邮　箱：b86061783@126. com

河南省版权局
局　长：詹玉荣
副局长：来有功
版权处处长：王晓军
地　址：郑州市农业路 3 号
邮　编：450002
电　话：0371-69129691
传　真：0371-69129691
邮　箱：hnsbqj@sohu. com

湖北省版权局
局　长：张良成
副局长：陈　锋
版权处处长：卢文俊
地　址：武汉市武昌黄鹂路 39 号
邮　编：430077

电　话：027-68892433
传　真：027-68892433

湖南省版权局
局　长：朱建纲
副局长：黄赞佳
版权处处长：谭　昕
地　址：长沙市营盘东路38号
邮　编：410005
电　话：0731-84302558
传　真：0731-84302558
邮　箱：hncopyright@126.com

广东省版权局
局　长：朱仲南
副局长：钱永红
版权处处长：张同英
地　址：广州市环市东路水荫路11号
邮　编：510075
电　话：020-37592388/37592356
传　真：020-37604405/37607671
邮　箱：gdsbqj@21cn.com

广西壮族自治区版权局
局　长：于　瑮
副局长：龙　毅
版权处处长：石　卫
地　址：南宁市金湖路53号
邮　编：530028
电　话：0771-5516107/5516083
传　真：0771-5516083

海南省版权局
局　长：范晓军
版权处处长：陈一新
地　址：海口市海府路59号
邮　编：570203
电　话：0898-65399213
传　真：0898-65337894
邮　箱：wtt.tuyin@hainan.gov.cn

重庆市版权局
局　长：杨恩芳
副局长：吴绍阶
版权处处长：左图强
地　址：重庆市渝北区金山路8号科创楼
邮　编：401147
电　话：023-67502723
传　真：023-67502722
邮　箱：cbjxw@163.com

四川省版权局
局　长：周国良
副局长：段建玲
版权处处长：张万富
地　址：成都市桂花巷21号
邮　编：610015
电　话：028-86697076/86697083/86697093
传　真：028-86697083
邮　箱：sccopyright@163.com

贵州省版权局
局　长：黄定承
副局长：耿　杰
版权处处长：王丽莎
地　址：贵阳市延安中路5～9号
邮　编：550001
电　话：0851-5813428/5827842
传　真：0851-5813428

云南省版权局
局　长：杨文虎
副局长：李菊芳
版权处处长：马云虹
地　址：昆明市环城西路609号
邮　编：650034
电　话：0871-4196648
传　真：0871-4196708
邮　箱：bqj@ynppb.gov.cn

西藏自治区版权局
局　长：索　林
副局长：次仁央金
版权处处长：张百忍
地　址：拉萨市江冲路7号
邮　编：850000
电　话：0891-6356150
传　真：0891-6356150

陕西省版权局
局　长：薛保勤
副局长：曹先觉
版权处处长：沙庆超
地　址：西安市北大街 147 号
邮　编：710003
电　话：029-87205031/87205022
传　真：029-87205022/87205031
邮　箱：sxsxwcbj@163. com

甘肃省版权局
局　长：张余胜
副局长：袁爱华
版权处处长：夏　玲
地　址：兰州市庆阳路 292 号
邮　编：730030
电　话：0931-8455793/8464480
传　真：0931-8464480
邮　箱：gsbqj@163. com

青海省版权局
局　长：曹　萍
副局长：司才仁
版权处处长：杨如龙
地　址：西宁市同仁路 10 号
邮　编：810001
电　话：0971-6143650
传　真：0971-6141890

宁夏回族自治区版权局
局　长：杨洪峰
副局长：海　军、黄洪乾
版权处副处长：张秀年
地　址：宁夏银川市北京东路 139 号
邮　编：750001
电　话：0951-5014264/5052642
传　真：0951-5046836

新疆维吾尔自治区版权局
局　长：古力先·吐拉洪
版权处处长：施晓娟
地　址：乌鲁木齐市光明路 121 号建设广场 15 楼
邮　编：830002
电　话：0991-8842809
传　真：0991-8841822
邮　箱：xjbqj@sina. cn

版权社会管理和社会服务机构

中国版权保护中心
主　任：段桂鉴
副主任：邹建华　索来军　魏　红　范继红
地　址：北京市东城区安定门东大街 28 号雍和大厦西楼三层
邮　编：100007
电　话：010-68003887
网　址：www. ccopyright. com

中国软件联盟
负责人：邹　忭
地　址：北京市海淀区学院南路 55 号中软大厦 A 座 4 层 1403 室
邮　编：100081
电　话：010-51527173/51527172
传　真：010-62187306
邮　箱：csachina@csachina. org

中国互联网协会网络版权工作委员会
主　任：高卢麟
秘书长：石现升
地　址：北京市朝阳区光华路 2 号阳光 100A 座 1610
邮　编：100026
电　话：010-51003146
传　真：010-51003149

北京版权保护中心
主　任：薛　峰
地　址：北京市东城区朝阳门内大街 55 号新闻出版大厦
邮　编：100010

电 话：010-64081206/64081320
传 真：010-64081900
邮 箱：bcpc@bjcab. gov. cn
网 址：www. bjcopyright. org. cn

北京计算机软件登记中心
主 任：崔玉军
地 址：北京市东城区朝阳门内大街55号新闻出版大厦
邮 编：100010
电 话：010-64081391
传 真：010-64081204
邮 箱：bcpc@bjcab. gov. cn

河北省版权保护中心
主 任：张国岚
地 址：石家庄市和平西路新文里8号
邮 编：050071
电 话：0311-67561073
传 真：0311-67561072

浙江省版权服务中心
法定代表人：傅丽英
地 址：杭州市庆春路219号
邮 编：310006
电 话：0571-88137853
传 真：0571-85062879

江西省版权保护中心
调研员：聂文星
地 址：南昌市红谷滩区翠林路339号
邮 编：330038
电 话：0791-86894615
传 真：0791-86894652

湖北省版权保护中心
主 任：李晓平
地 址：武汉市武昌黄鹂路39号
邮 编：430077
电 话：027-68892460
传 真：027-68892453

重庆市版权保护中心
主 任：沈文忠
地 址：重庆市江北区洋河一村78号国际商会大厦10楼
邮 编：400020
电 话：023-67708231
传 真：023-67856872
邮 箱：cpc1604@yahoo. com. cn

著作权集体管理组织

中国音乐著作权协会
主 席：赵季平
总干事：屈景明
地 址：北京东单三条33号京纺大厦五层
邮 编：100005
电 话：010-65232656
传 真：010-65232657

中国音像著作权集体管理协会
理事长：张振华
总干事：王化鹏
地 址：北京朝阳区呼家楼京广中心商务楼401
邮 编：100020
电 话：010-66086649
传 真：010-66086475
邮 箱：cavca@cavca. org

中国文字著作权协会
会 长：陈建功
总干事：张洪波
地 址：北京朝阳区呼家楼京广中心商务楼403
邮 编：100020
电 话：010-65978905/06/16/17
传 真：010-65978926
邮 箱：chinacopyright@yahoo. cn

中国电影著作权协会
理事长：朱永德
秘书长：李国民

地　址：北京市西城区北展北街 5 号楼 5 层
邮　编：100044
电　话：010-62364640/62368086/62364675
传　真：010-62369799

中国摄影著作权协会
会　长：李仁臣
总干事：解海龙
地　址：北京朝阳区呼家楼京广中心商务楼 411
邮　编：100020
电　话：010-65978100
传　真：010-65595720

版权协会

中国版权协会
理事长：沈仁干
地　址：北京市西城区车公庄大街甲 4 号物华大厦五层
邮　编：100044
电　话：010-68003910
传　真：010-68003910

中国音像协会
会　长：于永湛
常务副会长兼秘书长：王　炬
地　址：北京市西城区莲花池东路 102 号天莲大厦 10 层
邮　编：100055
电　话：010-65122882/65125853/65125524（总机）
传　真：010-65127030
邮　箱：cava2008@163. com

北京市版权保护协会
会　长：孙安民
地　址：北京市东城区朝内大街 55 号 1006 室
邮　编：100010
电　话：010-64081076/64081075

天津市版权保护协会
会　长：李树仁
秘书长：陈燕丽
地　址：天津市河西区卫津路 241 号金桥国际宾馆
邮　编：300074
电　话：022-23377538
传　真：022-23377538
邮　箱：tca2011@126. com

河北省版权协会
会　长：李晓明
秘书长：张国岚
地　址：河北省石家庄市和平西路新文里 8 号
邮　编：050071
电　话：0311-67561177
传　真：0311-67561176

山西省版权协会
会　长：李锐锋
副会长：王吉敏
秘书长：王葆柯
地　址：太原市建设南路 21 号
邮　编：030012
电　话：0351-4922148
传　真：0351-4922148
邮　箱：sxsbqj@163. com

内蒙古自治区版权保护协会
会　长：高金祥
秘书长：志　民
地　址：呼和浩特市如意开发区四纬路 9 号
邮　编：010010
电　话：0471-4167335
传　真：0471-4167117

辽宁省版权保护协会
负责人：李世俊
地　址：沈阳市和平区北一马路 108 号
邮　编：110001
电　话：024-23259229
传　真：024-23255549

吉林省版权保护协会
会　长：董维仁

秘书长：薛亚清
地　址：长春市人民大街 4646 号
邮　编：130021
电　话：0431-85644760/86037735
传　真：0431-85644760

黑龙江省版权保护协会
理事长：马学良
地　址：哈尔滨市道里区森林街 68 号
邮　编：150010
电　话：0451-84615103
传　真：0451-84614852
邮　箱：hljbanquanju@163. com

黑龙江省反盗版联合会
理事长：陈景文
地　址：哈尔滨市道里区森林街 68 号
邮　编：150010
电　话：0451-84654520
传　真：0451-84614852
邮　箱：hljbanquanju@163. com

上海版权保护协会
会　长：胡大卫
地　址：上海市绍兴路 5 号
邮　编：200020
电　话：021-64370176
传　真：021-64332452

江苏省版权协会
会　长：傅杰三
常务副会长：华颂瑞
地　址：南京市鼓楼区高云岭 56 号
邮　编：210009
电　话：025-83207838
传　真：025-83207838
邮　箱：bqxhhdm@126. com

浙江省版权协会
会　长：单　烈
秘书长：吾晓红
地　址：杭州市上城区庆春路 219 号
邮　编：310000
电　话：0571-88137853
传　真：0571-85062879
邮　箱：526161803@qq. com

安徽省版权保护协会
理事长：徐发成
常务副秘书长：吴安宁
地　址：合肥市廻龙桥路 1 号安徽新闻出版大厦
邮　编：230063
电　话：0551-2846150/2850753
传　真：0551-2850733/2822677
邮　箱：wuann@ahpress. gov. cn

福建省版权协会
会　长：白京兆
秘书长：谢振芳
地　址：福州市东水路 76 号
邮　编：350001
电　话：0591-87535956
传　真：0591-87535956

山东省版权协会
会　长：孙友海
秘书长：陈　钟
地　址：济南市省府前街 1 号
邮　编：250011
电　话：0531-86061783
传　真：0531-86061795
邮　箱：bqc@sdxwcb. gov. cn

河南省版权学会
会　长：刘海程
地　址：郑州市农业路 3 号
邮　编：450002
电　话：0371-69129689
传　真：0371-69129689
邮　箱：hnsbqj@sohu. com

湖北省版权保护协会
会　长：吴汉东
秘书长：刘传生
地　址：武汉市武昌黄鹂路 39 号
邮　编：430077
电　话：027-68892460
传　真：027-68892453

湖南省版权保护协会（湖南省反盗版联盟）
会　长：张树青
秘书长：张树青

地　址：长沙市营盘东路 3 号
邮　编：410005
电　话：0731-84302572
传　真：0731-84302572

广东省版权保护联合会（广东省版权事务所）
负责人：刘扳盛
地　址：广州市环市东水荫路 44 号 2 楼
邮　编：510075
电　话：020-37667333/37638239
传　真：020-37638192
邮　箱：gdcopyright@126. com

广西壮族自治区版权保护协会
会　长：于开金
秘书长：石　卫
地　址：南宁市金湖路 53 号
邮　编：530028
电　话：0771-5516107/5516083
传　真：0771-5516087
邮　箱：gxbqbhxh@163. com

海南省版权协会
会　长：柳松华
秘书长：吕　军
地　址：海口市海府路 59 号
邮　编：570203
电　话：0898-65399213
传　真：0898-65337894
邮　箱：1975berlin@163. com

四川省版权保护协会
理事长：李正培
秘书长：张万富
地　址：成都市大石西路 36 号东楼 3 单元 405 号
邮　编：610075
电　话：028-87041970
传　真：028-87041970

云南省著作权保护协会
会　长：艾罕炳
秘书长：马云虹
地　址：昆明市环城西路 609 号
邮　编：650034
电　话：0871-4110371
传　真：0871-4110371

陕西省版权保护协会
会　长：冀东山
秘书长：张　静
地　址：西安市北大街 147 号
邮　编：710003
电　话：029-87205031
传　真：029-87205031

新疆维吾尔自治区版权协会
会　长：古力先·吐拉洪
秘书长：施晓娟
地　址：乌鲁木齐市光明路 121 号
邮　编：830002
电　话：0991-2811832
传　真：0991-8841822
邮　箱：xj30993@163. com

深圳市版权协会
会　长：陈一丹
秘书长：陈　彦
地　址：深圳市南山区科技园南区高新南一道 TCL 大厦 B 座 9 层
邮　编：518060
电　话：0755-86185519
传　真：0755-86185516
邮　箱：scsorgcn@qq. com
网　址：www. scs. org. cn

版权代理公司

中华版权代理总公司
总经理：段桂鉴
地　址：北京市东城区安定门东大街 28 号雍和大厦西楼 3 层

邮　编：100007
电　话：010-68003908
传　真：010-68003541

中国图书进出口（集团）总公司版权部
主　任：李迎庆
地　址：北京市朝阳区工体东路16号
邮　编：100020
电　话：010-65086949/65866992
传　真：010-65866992
邮　箱：copyright@cnpiec.com.cn

中国出版对外贸易总公司版权事务部
地　址：北京市安定门外安华里504号
邮　编：100011
电　话：010-64210403
传　真：010-64214540

中国国际电视总公司
地　址：北京市海淀区羊坊店路9号京门大厦
邮　编：100038
电　话：010-63957153
传　真：010-63955916

九洲音像出版公司版权贸易部
负责人：王渊海
地　址：北京市朝阳区外馆斜街甲1号泰利明苑A座510
邮　编：100011
电　话：010-85285399

北京版权代理公司
负责人：刘志伟
地　址：北京市海淀区知春路23号量子银座1403
邮　编：100191
电　话：010-82357056/57/58/59

山西省版权事务所
所　长：吉　平
地　址：太原市建设南路21号C区1804
邮　编：030012
电　话：0351-4922117

上海版权代理公司
负责人：王　艳
地　址：上海市张江路69号6楼
邮　编：201203
电　话：021-50278100
传　真：021-50278101
邮　箱：myyang@shbanquan.org

湖北长江崇文国际文化交流股份有限公司
地　址：武汉市洪山区雄楚大道268号
邮　编：430070
电　话：027-87679235/87387872

湖南省版权代理公司
负责人：刘跃伟
地　址：长沙市营盘东路3号
邮　编：410005
电　话：0731-82231655
传　真：0731-82231655

广西万达版权代理中心
负责人：邓　锟
地　址：南宁市金湖路53号
邮　编：530028
电　话：0771-5516127/5516044

重庆市版权代理有限公司
负责人：王　京
地　址：重庆市江北区洋河一村78号国际商会大厦10楼
邮　编：400020
电　话：023-67708231
传　真：023-67856872
邮　箱：cpc1604@yahoo.com.cn

陕西省版权事务中心（陕西版权代理公司）
负责人：沙庆超
地　址：西安市北大街147号
邮　编：710003
电　话：029-87205009
传　真：029-87205009
邮　箱：achao969@163.com

国家版权贸易基地

中国人民大学国家版权贸易基地

主　任：彭　翊

地　址：北京市海淀区中关村大街 59 号人民大学文化大厦 2104 室

邮　编：100872

电　话：010-62514333

传　真：010-82509959

邮　箱：intctc@ruc. edu. cn

网　址：www. intctc. com

北京国际版权交易中心

董事长：李　蘅

地　址：北京市朝阳区呼家楼京广中心商务楼 501

邮　编：100020

电　话：010-65974890（总机）

传　真：010-65978017

邮　箱：banquan@e-bq. com

网　址：www. e-bq. com

国际版权交易中心

总经理：殷秩松

地　址：北京市东城区安定门东大街 28 号雍和大厦西楼 1～2 层

邮　编：100007

电　话：010-64097700

传　真：010-84195406

邮　箱：public@cbice. com

网　址：www. cbice. com

附录一：港澳台版权信息

FU LU YI GANG AO TAI BAN QUAN XIN XI

◆香　港

【香港举办“知识资本管理顾问服务计划”庆祝典礼】

2011年1月21日，香港举办“知识资本管理顾问服务计划”庆祝典礼。香港商务及经济发展局副局长苏锦梁在致辞中表示，政府成功地将推行知识资本管理的优势推动至商界。

“知识资本管理顾问服务计划”（以下简称“计划”）由知识产权署主办，创新科技署和工业贸易署协办，并获得多个商会支持。“计划”自2009年3月开始，共有600多家企业参加了该计划。

在2010年“计划”的第二阶段，共有25家机构发表了他们的知识资本报告。苏锦梁向这些机构的代表颁发了“知识资本管理卓越成就”奖，以表扬他们履行对知识资本管理的承诺。

“计划”于2011年3月31日结束。香港生产力促进局及政府资助项目的服务提供者在庆典上介绍了一些免费知识资本管理提升项目，协助企业延续应用知识资本管理。

企业对“计划”的反应十分理想。470多份已收回的问卷显示，参加“计划”的企业中有81%来自中小企业，24%来自商业服务业，21%来自批发/零售/进出口贸易，18%来自制造业。进一步的分析显示，中小企业平均的人力资本是39%，比大企业多3个百分点，而结构资本（如企业内的系统、制度、知识产权等）只有27%，比大企业少2个百分点。至于“计划”的整体评分，89%的企业表示对这个免费的顾问服务感到满意。在问及免费知识资本管理顾问服务的深浅度时，69%的企业表示容易明白。

【香港海关打击售卖盗版光碟流动小贩】

香港海关版权及商标调查科人员自2010年12月起，展开代号“狡兔”的执法行动，打击流动小贩售卖盗版光碟的活动。截至2011年1月22日，海关人员共破获27宗案件，拘捕27人，成功捣毁一个固定的盗版光碟贮存仓库、两个流动或暂存贮存仓库，检获一辆私家车及约17 000张疑似盗版光碟，总价值约47万港元。

此外，海关拘捕的27名涉案男子，年龄介于21岁至48岁，大部分为无业人士或小贩。检获的疑似盗版光碟主要为市面上流行的电影、电视剧及唱片。

海关版权调查组指挥官叶慧婵在记者会上表示，海关会继续进行相关的执法行动。适逢农历新年临近，亦是购物的高峰期，海关会加强巡查购物热点地区，以打击市面售卖盗版光碟的活动。她强调，售卖盗版光碟为严重罪行，一经定罪会留有案底，呼吁市民切勿以身试法。根据《版权条例》，任何人将侵权物品用于出售，可被检控。一经定罪，最高刑罚为监禁4年和每件侵权物品罚款5万元。

【“打击复制及分发罪行奖赏计划”推行】

2011年2月16日，香港海关、香港复印授权协会和香港版权影印授权协会推出“打击复制及分发罪行奖赏计划”，并由海关助理关长谭耀强分别与香港复印授权协会主席郑丽珠及香港版权影印授权协会副主席李伟荣签订计划的合作协议书。

该计划的目的在于鼓励市民向海关提供情报，以打击某些机构在未获版权拥有人特许的情况下，以商业目的复制及分发报章、杂志、书本或期刊内版权作品的侵权复制品，且复制的程度会导致版权拥有人蒙受经济损失的活动。

奖赏计划由香港复印授权协会和香港版权影印授权协会提供奖金，香港海关管理与执行。

【香港海关侦破网络论坛盗版日剧、动画案】

2011年3月15日，香港海关版权调查组指挥官关煜群在记者会上表示，海关侦破了一宗网上侵犯版权案件，瓦解一个涉嫌发放盗版日本剧集及动画的本地网络论坛。行动中，海关拘捕4名年龄介于21岁到36岁的男子，检获两台服务器及8台电脑，总价值约115 000港元。

海关早前接到版权持有人举报，怀疑有人在本地网络论坛上传盗版电影，供互联网用户下载。海关反互联网盗版队随即展开调查，发现该网络论坛除设有一般讨论版外，还设有两个分别为“免费”和“收费”的下载网页，内有大量疑似盗版日剧及动画供下载。

该论坛用户在“免费下载网页”选择日剧或动画后，便通过论坛提供的“档案传输”服务器下载到电脑内。如下载最新或流行日剧及动画，便要到“收费下载网页”利用“网络金币”下载，每套日剧约需要3个“网络金币”。

论坛还提供银行账户号码，供用户存钱以购买“网络金币”，或者向一间位于深水的游戏机及配件零售店购买，10港元可买得20个“网络金币”。

海关人员经深入调查后，发现有关网络论坛的“管理人”及下载网页的两名“版主”均上传过疑似盗版日剧及日本动画供用户下载，他们也参与管理有关版面、上传日剧及动画、提供下载时用的“网络金币”等。

海关人员于3月11日采取行动，搜查荃湾、葵涌、柴湾、屯门及深水多处地方，拘捕1名该网络讨论区的“管理人”、2名下载网页的“版主”及1名游戏机及配件零售店的店主，检获涉案的2台服务器及8台电脑。

【香港与韩国海关签订协议加强合作】

2011年6月10日，香港海关关长袁铭辉和韩国海关关长尹永善在香港举行的第二十九届香港海关与韩国海关合作会议上签订协议，加强两地海关合作。

双方同意继续交换情报以打击贩毒、走私香烟及侵犯知识产权等跨境罪行，并加强在财务调查方面的合作。

袁铭辉在会议上表示：“在今天的会议中，双方就一系列共同关注的议题交换了具有建设性的意见。展望将来，双方将会继续维持现时紧密的合作，并探索新元素，提升双方的伙伴关系，以应对日后的各项挑战。”

【2011粤港知识产权与中小企业发展（肇庆）研讨会举行】

2011年6月23日，“2011粤港知识产权与中小企业发展（肇庆）研讨会”在广东省肇庆市举行。

研讨会的主题是“知识产权提升企业竞争力”，以广东省内的香港中小企业和内地企业为目标，旨在加强企业保护知识产权的意识和提高它们的竞争优势。

知识产权署助理署长彭淑芬在研讨会开幕礼上表示，这次研讨会为两地中小企业提供了了解区内知识产权最新发展的平台。

研讨会吸引约200名粤港中小企业代表和政府官员参与，是2011年度粤港知识产权重要合作项目之一，由香港特别行政区知识产权署、香港贸易发展局、广东省知识产权局及肇庆市人民政府主办，肇庆市科学技术局、肇庆市知识产权局承办，香港特别行政区政府驻粤经济贸易办事处协办，并得到“粤港保护知识产权合作专责小组”其他成员单位及香港工业总会的支持。

【“青网大使”年奖颁奖典礼举行】

2011年7月16日，香港海关关长袁铭辉和知识产权署署理署长梁家丽在海关总部大楼演讲厅主持召开了“青网大使”年奖颁奖典礼暨“我承诺反网上侵权”宣传巡礼。

袁铭辉在典礼上说：“香港政府一直大力提倡重视创意和尊重知识产权，为工商业界营造公平的商业和创作环境，并且与业界和市民大众在法制、执法、跨境合作和公众教育等方面互相配合。”

他指出，香港拥有完善的保护知识产权法律制度，而香港海关亦持续严厉打击各个层面的侵权盗版活动，但单靠严刑峻法并不能杜绝侵权活动，公众教育更为重要。在公众教育方面，海关、知识产权署和知识产权业界长期以来合办了各类型的宣传教育活动，向市民，特别是青少年传播保护知识产权的意识，以便青少年自小形成尊重知识产权的观念。

其中，“青网大使”计划于2006年由香港海关启动，获得知识产权业界的鼎力支持，目的是向年青一代宣扬保护知识产权的重要性。本地11个青少年志愿者团体约20万名成员已成为该计划的会员。过去5年，“青网大使”策划举办了不同类型的教育推广活动，促进青少年提高保护知识产权的意识和动力。

袁铭辉在典礼上将“青网大使”年奖团体奖的冠、亚、季军颁发给三个青少年志愿者团体，而“青网大使”年奖的个人得奖者亦在典礼上获赠奖杯，以表扬他们积极参与“青网大使”计划的活动及打击网上侵权活动的出色表现。

另一主礼嘉宾梁家丽在典礼上呼吁市民在享受科技发展成果之余，应尊重网上知识产权，不要在网上非法上传、下载版权作品或买卖冒牌货品，拒绝在互联网上进行任何侵权活动，以维护创作人的权益。知识产权署于1999年推出“我承诺”行动，至今吸引了超过万名市民加入成为会员，他们承诺拒绝购买或使用盗版货和冒牌货，并尊重知识产权。

2010年参加“青网大使知识产权创意比赛”的9名优胜者，也在典礼上与观众分享他们获奖后于2010年8月在东京游学并参观知识产权相关机构的所见所闻，协助推广尊重知识产权。

【香港海关扫荡出售载有疑似侵权歌曲记忆卡的手机店铺】

香港海关早前发现市面上一些店铺售卖手机时，连同附带载有大量疑似侵权歌曲的记忆卡，于是展开调查。2011年7月22日，经深入调查后，海关版权及商标调查科人员乔装顾客向目标店铺购买此类手机，并即时采取行动。行动中，海关人员在6间位于深水的店铺内，检获6部手机、6张连同手机一并出售的载有大量疑似侵权歌曲的记忆卡，以及5部用作复制疑似侵权歌曲到记忆卡的电脑，总值约20 000港元。每套手机连记忆卡售价介于400～900港元不等。行动中，海关人员拘捕了12名男子，包括4名店铺店主及8名店员，年龄在19至51岁不等。

这是香港海关首次发现店铺连同手机一并出售载有大量疑似侵权歌曲的记忆卡。

【粤港保护知识产权合作专责小组召开第十次会议】

2011年7月28日，粤港保护知识产权合作专责小组在广州举行第十次会议。广东省代表团由广东省知识产权局局长率领，成员包括海关总署广东分署、广东省公安厅、广东省对外贸易经济合作厅、广东省工商行政管理局、广东省版权局以及广东省港澳事务办公室的官员。香港代表团则由知识产权署署长带领，成员包括香港海关的官员。

在会议上，双方代表分别汇报了两地在知识产权合作方面的最新进展，并总结了2010年已完成的项目，包括“粤港知识资本管理与企业标准培训班”、“粤港知识产权与中小企业发展”研讨会、鼓励在粤港资企业申请认定广东省著名商标，以及与知识产权相关的民间组织于粤港两地举办的交流项目。

粤港两地的知识产权执法部门2010年继续紧密合作，经双方共同努力，在涉及粤港知识产权案件的协作机制方面，取得了新的进展和突破。

专责小组展望了2011—2012年度合作计划，包括：推动并拓展粤港知识产权贸易；为两地企业举办知识产权研讨会、培训班和交流活动；继续鼓励在粤港资企业申请认定广东省著名商标；为两地执法人员举办知识产权专题活动等。

【香港海关捣毁售卖盗版教科书书店】

2011年8月21日，香港海关突击搜查7间二手书店，发现有书店以谎称售卖二手书的手法出售疑似盗版教科书。行动中，海关共检获185本疑似盗版中学中文教科书，总值约27 000港元，拘捕12名涉案人士，年龄介于18岁至45岁，包括5名书店店主及7名店员。

行动中，海关发现涉案书店向顾客谎称有二手中学教科书出售，并把少量正版教科书混入盗版教科书当中，借以瞒骗顾客。当顾客要求购买二手教科书时，涉案书店把盗版书谎称为簇新的二手书，并以较低价格向顾客兜售。

【香港台湾两地联合举办“短片由我创”制作大赛】

2011年3月中旬至6月底，香港知识产权会和台湾著作权保护基金会联合举办了“短片由我创”制作大赛。参赛者均需制作一段30秒的短片以宣扬尊重知识产权。

大赛共收到347条参赛短片。比赛分为中学组、大专组和公开组，每个组别各设有金、银、铜奖各一名和优异奖两名。此外，大赛还设有网上人气奖，由香港和台湾居民在网上投选他们最喜爱的入围作品。中学组和大专组特设“最踊跃参与学校奖”，表扬参加比赛学生最多的中学和大专院校。

9月17日，大赛的结果在台北诚品书店信义旗舰店6楼视听室举行的颁奖典礼中公布。

【内地与港澳知识产权研讨会在香港举行】

2011年11月15日，2011年内地与香港、澳门特别行政区知识产权研讨会在香港举行，国家知识产权局局长田力普、香港特区政府商务及经济发展局局长苏锦梁、澳门特区政府经济局副局长戴建业出席会议并致辞。来自三地的政府机构、企业和业界人士等共300余人参加会议。

田力普指出，随着全球科技日新月异的发展，知识产权在促进经济社会发展、增强综合实力和提高竞争力等方面的作用越来越凸显，加强知识产权保护，完善知识产权制度，是内地与香港、澳门共同关注的话题。“十二五”规划提出了要将中国建设成创新型国家的目标，到“十二五”末期，要将发明专利的人均拥有量从1.7件/万人提高到3.3件/万人。专利申请量体现的是知识产权意识，专利授权量体现的是发明创造水平，而发明专利拥有量体现的则是专利的市场价值，体现专利在市场经济中起到的作用。此次研讨会就三地知识产权的最新发展、知识产权贸易的发展和前景等主题展开讨论，对于在目前形势下，提高内地、香港、澳门地区企业运用知识产权制度的意识和参与竞争的能力必将起到积极的促进作用。

苏锦梁在致辞中指出，完善的知识产权制度可以促进经济增长，对创意产业平台的搭建起到重要作用。香港特区一直在研讨相关法律制度，以使其契合经济发展的需要。国家“十二五”规划提出，要深化内地与香港的合作，支持香港产业创新，为经济发展提供新的增长点。此次三地研讨会为区域间知识产权交流与合作搭建了良好平台，有利于通过交流产生新思维，为企业提供更多的机遇和商机。

戴建业表示，CEPA（Closer Economic Partnership Arrangement《关于建立更紧密经贸关系的安排》）签署后，通过举办研讨会、开放港澳居民参加全国专利代理人资格考试、开展业务交流和人员培训等活动，三地在知识产权领域的活动将不断拓展和深化。此次研讨会的主题，特别是知识产权与贸易，在当前的形势下尤其值得深入探讨。

【国家知识产权局和香港知识产权署签署首份合作协议】

2011年11月16日，国家知识产权局与香港特别行政区政府知识产权署（香港知识产权署）在香港签署首份合作协议，加强在知识产权领域的合作。

协议不仅加强内地与香港在知识产权领域的合作，促进两地交流，深化彼此沟通，更共同通过重视知识产权，促进了创新和经济增长。

协议涵盖的知识产权合作领域包括：交流法律、宣传教育及自动化服务信息；国家知识产权局可应香港知识产权署要求提供人力培训；交换两地信息和出版刊物；推动两地知识产权贸易概念和趋势以推进企业转型升级；合作举办展览会、研讨会、技术交流及会议。

国家知识产权局局长田力普和香港知识产权署署长张锦辉分别代表双方签署关于在知识产权领域合作的协议。

【"粤港两地中学生版权知识和版权保护交流活动"在广州举办】

2011年12月28—29日，广东省版权局、广州市版权局与香港海关、香港知识产权署及"青网大使"联合在穗举办"粤港两地中学生版权知识和版权保护交流活动"。广东省版权局副局长钱永红、版权管理处处长张同英及广州市版权局副局长梁正祥，广州市版权局版权管理处、执法总队相关人士参与了本次活动。

参与活动的香港学生（"青网大使"）28日抵穗后首先到广州市文化市场综合行政执法总队参观学习。广东省版权局副局长钱永红介绍了广东省及广州市近年来版权工作的情况和成果，广州市文化市场综合行政执法总队相关领导介绍了相关执法情况。香港海关温延玲及知识产权署邓慧云分别介绍了香港在版权保护方面的做法。

下午，活动参与者到达广州市真光中学与该校学生代表进行互动交流。真光中学领导介绍学校版权教育情况，荔湾区版权局领导介绍该区开展版权宣传、打击侵权盗版的工作情况。活动中两地学生热烈讨论，积极分享各自对版权保护方面的理解和心得经验，并互相交换了纪念品。

29日，香港海关、香港知识产权署代表及"青网大使"参观了漫友文化传播机构和广州奥飞文化传播有限公司。

◆澳　门

【粤港澳海关"海龙行动"方案明确六项具体措施】

2011年1月11日，海关总署广东分署邀请香港海关和澳门海关，在广东省中山市举行了"粤港澳海关加强知识产权保护合作协调会"，三方就开展"粤港澳海关保护知识产权专项行动"和建立知识产权执法合作长效机制事宜进行了商议研究。

会议认为，粤港澳之间的侵权货物跨境运输，严重破坏了公平竞争的贸易秩序，损害了国家的声誉。加强粤港澳海关保护知识产权的执法合作，对遏制侵权商品的国际贸易，营造良好的进出口秩序，推动粤港澳三地经济贸易活动的健康发展具有重要意义。经研究，会议通过了开展"海龙行动"的方案。根据方案，粤港澳海关将成立专项行动专责小组，设立专职联络员和热线联系渠道，同时采取以下六项具体的行动措施：

第一项是开展情报和信息交流，其中重点是开展事前情报交流和综合性与趋势性分析，尝试运用控制交付手段打击有组织跨境侵权集团；

第二项是在粤港澳三地重点口岸地区开展保护知识产权联合执法行动；

第三项是开展个案延伸协查，行动期间各方查办跨境侵权案件需要对方协助的，可以请求对方提供必要协助；

第四项是举行风险分析技术和情报经营与运用等两项专题研讨；

第五项是开展考察交流活动；

第六项是安排走访和宣传活动，这主要是面向社会各界，目的在于了解社会需求、加强沟通交流、提高公众知识产权保护意识。

专项行动结束后，粤港澳海关还将适时进行总结，评估行动效果。

【澳门作曲家、作家及出版社协会走进校园宣传音乐版权知识】

为推动文化创意产业的发展及加深青少年对音乐版权知识的了解，澳门"作曲家、作家及出版社协会”（MACA）分别于9月12日、10月7日在澳门浸信中学、圣保禄学校举办两场校园讲座，向初、高中学生宣传尊重音乐、维护版权的讯息。

讲座内容主要包括以短片形式向师生介绍音乐版权的重要性及协会的日常运作，由协会行政经理曾佩玲介绍澳门当时的音乐版权情况，特别讲解了校园使用音乐版权的豁免原则。此外，讲座邀请了该协会会员组合 CONTS 作为表演嘉宾，为学生演绎多首原创作品，为现场带来欢乐气氛。讲座还设有奖问答环节，以互动参与的形式，让学生深入了解音乐版权的重要性，并思考如何于音乐的日常使用中尊重音乐创作人的劳动，参与活动的学生反应热烈，踊跃发言和回答问题。

【“澳门音乐与文化创意产业研讨会 2011”举办】

澳门“作曲家、作家及出版社协会”（MACA）于2011年11月29日在澳门旅游塔会展娱乐中心举行“澳门音乐与文化创意产业研讨会 2011”，与业界人士共同探讨有关澳门音乐产业的发展。

出席研讨会的主要嘉宾包括澳门文化产业委员会代表、澳门经济局知识产权厅代表、香港作曲家及作词家协会行政总裁杨子衡，以及澳门歌手及音乐创作人等；香港著名作曲家及唱片监制舒文、澳门知名电台主持人郑志达、澳门音乐人何俊仁担任嘉宾，与出席人士交流意见及讨论。

MACA主席吴国恩于致辞时表示，很高兴协会首次成功分配了版税给本地的会员，并且协会的会员数亦持续地增加，在收取版权费方面，协会成功收取了大部分在澳门举办的大型演唱会的版税，此突破有赖于澳门特区政府部分政府部门对协会的支持，同时也能起到带头作用。吴国恩主席期望在不久的将来将版权意识渗透至更微观层面。与此同时，MACA亦于2011年举办了多场校园讲座，借此向青少年讲解如何合法使用音乐，加强他们对音乐版权的认识。

此外，MACA将加快步伐与高用量的音乐用户商议版税事宜；将继续向本地社团机构讲解如何合法地使用音乐以加深他们对版权的了解，特别会加强对青少年的音乐版权教育工作；协会也期望设立奖学金，奖励音乐成绩优良的学生；并且举办活动鼓励创作，包括邀请音乐制作人与青少年一同制作唱片等。

香港作曲家及作词家协会（CASH）行政总裁杨子衡应邀担任当日研讨会演讲嘉宾，为与会者讲解 CASH 与会员们的友好互动及如何在音乐版权工作上相辅相成、共同努力让更多对音乐有兴趣的人参与创作。

此外，研讨会分享及讨论的议题包括：如何让人们尊重音乐、尊重音乐人及其作品；如何提升本地年轻人对音乐的兴趣；在音乐创作上如何定位及音乐带来的现实价值。

◆台　湾

【台湾放宽大陆人民到台申请专利与商标注册限制】

2011年3月3日，台湾“经济部智慧财产局”宣布，将放宽大陆人民到台申请专利与商标注册限制，只要在台湾有住所或营业所的大陆申请人，可直接向“经济部智慧财产局”申请专利或商标，不需要委托代理人办理。

另外，大陆地区自然人或法人向“经济部智慧财产局”申请专利或商标，可以先提出简体字版本，“经济部智慧财产局”将以简体字版本递件时间开始审查，而繁体字版本则可在审查期间补送。

【台湾举行2011年世界知识产权日庆祝活动】

为了庆祝世界知识产权日，2011年4月23日，台湾“经济部智慧财产局”举办了“2011年世界知识产权日庆祝活动——舞蹈创作发表会”。

这次活动邀请了爵代舞蹈剧场、威鸿传艺中心、S. R极限舞团、黑角舞团等知名舞蹈团体进行演出，也安排了建国中学、师大附中、中正高中以及成渊高中的热舞社进行表演。为使一般社会大众也能参与，主办单位特别创作了“WIPO舞”，由潮流舞者于开场表演时带领大家一起跳舞。

除了舞蹈创作的发表外，“经济部智慧财产局”还举办了“2011WIPO人气舞团”网络票选和“WI-PO奖不完”网络有奖问答活动。

【海峡两岸知识产权保护合作协议执行成效公布】

2011年5月3日，台湾当局经济主管部门“经济部智慧财产局”举行记者会，介绍《海峡两岸智慧财产权保护合作协议》（大陆称《海峡两岸知识产权保护合作协议》）执行成效。台湾“经济部智慧财产局局长”王美花说，他们与国家知识产权局、国家版权局、国家商标局等大陆对口部门“沟通都很顺畅”，协议执行成效“很好”。

两岸知识产权保护合作协议于2010年6月29

日在重庆签署，同年 9 月 12 日生效。王美花介绍说，有关相互承认专利、商标及植物品种权之优先权主张，在两岸进行多次的沟通与努力后，自 2010 年 11 月 22 日开始受理。截至 2011 年 3 月 31 日，大陆受理台湾优先权主张专利共 712 件，商标 13 件；台湾受理大陆优先权主张专利共 434 件（发明专利 381 件、新型专利 33 件、新式样专利 20 件），商标 16 件。

在著作权认证部分，截至 2011 年 3 月 31 日，获两岸知识产权部门认可的台湾著作权保护协会已接受台湾影音业者请求认证录音制品 27 件，影视制品 5 件，包括张惠妹、梁静茹、罗志祥等人专辑 CD 和《台北星期天》、《第 36 个故事》等影视作品 VCD、DVD，为业者大大节省了时间和费用。

在植物品种权方面，台湾方面提出，希望列入以下 10 个公告适用植物种类项目，具体为：朵丽蝶兰、文心兰、印度枣、番石榴、芒果、凤梨、番木瓜、杨桃、枇杷、火龙果，大陆农业部门已回应将就前 5 项纳入进行研究。另外，有台湾业者向大陆提出蝴蝶兰新品种申请案一件。

【2011 两岸著作权论坛在台北举行】

2011 两岸著作权论坛于 8 月 23 日在台北举行。本届论坛为第四届，由台湾商业总会主办。国家版权局版权管理司副司长汤兆志、中国版权协会理事长沈仁干等 25 名大陆政府、企业及学术界人士出席论坛。

汤兆志在论坛发言中指出，两岸在知识产权规定、执法体系以及操作层面虽有不同，但是保护知识产权的目标一致，有着共同语言，两岸在此方面加强磋商，具有十分重要的意义。大陆知识产权保护已取得不少成果，比如版权法律体系进一步完善、执法取得成效、版权相关产业对国民经济贡献率增加；但仍面临突出问题与困难，这些难题也是两岸共同的难题，需要双方加强交流与合作，分享智慧。

台湾“经济部智慧财产局局长”王美花表示，当下网络发展对著作权的冲击越来越大，使得影音制品以及文学作品版权保护面临严峻考验；随着两岸经贸、文化、科技交流日益增多，著作权保护受到重视。

沈仁干表示，大陆在知识产权保护某些方面应该借鉴台湾经验，两岸知识产权界从法律制定到实际操作层面可以进行很好的交流。

为期一天的论坛上，两岸业界相互介绍打击侵权制度，并分享执法经验，来自中国人民大学、台湾辅仁大学的学者就两岸著作权制度发展进行了探讨和比较。

【“2011 台北国际发明暨技术交易展”举办】

2011 年 9 月 29 日至 10 月 2 日，“2011 台北国际发明暨技术交易展”（2011 Taipei International Invention Show and Technomart）在台湾世贸一馆举办。

本次展览主办单位规划了“发明竞赛区”和“技术交易区”两大展区，突破过去使用摊位数，规模多达 1 000 多个摊位，汇集超过 700 家厂商、发明人、研发单位及学术单位，参展厂商数量比 2010 年增长了 5.7%。同时，本届发明展参展国家数高达 23 国，创下历届新高。

为鼓励发明创新的精神，发明竞赛区征件期间特别规定，4 年内取得有效专利权之作品方能参加；另外举办国家发明创作奖征选，并于展期中展出，包括贡献奖、发明奖及创作奖等 50 件作品。在技术交易区特别邀请了美国、日本、匈牙利、印度等 4 国著名产学研机构及技术交易机构，包括美国斯坦福大学，日本农工大学、名古屋大学等国际院校交流。

【2011 年台欧盟网络著作权保护研讨会举行】

2011 年 10 月 31 日，台湾“经济部智慧财产局”和欧洲经贸办事处（EETO）在台湾大学凝态科学中心暨物理馆国际会议厅共同主办了“2011 年台欧盟网络著作权保护研讨会”。台湾“经济部智慧财产局”和欧盟知识产权官员分别就网络著作权保护的法制及执行层面的问题进行了详细探讨。会上还邀请权利人进行经验分享，以建构一个权利人—网络服务提供商（ISP）合法使用著作及快速分享新信息的平台，进而促进相关创作、信息通讯服务产业的发展。

在这次研讨会中，台湾“经济部智慧财产局”除邀请了欧盟的政府、企业与相关专家来分享经验外，还特别邀请到法国执行“三振条款”的官方代表，后者介绍了“三振出局”制度的立法背景及执行成效。

【台湾制定“贯彻保护知识产权行动计划(2012—2015 年)”】

台湾“经济部”制定的“贯彻保护知识产权行动计划（2012—2015 年）”（以下简称“计划”）于

2011年11月16日报请核定。内容除持续性的查缉仿冒盗版、教育宣导、校园保护等工作外，还根据国际最新趋势，增加了研究反仿冒贸易协议（ACTA）内容，实时掌握议题动态，研究应对策略。为有效遏止日益猖獗的网络侵权问题，“计划”列入健全网络著作权保护措施、研讨各国对境外网站阻断之立法发展趋势等议题，并配合新修正商标法与专利法，推动其相关子法修正等项目纳入计划。

该“计划”目标有下列八大项：

一、健全知识产权政策及法规，提升台湾法制质量。

二、加强执行查缉仿冒盗版，加强办理司法人员专业训练，落实知识产权保护。

三、加强海关管制，减少仿冒品及盗版品交易。

四、持续推动校园保护知识产权行动方案，落实校园知识产权保护。

五、推动合法使用计算机软件等著作，强化网络著作权保护，辅导建立著作利用授权机制。

六、强化知识产权教育倡导，建立民众正确的知识产权观念。

七、加强国际交流合作，增进国际间对台湾保护知识产权的认识。

八、奖励创新发明，协助企业落实专利商品化，提高企业全球竞争力。

附录二：国际版权动态

FU LU ER GUO JI BAN QUAN DONG TAI

2011年国际版权动态回顾与展望

贺　兰

回顾2011年，国际版权界风起云涌，发生了一些具有重大影响力的立法事件，还有一些典型案件值得我们细细品味。总体而言，各国都高度重视对知识产权的保护，与知识产权有关的贸易成为各国对外贸易的重要组成部分。世界知识产权组织发布的《2011年世界知识产权报告——变化中的创新面貌》指出，知识产权政策已经成为创新政策的核心。世界知识产权组织总干事弗朗西斯·加利称，创新增长不再只是高收入国家的特权。穷国与富国之间的技术差距正在缩小。中国从20世纪80年代的知识产权落后国家，到现在已经跃升为世界第一知识产权增长大国。实施知识产权战略、建设创新型国家，要求中国重视知识产权保护，提高自主创新能力。在以知识为基础的全球经济中，与版权相关的行业已经成为财富和就业机会的一个巨大来源，版权和与版权相关的行业在知识的生产与传播中起着至关重要的作用。版权产业成为美国经济发展"引擎"，诸如电影、音乐、电视和软件的各项产业都严重依赖美国版权法的保护，这些产业为美国经济的生产总值作出了重大贡献。对于发展中国家来说，这既提供了巨大的机遇，也带来了巨大的挑战。信息和通信技术的飞速发展，使信息的生产、传播和储存面目一新，随之而来的国家和国际版权保护手段也得到了加强。

总体而言，2011年企业比原来更经常地进行知识产权交易和许可。从国际上看，版权税和许可费收入大幅增长，高于国内生产总值（GDP）增幅。尽管高收入国家仍然是全球研发支出的主体，但创新地理区域已发生转移。尽管知识产权需求目前仍主要来源于欧美，但需求市场已逐渐向亚洲转移，尤其是中国。无论是在中等收入经济体还是在金砖国家中，中国在推动各类知识产权申请增长中的作用日益增强。2011年国际版权界主要涉及以下重大事件：

一、《反假冒贸易协定》引发诸多争议

《反假冒贸易协定》（Anti-Counterfeiting Trade Agreement，ACTA），最初源于2005年日本在八国首脑峰会上的一份提案。在该提案中，日本提出建立打击盗版和假冒的国际性框架。2008年6月，澳大利亚、加拿大、美国、日本、欧盟、新西兰、韩国、新加坡、瑞士、墨西哥进行了第一轮正式磋商，历时3年，2011年10月在日本东京举行了最后的协商并达成了一致意见。《反假冒贸易协定》是一项多边贸易协定，它旨在通过建立新的、更严格的知识产权国际保护标准以对侵犯知识产权的行为进行有效制裁。此次共有澳大利亚、加拿大、日本、韩国、摩洛哥、新西兰、新加坡和美国8个国家签署加入这一协定。

ACTA主要是针对国际贸易中的假冒和盗版商品，包括假冒商品、假药以及互联网上的著作权侵权案件等，是旨在加强发达国家知识产权保护力度的多边协议。它为国际知识产权的保护制定了高于TRIPS协议的标准，包括了知识产权保护的民事、行政、刑事、边境及数字环境执法等多种措施和保护手段。但其很多规定受到多方质疑，主要包括，第一，第三章第16条边境措施：缔约方海关可以主动或者根据权利人申请中止放行或者扣押有嫌疑的货品；第二，第四章刑事执法中第23条刑事犯罪规定：故意假冒或者盗版达到商业规模应适用刑事程序和刑事处罚，达到商业规模的行为至少包括为直接或者间接的经济或商业利益而实施的商业活动；第三，该协定的诸多条款表述不清晰，存在着多种解读的可能，会对人们的言论自由和隐私造成影响；第四，该协定未能就知识产权保护与网民的自由权利进行恰当的平衡。

这些规定可能导致知识产权权利人滥用权利，从而大大压缩公共利益的空间。对该贸易协定持反对态度的人认为该项协定的相关条款超出了《与贸易有关的知识产权协定》（TRIPS）中的知识产权保护水平，可能会对人们获取药品及在数字环境下的基本自由造成不利影响。在欧盟内部，由于对签署该协定不满，负责起草该协定的欧盟首席贸易谈判代表凯德·阿里夫（Kader Arif）辞职，而他的继任者戴维·马丁（David Martin）也体会到了日益增加的压力。

二、云计算投资日益攀升，发展前景广阔

云计算（Cloud Computing）是一种基于互联网的超级计算模式，在远程的数据中心里，成千上万台电脑和服务器连接成一片电脑云，在云里储存了这千万台电脑的数据信息。传统信息的计算和处理大多是靠操作者自己的计算机硬件与软件系统资源，包括电脑、笔记本、手机等方式接入数据中心，按自己的需求进行运算，而云计算通过含有海量信息的服务器群组使用户可以通过资源共享的方式满足各自的需求，如：雅虎的图片共享网站 Flickr，谷歌的视频分享网站 YouTube、电子邮件 Gmail，社交网络 Facebook，微软的博客写作软件 Writer 等。云计算现已逐渐成为信息处理的主要方式，而从中产生出来的资源共享的新型运营模式，对既有的版权法构成了极大挑战。

哈佛大学商学院教授乔希·勒纳（Josh Lerner）日前发布了一篇题为《版权政策的变化对云计算投资的影响》的研究报告。勒纳是风险投资和创新方面的专家，他的研究是基于对 2008 年美国有线电视公司（Cablevision）一案的分析，虽然在该案的判决中并未提到“云计算”的字句，但其结果却关系到“云计算”方面的版权问题，解决了美国云计算公司在版权责任方面面临的不确定性。他通过调查研究发现，该案判决对云计算投资产生了重大影响，使云计算投资显著增长。本案同联邦最高法院在 1984 年对索尼案的判决一样具有重大意义，势将给未来网络内容的传输（信息流的复制、储存、传播）和内容提供带来相当大的冲击，最终关系到整个新兴科技产业的未来发展。

三、对“避风港”原则的适用出现微调

“避风港”原则是指在发生著作权侵权案件时，当网络服务提供商（ISP）只提供空间服务，并不制作网页内容时，如果 ISP 被告知侵权，则有删除的义务，否则就被视为侵权。如果侵权内容既不在 ISP 的服务器上存储，又没有被告知哪些内容应该删除，则 ISP 不承担侵权责任。后来“避风港”原则也被应用在搜索引擎、网络存储、在线图书馆等方面。“避风港”原则包括两部分，“通知＋移除”（notice-takedown procedure）。2011 年 10 月 14 日，澳大利亚司法部长罗伯特·麦克莱兰（Robert McClelland）公布了一份公共咨询文件，提议扩大《1968 年版权法》（Copyright Act 1968）中“避风港”原则的适用范围。作为《澳大利亚—美国自由贸易协定》（the Australia-United States Free Trade Agreement）的一部分，“避风港”计划于 2005 年 1 月 1 日起开始实施。它旨在通过法律激励传输服务商（Carriage Service Providers，CSPs）与版权人合作，共同遏制未经授权的版权资料在由 CSP 经营或控制的系统上储存和传输，进而防止其终端用户的侵权行为。

澳大利亚司法部长罗伯特·麦克莱兰建议扩大“避风港”原则的适用范围，使其与电信法所规定的定义相分离，从而使该计划更广泛地适用于那些不符合 CSP 定义的服务提供商和在线服务经营者。这个可以适用“避风港”原则的新群体将被定义为服务提供商（Service Provider），这一定义将会包括互联网服务提供商和在线服务的经营者，不论它们是否对公众提供运输服务（Carriage Service）。

针对本咨询文件的意见书收集已于 2011 年 11 月 22 日截止。支持扩大“避风港”原则适用范围的意见认为，这将在法律上为更多的网络服务供应商的行为提供更大的确定性。而把 CSP 替换成服务提供商将使“避风港”计划与《澳大利亚—美国自由贸易协定》以及其他如美国、新加坡、韩国等国家实施的类似计划更加协调一致，以便于实施。

四、“孤儿作品”的使用需要建立新框架

近些年来业界广泛关注如何建立一个法律框架来合理使用“孤儿作品”（orphan works）。“孤儿作品”是指，作者无法确定或无法找到，但潜在的使用者需要授权许可的作品。2006 年，美国版权局向国会递交了关于“孤儿作品”的研究报告。版权局与很多版权组织的观点一致，上百万无法找到权利人的此类作品应该允许公众使用（例如研究、教育或是使用在主流书籍或纪录片中）。版权局提出当使用者使用合理有效数字搜索引擎无法找到著作权人时，应限制著作权人可能获得的救济措施（在其后立法草案中将参考最佳实践和技术手段来定义相关细节问题）。众议院和参议院在第 109 届和第 110 届会议上做了大量关于作者不明作品的立法工作。当包括谷歌数字图书馆计划（Google Book Search Program）在内的各种团体诉讼提出双方和解协议时，“孤儿作品”的讨论热度开始下降，因为该协议涉及了此类作品。但是 2011 年法庭驳回了协议的修改版，明确裁决此类作品的处理应该由国会而非法院规定。欧盟的成员也都在改变关于作者不明作品的关注焦点。

“孤儿作品”的版权问题一直是法律界争论的热点之一。2007 年，国际图书馆协会联合会（IFLA）与国际出版者协会（IPA）就“孤儿作品”版权问题的主要原则达成协议，双方公认“孤儿作品”拥有版权，鉴于其所有者无法明确，可以由希望获取权利所有人的许可而使用该作品的人持有。澳大利亚作家协会执行会长安杰洛·卢卡克斯（Angelo Loukakis）表示，这是无视作家权利的、令人愤怒的做法，任何人无权决定作家们是否、何时或者如何放弃其版权保护，这些不是“孤儿作品”，而是被绑架的作品。

谷歌数字图书馆计划早在2004年就因著作权侵权被起诉，2011年3月纽约南区法院否决了谷歌与美国作家协会（the Authors Guild）、出版商协会达成的价值1.25亿美元的和解协议，而法院否决此项和解协议的其中一个重要原因就是要保护“孤儿作品”的版权。在这场诉讼中，“孤儿作品”再次成为问题的关键。如果这个案件的审理能够最终推动有关“孤儿作品”版权归属的立法进程，将对世界各国著作权法的完善产生深远影响。

五、美国知识产权保护推出新举措

（一）《保护知识产权法案》剑指侵权网站

网络技术的发展与应用，无疑极大地丰富了我们的生活，促进了社会经济的发展与进步。与此同时，互联网科技也给知识产权保护带来了极大的挑战与冲击。美国商会（the U.S. Chamber of Commerce）、美国电影协会（the Motion Picture Association of America，MPAA）等多个团体声称，一些“流氓网站”从事各种交易，包括发行盗版电影、电视节目、音乐，甚至销售假冒伪劣的处方药品。2011年5月12日，美国参议院司法委员会主席帕特里克·莱希（Patrick Leahy）、参议员奥林·哈奇（Orrin Hatch）以及司法委员会高级成员查克·格拉斯利（Chuck Grassley）共同向参议院提交了《2011版防止互联网威胁经济创造力以及知识产权侵权法案》（the Preventing Real Online Threats to Economic Creativity and Theft of Intellectual Property Act of 2011，PROTECT IP ACT 2011，也称《保护知识产权法案》）。

根据《保护知识产权法案》，侵权网站（an Internet Site Dedicated to Infringing Activities，ISDIA，即所谓“流氓网站”）有一个显著特点：除从事或促进版权侵权，破解对版权作品的技术控制，以及销售或推销假冒伪劣商品或服务等活动外，无其他明确用途；或者是被设计、操作、交易或使用以从事上述活动。《保护知识产权法案》将赋予执法官员和版权所有者新的武器，即有对非国内域名注册人、经营人或所有人的起诉权，以及要求相关主体给予协助的权利，以打击网络盗版行为，预防、遏止和清除以传播盗版信息牟利的网站。2011年9月，《保护知识产权法案》已经在美国司法委员会通过听证。

（二）《禁止网络盗版法案》针对境外盗版者

《禁止网络盗版法案》（the Stop Online Pirate Act，SOPA），即众议院3261号议案，于2011年10月25日由众议院司法委员会主席、得克萨斯州共和党参议员拉马尔·史密斯（Lamar Smith）和一个12名成员的两党立法者团体（bipartisan group）共同提出。与参议院《保护知识产权法案》（the Protect Intellectual Property Act，PIPA）相对应。SOPA的主要打击对象是美国境外的盗版者。因为在这部法案被美国众议院提出前，美国公司难以针对外国网站提起侵权诉讼，例如盗版网站海盗湾（the Pirate Bay）的服务器就位于瑞典，因此SOPA的目的就是切断这些盗版网站的“氧气”来源，具体措施包括要求搜索引擎公司、网络广告商及其他网络服务提供者拒绝向侵权网站提供服务。这意味着谷歌（Google）不能在其搜索结果中提供指向盗版网站的链接；在线支付交易服务商，如贝宝（PayPal），也不能提供盗版产品的在线转账服务。该法案一经推出，便遭到了以硅谷为首的互联网产业的强烈反对。虽然法案的支持者和反对者都承认版权应当得到正当的保护，但是SOPA的内容可能给ISP带来过于严格的审查，并可能导致一系列意料外的结果。

依据1998年的《数字千禧年版权法案》（the Digital Millennium Copyright Act，DMCA）中的“通知取下”（takedown notice）规定，假如用户上传一首受版权保护的歌曲至YouTube，只要YouTube在合理时间内移除侵权歌曲就可以免责。当YouTube收到来自版权人的警告时，它有义务通知上传该内容的用户，用户也有权发出反对声明以表明其上传内容不侵权。如果双方僵持不下，则可以诉诸法院。批评者指出，DMCA建立的规则在打击国外盗版者方面毫无用武之处。SOPA则可以通过切断网络侵权链条来弥补DMCA的漏洞。如果当局不能迫使外国网站移除侵权内容，至少可以通过限制美国公司的服务以降低美国互联网用户接入侵权网站的可能性。然而SOPA比DMCA走得更远的一步在于，它可能使网站运营者和ISP因为其用户的行为而承担侵权责任。草案文本中提到的“纵容盗版的网站被视为蔑视法律”，这种宽泛的用语使硅谷的公司吓出了一身冷汗，也正是这种模糊的用语招致了各大公司的强烈反对。

通过SOPA的措施不难看出，SOPA不是通过打击盗版者来防止盗版，而是通过扩大连带责任来防止盗版。这种“责任的扩大化”会导致如下后果：第一，如果这一法案最终通过，那么整个互联网产业将受到牵连。任何公司只要提供互联网的服务，就必须要为服务对象的行为负责，这不仅会影响公司的运作模式，而且会提高公司的运作成本。第二，这一法案会影响到互联网的技术架构。因为网络代理服务（Proxy）和域名解析（DNS）也属于该法案禁止向盗版者提供的服务。如果网络代理服务和域名解析都实时监控，互联网的架构必将变得复杂，效率也将降低。第三，这一法案将“互联网审查”合法化。它规定任何公司如果没有事先采取防盗版的措施，其就为连带责任人。这意味着各家公司必须自行审查用户提交的内容，因此言论自由将不复存在。维基百科、YouTube、Flickr等这一类用户直接贡献内容的网站也将不复存在。第四，这一法案废除了《数字千禧年版权法案》规定的“避风港”原则，即当网络服务提供商被告知侵权时才有删除的义务。而这一法案则要求服务商设法自行识别出侵权内容，否则就要承担责任。虽然这两个法案得到了参议院与众议院的大部分两党人士以及诸多商业团体的支持，但它们已经在美国学术界和网络巨头间引起了轩然大波。

六、世界知识产权组织重大活动

世界知识产权组织作为促进使用和保护人类智力作品的国际组织，在全球化的背景下，努力协商国家和地区之间的关系，尤其关注发展中国家知识产权制度的设立和发展。

（一）支持埃及建立知识产权学会

世界知识产权组织（WIPO）支持埃及建立一个旨在从事知识产权教学的学会。2011年10月26日，由埃及大使希沙姆·巴德尔（Hisham Badr）同埃及驻联合国日内瓦常驻大使、世界知识产权组织总干事弗朗西斯·加利（Francis Gurry）共同签署了概述合作领域的谅解备忘录。

在这一协议下，世界知识产权组织将协助埃及科学技术研究协会（Academy of Scientific and Technologic Research）构建一个培训机制，该机制将满足埃及国内的利益相关者在知识产权教育中日益增长的需求。合作包括的关于课程发展的建议和特制的项目，都是根据科学技术研究协会的发展目标来量身定做的。合作旨在促使该国家学会提供知识产权领域的高品质培训项目。

近30年来埃及国内的政治和经济发展很快，促进了国内知识产权相关制度的发展。例如2011年上半年埃及在美专利申请量为244件，较过往已有了大幅度增长，但与其经济水平还有些差距。故这一次与世界知识产权组织的合作将对埃及国内知识产权制度的完善与发展产生重要影响。

（二）推进数字环境下版权基础设施构建

2011年10月13—14日世界知识产权组织召开“加强数字环境下对创作成果的保护”的全球论坛。此次论坛的议题覆盖范围甚广，包括从公开注册、缴送制度到互联网环境下创新成果均衡且有效的传播等方面。

WIPO助理总干事特雷弗·克拉克（Trevor Clarke）在欢迎致辞中指出，此次为期两天的会议主要致力于加强各会员国对当前，特别是数字环境下推动版权基础建设的共识。“基础设施及编制建设有助于保障版权及其他相关权利的行使，有利于帮助公众对公共领域进行科学的界定。”提及当前数字时代发展及变革的问题，埃及亚历山大图书馆主任伊斯梅尔·赛拉杰汀（Ismail Serageldin）博士表示当前亟待促进公共领域和知识获取方面的工作，重新思忖适于版权保护的法律制度及非商业开发领域中合理使用的相关范畴，并考虑在当前形势下如何鼓励研发、创新等问题。

（三）将图书馆的限制与例外纳入讨论范畴

从历史上看，图书馆保护一直处于著作权体系的阴影之下。然而，自从TRIPS签订之后，各个国家和机构在图书馆保护方面虽然处于国际著作权体系的重压之下，但也在不断进步。图书馆、档案馆不仅是消费者，而且越来越成为信息制造者。作为公共利益的代表和捍卫者，图书馆在作者、信息创作者以及终端用户（无论其是个人读者还是机构）这三者之间起着重要的中介作用，它就像一个仓库，不仅起到了保存知识和信息的作用，同时也为研究和记录提供了一个切入点。

哥伦比亚大学版权咨询处负责人肯尼思·克鲁斯（Kenneth Crews）于2008年的研究调查显示，截至2008年，世界上仍有21个国家根本没有图书馆、档案馆例外的规定，其他国家虽然有这方面的规定，但是保护程度不一，整体上略显薄弱。目前通行的做法是在图书馆、档案馆著作权保护中规定一些例外和限制（Exceptions & Limitations），来确保人们对被保护作品进行适当的利用。于2011年11月21日至12月2日在日内瓦举行的世界知识产权组织版权与邻接权常设委员会第23届会议，也将图书馆与档案馆的限制与例外纳入了讨论之中，并有望得出一份相关的国际性文件。实际上，图书馆、档案馆例外与限制的议题很早就被纳入了WIPO的会议中，但这次的会议不只是简单地对这项议题进行讨论，而且是在制定国际性文件方面有了实质性进步，图书馆、档案馆的著作权有望得到国际法律文件的保护。

（作者单位：中国人民大学法学院）

2011年国际版权动态

◆ 立法与行政

【反假冒贸易协定正式签署】

2011年10月1日，澳大利亚、加拿大、日本、韩国、摩洛哥、新西兰、新加坡和美国8个国家在日本东京正式签署了《反假冒贸易协定》(ACTA)，并于2011年11月1日生效。

ACTA最初源于2005年日本在八国首脑峰会上的一份提案。在该提案中，日本提出建立打击盗版和假冒的国际性框架。2008年6月，澳大利亚、加拿大、美国、日本、欧盟、新西兰、韩国、新加坡、瑞士、墨西哥进行了第一轮正式磋商，历时3年。2011年10月在日本东京举行了最后的协商并达成了一致意见。

ACTA主要是针对国际贸易中的假冒和盗版商品，包括假冒商品、假药以及互联网上的著作权侵权案件等，是旨在加强发达国家知识产权保护力度的多边协议。它为国际知识产权的保护制定了高于TRIPS协议的标准，包括了知识产权保护的民事、行政、刑事、边境及数字环境执法等多种措施和保护手段。但其很多规定受到多方质疑，主要包括第一，第三章第16条边境措施：缔约方海关可以主动或者根据权利人申请中止放行或者扣押有嫌疑的货品；第二，第四章刑事执法中第23条刑事犯罪规定：故意假冒或者盗版达到商业规模应适用刑事程序和刑事处罚，达到商业规模的行为至少包括为直接或者间接的经济或商业利益而实施的商业活动，等等。国际社会认为，这些规定可能导致知识产权权利人滥用权利，从而大大压缩公共利益的空间。

一些非ACTA成员国的主要贸易国家对ACTA关于知识产权执行的规定表示担忧，并且呼吁世界知识产权组织执行咨询委员会(Advisory Committee on Enforcement，ACE)制定新的执行措施以更加注重保护各国利益。

(信息搜集：姜丽丽；编译：姜丽丽、杨蕊华。

资料来源：http://www.hktdc.com/info/vp/a/intmk/sc/1/2/1/1X07NPFI/%E7%BE%8E%E5%9B%BD%E4%B8%8E%E4%B8%83%E4%B8%AA%E8%B4%B8%E6%98%93%E4%BC%99%E4%BC%B4%E7%AD%BE%E7%BD%B2-%E5%8F%8D%E5%81%87%E5%86%92%E8%B4%B8%E6%98%93%E5%8D%8F%E5%AE%9A-%E8%8B%B1%E6%96%87%E7%89%88.htm;

http://www.bilaterals.org/spip.php?article20366&lang=en;

http://www.cpahkltd.com/CN/info.aspx?n=20111010091113800693)

【新西兰“三振出局”法案实施】

新西兰“三振出局”法案即《版权(侵权文件共享)修订法案》(the Skynet Law)自2011年9月1日起生效。该修正案涉及的在线文件共享侵权仅针对点对点(P2P)协议，并不包括视频或音乐实时播放网站。该法案把侵权范围限定在点对点在线共享文件，受到很多网络用户的欢迎。

新的修订法案允许权利所有人向互联网服务提供商发出一系列通知，告知后者有哪些账户持有人涉嫌正在通过共享文件侵犯版权。该通知涉及监测、警告和实施三个阶段。到实施阶段时，权利所有人可向版权特别法庭(一个由5位独立专家组成的陪审团)提出裁决申请。特别法庭可对账户持有人处以最高1.5万美元的罚金，或采取更为严厉的方式，即从2013年起将侵权者的互联网账户吊销6个月。互联网提供商可针对每份通知收取25美元的费用，而权利持有人必须支付200美元才能向特别法庭提出裁决申请。

在新西兰“三振出局”法案实施后的两个月内，第一批通知已经发出。电信公司声称，他们一夜间从新西兰唱片工业协会(the Recording Industry Association of New Zealand)收到了42份侵权通知，要求送达给他们的42名用户。另外，Orcon公司的总裁也声称收到了新西兰唱片工业协会的侵权通知。据说，80%的通知都是与非法下载Rihanna和Lady Gaga的音乐有关。

一份调查研究显示，在网上非法分享文件的用户一旦接收到版权所有人发来的第一份警告通知，将会立即停止侵权。这项调查结果是由美国电影协会和新西兰版权委员会(the Copyright Council of New Zealand)在线调查了1 359名15～50岁新西兰网民的一系列网上行为得出的。其中，29%的人承认以前用 P2P 软件下载过音乐，21%的人承认下载过电影。他们之中 70%的人表示如果收到第一次的警告通知，会立即停止下载行为。

针对新西兰“三振出局”法案有很多争论，有支持者也有质疑者。事实上，一些用户确实会停止侵权，因为他们一旦侵权将要面临 1.2 万美元的罚单，但对另外一些人来说，这些措施或许还不能起到威慑作用。有专家称，在新的版权法下，没有人是安全的。无疑，这个新法案会改变人们对于网络侵权的认识，有可能使无辜的人陷入版权纠纷，更有甚者，会面临牢狱之灾。

（信息搜集、编译：潘铭。

资料来源：http://news.softpedia.com/news/New-Zealand-Skynet-Law-Starts-Making-Victims-231769.shtml；

http://www.stuff.co.nz/technology/digital-living/5887377/First-copyright-infringement-notices-issued；

http://www.3news.co.nz/Skynet-law-will-stop-most-illegal-downloading—NZFACT/tabid/412/articleID/224261/Default.aspx；

http://www.ipr.gov.cn/index.shtml；

http://en.wikipedia.org/wiki/Copyright_（Infringing_File_Sharing）_Amendment_Act_2011）

【英国出台新法律帮助企业保护知识产权】

2011 年 10 月 1 日，英国通过并生效了一项专利法院受理案件标的限额的法案《2011 第二号郡专利法院财务限制令》（The Patents County Court Financial Limits（No.2）Order 2011）。该法案列出了在英格兰和威尔士的郡专利法院（Patents County Court）管辖范围内有关诉讼的限额分流措施，第一次明确地规定了哪些版权和商标纠纷案件归郡专利法院管辖，哪些归高级法院管辖。这项新法案的生效将使得中小企业更容易通过法律来保护它们的知识产权。

2011 年 5 月，伊恩·哈格里夫斯（Ian Hargreaves）教授主持的一个专家小组向英国政府提交了一份有关“知识产权与经济增长”的审查报告，这份报告提出了 10 项建议，以确保英国制定一个最适合在数字化时代支持创新和促进经济增长的知识产权框架。

这份报告中的证据表明，中小企业行使他们的知识产权受到高等法院所需的高诉讼费用的掣肘。一些公司基于不确定要为此付出多大代价的担忧而推迟对其权利的保护，大约 1/5（17%）的中小企业因畏惧高额费用而放弃保护其权利。而在新的规定中，郡专利法院所管辖的案件的赔偿上限被定为 50 万英镑，也正是考虑到中小企业不太可能为赔偿额在这个范围内的案件诉诸高收费的高等法院。

法律的变化将确保价值较低、比较简单的案件——即通常涉及中小企业的案件——会自动归郡专利法院管辖。这不仅意味着在此类案件上付出高额费用的风险将大大降低，而且也带来了司法上更低的成本和更有效率的工作。这项新法律的生效将使得中小企业通过法律来保护它们的版权和商标变得更加容易。

中小企业对此项限额分流的改革表示支持。这项改革的有效性将于 2014 年被审查，届时将会有一个正式的报告出台。对此，英国知识产权大臣威尔科克斯男爵夫人（Baroness Wilcox）谈道：“一个更亲民的司法系统会给予公司更大的激励来保护和加强它们的知识产权。中小企业和企业家在运用法律上变得更加容易，这将使得他们将更多的时间专注于商业活动和创新，从而为经济的增长提供保障。这些变化明晰了法律适用过程中中小企业所面临的风险，使它们有信心来面对资金更雄厚的公司。”

此外，该法案中规定的限制并不会排除任何中小企业在高等法院提出索赔申请的可能性，只是针对现有的困境提出了额外的诉讼策略上的帮助。另外，申请人可以放弃赔偿限额以上的超额索赔，放弃之后的诉讼标的若在 50 万英镑之内，郡专利法院同样具有司法管辖权，可以采取聆讯和裁定的行动，但这种情况下申请人的索赔可能无法超过这一数额。

（信息搜集、编译：常萱。

资料来源：http://www.ipo.gov.uk/about/press/press-release/press-release-2011/press-release-20111001.htm；

http://www.legislation.gov.uk/uksi/2011/2222/contents/made；

http://www.ipo.gov.uk/ipreview.htm）

【澳大利亚提议扩大“避风港”原则的适用范围】

2011 年 10 月 14 日，澳大利亚司法部长罗伯特·麦克莱兰公布了一份公共咨询文件，提议扩大《1968 年版权法》中“避风港”原则的适用范围。

作为《澳大利亚—美国自由贸易协定》的一部分，“避风港”旨在通过法律激励传输服务商

(CSP)与版权人合作，共同遏制未经授权的版权材料在由CSP经营或控制的系统上储存和传输，进而防止其终端用户的侵权行为。

截至2011年10月，“避风港”原则只适用于根据《1997年电信法》(Telecommunications Act 1997)规定的CSP定义范围内的服务供应商，一般来说只适用于为公众提供网络服务的供应商，而忽视了为特定群体提供网络服务的服务供应商，比如教育机构、雇主、网上搜索引擎运营商及网上销售商等。事实上，在很多情况下，它们开展的活动与CSP类似，并且与CSP一样缺乏对其用户行为的控制。

澳大利亚司法部长罗伯特·麦克莱兰建议扩大“避风港”原则的适用范围，使其与电信法所规定的定义相分离，从而使该计划更广泛地适用于那些不符合CSP定义的服务提供商和在线服务经营者。这个可以适用“避风港”原则的新群体将被定义为服务提供商，这一定义将会包括互联网服务提供商和在线服务的经营者，不论它们是否对公众提供传输服务。

针对该咨询文件的意见书收集已于2011年11月22日截止。支持扩大“避风港”原则适用范围的意见认为，这将在法律上为更多的网络服务供应商的行为提供更大的确定性。而把CSP替换成服务提供商将使“避风港”计划与《澳大利亚—美国自由贸易协定》以及其他如美国、新加坡、韩国等国家实施的类似计划更加协调一致，以便于实施。

澳大利亚版权委员会(the Australian Copyright Council)对该提议提出反对意见，他们认为这次的咨询方案还不成熟，除非能够证明“避风港”原则的受益者采取了适当的措施来阻止侵权，否则“避风港”原则的适用范围不应该扩展。此外，如果排除了有关中介机构的责任，会对著作权人造成不利影响，相比之下，《1968年版权法》中关于中介责任的规定更符合当前的实际情况，更加具有可行性。

(信息搜集、编译：李婕。

资料来源：http://www.ag.gov.au/www/agd/agd.nsf/Page/Consultationsreformsandreviews_RevisingtheScopeoftheCopyrightSafeHarbourSchemetheProcessofSeekingISPSubscriberDetailsinCopyrightInfringementMatters;

http://www.griffithhack.com.au/mediacentre-Expandingthecopyrightsafeharbour;

http://www.copyright.org.au/news-and-policy/show-news/id/2013/;

http://www.mondaq.com/australia/x/150570/Copyright/Widening+The+scope+of+Safe+Harbour+Schemes+to+cover+online+service+providers)

【世界知识产权组织召开推进数字环境下版权基础设施构建论坛】

2011年10月13—14日，世界知识产权组织召开题为“加强数字环境下对创作成果的保护：版权编制和基础设施建设”的全球论坛。此次论坛归属于知识产权和公共领域主题项目发展议程之下。论坛的议题覆盖范围甚广，包括从公开注册、缴送制度①到互联网环境下创新成果均衡且有效的传播等方面。

WIPO助理总干事特雷弗·克拉克(Trevor Clarke)在欢迎致辞中指出，此次为期两天的会议主要致力于加强各会员国对当前，特别是数字环境下推动版权基础建设的共识。“基础设施及编制建设有助于保障版权及其他相关权利的行使，有利于帮助公众对公共领域进行科学的界定。”提及当前数字时代发展及变革的问题，埃及亚历山大图书馆主任伊斯梅尔·赛拉杰汀(Ismail Serageldin)博士表示当前亟待促进公共领域在知识获取方面的工作，重新思考适于版权保护的法律制度及非商业开发领域中知识的合理使用范畴，并考虑在当前形势下如何鼓励研发、创新等问题。

在线版权基础设施建设

“在线商业模式的版权基础设施构建”分论坛议题覆盖数字环境下与版权相关的诸多内容，引起了听众的强烈反响和激烈讨论。

“版权管理是一项复杂且高难度的工程”，Rights Direct(版权结算中心的欧洲分支机构)执行理事维多利亚诺(Victoriano Colodrónthe)表示，“版权许可应该尽可能地为内容的使用者提供便利”。维多利亚诺引用三个成功的在线商业模式阐释了他所要表达的主要内容。这三个商业模式被美国版权清算中心(Copyright Clearance Center，CCC)用来

① 缴送制度是指在一个国家内公开出版发行的书籍或期刊，都要向该国家指定的机构提交若干份发行刊物的实物或拷贝，作为编辑书目及增加国家图书馆馆藏的主要方法。

为跨国公司提供方便快捷的版权许可服务。CCC自主开发的软件RightsLink已经被许多出版业的巨头如《纽约时报》、爱思唯尔（总部设在荷兰的全球最大的科技医学出版商）所采用，它将版权许可机制设立在内容源位置以及内容的使用位置上。此种软件可以支持出版商在自己的网站上进行版权授权。

美洲移动娱乐论坛名誉主席兼创始人拉尔夫·西蒙（Ralph Simon），提倡在版权基础设施构建中考虑移动手机和智能手机的使用。他表示，2011年个人电脑的销售量约为3.6亿台，而移动手机的销售量则达到了10亿部。其中，非洲国家移动手机数量的迅速增长尤为突出。对WIPO来说，当前势在必行的是汇集所有移动通信商、手机制造商、移动通信基础设施提供商来一同致力于版权登记和版权分配，保护版权所有者的创作成果。

此次与会的索尼影像娱乐公司的技术总监米奇·辛格（Mitch Singer）向公众展示了UltraViolet网站，这是2011年10月11日在美国新发布的一个互联网电影平台。这个平台可以支持电影的购买者在其他设备上观看电影并与其家人一同分享。UltraViolet得到了一些电影制造业巨头的支持，被公认为推动了数字电影资源的传播与流通。它很快将会在加拿大并进而在欧洲推广开来。

源泉知识产权代理有限公司是在中国最早提供在线版权代理的音乐销售平台。公司常务董事吴俊在小组辩论中提出了当前数字音乐时代存在的一些难题及解决方法，引发了一些参会者的激烈讨论。吴俊表示，当前在线数字音乐产生的总收益与音乐提供者从中获取的收益比例严重失衡。为此，他提供了一个数据来支持自己的观点：2010年中国数字音乐消费共计产生了27亿美元的收入，其中音乐产业能够获取的只有4 000万美元。他解释称，这个差距的产生，部分是由于缺少版权基础设施的支撑，缺乏在数字环境下对版权的合理界定。“在互联网时代，”他说，“我们应该能够支持多重商业模式，这需要相关基础设施的支撑。而当前，这样一个基础设施无疑是缺乏的。”

谈到基础设施的具体细节，吴俊解释说：“尽管用户对自己原创的作品会自然地享有版权，但这与商业版权仍有所不同。版权本身应当是可以明确界定的。通过统一的注册流程，未来对版权会有一个十分清晰的界定。这个界定应当与产品的商业价值有更直接的联系。”

数字时代版权货币化

在问答环节中，WIPO助理总干事特雷弗·克拉克就未来版权发展方式寻求进一步的解释。吴俊认为从中国的角度来看，尚无法在当前的体系中将版权货币化。他号召建立一个更简明的体系以提高版权的商业性。这个建议在与会成员中产生了强烈反响，作曲家信息协会（General Information on the Music Author's Society，GEMA）主席、古典作曲家约尔格·埃弗斯（Jörg Evers）回应说，版权货币化的困境在于中国目前尚缺乏相关的立法。在欧洲，证明自己创作了某项作品对作者们来说是轻而易举的，所以此处缺乏的是对作者权利的合理保护。塞内加尔版权局文化交流部部长Ndèye Abibatou Youm Diabe Siby表示，尽管当前面临一些新的经济问题，但她认为重新审视对版权的定义是不必要的、令人担忧的，因为这会破坏已经进行的作者权利保护的相关工作。

在随后的采访中，吴俊澄清了他的观点，他说：“我所建议的是，我们可以通过搭建版权基础设施，以使我们今天所理解的版权定义能够为未来数字时代的版权货币化奠定基础。”

知识获取问题

在“版权基础设施建设推动知识获取”对话环节，与会者探讨了数字环境下创造性资源的保护、公有领域数据库、孤儿作品等话题。

美国版权局局长、版权登记代理人玛丽亚·帕兰特（Maria Pallante）在其发言中谈及华盛顿孤儿作品的立法进程。立法将赋予版权内容的诚信用户以法律权利的保护，这些诚信用户在寻求版权许可的过程中已经进行了详尽的调查，但仍无法找到版权所有者。尽管众议院没有通过2008孤儿作品法案，但帕兰特表示不久相关的立法程序将重新启动。

（信息搜集、编译：朱莹莹。

资料来源：http://www.ip-watch.org/weblog/2011/10/19/copyright-infrastructure-in-the-digital-age-raising-awareness-at-wipo/）

【美国版权局公布17个版权政策重点】

2011年10月25日，美国版权局局长玛丽亚·帕兰特发布《美国版权局优先事项及特别项目》（Priorities and Special Projects of the United States Copyright Office，2011年10月—2013年10月），其中包括17项版权政策重点。

著作权人的小额索赔

美国著作权法所保护作品的范围很宽泛，从不具有很高经济价值的文章、照片到价值几百万美元的作品。但是当侵权造成的损失比较小时，不是所有的著作权人都有精力和实力诉诸法律。并且随着侵权案件数量的增加，联邦诉讼费用也在提高。应国会要求，版权局对多途径解决版权纠纷进行研究，特别是小额索赔的处理机制。首先，当作者和著作权人向法律寻求救济时，评估现有法律体系的限制程度。其次，为立法、执法提供具体、可行的措施，改进法定权利，使其更有利于著作权人进行小额索赔，并寻求其他非诉机制来保护著作权。

对于1972年以前录音制品的法律处理

目前的美国联邦著作权法未涉及1972年2月15日之前创作的唱片。追溯到1909年，国会认为宪法所保护的著作权并不包括录音，因为录音并不满足“书写”的特点。1971年美国修改联邦著作权法将录音制品纳入保护范围，但修正案生效于1972年2月15日，并未对1972年之前的录音制品作出规定。在美国国会的要求下，版权局进行了相关问题的研究，包括提供联邦法律保护的优点和缺点、如何立法、与现行法律的关系、对于保护和公众使用1972年之前的唱片的影响，以及法律上的变化对权利人的经济利益或其他权利可能带来的影响。这项研究也将探索可能的应对方式。

大量图书数字化

版权局对于大量图书数字化的相关问题进行了初步分析，该分析报告描述了当前市场情况和促进数字化项目的措施，包括自愿、延伸和法定集体许可，解决“孤儿作品”问题的一些研究和措施，以及关于数字化时代图书馆、档案馆的例外规定（又称为108条）。版权局把该分析报告作为未来研究和政策探讨的基础。

流氓网站

美国国会正在积极探索如何提供更有效的法律手段来解决涉及美国书籍、电影、音乐和软件的网络侵权和海外侵权。流氓网站已成为一个特别严重的问题。通常情况下，这些网站通过直接向公众出售盗版复制品获利，或通过网站广告盈利。可能的立法方案是美国司法部长（也可能是著作权所有人）获得不同的权利，包括：要求网站经营者停止侵权活动；要求信用卡公司和互联网广告代理机构停止为网站提供服务；要求域名服务器运营商和搜索引擎停止为用户提供相关网站链接。2011年3月，著作权登记机构在内务司法委员会（House Judiciary Committee）阐述了相关问题，建议国会“按照现金流”（follow the money）制定法律，同时还要考虑网站运营系统中的所有组成部分。版权局会为国会继续提供涉及此类问题的分析和支持。

非法网络视频

在1997年和2004年，由于互联网上不断变化的侵权形式对著作权的侵害越来越严重，美国国会修改了侵犯著作权的刑事责任。然而，修订的重点是针对非法传播“复制品”（主要保护复制和发行权）。自那时以来，流媒体（主要涉及公开表演的专有权利）成为传播著作权作品的主要形式，非法网络视频已严重威胁到著作权人及合法使用作品的美国企业。关于流媒体的法案已经提交参议院讨论，众议院有望在2011年10月提出一个全面解决此类问题的知识产权执法法案。2011年6月版权登记机构在众议院司法委员会做了相关证言，强调了流媒体合法市场的重要性，并呼吁对恶性案件加大刑事处罚力度。版权局在这个重要问题上将继续支持国会。

录音制作者的公开播放权

几十年来，美国版权局一直支持授予录音所有者公开播放权，与其他国家版权法相比，美国是唯一未保护相关权利的国家。第110届和第111届美国国会对相关立法进行了讨论，但是传统的广播商强烈反对。1972年2月15日起生效的《美国联邦著作权法》（Federal Copyright Law）首次将录音列为保护对象，录音制品的著作权人被授予复制和发行的专有权利，但不包括公开播放权。1995年授予通过数字传播录音制品有限的权利，但传统的广播仍然不需要经由录音作品的著作权人同意，也不需要支付任何费用就可以向公众广播。除了对这些录音的表演者和制作者明显不公平之外，使用互联网提供录音的企业与通过电波提供录音的企业相比成本上要高（前者需支付特许权使用费而后者不需要）。寻找一种方法来解决这些差异已成为美国国会和版权局的长期目标，美国版权局会继续在这一重要问题上提供分析和支持。

孤儿作品

近些年来业界广泛关注如何建立一个法律框架来合理使用孤儿作品。孤儿作品，是指作者无法确定或无法找到，但潜在的使用者需要授权许可的作品。2006年，美国版权局向国会递交了关于孤儿作品的研究报告。美国版权局同很多版权组织的观点一致，上百万因无法找到权利人的此类作品应该允许公众使用（例如研究、教育或是使用在主流书籍或纪录片中）。美国版权局提出当使用者使用合理有效数字搜索引擎无法找到著作权人时，限制著作权人可能获得的补偿措施可能对其不利（在其后立法草案中将参考最佳实践和技术手段来定义相关细节问题）。众议院和参议院在第109届和第110届会议上做了大量关于作者不明作品的立法工作。当包括谷歌数字图书馆计划（Google Book Search Program）在内的各种团体诉讼提出双方和解协议时，孤儿作品的讨论热度开始下降，因为该协议涉及了此类作品。但是2011年法庭驳回了协议的修改版，明确裁决此类作品的处理应该由国会规定，而非法院。欧盟的成员也都在改变关于作者不明作品的关注焦点。

图书馆著作权例外

2008年，美国版权局收到过关于第108条的报告，主要关注目前针对图书馆和档案馆的著作权例外（也探讨了将第108条内容扩大到博物馆）。独立研究小组包括著作权人和使用者，该项研究由美国国会图书馆馆长和美国版权局局长共同负责。该报告未得出结论，不过从倾向上来看，若扩大例外，会更有利于图书馆，而非著作权人。2008年研究报告的结论是：第108条不能满足图书馆和档案馆（以及其他实体，如博物馆）处理数字化工程、数字化保存和转换的要求，也不能满足这些机构各类用户借阅和使用的需求。因为一些问题牵涉谷歌数字图书馆诉讼（包括提供受版权保护的作品的访问链接等），一些利益相关者不希望过快进行立法讨论。但是许多问题对图书馆来说十分关键，美国版权局会在2012年拿出建议稿，给出这类问题的处理建议。

有线和卫星转播的市场执照

美国法典第17章，著作权法的若干规定（Several Provisions of the Copyright Act，Title 17 of the U. S. Code），阐述了强制许可下关于通过有线电视运营商和卫星运营商转播广播电视信号的要求。在任何著作权制度下，强制许可是著作权人专有权利的一个例外。美国法律第111条、119条和122条分别规定了有线与卫星转播的强制许可制度，开启了商业有线电视的时代（20世纪70年代），卫星系统的建立使得新兴产业蓬勃发展（20世纪80年代）。应美国国会的要求，版权局刚刚完成一项研究，分析可能的市场机制和许可模式，并提供一个时间表让美国国会逐步制定相关条文。国会要求联邦通信委员会和政府问责办公室对“必须执行”的规则和通信政策等问题进一步研究。

系列作品登记措施

美国版权局正在研究系列作品登记措施，例如，对照片或者未发表的选集如何确定权利，既要尊重现有办法又要适应系列作品登记制度的发展。从分散的有形复制品到在线访问作品，美国版权局应积极应对传播模式的变化，提出针对系列作品审查的费用、措施，以满足公众需求。主要涉及对自动化数据库和电子期刊如何保护。系列作品登记计划与网站、博客和其他在线出版物有密切关系。

网站和其他形式的数字作品的登记方式

网络传播作品的登记，如网站和博客，给著作权登记制度带来了一定的挑战。随着网络环境的改变，美国版权局一直在认真考虑这些问题：当一个网站包含许多作者的贡献，并且每天更新甚至一天更新几次时，谁是适当的注册者？如何能准确、翔实地记录所产生著作权的归属？保证金多少合适？如果一组作品登记生效，是否意味将授予其中一项作品在一段时间内的传播权？这些问题有待研究和解决。

法定许可的在线申请

要获得广播电视信号转播的法定许可，著作权法要求有线电视运营商和卫星运营商向版权局提交一系列的文件。2010年版权局开展改造工程，以简化申请、处理、搜索和归档流程，使公众通过门户网站更迅速地获得这些文件。2012年开始试点接受有线电视运营商的电子申请。另一个试点是测试电子提交系统，即通过电子方式向该系统提交文件，来获得许可制作和发行唱片，该系统于2011年年底运行。

跨太平洋合作和贸易重点

当前的贸易重点包括：对建立环太平洋合作关系进行磋商，落实即将生效的自由贸易协定（包括2011年被国会批准的与韩国、哥伦比亚、巴拿马签订的协议）；《特别301报告》[①] 中的各种双边贸易措施；其他多边、双边的知识产权协定；著作权和

---

① 《特别301报告》（Special 301 Report）是美国贸易代表办公室公布的关于世界各国知识产权保护的年度报告，主要针对的是盗版软件、盗版光盘等问题。美国贸易代表办公室根据美国1974年《美国贸易法》（Trade Act of 1974）第182节第301条款（这就是《特别301报告》名字的由来）的规定，从20世纪80年代开始对各个国家是否对于知识产权提供充分有效的保护，以及是否为依赖知识产权保护的工业部门或商人提供公平平等的市场准入机会进行审查。每年年末，美国贸易代表办公室都会根据年度审议结果发布一份关于各国保护知识产权状况的年报。在报告中分三个等级将这些国家列入知识产权保护的“观察国家”、“优先观察国家”和“306条款监管国家”名单，以便美国政府参照决定是否对不注重知识产权保护的国家进行贸易报复。

贸易权的交叉合作，包括与中国商务部的联合会议、亚太经济合作组织（APEC）以及正在进行的国家和区域组织知识产权对话。

美国版权局一直致力于提供专业、公正的国外著作权法分析和评议，近年来更重视对国外著作权法执法的观察（既包括实体产品也包括网络产品）。美国版权局还承担在双边接触和多边活动中涉及不同形式的著作权法律、法规草拟、修订的责任，例如世界贸易组织贸易政策的修订。各国政府、国会各办公室以及美国各地机构也经常向版权局征询法律意见。

此外，还有关于环太平洋国际合作以及著作权登记、管理以及相关证照数字化的一些事项。

（信息搜集、编译：刘丹。

资料来源：http://www.copyright.gov/docs/priorities.pdf；

http://www.techdirt.com/articles/20101031/13553011665/copyright-office-exploring-issue-over-pre-1972-sound-recordings-copyright.shtml）

【世界知识产权组织将图书馆的限制与例外纳入讨论范畴】

自从 TRIPS 签订之后，各个国家和机构在图书馆保护方面虽然处于国际著作权体系的重压之下，但也在不断进步。图书馆、档案馆不仅是消费者，而且越来越成为信息制造者。目前通行的做法是在图书馆、档案馆著作权保护中规定一些限制和例外来确保人们对被保护作品进行适当的利用。于 2011 年 11 月 21 日至 12 月 2 日在日内瓦举行的世界知识产权组织版权及邻接权常设委员会第 23 届会议，也将图书馆和档案馆的限制与例外纳入了讨论之中，并有望得出一份相关的国际性文件。

会议上提交的三份新文件引起了委员会的注意并推动了该项议题的发展。第一份文件是由巴西提交的，名为《制定图书馆及档案馆限制与例外条约的理由》（The Case for a Treaty on Exceptions and Limitations for Libraries and Archives），这份文件是由国际图联（IFLA）、图书馆电子信息委员会（EIFL）、国际档案理事会（ICA）、Innovarte 公司以及著作权与其他法律事项委员会（CLM）联合起草的背景文件。文件分为两部分，第一部分对什么是图书馆和档案馆作了简要的解释，并指出制定条约的目的是为了实现图书馆和档案馆的版权平衡，同时指出了要解决的问题；第二部分是对由上述组织联合拟定的《图书馆和档案馆版权限制与例外条约提案》（Treaty Proposal on Copyright Limitations and Exceptions for Libraries and Archives）的概括介绍，并指出它不仅为全世界图书馆和档案馆提出了对例外进行更新的任务，而且对充分保护图书馆和档案馆功能及合理的版权利益提出了指导方针。

第二份文件由美国提出，名为《图书馆与档案馆限制与例外的目标与原则》（Objectives and Principles for Exceptions and Limitations for Libraries and Archives）。文件主要阐述了在国内法中的例外规定，图书馆、档案馆的保存、支持科学研究与人类进步、法定缴存的目标与原则，并提出了几项其他总原则，最后还附有美国关于图书馆、档案馆限制与例外的声明，以申明其支持与认同的立场。

第三份文件是由巴西、厄瓜多尔和乌拉圭联合提出的《关于图书馆和档案馆限制与例外的提案》（Proposal on Limitations and Exceptions for Libraries and Archives）。它主要对强制性例外给出了一些提议，主要涉及图书馆借阅、文件的复制与分配、技术保护措施以及责任限制方面。

在这些文件的基础上，与会代表团主要针对以下 11 个话题进行了讨论：保存，复制权和复制品维护，法定缴存，图书馆借阅，平行进口，跨境使用，无主作品、从公有领域收回或撤回的作品以及商业流通以外的作品，图书馆和档案馆的责任承担，技术保护措施，合同，翻译作品权。秘书处对代表团针对上述话题作出的评论，与第 22 届 SCCR 上的提案《WIPO 关于为残疾人、教育研究机构、图书馆和档案馆实行例外与限制的条约草案》（Draft WIPO Treaty on Exceptions and Limitations for the Persons with Disabilities, Educational and Research Institutions, Libraries and Archives）中有关图书馆、档案馆例外与限制的条款进行了汇编整理，这份汇编连同各代表团在 2012 年 2 月 29 日前就上述 11 项话题中的任何一项提交给 WIPO 秘书处的评论与更正，一起构成一份委员会文件，即《关于制定图书馆、档案馆例外与限制国际性法律文件（不论以何种形式）的意见与评论的临时工作文件》，这份文件将作为委员会在第 24 届会议上就该事项开展工作的依据。

实际上，图书馆、档案馆例外与限制的议题很早就被纳入了 WIPO 的 SCCR 会议中，如第 11 届 SCCR 中肯尼思·克鲁斯所著的《图书馆、档案馆例外与限制研究》，第 18 届 SCCR 由图书馆电子信息委员会（EIFL）、国际图联（IFLA）和图书馆著作权联盟（LCA）联合制定的《与图书馆、档案馆相关的著作权例外和限制原则的声明》。但这次的会议不只是简单地对这项议题进行讨论，而是在制定国际性文件方面作出了实质性进步，图书馆、档案馆的著作权有望得到国际法律文件的保护。

（信息搜集、编译：陈丽佳。

资料来源：http://www.ip-watch.org/2011/11/23/wipo-sccr-constructs-library-exceptions-topics-for-discussio/；

http://www.ifla.org/en/node/5856；

http://www.wipo.int/meetings/en/details.jsp?meeting_id=22210；

http://express.ifla.org/node/5013；

http://www.wipo.int/meetings/en/doc_details.jsp?doc_id=109192；

http://www.eifl.net/statement-principles-copyright-exceptions-and-limi；

http://www.ifla.org/en/node/5864）

【美国国会审议《保护知识产权法案》】

美国商会、美国电影协会等多个团体声称，一些"流氓网站"从事各种交易，包括发行盗版电影、电视节目、音乐，甚至销售假冒伪劣的处方药品。这些网站尽管看似合法，往往有信誉良好的公司的广告，接受信用卡付款，实际上却是盗贼的网络避风港，帮助他们从他人创造的作品或智力财产中获利。流氓网站的潜在危害是极大的，比如恶意软件的攻击、个人信息的泄露、不安全的和未经检测的药品以及其他的假冒伪劣产品等。

据此，好莱坞制片厂、美国唱片产业协会（RIAA）、美国电影协会、版权联盟（the Copyright Alliance）、美国国家制造业协会（NSM）和美国商会等多个行业组织联合呼吁关闭流氓网站，要求国会加强数字化知识产权保护立法工作。

2011年5月12日，美国参议院司法委员会主席帕特里克·莱希、参议员奥林·哈奇和司法委员会高级成员查克·格拉斯利共同向参议院提交了《2011版防止互联网威胁经济创造力以及知识产权侵权法案》（也称《保护知识产权法案》）。

根据《保护知识产权法案》，侵权网站（ISDIA，即所谓"流氓网站"）有一个显著特点：除从事或促进版权侵权、破解对版权作品的技术控制以及销售或推销假冒伪劣商品或服务等活动外，无其他明确用途；或者是被设计、操作、交易或使用以从事上述侵权活动。

《保护知识产权法案》将赋予执法官员和版权所有者新的武器，即对非国内域名（nondomestic domain name，NDN，即注册该域名和操作相关顶级域名的注册人以及该域名的注册机关均在美国之外的域名）本身或其注册人、经营人或所有人的起诉权，以及要求相关主体给予协助的权利，以打击网络盗版行为，预防出现、遏止和清除以传播盗版信息牟利的网站。具体条款如下：

（一）对NDN本身或其所有人的起诉权

1. 如果某个在美国境内使用的NDN指向与美国公民有商务联系的侵权网站，或者侵害美国知识产权所有人权益，检察长及权利所有人可以对侵权网站的NDN的注册人以及通过NDN实施侵权的互联网网站的所有人或经营人提起对人诉讼。

2. 如果这样的个人规避了检察长的搜捕或者在美国的司法管辖区内没有住址，将会对该侵权网站运用的NDN本身提起对物诉讼，以代替对人诉讼。

（二）限制令或强制令申请权

对适用该法案的NDN及ISDIA相关案件启动司法程序后，授权法院在原告申请后，可以对域名或者其注册人、所有人、经营人发出临时的限制令或强制令，以令其停止或终止进一步的侵权行为。

（三）要求相关实体给予必要协助权

授权检察长和知识产权权利人在NDN相关的诉讼中，鉴别并书面通知相关的个人或主体，为了配合法庭的命令，有义务采取特定的合理预防性措施。

此类主体包括非授权域名系统服务器（non-authorized domain name system servers，NDNSSs）的操作者及服务提供商、金融交易支付商（financial transaction providers，FTPs），网络广告服务商（Internet advertising services，IASs）以及信息定位工具（information location tools，ILTs）的供应商（如搜索引擎、在线目录和其他包含超链接或转介在线地址的索引）。

据此，搜索引擎等将可能被要求清除或封锁指向侵权网站的网址或超链接。权利人或检察官也可要求金融交易支付商停止向侵权网站提供支付服务，请求网络广告商采取技术上可行的合理措施，停止与其的交易活动，以协助停止或终止此类侵权活动。

（四）知识产权权利人与相关实体权利的平衡

1. 在NDN、ISDIA或域名相关的诉讼中，授权相关原告以拒不执行强制令为由，对蓄意不遵守法院命令的服务商主体提起诉讼。

2. 在NDN、ISDIA或域名相关的诉讼中，为了保障需要采取某种预防性措施的相关主体之权益，《保护知识产权法案》给予此类实体为配合法院命令的执行所采取的某些措施的豁免权。此类主体对下列行为免责：

（1）金融交易商或网络广告商，出于善意自主采取针对侵权网站的预防性措施。

（2）域名登记管理机构、金融交易商、网络广告商或者信息定位工具供应商，出于善意，拦截对侵权站点的访问。该类站点应该主要是通过散布假冒伪劣、以次充好或没有合法执照的处方药物，危害公共健康与安全的网站。

3. 允许此类主体介入诉讼过程，请求修改、暂停或终止相关法庭命令。

2011年9月，《保护知识产权法案》在美国司法委员会通过听证。

（信息搜集、编译：刘丹、邵琦敏。

资料来源：http://thehill.com/blogs/congress-blog/techno-logy/192605-congress-needs-to-pass-rogue-sites-bill-to-protect-the-internet；http://www.mpaa.org/contentprotection/rogu-ewebsites；

http://www.gpo.gov/fdsys/pkg/BILLS-112s968rs/pdf/BILLS-112s968rs.pdf；

http://thomas.loc.gov/cgi-bin/bdquery/z?d112:SN00968:@@@D&summ2=m&；

http://infojustice.org/archives/4178；

http://www.rawstory.com/rs/2011/11/23/wyden-protect-ip-act-may-pass-if-americans-dont-call-congress/；

http://thomas.loc.gov/cgi-bin/bdquery/z?d112:HR03261:@@@D&summ2=m&；

http://judiciary.house.gov/hearings/pdf/112%20HR%203261.pdf；

http://en.wikipedia.org/wiki/Stop_Online_Piracy_Act；

http://legal.tmcnet.com/topics/legal/articles/234808-congress-introduces-rogue-internet-piracy-bill.htm；

http://arstechnica.com/tech-policy/news/2011/11/the-stop-online-piracy-act-big-contents-full-on-assault-against-the-safe-harbor.ars）

【英国政府计划完善版权法】

2010年，伊恩·哈格里夫斯教授接受英国政府的委托，对英国知识产权法律进行了审查。同年5月份，伊恩·哈格里夫斯教授公布了一份审查报告，报告指出：3个世纪之前制定的保护版权人法律，在今天看来，已经不符合数字化时代的要求，某些法律规定阻碍了科技创新和医学研究，不利于经济发展。

2011年12月14日，英国知识产权局（Intellectual Property Office）公布了一份咨询报告，建议版权现代化，并排除其发展过程中不必要的障碍，报告沿袭了2011年5月份伊恩·哈格里夫斯教授的知识产权审查报告中的许多观点，包括处理网上侵权问题，以及最大程度确保版权系统能够促进音乐、图书、唱片和其他版权作品的创新等内容，具体包括以下几点：

第一，规定版权例外允许一些有限的私人复制行为，如允许将CD翻录到苹果iPad或索尼随身听等MP3播放器中，使版权法与现代科技以及消费者的合理期待保持一致。

第二，扩大非商业应用的例外范围，允许研究者利用现有的研究数据来获取新的医学和科技成果。目前阶段，没有版权人的允许，即使已经付款取得文章的阅读权，研究者们也不能运用一些技术手段来获取期刊中的数据。

第三，允许恶搞视频，即使没有版权人的同意，喜剧演员和其他普通人也有恶搞别人作品的自由。

第四，建立对孤儿作品进行许可的制度。这将使埋没在图书馆和博物馆的一系列作品得到发表，从而供研究者使用。

第五，建立集体许可制度，既完善了版权许可机制，也保护了版权人的利益（除非版权人选择放弃该项权利）。

第六，增加其他一些例外规定，例如对于教育、引用和残疾人的一些例外规定。英国知识产权大臣威尔科克斯男爵夫人表示："政府关心经济增长，放开现有版权法的某些规定可以为英国经济带来现实价值，而不用担心会危害到创意产业，我们鼓励各行业献计献策来帮助我们完善这些建议。"

（信息搜集、编译：朱苗苗。

资料来源：http://www.out-law.com/en/articles/2011/december/government-publishes-its-plans-to-modernise-uks-copyright-law-following-hargreaves-recommendations/；

http://www.ipo.gov.uk/about/press/press-release/press-release-2011/press-release-20111214.htm）

【荷兰和瑞士政府认定下载音乐、电影和游戏供个人使用合法】

为了打击盗版，2011年荷兰政府准备采纳一个立法建议，认定通过网络下载电影和音乐等内容是不合法的。但是2011年12月23日，这个立法建议在荷兰议会上被驳回了，议会最终认定下载电影和音乐等内容供个人使用是合法的，同时政府建议娱乐业应该提供一些经过授权的下载内容，因为到目前为止，在荷兰通过正规的合法渠道是无法下载高质量的电影和电视作品的。

荷兰政府的这一认定与其在2009年发布的针对文件共享的调查报告中的观点一致。在2009年发布的报告中，政府认为尽管文件共享会使娱乐业遭受一点小损失，但整体上对于荷兰娱乐业有积极影响。下载音乐的人大多数是经常去看演唱会的人，下载游戏的人大多数是经常购买游戏的人，在音乐行业，那些不出名的团体主要靠这种网络共享来获取利润。

荷兰政府作出这种认定的理由如下：首先，禁止下载网络电影和音乐等内容的做法与网络的自由性和开放性背道而驰，因为它限制了信息的自由流通，同时这种做法也有侵犯公民隐私权之嫌；其次，荷兰议会有这样一种担忧，即一旦将这种行为认定为违法下载，那么国内将会出现大量版权所有者控告个人下载者的案件，这是政府不愿意看到的，而且这种棘手的现象已经在美国和德国出现。

无独有偶，2010年，瑞士议会启动了一项网络下载音乐、电影和游戏对社会影响的研究，并以此来决定是否需要额外进行著作权立法。2011年11月30日，瑞士联邦委员会公布了这份研究报告。该报告明确表明从网上下载音乐、电影和游戏是合法的，允许以个人使用为前提进行文件共享，瑞士知识产权部以此为依据明确指出政府将不再针对著作权进行额外立法。

这份报告也参考了荷兰政府2009年发布的针对文件共享的调查结果，并指出：在瑞士，15岁以上的市民中有1/3的人从网上下载电影、音乐和游戏。尽管人们的娱乐消费模式有所转变，例如，在音乐方面的花费有所减少，在游戏方面的花费有所增加，但是与之前相比他们在娱乐方面支出的费用没有减少，只是把在某一项娱乐中省下来的钱花到了其他娱乐项目上。在瑞士和荷兰，电影票的销售量在1999—2007年一直保持稳定增长，这说明人们还是愿意在娱乐业上进行消费，而且通过网络进行音乐、电影下载并不会给版权所有者带来危害。娱乐业还是很害怕网络技术发明和手段会冲击自己的行业。瑞士政府认为娱乐业应该正确利用网络而不是盲目抵制。娱乐业必须适应这种变化，否则就只有被淘汰。

随后，瑞士政府在报告中分析了最近其他几个国家实施反盗版方面的法律政策和立法情况。比如法国的“三振出局”(the three-strikes Hadopi law)。首先，这种“三振出局”是否合法还有待商榷，因为联合国人权委员会认为网络自由是一项人权，并以此质疑“三振出局”的合法性。其次，由此产生的巨额诉讼费用也是瑞士政府无法接受的。2011年11月24日，欧洲法院判决不能强制网络服务提供商安装侵权文件阻截系统，瑞士政府认为，即使采取了这一措施，盗版者也有相应的方法进行规避。

最终，因为没有确切的证据表明网络下载会给娱乐业发展带来显著的负面影响，所以瑞士知识产权部认为没有必要改变现行法律。

（信息搜集、编译：朱苗苗。

资料来源：http://torrentfreak.com/dutch-parliament-down-loading-movies-and-music-will-stay-legal-111224/；

http://torrentfreak.com/swiss-govt-downloading-movies-and-music-will-stay-legal-111202/；

http://www.xbiz.com/news/news_piece.php?id=141687&mi=all&q=Switzerland；

http://www.reghardware.com/2011/12/05/swiss_insist_piracy_is_no_harm_to_copyright_owners/；

http://www.ejpd.admin.ch/content/ejpd/fr/home/dokumentation/mi/2011/2011-11-30.html；

http://torrentfreak.com/european-court-isps-cant-spy-on-pirating-customers-111124/）

【文件共享在瑞典被认定为一种正式的宗教信仰】

在遭遇两次拒绝后，复制教（Missionary Church of Kopimism）于2011年圣诞节前获得瑞典政府的认可，正式成为瑞典新的、独特的宗教教派。

复制教由20岁的哲学系学生艾萨·克森（Isaac Gerson）建立，入教者皆相信复制和共享信息是全球最美好的事物，并声称复制共享信息类似一种宗教仪式。宗教的神圣符号是CTRL＋C和CTRL＋V，信仰信息的自由流动是道德权利，闭源软件相当于奴隶制。自称复制教的人们为了保护他们文件分享的信仰，试图让官方承认他们信仰的宗教地位。2010年上半年他们的申请遭到了拒绝，下半年信徒人数增加了2倍，从1 000人增至3 000多人。

该教派最终获得了政府的认可。该教的创始人对此感到非常高兴，并且希望这会吸引更多的人关注、加入该组织。同时他也看到复制对于很多人来说还有许多法律上的障碍——毕竟他们担心会因此而被关进监狱。但是他希望在复制教的名义下他们可以获得对自己信仰的保护，而不用担心受到迫害。但专家表示，文件共享的宗教地位将不会对全球盗版行为产生明显影响。虽然可以作为宗教信仰，但这并不意味着版权侵权行为是允许的，只是网民可以在档案分享和二次创作上享有更多自由。

（信息搜集：黄祎；编译：黄伟兰。

资料来源：http://torrentfreak.com/file-sharing-recognized-as-official-religion-in-sweden-120104/；

http://www.newscientist.com/article/dn21334-kopimism-the-worlds-newest-religion-explained.html）

【美国《禁止网络盗版法案》始末】

一、SOPA 简介

《禁止网络盗版法案》（the Stop Online Pirate Act，SOPA），即众议院 3261 号议案，于 2011 年 10 月 25 日由众议院司法委员会主席、得克萨斯州共和党参议员拉马尔·史密斯（Lamar Smith）和一个 12 名成员的两党立法者团体（bipartisan group）共同提出。它以《优先资源和知识产权组织法案 2008》（the Prioritizing Resources and Organization for Intellectual Property Act of 2008，PROIP Act of 2008）为基础，与参议院《保护知识产权法案》（the Protect Intellectual Property Act，PIPA）相对应。

SOPA 的主要打击对象是美国境外的盗版者。这部法案被美国众议院提出前，美国公司难以针对外国网站提起侵权诉讼，例如臭名昭著的盗版网站海盗湾（the Pirate Bay）的服务器就位于瑞典。因此 SOPA 的目的就是切断这些盗版网站的"氧气"来源，具体措施包括要求搜索引擎公司、网络广告商及其他网络服务提供者拒绝向侵权网站提供服务。这意味着谷歌（Google）不能在其搜索结果中提供指向盗版网站的链接，在线支付交易服务商如贝宝（PayPal）也不能提供在线转账服务。

该法案一经推出，便遭到了来自以硅谷为首的互联网产业的强烈反对。虽然法案的支持者和反对者都承认版权应当得到正当保护，但是 SOPA 的内容可能给网络服务提供者带来过于严格的审查，并可能导致一系列意外的结果。

二、立法过程

2011 年 10 月 25 日，首次在众议院提出。

2011 年 11 月 16 日，众议院第一次审议。

2011 年 11 月 17 日—12 月 14 日，拉马尔·史密斯草拟了一份长达 71 页的修正案。

2011 年 12 月 12 日，SOPA 修订版问世。

2011 年 12 月 15 日，最终审议（第一次推迟）。

审议第一天结束后，超过 20 条的修正案被否决。甚至一项排除搜索引擎法律责任的条款都被否决了。22 对 12 的表决结果给法案蒙上了阴影。审议第二天结束后，司法委员会同意在 2012 年初再进行关于 SOPA 的辩论。

2012 年 1 月 13 日，拉马尔·史密斯宣布删除"域名阻止"条款。

2012 年 1 月 18 日，反 SOPA 抗议活动大规模爆发。

2012 年 1 月 20 日，拉马尔·史密斯宣布原定于 1 月 24 日的审议被无限期推迟（第二次推迟）。

三、法案主要内容

依据 1998 年的《数字千禧年版权法案》中的"通知取下"规定，假如用户上传一首受版权保护的歌曲至 YouTube，只要 YouTube 在合理时间内移除侵权歌曲就可以免责。当 YouTube 收到来自版权人的警告时，它有义务通知上传该内容的用户，用户也有权发出反对声明以表明其上传内容不侵权。如果双方僵持不下，则可以诉诸法院。批评者指出，DMCA 建立的规则在打击国外盗版者方面毫无用武之地。SOPA 则可以通过切断网络侵权链条来弥补 DMCA 的漏洞。如果当局不能迫使外国网站移除侵权内容，至少可以通过限制美国公司的服务以降低美国互联网用户接入侵权网站的可能性。然而 SOPA 比 DMCA 走得更远的一步在于，它可能使网站运营者和 ISP 因为其用户的行为而承担侵权责任。草案文本中提到的"纵容盗版的网站被视为蔑视法律"，这种宽泛的用语招致了美国各大公司的强烈反对。该法案最初的草案中允许美国司法部和版权所有者寻求法院的命令打击美国领土外的侵权网站。

1. 互联网广告公司和在线支付结算公司不得与盗版网站进行业务往来；

2. 搜索引擎在搜索结果中屏蔽盗版网站；

3. 网络服务提供者断开与盗版网站的链接；

4. 该法案第二部分包括对视频流，贩售假药、假军用材料及假日常消费品的惩罚措施，将盗版犯罪行为的范围扩大到未经授权的对版权内容的数字流传播，并且规定了最低 6 个月最高 5 年的监禁。

5. 该法案还构建了一个"两步走"的程序以便遭遇侵权的知识产权人寻求救济。首先，版权人应以书面形式通知有关的在线支付和网络广告公司，以确定侵权网站的信息，之后被通知方应将该通知转发被诉侵权的网站，并且暂停对该网站的服务，除非该网站发出一个抗辩通知解释其没有侵权的原因。其次，如果被诉网站发出抗辩通知，或在没有抗辩通知的情况下，在线支付和网络广告公司却没有暂停服务的，版权人可以向法院申请针对网站运营者的有限禁令救济。

6. 法案为主动断绝与侵权网站业务往来的在线支付和网络广告公司提供了豁免，并且规定任何版权所有者明知错误地指示了侵权网站的，应当承担损害赔偿责任。

2011年12月12日，SOPA的修订版被提上桌面，并被命名为“经理人修正案”，针对批评意见对原始版本作了几处修改，其中网站的定义采取了狭义的概念，即“修正案将法案措施的目标限定为那些有意设计和运营以推动盗版的网站”，目前这一定义仅仅适用于非美国网站。

（信息搜集、编译：霍波、朱雯。

资料来源：http://thomas.loc.gov/cgi-bin/query/z?c112:H.R.3261:;

http://en.wikipedia.org/wiki/Stop_Online_Piracy_Act;

http://en.wikipedia.org/wiki/List_of_legislators_who_support_or_oppose_SOPA/PIPA;

http://www.ipworld.com/ipwo/doc/view.htm?id=278163&searchCode=S&searchPage=basic_search&queryString=sopa;

http://torrentfreak.com/pipa-sopa-co-sponsors-drop-like-flies-120118/;

http://torrentfreak.com/internet-revolt-gets-sopa-postponed-again-120120/）

【安哥拉政府采取措施打击文化作品的盗版行为】

安哥拉政府计划2011年制定新的措施来打击文化作品的盗版行为，包括更新法律、改善检查机制。

在一个名为“文化作品盗版”（Piracy in Cultural Works）的演讲之后，安哥拉版权及相关事务负责人平托·巴普蒂丝塔（Pinto Baptista）在接受安哥拉国家通讯社的采访中提到，考虑到国民对于整个知识产权事务的不重视，政府正在致力于打击那些未经允许而滥用知识产权的行为。

巴普蒂丝塔说，除了加快建立完善的法律框架外，政府还打算采取多层次的措施，包括与海关、经济主管部门等各部门合作共同打击盗版行为，以使国家更好地保护知识产权。

安哥拉是联合国确定的全球最不发达国家之一，由于长期遭受殖民主义的掠夺，经济一直处于不发达状态，因此，像非洲大部分国家一样，知识产权保护方面的措施非常欠缺。此次安哥拉政府计划出台措施保护文化作品也是基于经济文化发展的需要。他们认识到：“知识产权包含了不可估量的价值，值得我们去保护、尊重。”

（信息搜集、编译：姜丽丽。

资料来源：http://allafrica.com/stories/201201191425.html）

◆ 重大案件

【欧洲法院判决：不能强制网络服务提供商安装侵权文件阻截系统】

2004年，比利时音乐版权组织SABAM要求网络服务提供商Scarlet安装阻截系统（the filtering and blocking system），并在用户做出侵权行为时切断网络链接。2007年6月29日，布鲁塞尔法院判决由网络服务提供商Scarlet采用技术手段来阻止网络侵权行为，但这一判决并未得到实际遵守。不久之后，网络服务提供商Scarlet提出上诉，声称这将迫使互联网服务供应商针对互联网用户实施非法的监督活动。2010年，案件由布鲁塞尔法院提交到布鲁塞尔上诉法院，后者很快将案件移交到欧洲法院，要求欧洲法院确定是否强制网络服务提供商Scarlet阻截涉嫌侵犯著作权与个人隐私权的文件。

2011年11月24日，欧洲法院综合考虑了欧盟法律中关于版权、知识产权、数字保护、信息自由以及《欧盟基本权利宪章》中有关人权的规定，做出了最后判决：不支持比利时音乐版权组织SABAM提出的要求网络服务提供商Scarlet监视其网络用户以及在用户提供非法文件共享时切断网络链接的要求，不能为了阻止非法文件共享而强迫网络服务提供商Scarlet安装侵权文件阻截系统。欧洲法院作出判决的理由如下：第一，此举妨害了企业自由权、个人隐私权、言论自由权和个人数据保护权，侵害对象包括网络服务提供商Scarlet及其用户。第二，此举破坏了知识产权和营业自由权之间的平衡。知识产权是一项基本权利，但根据欧盟法律，它不是一项需要“绝对保护”的权利，必须权衡其他基本权利。第三，原告提出的监测并没有时间限制，保护范围不仅针对现有作品，还包括未来可能产生侵权的作品。第四，安装这种阻截装置会限制信息自由，因为它无法有效地把握合法和非法的界限，尤其是对于一些关于不同地域间版权规定的差异、作品的合理使用以及被授权人的权限等问题，阻截系统都不能作出有效的区分。第五，强制网络服务提供商 Scarlet 自费安装阻截系统，违反欧盟指令（the EU's Directive）中既要确保尊重知识产权，又不能过于复杂或昂贵的执法要求。

（信息搜集、编译：朱苗苗。

资料来源：http://torrentfreak.com/european-court-isps-cant-spy-on-pirating-customers-111124/；

http://www.out-law.com/en/articles/2011/november/courts-cannot-force-isps-into-broad-filtering-and-monitoring-for-copyright-infringing-traffic-ecj-rules/；

http://torrentfreak.com/isp-cannot-be-forced-to-block-copyright-infringing-files-110415/；

http://torrentfreak.com/european-court-set-to-rule-on-crucial-internet-filtering-case-111108/）

【瑞典一妇女因非法共享获罪】

2011年10月，瑞典一家法院审理了关于一名58岁的女性被指控在网上共享45 000首音乐曲目的案件。虽然最后该女子免受监禁，但仍被判处缓刑，并且必须支付相当数额的罚款以及她的辩护费用。海盗党领导人安娜·特罗伯格（Anna Troberg）将这一判决描述为“悲剧”。

2006年，国际唱片业协会（International Federation of the Phonographic Industry，IFPI）依法进入该女子的住所进行了搜查。在搜查过程中IFPI发现，一个与互联网直接连接的数据共享客户端被安装在一台计算机上。该计算机中同时包含了完整的文件共享记录，这也为IFPI的调查提供了足够的证据。

检察官弗雷德里克·英格布拉德（Fredrik Ingblad）说，被告未经许可共享作品是有过错的。辩护律师试图以被告不具备上传和下载的技术知识为由，为其进行辩护。而法院难以相信被告是无辜的，因为她从事着系统管理员的工作。

在此之前，瑞典国内还没有其他的个人文件共享案涉及如此之多的侵权。最终法院判决该女子缓刑并且罚款16 000瑞典克朗。该案的惩罚力度弱于2011年初针对一名26岁的年轻人的判罚，他由于在互联网上非法共享44首歌曲而被判有罪，最终被罚款13 000瑞典克朗。

尽管如此，海盗党创立人里克·福克文奇（Rick Falkvinge）对此并不满意，他认为被告不该被判处任何罚金，更不该被判处支付公辩律师费用。

2011年11月1日早上福克文奇对媒体表示：“我旁听了审判，检察官的眼神仿佛在告诉你，这个案子压根无须审判，结果早已注定。我认为现有的法律很不合理，它仿佛毫不犹豫地认为文化共享是一件坏事，这实在令人震惊。我们需要改变这些法律，而立法本身是不会为我们而完善的。”

海盗党领导人安娜·特罗伯格对此判决也同样表示失望。在她看来，“这个案子并没有犯罪的受害者，有的只是法律的受害者”。

（信息搜集、编译：黄祎。

资料来源：http://torrentfreak.com/guilty-verdict-in-record-breaking-swedish-file-sharing-case-111101/）

【五所美国大学被诉侵权　“孤儿作品”成问题关键】

2011年9月12日，美国作家协会、澳大利亚作家协会（the Australian Society of Authors）、魁北克作家联盟（the Québec Union of Writers）以及8位独立作家在美国联邦地方法院起诉HathiTrust数字图书馆、密歇根大学、加州大学、威斯康星大学、印第安纳大学和康奈尔大学，认为它们未经著作权人同意，将数百万受著作权保护的作品数字化、归档、复制并公开，侵犯了著作权。2011年10月6日，英国作家许可和收藏协会（the U.K. Authors' Licensing and Collecting Society）、挪威散文作家及翻译协会（the Norwegian Nonfiction Writers and Translators Association）、瑞典作家联盟（the Swedish Writers Union）、加拿大作家联盟（the Writers' Union of Canada）以及另外4位独立作家也加入原告一方。

从2004年起，谷歌通过与图书馆达成协议扫描到大量受版权保护的书籍，谷歌也因此被起诉。而后其又将这些未经授权的电子文档汇集到密歇根大学建立的“HathiTrust”资源库中。2011年HathiTrust宣布推出“孤儿作品计划”（Orphan Works Project），该计划规定如果找不到图书的作者和出版社的相关信息，就会将该书列入疑似“孤儿作品”名单，名单在网上公示90天后，如果没有相关著作权人主张其权利，HathiTrust将把这些作品视为“孤儿作品”。2011年6月，密歇根大学宣布，允许其学生和教师无限制地下载这些“孤儿作品”，其他四所大学也在2011年8月加入了该项计划。第一批“孤儿作品”原定于10月13日对大约25万名学生和教师开放，但在被起诉后，HathiTrust宣布在这些“孤儿作品”的版权归属得以确定之前将无限期暂缓对“孤儿作品”的开放。

“孤儿作品”的版权问题一直以来是法律界争论的热点之一。2007年，国际图书馆协会联合会（IFLA）与国际出版者协会（IPA）就“孤儿作品”版权问题的主要原则达成协议，双方公认“孤儿作品”拥有版权，鉴于其所有者无法明确，可以由希望获取权利所有人的许可而使用该作品的人持有。而HathiTrust无权确定“孤儿作品”的版权归属。澳大利亚作家协会执行会长安杰洛·卢卡克斯表示，这是无视作家权利的、令人愤怒的做法，这些美国大学无权决定作家们是否、何时或者如何放弃其版权保护，这些不是“孤儿作品”，而是被绑架的作品。

在这场诉讼中，原告不是为了诉求损害赔偿，而是要求被告公开承认其行为触犯了法律，还要求法律强制禁止相关机构继续扫描或者展示这些图书，并将这些作品从HathiTrust的网络服务器中移除并由受托人持有。

谷歌数字图书馆计划早在2004年就因著作权侵权被起诉，2011年3月纽约南区法院否决了谷歌与美国作家协会、出版商协会达成的价值1.25亿美元的和解协议，而法院否决此项和解协议的其中一个重要原因就是要保护“孤儿作品”的版权。在这场诉讼中，“孤儿作品”再次成为问题的关键。如果这两个案件的审理能够最终推动有关“孤儿作品”版权归属的立法进程，将对世界各国著作权法的完善产生深远的影响。

（信息搜集、编译：李婕。

资料来源：http://www.nytimes.com/2011/09/13/business/media/authors-sue-to-remove-books-from-digital-archive.html?_r=1；

http://www.authorsguild.org/advocacy/articles/authors-3.html；

http://www.copyright.org.au/news-and-policy/；

http://www.authorsguild.org/advocacy/articles/found-one—we-re-unite-an.html；

http://www.authorsguild.org/advocacy/articles/works.html；

http://www.authorsguild.org/advocacy/articles/authors-groups-from.html；

http://www.authorsguild.org/advocacy/articles/authors-3.attachment/authors-v-hathitrust-9834/Authors%20v.%20HathiTrust%20Complaint.pdf；

http://www.bbc.co.uk/news/technology-14896567）

【Wiley起诉BT用户，打击图书数字盗版活动】

2011年10月29日，著名的图书出版商John Wiley & Sons一纸诉状，将27名比特流（BitTorrent，BT）用户诉至纽约联邦法院。Wiley公司声称，被告们未经其允许非法共享了该出版社的一些需订购的电子图书资料，要求被告赔偿其损失。在此之前，针对盗版行为的诉讼并不罕见，但仅限于电影作品领域。Wiley公司成为了第一家起诉盗版网站的图书出版商。

Wiley公司的起诉状称，27个被告在2011年10月18日和19日，均利用BT下载或共享了该出版社受版权保护的图书作品。根据诉状中附属的IP地址清单，27名被告均居住在纽约州。Wiley公司还主张，由于BT上大量的P2P盗版活动，他们公司正在遭受严重的经济损失，一些作者可能因此失去工作。

“被告们使Wiley公司的盈利率问题愈演愈烈。尽管Wiley公司现在还无法确定通过BT软件实施的共享活动所导致经济损失的具体数额，但损失无疑是巨大的。例如，仅在demonoid.me这一个网站上的BT用户，自2010年6月6日始，已经下载该诉讼的对象之一——Photoshop CS 5 ALL-IN-ONE FOR DUMMIES达74 000次之多。”Wiley公司在起诉书中如此写道。

除此之外，Wiley公司还担心那些劣质的复制品会严重损害公司的形象和信誉。“对Wiley公司的损害包括商誉与声望。Wiley公司特别担忧的是，它的商标与未授权的电子产品联系在一起使用，而这些产品可能包含恶意病毒。这些未授权的电子产品，与正版相比，可能是质量低劣的。”

2011年12月，Wiley公司提起了另一项大规模的诉讼，还是针对在网络上共享“For Dummies”系列文件的主体。该诉状列举了36个IP地址，被告们通过这些IP地址下载和共享了“Hacking for Dummies”、“Vegetable Gardening for Dummies”和“Cooking Basics for Dummies”等文件。

近来在美国提起的BT诉讼中，版权所有者并不打算提起个人诉讼，他们更倾向于获取IP地址背后的账户持有者的身份，这样他们就可以发送索赔金额几百到几千美元不等的协议书。

“我们意在制止侵权，让人们知道他们违反了法律。我们教育、解决并防止进一步的侵权。”Wiley公司的律师威廉·达利根（William Dunnegan）如此说道。

除了和解协议之外，Wiley公司还希望能通过这次诉讼，制止他人从事相同的行为。这与几年前参与大规模 BT 诉讼的美国唱片业协会（the Recording Industry Association of America，RIAA）采取的方法相同。

美国唱片业协会曾与 Media Sentry 签订合约，以便搜集潜在的以 P2P 方式共享侵权文件的 IP 地址。Media Sentry 在美国的某些州并未取得私人调查机构的营业执照，而在这些地区实施了调查取证活动。在 2008 年 2 月初，一些被告人质疑 Media Sentry 调查活动的合法性，请求排除其搜集的证据的适用。此外，美国唱片业协会试图基于一张简单的传票，请求网络服务提供商，如美国电信业巨头 Verizon，根据与 IP 地址相关的用户协议，查明共享文件用户的身份。这一行为在程序上的合法性和对于个人隐私的挑战，遭到美国司法机构的质疑和社会团体的声讨。根据这种确定用户身份的方法，美国唱片业协会起诉了一个已经死去的人、年老的电脑初学者，甚至一些没有电脑的人。学者们还指出，根据低劣的技术，甚至一个网络打印机也可能被指控为通过 BT 共享受版权保护的文件。

Wiley 公司的律师注意到这些批评，说他们会竭尽所能防止事态变得一团糟。“我们明白网络服务提供商（ISP）的账户持有者可能并不是真正的下载者。这正是我们从 ISP 收到信息后会作尽职调查的原因。”达利根律师这样表示。这位律师并不打算详细阐述具体的步骤，只是说他们“将根据具体情况采取灵活的措施”。

到目前为止，对图书出版商来说一切都很顺利。在第一个案件中，地区法院的法官威廉·波利（William Pauley）最近下令，Wiley 公司可以向被告们的网络服务提供商们送达传票。这意味着双方很快就会达成一个和解协议书。

（信息搜集、编译：刘丹。

资料来源：http://torrentfreak.com/major-book-publisher-files-mass-bittorrent-lawsuit-111031/；

http://ebookreader.com/news/john-wiley-and-sons-sue-bittorrent-users-over-for-dummies-ebooks/；

http://en.wikipedia.org/wiki/Trade_group_efforts_against_file_sharing）

◆ 业界动态

【新加坡取消广播电视牌照　引发广播内容版权问题争议】

新加坡财政部在发布新一年度财政预算案时宣布，新加坡政府从 2011 年 1 月 1 日起，永久取消广播电视牌照费（the RTV license）。新加坡政府声称，新加坡目前拥有电视机的家庭已经不再只局限于中高收入人群，几乎 99％的低收入家庭也拥有电视机，而且随着广播电视网络媒体的日渐融合，如今人们可以随时随地从网络或是移动设备上接收到广播电视内容，广播电视牌照已经逐渐失去了其与以往传统媒体的关联性。但是这一举动引发了关于广播内容版权问题的争议。

新加坡是从 1963 年开始收取广播电视牌照费的，至今已近半个世纪，按照规定，只要有电视机或收音机，不论是家庭还是宾馆饭店、办公场所、餐饮场所以及商场等，都必须缴纳牌照费。公众普遍认为，在广播电视牌照取消之前，新加坡政府正是利用这种授权机制来决定哪些用户有权复制和重播广播内容的，而该授权机制被废除后，则无法确定用户对广播内容的权利问题。目前存在两种看法：一是所有人都可以对广播的内容进行复制、重播；二是由新加坡主要媒体集团新传媒（MediaCorp）来授权用户查阅、复制其广播内容。

新加坡媒体发展管理局（MDA）于 2011 年 3 月 23 日作出澄清，声称其过去所发放的广播电视牌照是赋予牌照持有人拥有收音机和电视机的权利，而不是赋予其对广播内容的权利，广播电视牌照是基于广播法案（the Broadcasting Act）中对于电视机所有人的规定发放的，著作权法中并没有广播电视牌照的相关规定。因此，新加坡公民观看收听广播电视节目并不会因为广播电视牌照的取消而受到影响，公民依然可以为私人、家庭所需录制节目。

（信息搜集：张乐萌　李婕；编译：李婕。

资料来源：http://www.zdnetasia.com/spore-mulls-copyright-governing-broadcast-content-62207991.htm；

http://intl.ce.cn/specials/zxgjzh/201102/21/t20110221_22231477.shtml）

【世界知识产权组织支持埃及建立知识产权学会】

2011 年 10 月 26 日，埃及大使希沙姆·巴德尔（Hisham Badr）、埃及驻联合国日内瓦常驻大使和世界知识产权组织总干事弗朗西斯·加利（Francis Gurry）共同签署了知识产权合作领域的谅解备忘录。根据该备忘录，WIPO 将支持埃及建立一个旨在从事知识产权教学的学会。

在这一协议下，WIPO 将协助埃及科学技术研究协会（Academy of Scientific and Technologic Research）构建一个培训机制，该机制将满足埃及国内的利益相关者在知识产权教育中日益增长的需求。合作将包括的关于课程发展的建议和特制的项目，都是根据科学技术研究协会的发展目标来量身定做的。合作旨在促使该国家学会提供知识产权领域的高品质培训项目。

WIPO 和科学技术研究协会彼此合作已有 10 多年。这次签署的谅解备忘录旨在加强 WIPO 和埃及在面向特定受众的知识产权教育上的合作。这些受众包括企业、专业协会、政府立法执法机构、科学技术的政策决策人、媒体从业人员、大学、研发机构、专科学校、个体发明人等。

根据预期，该学会将有能力在两年之内以可持续的方式进行培训项目的自我运作，该埃及知识产权学会将成为 WIPO 知识产权教育活动领域的重要成员。

（信息搜集、编译：郝娴静。

资料来源：http://www.wipo.int/academy/en/ipacademies/startup_academies/mou_egypt.html）

【俄罗斯加入世贸组织　适用与贸易有关的知识产权协议（TRIPS 协议）】

世界贸易组织 2011 年 11 月 10 日宣布，俄罗斯与世贸组织关于其加入的调查委员会就俄罗斯入世问题达成了一致。在这个具有标志性的知识产权协议生效之前，俄罗斯联邦政府就启动了入世谈判。加入世贸组织后，俄罗斯也成了协议的一员，在 12 月 15—17 日举行的贸易组织部长级会议上，相关人员通过了俄罗斯入世的最终方案。在向世界贸易组织通报 30 天后，俄罗斯成为了该组织的成员。

俄罗斯在没有过渡期的情况下，同意遵守 TRIPS 协议。1994 年世贸组织关于与贸易相关的知识产权协议，为专利、商标、版权以及相关权利和贸易机密的保护提供了规则。这项协议被广泛地运用和执行，但谈判和争端仍旧是人们争议的话题。一个世贸组织的信息单列出了与俄罗斯的协议中的重点，包括对与贸易相关的知识产权的保护以及俄罗斯于 1993 年开启的入世谈判进程。然而，因为所有的信息单内容受到限制，因此信息单的正文仍不可用，直到继任政府加入世贸组织。

在知识产权方面，占主导地位的正文是 1994 年世贸组织关于知识产权的贸易相关协议，俄罗斯将全面适用这一协议，包括没有过渡期地执行这一条款。在世贸组织的这份信息表上，知识产权保护的重点是与版权相关的活动，因为俄罗斯一直以来就是主要版权国家反盗版行动的打击对象。

依据世贸组织规定，“俄罗斯政府将继续打击那些助长非法传播受版权或其他权利保护的内容的网站（服务器在俄罗斯境内），也将会调查、起诉在网上非法传播受版权及其他权利保护的内容的公司”。

俄罗斯方面同意入世后适用《保护文学和艺术作品伯尔尼公约》的全部条款。俄罗斯是该公约的成员国。根据世贸组织规定，知识产权在透明度方面也有要求。该组织声明，俄罗斯同意将“立即颁布在货物、服务以及知识产权贸易领域内产生影响的法律，并使之与世贸组织要求一致”。俄罗斯联邦规定将有规律地更新包括网站在内的官方出版物，并使世贸组织成员国、企业、个人迅速知晓这些法律。

（信息搜集、编译：高婧婧。

资料来源：http://www.ip-watch.org/weblog/2011/11/10/russian-wto-accession-will-bring-powerhouse-under-trips-immediately/）

【美国发布 2010 年版权产业发展报告】

据 2011 年 11 月 3 日发行的美国《知识产权杂志》（Intellectual Property Magazine）报道，国际知识产权联盟（International Intellectual Property Alliance，IIPA）发布了一项名为《版权产业保持着美国经济增长“引擎”的地位》（IIPA’s new study—copyright industries remain engine of growth for U.S. economy）的报告。该报告称，在 2010 年，诸如电影、音乐、电视和软件的各项产业都严重依赖美国版权法的保护，这些依靠版权保护的产业为美国经济的生产总值贡献了 9 300 亿美元，占到 2010 年美国 GDP 的 6.4%。

事实上，在 2007—2010 年期间，核心知识产权产业给美国经济带来的收益几乎以每年 1.1%的速度递增（只在 2008 年时出现倒退的情况）。如果谈到整个版权产业，那么这个数字将达到 1.47%。然而即使是在 2008—2009 年的经济萧条期，核心版权产业的贡献值也远远超过其他产业（整个美国经济同期的增长率仅为 0.05%）。

核心版权产业为美国提供了近 510 万的就业机会，占到整个私人雇佣领域的 4.75%，另外，核心版权产业工人的平均薪金（78 128 美元）比其他领域的平均水平（61 404 美元）高出 27%。整个版权产业提供的就业机会则达到 1 060 万，占到全美的 8.19%。整个版权产业的工人的平均薪金（70 513 美元）也比全美的平均水平高出 15%。

核心版权产业在美国以外销售以及出口部分，

也有 1 340 亿美元的收益，远远超出飞机工业（775 亿美元）、汽车工业（498 亿美元）、农业（602 亿美元）、食品工业（519 亿美元）以及医药品工业（364 亿美元）。

IIPA 的顾问史蒂芬·梅塔利茨说："这些数据清楚地表明版权以及创造性是美国经济的引擎，它们十分具有活力。因此，法律对作品的高强度保护十分必要，这些作品不仅需要美国本地的保护，在世界各地也应当得到保护。"基于以上观点，IIPA 的成员，包括美国电影协会、美国唱片业协会、商业软件联盟（the Business Software Alliance）都赞成继续保持以及增强美国版权产业的"活力"，在美国的贸易伙伴国的市场中，甚至在网络市场中都要加强对创造性、革新力、独创性的法律保护。

（信息搜集、编译：孙德旺。

资料来源：http://www.ipworld.com/ipwo/doc/view.htm?id=276045&searchCode=S&searchPage=basic_search&queryString=u.s；

http://fe.movies.fy6.b.yahoo.com/news/usmovies.thehollywoodreporter.com/copyright-industries-provided-931-billion-us-economy-2010-according-study）

【建筑作品中的版权争议】

2011 年 5 月，西班牙马德里康普顿斯大学民法学教授乔治·奥尔特加博士，发表了一篇题为《建筑作品与版权争议》的文章，对涉及建筑物的版权保护与建筑师的署名权等问题提出了一系列观点。他的论证表明在许多国家，建筑作品的版权保护仍然是一个棘手的问题。

法老遗迹的保护

争论的焦点之一是，未经原建筑师的许可，复制或再现坐落于公开场所的建筑作品是否合法。许多国家的法律允许在合理使用的条件下，复制或再现坐落于公共场所的建筑作品，作为对权利所有人专有复制权的限制。

最近一个涉及人类最古老的建筑群和艺术奇迹——埃及金字塔的争议表明，有时候，这种限制可能难以得到国际社会的广泛认同。2008 年，埃及古迹最高委员会理事大臣扎西·哈瓦斯提议修订版权法，允许以埃及金字塔、狮身人面像等古迹的复制品造成的危害为由，对其复制者启动司法程序。哈瓦斯先生说："该法律禁止对金字塔和狮身人面像进行百分之百的复制，而判断的标准则由埃及古迹最高委员会决定。但是，埃及以及外国的艺术家，只要不进行精确的复制，可以通过金字塔和法老遗迹的绘画或插图等艺术形式来谋取经济利益。"但是一个精确的复制品该如何定义呢？

美国内华达州拉斯维加斯著名的国王谷景点——卢克索大酒店可以被认为是一个精确的复制品吗？该酒店网站首页宣称，它是"世界上唯一一个金字塔形状的建筑物"。若适用提交的新法律，一些时事评论员主张埃及卢克索城应该对卢克索大酒店的利润分一杯羹。当哈瓦斯先生被媒体记者问及这个问题时，他如此答复，"除了形状，它并不是法老遗迹的精确复制品"，他强调其内部结构显著区别于金字塔的内部构造。这间接表明，只要内部结构不同，与建筑作品的外观完全一致的复制品是合法的、无罪的。基于对问题的敏感性和附随结果的考量，这部法律目前还没有通过。

坦那利佛歌剧院的外观保护

复制法老遗迹需要付款这一意见似乎不太容易被多数民众接受，其他地标性建筑物的所有人则采取了改进的措施。例如，尽管没有禁止游客对特内里费岛的坦那利佛歌剧院拍照，但坦那利佛歌剧院的所有人还是已经明确规定了关于将该建筑物的图片用于商业运转的条款。

2003 年，坦那利佛歌剧院的照片被注册为商标，"不论是照片还是绘画，该建筑的整体或部分，将其作为标识或其他相同用途的行为，均受法律文件的保护"。坦那利佛歌剧院对将其外观用于电影或摄影的商业实体收取费用，并且要求最终作品不得先于坦那利佛歌剧院相关部门出版发行，同时还要求对方签订保证合理使用图片的条约。

保护作品完整权

美国版权法为保护建筑师的作品完整权开了先河。该法案第 113 条第 4 款为解决建筑师维持自己作品完整性的权益，与建筑物所有人并非出于维持其材料结构而是提高其经济价值或改善其外观的目的，试图重建或修改建筑物之间的冲突，提供了一个详尽的系统。

该条款将这样一种部分，即"已经被整合入一个建筑物或成为这个建筑物的一部分，而且移除这一部分将会导致整个建筑物的毁损、变形、残损或其他修改的视觉艺术"和将其从建筑物移除并不会在实质上改变建筑物的原创设计的部分区别开来。

如果一个艺术家或建筑师以书面形式同意他们的作品被整合入一幢建筑物，允许它由于被移除的原因而可能承受"损毁、变形、残损或其他形式的改建"，那么建筑物的所有人就可以不经艺术家或建筑师的授权，着手进行移除改建工作，且没有通知艺术家或建筑师其作品将被移除的义务。

如果建筑物的所有人试图移除该建筑物部分的“视觉艺术作品”，且该作品不会因此遭受损毁、变形或残损，那么建筑物的所有人就有义务“积极地、出于善意地”告知相应的艺术家或建筑师。该作品的作者有权在90天内，自己出资取得该作品的所有权。若建筑物所有人未尽到通知义务，则可能要承担相应的赔偿责任。而1997年澳大利亚联邦议会所颁布的《版权法修正案》也有类似的规定。

同时，该条款要求版权登记机关建立一个记录系统，登记作品要整合入建筑物的作者的身份和地址。另外，还要求登记机关完善相关程序，以保证版权所有人可以更新其个人信息，而且要设立制度，以在版权办公室保存建筑物所有人尽力遵守该条款的证据。

澳大利亚对建筑师人格权的保护

涉及建筑师人格权的经典案件当属澳大利亚的悉尼歌剧院案件。1959年，丹麦建筑设计师约恩·乌松（Joslash Utzon）赢得了澳大利亚政府举办的“悉尼歌剧院设计大赛”，并且参与和监督悉尼歌剧院前两个阶段的建造，主要包括底部基础部分和外观“壳”结构。然而，1965年澳大利亚政府重组，罗伯特·阿斯金（Robert Askin）政府宣布整个工程划归公共事务部管辖。这也最终导致了乌松的辞职。一个澳大利亚建筑师团队接手了这项工程。他们修改了其内部构造和布局，明显改变了该建筑物作为一个多功能厅的原始设计。

当时，澳大利亚的建筑设计师对其建筑作品不享有人格权。因此，乌松先生并未在法庭上反对这一改变。直到2010年，澳大利亚颁布了《2010版权法修正案》（《人格权法案》），赋予了建筑师一系列的人格权。根据该法案的规定，建筑作品隶属于艺术作品的范畴，建筑师的人格权类似于音乐、影视、戏剧、文学等作品作者的人格权。

根据该法案第194条第2款的规定，在以下情况下，建筑师对其设计的作品享有署名权：

1. 以物质材料的形式复制作品。
2. 向公众展示作品。
3. 出版或发行作品。
4. 传播作品。

根据该法案第195AI条款，建筑师享有维护其作品的完整性并防止其作品遭受贬损性对待的权利，以尊重建筑师的劳动成果。其中，对建筑物的贬损性处理包括以下几种情形：

1. 任何可能导致建筑物材质上的变形、残损或毁损，或者材料的更换，而有损于建筑师的声誉或荣誉的行为。
2. 以某种侮辱性的方式或在不适当的地点公开展览建筑作品，从而损害建筑师的声誉或荣誉。
3. 对建筑物采取的其他可能有损于建筑师声誉的行为。

另外，根据该法案，建筑师还可争取对其作品的任何修改计划的受咨询权。若对作品的修改并未经过原作者同意，建筑师可以请求除去对作品的署名并要求赔偿。

建筑物所有人与作品原作者利益的平衡

根据某些国家的版权法，创作者人格权的保护是不受时间限制的，是永久性的。这为建筑的所有人继发地对建筑物进行修缮或修改增加了困难。哥伦比亚是世界上为数不多的已经修订版权法以平衡创作者的人格权与建筑物所有人的权利的国家之一。该国1982年版权法第23节第43条规定，如果建筑物的所有人想要修改建筑物，该作品的原作者没有法律依据来阻止这一行为，然而这可能会妨碍建筑师对被修改后的作品的署名权。

在欧洲，保护作品完整性的权利包括禁止未经授权的材质性修改和损害作者的声望。欧洲涉及建筑作品保护的法律并不倾向于维护建筑物所有人的利益。

法国巴黎一审法院2010年3月11日的一个案件则显示了这一规定的风险所在。这一案件争议的要点在于对名为“Carré d'or”的建筑的实质性改建。该建筑物的所有人和“Le Fouquet's”餐厅的经营公司将两幢建筑物连接在一起，意图使二者之间的联系和交通更为便捷，而且使Carré d'or大酒店尽可能环绕于Le Fouquet's饭店周围。巴黎一审法院为了维护对建筑作品的尊重，判决Carré d'or的所有人和Le Fouquet's饭店的经营者侵犯了建筑师的权利。

然而，在某些特定条件下，例如涉及所有人健康和安全问题或者公共安全，建筑物的所有人可能被授权修改建筑物。

灵感还是剽窃？

如何明确区分灵感与剽窃，也是造成建筑设计师之间关系紧张的主要因素。2010年4月，仅仅在2010年上海世博会开幕之前的几个小时，中国馆——东方之冠的原创性问题，引发了一场激烈的争论。有人指出，它与日本建筑师安藤忠雄设计的1992年西班牙塞维利亚世博会的日本馆在结构上有着显著的相似性。还有一些人将它与1967年加拿大蒙特利尔世博会的加拿大馆作比较。

中国馆的副总设计师倪阳，反驳了关于抄袭的指责。他如此回应："其实中国馆和安藤忠雄的作品有几方面的不同。首先，安藤忠雄的设计是一个构建，是装饰，而我们的设计是一个建筑，这一点上就没有可比性；其次，安藤忠雄作品的构架是规整的，我们架构是穿插的，是自由式的；最后，这其实是一种业界的设计手法，不仅安藤在用，包括日本、中国的其他建筑师都有用，并非他原创。"安藤忠雄本人也认为中国馆的设计并不是抄袭。

可以肯定的是，侵权可以发生在建筑作品的每个阶段——建筑物之间，或建筑设计之间，或建筑物与建筑设计之间。正如西班牙著名建筑设计师高迪所说："我的想法在逻辑上是毋庸置疑的，但是我不理解的是，为什么之前它们从来没有被实践过。"他强调，有时候，对一个建筑设计师来讲，鉴别自己的想法是真正新颖的，还是之前已经被概念化了（作为基本的设计手法被业界广泛认同或使用）是不可能的。

（信息搜集：郝翎伊、刘丹；编译：刘丹。

资料来源：http://www.wipo.int/wipo_magazine/en/2011/05/article_0004.html；

http://www.lawsof.com/page/Egypt-Considers-%22Antiquities-Copyright%22-Law.html；

http://afp.google.com/article/ALeqM5hGhJUxebdPsEOUZ3O5S8f_6VhHww；

http://senlawoffice.com/exclusiverights/author/admin/page/24/；

http://www.wipo.int/wipolex/en/details.jsp?id=7336；

http://www.law.cornell.edu/uscode/usc_sec_17_00000113—000-.html；

http://www.raic.org/resources_archives/research/moralrights.pdf；

http://epublications.bond.edu.au/cgi/viewcontent.cgi?article=1231&context=blr&sei-redir=1&referer=http%3A%2F%2Fwww.google.com.hk%2Furl%3Fsa%3Dt%26rct%3Dj%26q%3Daustralia%2Bcopyright%2B%2Barchitecture%2B%26source%3Dweb%26cd%3D2%26ved%3D0CCkQFjAB%26url%3Dhttp%253A%252F%252Fepublications.bond.edu.au%252Fcgi%252Fviewcontent.cgi%253Farticle%253D1231%2526context%253Dblr%26ei%3DvYHdToe9Do_wmAX536SRBQ%26usg%3DAFQjCNHZm31FTMk22KD3cliiLPZuK3pDlQ%26cad%3Drjt#search=%22australia%20copyright%20architecture%22；

http://www.austlii.edu.au/au/journals/FedLRev/2004/15.html；

http://www.bakermckenzie.com/RRFranceArchitecturalCopyrightSep10/）

【肯尼亚版权委员会寻求对盗版的强硬制裁措施】

2011年，肯尼亚版权委员会要求对现有法律进行审查，以制定更为严厉的措施制裁盗版软件的用户和传播者。

肯尼亚版权委员会已经开始了"门到门"（door to door）的镇压方式，它希望立法能够在现今最高额罚款80万先令（约9 720美元）和最高刑期10年监禁的基础上有所提高，以此来控制经济犯罪。在肯尼亚，盗版软件的使用十分广泛，在公司、个人电脑所使用的软件中，有79%都是通过盗版途径获得的。

该委员会打算以用户规模大小来作为罚款多少的依据。"我们希望以罚款数额为基础研究盗版犯罪对于经济的影响，并且制定相应措施来阻止盗版软件的使用和传播。"肯尼亚版权委员会执行理事玛丽塞拉·欧玛（Marisella Ouma）说。

盗版软件除了给知识产权所有者造成经济上的损失外，还使得消费者面临计算机病毒侵袭、流氓软件骚扰、黑客袭击、数据丢失的风险。肯尼亚版权委员会过去一直低估此类犯罪是因为软件具有无形性的特质。欧玛提到："在肯尼亚最近的案件中，法庭对于盗版软件给予的最高罚款额是20万先令（约2 404美元）。"

在肯尼亚，微软作为最易被盗版的操作系统软件企业，一直与版权主管机构共同打击盗版行为。最近，他们突袭检查了位于工业区的一个公司，该公司的电脑里装载着疑似盗版软件。同时，在肯尼亚，还有类似的几件案子悬而未决。

在这之前，肯尼亚版权委员会已经给了盗用微软软件用户30天的宽限期，以使他们卸载盗版软件。但是目前这个期限已经截止了。一些没有执照的软件用户利用此次宽限期采取积极行动，以使自己的行为合法化。欧玛补充说，委员会还将采取行动，唤醒公众保护版权的意识。

但是，正版软件的价格高昂，使得电脑用户尤其是家庭用户望而却步。在肯尼亚，Windows 7 软件的建议零售价格是70美元，而专业企业版零售价是150美元。

（信息搜集、编译：姜丽丽。

资料来源：http://allafrica.com/stories/201112270087.html）

【澳大利亚网络服务提供商公布“通知与发现”计划】

2011年11月25日，澳大利亚通讯联盟与澳大利亚最大的五家网络服务提供商（Telstra Bigpond，iiNet，Optus，iPrimus，Internode）共同公布了为期18个月的“通知与发现”计划，以抵制日益严重的网络版权侵权问题，该计划是各方讨论后得出的一致意见。此前，网络服务提供商（ISP），联邦政府以及电影、音乐、出版、游戏、软件等行业的版权所有人共同参与了2011年关于网络盗版的研讨会，其目的是通过改变那些在网络上侵犯版权用户的行为来帮助版权人进行版权保护。

该计划的具体内容如下：任何想参加该计划的版权人需要先通过一个认证程序。通过认证后，如果发现有潜在的侵权行为，版权所有人可以向相关的ISP发送一个版权侵权通知，该通知中应包含涉及侵权的作品、IP地址以及侵权的具体时间等细节。ISP收到版权侵权通知后的14天内，如果能够通过IP地址查到相关的互联网用户，将向该用户发送一份教育通知。用户从收到教育通知起有21天的宽限期，在此期间，ISP不会采取任何措施，用户有机会接受通知、寻求法律建议、对涉嫌侵权的内容作出处理。如果在宽限期已满后的12个月内ISP再次收到任何版权人针对该用户的版权侵权通知，ISP将向用户发送一份警告通知，用户收到警告通知后再次获得21天的宽限期。

一如上述程序，当ISP收到针对该用户的第三次及第四次版权侵权通知后，会向其依次再发送两份警告通知。当该用户收到一份教育通知、三份警告通知时，ISP会向其发送一份发现通知。此时用户收到了告知程序的所有资料，版权人可以申请法院传票打击其侵权行为。

该计划意在强调教育互联网用户，因为很多人可能不知道他们的网上活动是非法的。同时，在互联网用户收到重复警告后依然坚持不法行为的情况下，它也能通过为版权所有人提供侵权细节协助其进行法律诉讼。澳大利亚通讯联盟CEO约翰·斯坦顿（John Stanton）表示，他们相信“通知与发现”计划可以极大地减少澳大利亚的网络版权侵权行为，同时还可以保护消费者的权利，教育消费者如何接触合法的网络内容，以及帮助版权人保护其权利。

该计划与2011年9月1日生效的新西兰“三振出局”版权法案中的措施有很大不同，除了向涉嫌侵权用户发送通知的规则和相关期限不同之外，主要还有两点：第一，“三振出局”法案中规定了后续的惩罚措施，比如罚金以及注销互联网账户等，而该“通知与发现”计划并没有对用户规定任何惩罚性措施，而且如果收到相关通知的用户认为自己的做法并无不当，其有权申诉；第二，“三振出局”法案中侵权人经三次警告后仍被发现有侵权行为的，版权人可向版权法庭提出赔偿金请求等，而在该“通知与发现”计划中，在用户收到告知程序的所有资料后权利人必须申请法院传票打击侵权行为，这就意味着权利人需要直接卷入这一程序，这也引起了很多版权所有人对此计划的反对。

在18个月的试验期后，紧接着会有针对该计划的有效性评估，以确定该计划是否真的改变了互联网用户的行为，以及该计划是应以其最初的形式继续实施还是应进行改进等。

（信息搜集、编译：李婕。

资料来源：http://www.commsalliance.com.au/about-us/newsroom/2011-26；

http://www.theaustralian.com.au/australian-it/isps-anti-piracy-proposal-rejected-by-entertainment-sector/story-e6frgakx-1226208551936；

http://www.computerworld.com.au/article/408511/communications_alliance_isps_propose_file_sharing_notice_scheme/；

http://delimiter.com.au/2011/11/25/isps-propose-new-anti-piracy-warning-scheme/；

http://torrentfreak.com/aussie-isps-propose-anti-filesharing-warning-notice-scheme-111125/；

http://www.abc.net.au/news/2011-11-29/copyright-holders-unhappy-with-piracy-plan/3701888；

http://www.billboard.biz/bbbiz/others/australias-isps-proposes-controversial-1005616982.story）

附录三：全国知识产权教学与研究机构

FU LU SAN QUAN GUO ZHI SHI CHAN QUAN JIAO XUE YU YAN JIU JI GOU

北京大学知识产权学院

1986年12月，北京大学成立跨学科的知识产权教学与研究中心，直属学校领导，成为国内第一批从事知识产权领域教学研究工作的专门机构，这个中心为北京大学知识产权人才的培养奠定了良好的基础。

为适应知识产权专业人才的规模化需求，在时任北京大学副校长罗豪才教授富有远见的推动及香港星光传讯集团董事长黄金富博士的鼎立资助下，北京大学知识产权学院于1993年成立，这是中国高校中第一家专门的知识产权学院。

学院实行董事会制度，由北京大学领导，挂靠在法学院，并由董事会监督管理。董事会由17人组成，董事长为黄金富博士；副董事长三人，由时任最高人民法院副院长罗豪才教授、中国专利局局长高卢麟先生、北京大学副校长何芳川教授担任。知识产权学院院长由时任法学院院长吴志攀教授担任；秘书长为郑胜利教授，主持日常工作。

2009年10月，原北京大学知识产权学院董事会决议改董事会为理事会，实行理事会管理、院长执行制。知识产权学院院长由法学院院长兼任，现任为朱苏力教授；常务副院长为法学院张平教授，主持日常工作。

学院在十几年的人才培养和科研活动中始终得到海内外社会各界的广泛支持，为中国知识产权教育与研究作出了突出贡献。

重庆知识产权学院

重庆知识产权学院于2007年12月经重庆市教委批准成立，是重庆理工大学下属的二级学院，也是中国西南地区第一家知识产权学院。它是重庆市知识产权局等政府主管部门和部分重点企业创新“官产学研”联盟新机制的成果。学院成立之初，与人文社会科学学院合署办公。2009年11月，重庆理工大学为了更好地发展知识产权学科，在西部战略性布局而独立设置重庆知识产权学院，培养知识产权专门人才。

重庆知识产权学院拥有一支充满朝气与活力，敢于开拓和创新，具备理工、法学、管理学专业知识背景的教师队伍，目前有专职教师20余人，全部具有硕士及以上学位，其中博士和博士后（含在读博士生）8人，教授2人，副教授8人。学院有兼职教授15名，均来自知识产权领域的国家机关、大型企业及相关的科研院所、高等院校。学院知识产权本科专业2005年由国家教育部批准设置，并于2006年首次招收本科生，是国家教育部在中西部地区唯一布点设置的知识产权本科专业。

学院定位为努力建设成为一所特色鲜明、具有示范效应、与国际接轨的官产学研相结合的知识产权学院，使其成为重要的知识产权人才教育基地、知识产权研究基地、知识产权服务中心，为重庆市乃至全国知识产权事业的建设和发展提供智力支撑。

学院人才培养的总体目标是培养既具备理工科基础知识和法学、管理学知识，同时又具有深厚的知识产权专业知识，能在企、事业单位及政府部门从事知识产权工作的高素质复合型、应用型专门人才。具体包括：（1）商标和版权代理与贸易人才。具有一定理工科基础知识和深厚的商标与版权专业知识，能够在商标事务所和版权代理机构从事商标及版权代理与贸易业务的专门人才。（2）专利代理人才。以“3＋2”专转本培养模式，借助3年制理工科专业学习的背景优势，通过2年知识产权专业训练所培养的具有专利知识并熟悉专利代理业务的专利代理人才。（3）知识产权管理人才。既具有管理学知识又具备知识产权专业知识，能够在企、事业单位及政府部门从事知识产权管理工作的高层次人才。

复旦大学知识产权研究中心

复旦大学知识产权研究中心于 1995 年 12 月 5 日成立，主任是张乃根教授。

复旦大学知识产权研究中心自成立以来，吸引了大量学者、政府官员、法官、律师、专利代理人等参与活动。中心每年都举办大型学术年会并汇编学术论文集，邀请国内外知识产权专家参与研讨。10 多年来，中心多次组织研究课题，包括世界银行贷款资助项目和国家人类基因组上海研究中心研究项目。中心曾出版《知识经济与知识产权法》和《中国知识产权法》。中心还积极开展对外联络和学术交流。

华东政法大学知识产权学院

华东政法大学知识产权学院成立于 2003 年 11 月，定位于知识产权法律和管理的教学与研究，培养知识产权管理和保护复合型人才。学院建设的方针是立足知识产权专业特点，遵循教育规律，走人才培养、科学研究与社会服务三位一体、相互促进的办学道路，坚持知识、能力和综合素质三位一体人才培养方针。

华东政法大学是中国较早设立知识产权本科专业，并具有知识产权本科、硕士、博士和博士后教育体系的学院。知识产权学院自建院以来，依托华东政法大学的法学优势，独立建设和发展知识产权二级学科，形成了独特的知识产权学科和专业定位，将知识产权学科定位于以理工为背景、以法律和管理为支撑、以知识产权为内核的复合型学科，建设知识产权专业。学院自主按照专业需要配备和培养师资，拥有一支兼具法学、理工和管理背景的教师队伍。学院专职教师均具有博士学位，其中 18.5% 为教授，7.4% 为副教授，博士生导师占 11.1%，硕士生导师占 25.9%。学院另有 10 多位兼职教授，分布于知识产权领域的各级立法、行政和司法机关及相关的科研院所、高等院校。

学院现有知识产权法与知识产权管理两个研究团队，设有版权法、专利法、商标法、知识产权管理 4 个教研室及 1 个知识产权研究中心。知识产权研究中心聚集了国内一大批知识产权专家学者，每年出版两卷《知识产权研究》刊物，在国内已经有较大影响。

知识产权学院坚持教学、科研与社会实践相结合的方针，积极组织教师从事科研活动。学院已经出版了《专利法》、《商标法》、《版权法》、《电子商务法》等“知识产权专业核心课程系列教材”，及学术专著和专业丛书 16 部；在《法学研究》等各种专业期刊上发表学术论文 250 余篇；承接国家、地方各级研究课题 30 余项；主办了“首届内容产业与知识产权国际研讨会”和“技术壁垒与企业知识产权海外战略高层论坛”等国际、国内高层次学术研讨会，与澳大利亚昆士兰科技大学、美国多所大学、台湾政治大学等建立了广泛的联系。教学方面，充分利用地缘优势与学生英语基础较强的优势，与国际知识产权研究的最前沿相接轨，坚持走教学与研究国际化的道路。学院重视学生研究能力和基本素质的培养，组织本科生与研究生参加各种研究项目，连续两年参加国家版权局组织的全国大学生版权论文竞赛，取得优异成绩。

学院现有上海市教委高水平学科建设项目、特色专业建设项目和中央与地方共建知识产权实验室项目，2009 年，其知识产权学科成为上海市教委重点学科。学院还设有一个官方网站和两个学术网站，用以展示学院教师的科研成果，扩大学院社会影响，搭建师生沟通平台。学院与上海市版权局、上海知识产权园、上海硅知识产权交易中心等单位签署了合作协议，建立教育基地，促进产学研结合。华东政法大学知识产权学院正在茁壮成长。

华南理工大学知识产权学院

华南理工大学知识产权学院成立于2004年11月17日，由华南理工大学与广东省知识产权局合作创办。知识产权学院与华南理工大学法学院合署办公，属于“两块牌子，一套人马”。学院2005年开始在民商法专业招收知识产权方向硕士研究生，2008年开始招收知识产权专业本科生。首任院长为中国法理学研究会副会长、西北政法学院法学研究所原所长、中国政法大学法学理论专业博士生导师葛洪义教授，首任党委书记为广东省财税法学研究会会长张富强教授。

华南理工大学知识产权学院依托理工院校的科技优势，在法学专业的基础上创办。现有专职教师7人、外聘教师5名，还聘请了4名国内外著名专家学者任兼职教授。华南理工大学知识产权学院下设一个知识产权研究所，知识产权研究所下设三个研究中心——知识产权战略研究中心、企业知识产权保护研究中心、网络空间知识产权研究中心。

2005年教育部批准华南理工大学知识产权学院可以招收知识产权专业（试办）本科生。2005年学院招收了80名知识产权法方向本科生、6名知识产权法研究方向硕士研究生。学院已经制订了完整的本科生和研究生培养计划，并正在积极组织实施。

华中科技大学知识产权系

华中科技大学知识产权系成立于1995年，前身是1985年成立的知识产权教研室和1993年成立的知识产权教学与研究中心，是中国高校中较早成立的知识产权系，是华中科技大学知识产权战略研究院的主体。设有知识产权法双学士学位法学本科专业和经济法学专业硕士点，并挂靠技术经济及管理专业博士点招收知识产权研究方向的博士生，形成了双学士、硕士和博士等层次的知识产权人才培养体系。现任系主任为朱雪忠教授。

一、师资队伍

知识产权系现有专职教师9人，其中教授、博士生导师2人，研究员1人，副教授3人。教师中具有博士学位的有4人，在职攻读博士学位的有2人。教师中具有律师资格的5人，具有专利代理人资格的5人。

二、学术研究

自1991年以来，该系先后承担了国家自然科学基金资助的研究课题8项（其中重点项目1项），国家社会科学基金资助的项目1项，教育部资助的项目5项，科技部资助的项目3项，国家知识产权局资助的项目5项，省、市级及企业资助的项目10多项，获教育部提名国家科技进步奖二等奖1项。在《科研管理》、《研究发展与管理》、《知识产权》、《中国法学》、《国际贸易》等国内外权威、重要学术刊物上发表了200多篇学术论文，其中被《社会科学引文索引》(SSCI) 收录1篇，出版了《市场竞争与专利战略》等专著和教材多部。

三、学术交流

近年来，该系积极发展对外交流与合作，与德国、法国、日本、美国、英国等国家的高校和研究机构建立了学术交流与合作关系，尤其是近3年来，每年赴国外进行合作研究和学术交流的人员均在3人次以上，并安排博士生到国外有关研究机构撰写博士学位论文，与国内有关大学、研究机构、知识产权主管部门等也建立了密切的联系。

四、人才培养

该系一直坚持厚基础、重运用，密切注意国内外知识产权研究的最新动态，注重法学与管理学的交叉和融合。学生的知识面广、适应性强、综合素质高，为行政管理机关、大型企业、外资企业、中介机构和高等院校输送了大批急需的既懂技术又懂知识产权的复合型人才，受到用人单位的好评，曾分别为东风汽车公司、国家知识产权局、国防专利局等用人单位专门开设研究生班等高层次知识产权人才班。

暨南大学知识产权学院

暨南大学知识产权学院成立于 2004 年 9 月 11 日。该学院是广东省首家集教学和科研为一体的知识产权学院，也是华南地区第一家知识产权学院。暨南大学知识产权学院下设知识产权系和知识产权研究中心，形成系所合一、教学与科研合一的体制。暨南大学知识产权学院与暨南大学法学院合署办公，共享法律资源和共用师资队伍。现有知识产权专门教学和科研人员 5 人，其他法律教师队伍近 40 人，其中，法学教授 6 人，副教授 14 人，拥有法学博士学位的教授、副教授 16 人。

暨南大学知识产权学院的前身是暨南大学知识产权研究中心，成立于 2003 年 3 月。自中心成立以来，先后承担了多项重大研究课题，取得了重大的科研成果，并于 2003 年 10 月与中国社会科学杂志社共同主办召开了“全国知识产权理论问题研讨会”，邀请了国内著名的法学家及知识产权领域的专家 30 多人到会，在全国法学界产生了一定的影响。暨南大学知识产权研究中心为暨南大学设立知识产权学院奠定了基础。

2005 年，经教育部批准，学院率先在国内试办知识产权本科专业，并于 2005 年开始招生，其中在校全日制本科生 101 人，境外就读（澳门班）63 人。自 2004 年起挂靠法学院民商法专业招收知识产权方向研究生，其中在校全日制研究生 23 人。2009 年 7 月，首届知识产权本科专业学生毕业，其中内招生 7 名，外招生 7 名，就业率 100%。

南京理工大学知识产权学院

南京理工大学知识产权学院成立于 2005 年 7 月，由南京理工大学和江苏省知识产权局合作建立，是江苏省第一家知识产权学院。知识产权学院现下设知识产权系、法学系、知识产权教育培训中心以及综合办公室等二级机构，实行人事和行政相对独立的运行与管理体制。

知识产权学院的建设、发展紧紧依托学校理工背景和学科优势，依靠工业与信息化部、江苏省知识产权局的支持，在知识产权战略与管理、知识产权运用与保护、知识产权滥用与规制、知识产权工程师培训等方面形成自身的特色和优势。同时，学院开展知识产权高层次人才培养，注重科学研究，主动将知识产权学科建设融入学校整体发展目标中，争取成为学校新兴交叉学科发展的生长点。

知识产权学院自成立以来，积极探索知识产权人才培养模式，积累了丰富的知识产权教育经验，人才培养质量得到了社会的认可，成为江苏省知识产权人才培养和知识产权在职人员继续教育的重要基地。目前知识产权学院已经形成了法学本科、知识产权第二学位、知识产权双学位、民商法硕士以及 MPA 等多层次的知识产权人才培养体系，建立了良好的人才培养机制；社会服务成效显著，举办了多期专利代理人考前辅导班、科技人员和知识产权管理人员培训班、知识产权工程师培训班，开办了知识产权研究生课程进修班，完成了多次国家专利代理人资格考试的考点工作。

通过内生外联和引进，知识产权学院建立了校内校外结合、专职兼职结合，法学、经济学、管理学、工学等多学科综合的师资队伍。其中，校内教授 7 人，副教授 7 人，讲师 10 人；校外具有较高理论水平和丰富实践经验的合作师资 10 人。1 名教师入选国家知识产权局首批“百千万知识产权人才工程”百名高层次人才培养人选。

知识产权学院立足江苏，服务地方经济、社会发展，凝聚队伍、凝练方向，组建创新团队，结合地方实际，拓宽研究领域，推出高水平、高层次、应用性强的研究成果，成为江苏省知识产权的一支重要力量。

上海大学知识产权学院

创建于1994年秋季的上海大学知识产权学院是中国最早建立的两所知识产权学院之一（另一所是北京大学知识产权学院），其前身是始建于1988年的“上海工业大学知识产权教学与研究中心”。1998年，上海大学知识产权学院与1980年就已建立的上海大学文学院涉外经济法系合并，建立了新的上海大学知识产权学院。2005年4月，原上海大学法学院即上海政法干部管理学院脱离上海大学，独立建制，成立上海政法学院。上海大学在知识产权学院基础上成立新的上海大学法学院，同时决定将其中的知识产权学科团队增强扩建为法学院架构中的计划单立、重点建设的“特区型”知识产权学院，继承和增强上海大学融知识产权法律、管理、经济于一体的教学与科研特色。

上海大学知识产权学院下设上海大学知识产权研究所和知识产权信息检索与分析中心。2005年，知识产权学科被批准为上海市高校教育高地建设项目，“知识产权法”课程被批准为上海市重点课程。学院专业教师10余人（其中教授、副教授5人），形成了一个团结合作的知识产权教学与研究团体。还聘任了国内外一批知识产权专家、学者为兼职教授。

学院历经十几年酝酿、试验及改进，已经基本形成了本科生、双学科生、硕士研究生、本硕连读生、研究生班、各类进修班等6大类型的6套课程设置及实施的课程体系，积累了相当的经验，已出版和正在出版一系列的相应教材。上海大学知识产权教育的做法及经验引起了国内外有关方面的重视，具有借鉴意义。

上海大学知识产权学院自1994年开始招收法学专业（知识产权法方向）本科生，为强化其知识产权法板块课程而全面讲授知识产权法、专利法、商标法、著作权法、商业秘密法、技术贸易法、计算机知识产权法、网络知识产权法等知识产权法各单行课程，并且适当增加“无形资产评估”、“知识产权实务”等知识产权管理课程，已先后毕业10多届学生，均被授予法学学士学位。

在上海市政府和学校的支持下，上海大学知识产权学院2004年推出“理工本科/法学双学科/知识产权法硕士”的“2＋2＋3”的本硕连读知识产权人才培养模式，每年招收20名左右知识产权“本硕连读”硕士研究生。

2003年起，上海大学在“社会学”博士学位授予点之下招收知识产权研究方向的博士研究生。2006年经国务院学位委员会批准备案，在“管理科学与工程”一级学科及其博士学位授予点之下自设了“知识产权管理”博士学位授予点。

同济大学知识产权学院

同济大学知识产权学院是同济大学于2003年3月成立的一所独立建制的学院，它依托同济大学已经形成的理工学科和对德（欧）交往的窗口优势，密切跟踪国际知识产权发展的最新动态，以培养社会所需的高层次、复合型的知识产权法律和管理人才为己任。2009年3月，知识产权学院与法律系合并为法学院。学院引进陶鑫良教授为知识产权学院院长。已有教师11人，其中教授5人、副教授2人、讲师4人，博士8人、博士在读3人。

同济大学知识产权学院聘请了原德国马克斯-普朗克知识产权法、竞争法和税法研究所所长，国际著名的知识产权专家约瑟夫·施特劳斯教授为顾问院长，国家知识产权局局长、著名的知识产权专家田力普教授为名誉院长，全国人大法律委员会委员、中国社会科学院知识产权中心主任郑成思教授也曾任学院名誉院长。2009年6月5日，聘请美国联邦巡回上诉法院法官Randall R. Rader先生为客座教授。

同济大学知识产权学院与德国马克斯-普朗克知识产权法、竞争法和税法研究所等国外知识产权教学研究机构建立了稳定的交流合作关系，在学者互访、合作研究、交换图书资料和信息等方面取得了可喜的成果。知识产权学院还与国家、上海市知识产权管理部门和国内的兄弟院校建立了持续稳定的合作关系。

2009 年 6 月，国家知识产权局批准同济大学知识产权学院为首批专利保护重点联系基地。重点联系基地的主要职责是向知识产权局系统提供有关专利执法的咨询意见和信息，参与重要执法问题和疑难案件的研讨论证，促进全国执法人员业务素质的提高，积极传播通过专利保护促进创新发展的经验，共同促进中国专利执法水平的提高。

学院设有“知识产权与知识管理”专业博士点，负责经济法硕士点学科建设，并在全校开设公共选修课“知识产权法”、“专利法”、“科技法”、“知识产权国际保护”，为全校工程硕士开设“知识产权”课程。

武汉大学知识产权高级研究中心

武汉大学知识产权高级研究中心于 2003 年 3 月 27 日在武汉大学挂牌成立。中心是在武汉大学法学、经济学、信息管理等学科知识产权研究力量的基础上建立的。

中心教学和科研力量由多名具有法学、管理学等博士学位的中青年研究人员组成，英国伦敦大学知识产权研究所所长米歇尔·布雷坎教授等多位国内外知名专家应邀担任客座教授。

据中心主任陈传夫教授介绍，中心具备研究与人才培养的双重功能，将围绕科技创新和提高国家竞争力进行多学科合作与交流，针对中国立法与司法实践中亟待解决的问题开展对策性研究，培养和造就一批跨学科的知识产权复合型高级管理人才。

根据计划，中心近期将在数字时代知识产权制度创新与理论发展、电子商务与政务、国家科技基础平台与国家信息化、知识产权方面重点展开工作。中心已与中国知识产权主管部门、司法机关和美、英等国的多家一流知识产权研究机构达成合作意向。

西安交通大学知识产权研究中心

西安交通大学知识产权研究中心是陕西省教育厅首次批准建立的高校哲学社会科学重点研究基地，依托于西安交通大学。

本研究中心共有专兼职研究人员 34 人，其中教授 6 人、副教授 12 人，具有博士学位的 6 人。研究领域涉及知识产权领域诸方面。主要研究方向为：知识产权战略与应用、科技创新与专利法、知识产权的经济学分析、网络知识产权、知识产权与信息安全等。近 3 年从事国家级、省部级研究项目 22 项，发表学术论文 163 篇，出版学术专著 45 部。

中心主任为马治国教授，重要学术带头人包括田文英教授、马民虎教授、高山行教授。

西北大学知识产权学院

2005 年 11 月 29 日，依托西北大学法学院和西北大学知识产权保护中心，整合校内相关专业的师资科研力量，西北大学知识产权学院正式挂牌成立。它不仅是西北地区首家知识产权学院，也是陕西省高级知识产权人才培养基地，同时也填补了陕西省乃至整个西北地区在知识产权专门学院设置方面的空白。

西北大学是陕西省较早开展知识产权教学与研究的单位之一，在知识产权人才培养方面积累了丰富的经验。西北大学知识产权学院以法学院为依托，以知识产权与知识产权法的教学、研究为特色，并与知识产权实践紧密相连。学院现设有两个研究中心，即知识产权保护中心和知识产权案例研究中心，以及十余个职能部门。现有专职教师40余人，硕士生导师20余人，其中有博士学位者占85%，同时还聘请了40余位知名学者作为兼职教授。近5年来，共培养研究生近500人次，发表论文300余篇，出版专著22部，获省部级奖励2项，科研项目经费达285.3万元。

学院另设办公室、培训部、教学部、专利部、版权部、商标部、国际部等10个职能部门。学院还聘请了一批国内外著名专家学者为兼职教授，不定期地来院举办各种学术讲座。

2009年，学院开始招收知识产权专业本科生，培养知识产权法律复合型人才。除了承担知识产权学院本科教学之外，还承担着全校学生的知识产权通识课程、第二学位知识产权课程教学以及国家法学专业硕士学位授权点国际知识产权法研究方向和民商法学专业硕士学位授权点中国知识产权研究方向硕士研究生的培养任务。在科研方面，学院教师先后主持并承担了“陕西文化产业发展中的知识产权保护”等16项研究课题，其中省部级项目9项，厅局级项目7项；在《中国法学》、《知识产权》、《法商研究》等权威及核心期刊发表《论非物质文化遗产中的传统文化表达》等学术论文30篇；主办或参与举办“国有企业知识产权保护论坛”、“数字化时代的知识产权保护论坛”等十余次大型学术研讨会，邀请了多位国内著名的法学家及知识产权领域的专家到会，在全国法学界产生了较为广泛的影响。

根据西北大学的整体定位和整体战略目标、陕西省的经济社会文化发展规划，以及学院的现状和可发展条件，知识产权学院提出了发展目标：坚持教学、研究两个中心，坚持与实践紧密结合，形成自己的科研和学科特色，进一步提升师资队伍的水平，培养全面发展、具有创新精神的知识产权复合人才，巩固学院在陕西省内的知识产权教学科研方面的地位，争取形成全国范围的更好的发展平台。

厦门大学知识产权研究院

厦门大学知识产权研究院是根据2008年5月国家知识产权局与福建省人民政府签订的《共同推进海峡西岸经济区知识产权发展合作议定书》和省部会商要点的精神，由厦门大学与福建省知识产权局共建成立的集科研、教学、国际交流与社会服务于一身的多功能、高层次的知识产权研究平台和人才培养基地。

厦门大学知识产权研究院自2008年7月30日成立以来，秉承厦门大学“自强不息、止于至善”的校训，充分发挥厦门大学作为综合性大学的学科交叉优势，依托厦门大学法学院、管理学院、经济学院和公共事务学院的科研力量，同时通过自主引进专门的高层次知识产权科研人才，已经初步形成学科优势明显、结构合理且具有较大发展潜力的知识产权人才队伍。

厦门大学知识产权研究院目前有专职和兼职研究人员13人，其中教授8人（含博士生导师4人），并聘请德国马克斯-普朗克知识产权法、竞争法和税法研究所常务所长Reto Hilty教授、慕尼黑知识产权法中心Joseph Straus教授、台湾政治大学智慧财产研究所所长及科技政策与法律研究中心主任刘江彬教授等国际著名学者担任客座或者名誉教授。同时，林秀芹、丁丽瑛、郭懿美等教授在知识产权基础理论、知识产权国际条约、知识产权法律制度、知识产权战略和企业知识产权管理方面取得了丰硕的研究成果，在《新华文摘》、《法学研究》、《现代法学》等重要期刊上发表论文100多篇，出版教材和专著10多部。承担了《福建省知识产权战略纲要》起草工作和教育部、商务部、司法部、国家知识产权局20多项国家级和省部级课题研究项目，并为福建省、厦门市等地区知识产权法规建设和司法工作提供了重要的理论支持。

研究院自成立以来，已经分别设立了知识产权法专业和知识产权管理专业的硕士点、博士点，并建立了全方位、多层次的知识产权人才培养体系，包括知识产权法第二学士学位本科教育、知识产权法和知识产权管理专业的硕士教育与博士培养。此外，研究院积极开展知识产权工程师和管理师的培训工作，承担了福建省、江西省、厦门市、赣州市等地区政府和企业的知识产权培训。

湘潭大学知识产权学院

湘潭大学知识产权学院成立于 2008 年 11 月，为湖南省首家知识产权学院，是中部地区继中南财经政法大学知识产权学院之后的第二家知识产权学院。学院依托湘潭大学的综合性大学性质和法学院较为强大的师资力量，以促进法学院和学校学科建设、培养社会急需的复合型知识产权人才为目标，立足于服务湖南省和长株潭“两型”社会实验区建设，力争建成在湖南省有一定优势、在全国有一定影响的知识产权学院。

湘潭大学知识产权学院在湘潭大学法学院民商法学科组和经济法学科组基础上组建。学院有专职教师 15 人，其中教授 4 人，副教授 7 人，讲师 4 人；有 8 人具有博士学位，4 人为在读博士。另有兼职教师 22 人，分别来自湘潭大学法学院、公共管理学院、商学院、化工学院、机械工程学院、科技处和社科处等院系处室。

湘潭大学知识产权学院教师具有良好的学缘结构，与国内重点知识产权教学和研究机构具有紧密的联系。知识产权学院副院长肖冬梅教授毕业于武汉大学，曾师从武汉大学知识产权高级研究中心主任陈传夫教授攻读博士学位。湘潭大学知识产权研究中心执行主任王太平副教授毕业于中国人民大学，曾师从中国法学会知识产权研究会副会长、中国人民大学知识产权教学与研究中心主任、研究生院副院长刘春田教授攻读硕士和博士学位，在中国法学会知识产权研究会会长、中南财经政法大学校长、教育部人文社会科学重点研究基地中南财经政法大学知识产权研究中心主任吴汉东教授指导下从事博士后研究工作，担任中国高校知识产权研究会常务理事。湘潭大学知识产权研究中心副主任胡梦云副教授师从中国政法大学知识产权研究中心副主任冯晓青教授攻读博士学位，担任中国高校知识产权研究会常务理事。

中国科学技术大学知识产权研究中心

中国科学技术大学知识产权研究中心成立于 2005 年，现有教授 4 名，副教授 8 名，国内外兼职教授 6 名，研究员 3 名，博士和硕士研究生 30 多名。是国内最早成立的融合知识产权管理、法律、政策、经济分析和实务于一体的研究机构之一。

研究中心以理论研究为根基，以实务对策为重点，对知识产权问题综合应用法学、理学、经济学等多学科分析，承担并完成了包括国家科技部、司法部、国家知识产权局、安徽省知识产权局等国家机关、事业单位委托的多项课题。中心研究人员还多次就国内外知识产权管理实施方案提供专家咨询报告。

研究中心实行产学研一体化的理论与实践相结合模式，在开展教学与科研活动的同时，为国内一些高校、研究院所和高科技企业提供知识产权管理公益服务。研究中心还积极开展国内外学术活动，与欧美及东亚国家的高校及研究机构有着广泛的交流与合作，与美国、英国、意大利、韩国、印度等国家和地区广泛开展学术交流活动，并与世界知识产权组织（WIPO）、美国华盛顿大学、美国夏威夷大学、美国律师协会知识产权分会（ABA-IP Section）以及美国斯坦福大学技术许可办公室（OTL）的知识产权专家保持密切的学术联系。

研究中心目前开展的研究主要包括全球知识产权与工业标准部署、科技与知识产权竞争战略分析、企业知识产权发展战略、企业知识产权管理制度和体系、知识产权援助和融资等项目的研究，同时为企事业单位提供知识产权预警分析、知识产权管理制度和组织体系设立、知识产权保护和维权、知识产权竞争力评估、企业知识产权竞争策略的个案研究与设计、中小企业知识产权融资咨询方案等。

中国农业科学院农业知识产权研究中心

中国农业科学院农业知识产权研究中心于2007年6月经中国农业科学院批准正式成立。中心由国内外相关研究机构的专业人员组成，主要从事农业知识产权相关问题研究，旨在通过调查研究、交流合作、教育培训，促进学科发展，提供决策支持，增进国际合作，加强人才培养，推动信息共享。

中心的主要职能是开展基础理论、政策制度、方法工具、信息数据、案例素材等方面的调查研究，推进信息交流、人员互访、共同研究、协作网络构建等形式的交流合作，致力于学科建设、讲座培训、研修考察、宣传普及等途径的教育培训。

研究领域包括：植物新品种研究，农业专利、商标、地理标志研究，遗传资源、传统知识研究，农业知识产权信息研究。

中国人民大学知识产权学院

中国人民大学知识产权学院正式成立于2009年11月26日，成立当天世界知识产权组织总干事亲致贺电，并派副总干事到会祝贺。该院创始院长为中国知识产权法权威学者刘春田教授。

中国人民大学知识产权学院的前身是1986年成立的中国人民大学知识产权教学与研究中心。该中心是由世界知识产权组织（WIPO）总干事鲍格胥倡导、由原国家教委决定设立的中国最早的知识产权教学和研究机构，是中国高等知识产权教育的开拓者和工作母机。在世界知识产权组织和教育部的支持下，经过20余年努力，中国人民大学知识产权教学与研究中心已成为中国知识产权高等教育中层次和结构最为完整的教学与研究中心和工作基地，涵盖了博士后研究、博士研究生、硕士研究生、法律硕士、第二学士学位生等具有不同培养目标、不同层级的指导研究和学生培养模式。

学院精英荟萃，其中郭寿康教授是中国知识产权界的元老，中国知识产权法制建设的奠基人之一。郭寿康教授精通六门外语，是学贯中西、蜚声国际的著名知识产权法专家，早在20世纪70年代就从事知识产权的研究与法制建设。刘春田教授也是中国知识产权法高等教育的奠基人、开拓者。1985年，刘春田教授在中国第一个开设系统知识产权法课程，并列入本科教学培养计划；1986年，在原国家教委高等教育专业目录制定工作会议上，刘春田教授作为法学学科组的召集人，在与高铭暄教授的共同努力下，促使国家教委将知识产权法列为法学本科专业，招收第二学士学位生，在中国高等教育体系中正式建立了知识产权法专业；刘春田教授与社科院郑成思教授、北京大学陈美章教授等一起，合作出版了中国第一部高等学校统编教材《知识产权法》，该教材的内容和结构奠定了中国知识产权法系统研究与教育的基础。郭寿康教授、刘春田教授不仅参加了中国专利法、商标法、著作权法、反不正当竞争法等知识产权法律的起草与修改，还多次代表中国政府出席知识产权国际会议，作为专家顾问参加国际知识产权谈判，为WTO中美知识产权争端中方工作组提供咨询服务，为中国知识产权的法制建设发挥了重大作用。

中国人民大学知识产权学院也是中国高校中唯一参加著作权法起草与修改全过程的单位。联合国教科文组织亚太区版权与邻接权教席设于该学院，郭寿康教授即为教席主持人。学院与中国知识产权立法、司法和行政职能部门及国内外学术机构建立了广泛的联系，聘任了德国、美国、日本、新加坡等国家的国际著名知识产权专家和国家知识产权局、商标局、版权局、贸促会、最高人民法院、最高人民检察院的专家担任兼职或客座教授。学院出版了系列刊物《中国知识产权评论》和《知识产权判解研究》，出版专著、教材30余部，在《中国社会科学》、《中国法学》等学术刊物发表论文300余篇。学院的不少学术研究成果被立法机关采纳，反映在法律文件和其他规范性文件中。学院多年来还为人民法院以及相关政府管理部门提供专家意见，主持或参与多项国家和部委研究项目，参加并主持了国家知识产权战略重大课题，获得国务院领导好评。

受教育部委托，从 2000 年起，学院先后与欧盟、世界知识产权组织多次举办全国高等院校知识产权骨干教师高级研修班；多次举办大型国际研讨会；学院出版的知识产权法教材被用作教育部全国法学专业核心课程教材，并获教育部普通高等学校优秀教材一等奖，被高等教育出版社评为百部精品教材之一，为中国法学教育界普遍采用。刘春田教授连续两届被聘为教育部全国高等学校法学学科教学指导委员会委员，并担任教育部"面向 21 世纪全国高等学校法学专业核心教程教材"《知识产权法教学指导纲要》和《知识产权法》的主编。学院广泛建立和参与了与国内外学术团体的学术交流活动，与世界知识产权组织、联合国教科文组织以及哈佛大学、马普学会、剑桥大学、爱知大学等海外著名研究机构有着密切的人员与学术交流。

为表彰人大知识产权教学与研究中心为中国知识产权研究、教育和法制建设所作出的突出贡献，2008 年 10 月，世界知识产权组织将唯一的一项"WIPO 创意金奖"颁发给中国人民大学知识产权学院。

学院现有研究人员 21 人，其中专职教学与研究人员 9 人，教授 4 人，博士生导师 3 人，副教授 5 人。

中国社会科学院知识产权中心

一、中心的宗旨

中国社会科学院知识产权中心是中国高层次的知识产权研究机构，其宗旨是团结和组织中国在知识产权法律领域内最优秀的专业人员，造就一批能与世界各国知识产权法律同行对话的一流人才，对实践中的知识产权法律问题及时作出正确回答，并针对中国立法与司法实践中亟待解决的知识产权问题进行对策性研究，对整个知识产权法律制度的建立和完善施加积极影响。

二、中心的任务

首先，结合中国在知识产权领域的立法、司法实践，并比较国外有关经验，正确阐述知识产权保护的有关基本概念和基本原理，深入研究各种新情况与新问题，为有关法律的制定、修订和完善提供充分可靠的理论依据。

其次，承接全国人大法工委、国务院法制办、最高人民法院、国家科委、国务院知识产权办公室、中国知识产权局、国家版权局、国家工商行政管理局等机关或部门有关法律起草的工作和有关的课题研究，承接有关国际组织和有关团体、机构资助的有关对策性研究。

再次，收集、整理有关立法、司法与学术信息，组织全国性的专题研究，评选优秀研究成果，争取尽快推出一批在国内外有影响的对策性研究报告及知识产权系列专著，加强与国内外有关组织、团体和个人的联系。

最后，为中国社会科学院乃至全国培养一批在知识产权领域内有影响的硕士、博士及博士后专业人才，广泛开展国际学术交流活动。

中国政法大学民商经济法学院知识产权法研究所

中国政法大学民商经济法学院知识产权法研究所（简称中国政法大学知识产权法研究所）是国内一个专门从事知识产权法教学与研究、具有较高学术影响和水平的教学与研究机构。

除了承担学校知识产权法本科课程的教学任务外，该机构还承担了民商法专业博士、硕士生以及法律硕士班知识产权法研究方向硕士生的教学任务。目前全所共有 16 名专职教师，其中教授 4 名、副教授 9 名、讲师 3 名，教师中具有法学博士学位的 12 名，博士生导师 1 名，硕士生导师 12 名。

自成立以来，该所在知识产权法研究方面进行了卓有成效的探索。其中关于知识产权法哲学（知识产权基础理论）、企业知识产权战略与管理、生物技术法律保护研究、版权交易制度研究等方面的研究水平处于国内前沿。近些年来，该所还积极主动地与国内外建立了广泛的学术联系，不断扩大在知识产权法方面的影响。该所教师在国内的《中国社会科学》、《中国法学》、《政法论坛》、《法律科学》、《法学》、《法商研究》等重要专业刊物上发表知识产权法及相关方面的论文200余篇，其中被《新华文摘》、《人大复印报刊资料》、《中国社会科学文摘》等转载（摘）的达数十篇；在美国、英国、澳大利亚、瑞士等国家的法律专业刊物上发表了十余篇论文，有些被国际权威的SSCI收录；还出版了《知识产权法哲学》、《知识产权新视野》、《知识产权法利益平衡理论》、《互联网上的版权与限制》、《企业知识产权战略》等专著近20部，其中《企业知识产权战略》被纳入“十一五”国家级教材规划。

该所教师主持与承担了国家社会科学基金、教育部重大课题攻关项目、教育部人文社会科学重点研究基地重大项目、国家知识产权战略专题、国家知识产权局软科学项目等多项省部级以上项目，产生了广泛的社会影响。

中南财经政法大学知识产权研究中心

中南财经政法大学知识产权研究中心的前身是1988年成立的中南政法学院知识产权教学与研究中心，2000年正式更名为“中南财经政法大学知识产权研究中心”，是国内最早从事知识产权教学与研究的机构之一。2004年11月26日，中心跻身于教育部人文社会科学重点研究基地行列。2005年，由中心研究人员承担的“知识产权法学”课程被评为国家级精品课程。2006年5月13日，国家保护知识产权工作组决定依托该中心成立国家保护知识产权工作研究基地，为国家提供知识产权保护的对策研究和咨询服务。2007年，武汉仲裁委员会知识产权仲裁院依托该中心成立。同年，知识产权所隶属的民商法学科被批准为国家重点学科。2008年9月，中心“知识产权教学团队”入选国家级教学团队。同年，知识产权司法鉴定所正式挂牌成立。

中心实行主任负责制，中心主任由著名知识产权学者吴汉东教授担任。中心现有专职研究员（教师）22名，其中教授13人（含博士生导师8人），具有博士学位的20人。中心还聘有84名知识产权学者担任学术顾问、专兼职研究人员，分别来自北京大学，中国人民大学，中国社会科学院法学研究所，台湾政治大学，东吴大学以及德国慕尼黑马克斯-普朗克知识产权法、竞争法及税法研究所，日本北海道大学，美国德雷克大学等国内外著名高等院校和国家机关等实务部门。

中心注重培养复合型、交叉型知识产权专门人才，目前已初步搭建了特色鲜明的知识产权法学硕士、管理学硕士、法律硕士以及法学博士、管理学博士、管理学博士后的国家级知识产权人才培养平台。

自成立以来，中南财经政法大学知识产权研究中心已承担国家社科基金重点项目、国家自然科学基金项目、教育部哲学社会科学研究重大课题攻关项目以及国务院法制办、国家知识产权局、国家版权局、司法部等国家级、省部级重大研究课题80余项，出版专著30余部。在《中国社会科学》、《中国法学》、《法学研究》等学术刊物发表论文600多篇，编著“十五”、“十一五”国家级规划教材，高等院校法学教材，研究生教材，现代法学教材，非法学类高等教育通识教材及全国自学考试、全国领导干部培训和中央党校培训教材，保护知识产权培训教材共计30余部。研究成果曾获全国首届优秀博士论文奖、首届中国出版政府奖图书奖、中国法学教育教学改革实施工程奖一等奖、司法部法学教材与法学优秀科研成果一等奖等奖励30余项。此外，中心还参与了中国《民法典》、《著作权法》、《商标法》、《专利法》以及《信息网络传播权保护条例》等法律、法规草案的起草或咨询论证工作，参加了国家知识产权战略的制定工作。

中心至少每年举办一次“知识产权南湖论坛”，目前已举办七届。中心还秉承国际化发展战略，与美国、英国、德国、法国、比利时、韩国、日本、印度、泰国等国的高等院校及学术科研机构保持着密切的联系。中心专职研究员多次出访美国、德国、法国、英国、日本、韩国、瑞士、乌克兰等国，参加各种国际学术会议并发表主题演讲80多次。

中山大学知识产权学院

中山大学知识产权学院于 2005 年 11 月 13 日正式成立。学院集教学与科研为一体，以培养知识产权方向的高级专门人才和提高知识产权的研究水平为主要目的。中山大学知识产权学院与法学院合署办公，共享教学资源与师资队伍。知识产权学院院长由法学院院长刘恒教授兼任，中南财经政法大学校长、著名知识产权学者吴汉东教授受聘为名誉院长，学院另有兼职、客座教授等 10 多名。

一方面，学院致力于培养知识产权领域的高层次人才，主要包括博士生、知识产权方向的法学硕士研究生和法律硕士研究生以及本科阶段的知识产权双学位、双专业的学生。在未来的发展中，知识产权学院还计划开展知识产权培训课程、知识产权教育的国际交流与合作。目前，知识产权学院已经与美国伊利诺伊大学和澳大利亚昆士兰大学建立了合作关系，双方将就彼此感兴趣的知识产权课题和知识产权国际培训项目进一步开展交流与合作。

另一方面，学院注重知识产权研究。学院将与广东省知识产权局紧密合作，逐步建立起广东省知识产权专家人才库，开展知识产权系列讲座和软科学研究，为社会提供知识产权服务。

知识产权学作为一个新兴的边缘学科，涉及法学、经济学、管理学、信息学等不同的学科领域，与其他学科存在交叉和重叠。知识产权学院将整合不同专业的资源优势，进行多学科交叉教学与研究，形成新的知识增长点，发展独特的应用性学科，培养知识经济和信息化时代下能独立从事知识产权研究、教育和实务的高层次人才。

学院现有教授 16 人，博士生导师 5 人，副教授 24 人。

索　　引

中国移动手机阅读基地

手机阅读

中国移动手机阅读基地积极响应国家号召，顺应移动互联网发展趋势，携手产业各方，打造全新数字图书发行渠道，让更多的人能读到优秀作品，让更多的书能规模发行。

手机阅读涵盖图书、杂志、漫画、听书等内容，用户可以通过手机浏览器、客户端、电子书、平板电脑和互联网等载体，实现“一处购买，四处阅读”的无缝阅读体验。除了为个人提供电子书阅读服务外，手机阅读还推出了企业掌上书屋，并联合合作伙伴推出“壹书店”纸质书掌上销售平台。

国家领导人在视察第七届深圳文博会、第十八届中国国际图书博览会时，都对手机阅读的发展给予了高度肯定。2011年7月，中国移动与新闻出版主管部门签署战略合作备忘录，实现与国家政策平台进一步对接，手机阅读基地将积极营造开放和谐的产业环境，加快推动我国数字出版业的发展。

1. 2011年9月1日，第18届北京国际图书博览会，中央领导视察手机阅读基地展台
2. 2011年7月5日，集团公司与新闻出版主管部门在北京签署《共同推进数字出版产业发展战略合作备忘录》，并启动了“新青年掌上读书计划”
3. 2012年4月19日，在手机阅读2012高峰论坛暨“悦读中国”启动仪式上，中央主管宣传部门、新闻出版主管部门、中国作协、中国编辑学会、中国移动代表共同启动“悦读中国”活动
4. 2011年6月22日，“读经典 感悟人生”大型红色阅读活动启动暨《建党伟业》新书首发仪式
5. 2012年5月18日，深圳文博会上，中国移动手机阅读基地总经理戴和忠向新闻出版主管领导介绍手机阅读产品

一切由你开始

新浪是在全球非常具有影响力与公信力的中文门户网站，是中国大陆及全球华人社群中特别受推崇的互联网品牌，以服务大中华地区与海外华人为己任。新浪日均浏览量超过20亿，月度覆盖网民超过4亿。截至2012年6月，新浪微博注册用户突破3.68亿，每天产生的微博内容超过1.2亿条，拥有遍布北美、香港及台北的全球三大站点，影响范围辐射全球，引领着中国互联网的发展，深度影响着主流中国的进程。

新浪拥有多家地区性网站，集结多条业务主线，其中包括：提供网络新闻及内容服务的新浪网、提供移动增值服务的新浪无线、提供Web 2.0服务的新浪微博、提供跨媒体、跨终端的一站式音乐服务的新浪音乐、提供网上购物服务的新浪电子商务。新浪全力整合网络资源，为全球网友提供精彩纷呈的网络体验。

依托新浪的核心业务以及新浪的影响力，新浪在网络广告方面一直是中国互联网行业的领军者，大幅度领先于竞争对手。新浪微博业务经过一年的发展已经成为非常受关注的互动产品，用户满意度、覆盖率等多项指标上遥遥领先。

十二年来，新浪一如既往地坚持创新精神和高度的社会责任感，秉承“一切由你开始”的品牌宣言，致力于为全球用户提供全面及时的中文资讯、快捷海量的网络空间，并努力推动多元文化的发展与融合，为全球网友带来精彩无限的网络体验。

56.com 我乐
爱原创
爱分享 爱娱乐
爱与网友同乐
爱娇滴滴的美女主播
更爱上传点滴生活
我不土也不装酷
我是56.com
你也可以叫我乐
我们一起分享快乐
中国领先视频娱乐门户
www.56.com
搜 索

Baidu音乐
百度音乐十周年
一场科技革命造就的音乐记忆
2002-2012
10
非凡十年
乐动时代

CMTC中視豐德

CHINA FENGDE MOVIE AND TV COPYRIGHT AGENCY

影视版权运营商

中视丰德影视版权代理有限公司

CHINA FENGDE MOVIE AND TV COPYRIGHT AGENCY

北京中视丰德影视版权代理有限公司成立于2011年3月，是国内率先以电视剧版权运营为主业的专业公司。2012年7月23日经国家工商管理部门批准更名为“中视丰德影视版权代理有限公司”。

版权运营即运用市场元素的创意性配置和产业化挖掘，使文化产品实现产业链价值和市场效益。影视版权运营，就是以版权采购和版权代理的方式获取影视版权作品的运营权益，以市场分销、渠道营销和品牌营销的专业手段，实现版权产品的产业价值和市场收益。

中视丰德影视版权代理有限公司目前已组建了省级卫视版权联盟、省会城市电视台版权联盟，合力打造有市场影响力和超强盈利能力的电视媒体，以“渠道营销”和“品牌运营”的产业模式，实现版权运营的跨越式发展。公司已与新疆卫视合作强力推出 “热播剧场”以及电视栏目《剧剧有理》、《剧剧有戏》和《剧剧有你》，同时与山西卫视、陕西卫视、安徽卫视洽谈合作，并达成合作意向。

两年来，中视丰德影视版权代理有限公司成功运作了多部电视剧，包括《永不消逝的电波》、《新安家族》、《一一向前冲》、《五星红旗迎风飘扬》、《野鸭子》、《下海》、《奢香夫人》、《咱家那些事》、《国门英雄》、《阳光路上》、《红军东征》、《我的父亲是板凳》、《摩西密码》、《借问英雄何处》、《川军团血战到底》、《中国远征军》、《夜隼》、《大祠堂》等剧已成功登陆央视和地方卫视。公司共有5部版权作品获得2011年度中国电视剧飞天奖，4部版权作品获得2012年度全国“五个一工程”奖。

中视丰德影视版权代理有限公司将与多方合作，在深圳组建中国影视版权引导基金，建设中国影视版权产业基地，建立中国影视版权数据库和中国影视版权网上交易平台；以版权产业基地模式建设中国影视版权产业北京基地、上海基地和西安基地，完成总部基地模式的输出和品牌化拓展；力推深圳中国影视版权产业总部基地建设，做中国影视版权产业的引领者、缔造者和领导者。

南通家纺城版权事务服务有限公司成立于1997年3月，经过十多年的探索与实践，版权保护工作从零开始，目前已成为世界知识产权组织在一个国家特定地区的一个行业进行的版权保护微观调研项目，南通家纺城版权保护经验已成为中国版权保护的亮点，国内借鉴，世界共享。

十多年来，公司受理登记美术作品24 802件，其中2011年作品登记达3 975件，占南通市作品总登记量的80%。公司从2008年至2012年组织参与了四届家纺画稿交易会。随着画稿交易会影响力的扩大，第三、第四届画稿交易会升格为由中国家用纺织品行业协会主办的全国性的家纺画稿展会。2011年度，中国家纺画稿交易会共有200余家国内外家纺画稿设计机构、高等院校参展，其中国外设计单位21家。累计成交画稿作品2 600多件，成交总额达500万元左右。交易会期间还组织了“宝缦杯”家纺画稿设计拍卖大赛，成交金额达18万余元。部分画稿拍出了数万元一幅的高价，其中由江苏金太阳提供的画稿《欧若拉》竞拍价高达68 000元，开创了画稿设计拍卖大赛的历史最高价。

1. 川姜镇党委书记、南通家纺城管委会主任龚卫接受中央电视台采访
2. 第四届中国家纺画稿交易会开幕仪式
3. “宝缦杯”家纺画稿设计拍卖大赛现场
4. 南通家纺城家纺协会会员在“尊重和保护知识产权誓言”上签名
5. 公司负责人为南通家纺城家纺商会成员单位开展知识产权保护讲座

南通家纺城版权事务服务有限公司

CNKI中国知网
www.cnki.net
中国知识基础设施工程

CNKI数字出版解决方案

传统出版向数字出版转型，迫切需要低门槛、高性能的数字出版技术服务平台，以及相应的运营和商务模式。

同方知网基于自身技术、资源及平台运作经验优势，为出版行业提供全面数字出版解决方案，为出版单位建立数字出版门户网并为运营的支撑体系提供技术保障。

该方案核心是针对出版单位的传统出版资源进行深度挖掘、用计算机网络和新媒体技术对资源进行管理和应用，为出版单位构建技术领先、工艺成熟的数字化加工、管理、应用及发布平台。

方案内容涵盖了以数字资源发布、电子商务、Web 2.0互动社区、手机网站为主的电子商务平台和以数字资源加工、聚合、管理为主的数字资源管理平台。

总体架构

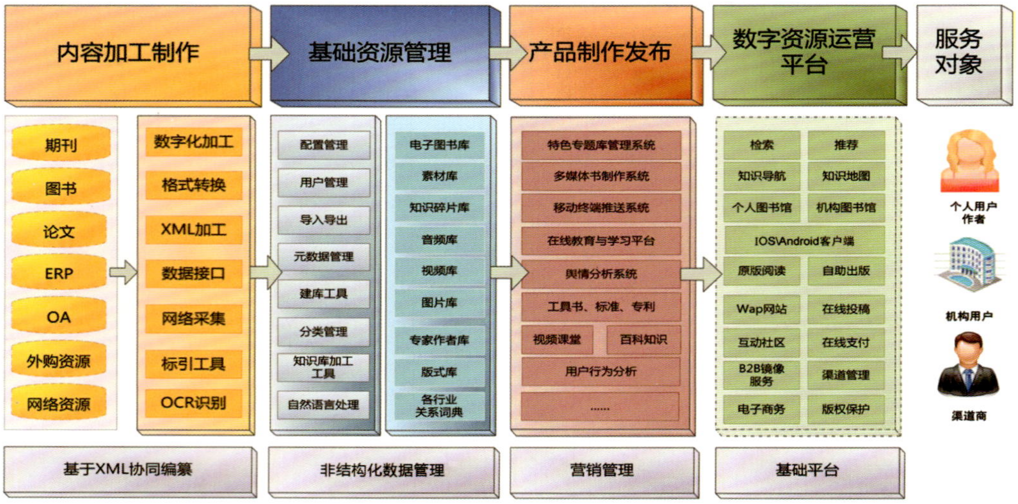

技术优势

- 基于XML内容对象的协同编纂和动态发布；
- 支持多种文件格式的数字资源加工；
- 基于Kbase的非结构化数据内容管理系统；
- 支持多平台产品发布管理系统；
- 内容和权限动态组合的DRM版权保护系统；
- 支持B2B、B2C数字产品营销模式；
- 个性化的数字资源门户服务系统。

典型用户

人民出版社、社科文献出版社、商务印书馆、人民交通出版社、中国财政经济出版社、中国水利水电出版社、黄河出版集团、深圳出版发行集团、人民音乐出版社、外研社、北京科学技术出版社

IFPI（香港会）不断创新 全方位推动香港唱片业

国际唱片业协会（香港会）代表香港地区绝大多数唱片公司，面对现今互联网音乐时代多方面的挑战，以积极的行动努力为唱片业在本土及亚洲地区开拓广阔及可持续发展的市场。这包括向香港特区政府建议制定适时及适当的版权法例，以适应数字时代的全球联动市场状况。同时，香港会也参与商讨有关内地与香港的经贸关系，为业界争取更好更可行的发展方案。

另一方面，香港会在香港特区政府的支持下，继续推动香港唱片业在市场上的发展，建立地区性音乐中枢形象。每年3月份举办跨地区的香港亚洲流行音乐节，并且正在制定新的计划培养新一代的音乐界人才。香港会坚持每年举办香港唱片销量大奖以奖励过去一年在唱片界获得突出成绩的歌手及制作公司，为香港唱片业能够再创辉煌而努力。

金版
立足版权 携手产业 共谱辉煌
出版传媒 广告公关 培训会展
Kingbond
金版国际文化传播(北京)有限公司
联系电话：010-58604520
《中国版权》杂志 《中国版权年鉴》 中国版权产业网 中国版权年会

中国版权产业网
WWW.CNCRI.COM
中国版权产业网
关注版权热点 搭建服务平台 提升品牌价值 助推产业发展
咨询电话：010-58604520 中国版权产业QQ群：211815826

公司介绍

北京麒麟网文化股份有限公司（简称“麒麟网”）成立于2007年7月7日，是中国极具影响力的以网络游戏研发、运营为核心业务的综合性互动娱乐企业。自成立以来，麒麟网迅速成长为广受欢迎的企业。几年间推出了《成吉思汗》系列、《梦幻聊斋》、《水浒传》、《书剑恩仇录》、《画皮Ⅱ》等众多民族史诗巨作。通过强调创新的游戏设计理念和弘扬民族文化精神，麒麟网一直走在国产原创游戏的潮流前端。在高速发展的市场环境下，麒麟网凭借自主研发的引擎、游戏开发平台、雄厚的资金实力以及集业内精英于旗下的优秀团队，在业内外享有极佳的口碑。

路盛律师事务所
Lusheng Law Firm
专职于知识产权保护
◆ 2007年北京十大知识产权案例之一的国际唱片公司诉某门户搜索网站音乐链接著作权案
◆ 2009年加拿大某玩具制造商就实用艺术作品著作权获得的诉前禁令保护
◆ 2008年全国50个典型知识产权案件之一的某机械制造公司的发明专利侵权案
◆ 2010年品牌保护委员会最佳案例奖的某知名德国护肤品公司商标侵权及不正当竞争案
◆ 2011年上海法院知识产权司法保护十大案件之一的某酒业公司驰名商标案
路盛——一支富有朝气的专业团队，立足中国，拥有全球化的视野和国际化的操作水准，专职于知识产权保护。我们的版权队伍由‘北京十大版权律师’领军，日益壮大，更代理了众多有代表性的优秀案件。
Tel: +86 010 65693038 Fax: +86 010 65693039
www.iprights.cn E-mail: beijing@iprights.cn

汇图网

WWW.HUITU.COM

正版商业图库，原创作品交易平台

了解汇图

汇图网（www.huitu.com）是杭州汇图网络科技有限公司推出的首个正版数字图库网站。

公司开启了正版图片素材交易在电子商务领域的新篇章，以“尊重原创、保护版权”为己任，

立志将汇图网打造成“安全、可靠、高效”的原创数字视觉作品交易平台。

我们努力的方向：让原创者安心出售，让使用者放心购买。

我们坚持的理想：数字视觉作品交易从此变得简单！

青海广播电视台

青海广播电视台为省政府直属社会公益兼经营服务类正厅级事业单位，拥有5套广播节目、4套电视节目以及报纸、网络、音像出版等全媒体资源。现有职工1 056 人。

青海广播电视台目前开办有《青海新闻联播》、《大美青海》、《百姓1时间》、《周末闲了喧》、《百姓故事》、《步步为赢》、《政风行风热线》、《交广伴你行》、《藏语青海新闻联播》等栏目。青海卫视2011年底市场收视份额从省级卫视第30名提升至前20名；覆盖全国34个中心城市（含覆盖测量仪城市25个），地级市级别以上的城市共计143个，覆盖人口达6亿左右。

2012年是青海广播电视台深入贯彻落实党的十七届六中全会和全省文化改革发展大会精神，深化内部改革，构建事业发展新格局的关键之年，我们将努力加强和改进重大主题宣传、典型报道、热点引导、舆论监督，不断增强宣传的吸引力、感染力。以数字内容生产开发为核心，着力构建采、编、播、存、用一体化的数字播出体系，着力打造西部有影响力的广播电视台。

图片说明

1.青海广播电视台党委书记、台长 周贤安
2.青海省委常委、宣传部长吉狄马加，青海省政府副省长张建民共同为青海广播电视台揭牌
3.青海广播电视台直播全省两会
4.青海广播电视台记者在昆仑山隧道采访
5.玉树4·14地震后，青海卫视举办的大型赈灾特别节目《永不放弃 向生命致意》
6.青海广播电视台藏历年晚会
7.青海广播电视台直播中国青海（世界）山地纪录片节颁奖典礼
8.青海广播电视台直播青海湖国际诗歌节晚会